Tax Compliance aus unternehmensrechtlicher Sicht

Intradisziplinäre Forschung zur Compliance
Studien zur Rechtsentwicklung und -praxis

Herausgegeben von Andrea Lohse und Roman Seer

Band 7

Zur Qualitätssicherung und Peer Review der vorliegenden Publikation

Die Qualität der in dieser Reihe erscheinenden Arbeiten wird vor der Publikation durch Herausgeber der Reihe geprüft.

Notes on the quality assurance and peer review of this publication

Prior to publication, the quality of the work published in this series is reviewed by editors of the series.

Armin Gasper

Tax Compliance aus unternehmensrechtlicher Sicht

Die Pflichtenstellung des Vorstandes angesichts systemischer Steuerrisiken internationaler Unternehmen

PL ACADEMIC RESEARCH

Bibliografische Information der Deutschen Nationalbibliothek
Die Deutsche Nationalbibliothek verzeichnet diese Publikation in der Deutschen Nationalbibliografie; detaillierte bibliografische Daten sind im Internet über http://dnb.d-nb.de abrufbar.

Zugl.: Bochum, Univ., Diss., 2015

D 294
ISSN 2196-9795
ISBN 978-3-631-66703-3 (Print)
E-ISBN 978-3-653-06208-3 (E-Book)
DOI 10.3726/978-3-653-06208-3

PL Academic Research ist ein Imprint der Peter Lang GmbH.

Peter Lang – Frankfurt am Main · Bern · Bruxelles · New York · Oxford · Warszawa · Wien

Diese Publikation wurde begutachtet.

www.peterlang.com

Meinen Eltern

Vorwort

Als sich mir die Möglichkeit bot, im Rahmen des Bochumer Nachwuchsforscherkollegs intradisziplinäre Rechtswissenschaft (BoNiR) unterstützt von der Stiftung Mercator ein Promotionsstudium zum Thema Compliance zu beginnen, nutzte ich gern die Gelegenheit in Zusammenarbeit mit der Praxis und damit fernab einer Forschung im Elfenbeinturm meinen Horizont zu erweitern. Ich bedanke mich bei Herrn Dr. Robert Risse, Herrn Hartmut Paulsen und Herrn Dr. Volker Weinreich, die Ihr Wissen und Ihre Erfahrung aus der Praxis einbrachten und mit viel Zeit und Geduld essentielle Anregungen zur Erstellung der Arbeit lieferten.

Meinen Doktoreltern Frau Prof. Dr. Andrea Lohse und Herrn Prof. Dr. Roman Seer, danke ich für die wertvollen Anregungen, die zum Gelingen der Arbeit beigetragen haben sowie für die zügige Erstellung der Gutachten.

Mein besonderer Dank gilt Frau Dr. Daniela Nowicki, die mich von Anfang an unterstützt und bestärkt hat, mein Promotionsvorhaben trotz mancher Zweifel zu einen erfolgreichen Ende zu bringen.

Die Arbeit ist meinen Eltern Heidi und Norbert Gasper gewidmet, ohne die ein Gelingen undenkbar gewesen wäre.

Inhaltsübersicht

Einführung und Gang der Untersuchung 37

1. Kapitel: Tax Compliance – Grundlagen und Implementierung ins Unternehmen 39

A. Grundlagen von Tax Compliance 39

I. Compliance 39

II. Tax Compliance 45

B. Implementierung von Tax Compliance in das Unternehmen 59

I. Verhältnis zu den unternehmensinternen Überwachungs- und Risikosteuerungssystemen 59

II. Verantwortung zur Realisierung von Tax Compliance im Unternehmen 66

III. Ergebnis 74

2. Kapitel: Phänomenologie systemischer Steuerrisiken in internationalen Unternehmen 77

A. Die Bedeutung von Steuern im internationalen Unternehmen 77

I. Grundlegende Relevanz steuerlicher Risiken im Unternehmen 77

II. Steuerliche Risiken in Zahlen – „Überrisiko“ Betriebsprüfung 79

III. Modell der zeitnahen Betriebsprüfung 82

B. Exemplarische systemische Steuerrisiken in internationalen Unternehmen 83

I. Risiko Tax Accounting als Basis der Steuerermittlung 83

II. Systemische Risikolage gesetzeskonformer Bestimmung von Verrechnungspreisen in international verbundenen Unternehmen 92

III. Risiken eines globalen, ausgedehnten Betriebstättenbegriffs 141

IV. Risikokonglomerat Expatriates 165
V. Systemische Umsatzsteuerrisiken im Lichte der „Formalienflut“ 176
VI. Verschuldensunabhängige Lohnsteuerhaftung gem. § 42d EStG 184
VII. Schmiergeldzahlungen im Lichte des § 4 V 1 Nr. 10 EStG 192
C. Schlussfolgerung 211
I. Systemische Risikolage für Unternehmen 211
II. Faktische Notwendigkeit von Tax Compliance 213

3. Kapitel: Pflicht zur Beherrschung der steuer(recht)lichen Risiken – Vorstandshandeln im Angesicht systemischer Steuerrisiken 215
A. Corporate Compliance und Tax Compliance als Rechtspflicht 216
I. Corporate Compliance im Einzelunternehmen 216
II. Corporate Compliance aus der Konzernperspektive 224
III. Fazit 233
B. Sorgfaltspflichten des Vorstandes – Derivative Anforderungen und Maßstäbe an Tax Compliance aus §§ 76 I, 93 I, II AktG 234
I. Funktion und Aufgaben des Vorstands im Hinblick auf Tax Compliance 235
II. Aktienrechtliche Unternehmensorganisationspflichten unter steuerrechtlichen Gesichtspunkten 256
III. Sorgfaltspflicht und Haftung des Vorstandes – Maßstäbe für Tax Compliance aus § 93 I, II AktG 290
IV. Aktienrechtliche Anforderungen an Tax Compliance 363
V. Tax Compliance Maßstäbe und Anforderungen bei Konzernen 365
C. Aufsichtspflichten des Vorstandes – Derivative Anforderungen und Maßstäbe an Tax Compliance aus § 130 OWiG 366

I. Charakter und Intention des § 130 OWiG 366
II. Anwendbarkeit des § 130 OWiG auf steuerrechtliche Sachverhalte 369
III. Organisationsanforderungen an die Unternehmensaufsicht 373
IV. Haftungsmaßstab 385
V. Ordnungswidrigkeitenrechtliche Anforderungen an Tax Compliance 389
VI. Tax Compliance Maßstäbe und Anforderungen bei Konzernen 393

D. Steuerrechtliche Pflichten des Vorstandes – Originäre Anforderungen und Maßstäbe an Tax Compliance aus § 69 i.V.m. §§ 34 I, 35 AO 393
I. Charakter und Intention des § 69 AO sowie der §§ 34 I, 35 AO 393
II. Steuerlicher Pflichtenkanon 399
III. Steuerliche Organisationsanforderungen 407
IV. Verschuldensmaßstab 418
V. Steuerrechtliche Anforderungen an Tax Compliance 461
VI. Tax Compliance Anforderungen und Maßstäbe bei Konzernen 462
VII. Kohärenz der aktienrechtlichen, ordnungswidrigkeitenrechtlichen und steuerrechtlichen Anforderungen an Tax Compliance 463
VIII. Die Tax Compliance Normentrias 467

E. Tax Compliance-Anforderungen an den Vorstand und Rückkoppelungseffekt 467
I. Parallelität der aktienrechtlichen, ordnungswidrigkeitenrechtlichen und steuerrechtlichen Anforderungen an Tax Compliance 468
II. Unternehmensrisiko Rückkoppelungseffekt – Der untrennbare Zusammenhang zwischen Tax Compliance, der Haftung des Vorstandes und des Unternehmens 469
III. Fazit 483

F. Die Schattenseite von Tax Compliance - Tax Compliance als Nachteil? 484
I. Stand der fragmentarischen Diskussion im Schrifttum 485
II. Systematisierung eines Nachteils durch Tax Compliance 488
III. Schlussfolgerung: Kein Nachteil durch Tax Compliance 491

4. Kapitel: Tax Compliance im Spannungsverhältnis zwischen Mindestanforderungen und Best Practice? 493
A. Mindestanforderungen und Best Practice – Die Ausgangssituation 493
I. Der Begriff der Best Practice 493
II. Best Practice im Verhältnis zu den Mindestanforderungen 494
B. Ansatzpunkte einer Best Practice für Tax Compliance 495
I. Grundsätze ordnungsmäßiger Prüfung von Compliance Management Systemen – IDW PS 980 495
II. Mindestanforderungen an die Compliance-Funktion – MaComp 504
III. Mindestanforderungen an das Risikomanagement – MaRisk 515
IV. Deutscher Corporate Governance Kodex 518
V. Best Practice Ansätze im Schrifttum 519
C. Tax Compliance-Mindestanforderungen ohne Best Practice 523

Schlussbetrachtung 525

Literaturverzeichnis 527

Verwaltungsanweisungen und Behördenveröffentlichungen 595

Rechtsprechungsverzeichnis 601

Inhaltsverzeichnis

Einführung und Gang der Untersuchung ... 37

1. Kapitel: Tax Compliance – Grundlagen und Implementierung ins Unternehmen ... 39

A. Grundlagen von Tax Compliance ... 39

I. Compliance ... 39

1. Begriffsbestimmung ... 39

2. Corporate Compliance ... 42

a) Elemente eines Corporate Compliance-Systems ... 42

b) Funktionen von Corporate Compliance ... 43

c) Betriebswirtschaftliche Dimension von Corporate Compliance ... 43

II. Tax Compliance ... 45

1. Begriffbestimmung ... 45

a) Tax Compliance Finanzverwaltung ... 46

b) Tax Compliance Unternehmen ... 46

c) Tax Compliance als „Rechtsbegriff“? ... 47

2. Ziele von Tax Compliance im Unternehmen ... 48

3. Inhalt und Bestandteile von Tax Compliance im Unternehmen ... 49

a) Tax Compliance-System ... 49

aa) Tax Compliance-Commitment ... 49

bb) Risikoidentifikation ... 50

cc) Organisation ... 51

(1) Erster Schritt: Maßnahmen zur Aufarbeitung retrospektiver Sachverhalte ... 51

(2) Zweiter Schritt: Maßnahmen zur Prävention ... 51

dd) Kontrollmechanismen ... 52

ee) Dokumentation ... 53

b) Steuerplanung ... 53
aa) Steuerliche Zielsysteme bzw. Zielgrößen in der Steuerplanung ... 54
bb) Vereinbarkeit der Steuerplanung, insbesondere der Zielsysteme bzw. Zielgrößen mit Tax Compliance ... 55
c) Steuerstreit ... 56
d) Abgrenzung zum Tax Risk Management ... 57
4. Struktur von Tax Compliance ... 58
B. Implementierung von Tax Compliance in das Unternehmen ... 59
I. Verhältnis zu den unternehmensinternen Überwachungs- und Risikosteuerungssystemen ... 59
1. Verhältnis von Corporate Compliance zum Risikomanagement ... 60
2. Verhältnis von Corporate Compliance zum Internen Kontrollsystem ... 61
3. Verhältnis von Corporate Compliance zur internen Revision ... 63
4. Verhältnis von Corporate Compliance zu Controlling ... 65
5. Zwischenergebnis ... 66
II. Verantwortung zur Realisierung von Tax Compliance im Unternehmen ... 66
1. Verhältnis von Tax Compliance zur Steuerabteilung ... 67
2. Verhältnis von Tax Compliance zur Corporate Compliance-Abteilung bzw. zur Rechtsabteilung ... 69
a) Organisationsformen von Corporate Compliance im Unternehmen ... 69
b) Integration von Tax Compliance in die „Infrastruktur" des Corporate Compliance-Systems ... 71
3. Verhältnis von Tax Compliance zum Rechnungswesen ... 72
4. Zwischenergebnis ... 73
III. Ergebnis ... 74

2. Kapitel: Phänomenologie systemischer Steuerrisiken in internationalen Unternehmen 77

A. Die Bedeutung von Steuern im internationalen Unternehmen 77

I. Grundlegende Relevanz steuerlicher Risiken im Unternehmen 77

II. Steuerliche Risiken in Zahlen – „Überrisiko“ Betriebsprüfung 79

1. Die Betriebsprüfung im Unternehmen 79
2. Die Mehrergebnisse der Betriebsprüfung 80
3. Betriebsprüfungsinhärentes Risiko des Zeitverzugs 81

III. Modell der zeitnahen Betriebsprüfung 82

B. Exemplarische systemische Steuerrisiken in internationalen Unternehmen 83

I. Risiko Tax Accounting als Basis der Steuerermittlung 83

1. Grundlagen 84
   a) Begriffsbestimmung Financial Accounting 84
   b) Begriffsbestimmung Tax Accounting 85
   c) Ausgestaltung des Tax Accountings 86
2. Funktion und Aufgabe des Tax Accountings 86
3. Risiken im Bereich des Tax Accountings 87
   a) Systemische Risiken der Buchführungs- und Aufzeichnungspflichten 87
   aa) Allgemeine Anforderungen sowie Konsequenzen originärer und abgeleiteter Buchführungs- und Aufzeichnungspflichten 87
   bb) Spezialgesetzliche Anforderungen sowie Konsequenzen abgeleiteter Buchführungs- und Aufzeichnungspflichten 88
   b) Abgabe der Steuererklärung 89
   c) Schlussfolgerung: Systemische Risikolage Tax Accounting 90
4. Exkurs: Internationale Dimension des Tax Accountings 91

II. Systemische Risikolage gesetzeskonformer Bestimmung von Verrechnungspreisen in international verbundenen Unternehmen 92

1. Charakter der Verrechnungspreise ... 92
2. Bedeutung der Verrechnungspreise für die Besteuerung ... 93
3. Permanente steuerliche Risiken bei Verrechnungspreisen ... 94
a) Bildung der Verrechnungspreise ... 95
aa) Standardmethoden ... 95
(1) Preisvergleichsmethode ... 95
(2) Wiederverkaufspreismethode ... 96
(3) Kostenaufschlagsmethode ... 97
bb) Andere, gewinnorientierte Methoden ... 97
(1) Gewinnvergleichsmethode ... 98
(2) Transaktionsbezogene Nettomargenmethode ... 98
(3) Gewinnaufteilungsmethode ... 98
(4) Praktikabilität der gewinnorientierten Methoden ... 99
cc) Systemische Risikolage Verrechnungspreismethode ... 99
b) Verrechnungspreiskorrektur infolge fehlerhafter Preisbildung ... 101
aa) Art. 9 OECD-MA ... 101
bb) Verdeckte Gewinnausschüttung ... 103
cc) Verdeckte Einlage ... 104
dd) § 1 I AStG ... 105
ee) § 42 AO ... 105
ff) Verhältnis der Korrekturinstitute zueinander ... 106
c) Rechtssicherheit durch grenzüberschreitende Einigungsmöglichkeiten? ... 107
aa) Verständigungsverfahren ... 107
bb) Schiedsverfahren ... 109
(1) Art. 25 V OECD-MA ... 109
(2) EU-Schiedskonvention ... 110
cc) Advance Pricing Agreements ... 111
d) Zwischenergebnis ... 113
aa) Systemische Risikolage der Verrechnungspreisbildung ... 113
bb) Risikopotenzierung durch die Betriebsprüfung ... 114

e) Mitwirkungs- und Dokumentationspflichten 114
aa) Mitwirkungspflichten 115
bb) Nationale Dokumentationsanforderungen 115
(1) Allgemeine Grundlagen 117
(2) Sachverhaltsdokumentation 118
(3) Angemessenheitsdokumentation 118
(4) Weitere Dokumentationsanforderungen 120
cc) Internationale Dokumentationsanforderungen 120
dd) Systemische Risikolage aus den Mitwirkungs- und Dokumentationspflichten 121
f) Rechtsfolgen bei mangelnder Mitwirkung bzw. Dokumentation 123
aa) Schätzung 123
bb) Zuschläge/„Penalties“ 125
cc) Verweigerung von Steuerentlastungen 126
g) Allgemeine Folgen fehlerhafter Verrechnungspreise 126
aa) Zinsen 126
bb) Steuerhinterziehung und leichtfertige Steuerverkürzung 127
h) Fazit: Permanente Steuerliche Risiken bei Verrechnungspreisen 128
4. Anlassbezogene steuerliche Risiken bei Verrechnungspreisen: Funktionsverlagerungen im Rahmen von Restrukturierungen des Unternehmens 129
a) Restrukturierung als Funktionsverlagerung 130
aa) Funktionsbegriff 130
bb) Erscheinungsformen der Funktionsverlagerung 131
cc) Die Funktionsverlagerung als restrukturierungsimmanentes Risiko 132
b) Sonderrisiko Bildung der Verrechnungspreise 133
aa) Transferpaketbewertung 134
bb) Einzelbewertung aufgrund Escape-Klausel 134
c) Preisanpassungsklauseln 135

d) Fehlende internationale Vereinbarkeit 137
e) Mitwirkungs- und Dokumentationspflichten 138
f) Rechtsfolgen nicht gesetzeskonformer Funktionsverlagerungen 138
g) Fazit: Anlassbezogene steuerliche Risiken bei Verrechnungspreisen 139
5. Schlussfolgerung: Die Verrechnungspreise als systemisches Risiko 140
III. Risiken eines globalen, ausgedehnten Betriebstättenbegriffs 141
1. Der Begriff der Betriebstätte im globalen Unternehmen 141
2. Der Begriff der Dienstleistungsbetriebstätte 143
a) Echte Dienstleistungsbetriebstätte in deutschen DBA 143
b) Unechte Dienstleistungsbetriebstätten auf Ebene der OECD 144
aa) Entwicklungen der OECD 144
bb) Auswirkungen der Entwicklungen 146
(1) Nationale Rechtslage 146
(2) Auswirkungen auf bestehende DBA 148
3. Konsequenzen für Unternehmen 149
a) Problem der Identifikation einer Betriebstätte 149
b) Folgen der Identifikationsprobleme 150
4. Gewinnabgrenzung und Gewinnermittlung bei Betriebstätten 151
a) Gewinnabgrenzung 151
aa) Authorized OECD Approach 151
bb) Die Rechtslage in Deutschland 153
(1) Direkte und indirekte Methode bis 2013 153
(2) Die Neuregelung des § 1 IV, V AStG im Jahre 2013 154
b) Gewinnermittlung 156
c) Risikolage Gewinnabgrenzung und Gewinnermittlung 158
aa) Gewinnabgrenzung und Gewinnermittlung 158

(3) Zwischenfazit 203
bb) §§ 333, 334 StGB 203
(1) Amtsträger 203
(2) Vorteil und mögliche Grenzwerte 204
(3) Zwischenfazit 205
cc) § 370 AO 205
b) Risikolage für das Unternehmen 206
aa) Geldbuße 206
bb) Verfall 207
cc) Eintragung in das Gewerbezentralregister oder Korruptionsregister 208
dd) Zivilrechtliche Folgen 209
ee) Internationale Dimension 209
5. Schlussfolgerung 209

C. Schlussfolgerung 211
I. Systemische Risikolage für Unternehmen 211
1. Steuerrechtliche Risikokumulation 211
2. Steuerrechtliche Risikoinhärenz 212
3. Steuerrechtliches Risikodilemma 213
II. Faktische Notwendigkeit von Tax Compliance 213

3. Kapitel: Pflicht zur Beherrschung der steuer(recht)lichen Risiken – Vorstandshandeln im Angesicht systemischer Steuerrisiken 215

A. Corporate Compliance und Tax Compliance als Rechtspflicht 216
I. Corporate Compliance im Einzelunternehmen 216
1. Rechtsgrundlagen 216
a) Spezialgesetzliche Rechtsanalogie 216
b) Deutscher Corporate Governance Kodex 218
c) Sarbanes-Oxley-Act 219
d) § 91 II AktG 219

e) § 130 I OWiG ... 220
f) §§ 76 I, 93 I AktG ... 221
2. Fazit: Corporate Compliance-Pflicht im Innen- und Außenverhältnis ... 221
II. Corporate Compliance aus der Konzernperspektive ... 224
1. Rechtsgrundlagen ... 224
a) Konzernleitungspflicht und Konzernleitungsermessen ... 224
b) Schadensabwendungspflicht ... 227
c) §§ 831 I, 823 I BGB ... 228
d) Aufsichtspflicht gem. § 130 I OWiG ... 228
2. Schlussfolgerung: Corporate Compliance-Pflicht im Innenverhältnis ... 231
III. Fazit ... 233
1. Corporate Compliance-Pflicht im Einzelunternehmen und im Konzern ... 233
2. Konsequenzen für Tax Compliance ... 234
B. Sorgfaltspflichten des Vorstandes – Derivative Anforderungen und Maßstäbe an Tax Compliance aus §§ 76 I, 93 I, II AktG ... 234
I. Funktion und Aufgaben des Vorstands im Hinblick auf Tax Compliance ... 235
1. Leitung der Gesellschaft ... 235
a) Konkretisierung durch die Berichte an den Aufsichtsrat gem. § 90 AktG ... 235
aa) Gegenstand und Inhalt der Berichtspflichten ... 237
(1) Regelmäßige Berichtspflichten gem. § 90 I AktG ... 237
(2) Berichterstattung auf Verlangen gem. § 90 III AktG ... 240
bb) Rhythmus der Berichterstattung ... 242
cc) Schlussfolgerung für Tax Compliance ... 242
b) Ungeschriebene Leitungsaufgaben ... 244
c) Berücksichtigung betriebswirtschaftlicher Erkenntnisse ... 245

d) Das Leitungsermessen des Vorstandes und seine Grenzen 246
aa) Achtung des Unternehmensgegenstandes und des geltenden Rechts 247
bb) Unternehmensinteresse und Gemeinwohl 247
cc) OECD-Leitsätze für multinationale Unternehmen 250
(1) Charakter der OECD-Leitsätze 250
(2) Die Besteuerung als Gegenstand der OECD-Leitsätze 251
(a) Einhaltung der Steuergesetze und Beachtung ihrer Intention 251
(b) Information der und Kooperation mit den Steuerbehörden 252
(c) Einrichtung eines steuerlichen Risikomanagementsystems 252
(d) Anwendung des Fremdvergleichsgrundsatzes bei Verrechnungspreisen 252
dd) Schlussfolgerung 253
2. Tax Compliance als Leitungsaufgabe des Vorstandes 255
II. Aktienrechtliche Unternehmensorganisationspflichten unter steuerrechtlichen Gesichtspunkten 256
1. Gesetzliche Organisationsanforderungen 256
a) Organisationsanforderungen gem. § 91 AktG 256
aa) Buchführungspflicht gem. § 91 I AktG 256
bb) Überwachungssystem gem. § 91 II AktG 257
cc) Schlussfolgerung für Tax Compliance 259
b) Interne Revision und Controlling im Lichte des § 91 II AktG 260
c) Organisationsanforderungen aus der Rechnungslegung gem. § 289 HGB 261
aa) Anforderungen aus der Lageberichterstattung gem. § 289 I, II HGB? 262
(1) Anforderungen aus § 289 I HGB 262
(a) Bedeutung der Steuern für § 289 I HGB 262

(b) „Bilanzeid“ gem. § 289 I 5 HGB 264
(2) Anforderungen aus § 289 II HGB 265
(3) Schlussfolgerung für Tax Compliance 267
bb) Anforderungen des § 289 V HGB 267
(1) Charakter der Norm 267
(2) Bezug zu und Konsequenzen für Tax Compliance 269
cc) Ergebnis zu § 289 HGB 270
2. Organisationsanforderungen aus der Rechtsprechung 270
a) MPS-Urteil des BGH 270
aa) Sachverhalt und Urteilsgründe 270
bb) Anforderungen an Informations- und Frühwarnsysteme 272
(1) Analyse des MPS-Urteils 272
(2) Konkretisierungsversuche im Schrifttum 273
(3) Abstrahierung vom Cash-Pooling 276
cc) Schlussfolgerung für Tax Compliance 278
b) Das Siemens/Neubürger-Urteil des LG München I 279
aa) Sachverhalt 279
bb) Urteilsgründe 280
cc) Anforderungen an eine Compliance-Organisation 282
dd) Schlussfolgerung für Tax Compliance 283
c) Rechtsprechung abseits des MPS- und des Siemens/Neubürger-Urteils 283
aa) Anforderungen 283
(1) Obiter dictum zur Garantenstellung eines Compliance Officers 283
(2) Einzelaspekte weiterer Urteile 286
bb) Schlussfolgerung für Tax Compliance 287
3. Schlussfolgerung: Gesetzliche Organisationspflichten und Organisationsanforderungen der Rechtsprechung an Tax Compliance 288
a) Gesetzliche Organisationsanforderungen für Tax Compliance 288

b) Organisationsanforderungen der Rechtsprechung an Tax Compliance 289

III. Sorgfaltspflicht und Haftung des Vorstandes – Maßstäbe für Tax Compliance aus § 93 I, II AktG 290

1. Sorgfaltspflicht 290

a) Legalitätspflicht und Legalitätskontrollpflicht 292

aa) Inhalt der Legalitätspflicht 292

bb) Grenzbereiche der Legalitätspflicht und Tax Compliance 293

(1) Bestimmung der Grenzen der Legalitätspflicht 294

(2) Konsequenzen für Tax Compliance 297

cc) Legalitätskontrollpflicht 299

dd) Maßstäbe für Tax Compliance aus der Legalitätspflicht und der Legalitätskontrollpflicht 300

b) Organisations- und Überwachungspflichten 301

aa) Vorstandsinterne, horizontale Überwachungspflichten 301

(1) Vorüberlegungen und rechtlicher Rahmen 301

(2) Ausgestaltung der Überwachungspflicht 303

(a) Allgemeine Kriterien 304

(b) Fallgruppenbezogene Kriterien 304

(aa) Strengere Überwachungspflichten hinsichtlich Steuern 308

(bb) Informationssystem 309

(3) Dokumentationserfordernis 310

bb) Organisations- und vertikale Überwachungspflichten bei Delegation 311

(1) Ordnungsgemäße Auswahl 312

(2) Ordnungsgemäße Anleitung 313

(3) Ordnungsgemäße Überwachung 314

(a) Allgemeine Organisationsanforderungen 315

(b) Konkrete Organisationsanforderungen 315

cc) Delegation und Bündelung der Überwachung 319

dd) Externe Delegation 321

(1) Grundvoraussetzungen der externen Delegation 321
(2) Betriebsführungsvertrag 322
(3) Outsourcing 322
ee) Weitere Organisationspflichten 323
ff) Organisations- und Überwachungsmaßstäbe für Tax Compliance 323
(1) Horizontale Organisations- und Überwachungspflichten 323
(2) Vertikale Organisations- und Überwachungspflichten 325
(a) Personelle Tax Compliance-Anforderungen 326
(b) Organisatorische Tax Compliance-Anforderungen 326
(3) Oberaufsicht, externe Delegation und delegationsunabhängige Organisation 328
(4) Schlussfolgerung für Tax Compliance 329
c) Treuhandfunktion 330
d) Pflicht zur Abführung der Steuern 332
e) Business Judgement Rule 333
aa) Grundgedanke der Business Judgement Rule 333
bb) Voraussetzungen und Anforderungen der Business Judgement Rule 334
cc) Wechselwirkung zwischen Tax Compliance und Business Judgement Rule 338
2. Aktienrechtliche Sorgfaltspflicht und Tax Compliance 341
3. Haftung des Vorstandes 341
a) Pflichtverletzung 343
aa) Pflichtverletzung und Tax Compliance 343
bb) Pflichtverletzungen bei Mehrheitsentscheidungen des Vorstandes 344
cc) Auswirkungen der Business Judgement Rule 348
b) Verschuldensmaßstab 348
aa) Formen des Verschuldens 348
bb) Konsultation von Sachverstand 349
cc) Haftung für Eigenverschulden 351

c) Beweislast des Vorstandes 352
d) Schaden und Kausalität 355
aa) Grenzen des Schadensbegriffes 356
bb) Tax Compliance und Vorteilsausgleichung 357
cc) Kausalität und pflichtgemäßes Alternativverhalten 361
IV. Aktienrechtliche Anforderungen an Tax Compliance 363
1. Konkretisierung der Pflichten des Vorstandes 363
2. Konsequenzen für ein Organisationsverschulden des Vorstandes 364
V. Tax Compliance Maßstäbe und Anforderungen bei Konzernen 365
C. Aufsichtspflichten des Vorstandes – Derivative Anforderungen und Maßstäbe an Tax Compliance aus § 130 OWiG 366
I. Charakter und Intention des § 130 OWiG 366
1. Regelungsgegenstand 366
2. Regelungszweck 367
3. Subsidiarität bzw. Auffangfunktion 368
II. Anwendbarkeit des § 130 OWiG auf steuerrechtliche Sachverhalte 369
1. Anwendbarkeit bei nationalen Sachverhalten 371
2. Anwendbarkeit bei internationalen Sachverhalten 371
III. Organisationsanforderungen an die Unternehmensaufsicht 373
1. Adressat der Aufsichtspflicht 373
2. Organisations- und Aufsichtsmaßnahmen 374
a) Grundlegende Bedingungen der Aufsichtsmaßnahmen 375
b) Stufenmodell der Aufsichtsmaßnahmen 377
IV. Haftungsmaßstab 385
1. Subjektiver Maßstab: Vorsatz und Fahrlässigkeit 385
2. Objektiver Maßstab der Risikoerhöhung 385
3. § 130 OWiG und Business Judgement Rule 388

V. Ordnungswidrigkeitenrechtliche Anforderungen an Tax Compliance 389
1. Konkretisierung der Pflichten des Vorstandes 389
2. Konsequenzen für ein Organisationsverschulden des Vorstandes 390
3. Vergleich und Verhältnis zwischen den aktienrechtlichen und den ordnungswidrigkeitenrechtlichen Anforderungen an Tax Compliance 391
VI. Tax Compliance Maßstäbe und Anforderungen bei Konzernen 393
D. Steuerrechtliche Pflichten des Vorstandes – Originäre Anforderungen und Maßstäbe an Tax Compliance aus § 69 i.V.m. §§ 34 I, 35 AO 393
I. Charakter und Intention des § 69 AO sowie der §§ 34 I, 35 AO 393
1. Intention und Wesen des § 69 AO 393
2. Intention der §§ 34 I, 35 AO 395
a) Abstrakter Regelungsbereich 395
b) Tax Compliance relevante Vertreter und Verfügungsberechtigte 397
II. Steuerlicher Pflichtenkanon 399
1. Kenntnis der steuerlichen Pflichten 399
2. Steuerliche Pflichten der Aktiengesellschaft 401
a) Einhaltung aller steuergesetzlichen Verpflichtungen 401
b) Pflicht zur Steuerentrichtung 401
aa) Steuerentrichtung und Vermögensvorsorge 401
bb) Grundsatz der anteiligen Tilgung 402
cc) Sonderfall Lohnsteuer 403
3. Zusammenhang steuerlicher Pflichtenkanon und Tax Compliance 405
a) Persönliche Dimension 405
b) Pflichtendimension 406
4. Zwischenfazit: Originäre „Teilpflicht“ zur Tax Compliance 406

III. Steuerliche Organisationsanforderungen 407
1. Geschäftsverteilung – horizontale Organisations- und Überwachungspflichten 407
a) Organisationsanforderungen und Pflichtenmodifikation 408
aa) Notwendigkeit schriftlicher Dokumentation 408
bb) Überwachungs- und Reaktionspflicht 410
cc) Pflicht zur Niederlegung des Amtes 411
b) Schlussfolgerung: Horizontale Organisations- und Überwachungsmaßstäbe für Tax Compliance 412
2. Delegation – vertikale Organisations- und Überwachungspflichten 413
a) Interne Delegation an Mitarbeiter 413
aa) Auswahl und Instruktion der Mitarbeiter 413
bb) Überwachung der Mitarbeiter 414
b) Externe Delegation auf sachkundige Dritte 415
c) Schlussfolgerung: Vertikale Organisations- und Überwachungsmaßstäbe für Tax Compliance 416
3. Zwischenfazit: Die Originäre Organisationspflicht als Teilaspekt von Tax Compliance 417
IV. Verschuldensmaßstab 418
1. Grundsatz des subjektiven Sorgfaltsmaßstabs 419
2. Objektivierung qua Übernahmeverschulden 421
3. Das Organisationsverschulden im Lichte von Tax Compliance 422
a) Die Organisation als Frage des Einzelfalls? 422
b) Definition typisierender, organisatorischer Anforderungen 423
aa) Entwicklung adäquater Anknüpfungskriterien 423
(1) Orientierung an der Einordnung in Größenklassen gemäß § 3 BpO 2000 424
(a) Wesen der Einordnung in Größenklassen 424
(b) Praktische Konsequenz der Einordnung 425
(c) Prüfungsbedürftigkeit und Risikomanagement 425

(d) Die Größenklasseneinordnung der BpO als alleiniges Anforderungskriterium 427
(2) Orientierung am Risikomanagement der Finanzverwaltung 428
(a) Wesen und Kriterien des Risikomanagements der Finanzverwaltung 428
(b) Risikomanagementkriterien der Finanzverwaltung als Anknüpfungskriterien 430
(aa) Grundsätzliche Eignung der Kriterien als Anknüpfungskriterien 430
(bb) Tauglichkeit der Kriterien im Einzelnen 431
(c) Schlussfolgerung 433
(3) Orientierung am risikoorientierten Prüfungsansatz der Wirtschaftsprüfung – Stichwort Skalierung 434
(a) Die Ausgangssituation der Wirtschaftsprüfung 434
(b) Die Kriterien des risikoorientierten Prüfungsansatzes 437
(aa) Das Wesen und die Idee des risikoorientierten Prüfungsansatzes 437
(bb) Geeignetheit und Tauglichkeit der Kriterien als Anknüpfungskriterien 438
(c) Risikofaktoren der IDW PS 210 und IDW PS 261 n.F. 442
(aa) IDW PS 261 n.F. 442
(bb) IDW PS 210 443
(cc) Geeignetheit und Tauglichkeit der Risikofaktoren 444
(d) Die Kriterien der Skalierung 446
(aa) Idee und Kriterien der Skalierung 446
(bb) Geeignetheit und Tauglichkeit der Kriterien 448
bb) Klassifikation per adäquater, typisierender Anknüpfungskriterien 449
c) Organisationsanforderungen anhand typisierender „Risikostrukturklassen“ 449
aa) Der Begriff der Risikostrukturklasse 449

bb) Risikostrukturklasse: Hohes Risiko im weiteren Sinne ... 452
(1) Risikostrukturklasse: Realisiertes Risiko ... 452
(a) Merkmale der Risikostrukturklasse ... 452
(b) Organisationsanforderungen ... 453
(2) Risikostrukturklasse: Hohes Risiko im engeren Sinne ... 453
(a) Merkmale der Risikostrukturklasse ... 453
(b) Organisationsanforderungen ... 454
cc) Risikostrukturklasse: Mittleres Risiko im weiteren Sinne ... 454
(1) Risikostrukturklasse: Mittleres Risiko im engeren Sinne ... 454
(a) Merkmale der Risikostrukturklasse ... 454
(b) Organisationsanforderungen ... 456
(2) Risikostrukturklasse: Erhöhtes Risiko ... 456
(a) Merkmale der Risikostrukturklasse ... 456
(b) Organisationsanforderungen ... 456
(3) Risikostrukturklasse: Gemindertes Risiko ... 456
(a) Merkmale der Risikostrukturklasse ... 456
(b) Organisationsanforderungen ... 457
dd) Risikostrukturklasse: Niedriges Risiko im weiteren Sinne ... 457
(1) Risikostrukturklasse: Niedriges Risiko im engeren Sinne ... 457
(a) Merkmale der Risikostrukturklasse ... 457
(b) Organisationsanforderungen ... 458
(2) Risikostrukturklasse: Funktionierendes Tax Compliance-System ... 458
d) Fazit: Indiziertes Organisationsverschulden aufgrund typisierter Organisationsanforderungen ... 458
4. Schlussfolgerung und Konsequenzen für Tax Compliance ... 459
5. § 69 AO und Business Judgement Rule ... 459
V. Steuerrechtliche Anforderungen an Tax Compliance ... 461

1. Konkretisierung der Pflichten des Vorstandes 461
2. Konsequenzen für ein Organisationsverschulden des Vorstandes 462
VI. Tax Compliance Anforderungen und Maßstäbe bei Konzernen 462
VII. Kohärenz der aktienrechtlichen, ordnungswidrigkeitenrechtlichen und steuerrechtlichen Anforderungen an Tax Compliance 463
VIII. Die Tax Compliance Normentrias 467
E. Tax Compliance-Anforderungen an den Vorstand und Rückkoppelungseffekt 467
I. Parallelität der aktienrechtlichen, ordnungswidrigkeitenrechtlichen und steuerrechtlichen Anforderungen an Tax Compliance 468
II. Unternehmensrisiko Rückkoppelungseffekt – Der untrennbare Zusammenhang zwischen Tax Compliance, der Haftung des Vorstandes und des Unternehmens 469
1. Der direkte (steuerrechtliche) Rückkoppelungseffekt 470
a) Verlängerung der Festsetzungsfrist gem. § 169 II 2, 3 AO 470
aa) Charakter und Intention der Regelung 470
bb) Die Voraussetzungen der Fristverlängerung im Einzelnen 471
cc) Risikolage aufgrund der Fristverlängerung 473
b) Zinszahlungen als Rückkoppelungseffekt 473
aa) Die Verzinsung von Steuernachforderungen gem. § 233a AO 474
bb) Die Verzinsung von hinterzogenen Steuern gem. § 235 AO 475
2. Der indirekte Rückkoppelungseffekt 477
a) Die Rückkoppelung gem. § 30 OWiG 477
aa) Der Regelungsgehalt des § 30 OWiG 477
bb) Die Änderungen im Rahmen der GWB-Gesetzesnovelle 479

(1) Die Änderungen des § 30 OWiG 479
(2) Der Zusammenhang zwischen der Gesetzesnovelle und Tax Compliance 480
b) Rückkoppelung gem. § 31 BGB 482
3. Unternehmensrisiko Rückkoppelungseffekt 483
III. Fazit 483
F. Die Schattenseite von Tax Compliance - Tax Compliance als Nachteil? 484
I. Stand der fragmentarischen Diskussion im Schrifttum 485
1. Unsystematisches „Ansatzallerlei" 485
2. Gemeinsamkeiten im „Ansatzallerlei" 487
II. Systematisierung eines Nachteils durch Tax Compliance 488
1. Systematisierungsprämissen 488
2. Systematisierung durch Fallgruppen 489
III. Schlussfolgerung: Kein Nachteil durch Tax Compliance 491

4. Kapitel: Tax Compliance im Spannungsverhältnis zwischen Mindestanforderungen und Best Practice? 493
A. Mindestanforderungen und Best Practice – Die Ausgangssituation 493
I. Der Begriff der Best Practice 493
II. Best Practice im Verhältnis zu den Mindestanforderungen 494
B. Ansatzpunkte einer Best Practice für Tax Compliance 495
I. Grundsätze ordnungsmäßiger Prüfung von Compliance Management Systemen – IDW PS 980 495
1. Entwicklung und Rechtsnatur des IDW PS 980 495
2. Anwendungsbereich und Aufbau des IDW PS 980 496
a) Anwendungsbereich 496
b) Prüfungsumfang 497
3. Best Practice Aspekte des IDW PS 980 498
a) Kriterien des IDW PS 980 zu Compliance Management Systemen 498

aa) Bestandteile eines Compliance Management Systems 498
bb) Denkbare Best Practice Kriterien....499
b) Tauglichkeit der Kriterien als Best Practice für Tax Compliance 502
4. Schlussfolgerung: Keine Best Practice aus IDW PS 980 503
II. Mindestanforderungen an die Compliance-Funktion – MaComp 504
1. Rechtliche Grundlagen und Rechtsqualität der MaComp....504
2. Die MaComp als Best Practice für Tax Compliance?....507
3. Konkretisierung der Mindestanforderungen mit Hilfe der MaComp 508
a) Die MaComp und die Stellung der Compliance-Funktion im Unternehmen....508
b) Die Aufgaben der Compliance-Funktion gemäß der MaComp 509
c) Die Organisation der Compliance-Funktion gemäß der MaComp....511
d) Fazit: Konkretisierungspotential statt Best Practice....515
III. Mindestanforderungen an das Risikomanagement – MaRisk....515
1. MaRisk (VA) 515
2. MaRisk....516
a) Die Compliance-Funktion nach den MaRisk 517
b) Fazit....518
3. Keine Best Practice für Tax Compliance aus den MaRisk....518
IV. Deutscher Corporate Governance Kodex 518
V. Best Practice Ansätze im Schrifttum....519
1. Existenz einer Best Practice im Schrifttum?....519
2. Exemplarische Konkretisierung der Mindestanforderungen....520
a) Tax Compliance-Richtlinien und Tax Compliance-Manual....520
b) „Notfall-“ bzw. „Krisenprogramm“ 521

c) Personalorganisation und organisatorische Kontrolle ... 521
d) Compliance Audits ... 522
e) Tax Mock Dawn Raids ... 522
f) Sanktionsmechanismen ... 522
3. Fazit ... 522
C. Tax Compliance-Mindestanforderungen ohne Best Practice ... 523

Schlussbetrachtung ... 525

Literaturverzeichnis ... 527

Verwaltungsanweisungen und Behördenveröffentlichungen ... 595

Rechtsprechungsverzeichnis ... 601

Einführung und Gang der Untersuchung

„Compliance" – ein schillernder Begriff[1], Schlagwort[2], legal transplant[3], alter Wein in neuen Schläuchen[4] – die Attribute, die mit dem Begriff Compliance in Verbindung gebracht werden, sind nicht nur vielfältig, sondern lassen bereits die kontroverse Diskussion um den durchaus polarisierenden Begriff Compliance anklingen.

Zwar existiert mittlerweile eine nahezu nicht mehr zu überblickende Fülle an Literatur zum Thema Compliance[5], jedoch war die Literatur für die Problematik der steuerrechtlichen Facetten von Compliance im Sinne einer Tax Compliance aus der Sicht der Unternehmen zunächst sehr spärlich gesät[6]. Erst nach einiger Zeit befasste sich mit dem Werk „Tax Compliance" der Herausgeber Streck, Mack und Schwedhelm ein Buch ausschließlich mit dieser Thematik. Mittlerweile scheint Tax Compliance aus dem Dornröschenschlaf wachgeküßt zu sein, was sich auch in der Veröffentlichung eines weiteren Buches ausschließlich zur Tax Compliance aus der Compliance-Reihe des Beck-Verlages[7] manifestiert und das gewachsene Bewusstsein der Relevanz von Tax Compliance illustriert.

Diese *intra*disziplinäre Arbeit in der Schnittstelle des Steuer- und Gesellschaftsrechts soll einen Beitrag zur dogmatischen Diskussion um Tax Compliance liefern und dabei helfen, die Kontroverse um Compliance und insbesondere den Aspekt der Tax Compliance auf einer fundierten dogmatischen Grundlage führen zu können.

Konkret ergibt sich die *Intra*disziplinarität dieser Arbeit aus der leitenden Fragestellung einer Pflicht zur Kontrolle oder Beherrschung steuerrechtlicher Risiken im Unternehmen, die in die Schnittstelle des Steuer- und Gesellschaftsrechts zielt. Ausgangspunkt ist die Analyse exemplarischer, steuerlicher Risiken für Unternehmen sowie eine mögliche Pflicht des Vorstands zur Beherrschung dieser Risiken, wobei sich die Untersuchung dieser Fragestellung ausschließlich auf die Aktiengesellschaft konzentriert.

En detail erfolgt nach einer grundlegenden Definition des Begriffes Tax Compliance im ersten Kapitel eine Einordnung von Tax Compliance in das Gesamtgefüge

---

1 So z.B. *Streck/Binnewies*, DStR 2009, 229.

2 So z.B. *Lösler*, NZG 2005, 104, *Wolf*, DStR 2006, 1995.

3 *Fleischer*, NZG 2004, 1129, 1131.

4 „Alter Wein in neuen Schläuchen" erwähnt bei *Klindt*, NJW 2006, 3399, 3400; *Klindt*, NJW 2010, 2385; *Cauers/Haas/Kremer/Schartmann/Welp*, DB 2008, 2717.

5 Statt aller *Goette*, ZHR 175 (2011), 388, 389, Fn. 3 mit einem beispielhaften Überblick auf die seinerzeit bereits sehr umfangreiche Literatur zum Thema Compliance.

6 Exemplarisch sei an dieser Stelle auf das Werk „Corporate Compliance" von Christoph E. Hauschka verwiesen, dessen erste Auflage aus dem Jahre 2007 Tax Compliance überhaupt nicht behandelte und in der zweiten Auflage aus dem Jahre 2010 immerhin einige Seiten zu Tax Compliance aufweist.

7 *Besch/Starck*, Tax Compliance, im Erscheinen, angekündigt für 2014.

des Unternehmens, indem die Implementierung von Tax Compliance in das Unternehmen im Verhältnis zu unternehmensinternen Überwachungs- und Risikosteuerungssystemen erörtert wird.

Im zweiten Kapitel wird die Phänomenologie systemischer Steuerrisiken in internationalen Unternehmen dargestellt. Anhand verschiedener Referenzbeispiele werden die enormen Risiken für Unternehmen aufgezeigt und charakterisiert, die sich im weiten Feld des Steuerrechts ergeben können. Grundlage für die Darstellung der Risiken waren die wertvollen Anregungen und Denkanstöße der an BoNiR beteiligten Praktiker sowie weiterer Gesprächspartner aus der Unternehmens- und Beraterpraxis.

Das dritte Kapitel wechselt sodann die Perspektive vom Blick auf die Risiken des Unternehmens hin zur Verantwortlichkeit des Vorstands. Anschließend an eine kurze Diskussion einer denkbaren Pflicht zur Tax Compliance werden mögliche Anforderungen und Maßstäbe für das Vorstandshandeln im Lichte von Tax Compliance definiert und unter Fokussierung auf die Normen §§ 76 I, 93 I, II AktG, § 130 OWiG sowie § 69 i.V.m. §§ 34 I, 35 AO aus diesen extrahiert.

Zum Schluss wird im Hinblick auf die herausgearbeiteten Anforderungen und Maßstäbe die Existenz einer Best Practice für Tax Compliance untersucht.

1. Kapitel: Tax Compliance – Grundlagen und Implementierung ins Unternehmen

Was ist Tax Compliance? Welcher Zusammenhang besteht zu einem Unternehmen? Wie ist Tax Compliance in ein Unternehmen zu implementieren?

Diese zentralen Fragestellungen bilden zunächst die Dreh- und Angelpunkte, um auf der Basis eines mit der Beantwortung dieser Fragen gelegten fest umrissenen Verständnisses von Tax Compliance eine Analyse des Phänomens Tax Compliance in internationalen Unternehmen und die daraus resultierenden Pflichten und Maßstäbe des Vorstands vornehmen zu können.

A. Grundlagen von Tax Compliance

I. Compliance

1. Begriffsbestimmung

Auf der Suche nach einer Legaldefinition oder einer allgemeinen Definition von „Compliance" führt der Weg zunächst in das WpHG.

Dort ist der Begriff „Compliance" explizit in § 33 I 2 Nr. 1 WpHG zum ersten Mal in einem Gesetz in Deutschland normiert und umschreibt als Compliance-Funktion das Aufstellen von Grundsätzen, Bereitstellen von Mitteln und Einrichten von Verfahren, die die Einhaltung des WpHG durch das Unternehmen und seine Mitarbeiter mittels einer unabhängigen Compliance-Funktion absichern.[8] Die Compliance-Funktion soll die Einhaltung des WpHG als „Kontrollverfahren" gewährleisten.[9] § 33 I 2 Nr. 1 WpHG setzt damit die Verwaltungspraxis des damaligen Bundesamtes für den Wertpapierhandel (BaWe), heute Bundesanstalt für

8 Vgl. *Röh*, BB 2008, 398, 400; vgl. *Engelhardt*, ZIP 2010, 1832, 1832f.; vgl. *Früh*, CCZ 2010, 121, 124; vgl. *Holzhauser*, in: Holzhauser/Sutter, Interdisziplinäre Aspekte von Compliance, S. 11, 29f.; *Schäfer*, in: Heidel, AktR, § 33 WpHG, Rn. 18; *Meyer/Paetzel/Will*, in: Kölner Kommentar WpHG, § 33, Rn. 100.

9 BT-Drucks. 16/4028, S. 71 (Begründung Regierungsentwurf eines Gesetzes zur Umsetzung der Richtlinie über Märkte für Finanzinstrumente und der Durchführungsrichtlinie der Kommission [Finanzmarkt-Richtlinie-Umsetzungsgesetz]).

Finanzdienstleistungsaufsicht (BaFin), festgehalten in der „Compliance-Richtlinie"[10] sowie Art. 13 II der Finanzmarktrichtlinie (MiFID)[11] und Art. 6 I der Durchführungsrichtlinie (DRL)[12] um.[13]

Es handelt sich hierbei nicht um eine allgemeingültige Legaldefinition des Begriffes Compliance selbst, sondern um die Umschreibung einer speziellen Organisationspflicht („Compliance-Funktion") im Rahmen des WpHG.[14] Jedoch bezieht sich Compliance nicht nur auf den Bereich des WpHG, sondern auch auf andere Rechtsbereiche wie z.B. das Kartellrecht, was eine bereichsübergreifende Definition des Begriffes erforderlich macht.[15]

Außerhalb des Gesetzes erlegt allgemeiner und übergreifender der Deutsche Corporate Governance Kodex (DCGK) unter Compliance dem Vorstand in Ziffer 4.1.3 die Pflicht auf, für die Einhaltung und Beachtung der gesetzlichen Bestimmungen und interner Richtlinien des Unternehmens zu sorgen, ohne dies näher zu spezifizieren.

In der Literatur wird schließlich der Ursprung des Begriffes Compliance außerhalb des juristischen Bereichs im Gesundheitswesen gesehen und bezeichnet z.B. die Organisation zur Einhaltung von Regeln bei der Herstellung von Arzneimitteln oder auch die Einhaltung ärztlicher Anweisungen durch Patienten.[16] Innerhalb des juristischen Bereichs liegen die Wurzeln von Compliance im amerikanischen Bankensektor[17], wobei die Anfänge der Compliance-Programme in Deutschland dem Kartellordnungswidrigkeitenrecht zugeordnet werden können[18].

---

10 BAnz. Nr. 210 v. 6. November 1999, S. 18453, 18453ff.

11 Richtlinie 2004/39/EG v. 21. April 2004, ABl. EU Nr. L 145, S. 1.

12 Richtlinie 2006/73/EG v. 10. August 2006, ABl. EU Nr. L 241, S. 26.

13 BT-Drucks. 16/4028, S. 70f.; vgl. auch *Rolshoven*, in: Renz/Hense, Wertpapier-Compliance in der Praxis, 899, 903ff.; *Fuchs*, in: *Koller*, in: Assmann/Schneider, WpHG, § 33, Rn. 1; Fuchs, WpHG, § 33 Rn. 67 und Fn. 124; ausführlich *Niermann*, ZBB 2010, 400, 402; *Zingel*, BKR 2010, 500, 500f.; *Meyer/Paetzel/Will*, in: Kölner Kommentar WpHG, § 33, Rn. 86, 99.

14 So auch BT-Drucks. 16/4028, S. 71; Konkretisierung dieser Organisationsanforderungen in der Wertpapierdienstleistungs-Verhaltens- und Organisationsverordnung – WpDVerOV v. 20. Juli 2007, BGBl. I 2007, 1432, u.a. auf Grundlage des § 33 IV WpHG verordnet; *Röh*, BB 2008, 398, 400; *Holzhauser*, in: Holzhauser/Sutter, Interdisziplinäre Aspekte von Compliance, S. 11, 30; *Schäfer*, in: Heidel, AktR, § 33 WpHG, Rn. 18; *Meyer/Paetzel/Will*, in: Kölner Kommentar WpHG, § 33, Rn. 100.

15 Vgl. *Poppe*, in: Görling/Inderst/Bannenberg, Compliance, S. 8; vgl. ebenso *Schneider*, ZIP 2003, 645, 646.

16 *Dieners/Lembeck*, in: Dieners, Handbuch Compliance im Gesundheitswesen, Kap. 7, Rn. 1; vgl. *Hauschka*, AnwBl. 2010, 629; *Stober*, NJW 2010, 1573.

17 *Roth*, Compliance: Begriff Bedeutung Beispiele, S. 7; vgl. *Fleischer*, NZG 2004, 1129, 1131, *Behringer*, ZRFC 2010, 6.

18 *Kort*, NZG 2008, 81, 82; ausführlich zum Ursprung von Compliance siehe den Kurzbeitrag von *Eufinger*, CCZ 2012, 21f.; Überblick bei *Pietrek*, Die strafrechtliche

Übersetzt bedeutet Compliance Einhaltung, Befolgung, Erfüllung, Einwilligung, bzw. „to comply with" entsprechen, nachkommen, einhalten oder befolgen.[19] Folglich wird im rechtlichen Kontext unter „Compliance" die „Einhaltung, Befolgung, Übereinstimmung, Einhaltung bestimmter Gebote"[20] verstanden. Die Benutzung des Ausdrucks (Corporate) Compliance hat sich in der rechtswissenschaftlichen Literatur ohne Übersetzung eingebürgert[21] und bezeichnet nicht nur die Einhaltung des Rechts, sondern darüber hinaus die organisatorischen Maßnahmen, die innerhalb eines Unternehmens ergriffen werden, um die Einhaltung des Rechts sicher zu stellen.[22]

Im Detail ist die Grenze dieser Begriffsdefinition von Compliance gleichwohl uneinheitlich: teils wird Compliance auf Gesetze, die eine Strafe oder ein Bußgeld nach sich ziehen, sowie auf die Regeln zur Umsetzung dieser Gesetze begrenzt[23], teils wird unter Compliance auch die Vermeidung einer Haftung durch Einhaltung der für Unternehmen maßgeblichen Gesetze gefasst[24] Ferner wird teilweise die Befolgung der einzuhaltenden Regeln auf z.B. allgemeine Verhaltensregeln, die das Unternehmen seinen Mitarbeitern selbst auferlegen kann oder die aus den Erwartungen von Anteilseignern resultieren, ausgedehnt.[25]

Freilich ist diesen Definitionsansätzen für Compliance als entscheidende Übereinstimmung die bereits erwähnte Grundidee gemein, dass die Einhaltung festzulegender Regeln oder Gesetze mittels Maßnahmen oder einer Organisation systematisch und präventiv gesichert wird.[26] Eben diese Grundidee verleiht Compliance eine Bedeutung über die bloße Rechtstreue hinaus, so dass es sich bei Compliance weder

---

Verantwortlichkeit des Betriebsinhabers aus Compliance-Pflichten, S. 27ff., vgl. dort auch zum folgenden Text.

19 *Dietl/Lorenz*, Wörterbuch für Recht, Wirtschaft und Politik, Teil I, Englisch-Deutsch, S. 147.

20 Vgl. *Hauschka*, NJW 2004, 257; *Hauschka*, in: Hauschka, Corporate Compliance, § 1 Rn. 2.

21 *Lösler*, NZG 2005, 104; *Streck*, StbJb. 2009/2010, 415, 416; *Streck*, in: Streck/Mack/Schwedhelm, Tax Compliance, Rn. 1.1; *Seer*, in: Tipke/Kruse, AO, § 85, Rn. 38 (Mai 2013).

22 Compliance: *Schneider*, ZIP 2003, 645, 646; Vgl. *Menzies*, Sarbanes Oxley und Corporate Compliance, S. 2; Compliance: vgl. *Bergmoser/Theusinger/Gushurst*, BB-Special Compliance 5.2008 zu Heft 25, 1, 2; Corporate Compliance: *Campos Nave/Zeller*, BB 2012, 131.

23 *Moosmayer*, Compliance, S. 1.

24 *Theisen*, Information und Berichterstattung des Aufsichtsrats, S. 87 m.w.N.

25 Compliance/Coporate Compliance: vgl. *Poppe*, in: Görling/Inderst/Bannenberg, Compliance, S. 1; Compliance/Coporate Compliance: vgl. *Behringer*, ZRFC 2010, 6; Menzies, Sarbanes Oxley und Corporate Compliance S. 2f.; *Campos Nave/Zeller*, BB 2012, 131.

26 Vgl *Hauschka*, in Hauschka, Corporate Compliance, § 1 Rn. 4; siehe Nachweise in Fn. 13; vgl. auch die Definition von Compliance in Creifelds Rechtswörterbuch, S. 270.

um eine „Binsenweisheit"[27] handelt, noch wird unter dem Deckmantel Compliance „alter Wein in neue Schläuchen gegossen"[28].

2. *Corporate Compliance*

Gleicherweise uneinheitlich ist die Verwendung der Begriffe Compliance und Corporate Compliance, die im Schrifttum synonym für die organisatorischen Maßnahmen im Unternehmen zur Einhaltung von Regeln gebraucht werden.[29] Nachfolgend wird zur begrifflichen Klarstellung ausschließlich der Begriff Corporate Compliance in Bezug auf Compliance in Unternehmen verwendet.[30]

a) Elemente eines Corporate Compliance-Systems

Das eigentliche Corporate Compliance-System als Grundidee von Corporate Compliance, d.h. die Organisation oder Struktur, die eingeführt wird, um die Einhaltung des Rechts zu sichern, variiert von Unternehmen zu Unternehmen. Je nach Tätigkeitsfeld, Größe, Auslandsbezug und weiterer Unterscheidungsmerkmale besteht eine individuelle „Gemengelage" zu beachtender Regelungen nationalen oder auch internationalen Ursprungs[31] für das jeweilige Unternehmen, die nach einem zugeschnittenen Corporate Compliance-System verlangt.[32] Weitere Einflussfaktoren stammen aus dem Bereich der Betriebswirtschaft, die an die Ausgestaltung eines Corporate Compliance-Systems Kriterien wie eine „strikte Funktionalität", die Wirtschaftlichkeit des Systems, Kategorisierung festgelegter Compliance-Ziele nach Wesentlichkeit sowie organisationstheoretische Ansätze anlegen.[33]

---

27 *Schneider*, ZIP 2003, 645, 646, der Compliance auch nicht als „Binsenweisheit" ansieht.

28 *Klindt*, NJW 2006, 3399, 3400; *Klindt/Pelz/Theusinger*, NJW 2010, 2385.

29 Vgl. Creifelds Rechtswörterbuch, S. 270, weitere Nachweise für die uneinheitliche Verwendung siehe oben in Fn. 13 und Fn. 19.

30 So auch die Verwendung/Definition des Begriffes Corporate Compliance bei *Schwedhelm*, AnwBl. 2009, 90; *Streck*, in: Streck/Mack/Schwedhelm, Tax Compliance, Rn. 1.3; *Grützner/Jakob*, Compliance von A-Z, S. 45 und S. 50.

31 Explizit für die Beachtung einschlägiger, das Unternehmen betreffende ausländische Rechtsvorschriften beispielsweise *Hauschka*, AG 2004, 461, 470; *Bürkle*, BB 2007, 1797, 1799; *Schneider*, CCZ 2008, 18; *Fleischer*, CCZ 2008, 1, 6; *Bürkle*, in: Hauschka, Corporate Compliance, § 8, Rn. 73f., hier unter anderem Hinweis auf die Reichweite des Sarbanes-Oxley Acts; *Moosmayer*, Compliance, S. 3f.; vgl. zu Tax Compliance und § 130 OWiG *Kiesel/Böhringer*, BB 2012, 1190, 1193; vgl. bereits grundlegend *Adams/Johannsen*, BB 1996, 1017, 1018.

32 Vgl. *Inderst*, in: Görling/Inderst/Bannenberg, Compliance, S. 83; *Hauschka*, in: Hauschka, Corporate Compliance, § 1 Rn. 33; vgl. *Moosmayer*, Compliance, S. 3f.

33 Siehe dazu ausführlich mit vertiefenden Hinweisen *Bergmoser/Theusinger/Gushurst*, BB-Special Compliance 5.2008 zu Heft 25, 1, 6ff.

Abseits des individuellen Zuschnitts und der angerissenen betriebswirtschaftlichen Erwägungen liegen einem Corporate Compliance-System bestimmte Elemente als tragende Säulen zu Grunde:[34] Neben dem Commitment der Unternehmensleitung zur Einhaltung der Gesetze bedarf es zunächst einer Risikoanalyse der individuellen Risiken des Unternehmens. Anschließend wird durch Festlegung von Verantwortung für bestimmte Bereiche und Implementierung einer entsprechenden Organisation inklusive Kontrolle ein passendes System eingerichtet. Weitere Elemente sind die Kommunikation in Form der Information und Schulung der Mitarbeiter im Unternehmen sowie die Dokumentation der vorgenommenen Maßnahmen.[35]

b) Funktionen von Corporate Compliance

Mittels des eingerichteten Systems im Unternehmen können Corporate Compliance verschiedene Funktionen, wie eine Schutz- oder auch Risikobegrenzungsfunktion, Beratungs- und Informationsfunktion, Qualitätssicherungs- und Innovationsfunktion, Überwachungs- oder Kontrollfunktion und Marketingfunktion zugesprochen werden.[36] Die unterschiedlichen Funktionen resultieren aus der jeweiligen Zielsetzung des Unternehmens im Rahmen von Corporate Compliance und lassen sich auf die Hauptfunktionen der Risikobegrenzung, der Information und der Kontrolle bzw. mit anderen Worten auf Prävention, Aufdeckung von Fehlverhalten und Reaktion auf das Fehlverhalten als Konsequenz einer Überwachung[37], reduzieren.

c) Betriebswirtschaftliche Dimension von Corporate Compliance

In Ergänzung zu den gerade erwähnten betriebswirtschaftlichen Maßstäben, die an die Einrichtung eines Corporate Compliance-Systems anzulegen sind[38], ist zu bedenken, dass ein Corporate Compliance-System im Lichte seiner Funktionen selbst ein betriebswirtschaftlich nicht zu vernachlässigender Faktor ist. Durch die Vermeidung von Reputationsverlusten, Schadensersatzzahlungen, Bußgeldern, eines möglichen Ausschlusses von öffentlichen Vergabeverfahren, Exportbeschränkungen oder ähnlichen,

---

34 Vgl. *Hauschka*, in: Hauschka, § 1, Rn. 33; vgl. *Geuenich/Kiesel*, BB 2012, 155.

35 Siehe dazu ausführlich *Hauschka*, in: Hauschka, Corporate Compliance, § 1, Rn. 33 ff.; ähnlich mit zum Teil abweichenden Begrifflichkeiten *Wecker/Galla*, in: Wecker/van Laak, Compliance in der Unternehmerpraxis. S. 65ff.; *Fissenewert*, in: Behringer, Compliance kompakt, S. 60; *Moosmayer*, Compliance, S. 2f.; siehe auch *Bicker*, AG 2012, 546f. m.w.N.

36 Vgl. ausführlich *Lösler*, NZG 2005, 104ff.; *Bergmoser/Theusinger/Gushurst*, BB-Special Compliance 5.2008 zu Heft 25, 1, 2, dort auch zum folgenden Text; *Pietrek*, Die strafrechtliche Verantwortlichkeit des Betriebsinhabers aus Compliance-Pflichten, S. 32ff.

37 Prävention, Aufdeckung von Fehlverhalten sowie Reaktion infolge von Kontrollen: Begrifflichkeiten nach *Moosmayer*, Compliance, S. 2, 102.

38 Siehe oben S. 6.

negativen Folgen für das Unternehmen basierend auf Rechtsverstößen, leistet Corporate Compliance einen Beitrag zur Optimierung des Unternehmensergebnisses.[39]

Demgegenüber ist die Einführung eines Corporate Compliance-Systems zwar betriebswirtschaftlich gedacht ein Kostenfaktor für das Unternehmen, jedoch überwiegt gerade angesichts der genannten Folgen und der damit korrespondierenden Verluste für das Unternehmen saldiert der positive Nutzen für das Unternehmen, getreu dem Motto: „If you think compliance ist too expensive – try to be non-compliant".[40]

Als relevante Kostenfaktoren für die Einrichtung eines Corporate Compliance-Systems sind beispielsweise Kosten für ggf. einzustellendes Personal, Kosten für die Beschaffung von Literatur oder Software zur Instruktion der Mitarbeiter, eventuell Kosten für die Hinzuziehung externen Sachverstands sowie allgemein der Einsatz unternehmensinterner Mittel zur Realisierung eines effizienten Corporate Compliance-Systems anzusehen.[41] Diesen Kostenfaktoren sind, falls nur eine beschränkte Analyse ausschließlich ökonomischer Kennziffern im Zusammenhang mit Corporate Compliance vorgenommen wird, die Kosten von Rechtsverstößen, sofern sie hinsichtlich korrelierender Reputationsverluste, Auftragsrückgänge, usw.[42], beziffert werden können, gemessen an ihrer Eintrittwahrscheinlichkeit gegenüberzustellen um so das Verhältnis von Kosten zu Nutzen eines Corporate Compliance-Systems für das jeweilige Unternehmen im Sinne einer rein betriebswirtschaftlichen Dimension von Corporate Compliance zu bestimmen.[43]

---

39 Arbeitskreis Externe und Interne Überwachung der Unternehmung (AKEIÜ) der Schmalenbach-Gesellschaft für Betriebswirtschaft e.V., Köln, DB 2010, 1509, 1510; Ähnlicher Gedanke bei *Powilleit*, GWR 2010, 28ff. = beck-online GWR 2010, 296917, die sich mit Compliance als Wertschöpfungsfaktor im Unternehmen unter der Direktive von Compliance als „umfassendes rechtliches Risikomanagement" auseinandersetzt; *Görtz/Roßkopf*, ZRFC 2010, 150f.; *Holzhauser*, in: Holzhauser/Sutter, Interdisziplinäre Aspekte von Compliance, S. 11, 13f.; vgl. *Bicker*, AG 2012, 548, 548f., vgl. dort auch zum folgenden Text; vgl. *Boldt/Büll/Voss*, CCZ 2013, 248, 250.

40 *Campos Nave/Bonenberger*, BB 2008, 734; *Görtz/Roßkopf*, ZRFC 2010, 150; vgl. dazu auch den Überblick über zu zahlende Kartellbußgelder bei *Kremer/Klahold*, in: Krieger/Schneider, Handbuch Managerhaftung, § 21, Rn. 3ff. m.w.N., wonach z.B. gegen EON und GDF im Jahre 2009 jeweils ein Bußgeld in Höhe von 553 Mio. Euro, oder gegen Saint Gobain im Jahre 2008 ein Bußgeld in Höhe von 896 Mio. Euro von der EU-Kommission festgesetzt worden ist. Siehe dazu auch bereits *Kremer/Klahold*, ZGR 2010, 113, 114ff. m.w.N. zu verhängten Bußgeldern.

41 Siehe dazu ausführlich *Görtz/Roßkopf*, ZRFC 2010, 150ff., insbesondere 152ff., dort auch zum folgenden Text.

42 Siehe dazu die vorstehenden Ausführungen.

43 Im Vorwort des Herausgebers, S. VI bei *Umnuß*, Corporate Compliance Checklisten wird auf eine Studie des Ponemon Institute und Tripwire Inc. Bezug genommen, wonach die durchschnittlichen Kosten der Unternehmen für Compliance mit ca. 2,6 Mio. Euro gegenüber ca. 6,9 Mio. Euro Kosten in Folge von Complianceverstößen, also um den Faktor 2,65 höher lagen. Dem frei verfügbaren Teil der Studie lässt sich allerdings nichts über die Größe und Struktur der Unternehmen entnehmen, so

II. Tax Compliance

1. Begriffsbestimmung

Für die Bestimmung des Inhalts von „Tax“ bietet die Begriffbestimmung von Steuern und steuerlichen Nebenleistungen in § 3 AO eine Orientierung: demnach erfasst Tax Compliance neben Steuern auch Abgaben wie die Einfuhr- und Ausfuhrabgaben und steuerliche Nebenleistungen wie Verspätungszuschläge, Säumniszuschläge oder Zinsen.[44]

Wird der Begriff Corporate Compliance auf die systematische und präventive Einhaltung von Regeln durch organisatorische Maßnahmen des Unternehmens bezogen[45], so gehört auch die Einhaltung der Steuergesetze zu Corporate Compliance.[46] Allerdings eröffnet der Begriff Tax Compliance eine weitere Dimension abseits des Unternehmens: international wird (Tax) Compliance von der OECD im Zusammenhang mit einem effizienten Steuervollzug durch die Finanzbehörden verwendet[47] und auch in Deutschland weist der Begriff Tax Compliance eine Bedeutung losgelöst von Corporate Compliance auf.[48]

---

dass die empirische Basis dieser Zahlen keiner kritischen Würdigung unterzogen werden konnte und damit nicht verallgemeinerungsfähig ist. Zu den Studien des Ponemon Institute und Tripwire Inc. siehe: http://www.tripwire.com/ponemon-cost-of-compliance/, zuletzt besucht am 29.06.2013, sowie die erläuternden Ausführungen unter http://www.tripwire.com/state-of-security/it-security-data-protection/understanding-the-true-cost-of-compliance-report-part-i/, http://www.tripwire.com/state-of-security/it-security-data-protection/understanding-the-true-cost-of-compliance-report-part-ii/, http://www.tripwire.com/state-of-security/it-security-data-protection/understanding-the-cost-of-compliance-part-iii/, alle zuletzt besucht am 29.06.2013.

44 So auch *Streck/Binnewies*, DStR 2009, 229; *Künstler/Seidel*, in Wecker/van Laak, Compliance in der Unternehmerpraxis, S. 243; *Streck*, in StbJb. 2009/2010, 415, 417; *Besch/Starck*, in Hauschka, Corporate Compliance, § 34, Rn. 4; *Streck*, in Streck/Mack/Schwedhelm, Tax Compliance, Rn. 1.4.

45 Nachweis siehe Fn. 13.

46 *Besch/Starck*, in: Hauschka, Corporate Compliance, § 34, Rn. 3.

47 Dies wird unter anderem in folgenden Veröffentlichungen der OECD zum Ausdruck gebracht: *OECD*, Compliance Risk Management: Managing and Improving Tax Compliance, Oktober 2004; *OECD*, Monitoring Taxpayers' Compliance: A Practical Guide Based on Revenue Body Experience, 22.06.2008; *OECD Forum on Tax Administration*: Tax Compliance and Tax Accounting Systems, April 2010, *OECD Forum on Tax Administration*, Working smarter in structuring the administration, in compliance, and through legislation, Januar 2012; Überblick auch über andere Staaten bei *Kaiser*, IWB 2010, 774ff.

48 *Streck/Binnewies*, DStR 2009, 229, 230; *Streck*, StbJb. 2009/2010, 415, 422; *Streck*, in: Streck/Mack/Schwedhelm, Tax Compliance, Rn. 1.13; *Seer*, in FS Streck, 403, 404; *Gotzens*, in FS Roxin, 453; *Seer*, in: Tipke/Kruse, AO, § 85, Rn. 38 (Mai 2013).

a) *Tax Compliance Finanzverwaltung*

Wenn unter Tax Compliance allgemein zunächst die Einhaltung und Erfüllung steuerlicher Pflichten zu fassen ist, so dient Tax Compliance aus Sicht der Finanzverwaltung dazu, im Rahmen einer Tax Compliance Strategie dem Steuerpflichtigen eine Motivation zu liefern, die Steuergesetze zu befolgen. Durch eine Mitwirkung (Kooperation) des Steuerpflichtigen soll eine Reduzierung von Kontrollen im Einzelfall erzielt und zugleich die Effektivität des Gesetzesvollzugs erhöht werden.[49] Ferner intendiert die Finanzverwaltung unter anderem die Steuern korrekt, aktuell und umfassend zu erheben, den Service für Bürger bestmöglich auszugestalten, aber auch intern die Zufriedenheit der Mitarbeiter sowie ihre Führungskompetenz zu verbessern.[50] Gestützt wird die Tax Compliance Strategie der Finanzverwaltung auf zwei Säulen: zum einen sollen Anreize zur Mitwirkung geboten werden und zum anderen sind Sanktionen bei mangelnder Mitwirkung vorgesehen.[51]

b) *Tax Compliance Unternehmen*

Demgegenüber beschreibt der Begriff Tax Compliance aus Sicht der Unternehmen als Unterfall der Corporate Compliance die durch ein System organisierte Einhaltung aller für das Unternehmen relevanten steuerrechtlichen Regelungen.[52] Es geht um die Vermeidung von Haftungs- und Strafrisiken des Unternehmens, seiner Mitarbeiter sowie der Geschäftsführung bzw. des Vorstandes.[53]

Aufgrund der Tatsache, dass Corporate Compliance nicht nur die Einhaltung inländischen Rechts erfasst, sondern auch das für die Geschäftstätigkeit des jeweiligen Unternehmens einschlägige internationale bzw. ausländische Recht einschließt,[54] so muss sich Tax Compliance folgerichtig im Kontext der Einhaltung aller für das Unternehmen relevanten steuerrechtlichen Regelungen ebenfalls an der Einhaltung einschlägiger, internationaler bzw. ausländischer Rechtsnormen orientieren,

---

49 Vgl. *Schmarbeck*, Monatsbericht BMF 12/2002, 57, 63; *Seer*, StuW 2003, 40, 52; *Seer*, FR 2004, 1037, 1043; *Seer*, StbJb 2004/2005, 53, 58; *Nagel/Waza*, DStZ 2008, 321, 323; *Widmann*, in Steuerrecht im Rechtsstaat, FS Spindler, 563, 565; internationaler Vergleich „kooperativer Compliance-Programme“ bei *Hardeck*, StuW 2013, 156ff.; ausführlich zur Kooperation und zur Compliance-Strategie der Finanzverwaltung *Seer*, in: Tipke/Kruse, AO, § 85, Rn. 38f., dort auch zum folgenden Text.

50 *Schmarbeck*, Monatsbericht BMF 12.2002, 57, 63.

51 *Schmidt*, DStJG, Bd. 31, 2008, 37, 42; *Seer*, in FS Streck, 403, 405.

52 *Streck/Binnewies*, DStR 2009, 229; *Schwedhelm*, AnwBl. 2009, 90; *Streck*, StbJb. 2009/2010, 415, 417; *Streck*, in: Streck/Mack/Schwedhelm, Tax Compliance, Rn. 1.4; *Besch/Starck*, in: Hauschka, Corporate Compliance, § 34, Rn. 4f.; vgl. *Talaska*, BB 2012, 1195; *Seer*, in: Tipke/Kruse, AO, § 85, Rn. 38 (Mai 2013).

53 *Wessing*, Steueranwaltsmagazin 2007, 175; *Demuth/Kaiser*, in: Görling/Inderst/Bannenberg, Compliance, S. 333; *Seer*, in FS Streck, 403, 404; *Kälin/Strohe*, ZRFC 2011, 102, 104.

54 Siehe dazu mit ausführlichen Nachweisen oben S. 4ff.

sofern diese auf die grenzüberschreitende Geschäftstätigkeit des Unternehmens Anwendung finden.

Gegenstand der weiteren Untersuchungen ist ausschließlich Tax Compliance aus Sicht der Unternehmen, sofern nicht explizit auf andere Sichtweisen hingewiesen wird.[55]

c) Tax Compliance als „Rechtsbegriff"?

Rekurrierend auf die vorstehenden Ausführungen existieren also verschiedene Bedeutungen des Begriffes Tax Compliance mit unterschiedlichem Inhalt: die systematisch und organisierte Einhaltung von Steuergesetzen aus Sicht der Unternehmen einerseits und der effiziente Steuervollzug unter Mitwirkung des Steuerpflichtigen aus Sicht der Finanzverwaltung andererseits. Infolgedessen beschreibt Tax Compliance nicht nur ein Phänomen, sondern wird als Sammelbegriff für verschiedene Entwicklungen und Erscheinungen im Steuerrecht gebraucht. Unter der Voraussetzung, dass ein Rechtsbegriff[56] ein Begriff der Rechtssprache oder der vorherrschenden Allgemeinsprache ist, der eine rechtliche Sollensanordnung skizziert, kann Tax Compliance deshalb nicht als feststehender Rechtsbegriff für nur ein singuläres, bestimmtes Phänomen begriffen werden.[57]

Bei isolierter Betrachtung der Tax Compliance aus Unternehmenssicht könnte Tax Compliance als Umschreibung einer Art selbstauferlegten Obliegenheit des Unternehmens angesehen werden. Eine Obliegenheit ist eine nicht einklagbare Pflicht, deren Verletzung keinen Schadensersatz nach sich zieht, sondern Nachteile wie den Verlust eigener Rechte bzw. die Versagung von Rechten, die man bei Erfüllung der Obliegenheit erhalten hätte.[58] Dagegen spricht jedoch, dass de lege lata die Nichteinführung eines Tax Compliance-Systems als Präventivsystem zur Vermeidung steuerlicher Pflichtverletzungen nicht unmittelbar Nachteile im Sinne eines Verlustes von Rechten verursacht. Vielmehr verursacht eine Verletzung steuerlicher Pflichten – ob nun in Folge eines fehlenden Tax Compliance-Systems mag dahingestellt bleiben – unmittelbar Rechtsfolgen in Form von z.B. Verspätungszuschlägen gem. § 152 AO, Säumniszuschlägen gem. § 244 AO oder die Organhaftung gem. § 69 AO, die über den bloßen Verlust einer Rechtsposition hinausgehen.

Treffender ist, Tax Compliance aus Unternehmenssicht allgemein als Aufgabe des Unternehmens, mit Hilfe eines organisierten Systems die Einhaltung der Steuergesetze sicher zu stellen, zu qualifizieren.[59] Etwas präziser kann unabhängig von

55 Zur vertieften Auseinandersetzung mit dem Begriff Tax Compliance aus Sicht der Finanzverwaltung siehe die Dissertation von Christian Schützler, Tax Compliance im Kooperationsverhältnis zur Finanzverwaltung.

56 Definition Rechtsbegriff nach *Köbler*, in: Tilch/Arloth, Deutsches Rechts-Lexikon Bd. 3, S. 3459.

57 *Seer*, in FS Streck, 403, 404.

58 *Grunsky*, in: Tilch/Arloth, Deutsches Rechts-Lexikon Bd. 2, S. 3077.

59 So bereits zu Compliance als „umfassende Aufgabe" *Schneider*, ZIP 2003, 645, 646.

der Frage, ob nach geltendem Recht eine Rechtspflicht zur Tax Compliance für Unternehmen besteht[60], jedenfalls im Rahmen des Commitments des Unternehmens, die Steuergesetze einhalten zu wollen, von Tax Compliance gerade in Bezug auf die Reichweite und die Ausgestaltung des Tax Compliance-Systems zumindest als einer Art Selbstverpflichtung des Unternehmens gesprochen werden, ohne dass sich in diesem Zusammenhang der Begriff Tax Compliance als trennscharfer Rechtsbegriff etabliert hätte.

2. Ziele von Tax Compliance im Unternehmen

Indes erschöpft sich der Zweck von Tax Compliance verstanden als die durch ein System organisierte Einhaltung aller für das Unternehmen relevanten steuerrechtlichen Regelungen[61] nicht in dem der Definition innewohnenden Zweck der Einhaltung der Steuergesetze, zugleich dient Tax Compliance ebenfalls der Risikoerkennung, Risikominimierung und der Vermeidung von Haftung sowie von steuerstrafrechtlichen Konsequenzen.[62]

Im Einzelnen ist Tax Compliance differenzierter aufgeschlüsselt darauf ausgerichtet, steuerliche Risiken nicht nur zu erkennen, sondern im Zuge ihrer Minimierung einzudämmen und zu kontrollieren.[63] Die Einhaltung der steuerrechtlichen Regelungen äußert sich in der Erfüllung steuergesetzlicher Pflichten. Eine Verletzung dieser Pflichten wie z.B. der Mitwirkungspflicht gem. § 90 I AO, der Buchführungs- und Aufzeichnungspflicht gem. §§ 140ff. AO oder auch der Erklärungspflichten aus §§ 149ff. AO kann verschiedene gesetzliche Folgen nach sich ziehen, so unter anderem Verspätungszuschläge gem. § 152 AO, Säumniszuschläge gem. § 240 AO, Zinsen gem. §§ 233ff. AO oder auch die Schätzung der Besteuerungsgrundlage zum Nachteil des Steuerpflichtigen gem. § 162 AO.[64]

Bezüglich der Haftungsvermeidung ist zwischen einer Haftung des Unternehmens als Steuerentrichtungspflichtiger gem. § 43 S. 2 AO und einer Haftung der Organe aus §§ 69ff. AO zu unterscheiden, wobei beide Haftungskonstellationen von Tax Compliance erfasst sein sollen.[65] Als Steuerentrichtungspflichtiger ist das

60 Siehe zur Frage einer Rechtspflicht Kap. 3 A.

61 Zur Definition mit weiteren Nachweisen siehe oben S.5f.

62 Vgl. *Streck/Binnewies*, DStR 2009, 229, 231; vgl. *Streck*, StbJb. 2009/2010, 415, 432; *Streck*, in Streck/Mack/Schwedhelm, Tax Compliance, Rn. 1.28; *Besch/Starck*, in: Hauschka, Corporate Compliance, § 34, Rn. 11; *Seer*, in FS Streck, 403, 405; vgl. *Starck*, ZRFC 2011. 160, 162.

63 *Seer*, in FS Streck, 403, 405.

64 Vgl. ausführlicher zu einzelnen steuerlichen Pflichten Zusammenfassungen bei *Besch/Starck*, in Hauschka, Corporate Compliance, § 34, Rn. 14ff.; *Mack*, in: Streck/Mack/Schwedhelm, Tax Compliance, Rn. 1.43ff.; Hinsichtlich der Darstellung ausgewählter steuerlicher Risikobereiche und ihrer Rechtsfolgen siehe Kap. 2.

65 Vgl. *Streck*, StbJb. 2009/2010, 415, 432; *Streck*, in Streck/Mack/Schwedhelm, Tax Compliance, Rn. 1.28; *Besch/Starck*, in: Hauschka, Corporate Compliance, § 34, Rn. 14ff.

Unternehmen per Gesetz verpflichtet, Steuern für einen Dritten z.B. als Arbeitgeber für Arbeitnehmer gem. § 38 III 1, 41a I EStG zu entrichten[66], woran eine Haftung des Arbeitgebers gem. § 42d I EStG für die einzubehaltende und abzuführende Lohnsteuer anknüpft. Dagegen statuiert § 69 AO eine Haftung der gesetzlicher Vertreter bzw. der Verfügungsberechtigten gem. §§ 34, 35 AO, soweit diese aufgrund einer grob fahrlässigen oder vorsätzlichen Pflichtverletzung die rechtzeitige Festsetzung oder Erfüllung von Ansprüche aus dem Steuerschuldverhältnis vereiteln.

Über die Haftung hinaus soll Tax Compliance steuerstrafrechtliche Risiken gem. § 370, 378 AO für die Mitarbeiter und die Organe des Unternehmens vermeiden.[67]

3. *Inhalt und Bestandteile von Tax Compliance im Unternehmen*

Mag die Semantik von Tax Compliance nunmehr geklärt worden sein, so muss nun dieses linguistische Bedeutungskonstrukt der Tax Compliance auch inhaltlich ausgefüllt werden. Es gilt also, die Essenz und die Bestandteile von Tax Compliance im Unternehmen näher zu bestimmen und einzugrenzen, wobei der Fokus auf die zentralen Aspekte des Tax Compliance-Systems, der Steuerplanung, des Steuerstreits und des Tax Risk Managements zu richten ist.

a) Tax Compliance-System

Ohne allgemeinverbindliche Vorgaben für jedes Unternehmen aufgrund ihrer Mannigfaltigkeit machen zu können, so bedarf Tax Compliance als Selbstverpflichtung des Unternehmens zur Umsetzung ihrer Ziele eines Systems, welches zumindest gewisse Grundelemente enthält. In Anlehnung an die Elemente eines Corporate Compliance-Systems im Unternehmen haben sich folgende Eckpfeiler eines Tax Compliance-Systems herauskristallisiert:[68]

aa) Tax Compliance-Commitment

Das Fundament eines Tax Compliance-Systems ist das Bekenntnis bzw. die Selbstverpflichtung des Unternehmens ausgesprochen von der Unternehmensleitung, die Steuergesetze zu erfüllen. Nicht ausgeschlossen ist damit, legale Spielräume zu

---

vgl. *Seer*, in FS Streck, 403, 405; so auch im Ergebnis *Schoppe*, in: Behringer, Compliance kompakt, S. 169f.

66 *Drüen*, in: Tipke/Kruse, AO, § 43, Rn. 7 (Juli 2008).

67 *Streck/Binnewies*, DStR 2009, 229, 231; *Streck*, StbJb 2009/2010, 415, 432f.; *Streck*, in: Streck/Mack/Schwedhelm, Tax Compliance, Rn. 1.29; *Demuth/Kaiser*, in Görling/Inderst/Bannenberg, Compliance, S. 334f.; *Seer*, in FS Streck, 403, 405.

68 Orientierung an den Grundelementen nach *Hauschka*, in: Hauschka, Corporate Compliance, § 1, Rn. 33ff.; *Geuenich/Kiesel*, BB 2012, 155; vgl. auch weiterführend die Anregungen zur Integration des Steuerbereichs in eine Corporate Compliance-Organisation *Kiesel*, in: Umnuß, Corporate Compliance Checklisten, Kap. 11; siehe bereits zum Corporate Compliance-System oben S. 6.

Gunsten des Unternehmens nutzen zu wollen.[69] Ferner kann sich das Commitment, auch Mission Statement genannt, zudem auf über das Gesetz hinaus gehende Verpflichtungen und unternehmensinterne Weisungen beziehen.[70]

bb) Risikoidentifikation

Ein weiterer Baustein im Tax Compliance-System ist die Risikoidentifikation ähnlich einer Due Diligence, denn nur nach einer Identifikation der steuerlichen Risiken im Unternehmen ist eine wirksame Minimierung und Kontrolle der Risiken möglich.[71] Verstöße gegen das Gesetz in der Vergangenheit, die zu Beanstandungen der Finanzverwaltung, Strafen oder Sanktionen führten, können zur ersten Orientierung herangezogen werden. In einem zweiten Schritt können dann bestimmte Risikobereiche, die für gewöhnlich besonders fehleranfällig sind wie etwa Verrechnungspreise oder ausländische Betriebstätten, untersucht werden.[72]

Ferner ist auch der Einsatz von Software und mathematischer Methoden ein probates Mittel, um Unregelmäßigkeiten im Zahlenwerk, das der Besteuerung zu Grunde liegt, zu entdecken und so Risiken aufzudecken: Benfords Gesetz lässt z.B. durch die Wahrscheinlichkeit der Verteilung der Anfangsziffern bzw. der Reihenfolge der Ziffern von Zahlen einen Rückschluss auf mögliche Fälschungen dieser Zahlen zu. Der Chi-Quadrat-Test lässt im Anschluss daran wiederum die Analyse zu, wie wahrscheinlich ein zufälliger Ausreißer aus der Verteilung der Ziffern ist.[73]

Besagte mathematische Methoden sind unter anderem Grundlage der von den Finanzbehörden verwendeten und für jedermann frei zugänglichen Prüfungsprogramme „IDEA“ und „AIS Tax Audit“ – aktuellere Version „AIS Tax Audit Professional“ –, so dass sich für Unternehmen die Möglichkeit bietet, diese Prüfungssoftware zur Risikoidentifikation einzusetzen, was aus der Perspektive einer effektiven Risikominimierung auch anzuraten ist.[74]

---

69 *Streck*, StbJb. 2009/2010, 415, 430; *Streck*, in: Streck/Mack/Schwedhelm, Tax Compliance, Rn. 1.23f.

70 *Inderst*, in: Görling/Inderst/Bannenberg, Compliance, S. 84.

71 Vgl. *Hauschka/Greeve*, BB 2007, 165, 166; *Geuenich/Kiesel*, BB 2012, 155.

72 *Besch/Starck*, in: Hauschka, Corporate Compliance, § 34, Rn. 49; *Geuenich/Kiesel*, BB 2012, 155, 156f.

73 *Watrin/Struffert*, DB 2006, 1748f.; *Groß/Georgios*, DStR 2006, 2067, 2069; ausführlich zu Benfords Gesetz zur Aufdeckung von Steuerbetrug *Tiemann*, ZRFC 2012, 24ff.; siehe dazu auch *Schallmoser*, in: Hübschmann/Hepp/Spitaler, Vor §§ 193–203, Rn. 181 (Februar 2011) m.w.N. und unter Hinweis auf FG Düsseldorf, Urt. v. 14.04.2004, 11 V 632/04 A(U), [juris] mit der Feststellung, dass es sich bei dem Chi-Quadrat-Test nicht um eine von der Rechtsprechung akzeptierte Methoden handle, um eine Manipulation nachzuweisen und auf diese Weise allein über diesen Test die Buchführung eines Unternehmens angreifen zu können; siehe dazu ebenfalls ausführlich FG Münster, EFG 2004, 9ff., mit Anmerkung *Trossen*, EFG 2004, 11f.

74 *Groß/Georgios*, DStR 2006, 2067, 2068ff.; vgl. *Seer*, DStR 2008, 1553, 1559; vgl. *Schauf/Idler*, Ubg 2010, 111, 118; siehe zu näheren Informationen zur Prüfungssoftware

cc) Organisation

Aufbauend auf das Ergebnis der steuerrechtlichen Risikoidentifikation sind neben einer grundsätzlichen Zuordnung von Zuständigkeiten für die einzelnen Risikobereiche passende organisatorische Maßnahmen im Unternehmen erforderlich.[75]

(1) Erster Schritt: Maßnahmen zur Aufarbeitung retrospektiver Sachverhalte

Speziell für ein Tax Compliance-System ist in einem ersten, retrospektiven Schritt der Umgang mit Sachverhalten, die in der Vergangenheit steuerrechtlich fehlerhaft gewürdigt wurden und noch ein aktuelles Risikopotential aufweisen, zu regeln. Konkret bedeutet dies, dass ggf. die Berichtigungspflicht gem. § 153 AO, die eine nachträgliche Korrektur der Steuererklärungen durch den Steuerpflichtigen fordert, zu erfüllen ist, sofern dieser die Unrichtigkeit vor Ablauf der Festsetzungsfrist aus § 169 AO, die zwischen einem und bis zu 10 Jahren bei Steuerhinterziehungen beträgt, erkannt hat. In diesem Zusammenhang ist auch an eine Selbstanzeige gem. § 371 I AO im Falle einer Steuerhinterziehung nach § 370 AO bzw. gem. § 378 III AO im Falle einer leichtfertigen Steuerverkürzung nach § 378 AO zu denken, falls noch keine Verfolgungsverjährung – bei besonders schwerer Steuerhinterziehung 10 Jahre – eingetreten ist.[76]

(2) Zweiter Schritt: Maßnahmen zur Prävention

Der zweite, „präventive“ Schritt organisatorischer Maßnahmen erfasst funktional die Frage, wie die Einhaltung der für das jeweilige Unternehmen relevanten Steuergesetze im Unternehmen z.B. in bestehenden oder neu einzurichtenden Prozessen gewährleistet werden kann und welche Informationssysteme innerhalb des Unternehmens einzurichten sind.[77] Damit verbunden ist die Kommunikation der ergriffenen Maßnahmen im Unternehmen an die Mitarbeiter durch spezielle Schulungen oder Richtlinien[78], aber auch ein Berichtswesen – „Compliance-Reporting“ – bei Verstößen an die zuständigen Stellen bzw. je nach Organisation des Unternehmens auch gegenüber der Unternehmensleitung[79]. Im Bereich des Tax Compliance-Systems ist über Maßnahmen zur reinen Einhaltung des Rechts und ihrer entsprechenden

---

mit weiterführenden Verlinkungen zu „IDEA“ und „AIS Tax Audit Professional“ http://www.audicon.net/themen/gdpdu-digitale-betriebspruefung, zuletzt besucht am 19.04.2012.

75 *Hauschka*, in: Hauschka, Corporate Compliance, § 1, Rn. 36.

76 *Schoppe*, in: Behringer, Compliance kompakt, S. 183f.; vgl. *Geuenich/Kiesel*, BB 2012, 155, 159f.

77 *Streck*, StbJb. 2009/2010, 415, 431f.; *Streck*, in: Streck/Mack/Schwedhelm, Tax Compliance, Rn. 1.27.

78 *Hauschka*, in: Hauschka, Corporate Compliance, § 1, Rn. 37; *Kremer/Klahold*, ZGR 2010, 113, 128ff.

79 Vgl. *Bürkle*, BB 2005, 565; *Kremer/Klahold*, in: Krieger/Schneider, Handbuch Managerhaftung, § 21, Rn. 62ff.

Kommunikation insbesondere denkbar Richtlinien herauszugeben, die den Umgang der Mitarbeiter mit einer Außenprüfung durch die Finanzverwaltung oder mit Ermittlungen in einem Steuerstrafverfahren betreffen.[80]

Ferner ist als Maßnahme zu Gunsten des Unternehmens in einem Tax Compliance-System eine Zusammenarbeit mit der Finanzverwaltung einzurichten, nicht um etwaige Bußgelder wie beispielsweise im Kartellverfahren zu senken[81], sondern um mit Hilfe einer Auskunft nach § 89 II AO oder für die Lohnsteuer gem. § 42e EStG die rechtliche Einschätzung der Finanzverwaltung für bestimmte Sachverhalte einzuholen.[82]

dd) Kontrollmechanismen

Um die Einhaltung und damit die Wirksamkeit der im Rahmen der Organisation getroffenen Maßnahmen zu überprüfen bedarf es der Einführung eines Überwachungs- oder Kontrollmechanismus, der zumindest regelmäßig Stichproben vornimmt.[83] In diesem Zusammenhang ist bei der Aufdeckung von Verstößen auch die angemessene Reaktion im Sinne der Vermeidung einer Wiederholung auch wegen des drohenden strafrechtlichen Vorwurfs der Leichtfertigkeit (§ 378 AO) sowie einer arbeitsrechtlichen Sanktion des Mitarbeiters durch die zuständigen Stellen zu bedenken.[84]

Ohne ernsthafte Kontrollen und Überwachung droht Compliance und damit auch Tax Compliance zum bloßen „window-dressing", also nach außen getragene Einhaltung der Gesetze die jedoch intern nicht wirksam umgesetzt wird, zu verkommen.[85]

Die Notwendigkeit von Kontrollen gewinnt in Anbetracht der Tatsache, dass bereits unter der Schwelle der Leichtfertigkeit des § 378 AO oder des bedingten

---

80 Zur Betriebsprüfung *Besch/Starck*, in: Hauschka, Corporate Compliance, § 34, Rn. 54f.; Streck/Mack/Schwedhelm, Tax Compliance, S. 510, Anhang 1 Tax Compliance-Richtlinie, Nr. 13–17; *Schoppe*, in: Behringer, Compliance kompakt, S. 182f.

81 Siehe zur Kooperation im Kartellrecht und bei Korruption *Kremer/Klahold*, ZGR 2010, 113, 135.

82 Vgl. *Mack*, in: Streck/Mack/Schwedhelm, Tax Compliance, Rn. 1.164f.; *Olgemüller*, in: Streck/Mack/Schwedhelm, Tax Compliance, Rn. 2.207; *Wulf*, in: Streck/Mack/Schwedhelm, Tax Compliance, Rn. 2.444.

83 *Fleischer*, CCZ 2008, 1, 6; *Bergmoser/Theusinger/Gushurst*, BB-Special Compliance 5.2008 zu Heft 25, 1, 10; *Hauschka*, in: Hauschka, Corporate Compliance, § 1, Rn. 37; *Moosmayer*, Compliance, S. 39 m.w.N.

84 *Kremer/Klahold*, ZGR 2010, 113, 128; *Lampert*, in: Hauschka, Corporate Compliance, § 9, Rn. 33; *Moosmayer*, Compliance, S. 39; zur Leichtfertigkeit bei Nichtabstellen von Fehlern *Kiesel*, in: Umnuß, Corporate Compliance Checklisten, Kap. 11, Rn. 47.

85 Vgl. *Nell*, ZRP 2008, 149f., der Compliance im Zusammenhang mit Korruptionsbekämpfung im Rahmen des § 130 OWiG zur Maßnahme der Verschleierung der eigentlichen, rechtswidrigen Unternehmenspolitik degradiert. Dagegen *Gürtler*, in: Göhler, OWiG, § 130, Rn. 9, der dies bei effektiven Kontrollen und wirksamen Konsequenzen verneint.

Vorsatzes gem. § 370 AO bei fahrlässig mangelhafter Aufsicht bzw. Überwachung eine Haftung aus § 130 OWiG denkbar ist, an Bedeutung.[86]

Ein Beispiel für einen Kontrollmechanismus im Unternehmen stellen sog. Compliance Audits dar: über die anfängliche Risikoidentifikation[87] hinaus offerieren sie die Option, durch ein festgelegtes Prüfungsprogramm systematisch die Einhaltung des (Tax) Compliance-Systems durch die Mitarbeiter gezielt in vorher definierten Bereichen des Unternehmens kritisch zu überprüfen, um dann die sich daraus ergebenden, erforderlichen Maßnahmen ergreifen zu können. Ferner kann mit Hilfe eines Compliance Audits ein etwaiger Bedarf zur Aktualisierung des (Tax-) Compliance-Systems in Folge von externen Rechtsänderungen oder internen Veränderungen im Unternehmen als Reaktion auf variierende Marktbedingungen festgestellt werden.[88]

ee) Dokumentation

Schließlich sind die im Zuge der Tax Compliance eingeleiteten Maßnahmen zu Beweiszwecken im Haftungsprozess zu dokumentieren.[89] Darüber hinaus nimmt die Dokumentation im Steuerrecht auch abseits dieses gerade angesprochnen Aspekts aufgrund spezieller Mitwirkungs- und Aufzeichnungspflichten z.B. gem. § 90 I, III AO eine für die betroffenen Unternehmen bedeutende Stellung ein.[90]

b) Steuerplanung

Grundsätzlich besteht ein Interessengegensatz zwischen dem Steuerpflichtigen, in diesem Fall dem Unternehmen, und dem Fiskus: Ziel des Unternehmens ist, die Steuerlast zu reduzieren, wohingegen der Fiskus die maximale Steuerzahlung anstrebt.[91] Dieser Grundgedanke ist um weitere Elemente wie Zeit, Unsicherheit und Kosten zu ergänzen: unter diesen Gesichtspunkten ist es sowohl im Interesse des Unternehmens als auch im Interesse der Finanzverwaltung, einen lang andauernden und kostenintensiven Streit mit ungewissem Ausgang um einen absoluten Höchst- bzw.

---

86 Vgl. *Schoppe*, in: Behringer, Compliance kompakt, S. 179f.; *Geuenich/Kiesel*, BB 2012, 155, 161; vgl zu Aufsichtsmaßnahmen auch *Kiesel*, in: Umnuß, Corporate Compliance Checklisten, Kap. 11, Rn. 18ff.; das Verhältnis der Haftung aus § 69 AO zur Haftung aus § 130 OWiG sowie das Verhältnis zu §§ 76 I, 93 I, II AktG ist Gegenstand des dritten Kapitels.

87 Siehe oben S. 13f.

88 Vgl. dazu ausführlich jeweils m.w.N.: *Kremer/Klahold*, in: Krieger/Schneider, Handbuch Managerhaftung, § 21, Rn. 47–55; *Liese/Schulz*, BB 2011, 1347ff. (dort auch Ausführungen zu möglichen Anforderungen an Compliance Audits aus ausländischen Rechtsordnungen).

89 *Hauschka*, in: Hauschka, Coporate Compliance, § 1, Rn. 38.

90 Siehe dazu ausführlich im zweiten Kapitel den Risikobereich der Verrechnungspreise.

91 *Streck/Binnewies*, DStR 2009, 229, 231; *Streck*, StbJb. 2009/2010, 415, 431; *Streck*, in: Streck/Mack/Schwedhelm, Tax Compliance, Rn. 1.26; *Besch/Starck*, in: Hauschka, Corporate Compliance, § 34, Rn. 10; *Kiesel/Böhringer*, BB 2012, 1190, 1193f.

Mindestbetrag der Steuern zu vermeiden. Folglich kann es aus Gründen der Rechts- und Planungssicherheit für beide Seiten je nach Sachverhalt günstiger sein, zur Erreichung der jeweils gegensätzlichen Positionen von der optimalen Steuerlast abzuweichen.[92]

aa) Steuerliche Zielsysteme bzw. Zielgrößen in der Steuerplanung

Der Grundgedanken der Steuerplanung möglichst wenig Steuern zu zahlen, lasst sich präziser durch die relative Steuerbarwertminimierung ausdrücken. Demnach ist der Barwert der durch die wirtschaftliche Betätigung des Unternehmens ausgelösten Steuerzahlungen zu minimieren. Dabei ist alternativ zur Minimierung der Steuerbelastungen eine Maximierung der Steuerentlastungen zu verfolgen. Es kann sich hierbei immer nur um eine relative Steuerbarwertminimierung handeln, da eine absolute Steuerbarwertminimierung, die Beendigung der steuerauslösenden wirtschaftlichen Betätigung des Unternehmens bedeuten würde.[93]

Ferner ist in international tätigen Unternehmen die Konzernsteuerquote bei der Steuerplanung von Bedeutung.[94] Die Konzernsteuerquote, Steuerquote oder auch englisch als Effective Tax Rate, ETR bezeichnet, setzt den Steueraufwand des Unternehmens bestehend aus den tatsächlichen und den latenten Steuern ins Verhältnis zum Jahresüberschuss vor Steuern.[95] Auf diese Weise soll die Steuerquote zur Kontrolle der Leistung der Steuerabteilung, als Zielgröße oder als Vergleichsgröße mit anderen vergleichbaren Unternehmen dienen. Per definitionem handelt es sich um eine vergangenheitsbezogene Betrachtung, die abhängig vom Zeitpunkt der Betrachtung variiert.[96]

---

92 Vgl. *Montag*, in Steuerzentrierte Rechtsberatung, FS Schaumburg, 65, 70; *Seer*, in FS Streck, 403, 406.

93 *Kessler*, Die Euro-Holding, S. 75ff. m.w.N.; *Kessler*, in: Kessler/Kröner/Köhler, Konzernsteuerrecht, § 1, Rn. 13ff. m.w.N., dort auch jeweils weitere Details zu den Besonderheiten einer Konzernsteuerplanung; vgl. *Montag*, in Steuerzentrierte Rechtsberatung, FS Schaumburg, 65, 69; *Grotherr*, in: Grotherr, Internationale Steuerplanung, S. 11.

94 *Jacobs/Endres/Spengel*, Internationale Unternehmensbesteuerung, S. 912.

95 *Herzig/Dempfle*, DB 2002, 1f., dort auch zum folgenden Text; vgl. *Müller*, DStR 2002, 1684; *Kröner/Benzel*, in: Kessler/Kröner/Köhler, Konzernsteuerrecht, § 12, Rn. 1, 3f. Ausführlich: *Kröner/Beckenhaup*, Konzernsteuerquote, S. 22; *Lühn*, in: Grotherr, Internationale Steuerplanung, S. 155ff.

96 Vertiefte Ausführungen zur Steuerquote und Einschränkungen zur Aussagekraft der Steuerquote: *Herzig/Dempfle*, DB 2002, 1ff., 8; *Kröner/Benzel*, in: Kessler/Kröner/Köhler, Konzernsteuerrecht, § 12, Rn. 6ff.; *Risse*, Steuercontrolling- und Reporting, § 3, Rn. 1ff.; vgl. *Montag*, in FS Herzig, 555, 557.

bb) Vereinbarkeit der Steuerplanung, insbesondere der Zielsysteme bzw. Zielgrößen mit Tax Compliance

So lange die Maßnahmen des Unternehmens, die zum Zwecke der Steuerplanung zur Verwirklichung der relativen Steuerbarwertminimierung bzw. Optimierung der Steuerquote ergriffen werden, sich innerhalb des geltenden Rechts bewegen, ist Steuerplanung ohne Weiteres mit Tax Compliance zu vereinbaren. Vielmehr ist Tax Compliance unter dem Gesichtspunkt der Steuerplanung eine Gratwanderung mit dem Ziel, die Steuerlast für das Unternehmen durch Nutzung der vorhandenen, legalen Spielräume zu optimieren ohne dabei in die Illegalität, insbesondere das Strafrecht primär in Gestalt der Steuerhinterziehung abzurutschen.[97] Als kritisch ist die Wahl einer steuerlichen Gestaltung im Graubereich zwischen Legalität und Illegalität anzusehen, da im Falle der Illegalität nicht nur das Strafrecht droht, sondern auch Reputationsschäden, wohingegen legale Steuergestaltungen außerhalb des Graubereichs bei den Finanzbehörden ein Vertrauen schaffen, welches im Rahmen von Abwägungen und Ermessensentscheidungen eventuell die Option einer Honorierung bietet.[98]

Zugleich lässt die Intention die Steuerlast zu reduzieren, die vom Steuerpflichtigen gewählte rechtliche Gestaltung nach ständiger Rechtsprechung des BFH nicht per se in den Bereich der Unangemessenheit des § 42 AO abrutschen.[99] Von einer Unangemessenheit oder einem Missbrauch rechtlicher Gestaltungsmöglichkeiten ist erst dann auszugehen, wenn die gewählte Gestaltung nicht angemessen ist um das intendierte Ziel zu erreichen, nur der Reduzierung der Steuerlast dient und durch wirtschaftliche oder andere zu beachtende außersteuerliche Gründe keine Rechtfertigung erfährt.[100]

Darüber hinaus agiert der Vorstand einer Aktiengesellschaft treuhänderisch nicht für eigene sondern fremde Vermögensinteressen der Aktiengesellschaft[101], so dass er stets die für das Unternehmen günstigste Steuergestaltung zu wählen

---

97 So auch *Schwedhelm*, AnwBl. 2009, 90, 91; *Streck/Binnewies*, DStR 2009, 229, 231; *Streck*, StbJb. 2009/2010, 415, 431; *Streck*, in: Streck/Mack/Schwedhelm, Tax Compliance, Rn. 1.25f.; *Besch/Starck*, in: Hauschka, Corporate Compliance, § 34, Rn. 10; *Demuth/Kaiser*, in: Görling/Inderst/Bannenberg, Compliance, S. 334f.; vgl. auch *Wulf*, AnwBl. 2010, 656f.; vgl. *Starck*, ZRFC 2011, 160, 161; vgl. *Talaska*, BB 2012, 1195.

98 *Montag*, in Steuerzentrierte Rechtsberatung, FS Schaumburg, 65, 70.

99 BFH, BFHE 137, 433, 444 = BStBl. II 1983, 272, 277; BFH, BFHE 158, 166, 172 = BStBl. II 1990, 100, 102; BFH, BStBl. II 1992, 541, 542; BFH, BStBl. II 1998, 539, 540; BFH, BStBl. II 2001, 677, 679.

100 BFH, BStBl. II 1998, 539, 540; BFH, BStBl. II 2001, 677, 679; BFH, BStBl. II 2001, 43, 44; BFH, BStBl. II 2003, 509; BFH, BStBl. II 2004, 648f.

101 BGH, BGHZ 129, 30, 34; OLG Koblenz, ZIP 1991, 870, 871 m.w.N. zur GmbH; OLG Hamm, AG 1995, 512, 514; OLG Düsseldorf, AG 1997, 231, 235; *Geßler*, JW 1937, 497, 501; *Hopt*, in: Großkommentar AktG, § 93, Rn. 72 (01.01.1999); *Böttcher*, NZG 2009, 1047, 1049; *Spindler*, in: MüKo-AktG, Bd. 2, § 93, Rn. 24; *Mertens/Cahn*, in: Kölner Kommentar AktG, Bd. 2/1, § 93 Rn. 10; *Hüffer*, AktG, § 93 Rn. 4.

hat[102]. Zu beachten ist zudem, dass die Verletzung der Vermögensbetreuungspflicht des Vorstandes innerhalb der Sorgfalt eines ordentlichen und gewissenhaften Geschäftsleiters im Sinne des § 93 I AktG auch eine Strafbarkeit gem. § 266 StGB nach sich ziehen kann.[103]

Folglich ist Steuerplanung nicht nur mit Tax Compliance zu vereinbaren, sondern ein essentieller Bestandteil von Tax Compliance.[104]

c) *Steuerstreit*

Zwar kann es je nach Sachlage unter den Aspekten Zeit, Kosten und Unsicherheit ratsam sein, auf einen Steuerstreit mit der Finanzverwaltung zu verzichten um eine sichere und schnelle Einigung mit der Finanzverwaltung zu erzielen.[105] Demgegenüber ist allerdings bei einer Steuerplanung, die die Grenzen des rechtlich Möglichen auslotet, ein Streit mit der Finanzverwaltung im Lichte der unterschiedlichen Interessenlage zwischen selbiger und dem steuerpflichtigen Unternehmen vielfach unausweichlich.[106] Zu diesem Zweck dient der Steuerstreit der Erzielung von Steuergerechtigkeit mittels eines gerichtlichen Verfahrens gegen die Finanzbehörde zur Klärung offener Fragen wie die Auslegung einer Norm oder die korrekte Sachverhaltsermittlung. Die Absicht des Steuerpflichtigen im Steuerstreit ist in der Regel zuvorderst die Reduzierung seiner Steuerlast.[107] Unter diesem Gesichtspunkt ist der Steuerstreit für die Steuerplanung des Unternehmens ein zur legalen Auslotung des

---

102 *Wessing*, Steueranwaltsmagazin 2007, 175, 176.

103 RGSt 69, 203, 207; RGSt 71, 344, 346; BGHSt 3, 23, 24; *Brüning/Samson*, ZIP 2009, 1089, 1092ff. (bezogen auf Banken); *Mertens/Cahn*, in: Kölner Kommentar AktG, Bd. 2/1, § 93 Rn. 10; *Landwehrmann*, in: Heidel, AktR, § 93, Rn. 82; *Hüffer*, AktG, § 93, Rn. 11; Vermögensbetreuungspflicht des Vorstandes, aus dem strafrechtlichen Schrifttum: *Kindhäuser*, in: NK-StGB, § 266, Rn. 58, 63 jeweils m.w.N.; *Perron*, in: Schönke/Schröder, StGB, § 266, Rn. 25 a.E., m.w.N.; ausführlich zur „Aktienuntreue" auch *Schünemann*, in: LK-StGB, § 266, Rn. 256f.; siehe zur Untreue im Fall „schwarzer Kassen" (Siemens) BGH, NJW 2009, 89, 90ff.; siehe zur streitigen Frage einer strafbarkeitsausschließenden Einwilligung der Aktionäre durch die Hauptversammlung in die schädigende Handlung des Vorstands im Hinblick auf den Untreuetatbestand z.B. *Nelles*, Untreue zum Nachteil der Gesellschaften, S. 551ff.; *Busch*, Konzernuntreue, S. 151ff.; *Brand*, AG 2007, 681ff.; *Rönnau*, in Grundlagen des Straf- und Strafverfahrensrechts, FS Amelung, S. 247ff.

104 Vgl. Nachweise in Fn. 97.

105 Siehe bereits oben zur Steuerplanung S. 17ff. m.w.N.

106 *Streck*, StbJb. 2009/2010, 415, 434; *Streck*, in: Streck/Mack/Schwedhelm, Tax Compliance, Rn. 1.33; *Talaska*, BB 2012, 1195, 1199; zur unterschiedlichen Interessenlage siehe oben S. 17ff.

107 *Streck/Mack/Kamps*, Der Steuerstreit, Rn. 4, 8f., dort auch Einzelheizen zum Ablauf und zur Durchführung des Steuerstreits sowie zu weiteren Zwecken abseits einer Reduzierung der Steuerlast.

Grenzbereichs geeignetes Mittel, das dem Ansatz von Tax Compliance grundsätzlich nicht widerspricht.[108]

d) Abgrenzung zum Tax Risk Management

Tax Risk Management als Teil des Risikomanagementsystems eines Unternehmens dient im Rahmen der Steuerplanung der Identifikation und Bewertung von steuerlichen Risiken, um dann entscheiden zu können, wie die Risiken zu vermeiden, bzw. allgemeiner, wie mit den Risiken umzugehen ist.[109] Als steuerliche Risiken sind solche Risiken zu klassifizieren, die im Bereich der Steuern negative Folgen für das Unternehmen verursachen bzw. auf die Unternehmensziele in ungeplanter Art und Weise einwirken.[110] Im Zusammenhang mit der näheren Bestimmung der Risiken werden auch sog. (Tax) Compliance-Risiken, die sich auf die rechtzeitige Abgabe der Steuererklärung oder die Dokumentation beziehen, genannt, so dass Compliance hier teilweise als mögliche Risikokategorie im Rahmen des Tax Risk Managements verstanden wird.[111] Dieser Einteilung scheint allerdings ein verkürzter Inhalt des Begriffes Tax Compliance zu Grunde zu liegen, der Tax Compliance auf eher formale Aspekte wie die Abgabe von Steuererklärungen reduziert, wohingegen das in dieser Arbeit zu Grunde gelegte Verständnis von Tax Compliance darüber hinausgeht und die präventive, systematische Einhaltung aller steuerrechtlich relevanten Regelungen meint.[112]

Nach einem anderen Verständnis des Tax Risk Managements wird das Tax Risk Management auch als Mittel der Identifikation der steuerlichen Risiken im Rahmen

108 *Streck*, StbJb. 2009/2010, 415, 434; *Streck*, in: Streck/Mack/Schwedhelm, Tax Compliance, Rn. 1.33.

109 *Röthlisberger/Zitter*, Der Schweizer Treuhänder 2005, 295, 296f.; *Besch/Starck*, in: Hauschka, Corporate Compliance, § 34, Rn. 9; *Risse*, Ubg 2012, 169; ähnlich auch *Montag*, in Steuerzentrierte Rechtsberatung, FS Schaumburg, 65, 72f.

110 *Röthlisber/Zitter*, Der Schweizer Treuhänder 2005, 295, 296f.; *Spengel/Matenaer*, Ubg 2011, 798; ausführlich *Risse*, Ubg 2012, 169, 170f.

111 Vgl. *Brans/Feyerabend*, BB 2004, 1994, 1995; *Röthlisber/Zitter*, Der Schweizer Treuhänder 2005, 295, 297; *Steiner/Belz*, Der Schweizer Treuhänder 2009, 95, 97f.; Tax Compliance im Rahmen als Teil eines „Tax Control Frameworks“, das der Identifikation, Milderung, Kontrolle und der Berichterstattung über Risiken dient: *Hoyng/Kloosterhof/Macpherson*, in: Bakker/Kloosterhof, Tax Risk Management, S. 21, 55ff.

112 Nachweis zu Tax Compliance im Sinne des Tax Risk Management vgl. die vorstehenden Fußnoten; Zum Verständnis des Begriffes Tax Compliance siehe oben S. 10; ähnlich die Verkürzung der Begriffes Tax Compliance bei *Montag*, in Steuerzentrierte Rechtsberatung, FS Schaumburg, 65, 73f., der die Funktion von Tax Compliance auf die Einhaltung der steuerlichen Erklärungs- und Zahlungspflichten zu reduzieren scheint.

eines Tax Compliance-Systems angesehen,[113] was mit dem Grundgedanken der eingangs festgelegten Tax Compliance-Definition[114] korrespondiert.

Losgelöst von der Frage, wie Tax Compliance und Tax Risk Management organisatorisch im Unternehmen zueinander stehen, bleibt jedenfalls festzuhalten, dass Tax Compliance zur Abgrenzung der beiden Begrifflichkeiten konträr zum Tax Risk Management als Kernelement die Einhaltung steuerrechtlicher Regeln beinhaltet, was bei dem Begriff des Tax Risk Managements gerade keine notwendige Bedingung ist.[115]

4. *Struktur von Tax Compliance*

Eine Zusammenfassung der Grundlagen von Tax Compliance offenbart eine Struktur von Tax Compliance als Selbstverpflichtung der Unternehmensleitung, die sich grundsätzlich in eine primäre Intentionsebene zur Zieldefinition und eine sekundäre Transformationsebene zur Umsetzung und Implementierung von Tax Compliance im Unternehmen unterteilen lässt.

Primäre Intentionsebene

➔ Zieldefinition Tax Compliance

- Einhaltung der Steuergesetze, insbesondere Erfüllung steuergesetzlicher Pflichten
- Risikoerkennung und -vermeidung
  - Risikominimierung
  - Risikokontrolle
- Haftungsvermeidung
  - Haftung des Unternehmens als Steuerentrichtungspflichtiger
  - Haftung des gesetzlichen Vertreters
- Vermeidung steuerstrafrechtlicher Folgen

---

113 So zumindest *Besch/Starck*, in: Hauschka, Corporate Compliance, § 34, Rn. 9; zu den Elementen eines Compliance-Systems siehe oben S. 13ff.

114 Siehe zur Definition von Tax Compliance bereits oben S. 20.

115 *Schwedhelm*, AnwBl. 2009, 90; *Streck/Binnewies*, DStR 2009, 229, 230f.; *Besch/Starck*, in: Hauschka, Corporate Compliance, § 34, Rn. 9; vgl. ebenso *Schoppe*, in: Behringer, Compliance kompakt, S. 170; anders die Definition nach *Endres/Rödl/Spengel/Scheffler*, DStR 2009, 2500, 2501f., die Tax Risk Management ohne vertiefte Auseinandersetzung in der Sache auch pauschal die Einhaltung gesetzlicher Vorschriften zurechnen; *Starck*, ZRFC 2011, 160, 161.

Sekundäre Transformationsebene

➔ Umsetzung/Implementierung von Tax Compliance in das Unternehmen

- Tax Compliance-System
  → Tax Risk Management zur Risikoidentifikation im Rahmen des Tax Compliance-Systems
- Steuerplanung
- Steuerstreit

B. Implementierung von Tax Compliance in das Unternehmen

Infolge der auf der Transformationsebene vorzunehmenden Implementierung von Tax Compliance nebst seiner Bestandteile in das Unternehmen, ist eine Abgrenzung bzw. eine Bestimmung des Verhältnisses von Tax Compliance zu eventuell bereits im Unternehmen vorhandenen Strukturen oder Abteilungen erforderlich. Zu diesem Zweck ist zunächst allgemein die der Tax Compliance übergeordnete Corporate Compliance von bereits vorhandenen Überwachungssystemen im Unternehmen abzugrenzen um anschließend speziell die unternehmensinterne Aufgabenzuweisung bzw. Verantwortung für Tax Compliance im Verhältnis von Tax Compliance zur Steuerabteilung, zur Corporate Compliance-Abteilung und zum Rechnungswesen zu bestimmen.

I. Verhältnis zu den unternehmensinternen Überwachungs- und Risikosteuerungssystemen

Aufgrund der begrifflichen Unterscheidung zwischen Internem Kontrollsystem und Risikomanagement in dem durch das BilMoG[116] neu eingeführten § 289 V HGB[117] erscheint eine Erläuterung des Verhältnisses von Corporate Compliance zu beiden unternehmensinternen Überwachungssystemen notwendig, wobei eine vertiefte Abgrenzung dieser beiden Institute voneinander selbst nicht Gegenstand dieser Arbeit ist. Ferner wird das Verhältnis von Corporate Compliance zur internen Revision und zu dem Controlling als weitere unternehmensinterne Überwachungssysteme bestimmt.

116 Gesetz zur Modernisierung des Bilanzrechts v. 25.05.2009, BGBl. I 2009, 1102.

117 Vgl. dazu *Kort*, ZGR 2010, 440, 445.

1. *Verhältnis von Corporate Compliance zum Risikomanagement*

Das Risikomanagement bzw. ein Risikomanagementsystem ist ein den Unternehmen zur Verfügung stehendes Mittel, um auf Chancen und Risiken z.B. infolge der Globalisierung oder diffiziler Geschäftsmodelle reagieren zu können oder allgemein um sich einen Überblick über die Risiken des Unternehmens zu verschaffen und das Verhältnis von Chancen zu Risiken zu verbessern[118] Aus betriebswirtschaftlicher Sicht erfasst ein Risikomanagementsystem zumindest die Identifikation, Analyse, Bewertung und Kommunikation der Risiken sowie Vorkehrungen zu deren Beherrschung und die Überwachung der ergriffenen Maßnahmen.[119]

In diesem Sinne versteht der Prüfungsstandard IDW PS 340 des Instituts der Wirtschaftsprüfer (IDW), welcher die Prüfung des Risikofrüherkennungssystems nach § 317 IV HGB zum Gegenstand hat, unter Risikomanagement eine Zusammenfassung von Maßnahmen und Regeln, welche der Identifikation und der weiteren Vorgehensweise mit den Risiken – resultierend aus der Tätigkeit des Unternehmens – dient.[120]

Indes existieren bisher keine gesetzlichen Anforderungen an ein Risikomanagement neben den spezialgesetzlichen Normen wie § 25a I 3, 4 KWG für Kredit- und Finanzdienstleistungsinstitute (§ 1 Ib KWG) und § 64a I 3, 4 VAG für Versicherungsunternehmen, die für alle Unternehmen verbindlich wären. Lediglich der durch das KonTraG[121] eingeführte § 91 II AktG fordert ein Risikofrüherkennungssystem, welches allerdings nach der herrschenden Auffassung kein umfassendes Risikomanagementsystem im anfangs erwähnten betriebswirtschaftlichen Sinn darstellt; Normen wie die durch das BilMoG[122] eingeführten § 289 V HGB oder § 107 III 2 AktG nehmen zwar Bezug auf das Risikomanagement, verpflichten aber nicht zur Einführung desselben.[123]

---

118 Vgl. *Pampel/Glage*, in: Hauschka, Corporate Compliance, § 5, Rn. 1, 11; *Gleißner*, Grundlagen des Risikomanagements im Unternehmen, S. 11f.

119 Vgl. *Lück*, DB 1998, 8, 9ff.; ausführlich *Kromschröder/Lück*, DB 1998, 1573ff.; *Eggemann/Konradt*, BB 2000, 503, 505f.; *Preußner/Becker*, NZG 2002, 846, 848ff.; so auch *Offerhaus*, in Schüppen/Schaub, MüAnwHdB Aktienrecht, § 18, Rn. 12; ähnlich Arbeitskreis Externe und Interne Überwachung der Unternehmung (AKEIÜ) der Schmalenbach-Gesellschaft für Betriebswirtschaft e.V., Köln, DB 2010, 1245f.; Vgl. *Grützner/Jakob*, Compliance von A-Z, S. 126.

120 Institut der Wirtschaftsprüfer, IDW PS 340, Rn. 4, WPg 1999, 658.

121 Gesetz zur Kontrolle und Transparenz im Unternehmensbereich v. 27.04.1998, BGBl. I 1998, 786.

122 Gesetz zur Modernisierung des Bilanzrechts v. 25.05.2009, BGBl. I 2009, 1102.

123 Vgl. dazu ausführlich jeweils m.w.N.: *Pahlke*, NJW 2002, 1680ff.; *Blasche*, CCZ 2009, 62, 63; *Kort*, ZGR 2010, 440, insbesondere S. 442–450, 455–464; *Dreher*, in FS Hüffer, 161ff.; *Spindler*, in FS Hüffer, 985, 988ff.; *Mertens/Cahn*, in: Kölner Kommentar AktG, § 91, Rn. 19ff.; für kapitalmarktorientierte Aktiengesellschaften gem. § 264d HGB tendenziell a.A.: *Hommelhoff/Mattheus*, BB 2007, 2787, 2791a.E.; siehe zu § 289 V HGB auch ausführlicher S. 237ff.

Angesichts des gerade geschilderten, nicht eindeutigen Begriffs des Risikomanagements[124] ist die exakte Bestimmung des Verhältnisses von Corporate Compliance zu dem Risikomanagement problematisch.

Zum Teil wird die Ansicht vertreten, dass das (Corporate) Compliance-Management in das Risikomanagement einzuordnen sei.[125]

Dagegen spricht allerdings, dass Corporate Compliance über das Risikomanagement hinaus ein präventives Element enthält und auf rechtliche Risiken fokussiert ist, die sich nicht unbedingt wie die sonstigen Risiken im Rahmen des Risikomanagements in Zahlen bewerten lassen. Ferner kann ein Corporate Compliance-System im Unternehmen nur dann die Vereinbarkeit des Risikomanagements mit dem geltenden Recht wirksam sichern, falls es nicht selbst Bestandteil des Risikomanagements ist. Folglich bestehen zwar eine Vielzahl von Überschneidungen zwischen dem Risikomanagement und einem Corporate Compliance-System im Unternehmen, jedoch sollte das Corporate Compliance-System abseits einer Zusammenarbeit in Gestalt eines Informationsaustausches vom Risikomanagement unabhängig sein.[126]

Vielmehr lässt sich das Risikomanagement im Rahmen eines Corporate Compliance-Systems immer dann für die Risikoidentifikation nutzen, wenn sich die Prüfungen des Risikomanagements auf compliance-relevante Sacheverhalte beziehen.[127]

2. Verhältnis von Corporate Compliance zum Internen Kontrollsystem

Der Ursprung des Internen Kontrollsystems (IKS) ist das Konzept „Internal Control – Integrated Framework" des Committee of Sponsoring Organizations of the Treadway Commission (COSO) aus dem Jahre 1992, in dem ein Prozess, der von den Mitgliedern einer Organisation, beispielsweise den Mitarbeitern oder den Leitungsorganen

124 Zur unterschiedlichen Ausgestaltung des Risikomanagements in den DAX 30 Unternehmen vgl. die Studie von *Diederichs/Fricke/Macke* in DB 2011, 1461–1466.

125 *Inderst*, in: Görling/Inderst/Bannenberg, Compliance, S. 120 unter Verweis auf *Roth*, Compliance: Begriff Bedeutung Beispiele, S. 47, 49; vgl. für Banken: *Lösler*, NZG 2005, 104, 105.

126 *Bürkle*, CCZ 2008, 50, 54; *Weber-Rey*, AG 2008, 345, 348; *Dreher*, VersR 2008, 998, 1003f.; vgl. für Versicherungsunternehmen *Bürkle*, in Bürkle, Compliance in Versicherungsunternehmen, § 1, Rn. 161f.; *Bürkle*, in: Hauschka, Corporate Compliance, § 8, Rn. 50; *Dreher*, in FS Hüffer, 161, 171f.; vgl. Arbeitskreis Externe und Interne Überwachung der Unternehmung (AKEIÜ) der Schmalenbach-Gesellschaft für Betriebswirtschaft e.V., Köln, DB 2010, 1509, 1516; vgl. für Banken: *Auerbach/Jost*, in: Hopt/Wohlmannstetter, HdB Corporate Governance von Banken, S. 665f.; ähnlich unter Bezug auf Solvency II *Reese/Ronge*, VersR 2011, 1217, 1230.

127 *Bergmoser/Theusinger/Gushurst*, BB-Special Compliance 5.2008 zu Heft 25, 1, 8; ähnlich *Lorenz*, in: Romeike, Rechtliche Grundlagen des Risikomanagements, S. 20f.

eines Unternehmens, ausgeführt wurde allgemein die Erreichung bestimmter Ziele absichern sollte.[128]

Nach der Definition des Prüfungsstandards IDW PS 261 umfasst das IKS in Ermangelung einer Legaldefinition unter anderem die von der Unternehmensleitung im Unternehmen eingeführten Grundsätze, Verfahren und Maßnahmen (Regelungen), die darauf abzielen, die Entscheidungen der Unternehmensleitung bezüglich der Wirksamkeit und Wirtschaftlichkeit der Geschäftstätigkeit inklusive Vermögensschutz (Verhinderung/Aufdeckung von Vermögensschädigungen), zur Ordnungsmäßigkeit und Verlässlichkeit der internen und externen Rechnungslegung sowie der Erfüllung der rechtlichen Vorschriften, die für das Unternehmen relevant sind, organisatorisch umzusetzen. Dabei besteht das IKS aus einem internen Steuerungssystem, das Regelungen zur Steuerung der Unternehmensaktivitäten enthält und einem internen Überwachungssystem, welches diese Regelungen überwacht.[129]

Etwas konkreter gefasst existiert in den USA über Sec. 302 Sarbanes-Oxley-Act (SOA)[130] eine Verpflichtung für die Unternehmensnehmensführung eines an einer US-amerikanischen Börse gelisteten Unternehmens, ein IKS einzurichten, das den Fluss wesentlicher Informationen im Unternehmen wahrt.[131] Zwar wird das IKS teilweise im Lichte der Sec. 404 SOA, der die einzurichtenden Strukturen auf „financial reporting", also eine Finanzberichterstattung, bezieht, auf den Bereich der Rechnungslegung reduziert, ist aber von der Grundidee nicht auf die Rechnungslegung beschränkt.[132]

Ohne Einschränkung auf die Rechnungslegung wird im deutschen Schrifttum eine „Compliance-Funktion" im Bereich der Finanzdienstleistungsunternehmen

---

128 Committee of Sponsoring Organizations of the Treadway Commission (COSO): http://www.coso.org/, zuletzt besucht am 15.02.2014; COSO, Internal Control – Integrated Framework, 1992 (COSO I); darauf aufbauend für das Risikomanagement COSO, Enterprise Risk Management Framework, 2004 (COSO II); siehe ausführlich *Bungartz*, Handbuch Interne Kontrollsysteme (IKS), S. 47ff. (zum IKS) und S. 467ff. (zum Risikomanagement); zur Überarbeitung des Rahmenwerks unter dem Stichwort COSO 2013 siehe *Dierks/Sandmann/Herre*, CCZ 2013, 164ff.

129 Institut der Wirtschaftsprüfer, IDW PS 261 a.F., Tz. 19f., WPg 2006, 1433, 1437; bzw. Entwurf einer Neufassung IDW PS 261 n.F. Tz. 19f., FN-IDW 2011, 408, 413; So auch *Grützner/Jakob*, Compliance von A-Z, S. 89; unter Beschränkung auf die Rechnungslegung ähnlich BT-Drs. 16/10067, S. 77.

130 SOA: http://pcaobus.org/About/History/Documents/PDFs/Sarbanes_Oxley_Act_of_2002.pdf, zuletzt besucht am 10.01.2013.

131 Siehe ausführlich zum SOA und insbesondere Sec. 302: *Carl*, in: Spahlinger/Wegen, Internationales Gesellschaftsrecht in der Praxis, Rn. 1625, 1630ff.; *Holzhauser*, in: Holzhauser/Sutter, Interdisziplinäre Aspekte von Compliance, S. 11, 28; vgl. *Obermayr*, in: Hauschka, Corporate Compliance, § 17, Rn. 22.

132 Zu Sec. 404 SOA: *Büssow/Taetzner*, BB 2005, 2437, 2438; *Schoberth/Servatius/Thees*, BB 2006, 2571, 2572; *Obermayr*, in: Hauschka, Corporate Compliance, § 17, Rn. 22; vgl. *Grummer/Seeburg*, in: Behringer, Compliance kompakt, S. 152;

als Element des IKS angesehen.[133] Übertragen auf ein allgemeines Corporate Compliance-System ohne Einengung auf den Begriff „Compliance-Funktion“, ist dieses System folglich eine autarke Komponente eines umfassenden IKS, wobei das Corporate Compliance-System je nach individueller Ausgestaltung im Unternehmen auch über das vorhandene IKS hinausgehen kann.[134] Dieses Ergebnis ist auch mit der Definition eines IKS seitens des IDW kompatibel, da sich nach eingangs beschriebener Ansicht des IDW das IKS auf die organisatorische Erfüllung der für das Unternehmen rechtlich relevanten Vorschriften erstreckt.

3. Verhältnis von Corporate Compliance zur internen Revision

Die Neueinführung des § 91 II AktG durch das KonTraG[135] sollte die Beutung der internen Revision als Aufgabe der Unternehmensleitung unterstreichen.[136] Im Unternehmen wird die interne Revision in Bezug auf die Rechnungslegung ebenso wie im Rahmen des § 107 III 2 AktG ausweislich der Gesetzesbegründung als Teil des IKS angesehen.[137]

Allgemein stellt die interne Revision eine Einrichtung im Unternehmen dar, die intern unabhängig Strukturen und Aktivitäten überprüft und beurteilt, ohne selbst Teil des zu prüfenden Ablaufs zu sein und ohne für das Ergebnis des Ablaufs verantwortlich zu sein. Überdies wirkt sie auf eine Optimierung der Abläufe, Kontroll- und Überwachungsmechanismen im Unternehmen hin und unterstützt auf diese Weise sowie durch eine beratende Betätigung das Unternehmen.[138] Bei den Prüfungen der internen Revision handelt es sich im Kern um einen Soll-Ist-Vergleich, d.h. Gegenstand

---

133 Vgl. *Weber-Rey*, in: Görling/Inderst/Bannenberg, Compliance, S. 573 u. a. unter Verweis auf Art. 46 I der Solvency II Richtlinie, 2009/138/EG, ABl. EU L 335, S. 1, 35 für Versicherungs- und Rückversicherungsunternehmen; *Gebauer/Kleinert*, in: Krieger/Schneider, Handbuch Managerhaftung, § 20, Rn. 86; Ausführlich m.w.N. *Dreher*, in FS Hüffer, 161, 169ff.; *Auerbach/Jost*, in: Hopt/Wohlmannstetter, HdB Corporate Governance von Banken, S. 662; BaFin, MaComp, AT 7, Nr. 2; siehe zu BaFin, MaRisk: *Boldt/Büll/Voss*, CCZ 2013, 248, 251; zur „Compliance-Funktion“ siehe bereits oben S. 3f.

134 Vgl. *Bürkle*, in: Hauschka, Corporate Compliance, § 8, Rn. 52; Bergmoser, BB Beilage 2010, Nr. 004, 2, 3; vgl. auch in Bezug auf das IKS nach SOA *Passarge*, in: Martinek/Semler/Habermeier/Flohr, HdB des Vertriebsrechts, § 82, Rn. 92.

135 Siehe oben Fn. 121.

136 BT-Drs. 13/9712, S. 15.

137 So im BilMoG, BT-Drs. 16/10067, S. 77, 102; ebenso *Dreher*, in FS Hüffer, 161, 167f.

138 Vgl. die Definitionen Institut der Wirtschaftsprüfer, IDW PS 321, Vorbemerkungen, WPg 2002, 686; IDW PS 261, Tz. 20, WPg 2006, 1433, 1437; Neufassungsentwurf IDW PS 261 n.F. Tz. 20, FN-IDW 2011, 408, 413; vgl. Arbeitskreis Externe und Interne Überwachung der Unternehmung (AKEIÜ) der Schmalenbach-Gesellschaft für Betriebswirtschaft e.V., Köln, DB 2006, 225f.; vgl. ausführlich zu den Grundlagen *Peemöller*, in: Förschle/Peemöller, Wirtschaftsprüfung und Interne Revision, S. 154ff.

der Prüfung ist, inwiefern ein Sachverhalt im Unternehmen den definierten Anforderungen genügt.[139]

Aufgrund des Gleichlaufs einiger Aufgabenbereiche der internen Revision und von Corporate Compliance z.B. hinsichtlich der Kontrolle rechtlicher Rahmenbedingungen („Compliance-Auditing“[140]) oder der Aufklärung risikobehafteter Sachverhalte, können die Aufgaben der Corporate Compliance grundsätzlich von der internen Revision im Unternehmen wahrgenommen werden.[141]

Allerdings kann im Falle einer Anbindung von Corporate Compliance an die interne Revision diese selbst dann nicht mehr das Corporate Compliance-System prüfen. Zudem ist die interne Revision im Gegensatz zur Corporate Compliance eine nachträgliche und unabhängige Überprüfung von Abläufen im Unternehmen, wohingegen Corporate Compliance aus dem Gedanken der Prävention heraus in die Abläufe eingebunden ist. Somit bietet sich zur Nutzung von Synergieeffekten eine enge Kooperation von interner Revision und Corporate Compliance an, ohne jedoch Corporate Compliance der internen Revision unterzuordnen.[142]

Speziell für Tax Compliance könnte die interne Revision eingesetzt werden, um festgelegte Prozesse, steuerrechtlich einzuhaltende Dokumentationsvorschriften oder die Einhaltung von Fristen, d.h. jedenfalls formelle Aspekte der Tax Compliance zu überwachen.[143] Indessen dürfte ein Einsatz der internen Revision zur Risikoidentifikation im Unternehmen im Bereich des materiellen Steuerrechts nur bei entsprechender, fachlicher Qualifikation der Prüfenden möglich sein.[144]

---

139 *Obermayr*, in: Hauschka, Corporate Compliance, § 17, Rn. 35.

140 Siehe dazu und zu den klassischen Aufgabenbereichen der internen Revision: *Amling/Bantleon*, DStR 2008, 1300, 1301.

141 *Cauers/Haas/Jakob/Kremer/Schartmann/Welp*, DB 2008, 2717, 2718; Arbeitskreis Externe und Interne Überwachung der Unternehmung (AKEIÜ) der Schmalenbach-Gesellschaft für Betriebswirtschaft e.V., Köln, DB 2010, 1509, 1516; *Behringer*, ZRFC 2010, 6, 7.

142 Vgl. Arbeitskreis Externe und Interne Überwachung (AKEIÜ) der Schmalenbach-Gesellschaft für Betriebswirtschaft e.V., Köln, DB 2006, 225, 226; vgl. *Cauers/Haas/Jakob/Kremer/Schartmann/Welp*, DB 2008, 2717, 2718; *Bürkle*, in: Hauschka, Corporate Compliance, § 8, Rn. 54f.; *Behringer*, ZRFC 2010, 6, 7; *Peemöller/Kregel*, Grundlagen der Internen Revision, S. 374 m.w.N.; *Roggenbuck*, in: Hopt/Wohlmannstetter, HdB Corporate Governance von Banken, S. 640f.; *Behringer*, in: Behringer, Compliance kompakt, S. 390f.; *Schäfer*, BKR 2011, 45, 52; vgl. in Bezug auf die MaRisk *Boldt/Büll/Voss*, CCZ 2013, 248, 253.

143 Vgl. *Kaminski*, in Freidank/Peemöller, Kompendium der Internen Revision, 639, 662ff.

144 Vgl. *Hebig*, Steuerabteilung und Steuerberatung in der Großunternehmung, S. 249f.; vgl. *Vera*, Organisation von Steuerabteilungen und Einsatz externer Steuerberatung in deutschen Großunternehmen, S. 141; *Herzig/Vera*, DStR 2001, 675, 679.

4. Verhältnis von Corporate Compliance zu Controlling

Controlling ist eine Unternehmensfunktion, die in der Praxis als Reaktion auf die zunehmende Komplexität von Unternehmensstrukturen, insbesondere die aufgrund der Größe und Unübersichtlichkeit der Unternehmen auftretenden internen Abstimmungs- und Kommunikationsschwierigkeiten, entstanden ist. Eine einheitliche Definition von Controlling ist bisher nicht ersichtlich.[145] Als Funktion im Unternehmen dient das Controlling der Unternehmensführung zur Abstimmung von Planung und Kontrolle und zur Aufbereitung von Informationen, um die Handlungsfähigkeit der Unternehmensführung zur Erreichung der Unternehmensziele zu sichern.[146]

Die daraus resultierende, spezielle Aufgabe des Steuercontrollings ist, durch Steuerplanungsmodelle und Informationssysteme die anfallenden Steuerbelastungen zu kontrollieren und in die Pläne des Unternehmens zu integrieren.[147]

Zwar ist Corporate Compliance insofern mit dem Controlling zu vergleichen, als dass Corporate Compliance in Gestalt eines Präventivsystems ebenfalls als eine Reaktion der Unternehmen auf ein komplexeres Umfeld erschaffen einerseits durch immer größere und unübersichtlichere, grenzüberschreitende Unternehmensstrukturen und andererseits sich ändernde und verschärfende gesetzliche Regelungen gesehen werden kann.[148] Allerdings zielen Corporate Compliance und Tax Compliance auf die Einhaltung von gesetzlichen Bestimmungen ab, wohingegen das Controlling keine grundsätzliche Entscheidung zur Einhaltung des Rechts beinhaltet.[149]

Davon abgesehen bietet es sich an, für die im Rahmen des Corporate Compliance- bzw. Tax Compliance-Systems durchzuführenden Kontrollen die Strukturen des Controllings sowie darüber hinaus die Informationsstrukturen des Controllings, respektive der Controlling-Abteilung beispielsweise zum Zwecke der Risikobeurteilung zu nutzen.[150] Auf diese Weise können auch mit Hilfe des Controllings die einzelnen Elemente eines Corporate Compliance-Systems aufeinander abgestimmt werden.[151]

---

145 Überblick über die Definitionsansätze verschiedener Autoren bei *Peemöller*, Controlling, S. 34f.; vgl. *Küpper*, Controlling, S. 3–15; *Pampel/Krolak*, in: Hauschka, Corporate Compliance, § 16, Rn. 8ff.; *Weber/Schäffer*, Einführung in das Controlling, S. 3–16.

146 *Peemöller*, Controlling, S. 36; ausführlich: *Horváth*, Controlling, S. 127; *Graumann*, Controlling, S. 12f.

147 *Schiffers*, StuW 1997, 42, 49f.; *Herzig/Zimmermann*, DB 1998, 1141, 1144ff.; *Horváth*, Controlling, S. 247ff., insbes. S. 250ff.

148 Vgl. zur Entwicklung von Compliance *Fissenewert*, in: Behringer, Compliance kompakt, S. 56f.

149 Vgl. *Hauschka*, NJW 2004, 257, 260; *Streck*, StbJb. 2009/2010, 415, 419.

150 Vgl. *Hauschka*, in: Hauschka, Corporate Compliance, § 1, Rn. 28f.; Vgl. in Bezug auf ein Risikocontrolling als Informationsquelle für Compliance *Pauthner-Seidel/Stephan*, in: Hauschka, Corporate Compliance, § 27, Rn. 130ff.

151 *Küpper*, Controlling, S. 64f.

5. Zwischenergebnis

In Bezug auf die unternehmensinternen Überwachungs- und Risikosteuerungssysteme ist Corporate Compliance und damit auch das Corporate Compliance-System kein Bestandteil des Risikomanagementsystems, sondern prüft vielmehr die Vereinbarkeit des Risikomanagementsystems mit dem geltenden Recht. Darüber hinaus ist ein enger Informationsaustausch zwischen dem Corporate Compliance-System und dem Risikomanagementsystem festzustellen, welches sich für das Corporate Compliance-System insbesondere bei der Risikoidentifikation nutzen lässt.[152]

Demgegenüber ist das Corporate Compliance-System ein eigenständiger Teil des IKS, das je nach individueller Ausgestaltung im jeweiligen Unternehmen über das IKS hinausgehen kann. Die interne Revision als Element des IKS kann im Bereich des Corporate Compliance-Systems ideal zur Überprüfung von compliancerelevanten Abläufen eingesetzt werden, jedoch ist speziell für Tax Compliance das Einsatzgebiet aufgrund mangelnder, fachlicher Qualifikation der Prüfenden im materiellen Steuerrecht auf formelle Aspekte zu reduzieren.[153]

Die Strukturen des Controllings schließlich können zur Abstimmung und Koordination der einzelnen Bestandteile des Corporate Compliance-Systems herangezogen und insbesondere die eingerichteten Informationsstrukturen genutzt werden.[154]

Als Zwischenergebnis ist zu konstatieren, dass es für die Effizienz und Wirksamkeit eines Corporate Compliance-Systems und somit auch für Tax Compliance essentiell ist, innerhalb des Unternehmens aufgrund der Überschneidungen aber auch der Synergien durch die Nutzung bereits vorhandener Strukturen eben jene Überschneidungen und Synergien bei der Einrichtung eines Corporate Compliance-Systems zu bedenken und zu definieren, um klar umrissene Strukturen im Unternehmen zu schaffen.[155]

II. Verantwortung zur Realisierung von Tax Compliance im Unternehmen

Ist die grundsätzliche Abgrenzung und die Nutzung der Synergien des Corporate Compliance-Systems hinsichtlich bestehender unternehmensinterner Überwachungs- und Risikosteuerungssysteme vorgenommen worden, ist es für die Effektivität und die Wirksamkeit des Tax Compliance-Systems notwendig, die Verantwortung(en) für Tax Compliance und die organisatorische Umsetzung im Unternehmen festzulegen.[156]

---

152 Siehe dazu ausführlich S. 23ff. m.w.N.

153 Siehe dazu ausführlich S. 27f. m.w.N.

154 Siehe dazu ausführlich S. 28f. m.w.N.

155 Siehe dazu auch Arbeitskreis Externe und Interne Überwachung der Unternehmung (AKEIÜ) der Schmalenbach-Gesellschaft für Betriebswirtschaft e.V., Köln, DB 2010, 1509, 1515f.

156 Vgl. zur Festlegung von Verantwortung für Compliance bereits *Hauschka*, NJW 2004, 257, 259f.; *Inderst*, in: Görling/Inderst/Bannenberg, Compliance, S. 106f.

Konkret ist das Verhältnis von Tax Compliance zur Steuerabteilung, zur Corporate Compliance-Abteilung und zum Rechnungswesen zu bestimmen, da sich diese Abteilungen entweder mit Compliance oder Steuern oder beiden Elementen von Tax Compliance befassen.[157]

1. Verhältnis von Tax Compliance zur Steuerabteilung

Mangels expliziter, gesetzlicher Vorgaben, die eine Orientierung bieten könnten, ist zunächst zu erläutern, wie die Steuerabteilung funktional in das Unternehmen einzugliedern ist,[158] um anschließend das Verhältnis zu Tax Compliance näher zu beleuchten.

Wegen der wirtschaftlichen Wichtigkeit der Besteuerung für das Unternehmen wird die Steuerabteilung in der Hierarchie des Unternehmens sehr hoch eingestuft und vielfach direkt der Unternehmensleitung unterstellt.[159] Teilweise wird die Steuerabteilung auf dieser Ebene auch anderen organisatorischen Einheiten wie dem Finanz- oder Rechnungswesen zugeordnet.[160]

In der Praxis wird die Steuerabteilung in das Leitungssystem bzw. in die Hierarchie des Unternehmens[161] überwiegend als Stabsabteilung oder Zentralabteilung eingeordnet.[162] Als Stabsabteilung unterhalb der Unternehmensleitung besteht die Möglichkeit, die Steuerabteilung mit umfassenden Informationsrechten zu versehen, wohingegen die Einrichtung einer Zentralabteilung Steuern darüber hinaus noch die Etablierung von Weisungsrechten zu Gunsten der Steuerabteilung vorsehen kann.[163]

---

157 Nachweise siehe im Folgenden beim jeweiligen Unterpunkt.

158 Vgl. *Herzig/Vera*, DB 2001, 441.

159 *Selchert*, ZO 1978, 3,8; *Hebig*, Steuerabteilung und Steuerberatung in der Großunternehmung, S. 141; *Vera*, Organisation von Steuerabteilungen und Einsatz externer Steuerberatung in deutschen Großunternehmen, S. 100 m.w.N.; *Herzig/Vera*, DB 2001, 441, 446f. *Schneider*, DStR 2001, 2038; *Montag*, in Steuerzentrierte Rechtsberatung, FS Schaumburg, 65, 75.

160 Zu empirischen Daten: *Hebig*, Steuerabteilung und Steuerberatung in der Großunternehmung, S. 143f.; *Vera*, Organisation von Steuerabteilungen und Einsatz externer Steuerberatung in deutschen Großunternehmen, S. 267; *Schneider*, DStR 2001, 2038, 2040f.; *Herzig/Vera*, DB 2001, 441, 446f.; dagegen *Montag*, in Steuerzentrierte Rechtsberatung, FS Schaumburg, 65, 76f., der sich klar gegen eine Einbindung der Steuerabteilung in andere Abteilungen ausspricht.

161 Zur Hierarchie als System der Über- und Unterordnung *Schreyögg*, Organisation, S. 131ff.; zum Leitungssystem als formale Organisationsstruktur *Kieser/Walgenbach*, Organisation, S. 127ff.; *Schulte-Zurhausen*, Organisation, S. 252.

162 *Vera*, Organisation von Steuerabteilungen und Einsatz externer Steuerberatung in deutschen Großunternehmen, S. 259ff.; *Herzig/Vera*, DB 2001, 441, 446.

163 Zu Stabsstellen und Zentralabteilung vgl. *Picot*, Organisation, S. 71ff.; *Picot/Dietl/Franck*, Organisation, S. 251ff.; zur Zentralisierung der Steuerabteilung allgemein *Schneider*, DStR 2001, 1224ff., 1226f.; *Schneider*, DStR 2001, 2038, 2041ff.; *Montag*, in Steuerzentrierte Rechtsberatung, FS Schaumburg, 65, 77f.

Eine derartige Zentralisierung durch die Steuerabteilung unterliegt jedoch unter Effizienzgesichtspunkten gewissen Einschränkungen. So ist eine dezentrale Organisation dann vorzugswürdig, wenn es z.B. im Rahmen internationaler Steuerfragen um die speziellen Kenntnisse ausländischen Steuerrechts geht, welches vor Ort im jeweiligen Land gilt, oder beispielsweise um die Erzielung von „Synergieeffekten" bei Überschneidungen mit dem Tätigkeitsbereich anderer Abteilungen.[164]

Die interne Organisation der Steuerabteilung selbst kann nach verschiedenen Kriterien erfolgen, beispielsweise nach Regionen, Steuerarten oder funktional, d.h. es werden wichtige, sich ähnelnde steuerliche Verrichtungen in Unterabteilungen gebündelt[165] oder auch diversional, wonach die Unterabteilungen der Steuerabteilung in einer festgelegten Einteilung ausgerichtet z.B. nach Produkten, Unternehmenssparten oder Kunden die in ihrem Bereich anfallenden steuerlichen Sachverhalte erfassen.[166]

Losgelöst von der Eingliederung der Steuerabteilung in das Unternehmen und ihrer Organisation selbst könnte Tax Compliance als Unterfall der Corporate Compliance auch gerade nicht der soeben skizzierten Steuerabteilung sondern der Corporate Compliance Abteilung des Unternehmens zugewiesen werden. Dies würde jedoch entsprechende, vertiefte Kenntnisse des Steuerrechts in der Corporate Compliance Abteilung voraussetzen, wie sie im Unternehmen typischerweise in der Steuerabteilung zu finden sind. Aus diesem Grund sollte in Anbetracht der fachlichen Kompetenz zumindest die Einhaltung der formellen und materiell rechtlichen Anforderungen im Rahmen der Tax Compliance im Aufgabenbereich der Steuerabteilung verortet sein.[167]

Neben der Nutzung der ggf. im Unternehmen für die Steuerabteilung bestehenden Informations- und Weisungsrechte für die Umsetzung von Tax Compliance durch die Steuerabteilung, bietet es sich an, darüber hinaus eine enge Zusammenarbeit mit der Corporate Compliance Abteilung des Unternehmens anzustreben, um Tax Compliance in das unternehmensweite Compliance-System zu inkorporieren und effektiv zu verwirklichen.[168]

Dabei ist zu betonen, dass Tax Compliance keine limitierte, interne Aufgabe der Steuerabteilung ist, vielmehr ist eine Ausdehnung von Tax Compliance auf

---

164 *Vera*, Organisation von Steuerabteilungen und Einsatz externer Steuerberatung in deutschen Großunternehmen, S. 92; *Schneider*, DStR 2001, 1224, 1227; *Montag*, in Steuerzentrierte Rechtsberatung, FS Schaumburg, 65, 78.

165 *Hebig*, Steuerabteilung und Steuerberatung in der Großunternehmung, S. 185f.; *Söffing*, Gestaltung der steuerlichen Beratung, S. 260f.; *Herzig/Vera*, DB 2001, 1f. m.w.N., dort auch jeweils zum folgenden Text.

166 Unterteilung nach *Vera*, Organisation von Steuerabteilungen und Einsatz externer Steuerberatung in deutschen Großunternehmen, S. 66ff.; *Herzig/Vera*, DB 2002, 1.

167 Vgl. *Streck*, StbJb. 2009/2010, 415, 426f.; *Ehnert*, in: Streck/Mack/Schwedhelm, Tax Compliance, Rn. 1.293f.

168 Vgl. *Streck*, StbJb. 2009/2010, 415, 426f.; vgl. *Ehnert*, in: Streck/Mack/Schwedhelm, Tax Compliance, Rn. 1.294, 1.305; ausführlich zu den organisatorischen Gestaltungsmöglichkeiten einer Corporate Compliance Abteilung und ihrem Verhältnis zu Tax Compliance siehe die nachfolgenden Ausführungen.

das gesamte Unternehmen über die Grenzen der Steuerabteilung hinaus für Tax Compliance selbst essentiell, da steuerrechtlich relevante Sachverhalte überall im Unternehmen bei jeder wirtschaftlichen Betätigung tangiert werden.[169] Tax Compliance stellt sich wegen der Omnipräsenz der Steuern im Unternehmen als ubiquitär dar und muss folglich bereits auf der Ebene des steuerrechtlich- und zugleich Tax Compliance-relevanten Sachverhalts ansetzen.

Mithin ist die Steuerabteilung im Verhältnis zu Tax Compliance in der Verantwortung zur Beachtung des materiellen Steuerrechts im gesamten Unternehmen ihr Fachwissen einzubringen und in Kooperation mit der Corporate Compliance-Abteilung für eine effektive Umsetzung von Tax Compliance im Unternehmen zu sorgen.

2. Verhältnis von Tax Compliance zur Corporate Compliance-Abteilung bzw. zur Rechtsabteilung

Abseits spezialgesetzlicher Anforderungen aus § 33 I 2 Nr. 1 WpHG iVm. § 12 III, IV, V WpDVerOV[170] oder auch aus § 25a KWG, § 64a VAG existieren keine festen gesetzlichen Vorgaben, insbesondere keine allgemeinen, gesellschaftsrechtlichen Anforderungen an die Organisation von Corporate Compliance im Unternehmen.[171]

a) Organisationsformen von Corporate Compliance im Unternehmen

Ohne explizite gesetzliche Organisationsanforderungen bieten sich grundsätzlich unterschiedliche Organisationsformen für Corporate Compliance an. Zum einen kann eine souveräne Stabsstelle Corporate Compliance im Unternehmen eingerichtet werden, die sämtliche Aufgaben und Funktionen im Zusammenhang mit Corporate Compliance unabhängig von anderen Abteilungen wahrnimmt. Zum anderen kann Corporate Compliance auch in eine sog. Matrix-Organisation eingebunden sein: danach wird der Aufgabenbereich der Corporate Compliance-Abteilung – sofern vorhanden und nicht vollständig auf andere Abteilungen aufgeteilt – auf den Aspekt der Prävention eingegrenzt, die Identifikation der Risiken nebst Maßnahmen nur aufeinander abgestimmt und von anderen Abteilungen im Unternehmen durchgeführt.

169 Vgl. *Besch/Starck*, in: Hauschka, Corporate Compliance, § 34, Rn. 11; *Ehnert*, in Streck/Mack/Schwedhelm, Tax Compliance, Rn. 1.295, vgl. dort auch zu folgenden Text; zur Allgegenwärtigkeit der Steuern bei wirtschaftlicher Betätigung *Lang*, in: Tipke/Lang, Steuerrecht, § 1, Rn. 1ff.

170 Wertpapierdienstleistungs-Verhaltens- und Organisationsverordnung, BGBl. I 2007, 1432, zuletzt geändert durch Art. 5 des Anlegerschutz- und Funktionsverbesserungsgesetzes, BGBl. I 2011, 538, 546.

171 *Bürkle*, BB 2005, 565, 567; so auch *Kort*, in Großkommentar AktG, § 91, Rn. 65 (01.10.2006); *Liese*, BB-Special Compliance 5.2008 zu Heft 25, 17, 18; vgl. *Lampert*, in: Hauschka, Corporate Compliance, § 9, Rn. 7; *Bürkle*, in: Hauschka, Corporate Compliance, § 8, Rn. 16; vgl. *Hüffer*, AktG, § 76, Rn. 9a; *Mertens/Cahn*, in Kölner Kommentar AktG, § 93, Rn. 80.

Das Zusammenspiel der Corporate Compliance-Aufgaben kann dann mit Hilfe eines sog. Corporate Compliance-Committee, in dem die Leiter der einzelnen Abteilungen vertreten sind, abgestimmt werden.[172] Im Rahmen einer Matrixstruktur können auch Corporate Compliance-Officer mit bestimmten Bereichskompetenzen, z.B. den „Einkauf" und seine Risiken, losgelöst von gesellschaftsrechtlichen Strukturen mit konzernweiter Verantwortung ernannt werden.[173] Je nach Zuschnitt des Unternehmens und der ausgewählten Struktur, ist zudem die zentrale Organisation von Corporate Compliance ausgehend von der Konzernmuttergesellschaft dezentral mit Corporate Compliance-Beauftragten vor Ort in den Tochtergesellschaften zu erweitern, um so auf regionalen Besonderheiten und Risiken eingehen und das konzernweite Commitment wirksam umsetzen zu können.[174]

Indes wird gerade bei kleineren und mittleren Unternehmen für den Bereich Corporate Compliance nicht eine separate Corporate Compliance-Abteilung eingerichtet, sondern die Rechtsabteilung mit dieser Aufgabe betraut, wobei der Chefsyndikus des Unternehmens zugleich die Position eines (Chief) Compliance-Officers bekleidet.[175]

Demgegenüber offenbart ein Blick auf den Bereich der DAX 30 Unternehmen, dass in etwa 95 % der Unternehmen über einen Chief Compliance Officer verfügen, jedoch hat sich in der Praxis bisher keine einheitliche Corporate Compliance-Organisation herauskristallisiert.[176] Unabhängig von der individuellen, organisatorischen Ausgestaltung im jeweiligen Unternehmen beziehen sich die nachfolgenden Ausführungen begrifflich auf die Corporate Compliance-Abteilung, sind aber vom Prinzip auf die Rechtsabteilung oder jede andere Abteilung, die die Aufgaben der Corporate Compliance im jeweiligen Unternehmen organisatorisch wahrnimmt, gedanklich übertragbar.

---

172 Vgl. auch *Fett/Theusinger*, BB 2010, Beilage 004, 6, 11f.; Überblick bei *Inderst*, in: Görling/Inderst/Bannenberg, Compliance, S. 98ff.; ausführliche Schilderung bei *Moosmayer*, Compliance, S. 33ff.

173 *Fett/Theusinger*, BB 2010, Beilage 004, 6, 11f., dort auch Ausführungen zu weiteren Organisationsformen.

174 *Behringer*, ZRFC 2010, 6, 10f.; vgl. ähnlich *Fett/Theusinger*, BB 2010, Beilage 004, 6, 12.

175 *Cauers/Haas/Jakob/Kremer/Schartmann/Welp*, DB 2008, 2717, 2718; Arbeitskreis Externe und Interne Überwachung der Unternehmung (AKEIÜ) der Schmalenbach-Gesellschaft für Betriebswirtschaft e.V., Köln, DB 2010, 1509, 1516; *Hauschka/Spiekermann*, in: Hauschka, Corporate Compliance, § 15, Rn. 27; *Behringer*, ZRFC 2010, 6, 7f.; *Inderst*, in: Görling/Inderst/Bannenberg, Compliance, S. 100f.; *Moosmayer*, Compliance, S. 46; gegen eine Integration von Corporate Compliance bzw. der Complaince-Funktion im Sinne des § 33 I WpHG in die Rechtsabteilung und lediglich für eine enge Kooperation *Früh*, CCZ 2010, 121, 123ff. m.w.N.; ebenso *Schäfer*, BKR 2011, 45, 51 (in Bezug auf das WpHG und die MaComp).

176 *Kremer/Klahold*, ZGR 2010, 113, 126 unter Berufung auf eine interne Umfrage unter den DAX 30 Unternehmen.

b) *Integration von Tax Compliance in die „Infrastruktur" des Corporate Compliance-Systems*

Unterstellt, dass im Unternehmen eine Corporate Compliance-Abteilung existiert und ohne die konkrete Ausgestaltung auf eines der soeben geschilderten Organisationsmodelle beschränken zu wollen, obliegt es dieser Abteilung, Corporate Compliance im Unternehmen mittels einer Organisation zu koordinieren und umzusetzen[177], da sich Corporate Compliance – wie bereits für Tax Compliance dargstellt[178] – aus der Natur der Sache nicht nur auf die Corporate Compliance-Abteilung beschränkt, sondern in allen Abteilungen von den Mitarbeitern zu beachten ist.[179]

Ebenso bedarf Tax Compliance zu seiner Verwirklichung im Unternehmen eines Tax Compliance-Systems[180], so dass es sich anbietet, die bereits bestehende Corporate Compliance-Organisation im Unternehmen auch für Tax Compliance zu nutzen oder umgekehrt, ein ggf. bereits existierendes Tax Compliance-System in die Corporate Compliance-Organisation einzubinden.[181] Unter Nutzung des Fachwissens der Steuerabteilung sind nach Analyse der steuerlichen Risiken im Unternehmen Präventionsmaßnahmen wie interne Richtlinien und Schulungen für die Mitarbeiter zu erarbeiten um den identifizierten Risiken entgegenzuwirken. Ergo ist Tax Compliance in das unternehmensinterne Corporate Compliance-System einzubinden und die im Rahmen der Tax Compliance ergriffenen Maßnahmen ebenfalls effizient umzusetzen.[182]

Gleichsam können implementierte Berichts- und Informationsstrukturen im Unternehmen, die für die Corporate Compliance-Abteilung eingerichtet wurden[183], wie z.B. ein Ombudsmann[184] oder eine Whistleblowerhotline[185] auch für die Meldung

---

177 Vgl. *Behringer*, in: Behringer, Compliance kompakt, S. 383f.; *Inderst*, in: Görling/Inderst/Bannenberg, Compliance, S. 83.

178 Siehe oben S.31ff.

179 *Behringer*, ZRFC 2010, 6, 9; vgl. *Inderst*, in: Görling/Inderst/Bannenberg, Compliance, S. 83; vgl. *Lampert*, in: Hauschka, Coporate Compliance, § 9, Rn. 3; *Eisele/Faust*, in: Schimansky/Bunte/Lwonski, Bankrechts-Handbuch Bd. II, § 109, Rn. 106f.

180 Siehe zu Tax Compliance und Tax Compliance-System oben S. 8ff.

181 Vgl. *Besch/*Starck, in: Hauschka, Corporate Compliance, § 34, Rn. 13; *Streck*, in: Streck/Mack/Schwedhelm, Tax Compliance, Rn. 1.5, der Tax Compliance als Vorreiter sieht, so dass nur noch eine Einbindung in die Compliance-Organisation erforderlich sei.

182 Vgl. *Ehnert*, in: Streck/Mack/Schwedhelm, Tax Compliance, Rn. 1.294.

183 Informationssysteme zur Haftungsvermeidung der Leitungsorgane, siehe *Rodewald/Unger*, BB 2006, 113f.; *Fett/Theusinger*, BB 2010, Beilage 004, 6, 10; siehe ausführlich zur Bedeutung eines Informationssystems *Buck-Heeb*, in: Hauschka, Corporate Compliance, § 2, Rn. 15ff.

184 Ombudsmann im Sinne einer Vertrauensperson, an die sich Mitarbeiter in kritischen Situationen vertraulich wenden können, siehe *Inderst*, in: Görling/Inderst/Bannenberg, Compliance, S. 122f.

185 Whistleblowerhotline als Möglichkeit für die Mitarbeiter, vertraulich, telefonisch problematische Sachverhalte melden zu können, siehe *Lampert*, in: Hauschka, Corporate Compliance, § 9, Rn. 35; ausführlich: *Bürkle*, DB 2004, 2158ff.

von Verstößen gegen die Tax Compliance verwendet werden, um nicht noch eine weitere, separate Struktur einführen zu müssen. Es muss zudem eindeutig bestimmt werden, wann die Steuerabteilung in welchem Prozess im Unternehmen heranzuziehen ist, um möglichst früh Risiken zu identifizieren und auszuschalten.[186]

Als Quintessenz lässt sich konstatieren, dass es die Aufgabe bzw. die Verantwortung der Corporate-Compliance-Abteilung ist, auf einer operativen, ausführenden Ebene, Tax Compliance in das bestehende System einzubinden, was bedeutet, Tax Compliance an die Mitarbeiter zu kommunizieren, auf die Einhaltung der Tax Compliance-Maßnahmen hinzuwirken und das Berichtswesen für Tax Compliance-Verstöße zur Verfügung zu stellen. Die eigentliche Ausarbeitung des Tax Compliance-Systems, d.h. die Identifikation der Risiken, Festlegung von Maßnahmen, usw. auf einer materiell-steuerrechtlichen Ebene hat aufgrund des Fachwissens in enger Kooperation mit der Steuerabteilung zu erfolgen. Zudem ist auch wegen Überschneidungen von Tax Compliance mit klassischen Bereichen der Corporate Compliance-Abteilung wie der Korruptionsbekämpfung durch § 4 V 1 Nr. 10 EStG eine Koordination von Tax Compliance, Steuerabteilung und Corporate Compliance-Abteilung notwendig.[187]

Vereinfacht gesagt ist es die Aufgabe der Corporate Compliance-Abteilung für Tax Compliance die „Infrastruktur" zu stellen und Tax Compliance in diese zu integrieren, wohingegen die Steuerabteilung das Fachwissen vorzuhalten hat.

3. Verhältnis von Tax Compliance zum Rechnungswesen

Das betriebliche Rechnungswesen dient der wertmäßigen Darstellung von wirtschaftlichen Vorgängen im Unternehmen in Zahlen. Unterteilt in ein internes und externes Rechnungswesen, ist es die Aufgabe des internen Rechnungswesens, unternehmensintern zum Zwecke der Kontrolle, der Planung und der Steuerung über wirtschaftliche Vorgänge des Unternehmens zu informieren. Im Gegensatz dazu richtet sich das externe Rechnungswesen an Außenstehende, z.B. Kapitalgeber, um diese nach festgelegten Regeln, beispielsweise durch den Jahresabschlusses bestehend aus Bilanz sowie Gewinn- und Verlustrechnung gem. §§ 242 I, II, III, 266ff., 275ff. HGB, zu informieren.[188] Zur Erfüllung dieser Funktionen fällt die Buchführung sowohl nach

186 Zur Nutzung bestehender Systeme für Tax Compliance *Streck*, StbJb. 2009/2010, 415, 427f.; *Ehnert*, in: Streck/Mack/Schwedhelm, Tax Compliance, Rn. 1.305, 1.307.

187 Ähnlich *Ehnert*, in: Streck/Mack/Schwedhelm, Tax Compliance, Rn. 1293ff., 1310.

188 *Engelhardt/Raffée/Wischermann*, Doppelte Buchhaltung S. 1f.; *Wöhe/Döring*, Allgemeine Betriebswirtschaftslehre, S. 641ff.; Unter Bezugnahme auf die Aktiengesellschaft: *Sandleben*, in: Schüppen/Schaub, MüAnwHdB Aktienrecht, § 17, Rn. 1, 3–6, dort zum folgenden Text; *Pellens/Füllbier/Gassen/Sellhorn*, Internationale Rechnungslegung, S. 2.

Handelsrecht gem. §§ 238ff. HGB als auch die steuerlichen Buchführungspflichten gem. §§ 140ff. AO in das Spektrum des betrieblichen Rechnungswesen.[189]

Bezogen auf die steuerlichen Buchführungs- und Aufzeichnungspflichten sind neben den originären steuerlichen Buchführungs- und Aufzeichnungspflichten aus §§ 141–144 AO auch abgeleiteten Buchführungs- und Aufzeichnungspflichten gem. § 140 AO in Verbindung mit spezialgesetzlichen Regelungen, die auch die bereits erwähnten handelsrechtlichen Buchführungspflichten gem. §§ 238ff. HGB erfassen, für die Besteuerung von Bedeutung, da sie beispielsweise Sachverhalte dokumentieren, die für eine Besteuerung wesentlich sind oder die die Ursache bzw. den Auslöser einer Besteuerung darstellen.[190]

Folglich muss Tax Compliance verstanden als präventive und systematische Einhaltung aller für das Unternehmen steuerrechtlich relevanter Regelungen[191] auch die Einhaltung der Buchführungs- und Aufzeichnungspflichten mit einbeziehen.[192]

Fokussiert auf die Buchführungs- und Aufzeichnungspflichten als Teilaspekt von Tax Compliance obliegt es mithin dem betrieblichen Rechnungswesen, in dessen Zuständigkeitsbereich die Buchführung fällt[193], für die Befolgung der gesetzlichen Anforderungen zu sorgen. Insofern ist eine enge Kooperation zwischen dem Rechnungswesen und der Steuerabteilung, die die Verantwortung für die Einhaltung der sonstigen steuerrechtlichen Regelungen trägt[194], zur Sicherstellung der Tax Compliance anzustreben.[195]

4. Zwischenergebnis

Zur Realisierung von Tax Compliance im Unternehmen, ist die Verantwortung für die Einhaltung des materiellen Steuerrechts der Steuerabteilung zuzuweisen. Der Bereich der steuerlichen Buchführungs- und Aufzeichnungspflichten liegt in der Verantwortung des betrieblichen Rechnungswesens. Die Corporate Compliance-Abteilung wiederum hat ihre „Infrastruktur" zur Verfügung zu stellen, d.h. je nach Unternehmensstruktur ist entweder das Tax Compliance-System ist in ein

189 *Thommen/Achleitner*, Allgemeine Betriebswirtschaftslehre, S. 421f.; vgl. *Wöhe/Döring*, Allgemeine Betriebswirtschaftslehre, S. 641; *Horschitz/Groß/Fanck/Kirschbaum*, Bilanzsteuerrecht und Buchführung, S. 1ff.

190 Vgl. FG Niedersachen, EFG 1997, 1484, 1485; *Drüen*, in: Tipke/Kruse, AO, Vor § 140, Rn. 8 (Oktober 2012), Überblick über abgeleitete Buchführungs- und Aufzeichnungspflichten; § 140, Rn. 11ff. (Oktober 2012).

191 Zur Definition siehe oben S. 8ff.

192 So auch *Künstler/Seidel*, in: Wecker/van Laak, Compliance in der Unternehmerpraxis. S. 249f.; *Besch/Starck*, in: Hauschka, Corporate Compliance, § 34, Rn. 23; *Mack*, in: Streck/Mack/Schwedhelm, Tax Compliance, Rn. 1.56ff.

193 Siehe oben S. 36ff.

194 Siehe oben S. 31.

195 Zur allgemeinen Beziehung des Rechnungswesens zur Steuerabteilung siehe *Schneider*, DStR 2001, 2038, 2040.

bestehendes Corporate Compliance-System einzubetten oder umgekehrt ein vorhandenes Tax Compliance-System in ein neu geschaffenes Corporate Compliance-System einzubinden. Damit ist es an der Corporate Compliance-Abteilung, für die Verbreitung von Tax Compliance über ihre Kommunikationsstrukturen im gesamten Unternehmen zu den einzelnen Mitarbeitern zu sorgen, Tax Compliance in das Berichtswesen zu integrieren und die Einhaltung zu kontrollieren, sofern es dafür nicht des Fachwissens der Steuerabteilung bedarf.[196]

Auch unter dem Aspekt der Wirtschaftlichkeit ist Tax Compliance in bereits bestehende Prozesse oder Systeme der Corporate Compliance-Abteilung oder des Rechnungswesens nach Möglichkeit zu integrieren, um nicht durch den unnötigen Aufbau einer Parallelorganisation den „Leistungsfluss" im Unternehmen zu hemmen, sondern Synergien zu nutzen.[197]

Insgesamt ist eine enge Kooperation der genannten Einheiten unumgänglich, um auf diese Weise eine effektive Tax Compliance im Unternehmen zu erreichen. Im Rahmen dieser Kooperation sollte die Hauptverantwortung für Tax Compliance aufgrund des gebündelten Fachwissens und der typischerweise starken Stellung der Steuerabteilung eben jener in erster Linie obliegen.[198]

III. Ergebnis

Die Frage der Implementierung von Tax Compliance in das Unternehmen lässt sich also zunächst im Hinblick auf Corporate Compliance dergestalt beantworten, dass sich das Corporate Compliance-System in das IKS einbettet, das Risikomanagement im Wege eines Informationsaustausches zur Risikoidentifikation, die interne Revision zur Kontrolle sowie das Controlling zur Abstimmung, Koordination und Information nutzt.[199]

Für Tax Compliance als Teil des Corporate Compliance-Systems kann damit zwecks Implementierung in das Unternehmen nichts anderes gelten.

Tax Compliance im Unternehmen fällt zuvorderst in den Verantwortungsbereich der Steuerabteilung, die in enger Kooperation mit dem Rechnungswesen für die Aufzeichnungs- und Buchführungspflichten sowie der Corporate Compliance-Abteilung als „Infrastruktur" für die Realisierung von Tax Compliance im jeweiligen Unternehmen Sorge zu tragen hat.[200]

Allerdings ist Tax Compliance nicht auf die Steuerabteilung bzw. das Rechnungswesen und die Corporate Compliance-Abteilung zu beschränken, sondern ob der

---

196 Siehe dazu ausführlich oben S. 31ff. jeweils m.w.N.

197 Vgl. *Schreyögg*, Organisation, S. 129ff.; *Bergmoser*, BB 2010, Beilage 004, 2, 5.

198 Siehe zur Stellung der Steuerabteilung oben S. 31ff.; vgl. ähnlich *Schefold*, ZRFC 2011, 221, 222, der Compliance-Management-Systeme als „Querschnittsfunktion" verschiedener Bereiche wie Risikomanagement, Revision, Controlling, Unternehmens- sowie Rechtsberatung ansieht.

199 Siehe dazu die vorstehenden Ausführungen, insbesondere im Zwischenergebnis.

200 Siehe dazu die vorstehenden Ausführungen.

angesprochnen Ominpräsenz der Steuern im gesamten Unternehmen von allen Abteilungen mit ihren Mitarbeitern zu beachten und umzusetzen.[201]

Abschließend sei angefügt, dass es demgegenüber nicht die Aufgabe von Tax Compliance ist, die vorgegebenen rechtlichen Rahmenbedingungen zu verändern. Zwar mag sich das Steuerrecht permanent durch neue Gesetze, Anweisungen der Finanzverwaltung und die Rechtsprechung ändern, jedoch ist es nicht die Aufgabe von Tax Compliance, auf diesen Prozess durch „Steuerpolitik"[202] Einfluss zu nehmen. Vielmehr sind die Erkenntnisse, die Tax Compliance bzw. insbesondere das Tax Compliance-System in Bezug auf die rechtliche Risikolage für das Unternehmen und die tatsächlichen Möglichkeiten der Einhaltung des geltenden Rechts liefern, als Informationsgrundlage zu sehen, um basierend auf diesen Erkenntnissen mittels Beteiligung am öffentlichen Diskurs „Steuerpolitik" zu betreiben um somit aus einer anderen, legislativen Stoßrichtung zur Rechtssicherheit zu Gunsten der Unternehmen beitragen zu können.

201 Siehe zur Omnipräsenz der Steuern im Unternehmen oben S. 32f. m.w.N.; allgemein Compliance als Querschnittsaufgabe, die alle Abteilungen betrifft *Behringer*, ZRFC 2010, 6, 9.

202 Siehe zum Begriff der „Steuerpolitik" im Zusammenhang mit Konzernsteuern und dem dahinter stehenden Gedanken der Einflussnahme auf die Legislative *Montag*, in Steuerzentrierte Rechtsberatung, FS Schaumburg, 65, 71f.

2. Kapitel: Phänomenologie systemischer Steuerrisiken in internationalen Unternehmen

A. Die Bedeutung von Steuern im internationalen Unternehmen

I. Grundlegende Relevanz steuerlicher Risiken im Unternehmen

Die Diskussion um Corporate Compliance wurde in der Vergangenheit vor allen Dingen im Lichte von Wirtschaftsstrafverfahren wie international ENRON oder national im Falle von Siemens oder in Anbetracht von Kartellbußgeldern, die aufgrund ihrer Höhe ein Unternehmen in seinem Bestand gefährden können, geführt.[203] In jener Diskussion nahm der Bereich Tax Compliance auch in der Literatur zunächst eine Randstellung ein.[204]

Indes wird diese anfängliche Randstellung der eigentlichen Bedeutung von Tax Compliance nicht gerecht. Tax Compliance zieht seine Berechtigung aus der Existenz von steuerlichen Risiken für den Steuerpflichtigen bzw. das Unternehmen, die es durch ein Tax Compliance-System präventiv zu vermeiden gilt.[205]

Ausgangspunkt der steuerlichen Risiken für Unternehmen ist die zentrale Bedeutung der Steuern im Unternehmen, welche exemplarisch vermöge des Verhältnisses der Steuern zum Cash Flow des Unternehmens, zur Abschlussprüfung sowie zu dem Unternehmensergebnis illustriert werden kann.

Im Einzelnen besteht mit Hilfe einer Cash Flow-Rechnung die Möglichkeit, die finanzielle Lage des Unternehmens zu bestimmen, in dem je nach Ermittlungsart des Cash Flows anhand festgelegter Größen wie Einzahlungen und Auszahlungen, Aufwand und Ertrag der Mittelzufluss des Unternehmens in einem ausgewählten Zeitraum betrachtet wird.[206] Eingeordnet in diese Berechnung des Cash Flows ist zu konstatieren, dass Steuern aufgrund einer Vielzahl monatlich zu erbringender Zahlungen z.B. im Rahmen der Lohnsteuer und der Umsatzsteuer, einer der

203 Vgl. *Poppe*, in: Görling/Inderst/Bannenberg, Compliance, S. 2; vgl. *Hauschka*, in: Hauschka, Corporate Compliance, § 1, Rn. 8; vgl. *Behringer*, in: Behringer, Compliance kompakt, S. 35ff., 38.

204 *Besch/Starck*, in: Hauschka, Corporate Compliance § 34, Rn. 1; siehe dazu bereits die Ausführungen auf S. 1.

205 Siehe dazu ausführlich mit weiteren Nachweisen S. 8.

206 Ausführlich *Küting*, DStR 1992, 625; *Thommen/Achleitner*, Allgemeine Betriebswirtschaftslehre, S. 573ff.; *Wöhe/Döring*, Allgemeine Betriebswirtschaftslehre, S. 651ff.

entscheidenden Faktoren für die Bestimmung des Cash Flow eines Unternehmens sind.[207]

Ebenso kann die Bedeutung von Steuern aus Sicht der Abschlussprüfung verdeutlicht werden: Dem Grundsatz der Wesentlichkeit zufolge wird für die Abschlussprüfung eine Grenze definiert, um alle Fehler aufzudecken, die wegen ihrer Dimension den Inhalt der Rechnungslegung für den Adressaten beeinflussen.[208] Es wird vertreten, dass steuerliche Risiken beispielsweise aus den Bereichen der Umsatzsteuer, der Verrechnungspreise oder der Lohnsteuer die auf diese Weise definierten Grenzwerte der festgelegten Wesentlichkeit überschreiten können.[209]

Fokussiert auf das Unternehmensergebnis wird zudem auch die unmittelbare Bedeutung der Steuern sichtbar, die eine „Hebelwirkung" erzielen können: Nach Abzug der Aufwendungen von den erwirtschafteten Einnahmen verbleibt ein Ertrag, der zu versteuern ist. Die Steuern setzen unmittelbar am Ertrag an und können durch ihre Minimierung demnach unmittelbar den Ertrag bzw. das Ergebnis nach Steuern steigern, wohingegen eine Steigerung des Ertrages bei gleichbleibenden Steuern nur im Wege einer ungleich größeren Steigerung der Einnahmen oder einer ungleich größeren Reduzierung der Aufwendungen erzielt werden könnte.[210]

Mittels einer Darstellung der Phänomenologie systemischer Steuerrisiken in internationalen Unternehmen lässt sich die Risikolage für international operierende Unternehmen angesichts der Tragweite der Steuern für das einzelne Unternehmen anhand ausgewählter Referenzbeispiele en detail präzisieren und aufzeigen. In diesem Zusammenhang wird der Begriff des Risikos ausschließlich für negative Abweichungen von zuvor definierten Zielvorstellungen wie Verluste und Schäden, bzw. allgemeiner gefasst, für alle negativen Folgen, die ein Unternehmen treffen können, verwendet. Der zu Grunde gelegte Risikobegriff weicht somit vom Risikobegriff der betriebswirtschaftlichen Lehre ab, welcher sowohl positive Abweichungen von einem erwarteten Wert im Sinne von Chancen als auch negative Abweichungen im Sinne von Verlusten und Schäden bezeichnet.[211]

---

207 *Kromer*, in: Bakker/Kloosterhof, Tax Risk Management, S. 263; *Schneider*, DStR 2001, 2038 beschreibt Steuern als sehr bedeutsamen Aufwandsfaktor für Unternehmen in Deutschland als „Hochsteuerland".

208 *Schmidt*, in: Beck'scher Bilanz-Kommentar, § 317, Rn. 103.

209 *Kromer*, in: Bakker/Kloosterhof, Tax Risk Management, S. 263.

210 *Schneider*, DStR 2001, 2038f.; vgl. *Herzig*, WPg Sonderheft 2003, 80; *Kröner/Beckenhaupt*, Ubg 2008, 631; *Montag*, in Steuerzentrierte Rechtsberatung, FS Schaumburg, 65, 67f.

211 *Kromschröder/Lück*, DB 1998, 1573; *Homburg/Stephan/Haupt*, DB 2005, 1069, die zwischen Risiko im engeren Sinne (Verlustgefahr) sowie Risiko im weiteren Sinne (Ertragschance und Verlustgefahr) unterscheiden; siehe dazu auch *Knoll/Kaven*, in Wieland, Handbuch Compliance-Management, Teil II, 4.1.2.1.; *von Busekist/Hein*, CCZ 2012, 86, 89.

II. Steuerliche Risiken in Zahlen – „Überrisiko" Betriebsprüfung

1. Die Betriebsprüfung im Unternehmen

Im Steuerrecht ergibt sich abseits einzelner, spezieller Risikobereiche, die Gegenstand des folgenden Abschnitts „Darstellung ausgewählter systemischer Steuerrisiken" sind, eine besondere Risikolage in Form eines alle anderen Risiken umfassenden „Überrisikos" durch die Außenprüfung gem. §§ 193ff. AO.

Die Außenprüfung zielt darauf ab die steuerlichen Verhältnisse des Steuerpflichtigen zu ermitteln (§ 194 I 1 AO), um auf diese Weise eine „Steuergerechtigkeit durch gerechte Vollziehung der Steuergesetze zu verwirklichen."[212] Zu diesem Zweck ist der Außenprüfer kraft Gesetzes gem. § 199 I AO verpflichtet, die tatsächlichen und rechtlichen Verhältnisse von Relevanz für die Besteuerungsgrundlagen sowohl zugunsten als auch zuungunsten des Steuerpflichtigen zu prüfen, so dass die Prüfung nicht allein auf ein Mehrergebnis ausgerichtet sein darf.[213]

Zwar benutzt das Gesetz den Begriff der Außenprüfung um unter anderem klarzustellen, dass die Außenprüfung jeden Steuerpflichtigen und nicht nur Betriebe treffen kann[214], jedoch wird im Folgenden an dem „überkommenen Begriff"[215] der Betriebsprüfung festgehalten, der in der Praxis gerade für die Prüfung von Unternehmen noch sehr weit verbreitet ist[216], zumal sich die nachfolgenden Untersuchungen auf Unternehmen in Gestalt der Aktiengesellschaft konzentrieren.[217]

Für die Betriebsprüfung werden die Steuerpflichtigen gem. § 3 Betriebsprüfungsordnung (BpO 2000)[218] in die Größenklassen Großbetriebe, Mittelbetriebe, Kleinbetriebe und Kleinstbetriebe eingruppiert, wobei die Merkmale für die Einordnung

---

212 BFH, BStBl. II 1992, 220, 221; so auch *Seer*, in: Tipke/Kruse, AO, Vor § 193, Rn. 9 (September 2009); *Schallmoser*, in: Hübschmann/Hepp/Spitaler, Vor §§ 193–203, Rn. 40ff (Februar 2011); siehe auch BMF, Monatsbericht September 2011, S. 60.

213 Vgl. *Neddermeyer*, BB Beilage 1994, Nr. 10, 1, 2; vgl. *Intemann*, in: Pahlke/Koenig, AO, § 194, Rn. 9; *Kamps*, in: Streck/Mack/Schwedhelm, Tax Compliance, Rn. 3.5.

214 BT-Drs. VI/1982, S. 161; siehe dazu *Seer*, in: Tipke/Kruse, AO, Vor § 193, Rn. 10 (Oktober 2013).

215 So der Wortlaut in BT-Drs. VI/1982, S. 161.

216 So auch *Kamps*, in: Streck/Mack/Schwedhelm, Tax Compliance, Rn. 3.3; in seinen Veröffentlichungen verwendet das BMF auch noch den Begriff der Betriebsprüfung, so z.B. im Monatsbericht August 2013, S. 33 im Rahmen der „Betriebsprüfungsstatistik - Ergebnisse der steuerlichen Betriebsprüfung 2012".

217 Siehe zum Untersuchungsgegenstand bereits S. 1f.

218 Allgemeine Verwaltungsvorschrift für die Betriebsprüfung – Betriebsprüfungsordnung – (BpO 2000), BStBl. I 2000, 368, zuletzt geändert durch Art. 1 der Allgemeinen Verwaltungsvorschrift zur Änderung der Betriebsprüfungsordnung vom 20.07.2012, BStBl. I 2011, 710.

von den obersten Finanzbehörden der Länder in Abstimmung mit dem Bundesfinanzministerium festgelegt werden.[219]

2. Die Mehrergebnisse der Betriebsprüfung

Ein Blick in die vom Bundesfinanzministerium im Rahmen der Monatsberichte veröffentlichten Ergebnisse der Betriebsprüfung offenbart die von den Betriebsprüfern erzielten Mehrergebnisse und erlaubt die Bedeutung der Betriebsprüfung gerade der Großbetriebe in Zahlen zu illustrieren.

Im Vergleich der Mehrergebnisse der letzten Jahre zeigt sich, dass sich die erzielten Mehrergebnisse im Bereich der Großbetriebe nach einem Anstieg von 13,2 Mrd. Euro in 2007 auf 15,3 Mrd. Euro in 2009 mit 11,9 Mrd. Euro in 2010 zunächst rückläufig entwickelten, was insbesondere auf einen Rückgang des Mehrergebnisses bei der Körperschaftssteuer und der Gewerbesteuer zurückzuführen war. Die Betriebsprüfungsergebnisse der folgenden Jahre verzeichneten wieder einen Anstieg der Mehrergebnisse hinsichtlich der Großbetriebe von 12,5 Mrd. Euro in der Betriebsprüfungsstatistik 2011 bis hin zu 14,6 Mrd. Euro in der Betriebsprüfungsstatistik 2012.[220] Gemessen an den gesamten Mehrergebnissen der steuerlichen Betriebsprüfung in Höhe von 16,8 Mrd. Euro im Jahre 2010, 16,3 Mrd. Euro im Jahre 2011 sowie 19,0 Mrd. Euro im Jahre 2012 schwankte damit der prozentuale Anteil des Mehrergebnisses erzielt in der Größenklasse der Großbetriebe zwischen 70,8 % im Jahre 2010, 76,7 % im Jahre 2011, sowie 76,8 % im Jahre 2012.[221] Dies verdeutlicht, dass der Hauptanteil – im Schnitt etwa dreiviertel – des Mehrergebnisses einer steuerlichen Betriebsprüfung in der Größenklasse der Großbetriebe erzielt wird.[222]

Bei einer Analyse der einzelnen Steuerarten belief sich allein die Verzinsung der Steuernachforderungen gem. § 233a AO – allerdings bezogen auf alle Größenklassen – im Betriebsprüfungsergebnis 2010 auf ein Mehrergebnis in Höhe von 2,7 Mrd. Euro, im Vorjahr 2009 sogar auf 3,5 Mrd. Euro.[223] Zum Vergleich: das Mehrergebnis aus der Umsatzsteuer im Mehrergebnis 2010 rangierte mit 1,7 Mrd. Euro hinter den

219 Zur Einteilung in die Größenklassen siehe BMF, Monatsbericht September 2011, S. 61; *Seer*, in: Tipke/Lang, Steuerrecht, § 21, Rn. 233; *Seer*, in: Tipke/Kruse, AO, § 193, Rn. 40 (Oktober 2013); zur aktuellen Einordnung in Größenklassen siehe BMF, Einordnung in Größenklassen gem. § 3 BpO 2000; Festlegung neuer Abgrenzungsmerkmale zum 1. Januar 2013, BStBl. I 2012, 689.

220 BMF, Monatsbericht Dezember 2012, S. 32 für die Betriebsprüfung 2011; BMF, Monatsbericht August 2013, S. 36 für die Betriebsprüfung 2012.

221 BMF, Monatsbericht September 2011, S. 60 (Jahr 2010); BMF, Monatsbericht Dezember 2012, S. 29 (Jahr 2011); BMF, Monatsbericht August 2013, S. 33 (Jahr 2012); prozentuale Berechnung erfolgte auf Grundlage der Betriebsprüfungsstatistiken in den vorgenannten Monatsberichten; siehe dazu auch BMF, Ergebnisse der steuerlichen Betriebsprüfung 2012, S. 3.

222 Vgl. dazu das anschauliche Balkenmodell Abbildung 1: Mehrergebnis nach Größenklassen im Fünfjahresvergleich in BMF, Monatsbericht August 2013, S. 36.

223 BMF, Monatsbericht September 2011, S. 64f., dort auch zum folgenden Text.

Zinsen, das Mehrergebnis aus der Körperschaftssteuer lag mit 4,2 Mrd. Euro über den Zinsen. Damit hatten die Zinsen gem. § 233a AO am Mehrergebnis 2010 in Höhe von insgesamt 16,8 Mrd. Euro einen Anteil von 16,1 %. Ein Blick auf die nachfolgenden Jahre zeigt, dass nach einem Absinken der Zinsen aus § 233a AO im Mehrergebnis des Jahres 2011 auf 2,5 Mrd. Euro mit einem Anteil von 15,3 % am Mehrergebnis 2011, sie im folgenden Jahr im Mehrergebnis 2012 in absoluten Zahlen in Höhe von 3,0 Mrd. Euro zu finden sind, was einem prozentualen Anteil von 15,8 % entspricht. Somit sank der Anteil der Zinsen aus § 233a AO am Mehrergebnis zunächst um 5,0 % im Vergleich der Jahre 2010 und 2011, um vom Jahr 2011 zum Jahr 2012 wieder um 3,9 % anzusteigen, was insgesamt eine Abnahme des Zinsanteils vom Jahr 2010 bis zum Jahr 2012 von 1,9 % bedeutet. Es bleibt abzuwarten, ob die kommenden Jahre diesen zarten Trend einer Verringerung der Zinsen aus § 233a AO bestätigen oder wieder eine Zunahme zu beobachten sein wird.

3. *Betriebsprüfungsinhärentes Risiko des Zeitverzugs*

Zugleich zeigt die Tatsache, dass sich diese abgeschlossenen Großbetriebsprüfungen des Betriebsprüfungsergebnisses 2010 im Durchschnitt auf das Jahr 2007 als letztes Prüfungsjahr beziehen, dass die Betriebe erst 3 Jahre nach der Verwirklichung des steuerauslösenden Sachverhalts Gewissheit über die endgültige Steuerhöhe erlangen.[224] Das zuvor dargestellte Absinken des Anteils der Zinsen nach § 233a AO im Mehrergebnis 2011 wurde im Lichte dieses Zeitverzuges zwischen der Verwirklichung des steuerlich relevanten Sachverhaltes und der Durchführung des Betriebsprüfung vom Bundesfinanzministerium als Konsequenz einer zeitnäheren Betriebsprüfung dargestellt, jedoch ohne Verifizierung durch belastbares Zahlenmaterial.[225]

Resultat des enormen zeitlichen Verzuges zwischen Eintritt des Sachverhaltes und Betriebsprüfung ist eine Rechts- und Planungsunsicherheit für Unternehmen und Finanzverwaltung sowie steigende Kosten. Besonders aus Sicht des Unternehmens bedeutet der Zeitverzug einen erhöhten Verwaltungsaufwand mit entsprechenden Kosten, speziell steuerrelevante Sachverhalte auch nach Jahren wieder herstellen zu müssen sowie dann ggf. bei grenzüberschreitenden Sachverhalten mit ausländischen Finanzverwaltungen zu koordinieren. Neben die eigentlich drohenden Nachforderungen aus lange vergangenen Sachverhalten tritt die zusätzliche, bedeutende Belastung mit Nachforderungszinsen gem. § 233a AO, die einen beträchtlichen Faktor der Rechts- und Planungsunsicherheit begründen, der sich mit fortschreitender Zeit weiter steigert. Die anfallenden Zinsen schränken zudem

---

224 BMF, Monatsbericht September 2011, S. 64f.; aus den Betriebsprüfungsstatistiken der Jahre 2011 und 2012 in den Monatsberichten des BMF aus Dezember 2012 bzw. August 2013 lassen sich entsprechende Zahlen, auf welches durchschnittlich letzte Prüfungsjahr sich die Betriebsprüfungen beziehen, nicht entnehmen.

225 BMF, Monatsbericht Dezember 2012, S. 33; zum Modell der zeitnahen Betriebsprüfung siehe den sich anschließenden Gliederungspunkt.

die Liquidität des Unternehmens ein und verringern dadurch auch die Möglichkeit einer Einigung zwischen den Unternehmen und der Finanzverwaltung.[226]

Zu bedenken ist dabei auch, dass die Höhe der zu zahlenden Zinsen mit der Schnelligkeit der Arbeit der Finanzbehörde zusammenhängt, was einen weiteren Streitpunkt im Lichte einer lang andauernden Betriebsprüfung begründet.[227]

Abschließend ist noch festzustellen, dass die Kontrolldichte bei Großbetrieben sehr hoch ist: knapp über 70 % der Veranlagungsjahre eines Großbetriebs werden durchschnittlich durch die Betriebsprüfung erfasst,[228] was das Entdeckungsrisiko eines steuerlichen Fehlverhaltens durch den Fiskus erhöht und parallel die Chance unentdeckt ohne Steuernachzahlung mit einem steuerlichen Fehlverhalten entkommen zu können, minimiert.

III. Modell der zeitnahen Betriebsprüfung

Das Modell der zeitnahen Betriebsprüfung[229], das im Zusammenhang mit der langen Zeitspanne zwischen Eintritt des Sachverhalts und der Überprüfung in der Betriebsprüfung angesprochen wird, soll an dieser Stelle nur der Vollständigkeit halber kurz dargestellt, aber nicht weiter vertieft werden.[230]

Eine ausdrückliche Normierung hat die Idee der zeitnahen Betriebsprüfung durch § 4a BpO erfahren[231]: danach ist eine Betriebsprüfung dann zeitnah, wenn der Prüfungszeitraum einen oder mehrere gegenwartsnahe Besteuerungszeiträume umfasst. Grundlage der zeitnahen Betriebsprüfung bilden die Steuererklärungen gem. § 150 AO und über das Ergebnis ist ein Prüfungsbericht oder eine Mitteilung über die ergebnislose Prüfung anzufertigen.

Vermöge der Idee der zeitnahen Betriebsprüfung besteht die Möglichkeit, die an sich gegenläufigen Interessen der Finanzverwaltung und des Steuerpflichtigen unter dem Aspekt einer zeitnahen, günstigen, plan- sowie rechtssicheren Lösung

---

226 Siehe zu den genannten Folgen des Zeitverzugs: *Seer*, in: Tipke/Kruse, AO, § 193, Rn. 16 (September 2009); vgl. *Kromer*, in: Bakker/Kloosterhof, Tax Risk Management, S. 267, 279; *Risse*, FR 2011, 117, 118f.; *Risse*, DB 2011, 667, 669; *Seer*, in FS Streck, 403, 407; *Hermenau*, FR 2011, 120.

227 *Seer*, in: Tipke/Lang, Steuerrecht, § 21, Rn. 353.

228 BMF, Monatsbericht September 2011, S. 63: 70,5 %; BMF, Monatsbericht Dezember 2012, S. 32: 72,8 %; BMF, Monatsbericht August 2013, S. 36: 72,0 %.

229 Siehe zu den verschiedenen Ansätzen im Rahmen der zeitnahen Betriebsprüfung auf Seiten der Finanzverwaltung z.B. bei *Hermenau*, FR 2011, 120ff., wie auch den Diskussionsbericht zum 37. Berliner Steuergespräch „Kooperationsformen im Besteuerungsverfahren“ von *Richter/Welling*, FR 2011, 123ff.

230 Siehe zur zeitnahen Außenprüfung auch die Nachweise in der vorigen Fußnote sowie die Dissertation von Christian Schützler „Tax Compliance im Kooperationsverhältnis zur Finanzverwaltung“.

231 Eingefügt in die BpO 2000 durch Art. 1 der Allgemeinen Verwaltungsvorschrift zur Änderung der Betriebsprüfungsordnung vom 20.07.2012, BStBl. I 2011, 710.

in einer „Win-Win-Situation“ zu vereinbaren.[232] Durch die zeitnahe Betriebsprüfung kann zumindest ein Teil der vorstehend genannten Nachteile sowohl der Finanzverwaltung wie auch der steuerpflichtigen Unternehmen resultierend aus der langen Zeitspanne zwischen Eintritt des Sachverhalts und der Betriebsprüfung wie z.B. die Reduzierung der Verwaltungskosten oder der Zinsen erreicht werden. Dabei sollen in erster Linie die Unternehmen in den Genuss der Vorteile der zeitnahen Betriebsprüfung kommen, die sich in der Vergangenheit anhand von Kriterien wie steuerehrlichem Verhalten, aktive Mitwirkung bei der Betriebsprüfung, Verzicht auf fragwürdige Steuergestaltungsmodelle oder die Einrichtung eines Tax Compliance-Systems ausgezeichnet haben, also eine „positive Steuervita“ aufweisen.[233]

B. Exemplarische systemische Steuerrisiken in internationalen Unternehmen

Angesichts der beschriebenen, fundamentalen Relevanz von Steuern in internationalen Unternehmen drohten im Falle einer Realisierung von steuerlichen Risiken gravierenden Nachteile für die betroffenen Unternehmen. Dies wirft wiederum die Frage auf, inwiefern eine systemische steuerrechtliche Risikolage für international agierende Unternehmen tatsächlich existiert, die von Tax Compliance als präventives System zur Einhaltung aller für das jeweilige Unternehmen relevanter steuerrechtlicher Regelungen zwecks Vermeidung von Haftungs- und auch Strafbarkeitsrisiken denklogisch vorausgesetzt wird und Tax Compliance eine faktische Daseinsberechtigung verschafft.[234] Folglich gilt es nun, unter Zuhilfenahme von ausgewählten Referenzbeispielen aus der Praxis international tätiger Unternehmen die systemische steuerliche Risikolage eben dieser Unternehmen zu charakterisieren.

I. Risiko Tax Accounting als Basis der Steuerermittlung

Ausgehend von dem Faktum, dass das Rechnungswesen oder die Rechnungslegung in einem Unternehmen aufgrund umfassender Aufzeichnungspflichten das Fundament für die Handels- und die Steuerbilanz als Grundlage der Besteuerung bildet, stellt sich dies unter dem Stichwort des Tax Accountings gleichsam an den Grundfesten

232 Ausführlich dazu *Seer*, in FS Streck, 403, 406ff., dort auch zum folgenden Text; siehe zu den Chancen und Risiken einer kooperativ ausgerichteten Finanzverwaltung sowie zu den Vorteilen für die Finanzverwaltung aus Sicht der Finanzverwaltung *Kaiser*, StW 2011, 101ff.

233 FinMin NRW, Prüfung von Großbetrieben [juris]; OFD Hannover, Zeitnahe Betriebsprüfung [juris]; OFD Hannover, Leitfaden Zeitnahe Betriebsprüfung; *Seer*, StuW 2003, 40, 48ff.; *Seer*, Ubg 2009, 673, 674; *Drüen*, FR 2011 101, 109; weiterführend zur Selbstregulierung im Steuerverfahrensrecht *Seer*, FR 2012, 1000, 1002ff.; zum Tax Compliance-System siehe bereits oben S. 13ff.

234 Zum Begriff Tax Compliance siehe bereits oben S. 8ff. mit ausführlichen Nachweisen.

der Steuerermittlung ansetzend als steuerlicher Risikobereich von essentieller Bedeutung dar.[235]

1. *Grundlagen*

Einstweilen resultiert aus dem Zusammenhang des Tax Accountings mit dem Financial Accounting[236] und dem Umstand eines zum Teil nicht einheitlichen Gebrauchs dieser Begrifflichkeiten das Bedürfnis nach einer klärenden Abgrenzung dieser Termini.

a) Begriffsbestimmung Financial Accounting

Das Rechnungswesen hat die Aufgabe, die wirtschaftlichen Vorgänge im Unternehmen in Zahlen, z.B. in einer vorher festgelegten Geldeinheit, abzubilden.[237] Zu unterscheiden ist zwischen dem internen Rechnungswesen, dem Managerial Accounting, das der unternehmensinternen Information zu Planungszwecken gewidmet ist, und dem externen Rechnungswesen, dem Financial Accounting. Im Gegensatz zum Managerial Accounting dient das Financial Accounting der Information Außenstehender und unterliegt gerade im Bereich der Erstellung des Jahresabschlusses gesetzlichen Vorschriften.[238] Normativ präzisiert besteht der Jahresabschluss gem. § 242 III HGB aus der Bilanz sowie der Gewinn- und Verlustrechnung, die unter anderem in den §§ 266ff. HGB und §§ 275ff. HGB konkretisiert werden. Konzernabschluss und Konzernlagebericht sind in §§ 290ff. HGB geregelt, der Konzernabschluss nach internationalen Rechnungslegungsstandards findet sich in § 315a HGB in Verbindung mit der IAS-VO[239], die in Art. 1 und 2 auf die „International Accounting Standards“ (IAS) und die „International Financial Reportings Standards“ (IRFS) des „International Accounting Standards Boards“ (IASB) Bezug nimmt.[240]

---

235 Vgl. *Risse/Große-Allermann*, Ubg 2010, 629, 632; siehe dazu auch bereits zur Bestimmung des Verhältnisses von Tax Compliance zum Rechnungswesen im ersten Kapitel S. 36ff.

236 *Herzig*, DB 2010, 1, 6; *Herzig/Vossel* sprechen von einer „sachlichen“ und „zeitlichen Interdependenz“ von Financial und Tax Accounting, KSzW 2010, 53, 59f.

237 *Engelhardt/Raffée/Wischermann*, Doppelte Buchhaltung S. 1f.; *Pellens/Füllbier/Gassen/Sellhorn*, Internationale Rechnungslegung, S. 2, dort auch zum folgenden Text; vgl. auch bereits im ersten Kapitel S. 36ff.

238 Ausführlich zum betriebswirtschaftlichen Rechnungswesen z.B. *Wöhe/Döring*, Allgemeine Betriebswirtschaftslehre, S. 641ff.; *Baetge/Kirsch/Thiele*, Bilanzen, S. 1ff, 6ff.

239 Verordnung (EG) Nr. 1606/2002 vom 19. Juli 2002, ABl EG Nr. L 243, S. 1.

240 Verordnung (EG) Nr. 1606/2002 vom 19. Juli 2002, ABl. EG Nr. L 243, S. 3; Informationen zum IASB und den IAS/IFRS abrufbar unter http://www.ifrs.org/IFRSs/IFRS.htm, zuletzt besucht am 20.09.2012.

b) *Begriffsbestimmung Tax Accounting*

Durch das BilMoG[241] wurde die formelle Maßgeblichkeit bzw. der Grundsatz der umgekehrten Maßgeblichkeit des § 5 I 2 a. F. EStG abgeschafft, so dass nunmehr Wahlrechte des Steuerrechts nicht mehr in Übereinstimmung mit der Handelsbilanz ausgeübt werden müssen.[242] Zugleich wird in § 5 I 2, 3 EStG die Führung von Verzeichnissen bei Ausübung des steuerlichen Wahlrechtes bei Abweichungen zum Handelsrecht geregelt.[243]

Ferner wurde durch das BilMoG die Bedeutung der latenten Steuern aus § 274 HGB verstärkt: durch die Umstellung auf das Temporary-Konzept, wonach Bilanzposten miteinander verglichen werden, erhöht sich zum einen der Aufwand zur Feststellung der latenten Steuern, zum anderen unterfallen mehr Sachverhalte den latenten Steuern.[244]

Als Konsequenz aus diesen Entwicklungen in Form einer Lösung der Steuerbilanz von der Handelsbilanz wird die Meinung vertreten, dass die Einführung eines separaten Tax Accountings geboten sei.[245] Jedoch scheint der Begriff des Tax Accountings selbst noch nicht trennscharf abgegrenzt zu sein: zum Teil soll Tax Accounting über den Steueraufwand der Lenkung der Steuerquote eines Unternehmens dienen[246], zum Teil wird es auch schlicht als Steuerbuchhaltung beschrieben[247], wohingegen es im US-amerikanischen Steuerrecht die steuerliche Rechnungslegung bezeichnet[248]. In Abgrenzung zum Financial Accounting als externem Rechnungswesen bietet es sich an, das Tax Accounting als Steuerbuchhaltung oder genauer als Rechnungslegung für Steuerzwecke zu definieren.[249]

Weitere Aspekte, die zur Einrichtung eines Tax Accountings angeführt werden, sind die Fehleranfälligkeit und die Unübersichtlichkeit der Überleitungsrechnung

241 Gesetz zur Modernisierung des Bilanzrechts (Bilanzrechtsmodernisierungsgesetz – BilMoG), BGBl. I 2009, 1102.

242 *Herzig*, DB 2008, 3; *Theile/Hartmann*, DStR 2008, 2031, 2032; vgl. auch *Dahlke/Seitz*, BB 2008, 1890.

243 Anwendungshinweise: BMF, Maßgeblichkeit der handelsrechtlichen GoB für die steuerliche Gewinnermittlung; Änderung des § 5 I EStG durch das BilMoG, BStBl. I 2010, 239, 241, Rn. 19ff.

244 *Herzig/Vossel*, KSzW 2010, 53, 58f.; Ausführlich zu latenten Steuern: *Risse*, in FS Herzig, 651, 658f.

245 So vor allen Dingen *Herzig*, DB 2010, 1; *Herzig*, DStR 2010, 1900; *Herzig*, Der Schweizer Treuhänder 2011, 618, 620; ebenso *Künkele/Zwirner*, DStR 2010, 2263, 2269.

246 Vgl. *Kröner*, StbJb 2004/2005, 275, 277; *Risse*, in FS Herzig, 651, 652.

247 Ausführlich statt aller zum Begriff Tax Accounting: *Herzig/Vossel*, KSzW 2011, 53, 54 m.w.N.

248 *Kadel*, IStR 2000, 583, 584; *Vorwold*, Wpg 2002, 499ff.

249 Vgl. *Montag*, in Steuerzentrierte Rechtsberatung, FS Schaumburg, 65, 72; *Herzig/Vossel*, KSzW 2010, 53ff.; *Herzig*, DB 2010, 1.

nach § 60 EStDV, die die Herleitung des Steuerbilanzgewinns aus der Handelsbilanz abbildet, gerade bei Auswirkungen auf mehrere Aufstellungszeiträume.[250]

Darüber hinaus wird befürchtet, dass die Einführung der auf § 5b EStG gestützten E-Bilanz, welche eine Vielzahl von Steuerdaten abfragt, die nicht in der Form im Financial Accounting des Unternehmens erfasst werden, de facto die bisherige Vorgehensweise der Ableitung der Steuerbilanz aus der Handelsbilanz überfordert.[251]

Auch wenn im Lichte dieser Entwicklungen die Einrichtung eines Tax Accountings in Gestalt einer separaten Erstellung der Steuerbilanz bzw. einer eigenen steuerlichen Rechnungslegung sinnvoll zu sein scheint und bei größeren Unternehmen bereits praktiziert wird[252], so stellt dies (noch) keine rechtliche Verpflichtung dar.

c) Ausgestaltung des Tax Accountings

Die Ausgestaltung des Tax Accountings kann grundsätzliche auf zwei Arten erfolgen. Bei dem sog. H-Modell, bestehend aus zwei Pfeilern, namentlich der Steuer- und der Geschäftsbuchhaltung, wird eine separate Buchhaltung für die Steuern und für das Geschäft vorgenommen, so dass jeder Vorgang im Unternehmen doppelt erfasst wird.

Demgegenüber geht das Y-Modell von einer gemeinsamen Grundrechnung aus, wobei dann die Besonderheiten sowohl des Handelsrechts beim Jahresabschluss als auch bei der steuerlichen Gewinnermittlung in einzelnen und voneinander getrennten Rechnungen Berücksichtigung finden.[253]

2. Funktion und Aufgabe des Tax Accountings

In erster Linie ist Aufgabe und Funktion des Tax Accountings, sämtliche Informationen über Lebenssachverhalte mit steuerlicher Bedeutung im Unternehmen hinsichtlich aller Steuerarten zu erfassen und für die Steuererklärung unter Beachtung des geltenden Steuerrechts aufzubereiten.[254] Auf diese Weise ist das Tax Accounting auch für die Information der Finanzverwaltung, die die Empfängerin der Steuererklärung ist, von Nutzen. Es fällt auch in den Funktionsbereich des Tax Accountings, die dazu notwendigen Belege und Dokumente vorzuhalten, so dass das Tax Accounting im Ergebnis mithin der Ermittlung der laufenden Steuern dient.[255]

Der Vollständigkeit halber und zur Klarstellung sei noch kurz darauf verwiesen, dass neben den genannten Aspekten in zweiter Linie die Bilanzierung latenter

---

250 *Herzig*, DStR 2010, 1900; vgl. *Prinz*, DB 2010, 2069, 2076; *Herzig*, Der Schweizer Treuhänder 2011, 618, 620; *Herzig*, DB 2012, 1343, 1351.

251 *Herzig/Briesemeister/Schäperclaus*, DB 2010, Beilage 5 zu Heft 41, 1, 13; vgl. *Koch/Nagel/Themanns*, NWB 2010, 3780, 3794f., die ebenfalls eine parallele Rechnungslegung für die Steuerbuchführung als vorzugswürdig ansehen.

252 *Herzig*, DStR 2010, 1900; DB 2010, 1.

253 *Herzig*, DB 2010, 1, 5; *Herzig*, DStR 2010, 1900, 1905.

254 Vgl. *Schneider*, DStR 2001, 1224, 1227f.; vgl. *Kröner*, StbJb 2004/2005, 275, 277f.; vgl. *Montag*, in Steuerzentrierte Rechtsberatung, FS Schaumburg, 65, 72.

255 *Herzig/Vossel*, KSzW 2010, 53, 54f., dort auch zum folgenden Text.

Steuern ein weiteres Aufgabengebiet des Tax Accountings ist, was indes nicht Gegenstand der nachfolgenden Ausführungen ist.

3. *Risiken im Bereich des Tax Accountings*

Aus der erstgenannten Aufgabe und Funktion des Tax Accountings ergeben sich für das Unternehmen eine Reihe von systemischen Risiken aufgrund der Buchführungs- und Aufzeichnungspflichten sowie der Abgabe der Steuererklärung.

a) Systemische Risiken der Buchführungs- und Aufzeichnungspflichten

Um die im Rahmen des Tax Accountings abzugebende Steuererklärung auf eine solide Basis zu stellen, sieht die AO in §§ 140–144 Aufzeichnungspflichten vor, die von allgemeinen Anforderungen und Ordnungsvorschriften in §§ 145, 146 AO flankiert werden.[256] Die §§ 147, 147a AO regeln die Dauer der Aufbewahrung von Aufzeichnungen und Unterlagen, wie z.B. Inventare, Jahresabschlüsse, Lageberichte, Buchungsbelege, usw., sowie sonstiger Unterlagen, falls diese für die Besteuerung von Bedeutung sind.

aa) Allgemeine Anforderungen sowie Konsequenzen originärer und abgeleiteter Buchführungs- und Aufzeichnungspflichten

Bei einem Verstoß gegen die Pflicht zur Führung von Büchern und Aufzeichnungen aus §§ 140ff. AO kann die Finanzverwaltung unabhängig von einem Verschulden des Steuerpflichtigen[257] die Führung von Büchern und Aufzeichnungen diesem aufgeben und bei einem Verstoß ggf. ein Zwangsgeld bis zu einer Höhe von 25.000 Euro gem. §§ 328, 329, 332f. AO androhen und festsetzen.[258] Diese Möglichkeit des Zwangsmitteleinesatzes beschränkt sich nicht nur auf die originären Buchführungs- und Aufzeichnungspflichten aus §§ 141–144 AO, sondern erstreckt sich auch auf die abgeleiteten Buchführungs- und Aufzeichnungspflichten, die gem. § 140 AO ebenfalls zu steuerlichen Pflichten erhoben werden, sofern sie für die Besteuerung von Bedeutung sind.[259] In der Regel erfolgt nach der erfolglosen Androhung des Zwangsmittels die Schätzung der Besteuerungsgrundlage gem. § 162 II 2 AO durch die Finanzverwaltung, ohne dass erfolglos die Erzwingung

256 Zur Aufzeichnungspflicht als Grundlage der Steuererklärung *Drüen*, in: Tipke/Kruse, Vor § 140, Rn. 3 (Oktober 2012) unter Verweis auf *Drüen*, Ubg 2009, 549, 552; siehe dazu auch bereits *Mösbauer*, DB 1991, 2582ff.

257 BFH, BStBl. II 1972, 784, 785.

258 Zur Erzwingung der Buchführung vgl. RFH, RFHE 21, 214, 215; BFH, BFHE 59, 115, 117f. = BStBl. III 1954, 253, 254; *Drüen*, in: Tipke/Kruse, Vor § 140, Rn. 22 (September 2009).

259 *Märtens*, in: Beermann/Gosch, Vor §§ 140–148, Rn. 15 (März 2009); zu abgeleiteten und originären Buchführungspflichten siehe auch *Drüen*, in: Tipke/Kruse, Vor § 140, Rn. 8 (September 2009); siehe zu den abgeleiteten Buchführungspflichten auch die nachfolgenden Ausführungen.

der Mitwirkung unternommen wurde[260], wobei die Schätzung oftmals mit einem Verspätungszuschlag gem. § 152 AO einhergeht, der bis zu 10% der festgesetzten Steuern bzw. des festgesetzten Messbetrages bis zu einem absoluten Betrag von 25.000 Euro betragen kann.[261]

Darüber hinaus sieht § 146 IIb AO ein Verzögerungsgeld vor, wenn der Steuerpflichtige etwa den Zugriff auf Daten gem. § 147 VI AO nicht innerhalb einer angemessenen Frist ermöglicht oder angeforderte Auskünfte und Unterlagen nicht fristgerecht erteilt hat.

Überdies ist zu bedenken, dass das Ausstellen unrichtiger Belege oder die unrichtige Buchung buchungspflichtiger Geschäftsvorfälle mit der Folge einer Steuerverkürzung oder eines nicht gerechtfertigten Steuervorteils gem. § 370 AO den Tatbestand der Steuerhinterziehung oder der leichtfertigen Steuerverkürzung gem. § 378 AO erfüllen kann.[262] Jedenfalls stellt es gem. § 379 AO über den Tatbestand der Steuergefährdung eine Steuerordnungswidrigkeit dar. Zudem ist beim Ausstellen eines unrichtigen Belegs auch die Verwirklichung des Straftatbestandes der Urkundenfälschung gem. § 267 StGB denkbar.

bb) Spezialgesetzliche Anforderungen sowie Konsequenzen abgeleiteter Buchführungs- und Aufzeichnungspflichten

Über § 140 AO sind auch Buchführungs- und Aufzeichnungspflichten anderer Gesetze als der AO, die für die Besteuerung von Bedeutung sind, für die Besteuerung zu erfüllen.

Für Unternehmen relevante Aufzeichnungs- und Buchführungspflichten finden sich beispielsweise in §§ 238–245, 264ff., §§ 290ff. HGB, §§ 91, 270, 286 AktG, § 41 GmbHG oder auch § 13 PublG[263,264].

Das Handelsrecht regelt in §§ 238ff. HGB die Rechnungslegung für Kaufleute, wobei diese Grundsätze als Basis der Rechnungslegung für Kapitalgesellschaften dienen, die in den §§ 264ff. HGB eine Erweiterung erfahren[265]; §§ 290ff. HGB sehen Regelungen für Konzerne vor. Flankiert werden die handelsrechtlichen Buchführungs- und Aufzeichnungspflichten durch Sanktionsnormen in §§ 331, 334, 335 HGB. § 331 HGB ist in erster Linie an Mitglieder des vertretungsberechtigten Organs und des Aufsichtsrates adressiert und sieht in verschiedenen Varianten für die unrichtige Wiedergabe und Verschleierung der Verhältnisse der Kapitalgesellschaft, z.B. im Lagebericht oder Konzernabschluss eine Bestrafung vor. Zu beachten

260 Vgl. BFH, BFHE 196, 200, 202 = BStBl. II 2002, 4, 5.

261 *Görke*, in Hübschmann/Hepp/Spitaler, Vor §§ 140–148 AO, Rn. 25 (September 2008).

262 *Görke*, in Hübschmann/Hepp/Spitaler, Vor §§ 140–148 AO, Rn. 43 (September 2008), dort auch zum folgenden Text.

263 Gesetz über die Rechnungslegung von bestimmten Unternehmen und Konzernen, BGBl. I 1969, 1189ff.; § 13 PublG: BGBl. I 1985, 2403, 2406.

264 *Drüen*, in Tipke/Kruse, § 140, Rn. 11 (September 2009).

265 *Claussen*, in: Kölner Kommentar zum Rechnungslegungsrecht, Einl. Rn. 1.

ist, dass § 331 HGB nur bei der Handelsbilanz Anwendung findet, nicht wenn die Steuerbilanz manipuliert wird.[266] Ergänzend sieht § 334 HGB für Mitglieder des vertretungsberechtigten Organs oder des Aufsichtsrates einer Kapitalgesellschaft ein Bußgeld von bis zu 50.000 Euro vor, wenn bei Aufstellung des Jahresabschlusses oder Konzernabschlusses näher bezeichnete, handelsrechtliche Vorschriften nicht eingehalten werden. Schließlich kann per § 335 HGB gegen Mitglieder des vertretungsberechtigten Organs einer Kapitalgesellschaft ein Ordnungsgeld von mindestens 2.500 Euro und maximal 25.000 Euro festgesetzt werden, wenn den Offenlegungspflichten aus §§ 325, 325a HGB nicht nachgekommen wird.

Im Bereich des AktG stellt § 91 I heraus, dass die Einhaltung der Buchführungspflicht der Gesellschaft in die Gesamtverantwortung des Vorstandes fällt[267], ebenso wie § 41 GmbHG die Geschäftsführer dazu verpflichtet.

Rechtliche Konsequenzen aus dem AktG und dem GmbHG ergeben sich zum einen aus § 400 AktG. Als Sonderdelikt für Mitglieder des Vorstandes, des Aufsichtsrats und für Abwickler sieht diese Norm unter anderem für die unrichtige Darstellung der Verhältnisse der Gesellschaft oder der Übersichten über den Vermögensstand oder bei falschen Angaben gegenüber Prüfern der Gesellschaft eine Strafbarkeit vor. Die Norm ist indes gem. § 400 I Nr. 1, 2 AktG formell subsidiär zu § 331 HGB.[268] Zum anderen stellt § 82 II Nr. 2 GmbHG die unrichtige Darstellung der Vermögenslage durch Geschäftsführer, Liquidator oder Mitglied des Aufsichtsrats unter Strafe und tritt ebenfalls hinter § 331 HGB zurück.

Das PublG sieht eine Rechnungslegungspflicht losgelöst von der Rechtsform vor und koppelt die Rechnungslegungspflicht dafür an bestimmte, im Gesetz näher definierte Größen, wie z.B. in § 11 I PublG die Bilanzsumme der Konzernbilanz oder die Anzahl der Arbeitnehmer.[269] Die Sanktionen der §§ 17–21 PublG orientieren sich mit kleineren Abweichungen an den Sanktionen der §§ 331–335 HGB und sind für Unternehmen, die in den Anwendungsbereich des PublG fallen, leges speziales.[270]

b) Abgabe der Steuererklärung

Gleichsam das Endprodukt der Informationsaufbereitung im Rahmen des Tax Accountings ist die Steuererklärung.[271] Nach dem Wortlaut des § 150 II AO ist die Steuererklärung „wahrheitsgemäß nach bestem Wissen und Gewissen zu machen." Wenn über steuerlich relevante Tatsachen unvollständige Angaben erbracht werden – beispielsweise in einer Steuererklärung – und die Steuern dadurch nicht in voller Höhe oder nicht rechtzeitig festgesetzt werden, liegt gem. § 370 I Nr. 1, IV AO der objektive

266 *Altenhain*, in: Kölner Kommentar zum Rechnungslegungsrecht, § 331, Rn. 1.

267 Hüffer, AktG, § 91, Rn. 2.

268 *Raum*, in: Henssler/Strohn, Gesellschaftsrecht, § 400 AktG, Rn. 2, 4, 7.

269 Vgl. *Claussen/Scherrer*, in: Kölner Kommentar zum Rechnungslegungsrecht, Vor § 290, Rn. 23.

270 *Kozikowski/Gutman*, in: Beck'scher Bilanz-Kommentar, § 331, Rn. 60.

271 Siehe zu den Aufgaben und Funktionen des Tax Accounting bereits oben S. 47ff.

Tatbestand der Steuerhinterziehung vor. Wird gem. § 153 I 1 Nr. 1 AO noch vor Ablauf der Festsetzungsfrist erkannt, dass es sich um unvollständige Angaben handelt sowie dass eine Verkürzung droht und wird eine entsprechende Anzeige unterlassen, greift wiederum § 370 AO.[272]

Über die Wahrheitspflicht hinaus, ist bei Abgabe einer Steuererklärung soweit keine spezialgesetzlichen Regelungen bestehen, die Abgabefrist des § 149 AO zu beachten, deren Überschreitung den Verspätungszuschlag gem. § 152 AO nach sich zieht. Weitere beispielhafte Fristen für die Abgabe einer Steueranmeldung sind § 18 I 1, III 1 UStG in Form der Umsatzsteueranmeldung und -voranmeldung, sowie § 41a I EStG in Gestalt der Lohnsteueranmeldung, deren Verletzung ebenfalls jeweils den Verspätungszuschlag gem. § 152 AO auslöst.[273]

In diesem Zusammenhang sei weiterführend auf zudem drohende Säumniszuschläge gem. § 240 I 1 AO verwiesen, wenn die Steuer nicht bis zum Ablauf des Fälligkeitstages entrichtet wird. Der Säumniszuschlag beträgt für jeden angefangenen Monat der Säumnis einen Prozent des auf den nächsten durch 50 teilbaren Betrages abgerundeten rückständigen Steuerbetrages.

c) Schlussfolgerung: Systemische Risikolage Tax Accounting

Bei Betrachtung der mannigfaltigen, soeben angerissenen Anforderungen an das Tax Accounting sowie das eng damit verknüpfte Financial Accounting[274], werden aufgrund der vielfachen Sanktionsnormen, die entweder das Unternehmen als Steuerpflichtigen direkt treffen, wie z.B. das Zwangsgeld gem. §§ 328, 329, 332ff. AO oder der Verspätungszuschlag gem. § 152 AO oder indirekt über eine Strafbarkeit der handelnden Organe z.B. gem. § 331 HGB, § 370 AO die Folgen eines unzureichenden Tax Accountings deutlich.

Zwar stellen die letztgenannten Folgen primär Konsequenzen für die handelnden Personen dar, allerdings ergibt sich daraus gem. §§ 30, 130 OWiG auch eine Gefahr für das Unternehmen mit einem Bußgeld belangt zu werden[275]: § 30 OWiG sieht ein Bußgeld gegen Unternehmen vor, wenn ein Organ i.S.v. § 30 I Nr. 1–5 OWiG eine Straftat oder eine Ordnungswidrigkeit begangen hat und hierdurch Pflichten des Unternehmens verletzt worden sind oder eine Bereicherung des Unternehmens erzielt worden ist bzw. erzielt werden sollte. Die Geldbuße beträgt gem. § 30 II OWiG bei einer vorsätzlichen Straftat bis zu einer Million Euro, bei einer fahrlässigen Straftat bis zu 500.000 Euro und im Falle einer Ordnungswidrigkeit orientiert sich

---

272 FG Düsseldorf, EFG 1989, 491, 492; FG Berlin, EFG 1999, 680, 682.

273 Zur LSt: BFH, BStBl. II 1989, 749, 752; BMF, Einführungsschreiben LSt SteueränderungsG 2003, BStBl. I 2004, 173, 177, Tz. III.6; *Krüger*, in: Schmidt, EStG, § 41a, Rn. 2; zur USt: BFH, BStBl. II 1989, 955; BFH, UR 1989, 129.

274 Siehe dazu bereits zu Anfang S. 47 sowie *Herzig/Vossel*, KSzW 2010, 53, 59f.

275 *Müller-Gugenberger*, in: Müller-Gugenberger/Bieneck, Wirtschaftsstrafrecht, § 23, Rn. 43; siehe zu § 130 ausführlich im 3. Kapitel C sowie zu § 30 OWiG und einen Rückkoppelungseffekt für das Unternehmen im 3. Kapitel E.

die Geldbuße am Höchstmaß der Geldbuße der Ordnungswidrigkeit. Sofern kein Organ im Sinne des § 30 I Nr. 1–5 OWiG handelt, ist eine Aufsichtspflichtverletzung des Organs gem. § 130 OWiG denkbar, was als Ordnungswidrigkeit des Organs auch wieder in die Geldbuße aus § 30 OWiG führt.[276]

Zu recht wird darauf hingewiesen, dass es im Rahmen einer Steuererklärung schwierig sein kann, welche im Unternehmen vorliegenden Sachverhalte für die Besteuerung von Bedeutung sind und ergo an die Finanzverwaltung durch die Steuererklärung mitzuteilen sind, zumal immer eine abweichende Beurteilung der Finanzverwaltung droht.[277] Dieser Entscheidung vorgelagert, muss der zuständigen Stelle im Unternehmen der Sachverhalt zur Kenntnis gelangen, da sonst denklogisch keine Beurteilung erfolgen kann. Demnach besteht die erste Schwierigkeit gerade bei komplexen Unternehmensstrukturen, alle relevanten Informationen bei der zuständigen Stelle zu bündeln.

Danach muss ein effektives Tax Accounting nicht nur Einfluss auf das Financial Accounting nehmen, sondern bereits auf Ebene des Sachverhalts ansetzen, der der Besteuerung zu Grunde liegt, um so die unternehmensintern gesetzten Anforderungen sowie die gesetzlichen Rahmenbedingungen erfüllen zu können.[278]

Außerdem besteht in diesem Zusammenhang auch die Schwierigkeit, nicht den Überblick über die einzuhaltenden Vorschriften und zu zahlenden Steuern im internationalen Kontext zu verlieren, damit das Unternehmen nicht von Steuernachzahlungen, z.B. resultierend aus einer Jahre später erfolgenden Betriebsprüfung[279] oder einem verlorenen Steuerverfahren überrascht werden kann.

Insgesamt hat damit das Tax Accounting abseits der drohenden Bußgelder einen enormen Einfluss auf die Feststellung der Steuern des Unternehmens, so dass Fehler im Bereich des Tax Accountings empfindliche Auswirkungen auf die zu zahlenden Steuern des Unternehmens haben.[280]

4. *Exkurs: Internationale Dimension des Tax Accountings*

Über die angesprochenen nationalen Regelungen zum Bereich des Tax Accountings hinaus hat Tax Accounting bei international tätigen Unternehmen parallel eine internationale Dimension. Maßgebliche Rechtsquellen dieser internationalen Dimension sind die Anforderungen nach den „Generally Accepted Accounting Principles" (US-GAAP) und dem IFRS, insbesondere die Regelungen im „Accounting Standards Codification" (ASC) 740 (vormals FIN 48) sowie IAS 12 und 37.[281] Danach wird

276 Vgl. BGH wistra 1986, 111, 112; *Rogall*, in: KK-OWiG, § 30, Rn. 75; *Achenbach*, in: Achenbach/Ransiek, Handbuch Wirtschaftsstrafrecht, S. 8, Rn. 7.
277 *Mack*, in: Streck/Mack/Schwedhelm, Tax Compliance, Rn. 1.99.
278 Vgl. *Herzig/Vossel*, KSzW 2010, 53, 56.
279 Zur Betriebsprüfung siehe oben S. 42ff.
280 *Risse/Große-Allermann*, Ubg 2010, 629, 632.
281 Siehe zu FIN 48 z.B.: *Hebestreit/Esser*, IRZ 2006, 205, 206; *Loitz*, DStR 2009, 2267, 2270; *Risse/Große-Allermann*, Ubg 2010, 629, 632f., siehe dort auch zum folgenden Text.

zwar in unterschiedlicher Form jedoch im Ergebnis ähnlich die Darstellung bzw. Auseinandersetzung mit steuerlichen Risiken gefordert: IAS 12 befasst sich unter anderem mit der Darstellung drohender Steuerschulden, d.h. einem zukünftigen Abfluss von Mitteln mit einer Wahrscheinlichkeit jenseits der 50 % bei den Ertragssteuern[282] und IAS 37 unter anderem mit Rückstellungen für Betriebssteuern wie die Umsatzsteuer und die Lohnsteuer.[283] Speziell im Rahmen des ASC 740 ist unter den Stichworten „uncertain tax position" die Identifikation und Bewertung steuerlicher Risiken notwendig.[284] Somit erfolgt eine Analyse steuerlicher Risiken und das Tax Accounting erlangt auf diese Weise im internationalen Bereich in Gestalt dieses „Risk Reportings" eine weitere, über die dargestellte, nationale Bedeutung hinausgehende Dimension.

Damit unterstützt das Tax Accounting bei international tätigen Unternehmen qua Befolgung dieser Regelungswerke das Element der Risikoidentifikation eines wirksamen Tax Compliance-Systems[285].

II. Systemische Risikolage gesetzeskonformer Bestimmung von Verrechnungspreisen in international verbundenen Unternehmen

1. Charakter der Verrechnungspreise

Verrechnungspreise sind Preise, die bei einem Leistungsaustausch zwischen konzernangehörigen Unternehmen bestimmt werden. Obwohl ein internationaler Konzern als eine wirtschaftliche Gesamtheit zu sehen ist, so sind seine Tochtergesellschaften als juristische Personen nach dem Trennungsprinzip selbst steuerpflichtig und ermöglichen aufgrund ihrer Eigenständigkeit einen schuldrechtlichen Leistungsaustausch innerhalb des Konzerns.[286]

Im Gegensatz zu einem Leistungsaustausch zwischen fremden Unternehmen, die mit ihrem Handeln unterschiedliche Interessen verfolgen, verfolgen konzernangehörige Unternehmen nicht unbedingt unterschiedliche Interessen, sondern haben im gemeinsamen Konzern ein gemeinsames Interesse.[287] Mit Hilfe des

---

282 Siehe dazu ausführlich *Indenkämpen*, in: MüKo-Bilanzrecht IFRS, IAS 12, Rn. 1, 21f. m.w.N.

283 Siehe dazu ausführlicher *Senger/Brune*, in: MüKo-Bilanzrecht IFRS, IAS 37, insbesondere Rn. 166f.; zu ausgewählten Risiken der Umsatzsteuer siehe S. 143ff., zur Lohnsteuerhaftung S. 151ff.

284 *Risse/Große-Allermann*, Ubg 2010, 629, 632f., dort auch zum folgenden Text.

285 Siehe zur Risikoidentifikation als Baustein eines Tax Compliance-Systems oben S. 13.

286 *Fey*, in: Beck'sches Steuer- und Bilanzrechtslexikon, Verrechnungspreise, Rn. 3 (01.01.2007); *Frotscher*, Internationales Steuerrecht, Rn. 550.

287 *Frotscher*, Internationales Steuerrecht, Rn. 551; vgl. *Wulf*, in Streck/Mack/Schwedhelm, Tax Compliance, Rn. 2.408; *Vögele/Fischer* in Vögele/Borstell/Engler, Verrechnungspreise, A, Rn. 11.

Verrechnungspreises können durch die Preisgestaltung in Form eines hohen oder niedrigen Preises Gewinne innerhalb des Konzerns verschoben werden.[288] Zweck einer Gewinnverlagerung ist, die Gewinne in einem Land mit niedrigem Steuersatz anfallen zu lassen. Diese nahezu unendlich erscheinende Möglichkeit, die Gewinne zu verlagern, wird konzernintern und -extern begrenzt. Konzernintern wollen die Leiter der Tochtergesellschaften sich durch möglichst hohe Gewinne ihrer Gesellschaften profilieren. Zudem erschwert die steuerliche Optimierung der Verrechnungspreise die Beurteilung der Wirtschaftlichkeit der Tochtergesellschaften für die Konzernleitung, da der gebildete Preis nicht mehr Ausdruck eines wirtschaftlichen Erfolgs ist.[289] Konzernextern besteht ein Interesse der Finanzverwaltung, die Verlagerung des Gewinnes in ein Niedrigsteuerland und damit den Verlust von Steuereinnahmen zu verhindern.[290] Deswegen werden die Verrechnungspreise einem Fremdvergleich – „dealing at arm's length" – unterworfen um so festzustellen, inwiefern der gebildete Preis ein Resultat bloßer Steuerplanung ist oder im Wege des Fremdvergleichs am freien Markt zwischen unabhängigen Dritten zu Stande gekommen wäre.

Ergänzend sei darauf hingewiesen, dass die spiegelbildliche Konstellation, eine für den Konzern steuerlich günstige Zuteilung von Verlusten durch Verrechnungspreise vorzunehmen, analog zur geschilderten Steuermeidung durch die Verlagerung von Gewinnen zu behandeln ist.[291]

2. *Bedeutung der Verrechnungspreise für die Besteuerung*

In Ermangelung belastbarer, absoluter Zahlen zur Bezifferung des Einflusses der Verrechnungspreise auf die Besteuerung von Unternehmen in Deutschland ist lediglich ein Rückschluss aus dem zur Verfügung stehenden Datenmaterial möglich: Eine Studie des DIW aus dem Jahre 2007 verglich für das Jahr 2001 die in Deutschland anfallenden Unternehmensgewinne der Kapitalgesellschaften sowie der Personengesellschaften nach Handels- und Steuerrecht resultierend aus der Volkswirtschaftlichen Gesamtrechnung in Höhe von ca. 310,2 Mrd. Euro mit den Gewinnen der Personen- und Kapitalgesellschaften, die als steuerliche Bemessungsgrundlage dienten, in Höhe von 213,6 Mrd. Euro. Als Ursache für die sich daraus ergebende Besteuerungslücke in Höhe von ca. 100 Mrd. Euro wurden neben Steuervergünstigungen steuerliche Gestaltungen auch zur Verlagerung von Gewinnen ins Ausland

---

288 *Dreßler*, Gewinn- und Vermögensverlagerungen, S. 348; *Baumhoff*, in: Mössner, Steuerrecht international tätiger Unternehmen, Rn. C 227, dort auch zum folgenden Text.

289 *Vogel*, DStZ 1997, 269, 275; zur betriebswirtschaftlichen Bedeutung der Verrechnungspreise, insbesondere der „Erfolgsermittlungsfunktion" siehe *Baumhoff*, in: Flick/Wassermeyer/Baumhoff, § 1 Anm. 271f. (Oktober 2002).

290 *Baumhoff*, in: Mössner, Steuerrecht international tätiger Unternehmen Rn. C 228f.; *Vogel*, DStZ 1997, 269, 275, dort jeweils auch zum folgenden Text.

291 *Reuter*, IStR 1993, 454, 455.

vermutet, wohingegen die Bundesregierung, respektive das Bundesministerium der Finanzen, für grenzüberschreitende Gewinnverlagerungen die Besteuerungslücke auf jährlich etwa 65 Mrd. Euro schätzte.[292]

Ein Mittel grenzüberschreitender Gewinnverlagerungen sind wie bereits geschildert die Verrechnungspreise.[293] Sie sind im internationalen Handel von großer Bedeutung, da schätzungsweise bis zu 75% des internationalen Handels zwischen verbundenen oder konzernangehörigen Unternehmen stattfinden.[294] Aufgrund dessen bestimmen Verrechnungspreise bei international verbundenen Unternehmen maßgeblich die Besteuerungsgrundlage, die im jeweiligen Land zu Grunde zu legen ist.[295] Folglich sind die Verrechnungspreise angesichts ihres enormen Einflusses auf die Besteuerungsgrundlage als mitentscheidende Ursache für die angesprochene Besteuerungslücke zwischen den Unternehmensgewinnen aus der Volkswirtschaftlichen Gesamtrechnung und den Gewinnen als Basis der steuerlichen Bemessungsgrundlage anzusehen.

3. Permanente steuerliche Risiken bei Verrechnungspreisen

Bei Verrechnungspreisen ist zwischen permanenten steuerlichen Risiken im Zusammenhang mit im Konzern alltäglichen Lieferungen und Leistungen und anlassbezogenen steuerlichen Risiken bei einer Funktionsverlagerung als Unterfall der Verrechnungspreise[296] zu unterscheiden. Eine Funktionsverlagerung zeichnet sich gem. § 1 III 9 AStG dadurch aus, dass eine Funktion in Form eines Transferpakets aus Wirtschaftsgütern, Chancen, Risiken und sonstigen Vorteilen übertragen wird.[297]

Wie schon geschildert, sind Verrechnungspreise für den Austausch von Leistungen im Konzern von enormer Bedeutung.[298] Gleichzeitig befürchtet die Finanzverwaltung eine Verlagerung von Gewinnen ins Ausland, was gerade in Zeiten klammer Staatskassen dazu führt, dass die Prüfungsintensität nach Empfinden der Unternehmen in den letzten Jahren angestiegen ist.[299] Als Reflex auf den Anstieg der Prüfungsintensität,

---

292 *Bach/Dwenger*, DIW Wochenbericht Nr. 5/2007, 57, 63f.; BT-Drs. 16/12028, S. 3; kritisch zur Höhe der Besteuerungslücke: *Heckemeyer/Spengel*, PWP 2008, 37, 38ff. m.w.N.

293 Siehe dazu die vorstehenden, einleitenden Ausführungen m.w.N.; zur Empirie, dass Verrechnungspreise zur Gewinnverlagerung eingesetzt werden vgl. *Clausing*, Journal of Public Economics 2003, 2207ff.; *Bartelsman/Beetsma*, Journal of Public Economics 2003, 2225ff.

294 *Schneider*, DB 2003, 53 m.w.N.; *Kroppen*, in: Kroppen/Becker, Handbuch Internationale Verrechnungspreise, Vorwort S. 1 (September 2005).

295 So auch OECD-Leitsätze für multinationale Unternehmen, Neufassung 2011, S. 72, Nr. 104.

296 *Frotscher*, Internationales Steuerrecht, Rn. 633.

297 Zur Funktionsverlagerung siehe ausführlich S. 95ff.

298 Siehe dazu oben S. 57f. m.w.N.

299 Finsterwalder, IStR 2004, 763, 763; vgl. Babič/Baumhoff/Blahová/Ditz/Djedovič/Galla/Greinert/Jancsa-Pék/Janežič/Kuchtová/Nowotny/Schöb/Schrottmeyer/

einer personellen Aufrüstung und strikteren Durchsetzung einschlägiger Vorschriften zu den Verrechnungspreisen weltweit auf Seiten der Finanzverwaltungen, sehen sich auch die Unternehmen gezwungen zu reagieren und selbst dem Bereich der Verrechnungspreise mehr Beachtung zu schenken.

Auch im Lichte dieser aktuellen Entwicklungen sind die folgenden permanenten, systemischen Risiken im Bereich der Verrechnungspreis zu sehen, die dem System der Verrechnungspreise wegen der Art ihrer Bildung, den Korrekturmechanismen fehlerhaft gebildeter Verrechnungspreise, ihrem grenzüberschreitenden Bezug, den umfassenden und weitreichenden Mitwirkungs- und Dokumentationspflichten sowie der sich anschließenden Rechtsfolgen im Falle einer nicht ordnungsgemäßen Befolgung der komplexen rechtlichen Vorgaben, selbst innewohnen.

a) Bildung der Verrechnungspreise

Das AStG sieht zur Bestimmung des Verrechnungspreises bei Geschäftsbeziehungen zu einer nahe stehenden Person im Ausland in § 1 III 1 ein diffiziles System von Standardmethoden in Form der Preisvergleichsmethode, der Wiederverkaufspreismethode oder der Kostenaufschlagsmethode zur Bildung von Verrechnungspreisen vor, die auf die Grundidee des Fremdvergleichs – „dealing at arm's length" – aus Art. 9 OECD-MA zurückgehen.[300]

aa) Standardmethoden

(1) Preisvergleichsmethode

Ansatz der Preisvergleichsmethode („comparable uncontrolled price method") ist, den Verrechnungspreis zwischen konzerangehörigen Unternehmen mit dem Preis zu vergleichen, auf den sich unabhängige Dritte am Markt unter sonst identischen Konditionen geeinigt haben. Im Wege des äußeren Preisvergleichs wird der Verrechnungspreis an den Preisen zwischen unabhängigen Dritten, die selbst weder zum eigenen Konzern, noch zu einem gleichen anderen Konzern gehören, gemessen. Bei dem inneren Preisvergleich wird der in Rede stehende Verrechnungspreis einem Preis, der zwischen dem Unternehmen und einem unabhängigen Dritten zu Stande kam, gegenübergestellt. Sowohl beim äußeren als auch beim inneren Preisvergleich sind ein direkter Preisvergleich für den Fall, dass die zu vergleichenden Konstellationen nahezu identisch sind, als auch ein indirekter Preisvergleich, bei

---

Vorličková, IStR Beihefter zu Heft 20/2010, 37; vgl. Ernst&Young, Verrechnungspreise weltweit im Visier der Behörden, Pressemeldung vom 09.02.2011, dort auch zum folgenden Text; vgl. auch Vögele/Fischer, in Vögele/Borstell/Engler, Verrechnungspreise, A, Rn. 18; vgl. Seer, IWB 2012, 350, 351.

300 Vgl. *Baumhoff,* in: Mössner: Steuerrecht international tätiger Unternehmen, Rn. C 315; *Kraft,* in: Kraft, AStG, § 1, Rn. 2, 10.

dem die Wirkung divergierender Aspekte aus den Preis herausgerechnet werden kann, möglich.[301]

Schwierigkeiten bereitet bei dieser Methode die Vergleichbarkeit aller Parameter, die auf den Preis einwirken und der Zugriff auf eine ausreichende Menge an Daten der Wettbewerber, um die Preise miteinander ins Verhältnis setzen zu können. Gerade bei Produkten, die nicht an einem freien Markt gehandelt werden bzw. Unterscheidungen aufweisen, ist ein Vergleich problematisch.[302] Daraus resultierend wurde im Jahre 2007 geschätzt, dass die Preisvergleichsmethode in etwa 95 % der aller Fälle nicht angewendet werden könnte.[303]

(2) Wiederverkaufspreismethode

Grundlage der Wiederverkaufspreismethode („resale price method") zur Bestimmung des Verrechnungspreises einer Leistung zwischen konzernangehörigen Unternehmen ist der Wiederverkaufspreis dieser Leistung an einen unabhängigen Dritten. Von diesem Wiederverkaufspreis wird ein bestimmter Betrag abgezogen, der die übernommene Funktion und das eingegangene Risiko widerspiegelt sowie eine Gewinnmarge enthält. Die Differenz aus dem Wiederverkaufspreis und diesem abzuziehenden Betrag ist der zwischen den konzernangehörigen Unternehmen anzusetzende Verrechnungspreis.[304]

Im Falle einer Anwendung der Wiederverkaufspreismethode stellt die Bezifferung des vorzunehmenden Abzugs vom Wiederverkaufspreis eine Komplikation dar, da der Abzug neben einem Gewinn alle Betriebsausgaben außer den Anschaffungskosten sowie alle weiteren Kosten im Zusammenhang mit dem

---

301 BMF, Verwaltungsgrundsätze Einkunftsabgrenzung, BStBl. I 1983, 218, 222, Tz. 2.2.2.; *Baumhoff*, in: Flick/Wassermeyer/Baumhoff, § 1, Anm. 396ff. (November 1999); *Sieker*, in: Debatin/Wassermeyer, Art. 9 OECD-MA, Rn. 233 (Mai 2004); *Eigelshoven*, in: Vogel/Lehner, DBA, Art. 9, Rn. 72f.; *Frotscher*, Internationales Steuerrecht, Rn. 577 ff.; *Vögele/Raab*, in: Vögele/Borstell/Engler, Verrechnungspreise, D, Rn. 3ff.

302 *Ege*, in: Schaumburg, Internationale Verrechnungspreise zwischen Kapitalgesellschaften, S. 15, 21f.; *Zitzelsberger*, in: Schaumburg, Internationale Verrechnungspreise zwischen Kapitalgesellschaften, S. 136, 139; *Kleine*, in: Schaumburg, Internationale Verrechnungspreise zwischen Kapitalgesellschaften, S. 166, 168; *Baumhoff*, in: Flick/Wassermeyer/Baumhoff, § 1, Anm. 411f. (November 1999); *Frotscher*, Internationales Steuerrecht, Rn. 572, 578; vgl. *Coenenberg/Fischer/Günther*, Kostenrechnung und Kostenanalyse, S. 716f.; vgl. *Demuth/Kaiser*, in: Görling/Inderst/Bannenberg, Compliance, S. 361; vgl. *Schaumburg*, Internationales Steuerrecht, Rn. 16.307.

303 Vgl. *Wassermeyer*, DB 2007, 535, 536.

304 BMF, Verwaltungsgrundsätze Einkunftsabgrenzung, BStBl. I 1983, 218, 222, Tz. 2.2.3.; *Kraft*, AStG, 1, Rn. 226; *Frotscher*, Internationales Steuerrecht, Rn. 583f.; *Eigelshoven*, in: Vogel/Lehner, DBA, Art. 9, Rn. 74; *Jacobs*, Internationale Unternehmensbesteuerung, S. 768f.; *Vögele/Raab/Diessner*, in: Vögele/Borstell/Engler, Verrechnungspreise, D, Rn. 101f.

Wiederverkauf enthalten muss, wie z.B. Marketing, Garantieleistungen oder Vertrieb.[305] Zudem unterliegt der Abzug falls möglich einem tatsächlichen, ansonsten einem fiktiven hypothetischen Fremdvergleich, so dass wie bei der Preisvergleichsmethode das Problem auftritt, inwieweit die Umstände, die dem Vergleich zu Grunde liegen, wirklich vergleichbar sind.[306]

(3) Kostenaufschlagsmethode

Die Kostenaufschlagsmethode („cost plus method") nimmt als Basis für die Bestimmung des Verrechnungspreises die Kosten des Unternehmens zzgl. eines Gewinnaufschlags, der der Aufteilung von Risiko und Funktion der beteiligten Unternehmen Rechnung trägt, wobei der Fremdvergleichsgrundsatz sowohl für den Anteil der Kosten als auch für den Anteil des Gewinns am Verrechnungspreis gilt.[307]

Hinsichtlich der Kosten sind die Kosten anzusetzen, die bei Geschäften mit unabhängigen Dritten in Ansatz gebracht werden oder wenn eine derartige Vergleichsmöglichkeit fehlt, die nach betriebswirtschaftlichen Prinzipien, z.B. Ist-, Normal- oder Plankosten, Fixkosten, Vollkosten usw., bestimmt werden können.[308]

Gegen die Kostenaufschlagsmethode spricht, dass ein über die Kosten aufgestellter Verrechnungspreis durch Ausblendung der Nachfrageseite nicht zwangsläufig mit dem Marktpreis übereinstimmt und dass die Ermittlung der Kosten und des Gewinns als Bestandteile des Verrechnungspreises problematisch sein kann.[309]

bb) Andere, gewinnorientierte Methoden

Über die geschilderten Standardmethoden hinaus existieren weitere Methoden zur Bestimmung des Verrechnungspreises, die den Verrechnungspreis aus einer Gewinnverteilung ableiten und deswegen als gewinnorientierte Methoden bezeichnet werden.[310]

---

305 Vgl. *Baumhoff*, in: Flick/Wassermeyer/Baumhoff, § 1, Anm. 425 (November 1999), vgl. *Eigelshoven*, in: Vogel/Lehner, DBA, Art. 9, Rn. 75; *Vögele/Raab/Diessner*, in: Vögele/Borstell/Engler, Verrechnungspreise, D, Rn. 106ff.

306 *Baumhoff*, in: Flick/Wassermeyer/Baumhoff, § 1, Anm. 421 (November 1999).

307 BMF, Verwaltungsgrundsätze Einkunftsabgrenzung, BStBl. I 1983, 218, 223, Tz. 2.2.4.; vgl. *Eigelshoven*, in: Vogel/Lehner, DBA, Art. 9, Rn. 78; *Kraft*, in: Kraft, AStG, § 1, Rn. 108, 230f.; *Vögele/Raab*, in: Vögele/Borstell/Engler, Verrechnungspreise, D, Rn. 162f.

308 BMF, Verwaltungsgrundsätze Einkunftsabgrenzung, BStBl. I 1983, 218, 223, Tz. 2.2.4.; Siehe ausführlich und weiterführend zu den einzelnen Kostenarten *Vögele/Raab*, in: Vögele/Borstell/Engler, Verrechnungspreise, D, Rn. 164f., 167ff. sowie *Coenenberg/Fischer/Günther*, Kostenrechnung und Kostenanalyse, S. 719ff.

309 Vgl. *Baumhoff*, in: Flick/Wassermeyer/Baumhoff, § 1, Anm. 521, 536 m.w.N. (November 1999); *Kraft*, in: Kraft, AStG, § 1, Rn. 233; vgl. *Frotscher*, Internationales Steuerrecht, Rn. 582.

310 *Kraft*, in: Kraft, AStG, § 1, Rn. 237; *Vögele/Raab*, in: Vögele/Borstell/Engler, Verrechnungspreise, D, Rn. 251.

(1) Gewinnvergleichsmethode

Bei der Gewinnvergleichsmethode („comparable profits method“), die vor allen Dingen in den USA Anwendung findet, werden ausgehend vom Gewinn unabhängiger Drittunternehmen Indikatoren entwickelt, die bei einem Vergleich mit den korrelierenden Indikatoren bei konzernangehörigen Unternehmen auf die Angemessenheit eines Verrechnungspreises schließen lassen.[311]

(2) Transaktionsbezogene Nettomargenmethode

Für die transaktionsbezogene Nettomargenmethode („transactional net margin method“) wird die Nettomarge aus einem zu überprüfenden Geschäft mit der Nettomarge des Unternehmens aus einem Geschäft mit einem unabhängigen Dritten bzw. für den Fall, dass ein solcher Wert nicht zu ermitteln ist, mit der Nettomarge zwischen unabhängigen Dritten verglichen.[312]

(3) Gewinnaufteilungsmethode

Die Gewinnaufteilungsmethode („profit split method“) verteilt den Gewinn oder Verlust aus einem Geschäft, indem den beteiligten Unternehmen bei der Preiskalkulation zur Bestimmung des Verrechnungspreises auf Grundlage des Beitrags des jeweiligen Unternehmens zum Geschäft, d.h. orientiert an Funktion, Risiko, Wareneinsatz, ein entsprechender Anteil zugewiesen wird.[313]

Unterfälle der Gewinnverteilungsmethode sind die Beitragsanalyse („contribution analysis“), die zuvorderst auf den Wert der Funktion und des Risikos des jeweiligen Unternehmens abstellt, die vergleichende Gewinnaufteilungsmethode („comparable profit split“), die sich an Daten unabhängiger Dritter orientiert welche sie auf das fragliche Geschäft überträgt und die Restgewinnanalyse („residual profit split“), die in einem ersten Schritt einen angemessenen Gewinn für den Beitrag des Unternehmens zum Geschäft zuteilt um dann in einem zweiten Schritt den Restgewinn anhand des Wertes eingesetzter immaterieller Wirtschaftsgüter aufzuteilen.[314]

---

311 *Vögele/Raab*, in: Vögele/Borstell/Engler, Verrechnungspreise, D, Rn. 252ff. mit umfassenden Nachweisen der einschlägigen Rechtsgrundlagen im US-amerikanischen Recht.

312 *Baumhoff*, in: Flick/Wassermeyer/Baumhoff, § 1 AStG, Anm. 561 (November 1999); *Baumhoff*, in: Mössner, Steuerrecht international tätiger Unternehmen, C 371; vgl. *Eigelshoven*, in Vogel/Lehner, DBA, Art.·9, Rn. 81ff.; *Vögele/Raab*, in: Vögele/Borstell/Engler, Verrechnungspreise, D, Rn. 276f.; OECD-Verrechnungspreisleitlinien, Endfassung 2010, Tz. 2.58.

313 *Baumhoff*, in: Flick/Wassermeyer/Baumhoff, § 1 AStG, Anm. 552 (November 1999); *Kraft*, in: Kraft, AStG, § 1, Rn. 240; *Frotscher*, Internationales Steuerrecht, Rn. 586; *Vögele/Raab/Diessner*, in: Vögele/Borstell/Engler, Verrechnungspreise, D, Rn. 312; vgl. OECD-Verrechnungspreisleitlinien, Endfassung 2010, Tz. 2.108.

314 *Baumhoff*, in: Mössner, Steuerrecht international tätiger Unternehmen, C 368; *Eigelshoven*, in: Vogel/Lehner, DBA, Art. 9, Rn. 87ff.; *Kraft*, in: Kraft, AStG, § 1,

(4) Praktikabilität der gewinnorientierten Methoden

Im Ergebnis ist die Anwendung der gewinnorientierten Methoden für Unternehmen schwierig: Die Gewinnvergleichsmethode wird von der deutschen Finanzverwaltung aufgrund eines unzureichenden Fremdvergleichs abgelehnt. Darüber hinaus sieht sie die transaktionsbezogene Nettomargenmethode sowie die Gewinnaufteilungsmethode als subsidiär gegenüber den Standardmethoden an und beschränkt den Anwendungsbereich auf Unternehmen, die im Konzern nur eine geringe Funktion haben und ein geringes Risiko tragen.[315]

Sofern sich die Anwendung der transaktionsbezogenen Nettomargenmethode und der Gewinnaufteilungsmethode anbietet, besteht bei beiden Methoden das Problem, belastbare und vergleichbare Daten zu finden, die von anderen Einflüssen auf den Gewinn, wie die Stellung des Unternehmens im Wettbewerb, die Kostenstruktur, usw. bereinigt sind.[316]

cc) Systemische Risikolage Verrechnungspreismethode

Zwar sind gem. § 1 III 1 AStG die Standardmethoden vorrangig anzuwenden, jedoch ist keine dieser Methoden in grundsätzlich allen denkbaren Konstellationen, d.h bei allen Arten von Geschäftsbeziehungen zwischen nahestehenden Personen, einsetzbar.[317] Wie bereits geschildert, birgt die Anwendung sowohl der Standardmethoden als auch der gewinnorientierten Methoden entweder jeweils Nachteile, die aus der Methode selbst resultieren, oder die Anwendung der Methode wird von der Finanzverwaltung wie bei der Gewinnvergleichsmethode komplett ausgeschlossen bzw. wie bei der transaktionsbezogenen Nettomargenmethode und der Gewinnaufteilungsmethode eingeschränkt.[318]

Nach § 1 III 1, 2 AStG ist mit Hilfe einer Funktionsanalyse, die die ausgeübten Funktionen, die eingesetzten Wirtschaftsgüter sowie die eingegangen Chancen und Risiken berücksichtigt, die geeignete Methode auszuwählen. In diesem Zusammenhang ist das

---

Rn. 240ff.; ausführlich zur Restgewinnanalyse *Vögele/Raab/Diessner*, in: Vögele/Borstell/Engler, Verrechnungspreise, D, Rn. 334ff.; OECD-Verrechnungspreisleitlinien, Endfassung 2010, Tz. 2.118ff.

315 BMF, Verwaltungsgrundsätze-Verfahren, BStBl. I 2005, 570, 580f., Tz. 3.4.10.2; 3.4.10.3, insbesondere Tz. 3.4.10.3 d).

316 Vgl. *Werra*, IStR 1995, 457, 463f.; vgl. *Portner*, IStR 1998, 549, 550; vgl. *Sieker*, in: Debatin/Wassermeyer, Art. 9 OECD-MA, Rn. 271 (Mai 2004); *Baumhoff*, in: Mössner, Steuerrecht international tätiger Unternehmen, C 370, C 372 jeweils m.w.N.; OECD-Verrechnungspreisleitlinien, Endfassung 2010, Tz. 2.67, 2.71; zum Fehlen eines Konzeptes zur Nutzung von Unternehmensdatenbanken zur Verrechnungspreisanalyse: *Vögele/Crüter/Witt/Sedlmayr/Fügemann*, in: Vögele/Borstell/Engler, Verrechnungspreise, H, Rn. 3 ff.

317 So auch *Frotscher*, Internationales Steuerrecht, Rn. 592.

318 Siehe dazu die vorstehenden Ausführungen m.w.N.

Hauptproblem, genau die Methode auszuwählen, die den „richtigen" Verrechnungspreis mit maximaler Wahrscheinlichkeit ermittelt.[319]

Überdies sind die Ergebnisse der dann eingesetzten Methode zur Preisbildung keine „exakte Wissenschaft"[320]. Sie liefern nicht genau ein bestimmtes Ergebnis sondern eine Bandbreite von Ergebnissen innerhalb derer der Verrechnungspreis liegen muss.[321]

Ferner ist gerade das Eruieren von Vergleichsdaten, die für die ausgewählte Methode der Verrechnungspreisbildung erforderlich sind, problematisch: zum einen werden die benötigten Daten unabhängiger Drittunternehmen von diesen nicht unbedingt veröffentlicht und zum anderen erfolgt die Kontrolle der Preise durch die Finanzverwaltung zu einem späteren Zeitpunkt, in dem sich die zu Grunde liegenden Daten geändert haben können.[322]

Um eine brauchbare Datengrundlage für die Bestimmung der Verrechnungspreise zu erlangen besteht die Option im Falle einer mangelnden Vergleichbarkeit vorhandener Daten durch Anpassungsrechnungen diese Unterschiede auszugleichen, sofern die entscheidenden Unterschiede lokalisiert und beziffert werden können.[323] In der Konstellation eines Fehlens von Daten ist ein Zugriff auf Datenbanken denkbar: Bei der Nutzung von Datenbanken ist jedoch einschränkend auf die zum Teil zweifelhafte Aussagekraft der dort vorhandenen Daten und die daraus resultierende, fehlende Vergleichbarkeit zu achten, so dass eine Nutzung von Datenbanken nur mit Einschränkungen möglich ist.[324]

Damit hat bereits die bloße Verfügbarkeit von Daten einen Einfluss auf die Auswahl der Methode zur Bestimmung des Verrechnungspreises.[325] Problematisch ist neben der Beschaffung verlässlicher Daten im Rahmen des Fremdvergleichs die Auswahl der geeigneten Methode im jeweiligen Einzelfall, so dass allein die

319 Vgl. BFH, BFHE 197, 68, 78 = BStBl. II 2004, 171, 176; *Demuth/Kaiser*, in: Görling/Inderst/Bannenberg, Compliance, S. 361.

320 OECD-Leitsätze für multinationale Unternehmen, Neufassung 2011, S. 72, Nr. 104 a.E.; *Wulf*, in: Streck/Mack/Schwedhelm, Tax Compliance, Rn. 2.408 a.E.

321 Vgl. BFH BFHE 197, 68, 80 = BStBl. II 2004, 171, 176; vgl. *Eigelshoven*, in: Vogel/Lehner, DBA, Art. 9, Rn. 115; vgl. OECD-Leitsätze für multinationale Unternehmen, Neufassung 2011, S. 72, Nr. 104; vgl. *Wulf*, in: Streck/Mack/Schwedhelm, Tax Compliance, Rn. 2.408.

322 Vgl. *OECD*, Comparability: Public Invitation to comment on a series of draft issues notes, 10.05.2006, S. 14, Tz. 27; vgl. zur transaktionsbezogenen Nettomargenmethode OECD-Verrechnungspreisleitlinien, Endfassung 2010, Tz. 2.103; *Borstell*, in: Vögele/Borstell/Engler, Verrechnungspreise, C, Rn. 31.

323 *Rehkugler/Vögele*, BB 2002, 1937, 1944; *Baumhoff*, in: Mössner, Steuerrecht international tätiger Unternehmen, C 275.

324 Vgl. BFH, BFHE 197, 68, 76f. = BStBl. II 2004, 171, 175; vgl. BMF, Verwaltungsgrundsätze-Verfahren, BStBl. I 2005, 570, 584f., Tz. 3.4.12.4, zur zusätzlichen Dokumentation bei der Nutzung von Datenbanken, siehe ausführlich S. 85; *Rehkugler/Vögele*, BB 2002, 1937, 1940f.; *Baumhoff*, IStR 2003, 1, 3; ausführlich zur Datenbankanalyse *Wahl/Preisser*, IStR 2008, 51, insbesondere 58f.

325 *Eigelshoven*, in: Vogel/Lehner, DBA, Art. 9, Rn. 96.

Preisbildung mit erheblichen Unsicherheiten behaftet ist und bereits ein Risiko für das Unternehmen darstellt.[326]

b) Verrechnungspreiskorrektur infolge fehlerhafter Preisbildung

aa) Art. 9 OECD-MA

Prinzipiell drohen bei grenzüberschreitenden Sachverhalten – so auch bei den Verrechnungspreisen – Konflikte durch das Aufeinandertreffen nationaler Steuerordnungen, die auf denselben internationalen Sachverhalt Anwendung finden und damit eine Doppel-, Mehrfach-, oder Nichtbesteuerung auslösen können, d.h., dass z.B. im Falle einer Doppelbesteuerung derselbe Sachverhalt in mindestens zwei Ländern versteuert wird, falls der Verrechnungspreis nicht vor den Finanzverwaltungen der beteiligten Länder bestehen kann. Um eine daraus resultierende Behinderung des internationalen Handels zu vermeiden, werden zwischen Staaten Doppelbesteuerungsabkommen (DBA) geschlossen, die zumeist auf das Musterabkommen der OECD (OECD-MA) zurückgehen.[327]

In Art. 9 I OECD-MA wird für Unternehmen, bei denen grenzüberschreitende Beteiligungen an der Geschäftsleitung, der Kontrolle oder dem Kapital bestehen bzw. bei denen dieselbe Person grenzüberschreitend an der Geschäftsleitung, der Kontrolle oder dem Kapital beteiligt ist, d.h. bei verbundenen Unternehmen, die Möglichkeit einer Gewinnkorrektur eingeräumt, sofern die zwischen den beteiligten Unternehmen vereinbarten Konditionen von den Konditionen zwischen unabhängigen Unternehmen abweichen.[328]

Nach mittlerweile h.M. sind weder Art. 9 I OECD-MA noch die korrespondierenden DBA-Vorschriften eine eigenständige Rechtsgrundlage für Korrekturen, sondern es bedarf jeweils einer innerstaatlichen Rechtsgrundlage.[329] Die innerstaatlichen Rechtsgrundlagen wiederum können der h.L. zu Folge in ihrer Anwendung durch Art. 9 I OECD-MA eingeschränkt werden, so dass eine über den Korrekturrahmen

---

326 So auch *Demuth/Kaiser*, in: Görling/Inderst/Bannenberg, Compliance, S. 361; vgl. *Wulf*, in: Streck/Mack/Schwedhelm, Tax Compliance, Rn. 2.409.

327 *Fey*, in: Beck'sches Steuer- und Bilanzrechtslexikon, Verrechnungspreise, Rn. 7 (01.01.2007); vgl. *Kraft*, in: Kraft, AStG, § 1, Rn. 740ff.; *Jacobs*, Internationale Unternehmensbesteuerung, S. 3 m.w.N.; Ausführlich zum Begriff der Doppelbesteuerung *Schaumburg*, Internationales Steuerrecht Rn. 12.1f.; *Vögele/Raab*, in: Vögele/Borstell/Engler, Verrechnungspreise, B, Rn. 1.

328 *Baumhoff*, in: Mössner, Steuerrecht international tätiger Unternehmen, C 260.

329 BFH, BStBl. II 1980, 531, 532f. (DBA-Niederlande); BFH BStBl. II 1981, 517 (DBA-Frankreich); *Vogel*, BB 1971, 1185, 1185f.; *Pöllath/Rädler*, DB 1982, 561ff. m.w.N.; *Schaumburg*, Internationales Steuerrecht, Rn. 16.292; ausführlich dazu *Rasch*, Konzernverrechnungspreise im nationalen, bilateralen und europäischen Steuerrecht, S. 182ff. m.w.N.; *Wassermeyer*, in: Flick/Wassermeyer/Baumhoff, § 1 AStG, Anm. 99 m.w.N. (Oktober 2002); *Wassermeyer*, in: Debatin/Wassermeyer, Art. 9 OECD-MA, Rn. 76 m.w.N. (Mai 2004); a.A. *Bellstedt*, Die Besteuerung international verflochtener Gesellschaften, S. 431 m.w.N.

des Art. 9 I OECD-MA hinausgehende Besteuerung nicht möglich sein soll.[330] Demgegenüber sieht die Finanzverwaltung keine Einschränkung der innerstaatlichen Rechtsgrundlagen für eine Korrektur durch das OECD-MA oder andere DBA.[331]

Spiegelbildlich zur Korrekturmöglichkeit aus Art. 9 I OECD-MA sieht Art. 9 II OECD-MA um die Zielsetzung der Vermeidung einer Doppelbesteuerung zu realisieren, die Chance einer Gegenberichtigung im entsprechend anderen Vertragsstaat vor, wenn in einem Vertragsstaat der Verrechnungspreis korrigiert wurde.[332] Diese Gegenberichtigungsklausel fand gerade in älteren deutschen DBA nur in seltenen Fällen Verwendung, um dem anderen Vertragsstaat keinen Anreiz zur Erstkorrektur und den Unternehmen keine Motivation zur Gewinnverschiebung zu bieten, so dass eine Gegenberichtigung zumeist nur durch ein Verständigungsverfahren nach Art. 25 I, II OECD-MA oder nach der EU-Schiedskonvention erreicht werden kann.[333] Zudem erfasst Art. 9 II OECD-MA auch nicht jede Form der wirtschaftlichen Doppelbesteuerung, wie sie beispielsweise aus einer abweichenden Qualifikation einer Leistung als den Gewinn mindernde Betriebsausgabe resultiert.[334]

Sofern eine entsprechende Gegenberichtigungsklausel existiert, liegt ein Problem in der Akzeptanz der Verrechnungspreiskorrektur des anderen Vertragsstaates, da unter Umständen beide Staaten für sich reklamieren, den Verrechnungspreis dem Fremdvergleich entsprechend gebildet zu haben.[335] Über die Frage, ob die Korrektur des Verrechnungspreises durch den anderen Vertragsstaat dem „dealing at arm's length-Grundsatz" genügt hinaus, ist für die Gegenberichtigung aus Art. 9 II OECD-MA von Belang, ob die Grundlagen der Korrektur wie das Vorliegen verbundener Unternehmen, die innerhalb ihrer Geschäftsbeziehungen Gewinne verlagert haben, überhaupt erfüllt sind und damit eine Gegenberichtigung vom anderen Vertragsstaat

330 Vgl. *Vogel*, DB 1972, 1402, 1403; *Brezing*, FR 1973, 485, 487f.; *Jakob/Hörmann*, BB 1991, 733, 738 (Art. 9 DBA-USA); *Wassermeyer*, in: Flick/Wassemeyer/Baumhoff, § 1 AStG, Anm. 99 (Oktober 2002); *Wassermeyer*, in: Debatin/Wassermeyer, Art. 9 OECD-MA, Rn. 78 (Mai 2004); *Baumhoff*, in: Mössner, Steuerrecht international tätiger Unternehmen, C 265; *Jacobs*, Internationale Unternehmensbesteuerung, S. 758f.; *Vögele/Raab*, in Vögele/Borstell/Engler, Verrechnungspreise, A., Rn. 316ff. m.w.N.; *Schaumburg*, Internationales Steuerrecht, Rz. 16.292f. m.w.N.

331 BMF, Verwaltungsgrundsätze Einkunftsabgrenzung, BStBl. I 1983, 218, 219, Tz. 1.2.1. a.E.; ebenso *Debatin*, DStZ 1971, 385, 388f.; *Debatin*, DB 1972, 2030, 2032; *Höppner*, StBp 1981, 56, 58; *Menck*, FR 1994, 69, 71f.

332 *Baumhoff*, in: Mössner, Steuerrecht international tätiger Unternehmen, C 261.

333 *Hundt*, RIW/AWD 1981, 306, 323; vgl. *Baumhoff*, in: Mössner, Steuerrecht international tätiger Unternehmen, C 262; *Vögele/Raab*, in: Vögele/Borstell/Engler, Verrechnungspreise, B, Rn. 28; Siehe zum Verständigungsverfahren und zur EU-Schiedskonvention ausführlich S. 71ff.

334 Vgl. *Wassermeyer*, in: Debatin/Wassermeyer, Art. 9 OECD-MA, Rn. 374 (Mai 2004); siehe dazu ausführlich *Eigelshoven*, in: Vogel/Lehner, DBA, Art. 9, Rn. 160f.

335 Vgl. *Wassermeyer*, in: Debatin/Wassermeyer, Art. 9 OECD-MA, Rn. 369 (Mai 2004); vgl. *Baumhoff*, in: Mössner, Steuerrecht international tätiger Unternehmen, C 261; *Jacobs*, Internationale Unternehmensbesteuerung, S. 757.

vorgenommen werden muss. Erst wenn diese Voraussetzungen gegeben sind, kommt es auf eine innerstaatliche Rechtsgrundlage für eine Gegenberichtigung an.[336] Damit ist im Ergebnis entscheidend, ob und inwiefern nach dem jeweiligen nationalen Steuerrecht die Voraussetzungen einer Gegenberichtigung bejaht werden können.[337]

Teilweise wird außerdem im Rahmen des Art. 9 II OECD-MA eine Einigung zwischen den Vertragsstaaten gefordert, dass die erste Korrektur des Preises gemäß den Regeln des Art. 9 I OECD-MA erfolgte, ohne dass dies dem Wortlaut des Art. 9 II OECD-MA entnommen werden könnte.[338]

Ergo ist eine Gegenberichtigung zwecks Vermeidung der Doppelbesteuerung nur dann möglich, wenn die erste Korrektur des Verrechnungspreises von beiden Vertragsstaaten übereinstimmend als berechtigt angesehen wird und damit keine Veränderung dieser Erstkorrektur zu erfolgen hat.[339]

Im Ergebnis räumt Art. 9 OECD-MA die Möglichkeit ein, die Verrechnungspreise nach nationalem Recht zu korrigieren, wobei das Risiko der Doppelbesteuerung im Endeffekt beim Unternehmen verbleibt: falls sich die beteiligten Vertragsstaaten nicht auf einen korrigierten Verrechnungspreis einigen können, unterbleibt eine Gegenberichtigung aus Art. 9 II OECD-MA, so dass nicht nur eine temporäre Doppelbesteuerung bis zum Zeitpunkt der Gegenberichtigung, sondern eine dauerhafte Doppelbesteuerung eintritt.

bb) Verdeckte Gewinnausschüttung

Obschon sich in § 1 AStG eine gesetzliche Regelung zur Korrektur der Verrechnungspreise findet, wurden allerdings nach Schätzungen ca. 90 % der Fälle als verdeckte Gewinnausschüttung, 7 % als verdeckte Einlage und nur ca. 3 % nach § 1 AStG abgehandelt.[340]

Bei einer verdeckten Gewinnausschüttung handelt es sich um eine Verminderungen oder unterlassene Mehrungen des Vermögens aufgrund des Gesellschaftsverhältnisses mit Auswirkungen auf die Höhe des Unterschiedsbetrages iSv. § 4 I 1 EStG, wobei keine offene Ausschüttung vorgenommen wird und die Vermögensveränderung geeignet ist, beim Gesellschafter einen sonstigen Bezug im Sinne des

---

336 Vgl. *Wassermeyer*, in: Flick/Wassermeyer/Baumhoff, § 1 AStG, Anm. 101 (Oktober 2002); vgl. *Wassemeyer*, in: Debatin/Wassermeyer, Art. 9 OECD-MA, Rn. 374 (Mai 2004).

337 *Wassermeyer*, in: Flick/Wassermeyer/Baumhoff, § 1 AStG, Anm. 101 (Oktober 2002).

338 Für eine Einigung als Voraussetzung u.a. *Eigelshoven*, in: Vogel/Lehner, DBA, Art. 9, Rn. 164 m.w.N., a.A. *Wassermeyer*, in: Debatin/Wassermeyer, Art. 9 OECD-MA, Rn. 380 (Mai 2004).

339 *Eigelshoven*, in: Vogel/Lehner, DBA, Art. 9, Rn. 175 m.w.N.; *Schaumburg*, Internationales Steuerrecht, Rz. 16.321.

340 *Wassermeyer*, IStR 2001, 633 ohne näheren Nachweis einer empirischen Quelle.

§ 20 I 2 EStG auszulösen.[341] Gemäß § 8 III 2 KStG vermindern verdeckte Gewinnausschüttungen das Einkommen nicht, sondern es wird der Zustand hergestellt, der ohne die verdeckte Gewinnausschüttung bestehen würde: Minderungen werden also rückgängig gemacht oder im Falle einer unterlassenen Mehrung diese hinzugerechnet.[342]

Freilich wird die verdeckte Gewinnausschüttung gem. § 8b I 1, 2 KStG für den Fall, dass diese bei der leistenden Gesellschaft das Einkommen gem. § 8 III 2 KStG nicht gemindert hat, bei der empfangenden Gesellschaft nicht bei der Ermittlung des Einkommens berücksichtig. Auf diese Weise wird die eben angesprochene Korrektur auf Ebene der ausschüttenden Gesellschaft auf der Ebene des Adressaten der Ausschüttung kompensiert, um bei Konzernstrukturen Mehrfachbelastungen zu vermeiden.[343] Voraussetzung dieser Regelung, die auch die Problematik der verdeckten Gewinnausschüttung bei Verrechnungspreisen ein wenig abmildert, ist gem. § 8b I 1–4 KStG, dass sich die verdeckte Gewinnausschüttung auf Ebene der ausschüttenden Gesellschaft steuerlich ausgewirkt haben muss. Jedoch ist zu beachten, dass gem. § 8b V KStG über das pauschale Betriebsausgabenabzugsverbot iHv. 5 % nur 95 % der verdeckten Gewinnausschüttung steuerfrei sind.[344]

Weiterhin ist zu bedenken, dass gerade bei grenzüberschreitenden Sachverhalten eine Doppelbesteuerung droht, wenn der ausländische Staat eine verdeckte Gewinnausschüttung anders beurteilt als das deutsche Recht, bzw. entsprechende Anrechnungsregelungen nicht greifen.[345]

cc) Verdeckte Einlage

Unter einer verdeckten Einlage versteht man die Gewährung eines Vermögensvorteils zu Gunsten der Kapitalgesellschaft durch einen Gesellschafter oder eines dem Gesellschafter Nahestehenden aufgrund des Gesellschaftsverhältnisses. Dies ist dann anzunehmen, wenn ein Außenstehender den Vorteil unter Beachtung der Sorgfalt eines ordentlichen Kaufmanns nicht gewährt hätte.[346]

Steuerrechtliche Konsequenz einer verdeckten Einlage ist gem. § 8 III 3 KStG, dass das Einkommen durch eine verdeckte Einlage nicht erhöht wird, somit die gewünschte Verlagerung des Gewinns fehlschlägt.[347] Bei grenzüberschreitenden Sachverhalten

---

341 BFH, BStBl. II 1984, 673, 675; BFH, BStBl. II 1989, 475, 476; BFH, BFHE 197, 68, 74 = BStBl. II 2004, 171, 173; BFH, BStBl. II 2004, 131; BFH, BStBl. II 2007, 962, 964; BFH, BStBl. II 2008, 314, 315.

342 *Schwedhelm*, in: Streck, KStG, § 8 Rn. 280.

343 *Gosch*, in: Gosch, KStG, § 8, Rn. 1, 103, dort auch zum folgenden Text.

344 *Baumhoff*, in: Mössner, Steuerrecht international tätiger Unternehmen, C 250; *Gröbl/Adrian*, in: Erle/Sauter, KStG, § 8b, Rn. 272.

345 *Wassermeyer*, IStR 2001, 633, 638; vgl. *Rupp*, in: Dötsch/Jost/Pung/Witt, IntGA, Rn. 8, 49f. (April 2006).

346 BFH, BStBl. II 1968, 722, 723; BFH, BStBl. II 1983, 744, 745; BFH, BStBl. II 1990, 86; BFH, BStBl. II 2001, 385, 390f.; BFH BStBl. II 2006, 457, 458.

347 Vgl. *Frotscher*, Internationales Steuerrecht, Rn. 560.

droht darüber hinaus durch das Korrespondenzprinzip in § 8 III 4 KStG, welches abweichend von § 8 III 3 KStG eine Einkommenserhöhung annimmt falls die verdeckte Einlage das Einkommen des Gesellschafters gemindert hat, eine Besteuerung stiller Reserven[348]: Laut Gesetzesbegründung soll § 8 III 4 KStG bei einer verhinderten Vermögensmehrung angewendet werden.[349] Gesetzt den Fall, dass der ausländische Fiskus den Verrechnungspreis für das Wirtschaftgut akzeptiert, das deutsche Finanzamt demgegenüber einen höheren ansetzt, so wird dieser im Ausland geschaffene Mehrwert in Form einer stillen Reserve, die nach ausländischem Recht in dieser Konstellation nicht zu versteuern ist, in Deutschland besteuert.

dd) § 1 I AStG

Ziel des § 1 I AStG ist es, eine Verlagerung von Einkünften ins Ausland zu verhindern.[350] Zu diesem Zweck erfasst die Norm dabei ausschließlich Einkünftekorrekturen zu Lasten des Steuerpflichtigen: im Falle einer Minderung von Einkünften des Steuerpflichtigen aus einer grenzüberschreitenden Geschäftsbeziehung mit einer ihm nahe stehenden Person aufgrund von Verrechnungspreisen, die unabhängige Dritte nicht vereinbart hätten, sind die Einkünfte so zu korrigieren, dass sie einem Fremdvergleich standhalten. § 1 I AStG ist sowohl auf natürliche Personen als auch auf Körperschaften im Sinne des § 1 KStG anwendbar, erfasst also in der Praxis auch gerade Konzernstrukturen.[351]

ee) § 42 AO[352]

Ferner sei noch auf eine mögliche Anwendung des § 42 AO hingewiesen, der bei Missbrauch von rechtlichen Gestaltungsmöglichen mit Hilfe von Verrechnungspreisen ebenfalls eingreift.[353] Rechtsfolge ist gem. § 42 I 3 AO, dass der Steueranspruch auf Grundlage einer den wirtschaftlichen Vorgängen angemessenen Gestaltung bestimmt wird. Konkret kommt es ergo nicht zu einer Doppelbesteuerung in Form einer Besteuerung auf Grundlage der missbräuchlichen Gestaltung und zusätzlich der angemessenen Besteuerung, sondern die im Rahmen des Missbrauchs bereits gezahlten Steuern werden angerechnet.[354]

---

348 *Becker/Kempf/Schwarz*, DB 2008, 370, 377 m.w.N.; *Dörfler/Heurung/Adrian*, DStR 2007, 514, 517 m.w.N. dort jeweils auch zum folgenden Text.

349 JStG 2007 BT-Drs. 16/2712, S. 70 bzw. BR-Drs. 622/06, S. 119.

350 *Kraft*, in: Kraft, AStG, § 1 Rn. 12, 72; *Schaumburg*, Internationales Steuerrecht, Rn. 18.104, dort auch zum folgenden Text.

351 *Kraft*, in: Kraft, AStG, § 1 Rn. 65, 167.

352 Zu den Einzelheiten des § 42 AO zur Vermeidung des Missbrauchs rechtlicher Gestaltungsmöglichkeiten siehe bereits oben S. 19.

353 *Reith*, Internationales Steuerrecht, S. 530f.

354 Vgl. BFH, BStBl. II 1992, 1029, 1030; BFH, BStBl. II 1993, 426, 429 m.w.N.; *Schmieszek*, in: Beermann/Gosch, § 42 AO, Rn. 90 (Februar 2009).

ff) Verhältnis der Korrekturinstitute zueinander

Wie bereits geschildert, schränkt der h.L. zufolge Art. 9 I OECD-MA die Korrekturmöglichkeiten des nationalen Rechts ein, so dass eine über Art. 9 I OECD-MA hinausgehende Korrektur nicht möglich ist, wohingegen die Finanzverwaltung und ein Teil der Literatur keine Einschränkungen des nationalen Rechts sieht.[355]

Auf der Ebene des nationalen Rechts ist für den Fall, dass nicht nur die tatbestandlichen Voraussetzungen eines der Korrekturinstitute sondern die Voraussetzungen mehrerer Institute erfüllt sind, die Frage zu beantworten, welches Institut zum Zuge kommt.

Die Finanzverwaltung vertritt die Auffassung, dass einerseits § 42 AO der verdeckten Gewinnausschüttung, der verdeckten Einlage und § 1 AStG vorgeht.[356] Andererseits wiederum seien die verdeckte Einlage, die verdeckte Gewinnausschüttung sowie § 1 AStG grundsätzlich parallel anwendbar, allerdings sollen für den Fall, dass sowohl die Voraussetzungen des § 1 AStG als auch entweder der verdeckten Einlage oder der verdeckten Gewinnausschüttung vorliegen, diese Vorrang vor § 1 AStG haben.

Ungeachtet der Frage, wie in der Literatur das streitige Verhältnis zwischen § 1 AStG, der verdeckten Gewinnausschüttung und der verdeckten Einlage in Schlagworten zum Teil als Idealkonkurrenz, Gesetzeskonkurrenz, Auffangvorschrift oder Subsidiaritätsverhältnis unterschiedlich definiert wird, ist den verschiedenen Auffassungen in der Literatur gemein, dass im Ergebnis die Korrektur vorgenommen werden soll, die aus der Perspektive der Finanzverwaltung am weitesten geht.[357] § 1 AStG wird nicht angewendet, wenn andere Korrekturmöglichkeiten genauso weit reichen.

In Anbetracht der mangelnden Relevanz des § 42 AO bei der Korrektur von Verrechnungspreisen[358], unterbleibt eine weitere, vertiefte theoretische Auseinandersetzung mit dem Verhältnis von § 42 AO zu § 1 AStG sowie der verdeckten Gewinnausschüttung oder der verdeckten Einlage.

Der Vollständigkeit halber sei auch noch § 8a KStG iVm. § 4h EStG als Mittel der Einkünftekorrektur bei Verrechnungspreisen erwähnt, der die Möglichkeit, Zinsaufwendungen als Betriebsausgabe geltend zu machen, reduziert.[359] Grund für die Einführung der Regelung war die Befürchtung des Gesetzgebers, wegen einer Gewinnverlagerung resultierend aus einer Finanzierung durch Fremdkapital bei deutschen Unternehmen Steuereinnahmen zu verlieren[360] und nicht vordergründig

---

355 Siehe oben S. 65f. m.w.N.

356 BMF, Verwaltungsgrundsätze Einkunftsabgrenzung, BStBl. I 1983, 218, 219, Tz. 1.1.1.–1.1.3., dort auch zum folgenden Text; BMF, Verwaltungsgrundsätze-Verfahren, BStBl. I 2005, 570, 597, Tz. 5.3.3.

357 Siehe dazu ausführlich *Wassermeyer*, in: Flick/Wassermeyer/Baumhoff, § 1 AStG, Anm. 76f. m.w.N. zum den verschiedenen Ansichten der Literatur (Oktober 2004), dort auch zum folgenden Text.

358 Siehe oben zur geschätzten Anwendung der einzelnen Korrekturinstitute S. 68.

359 *Reith*, Internationales Steuerrecht, S. 530; *Möhlenbrock/Pung*, in: Dötsch/Jost/Pung/Witt, § 8a KStG (URefG 2008), Rn. 3 (Juli 2010).

360 BT-Drs. 16/4841, S. 29, 31.

Gewinnverlagerungen durch die Korrektur unangemessener Verrechnungspreise zu verhindern.

Eine Erörterung der Frage, wie sich § 8 KStG iVm. § 4h EStG zur verdeckten Gewinnausschüttung, der verdeckten Einlage und zu § 1 AStG verhält[361] ist in Anbetracht der mangelnden Relevanz des § 8a KStG iVm. § 4h EStG im Bereich der Korrektur unangemessener Verrechnungspreise an dieser Stelle entbehrlich.

c) Rechtssicherheit durch grenzüberschreitende Einigungsmöglichkeiten?

Aufgrund der geschilderten Unsicherheiten bei der Bildung des „richtigen" Verrechnungspreises, der vielfältigen Korrekturmöglichkeiten und der drohenden permanenten Doppelbesteuerung infolge einer fehlgeschlagenen Gegenberichtigung des korrigierten Verrechnungspreises im anderen Vertragsstaat, besteht ein Interesse der Unternehmen an Verfahren, die zu einer Einigung zwischen den beteiligten Staaten und damit zu einer Vermeidung der Doppelbesteuerung führen.[362]

aa) Verständigungsverfahren

Beim Verständigungsverfahren aus Art. 25 OECD-MA bzw. inhaltsgleichen Klauseln in anderen DBA ist zwischen einem Verständigungsverfahren im engeren Sinne gem. Art. 25 I, II OECD-MA, einem Konsultations- (Art. 25 III 1 OECD-MA) und einem Ergänzungsverfahren (Art. 25 III 2 OECD-MA) zu unterscheiden.[363] Dabei bezieht sich das Konsultationsverfahren gem. Art 25 III 1 OECD-MA allgemein auf Schwierigkeiten und Zweifel, die bei der Auslegung und Anwendung des Abkommens entstehen, wohingegen das Ergänzungsverfahren aus Art. 25 III 2 OECD-MA sich auf Doppelbesteuerungskonstellationen bezieht, die nicht im Abkommen geregelt sind.

Im Falle einer Korrektur von Verrechnungspreisen z.B. auf Grundlage des Art. 9 I, II OECD-MA[364] oder bei Fehlen einer Gegenberichtigungsnorm im anderen Vertragsstaat kann auf das Verständigungsverfahren im engeren Sinne zurückgegriffen werden, welches bei staatlichen Maßnahmen, die zu einer im Widerspruch zum Abkommen

---

361 Siehe *Mühlenbrock/Pung*, in: Dötsch/Jost/Pung/Witt, § 8a KStG (URefG 2008); Rn. 23ff. m.w.N. (Juli 2010), die sowohl § 1 AStG als auch der verdeckten Gewinnausschüttung den Vorrang vor § 8a KStG einräumen, wohingegen *Heuermann*, in: Blümich, EStG, KStG, GewStG, § 4h EStG, Rn. 16ff. (Mai 2010) ebenfalls der verdeckten Gewinnausschüttung den Vorrang vor § 4h EStG einräumt, § 1 AStG aber als nachrangig ansieht.

362 Vgl. *Baumhoff/Puls*, IStR 2010, 802 mit einer Diskussion der „Mediation" als Ansatz; vgl. *Jacobs*, Internationale Unternehmensbesteuerung, S. 894f.; zur Gegenberichtigung siehe S. 66.

363 Vgl. *Lehner*, in: Vogel/Lehner, DBA, Art. 25, Rn. 3; *Frotscher*, Internationales Steuerrecht, Rn. 760f.; *Engler/Elbert*, in: Vögele/Borstell/Engler, Verrechnungspreise, F, Rn. 231.

364 Siehe zu Art. 9 OECD-MA (Verrechnungspreiskorrektur/Gegenberichtigung) bereits oben S. 65ff.

stehenden Besteuerung führen, Anwendung findet.[365] Ein Antrag auf Durchführung des Verständigungsverfahrens kann gem. Art. 25 I OECD-MA schon gestellt werden, wenn nach Ansicht des Betroffenen eine gegen das Abkommen verstoßende Doppelbesteuerung eintreten wird.[366] Das Verfahren selbst gliedert sich in das Vorprüfungs- und Abhilfeverfahren, in dem geprüft wird, inwiefern das Vorbringen begründet ist und die Möglichkeit der Abhilfe besteht, wobei der Antragsteller aufklärungs- und Mitwirkungspflichten zu erfüllen hat, in das Verständigungsverfahren mit der Behörde des anderen Vertragsstaates und schlussendlich in die Verwirklichung der Verständigungsregelung.[367] Während des Verfahrens hat der Antragsteller lediglich das Recht auf einen Rechtsbeistand sowie sich schriftlich oder mündlich zur Sache zu äußern, ein Recht auf Akteneinsicht soll nicht bestehen.[368]

Falls eine Verständigung erreicht wurde, bedarf es einer Umsetzung nach den Vorschriften des nationalen Rechts, da die Verständigung selbst kein ratifiziertes DBA ist und damit kein Gesetz darstellt. § 175a AO sieht die Möglichkeit vor, Verständigungsvereinbarungen durch Erlass, Aufhebung oder Änderung eines Steuerbescheides umzusetzen, wobei der Ablauf der Festsetzungsfrist während des Verfahrens gehemmt ist; nach Ansicht der Finanzverwaltung soll sogar bei rechtskräftiger, gerichtlicher Bestätigung der Rechtmäßigkeit eines Steuerbescheides eine Änderung aufgrund eines Schiedsverfahrens gem. § 175a AO möglich sein, was zum Teil in der Literatur auf das Verständigungsverfahren übertragen wird.[369]

Als Nachteile des Verständigungsverfahrens werden die lange Dauer des Verfahrens, die je nach Schwierigkeit des Einzelfalls ab Entdeckung in der Betriebsprüfung bis zum Abschluss des Verständigungsverfahren bis zu fünf oder mehr Jahre dauern kann sowie eine mangelnde Flexibilität kritisiert.[370] Ferner besteht weder ein

---

365 Vgl. Tz. 10 OECD-Musterkommentar zu Art. 25 OECD-MA, abgedruckt in Debatin/Wassermeyer, Art. 25 OECD-MA, MK (Mai 2008); *Engler/Elbert*, in: Vögele/Borstell/Engler, Verrechnungspreise, F, Rn. 231ff.

366 Vgl. auch BMF, Merkblatt internationale Verständigungs- und Schiedsverfahren, BStBl. I 2006, 461, 465, Tz. 2.4.2, wonach sich entsprechende Maßnahmen abzeichnen müssen; *Lehner*, in: Vogel/Lehner, DBA, Art. 25, Rn. 28f.; vgl. Tz. 13 OECD-Musterkommentar zu Art. 25 OECD-MA, abgedruckt in Debatin/Wassermeyer, Art. 25 OECD-MA, MK (Mai 2008); *Jacobs*, Internationale Unternehmensbesteuerung, S. 899.

367 *Menck*, in: Mössner, Seuerrecht international tätiger Unternehmen, D 44; BMF, Merkblatt internationale Verständigungs- und Schiedsverfahren, BStBl. I 2006, 461, 465, Tz. 2.4.1, 466, Tz. 3.2.1; *Lehner*, in: Vogel/Lehner, DBA, Rn. 71, 76ff.

368 Tz. 60f. OECD-Musterkommentar zu Art. 25 OECD-MA, abgedruckt in Debatin/Wassermeyer, Art. 25 OECD-MA, MK (Mai 2008); vgl. *Eilers*, in: Debatin/Wassermeyer, Art. 25 OECD-MA, Rn. 9 (Mai 2008).

369 BMF, Merkblatt internationale Verständigungs- und Schiedsverfahren, BStBl. I 2006, 461, 471, Tz. 13.1.4; *Engler/Elbert*, in: Vögele/Borstell/Engler, Verrechnungspreise, F, Rn. 260 und Fn. 16.

370 So *Eilers*, in: Debatin/Wassermeyer, Art. 25 OECD-MA, Rn. 19 (Mai 2008) ohne einen empirischen Nachweis zu erbringen; vgl. auch Kritik bei *Baumhoff/Puls*, IStR 2010, 802.

durchsetzbarer Anspruch auf Durchführung des Verständigungsverfahrens, noch eine Pflicht zur Einigung, so dass die Gefahr besteht, dass das Verfahren ohne eine Einigung ins Leere läuft.[371] Ein Rückgriff auf nationale Rechtsbehelfsverfahren, die auch parallel zum Verständigungsverfahren ergriffen werden könnten, führen dann zu Ergebnissen, die zwischen den beteiligten Ländern nicht abgestimmt sind, mit der Konsequenz, dass die Doppelbesteuerung unter Umständen nicht vermieden werden kann.[372]

bb) Schiedsverfahren

Gerade im Lichte einer sowohl ansteigenden Anzahl internationaler Steuerkonflikte als auch eines korrespondierend ansteigenden Bedarfs an Lösungen werden neben Verständigungsverfahren zur Steigerung der Effizienz im Umgang mit diesen internationalen Steuerkonflikten Schiedsverfahren eingesetzt.[373]

(1) Art. 25 V OECD-MA

Als Reaktion auf die Unzulänglichkeiten des Verständigungsverfahrens aus Art. 25 I, II OECD-MA führte die OECD mit Art. 25 V OECD-MA ein Schiedsverfahren ein.[374] Dieses Schiedsverfahren ist obligatorisch, weil die Durchführung des Schiedsverfahrens vor Beginn eines konkreten Konflikts bereits vorgesehen wurde und nicht erst im Laufe des Verständigungsverfahrens zwischen den beteiligten Staaten ausgehandelt werden muss.[375] Zugleich stellt das obligatorische Schiedsverfahren des Art. 25 V OECD-MA einen „fakultativen Verfahrensabschnitt" des Verständigungsverfahrens dar, da es sich an ein zuvor eingeleitetes Verständigungsverfahren nur auf Antrag anschließt, wenn es im Verständigungsverfahren nicht innerhalb von zwei Jahren zu einer Einigung gekommen ist.[376]

Das Schiedsverfahren soll im Regelfall etwa ein Jahr dauern und zu einem bindenden Schiedsspruch auf Grundlage des Abkommens führen, wobei der Schiedsspruch im Regelfall dem Ansatz der unabhängigen Rechtsauffassung („independent opinion approach") folgt, bei dem die Entscheidung aus der Überzeugung des Schiedsgerichts gebildet wird. Demgegenüber wird im beschleunigten Verfahren der Ansatz des letzten Angebots („final offer apporach" bzw. „baseball arbitration") angewendet,

371 *Becker*, IStR 2007, 592, 593; vgl. *Frotscher*, Internationales Steuerrecht, Rn. 764; *Bödefeld/Kuntschik*, IStR 2009, 449; *Engler/Elbert*, in: Vögele/Borstell/Engler, Verrechnungspreise, F, Rn. 262, 291.

372 Zur grundlegenden Kritik am Verständigungsverfahren insgesamt vergleiche bereits die *Steuerkommission der Internationalen Handelskammer*, BB 1987, 595, 596; *Engler/Elbert*, in: Vögele/Borstell/Engler, Verrechnungspreise, F, Rn. 262.

373 *Owens*, IStR 2007, 472; *Nientimp/Tomson*, IStR 2009, 615; *Eilers*, in: Debatin/Wassermeyer, Art. 25 OECD-MA, Rn. 71 (Oktober 2011).

374 *Engler/Elbert*, in: Vögele/Borstell/Engler, Verrechnungspreise, F, Rn. 294.

375 *Lehner*, in: Vogel/Lehner, DBA, Art. 25, Rn. 203.

376 *Eilers*, in: Debatin/Wassemeyer, Art. 25 OECD-MA, Rn. 72 (Mai 2008).

wonach das Schiedsgericht zwischen den letzten Stellungnahmen der beteiligten Behörden ohne weitere Modifikationen diejenige auswählt, die es für richtig hält.[377]

Sofern keine Ablehnung durch einen der beteiligten Steuerpflichtigen erfolgt, wird der Schiedsspruch im jeweiligen nationalen Recht durch eine Verständigungsvereinbarung umgesetzt. Indes ist der Nachteil dieser Verständigungsvereinbarung, dass von ihr keine Bindungs- oder Präjudizwirkung für vergleichbare Konstellationen ausgeht, selbst bei einer identischen Konstellation desselben Antragstellers lediglich in einem abweichenden Veranlagungszeitraum.[378]

(2) EU-Schiedskonvention

Im Gegensatz zum Schiedsverfahren gem. Art. 25 V OECD-MA ist das Schiedsverfahren der EU-Schiedskonvention[379] gem. Art. 4 auf Gewinnberichtigungen infolge von Bedingungen, die nicht dem Fremdvergleich standhalten, beschränkt.[380]

Auch das Schiedsverfahren der EU-Schiedskonvention gliedert sich in verschiedene Abschnitte: im Vorverfahren gem. Art. 5 wird das Unternehmen, dem die Gewinnberichtigung droht, diese Tatsache bekannt gegeben damit das Unternehmen das andere betroffene Unternehmen benachrichtigen und dieses dann den anderen Vertragsstaat informieren kann. Wird im anderen Vertragsstaat eine entsprechende Gegenberichtigung vorgenommen, ist das Verfahren in Ermangelung einer Doppelbesteuerung beendet.[381]

Kommt es nicht zu einer Einigung, folgt gem. Art. 6 der EU-Schiedskonvention das Verständigungsverfahren und gem. Art. 7 der EU-Schiedskonvention das Schiedsverfahren, falls innerhalb von zwei Jahre im Verständigungsverfahren keine Einigung erzielt werden konnte. Zu beachten ist, dass das Verständigungsverfahren und das Schiedsverfahren gem. Art. 8 der EU-Schiedskonvention nicht durchgeführt werden, wenn die Gewinnberichtigung auf eine Handlung des Unternehmens zurückgeht, die aus einem „empfindlich zu bestrafenden Verstoß gegen steuerliche

---

377 *Lehner*, in: Vogel/Lehner, DBA, Art. 25, Rn. 230f.; OECD-Musterkommentar zu Art. 25 OECD-MA, Musterverständigungsvereinbarung im Anhang zu Art. 25, Ziff. 2 und 13, abgedruckt in Debatin/Wassermeyer, Anhang Art. 25 OECD-MA (Mai 2008); *Peters/Haverkamp*, BB 2011, 1303, 1308f.

378 So ausdrücklich *Eilers*, in: Debatin/Wassermeyer, Art. 25 OECD-MA, Rn. 80 (Januar 2008); Tz. 83 OECD-Musterkommentar zu Art. 25 OECD-MA, abgedruckt in Debatin/Wassermeyer, Art. 25 OECD-MA, MK (Mai 2008).

379 EU-Schiedskonvention: Übereinkommen über die Beseitigung der Doppelbesteuerung im Falle von Gewinnberichtigungen zwischen verbundenen Unternehmen (90/436/EWG), ABl. EU, Nr. L 225, S. 10, Zustimmungsgesetz BStBl. I 1993, 818; Ausdehnung auf die zum 01.05.2004 beigetretenen Staaten: Übereinkommen 2005/C 160/01, ABl. EU 2005/C 160 S. 1, Zustimmungsgesetz BGBl. II 2006, 554.

380 Siehe dazu ausführlich *Lehner*, in: Vogel/Lehner, DBA, Art. 25, Rn. 300ff.; *Bödefeld/Kuntschik*, IStR 2009, 449, 450.

381 *Engler/Elbert*, in: Vögele/Borstell/Engler, Verrechnungspreise, F, Rn. 304f., dort auch zum folgenden Text.

Vorschriften“[382] resultiert. Ein solcher Verstoß ist nicht nur im Falle einer Ahndung mit Geld- oder Freiheitsstrafe, sondern bereits dann anzunehmen, wenn ein Bußgeld droht.[383] D.h. bei Steuerordnungswidrigkeiten gem. §§ 377ff. AO wie der leichtfertigen Steuerverkürzung aus § 378 AO ist neben der zu zahlenden Strafe überdies die Doppelbesteuerung die Konsequenz.[384] Ausgenommen sind dagegen Strafzuschläge gem. § 162 IV AO.[385]

Darüber hinaus sind Nachteile der EU-Schiedskonvention die zum Teil langen Zeiträume zwischen dem Vorliegen des Tatbestandes, der die Doppelbesteuerung ausgelöst hat und der Auflösung des Konflikts im Schiedsverfahren. In der Zwischenzeit verhängte Zinsen und Strafzuschläge sind nicht von der EU-Schiedskonvention erfasst und belasten den Steuerpflichtigen zusätzlich. Überdies stellt das Schiedsverfahren eine Lösung für Sachverhalte in der Vergangenheit dar und hat keine Wirkung für zukünftige Doppelbesteuerungskonflikte.[386]

cc) Advance Pricing Agreements

Diametral zum Verständigungsverfahren und den Schiedsverfahren ist der Ansatz eines Advance Pricing Agreements (APA) bereits vor Eintritt des konfliktauslösenden Sachverhalts eine Absprache mit den beteiligten Finanzbehörden über die Handhabung dieses Sachverhalts, z.B. die anzuwendende Verrechnungspreismethode, die Faktoren für die Ermittlung der Fremdvergleichswerte, zu erzielen.[387] Auf diese Weise soll präventiv eine Vermeidung der Doppelbesteuerung und der daneben eintretenden Folgen wie Strafzuschläge und Zinsen sowie durch eine Bindung der Finanzbehörde an das APA die Rechts- und Planungssicherheit erhöht werden.[388]

Die im deutschen Recht vorgesehenen oder anerkannten Institute wie die verbindliche Zusage im Anschluss an die Außenprüfung gem. §§ 204ff. AO oder die verbindliche Auskunft gem. § 89 II AO bieten zunächst unilaterale Lösungen und sind nicht grundsätzlich bilateral ausgelegt. Die tatsächliche Verständigung wiederum setzt ein, wenn ein bereits verwirklichter Sachverhalt zwischen dem Steuerpflichtigen und der Finanzverwaltung im Streit steht, so dass die tatsächliche

382 Wortlaut Art. 8 I EU-Schiedskonvention.

383 BMF, Verwaltungsgrundsätze-Verfahren, BStBl. I 2005, 570, 598, Tz. 6.1.3.2.; *Engler/Elbert*, in: Vögele/Borstell/Engler, Verrechnungspreise, F, Rn. 305ff., insbes. Rn. 307; *Peters/Haverkamp*, BB 2011, 1303, 1307.

384 Vgl. *Saß*, DB 1991, 984, 987.

385 BMF, Verwaltungsgrundsätze-Verfahren, BStBl. I 2005, 570, 598, Tz. 6.1.3.2.

386 *Vögele/Forster*, IStR 2006, 537, 539; *Becker*, IStR 2007, 592, 593; *Frotscher*, Internationales Steuerrecht, Rn. 770 a.E.

387 *Heinrich/Schmitt*, DB 2006, 2428, 2429; BMF, APA, BStBl. I 2006, 594, 595, Tz. 1.1, 1.2; vgl. *Baumhoff/Puls*, IStR 2010, 802, 803.

388 OECD-Verrechnungspreisleitlinien, Endfassung 2010, Tz. 4.143; vgl. auch *Vögele/Vögele*, IStR 2002, 641, 644, die sich auch mit den Alternativen zu den APA im deutschen Recht auseinandersetzen; *Becker*, IStR 2007, 592, 593; *Jacobs*, Internationale Unternehmensbesteuerung, S. 909.

Verständigung prinzipiell eine andere Stoßrichtung hat, als ein auf künftige Sachverhalte gerichtetes APA.[389]

Unabhängig von der Frage, wie ein APA nach deutschem Recht zu qualifizieren ist[390], ist das Verfahren unterteilt in ein auf Antrag des Steuerpflichtigen durchzuführendes Vorabverständigungsverfahren[391] zwischen den beteiligten Staaten und einer Vorabzusage gegenüber dem beantragenden Steuerpflichtigen.[392] Bei dem gem. § 178a AO kostenpflichtigen Antrag ist es aufgrund seiner Anforderungen[393] von Vorteil, wenn das Unternehmen auf seine in der Vergangenheit ordnungsgemäß erstellte Dokumentation zurückgreifen und damit durch „Synergieeffekte" den für den Antrag zu betreibenden Aufwand verringern kann.[394]

Positiv bei einem APA-Verfahren ist für den antragstellenden Steuerpflichtigen die Möglichkeit noch auf das Verfahren Einfluss zu nehmen, da es sich auf einen zukünftigen Sachverhalt und nicht auf einen bereits verwirklichten bezieht, so dass unter anderem auch die Frage der anzuwendenden Verrechnungspreismethode[395] abgestimmt werden kann[396] sowie für die Finanzbehörden die Motivation und Bereitschaft des Steuerpflichtigen, freiwillig an der Aufklärung des Sachverhaltes mitzuwirken.[397]

Negativ an einem APA-Verfahren ist der komplizierte und aufwendige Antrag sowie die monatelange Verfahrensdauer, die das APA seiner Flexibilität beraubt und dem Steuerpflichtigen durch die Festlegung im APA ebenfalls kurzfristige Reaktionsmöglichkeiten auf veränderte Umstände bei der Gestaltung der Verrechnungspreise nimmt. Weiterhin werden sämtliche geschäftsbezogenen Daten des Steuerpflichtigen im Rahmen des Verfahrens im Wege der Zusammenarbeit mit der zuständigen Finanzbehörde aufgedeckt. Sofern es im APA-Verfahren nicht zu

---

389 *Vögele/Vögele*, IStR 2002, 641, 642; *Rüsken*, in: Klein, AO, § 162, Rn. 31b; grundlegend und weiterführend zu Steuervereinbarungen: *Seer*, Verständigungen im Steuerverfahren.

390 Vgl. dazu *Rodemer*, Advance Pricing Agreements im US-amerikanischen und im deutschen Steuerrecht, S. 202ff. *Lehner*, in: Vogel/Lehner, DBA, Art. 25, Rn. 376f.; *Seer*, in: Tipke/Kruse, AO, § 178a, Rn. 3 m.w.N. (Januar 2012).

391 Zum Verständigungsverfahren siehe bereits oben S. 72.

392 BMF, APA, BStBl. I 2006, 594, 595, Tz. 1.2; *Kramer*, IStR 2007, 174, 177.

393 Siehe zu den Antragserfordernissen BMF, APA, BStBl. I 2006, 594, 597 Tz. 3.

394 Vgl. ähnlich *Grotherr*, IStR 2005, 350, 352; *Seer* spricht in diesem Zusammenhang von einer inneren Wechselwirkung zwischen den Antragsvoraussetzungen und den Dokumentationspflichten: *Seer*, in: Tipke/Kruse, AO, § 178a, Rn. 9 (Januar 2012); zu den Dokumentationspflichten siehe ausführlich S. 80ff.

395 Zu den unterschiedlichen Verrechnungspreismethoden siehe S. 59ff.

396 *Grotherr*, IStR 2005, 350, 352f., 357 m.w.N.; vgl. OECD-Verrechnungspreisleitlinien, Endfassung 2010, Tz. 4.134f.

397 *Heinrich/Schmitt*, DB 2006, 2428, 2429; ausführlich zu auch zu weiteren Vorteilen: OECD-Verrechnungspreisleitlinien, Endfassung 2010, Tz. 4.143ff.

einer Einigung kommen sollte, hat die Finanzbehörde die Möglichkeit, die Daten zu Lasten des Steuerpflichtigen zu verwenden.[398]

d) Zwischenergebnis

aa) Systemische Risikolage der Verrechnungspreisbildung

Im Ergebnis lassen sich also bei isolierter Betrachtung allein des Risikofeldes der Verrechnungspreisbildung drei aufeinander aufbauende Risikounterkategorien für international agierende Unternehmen identifizieren, die dem System der Verrechnungspreise immanent sind.

Das erste Risiko liegt bereits in der Bestimmung des „richtigen" Verrechnungspreises: wie ausführlich dargestellt existiert zum einen kein Verfahren, welches nicht mit einem großen Aufwand für das Unternehmen verbunden wäre, allein um eine verlässliche Datenbasis als Grundlage des Preises zu ermitteln und das zum anderen bei allen Arten von Geschäftsbeziehungen angewendet werden kann. Einige Methoden zur Bestimmung des Verrechnungspreises sind schlichtweg unpraktikabel oder werden zumindest von der deutschen Finanzverwaltung nur in ausgewählten, begrifflich unscharfen Fallkonstellationen anerkannt oder schlichtweg ausgeschlossen.[399]

Aus dieser rechtlichen und tatsächlichen Unsicherheit für das Unternehmen resultiert unmittelbar das zweite Risiko einer Korrektur des gebildeten Preises. Über die aus Art. 9 I, II OECD-MA zugewiesene Möglichkeit der Korrektur der Verrechnungspreise bestehen eine Reihe nationaler Rechtsnormen und Institute, die eine einseitige Korrektur des Preises ermöglichen, ohne zugleich eine Gegenberichtigung im anderen Staat zu bedingen. Auf diese Weise droht den Unternehmen zunächst eine Steuernachforderung und mangels automatischer Gegenberichtigung im anderen Staat zumindest eine temporäre Doppelbesteuerung und bei endgültigem Fehlschlagen der Gegenberichtigung eine dauerhafte Doppelbesteuerung.[400]

Die eigentlich als Mittel der Beseitigung dieser ersten beiden Risiken gedachten Verfahren – Verständigungsverfahren, Schiedsverfahren und APA – bergen dagegen selbst Nachteile und garantieren dem Unternehmen weder präventiv noch nachträglich eine hundertprozentige Sicherheit vor den beiden erstgenannten Risiken. Im Ergebnis offerieren sie nur eine lückenhafte, zum Teil langwierige und aufwendige Reduzierung des Risikos, so dass ihnen selbst, obwohl sie eigentlich zur Lösung des Problems vorgesehnen sind, aufgrund ihrer Eigenheiten und der konkreten Art der

398 Ausführlich zu APAs und Verrechnungspreisen *Rodemer*, Advanced Pricing Agreements im US-amerikanischen und im deutschen Steuerrecht, S. 243ff., zu den Vor- und Nachteilen insbesondere S. 244ff.; ausführlich auch zu weiteren Nachteilen OECD-Verrechnungspreisleitlinien, Endfassung 2010, Tz. 4.148ff.; *Grotherr*, IStR 2005, 350, 359; BMF, APA, BStBl. I 2006, 594, 596 Tz. 1.3; *Kramer*, IStR 2007, 174, 176; *Baumhoff/Puls*, IStR 2010, 802, 804; *Jacobs*, Internationale Unternehmensbesteuerung, S. 909f.

399 Siehe ausführlich mit entsprechenden Nachweisen oben S. 63.

400 Siehe ausführlich mit entsprechenden Nachweisen oben S. 71ff.

Ausgestaltung das Risiko inhärent ist, dass der Doppelbesteuerung nicht abgeholfen werden kann, obwohl eine Umsetzung im nationalen Recht gem. § 175a AO nicht am Ablauf der Festsetzungsfrist aus § 169 AO scheitern würde.[401]

Rekurrierend auf die eingangs geschilderte Bedeutung der Verrechnungspreise für die Besteuerung, explizit die vermutete Besteuerungslücke infolge von Gewinnverlagerungen ins Ausland in Höhe von 65 Mrd. Euro, sowie vor allen Dingen die Tatsache, dass sich bis zu 75% des internationalen Handels zwischen konzernangehörigen Unternehmen abspielt, wird deutlich, welche Dimension allein dieser Risikobereich der Verrechnungspreisbildung gerade für international tätige Unternehmen darstellt.[402]

bb) Risikopotenzierung durch die Betriebsprüfung

Über diese der Verrechnungspreisbildung innewohnenden Risiken hinaus tritt eine Verschärfung bzw. Potenzierung dieses Risikos ein aufgrund der bereits geschilderten Tatsache, dass die Betriebsprüfung erst Jahre nach dem verwirklichten Sachverhalt erfolgt. Beim Unternehmen besteht eine lange Zeit Unsicherheit über die Höhe möglicher Nachforderungen und einer Doppelbesteuerung, da nach einer solchen Zeit die Gegenberichtigung des Preises im anderen Land erst recht schwer zu erreichen ist. Ebenso wird der Sachverhalt, der der Preisbildung zu Grunde lag, eventuell auch die Preisbildung selbst, tatsächlich nicht mehr oder nur mit erheblichem Aufwand rekonstruierbar oder zu ergänzen sein.[403]

Neben diese Unsicherheit über die Höhe einer Nachforderung tritt zusätzlich die erhebliche Zinsbelastung gem. § 233a AO, die sich umso höher darstellt, je weiter der Sachverhalt in der Vergangenheit liegt.[404]

e) Mitwirkungs- und Dokumentationspflichten

Abseits der allgemeinen Mitwirkungspflicht aus § 90 I AO, unterliegen internationale Verrechnungspreise aufgrund ihres Auslandsbezuges sowohl der Mitwirkungspflicht aus § 90 II AO als auch insbesondere der Aufzeichnungspflicht aus § 90 III AO,[405] was einen weiteren, den Verrechnungspreisen immanenten Risikobereich für Unternehmen eröffnet.

---

401 Siehe ausführlich zu den Verständigungs-, Schiedsverfahren und APA mit entsprechenden Nachweisen oben S. 71ff.

402 Zur Bedeutung der Verrechnungspreise siehe ausführlich mit entsprechenden Nachweisen oben S. 57f.

403 Siehe zu den Risiken, die aus der Betriebsprüfung und insbesondere dem zeitlichen Verzug der Betriebsprüfung resultieren bereits oben S. 42ff., insbesondere S. 44.

404 Siehe zum Risiko der Zinsen aufgrund der Betriebsprüfung bereits oben S. 44f. und zu den Zinsen als allgemeine Folge unten S. 91ff.

405 Vgl. *Wünsch*, in: Pahlke/Koenig, AO, § 90 Rn. 16, 25.

aa) Mitwirkungspflichten

In § 90 I AO ist normiert, dass die Beteiligten bei der Ermittlung des Sachverhaltes mitzuwirken haben, indem sie je nach Umständen des Einzelfalls die für die Besteuerung erheblichen Tatsachen vollständig und wahrheitsgemäß offen legen.[406] Bei Sachverhalten mit Auslandsbezug stößt die deutsche Finanzverwaltung nicht nur im übertragenen Sinne an ihre Grenzen: um zu verhindern, dass die für eine Besteuerung notwendige Aufklärung des Sachverhalts an der Limitierung der deutschen Finanzverwaltung auf das deutsche Staatsgebiet scheitert, sieht § 90 II AO erhöhte Mitwirkungspflichten bei Sachverhalten mit Auslandsbezug vor.[407] Ausgestaltet ist diese Mitwirkungspflicht als Pflicht des Steuerpflichtigen, die im Einzelfall relevanten Beweismittel aus dem Ausland, auf die die Finanzverwaltung keinen Zugriff hat, beizubringen. Konkret geht diese Pflicht gem. § 90 II 2, 4 AO so weit, dass der Steuerpflichtige eine „Beweisvorsorge“ zu treffen hat, d.h. er muss sich, soweit realisierbar, bei Auslandsgeschäften die notwendigen Nachweise vertraglich wahren und erhalten.[408] Eingeschränkt wird die Beweisvorsorgepflicht durch den Rahmen des tatsächlich und rechtlich Möglichen sowie durch die allgemeinen Grundsätze der Geeignetheit, Erforderlichkeit, Verhältnismäßigkeit und Zumutbarkeit. So muss nur auf bestehende Beweismittel im Ausland zurückgegriffen werden, Beweismittel aber nicht erst erschaffen werden.[409]

bb) Nationale Dokumentationsanforderungen

Eine umfangreiche Dokumentation der Verrechnungspreise dient der Risikoverminderung im Unternehmen, indem die Daten, die die Grundlage für die Verrechnungspreisbildung darstellen, im Wege einer „Beweismittelvorsorge“[410] gesammelt

406 Diese Art der Mitwirkung wird im US-amerikanischen Steuerrecht als „Compliance“ bezeichnet, *Seer*, in: Tipke/Kruse, AO, § 90, Rn. 3 (Januar 2010) unter Verweis auf *Seer*, StuW 2003, 40, 52 und *Seer*, DStR 2008, 1553, 1554 jeweils mit weiteren Ausführungen zur Kooperation zwischen dem Steuerpflichtigen und der Finanzverwaltung.

407 *Söhn*, in: Hübschmann/Hepp/Spitaler, § 90, Rn. 136ff. (November 2003); *Roser*, in: Beermann/Gosch, § 90, Rn. 42f. (September 2009); *Seer*, in: Tipke/Kruse, AO, § 90, Rn. 18f. (Januar 2010); *Schaumburg/Schaumburg*, in FS Streck, 369, 373.

408 BFH, BFH/NV 2008, 1163 = BeckRS 2008, 25013373; BFH, BFH/NV 2009, 965; *Dreßler*, StBp. 1992, 149, 151f.; *Staringer*, DStJG 31 (2008), 135, 140; *Ettinger/Bauer*, RIW 2009, 417, 421; *Suchanek/Jansen*, GmbHR 2009, 412, 417; *Seer*, in: Tipke/Kruse, AO, § 90, Rn. 22, 24, 26 (Januar 2010); *Schaumburg/Schaumburg*, in FS Streck, 369, 375.

409 Vgl. BFH, BFHE 197, 68, 78f. = BStBl. II 2004, 171, 175f; *Kempermann*, FR 1990, 437, 438f.; *Seer*, FR 2002, 380, 381; vgl. *Söhn*, in: Hübschmann/Hepp/Spitaler, § 90, Rn. 180 (November 2003); *Roser*, in: Beermann/Gosch, § 90, Rn. 51f. (September 2009); *Seer*, in: Tipke/Kruse, AO, § 90, Rn. 34 (Januar 2010).

410 *Jacobs*, Internationale Unternehmensbesteuerung, S. 1080f., dort auch zum nachfolgenden Text.

werden, um die Einhaltung der gesetzlichen Anforderungen an die Dokumentation der Verrechnungspreise zu gewährleisten.

Die Norm § 90 III AO wurde im Jahre 2003 durch das Steuervergünstigungsabbaugesetz[411] als Reaktion auf Urteile des BFH eingeführt, die eine spezielle Aufzeichnungs- und Dokumentationspflicht auf Grundlage der bestehenden Rechtslage über §§ 140ff. AO und §§ 238ff. HGB hinaus abgelehnt hatten[412], um Unsicherheiten im Hinblick auf das Bestehen eben jener Aufzeichnungspflicht auszuräumen.[413] Ergänzend wurde auf Grundlage des § 90 III 5 AO ebenfalls im Jahre 2003 die Gewinnabgrenzungsaufzeichnungsverordnung (GAufzV)[414] erlassen, die die Aufzeichnungspflichten des § 90 III AO konkretisiert. Im Jahre 2005 folgten die Verwaltungsgrundsätze-Verfahren des BMF[415], die ebenfalls detaillierte Regelungen zu den Aufzeichnungs- und Dokumentationspflichten enthalten.[416] Zwar sind diese Verwaltungsgrundsätze nur für die Finanzverwaltung verbindlich, jedoch sind diese Verwaltungsgrundsätze für den Steuerpflichtigen auch von Bedeutung, wenn einer gerichtlichen Auseinandersetzung ausgewichen werden soll.[417]

Der Vollständigkeit halber sei darauf hingewiesen, dass die Finanzverwaltung bereits vor Einführung des § 90 III AO und vor Erlass der GAufzV in den Verwaltungsgrundsätzen aus dem Jahre 1983 Informationen zur Kontrolle des Verrechnungspreises anforderte, z.B. über die Art, Beschaffenheit und Qualität der Ware, die Marktverhältnisse, die Funktionen der beteiligten Unternehmen, Liefervereinbarungen und besondere Wettbewerbssituationen.[418]

Unter Aufzeichnungen im Sinne des § 90 III AO ist konkret eine Sachverhaltsdokumentation gem. § 90 III 1 AO in der der zu Grunde liegende Sachverhalt beschrieben wird und eine Angemessenheitsdokumentation gem. § 90 III 2 AO,

---

411 Art. 9 Nr. 3 des Gesetzes zum Abbau von Steuervergünstigungen und Ausnahmeregelungen (Steuervergünstigungsabbaugesetz – StVergAbG vom 16. Mai 2003, BGBl. I 2003, 660, 665.

412 BFH, BFHE 194, 360, 364 = DStR 2001, 985, 986f.; BFH, BFHE 197, 68, 78f. = BStBl. II 2004, 171, 175f. bezogen auf eine fehlende Rechtsgrundlage für die Dokumentation einer verdeckten Gewinnausschüttung.

413 BT/Drs. 15/119, S. 52; so auch *Rätke*, in: Klein, AO, § 90, Rn. 50.

414 Verordnung zu Art, Inhalt und Umfang von Aufzeichnungen im Sinne des § 90 III der Abgabenordnung, Gewinnabgrenzungsaufzeichnungsverordnung - GAufzV, BGBl. I 2003, 2296 = BStBl. I 2003, 739, geändert durch das Unternehmenssteuerreformgesetz 2008, BGBl. I 2007, 1912, 1936.

415 BMF, Verwaltungsgrundsätze-Verfahren, BStBl. I 2005, 570.

416 Vgl. auch Babič/Baumhoff/Blahová/Ditz/Djedovič/Galla/Greinert/Jancsa-Pék/Janežič/Kuchtová/Nowotny/Schöb/Schrottmeyer/Vorlíčková, IStR Beiheft zu Heft 20/2010, 37, 37f.; Rätke, in: Klein, AO, § 90, Rn. 51.

417 Vgl. *Seer*, in: Tipke/Kruse, AO, § 90, Rn. 51 (Januar 2010); *Vögele/Fügemann*, in: Vögele/Borstell/Engler, Verrechnungspreise, E, Rn. 12; vgl. *Seer*, IWB 2012, 350, 351.

418 BMF, Verwaltungsgrundsätze Einkunftsabgrenzung, BStBl. I 1983, 218, 224, Tz. 3.1.2.1.; siehe auch ausführlich *Vögele/Fügemann*, in: Vögele/Borstell/Engler, Verrechnungspreisen, E, Rn. 9f.

die Informationen zu den gebildeten Verrechnungspreisen vorhält, zu verstehen.[419] Einige Stimmen in der Literatur lehnen zwar die Angemessenheitsdokumentation mit der Begründung ab, dass sie sich nicht aus dem Wortlaut des § 90 III 2 ergebe, sie ist jedoch vom Gesetzgeber beabsichtigt.[420]

(1) Allgemeine Grundlagen

In Ermangelung konkreter formaler Vorgaben bzw. von Formularen wie z.B. einem Steuererklärungsformular in Bezug auf die Verrechnungspreisdokumentation, besteht eine gewisse Freiheit bei der Ausgestaltung der Dokumentation, die sich lediglich den Vorgaben aus der GAufzV zu beugen hat.[421]

Danach muss die vorzunehmende Dokumentation der Verrechnungspreise gem. § 1 I GAufzV erkennen lassen, auf welchem Sachverhalt sie basiert, inwiefern die Bedingungen einem Fremdvergleich standhalten und dass sich der Steuerpflichtige ernsthaft bemüht hat, dem Fremdvergleich zu genügen. Sie kann gem. § 2 I GAufzV schriftlich oder elektronisch erstellt werden und muss es einem sachverständigen Dritten ermöglichen, in angemessener Zeit erkennen zu können, bei welchem Sachverhalt mit nahestehenden Personen der Steuerpflichtige inwieweit den Fremdvergleichsgrundsatz eingehalten hat. Ansonsten bestimmt sich Art und Umfang der Dokumentation gem. § 2 II GAufzV nach den Umständen des Einzelfalls; dabei ist insbesondere die gewählte Verrechnungspreismethode[422] sowie ihre Geeignetheit für die Geschäfte des Steuerpflichtigen darzustellen. Grundsätzlich ist die Dokumentation gem. § 2 III GAufzV für jeden Geschäftsvorfall einzeln zu erstellen, kann jedoch bei Geschäftsvorfällen, die nach Funktion und Risiko vergleichbar sind, auch für eine Gruppe von Geschäftsvorfällen erstellt werden. Sofern im Unternehmen Verrechnungspreisrichtlinien eingerichtet worden sind, die dem Fremdvergleichsgrundsatz genügen, die geeignete Methoden vorgeben, die die Preisermittlung regeln und zudem tatsächlich befolgt werden, kann auf Einzelaufzeichnungen für jedes Geschäft verzichtet werden (§ 2 III 5, 6 GAufzV).

---

419 *Wassermeyer*, in: Flick/Wassermeyer/Baumhoff, § 1, Anm. 823.6 (Oktober 2004); *Baumhoff/Ditz/Greinert*, DStR 2004, 157, 158; *Vögele/Fügemann*, in: Vögele/Borstell/Engler, Verrechnungspreise, E, Rn. 34f.; *Rätke*, in: Klein, AO, § 90, Rn. 56f.

420 Contra Angemessenheitsdokumentation: Schnorberger, DB 2003, 1241, 1243; krit. zur Angemessenheitsdokumentation *Wassermeyer*, DB 2003, 1535, 1537; vgl. krit. Frotscher, in Körperschaftssteuer - Internationales Steuerrecht – Doppelbesteuerung, FS Wassemeyer, 391, 396; pro: BT-Drs. 15/119, S. 52; *Baumhoff/Ditz/Greinert*, DStR 2004, 157, 158ff.; *Seer*, in: Tipke/Kruse, AO, § 90 Rn. 41f. m.w.N. (Januar 2010).

421 *Baumhoff/Ditz/Greinert*, DStR 2004, 157; vgl. *Baumhoff*, in: Mössner, Steuerrecht international tätiger Unternehmen, C 444; vgl. auch ausführlich *Vögele/Fügemann*, in: Vögele/Borstell/Engler, Verrechnungspreise, E, Rn. 34ff., jeweils auch mit Ausführungen zu folgenden Text.

422 Zu den einzelnen Verrechnungspreismethoden siehe bereits oben S. 59ff.

(2) Sachverhaltsdokumentation

Über die allgemeinen Anforderungen hinaus, fordert die Vorschrift des § 90 III 1 AO eine Sachverhaltsdokumentation, deren Umfang in §§ 1 II, 4 Nr. 1–3 GAufzV sowie in der Tz. 3.4.11 Verwaltungsgrundsätze-Verfahren[423] spezifiziert wird.[424]

Zur Vereinfachung für das Unternehmen bietet es sich an, einen Teil der Sachverhaltsdokumentation gem. § 90 III 1, 5 iVm. § 4 Nr. 1 a)- d) GAufzV, Tz. 3.4.11.2 Verwaltungsgrundsätze-Verfahren[425], der sich auf allgemeine Informationen über Beteiligungsverhältnisse, Geschäftsbetrieb und Organisationsaufbau des Steuerpflichtigen bezieht, einmalig zusammenzustellen und in der Folgezeit jeweils bei Bedarf zu aktualisieren. Dieser Grundstock an Daten in der Dokumentation dient dem Betriebsprüfer als Überblick über das zu prüfende Unternehmen.[426]

Fernerhin hat die Sachverhaltsdokumentation gem. § 4 Nr. 2 GAufzV Aufzeichnungen über die Geschäftsbeziehungen mit nahe stehenden Personen zu enthalten, d.h. die Geschäftsbeziehung ist darzustellen, Art und Umfang (Wareneinkauf, Dienstleistung, Darlehensverhältnisse, usw.) der Beziehung sowie die Verträge und ihre Veränderung, die der Beziehung zu Grunde liegen, ebenso wie eine Liste der immateriellen Wirtschaftsgüter, die im Rahmen der Geschäftsbeziehung vom Steuerpflichtigen genutzt werden.

Gerade in diesem Kontext kann auf die bereits erwähnte Möglichkeit, Geschäftsvorfälle zu einer Gruppe zusammenzufassen aus § 2 III GAufzV zurückgegriffen werden, sofern die entsprechenden Voraussetzungen der wirtschaftlichen Vergleichbarkeit gemessen an Funktion und Risiko gegeben sind.[427]

§ 4 Nr. 3 GAufzV fordert eine Funktions- und Risikoanalyse, die unter anderem Informationen über den Steuerpflichtigen und die nahestehende Person im Hinblick auf die ausgeübten Funktionen und wahrgenommenen Risiken, mögliche Veränderungen dieser Funktionen und Risiken sowie eingesetzte wesentliche Wirtschaftsgüter darstellen muss. In diesem Zusammenhang ist auch die Wertschöpfungskette nebst Wertschöpfungsbeitrag des Steuerpflichtigen im Verhältnis zur nahe stehenden Person zu beschreiben.

(3) Angemessenheitsdokumentation

Die Aufzeichnungspflichten werden durch die Angemessenheitsdokumentation aus § 90 III 2 AO ausgedehnt, wobei hier der Umfang in §§ 1 III, 4 Nr. 4 GAufzV

423 BMF, Verwaltungsgrundsätze-Verfahren, BStBl. I 2005, 570, 582.

424 *Seer*, in: Tipke/Kruse, AO, § 90, Rn. 41 (Januar 2010); vgl. *Seer*, IWB 2012, 350, 351.

425 BMF, Verwaltungsgrundsätze-Verfahren, BStBl. I 2005, 570, 582.

426 Unterscheidung zwischen Stammdaten, die sich nicht oder selten ändern und Transaktionsdaten, die sich auf ein Geschäft oder eine Gruppe von Geschäften beziehen: *Baumhoff/Ditz/Greinert*, DStR 2004, 157, 159f.; ausführlich auch *Baumhoff*, in: Mössner, Steuerrecht international tätiger Unternehmen, C 445.

427 So auch *Baumhoff*, in: Mössner, Steuerrecht international tätiger Unternehmen, C 446.

und in Tz. 3.4.12 Verwaltungsgrundsätze-Verfahren[428] präzisiert wird.[429] § 4 Nr. 4 GAufzV normiert als Aufzeichnungsumfang für die Verrechnungspreisanalyse die Darstellung der angewandten Verrechnungspreismethode nebst einer Begründung der Geeignetheit dieser angewandten Methode, die Unterlagen, die die Berechnungen bei der Anwendung der Methode enthalten sowie eine Aufbereitung der zum Vergleich herangezogenen Preise oder Finanzdaten unabhängiger Unternehmen. Ansonsten sind ebenfalls die Unterlagen über vorgenommene Anpassungsrechnungen Bestandteil der Aufzeichnungen.[430] Aus der Angemessenheitsdokumentation muss das bereits angesprochene „ernsthafte Bemühen" des Steuerpflichtigen, den Fremdvergleichsgrundsatz einzuhalten, deutlich werden.[431] Daraus wird vereinzelt auch die Verpflichtung einer inländischen Tochtergesellschaft abgeleitet, bei der Heranziehung von Vergleichsdaten zur Bestimmung des Verrechnungspreises gem. § 1 III 2 GAufzV, Daten von der ausländischen Muttergesellschaft jedenfalls dann anzufordern, sofern sich ein unabhängiger Dritter diesen Zugriff sichern würde.[432] Unter Bezug auf § 90 II AO soll nach Ansicht der Finanzverwaltung eine Verweigerung der Mitwirkung der ausländischen Muttergesellschaft dem Steuerpflichtigen zugerechnet werden, es sei denn die Verweigerung kann durch Vorlage entsprechender Dokumente glaubhaft gemacht werden.[433]

Zieht das Unternehmen bei der Bestimmung des Verrechnungspreises Datenbanken hinzu[434], so legen die Verwaltungsgrundsätze-Verfahren in Tz. 3.4.12.4[435] umfangreiche und aufwendige Dokumentationsanforderungen fest, die es zu erfüllen gilt. Indes kann die Nutzung einer Datenbank, gesetzt den Fall die Nutzung steht unter Kostengesichtspunkten nicht mehr im Verhältnis zur Bedeutung der steuerlichen Fragestellung, nicht gefordert werden.[436]

---

428 BMF, Verwaltungsgrundsätze-Verfahren, BStBl. I 2005, 570, 583.

429 *Seer*, in: Tipke/Kruse, AO, § 90, Rn. 42 (Januar 2010).

430 Vgl. *Eigelshoven/Kratzer*, IStR 2004, 30, 32.

431 BMF, Verwaltungsgrundsätze-Verfahren, BStBl. I 2005, 570, 583, Tz. 3.4.12.1; *Seer*, IWB 2012, 350, 351.

432 *Eigelsvoven/Kratzer*, IStR 2004, 30, 32 unter Verweis auf BFH, BStBl. II 1981, 492, 493 und BFH, BFHE 194, 360, 365f. = DStR 2001, 985, 987. Es besteht aber keine generelle Pflicht, sich von der ausländischen Muttergesellschaft im Voraus vertraglich den Einblick in die Daten zusichern zu lassen.

433 BMF, Verwaltungsgrundsätze-Verfahren, BStBl. I 2005, 570, 575, Tz. 3.3.2 lit. b), 2. Absatz; kritisch *Finsterwalder*, DStR 2005, 765, 767 sowie *Baumhoff/Ditz/Greinert*, DStR 2005, 1549, 1550; ausführlich *Seer*, in: Tipke/Kruse, AO, § 90, Rn. 45 m.w.N.

434 Siehe zur Nutzung von Datenbanken bei der Bildung des Verrechnungspreises oben S. 64f.

435 BMF, Verwaltungsgrundsätze-Verfahren, BStBl. I 2005, 570, 584f.

436 *Seer*, in: Tipke/Kruse, AO, § 90, Rn. 43 m.w.N.; *Seer*, IWB 2012, 350, 351f.

(4) Weitere Dokumentationsanforderungen

Des weiteren sind die Aufzeichnungen außergewöhnlicher Geschäftsvorfälle gem. § 90 III 3 AO, § 3 GAufzV zeitnah zu erstellen, d.h., dass bei Abschluss und Änderung eines langfristigen Vertrages, der sich erheblich auf die Einkünfte des Steuerpflichtigen auswirkt, Vermögensübertragungen bei Umstrukturierungsmaßnahmen, Übertragung und Überlassung von Wirtschaftgütern im Zusammenhang mit wesentlichen Funktions- und Risikoänderungen sowie bei Änderungen der Geschäftsstrategie mit Auswirkung auf die Verrechnungspreise und bei Umlageverträgen, die Aufzeichnungen dann noch als zeitnah angesehen werden, wenn sie innerhalb eines halben Jahres nach Abschluss des Wirtschaftsjahres, in dem sich der außergewöhnliche Geschäftsvorfall zugetragen hat, angefertigt werden.[437] Insgesamt ist der Begriff des außergewöhnlichen Geschäftsvorfalls trotz der in der GAufzV und in den Verwaltungsgrundsätzen-Verfahren[438] genannten Beispiele zu unbestimmt, was insbesondere im Hinblick auf die Rechtsfolge aus § 162 III AO[439] im Falle eines Verstoßes gegen das Gebot der zeitnahen Dokumentation für Unternehmen ein Risiko darstellt.[440]

Allerdings ist auch zu beachten, dass die Dokumentation eines gewöhnlichen Geschäftsvorfalls erst lange Zeit oder gar Jahre später sehr viel mehr Aufwand erfordert, als die Dokumentation zeitnah zu erstellen, da eine zeit- und arbeitsintensive Rekonstruktion des Sachverhalts notwendig ist, sofern sie nicht in Anbetracht zwischenzeitlicher personeller und struktureller Änderungen innerhalb des Unternehmens gänzlich ausgeschlossen ist.[441]

cc) Internationale Dokumentationsanforderungen

Erschwerend tritt zu den nationalen Anforderungen an eine ordnungsgemäße Dokumentation der Verrechnungspreise, dass neben Deutschland auch viele andere Staaten wie z.B. Australien, Brasilien, China, Großbritannien, Kanada, Indien, die USA, Portugal, Ungarn, Slowakei, usw., umfangreiche Dokumentationspflichten eingeführt haben, die unterschiedliche Anforderungen an die Dokumentation stellen und zumeist bei einem Verstoß Konsequenzen wie Bußgelder, Schätzungsbefugnisse oder Auswirkungen auf die Beweislage (Beweislastumkehr, verändertes Beweismaß)

---

437 Zur Funktionsverlagerung als außergewöhnlichem Geschäftsvorfall siehe vertieft S. 95ff.

438 BMF, Verwaltungsgrundsätze-Verfahren, BStBl. I 2005, 570, 579, Tz. 3.4.8.2.

439 Siehe ausführlich zu den Rechtsfolgen S. 88.

440 Vgl. ebenfalls kritisch: *Wassermeyer*, in: Flick/Wassermeyer/Baumhoff, § 1, Anm. 823.28f. (Oktober 2004); vgl. *Seer*, in: Tipke/Kruse, AO, § 90, Rn. 46f. (Januar 2010).

441 *Baumhoff/Ditz/Greinert*, DStR 2004, 157, 161; *Seer*, in: Tipke/Kruse, AO, § 90, Rn. 48 (Januar 2010); *Seer*, IWB 2012, 350, 353.

vorsehen.[442] Für das Unternehmen resultiert daraus die Schwierigkeit, die Verrechnungspreisdokumentation so aufzubauen, dass sie als größter gemeinsamer Nenner den Anforderungen tunlichst vieler für das Unternehmens relevanter staatlicher Rechtsordnungen genügt.[443]

Dies setzt zunächst voraus, dass sich das Unternehmen die notwendigen Fachkenntnisse über die ausländischen Dokumentationsanforderungen verschafft und bei einer komplexeren Struktur des Unternehmens verteilt auf viele Länder den Überblick über die mannigfaltigen Anforderungen bewahrt, respektive ein System zur Einhaltung der Anforderungen einführt.[444]

dd) Systemische Risikolage aus den Mitwirkungs- und Dokumentationspflichten

Bei einem Verstoß gegen die Mitwirkungspflicht bei Auslandssachverhalten aus § 90 II AO kann im Wege einer freien Würdigung des Verstoßes unter Verringerung des Beweismaßes für die Finanzverwaltung ein für den Steuerpflichtigen nachteiliger Sachverhalt zu Grunde gelegt werden, sofern eine gewisse Wahrscheinlichkeit auf diesen Sachverhalt schließen lässt.[445]

Über die GAufzV und die Verwaltungsgrundsätze-Verfahren sollte der Versuch unternommen werden, die Dokumentationspflicht aus § 90 III AO durch spezifische Regelungen zu konkretisieren um eine Rechtssicherheit sowie einheitliche Rechtsanwendung zu kreieren. Neben das Problem für den Steuerpflichtigen, alle geforderten Informationen für die Dokumentation zu beschaffen, tritt nun sowohl durch die Verwaltungsgrundsätze-Verfahren, als auch insbesondere durch die GAufzV wie dargelegt das Problem, dass der Grundgedanke der Rechtssicherheit durch eine Reihe unbestimmter Rechtsbegriffe in diesen Regelungswerken konterkariert wird. Es verbleibt eine erhebliche Unsicherheit, ob und inwiefern die Dokumentationspflichten letztendlich eingehalten wurden, was angesichts der Schätzungsbefugnis der Finanzverwaltung bei Verstoß gegen die Dokumentationspflichten für den Steuerpflichtigen sehr misslich ist.[446]

---

442 Siehe beispielhaft zu den Dokumentationsanforderungen in China: *Crüger/Heggmair/Boehlke*, IStR-LB 2009, 49; *Wang/Ackermann*, IStR 2010, 730 und in Indien: *Brem/Tucha*, IStR 2006, 391.

443 Vgl. Baumhoff/Ditz/Greinert, DStR 2004, 157; Eigelshoven, in: Vogel/Lehner, DBA, Art. 9, Rn. 132a m.w.N.; Babič/Baumhoff/Blahová/Ditz/Djedovič/Galla/Greinert/Jancsa-Pék/Janežič/Kuchtová/Nowotny/Schöb/Schrottmeyer/Vorličková, IStR Beiheft zu Heft 20/2010, 37.

444 Vgl. *Wellens*, IStR 2004, 655, 656ff.

445 BFH, BStBl. II 1989, 462, 463f.; BFH, BeckRS 2007, 25012891; BFH, BFH/NV 2008, 1163 = BeckRS 2008, 25013373; Ausführlich *Seer*, in: Tipke/Kruse, AO, § 90, Rn. 20 (Januar 2010); *Rätke*, in: Klein, AO, § 90, Rn. 31.

446 BT-Drs. 15/119, S. 52; bereits kritisch zu § 90 AO: *Lüdicke*, IStR 2003, 433, 435f.; *Lenz/Fischer/Schmidt*, BB 2005, 1255, 1259; *Seer*, in: Tipke/Kruse, AO, § 90, Rn. 50 (Januar 2010); *Seer*, IWB 2012, 350, 351; zur Schätzung und den weiteren Folgen

Auf diese Weise verschaffen die Dokumentationsvorschriften im Ergebnis nicht die an sich dringend notwendige und erwünschte Rechtssicherheit im Bereich der Verrechnungspreise, indem den Unternehmen die Möglichkeit eröffnet wird, die Grundlagen ihrer Preisbildung über die Funktionen und Risiken der beteiligten sich nahe stehenden Unternehmen, der wirtschaftlichen Zusammenhänge, der Wertschöpfung bis hin zu konkreten Berechnung des zutreffenden Verrechnungspreises darzustellen. Vielmehr begründen die Dokumentationsvorschriften aufgrund ihres Umfangs, ihrer Unbestimmtheit und wegen der anknüpfenden Sanktionen ein weiteres Risiko- und Streitfeld hinsichtlich der korrekten Dokumentation neben dem Risikofeld der Verrechnungspreisbildung.[447]

In Anbetracht der Tatsache, dass neben den nationalen Vorschriften auch internationale Dokumentationsanforderungen einzuhalten sind, wird dieses Risiko noch einmal potenziert, gerade durch die Vielfalt der international einzuhaltenden Anforderungen.[448]

Über diese Grundprobleme und den zu Beginn erwähnten Aspekt der Risikoverminderung durch „Beweismittelvorsorge" mittels einer umfangreichen Dokumentation der Verrechnungspreise auch zur Einhaltung der gesetzlichen Anforderungen hinaus[449] wohnt der umfassenden Aufzeichnung und Weitergabe von Daten auch ein weiteres Risiko inne: Eine umfangreiche Datensammlung, die über die gesetzlichen Anforderungen hinaus geht und in die Hände der Finanzverwaltung fällt oder ihr zugänglich gemacht wird, kann auch ganz andere Schlussfolgerungen der Behörde zum Nachteil des Steuerpflichtigen evozieren.[450]

Als eine weiterführende Konsequenz wird teilweise die Gefahr gesehen, über eine Nichterfüllung der Dokumentationspflichten in den Bereich der Ordnungswidrigkeit nach §§ 378 I 1, 377 I 1 AO mit der Folge zu gelangen, dass nicht nur die Rechtsfolgen resultierend aus dem Verstoß gegen die Dokumentationspflichten und dem Verstoß gegen §§ 378 I 1, 377 I 1 AO eintreten, sondern auch gem. Art. 8 der EU-Schiedskonvention das Verständigungsverfahren sowie das Schiedsverfahren ausgeschlossen sind.[451]

Eine Option zur Abmilderung der Risiken sind Absprachen mit der Finanzverwaltung über den Umfang und die Art und Weise der Dokumentation, um Beanstandungen

---

einer Nichtbeachtung der Dokumentations- und Mitwirkungsvorschriften siehe ausführlich unter dem nachfolgenden Punkt der Rechtsfolgen.

447 Vgl. ähnlich *Wassermeyer*, in: Flick/Wassermeyer/Baumhoff, § 1, Anm. 823.40 (Oktober 2004), siehe ausführlich zu den Risiken der Verrechnungspreisbildung S. 59ff.

448 Siehe zu den internationalen Anforderungen oben S. 85.

449 Nachweis siehe oben S. 80ff.

450 Vgl. *Werra*, IStR 1995, 511, 516; vgl. zu den Grenzen der Weitergabe von Daten an die Finanzverwaltung auch *Bauer/Taetzner*, BB 2004, 2267, 2271.

451 *Peters/Haverkamp*, BB 2011, 1303, 1307f.; zu Art. 8 Schiedskonvention siehe bereits oben S. 75f.; eine bloße Verletzung der Dokumentationspflichten reicht demgegenüber nach h.M. nicht aus, die Tatbestände der §§ 370 I, 378 I AO zu erfüllen, siehe dazu nachfolgend ausführlich S. 92f.

zu umgehen.[452] Ferner eröffnet eine ordnungsgemäße Dokumentation die Chance für das Unternehmen, ähnlich der Beweisvermutung aus § 158 AO in den Genuss der Vermutung der Vertretbarkeit des gebildeten Verrechnungspreises zu kommen[453]

f) Rechtsfolgen bei mangelnder Mitwirkung bzw. Dokumentation

Das Risikofeld der Verrechnungspreisdokumentation zieht neben der geschilderten Risikolage resultierend aus der Unsicherheit hinsichtlich der Dokumentation bei einem Verstoß gegen die Dokumentationspflichten unmittelbar die Rechtsfolgen der Schätzung der Besteuerungsgrundlage gem. § 162 I, II, III AO und der Zuschläge/"Penalties" gem. § 162 IV AO nach sich.

aa) Schätzung

Grundsätzlich hat die Behörde gem. § 162 I, II, III AO die Möglichkeit, immer dann zu schätzen, wenn sie die Besteuerungsgrundlagen aufgrund unzureichender Beweismittel, eines unzumutbaren Aufwandes oder einer unterlassenen Mitwirkung des Steuerpflichtigen bei Auslandssachverhalten nicht bestimmen kann, da sich sonst unter anderem pflichtwidrig handelnde Steuerpflichtige einer Besteuerung entziehen könnten.[454] Gegenstand der Schätzung sind die Besteuerungsgrundlagen, wobei kontrovers diskutiert wird, inwiefern der Begriff auf Tatsachen oder Berechnungsgrundlagen zu begrenzen ist oder nicht darüber hinaus auch rechtliche Schlussfolgerungen und Fragen der Rechtsanwendung enthält.[455] Im Rahmen der Schätzung ist zunächst einer Teil- oder Ergänzungsschätzung der Vorrang vor einer Vollschätzung der Bemessungsgrundlage einzuräumen. Denkbare Schätzungsmethoden, die die Finanzverwaltung nach pflichtgemäßem Ermessen auswählt, sind beispielsweise der Vorjahresvergleich oder der äußere Betriebsvergleich.[456]

Eine Schätzung als Rechtsfolge sieht § 162 II, III AO durch die Verknüpfung mit § 90 II, III AO insbesondere dann vor, wenn der Steuerpflichtige seine Mitwirkungspflicht bei der Ermittlung eines Sachverhaltes mit Auslandsbezug verletzt.

Die Rechtsfolge des § 162 III 1 AO bei Nichtvorlage von Aufzeichnungen, d.h. der zuvor erläuterten Dokumentation im Sinne des § 90 III AO bzw. Vorlage von im Wesentlichen unverwertbaren Aufzeichnungen oder einer nicht zeitnahen Erstellung

---

452 Fischer/Looks/im Schlaa, BB 2010, 157, 158.

453 *Seer*, IWB 2012, 350, 356, 359, siehe dazu auch ausführlich nachfolgend im Rahmen der Ausführungen zur Schätzung.

454 *Buciek*, in: Beermann/Gosch, § 162 AO, Rn. 2 (Juli 2010); vgl. *Seer*, in: Tipke/Kruse, § 16, Rn. 2 (Januar 2010); *Seer*, IWB 2012, 350, 355.

455 Siehe dazu ausführlich statt aller *Seer*, in: Tipke/Kruse, AO, § 162, Rn. 19ff. (Januar 2010).

456 Siehe ausführlich zu Arten und Methoden der Schätzung *Seer*, in: Tipke/Kruse, AO, § 162, Rn. 46ff.; ebenso den Überblick bei *Rüsken* in: Klein, AO, § 162, Rn. 36ff.

der Aufzeichnungen gem. § 90 III 3 AO ist eine widerlegbare Vermutung zu Lasten des Unternehmens, dass die Einkünfte höher sind als erklärt.[457]

In der Praxis birgt gerade der Passus der „im Wesentlichen unverwertbaren Aufzeichnungen", was sich sowohl auf die Sachverhaltdokumentation als auch auf die Angemessenheitsdokumentation des § 90 III 1, 2 AO bezieht, Streitpotential mit der Betriebsprüfung. Gradmesser in Bezug auf die Frage der Verwertbarkeit ist der sachverständige Dritte, der in der Lage sein muss, sich in angemessener Zeit aus der Dokumentation das Urteil bilden zu können, inwiefern der Fremdvergleichsgrundsatz bei den zu Grunde liegenden Sachverhalten eingehalten wurde.[458] Allerdings ist dem Steuerpflichtigen zunächst die Gelegenheit zur Nachbesserung der Dokumentation zu gewähren, bevor eine Schätzung vorgenommen wird.[459] Überdies verbleibt den Steuerpflichtigen die Möglichkeit, die gesetzliche Vermutung durch entsprechende Nachweise, insbesondere die Vorlage einer zu seinen Gunsten streitenden Beurteilung der Verrechnungspreise zu entkräften.[460] Anders als im Jahre 2001 von der Rechtsprechung vor Erlass des § 162 III, IV AO[461] entschieden, ist nunmehr explizit vom Gesetz erfasst, dass ein möglicher Spielraum aufgrund von Preisspannen bei der Schätzung der Einkünfte nach § 162 III 2 AO zu Lasten des Steuerpflichtigen ausgereizt werden kann.[462] Begrenzt wird der Schätzungsspielraum durch die Tatsache, dass die Norm nicht der Strafschätzung dient und dass nicht entgegen völkerrechtlicher Gepflogenheiten sehenden Auges eine Doppelbesteuerung, die nur vage in einem aufwendigen Verständigungsverfahren beseitigt werden könnte, verursacht werden darf, so dass es sich beim Schätzungsbetrag um einen nachvollziehbaren Mittelwert handeln wird.

Selbst bei Vorlage von verwertbaren Aufzeichnungen resultiert aus § 162 III 3 AO die Befugnis zur Schätzung, wenn Anhaltspunkte dafür bestehen, dass die Einkünfte bei Anwendung des Fremdvergleichsgrundsatzes höher sein müssten als die tatsächlich erklärten und eine Aufklärung des Sachverhalts an der mangelnden Mitwirkung einer ausländischen, nahe stehenden Person scheitert. Zweck der Norm sollte sein, den Steuerpflichtigen zu motivieren, ausländische nahe stehende Personen

---

457 Siehe ausführlich *Seer*, IWB 2012, 350, 354.

458 BMF, Verwaltungsgrundsätze-Verfahren, BStBl. I 2005, 570, 592, Tz. 3.4.19 lit. a); *Schaumburg/Schaumburg*, in FS Streck, 369, 381; *Seer*, IWB 2012, 350, 354f.

459 BMF, Verwaltungsgrundsätze-Verfahren, BStBl. I 2005, 570, 592, Tz. 3.4.19 lit. c); *Fischer/Looks/im Schlaa*, BB 2010, 157, 158f.

460 *Cordes*, Steuerliche Aufzeichnungspflichten bei internationalen Verrechnungspreisen, S. 213f.; *Schaumburg/Schaumburg*, in FS Streck, 369, 381; *Seer*, IWB 2012, 350, 355.

461 Art. 9 Nr. 5 des Gesetzes zum Abbau von Steuervergünstigungen und Ausnahmeregelungen (Steuervergünstigungsabbaugesetz – StVergAbG vom 16. Mai 2003, BGBl. I 2003, 660, 665.

462 BFH, BFHE 197, 69, 80f. = BStBl. II 2004, 171, 176f.; BT-Drs. 15/119, S. 52; *Seer*, in: Tipke/Kruse, AO, § 162, Rn. 69; *Schaumburg/Schaumburg*, in FS Streck, 369, 382; *Seer*, IWB 2012, 350, 355, dort auch zum folgenden Text.

zur Mitwirkung anzuhalten.[463] Im Ergebnis kann der deutsche Gesetzgeber nicht in Deutschland nicht steuerpflichtige Gesellschaften zur Mitwirkung verpflichten, so dass die Norm des § 162 III 3 AO - sofern der Steuerpflichtige seiner Beweisvorsorge gem. §§ 90 II 2, 3 AO genügt hat – schlussendlich ins Leere laufen dürfte.[464]

Kommt der Steuerpflichtige bzw. das Unternehmen indes seinen Mitwirkungs- und Dokumentationspflichten nach, trifft die Beweislast der Unangemessenheit der Verrechnungspreise die Finanzverwaltung, so dass gerade im Lichte der umfangreichen Anforderungen der GAufzV dem Grundgedanken des § 158 AO vergleichbar, eine „Richtigkeitsvermutung" greift, wonach bei einer Erfüllung der Anforderungen der GAufzV der gewählte und dokumentierte Verrechnungspreis korrekt ist, was sich aber noch nicht im Sinne eines „safe harbour" im Gesetzeswortlaut niedergeschlagen hat.[465]

bb) Zuschläge/„Penalties"

Über die Schätzung des § 162 II, III AO hinaus, sieht § 162 IV AO zwecks zeitiger Erstellung der Aufzeichnungen gem. § 90 III AO verschiedene Zuschläge bis zu 1 Mio. Euro vor. Die Norm stellt eine steuerliche Nebenleistung gem. § 3 IV AO und keine Strafe dar, wobei sie sich an den amerikanischen Civil Penalties orientiert.[466] Konsequenz aus der Qualifikation als steuerliche Nebenleistung ist die steuerliche Nichtabzugsfähigkeit des Zuschlags gem. § 12 Nr. 3 EStG, § 10 Nr. 3 KStG.[467]

Werden die Aufzeichnungen nicht erstellt oder sind sie im Wesentlichen unverwertbar, ist gem. § 162 IV 1, 2 AO ein Zuschlag in Höhe von mindestens 5.000 Euro zu erheben, bzw. ein Zuschlag in Höhe von mindestens 5 % und maximal 10 % des Mehrbetrags der Einkünfte nach einer Berichtigung gem. § 162 III AO, sofern dies den Zuschlag in Höhe von 5.000 Euro übertrifft. Sind die Aufzeichnungen hingegen verwertbar jedoch verspätet, droht gem. § 162 IV 3 AO ein Zuschlag von mindestens 100 Euro für jeden vollen Tag der Fristüberschreitung, maximal ein Zuschlag von 1 Mio. Euro. Nach § 162 IV 5 AO ist der Steuerpflichtige mit dem Beweis belastet, die

---

463 BT-Drs. 16/4841, S. 84.

464 *Kroppen/Rasch/Eigelshoven*, IWB 2007, 301, 328; *Seer*, in: Tipke/Kruse, AO, § 162, Rn. 71af. (Januar 2010); *Buciek*, in: Beermann/Gosch, § 162, Rn. 229 (Juli 2010) m.w.N.; *Seer*, IWB 2012, 350, 356.

465 *Seer*, FR 2002, 380, 383f.; *Bruschke*, DStZ 2006, 575, 578; *Seer*, in: Tipke/Kruse, AO, § 90, Rn. 50 (Januar 2010), § 162, Rn. 71 (Januar 2010); *Seer*, IWB 2012, 350, 351, 356.

466 *Seer*, in: Tipke/Kruse, § 162, Rn. 72 (Januar 2010); zu den amerikanischen Civil Penalties: Sec. 6651 ff. Internal Revenue Code (IRC) [„Additions to the Tax and Additional Amounts"], speziell zu Verrechnungspreisen und Dokumentationspflichten Sec. 6662 [e][3][B] in Verbindung mit Sec. 482 IRC, IRC nachzulesen unter: http://www.law.cornell.edu/uscode/html/uscode26/usc_sup_01_26.html, zuletzt besucht am 21.09.2011; zum Ganzen ausführlich: *Seer*, Besteuerungsverfahren: Rechtsvergleich USA-Deutschland, Rn. 85ff., 95; *Buciek*, in: Beermann/Gosch, § 162 AO, Rn. 239 (Juli 2010); *Seer*, IWB 2012, 350, 356f.

467 *Rödder/Schumacher*, DStR 2003, 805, 818; *Schnorberger*, DB 2003, 1241, 1246. BMF, Verwaltungsgrundsätze-Verfahren, BStBl. I 2005, 570, 595, Tz. 4.6.3 lit. a).

Nichterfüllung seiner Pflichten zu exkulpieren, was im Wege der Glaubhaftmachung wohl nur im Hinblick auf die Verwertbarkeit oder die verspätete Vorlage der Dokumentation möglich sein dürfte und nicht bei Fehlen jeglicher Dokumentation.[468]

Kritisch zu sehen ist das Instrument des Zuschlags ebenso wie die Schätzung im Hinblick auf das Übermaßverbot, zumal es sich nicht an der steuerlichen Leistungsfähigkeit des Steuerpflichtigen orientiert, dies gerade auch bei einer drohenden Doppelbesteuerung.[469]

cc) Verweigerung von Steuerentlastungen

Eine weitere Folge, die zu beachten ist, ist die Verweigerung von Steuerentlastungen auf Grundlage der Steuerhinterziehungsbekämpfungsverordnung (SteuerHBekV)[470]. Wird bei Geschäftsbeziehungen zu einer nahe stehenden Person im „unkooperativen" Ausland die Dokumentation nicht zeitnah erstellt und vorgelegt im Sinne des § 90 III AO, werden gem. §§ 1 II, 4 SteuerHBekV § 8b I, II KStG und vergleichbare Vorschriften zur Schachtelfreistellung nach DBA nicht angewendet. Werden gem. § 2 SteuerHBekV natürliche Personen, die an einer ausländischen Gesellschaft mit mehr als 10% beteiligt sind nicht benannt, so ist der Gesellschaft der ihr zu stehende Anspruch auf Steuerentlastung aus §§ 50d I, II EStG oder § 44a IX EStG zu versagen.[471]

g) Allgemeine Folgen fehlerhafter Verrechnungspreise

Über die gerade genannten Folgen, die vor allen Dingen an die Mitwirkung des Steuerpflichtigen und die Aufzeichnungs- bzw. Dokumentationspflichten anknüpfen hinaus, sind noch weitere Folgen denkbar.

aa) Zinsen

Auch bei Verrechnungspreisen ist ergänzend die Verzinsung von Steuernachforderungen gem. § 233a AO zu beachten.[472] Diese kann bei einem Zinssatz von 6 % pro Jahr gem. § 238 I AO im Falle einer lang andauernden Betriebsprüfung je nach Höhe des zu verzinsenden Betrages nicht unerheblich sein und ist gem. § 10 Nr. 2 KStG nicht abzugsfähig. Gerade der zeitliche Abstand zwischen dem eigentlichen Sacherverhalt und der im Regelfall erst Jahre später erfolgenden Außenprüfung lässt die Zinsen zu einem enormen finanziellen Faktor für den Steuerpflichtigen werden.[473]

---

468 *Seer*, IWB 2012, 350, 357.

469 Vgl. *Lüdicke*, IStR 2003, 433, 436; *Joecks/Kaminski*, IStR 2004, 65, 70f.; vgl. *Seer*, in: Tipke/Kruse, AO, § 162, Rn. 70 (Januar 2010); *Buciek*, in: Beermann/Gosch, § 162, Rn. 240 (Juli 2010).

470 Steuerhinterziehungsbekämpfungsverordnung, BGBl. I 2009, 3046.

471 So auch *Schaumburg/Schaumburg*, in FS Streck, 369, 382f.

472 *Frotscher*, Internationales Steuerrecht, Rn. 554, dort auch zum folgenden Text.

473 Zur Bedeutung der Zinsen im Rahmen der Betriebsprüfung und den Folgen des zeitlichen Verzuges siehe bereits oben S. 42ff.

bb) Steuerhinterziehung und leichtfertige Steuerverkürzung

Schließlich ist bei Verrechnungspreisen die Gefahr einer möglichen Strafbarkeit durch Steuerhinterziehung gem. § 370 I Nr. 1, 2 AO zu bedenken.[474] Demnach liegt eine Strafbarkeit gem. § 370 I Nr. 1 AO vor, wenn gegenüber der Finanzbehörde im Hinblick auf steuerlich erhebliche Tatsachen unrichtige oder unvollständige Angaben gemacht und dadurch Steuern verkürzt werden. Eine unrichtige Angabe soll für den Fall vorliegen, dass der Inhalt der Angabe mit der Wirklichkeit auseinanderfällt.[475] Die Erklärung fremdunüblicher Verrechnungspreise soll bereits eine unrichtige Erklärung darstellen[476], wobei auch die nachträgliche Korrektur durch Annahme einer verdeckten Gewinnausschüttung oder nach § 1 I AStG nicht das Vorliegen des Tatbestandes des § 370 I Nr. 1 AO ausschließen soll.[477] Dagegen liegt kein Anwendungsfall des § 370 I Nr. 1 AO vor, wenn zwar unrichtige und unvollständige Angaben gemacht worden sind, der Verrechnungspreis jedoch mit einer anerkannten Methode gestützt werden kann und dem Fremdvergleich entspricht.[478] § 370 I Nr. 2 AO, wonach die Steuerverkürzung aus unterlassener Aufklärung der Finanzbehörde über steuerlich erhebliche Tatsachen resultiert – z.B. aufgrund einer Verletzung der Dokumentationspflichten aus § 90 III AO –, setzt ebenfalls einen Verrechnungspreis voraus, der nicht dem Fremdvergleich genügt.[479] Ferner ist § 370 I Nr. 2 AO einschlägig, wenn der Steuerpflichtige nachträglich die Unrichtigkeit des Verrechnungspreises erkennt und eine Anzeige gem. § 153 I AO unterlässt.[480]

Die Steuerhinterziehung gem. § 370 AO erfordert Vorsatz, indessen schließen Tatbestandsirrtümer gem. § 16 StGB den Vorsatz aus: die Konsequenz daraus ist, dass selbst bei unangemessenen Verrechnungspreisen keine Strafbarkeit eintritt, wenn der Steuerpflichtige subjektiv die Verrechnungspreise nicht als unangemessen angesehen hat.[481] Insbesondere die Vorlage einer den gesetzlichen Anforderungen genügenden Dokumentation, die vertretbare Überlegungen zur Bestimmung des Preises belegen, kann auf einen fehlenden Vorsatz hindeuten.[482]

In Abgrenzung zum Vorsatz aus § 370 AO bedarf es zur Verwirklichung des Tatbestandes des § 378 AO lediglich der Leichtfertigkeit, die als eine erhöhte Form der

474 *Gocke/Ditz*, in FS Streck, 495, 496f.; *Peters/Pflaum*, wistra 2011, 250.

475 BMF, Verwaltungsgrundsätze-Verfahren, BStBl. I 2005, 570, 593, Tz. 4.1; *Joecks*, in: Franzen/Gast-Dehaan, § 370 Rn. 129.

476 *Peters/Pflaum*, wistra 2011, 250, 251.

477 *Rödl*, in: Wabnitz/Janovsky, Wirtschafts- und Steuerstrafrecht, S. 1199, Rn. 118.

478 *Gocke/Ditz*, in FS Streck, 495, 509.

479 *Sidhu/Schemmel*, BB 2005, 2549, 2551; *Rödl*, in: Wabnitz/Janovsky, Wirtschafts- und Steuerstrafrecht, S. 1200, Rn. 120.

480 BMF, Verwaltungsgrundsätze-Verfahren, BStBl. I 2005, 570, 593, Tz. 4.1; *Rödl*, in: Wabnitz/Janovsky, Wirtschafts- und Steuerstrafrecht, S. 1200, Rn. 120; vgl. *Joecks*, in: Franzen/Gast-Dehaan, § 370, Rn. 179, 182.

481 *Gocke/Ditz*, in: FS Streck, 495, 513; *Engler/Elbert*, in: Vögele/Borstell/Engler, Verrechnungspreise, F, Rn. 453f.

482 Vgl. *Rödl*, in: Wabnitz/Janovsky, Wirtschafts- und Steuerstrafrecht, S. 1200, Rn. 120f.

Fahrlässigkeit, d.h grobe Fahrlässigkeit bei individueller Vorwerfbarkeit, definiert wird.[483] Bei Betrachtung der Unsicherheiten bei der Ermittlung von Verrechnungspreisen, die sich innerhalb einer Bandbreite bewegen, wird es nur im Ausnahmefall möglich sein, dem Steuerpflichtigen Leichtfertigkeit bei der Verrechnungspreisbildung nachzuweisen, solange sein Preis innerhalb der Bandbreite liegt.[484]

Eine bloße Verletzung der Mitwirkungs- bzw. Dokumentationspflichten aus § 90 III AO, der GAufzV und der SteuerHBekV, reicht für die Erfüllung der Tatbestände §§ 370 I, 378 I AO demgegenüber nicht aus, es muss daneben eine andere Handlung oder ein Unterlassen hinzutreten um die genannten Tatbestände zu erfüllen.[485]

h) Fazit: Permanente steuerliche Risiken bei Verrechnungspreisen

Das erste Risikofeld der Verrechnungspreisbildung, unterteilt in die Risikounterkategorien der Bestimmung des „richtigen" Verrechnungspreises, der umfangreichen Korrekturmöglichkeiten ohne zwingende Gegenberichtigung sowie der nur lückenhaften und aufwendigen grenzüberschreitenden Einigungsmöglichkeiten verdeutlicht die Not international agierender Unternehmen nach einer Rechts- und Planungssicherheit vor allen Dingen in Anbetracht der enormen wirtschaftlichen Bedeutung der Verrechnungspreise im alltäglichen, permanenten Austausch von Leistungen im international agierenden Konzern. Gleichsam stellt die zeitlich nachfolgende Betriebsprüfung gerade aufgrund des zeitlichen Abstands zur Verwirklichung des Sachverhaltes einen Multiplikator für eben dieses Risikofeld dar, da die Unternehmen erst Jahre später Gewissheit erlangen, ob und inwieweit der gebildete Verrechnungspreis von der Finanzverwaltung anerkannt wird. Damit besteht auch erst Jahre später Gewissheit über die Höhe einer Steuernachforderung sowie damit verknüpft, die Höhe einer möglichen Doppelbesteuerung.[486]

Die Mitwirkungs- und Dokumentationspflichten geregelt in der AO und konkretisiert in der GAufzV sowie den Verwaltungsgrundsätzen-Verfahren schaffen trotz der Möglichkeit für die Unternehmen, ihre Bemühungen zur Bildung eines fremdvergleichskonformen Verrechnungspreises der Finanzverwaltung nachvollziehbar darzulegen, nicht Rechtssicherheit, sondern münden unmittelbar in das zweite große Risikofeld. Der bloße Umfang der anzufertigenden Dokumentation bürdet den Unternehmen bereits eine zusätzliche, erhebliche Belastung auf, die gepaart mit der

---

483 BFH/NV 2000, 1180, 1182; Ausführlich m.w.N. *Rüping*, in: Hübschmann/Hepp/Spitaler, § 378, Rn. 30ff. (März 2006); *Joecks*, in: Franzen/Gast-Dehaan, § 378, Rn. 38ff.; *Seer*, in: Tipke/Lang, Steuerrecht, § 23, Rn. 92f.; *Meyer*, in: Beermann/Gosch, § 378, Rn. 12f. (März 2012).

484 *Gocke/Ditz*, in FS Streck, 495, 513f.; zu den Schwierigkeiten der Verrechnungspreisbestimmung siehe oben S. 59ff.

485 So die h.M. *Rödl*, in: Wabnitz/Janovsky, Wirtschafts- und Steuerstrafrecht, S. 1200, Rn. 119; *Gocke/Ditz*, in FS Streck, 495, 510f. m.w.N.; *Peters/Pflaum*, wistra 2011, 250, 253, 256; *Kiesel/Theisen*, IStR 2006, 284, 285.

486 Siehe dazu ausführlich mit Nachweisen S. 42ff.

Unsicherheit, inwiefern die teilweise unbestimmten gesetzlichen Anforderungen eingehalten werden, dieses Risikofeld charakterisiert. In diesem Zusammenhang wirkt sich die internationale Ausrichtung eines Unternehmens risikoerhöhend aus, weil international ebenfalls mannigfaltige Mitwirkungs- und Dokumentationspflichten einzuhalten sind. Die Bedeutung dieses Risikofeldes erschöpft sich allerdings nicht in einer bloßen Rechtsunsicherheit bzw. mangelnden Rechtssicherheit hinsichtlich des ersten Risikofeldes, sondern birgt gerade in Form der drohenden Schätzung oder der Penalties eigene Sanktionsmechanismen, die zusätzlich zu den angesprochenen Folgen der Steuernachforderung und Doppelbesteuerung eintreten.[487]

Weiterhin sind auch im Bereich der Verrechnungspreise allgemeine steuerrechtliche Folgen wie Steuerhinterziehung oder leichtfertige Steuerverkürzung, ebenso wie empfindliche Zinszahlungen gem. § 233a AO bei der Bemessung der Gesamtrisikolage zu bedenken.

Aus diesen beiden großen Risikofeldern erwächst für das Unternehmen die Notwendigkeit, diese Risiken so weit wie möglich zu kontrollieren: Die Unsicherheiten bei der Preisbildung sowie die Einhaltung nationaler und internationaler Mitwirkungs- und Dokumentationspflichten gilt es zu beherrschen um auf diese Weise die Gesamtrisikolage des systemischen Risikos der Verrechnungspreise für das Unternehmen zu minimieren.

4. *Anlassbezogene steuerliche Risiken bei Verrechnungspreisen: Funktionsverlagerungen im Rahmen von Restrukturierungen des Unternehmens*

Abseits der erörterten permanenten steuerlichen Risiken bei Verrechnungspreisen existieren noch wie erwähnt anlassbezogene steuerliche Risiken in Gestalt von Funktionsverlagerungen im Falle einer Restrukturierung des Unternehmens.

Eine Restrukturierung des Unternehmens in Form einer Funktionsverlagerung kann erforderlich sein, um die Konkurrenzfähigkeit des Unternehmens im internationalen Wettbewerb zu erhalten. Zum Erhalt ihrer Konkurrenzfähigkeit haben Unternehmen eine Vielzahl von Faktoren zu beachten, die Einfluss auf das Ergebnis des Unternehmens nehmen. So bedarf eine optimale Allokation der unternehmenseigenen Mittel die Wahrnehmung wirtschaftlicher Chancen und Minimierung von Risiken u.a. durch Zentralisierung, Auslastung von Kapazitäten, Nutzung von Gefällen bei Rohstoffpreisen und Arbeitslöhnen, Markt- und Kundennähe oder bestmögliche Gestaltung der Steuerbelastung.[488]

---

487 Siehe dazu ausführlich mit Nachweisen S. 79ff.; *Seer*, in: Tipke/Kruse, AO, § 90, Rn. 50 (August 2013); *Wulf*, in: Streck/Mack/Schwedhelm, Tax Compliance, Rn. 2.411 spricht in diesem Zusammenhang von einer drohenden „Strafbesteuerung".

488 *Borstell/Jamin*, in: Kessler/Kröner/Köhler, Konzernsteuerrecht, § 8, Rn. 251ff.; *Borstell/Wehnert*, in: Vögele/Borstell/Engler, Verrechnungspreise, Q, Rn. 1ff.

Ziel der gesetzlichen Regelungen zur Funktionsverlagerung ist, dass die Verlagerung in ihrer Gesamtheit als „Transferpaket" betrachtet wird, um das damit einhergehende Gewinnpotential zu bestimmen und zu besteuern, obwohl es erst nach der Verlagerung im Ausland realisiert wird.[489]

a) *Restrukturierung als Funktionsverlagerung*

aa) Funktionsbegriff

Nach der Legaldefinition des § 1 III 9 AStG handelt es sich bei einer Funktionsverlagerung um die Verlagerung einer Funktion nebst Chancen und Risiken sowie der übertragenen oder überlassenen Wirtschaftsgüter und sonstiger Vorteile. Der Begriff der Funktion wird in § 1 I 1 der Funktionsverlagerungsverordnung (FVerlV)[490], die auf Grundlage des § 1 III 13 AStG erlassen wurde und die Norm des § 1 III 9 AStG konkretisiert[491], definiert als Geschäftstätigkeit, die gleichartige betriebliche Aufgaben in sich vereint, welche von bestimmten Abteilungen oder Stellen des Unternehmens ausgeführt werden.

Diese Verständnis des Funktionsbegriffs dehnt die Finanzverwaltung in den Verwaltungsgrundsätzen Funktionsverlagerung aus, in dem sie die Funktion „tätigkeitsbezogen und objektbezogen definiert", so dass auch schon „die Produktion eines bestimmten Produkts oder einer bestimmten Produktgruppe" unter den Funktionsbegriff zu fassen ist.[492]

Bereits vor Ausdehnung des Begriffes durch die Verwaltungsgrundsätze fanden sich Stimmen in der Literatur und der Praxis, die eine Rechtsunsicherheit und mangelnde Praktikabilität des Funktionsbegriffs aufgrund seiner unklaren Grenzen anprangerten[493], was sich durch die weitere Ausdehnung des Begriffes nicht verbessert hat.[494]

---

489 Vgl. BT-Drs. 16/4841, S. 84; *Wassermeyer/Baumhoff/Greinert*, in: Flick/Wassermeyer/Baumhoff, § 1 AStG, Anm. V 4 (Mai 2008); vgl. *Crüger/Riedl*, BB-Special Steuerrecht 1.2010 zu Heft 5, 9, 10; vgl. *Pohl*, in: Blümich, EStG, KStG, GewStG, § 1 AStG, Rn. 131 (Mai 2011).

490 Verordnung zur Anwendung des Fremdvergleichsgrundsatzes nach § 1 I des Außensteuergesetzes in Fällen grenzüberschreitender Funktionsverlagerungen (Funktionsverlagerungsverordnung – FVerlV), BGBl. I 2008, 1680, dort auch zum folgenden Text.

491 *Baumhoff/Ditz/Greinert*, Ubg 2011, 161, 162.

492 BMF, Verwaltungsgrundsätze Funktionsverlagerung, BStBl. I 2010, 774, 779, Tz. 2.1.1 (Rn. 16); kritisch *Kroppen/Rasch*, IWB 2010, 824, 825f.; ebenso kritisch: *Baumhoff/Ditz/Greinert*, Ubg 2011, 161, 162 unter Verweis auf die bis zu diesem Zeitpunkt abweichende Ansicht in der Literatur, nachzulesen u.a. bei *Baumhoff/Ditz/Greinert*, DStR 2007, 1649f.; *Frotscher*, FR 2008, 49f.; *Borstell/Schäperclaus*, IStR 2008, 275f.

493 In Bezug auf § 1 III 9 AStG: *Borstell/Schäperclaus*, IStR 2008, 275ff.; unter Einbeziehung der FVerlV: *Frischmuth*, StuB 2010, 91, 94.

494 *Baumhoff*, StbJb 2010/2011, 183, 185.

bb) Erscheinungsformen der Funktionsverlagerung

Im Rahmen der Funktionsverlagerung kann eine Differenzierung zwischen verschiedenen Formen der Funktionsverlagerung vorgenommen werden: die Funktionsausgliederung ist eine Verlagerung der gesamten Funktion, bei einer Funktionsabschmelzung wird die Funktion reduziert, bei einer Funktionsabspaltung wird sie übertragen, allerdings trägt die Einheit, die die Funktion abgibt, weiterhin die eigentlichen Chancen und Risiken und bei der Funktionsverdoppelung wird ohne eine Einschränkung der Funktion im Inland eine übereinstimmende Funktion etabliert.[495]

Ungeachtet dieser begrifflichen Einteilung erfasst § 1 III 9 AStG zunächst alle Formen der Verlagerung. Allerdings ist im Falle einer Funktionsabspaltung gem. § 2 II 1 FVerlV ausnahmsweise nicht von einer Funktionsverlagerung auszugehen, wenn es sich bei der verlagerten Funktion insbesondere um eine bloße Routinefunktion, wie z.B. dem simplen aber sehr arbeitsintensiven Zusammenbaus eines Produkts handelt.[496] Ferner sind gem. § 1 VII FVerlV weitere Konstellationen nicht als Funktionsverlagerung anzusehen, so z.B. wenn Wirtschaftsgüter veräußert und Dienstleistungen erbracht werden, ohne Teil einer Funktion zu sein, oder Personal ohne Übergang einer Funktion entsandt wird, oder wenn der Vorgang von unabhängigen Dritten nicht als Veräußerung oder Erwerb einer Funktion angesehen würde.

Als problematisch erscheint in diesem Zusammenhang die Einordnung der Funktionsverdoppelung als Funktionsverlagerung. Der Wortlaut des § 1III 9 AStG spricht von einer Verlagerung der Funktion, worunter eine Verdoppelung unter Beibehaltung der ursprünglichen Funktion gerade nicht fallen würde.[497] Demgegenüber setzt § 1 VI FVerlV einen zeitlichen Rahmen von fünf Jahren, innerhalb dessen die ursprüngliche Funktion nicht eingeschränkt werden darf. Kommt es innerhalb dieser Zeit doch zu einer Einschränkung, so soll dann eine Funktionsverlagerung anzunehmen sein, wenn der Steuerpflichtige nicht glaubhaft machen kann, dass die Einschränkung nicht im Zusammenhang mit der Funktionsverdoppelung steht. Damit wird auch die Funktionsverdoppelung in die Systematik der Funktionsverlagerung inkorporiert.[498] Kein Zusammenhang mit der Funktionsverdoppelung liegt z.B. bei einer Veränderung der Nachfrage seitens der Verbraucher oder einer Veränderung des Wettbewerbs vor, was auch zu einer Einschränkung in Form eines

---

495 Übersicht bei *Baumhoff/Ditz/Greinert*, DStR 2007, 1649, 1650; *Kaminski*, RIW 2007, 594, 599; *Frischmuth*, StuB 2007, 386, 387f.; *Freytag*, IWB 2007, 237, 241; *Kroppen/Rasch/Eigelshoven*, IWB 2007, 301, 308; *Wassermeyer/Baumhoff/Greinert*, in: Flick/Wassermeyer/Baumhoff, § 1 AStG, Anm. V 72 (Mai 2008).

496 *Borstell/Wehnert*, in: Vögele/Borstell/Engler, Verrechnungspreise, Q, Rn. 315, 384; *Blum/Lange*, GmbHR 2011, 65, 68.

497 *Baumhoff/Ditz/Greinert*, DStR 2007, 1649, 1650f.; *Wassermeyer/Baumhoff/Greinert*, in: Flick/Wassermeyer/Baumhoff, § 1 AStG, Anm. V 73 (Mai 2008); *Kroppen/Rasch*, IWB 2010, 824, 828; *Borstell/Wehnert*, in: Vögele/Borstell/Engler, Verrechnungspreise, Q, Rn. 325.

498 Siehe mit entsprechender Kritik *Borstell*, IStR 2009, 329, 330ff.; *Borstell/Wehnert*, in: Vögele/Borstell/Engler, Verrechnungspreise, Q, Rn. 69ff.

Personalabbaus oder zu einer Schließung von Produktionsanlagen führen kann.[499] Von einer Einschränkung der Funktion ist nach Ansicht der Finanzverwaltung dann auszugehen, wenn es sich nicht um einen „Bagatellfall" handelt. Konkret bedeutet dies, dass im Falle eines Absinkens des Umsatzes des Unternehmens von dem aus die Funktion verdoppelt wurde im Vergleich zum letzten Wirtschaftsjahr vor der Funktionsverdoppelung um 1 Mio. Euro innerhalb des zu betrachtenden Zeitraums von 5 Jahren, eine Funktionsverlagerung anzunehmen ist.[500]

Diese Regelung dürfte sich zum einen als schwerlich praktikabel erweisen, gerade weil es sich um eine starre Grenze ohne Relation zu den tatsächlichen Umsätzen handelt und eintretende Umsatzschwankungen keine Berücksichtigung finden. Zum anderen führt diese Vorschrift für Unternehmen zu dem erheblichen Problem, dass genau dieser Nachweis nach Ablauf von 5 Jahren de facto kaum mehr zu führen ist, so dass bei einer Funktionsverdoppelung latent die Annahme einer Funktionsverlagerung droht.[501] Als Vorsorgemaßnahme des Unternehmens wäre eine zeitnahe Dokumentation der Funktionsverdoppelung denkbar, um dann bei Annahme einer Funktionsverlagerung durch die Finanzverwaltung mit Hilfe der Dokumentationsunterlagen diesen Vorwurf zu entkräften.[502]

cc) Die Funktionsverlagerung als restrukturierungsimmanentes Risiko

Wie geschildert[503] birgt der weite Begriff der Funktionsverlagerung eine erhebliche Rechtsunsicherheit für die steuerpflichtigen Unternehmen. Eine uferlose Ausweitung des Begriffes im Sinne einer „Atomisierung" lässt damit immer mehr Maßnahmen der Unternehmen in den Anwendungsbereich der Funktionsverlagerung gelangen, was in Anbetracht des Aufwands, der mit der Annahme eine Funktionsverlagerung einhergeht und vom Unternehmen bewältigt werden muss[504], die Unternehmenstätigkeit behindert.[505]

---

499 Vgl. *Baumhoff/Ditz/Greinert*, DStR 2008, 1945, 1947; vgl. *Kroppen/Rasch*, IWB 2010, 824, 828ff.

500 BMF, Verwaltungsgrundsätze Funktionsverlagerung, BStBl. I 2010, 774, 784, Tz. 2.1.6.2.4 (Rn. 49).

501 Ähnlich bereits *Kroppen/Rasch*, IWB 2008, 547, 552; *Kroppen/Rasch*, IWB 2010, 824, 829f.; *Baumhoff/Ditz/Greinert*, Ubg 2011, 161, 163; *Blum/Lange*, GmbHR 2011, 65, 67; *Risse*, Ubg 2012, 169, 174.

502 *Demuth/Kaiser*, in: Görling/Inderst/Bannenberg, Compliance, S. 359; *Borstell/Wehnert*, in: Vögele/Borstell/Engler, Verrechnungspreise, Q, Rn. 363.

503 Siehe oben mit entsprechenden Nachweisen S. 95f.

504 Siehe dazu genauer in den nachfolgenden Ausführungen.

505 Kritisch zur Atomisierung der Funktion u.a. *Kroppen/Rasch*, IWB 2010, 824, 825f.; *Baumhoff/Ditz/Greinert*, Ubg 2011, 161, 162; *Borstell/Wehnert*, in: Vögele/Borstell/Engler, Verrechnungspreise, Q, Rn. 67, 633.

Infolgedessen erweisen sich die Vorschriften zur Qualifikation einer Funktionsverlagerung als unpraktikabel und setzen damit Unternehmen der Risikolage aus, den gesetzlichen Anforderungen de facto nicht gerecht werden zu können.[506]

b) Sonderrisiko Bildung der Verrechnungspreise

Im Rahmen der Funktionsverlagerung erfolgt anders als zuvor bei den Verrechnungspreisen geschildert[507] nach § 1 III 9 AStG die Preisbildung im gesetzlichen Regelfall für ein Transferpaket, d.h. für die zu verlagernde Funktion insgesamt. Das AStG sieht in § 1 III 5 die Möglichkeit eines hypothetischen Fremdvergleichs zur Bestimmung des Verrechnungspreises vor, wenn keine uneingeschränkt oder eingeschränkt vergleichbaren Fremdvergleichswerte festgestellt werden können. Aufgrund von regelmäßig fehlenden Vergleichswerten für das Transferpaket, das konkret von dem Unternehmen als „individuelles Gesamtpaket“ übertragen wird, erfolgt die Preisbestimmung einer Funktionsverlagerung in der Regel im Wege des hypothetischen Fremdvergleichs.[508] Gesetzlich ist der hypothetische Fremdvergleich in § 1 III 5–8 AStG geregelt und fordert zunächst die Definition eines Einigungsbereichs in Form eines Mindestpreises des Leistenden und des Höchstpreises des Leistungsempfängers auf Grundlage einer Funktionsanalyse und innerbetrieblichen Planrechnung unter Berücksichtigung funktions- und risikoadäquater Kapitalisierungszinssätze, bestimmt von den jeweiligen Gewinnerwartungen (Gewinnpotentialen). Präzisiert wird der funktions- und risikoadäquate Kapitalisierungszinssatz in § 5 FVerlV, der definiert, dass sich der Kapitalisierungszinssatz aus dem Zins einer risikolosen Investition ergibt, auf den ein funktions- und risikoadäquater Zuschlag vorzunehmen ist und bei dem zunächst ein unbegrenzter Kapitalisierungszeitraum gem. § 6 FVerlV zu Grunde zu legen ist.

Es ist dann der Preis auszuwählen, der dem Fremdvergleichgrundsatz mit größtmöglicher Wahrscheinlichkeit entspricht. Allein der Gesetzeswortlaut des AStG im Zusammenspiel mit der FVerlV lässt bereits die Komplexität des hypothetischen Fremdvergleichs erahnen.[509]

---

506 Vgl. dazu oben S. 95ff.

507 Siehe dazu oben S. 59ff.

508 BMF, Verwaltungsgrundsätze Funktionsverlagerung, BStBl. I 2010, 774, 786, Tz. 2.2.1.2 (Rn. 62ff.); *Frotscher*, Internationales Steuerrecht, Rn. 634; vgl. *Borstell/Wehnert*, in: Vögele/Borstell/Enlger, Verrechnungspreise, Q, Rn. 229, 234; *Pohl*, in: Blümich, EStG, KStG, GewStG, § 1 AStG, Rn. 144 (Mai 2011).

509 Zum hypothetischen Fremdvergleich siehe bereits die ausführliche Darstellung bei *Baumhoff/Ditz/Greinert*, in: Flick/Wassermeyer/Baumhoff, § 1 AStG, Anm. V 51ff. (Mai 2008).

aa) Transferpaketbewertung

Für die Bewertung des Transferpakets[510] bei einer Funktionsverlagerung sind unter den angesprochenen Gewinnpotentialen gem. § 1 IV FVerlV die aus der Verlagerung der Funktion zu erwartenden Reingewinne nach Steuern (Barwert) zu verstehen, wobei gem. § 3 II FVerlV alle Umstände des Einzelfalls auf Grundlage einer Funktionsanalyse vor und nach der Funktionsverlagerung, tatsächlich bestehende Handlungsmöglichkeiten, Standortvor- oder -nachteile sowie Synergieeffekte zu berücksichtigen sind. Die Preisobergrenzen und -untergrenzen des Einigungsbereichs ergeben sich aus § 7 FVerlV. Demnach ist die Untergrenze vereinfacht gem. § 7 I FVerlV der Ausgleich für den Wegfall oder die Minderung des Gewinnpotentials und die Obergrenze gem. § 7 IV FVerlV das Gewinnpotential aus der übernommenen Funktion.

Wie dieser kurze Überblick über die Transferpaketbewertung zeigt, ist die vom Gesetz vorgesehene Transferpaketbetrachtung für die Unternehmen mit einem erheblichen Aufwand verbunden, sowohl was Zeit als auch Kosten angeht.[511] Ebenso wie bereits im Rahmen der Funktion und der Erscheinungsformen der Funktionsverlagerungen ausgeführt[512], resultiert auch für den Bereich des Transferpakets aus der Gesetzeslage eine enorme Unsicherheit, den Preis für das Transferpaket exakt zu bestimmen, die ein Risiko für das Unternehmen darstellt.[513]

bb) Einzelbewertung aufgrund Escape-Klausel

§ 1 III 10 AStG normiert, dass in drei näher bestimmten Konstellationen von einer Transferpaketbetrachtung Abstand genommen werden kann und anstelle dessen Einzelverrechnungspreise anzusetzen sind. Infolgedessen besteht die Möglichkeit glaubhaft zu machen, dass keine wesentlichen immateriellen Wirtschaftsgüter und Vorteile Gegenstand der Funktionsverlagerung waren (Alternative 1) oder die Summe der angesetzten Einzelverrechnungspreise, gemessen an der Bewertung des Transferpaktes als Ganzes, dem Fremdvergleichsgrundsatz entspricht (Alternative 2) oder zumindest ein wesentliches immaterielles Wirtschaftsgut Gegenstand der Funktionsverlagerung ist und der Steuerpflichtige dieses bezeichnet (Alternative 3). Allerdings handelt es sich bei diesen Escape-Klauseln nur scheinbar um Vereinfachungen im Vergleich zur Transferpaketbetrachtung. Ein immaterielles Wirtschaftsgut ist gem. § 1 V FVerlV in der Alternative 1 dann wesentlich, wenn der Fremdvergleichspreis mehr als 25 % der Summe der Einzelpreise aller Wirtschaftsgüter und Vorteile des Transferpakets beträgt, womit ebenso wie in der Alternative 2

510 Zu den Einzelheiten mit detaillierter Darstellung der Berechnungsweise siehe *Jacobs*, Internationale Unternehmensbesteuerung, S. 833ff.; *Borstell/Wehnert*, in: Vögele/Borstell/Engler, Verrechnungspreise, Q, Rn. 232–259, sowie Rn. 441ff.; siehe auch dort jeweils auch zum folgenden Text.

511 *Oestreicher/Wilcke*, Ubg 2010, 225, 226; *Pohl*, IStR 2010, 357.

512 Siehe dazu bereits oben S. 95ff.

513 *Freytag*, IWB 2007, 237, 241f.; *Wulf*, in: Streck/Mack/Schwedhelm, Tax Compliance, Rn. 2.420.

weiterhin der Wert des Transferpakets bestimmt werden muss.[514] Unklar war, ob die Wesentlichkeitsgrenze aus § 1 V FVerlV entgegen dem Wortlaut auch auf die Alternative 3 angewendet werden sollte.[515] Aus Sicht der Finanzverwaltung soll genau dies der Fall sein, wobei für das Transferpaket keine präzise Berechnung notwendig sein soll.[516] Dies führt jedoch zum Anschlussproblem, welchen Anforderungen die Berechnung genügen muss, um von der Finanzverwaltung anerkannt zu werden.[517]

Demgegenüber ist die Alternative 3 der Escape-Klauseln in § 1 III 10 AStG für Unternehmen insofern von Vorteil, als dass nun über die Einzelbewertung nicht zwangsläufig der funktionsbezogene Geschäfts- oder Firmenwert wie bei der Transferpaketbetrachtung freigelegt wird, da dieser nicht im Wege der Einzelbewertung bestimmt werden kann. Indes ist auch in Anbetracht der nicht eindeutigen Ausführungen in den Verwaltungsgrundsätzen Funktionsverlagerung[518] nicht abschließend geklärt, ob der Geschäfts- oder Firmenwert nicht doch in bestimmten Konstellation bedacht werden muss.[519]

Zudem trifft nunmehr die Finanzverwaltung die Last, dem Steuerpflichtigen nachzuweisen, dass er nicht alle wesentlichen immateriellen Wirtschaftsgüter bezeichnet hat, was sich vor allem in der Betriebsprüfung bei Streit hinsichtlich dieser Frage der Bezeichnung aller übertragenen immateriellen Wirtschaftsgüter zu Gunsten des Unternehmens auswirkt.[520]

c) Preisanpassungsklauseln

Der Gesetzgeber sah beim hypothetischen Fremdvergleich und bei der Funktionsverlagerung bei der Übertragung wesentlicher immaterieller Wirtschaftsgüter und Vorteile das Risiko einer denkbaren, erheblichen Abweichung der Preisbestimmung von der tatsächlichen Gewinnentwicklung infolge einer enormen Unsicherheit und einer Fehleinschätzung der maßgeblichen Faktoren bei der Preisbildung und führte deswegen die Preisanpassungsklausel gem. § 1 III 11, 12 AStG ein.[521] Wenn eine erhebliche Abweichung vorliegt, vermutet § 1 III 11, 12 AStG widerlegbar, dass

---

514 So bereits zur Entwurfsfassung *Kroppen/Rasch/Eigelshoven*, IWB 2007, 301, 318f.; vgl. *Eigelshoven/Nientimp*, Ubg 2010, 233, 235; *Baumhoff*, StbJb 2010/2011, 183, 189; *Baumhoff/Ditz/Greinert*, Ubg 2011, 161, 169.

515 *Eigelshoven/Nientimp*, Ubg 2010, 233, 235; *Baumhoff*, StbJb 2010/2011, 183, 190f.

516 BMF, Verwaltungsgrundsätze Funktionsverlagerung, BStBl. I 2010, 774, 788, Tz. 2.2.3.3 (Rn. 75).

517 *Baumhoff/Ditz/Greinert*, Ubg 2011, 161, 169.

518 BMF, Verwaltungsgrundsätze Funktionsverlagerung, BStBl. I 2010, 774, 788, Tz. 2.2.3.3 (Rn. 76).

519 Zur Diskussion um den Ansatz des Geschäfts- und Firmenwerts siehe *Pohl*, IStR 2010, 357, 360; ausführlich *Kroppen/Rasch*, IWB 2010, 316ff., 323; *Kroppen/Rasch*, IWB 2010, 824, 835; vgl. *Baumhoff*, StbJb 2010/2011, 183, 197.

520 *Eigelshoven/Nientimp*, Ubg 2010, 233, 235.

521 BT/Drs. 16/4841, S. 86f.; *Pohl*, in: Blümich, EStG, KStG, GewStG, § 1 AStG, Rn. 165 (Mai 2011).

Unsicherheiten bei der Preisbildung bestanden und unabhängige Dritte eine Anpassungsregelungen vorgesehen hätte. Wurde keine solche Regelung vereinbart, ist die Finanzverwaltung ermächtigt, im Falle einer erheblichen Abweichung innerhalb von 10 Jahren nach Geschäftsabschluss einen Anpassungsbetrag auf den ursprünglichen Verrechnungspreis zu erheben. Erheblich ist eine Abweichung gem. § 10 S. 1 FVerlV, wenn der Verrechnungspreis auf Grundlage der tatsächlichen Gewinnentwicklung außerhalb des ursprünglichen Einigungsbereichs liegt oder gem. § 10 S. 3 FVerlV, wenn der dann für den Einigungsbereich neu bestimmte Höchstpreis unter dem ursprünglichen Mindestpreis liegt.

Bei einer Betrachtung des sich aus der Preisanpassungsklausel ergebenden Risikopotentials für Unternehmen ist zunächst festzustellen, dass über die Preisanpassungsklausel ausschließlich Preiskorrekturen vorgesehen sind, die sich gem. § 1 I AStG zu Lasten des Steuerpflichtigen auswirken.[522] Ferner muss eine Abweichung innerhalb eines Zeitraums von 10 Jahren nicht zwangsläufig auf eine unsichere Preisbildung zurückzuführen sein, sondern kann ihre Ursache auch in eigenen Maßnahmen des Erwerbers der Funktion zur Steigerung seines Gewinns haben.[523] Weitere, innerhalb des zu betrachtenden Zeitraums vorgenommene Restrukturierungsmaßnahmen des aufnehmenden Unternehmens lassen überdies eine Kontrolle der Gewinnentwicklung zurückgehend auf die ursprüngliche Funktionsverlagerung nahezu unmöglich werden. Darüber hinaus wird der Zeitraum von 10 Jahren einhellig als zu lang und nicht fremdüblich bezeichnet, da in der freien Wirtschaft derartige Anpassungsklauseln zwischen unabhängigen Unternehmen in dieser Form nicht vereinbart werden.[524] Auch rein tatsächlich steht eine Überprüfung durch die Betriebsprüfung innerhalb des 10-Jahres-Zeitraumes vor erheblichen Problemen, da eine Rekonstruktion des Sachverhalts sich mit fortschreitender Zeit aufgrund der mangelnden Verfügbarkeit der benötigten Dokumente und Unterlagen als immer schwieriger darstellt.[525] Im Umkehrschluss ergibt sich daraus auch das Problem für den Steuerpflichtigen, die Vermutung des § 1 III 11 AStG hinsichtlich der Unsicherheit der zurückliegenden Preisbestimmung im Falle einer späteren Abweichung zu widerlegen.[526]

---

522 *Jahndorf*, FR 2008, 101, 108; *Borstell/Wehnert*, in: Vögele/Borstell/Engler, Verrechnungspreise, Q, Rn. 627; siehe dazu auch im Rahmen von § 1 I AStG oben S. 69f.

523 *Baumhoff/Ditz/Greinert*, DStR 2007, 1649, 1654; *Jahndorf*, FR 2008, 101, 109, dort auch zum folgenden Text; *Baumhoff/Ditz/Greinert*, in: Flick/Wassermeyer/Baumhoff, § 1 AStG, Anm. V 98 (Mai 2008).

524 *Baumhoff/Ditz/Greinert*, DStR 2007, 1649, 1655; *Scholz*, IStR 2007, 521, 524; *Wassermeyer*, FR 2008, 67, 68; *Frotscher*, Internationales Steuerrecht, Rn. 639; *Kraft*, in: Kraft, AStG, § 1, Rn. 461; *Blum/Lange*, GMbHR 2011, 65, 71f.

525 *Bernhardt/van der Ham/Kluge*, IStR 2008, 844, 848; zum zusätzlichen zeitlichen Verzug der Betriebsprüfung siehe bereits oben S. 40ff.

526 Bereits kritisch zum damaligen Gesetzesentwurf: *Wassermeyer*, DB 2007, 535, 539; *Frotscher*, FR 2008, 49, 54; *Kraft*, in: Kraft, AStG, § 1 Rn. 474 m.w.N.

Folglich droht den Unternehmen aufgrund der komplexen Rechtsgrundlage sowohl bei der Preisbestimmung[527] als auch bei den vorzunehmenden Anpassungen innerhalb eines Zeitraumes von 10 Jahren, in dem sich die Struktur des Unternehmens aufgrund der eingangs geschilderten Flexibilität des Wirtschaftslebens vielfach geändert haben kann, bei immateriellen Wirtschaftsgütern und Vorteilen eine Preisanpassung, deren Grundlage sich nur schwer widerlegen lässt.

d) Fehlende internationale Vereinbarkeit

Zu den bisher geschilderten, im nationalen Recht wurzelnden Risiken und Problemen der Funktionsverlagerung, tritt systemisch eine internationale Komponente in Form einer drohenden Doppelbesteuerung, die sich bereits zwingend aus der nationalen Rechtslage ergibt, weil die Vorschriften der Funktionsverlagerung gegen den Fremdvergleichsgrundsatz aus Art. 9 OECD-MA verstoßen.[528] Insbesondere die grundsätzliche Besteuerung des Gewinnpotentials im Wege der Transferpaketbetrachtung sowie die langfristigen Anpassungsklauseln vermögen dem Postulat der Fremdüblichkeit nicht zu genügen[529], womit eine Konfrontation mit ausländischen Finanzverwaltungen, die den Ansatz des deutschen Gesetzgebers nicht teilen, vorprogrammiert ist.[530] Zwar verweist die Finanzverwaltung in Tz. 1.2.3 ihrer Verwaltungsgrundsätze Funktionsverlagerung[531] auf die OECD Leitlinie 2010[532], kann aber durch den Verweis die Unterschiede zwischen der nationalen Rechtslage und der OECD-Rechtslage nicht einebnen.[533] Ein Unterschied liegt schon allein in der Tatsache, dass die OECD Leitlinie in Tz. 9.93[534] nicht wie das deutsche Gesetz generell eine Gesamtbewertung mit Ausnahmentatbeständen vorschreibt, sondern dies vom jeweiligen Einzelfall abhängig macht. Zwar kennt auch die OECD-Leitlinie die

---

527 Siehe dazu bereits oben S. 98ff.

528 *Frotscher*, Internationales Steuerrecht, Rn. 640; vgl. *Wehnert/Sano*, IStR 2010, 53, 57; *Baumhoff*, StbJb 2010/2011, 183, 198; *Borstell/Wehnert*, in: Vögele/Borstell/Engler, Verrechnungspreise, Q, Rn. 841ff.; vgl. *Baumhoff/Ditz/Greinert*, Ubg 2011, 161, 165; Siehe zu Art. 9 OECD-MA bereits oben ausführlich S. 65ff.

529 So explizit *Frotscher*, Internationales Steuerrecht, Rn. 640; vgl. auch *Kahle*, StuB 2009, 383, 385.

530 So bereits zur Entwurfsfassung *Kroppen/Rasch/Eigelshoven*, IWB 2007, 301, 313f.; *Kahle*, StuB 2011, 383, 388.

531 BMF, Verwaltungsgrundsätze Funktionsverlagerung, BStBl. I 2010, 774, 778f., insbesondere Rn. 10.

532 *OECD*, OECD-Verrechnungspreisleitlinie für multinationale Unternehmen und Steuerverwaltungen.

533 *Baumhoff/Ditz/Greinert*, Ubg 2011, 161, 165f.; vgl. *Jacobs*, Internationale Unternehmensbesteuerung, S. 852f., dort auch jeweils zum folgenden Text.

534 *OECD*, OECD-Verrechnungspreisleitlinie für multinationale Unternehmen und Steuerverwaltungen, S. 303.

Möglichkeit der Preisanpassung in Tz. 9.88[535], stützt diese aber auf Unsicherheiten im Zeitpunkt der Transaktion bzw. Ursachen vor diesem Zeitpunkt, wohingegen nach deutschem Recht gem. § 1 III 11 AStG zunächst allein auf die Abweichung als Kriterium abgestellt wird.

Folge dieser beispielhaft dargestellten, mangelnden Vereinbarkeit des deutschen Rechts mit internationalen Standards ist eine latent drohende, systemische Doppelbesteuerung.

e) Mitwirkungs- und Dokumentationspflichten

Die Funktionsverlagerung unterliegt als Spezialfall der Verrechnungspreise ebenso der Mitwirkungs- und Dokumentationspflicht aus § 90 II, III AO.[536] Sie stellt in der Regel einen außergewöhnlichen Geschäftsvorfall dar und ist deswegen gem. § 90 III 3 AO, § 3 GAufzV zeitnah zu dokumentieren.[537] Im Bereich der Funktionsverlagerung kommt der Dokumentation darüber hinaus wegen der Komplexität der Regelungen und wegen besonderer Darlegungslasten für den Steuerpflichtigen eine besondere Bedeutung zu: als Beispiele der Darlegungslast sind in diesem Zusammenhang die Abweichung vom Mittelwert gem. § 1 III 7 AStG, die Glaubhaftmachung des Kapitalisierungszeitraums gem. § 6 FVerlV oder der Schadensersatz-, Entschädigungs- und Ausgleichsansprüche gem. § 8 I 1 FVerlV zu nennen.

f) Rechtsfolgen nicht gesetzeskonformer Funktionsverlagerungen

Nach dem Willen des Gesetzebers soll die im Rahmen der permanenten steuerlichen Risiken bei Verrechnungspreisen angesprochene Norm § 162 III 3 AO bei der Funktionsverlagerung als anlassbezogenem steuerlichen Risiko besondere Bedeutung erlangen, da sämtliche Unterlagen, die Basis der Funktionsverlagerung gewesen sind, vorzulegen sind.[538] Auf die bereits geschilderten Einwände, die in einen fehlenden Anwendungsbereich der Norm münden, sei an dieser Stelle verwiesen.[539]

Aufgrund des Umstandes, dass es sich bei der Funktionsverlagerung um einen Unterfall der Verrechnungspreise handelt[540], sind auch bei der Funktionsverlagerung die bereits geschilderten Folgen wie Schätzungen gem. § 162 II, III AO oder Penalties gem. § 162 IV AO bei einem Verstoß gegen die Mitwirkungs- und Dokumentationspflichten ebenso wie die weiteren Folgen – Zinsen gem. § 233a AO, ggf. Steuerhinterziehung – einschlägig.[541]

---

535 *OECD*, OECD-Verrechnungspreisleitlinie für multinationale Unternehmen und Steuerverwaltungen, S. 301.

536 Siehe dazu ausführlich bereits oben S. 79ff.

537 *Frotscher*, Internationales Steuerrecht, Rn. 635; *Borstell/Wehnert*, in: Vögele/Borstell/Engler, Verrechnungspreise, Q, Rn. 747ff., dort auch zum folgenden Text.

538 BT/Drs. 16/4841, 84.

539 Siehe dazu bereits oben S. 88ff.

540 *Frotscher*, Internationales Steuerrecht, Rn. 633.

541 Siehe dazu ausführlich bereits oben S. 88ff.

g) Fazit: Anlassbezogene steuerliche Risiken bei Verrechnungspreisen

Ein Grundproblem und das erste Risikofeld aus der Praxis im Bereich der Funktionsverlagerungen ist die Funktionsverlagerung als solche rechtzeitig zu identifizieren, um dann den gesetzlichen Anforderungen genügen zu können. Die Identifikation einer de facto vorliegenden Funktionsverlagerung kann sich dann als problematisch herausstellen, wenn sie sich unbemerkt allmählich über einen längeren Zeitraum entwickelt oder schlichtweg ohne Beteiligung der Steuerabteilung und damit auch ohne Beachtung der steuerlichen Konsequenzen tatsächlich vorgenommen wird.[542] Erschwert wird die Identifikation einer Funktionsverlagerung noch durch die Atomisierung des Funktionsbegriffes seitens der Finanzverwaltung, weswegen immer mehr Maßnahmen der Unternehmen als Funktionsverlagerung zu qualifizieren sind.[543] Wenn die Funktionsverlagerung als solche einmal erkannt ist, zieht sie ein komplexes Geflecht gesetzlicher Regelungen und Verwaltungsgrundsätze nach sich, die für Unternehmen gerade wegen der Rechtsunsicherheit resultierend aus ihrer Komplexität und mangelnden Praktikabilität die Risikolage weiter verschärfen.

Teil dieses komplexen Regelungswerks ist die Preisbestimmung für eine Funktionsverlagerung, die aufgrund der bereits im Rahmen der allgemeinen Verrechnungspreisbildung geschilderten Folgen der Steuernachforderung nebst Zinsen sowie bei der Funktionsverlagerung speziell aufgrund des Transferpaketansatzes ein zweites erhebliches Risikofeld begründen und für Unternehmen einen enormen Aufwand sowie Kosten bedeuten. Insbesondere die Preisanpassungsmöglichkeit innerhalb eines Zeitraumes von 10 Jahren gem. § 1 III 11, 12 AStG, steigert als Faktor das Risiko der Preisbildung im Vergleich zur permanenten Verrechnungspreisbildung, zumal es den Unternehmen die Last auferlegt, die gesetzliche Vermutung zu widerlegen, d.h. den Beweis zu erbringen, dass externe Faktoren die Ursachen für eine abweichende Preisentwicklung sind und nicht Unsicherheiten bei der ursprünglichen Preisbildung.[544]

Als besonderer Verstärker der Risikosituation im Bereich der Funktionsverlagerung ist neben der Problematik der zeitlich nachfolgenden Betriebsprüfung, die mangelnde Vereinbarkeit der nationalen Regelungen zur Funktionsverlagerung mit dem international anerkannten Fremdvergleichsgrundsatz zu qualifizieren, so dass dem deutschen, geltenden Rechts eine Doppelbesteuerung mangels internationaler Akzeptanz des zu Grunde liegenden Ansatz immanent ist.[545]

Daneben tritt wie bei den permanenten steuerlichen Risiken bei den Verrechnungspreisen auch das Risikofeld der Mitwirkungs- und Dokumentationspflichten, welches ebenfalls zusätzlichen Aufwand für das Unternehmen bedeutet und die Rechtsunsicherheit sowie die Risikolage wegen der drohenden Sanktionen ebenfalls erhöht.[546]

542 Vgl. *Borstell/Wehnert*, in: Vögele/Borstell/Engler, Verrechnungspreise, Q, Rn. 756f.
543 Siehe dazu bereits oben mit Nachweisen S. 95ff.
544 Siehe dazu bereits oben mit Nachweisen S. 101f.
545 Siehe dazu bereits oben mit Nachweisen S. 103f.
546 Siehe dazu bereits oben mit Nachweisen S. 104f.

5. Schlussfolgerung: Die Verrechnungspreise als systemisches Risiko

Verrechnungspreise sind in international verbundenen Unternehmen als Schlüsselelement des Leistungsaustausches der sich nahe stehenden Unternehmen alternativlos. Sie sind für die Unternehmen wie auch die Besteuerung von überragender Bedeutung.[547]

Gleichsam werfen die Verrechnungspreise unweigerlich einen Schatten auf das Unternehmen in Form der untrennbar mit ihnen verbundenen Risikolage, die auf einer ersten Ebene unmittelbar aus der Gesetzeslage resultiert. Wie im Rahmen der permanenten steuerlichen Risiken bei Verrechnungspreisen bereits aufgezeigt, schafft die geltende Rechtslage mit der Verrechnungspreisbildung sowie den Mitwirkungs- und Dokumentationspflichten nebst den sich anschließenden Rechtsfolgen und Auswirkungen zwei große Risikofelder. Schon allein die geltende Rechtslage bedeutet für die Unternehmen eine enorme Rechtsunsicherheit. Die anlassbezogenen steuerlichen Risiken bei den Verrechnungspreisen in Gestalt der Funktionsverlagerung als Spezialfall der Verrechnungspreise verschärfen die bestehende Risikolage, indem neben die Rechtsunsicherheit des nationalen Rechts auch dessen Unvereinbarkeit mit dem international geltenden Fremdvergleichsgrundsatz tritt. Konsequenz ist das Dilemma, mit der Einhaltung der deutschen Gesetzeslage zwangsläufig die Gefahr einer Doppelbesteuerung eingehen zu müssen.[548]

Auf einer zweiten Ebene tritt neben diese zwangläufig eintretende, unmittelbar auf der geltenden Rechtslage beruhenden Risikolage das Risiko, die gesetzlichen Voraussetzungen tatsächlich im Unternehmen in all seinen Tochtergesellschaften, Zweigstellen und Niederlassungen bis in die kleinste Verästelungen zu erfüllen.[549]

Schlussendlich manifestiert sich die geschilderte Risikolage in verschiedenen negativen Folgen für das Unternehmen wie Steuernachforderungen, Doppelbesteuerung, Zinszahlungen, Schätzungen, Penalties oder auch dem Vorwurf der Steuerhinterziehung, die je nach Einzelfall ein existenzgefährdendes Ausmaß annehmen können.[550]

In Bezug auf die Risikolage wirkt als Multiplikand die Zeit durch die erst nachträglich einsetzende Betriebsprüfung, die es Jahre später nahezu unmöglich werden lässt, die beanstandeten Sachverhalte sachgerecht aufzuklären.[551]

Somit stellen die Verrechnungspreise bei international verbundenen Unternehmen ein systemisches Risiko im Unternehmen dar, dass das Unternehmen aufgrund der Alternativlosigkeit der Verrechnungspreise und der sich unmittelbar ergebenden erheblichen Folgen zwingend beherrschen muss.

547 Siehe dazu bereits oben mit Nachweisen S. 57f.
548 Siehe dazu bereits oben mit Nachweisen S. 103f.
549 Vgl. dazu bereits oben das vorstehende Fazit.
550 Siehe dazu bereits oben mit Nachweisen S. 78f., 88ff.
551 Siehe dazu bereits oben mit Nachweisen S. 42ff.

III. Risiken eines globalen, ausgedehnten Betriebstättenbegriffs

1. *Der Begriff der Betriebstätte im globalen Unternehmen*

Betriebstätten dienen bei grenzüberschreitenden Sachverhalten der Zuweisung von Besteuerungsrechten hinsichtlich der erzielten Einkünfte aus einer unternehmerischen Tätigkeit.[552] Im Kern sind bei Betriebstätten zwei Konstellationen zu unterscheiden: In der ersten Konstellation unterhält ein ausländisches Unternehmen eine Betriebstätte im Inland (Inbound-Fall), in der zweiten Konstellation, die der Bezugspunkt der weiteren Ausführungen ist, unterhält ein Unternehmen aus dem Inland eine Betriebstätte im Ausland (Outbound-Fall), wobei weiter zu differenzieren ist, inwiefern mit dem ausländischen Betriebstättenstaat ein DBA besteht.[553]

Das nationale Recht definiert in § 12 AO die Betriebstätte als „jede feste Geschäftseinrichtung oder Anlage, die der Tätigkeit des Unternehmens dient", worunter gem. § 12 S. 2 Nr. 8 AO auch Bausausführungen und Montagen als Betriebstätte fallen, sofern sie länger als sechs Monate dauern. Mit anderen Worten wird auf internationaler Ebene in Art. 5 OECD-MA die Betriebstätte als feste Geschäftseinrichtung definiert, „durch die die Geschäftstätigkeit eines Unternehmens ganz oder teilweise ausgeübt wird." Auch hier werden nach Art. 5 III OECD-MA u.a. Bauausführungen und Montagen erfasst, wenn sie die Dauer von 12 Monaten überschreiten. Als Beispiele für Betriebstätten nennt § 12 S. 2 Nr. 1–7 AO etwa die Stätte der Geschäftsleitung, Zweigniederlassungen, Fabrikations- und Werkstätten sowie Ein- oder Verkaufsstellen. Eine Aufzählung ähnlicher Beispiele enthält Art. 5 II OECD-MA.

Wird eine Auslandstätigkeit eines inländischen Unternehmens als Betriebstätte qualifiziert, hat das auf das betroffene Unternehmen enorme Auswirkungen und kann, gerade wenn die Betriebstätte über einen längeren Zeitraum besteht bzw. bestand, den Konzernabschluss des Unternehmens nicht unerheblich belasten. So sah sich beispielsweise die Firma Bosch einer Steuerforderung des italienischen Fiskus in Höhe von 1,4 Mrd. Euro ausgesetzt, begründet in einer nach Ansicht der italienischen Behörden seit 1997 bestehenden Betriebstätte. Aufgrund dieser Betriebstätte kamen die italienischen Steuerbehörden zu einer anderen Besteuerung der von Bosch in Italien erzielten Umsätze und Gewinne als die Firma Bosch, die nicht von einer Betriebstätte ausgegangen war. Zur Vermeidung eines langwierigen und kostenintensiven Rechtsstreits mit ungewissem Ende wurde der Streit gegen Zahlung von 300 Mio. Euro Ende 2011 beigelegt. Vor allem in Relation zu den sonstigen Geschäftsdaten von Bosch wird die Bedeutung der Steuerforderung und

---

552 *Görl*, in: Vogel/Lehner, DBA, Art. 5, Rn. 2; *Kahle/Ziegler*, DStZ 2009, 834, 835; *Rosenberger/Vitali/Ziehr*, IStR Beilage zu Heft 18/2010, 1, 2; *Wulf*, in Streck/Mack/Schwedhelm, Tax Compliance, Rn. 2.413; *Brüninghaus*, in: Vögele/Borstell/Engler, Verrechnungspreise, K, Rn. 1f.

553 Unterscheidung nach *Brüninghaus*, in: Vögele/Borstell/Engler, Verrechnungspreise, K, Rn. 1f.

der Vergleichssumme deutlich: Bosch erzielte im Jahr 2010 einen Vorsteuergewinn von ca. 3,5 Mrd. Euro und zahlte insgesamt 996 Mio. Euro an Steuern, im Vorjahr aufgrund der weltweiten Krise beliefen sich die Steuern auf 17 Mio. Euro.[554]

Eine Präzisierung der oben genannten Definitionen der Betriebstätte verdeutlicht, dass zur Annahme einer Betriebstätte gem. § 12 AO eine feste Geschäftseinrichtung Voraussetzung ist. Dabei kommt es nicht auf eine besondere bauliche Vorrichtung an[555], sondern es ist wesentlich auf die Art der Tätigkeit abzustellen, um die für eine Betriebstätte ausreichende Geschäftseinrichtung zu bestimmen.[556] Die Geschäftseinrichtung muss u.a. für eine gewisse Zeit bestehen und auf Stetigkeit ausgelegt sein.[557] Zudem wird eine gewisse Verfügungsmacht über die Einrichtung von Seiten des Unternehmers gefordert.[558]

Ähnlich wird auch die feste Geschäftseinrichtung im Rahmen des Art. 5 OECD-MA erklärt, die ebenfalls eine örtliche Fixierung aufweisen muss und eine Ständigkeit aufweist, d.h. nicht nur vorübergehender Natur ist.[559]

Trotz dieser Präzisierung der Definitionen verbleibt gerade im Bereich des § 12 AO eine weite Spanne von Anwendungsfällen, in denen eine Betriebstätte je nach Einzelfall angenommen werden kann, so z.B. bei Marktständen[560], Plakatsäulen und Anschlagtafeln[561], einer „Büroecke“ mit Schreibtisch[562] oder auch im Falle einer Pipeline[563].

Im Gegensatz dazu ist der Anwendungsbereich des Art. 5 OECD-MA enger gefasst, da Art. 5 IV OECD-MA einen Negativkatalog enthält, der unter anderem in Art. 5 IV lit. e) OECD-MA anders als § 12 AO feste Geschäftseinrichtungen, die nur zwecks Ausübung von Hilfs- und Nebentätigkeiten für das Unternehmen geschaffen wurden, nicht unter den Begriff der Betriebstätte fallen lässt.[564]

---

554 N.N., Bosch gibt dem italienischen Fiskus nach, Frankfurter Allgemeine Zeitung vom 03.01.2012, Nr. 2, S. 13.

555 FG Brandenburg, EFG 1997, 299, 300; FG Münster, EFG 2001, 234.

556 *Kruse*, in: Tipke/Kruse, § 12, Rn. 5 (Oktober 2008).

557 St. Rspr.: BFH, BStBl. II 1974, 107, 109; BFH, BStBl. II 1975 203, 204; BFH, BStBl. II 1997, 12, 14; BFH, BStBl. II 2004, 396, 397.

558 St. Rspr. BFH, BStBl. II 1982, 624, 625 m.w.N.; BFH, BStBl. II 1987, 162, 163; BFH, BStBl. II 1993, 462, 465f.; BFH, BStBl. II 2004, 396, 397; vgl. auch BMF, Betriebsstätten-Verwaltungsgrundsätze, BStBl. I 1999, 1076, 1078, Tz. 1.1.1.1.

559 Vgl. Tz. 6 OECD-Musterkommentar zu Art. 5 OECD-MA, abgedruckt in Debatin/Wassermeyer, Art. 5 OECD-MA, MK (März 2003); *Wassermeyer*, in: Debatin/Wassermeyer, Art. 5 OECD-MA, Rn. 37f. (Juli 2009).

560 BFH, BStBl. II 1975, 203f.; BFH, BStBl. II 1994, 148, 149.

561 BFH, BStBl. III 1958, 379.

562 BFH, BStBl. II 1986, 744, 745.

563 BFH, BStBl. II 1997, 12, 14; kritisch *Wassermeyer*, in: Debatin/Wassermeyer, Art. 5 OECD-MA, Rn. 10b (Juli 2009).

564 Zur Hilfs- und Nebentätigkeit bei § 12 AO: BFH, BStBl. III 1960, 468; vgl. ausführlich *Wassermeyer*, in: Debatin/Wassermeyer, Art. 5 OECD-MA, Rn. 8ff. (Juli 2009); *Brünninghaus*, in: Vögele/Borstell/Engler, Verrechnungspreise, K, Rn. 23.

2. *Der Begriff der Dienstleistungsbetriebstätte*

Über die gerade geschilderte Definition der Betriebstätte hinaus ist eine Entwicklung zu beobachten, die zu einer Ausdehnung des Betriebstättenbegriffs auch auf Dienstleistungsbetriebstätten führt.[565] Zu unterscheiden ist zwischen echten Dienstleistungsbetriebstätten, die als solche in DBAs explizit bestimmt werden und unechten Dienstleistungsbetriebstätten, die durch eine weite Auslegung des Betriebstättenbegriffes geprägt sind.[566]

a) Echte Dienstleistungsbetriebstätten in deutschen DBA

Art. 5 III b) des UN-Musterabkommens (UN-MA) normiert, dass auch Dienstleistungen vom Begriff der Betriebstätte umfasst sein können. Danach ist dann eine Dienstleistungsbetriebsstätte anzunehmen, wenn eine Dienstleistung durch einen Angestellten des Unternehmens im Vertragsstaat erbracht wird und die Dienstleistung für ein Vorhaben oder ein damit im Zusammenhang stehendes Vorhaben innerhalb eines 12 Monatszeitraumes insgesamt die Dauer von sechs Monaten überschreitet. Zwar hat sich das UN-MA, das sich ansonsten in großen Teilen am OECD-MA orientiert[567], nicht allgemein durchgesetzt, ist aber dennoch Grundlage für eine Reihe von DBA.[568] So beinhalten z.B. das DBA zwischen Deutschland und China in Art. 5 III b)[569], das DBA zwischen Deutschland und den Philippinen in Protokoll Nr. 2 zu Art. 5[570] und das DBA mit Liberia in Art. 5 III[571] Dienstleistungsbetriebsstätten. Ferner nimmt beispielsweise die tschechische Finanzverwaltung entgegen Art. 5

565 Vgl. *Wichmann*, StbJb 2004/2005, 93; vgl. *Rautenstrauch/Binger*, Ubg 2009, 619; *Wassermeyer*, in: Debatin/Wassermeyer, Art. 5 OECD-MA, Rn. 10a (Juli 2009); *Bendlinger*, IStR 2009, 521; *Ditz/Quilitzsch*, FR 2012, 493; vgl. dazu auch den Konsultationsaufruf der OECD zur Ausdehnung des Betriebstättenbegriffes in *OECD*, Interpretation and Application of Article 5 (Permanent Establishment) of the OECD Model Tax Convention, 12.10.2011-10.02.2012, dazu *Kippenberg*, IStR-LB Heft 21/2011, S. 109.

566 Zur Unterscheidung siehe *Rosenberger/Vitali/Ziehr*, IStR Beilage zu Heft 18/2010, 1, 2.

567 *Lang*, IStR 2011, 403, 409.

568 Vgl. *Frotscher*, Internationales Steuerrecht, Rn. 276.

569 Abkommen zwischen der Bundesrepublik Deutschland und der Volksrepublik China zur Vermeidung der Doppelbesteuerung auf dem Gebiet der Steuern vom Einkommen und vom Vermögen, BGBl. II 1986, 447, 448; Siehe dazu auch *Hackemann/Pfaar*, in: Debatin/Wassermeyer, China Art. 5, Rn. 21 (Mai 2005).

570 Abkommen zwischen der Bundesrepublik Deutschland und der Republik der Philippinen zur Vermeidung der Doppelbesteuerung auf dem Gebiet der Steuern vom Einkommen und vom Vermögen, BGBl. II 1984, 879, 895; Siehe dazu auch *Hackemann*, in: Debatin/Wassermeyer, Philippinen Art. 5, Rn. 17 (Oktober 2001).

571 Abkommen zwischen der Bundesrepublik Deutschland und der Republik Liberia zur Vermeidung der Doppelbesteuerung auf dem Gebiet der Steuern vom Einkommen und vom Vermögen, BGBl. II 1973, 1286, 1288f., (Einschränkung in Protokoll

des DBA zwischen Tschechien und Deutschland[572] auch bei Dienstleistungen nach tschechischem Recht eine Betriebsstätte an.[573] Ein neues, noch nicht unterzeichnetes DBA mit Tschechien soll in Anlehnung an das UN-MA ebenfalls die Dienstleistungsbetriebsstätte erfassen.[574]

b) Unechte Dienstleistungsbetriebstätten auf Ebene der OECD

aa) Entwicklungen der OECD

Zwar umfasst der Wortlaut des Art. 5 OECD-MA nicht explizit die Dienstleistungsbetriebstätte, vielmehr bezieht er sich auf eine „feste Geschäftseinrichtung, durch die die Geschäftstätigkeit eines Unternehmens ganz oder teilweise ausgeübt wird." Dieser Passus wird jedoch von der OECD in ihrem Musterkommentar zum OECD-MA so ausgelegt, dass eine Verfügung über einen „gewissen Platz" bestehen muss, seien es eigene oder angemietete Räumlichkeiten, Einrichtungen oder Anlagen.[575] In sich anschließenden Beispielen wird dieser Ansatz weiter erörtert: So reicht die reine Anwesenheit z.B. bei Kundenbesuchen nicht unbedingt aus, um eine Verfügungsmacht zu begründen, wohingegen eine längere Tätigkeit in einem Büro einer anderen Gesellschaft bei entsprechender Dauer zur Annahme einer festen Einrichtung genügt.[576] Als weiteres Beispiel fungiert unter anderem ein Anstreicher, der durch seine Anwesenheit in einem Bürokomplex dann als Betriebstätte anzusehen ist, wenn er seine

---

Nr. 2 zu DBA, BGBl. II 1973, 1286, 1302); Siehe dazu auch *Müller*, in: Debatin/Wassermeyer, Art. 5 Liberia, Rn. 8ff. (Mai 2010).

572 Abkommen zwischen der Bundesrepublik Deutschland und der Tschechoslowakischen Sozialistischen Republik zur Vermeidung der Doppelbesteuerung auf dem Gebiet der Steuern vom Einkommen und vom Vermögen, BGBl. II 1982, 1023, 1025f., Fortgeltung dieses DBA: Bekanntmachung über die Fortgeltung der deutsch-tschechoslowakischen Verträge im Verhältnis zwischen der Bundesrepublik Deutschland und der Tschechischen Republik, BGBl. II 1993, 762.

573 Ausführlich *Safarik*, in: Debatin/Wassermeyer, Art. 5 Tschechien, Rn. 14f. (März 1998) m.w.N.

574 *Lehner/Reimer*, IStR 2005, 542, 548; *Görl*, in: Vogel/Lehner, Art. 5, Rn. 81; *Kahle/Ziegler*, DStZ 2009, 834, 844; bzgl. eines neuen DBA mit Tschechien ist einstweilen festzustellen, dass noch immer das mit der Tschechoslowakischen Sozialistischen Republik am 19. Dezember 1980 geschlossene DBA gilt, BMF-Schreiben vom 22. Januar 2014: „Stand der Doppelbesteuerungsabkommen und anderer Abkommen im Steuerbereich sowie der Abkommensverhandlungen am 1. Januar 2014", S. 2, abrufbar unter: http://www.bundesfinanzministerium.de/Content/DE/Downloads/BMF_Schreiben/Internationales_Steuerrecht/Allgemeine_Informationen/2014-02-22-stand-dba-1-januar-2014.pdf?__blob=publicationFile&v=1, zuletzt besucht am 22.05.2014.

575 Tz. 4 und 4.1 OECD-Musterkommentar zu Art. 5 OECD-MA, abgedruckt in Debatin/Wassermeyer, Art. 5 OECD-MA, MK (März 2003).

576 Tz. 4.2 und 4.3 OECD-Musterkommentar zu Art. 5 OECD-MA, abgedruckt in Debatin/Wassermeyer, Art. 5 OECD-MA, MK (März 2003).

Tätigkeit in Gestalt des Anstreichens in diesem Bürokomplex über einen bestimmten Zeitraum ausübt.[577] Überdies wird ausgeführt, dass die Formulierung „durch die" so weit aufzufassen ist, dass jede Tätigkeit, die an einem bestimmten Ort, der für diese Tätigkeit zur Verfügung gestellt worden ist, vorgenommen wird, durch diesen Ort ausgeübt wird. Somit wird in dem nachfolgenden Beispiel des Musterkommentars zum OECD-MA das Pflastern einer Straße durch diesen Ort ausgeübt.[578]

Auf diese Weise wird das Objekt, an dem die Arbeiten vorgenommen werden, als feste Einrichtung im Sinne der Definition der Betriebstätte gesehen und damit eine Betriebstätte angenommen.[579]

Darüber hinaus hat die OECD im Jahre 2008 einen Alternativvorschlag in ihren Musterkommentar aufgenommen, der es ermöglichen soll, Dienstleistungen, die bisher vom OECD-MA nicht erfasst wurden, durch die Fiktion einer Betriebstätte einer Besteuerung in dem Staat, in dem die Dienstleistung erbracht wird, zu unterwerfen.[580] Voraussetzung für die Fiktion einer Betriebstätte ist dem Alternativvorschlag zur Folge, dass sich eine Person innerhalb von 12 Monaten länger als 183 Tage in dem anderen Staat aufhält, Dienstleistungen erbringt und mehr als 50% ihrer Bruttoeinnahmen aus aktiver Geschäftstätigkeit im Laufe ihres Aufenthaltes aus dem anderen Staat resultieren oder dass eine oder mehrere Personen, die sich in dem anderen Staat aufhalten, an mehr als 183 Tagen innerhalb von 12 Monaten für ein Projekt oder damit in Verbindung stehende Objekte Dienstleistungen in dem anderen Staat erbringen.[581]

Dieser Alternativvorschlag unterstreicht die Ansicht der OECD, wonach der Ort der Dienstleistung, genauer das Objekt des Auftraggebers, das Gegenstand der Tätigkeit ist, zur festen Geschäftseinrichtung des die Dienstleistung erbringenden Unternehmens gemacht wird.[582]

Exemplarisch ist im Zusammenhang mit dieser Entwicklung auf Ebene der OECD auf die Vorschläge einer Arbeitsgemeinschaft der Working Party I des OECD-Fiskalausschusses zur Änderung des Musterkommentars einzugehen, die für 2014 anvisiert wurde.[583] Demnach soll eine Verfügungsmacht über eine feste Einrichtung nicht nur bei einem Recht, die Geschäftseinrichtung eines anderen zu nutzen, angenommen

---

577 Tz. 4.5 OECD-Musterkommentar zu Art. 5 OECD-MA, abgedruckt in Debatin/Wassermeyer, Art. 5 OECD-MA, MK (März 2003).

578 Tz. 4.6 OECD-Musterkommentar zu Art. 5 OECD-MA, abgedruckt in Debatin/Wassermeyer, Art. 5 OECD-MA, MK (März 2003).

579 Vgl. *Wichmann*, StbJb 2004/2005, 93, 96f.; *Rosenberger/Vitali/Ziehr*, IStR Beilage zu Heft 18/2010, 1, 3.

580 Tz. 42.11, 42.21, 42.22, 42.24ff. OECD-Musterkommentar zu Art. 5 OECD-MA, abgedruckt in Debatin/Wassermeyer, Art. 5 OECD-MA, MK (Oktober 2010).

581 Tz. 42.23 OECD-Musterkommentar zu Art. 5 OECD-MA, abgedruckt in Debatin/Wassermeyer, Art. 5 OECD-MA, MK (Oktober 2010).

582 *Rosenberger/Vitali/Ziehr*, IStR Beilage zu Heft 18/2010, 1, 3; *Ditz/Quilitzsch*, FR 2012, 493, 494.

583 Siehe: *OECD*, Interpretation and Application of Article 5 (Permanent Establishment) of the OECD Model Tax Convention, 12.10.2011–10.02.2012, S. 2.

werden, sondern bereits dann, wenn das eine Unternehmen die Geschäftseinrichtung eines anderen Unternehmens bzw. eine Geschäftseinrichtung, die von mehreren Unternehmen gebraucht wird, eine längere Zeit für seine Tätigkeiten regelmäßig nutzt.[584] Ferner soll auch die Betriebstätteneigenschaft eines Subunternehmers geregelt werden, die dann anzunehmen ist, wenn der Subunternehmer die Voraussetzungen des Art. 5 I OECD-MA erfüllt, d.h., dass seine Tätigkeit durch eine feste Geschäftseinrichtung ausgeübt wird und eine entsprechende Verfügungsmacht besteht.[585] Auf diese Weise kann einem Unternehmen nur durch ein Subunternehmen, also ohne eigene Anwesenheit im Betriebstättenstaat eine Betriebstätte verschafft werden.[586]

Wie allein diese beiden beabsichtigten Änderungen des OECD-Musterkommentars zeigen, scheint die OECD bei der Frage der Auslegung des Art. 5 OECD-MA nach der zuvor geschilderten Ausdehnung des Begriffes keine Richtungsänderung hin zu einem restriktiveren Ansatz zu verfolgen, sondern zielt auf eine weitere Aufweichung des Begriffes ab.

Durch die bereits auf Ebene der OECD eingetretene Aufweichung des Betriebstättenbegriffes, können bei Vorliegen der geschilderten Voraussetzungen im Wege des Alternativtatbestandes der echten Dienstleistungsbetriebstätte durch explizite Aufnahme des Tatbestandes in DBA bzw. im Wege einer weiten Auslegung des Wortlautes des Art. 5 OECD-MA durch den OECD-Musterkommentar unechte Dienstleistungsbetriebstätten ohne eine eigene feste Geschäftseinrichtung des Unternehmens, dem die Betriebstätte zugerechnet wird, begründet werden.[587]

bb) Auswirkungen der Entwicklungen

(1) Nationale Rechtslage

In Bezug auf die echte Dienstleistungsbetriebstätte enthält das deutsche Steuerrecht keinen entsprechenden Tatbestand.[588] Ausweislich der Bemerkungen zum OECD-Musterkommentar wendet sich Deutschland hinsichtlich der unechten Dienstleistungsbetriebstätten ausdrücklich gegen die Annahme einer Betriebstätte in der zuvor geschilderten Konstellation des Anstreichers und betont weiterhin das Erfordernis einer gewissen Verfügungsmacht bei der Benutzung von Räumen

---

584 *OECD*, Interpretation and Application of Article 5 (Permanent Establishment) of the OECD Model Tax Convention, 12.10.2011–10.02.2012, S. 45, zusätzliche Erläuterungen S. 8–10.

585 *OECD*, Interpretation and Application of Article 5 (Permanent Establishment) of the OECD Model Tax Convention, 12.10.2011–10.02.2012, S. 50, zusätzliche Erläuterungen S. 18–20.

586 *Ditz/Quilitzsch*, FR 2012, 493, 495f., dort auch m.w.N. zum folgenden Text.

587 Vgl. *Görl*, StbJb 2004/2005, 81, 84f.; *Rautenstrauch/Binger*, Ubg 2009, 619, 622; *Wassermeyer*, in: Debatin/Wassermeyer, Art. 5 OECD-MA, Rn. 10a (Juli 2009); *Rosenberger/Vitali/Ziehr*, IStR Beilage zu Heft 18/2010, 1, 3ff.; *Ditz/Quilitzsch*, FR 2012, 493, 494f.

588 *Rosenberger/Vitali/Ziehr*, IStR Beilage zu Heft 18/2010, 1, 14.

zur Ausübung einer Tätigkeit und steht damit der internationalen Entwicklung auf Ebene der OECD zumindest skeptisch gegenüber.[589]

Demgemäß befasste sich der Regierungsentwurf eines Jahressteuergesetzes 2013[590] sowie die anschließende Gesetzesänderung des AStG zwar auch mit der Betriebstätte, allerdings unter dem Aspekt der Anpassung der Betriebstättengewinnermittlung an internationale Gepflogenheiten und nicht mir der Problematik der echten oder unechten Dienstleistungsbetriebstätte.[591]

Die bisherige Rechtsprechung des BFH hat für die Annahme einer Betriebstätte die reine Nutzung von Räumen wie im OECD-Beispiel des Anstreichers nicht ausreichen lassen, sondern auch eine gewisse Verfügungsmacht gefordert.[592] Jedoch lässt eine Entscheidung des BFH neueren Datums es für die Begründung einer Betriebstätte eines Unternehmens ausreichen, dass mittels eines Vertrages Aufgaben übertragen wurden, um der Tätigkeit des Unternehmens nachzugehen. Denn infolge des Vertrages sei eine Verfügungsmacht begründet worden, sich zur Umsetzung der eigenen Tätigkeit der personellen und sachlichen Ressourcen des anderen Vertragspartners im Rahmen des Vertrages zu bedienen.[593] Hierin wird in einer durchaus kontroversen Diskussion teilweise eine Tendenz der Rechtsprechung gesehen, für die Verfügungsmacht eine andauernde Nutzung der Ressourcen eines Dritten per Vertrag genügen zu lassen[594], bzw. eine Abkehr von der bisherigen Rechtsprechung zur Gründung einer Betriebstätte im Verhältnis zwischen Auftraggeber und Subunternehmer.[595]

Inwiefern diese Entscheidung die Grundlage für eine dauerhafte Ausdehnung des Betriebstättenbegriffes etwa hin zu einer Dienstleistungsbetriebstätte begründet, bleibt indes abzuwarten.

---

589 Tz. 45.7-45.9 OECD-Musterkommentar zu Art. 5 OECD-MA, abgedruckt in Debatin/Wassermeyer, Art. 5 OECD-MA, MK (Januar 2009); siehe auch *Wichmann*, FR 2011, 1082, 1084f.

590 Entwurf eines Jahressteuergesetzes 2013, BT/Drs. 17/10000.

591 BT/Drs. 17/10000, 21ff.: Art. 5: Änderung des Außensteuergesetzes, Begründung S. 75f.; zum Referentenentwurf des Jahressteuergesetzes 2013 *Baldamus*, IStR 2012, 317f.; siehe zur Gewinnermittlung bei einer Betriebstätte unten S. 123f.; siehe zur Änderung des AStG im Jahre 2013 Art. 6 des Gesetzes zur Umsetzung der Amtshilferichtlinie sowie zur Änderung steuerlicher Vorschriften (Amtshilferichtlinie-Umsetzungsgesetz-AmtshilfeRLUmsG) vom 26. Juni 2013, BGBl. I 2013, 1809, 1826f.

592 Vgl. BFH, BeckRS 2004, 25007151; BFH, IStR 2008, 702f.

593 BFH, BFHE 234, 339, 348, Rz. 23 = IStR 2011, 925, 929.

594 Vgl. *Elser/Bindl*, FR 2012, 44, 45f. unter anderem unter Bezug auf BFH, BeckRS 2011, 95635, Rz. 35f.

595 Kritisch *Wassermeyer*, IStR 2011, 931f.; *Blumers/Weng*, DStR 2012, 551ff.; *Ditz/Quilitzsch*, FR 2012, 493, 499f., vgl. dort auch zum folgenden Text.

(2) Auswirkungen auf bestehende DBA

Eine Anschlussfrage, die sich aus der Entwicklung hin zur Annahme einer Dienstleistungsbetriebstätte ergibt ist, ob die Auslegung des Art. 5 OECD-MA durch die OECD Einfluss auf bereits bestehende DBA nimmt oder nur für neu abgeschlossene DBA Wirkung entfaltet.[596]

Zunächst ist festzuhalten, dass der OECD-Musterkommentar keine unmittelbare rechtliche Wirkung zeitigt, da er nicht in nationales Recht transformiert wurde und somit lediglich eine Interpretationshilfe bietet. Änderungen des OECD-Musterkommentars können folglich schon allein in Anbetracht von Art. 59 II 1 GG bereits in nationales Recht umgesetzte DBA nicht ändern.[597]

Demgegenüber soll nach Ansicht der OECD der OECD-Musterkommentar auch dann zur Auslegung genutzt werden, wenn es sich um ein schon längere Zeit existierendes DBA handelt. Begründet wird dies mit der Tatsache, dass es sich bei einer Neufassung des OECD-Musterkommentars um den Willen der Mitglieder handelt, der dann auch in die bereits bestehenden DBA interpretiert werden soll.[598] Diesem Ansatz scheint sich das Bundesfinanzministerium bzw. scheinen sich Vertreter desselben angeschlossen zu haben.[599]

Die h.M. wendet sich gegen diesen Ansatz unter Verweis auf die erwähnten verfassungsrechtlichen Bedenken und den Hinweis, dass bei Abschluss eines DBA den Begrifflichkeiten nur die Bedeutung zugemessen werden kann, die sie im Zeitpunkt des Abschlusses hatten,[600] bzw. der Wille der Vertragsparteien des ursprünglichen Abkommens keinen Niederschlag in einer neueren Kommentierung findet.[601]

Mithin kokettiert nur das Bundesfinanzministerium mit einem Einfluss neuer Auslegungsempfehlungen des OECD-Musterkommentars auf bereits bestehende DBA, wohingegen die h.M. dies auf neu abzuschließende DBA beschränkt. Sollte es aufgrund dieser unterschiedlichen Ansichten entgegen der h.M. zur Qualifikation einer Betriebstätte durch die Finanzverwaltung zu Lasten des Unternehmens kommen, verbleibt dem Unternehmen noch die Möglichkeit, die Rechtslage gerichtlich zu klären.

---

596 *Roth*, StbJb 2010/2011, 167, 170.

597 Vgl. *Schnitger*, IStR 2002, 407, 408; Vgl. *Wassermeyer*, in: Debatin/Wassermeyer, Vor Art. 1 OECD-MA, Rn. 34 (Januar 2008); *Schaumburg*, Internationales Steuerrecht, Rn. 16.76; *Ditz/Quilitzsch*, FR 2012, 493; Siehe dazu auch Tz. 3 der Einleitung des OECD-Musterkommentars, abgedruckt in Debatin/Wassermeyer, Vor Art. 1 OECD-MA, MK (Januar 2008).

598 Vgl. Tz. 33–35 OECD-Musterkommentar Einleitung, abgedruckt in Debatin/Wassermeyer, Vor Art. 1 OECD-MA, MK (Januar 2006).

599 So explizit Ministerialrat *Wichmann*, FR 2011, 1082, 1083f.

600 Vgl. *Lang*, IStR 2007, 606, 607; ausführlich m.w.N. *Vogel*, in: Vogel/Lehner, DBA, Einl. Rn. 127; vgl. *Wassermeyer*, in: Debatin/Wassermeyer, Vor Art. 1 OECD-MA, Rn. 60 (Januar 2008); *Schaumburg*, Internationales Steuerrecht, Rn. 16.77.

601 St. Rspr. vgl. BFH, BFHE 229, 322, 333, Rz. 32 = BStBl. II 2011, 156, 160f.; vgl. BFH, BFHE 232, 476, 484, Rz. 21 = IStR 2011, 345, 349; BFH, BFHE 234, 63, 69, Rz. 19 = IStR 2011, 688, 690.

Zwar ist der Steuerstreit ein legitimes Mittel, gerade im Bereich der Steuerplanung Rechtssicherheit zu erlangen, allerdings ist es vor einer gerichtlichen Klärung aufgrund von Faktoren wie Dauer des Verfahrens, Unsicherheit des Ausgangs und Kosten ratsam, eine Einigung mit der zuständigen Finanzbehörde zu versuchen.[602]

3. *Konsequenzen für Unternehmen*

Die Bandbreite möglicher Betriebstätten nach bisheriger Definition sowie die Aufweichung des Begriffes der Betriebstätte führen dazu, dass sich das Unternehmen an unerwarteten Stellen mit der Existenz von Betriebstätten konfrontiert sehen kann.[603] Ob eine Betriebstätte vorliegt oder nicht, ist für das Unternehmen gerade wegen der zentralen Bedeutung des Betriebstättenbegriffes für die Besteuerung der Unternehmen auch im Lichte drohender, erheblicher Steuernachforderungen von enormer Relevanz.[604]

a) Problem der Identifikation einer Betriebstätte

Zunächst besteht das grundsätzliche Problem, eine Betriebstätte zu identifizieren, was in Anbetracht der weiten Auslegung des Begriffes der Betriebstätte in Art. 5 OECD-MA verbunden mit einer begrifflichen Unschärfe selbst im OECD-Musterkommentar Schwierigkeiten bereitet.[605] Speziell der Begriff der Dienstleistung ist im OECD-Musterkommentar nicht präzise definiert, was für Unternehmen eine große Rechtsunsicherheit bedeutet, welche unternehmerischen Tätigkeiten als Betriebstätte zu qualifizieren sind und welche nicht. Eine gewisse Orientierung aber keine abschließende Gewissheit bietet insoweit der Ansatz, dass Dienstleistungen dann vorliegen sollen, wenn sie im Interesse eines Dritten sind.[606] Insofern müssten z.B. Shareholder Activities, d.h. Leistungen im Konzerninteresse, nicht als Dienstleistung erfasst werden, wobei sie nur schwerlich von Dienstleistungen im Interesse einzelner Tochtergesellschaften abzugrenzen sind.[607]

---

602 Siehe zum Steuerstreit bereits oben mit Nachweisen S. 20.

603 Vgl. *Roth*, StbJb 2010/2011, 167, 168.

604 Vgl. *Hoor*, IStR 2012, 17, 21; siehe bereits oben das einleitende Beispiel, S. 107ff.

605 *Rosenberger/Vitali/Ziehr*, IStR Beilage zu Heft 18/2010, 1, 6,ff., vgl. dort auch ausführlich zum folgenden Text m.w.N.

606 Vgl. BMF, Verwaltungsgrundsätze Einkunftsabgrenzung, BStBl. I 1983, 218, 229, Tz. 6.2.2.; vgl. *Baumhoff*, in: Flick/Wassermeyer/Baumhoff, § 1 AStG, Anm. 635.3 m.w.N. zur Verrechenbarkeit von Dienstleistungen; Tz. 42.30 OECD-Musterkommentar zu Art. 5 OECD-MA, abgedruckt in Debatin/Wassermeyer, Art. 5 OECD-MA, MK (Januar 2009).

607 *Rosenberger/Vitali/Ziehr*, IStR Beilage zu Heft 18/2010, 1, 6 m.w.N., dort auch zum folgenden Text.

Problematisch könnten beispielsweise auch Leistungen sein, die sich aus einer Lieferung, deren Gewinn im Regelfall nicht der Betriebstätte zugerechnet wird[608], und einer Dienstleistung zusammensetzen: in welcher Konstellation ist es etwa im Falle der Lieferung einer Anlage mit anschließender Wartung denkbar, den Dienstleistungsbestandteil einer isolierten Besteuerung nach den Grundsätzen der Betriebstätte zuzuführen und in welcher Konstellation gerade nicht. Somit bleiben trotz dieser Orientierungshilfe weiterhin Sachlagen unklar.

b) Folgen der Identifikationsprobleme

Bereits die OECD schildert in ihrem Musterkommentar Risiken und Bedenken, die auch auf andere Betriebstätten als Dienstleistungsbetriebstätten übertragen werden können, ohne jedoch eine Konsequenz im Hinblick auf die einschlägigen Regelungen gezogen zu haben.[609] Angeführt wird in Bezug auf die Dienstleistungsbetriebstätte zunächst das Problem einer zusätzlichen Belastung sowohl für Unternehmen als auch die Steuerverwaltung: Sofern die Besteuerung an die Zeit des Aufenthaltes anknüpft muss diese Zeit genau bestimmt werden, wobei sich Unternehmen insbesondere dann dem Risiko einer ungewollten Betriebstätte aussetzen, wenn sich der Aufenthalt wegen zuvor nicht absehbarer Widrigkeiten oder auch spezieller Wünsche des Auftraggebers in die Länge zieht. Wird auf diese Weise eine Betriebstätte begründet, sieht sich das Unternehmen der Schwierigkeit ausgesetzt, nunmehr die steuerlichen Pflichten, die mit einer Betriebstätte einhergehen, im Nachhinein erfüllen zu müssen. Konkret ist in diesem Zusammenhang insbesondere das Führen von Büchern und Aufzeichnungen nach dem jeweils geltenden Recht zu nennen[610], um eine Gewinnabgrenzung[611] zwischen der Betriebstätte und dem Stammhaus vornehmen zu können. Ein weiterer Aspekt ist auch die Einhaltung der lohnsteuerlichen Pflichten im Tätigkeitsstaat des für die Dienstleistung eingesetzten Arbeitnehmers[612,613].

Neben diesen Belastungen für das Unternehmen führt die Rechtsunsicherheit rund um den Betriebstättenbegriff direkt in die Doppelbesteuerung. Das ist insbesondere dann der Fall, wenn sich der andere Staat, in dem sich die ausländische Betriebstätte des Unternehmens mit Stammhaus in Deutschland befindet, für eine von der „deutschen Auslegung" des Begriffes abweichende Deutung entscheidet,

---

608 Tz. 25 OECD-Musterkommentar zu Art. 7 OECD-MA, abgedruckt in Debatin/Wassermeyer, Art. 5 OECD-MA, MK (Januar 2009).

609 *Rosenberger/Vitali/Ziehr*, IStR Beilage zu Heft 18/2010, 1, 6.

610 Vgl. dazu auch unten zur Gewinnermittlung S. 123ff. und zur Dokumentation S. 128ff.

611 Zur Gewinnabgrenzung siehe auch ausführlich S. 117ff.

612 Siehe dazu im Rahmen des Risikobereichs „Risikokonglomerat Expatriates" S. 132ff.

613 Tz. 42.11–42.13 OECD-Musterkommentar zu Art. 5 OECD-MA, abgedruckt in Debatin/Wassermeyer, Art. 5 OECD-MA, MK (Januar 2009); ebenso bereits *Wassermeyer*, in FS Kruse, 589, 591f.

indem er der Ausweitung des Begriffes z.B. nicht ablehnend gegenübersteht und damit in unterschiedlichen Konstellationen als die deutsche Finanzbehörde eine Betriebstätte annimmt.[614]

Immerhin besteht noch die Möglichkeit, ein Verständigungsverfahren durchzuführen, jedoch gewährleistet auch ein Verständigungsverfahren keine nachträgliche Vermeidung der Doppelbesteuerung: neben die Lange Verfahrensdauer tritt erschwerend die Tatsache, dass kein Anspruch auf eine Einigung zwischen den Staaten im Verfahren gibt.[615]

4. *Gewinnabgrenzung und Gewinnermittlung bei Betriebstätten*

a) Gewinnabgrenzung

Zwar handelt es sich bei einer Betriebstätte um einen unselbstständigen Teil des gesamten Unternehmens, gleichwohl ist aufgrund der Anknüpfung an das Ergebnis der Betriebstätte zum Zwecke der Besteuerung eine Abgrenzung des Gewinns zwischen Stammhaus und Betriebstätte notwendig.[616]

aa) Authorized OECD Approach

Zwecks Abgrenzung des Gewinns wurden zur Regelungsebene der OECD ursprünglich auf Grundlage des Art. 7 OECD bis zu seiner Neufassung im Jahre 2010[617] zwei Ansätze vertreten:[618] Der „Relevant Business Activity Approach" orientiert sich an der Funktion der Betriebstätte im Unternehmen und ordnet ihr einen der Funktion korrespondierenden Gewinn zu, womit der Betriebstätte eine eingeschränkten Selbstständigkeit zugestanden wird.[619] Dagegen fingierte der „Functional Separate Entity Approach" die Betriebstätte als vollständig eigenständiges Unternehmen.[620] Die Neufassung des Art. 7 OECD-MA etabliert zur Vereinheitlichung den „Authorized OECD

---

614 Vgl. *Wassermeyer*, in FS Streck, 589, 591f.; *Rautenstrauch/Binger*, Ubg 2009, 619, 623, dort auch zum folgenden Text; vgl. ebenfalls kritisch *Korff*, IStR 2009, 231f.; *Rosenberger/Vitali/Ziehr*, IStR Beilage zu Heft 18/2010, 1, 6.

615 Siehe ausführlich zu den Nachteilen des Verständigungsverfahrens oben S. 71ff.

616 Vgl. *Jacobs*, Internationale Unternehmensbesteuerung, S. 667f.; *Kußmaul/Ruiner/Delarber*, Ubg 2011, 837.

617 Zur Neufassung siehe *OECD*, The 2010 Update to the Model Tax Convention, 22.07.2010, S. 3f.

618 Vgl. *Förster/Naumann/Rosenberg*, IStR 2005, 617, 621; vgl. *Roth*, StbJb 2010/2011, 167, 180.

619 *OECD*, Report on the Attribution of Profits to Permanent Establishments, 17.07.2008, S. 23f., Tz. 61–68; *Frotscher*, Internationale Steuerrecht, Rn. 282; *Kroppen*, FS Herzig, 1071, 1073f.

620 *OECD*, Report on the Attribution of Profits to Permanent Establishments, 17.07.2008, S. 25, Tz. 69–71; *Frotscher*, Internationales Steuerrecht, Rn. 282; *Brüninghaus*, in: Vögele/Borstell/Engler, Verrechnungspreise, K, Rn. 51; *Kußmaul/Ruiner/Delarber*, Ubg 2011, 837, 840.

Approach" (AOA), der die Betriebstätte auf Grundlage des „Functional Separate Entity Approachs" im Ergebnis wie ein selbstständiges Unternehmen behandelt.[621] Dazu werden in Ermangelung zivilrechtlicher Verträge zwischen der Betriebstätte und dem Stammhaus wegen der rechtlichen Unselbständigkeit der Betriebstätte „dealings" zwischen der selbständigen Betriebstätte und dem Stammhaus zugelassen, die dem dealing at arm's length Prinzip, d.h. dem Fremdvergleich, unterworfen werden.[622]

Nach dem Willen der OECD vollzieht sich die eigentliche Zuordnung des Gewinns beim AOA in zwei Schritten. Zuerst ist eine Funktions- und Risikoanalyse vorzunehmen, die sowohl der Betriebstätte als auch dem Stammhaus die wahrgenommenen Funktionen und Risiken sowie Wirtschaftsgüter zuweist.[623] Angeknüpft wird für die Zuordnung zur Betriebstätte an die „significant people functions", also an wesentliche Personalfunktionen, so dass die Zuordnung am für die Betriebstätte handelnden Personal verankert wird.[624]

Bei immaterielle Wirtschaftsgüter unterteilt in „marketing intangibles" (z.B. Marken, Warenzeichen) und „trade intangibles" (z.B. Patente) erfolgt eine abweichende Zuordnung: „trade intangibles" werden der Betriebstätte zugeordnet, die für ihre Entwicklung verantwortlich gewesen ist und das entsprechende Risiko getragen hat, bei „marketing intangibles" wird auf die Entwicklung und Kontrolle von Markenstrategien sowie Schutzmaßnahmen abgestellt.[625]

Zudem sind die bereits angesprochenen „dealings" zwischen Betriebstätte und Stammhaus zu erkennen und zu bestimmen ebenso wie das Dotationskapital, resultierend aus Risiken und Wirtschaftsgüter, die der Betriebstätte zugeordnet werden können.[626] Diese Identifikation der „dealings" erscheint nicht unproblematisch beispielsweise angesichts der Tatsache, dass keine rechtlich bindenden Vertragsunterlagen existieren. Aus diesem Grunde setzt die OECD Merkmale voraus, die nicht jede interne Transaktion als „dealing" qualifizieren, sondern eine wirtschaftliche

---

621 *OECD*, Report on the Attribution of Profits to Permanent Establishments, 17.07.2008, S. 26f., Tz. 72–79; *Brüninghaus*, in: Vögele/Borstell/Engler, Verrechnungspreise, K, Rn. 66; *Digeronimo/Kolb*, IWB 2011, 26, 28; *Kußmaul/Ruiner/Delarber*, Ubg 2011, 837, 840.

622 Vgl. *Kahle/Mödinger*, IStR 2010, 757, 761f.; *Ditz/Tcherveniachki*, Ubg 2012, 101, 105.

623 Tz. 20–22 OECD-Musterkommentar zu Art. 7 OECD-MA, abgedruckt in *OECD*, The 2010 Update to the Model Tax Convention, 22.07.2010, S. 24f., dort auch zum folgenden Text; vgl. ausführlich m.w.N. *Kroppen*, FS Herzig, 1071, 1075ff.

624 Vgl. bereits *Förster*, IWB 2007, 147, 148; *OECD*, 2010 Report on the Attribution of Profits to Permanent Establishments, 22.07.2010, S. 25, Tz. 62, S. 26f., Tz. 68; *Kußmaul/Ruiner/Delarber*, Ubg 2011, 837, 841f.

625 *OECD*, Report on the Attribution of Profits to Permanent Establishments, 17.07.2008, S. 37f., Tz. 122, 128 = *OECD*, 2010 Report on the Attribution of Profits to Permanent Establishments, 22.07.2010, S. 32f., Tz. 91, 97; *Kußmaul/Ruiner/Delarber*, Ubg 2011, 837, 842; *Baldamus*, IStR 2012, 317, 318.

626 Tz. 21 OECD-Musterkommentar zu Art. 7 OECD-MA, abgedruckt in *OECD*, The 2010 Update to the Model Tax Convention, 22.07.2010, S. 24; vgl. *Baldamus*, IStR 2012, 317, 318.

Signifikanz bei der Funktions- und Risikoanalyse aufweisen müssen. Als Mittel zur Feststellung dieser Signifikanz kann die Buchführung des Unternehmens dienen, die die internen Transaktionen erfasst hat.[627]

Im zweiten Schritt werden die „dealings“ ohne Einschränkung dem Fremdvergleich unterworfen und die Anwendung der OECD-Leitlinien auf besagte „dealings“ festgelegt.[628] Insbesondere sollen die in den OECD-Leitlinien festgelegten Kriterien der Vergleichbarkeit bei Transaktionen von nicht miteinander verbundenen Unternehmen entweder direkt im Falle der Kriterien „characteristics of property or services“, „economic circumstances“, „business strategies“ oder analog im Falle der Kriterien „functional analysis“, „contractual terms“ angewendet werden.[629]

bb) Die Rechtslage in Deutschland

(1) Direkte und indirekte Methode bis 2013

Bis zum Erlass des Amtshilferichtlinien Umsetzungsgesetzes vom 26. Juni 2013 und der Änderung des §§ 1 IV, V AStG durch Art. 6 dieses Gesetzes[630] waren für die Gewinnabgrenzung in Deutschland mit der direkten Methode, die auf dem „Functional Separate Entity Approach“ basiert und gegenüber der indirekten Methode, die sich an den „Relevant Business Activity Approach“ anlehnt, grundsätzlich vorrangig anzuwenden ist[631], zwei unterschiedliche Ansätze zur Gewinnzuordnung anerkannt.[632] Die direkte Methode sah eine gesonderte Gewinnermittlung für die Betriebstätte aufgrund einer eigenen Buchführung der Betriebstätte vor, wohingegen die indirekte Methode eine Aufteilung des Gesamtgewinns des Unternehmens auf Betriebstätte und Stammhaus anhand eines Verteilungsschlüssels, wie z.B. Umsatz, Lohn- oder Materialkosten vornahm.[633] Demnach behandelte die direkte Methode die Betriebstätte nicht als

627 *OECD*, Report on the Attribution of Profits to Permanent Establishments, 17.07.2008, S. 54f., Tz. 210–216; *OECD*, 2010 Report on the Attribution of Profits to Permanent Establishments, 22.07.2010, S. 19f., Tz. 35f.

628 Tz. 22 OECD-Musterkommentar zu Art. 7 OECD-MA, abgedruckt in *OECD*, The 2010 Update to the Model Tax Convention, 22.07.2010, S. 25, dort auch zum folgenden Text; vgl. ausführlich m.w.N. *Kroppen*, FS Herzig, 1071, 1082ff.

629 Zur Problematik der Bestimmung eines fremdvergleichskonformen Verrechnungspreises siehe bereits oben ausführlich m.w.N., S. 59ff, 98ff.

630 Art. 6 des Gesetzes zur Umsetzung der Amtshilferichtlinie sowie zur Änderung steuerlicher Vorschriften (Amtshilferichtlinie-Umsetzungsgesetz-AmtshilfeRLUmsG) vom 26. Juni 2013, BGBl. I 2013, 1809, 1826f.

631 BFH, BStBl. II 1972, 785, 789; BFH, BStBl. II 1985, 405, 407; BFH, BStBl. II 1986, 785, 786; BFH, BStBl. II 1993, 63, 65.

632 Vgl. dazu bereits *Kumpf*, StbJb 1988/1989, 399, 409; BMF, Betriebstätten-Verwaltungsgrundsätze, BStBl. I 1999, 1076, 1084f., Tz. 2.3; *Frotscher*, Internationales Steuerrecht, Rn. 284ff.; vgl. *Brüninghaus*, in: Vögele/Borstell/Engler, Verrechnungspreise, K, Rn. 53f.

633 BMF, Betriebstätten-Verwaltungsgrundsätze, BStBl. I 1999, 1076, 1084f., Tz. 2.3.1f.; Siehe auch *Wied*, in: Blümich, EStG, KStG, GewStG, § 49 EStG, Rn. 76 (Februar 2012).

rechtliche, sondern als wirtschaftlich eigenständige Einheit[634], wobei in den Fällen, in denen keine eindeutige Zuordnung von Betriebseinnahmen oder -ausgaben durch das Erwirtschaftungs- bzw. Verursachungsprinzip möglich war, die Aufteilung im Wege der Schätzung vorgenommen werden konnte.[635] Wirtschaftsgüter wurden entweder dem Stammhaus oder der Betriebstätte zugeordnet: hierbei waren der Betriebstätte die Wirtschaftsgüter zuzusprechen, die der Erfüllung ihrer Funktion dienten.[636] Falls dies zu keinem eindeutigen Ergebnis führte, war auf einen erkennbaren Willen der Zuordnung abzustellen, wobei die Buchführung und die Bilanzierung, die eine Zuweisung der Wirtschaftsgüter vornahm, als Kriterium herangezogen werden konnten.[637]

(2) Die Neuregelung des § 1 IV, V AStG im Jahre 2013

De lege lata wurde zurückgehend auf Art. 5 des Entwurfs eines Jahressteuergesetzes 2013[638] durch Art. 6 des Amtshilferichtlinien Umsetzungsgesetzes vom 26. Juni 2013[639] die Vorschrift § 1 IV, V AStG mit den Intention novelliert, den AOA der OECD, d.h. den Fremdvergleich auch auf das Verhältnis Stammhaus und Betriebstätte bei Fragen der Gewinnaufteilung (Outbound-Fall) und Gewinnermittlung (Inbound-Fall) anzuwenden.[640]

Die neue Fassung des § 1 IV AStG erfasst in § 1 IV 1 Nr. 2 nunmehr unter einer Geschäftsbeziehung auch die Geschäftsvorfälle zwischen einem Unternehmen eines Steuerpflichtigen und einer in einem anderen Staat gelegenen Betriebstätte als anzunehmende schuldrechtliche Beziehungen, so dass die „dealings" der OECD unter dieser Bezeichnung Eingang in das AStG finden.[641]

Im Einzelnen sieht § 1 V 1 AStG die Anwendung des Fremdvergleichsgrundsatzes vor und statuiert zu diesem Zweck in § 1 V 2 AStG, dass die Betriebstätte

---

634 BFH, BStBl. II 1986, 785, 786; BFH, BStBl. II 1993, 63, 65.

635 BMF, Betriebstätten-Verwaltungsgrundsätze, BStBl. I 1999, 1076, 1084, Tz. 2.3.1; vgl. *Brüninghaus*, in: Vögele/Borstell/Engler, Verrechnungspreise, K, Rn. 56.

636 BFH, BStBl. II 1993, 63, 65.

637 Siehe bereits RFH, RFHE 39, 1, 4f. = RStBl. 1936, 590, 591; vgl. BFH, BStBl. II 1987, 550, 551; BFH, BStBl. II 1993, 63, 65 m.w.N.; BMF, Betriebsstätten-Verwaltungsgrundsätze, BStBl. I 1999, 1076, 1085, Tz. 2.4; ebenso BMF, Betriebsstätten-Verwaltungsgrundsätze nach SEStEG, BStBl. I 2009, 888, 889, Tz. 2.4.

638 Gesetzesentwurf der Bundesregierung, Entwurf eines Jahressteuergesetzes 2013, BT-Drs. 17/10000, S. 18ff., 61ff.

639 Gesetz zur Umsetzung der Amtshilferichtlinie sowie zur Änderung steuerlicher Vorschriften (Amtshilferichtlinie-Umsetzungsgesetz-AmtshilfeRLUmsG), BGBl. I 2013, 1809, 1826f.

640 BT-Drs. 17/10000, S. 63f.; BR-Drs. 302/12, S. 104; vgl. *Wassermeyer*, IStR 2012, 277; *Schnitger*, IStR 2012, 633, 634; *Pohl*, in: Blümich, EStG, KStG, GewStG, § 1 AStG, Rn. 195 (August 2013); *Ditz/Quilitzsch*, IStR 2013, 1917, 1918f.; *Schnorberger/Sassmann/Shekhovtsova*, IStR 2014, 81.

641 BT-Drs. 17/10000, S. 63; BR-Drs. 302/12, S. 103; vgl auch *Baldamus*, IStR 2012, 317, 318f.

grundsätzlich wie ein eigenständiges und unabhängiges Unternehmen behandelt werden soll, was mit dem „Functional Separate Entity Approach" der direkten Methode bzw. des AOA korrespondiert.[642] Ausgerichtet am bereits beschriebenen Vorgehen beim AOA in zwei Schritten („two-step-approach")[643], regelt § 1 V 3 Nr. 1–4, V 4 AStG im ersten Schritt der Betriebstätte die Personalfunktion, die Vermögenswerte, Chancen sowie Risiken und das Dotationskapital zuzuweisen und im zweiten Schritt die Geschäftsbeziehungen („dealings") sowie die Verrechnungspreise im Wege des Fremdvergleichs zu bestimmen.

Indes ist die entsprechende Anwendung des § 1 I, III, IV AStG durch den Verweis in § 1 V 1 AStG und damit u.a. die Korrektur des Verrechnungspreises auf dem die Gewinnaufteilung zwischen der ausländischen Betriebstätte und dem inländischen Unternehmen fußt, auf die Konstellation der Vermeidung einer Erhöhung der ausländischen Einkünfte der Betriebstätte reduziert und fungiert damit lediglich als unilaterale Korrektur ausschließlich zu Gunsten des deutschen Fiskus.[644]

Fernerhin resultiert aus der Regelung des § 1 V AStG für die Unternehmen latent die Gefahr einer Doppelbesteuerung, da die Norm ohne Unterschied unabhängig vom Bestehen oder Nichtbestehen eines DBA alle Sachverhalte mit Betriebstätten erfasst. Angesichts der Tatsache, dass die Mehrheit der deutschen DBA gerade nicht dem AOA folgt, droht eine abweichende Wertung des anderen Vertragsstaates, die sich nur per Verständigungs- oder Schiedsverfahren mit den bekannten Nachteilen[645] lösen lässt.[646] Da der Gesetzgeber diese Gefahr lokalisiert hat, enthält § 1 V 8 AStG einen sog. „Treaty Override", indem der Vorrang des DBA vor der Regelung des § 1 V AStG an den von dem Steuerpflichtigen bzw. dem Unternehmen zu erbringen Nachweis gekoppelt wird, dass der andere Vertragsstaat die Besteuerung gemäß des DBA vornimmt und damit durch § 1 V 1–7 AStG eine Doppelbesteuerung eintreten würde.[647] Wie dieser Nachweis im Detail zu erbringen ist, ist bis auf den ein wenig kryptisch anmutenden Hinweis in der Gesetzesbegründung, dass der Nachweis „im Regelfall durch Vorlage des entsprechenden ausländischen Steuerbescheids und ergänzender Unterlagen"[648] erbracht werden kann, bisher für die Praxis unklar, was nicht gerade zur Rechtssicherheit für die betroffenen Unternehmen beiträgt.[649]

---

642 Vgl. *Wassermeyer*, IStR 2012, 277; vgl. *Baldamus*, IStR 2012, 317, 319; vgl. *Schnitger*, IStR 2012, 633, 634.

643 Siehe dazu bereits ausführlich m.w.N. S. 117ff.

644 *Baldamus*, IStR 2012, 317, 319; *Schnitger*, IStR 2012, 633, 634.

645 Siehe dazu bereits ausführlich S. 71ff.

646 *Ditz/Quilitzsch*, IStR 2013, 1917, 1919, dort auch zum folgenden Text.

647 Zu § 1 V 8 AStG als Treaty Override: krit.: *Gebhardt*, BB 2013, 2353, 2354f.; *Hemmelrath/Kepper*, IStR 2013, 37, 41; *Pohl*, in: Blümich, EStG, KStG, GewStG, § 1 AStG, Rn. 206 (August 2013).

648 BT/Drs. 17/10000, S. 65; BR-Drs. 302/12, S. 107.

649 Vgl. *Schnitger*, IStR 2012, 633, 642; *Ditz/Quilitzsch*, IStR 2013, 1917, 1919; vgl. *Pohl*, in: Blümich, EStG, KStG, GewStG, § 1 AStG, Rn. 207f. (August 2013).

Zudem erfasst § 1 V 8 AStG nicht die Konstellation, in der kein DBA besteht und der andere Vertragsstaat gleichwohl nicht den AOA der OECD anwendet, so dass in diesem Fall zunächst eine Doppelbesteuerung droht.

Ebenfalls nicht in den Anwendungsbereich des § 1 V 8 AStG fällt eine Doppelbesteuerung, die auf eine differierenden Auslegung eines bestehen DBA seitens Deutschlands und des anderen Staates zurückzuführen ist.[650]

Zur weiteren, detaillierten Regelung existiert in § 1 VI eine Ermächtigungsgrundlage zu Gunsten des Bundesfinanzministeriums um Einzelheiten des Fremdvergleichsgrundsatzes in Bezug auf § 1 I, III, V AStG und seiner einheitlichen Anwendung sowie die Grundsätze zur Bestimmung des Dotationskapitals festzulegen. Mit Hilfe dieser weitreichenden Verordnungsermächtigung sollen insbesondere Regelungen erlassen werden, die den AOA der OECD berücksichtigen, um auf diese Weise Deutschland Steuersubstrate zu wahren und Steuerkonflikte zu vermeiden.[651] Bereits im August des Jahres 2013 hat das Bundesfinanzministerium den „Entwurf einer Verordnung zur Anwendung des Fremdvergleichsgrundsatzes auf Betriebsstätten [sic] nach § 1 Absatz 5 des Außensteuergesetzes (Betriebsstättengewinnaufteilungsverordnung – BsGaV)“[652] veröffentlicht, der in seinem ersten Abschnitt als allgemeinen Teil die Zurechnung von Einkünften, die Zuordnung beispielsweise der Personalfunktion, der materiellen Wirtschaftsgüter, immaterieller Werte, usw., das Dotationskapital und die anzunehmenden schuldrechtlichen Beziehungen zu konkretisieren versucht und in seinem zweiten Abschnitt sich besonderen Betriebstätten wie der Bankbetriebstätte, der Versicherungsbetriebstätte, u.a. widmet. Inwiefern dieser Entwurf im Erlass einer für die Unternehmen hilfreichen, präzisierenden oder eher aufgrund komplexer Regelungen Unsicherheiten hervorrufenden Rechtsverordnung mündet, bleibt abzuwarten.

b) Gewinnermittlung

Die eigentliche Ermittlung des Gewinns, der zwischen Stammhaus und Betriebstätte aufzuteilen ist, erfolgt unabhängig von der Gewinnabgrenzung und unabhängig vom Bestehen eines DBA nach den jeweils einschlägigen nationalen Rechtsnormen, so dass für ein deutsches Unternehmen mit einer ausländischen Betriebstätte die Gewinnermittlung nach deutschem Recht zwecks Feststellung des Betrages der ausländischen Steuer, der entweder freizustellen oder anzurechnen[653] ist und nach

650 BT-Drs. 17/10000, S. 65f.; BR-Drs. 302/12, S. 107.

651 BT-Drs. 17/10000, S. 66; BR-Drs. 302/12, S. 108; vgl. dazu auch *Pohl*, in: Blümich, EStG, KStG, GewStG, § 1 AStG, Rn. 211 (August 2013).

652 http://www.bundesfinanzministerium.de/Content/DE/Downloads/Gesetze/2013-08-05-Betriebsstaettengewinnaufteilungsverordnung.pdf?__blob=publicationFile&v=1, zuletzt besucht am 23.05.2014.

653 Zur Anrechnung und Freistellung siehe S. 130 mit weiteren Nachweisen.

dem einschlägigen ausländischen Recht zwecks Feststellung des zu versteuernden Betrages im Ausland und damit doppelt zu erfolgen hat.[654]

Im nationalen Recht richtet sich die Gewinnermittlung für Unternehmen nach § 8 I KStG i.V.m. §§ 4, 5 EStG.[655] § 5 I EStG knüpft dazu an die Buchführungspflichten an, die sich beispielsweise aus §§ 238ff. HGB, § 141 AO ergeben.[656]

Für Betriebstätten ist exemplarisch noch auf § 4 I 3 EStG und § 12 I KStG, die eine Entnahme für betriebsfremde Zwecke fingieren sofern es zu einem Ausschluss oder einer Einschränkung des Besteuerungsrechts Deutschlands am Gewinn aus der Veräußerung oder der Nutzung eines Wirtschaftsguts kommt, hinzuweisen. Nach der Rechtsprechung des BFH[657] und der h.M.[658] sollte das deutsche Besteuerungsrecht bei einer Überführung eines Wirtschaftsguts vom Stammhaus in eine ausländische Betriebstätte mangels Gewinnrealisation i.S.d. § 4 I 2 EStG aufgrund eines fehlenden Außenumsatzes gerade nicht betroffen sein, so dass entgegen der eigentlichen Gesetzesbegründung[659] ein Leerlaufen der Norm angenommen wurde, was die Finanzverwaltung durch Nichtanwendungserlasse[660] hinsichtlich des BFH Urteils zu verhindern suchte.[661] Es bleibt abzuwarten, inwiefern die gesetzliche Neufassung im Rahmen des Jahressteuergesetzes 2010[662], die nun in § 4 I 4 EStG, § 12 I 2 KStG ausdrücklich die Überführung eines Wirtschaftsguts von Stammhaus zur Betriebstätte erfasst, gerade auch im Lichte des EuGH Urteils in der Sache National Grid Indus BV zur Entstrickung nach niederländischem Recht[663] sowie die Auswirkungen dieser Entscheidung auf die nationale Rechtslage die intendierte Klarheit und Rechtssicherheit in der Praxis bringt.[664] Gemäß diesem EuGH Urteil droht im Rahmen einer Sitzverlegung der Verlust der Besteuerung stiller Reserven in dem Staat, aus dem der Sitz verlegt wird.

---

654 *Kleineidam*, IStR 2000, 577f.; *Wassermeyer*, IStR 2004, 733; vgl. IStR 2005, 37, 38 m.w.N.; *Frotscher*, Internationales Steuerrecht, Rn. 280f.

655 Vgl. *Hey*, in: Tipke/Lang, Steuerrecht, § 17, Rn. 1ff.

656 Siehe zu Buchführungs- und Aufzeichnungspflichten bereits S. 51ff.; vgl. dazu auch *Brüninghaus*, in: Vögele/Borstell/Engler, Verrechnungspreise, K, Rn. 6–11.

657 Abkehr der Rechtsprechung von der Theorie der finalen Entnahme, BFH, BStBl. II 2009, 464, 469f.

658 *Rödder/Schumacher*, DStR 2006, 1481, 1483f.; vgl. bereits *Hidien*, in Kirchhof/Söhn/Mellinghoff, EStG, § 49, Rn. D 3100, 3126, 3146 (Mai 2007) *Wassermeyer*, IStR 2008, 176, 180; *Prinz*, DB 2009, 807, 810; *Kahle/Franke*, IStR 2009, 406, 408f. *Schneider/Oepen*, FR 2009, 22, 28; a.A.: *Mitschke*, DB 2009, 1376, 1377f.

659 BR-Drs. 542/06, S. 42.

660 BMF, Anwendung der Grundsätze des BFH Urteils v. 17. Juli 2008, BStBl. I 2009, 671, 672; BMF, Finale Entnahme und finale Betriebsaufgabe, BStBl. I 2011, 1278 = DStR 2011, 2355; siehe auch BMF, Betriebsstätte-Verwaltungsgundsätze nach SE-StEG, BStBl. I 2009, 888, 889, Tz. 2.6.1.

661 Vgl. die Übersicht bei *Ditz/Tcherveniachki*, Ubg 2012, 101, 102.

662 BGBl. I 2010, 1768.

663 EuGH, EuZW 2011, 951 = DStR 2011, 2334.

664 Vgl. *Ditz/Tcherveniachki*, Ubg 2012, 101, 102 zu Rechtunsicherheit vor Erlass des Jahressteuergesetzes 2010.

Allerdings soll nach Meinung des EuGH eine sofortige Einziehung der Steuer auf Grundlage noch nicht realisierter Wertzuwächse unverhältnismäßig sein, so dass als milderes Mittel eine Wahlfreiheit zwischen einer Sofortbesteuerung und einer Aufschiebung der Zahlung ggf. zzgl. Zinsen angesehen wird.[665] In diesem Zusammenhang stellt sich unter anderem die Frage, ob es bezogen auf § 4 I 3, 4 EStG, § 12 I 1, 2 KStG als ausreichend anzusehen ist, nach §§ 4g, 36 V EStG die Besteuerung auf die Dauer von 5 Jahren zu erstrecken, wobei die Auswirkungen des EuGH Urteils auf die nationalen Entstrickungsregelungen im Einzelnen in der Literatur umstritten sind.[666]

c) *Risikolage Gewinnabgrenzung und Gewinnermittlung*

aa) Gewinnabgrenzung und Gewinnermittlung

Grundsätzlich erfolgt die Aufteilung der Einkünfte zwischen dem Staat des Stammhauses und dem Staat der Betriebstätte auf Grundlage eines DBA.[667] Mangels einer unmittelbaren Geltung des OECD-MA muss der AOA erst in nationales Recht – wie durch das Jahressteuergesetz 2013 in Deutschland geschehen[668] – und in die DBA eingearbeitet werden, da zumindest nach deutscher Ansicht eine entsprechende Auslegung bestehender DBA im Lichte des nachträglich, d.h. nach Abschluss der DBA entwickelten AOA, ausscheidet.[669]

Bisher ist dieser Ansatz in das DBA zwischen Deutschland und den USA[670] aufgenommen worden, weitere DBA wie das DBA zwischen Deutschland und

665 EuGH, EuZW 2011, 951 = DStR 2011, 2334, Tz. 46f., Tz. 73ff., Tz. 85; siehe dazu bereits die Anmerkung zum EuGH Urteil von *Hruschka*, DStR 2011, 2343f., dort auch zum folgenden Text.

666 Vgl. ausführlich *Hoffmann*, in: Littmann/Bitz/Pust, EStR, §§ 4,5, Rn. 253a (Mai 2012), m.w.N. zu st. Auswirkungen des EuGH Urteils National Grid Indus BV auf die deutschen Entstrickungsregelungen.

667 BMF, Betriebsstätten-Verwaltungsgrundsätze, BStBl. I 1999, 1076, 1084, Tz. 2.2; ebenso BMF, Betriebsstätten-Verwaltungsgrundsätze nach SEStEG, BStBl. I 2009, 888, Tz. 2.2.

668 Siehe dazu oben S. 118ff.

669 Siehe dazu bereits oben ausführlich mit Nachweisen S. 114f.; ebenso *Andresen/Busch*, Ubg 2012, 451, 452; *Greier/Persch*, BB 2012, 1318, 1319.

670 Protokoll Nr. 4 zu Art. 7 des Abkommens zwischen der Bundesrepublik Deutschland und den Vereinigten Staaten von Amerika zur Vermeidung der Doppelbesteuerung und zur Vermeidung der Steuerverkürzung auf dem Gebiet der Steuern vom Einkommen und vom Vermögen und einiger anderer Steuern, BGBl. II 2008, 611, 851.

Liechtenstein[671], Deutschland und Luxemburg[672] sowie Deutschland und den Niederlanden[673] enthalten ihn in ihrer Neufassung ebenfalls, sind aber teilweise noch nicht ratifiziert.[674]

Im Ergebnis bestehen somit international wegen der unterschiedlichen Umsetzung in den einzelnen Ländern differierende Ansätze zur Abgrenzung der Einkünfte, so dass weiterhin trotz des nun neu geschaffenen AOA und seiner Umsetzung in deutsches Recht im § 1 V AStG eine Doppelbesteuerung bei ausländischen Betriebstätten droht, sofern die Abgrenzung nicht simultan zwischen dem Staat des Stammhauses und dem Betriebstättenstaat erfolgt.[675] Gleicherweise kann es zu einer Doppelbesteuerung kommen, wenn die Gewinnermittlung im Staat des Stammhauses nach der dortigen Rechtslage nicht der Gewinnermittlung des Rechts im Betriebstättenstaat entspricht, wobei diese Risikolage grundsätzlich unabhängig vom Bestehen eines DBA ist, d.h. dass auch im Falle eines Sachverhaltes, der einen Staat betrifft mit dem kein DBA abgeschlossen wurde, sich dieses geschilderte Risiko realisieren kann.

Das Risikofeld der Abgrenzung des Gewinns zwischen Stammhaus und Betriebstätte manifestiert sich im deutschen Recht bei einer abweichenden Beurteilung der Gewinnabgrenzung seitens der Finanzverwaltung: Falls die Finanzverwaltung in der Betriebsprüfung zu einem anderen Ergebnis als das Unternehmen kommen sollte, drohen dem Unternehmen Steuernachforderungen im Inland, die dann zugleich logisch eine Doppelbesteuerung nach sich ziehen, weil der Gewinn bereits im ausländischen Staat der Betriebstätte versteuert worden ist.[676]

Fokussiert auf die Diskrepanz zwischen der mangelnde Umsetzung des AOA in bestehenden DBA und die Zugrundelegung des AOA im neu geschaffenen § 1 V AStG und die damit im Raum stehende Doppelbesteuerung, schafft § 1 V 8 AStG nur bedingt Abhilfe, da sich das Gesetz selbst ausschweigt und nur in der Gesetzesbegründung

---

671 Art. 7 II des Abkommens zwischen der Bundesrepublik Deutschland und dem Fürstentum Liechtenstein zur Vermeidung der Doppelbesteuerung und der Steuerverkürzung auf dem Gebiet der Steuern vom Einkommen und vom Vermögen in der Fassung v. 17.11.2011.

672 Art. 7 II des Abkommens zwischen der Bundesrepublik Deutschland und Großherzogtum Luxemburg zur Vermeidung der Doppelbesteuerung und über gegenseitige Amts- und Rechtshilfe auf dem Gebiete der Steuern vom Einkommen und vom Vermögen sowie der Gewerbesteuern und der Grundsteuern in der Fassung v. 23.04.2012 siehe auch BR/Drs. 478/12, 5.

673 Art. 7 II des Abkommens zwischen der Bundesrepublik Deutschland und dem Königreich der Niederlande zur Vermeidung der Doppelbesteuerung auf dem Gebiete der Steuern vom Einkommen und vom Vermögen sowie verschiedener sonstiger Steuern und zur Regelung anderer Fragen auf steuerlichem Gebiete in der Fassung v. 12.04.2012.

674 Vgl. *Greier/Persch*, BB 2012, 1318, 1319.

675 Vgl. *Jacobs*, Internationale Unternehmensbesteuerung, S. 668, 679, dort auch zum folgenden Text; vgl. *Andresen/Busch*, Ubg 2012, 451, 452; vgl. *Kußmaul/Ruiner*, BB 2012, 2025, 2028.

676 *Wulf*, in: Streck/Mack/Schwedhelm, Tax Compliance, Rn. 2.415.

angedeutet wird, welche Anforderungen an den Nachweis der DBA-konformen Ausübung des Besteuerungsrechts des anderen Staates zu stellen sind, was für die beweisbelasteten Unternehmen misslich ist.[677]

Zudem findet § 1 V 8 AStG keine Anwendung, wenn die Doppelbesteuerung auf eine unterschiedliche Auslegung des DBA durch Deutschland und den anderen Staat zurückzuführen ist.[678]

Überdies zeigt die Rechtslage bei der Gewinnermittlung exemplarisch am Beispiel der § 4 I 3, 4 EStG, § 12 I 1, 2 KStG die Rechtsunsicherheit für die Unternehmen hinsichtlich der Überführung von Wirtschaftsgütern vom Stammhaus in die Betriebstätte. Die Unternehmen stehen vor dem Dilemma, wie die notwendige Überführung von Wirtschaftsgütern im Einklang mit dem geltenden Recht umgesetzt werden kann.

bb) Gegenberichtigung

Art. 7 III OECD-MA soll in Anlehnung an Art. 9 II OECD-MA[679] im Wege einer Gegenberichtigung nach erfolgter Korrektur der Gewinnzuordnung in dem einen Vertragsstaat eine Doppelbesteuerung vermeiden.[680] Allerdings erfolgt die Gegenberichtung auch hier nicht automatisch wenn eine Korrektur in einem Staat vorgenommen wurde, sondern nur dann, wenn der andere Staat diese Korrektur am Maßstab des Art. 7 II OECD-MA – Fremdvergleichsgrundsatz – anerkennt, so dass das betroffene Unternehmen dem Risiko ausgesetzt ist, dass die Gegenberichtigung unter Verweis auf einen Verstoß der ersten Korrektur gegen den Fremdvergleichsgrundsatz unterbleibt.[681] In diesem Zusammenhang wird befürchtet, dass die Regelung einen Anreiz für die Finanzverwaltung schafft, möglichst schnell eine Korrektur ihrer Meinung nicht fremdvergleichskonformer Gewinnzurechnung vor der Finanzverwaltung des anderen Staates vorzunehmen, um so das eigene Besteuerungssubstrat zu erhöhen. Nimmt die Finanzverwaltung des anderen Staates keine Gegenberichtigung vor weil sie die Korrektur der anderen Finanzverwaltung als ebenfalls nicht fremdvergleichskonform erachtet, besteht für das Unternehmen nach Art. 7 III OECD-MA noch die Möglichkeit eines Verständigungsverfahrens.[682]

Zusätzlich ist bei Art. 7 III OECD-MA auch unklar, inwieweit die Norm auch in anderen Fällen von Doppelbesteuerungen im Bereich der Betriebstätte angewendet

---

677 *Kußmaul/Ruiner*, BB 2012, 2025, 2028.

678 BT-Drs. 17/10000, S. 65f.; BR-Drs. 302/12, S. 107.

679 Siehe dazu bereits oben ausführlich mit weiteren Nachweisen S. 65ff.

680 Vgl. *Kußmaul/Ruiner/Delarber*, Ubg 2011, 837, 840f.; *Kahle/Mödinger*, IStR 2011, 821, dort auch zum folgenden Text.

681 Vgl. Tz. 59 OECD-Musterkommentar zu Art. 7 OECD-MA, abgedruckt in *OECD*, The 2010 Update to the Model Tax Convention, 22.07.2010, S. 33f.

682 Ausführlich m.w.N. *Kahle/Mödinger*, IStR 2011, 821, 824; zu den Nachteilen des Verständigungsverfahrens siehe bereits ausführlich S. 71ff.; siehe auch Tz. 56, 64 OECD-Musterkommentar zu Art. 7 OECD-MA, abgedruckt in *OECD*, The 2010 Update to the Model Tax Convention, 22.07.2010, S. 33ff.

werden kann: für den Ansatz des Dotationskapitals einer Betriebstätte ist von der OECD nicht nur ein einheitlicher, sondern sind verschiedene Ansätze wie z.B. der „capital allocation approach“, der eine risikobasierte Kapitalverteilung vorsieht oder der „thin capitalization approach“, der der Betriebstätte das Kapital eines vergleichbaren unabhängigen Unternehmens zuordnet, anerkannt, was im Ergebnis zu einer Doppelbesteuerung führen kann, wenn die beteiligten Staaten divergierende Ansätze mit unterschiedlichen Ergebnissen anwenden.[683] Der Wortlaut orientiert sich an Gewinnanpassungen, was gegen eine Anwendung sprechen würde, wohingegen die OECD mit Art. 7 III OECD an sich eine umfassende Norm zur Vermeidung von Doppelbesteuerungen schaffen wollte.[684] Eine entsprechende Klarstellung bleibt indes abzuwarten.

cc) Fazit

Der Bereich der Gewinnabgrenzung und der Gewinnermittlung ist ein Risikobereich für international tätige Unternehmen: unterschiedliche nationale Ansätze zur Abgrenzung des Gewinns, die auch durch den AOA zur Zeit nicht zu überwinden sind, führen zu divergierenden Gewinnzuordnungen und damit in die Doppelbesteuerung. Nationale Gewinnermittlungssysteme sind wie am Beispiel der § 4 I 3, 4 EStG, § 12 I 1, 2 KStG gezeigt mit Unsicherheit behaftet. Institute wie die Gegenberichtigung nach Art. 7 III OECD-MA, die an sich Abhilfe schaffen sollen, sind nicht in allen Problemkonstellationen sicher anwendbar und führen selbst im Falle ihrer grundsätzlichen Anwendbarkeit nicht zwingend zu einer befriedigenden Lösung für das betroffene Unternehmen.

Erschwerend kommt hinzu, dass die Bemühungen des Gesetzgebers, das nationale Recht an das internationale Niveau anzupassen, wieder neue Risiken in Form einer Diskrepanz zwischen den internationalen Regelungen und den neu geschaffenen nationalen Vorschriften z.B. in Gestalt des § 1 V 3 Nr. 1 AStG gezeigt werden kann, der von einer Personalfunktion spricht, wohingegen die OECD in dem fraglichen Zusammenhang von einer „wesentlichen Personalfunktion“ spricht.[685]

683 *Jacobs*, Internationale Unternehmensbesteuerung, S. 977; vgl. *Förster*, IStR 2007, 398, 400f.; *Digeronimo/Kolb*, IWB 2011, 26, 30f.; zu den unterschiedlichen Ansätzen siehe bereits *Förster/Naumann*, IWB 2004, 883, 890ff.; ausführlich *OECD*, 2010 Report on the Attribution of Profits to Permanent Establishments, 22.07.2010, S. 34ff. Tz. 105–149, insbesondere S. 37f. Tz. 121ff. („capital allocation approach“), S. 39f., Tz. 129ff. („thin capitalization approach“), S. 42, Tz. 147.

684 Tz. 44 OECD-Musterkommentar zu Art. 7 OECD-MA, abgedruckt in *OECD*, The 2010 Update to the Model Tax Convention, 22.07.2010, S. 31; vgl. ausführlich m.w.N. *Kahle/Mödinger*, IStR 2011, 824ff.

685 So auch *Kußmaul/Ruiner*, BB 2012, 2025, 2027.

5. *Mitwirkungs-, Dokumentations- und Anzeigepflichten*

a) *Mitwirkungs- und Dokumentationspflichten*

Zur Erfassung des Erfolges einer Betriebstätte kann ein separater Kontenkreis für die Betriebstätte gebildet werden um dann das Betriebstättenergebnis aus dem Gesamtergebnis herzuleiten, oder es besteht die Möglichkeit einer separaten Buchführung für Stammhaus und Betriebstätte. Konsequenz der Gewinnermittlung nach den jeweiligen nationalen Vorschriften ist[686], dass die Betriebstätte im Ausland nicht nur die deutschen Rechnungslegungsvorschriften, sondern auch für die Gewinnermittlung im entsprechenden Staat die dort geltende Rechnungslegungsvorschriften zu beachten hat.[687] Nach § 146 II 3, 4 AO sind bei einer Pflicht zur Führung von Büchern und Aufzeichnungen einer Betriebstätte im Ausland steuerrechtlich die Ergebnisse der Buchführung in die Buchführung des Stammhauses zu übernehmen, wobei entsprechende Anpassungen an die steuerrechtlichen Vorschriften vorzunehmen sind.

Allerdings erfüllt die ordnungsgemäße Buchführung der Betriebstätte allein nicht die Dokumentationsanforderungen aus § 90 III 4 AO, der die Gewinnermittlung im Inbound-Fall wie auch die Gewinnaufteilung im Outbound-Fall der entsprechenden Geltung der Dokumentationsanforderungen unterwirft.[688] § 7 S. 1 GAufzV ordnet unter Bezug auf § 1 V AStG zudem für diese Gewinnermittlung im Inbound-Fall bzw. die Gewinnaufteilung im Outbound-Fall die Geltung der §§ 1–6 GAufzV an.[689]

Mangels Verträgen zwischen Stammhaus und Betriebstätte sind für den anzusetzenden Gewinn Aufzeichnungen wie bei Geschäftsvorfällen zwischen nahestehenden Personen und im Falle der Aufwandsverteilung Aufzeichnungen ähnlich wie bei Umlageverträgen zu erstellen.[690] Da dieser generelle Verweis in § 90 III 4 AO den Besonderheiten der Betriebstätte, insbesondere dem Fehlen einer Geschäftsbeziehung zwischen Stammhaus und Betriebstätte im Sinne des § 90 III 1 AO nicht gerecht wurde, wurde die Regelung in der Literatur zunächst kritisch betrachtet[691] und aufgrund ihres nicht eindeutigen Regelungsgehalts als Quelle von Rechtsunsicherheit für Unternehmen ausgemacht.[692] Durch eine Klarstellung seitens des BMF unter Verweis auf die Betriebsstätten-Verwaltungsgrundsätze durch eine entsprechende Regelung in den Verwaltungsgrundsätzen-Verfahren, die bei den Aufzeichnungen

---

686 Siehe dazu oben mit Nachweis S. 123f.

687 Vgl. *Schröder/Strunk*, in: Mössner, Steuerrecht international tätiger Unternehmen, C 32; *Jacobs*, Internationale Unternehmensbesteuerung, S. 670f.

688 Vgl. BT-Drs. 15/481, S. 18; *Baumhoff/Ditz/Greinert*, DStR 2004, 157, 162; BMF; Verwaltungsgrundsätze-Verfahren, BStBl. I 2005, 570, 577, Tz. 3.4.5.1; *Roser*, in: Beermann/Gosch, § 90 Rn. 187f. (September 2009).

689 Siehe dazu bereits ausführlich S. 79ff.

690 BR-Drs. 583/03, S. 15.

691 *Schnorberger*, DB 2003, 1241, 1244; *Wassermeyer*, DB 2003, 1535, 1539; *Baumhoff/Ditz/Greinert*, DStR 2004, 157, 162.

692 So *Wasssermeyer*, in: Flick/Baumhoff/Wassermeyer, § 1 AStG, Anm. 823.35 (Oktober 2004).

zwischen der direkten und der indirekten Methode differenzierte, wurde den Besonderheiten der Betriebstätte explizit Rechnung getragen.[693] Nunmehr ist durch die Festschreibung des AOA in § 1 V AStG sowie die Einführung der „dealings" als Geschäftsbeziehung in § 1 IV 1 Nr. 2 AStG die ursprüngliche Unsicherheit im Hinblick auf die Anwendung des § 90 III auf das Verhältnis zwischen Betriebstätte und dem Stammhaus de lege lata ausgemerzt.

Im Ergebnis wird damit die Anwendung der Dokumentationsanforderungen wie bei den Verrechnungspreisen auf die Betriebstätte bestätigt, so dass auch hier gem. § 90 III AO eine Sachverhalts- und Angemessenheitsdokumentation zu erstellen ist.[694] Hinsichtlich der näheren Anforderungen, der sich ergebenden Rechtsfolgen sowie der daraus resultierenden Risikolage für das Unternehmen ist auf die Ausführung bei dem Ansatz von Verrechnungspreisen bei international verbundenen Unternehmen zu verweisen.[695]

b) Anzeigepflichten

§ 138 I 1 AO statuiert eine Anzeigepflicht bei Eröffnung einer Betriebstätte im Inland, § 138 II Nr. 1 AO eine entsprechende Anzeigepflicht bei Gründung oder Erwerb einer Betriebstätte im Ausland. Die Verletzung der Anzeigepflicht aus § 138 II Nr. 1 AO stellt zumindest gem. § 379 II Nr. 1, IV AO eine Ordnungswidrigkeit mit der Möglichkeit einer Geldbuße in Höhe von 5.000 Euro dar, wenn nicht eine leichtfertige Steuerverkürzung gem. § 378 AO mit einer Geldbuße von bis zu 50.000 Euro angenommen werden kann. Handelt es sich um eine Betriebstätte im Inland beträgt die Anzeigefrist einen Monat, bei einer Betriebstätte im Ausland fünf Monate (§ 138 III AO).

Zum Teil werden die entsprechenden Anzeigepflichten aus schlichter Unkenntnis gerade in der genannten Auslandskonstellation nicht eingehalten.[696] Aber auch bei Kenntnis der Anzeigepflichten verschärft sich in Erwägung des eingangs geschilderten Risikos der Ausdehnung des Betriebstättenbegriffs und der tatsächlichen Problematik, alle Betriebstätten eines Unternehmens zu erfassen, die dort geschilderte Risikolage in Anbetracht der möglichen Rechtsfolge einer leichtfertigen Steuerverkürzung gem. § 378 AO. D.h., dass selbst für ein Unternehmen, welches willens ist, die Anzeigepflicht zu erfüllen, aufgrund der Risikolage der Identifikation einer Betriebstätte, die Anzeigepflicht de facto schwerlich zu erfüllen ist.

---

693 BMF, Verwaltungsgrundsätz-Verfahren, BStBl. I 2005, 570, 577f., Tz. 3.4.5.1 unter Verweis auf BMF, Betriebsstätten-Verwaltungsgrundsätze, BStBl. I 1999, 1076, 1083ff., Tz. 2; vgl. *Roser*, in: Beermann/Gosch, § 90, Rn. 188 (September 2009).

694 Vgl. auch *Jacobs*, Internationale Unternehmensbesteuerung, S. 880; BT-Drs. 17/10000, S. 64; BR-Drs. 302/12, S. 104.

695 Siehe dazu bereits oben S. 79ff.

696 *Andresen/Busch*, GmbHR 2012, 81.

6. Gesetzliche Maßnahmen zur Vermeidung der Doppelbesteuerung

Qua Gesetzes sind zunächst in der Konstellation einer Betriebstätte in einem ausländischen Staat, mit dem kein DBA besteht, die Einkünfte gem. §§ 1 I, 2 I EStG oder gem. §§ 1, 8 I, II KStG i.V.m. § 2 I EStG steuerpflichtig. Um eine Doppelbesteuerung zu umgehen, sind ausländische Steuern, die den nationalen entsprechen, gem. §§ 34c, 34d Nr. 2a EStG bzw. gem. § 26 I, VI KStG anzurechnen oder bei der Ermittlung der Einkünfte gem. §§ 34c II EStG, § 26 VI KStG i.V.m. § 34c II EStG abzuziehen, wenn sie auf ausländische Einkünfte entfallen, die nicht steuerfrei sind. Sofern ein DBA mit dem Staat der ausländischen Betriebstätte besteht, sehen diese DBA in der Regel eine Besteuerung im Betriebstättenstaat wie in Art. 7 I OECD-MA vor. Die Einkünfte werden dann unter Progressionsvorbehalt in Deutschland von den Steuern befreit.[697] In dem bereits angesprochenen Risikofeld der Ausdehnung der Betriebstättenbegriffes, die in einer unterschiedlichen rechtlichen Qualifikation eines Sachverhaltes als Betriebstätte münden, droht bei Bestehen eines DBA infolge der differierenden Auffassungen eine Doppelbesteuerung infolge dann nicht vorgenommener Freistellung. Sofern kein DBA besteht und im nationalen Recht entgegen der Auffassung des anderen Staates keine Betriebstätte angenommen wird, verbleibt nur eine Abmilderung der Doppelbesteuerung über § 34c III EStG bzw. § 26 VI KStG.[698]

7. Schlussfolgerung: Systemische Risikolage für Unternehmen

Wie das einleitende Beispiel gezeigt hat, drohen den Unternehmen empfindliche Steuernachforderungen im Falle einer nachträglichen Qualifikation einer unternehmerischen Betätigung im Ausland als Betriebstätte.[699] Durch die weitere Ausdehnung des Begriffes der Betriebstätte bis hin zu einer Dienstleistungsbetriebstätte auf der Ebene des OECD-MA als erstes Risikofeld, ergeben sich hier für Unternehmen zumindest zwei Risikobereiche: zum einen stellt es sich tatsächlich als immer schwieriger heraus, jede noch so kleine denkbare Betriebstätte zu identifizieren um die sich daraus ergebenden Rechtspflichten einhalten zu können. Zum anderen wir diese Ausdehnung des Betriebstättebegriffes international nicht einheitlich in den bestehenden DBA umgesetzt, so dass aus einer unterschiedlichen, rechtlichen Qualifikation desselben Sachverhaltes hinsichtlich der Annahme einer Betriebstätte systemisch für die Unternehmen aus dieser Rechtsunsicherheit sich zwangsläufig das Risiko der Doppelbesteuerung realisiert, die dann nur noch im unsicheren, langwierigen sowie kostensintensiven Wege des Verständigungsverfahrens eventuell beseitigt werden kann.[700] Die Möglichkeiten der Freistellung bzw. der Anrechnung

---

697 Siehe dazu insgesamt *Brüninhaus*, in: Vögele/Borstell/Engler, Verrechnungspreise, K, Rn. 5.

698 Vgl. *Rautenstrauch/Binger*, Ubg 2009, 619, 623f.

699 Siehe dazu bereits oben S. 107f.

700 Siehe dazu bereits oben ausführlich mit weiteren Nachweisen S. 71ff.

der im Ausland gezahlten Steuern zur Vermeidung der Doppelbesteuerung laufen im Falle einer unterschiedlichen Qualifikation ganz oder jedenfalls teilweise ins Leere.

Über die Identifikation einer Betriebstätte hinaus besteht bei einer uneinheitlichen Abgrenzung und Ermittlung des Gewinns einer Betriebstätte infolge unterschiedlicher Ansätze der beteiligten Staaten ein weiteres Risikofeld, das für die betroffenen Unternehmen in eine Doppelbesteuerung führen kann. Neben dieses grundsätzliche Problem tritt im Detail die Rechtsunsicherheit, wie die teilweise komplizierten und unklaren Voraussetzungen des jeweils einschlägigen nationalen Rechts eingehalten werden können.[701]

Das auf Ebene der OECD vorgesehene Institut der Gegenberichtigung aus Art. 7 III OECD-MA bietet zumindest bei einer einseitigen Korrektur der Gewinnzuordnung einen Ansatz zur Vermeidung der Doppelbesteuerung. Allerdings müssen sich die beteiligten Staaten über die Fremdvergleichskonformität der Erstkorrektur einig sein, ansonsten bleibt auch hier nur das Verständigungsverfahren als Lösung. Einschränkend ist unklar, ob auch andere, denkbare Konstellation der Doppelbesteuerung von Art. 7 III OECD-MA erfasst sind, so dass im Ergebnis auch hier keine Abhilfe bei Doppelbesteuerung der Einkünfte einer Betriebstätte gewiss ist.[702]

Als weiteres Risikofeld stellt sich die auch hier vorzunehmende umfangreiche Dokumentationspflicht dar, deren Verletzung wie bereits im Ansatz der Verrechnungspreise im internationalen Unternehmen geschilderte, empfindliche Folgen für das Unternehmen mit sich bringt.[703]

Eine Verschärfung der Risikolage im nationalen Recht tritt durch die zeitlich nachgelagerte Betriebsprüfung ein, weil durch den zeitlichen Verzug ebenso wie im Ansatz der Verrechnungspreise im internationalen Unternehmen geschildert, die sachgerechte Aufklärung des Sachverhaltes nahezu unmöglich ist. Ferner sind auch hier die sich daran anknüpfenden Folgen wie die Zinsbelastung gem. § 233a AO zu erwähnen, die eine erhebliche Höhe erreichen können.[704]

Insgesamt stellt sich die Betriebstätte als erhebliches systemisches Risiko für die Unternehmen dar. Selbst bei unbedingtem Willen der Rechtslage gerecht zu werden, erwächst aus der internationalen Uneinheitlichkeit des Betriebstättenbegriffes sowie der Gewinnzuordnung und Gewinnermittlung das latente Risiko der Doppelbesteuerung für die Unternehmen.

IV. Risikokonglomerat Expatriates

Der Bereich der Personalentsendung, der sog. „Expatriates", stellt für Unternehmen insofern ein besonderes Risikofeld dar, als dass die Personalentsendung verschiedene Risikobereiche des Unternehmens wie die ungewollte Betriebstättenbegründung,

701 Siehe dazu oben ausführlich mit weiteren Nachweisen S. 117ff.
702 Siehe dazu oben ausführlich mit weiteren Nachweisen S. 126f.
703 Siehe dazu oben ausführlich mit weiteren Nachweisen S. 79ff.
704 Siehe dazu oben ausführlich mit weiteren Nachweisen S. 42ff., sowie S. 127f.

Korrektur von Verrechnungspreisen und die Lohnsteuerhaftung gleichsam in sich vereint und damit eine Zusammenballung von Risiken – Risikonglomerat – bildet.[705]

1. *Bedeutung und Grundlagen der Personalentsendung*

Eine Entsendung von Personal ins Ausland (Outbound-Entsendung) oder vom Ausland nach Deutschland (Inbound-Entsendung) kann aufgrund der aus der Personalentsendung resultierenden Möglichkeiten aus unterschiedlichen Motivationen heraus erfolgen: über die Intensivierung der Auslandstätigkeit, Erfahrungsaustausch, Wissenstransfer, Erbringung von Dienstleistungen oder auch zur Einflussnahme des entsendenden Unternehmens z.B. zur Sicherstellung der Unternehmenspolitik im gesamten Unternehmen. Auf diese Weise ist die Personalentsendung in der globalen Wirtschaft und gerade in international agierenden Unternehmen ein notwendiger Bestandteil unternehmerischen Handelns, der mit wachsender internationaler Verflechtung der Unternehmen weiter an Bedeutung zunimmt.[706]

Im Rahmen einer Personalentsendung wird in der Regel ein Arbeitnehmer von einem Unternehmen, das sein bisheriger Arbeitgeber war, zu einem verbundenen Unternehmen entsandt, welches dann mit dem Arbeitnehmer eine arbeitsrechtliche Vereinbarung trifft oder wirtschaftlicher Arbeitgeber ist.[707] Eine Stellung als wirtschaftlicher Arbeitgeber ist dann anzunehmen, wenn der Arbeitnehmer in den Geschäftsbetrieb integriert ist, der Arbeitgeber eine Weisungsbefugnis inne hat und die Vergütung wirtschaftlich trägt.[708] Der zeitliche Umfang der Entsendung kann je nach Aufgabenstellung und Zweck der Entsendung zwischen einigen Tagen oder längeren Zeiträumen variieren.[709] Originär mit der Personalentsendung sind die Problemkonstellationen der Entlohnung des entsandten Mitarbeiters sowie der Entrichtung der Steuern verbunden. Zugleich soll die Entlohnung von Expatriates einerseits die mit der Entsendung ins Ausland verbundenen Umstände und den Aufwand in beruflicher und privater Hinsicht kompensieren um für die Mitarbeiter

---

705 Vgl. *Jacobs*, Internationale Unternehmensbesteuerung, S. 1382; vgl. allgemein zur Komplexität der Arbeitnehmerentsendung bereits *Zehetmair*, IStR 1998, 257.

706 Vgl. bereits *Zehetmair*, IStR 1998, 257f.; BMF, Verwaltungsgrundsätze – Arbeitnehmerentsendung, BStBl. I 2001, 796, Tz. 1; *Wassermeyer*, in: Flick/Wassermeyer/Baumhoff, § 1 AStG, Anm. 784 (Oktober 2002); *Wassermeyer*, in: Debatin/Wassermeyer, Art. 15 OECD-MA, Rn. 1 (März 2002); vgl. bereits *Görl*, IStR 2002, 443; *Mosbach*, Ubg 2008, 675; *Zinnkann*, in: Kneip/Jänisch, Tax Due Dilligence, S. 325, Rn. 86; *Jacobs*, Internationale Unternehmensbesteuerung, S. 1328; *Borstell*, in: Vögele/Borstell/Engler, Verrechnungspreise, P, Rn. 1f.

707 BMF, Verwaltungsgrundsätze – Arbeitnehmerentsendung, BStBl. I 2001, 796, 797, Tz. 2.1.

708 BMF, Verwaltungsgrundsätze – Arbeitnehmerentsendung, BStBl. I 796f. Tz. 2.2; BMF, Einführungsschreiben LSt SteueränderungsG 2003, BStBl. I 2004, 173, 175 Tz. III.1.

709 *Wassermeyer*, in: Flick/Wassermeyer/Baumhoff, § 1, Anm. 784 (Oktober 2002), dort auch zum folgenden Text.

auch einen Anreiz zur Arbeit im Ausland zu schaffen, muss aber andererseits überdies dem Fremdvergleichgrundsatz genügen.[710] Zudem ist das entsendete Personal in der Regel nicht bereit, sein Einkommen unter Umständen in zwei Staaten versteuern zu müssen. Als Lösung bietet hier die „Tax Protection" an, die steuerliche Nachteile vom Expatriate abwenden soll, wobei ihm steuerliche Vorteile verbleiben, oder die „Tax Equalization" die ihn ebenfalls vor steuerlichen Nachteilen schützt, die steuerlichen Vorteile aber dem Arbeitgeber zu Gute kommen lässt.[711]

2. Risikokonglomerat

a) Risiko Personalentsendung und Verrechnungspreiskorrektur

Zunächst ist festzustellen, ob es sich tatsächlich um eine Personalentsendung im zuvor geschilderten Sinne oder um ein Tätigwerden von Arbeitnehmern zur bloßen Erfüllung eines Dienst- oder Werkvertrages zwischen dem entsendenden und dem aufnehmenden Unternehmen handelt.[712] In letzterem Fall besteht ein Interesse beider Unternehmen an der Erfüllung der vertraglichen Verpflichtung mit der Konsequenz, dass die Leistungsbeziehung unter Fremdvergleichsgesichtspunkten wie jede andere Dienstleistung zwischen sich nahe stehenden Unternehmen zu beurteilen ist. Regelmäßig ist dann bei Fehlen von Vergleichspreisen die Kostenaufschlagsmethode inklusive des ihr innewohnenden Gewinnaufschlags anzuwenden.[713]

Liegt dagegen um eine Personalentsendung vor, ist für eine Abgrenzung der Einkünfte zwischen den beteiligten Unternehmen auf die fremdvergleichskonforme Zuordnung des Aufwands verbunden mit der Entsendung abzustellen, um so eine Korrektur durch die deutsche Finanzverwaltung auf Grundlage einer unangemessenen Aufwandsverteilung zu Lasten des Unternehmens zu verhindern.[714] Als zuzuordnende Aufwendungen sind in diesem Zusammenhang über das Gehalt hinaus übernommene Steuern, Auslandszulagen, Sachbezüge und sonstige Anreize

---

710 *Wassermeyer*, in: Debtain/Wassermeyer, Art. 15 MA, Rn. 4 (März 2002), dort auch zum folgenden Text; *Wassermeyer*, in GS Heinze, 1037, 1038; *Pohl*, in: Blümich, EStG, KStG, GewStG, § 1 AStG, Rn. 161f. (Mai 2011).

711 *Mosbach*, Ubg 2008, 675, 679; siehe ausführlich zur „Tax Equalization" *von Gruchalla/Wesierski*, in: Vögele/Borstell/Engler, Verrechnungspreise, P, Rn. 111ff.

712 BMF, Verwaltungsgrundsätze – Arbeitnehmerentsendung, BStBl. I 2001, 796f., Tz. 2.1; *Vögele/Crüger/Schmitt*, DB 2002, 1185, dort auch jeweils zum folgenden Text; Frotscher, Internationales Steuerrecht, Rn. 617.

713 BMF, Verwaltungsgrundsätze Einkunftsabgrenzung, BStBl. I 1983, 218, 225, Tz. 3.2.3.2.; *Zehetmair*, IStR 1998, 257, 261; *Vögele/Crüger/Schmitt*, DB 2002, 1185; vgl. *Kuckhoff/Schreiber*, IWB 2002, 169f.; siehe zur Methodenwahl/Kostenaufschlagsmethode bei Dienstleitungen *Engler*, in: Vögele/Borstell/Engler, Verrechnungspreise, M, Rn. 144ff., insbesondere Rn. 145; siehe zur Kostenaufschlagsmethode allgemein ausführlich mit weiteren Nachweisen S. 61f.

714 Vgl. *Vögele/Crüger/Schmitt*, DB 2002, 1185; *Jacobs*, Internationale Unternehmensbesteuerung, S. 1383f.

wie Firmenwagen oder auch Umzugs- und Reisebeihilfen anzusehen.[715] Diese Aufwendungen sind bei der Einkunftsabgrenzung im Wege des Fremdvergleichs dem Unternehmen zuzusprechen, in dessen Interesse die Entsendung erfolgt, wobei im Regelfall davon auszugehen sein soll, dass die Aufwendungen für den Arbeitnehmer im Interesse des aufnehmenden Unternehmens sind. Abweichend kann auch ein Interesse des entsendenden Unternehmens begründet sein, wenn der Arbeitnehmer beispielsweise Planungs- oder Kontrollfunktionen für das entsendende Unternehmen wahrnimmt und ihm deswegen eine Vergütung gezahlt wird, die über der üblichen Vergütung im aufnehmenden Staat liegt. Dabei muss das entsendende Unternehmen sein Interesse an der Entsendung nachweisen, wenn es in den Genuss der Berücksichtigung der Aufwendungen kommen will.[716] Anhaltspunkte für die Interessenlage sind z.B. die ausgeübte Funktion des Arbeitnehmers, von wem die Initiative für die Entsendung ausging, der Tätigkeitsort und Ähnliches.[717]

Hinsichtlich der Höhe der Aufwendungen ist darauf abzustellen, inwiefern ein ordentlicher und gewissenhafter Geschäftsleiter sie vorgenommen hätte.[718]

Sofern die Daten vorhanden sind, wird für die Fremdvergleichskonformität der Aufwendungen im Wege der Preisvergleichsmethode[719] durch betriebsinternen oder betriebsexternen Fremdvergleich, d.h. Vergleich des Aufwands für nicht entsandte Arbeitnehmer im Unternehmen bzw. bei einem vergleichbaren unabhängigen Unternehmen, ermittelt. Ansonsten greift der hypothetische Fremdvergleich, der darauf abstellt, inwieweit ein ordentlicher und gewissenhafter Geschäftsleiter den Aufwand allein oder unter Beteiligung des entsendenden Unternehmens getragen hätte.[720] Gerade in Anbetracht der Tatsache, dass die Entlohnung eines Expatriate wie geschildert nicht nur eine Entlohnung für die tatsächlich ausgeübte Tätigkeit ist, kommen an der Praktikabilität der Preisvergleichsmethode Zweifel auf.[721]

Für den wahrscheinlichen Fall, dass für den Expatriate höhere Aufwendungen getätigt werden als für einen vergleichbaren anderen Arbeitnehmer, muss das

---

715 BMF, Verwaltungsgrundsätze – Arbeitnehmerentsendung, BStBl. I 2001, 796f., Tz. 2.3.

716 BMF, Verwaltungsgrundsätze – Arbeitnehmerentsendung, BStBl. I 2001, 796, 797f., Tz. 3.1, 3.1.1, 3.1.2.; kritisch *Kroppen/Rasch/Roeder*, IWB 2002, 9, 13f.; *Wassermeyer*, in GS Heinze, 1037, 1040f.

717 BMF, Verwaltungsgrundsätze – Arbeitnehmerentsendung, BStBl. I 2001, 798f., Tz. 3.3.

718 BMF, Verwaltungsgrundsätze – Arbeitnehmerentsendung, BStBl. I 2001, 797, Tz. 3.1b.

719 Siehe zur Preisvergleichsmethode bereits ausführlich mit weiteren Nachweisen S. 60.

720 BMF, Verwaltungsgrundsätze – Arbeitnehmerentsendung, BStBl. I 2001, 798, Tz. 3.2.

721 Vgl. zum Fremdvergleich *Schnorberger/Waldens*, IStR 2001, 39, 43f.; *Kroppen/Rasch/Roeder*, IWB 2002, 9, 14f.; *Borstell*, in: Vögele/Borstell/Engler, Verrechnungspreise, P, Rn. 24.

Unternehmen im Rahmen des hypothetischen Fremdvergleichs belegen, dass die erhöhten Aufwendungen aufgrund der Erforderlichkeit der Entsendung beruhend auf der Qualifikation des Expatriates und mangels Verfügbarkeit entsprechender Alternativen auf dem Arbeitsmarkt unerlässlich sind.[722]

In Bezug auf die internationale Komponente des Risikokonglomerats der Expatriates ist darauf hinzuweisen, dass die Verwaltungsgrundsätze - Arbeitnehmerentsendung, die die Basis der vorstehenden Ausführungen zur Behandlung der Expatriates unter Verrechnungspreis- bzw. Fremdvergleichsgesichtspunkten bilden, international weder auf europäischer Ebene, noch mit der OECD abgestimmt sind, so dass nicht auszuschließen ist, dass andere an der Entsendung beteiligte Staaten zu anderen Beurteilungen desselben Sachverhalts kommen als die deutsche Finanzverwaltung, was die Risikolage für die betroffenen Unternehmen weiter verschärft.[723]

Wenn die Zuordnung von Aufwendungen und Erträgen, d.h. die Zuordnung von Entsendungskosten bei international verbundenen Unternehmen in der Betriebsprüfung beanstandet wird, dann ist nach den Verwaltungsgrundsätzen – Arbeitnehmerentsendung eine entsprechende Korrektur „nach den maßgeblichen Vorschriften“ vorzunehmen.[724] Damit greifen die Korrekturmöglichkeiten unter anderem der verdeckten Gewinnausschüttung bzw. Einlage und des § 1 AStG ein, die bereits im Rahmen des Ansatzes von Verrechnungspreisen bei international verbundenen Unternehmen dargestellt wurden.[725]

Ergo droht den Unternehmen eine Doppelbesteuerung zum einen aus der Möglichkeit einer anderen Bewertung der Aufwandszuordnung seitens der deutschen Finanzverwaltung nebst Korrektur[726] wie auch zum anderen aus der mangelnden internationalen Harmonisierung des nationalen Regelwerkes, was zu einer abweichenden Beurteilung eines im Einklang mit den deutschen Regeln stehenden Sachverhalts durch ausländische Finanzverwaltungen führen kann.[727]

Ferner stellt eine Personalentsendung regelmäßig keine Funktionsverlagerung gem. § 1VII 2 FVerlV dar, wenn sie nicht Teil einer übergehenden Funktion ist.[728]

---

722 *Borstell*, in: Vögele/Borstell/Engler, Verrechnungspreise, P, Rn. 29.

723 *Kroppen/Rasch/Roeder*, IWB 2002, 9, 18; *Wassermeyer*, in: Flick/Wassermeyer/Baumhoff, § 1, Anm. 784 (Oktober 2002).

724 BMF, Verwaltungsgrundsätze – Arbeitnehmerentsendung, BStBl. I 2001, 796, 799, Tz. 4.1; *Borstell*, in: Vögele/Borstell/Engler, Verrechnungspreise, P, Rn. 3, 32, dort auch zum folgenden Text.

725 *Vögele/Crüger/Schmitt*, DB 2002, 1185; siehe zu den Korrekturmöglichkeiten bereits ausführlich S. 65ff.

726 *Jacobs*, Internationale Unternehmensbesteuerung, S. 1383f.

727 Siehe allge[illegible]in zur fehlenden internationalen Harmonisierung nationaler Regelwe[illegible]ernationalen Vorgaben ausführlicher mit Nachweisen S. 102f.

[illegible]nationales Steuerrecht, Rn. 635; *Jacobs*, Internationale Unterneh[illegible]ng, S. 831; *Baumhoff/Ditz/Greinert*, Ubg 2011, 161, 163f.; so auch [illegible]ngsgrundsätze Funktionsverlagerung, BStBl. I 2010, 774, 785 [illegible]f.

Jedoch nimmt die Finanzverwaltung in Einklang mit der Begründung zur FVerlV[729] eine Funktionsverlagerung im Rahmen einer Personalentsendung bereits dann an, falls die entsandten Mitarbeiter ihren Zuständigkeitsbereich aus dem Unternehmen, in dem sie tätig waren, in das neue, aufnehmende Unternehmen überführen, um dort ihre bisherige Tätigkeit fortzuführen, wodurch Wirtschaftsgüter, Vorteile, Chancen und Risiken übertragen bzw. genutzt werden können.[730]

In der Praxis führt dies zu Abgrenzungsproblemen, weil entsandte Mitarbeiter im aufnehmenden Unternehmen regelmäßig eine vergleichbare Tätigkeit ausüben und dabei ihre vorhandenen Kenntnisse und Erfahrungen nutzen. Mithin drohte aber entgegen der eigentlichen Intention nahezu jede Personalentsendung zugleich auch eine Funktionsverlagerung zu sein. Dagegen wird in Anlehnung an die Grundidee in den Verwaltungsgrundsätzen - Arbeitnehmerentsendung[731], die zwischen einem automatischen Übergang von Kenntnissen und Erfahrungen verkörpert in der entsandten Person sowie einer gesondert zu vergütenden, gezielten Überführung von Wissen unterscheiden, eine Funktionsverlagerung nur in letzterer Konstellation vorliegen. Gleichwohl verbleibt eine Unsicherheit, wann eine Funktionsverlagerung nebst daraus resultierender Rechtsfolgen anzunehmen ist.[732]

b) Risiko Personalentsendung und ungewollte Betriebstättenbegründung

Überdies kann wie eingangs erwähnt durch die Personalentsendung ungewollt eine Betriebstätte gem. § 12 AO bzw. Art. 5 OECD-MA begründet werden.[733] In einer ersten denkbaren Konstellation kann bei einer Personalentsendung, die auch im Interesse des entsendenden Unternehmens vorgenommen wird, eine Betriebstätte dann angenommen werden, wenn dem entsandten Mitarbeiter eine gewisse, nicht nur vorübergehende Verfügungsmacht über die Geschäftseinrichtung, in der er seine Tätigkeit ausübt, zusteht, indem z.B. dem entsandten Mitarbeiter ein Büro ausschließlich zu seiner freien Verfügung beim aufnehmenden Unternehmen gestellt wird.[734]

---

729 BR/Drs. 352/08, 14.

730 BMF, Verwaltungsgrundsätze Funktionsverlagerung, BStBl. I 2010, 774, 785 Tz. 2.1.7.2, Rn. 56.

731 BMF, Verwaltungsgrundsätze – Arbeitnehmerentsendung, BStBl. I 2001, 796, 799, Tz. 4.2.

732 Siehe dazu ausführlich *Borstell/Wehnert*, in: Vögele/Borstell/Engler, Verrechnungspreise, Q, Rn. 416ff.; zur den Rechtsfolgen der Funktionsverlagerung siehe bereits oben S. 95ff.

733 Vgl. *Mosbach*, Ubg 2008, 675, 679; *Jacobs*, Internationale Unternehmensbesteuerung, S. 1383.

734 Vgl. BFH, BStBl. II 1993, 462, 464ff.; *Zehetmair*, IStR 1998, 257, 263; *Schnorberger/Waldens*, IStR 2001, 313f.; vgl. *Reuter*, in: Kessler/Kröner/Köhler, Konzernsteuerrecht, § 9, Rn. 59; vgl. *Rautenstrauch/Binger*, Ubg 2009, 619, 624f.; zur Definition der Betriebstätte siehe bereits ausführlich S. 107ff.

Ebenfalls denkbar ist die Begründung einer Betriebstätte für den zweiten Fall, dass der entsandte Mitarbeiter als Geschäftsführer des aufnehmende Unternehmens tätig wird, weil damit über den Ort der Geschäftsleitung gem. Art. 5 II a) OECD-MA bzw. § 12 S. 2 Nr. 1 AO eine Betriebstätte begründet werden kann.[735] Entscheidend für den Ort der Geschäftsleitung sind die tatsächlichen Gegebenheiten, also der Ort, von dem aus die Leitung de facto vorgenommen wird, wobei es sich nicht um eigene Räumlichkeiten handeln muss.[736]

In einer denkbaren dritten Konstellation ist der entsandte Mitarbeiter trotz Entsendung für das entsendende Unternehmen weiterhin tätig und bevollmächtigt, für das entsendende Unternehmen in dessen Namen Verträge abzuschließen und nimmt diese Vollmacht für gewöhnlich auch wahr. Nach Art. 5 V, VI OECD-MA ist in dann von einer sog. Vertreterbetriebstätte auszugehen, angenommen es handelt sich nicht um einen Kommissionär, Makler oder einen anderen unabhängigen Vertreter.[737] Im nationalen Recht bildet der ständige Vertreter aus § 13 AO einen vergleichbaren Anknüpfungspunkt, wobei dieser keine Vollmacht als Legitimation voraussetzt.[738]

Des weiteren ist in Anbetracht der internationalen Entwicklung, den Betriebstättentatbestand z.B. durch den Alternativtatbestand einer echten Dienstleistungsbetriebstätte unter anderem anknüpfend an eine Anwesenheit von 183 Tagen innerhalb eines Zeitraums von 12 Monaten oder die unechte Dienstleistungsbetriebstätte immer weiter auszudehnen und den bestehenden und sich weiter bildenden Diskrepanzen dieser Entwicklung zum nationalen Recht von einer Steigerung des Risikos, dass eine Personalentsendung im Ausland als Betriebstätte qualifiziert wird, auszugehen.[739] Hinsichtlich der sich daraus ergebenden rechtlichen und finanziellen Folgen für das Unternehmen, den Mehraufwand und die Kosten, sei auf die Darstellung bei dem Referenzbeispiel der Risiken des globalen, ausgedehnten Betriebstättenbegriffs verwiesen.[740]

c) Risiko Personalentsendung und Lohnsteuerhaftung

Bezogen auf die Lohnsteuer besteht für das Unternehmen das Risiko einer Haftung gem. § 42d I Nr. 1 EStG für die Lohnsteuer, die es als Arbeitgeber einzubehalten

---

735 *Zehetmair*, IStR 1998, 257, 264.

736 RFH, RStBl. 1936, 765; BFH, BStBl. II 1995, 175, 179; siehe ausführlich m.w.N. *Kruse*, in Tipke/Kruse, AO, § 10, Rn. 1ff. (Oktober 2008) und *Wassermeyer*, in: Debatin/Wassermeyer, Art. 5 OECD-MA, Rn. 64 (Juli 2009).

737 *Reuter*, in: Kessler/Kröner/Köhler, Konzernsteuerrecht, § 9, Rn. 60; vgl. *Rautenstrauch/Binger* Ubg 2009, 619, 624f., dort auch zum folgenden Text; *Borstell*, in: Vögele/Borstell/Engler, Verrechnungspreise, P, Rn. 44f.

738 BFH, BStBl. II 1978, 494, 496.

739 Siehe zur Ausdehnung des Betriebstättenbegriffes bereits oben ausführlich mit weiteren Nachweisen S. 109ff.

740 Siehe dazu ausführlich S. 107ff.

und abzuführen hat.[741] Die exakte Bestimmung dieses einzubehaltenden und abzuführenden Lohnsteuerbetrages, kann sich im Bereich der Personalentsendung mitunter als schwierig gestalten und begründet damit ein Haftungsrisiko für das betroffene Unternehmen.[742]

aa) Outbound-Entsendung

Bei Vorliegen einer Outbound-Entsendung ohne DBA, ist der entsandte Arbeitnehmer bei unbeschränkter Steuerpflicht gem. § 1 EStG mit seinem Einkünften in Deutschland steuerpflichtig und kann über § 34c I EStG durch Anrechnung oder über § 34c II EStG durch Abzug der ausländischen Steuer von der deutschen Steuer oder durch Freistellung seiner Einkünfte nach dem Auslandstätigkeitserlass[743] von einer Doppelbesteuerung befreit werden. Bei beschränkter Steuerpflicht greift gem. § 49 I Nr. 4a) EStG nur eine Besteuerung inländischer Einkünfte, wenn die Arbeit im Inland ausgeübt und verwertet wird, wobei eine in diesem Fall eintretende Doppelbesteuerung der Einkünfte durch eine ebenfalls im anderen Staat, der an der Entsendung beteiligt ist, erhobene Steuer nur in diesem beseitigt werden kann.[744]

Sofern ein DBA auf Grundlage des OECD-MA besteht, richtet sich die Zuordnung des Besteuerungsrechts für Einkünfte aus unselbstständiger Arbeit nach Art. 15 OECD-MA. Demnach erfolgt gem. Art. 15 I OECD-MA die Besteuerung im Ansässigkeitsstaat, es sei denn die Tätigkeit wird in einem anderen Staat ausgeübt, wonach dann dem Tätigkeitsstaat das Besteuerungsrecht für die Einkünfte zugewiesen wird. Art. 15 II OECD-MA sieht von dieser Regel dann eine Ausnahme vor, wenn kumulativ sich der Arbeitnehmer nicht mehr als 183 Tage innerhalb von 12 Monaten im Staat der Tätigkeit aufgehalten hat, die Vergütung nicht von einem Arbeitgeber im Tätigkeitsstaat geleistet wird und keine Betriebstätte des Arbeitgebers im Tätigkeitsstaat mit der Vergütung belastet wird, mit der Konsequenz, dass das Besteuerungsrecht wieder dem Ansässigkeitsstaat zusteht.[745] Falls aufgrund dessen nicht nach nationalem Recht die Lohnsteuer einzubehalten und abzuführen ist, kann per Antrag gem. § 39b VI EStG eine entsprechende Bescheinigung vom Finanzamt verlangt werden, was sich als Nachweis der Freistellung in einer Betriebsprüfung anbietet.[746]

Zwar ist die Lohnsteuer eine Steuer des Arbeitnehmers, jedoch haftet das Unternehmen als Arbeitgeber gem. § 42d I Nr. 1 EStG verschuldensunabhängig, sobald die

741 Siehe dazu ausführlich im Rahmen der verschuldensunabhängigen Lohnsteuerhaftung S. 151ff.

742 Vgl. *Reuter*, in: Kessler/Kröner/Köhler, Konzernsteuerrecht, § 9, Rn. 61; *Jacobs*, Internationale Unternehmensbesteuerung, S. 1386f.

743 BMF, Auslandstätigkeitserlaß, BStBl. I 1983, 470.

744 *Wellisch/Näth*, IStR 2008, 548f.; *Mosbach*, Ubg 2008, 675, 680.

745 *Wellisch/Näth*, IStR 2008, 549; *Mosbach*, Ubg 2008, 675, 675f.

746 *Zinnkann*, in: Kneip/Jänisch, Tax Due Diligence, S. 328f., Rn. 100; siehe zu § 39b VI EStG auch R 39b.10 LStR, BStBl. I 2007, Sondernummer 1, S. 45.

Lohnsteuer nicht korrekt abgeführt wird.[747] Damit geht jedes Risiko im Hinblick auf eine Zuordnung des Besteuerungsrechts, die richtige Freistellung von Einkünften, Abzug oder Anrechnung von Steuern oder ein Unterlassen des Lohnsteuereinbehalts infolge einer fehlerhaften Freistellung zu Lasten des Unternehmen, da im Regelfall eine Geltendmachung der ggf. nachgeforderten Lohnsteuer beim Arbeitnehmer nicht möglich sein wird.[748]

Problematisch ist im Zusammenhang mit einer Freistellung von Einkünften eines unbeschränkt Steuerpflichtigen die Anforderung der Rückfallklausel (Subject-to-tax-Klausel) aus § 50d VIII 1 EStG, die die Freistellung aufgrund eines DBA davon abhängig macht, dass der Steuerpflichtige nachweist, dass der Staat, dem das Besteuerungsrecht nach DBA zusteht, auf dieses Recht entweder verzichtet hat oder die Steuern dort entrichtet wurden.[749] Das steuerentrichtungspflichtige[750] Unternehmen wird zu seinen Ungunsten mit dem Nachweis der Entrichtung der Steuern oder eines entsprechenden Verzichts, wenn ein entsprechender Verzicht der Besteuerung des betroffenen Staates nicht amtsbekannt ist, belastet und trägt das Risiko, diesen Nachweis nicht adäquat führen zu können, so dass in diesem Fall eine Doppelbesteuerung droht.[751] Bis zu einer Bagatellgrenze von 10.000 Euro jährlichen Arbeitslohns, der nach deutschem Recht zu ermitteln ist, sieht die Finanzverwaltung von einer Anwendung der Vorschrift ab und ist bestrebt bei einer Unmöglichkeit beispielsweise infolge einer mangelnden Mitwirkung der Behörden des anderen Staates, eine Doppelbesteuerung – soweit möglich – durch Absenken der Anforderungen an den Nachweis auszuschließen.[752]

bb) Inbound-Entsendung

Im Falle einer Inbound-Entsendung ist insbesondere § 38 I 2 EStG zu beachten: abgestellt wird auf den eingangs erwähnten Arbeitgeber, wonach eine Integration des Arbeitnehmers in den Geschäftsbetrieb, der Arbeitgeber eine Weisungsbefugnis inne haben und die Vergütung wirtschaftlich tragen muss.[753] Sofern das aufnehmende Unternehmen in Deutschland den Lohn nicht direkt an den Arbeitnehmer auszahlt sondern im Wege einer Weiterbelastung den Lohn an das verbundene Unternehmen im Ausland bezahlt, welches dann den Arbeitnehmer bezahlt, ist das

---

747 *Krüger*, in: Schmidt, EStG, § 38, Rn. 1.

748 Vgl. *Jacobs*, Internationale Unternehmensbesteuerung, S. 1386f.

749 *Hahn-Joecks*, in: Kirchhof/Söhn/Mellinghoff, EStG, § 50d, Rn. J 1 (Februar 2009).

750 Siehe dazu *Seer*, in: Tipke/Lang, Steuerrecht, § 6, Rn. 8.

751 Kritisch bereits *Hofmann/Otto*, FR 2004, 826f. sowie *Neyer*, BB 2004, 519, 521; siehe dazu auch ausführlich *Jankowiak*, Doppelte Nichtbesteuerung im Internationalen Steuerrecht, S. 224f.; vgl. *Gosch*, in: Kirchhof, EStG, § 50d, Rn. 37; *Wagner*, in: Blümich, EStG, KStG, GewStG, § 50d EStG, Rn. 103 (Februar 2012).

752 *Wagner*, in: Blümich, EStG, KStG, GewStG, § 50d EStG, Rn. 105 (Februar 2012); BMF, Merkblatt § 50d VIII EStG, BStBl. I 2005, 821ff, Tz. 2.1.2, Tz. 4.2.

753 BMF, Verwaltungsgrundsätze – Arbeitnehmerentsendung, BStBl. I 796f. Tz. 2.2; BMF, Einführungsschreiben LSt SteueränderungsG 2003, BStBl. I 2004, 173, 175 Tz. III.1.

aufnehmende Unternehmen in der Regel als wirtschaftlicher Arbeitnehmer anzusehen und zum Einbehalt der Lohnsteuer verpflichtet.[754] Probleme mit dem Lohnsteuerverfahren, d.h. der Anmeldung und Abführung der Lohnsteuer, ergeben sich vor allen Dingen dann, wenn aus wirtschaftlichen Erwägungen eine Weiterbelastung des Gehalts oder eines Teils des Gehalts unterbleibt oder nur eine Pauschalbelastung mit Entsendekosten vorgenommen wird, die nicht einzelnen Arbeitnehmer zugeordnet werden kann. In diesen Fällen ist mangels eines wirtschaftlichen Arbeitgeberstellung § 38 I 2 EStG nach Ansicht der Literatur nicht anwendbar.[755] Demgegenüber geht die Finanzverwaltung bereits dann von einer wirtschaftlichen Arbeitgeberstellung aus, falls das aufnehmende inländische Unternehmen unter dem Aspekt des Fremdvergleichs die Gehaltszahlungen hätte übernehmen müssen, wobei eine widerlegbare Vermutung besteht, dass bei einer Entsendung, die nicht mehr als drei Monate dauert, keine Einbindung des Arbeitnehmers vorliegt und damit keine wirtschaftliche Arbeitgeberstellung begründet wird.[756]

Im Ergebnis hängt es damit vielfach von der Sicht der Finanzverwaltung ab, inwiefern eine wirtschaftliche Arbeitgeberstellung begründet wird, was in Anbetracht der daraus resultierenden Rechtsunsicherheit und des Haftungsrisikos für den Arbeitgeber aus § 42d I Nr. 1 EStG[757] insgesamt ein Risiko für das Unternehmen darstellt, zumal eine Klärung der Arbeitgeberstellung erst in der zeitlich nachgelagerten Betriebsprüfung erfolgt.[758]

3. Mitwirkungs- und Dokumentationspflichten

Die Dokumentation der Personalentsendung ergibt sich explizit aus § 90 III AO i.V.m. § 1 I 3 GAufzV, der die Aufzeichnungspflicht auch auf Geschäftsbeziehungen ausdehnt, die wie Vereinbarungen über die Personalentsendung keinen Leistungsaustausch zum Gegenstand haben.[759]

Speziell für die Personalentsendung regeln die Verwaltungsgrundsätze - Arbeitnehmerentsendung, dass Nachweise und Beweismittel zum einen auf den Gesamtaufwand, also alle direkten und indirekten Aufwendungen im Zusammenhang

---

754 *Fehn*, BB 2004, Beilage Nr. 13, 7, 10; *Mosbach*, Ubg 2008, 675, 681f., dort auch zum folgenden Text; *Prokisch*, in: Vogle/Lehner, DBA, Art. 15, Rn. 70a; *Lewang*, in: Littmann/Bitz/Pust, EStR, § 38, Rn. 36 (Februar 2011).

755 *Niermann/Plenker*, DB 2003, 2724f.; *Schmidt*, IStR 2004, 372, 374; vgl. *Hofmann/Schubert*, BB 2004, 1477f.

756 BMF, Behandlung Arbeitslohn nach DBA, BStBl. I 2006, 532, 539, Tz. 4.3.3.1, Rn. 70, Tz. 4.3.3.2, Rn 74.

757 Siehe dazu ausführlich S. 151ff.

758 *von Gruchalla/Wesierski*, in: Vögele/Borstell/Engler, Verrechnungspreise, P, Rn. 108; zu den Nachteilen der zeitlich nachgelagerten Betriebsprüfung siehe S. 42ff.

759 Siehe auch BMF, Verwaltungsgrundsätze-Verfahren, BStBl. I 2005, 570, 577, Tz. 3.4.5.

mit der Personalentsendung beziehen und zum anderen auf die Interessenlage hinsichtlich der Zuordnung der Tätigkeit richten. Dies umfasst z.B. als geeignete Nachweise den Entsendevertrag, konkrete Tätigkeitsnachweise wie Berichte und Protokolle, die der entsandte Mitarbeiter angefertigt hat, Gewinnprognosen des aufnehmenden Unternehmens oder eine Kosten/Nutzen-Analyse bzgl. Lohnaufwand und Erfolgsbeitrag des entsandten Mitarbeiters.[760]

Aus dem enormen Umfang der Dokumentation für die Personalentsendung ergibt sich eine erhebliche Belastung für das Unternehmen.[761] In Bezug auf die sich aus einer unzureichenden oder fehlerhaften Dokumentation ergebenden Rechtsfolgen sei auf die Ausführungen beim Ansatz von Verrechnungspreisen bei international verbundenen Unternehmen verwiesen.[762]

4. *Schlussfolgerung*

Anhand dieses Referenzbeispiels der Expatriates als Risikokonglomerat wird deutlich, wie verschiedene, singuläre Risikobereiche – in diesem Fall die Risikobereiche der Verrechnungspreise, der Betriebstätten und der Lohsteuerhaftung – in einem Unternehmen miteinander verflochten sind.

Gesetzt den Fall, die Zuordnung von Aufwendungen der Entsendung entspricht nicht dem Fremdvergleich, droht eine Korrektur wie beim Ansatz fehlerhafter Verrechnungspreise, was zu Steuernachforderungen sowie einer Doppelbesteuerung führen kann. Zusätzlich zu den bereits erörterten Risiken[763], unterliegt der Fremdvergleich im Bereich der Personalentsendung noch dem zusätzlichen Problem, dass die Vergleichbarkeit aus der Natur der Personalentsendung heraus grundsätzlich bereits eingeschränkt ist, da die dem Fremdvergleich unterliegende Vergütung zugleich als Entschädigung für die Unannehmlichkeiten, die mit der Entsendung einhergehen und als Anreiz, die Entsendung wahrzunehmen, weitere Faktoren berücksichtigen muss. Indes droht die Folge der Doppelbesteuerung auch aufgrund der mangelnden internationalen Abstimmung der nationalen Vorschriften, so dass auch bei Einhaltung der einschlägigen nationalen Vorschriften eine Steuernachforderung bzw. Doppelbesteuerung aus einer abweichenden Bewertung ausländischer Finanzbehörden möglich ist.[764]

Kehrseite der Zuordnung von Aufwendungen ist die Entlohnung des Mitarbeiters, die als Risiko die verschuldensunabhängige Lohnsteuerhaftung gem. § 42d I Nr. 1 EStG birgt: gleichgültig, ob es sich um eine Outbound- oder Inbound-Entsendung handelt, haftet das Unternehmen als Arbeitgeber, wenn nicht die Lohnsteuer korrekt einbehalten und abgeführt worden ist. Gerade bei kurzfristigen Entsendungen stellt

---

760 BMT, Verwaltungsgrundsätze – Arbeitnehmerentsendung, BStBl. I 2001, 796, 800, Tz. 5; vgl. dazu auch *Wassermeyer*, in GS Heinze, 1037, 1048f.

761 Vgl. bereits kritsch *Kroppen/Rasch/Roeder*, IWB 2002, 9, 17; *Borstell*, in: Vögele/Borstell/Engler, Verrechnungspreise, P, Rn. 43.

762 Siehe dazu ausführlich mit weiteren Nachweisen S. 79ff.

763 Siehe dazu bereits oben ausführlich S. 56ff.

764 Siehe dazu bereits oben S. 134ff.

die Zuweisung des Besteuerungsrechts und die damit einhergehende Freistellung von Einkünften ein Risiko für die Unternehmen dar, nicht den korrekten Betrag einbehalten und abgeführt zu haben.[765]

Über diese Risiken hinaus, kann eine Personalentsendung eine Funktionsverlagerung oder eine Betriebstätte begründen und damit neben dem enormen Mehraufwand sämtliche Anforderungen und Folgen begründen, die diese Risikobereiche nach sich ziehen.[766]

Im Ergebnis vereint das Risikokonglomerat der Expatriates die Risiken der Verrechnungspreise, der Lohnsteuerhaftung, der Annahme einer Funktionsverlagerung sowie der ungewollten Begründung einer Betriebstätte in sich und illustriert damit die Verknüpfung einzelner Risikobereiche in einem Unternehmen.

V. Systemische Umsatzsteuerrisiken im Lichte der „Formalienflut“

1. Grundlagen und Bedeutung der Umsatzsteuer

Die Umsatzsteuer soll von ihrer Zielrichtung dem Verbraucher zur Last fallen.[767] Wenn die Unternehmer demnach in § 13a I Nr. 1 UStG als Steuerschuldner bezeichnet werden, so erfüllen die Unternehmen dem Wortlaut nach zwar eine eigene Schuld, sind aber de facto lediglich Helfer des Staates bei der Erhebung einer Steuer, die den Verbraucher trifft.[768] Umgesetzt wird dies im geltenden Netto-Allphasensystem mit Vorsteuerabzug, wonach zwar auf jeder Stufe des Verarbeitungswegs eines Produkts bin hin zum Endprodukt die Umsatzsteuer erhoben wird, das die Steuer zahlende Unternehmen – mit Ausnahme des Endverbrauchers – diese aber im Wege des sog. Vorsteuerabzugs geltend machen kann.[769]

Ein Blick in das gesamte Steueraufkommen zeigt, dass die Umsatzsteuer mit einem durchschnittlichen Anteil von in etwa einem Drittel neben der Einkommenssteuer den größten Anteil am Steueraufkommen ausmacht[770], was auch erklärt, warum die

765 Siehe dazu bereits S. 138ff.

766 Siehe dazu bereits S. 137f.; zur Risikolage der Funktionsverlagerung siehe bereits oben S. 95ff., zur Betriebstätte siehe bereits S. 107ff.

767 Vgl. dazu bereits zum Regierungsentwurf 1963 BT-Drucks. IV/1590, 17, A III 1.

768 *Stadie*, in: Rau/Dürrwächter, UStG, Einf. Anm. 197 (April 2010); EuGH: Unternehmer werden als „[...] Steuereinnehmer für Rechnung des Staates tätig [...]“, so z.B. in EuGH „Balocchi“, EuGHE 1993, I-5105, I-5140, Rz. 25 = UR 1994, 116 - Zusammenfassung; siehe auch EuGH „Mytravel“, EuGHE 2005, I-8477, I-8517, Rz. 30 = UR 2005, 685, 689.

769 *Stadie*, Umsatzsteuerrecht, Rn. 1.10; *Jakob*, Umsatzsteuer, Rn. 23; *Stadie*, UStG, Vorbem., Rn. 12; *Robisch*, in: Bunjes, UStG, Vor § 1, Rn. 19ff.

770 So machte die Umsatzsteuer 33,9% des Steueraufkommens 2010 aus, 33,2% des Steueraufkommens 2011, sowie 32,4% des Steueraufkommens 2012; Quellen: für das Jahr 2010: BMF, http://www.bundesfinanzministerium.de/Content/DE/Monatsberichte/Standardartikel_Migration/2011/06/analysen-und-berichte/

Umsatzsteuer mit ein Schwerpunkt der Betriebsprüfung oder Gegenstand einer gesonderten Prüfung in Form der Umsatzsteuer-Sonderprüfung gem. § 194 I 2 AO ist[771], welche allein im Jahre 2012 zu Mehrergebnissen in Höhe von ca. 2,3 Mrd. Euro führte[772].

Aufgrund ihrer konkreten Gestaltung, insbesondere der umfangreichen formalen Anforderungen und der Schwierigkeit der zu erfassenden Sachverhalte, ist die Umsatzsteuer ein maßgeblicher Risikobereich im Unternehmen, da sie wegen ihrer monatlich zu erbringenden Zahlungen zum einen großen Einfluss auf den Cash Flow eines Unternehmens nimmt[773] und zum anderen ob ihrer Höhe (19 % des Umsatzes, § 12 I i.V.m. § 10 I UStG) das Unternehmen im Falle einer Nachforderung in seiner Existenz bedrohen kann.[774] Verschärft wird dies noch durch die Tatsache, dass die Betriebsprüfung, die einen entsprechenden Fehler im Bereich der Umsatzsteuer aufdeckt, erst Jahre nach der Verwirklichung des Sachverhalts einsetzt, so dass der Fehler meist über Jahre hinweg begangen wurde, was die zu zahlende Summe nebst Zinsen weiter drastisch erhöht.[775]

2. *Risikolage*

Nach § 1 I UStG unterliegen der Umsatzsteuer Lieferungen und sonstige Leistungen, wobei unter Lieferungen gem. § 3 I UStG Leistungen zu verstehen sind, durch die Verfügungsmacht verschafft wird, womit sonstige Leistungen gem. § 3 IX UStG die Leistungen sind, die keine Lieferung darstellen. Von der Umsatzsteuer erfasst werden damit sämtliche Lieferungen und Leistungen eines Unternehmens wie Warenlieferungen oder Werklieferungen sowie Dienst- und Werkleistungen.[776] Schwerpunkt der folgenden Ausführungen sind die umfangreichen, formalen Anforderungen, die sich

---

b04-struktur-und-verteilung-der-steuereinnahmen/struktur-und-verteilung-der-steuereinnahmen.html#doc215728bodyText2, zuletzt besucht am 17.10.2013; für das Jahr 2011 errechnet aus den Zahlen von BMF, http://www.bundesfinanzministerium.de/Content/DE/Monatsberichte/2012/10/Inhalte/Kapitel-3-Analysen/3-3-steuereinnahmen-im-haushaltsjahr-2011.html#doc283322bodyText11, zuletzt besucht am 17.10.2013; für das Jahr 2012 errechnet aus den Zahlen von BMF, http://www.bundesfinanzministerium.de/Content/DE/Monatsberichte/2013/07/Inhalte/Kapitel-3-Analysen/3-2-steuereinnahmen-von-bund-laendern-gemeinden-haushaltsjahr-2012.html#doc300880bodyText11, zuletzt besucht am 17.10.2013.

771 *Alvermann*, in: Streck/Mack/Schwedhelm, Tax Compliance, Rn. 2.16.

772 BMF, http://www.bundesfinanzministerium.de/Content/DE/Standardartikel/Themen/Steuern/Steuerarten/Umsatzsteuer/BMF_Anordnungen_Allgemeines/2013-04-19-ust-sonderpruefungsergebnisse-2012.html, zuletzt besucht am 17.10.2013.

773 Siehe dazu bereits mit Nachweisen oben S. 40ff.

774 Vgl. *Bülte*, CCZ 2009, 98; *Alvermann*, in: Streck/Mack/Schwedhelm, Tax Compliance, Rn. 2.16; *Demuth/Kaiser*, in: Görling/Inderst/Bannenberg, Compliance, S. 341, dort auch zum folgenden Text.

775 Siehe zum Zeitverzug der Betriebsprüfung bereits mit Nachweisen S. 42ff.

776 *Nieskens*, in: Rau/Dürrwächter, UStG, § 1 Anm. 152 (April 2012).

im Zusammenhang mit der Umsatzsteuer und der ihr unterliegenden Lieferungen und Leistungen aus dem Gesetz ergeben.

a) Rechnungserfordernisse

aa) Formale Anforderungen an die Rechnung

§ 14 I 1 UStG definiert die Rechnung als jedes Dokument, dass unabhängig von seiner tatsächlichen Bezeichnung zur Abrechnung über eine Lieferung oder sonstige Leistung dient. Im Folgenden normiert § 14 IV 1 Nr. 1–9 UStG Angaben, die eine Rechnung enthalten muss, wie z.B. den vollständigen Namen und die vollständige Anschrift des Leistenden und des Empfängers der Leistung, Steuernummer und Umsatzsteueridentifikationsnummer des Leistenden aber auch den anzuwendenden Steuersatz und den Steuerbetrag, der auf das Entgelt entfällt. Ergänzende Bestimmungen hinsichtlich des Inhalts der Rechnung finden sich in § 31–34 der Umsatzsteuer-Durchführungsverordnung (UStDV)[777] sowie in Sonderfällen in § 14a UStG. Darüber hinaus besteht gem. § 14b UStG für Unternehmer die Pflicht, ein Doppel ausgestellter Rechnungen und erhaltene Rechnungen für die Dauer von zehn Jahren aufzubewahren.

bb) Rechtsfolgen

Bei einem Verstoß gegen die eben geschilderten Rechnungserfordernisse dergestalt, dass eine Rechnung nicht oder nicht rechtzeitig ausgestellt wird, entgegen § 14b I 1, 4 UStG ein Doppel oder eine Rechnung nicht oder nicht mindestens zehn Jahre aufbewahrt wird, bzw. entgegen § 14b I 5 UStG nicht oder nicht mindestens zwei Jahre aufbewahrt wird, wird gem. § 26a I Nr. 1–3, II UStG ein Bußgeld in Höhe von 500 Euro bzw. 5.000 Euro fällig.

In der Literatur wird vereinzelt die Ansicht vertreten, dass ein Bußgeld gem. § 26a I Nr. 1 UStG auch bei einer unvollständigen Rechnung Anwendung findet, da die Drohung des Bußgeldes motivieren solle, ordnungsgemäße Rechnungen zu erstellen.[778] Demgegenüber löst nach Ansicht der Finanzverwaltung eine bloß unvollständige Rechnung, die nicht alle Angaben des § 14 IV 1 UStG, enthält nicht die Ordnungswidrigkeit des § 26a UStG aus.[779] Allerdings wird bei einer unvollständigen Rechnung der Vorsteuerabzug versagt; dieser bedarf einer vollständigen Rechnung,

---

777 Umsatzsteuer-Durchführungsverordnung (UStDV) in der Fassung der Bekanntmachung vom 21. Februar 2005, BGBl. I 2005, 434, zuletzt geändert durch Art. 1 der Verordnung vom 25. März 2013 BGBl. I 2013, 602.

778 *Stadie*, UStG, § 26a, Rn. 5; unklar *Nieskens*, in: Rau/Dürrwächter, UStG, § 26a, Anm. 24 (Oktober 2010); *Stadie*, in: Rau/Dürrwächter, UStG, § 14, Anm. 84 (Februar 2011).

779 BMF, Umsatzsteuer § 14 II 1, § 14b I 5 UStG, BStBl. I 2004, 1122, 1123 Tz. 8, 1124, Tz. 23.

wobei eine Fehlerhaftigkeit der Rechnung insoweit unschädlich ist, als dass der Unternehmer dies nicht erkennen konnte.[780]

Darüber hinaus ist die ordnungsgemäße Rechnung gem. § 15 I Nr. 1 UStG Grundlage für den Vorsteuerabzug eines anderen Unternehmens als Vertragspartner, so dass hier eine fehlerhaft ausgestellte Rechnung unter Umständen Schadensersatzansprüche nach sich ziehen kann.[781] Ferner schuldet der Unternehmer bei Ausweis einer zu hohen Steuer als eigentlich zu zahlen ist auch den Mehrbetrag gem. § 14c I UStG.

b) Innergemeinschaftliche Lieferungen

Das große Risiko, das bei an sich steuerfreien, innergemeinschaftlichen Lieferungen gem. § 4 Nr. 1b) i.V.m. § 6a UStG besteht, ist, dass bei einer Nichteinhaltung der Nachweispflichten aus § 6a III i.V.m. §§ 17a-17c UStDV die Steuerfreiheit einer innergemeinschaftlichen Lieferung von der Finanzverwaltung nicht anerkannt wird, so dass eine an sich für das Unternehmen steuerfreie Lieferung nunmehr der Umsatzsteuer unterliegt.[782] Zudem entstehen dem Unternehmen zusätzliche Kosten und Aufwand nebst einer Behinderung des operativen Bereichs, wenn die Nachweispflichten in der Betriebsprüfung beanstandet werden, da dann eine Umsatzsteuersonderpüfung und die Einschaltung der Steuerfahndung wegen des Verdachts der Umsatzsteuerhinterziehung droht.[783]

Eine innergemeinschaftliche Lieferung im Sinne des § 6a UStG setzt zunächst voraus, dass der Gegenstand der Lieferung in das übrige Gemeinschaftsgebiet befördert oder versendet wird und dass der Abnehmer entweder ein Unternehmer, der den Gegenstand für sein Unternehmen erworben hat, oder eine juristische Person, die nicht Unternehmer ist oder den Gegenstand nicht für ihr Unternehmen erworben hat, ist und dass der Erwerb im anderen Mitgliedstaat den Vorschriften der Umsatzbesteuerung unterliegt. Nach § 6a III UStG sind die Voraussetzungen der innergemeinschaftlichen Lieferung nachzuweisen, wobei der Nachweis anhand der Anforderungen aus §§ 17a–17c UStDV zu führen sind.[784]

780 BMF, Umsetzung Richtlinie 2001/115/EG und der Rspr. EuGH/BFH, UR 2004, 167, 175, Tz. 87ff.

781 So *Alvermann*, in: Streck/Mack/Schwedhelm, Tax Compliance, Rn. 2.72, dort auch zum folgenden Text.

782 *Demuth/Kaiser*, in: Inderst/Görling/Bannenberg, Compliance, S. 346; vgl. *Alzuhn/Wipfler*, in: Kneip/Jänisch, Tax Due Diligence, S. 369.

783 *Demuth/Kaiser*, in: Görling/Inderst/Bannenberg, Compliance, S. 346.

784 *Robisch*, in: Bunjes, UStG, § 6a, Rn. 53.

aa) Buch- und Belegnachweise

Ursprünglich ging die Rechtsprechung des BFH davon aus, dass der Buch- und Belegnachweis aus §§ 17a–17c UStDV als materielle Voraussetzung der Steuerbefreiung bei der innergemeinschaftlichen Lieferung anzusehen sei.[785]

Eine zwischenzeitlich ergangene Entscheidung des EuGH aus dem Jahre 2007 legte fest, dass bei Vorliegen aller materiell-rechtlicher Voraussetzungen für eine innergemeinschaftliche Lieferung, die Steuerbefreiung unabhängig von der Erfüllung etwaiger formeller Anforderungen zu gewähren ist.[786] Im Lichte dieser EuGH Entscheidung hat der BFH seine bis zu diesem Zeitpunkt bestehende Rechtsprechung geändert und sieht die angesprochenen Nachweispflichten nicht mehr als materielle Voraussetzung der Steuerbefreiung an.[787]

Trotzdem sind die Nachweispflichten weiterhin von überragender Bedeutung.[788] Nach der Rechtsprechung des BFH ist in einem ersten Schritt zunächst die Einhaltung der Nachweispflichten zu prüfen. Sofern diese nicht eingehalten wurden, ist dann eine Steuerbefreiung vorzunehmen, wenn die Voraussetzungen einer innergemeinschaftlichen Lieferung tatsächlich vorliegen, ansonsten ist noch eine Steuerbefreiung nach Maßgabe des § 6a IV UStG aus Vertrauensschutzgesichtspunkten denkbar, wonach eine Steuerbefreiung trotz Nichtvorliegens der Voraussetzungen infolge unrichtiger Angaben des Abnehmers zu gewähren ist, wenn die Unrichtigkeit auch bei Beachtung der Sorgfalt eines ordentliche Kaufmanns nicht erkannt werden konnte.[789]

In der UStDV wird unter anderem in § 17a UStDV geregelt, dass der Unternehmer nachweisen muss, dass er oder der Abnehmer den Gegenstand der Lieferung in das übrige Gemeinschaftsgebiet befördert oder versendet hat, was sich aus den Belegen in Form von Doppel der Rechnungen, eine Gelangensbestätigung, dass der Gegenstand der Lieferung in das übrige Gemeinschaftsgebiet gelangt ist nebst Name, Anschrift und Unterschrift des Abnehmers, Menge des Gegenstandes der Lieferung sowie die handelsübliche Bezeichnung usw.

§ 17c UStDV regelt die buchmäßige Erfassung der innergemeinschaftlichen Lieferung und verlangt die umfangreiche Aufzeichnungen abseits des Nachweises der Umsatzsteuer-Identifikationsnummer des Abnehmers, wie Name, Anschrift und Gewerbezweig des Abnehmers, Menge und Tag der Lieferung das vereinbarte Entgelt sowie weitere Einzelheiten.

---

785 BFH, BFH/NV 1997, 629; BFH, BFH/NV 2004, 988; BFH, BStBl. II 2006, 634, 635f.; siehe dazu auch die Darstellung bei *Gehm*, NJW 2012, 1257, 1259.

786 EuGH „Collee“, BStBl. II 2009, 78, 81ff.

787 BFH, BStBl. II 2009, 55, 56f.; BFH, BStBl. II 2009, 57, 59f.

788 Vgl. Treiber in Sölch/Ringleb, UStG, § 6a, Rn. 85f. (November 2013) unter Verweis auf BFH, BFH/NV 2011, 1930; BFH, BStB. II 2011, 797, 798f.; BFH, BFH/NV 2010, 72, BFH, BFH/NV 2010, 450.

789 Siehe *Robisch*, in: Bunjes, UStG, § 6a, Rn. 55 unter Verweis auf BFH, DStR 2009, 1639, 1640ff.

Die Finanzverwaltung orientiert sich mittlerweile ebenfalls an der Rechtsprechung des BFH zu den Nachweispflichten. Im Schreiben vom 06.01.2009[790] und im Schreiben vom 05.05.2010[791] ist eine Klarstellung enthalten, dass es sich bei den Nachweispflichten der UStDV aus §§ 17a-17c um Sollvorschriften handelt, so dass ein Unternehmen nunmehr nicht auf den Rechtsweg angewiesen ist, um unter Berufung auf eine objektiv vorliegende Steuerbefreiung ob innergemeinschaftlicher Lieferung bei mangelndem Nachweis auch in den Genuss derselben zu kommen.[792] Diese Klarstellung findet sich auch in 6a.2. Abs. 8 des Umsatzsteuer-Anwendungserlasses der Verwaltungsregelung zur Anwendung des UStG.[793]

bb) Exkurs: Konsignationslager

Bei einem Konsignationslager handelt es sich um ein Warenlager, das von einem Unternehmen (Konsignant) bei einem Abnehmer (Konsignatär) eingerichtet wird. Dieses Lager wird regelmäßig vom Konsignanten mit Waren versorgt, die abhängig von der konkreten vertraglichen Ausgestaltung bis zur Entnahme durch den Konsignatär in der Verfügungsmacht des Konsignanten verbleiben.[794] Wird die Ware aus Deutschland in ein innergemeinschaftlich gelegenes Konsignationslager verbracht, so stellt sich dies bei Einhaltung der Voraussetzungen aus § 6a UStG nach nationalem Recht als steuerfreie innergemeinschaftliche Lieferung dar, die jedoch nach der jeweiligen ausländischen Rechtslage analog § 1a UStG einen steuerpflichtigen innergemeinschaftlichen Erwerb verwirklicht und im Falle der tatsächlichen Auslieferung aus dem Lager ob des jeweils anwendbaren ausländischen Rechts umsatzsteuerpflichtig ist.[795] Probleme können sich für ein inländisches Unternehmen zum einen daraus ergeben, dass in einigen Ländern wie z.B. Irland, Belgien, Großbritannien oder die Niederlande[796] Vereinfachungsregeln greifen, die die Lieferung der Ware in das Konsignationslager als innergemeinschaftliche Lieferung betrachten und dem Konsignatär die Besteuerung auferlegen. Konsequenz ist, dass in den Ländern mit dieser entsprechenden Vereinfachungsregelung die umsatzsteuerliche Registrierung für den deutschen Konsignanten nicht möglich ist, so dass es für die Steuerbefreiung im nationalen Recht gem. §§ 4 Nr. 1b), 6a I, II UStG am Nachweis gem. § 6a III UStG i.V.m. § 17c I UStDV – Umsatzsteueridentifikationsnummer – fehlt. Sofern die Finanzverwaltung in dieser Konstellation nicht auf den für das Unternehmen

790 BMF, Schreiben betr. Umsatzsteuer v. 06.01.2009, BStBl. I 2009, 60, 64, Rn 24.
791 BMF, Schreiben betr. Umsatzsteuer v. 05.05.2010, BStBl. I 2010, 508, 512, Rn. 24.
792 Zur Notwendigkeit eines Rechtsmittels zur Rechtslage vor der Klarstellung durch das BMF *Demuth/Kaiser*, in: Görling/Inderst/Bannenberg, Compliance, S. 349.
793 BMF, Umsatzsteuer-Anwendungserlass, BStBl. I 2010, 846, 1019, Nr. 6a.2. Abs. 8.
794 *Birkenfeld*, UR 2006, 80; *Müller-Lee/Selera*, UStB 2007, 253; *Prätzler*, UStB 2010, 13.
795 *Prätzler*, UStB 2010, 13f.; *Robisch*, in: Bunjes, UStG, § 6a, Rn. 28.
796 Ausführlich zu den Vereinfachungsregelungen: *Keller*, UR 2000, 60, 63ff.; *Müller-Lee/Selera*, UStB 2007, 253ff.; OFD Frankfurt, Verfügung betr. Warenlieferungen in und aus Konsignationslagern, BeckVerw 237495.

unmöglich zu erbringenden Nachweis verzichtet ist eine Besteuerung einer an sich steuerbefreiten innergemeinschaftlichen Lieferung die Folge.[797]

Zum anderen verkompliziert sich die umsatzsteuerliche Rechtslage für das Unternehmen durch die tatsächliche Ebene, an die die umsatzsteuerlichen Folgen anknüpfen, wenn es z.B. um den Zeitpunkt der Entnahme aus dem Lager geht oder unverkäufliche, für die Weiterverarbeitung ungeeignete Ware oder schlichtweg mangelhafte Ware zurückgebracht oder ausgetauscht wird.[798]

c) Scheinunternehmen, Strohmänner, „missing trader"

Ein weiterer Risikobereich der Umsatzsteuer ergibt sich für redliche Unternehmen auf Grundlage von Scheinunternehmen, Strohfirmen oder sog. missing tradern. Im Falle eines missing traders werden Umsätze nicht als solche bezeichnet oder die Umsatzsteuer in Rechnung gestellt, allerdings gerade bei grenzüberschreitenden, innergemeinschaftlichen Sachverhalten die Umsatzsteuer letztendlich nicht abgeführt.[799] Missing trader handeln dabei häufig unter Scheinunternehmen.[800] Bei Scheinunternehmen und Strohmännern werden Personen oder Unternehmen zwecks Abrechnung zwischengeschaltet, die die Umsatzsteuer entweder nicht erklären und/oder auch nicht abführen.[801]

Die Rechtsprechung des BFH bejaht bei einer Verletzung der Erklärungspflichten des missing traders eine Steuerbefreiung des leistenden Unternehmens im Falle einer innergemeinschaftlichen Lieferung, wenn die Umsatzsteueridentifikationsnummer des die Leistung empfangenden missing traders richtig ist, d.h. falls sie entsprechend erteilt worden ist und nicht die Umsatzsteueridentifikationsnummer eines anderen Unternehmens missbraucht worden ist.[802]

Hinsichtlich des Vorsteuerabzugs führen missing trader dann nicht zu einem Verlust der Vorsteuerabzugsmöglichkeit, wenn das Unternehmen unter der Sorgfalt eines ordentlichen Kaufmanns nicht hätte erkennen können (vgl. auch § 6a IV UStG), dass es sich um einen missing trader mit der Absicht des Umsatzsteuerbetrugs handelt.[803]

Sofern das Unternehmen, das sich auf die steuerfreie innergemeinschaftliche Lieferung beruft bzw. den Vorsteuerabzug geltend macht, Kenntnis oder leichtfertige Unkenntnis darüber erlangt, in die geschilderten Machenschaften eines missing

797 *Prätzler*, UStB 2010, 13, 14; *Robisch*, in: Bunjes, UStG, § 6a, Rn. 28f.

798 Vgl. *Birkenfeld*, UR 2006, 80, 81.

799 *Wenning*, UStB 2002, 265; *Schaefer*, NJW-Spezial 2007, 231; *Englisch*, in; Tipke/Lang, Steuerrecht, § 17, Rn. 464; *Huschens*, SteuK 2012, 479, 480; *Gehm*, NJW 2012, 1257.

800 *Demuth/Kaiser*, in: Görling/Inderst/Bannenberg, Compliance, S. 351.

801 Vgl. *Wenning*, UStB 2002, 265, 226ff.; *Alvermann*, in: Streck/Mack/Schwedhelm, Tax Compliance, Rn. 2.129f.

802 BFH/NV 2005, 81; vgl. BFH, BStBl. II 2007, 420, 422; *Demuth/Kaiser*, in: Görling/Inderst/Bannenberg, Compliance, S. 352; *Alvermann*, in: Streck/Mack/Schwedhelm, Tax Compliance Rn. 2.155.

803 BFH, UR 2007, 693, 698 unter Verweis auf: EuGH, „Optigen u.a.", EuGHE 2006, I-483; EuGH, „Axel Kittel u.a.", EuGHE 2006, I-6161.

traders eingebunden zu sein, drohen die steuerstrafrechtlichen Konsequenzen aus §§ 370, 378 AO.[804]

Dennoch verbleibt für die Unternehmen in derartigen Betrugskonstellationen auch als Unbeteiligte, die in den Betrug als Geschäftspartner eines missing traders hineingezogen werden, ein Restrisiko wenn z.B. die Umsatzsteueridentifikationsnummer des Vertragspartners nicht kontrolliert wird[805], entweder den Vorsteuerabzug nicht geltend machen zu können oder alternativ die innergemeinschaftliche Lieferung doch versteuern zu müssen, was Nachzahlungen in existenzgefährdender Höhe oder zumindest in einer Höhe, die das betroffene Geschäft zu einem Verlust für das Unternehmen werden lassen, nach sich ziehen kann.[806]

3. Schlussfolgerung

Die Umsatzsteuer ist wie gezeigt ein großes Risiko im Unternehmen. Aufgrund des dargestellten Netto-Allphasensystems mit Vorsteuerabzug sind die Unternehmen gezwungen bei jeder Lieferung oder Leistung auf jeder nur erdenklichen Verarbeitungsstufe die Umsatzsteuer mit ihren umfangeichen Dokumentationsanforderungen zu beachten, so dass schon deswegen das gesamte Umsatzsteuersystem wegen der konkreten Art der Ausgestaltung bereits ein Risiko für das Unternehmen darstellt.[807] Zugleich ist die Inanspruchnahme der Steuerbefreiung innergemeinschaftlicher Lieferungen über die Beleg- und Nachweispflichten trotz der geänderten Rechtsprechung weiterhin an einem ernormen formalen Aufwand gebunden, den es für die Unternehmen zu bewältigen gilt, zumal eine Nichteinhaltung der Beleg- und Nachweispflichten das Unternehmen mit dem Beweis des Vorliegens der objektiven Voraussetzungen einer steuerbefreiten innergemeinschaftlichen Lieferung belastet.[808] Zudem ist die Umsatzsteuer im nationalen Steueraufkommen mit einem Anteil von in etwas einem Drittel von großer Bedeutung, so dass sie auch aufgrund ihrer dargestellten Betrugsanfälligkeit – Stichwort missing trader – einen Schwerpunkt bei der Betriebsprüfung bildet, wobei gerade auch an die Nachweisvoraussetzungen strenge Anforderungen angelegt werden.[809] Die Versagung einer Steuerbefreiung

804 Siehe dazu die ausführliche Darstellung mit detaillierter Auswertung der Rechtsprechung *Gehm*, NJW 2012, 1257ff, zur Strafbarkeit insbesondere, 1260ff.; vgl. *Jäger*, in: Klein, AO, § 370, Rn. 373ff.

805 Dies ist durch eine qualifizierte Bestätigungsanfrage beim Bundeszentralamt für Steuern möglich: *Demuth/Kaiser*, in: Görling/Inderst/Bannenberg, Compliance, S. 352ff.

806 Vgl. *Wenning*, UStB 2002, 265, 268; *Bülte*, CCZ 2009, 98.

807 Siehe dazu bereits oben S. 144ff.; vgl. *Englisch*, in: Tipke/Lang, Steuerrecht, § 17, Rn. 297.

808 Siehe dazu bereits oben S. 146ff.

809 Siehe dazu bereits oben S. 149f.; vgl. auch *Kraeusel*, UR 2005, 187; *Alvermann*, in: Streck/Mack/Schwedhelm, Tax Compliance, Rn. 2.16.

oder auch die Verweigerung eines Vorsteuerabzugs können die sich daraus ergebenden Folgen für die Unternehmen sein.

Im Vergleich zu drohenden Steuernachforderungen sind die Geldbußen aus § 26a UStG bei Nichteinhaltung der Rechnungserfordernisse das kleinere Übel für Unternehmen: da sich die Umsatzsteuer in Höhe von 19 % gem. §§ 12 I, 10 I UStG am Umsatz, d.h. am Entgelt, das für die Leistung aufgewandt wird, orientiert und gerade nicht an anderen Größen wie dem Gewinn des Unternehmens, kann im Falle einer Steuernachforderung diese je nach Ausmaß eine Existenzgefährdung bedeuten.[810] Wie bereits im Rahmen der vorstehenden Referenzbeispiel und zu Anfang dieses Risikobereichs beschrieben, verschärft sich auch in diesem Risikobereich die Gesamtrisikolage durch die zeitliche Nachlagerung der Betriebsprüfung, die entsprechende, aus Sicht der Finanzverwaltung zu beanstandende Sachverhalte erst nach Jahre aufdeckt, so dass sich der zu beanstandende Fehler zumeist auf mehrere Jahre bezieht und damit die nachzufordernde Summe enorm erhöht.[811]

VI. Verschuldensunabhängige Lohnsteuerhaftung gem. § 42d EStG

1. Grundlagen der Lohnsteuerhaftung

§ 42d EStG legt fest, dass der Arbeitgeber für die Lohnsteuer haftet, die er einzubehalten und abzuführen hat, die er beim Jahresausgleich zu Unrecht erstattet, die aufgrund fehlerhafter Angaben im Lohnkonto oder in der Lohnsteuerbescheinigung verkürzt wird und die er im Anwendungsbereich des § 38 IIIa EStG zu übernehmen hat. Infolgedessen haftet der Arbeitgeber also für die Lohnsteuerschuld des Arbeitnehmers aus § 38 II EStG.[812] In Ermangelung einer Legaldefinition im EStG wird als Arbeitgeber aus der Definition des § 1 II LStDV hergeleitet, dass eine Arbeitgeberstellung immer dann anzunehmen ist, wenn der Arbeitnehmer bei der Betätigung seines geschäftlichen Willens der Leitung des Arbeitgebers unterliegt oder in dessen geschäftlichen Organismus eingegliedert ist sowie dessen Weisungen zu folgen hat.[813] Dabei können sowohl natürliche als auch juristische Personen ebenso wie Personengesellschaften Arbeitgeber sein.[814]

---

810 Siehe dazu bereits oben S. 144f.

811 Siehe dazu bereits oben S. 42ff.

812 Vgl. *Gast-de Haan*, DStJG 9 (1986), 141f.

813 *Pflüger*, in: Herrmann/Heuer/Raupach, EStG, KStG, § 19 EStG, Anm. 62 (September 2009); *Lewang*, in: Littmann/Bitz/Pust, EStR, § 38, Rn. 18 (Februar 2011).

814 BFH zu den Personengesellschaften, BFHE 177, 105, 107f. = BStBl. II 1995, 390, 391f.; *Trzakalik*, in: Kirchhof/Söhn/Mellinghoff, EStG, § 38 B 7 (April 2003); *Thürmer*, in: Blümich, EStG, KStG, GewStG, § 19 EStG, Rn. 131 (März 2011).

Der Haftungsumfang des Arbeitgebers erstreckt sich bei der im Folgenden betrachteten Haftung aus § 42d I Nr. 1 EStG auf die einzubehaltende und abzuführende Lohnsteuer gem. §§ 39b, 41a EStG.[815]

Zu beachten ist, dass der Wortlaut des § 42d EStG kein Verschulden des Arbeitgebers erwähnt, so dass mit der h.M. die Haftung auch nicht von einem Verschulden abhängt.[816] Damit besteht nach der h.M. die Haftung dem Grunde nach bereits mit der Erfüllung des Tatbestandes des § 42d I EStG. Hingegen sieht die davon abweichende Auffassung aus Gründen der Verfassungsmäßigkeit und der Systematik der Haftung ein Verschulden als notwendig an.[817]

Nach der Rechtsprechung des BFH bleibt es im Ergebnis bei einer verschuldensunabhängigen Haftung aus § 42d I EStG, allerdings wird ein Verschulden des Arbeitsgebers auf der Ebene des Ermessens berücksichtigt: Arbeitgeber und Arbeitnehmer sind gem. § 42d III 1 EStG als Gesamtschuldner zu qualifizieren und die Auswahl, welcher der Gesamtschuldner in Anspruch zu nehmen ist, ist gem. § 42d III 2 EStG nach pflichtgemäßem Ermessen vorzunehmen. Getreu der Rechtsprechung soll der Arbeitgeber dann nicht in Anspruch genommen werden, wenn die Haftung des Arbeitgebers z.B. aufgrund eines entschuldbaren Rechtsirrtums unbillig wäre.[818]

Eine besondere Brisanz bezieht die Lohnsteuerhaftung des Arbeitgebers aus der Tatsache, dass es sich um ein „Massenfallrecht“ handelt: So kann sich z.B. ein Fehler in der Bestimmung der abzuführenden Lohnsteuer in einem größeren Unternehmen mit einer Vielzahl von Arbeitnehmern wie ein Multiplikator durch die Vielzahl der vorzunehmenden Lohsteuerzahlungen erheblich auswirken.[819]

Zur Verdeutlichung sei auf die Mitarbeiterzahlen namhafter deutscher Unternehmen wie Adidas mit 50.728 Mitarbeitern Ende des Jahres 2013[820], den RWE-Konzern

---

815 *Wagner*, in: Blümich, EStG, KStG, GewStG, § 42d EStG, Rn. 29 (September 2010).

816 BFH, BStBl. III 1954, 225, 227; BFH, BStBl. II 1986, 768, 769f.; *Mösbauer*, FR 1995, 173; *Wagner*, in: Blümich, EStG, KStG, GewStG, § 42d EStG, Rn. 58 (September 2010) unter Verweis auf die Begründung zum Reichseinkommenssteuergesetzentwurf vom 29.11.1919, Finanzarchiv Jg 37, 1920, Bd. 2, S. 235, 274f zu § 44 bis § 51, in der eine verschuldensunabhängige Gesamtschuldnerhaftung von Arbeitnehmer und Arbeitgeber für die Lohnsteuer erwähnt wird.

817 *Rössler*, FR 1982, 155; *Schick*, BB 1983, 1041, 1045f.; *Gast-de Haan*, DStJG 9 (1986), 141, 150ff.

818 Grundlegend: BFH, BFHE 134, 149, 154f. = BStBl. II 1981, 801, 804; siehe auch: BFH, BFHE 144, 569, 571 = BStBl. II 1986, 98, 99; BFH, BFHE 69, 83, 87 = BStBl. III 1959, 292, 293f.; BFH, BFHE 74, 97, 105f. = BStBl. III 1962, 37, 40f.

819 Vgl. *Olgemöller*, in: Streck/Mack/Schwedhelm, Tax Compliance, Rn. 2.178.

820 Fünf-Jahresübersicht, http://www.adidas-group.com/de/investoren/kennzahlen/fuenfjahresuebersicht/, zuletzt besucht am 28.05.2014.

mit 70.208 Mitarbeiter 2012[821] oder Siemens mit rund 118.000 Mitarbeitern Stand November 2013[822] verwiesen, die das Ausmaß des Risikos erahnen lassen.

Zwar besteht im Rahmen der Lohnsteuerhaftung für den Arbeitgeber grundsätzlich die Möglichkeit, zivilrechtlich Rückgriff beim Arbeitnehmer zu nehmen[823], jedoch ist in der Praxis die Geltendmachung des Rückgriffs beim Arbeitnehmer aus tatsächlichen Gründen, beispielsweise aufgrund mangelnder Zahlungsfähigkeit des Arbeitnehmers oder aus rechtlichen Gründen z.B. aufgrund einer Verjährung des Anspruchs oder einer tariflichen Ausschlussfrist[824], in den meisten Fällen ausgeschlossen, so dass es bei einer Belastung des Arbeitgebers mit der im Zuge der Lohnsteuerhaftung eingeforderten Summe verbleibt.[825]

2. Risikobereich Bestimmung der Lohnsteuer

Wie bereits ausgeführt haftet der Arbeitgeber für die Lohnsteuer. Die Lohnsteuerhaftung richtet sich also nach der Steuerschuld des Arbeitnehmers und ist insoweit akzessorisch.[826] Für die Steuerschuld des Arbeitnehmers sind gem. § 38 i.V.m. § 19 EStG wiederum seine Einkünfte aus nichtselbständiger Arbeit entscheidend.[827]

Angesichts der Kompliziertheit des Lohnsteuerrechts und einer Vielzahl zu beachtender Einzelheiten droht dem Unternehmen als Arbeitgeber vielfach ein Haftungsrisiko.[828] Insbesondere die Bestimmung des einzubehaltenden und abzuführenden Arbeitslohns in Form der Einkünfte des Arbeitnehmers aus nichtselbständiger Tätigkeit stellt ob der Vielzahl zu beachtender Einzelheiten ein Risiko für Unternehmen im Hinblick auf die Arbeitgeberhaftung aus § 42d I EStG dar.[829]

---

821 Eckdaten RWE-Konzern, http://www.rwe.com/web/cms/de/1029926/rwe/ueber-rwe/konzern/eckdaten-des-rwe-konzerns/, zuletzt besucht am 28.05.2014.

822 Siemens in Deutschland, http://www.siemens.com/about/pool/regions/Siemens_Germany_DE.pdf, zuletzt besucht am 28.05.2014.

823 *Krüger*, in: Schmidt, EStG, § 42d, Rn. 64; zur zivilrechtlichen Natur des Verhältnisses zwischen Arbeitgeber und Arbeitnehmer: BFH, BFHE 72, 465, 466f. = BStBl. III 1961, 170; BFH, BStBl. II 1972, 816, 818; BAG, BStBl. II 1977, 581, 582.

824 BAG, DB 1974, 2210f.; BAG, DB 1979, 1281, 1282.

825 So ausdrücklich *Olgemöller*, in: Streck/Mack/Schwedhelm, Tax Compliance, Rn. 2.180 a.E., siehe dort auch Fn. 1 und 2.

826 BFH, BStBl, II 1990, 526, 529; *Krüger*, in: Schmidt, EStG, § 42d, Rn. 2.

827 *Pflüger*, in: Herrmann/Heuer/Raupach, EStG, KStG, § 38 EStG, Anm. 20 (Oktober 2008).

828 Vgl *Zinnkann*, in: Kneip/Jänisch, Tax Due Diligence, S. 309, Rn. 1; *Olgemüller*, in: Streck/Mack/Schwedhelm, Rn. 2.184.

829 *Olgemöller*, in: Streck/Mack/Schwedhelm, Tax Compliance, Rn. 2.188.

a) *Ausgewählte Risikobereiche der Lohnsteuer*

aa) Sachbezüge (fringe benefits) und geldwerte Vorteile

Nach § 19 I 1 Nr. 1 EStG zählen zu den Einkünften aus nichtselbständiger Arbeit nicht nur Gehälter und Löhne, sondern auch andere Bezüge und Vorteile für eine Beschäftigung. Somit fallen unter § 19 EStG alle Einkünfte des Arbeitnehmers aus seinem Arbeitsverhältnis, was auch Sachbezüge umfasst, die nicht in Geld an den Arbeitnehmer geleistet werden.[830] Derartige Zusatzleistungen oder Sachbezüge werden auch als „fringe benefits" bezeichnet.[831] Im Falle eines Sachbezuges erhält der Arbeitnehmer eine Zuwendung seines Arbeitgebers für die von ihm geleistete Arbeit, wobei eine Bereicherung des Arbeitgebers in Gestalt eines geldwerten Vorteils dahingehend eintritt, dass der Arbeitnehmer entweder diese Sachbezüge unentgeltlich erhält oder lediglich eine Zuzahlung erbringen muss, die hinter dem eigentlichen Wert des Sachbezuges zurückbleibt.[832] Sachbezüge sind in unterschiedlicher Form denkbar. § 8 II 1 EStG nennt ausdrücklich Wohnung[833], Kost, Waren, Dienstleistungen und sonstige Sachbezüge. Darunter fallen unter anderem auch Tankgutscheine[834], Verzehr einer Mahlzeit[835], steuerbare Versicherungsübernahme[836], Nutzung einer Sporteinrichtung oder eines Kindergartenplatzes[837] oder auch ein zinsverbilligtes Darlehen[838].

Die Bewertung der Sachbezüge erfolgt gemäß der Grundregel in § 8 II 1 EStG zu üblichen Endpreisen am Abgabeort, die um die üblichen Preisnachlässe zu mindern sind. Hinzu kommen Sonderregeln in § 8 II 2–8 EStG für die private Nutzung eines betrieblichen Kraftfahrzeugs unter anderem nach § 8 II 6 EStG falls Werte in einer Rechtsverordnung nach § 17 I 1 Nr. 4 SGB IV bestimmt worden sind oder davon unabhängig für den Fall, dass die oberste Finanzbehörde eines Landes mit Zustimmung des Bundesministeriums der Finanzen Durchschnittswerte festgesetzt hat.[839] Durch diese Regelung soll die Bewertung von Sachbezügen im schon angesprochenen Massenverfahren der Lohnsteuer praktikabel gestaltet werden, da die Bewertung

830 *Breinersdorfer*, in: Kirchhof/Söhn/Mellinghoff, EStG, § 19, Rn. B 584 (Aktualisierung August 2006).

831 *Jacobs*, Internationale Unternehmensbesteuerung, S. 1361.

832 Vgl. BFH, BStBl. II 2011, 386, 387; *Breinersdorfer*, in: Kirchhof/Söhn/Mellinghoff, EStG, § 19, Rn. B 585 (Aktualisierung August 2012); *Krüger*, in: Schmidt, EStG, § 8, Rn. 3; *Kirchhof*, in: Kirchhof, EStG, § 8, Rn. 18, dort auch zum folgenden Text.

833 Siehe zur Nutzung einer Wohnung auch die Rechtsprechung: BFH, DStR 2011, 1849, 1850f.; BFH, DStRE 2007, 405f.; BFH, BStBl. II 2005, 529, 530f.; BFH, BStBl. II 2004, 1076, 1079.

834 BFH, BStBl. II 2011, 386, 388; BFH, BStBl. II 2011, 389, 391.

835 Zur Bewertung von Mahlzeiten z.B. BMF, Lohnsteuerliche Behandlung von unentgeltlichen oder verbilligten Mahlzeiten der Arbeitnehmer, BStBl. I 2011, 42.

836 BFH, BStBl. II 2011, 767, 768.

837 *Kirchhof*, in: Kirchhof, EStG, § 8 Rn. 18.

838 BFH, BStBl. II 2006, 781f.; *Bick*, DB 2005, 2046.

839 *Breinersdorfer*, in: Kirchhof/Söhn/Mellinghoff, EStG, § 19, Rn. B 587, B 595 (Aktualisierung August 2012).

von Sachbezügen im Einzelfall unter dem Kriterium des Endpreises am Abgabeort gemindert um die üblichen Preisnachlässe mit nicht unerheblichen Problemen verbunden ist:[840] der Endpreis ist beispielsweise der tatsächliche Marktpreis für die gleiche Ware, nicht für vergleichbare oder ähnliche Waren andere Hersteller[841], wobei auf den Endabgabepreis inklusiver aller Preisbestandteile abzustellen ist.[842]

Trotz alledem gilt es für Unternehmen als Arbeitgeber eine Fülle von Vorschriften und Sonderfälle im Zusammenhang im Sachzuwendungen zu beachten.[843] Allein die Regelungen zur privaten Nutzung eines betrieblichen Kraftfahrzeugs in § 6 I Nr. 4, § 8 II 2–5 EStG mit einem prozentualen, monatlichen Ansatz ausgehend vom Listenpreis unter Berücksichtigung der Fahrstrecke zwischen Wohnung und Arbeitsstätte, vorausgesetzt das Kraftfahrzeug kann zu diesem Zweck genutzt werden mag zur Verdeutlichung dienen. Ebenso die umfassenden Regelungen in der Lohnsteuerrichtlinie zur Bewertung einer Mahlzeit unter Berücksichtigung der dort vorgenommenen Differenzierungen nach Mahlzeiten, die in einer selbst vom Arbeitgeber betriebenen Kantine oder in einer nicht selbst betriebenen Kantine, durch Essensmarken für eine Gaststätte, teilentgeltlich oder unentgeltlich können zur Illustration der Komplexität der Bestimmung des geldwerten Vorteils im Rahmen von Sachbezügen herangezogen werden.[844]

bb) Betriebsveranstaltungen

Als weiteres Risikofeld der Lohnsteuer sind Betriebsveranstaltungen anzusehen. Eine Betriebsveranstaltung wird dann nicht zum Arbeitslohn gerechnet, wenn sich die Zuwendungen im Rahmen der Betriebsveranstaltung in einem üblichen Rahmen halten und damit ein überwiegendes, betriebliches Interesse des Arbeitgebers in Form einer Verbesserung des persönlichen Kontakts der Arbeitnehmer im Vordergrund steht.[845] Unter Betriebsveranstaltungen fallen z.B. Weihnachtsfeiern[846], Betriebsausflüge[847], Gaststättenbesuche[848], oder auch eine zweitätige Veranstaltung[849], wohingegen kurze Unterbrechungen der Arbeit um beispielsweise ein Geschenk zu

840 *Gröpl*, in: Kirchhof/Söhn/Mellinghoff, EStG, § 8, Rn. C 5, C 15 (Mai 2006).

841 BFH, BStBl. II 2002, 230; X R 43/08 BFH/NV 10, 1436; BMF, Lohnsteuerrichtlinie, BStBl. I 2007, Sondernummer 1/2007, S. 19, R 8.1 Abs. 2 Satz 1–3.

842 *Krüger*, in: Schmidt, EStG, § 8, Rn. 36.

843 Vgl. dazu in: Streck/Mack/Schwedhelm, Tax Compliance, Rn. 2.184: Lohnsteuerrecht als „fehleranfälliges Detailrecht".

844 BMF, Lohnsteuerrichtlinie, BStBl. I 2007, Sondernummer 1/2007, S. 30f, R 8.1 Abs. 7.

845 St. Rspr. BFH, grundlegend: BFH, BFHE 167, 542, 545ff. = BFH, BStBl. II 1992, 655, 657ff.; siehe auch zur st. Rspr.: BFH, BStBl. II 1985, 529, 530; BFH, BStBl. II 1985, 532, 533; BFH, BStBl. II 1986, 406, 407; BFH, BStBl. II 1995, 59, 60; BFH, BStBl. II 1997, 331, 332; BFH, BStBl. II 2006, 439; BFH, BStBl. II 2006, 442; BFH, BStBl. II 2009, 476, 477.

846 BFH, BStBl. II 1976, 392, 393.

847 BFH, BStBl. II 1985, 532, 533.

848 BFH, BStBl. II 1985, 529, 531f.

849 BFH, BStBl. II 2006, 437, 438; BFH, BStBl. II 2006, 439, 440.

überreichen nicht ausreichend sind[850]. Die Betriebsveranstaltung offeriert grundsätzlich allen Arbeitnehmern die Möglichkeit der Teilnahme, kann aber auch für einzelne Abteilungen durchgeführt werden.[851]

Betriebsveranstaltungen unterliegen nach der Rechtsprechung gewissen Grenzen, ab denen die Betriebsveranstaltungen als Arbeitslohn zu qualifizieren sind: Zum einen ist die Gesamtanzahl der Betriebsveranstaltungen, an denen der einzelne Arbeitnehmer teilnehmen darf auf zwei festgelegt[852]; jede weitere Betriebsveranstaltung ist dann als Arbeitslohn zu sehen, es sei denn der Arbeitnehmer muss aufgrund seiner betrieblichen Funktion als Betriebsrat oder Personalchef an mehreren Veranstaltungen teilnehmen.[853] Zum anderen besteht eine 110 Euro Freigrenze, wonach ein fehlendes betriebliches Interesse und damit steuerpflichtiger Arbeitslohn dann anzunehmen ist, wenn die zugewendeten Vorteile im Rahmen der Betriebsveranstaltungen den Betrag überschreiten.[854] Einzurechnen sind alle Aufwendungen, die der Arbeitgeber aus Anlass der Betriebsveranstaltung getätigt hat wie z.B. Aufwendungen für Speisen, Getränke, Geschenke, Eintrittskarten, Saalmiete oder auch eine Musikkapelle.[855]

Sofern es nach diese Grundsätzen zu einem Lohnzufluss beim Arbeitnehmer kommt, kann die Lohnsteuer gem. § 40 II 1 Nr. 2 EStG mit einem Steuersatz von 25% pauschaliert werden.

cc) Stock Options

Bei Stock Options handelt es sich um die Möglichkeit des Arbeitnehmers, Anteile des Unternehmens, welches als Arbeitgeber fungiert, zu einem bestimmten Preis zu erhalten. Im Anschluss kann der Arbeitnehmer seine Option in einem näher definierten Zeitraum oder einem festgelegten Zeitpunkt ausüben.[856]

Zu unterscheiden sind dabei Optionen, die an einer Wertpapierbörse frei gehandelt werden und solchen Optionen, die speziell zwischen dem Arbeitgeber und dem Arbeitnehmer verabredet sind und nicht frei gehandelt werden können.[857]

---

850 *Breinersdorfer*, in: Kirchhof/Söhn/Mellinghoff, EStG, § 19, Rn. B 364 (September 2006).

851 BFH, BStBl. II 1995, 59, 60; BFH, BStBl. II 2009, 476, 477f.

852 BFH, BFHE 167, 542, 546 = BFH, BStBl. II 1992, 655, 657; BFH, BStBl. II 2006, 439, 440.

853 BMF, Lohnsteuerrichtlinie, BStBl. I 2007, Sondernummer 1/2007, S. 30, R 19.5 Abs. 3 Satz 6.

854 BFH, BStBl. II 2006, 442; BFH, BFHE 167, 542, 546ff. = BFH, BStBl. II 1992, 655, 657ff., dort auch zum folgende Text.

855 *Pflüger*, in: Herrmann/Heuer/Raupach, EStG, KStG, § 19 EStG, Anm. 229 (Januar 2014).

856 Vgl. ausführlich *Portner/Bödefeld*, DStR 1995, 629ff.; *Bredow*, DStR 1996, 2033; *Pflüger*, in: Herrmann/Heuer/Raupach, EStG, KStG, § 19 EStG, Anm. 213 (Januar 2014).

857 Unterscheidung nach *Pflüger*, in: Herrmann/Heuer/Raupach, EStG, KStG, § 19 EStG, Anm. 213 (Januar 2014).

In beiden Fällen fließt nach der Rechtsprechung des BFH der geldwerte Vorteil dann dem Arbeitnehmer zu, wenn er die Option tatsächlich ausübt, d.h. eine Aktie aufgrund der Option erhält.[858] Der geldwerte Vorteil des Arbeitnehmers bestimmt sich bei einer frei gehandelten Option aus dem Unterschiedsbetrag des vom Arbeitnehmer gezahlten Preises und dem Börsenkurs zum Zeitpunkt des Erhalts des Optionsrechts bzw. im Falle einer nicht frei gehandelten Option den Kosten des Arbeitnehmers beim Erwerb der Option und dem Wert bei Ausübung der Option.[859] Demgegenüber scheint zumindest das Finanzministerium NRW bei einer frei gehandelten Option anzunehmen, dass bereits dann wenn die Option eingeräumt wird, dem Arbeitnehmer ein geldwerter Vorteil zugerechnet werden kann, der sich nach dem Wert der Option in dem Zeitpunkt richtet, in dem der Arbeitnehmer die Option erhalten hat.[860] In der Konstellation der nicht frei gehandelten Option stellt das Finanzministerium NRW auf den Zeitpunkt der Überlassung der Aktien ab und sieht die Differenz zwischen den Aufwendungen des Arbeitnehmers für den Erwerb der Aktien und dem Wert der Aktien im Zeitpunkt der Überlassung als Vorteil an.

Bezogen auf Stock Options ergibt sich für das Unternehmen im Lichte vorstehender Ausführungen das Problem, den exakten Zeitpunkt der Besteuerung, d.h. den Zeitpunkt, in dem die Option dem Arbeitnehmer als geldwerter Vorteil zugerechnet werden kann, zu bestimmen und die entsprechende Lohnsteuer einzubehalten und abzuführen, da sonst hier die eingangs geschilderte Lohnsteuerhaftung aus § 42d I EStG greift.[861]

b) Schlussfolgerung

Die exemplarisch aufgegriffenen Beispiele der Sachbezüge und geldwerten Vorteile, Betriebsveranstaltungen und Stock Options untersteichen die zu Anfang stehende These, dass es sich bei der Lohnsteuer um ein kompliziertes Einzelfallrecht handelt, das dem Unternehmen als Arbeitgeber vor das Risiko stellt, bei einem Fehler in der Bestimmung der einzubehaltenden und abzuführenden Lohnsteuer für die ausstehende Lohnsteuer zu haften. Drastisch verschärft wird die Risikolage für die Unternehmen durch den Multiplikatoreffekt, da die Lohnsteuer nicht bloß einzelne

---

858 BFH, BFHE 105, 348, 350 = BFH, BStBl. II 1972, 596, 597; BFH, BFHE 189, 403, 406f. = BFH, BStBl. II 1999, 684, 685f.; BFH, DStR 2001, 931, 932, dort auch zum folgenden Text; BFH, DStR 2001, 934, 935; BFH, BStBl. II 2001, 689; 690; BFH, BStBl. II 2009, 382 m.w.N. zur st. Rspr.; BMF, Zuflusszeitpunkt des geldwerten Vorteils aus Ausübung Aktienoptionsrecht, BStBl. I 2003, 234.

859 *Pflüger*, in: Herrmann/Heuer/Raupach, EStG, KStG, § 19 EStG, Rn. 213 (Januar 2014).

860 FinMin. NRW, Steuerliche Behandlung der Überlassung von Aktienoptionsrechten an Arbeitnehmer, Erlass vom 27.03.2003 – S 2332 – 109 – V B 3, DB 2003, 747, dort auch zum folgenden Text; siehe dazu im Schrifttum: *Bauer/Gemmecke*, DStR 2003, 1818ff.

861 *Zinnkann*, in: Kneip/Jänisch, Tax Due Diligence, S. 329, Rn. 103.

1. Erscheinungsformen von Schmiergeldzahlungen

Korruption in Form von Schmiergeldzahlungen bzw. Bestechung kann in Unternehmen an den verschiedensten Stellen auftreten[872], wobei Schmiergeldzahlungen unter anderem im Bereich des Vertriebs typisch sind. Der Vertriebsmitarbeiter des Lieferanten einer Ware oder des Erbringers einer Leistung verspricht dem Mitarbeiter des potentiell abnehmenden Unternehmens eine Zahlung, wenn dieser mit ihm kontrahiert. Kommt es daraufhin zum Vertragsschluss, erfolgt die Zahlung an den Mitarbeiter des abnehmenden Unternehmens oder an eine ihm nahe stehende Person häufig unter dem Deckmantel beispielsweise einer „Kundengutschrift" oder „Vermittler- oder Hinweisprovision". Involviert können auf Seiten des zahlenden Unternehmens neben den Vertriebsmitarbeitern auch weitere Beschäftigte sein, wenn die Zahlung je nach unternehmensinterner Organisation von einer weiteren Stelle autorisiert werden muss.[873]

Wie schon erwähnt, können unter dem Schlagwort „Provisionen" Schmiergelder getarnt werden. Werden demgegenüber Provisionen nicht ausgewiesen, sondern unter anderer Bezeichnung wie „Beraterleistungen", „Stundenabrechnungen" oder „Schulungsmaßnahmen" erfasst, so kann es sich bei den geflossenen Geldern ebenso um Schmiergeld handeln. Eine weitere Praktik zur Verschleierung von Schmiergeldzahlungen ist der Abschluss von Beraterverträgen. Kann dem Beratervertrag keine Leistung zugeordnet werden oder fehlen Tätigkeitsnachweise bzw. allgemein Nachweise einer Gegenleistung des Beraters, so dürfte Gegenstand des geleisteten Honorars eine Schmiergeldzahlung sein. Problematisch sind ebenfalls Zuwendungen in Form von Geschenken und Einladungen, die in Zusammenhang mit einer geschäftlichen Verbindung durchaus gezielt auf die Bedürfnisse des Vertragspartners zugeschnitten den Bereich einer sozialüblichen Aufmerksamkeit überschreiten und zur Einflussnahme erbracht werden, wie exquisite Einladungen zum Essen oder Reisen, teure Weine, usw.[874]

Bei grenzüberschreitender Korruption erfolgt häufig eine Abrechnung per Scheinrechnung und Scheinfirmen im Ausland, die Höhe des Schmiergeldes orientiert sich in der Regel an der Höhe der Auftragssumme.[875] Im Rahmen grenzüberschreitender

872 *Samson/Langrock*, DB 2007, 1684, nach denen „[...] Wirtschaftskriminalität im Unternehmen geradezu ubiquitär ist, [...]".

873 Beispiel nach *Sahan*, in Recht – Wirtschaft –Strafe, FS Samson, 599, 600; siehe auch *Wittig*, wistra 1998, 7; *Lohse*, in FS Hüffer, 581.

874 *Lembeck*, in: Dölling, Handbuch der Korruptionsprävention, S. 267f., Rn. 59ff.; zu den Beispielen Provisionen, Beraterverträge und Zuwendungen: vgl. *Kremer/Klahold*, in: Krieger/Schneider, Handbuch der Managerhaftung, § 21, Rn. 31ff.; *Bannenberg/Dierlamm*, in: Görling/Inderst/Bannenberg, Compliance, S. 224f.; *Bannenberg*, in: NK HK-GS, § 299 StGB, Rn. 18ff.; *Fissenwert*, in: Behringer, Compliance kompakt, S. 81f. unter Verweis auf LAG Rheinland-Pfalz, BeckRS 2009, 56479 zur Unüblichkeit einer Einladung in eine VIP-Lounge beim Fußball.

875 *Bannenberg*, in: Wabnitz/Janovsky, Wirtschafts- und Steuerstrafrecht, S. 618, Rn. 1.

Tätigkeiten eines Unternehmens beispielsweise im Bereich des Exports deuten schon die einleitenden Worte des Eginhard Vietz auf die Misere für Unternehmen hin: Schmiergeldzahlungen sind in vielen Ländern de facto Usus im Geschäftsverkehr wie auch auf öffentlich-rechtlicher Ebene, so dass die Unternehmen bei Verzicht auf Schmiergeldzahlungen zwar das geltende Recht achten, jedoch empfindliche Wettbewerbsnachteile im Vergleich zu „schmierenden" Unternehmen hinnehmen müssen.[876]

Weiterhin ist Korruption im öffentlich-rechtlichen Bereich bei der Erteilung von Genehmigungen oder der Vergabe von Aufträgen anzutreffen: gerade sog. gewachsene Beziehungen, d.h. langfristige Kontakte zu Amtsträgern deren Diensthandlungen immer wieder von geschäftlicher Bedeutung sind, können durch gezielten Einfluss im Wege der Korruption manipuliert werden.[877] Schmiergeldzahlungen können im Zusammenhang mit der Vergabe von öffentlichen Aufträgen auch als Mittel zur Absicherung von Absprachen zwischen den sich auf die Ausschreibung bewerbenden Unternehmen eingesetzt werden. So einigen sich die Unternehmen einigen zuvor, welches Unternehmen aus ihrem Kreis in der Ausschreibung erfolgreich sein soll, die anderen geben überhöhte Angebote ab und erhalten dafür einen bestimmten Betrag ausgezahlt. Ein an den Amtsträger zu zahlendes Schmiergeld wird in den Preis des Angebots eingerechnet.[878]

2. *Steuerrechtliche Dimensionen von Schmiergeldzahlungen*

a) *Regelungsgegenstand und Intention des § 4 V 1 Nr. 10 EStG*

§ 4 V 1 Nr. 10 EStG besagt, dass Betriebsausgaben in Form von zugewendeten Vorteilen nebst damit zusammenhängender Aufwendungen den Gewinn nicht mindern dürfen, sofern eine rechtswidrige Handlung vorliegt, durch die der Tatbestand eines Strafgesetzes oder eines Gesetzes, das die Ahndung mittels Geldbuße vorsieht, erfüllt wird.

Noch bis 1995 war es möglich, Schmier- und Bestechungsgelder im Rahmen eines bestimmten Geschäfts des Unternehmens steuerlich geltend zu machen.[879] Nach einer Einschränkung der Abzugsoption wurde daraufhin unter Verstoß gegen das objektive Nettoprinzip und die Wertneutralität der Steuer aus § 40 AO als

876 Vgl. *Randt*, BB 2000, 1006; *Gotzens*, DStR 2005, 673, 678; *Dieners*, in: Dölling, Handbuch der Korruptionsbekämpfung, S. 190, Rn. 8; *Campos Nave/Zeller*, BB 2012, 131, 133 a.E.

877 *Bannenberg*, Korruption in Deutschland und ihre strafrechtliche Kontrolle, S. 103f.; *Bannenberg*, in: Wabnitz/Janovsky, Wirtschafts- und Steuerstrafrecht, S. 620, Rn. 5f.

878 Weitere allgemeine Beispiele bei *Schaupensteiner*, in: Pieth/Eigen, Korruption im internationalen Geschäftsverkehr, S. 136f.; vgl. ausführlich mit weiteren Beispielen aus dem öffentlich-rechtlichen Bereich *Bannenberg*, Korruption in Deutschland und ihre strafrechtliche Kontrolle, S. 114ff.; *Dölling*, in: Dölling, Handbuch der Korruptionsprävention, S. 20, Rn. 20.

879 *Nacke*, in: Littmann/Bitz/Pust, EStR, §§ 4, 5, Rn. 2000 (Februar 2012).

Resultat internationalen Drucks im Kampf gegen Korruption § 4 V 1 Nr. 10 EStG durch das Steuerentlastungsgesetz 1999/2000/2002[880] soweit verschärft, dass die Verwirklichung des entsprechenden Straftatbestandes bereits ausreicht, wobei eine Verurteilung nicht erforderlich ist.[881]

Erfasst werden von § 4 V 1 Nr. 10 EStG eine Reihe von Straftatbeständen, darunter in erster Linie die Tatbestände der §§ 299 II, III, 333, 334 StGB.[882] Zu beachten ist, dass bereits die Verwirklichung des Straftatbestandes ausreicht, d.h. es ist keine Eröffnung eines Strafverfahrens respektive keine rechtskräftige Verurteilung notwendig, um die Rechtsfolge des § 4 V 1 Nr. 10 EStG auszulösen.[883] Ferner sieht § 4 V 1 Nr. 10 S. 2–4 EStG Mitteilungspflichten vor, wonach gem. § 4 V 1 Nr. 10 S. 3 EStG bei Vorliegen eines Anfangsverdachts iSd. § 152 II StPO eine Mitteilung an die Staatsanwaltschaft durch die Finanzbehörde zu erfolgen hat. Somit ist durch § 4 V 1 Nr. 10 EStG nebst seiner Mitteilungspflicht an die Staatsanwaltschaft ein wirksames Mittel gegen Korruption ins Steuerrecht eingeführt worden.[884]

b) Risiko der Nichtabziehbarkeit gem. § 4 V 1 Nr. 10 EStG

aa) Voraussetzungen des § 4 V 1 Nr. 10 S. 1 EStG

Grundvoraussetzung des § 4 V 1 Nr. 10 S. 1 EStG ist die Zuwendung eines Vorteils. Unter Vorteil sind in Anlehnung an die strafrechtliche Definition[885] alle Zuwendungen zu verstehen, die den Empfänger in seiner finanziellen, persönlichen oder rechtlichen Situation materiell oder immateriell verbessern, ohne dass er darauf einen Anspruch hat.[886] Sollte der strafrechtliche Vorteilsbegriff zu Gunsten einer eigenständigen, steuerrechtlichen Vorteilsbegriffs nur als Hilfsmittel berücksichtigt werden, so dürften im Ergebnis die Begriffsunterschiede marginal sein.[887]

Nach der Definition werden die Zuwendung von Geld- oder Sachvorteilen, die nicht nur bloß in Aussicht gestellt wurden sondern auch tatsächlich zugewandt

---

880 Steuerentlastungsgesetz 1999/2000/2002 v. 24.03.1999, BGBl. I 1999, 402.

881 Vgl. *Randt*, BB 2000, 1006; vgl. *Schaumburg*, StbJb 2001/2002, 237, 256; ausführliche Schilderung der Entwicklung bei *Lembeck*, in: Dölling, Handbuch der Korruptionsprävention, S. 240ff., Rn. 2ff.; *Nacke*, in: Littmann/Bitz/Pust, EStR, §§ 4, 5, Rn. 2001f., 2016 (Februar 2012); *Söhn*, in: Kirchhof/Söhn/Mellinghof, EStG, § 4, Rn. Q 15 m.w.N. (September 2009).

882 *Bode*, in: Kirchhof, EStG, § 4, Rn. 229.

883 *Heinicke*, in: Schmidt, EStG, § 4, Rn. 611; *Bode*, in: Kirchhof, EStG, § 4, Rn. 228; *Nacke*, in: Littmann/Bitz/Pust, EStR, §§ 4, 5, Rn. 2018 (Februar 2012).

884 So *Schauf/Idler*, Ubg 2010, 111, 117; seinerzeit noch skeptisch: *Lembeck*, in: Dölling, Handbuch der Korruptionsprävention, S. 243, Rn. 8.

885 Siehe dazu unten ausführlich mit entsprechenden Nachweisen S. 169.

886 *Gotzens*, DStR 2005, 673, 675; *Wied*, in: Blümich, EStG, KStG, GewStG, § 4 EStG, Rn. 903 (Oktober 2010).

887 Siehe Überblick bei *Söhn*, in: Kirschhof/Söhn/Mellinghoff, EStG, § 4, Rn. Q 36 m.w.N. (September 2009); ausführlich *Kruschke*, in: Herrmann/Heuer/Raupach, EStG, KStG, § 4 EStG, Anm. 1853 (Oktober 2011).

wurden, erfasst.[888] Entscheidend kommt es nicht darauf an, dass die Zuwendung den Empfänger erreicht hat, vielmehr muss sie als Betriebsausgabe in Ansatz gebracht worden sein, somit auch betrieblich veranlasst gewesen sein.[889]

Ebenfalls nicht abziehbar sind nach dem Wortlaut des § 4 V 1 Nr. 10 S. 1 EStG die Aufwendungen, die mit der Zuwendung des Vorteils im Zusammenhang stehen, also beispielsweise Reise- und Transportkosten, aber auch Beratungs- und Verteidigerkosten, die aus verwirklichten Straftatbeständen resultieren.[890]

Für die Praxis stellt sich hier das Problem, welche Aufwendungen noch im Zusammenhang mit den zugewendeten Vorteilen stehen und welche nicht mehr. Im Lichte des Zwecks von § 4 V 1 Nr. 10 EStG die Korruption einzudämmen, fallen solche Aufwendungen nicht in den Tatbestand, die auch ohne die Vorteilszuwendung entstanden wären und eventuell mittelbar mit ihr verbunden sind.[891]

Nicht einbezogen werden sollen bloße, übliche Höflichkeitsgesten: Obwohl hier auch ein Vorteil zugewandt wird, läuft der Zweck der Vorschrift – Bekämpfung der Korruption – ins Leere.[892]

Die Zuwendung selbst muss eine rechtswidrige Handlung darstellen, die den Tatbestand eines Strafgesetzes oder einer Bußgeldvorschrift erfüllt[893], schuldhaftes Handeln ist ebenso wenig erforderlich wie ein Strafantrag, die Eröffnung des Strafverfahrens oder das Vorliegen einer Verurteilung, Strafverfolgungshindernisse wie die Verjährung sind ohne Belang.[894] Eine Darstellung des Literaturstreits, ob die Feststellung einer rechtswidrigen Tat an § 88 AO zu messen ist oder nach strafrechtlichen Grundsätzen zu erbringen ist, unterbleibt, da die daraus resultierenden Probleme des Verhältnisses steuerlicher Mitwirkungspflichten zu strafrechtlichen

---

888 *Lembeck*, in: Dölling, Handbuch der Korruptionsprävention, S. 251, Rn. 23; *Nacke*, in: Littmann/Bitz/Pust, EStR, §§ 4, 5, Rn. 2019 (Februar 2012), dort auch zum folgenden Text.

889 BMF, Abzugsverbot i.S.d. § 4 V 1 Nr. 10 EStG, BStBl. I 2002, 1031, 1032, Tz. 7; vgl. *Gotzens*, DStR 2005, 673, 676; *Kruschke*, in: Herrmann/Heuer/Raupach, EStG, KStG, § 4 EStG, Anm. 1853 (Oktober 2011).

890 BMF, Abzugsverbot i.S.d. § 4 V 1 Nr. 10 EStG, BStBl. I 2002, 1031, 1032, Tz. 8.

891 *Lembeck*, in: Dölling, Handbuch der Korruptionsprävention, S. 252, Rn. 24.

892 Mit ausführlichen Nachweisen *Söhn*, in: Kirschhof/Söhn/Mellinghoff, EStG, § 4, Rn. Q 40 (September 2009); *Nacke*, in: Littmann/Bitz/Pust, EStR, §§ 4,5, Rn. 2020 (Februar 2012).

893 Überblick über die in Frage kommenden Straftatbestände und Ordnungswidrigkeiten bei *Kruschke*, in: Herrmann/Heuer/Raupach, EStG, KStG, § 4 EStG, Anm. 1858 (Oktober 2011); *Nacke*, in: Littmann/Bitz/Pust, EStR, §§ 4, 5 Rn. 2021 (Februar 2012) anhand H 4.14 EStH 2010.

894 Vgl. BT-Drs. 14/23, S. 169; *Randt*, BB 2000, 1006, 1009f.; *Kruschke*, in: Herrmann/Heuer/Raupach, EStG, KStG, § 4 EStG, Anm. 1859 (Oktober 2011); *Nacke*, in: Littmann/Bitz/Pust, EStR § 4, 5 Rn. 2018 (Februar 2012); *Wied*, in: Blümich, EStG, KStG, GewStG, § 4 EStG, Rn. 905 (August 2013); *Heinicke*, in: Schmidt, EStG, § 4, Rn. 611.

Aussageverweigerungsrechten im Hinblick auf die für die Praxis relevante und zu erörternde Vorgehensweise der Finanzverwaltung obsolet sind.[895]

bb) Rechtsfolgen des § 4 V 1 Nr. 10 S. 1 EStG

Folge des § 4 V 1 Nr. 10 EStG ist zunächst, dass die Zuwendung und die mir ihr im Zusammenhang stehenden Aufwendungen nicht als Betriebsausgabe abgezogen werden können, damit den Gewinn nicht mindern und mithin gem. § 2 I, II EStG i.V.m. §§ 7 I, 8 I KStG Bestandteil des zu versteuernden Einkommens sind.

Allerdings ist der Abzug nur dann zu verweigern, wenn die Erfüllung eines Straf- oder Bußgeldtatbestandes durch die Finanzverwaltung festgestellt wird. Bei bloßem Verdacht ist die Steuer vorläufig gem. § 165 AO festzusetzen und der Betriebsausgabenabzug in der Regel zu gestatten. In diesem Fall erfolgt eine Mitteilung an die Staatsanwaltschaft gem. § 4 V 1 Nr. 10 S. 3 EStG.[896]

Wenn Schmiergeldzahlungen, die als Betriebsausgabe abgezogen worden sind, in der Betriebsprüfung entdeckt werden, so führt dies zu einer Steuernachforderung, die zudem gem. § 233a, bzw. § 235 AO zu verzinsen ist.[897]

c) Weitere steuerrechtliche Konsequenzen bei Zuwendungen

aa) § 4 V 1 Nr. 1, VII EStG

Bei Geschenken, die als Zuwendungen unentgeltlich erfolgen und nicht im Hinblick auf eine Gegenleistung des Beschenkten erbracht worden sind[898], versagt das Gesetz in § 4 V 1 Nr. 1 EStG ebenfalls den Abzug als Betriebsausgabe, sofern die Zuwendungen pro Empfänger entweder durch eine einzelne Zuwendung oder in Addition mehrerer Zuwendungen die Grenze von 35 Euro übersteigt. Da es sich bei den 35 Euro um eine Freigrenze handelt, ist bei Überschreiten des Betrags kein Abzug mehr möglich.[899] In Abgrenzung zu Schmier- und Bestechungsgeldern im Sinne des § 4 V 1 Nr. 10 EStG, sind Zuwendungen von § 4 V 1 Nr. 1 EStG erfasst, die dazu dienen, in der Erinnerung des Empfängers zu verbleiben.[900] Nicht erfasst sind Zuwendungen als Schmier- und Bestechungsgelder in der Erwartung eines Auftrags durch den Empfänger.[901]

---

895 Vgl. ausführlich zum Streitstand m.w.N. *Söhn*, in: Kirchhoff/Söhn/Mellinghoff, EStG, § 4 Rn. Q 138f. (September 2009), zur Auffassung der Finanzverwaltung siehe BMF, Abzugsverbot i.S.d. § 4 V 1 Nr. 10 EStG, BStBl. I 2002, 1031, 1034f., Tz. 29.

896 BMF, Abzugsverbot i.S.d. § 4 V 1 Nr. 10 EStG, BStBl. I 2002, 1031, 1034, Tz. 29; siehe zur Mitteilung an die Staatsanwaltschaft S. 166ff.

897 *Spatscheck/Wulf*, in: Streck/Mack/Schwedhelm, Tax Compliance, Rn. 3.261; zu den strafrechtlichen Dimensionen des Ansatzes von Schmiergeldern als Betriebsausgabe siehe S. 169ff.

898 BFH BStBl. II 1993, 806, 807.

899 *Bode*, in: Kirchhof, EStG, § 4, Rn. 199; *Heinicke*, in: Schmidt, EStG, § 4, Rn. 538.

900 *Heinicke*, in: Schmidt, EStG, § 4, Rn. 537.

901 BFH BStBl. II 1982, 394, 395.

Um in den Genuss des durch § 4 V 1 Nr. 1 EStG eingeräumten Abzugs als Betriebsausgabe kommen zu können, muss gem. § 4 VII EStG eine Aufzeichnung der Aufwendungen einzeln und getrennt von den sonstigen Betriebsausgaben erfolgen. Im Falle eines Verstoßes gegen die Aufzeichnungspflicht besteht ein Abzugsverbot hinsichtlich der entsprechenden Betriebsausgabe.[902]

bb) § 160 AO

Nach § 160 AO sind Ausgaben dann nicht steuerlich zu berücksichtigen, wenn der Steuerpflichtige die Empfänger oder Gläubiger auf Verlangen der Finanzbehörde nicht benennt. Unter die Norm können damit grundsätzlich auch Schmier- und Bestechungsgelder fallen, allerdings findet § 160 AO keine Anwendung, wenn Ausgaben bereits nach anderen Einzelsteuergesetzen wie § 4 V EStG nicht abziehbar sind.[903] Jedoch wird die Finanzverwaltung bei Vorliegen des Verdachts einer Schmiergeldzahlung auf die Benennung des Empfängers nach entsprechender Belehrung bestehen. Wird der Empfänger nicht benannt und kann die Finanzverwaltung die Vorteilszuwendung nicht ohne Zweifel beweisen, stützt die Finanzverwaltung die Nichtabziehbarkeit der Betriebsausgaben auf § 160 AO.[904] Hinsichtlich einer möglichen Straftat, die die Nichtbenennung eines Empfängers, z.B. in Form einer „Provisionszahlung", die als Synonym eine Bestechung verbergen soll, motiviert, hat das Bundesverfassungsgericht ausgeführt, dass allein der Umstand, Ausgaben nicht als Betriebsausgaben in Ansatz zu bringen und weder den Verwendungszweck noch den Empfänger offen zu legen keinen Verdacht einer Bestechung im geschäftlichen Verkehr begründet. Vielmehr handele es sich im ein rechtmäßiges Verhalten, so dass zur Annahme eines Verdachts weitere Anhaltspunkte erforderlich sind.[905]

3. *Risiko Mitteilungspflicht*

Wenn die Zahlung eines Schmiergeldes beispielsweise im Ausland vorgenommen wurde, wird die deutsche Strafverfolgung in der Regel dies nicht ohne Weiteres entdecken können. Erst wenn der Betriebsprüfer anlässlich der Betriebsprüfung Verdacht schöpft, können entsprechende Zahlungen aufgedeckt werden.[906] In der Betriebsprüfung hat der Steuerpflichtige an der Feststellung der für die Besteuerung relevanten Sachverhalte gem. § 200 I AO mitzuwirken und ist verpflichtet, dem Betriebsprüfer Auskünfte zu erteilen, Aufzeichnungen, Bücher, Geschäftspapiere und anderen Urkunden vorzulegen. Obwohl nicht Maßnahmen wie die Durchsuchung oder die Beschlagnahme, die im Rahmen der Steuerfahndung Anwendung finden,

---

902 *Bode*, in: Kirchhof, EStG, § 4, Rn. 240.

903 Vgl. BFH BStBl. II 1997, 404, 406; *Seer*, in: Tipe/Kruse, AO, § 160, Rn. 2, 11 (Mai 2010).

904 BMF, Abzugsverbot i.S.d. § 4 V 1 Nr. 10 EStG, BStBl. I 2002, 1031, 1035f., Tz. 36. Belehrung Tz. 30.

905 BVerfG, BeckRS 24600 = NStZ-RR 2005, 207f.

906 *Randt*, BB 2000, 1006, 1009.

vorliegen[907], bekommt der Betriebsprüfer quasi im Rahmen einer „Routinekontrolle" Einblick in die steuerlichen Verhältnisse des Steuerpflichtigen.[908] Für eine Durchsuchung gem. § 102 StPO oder die Beschlagnahme gem. § 94 StPO ist im Strafverfahren ein Anfangsverdacht notwendig[909], so dass über die Betriebsprüfung qua Anordnung gem. § 196 AO und dem damit verbundenen Einblick in die Unterlagen des mitwirkungspflichtigen Steuerpflichtigen (§ 200 AO) sich viel eher die Möglichkeit bietet, verdächtige Sachverhalte überhaupt erst aufzudecken.[910]

Ergibt sich in der Betriebsprüfung der Verdacht einer Straftat oder einer Ordnungswidrigkeit, sieht § 4 V 1 Nr. 10 S. 3 EStG eine Mitteilung an die Staatsanwaltschaft oder die Verwaltungsbehörde vor.

Eine Einschränkung der Mitteilungspflicht auf bestimmte Delikte gemäß der Wertung aus § 30 IV Nr. 5 AO wegen Durchbrechung des Steuergeheimnisses[911] ist mit der h.M. abzulehnen, da es sich bei § 4 V 1 Nr. 10 EStG um eine bewusste, gesetzliche Durchbrechung zur Korruptionsbekämpfung handelt.[912] Vor einer Mitteilung ist über die Mitteilungspflicht und die Auswirkungen der Mitteilung zu belehren.[913] Hinreichend aber auch notwendig ist für die Mitteilung ein Anfangsverdacht gem. § 152 II StPO.[914] Dieser Anfangsverdacht ist insbesondere von bloßen Vermutungen abzugrenzen, die für eine Mitteilung nicht ausreichen.[915]

Zentrale Bedeutung hat in diesem Zusammenhang der BFH Beschluss vom 14.07.2008[916] erlangt: In diesem Beschluss stellte der BFH fest, dass die Finanzverwaltung nicht verpflichtet sei, vor der Mitteilung an die Staatsanwaltschaft eine Prüfung vorzunehmen, ob der in Rede stehende Sachverhalt überhaupt noch verfolgt werden könne oder ob eventuell Strafverfolgungsverjährung eingetreten ist oder etwaige Verwertungs- bzw. Verwendungsverbote einschlägig sind.

---

907 *Seer*, in: Tipke/Kruse, AO, § 200, Rn. 4 (Mai 2010).

908 *Schallmoser*, in: Hübschmann/Hepp/Spitaler, Vor §§ 193–203 AO, Rn. 205 (Februar 2011).

909 *Seer*, in: Tipke/Kruse, AO, § 208, Rn. 60 (Mai 2011) und Rn. 78 (Mai 2011); siehe ausführlich zu den Voraussetzungen *Ritzert*, in: Graf, StPO, § 94, Rn. 4; *Hegmann*, in: Graf, StPO, § 102, Rn. 1ff.; *Meyer-Goßner*, StPO, § 94, Rn. 1ff.; § 102, Rn. 2.

910 *Spatscheck/Wulf*, in: Streck/Mack/Schwedhelm, Tax Compliance, Rn. 3.254 bezeichnen die Betriebsprüfung als eines „[...] der wirkungsvollsten Mittel bei der Aufdeckung von Korruptionssachverhalten [...]".

911 So z.B. *Joecks*, DStR 1997, 1025, 1031.

912 BFHE 220, 348, 351 = BFH BStBl. II 2008, 850, 851; OFD Frankfurt, Nichtabzugsfähigkeit von Bestechungsgeldern als Betriebsausgaben, DB 2000, 1303; *Stapf*, DB 2000, 1092, 1099.

913 BMF, Abzugsverbot i.S.d. § 4 V 1 Nr. 10 EStG, BStBl. I 2002, 1031, 1035, Tz. 30.

914 H.M.: BFHE 220, 348, 350 = BFH BStBl. II 2008, 850, 851; *Randt*, BB 2000, 1006, 1013; *Stapf*, DB 2000, 1092, 1099 m.w.N.; *Lühn*, BB 2008, 2220, 2221; a.A.: *Schaumburg*, StbJb 2001/2002, 239, 267f.; *Preising/Kiesel*, DStR 2006, 118, 119, 121.

915 Vgl. *Braun*, DStZ 1999, 644, 645; *Schauf/Idler*, Ubg 2010, 111, 115.

916 BFHE 220, 348 = BFH BStB. II 2008, 850, dort auch zum folgenden Text.

Damit wird die Finanzverwaltung gänzlich von der Überprüfung strafrechtlicher Verfolgungshindernisse ausgeschlossen, so dass als Konsequenz eine Mitteilung unabhängig vom Vorliegen von Verfolgungshindernissen und somit unter der Grenze des an sich geforderten Anfangsverdachts erfolgt. Folglich erhöht dies die Wahrscheinlichkeit strafrechtlicher Ermittlungen im betroffenen Unternehmen, ebenso wie als Reflex die Wahrscheinlichkeit eines Eintritts negativer Folgen für das Unternehmen aus den Ermittlungen bzw. einer Verurteilung eines Mitarbeiters auf Grundlage einer einschlägigen Straftat.[917] Jedenfalls sind die Folgen, insbesondere der Schaden für das Unternehmen resultierend aus den Ermittlungen in der Regel nicht abzusehen.[918]

Umstritten ist, ob eine Einschränkung der Mitteilungspflicht anzunehmen ist, wenn der Steuerpflichtige keinen Abzug der Betriebsausgaben entgegen § 4 V 1 Nr. 10 EStG versucht hat, die Finanzverwaltung aber trotzdem z.B. im Rahmen einer Betriebsprüfung einen entsprechenden Sachverhalt entdeckt, der eine nichtabziehbare Betriebsausgabe im Sinne des § 4 V 1 Nr. 10 EStG begründen würde.[919] Es wird vertreten, dass aufgrund der generalpräventiven Wirkung, die § 4 V 1 Nr. 10 EStG bezweckt und aufgrund seines Wortlauts im Ergebnis auch in dieser Konstellation eine Mitteilung zu erfolgen hat.[920] Dagegen spricht, dass § 4 V 1 Nr. 10 S. 3 EStG in Zusammenhang mit § 4 V 1 Nr. 10 S. 1 EStG zu sehen ist, der sich in erster Linie gegen Gewinnminderungen richtet. Zudem hätte eine umfassende Mitwirkungspflicht der Finanzverwaltung im Rahmen der Korruptionsbekämpfung in der AO normiert werden müssen.[921] Abgestellt auf die restriktive Handhabung der Mitteilungspflicht durch die Finanzverwaltung, erfolgt in der geschilderten Konstellation keine Mitteilung.[922] Allerdings bleibt abzuwarten, inwiefern sich diese Praxis der Finanzverwaltung in Anbetracht des BFH-Beschlusses ändert, so dass keine abschließende Beurteilung der Risikolage für Unternehmen vorgenommen werden kann.

Inwiefern in der Betriebsprüfung von einer Mitteilung abgesehen wird, um das Verfahren nicht in die Länge zu ziehen, das Mehrergebnis zu steigern, oder durch die Nichtvornahme einer Mitteilung eine tatsächliche Verständigung zu beeinflussen[923], muss in Anbetracht einer denkbaren Strafbarkeit des Betriebsprüfers gem. § 258a StGB

---

917 Vgl. *Schauf/Idler*, Ubg 2010, 111, 113f., dort auch zum folgenden Text; siehe zu den negativen Folgen eines Strafverfahren ausführlich S. 169ff.

918 *Lühn*, BB 2008, 2220, 2221.

919 *Kruschke*, in: Herrmann/Heuer/Raupach, EStG, KStG, § 4 EStG, Anm. 1876 (Oktober 2011).

920 *Nacke*, in: Littmann/Bitz/Pust, §§ 4, 5, Rn. 2042 (Februar 2012); *Randt*, BB 2000, 1006, 1013, *Stapf*, DB 2000, 1092, 1099; *Klingelhöfer*, StBp. 1999, 309, 312.

921 *Joecks*, DStR 1997, 1025, 1030f.; *von Stuhr/Walz*, StuB 1999, 408, 409; *Preising/Kiesel*, DStR 2006, 118, 121ff.; *Söhn*, in: Kirchhof/Söhn/Mellinghoff, EStG, § 4 Rn. Q 177 (September 2009).

922 BMF, Abzugsverbot i.S.d. § 4 V 1 Nr. 10 EStG, BStBl. I 2002, 1031, 1035, Tz. 32; ausführliche Darstellung auch bei *Schauf/Idler*, Ubg 2010, 111, 115ff., vgl. dort auch zum folgenden Text.

923 So *Lembeck*, in: Dölling, Handbuch der Korruptionsprävention, S. 244.

wegen Strafvereitelung im Amt kritisch gesehen werden. Gerade in Anbetracht einer drohenden, eigenen Strafbarkeit steht zu befürchten, dass schon kleinste Hinweise auf eine Unregelmäßigkeit die Mitteilung an die Staatsanwaltschaft auslösen.[924] Insgesamt soll es bereits zu einem Anstieg der Mitteilungen an die Staatsanwaltschaften von Betriebsprüfern gekommen sein.[925]

4. Strafrechtliche Dimensionen von Schmiergeldzahlungen

Über die genannten steuerrechtlichen Konsequenzen hinaus, drohen auch strafrechtliche Konsequenzen im Bereich der Schmier- und Bestechungsgelder für die unmittelbar handelnden Mitarbeiter. Anknüpfend an die Verwirklichung dieser Straftatbestände drohen dem Unternehmen selbst ebenfalls eine Reihe von Sanktionen wie ein Bußgeld gem. § 30 OWiG oder der Verfall gem. §§ 73ff. StGB, § 29a OWiG.[926]

a) Relevante „Schmiergeldstraftatbestände" in der Unternehmenspraxis

aa) § 299 II, III StGB

Die Norm des § 299 StGB erfasst das Schutzgut des lauteren Wettbewerbs und bezieht sich auf die Bestechung und Bestechlichkeit im geschäftlichen Verkehr.[927] Zu diesem Zweck wird es gem. § 299 II, III StGB unter Strafe gestellt, im in- oder ausländischen Wettbewerb einen Angestellten oder Beauftragten eines geschäftlichen Betriebes einen Vorteil für diesen oder einen Dritten als Gegenleistung anzubieten, zu versprechen oder zu gewähren, um in unlauterer Weise beim Bezug von Waren bevorzugt zu werden. Grundlage für § 299 StGB war § 12 UWG a.F., den der Gesetzgeber im Wesentlichen in das StGB überführt hat, um die Strafwürdigkeit der Korruption im geschäftlichen Bereich zu unterstreichen und in den Fokus der Öffentlichkeit zu rücken.[928]

(1) Vorteil

Unter Vorteil im Sinne des § 299 StGB sind Zuwendungen zu verstehen, die den Empfänger in seiner wirtschaftlichen, rechtlichen oder persönlichen Situation objektiv verbessern ohne dass er einen Anspruch darauf hat.[929] Voraussetzung ist ferner, dass der Vorteil in Zusammenhang mit einer bevorzugten Behandlung in der

---

924 So ausdrücklich *Schauf/Idler*, Ubg 2010, 111, 114; *Lempenau*, in FS Meilicke, 405, 413f.; *Spatscheck/Wulf*, in: Streck/Mack/Schwedhelm, Tax Compliance, Rn. 3.293.
925 Ohne Angabe eines empirischen Nachweises *Sahan/Berndt*, BB 2010, 647, 650.
926 Siehe dazu ausführlich S. 174ff.
927 *Dannecker*, in NK-StGB, § 299, Rn. 4, m.w.N. zur ganz h.M. des Schutzes des Rechtsgutes des lauteren Wettbewerbs.
928 BT-Drs. 13/5584, S. 15.
929 BGH, BGHSt 31, 264, 279; BGH, NJW 2001, 2558, 2559; BGH, NJW 2003, 2996, 2997f.; BGH, wistra 2005, 226 = NStZ 2005, 334.

Zukunft steht; es reicht nicht aus, sich bloß eine generelle „Gewogenheit“ sichern zu wollen.[930]

(2) Mögliche Grenzwerte

Interessant für Unternehmen ist vor allen Dingen die Frage, wo die Grenze zu ziehen ist, d.h. welcher Vorteil bereits in den Tatbestand des § 299 StGB fällt und welcher Vorteil oder welche Zuwendung an einen Geschäftspartner noch im Rahmen des Vertretbaren ist.[931]

Zum Teil wird unter Bezug auf § 331 StGB für § 299 StGB ein Grenzwert vorgeschlagen, welcher sich an der Grenze des § 248a StGB orientiert.[932] Allerdings entbehrt dieser Ansatz einer gesetzlichen Grundlage, so dass im Ergebnis keine konkreten und in der Praxis belastbaren (gesetzlichen) Grenzwerte hinsichtlich des Vorteils existieren.[933]

Als weiterer Ansatz wird unter dem Stichwort der Sozialadäquanz der Versuch unternommen eine Grenze zu ziehen, indem Zuwendungen, die sich in einem sozial akzeptierten, angemessenen Rahmen bewegen, ausgenommen werden.[934] Im Vergleich zu dem Bereich der Vorteilsgewährung und der Bestechung bei Amtsträgern ist die Grenze des Sozialadäquaten weiter zu fassen.[935] Es findet sich keine feste Wertgrenze für die Zuwendung, vielmehr wird darauf abgestellt, inwiefern die Zuwendung geeignet ist, Einfluss auf den Willen des Empfängers zu nehmen[936] bzw. inwiefern eine solche Zuwendung ohne eine Gegenleistung zu erwarten erbracht wird[937]. Demnach sind Trinkgelder[938], kleinere Geschenke, Werbegeschenke, Einladungen zum Essen, ins Theater oder zu Sportveranstaltungen möglich[939], indes ist im Einzelfall auch der private Lebensstil und die berufliche Situation des Empfängers zu beachten[940]. Die in diesem Zusammenhang erwähnte Einladung zu einem Golfturnier, die zum Zeil als unbedenklich hinsichtlich einer Strafbarkeit aus

930 *Fischer*, StGB, § 299, Rn. 13.
931 *Bannenberg/Dierlamm*, in: Görling/Inderst/Bannenberg, Compliance, S. 226.
932 *Blessing*, in: Müller-Gugenberger/Bieneck, Wirtschaftsstrafrecht, § 53, Rn. 56 unter Verweis auf Rn. 20; *Dannecker*, in: NK-StGB, § 299, Rn. 35 unter Verweis auf *Kuhlen*, in: NK-StGB, § 331, Rn. 35, dort auch zum folgenden Text.
933 Im Ergebnis auch gegen Wertgrenze: *Diemer/Krick*, in MüKo-StGB, § 299, Rn. 9.
934 *Dannecker*, in: NK-StGB, § 299, Rn. 39.
935 *Blessing*, in: Müller-Gugenberger/Bieneck, Wirtschaftsstrafrecht, § 53, Rn. 56.
936 *Lackner/Kühl*, § 299, Rn. 5.
937 RG, RGSt 63, 426, 427.
938 *Lampe*, in: Handwörterbuch des Wirtschafts- und Steuerstrafrechts, Wirtschaftskorruption S. 2 (Punkt III.3.), (September 1985).
939 BGH, BGHSt 15, 239, 252; vgl. dazu auch Aufzählung bei *Sahan*, in: Graf/Jäger/Wittig, Wirtschafts- und Steuerstrafrecht, 10 StGB § 299, Rn. 21f.; ebenso bereits zu § 12 UWG *Otto*, in: Großkommentar UWG, § 12, Rn. 13 (01.11.1991).
940 *Heine*, in: Schönke/Schröder, § 299, Rn. 20; *Thomas*, in FS Heike Jung, 973, 983.

§ 299 StGB gesehen wird[941], kann jedoch je nach Ausgestaltung auch den Lebensstil eines passionierten Hobbygolfspielers übersteigen und ist damit auch nicht per se aus dem Anwendungsbereich des § 299 StGB auszuschließen[942].

(3) Zwischenfazit

Wie gerade geschildert ist es nicht möglich einen verbindlichen Grenzwert für Zuwendung im Rahmen des § 299 StGB zu benennen, so dass bei Zuwendungen das latente Risiko der Strafbarkeit im Raum steht.

Zudem ist in Anbetracht des geschützten Rechtsgutes lauterer Wettbewerb eine Rechtfertigung unter Annahme einer Einwilligung des Geschäftsherrn nicht möglich.[943]

Über eine mögliche Geld- oder Freiheitsstrafe aus § 299 StGB hinaus, sieht § 300 StGB bei besonders schweren Fällen, d.h. bei einem Vorteil großen Ausmaßes gem. § 300 Nr. 1 StGB bzw. bei Gewerbsmäßigkeit oder bei Mitgliedschaft in einer Bande zur fortgesetzten Begehung solcher Taten nach § 300 Nr. 2 StGB, eine Mindestfreiheitsstrafe von drei Monaten bis zu fünf Jahren vor.

bb) §§ 333, 334 StGB

Neben der eben geschilderten Bestechung und Bestechlichkeit im geschäftlichen Verkehr drohen weitere strafrechtliche Risiken im Zusammenhang mit der Gewährung von Vorteilen aus den §§ 333, 334 StGB. Strafbar ist nach § 333 I StGB das Anbieten, Versprechen oder Gewähren eines Vorteils für einen Amtsträger, einem für den öffentlichen Dienst besonders Verpflichteten oder einen Soldaten der Bundeswehr, bzw. gem. § 333 II StGB für einen Richter oder Schiedsrichter im Zusammenhang mit einer richterlichen Handlung. Darüber hinaus sieht § 334 StGB eine höhere Strafe vor, wenn die Amtsträger bzw. der Richter durch Handlungen im Zusammenhang mit dem Vorteil Dienst- bzw. richterliche Pflichten verletzen. Dabei handelt es sich bei §§ 333, 334 um spiegelbildliche Abbildung der §§ 331, 332 StGB.[944]

(1) Amtsträger

Was unter einem Amtsträger i.S.d. §§ 333, 334 StGB zu verstehen ist, ist in § 11 I Nr. 2 StGB legal definiert und erfasst Beamte, Richter und Personen, die in

---

941 So *Thomas*, in FS Heike Jung, 973, 983.

942 So *Tiedemann*, in LK-StGB, § 299, Rn. 28.

943 Bisher noch h.M.: zu § 12 UWG a.F.: RG, RGSt 48, 291, 293ff.; *Merges*, Strafausschließungsgründe der Bestechungsdelikte S. 177f.; *Otto*, in: Großkommentar UWG § 12, Rn. 52 (01.11.1991); aA.: *Blessing*, in: Müller-Gugenberger/Bieneck, Wirtschaftsstrafrecht, § 53, Rn. 81; *Rengier*, in FS Klaus Tiedemann, 837, 848; krit.: *Tiedemann*, in: LK-StGB § 299, Rn. 55.

944 *Rudolphi/Stein*, in: SK-StGB, § 333, Rn. 1 (September 2011), § 334, Rn. 1 (September 2011); *Sowada*, in: LK-StGB, § 334, Rn. 1.

einem öffentlich-rechtlichen Amtsverhältnis stehen oder Aufgaben der öffentlichen Verwaltung wahrnehmen. Von besonderer Relevanz für das Steuerrecht ist, dass es sich bei dem Betriebsprüfer ebenfalls um einen Amtsträger gem. § 7 AO handelt,[945] dessen Definition mit der des § 11 I Nr. 2 StGB inhaltlich übereinstimmt[946].

Für international operierende Unternehmen ist ferner von Belang, dass über § 2 IStGH-Gleichstellungsgesetz[947] bei §§ 333, 334 StGB Richter und Amtsträger des Internationalen Strafgerichtshofs für künftige Diensthandlungen erfasst werden[948] und dass die Anwendung des § 334 StGB darüber hinaus gem. Art. 2 § 1 IntBestG[949] auch auf ausländische Amtsträger ausgedehnt wird[950].

(2) Vorteil und mögliche Grenzwerte

Auch im Rahmen der §§ 333, 334 stellt sich für die Praxis die bereits im Zusammenhang mit § 299 StGB erörterte Frage, was unter einem Vorteil zu verstehen ist und ob es einen festen Grenzwert gibt, bis zu dem man unbedenklich hinsichtlich einer drohenden Strafbarkeit einen Vorteil anbieten, versprechen oder gewähren kann.

Im Hinblick auf die Definition des Vorteils im Sinne der §§ 333, 334 StGB sei auf die vorstehenden Ausführungen zu § 299 StGB verwiesen, da sich die Begrifflichkeiten insoweit decken.[951]

Genau wie bei § 299 StGB kommt es auch im Rahmen der §§ 333, 334 StGB nicht darauf an, was die Zuwendung wert ist, da eine Geringfügigkeitsgrenze wie bereits ausgeführt nicht ersichtlich ist.[952] Unter anderem ist schon bei Gefälligkeiten von einem Vorteil auszugehen, wenn es sich um ein Entgelt oder eine Gegenleistung für eine dienstliche Handlung des Amtsträgers handelt.[953] Als Vorteil sind ferner - vergleichbar mit § 299 StGB - beispielsweise anzusehen: Geld[954], Einladungen nebst

---

945 *Seer*, in: Tipke/Kruse, Vor § 193, Rn. 8 (September 2009).

946 *Wünsch*, in: Pahlke/König, AO, § 7, Rn. 1.

947 Gesetz über das Ruhen der Verfolgungsverjährung und die Gleichstellung der Richter und Bediensteten des Internationalen Strafgerichtshofes, BGBl. I 2002, 2144, 2162.

948 Siehe auch *Sowada*, in: LK-StGB, § 334, Rn. 2 m.w.N.; *Korte*, in: MüKo-StGB, § 333, Rn. 8.

949 Gesetz zur Bekämpfung der internationalen Bestechung, BGBl. II 1998, 2327.

950 Ausführlich zum ausländischen Amtsträger: *Korte*, in: MüKo-StGB, § 334, Rn. 5ff.

951 Siehe bereits ausführlich oben S. 169f; zur Deckungsgleichheit der Begrifflichkeiten: *Dannecker*, in: NK-StGB, § 299, Rn. 35; *Blessing*, in: Müller-Gugenberger/Bieneck, Wirtschaftsstrafrecht, § 53, Rn. 56.

952 Siehe oben S. 170f; *Korte*, in: MüKo-StGB, § 333, Rn. 17 unter Verweis auf § 331, Rn. 63.

953 *Heine*, in: Schönke/Schröder, § 331, Rn. 18.

954 BGH, BGHSt 49, 275, 282; BGH, NStZ 2007, 211f.

Kostenübernahme zu Kongressen[955], Feiern[956], Veranstaltungen[957] oder in Gourmetrestaurants[958].

Keine wirkliche Konkretisierung eines möglichen Grenzwertes bietet der bereits geschilderte Ansatz über die Sozialadäquanz[959], d.h. Vorteile können angenommen werden, wenn sie allgemein gesellschaftlich üblich und anerkannt sind[960], wobei die Grenzen enger sind als bei § 299 StGB[961]. Infolgedessen soll nur bei Zuwendungen von geringem Wert die Sozialadäquanz zu bejahen sein.[962] Allerdings sind auch Ausnahmekonstellationen denkbar, in denen es die Höflichkeit dem Amtsträger gebietet, auch nicht geringwertige Zuwendungen anzunehmen, z.B. im diplomatischen Verkehr.[963] Neben der Berücksichtigung der Lebenssituation des Amtsträgers und der jeweils üblichen Konventionen[964] spielen auch Faktoren eine Rolle wie der zeitliche Zusammenhang zwischen Zuwendung und Entscheidung des Amtsträgers bzw. inwiefern durch die Zuwendung der Eindruck der Käuflichkeit erweckt werden kann.[965]

(3) Zwischenfazit

Geringwertige Zuwendungen scheinen nicht in den Tatbestand der §§ 333, 334 StGB zu fallen, ohne dass es möglich wäre, einen belastbaren Grenzwert anzugeben.

Im Falle des § 333 StGB ist eine Strafbarkeit gem. § 333 III StGB dann ausgeschlossen, wenn die zuständige Behörde die Annahme des Vorteils vorher oder nach entsprechender Anzeige unverzüglich genehmigt.

cc) § 370 AO

Neben den Straftatbeständen des StGB ziehen Bestechungsdelikte in der Regel auch die Erfüllung des Tatbestandes der Steuerhinterziehung gem. § 370 AO nach sich.[966] Die Berücksichtigung von Schmiergeldern beim Abzug der Betriebsausgaben entge-

955 BGH, NJW 2003, 763, 764.
956 BGH, BGHSt 47, 22, 23; BGH, NJW 2003, 763, 764; OLG Köln, NStZ 2002, 35, 36.
957 BGH, BGHSt 53, 6, 11 = NJW 2008, 3580, 3581.
958 BGH, NStZ 2000, 90f.
959 Siehe oben S. 169ff.
960 Vgl. zur sozialen Billigung und Üblichkeit allgemein BGH, BGHSt 19, 152, 154; BGH, BGHSt 23, 226, 228.
961 *Blessing*, in: Müller-Gugenberger/Bieneck, Wirtschaftsstrafrecht, § 53, Rn. 56.
962 So die h.M.: BGH, NStZ 2005, 334f. = wistra 2005, 226f.; BGH, NJW 2003, 763, 765; OLG Frankfurt, NJW 1990, 2074, 2075; *Rudolphi/Stein*, in: SK-StGB, § 331, Rn. 23 (September 2011).
963 *Maiwald*, JuS 1977, 353, 355; *Eser*, in FS Roxin, 199, 205.
964 *Rudolphi/Stein*, in: SK-StGB § 331, Rn. 23 (September 2011).
965 *Sowada*, in: LK-StGB, § 333, Rn. 12, § 334, Rn. 6 mit Verweis auf § 331, hier Rn. 74; Vgl. *Korte*, in: MüKo-StGB, § 331, 130, der den Tatbestand dann verneint, wenn keine Gefahr für das Rechtsgut besteht.
966 *Bicker*, AG 2012, 542, 543.

gen des Verbots aus § 4 V 1 Nr. 10 EStG reduziert den Gewinn und damit auch die zu zahlenden Steuern. Somit umgeht der Ansatz von Schmiergeldern als Betriebsausgabe unter Zuhilfenahme von Scheinrechnungen oder sonstigen Mitteln zur Vertuschung das Verbot aus § 4 V 1 Nr. 10 EStG und führt gleichwohl in die Steuerhinterziehung. Wird zudem für eine Scheinrechnung Umsatzsteuer angemeldet und der Vorsteuerabzug geltend gemacht, liegt ebenfalls eine Steuerhinterziehung in Gestalt der Umsatzsteuerhinterziehung vor.[967] Abseits der Strafbarkeit des Steuerhinterziehers ist für das Unternehmen insbesondere § 169 II 2 AO von Bedeutung, wonach bei Vorliegen einer Steuerhinterziehung die Festsetzungsfrist zehn Jahre beträgt, so dass Steuernachforderungen viel länger als sonst geltend gemacht werden können.

b) Risikolage für das Unternehmen

Neben einer Bestrafung der unmittelbaren Täter der Korruption hat dies für das Unternehmen auch Folgen über die Behinderung des operativen Bereichs durch die Ermittlungen der Staatsanwaltschaft und den empfindlichen Reputationsverlust bei Veröffentlichung der Korruptionsvorwürfe hinaus.[968]

aa) Geldbuße

§ 30 OWiG sieht die Möglichkeit vor, unmittelbar gegen juristische Personen und Personenvereinigungen eine Geldbuße festzusetzen sofern die zur Vertretung berufenen Organe oder ihre Mitglieder, die in § 30 I Nr. 1–5 OWiG aufgezählt werden, eine Straftat oder Ordnungswidrigkeit verübt haben.[969] Wird die Schmiergeldzahlung nicht von einer der in § 30 I Nr. 1–5 OWiG genannten Personen begangen sondern von einem anderen Mitarbeiter des Unternehmens, kann dies wiederum eine Aufsichtspflichtverletzung des Betriebsinhabers gem. § 130 OWiG auslösen, wenn er die Maßnahmen unterlässt, die erforderlich sind, um eine Zuwiderhandlung gegen inhaberbezogene Pflichten zu verhindern. Eine Haftung aus § 130 OWiG stellt eine Ordnungswidrigkeit im Sinne des § 30 OWiG dar, so dass über den „Umweg" des § 130 OWiG im Falle einer Schmiergeldzahlung dem Unternehmen eine Geldbuße droht.[970]

---

967 Vgl. *Nötzel*, in: Dölling, Handbuch der Korruptionsprävention, S. 640, Rn. 106f., dort auch zum folgenden Text; *Greeve*, in: Hauschka, Corporate Compliance, § 25, Rn. 63; *Sahan*, in Recht – Wirtschaft – Strafe, FS Samson, 599, 602, ausführlich zur Umsatzsteuer S. 604ff.; *Spatscheck/Wulf*, in: Streck/Mack/Schwedhelm, Tax Compliance, Rn. 3.264.

968 *Unger*, CCZ 2008, 201; *Greeve*, in: Hauschka, Corporate Compliance, § 25, Rn. 2.

969 *Greeve*, in: Hauschka, Corporate Compliance, § 25, Rn. 74; *Schrödel*, in: Görling/Inderst/Bannenberg, Compliance, S. 487; *Müller-Gugenberger*, in: Müller-Gugenberger/Bieneck, Wirtschaftsstrafrecht, § 23, R. 43.

970 Vgl. *Samson/Langrock*, DB 2007, 1684, 1685; *Greeve*, in: Hauschka, Corporate Compliance, § 25, Rn. 76f.; vgl. *Sahan*, in: Recht – Wirtschaft – Strafe, FS Samson, 599, 615f.; *Achenbach*, in: Achenbach/Ransiek, Handbuch Wirtschaftsstrafrecht, S. 8, Rn. 7.

Gem. § 30 II 1 Nr. 1, 2 OWiG beträgt diese Geldbuße im Falle einer vorsätzlichen Straftat bis zu einer Million Euro, im Falle einer fahrlässigen Straftat bis zu 500.000 Euro. Nach § 30 II 2, 3 OWiG bestimmt sich bei einer Ordnungswidrigkeit das Höchstmaß nach dem Höchstmaß der Geldbuße der Ordnungswidrigkeit, was auch dann gelten soll, wenn die Tat als Straftat und zugleich als Ordnungswidrigkeit zu ahnden ist und das Höchstmaß der Geldbuße der Ordnungswidrigkeit das Höchstmaß des § 30 II 1 OWiG überschreitet.

§ 30 III i.V.m. § 17 IV OWiG eröffnet die Möglichkeit, das gesetzliche Höchstmaß einer Geldbuße zu überschreiten um den wirtschaftlichen Vorteil, der durch die Tat erlangt wurde, zu nehmen.[971] Dieser wirtschaftliche Vorteil besteht nicht nur aus in Geld gemessenen Gewinnen, sondern auch aus anderen Vorteilen, die auf das ordnungswidrige Verhalten zurückzuführen sind, wie Kostenersparnisse oder die Verbesserung einer Marktposition.[972] Aufwendungen sind bei der Bestimmung des Vorteils nach ganz h.M. in Abzug zu bringen, da dem § 17 IV OWiG das Nettoprinzip zu Grunde liegt.[973] Gerade länger andauernde Sachverhalte, die die Rechtsfolge der Geldbuße in diesem Sinne ausfüllen, können für das betroffene Unternehmen aufgrund der Höhe der zu zahlenden Geldbuße wirtschaftlich bedrohlich werden.[974]

Nach § 30 IV 1 OWiG kann die Geldbuße selbstständig festgesetzt werden, obwohl ein Straf- oder Bußgeldverfahren nicht eingeleitet oder eingestellt worden ist. Davon ist gem. § 30 IV 3 abzusehen, wenn die Straftat oder die Ordnungswidrigkeit aus rechtlichen Gründen nicht verfolgt werden kann.

bb) Verfall

Über das Institut des Verfalls gem. §§ 73, 73a, 73d StGB, § 29a OWiG existiert ein rechtliches Institut dem Täter das durch eine rechtwidrige Tat bzw. durch eine mit Geldbuße bedrohte Handlung Erlangte wieder zu nehmen.[975] Dabei richtet sich der Verfall nach der Vertreterklausel in § 73 III StGB bzw. in § 29a II OWiG gegen die vertretene juristische Person oder Personenvereinigung, wenn der Täter für diese gehandelt hat.[976]

Der Verfall orientiert sich an dem Bruttoprinzip, d.h., dass neben dem Gewinn alles, was der Täter durch die Tat erlangt oder an Aufwendungen erspart hat, erfasst

971 *Korte*, NStZ 1997, 513, 518; *Schrödel*, in: Görling/Inderst/Bannenberg, Compliance, S. 488.

972 *Bohnert*, OWiG, § 17, Rn. 26; *Gürtler*, in: Göhler, OWiG § 17, Rn. 40.

973 Siehe dazu ausführlich m.w.N. *Gürtler*, in: Göhler, OWiG, § 17, Rn. 38ff., 40ff.

974 *Samson/Langrock*, DB 2007, 1684, 1685; *Kappel/Ehling*, BB 2011, 2115f.

975 Vgl. *Sedemund*, DB 2004, 2256; *Greeve*, in: Hauschka, Corporate Compliance, § 25, Rn. 85.

976 *Samson/Langrock*, DB 2007, 1684, 1685; *Podolsky*, in: Wabnitz/Janovsky, Wirtschafts- und Steuerstrafrecht, S. 1651, Rn. 31; *Schrödel*, in: Görling/Inderst/Bannenberg, Compliance, S. 495.

ist, so dass sich der Verfall auf sämtliche Taterlöse erstreckt.[977] Gegenstand des Verfalls sind damit alle Vermögensvorteile, die unmittelbar aus der Verwirklichung des Tatbestandes resultieren. Dazu zählen nicht nur bewegliche Sachen und Rechte, vielmehr auch Nutzungen, ersparte Aufwendungen, Vermeidung von Verlusten, Verbesserung der Stellung im Markt sowie Gewinne aus unzulässig überhöhten Preisen.[978] Die Rechtsprechung schränkt dies insofern ein, als dass bei einer durch Korruption beeinflussten Auftragsvergabe nicht der gesamte Auftragswert dem Verfall unterliegt, sondern nur der Gesamtwert im Moment des Vertragsschlusses, der den kalkulierten Gewinn und ggf. weitere, nach § 73b StGB eventuell zu schätzende Vorteile enthält.[979] Nichts desto weniger stellt die Anordnung des Verfalls je nach Ausmaß der Schmiergeldzahlungen ein enormes wirtschaftliches Risiko für das Unternehmen dar.[980]

Allerdings ist der Verfall gem. § 73 I 2 StGB ausgeschlossen, falls der aus der Tat Verletzte einen Anspruch gegen den Täter hat, der dem Täter das entzieht, was er aus der Tat erlangt hat, damit der Täter nicht doppelt in Anspruch genommen wird.[981] Bei einem Verfall auf Grundlage des § 29a OWiG sieht § 99 II OWiG vor, dass die Anordnung des Verfalls dann nicht zu vollstrecken ist, wenn der Täter eine rechtskräftige Entscheidung vorlegt, die den Anspruch des Verletzten entsprechend feststellt.

Zudem ist gem. § 30 V OWiG die Anordnung des Verfalls gem. §§ 73, 73a StGB, § 29a OWiG ausgeschlossen, wenn eine Geldbuße[982] festgesetzt worden ist.[983]

cc) Eintragung in das Gewerbezentralregister oder Korruptionsregister

Überdies droht bei Schmiergeldzahlungen eine Eintragung in das Gewerberegister gem. § 149 GewO, wenn z.B. eine Bußgeldentscheidung, die ein Bußgeld jenseits der 200 Euro enthält, ergangen ist. Sinn und Zweck ist es, den Behörden eine Datengrundlage zur Untersagung des Gewerbes zu bieten, so dass Korruption auch die Grundlage für eine Gewerbeuntersagung gem. § 35 GewO wegen Unzuverlässigkeit bilden kann.[984]

Von gesteigerter Bedeutung ist darüber hinaus die Eintragung in ein Korruptionsregister, was den Ausschluss von der Vergabe öffentlicher Verträge nach sich

---

977 BGH, NStZ 1994, 123f., BGH, NStZ 1995, 491f.; BGH, NStZ 2003, 37ff.; BGH, wistra 2004, 465; vgl. *Sedemund*, DB 2004, 2256, 2257; vgl. *Gürtler*, in: Göhler, OWiG, § 29a, Rn. 6.

978 *Schrödel*, in: Görling/Inderst/Bannenberg, Compliance, S. 493.

979 BGH, BGHSt 50, 299, 310ff.

980 Vgl. *Samson/Langrock*, DB 2007, 1684, 1685.

981 *Podolsky*, in: Wabnitz/Janovsky, Wirtschafts- und Steuerstrafrecht, S. 1647, Rn. 18.

982 Siehe zur Geldbuße bereits oben S. 174f.

983 Subsidiarität des Verfalls, siehe auch *Achenbach*, in: Achenbach/Ransiek, Handbuch Wirtschaftsstrafrecht, S. 16, Rn. 28.

984 *Greeve*, in: Hauschka, Corporate Compliance, § 25, Rn. 94; *Ennuschat*, in: Tettinger/Wank/Ennuschat, GewO, Vor §§ 149ff., Rn. 1; *Trüg*, in: Beck'scher OK StGB, § 331, Rn. 53d (01.12.2012); *Kirchesch*, in: Beck'scher OK GewO, § 34, Rn. 4 (01.01.2013).

ziehen kann. In Deutschland existiert keine bundesweit einheitliche Regelung für ein Korruptionsregister, unter welchen Voraussetzungen, vor allem bei Verwirklichung welcher Delikte, eine Eintragung zu erfolgen hat. Lediglich auf Ebene der Bundesländer sind teilweise gesetzliche Regelungen, z.B. in Berlin oder auch Nordrhein-Westfalen eingeführt worden, die allerdings nicht aufeinander abgestimmt sind, so dass gegenwärtig die deutsche Gesetzeslage zum Korruptionsregister einem Flickenteppich gleicht.[985]

dd) Zivilrechtliche Folgen

Der Vollständigkeit halber sei noch auf die zivilrechtlichen Folgen von Schmiergeldzahlungen hingewiesen. Grundlage von Schadensersatzansprüchen gegen das „schmierende" Unternehmen können vertraglich vereinbarte Compliance-Klauseln, die eine Mitarbeiterbestechung ausschließen, § 823 II BGB i.V.m. § 299 StGB oder auch § 826 BGB sein, die damit ein zusätzliches Risiko für das „schmierende" Unternehmen begründen.[986]

ee) Internationale Dimension

Bei grenzüberschreitenden Schmiergeldzahlungen sind ferner die Rechtsfolgen in anderen Ländern zu bedenken.[987] So drohen nach dem Foreign Corrupt Practices Act in den USA neben Geld- oder Haftstrafen für natürliche Personen Strafen für Unternehmen bis zu einer Höhe von 25 Mio. US-Dollar.[988] Auch der UK Bribery Act führt international zu einer Verschärfung der Haftungslage, da die sich ergebenden Folgen aufgrund der Unbestimmtheit der Begrifflichkeiten und fehlenden Obergrenze der Sanktionen im UK Bribery Act nicht abgeschätzt werden können.[989]

5. Schlussfolgerung

Wie eingangs geschildert ist die Gefahr von Schmiergeldzahlungen weit verbreitet, zum Teil sind Schmiergelder im Wettbewerb unerlässlich gerade um international überhaupt erst konkurrenzfähig sein zu können. Aus rein steuerrechtlicher Sicht ist zunächst die Nichtabziehbarkeit der geleisteten Zuwendungen und der damit zusammenhängenden Aufwendungen gem. § 4 V 1 Nr. 10 S. 1 EStG mit der Konsequenz eines erhöhten Gewinns als Besteuerungsgrundlage die Folge. Sofern der

---

985 Siehe zum Korruptionsregister zur Vertiefung den umfassenden Überblick bei *Greeve*, in: Hauschka, Corporate Compliance, § 25, Rn. 96ff.; *Dannecker*, in: NK-StGB, Vorbemerkung zu §§ 298ff., Rn. 38ff.

986 Siehe dazu ausführlich *Unger*, CCZ 2008, 201ff.; *Greeve*, in: Hauschka, Corporate Compliance, § 25, Rn. 115ff.

987 *Nötzel*, in: Dölling, Handbuch der Korruptionsprävention, S. 638, Rn. 101.

988 *Sahan*, in: Recht – Wirtschaft – Strafe, FS Samson, 599, 616.

989 Siehe zur Problematik der internationalen Folgen *Kappel/Ehling*, BB 2011, 2115ff.; *Scheint*, NJW-Spezial 2011, 440.

Betriebsausgabenabzug vorgenommen worden ist, führt dies zu Steuernachforderungen, die entsprechend zu verzinsen sind und das Unternehmen dementsprechend mehr belasten.[990]

Von größerer Tragweite für Unternehmen ist die Mitteilungspflicht aus § 4 V 1 Nr. 10 S. 3 EStG, da die Mitteilung ob der zu unterlassenden Prüfung von Strafverfolgungshindernissen seitens der Finanzverwaltung schon unter der Schwelle des Anfangsverdachts an die Staatsanwaltschaft bzw. die Verwaltungsbehörde erfolgt. Die Betriebsprüfung bietet mehr oder minder ungehinderten Zugang zu sämtlichen steuerrelevanten Aufzeichnungen und Büchern des Unternehmens, die sich die Staatsanwaltschaft erst bei Vorliegen eines Anfangsverdachts durch richterliche Durchsuchungsanordnung und Beschlagnahme sicher könnte.[991]

Eine besondere Brisanz erhält diese Mitteilungspflicht für die Unternehmen aufgrund der sich daran anknüpfenden Folgen, da sich das Risiko einer Strafbarkeit gem. §§ 299, 333, 334 StGB für die handelnde Person, die einem Geschäftspartner oder einem Amtsträger etwas zuwendet, sich nicht sicher bestimmen lässt. Es existieren im deutschen Recht keine verbindlichen und belastbaren Grenzwerte, ab wann eine Zuwendung an eine der genannten Personen noch vertretbar und sozialadäquat ist und ab wann eine Schmiergeldzahlung bzw. allgemein eine Bestechung anzunehmen ist. Folge der Verwirklichung eines derartigen Straftatbestandes für das Unternehmen ist neben einem Reputationsverlust und einer Behinderung des Tagesgeschäfts durch die Ermittlungen das Risiko einer empfindlichen Geldbuße gem. §§ 30, 130 OWiG, soweit ein Organ selbst sich strafbar gemacht hat oder der gebotenen Aufsichtspflicht nicht genügt hat. Wenn keine Geldbuße erfolgt, so droht der Verfall aller Vermögensvorteile, die durch die Straftat erlangt worden sind, der Ausschluss von öffentlichen Verträgen und die Geltendmachung von Schadensersatzansprüchen gegen das „schmierende“ Unternehmen. Diese sich aus der Mitteilungspflicht ergebenden Risiken, die mangels verbindlicher Grenzwerte hinsichtlich der Zulässigkeit von Zuwendungen im Strafrecht geradezu unkalkulierbar sind, können je nach Einzelfall, Umfang bzw. Auftragsvolumen das Unternehmen empfindlich treffen bis hin zu einer drohenden Insolvenz.[992]

Zu diesen Nachteilen tritt noch die Folge hinzu, dass sich die Festsetzungsfrist unter den Voraussetzungen des § 169 II 2 AO bei Verwirklichung einer Steuerhinterziehung auf zehn Jahre verlängert, so dass Steuernachforderungen längere Zeit als sonst festgesetzt werden können.

990 Siehe dazu bereits oben mit entsprechenden Nachweisen S. 162ff.

991 Siehe dazu bereits oben mit entsprechenden Nachweisen S. 166ff.

992 Siehe dazu bereits oben mit entsprechenden Nachweisen S. 174ff.; *Hauschka*, BB 2007, 165, 166.

C. Schlussfolgerung[993]

Steuern sind in einem international agierenden Unternehmen von überragender Bedeutung, da sie ubiquitär im gesamten Unternehmen untrennbar symbiotisch mit der wirtschaftlichen Betätigung des Unternehmens verbunden sind. Zugleich stellen sich Steuern als wesentlicher Faktor für die Finanzlage internationaler wie auch nationaler Unternehmen dar. Infolgedessen sind systemische Steuerrisiken nicht bloß ein Problem und die Daseinsberechtigung der Steuerabteilung, vielmehr wohnt den systemischen Steuerrisiken das Potential inne, ein Unternehmen in seinen Grundfesten zu erschüttern und seine Existenz zu gefährden.

Die dargestellten Referenzbeispiele, die auf unterschiedliche Risikobereiche eines insbesondere international tätigen Unternehmens als steuerpflichtiges Rechtssubjekt rekurrieren, verdeutlichen die mannigfaltige Risikolage, der sich die Unternehmen zwangsweise durch die bloße Teilnahme am Geschäftsverkehr und den damit unausweichlichen Rechtsfolgen des Steuerrechts ausgesetzt sehen.

Schlagwortartig vorweggenommen existiert eine systemische Risikolage für Unternehmen resultierend aus einer steuerrechtlichen Risikokumulation infolge einer steuerrechtlichen Risikoinhärenz, die ein steuerrechtliches Risikodilemma begründet und in einer faktischen Notwendigkeit von Tax Compliance im Unternehmen gipfelt.

I. Systemische Risikolage für Unternehmen

Ohne Anspruch auf Vollständigkeit illustrieren die geschilderten exemplarischen Referenzbeispiele in ihrer Darstellung die sich für das Unternehmen ergebenden Risiken und Haftungsfolgen. Jene Risiken und Haftungsfolgen zeigen die systemische Risikolage für Unternehmen auf, wobei sich die einzelnen Risiken wie Mosaiksteine zu einem Gesamtrisikobild für das einzelne Unternehmen in seiner individuellen Art und Ausgestaltung zusammenfügen.

1. Steuerrechtliche Risikokumulation

Typischerweise zieht die Geschäftstätigkeit eines international aufgestellten Unternehmens nicht nur ein singuläres steuerliches Risiko nach sich, sondern tangiert eine ganze Reihe von verschiedenen, steuerlichen Risikobereichen, die teils unterschiedliche, teil sich überschneidende negative Rechtsfolgen für das Unternehmen verursachen. Die ausgewählten Referenzbeispiele zeigen, dass einzelne Betätigungen eines Unternehmens wie die simple Beschäftigung und Entlohnung von Arbeitnehmern oder der grenzüberschreitende Geschäftsverkehr mit einem nahestehenden Unternehmen, ja bereits die bloße steuerliche Rechnungslegung

993 Literaturnachweise für die einzelnen, herausgearbeiteten Aspekte, die Grundlage dieser Schlussfolgerung sind, wurden bereits zuvor ausführlich erbracht und werden an dieser Stelle nicht erneut zitiert.

unter dem Stichwort des Tax Accountings automatisch per legem steuerrechtliche Tatbestände nebst Rechtsfolgen und Risiken auslösen, wobei letztere schlussendlich in einer systemischen Risikolage für das Unternehmen kumulieren. Dabei setzen risikoträchtige, weil komplexe und unklare Tatbestände die Ursache für die sich in einer negativen Folge für das Unternehmen realisierenden Risiken als Wirkung.

2. *Steuerrechtliche Risikoinhärenz*

Eine Ursache der steuerlichen Risikokumulation ist die Tatsache, dass sich ein Unternehmen zwar grenzüberschreitend international aufstellt, die Steuern demgegenüber aber national erhoben werden, d.h. nach verschiedenen nationalen Anforderungen, was kurz und knapp in der Formel „Business goes global, taxes stay local" auf den Punkt gebracht wird.[994] Resultat dieser Ausgangslage ist das bereits in den Referenzbeispielen angesprochene Dilemma für das international agierende Unternehmen, trotz des Willens zur Rechtstreue aufgrund der sich im internationalen Vergleich widersprechenden Rechtsordnungen zwangsläufig durch Einhaltung des einen Regelungswerks gegen das andere zu verstoßen. Mithin folgt eine systemische Risikolage für das Unternehmen nicht nur aus der Komplexität des Steuerrechts an sich, sondern auch aus der fehlenden internationalen Harmonisierung verschiedener Steuersysteme, die sich in einem Wettbewerb miteinander befinden.[995]

Über die mangelnde Harmonisierung des nationalen Rechts mit internationalen Standards hinaus ist eine weitere Ursache der steuerrechtlichen Risikokumulation in der Unklarheit der Rechtslage bzw. auch die Unklarheit einzelner Rechtsbegriffe zu sehen, die sich beispielsweise im Funktionsbegriff der Funktionsverlagerung, den Grenzen des Betriebstättenbegriffs, zum Teil in den Mitwirkungs- und Dokumentationspflichten bei grenzüberschreitenden Sachverhalten wie den Verrechnungspreisen, Betriebstätten und Expatriates oder auch ein fehlenden Grenzwertes für die Legalität einer Zuwendung in Abgrenzung zu einer Schmiergeldzahlung manifestieren.

Als weitere Wurzel steuerlicher Risiken ist neben der Unklarheit der Rechtslage und der mangelnden Harmonisierung nationaler und internationaler Standards die Komplexität der gesetzlichen Anforderungen auszumachen, was sich beispielsweise bei den Verrechnungspreisen im Zuge der Preisbestimmung zeigt oder sich in den

---

994 *Jackstein*, in FS Debatin, 179, 201; *Raupach*, in: Theisen, Der Konzern im Umbruch, 59, 62; vgl. *Schaumburg*, Internationales Steuerrecht, Rn. 5.1ff.; *Montag*, in Steuerzentrierte Rechtsberatung, FS Schaumburg, 65, 67.

995 Vgl. *Kirchhof*, StuW 2006, 3f.; vgl. *Lang*, StuW 2006, 22, 27f.; zur Komplexität des Steuerrechts am Beispiel des „Mantelkaufs" und der „back-to-back-Finanzierung" bei der Abgeltungssteuer *Breinersdorfer*, StuW 2008, 216ff., der für ein einfacheres und präziseres Steuerrecht durch methodische Gesetzgebung plädiert; zum Wettbewerb der Steuersysteme ausführlich *Müller*, StuW 2006, 173ff.; zum internationalen Steuerwettbewerb *Rodi*, StuW 2008, 327ff., insbesondere S. 332 zur Steuerharmonisierung; *Montag*, in Steuerzentrierte Rechtsberatung, FS Schaumburg, 65, 67.

umfangreichen formalen Anforderungen des Lohnsteuerverfahrens oder der Umsatzsteuer mit ihrem Netto-Allphasensystem niederschlägt.

Ferner existieren in Bezug auf die Verrechnungspreise, Betriebstätten und Expatriates umfangreiche Mitwirkungs- und Dokumentationspflichten, deren vollständige Einhaltung bis in die letzte Einzelheit augrund ihres hohen Detailfülle und Komplexität von den Unternehmen ohne zielgerichtete Maßnahmen kaum zu erfüllen ist.

Diese Trias aus mangelnder Harmonisierung der (Steuer-)Rechtsordnungen, der Unklarheit sowie der Komplexität der Regelungswerke veranschaulicht, dass die Risikokumulation dem Steuerrecht quasi von Gesetzes Wegen in die Wiege gelegt worden ist, so dass folglich von einer steuerrechtlichen Risikoinhärenz gesprochen werden kann, d.h. dass dem Steuerrecht selbst bereits Risiken für das Unternehmen durch das gesetzte Recht immanent sind.

3. Steuerrechtliches Risikodilemma

Das Zusammenspiel der beiden Aspekte der steuerrechtlichen Risikokumulation infolge einer steuerrechtlichen Risikoinhärenz mündet für die wirtschaftlich tätigen Unternehmen in das Dilemma, dass aufgrund der Ubiquität der Steuern im Unternehmen jede wirtschaftliche Betätigung des Unternehmens mit steuerrechtlichen Risiken verbunden ist, deren Rechtsfolgen sogar die Existenz des Unternehmens gefährden können.

Eine bloße Rechtstreue im Sinne der Legalitätspflicht[996] verhindert dabei auch nicht sicher die Realisierung der Risiken in einem Nachteil für das Unternehmen, sondern infolge der mangelnden Harmonisierung einzelner Rechtsordnungen stellt die Einhaltung einer Rechtsordnungen gleichsam einen Verstoß gegen eine andere Rechtsordnungen mit den bekannten Folgen dar.

Zu betonen ist, dass sich dieses Risikodilemma nicht in einem Fehlverhalten des Unternehmens gründet, sondern dem geltenden Recht und seiner Beachtung selbst innewohnt.

II. Faktische Notwendigkeit von Tax Compliance

Die vorstehend geschilderte systemische Risikolage für Unternehmen, die sich aus dem Steuerrecht selbst ergibt, zeigt, dass es im Steuerrecht keine Alternative zur Tax Compliance gibt, falls das Unternehmen nicht einem unkalkulierbaren Risiko bis hin zur Existenzgefährdung ausgesetzt werden soll. Demnach wird auch vertreten, dass es bei Tax Compliance unabhängig von einer Pflicht zur Einrichtung eines Corporate Compliance-Systems dahinstehen kann, inwiefern tatsächlich eine Rechtspflicht zur Einrichtung eines Tax Compliance-Systems besteht, da es bereits aufgrund der Materie an sich, d.h. insbesondere wegen ihrer Schwierigkeit und Kurzlebigkeit infolge ständiger Änderungen, geboten

---

996 Siehe dazu noch ausführlich im 3. Kapitel S. 262ff.

ist, ein Tax Compliance-System einzurichten, gerade auch um eine Haftung des Vorstandes aus Organisationsverschulden auszuschließen.[997]

Überdies ist eine bloße Rechtstreue in Anbetracht des steuerrechtlichen Risikodilemmas als Aspekt der systemischen Risikolage als wirksame Risikoprävention nicht ausreichend. Vielmehr bedarf es angesichts der mangelnden Harmonisierung der Rechtsordnungen insbesondere bei grenzüberschreitend agierenden Unternehmen einer Präventionsstrategie, um der systemischen Risikolage sozusagen mit dem Gedanken einer Waffengleichheit systematisch präventiv entgegen zu treten.

Ergo ist unter dem Postulat einer steuerlichen Risikominimierung eine Tax Compliance schlichtweg alternativlos und damit de facto eine unabdingbare Notwendigkeit.

997 *Besch/Starck*, in: Hauschka, Corporate Compliance, § 34, Rn. 8; zur Frage einer Pflicht zur Corporate Compliance sowie zum Organisationsverschulden siehe ausführlich im Kapitel 3: Pflicht zur Beherrschung der steuerlichen Risiken; zum Aspekt der ständigen Veränderungen und Anpassungen im Hinblick auf die Steuerberatung im Konzern vgl. auch *Montag*, in Steuerzentrierte Rechtsberatung, FS Schaumburg, 65.

3. Kapitel: Pflicht zur Beherrschung der steuer(recht)lichen Risiken – Vorstandshandeln im Angesicht systemischer Steuerrisiken

Die Begriffsdefinition von Tax Compliance beinhaltet neben der Einhaltung einschlägiger steuerrechtlicher Normen zur präventiven Vermeidung von Haftungsrisiken für das Unternehmen auch die Vermeidung einer Haftung des Leitungsorgans des Unternehmens.[998]

Während im zweiten Kapitel „Phänomenologie systemischer Steuerrisiken in internationalen Unternehmen" die Risikolage für das Unternehmen als Rechtsträger im Mittelpunkt der Betrachtung steht, richtet sich der Fokus nunmehr im dritten Kapitel „Pflicht zur Beherrschung der steuerlichen Risiken" auf die Leitungsebene des Unternehmens.

Angesichts der konstatierten, sich aus der systemischen steuerrechtlichen Risikolage für das Unternehmen ergebenden faktischen Notwendigkeit einer Tax Compliance im Unternehmen wie sie in dieser Arbeit definiert wurde, d.h. insbesondere unter Einbeziehung eines Tax Compliance-Systems, stellt sich die Frage nach einer näher de iure zu umreißenden Verantwortlichkeit bzw. Pflicht zur Beherrschung eben jener, der faktischen Notwendigkeit zu Grunde liegenden steuerrechtlichen Risiken. Sofern eine entsprechende abstrakte Pflicht auf normativer Grundlage anzunehmen ist, gilt es dann konkretere Maßstäbe dieser Pflicht zu bestimmen um auf diese Weise eine Basis für etwaige Mindestanforderungen bei der Etablierung von Tax Compliance im Unternehmen zu statuieren.

Schwerpunkt dieser Untersuchung bilden gemäß des eingangs erwähnten Perspektivwechsels vom Rechtsträger Unternehmen hin zum agierenden Leitungsorgan ausgewählte Haftungsnormen, die an die Führungsebene des Unternehmens adressiert sind, sowie die von ihnen vorausgesetzten Anforderungen bzw. Maßstäbe an ein legales Verhalten des Leitungsorgans. Auf Ebene des Gesellschaftsrechts handelt es sich um §§ 76 I, 93 AktG, aus dem Bereich des Ordnungswidrigkeitenrechts um § 130 I OWiG sowie als Ansatzpunkt auf der Ebene des Steuerrechts um § 69 i.V.m. §§ 34 I, 35 AO.

Um eine Pflicht zur Beherrschung steuerlicher Risiken qua Tax Compliance zu konstruieren eröffnen sich grundsätzlich zwei Möglichkeiten: zum einen bildet Tax Compliance einen speziellen Unterfall der Corporate Compliance, so dass mit der Annahme einer Rechtspflicht zur Corporate Compliance derivativ auch eine

---

998 Siehe ausführlich im ersten Kapitel S. 8ff.

Rechtpflicht zur Tax Compliance einherginge.[999] Zum anderen erscheint es denkbar, eine originäre Rechtsgrundlage für Tax Compliance im Steuerrecht in Gestalt von § 69 i.V.m. §§ 34 I, 35 AO zu verorten.

A. Corporate Compliance und Tax Compliance als Rechtspflicht

Im ersten Kapitel „Tax Compliance – Grundlagen und Implementierung ins Unternehmen" wurde im Rahmen der Begriffsbestimmung von Tax Compliance definiert, dass es sich dabei aus Sicht der Unternehmen um einen Unterfall der Corporate Compliance im Sinne organisatorischer Maßnahmen im Unternehmen zur Einhaltung von Regeln zwecks Vermeidung bzw. Minimierung von Risiken handelt.[1000] Der Begriff Tax Compliance aus Sicht der Unternehmen bezeichnet folglich die durch ein System organisierte Einhaltung aller für das Unternehmen relevanten steuerrechtlichen Regelungen, wobei es um die Vermeidung von Haftungs- und Strafrisiken des Unternehmens, seiner Mitarbeiter sowie der Geschäftsführung bzw. des Vorstandes geht.[1001]

Unter der eben geschilderten Prämisse, dass Tax Compliance einen Unterfall der Corporate Compliance darstellt, resultiert eine Pflicht zur Tax Compliance aus einer Pflicht zur Corporate Compliance. Ob der Tatsache, dass es an einer allgemeinverbindlich normierten Pflicht zur Corporate Compliance de lege lata mangelt, existieren verschiedene Ansätze zur Herleitung einer Corporate Compliance-Pflicht.[1002]

I. Corporate Compliance im Einzelunternehmen

1. Rechtsgrundlagen

a) Spezialgesetzliche Rechtsanalogie

Ein ursprünglicher Ansatz zur Herleitung einer Rechtspflicht zur Corporate Compliance ergibt sich aus dem Gedanken einer Rechtsanalogie zu spezialgesetzlichen

999 Siehe ausführlich im ersten Kapitel „Grundlagen" S. 8ff. sowie diesen sich anschließenden Abschnitt „Corporate Compliance als Rechtspflicht".

1000 Siehe dazu mit ausführlichen Nachweisen oben S. 8ff.

1001 *Wessing*, Steueranwaltsmagazin 2007, 175; *Streck/Binnewies*, DStR 2009, 229; *Schwedhelm*, AnwBl. 2009, 90; *Streck*, StbJb. 2009/2010, 415, 417; *Streck*, in: Streck/Mack/Schwedhelm, Tax Compliance, Rn. 1.4; *Besch/Starck*, in: Hauschka, Corporate Compliance, § 34, Rn. 4f.; *Demuth/Kaiser*, in: Görling/Inderst/Bannenberg, Compliance, S. 333; *Seer*, in FS Streck, 403, 404; *Kälin/Strohe*, ZRFC 2011, 102, 104; siehe dazu auch bereits ausführlich S. 10ff.

1002 *Dreher*, in FS Hüffer, 161; *Winter*, in FS Hüffer, 1103, 1105; *Hüffer*, in FS Roth, 299, 301, 303; ebenso *Pietrek*, Die strafrechtliche Verantwortlichkeit des Betriebsinhabers aus Compliance-Pflichten, S. 91; siehe dazu auch bereits im Rahmen der Begriffsbestimmung von Corporate Compliance S. 5ff.

Normen, die zum Teil unter anderem Organisationspflichten zum Gegenstand haben, wie § 64a I VAG, § 25 I KWG, § 33 I 2 Nr. 1 WpHG oder auch § 52a II BImSchG, im Wege einer Verallgemeinerung des in den Einzelvorschriften zum Ausdruck kommenden Rechtsgedankens[1003] Z.B. enthalten § 64a I VAG und § 25a I KWG ausführliche Anforderungen an die Ausgestaltung einer ordnungsgemäßen Geschäftsorganisation, wobei insbesondere auf ein angemessenes Risikomanagement abgestellt wird.[1004] § 33 I 2 Nr. 1 WpHG fordert wie bereits im ersten Kapitel erwähnt von einem Wertpapierdienstleitungsunternehmen die Einrichtung einer Compliance-Funktion nebst einem Compliance-Beauftragten mit Verantwortlichkeit für die Compliance-Funktion gem. § 33 I 2 Nr. 5 WpHG. Im Zuge dessen trat zum 01.11.2012 § 34d III WpHG[1005] in Kraft, der für den Compliance-Beauftragten die Sachkunde und die erforderliche Zuverlässigkeit zur Ausübung der Tätigkeit einfordert.[1006] § 12 IV WpDVerOV enthält weitere Konkretisierungen im Zusammenhang mit dem Compliance-Beauftragten, dem etwa auch die notwendigen Mittel und Kompetenzen zur Erfüllung seiner Aufgaben eingeräumt werden sollen.[1007]

Abseits der Normen für Wertpapierdienstleistungsunternehmen enthält § 52a II BImSchG eine Regelung, wonach der Betreiber einer genehmigungsbedürftigen Anlage der zuständigen Behörde zur Mitteilung verpflichtet ist, inwiefern beim Betrieb Vorschriften und Anordnungen zum Schutz vor schädlichen Umwelteinwirkungen und sonstigen Gefahren, erheblichen Nachteilen und Belästigungen beachtet werden.[1008]

Gegen diese Gesamtanalogie zur Begründung einer Pflicht zur Corporate Compliance spricht, dass es an einer vergleichbaren Interessenlage aufgrund der Spezialität der angesprochenen Normen mangelt, wenn die Unternehmen eben nicht in dem spezifischen Bereich tätig sind, der den Anwendungsbereich der jeweiligen Spezialtatbestandes eröffnet.[1009] Gerade die Anwendung des § 33 WpHG mit seinen

1003 So bereits *Schneider*, ZGR 1996, 225, 230; grundlegend *Schneider*, ZIP 2003, 645, 648f., vgl. dort auch zum folgenden Text; *Schneider/von Buttlar*, ZIP 2004, 1621, 1622.

1004 Siehe zu § 64a VAG im Zusammenhang mit Compliance z.B. *Kort*, NZG 2008, 81, 83.

1005 Eingeführt durch das Gesetz zur Stärkung des Anlegerschutzes und Verbesserung der Funktionsfähigkeit des Kapitalmarkts (Anlegerschutz- und Funktionsverbesserungsgesetz) v. 05.04.2011, BGBl. I 2011, 538, 540f., 548.

1006 BT-Drs. 17/3628, S. 22: Verpflichtung zum Einsatz geeigneter Mitarbeiter. § 3 der Verordnung über den Einsatz von Mitarbeitern in der Anlageberatung, als Vertriebsbeauftragter oder als Compliance-Beauftragter und über die Anzeigepflichten nach § 34d des Wertpapierhandelsgesetzes (WpHG-Mitarbeiteranzeigeverordnung – WpHGMaAnzV) v. 21.12.2011, BGBl. I 2011, 3116, 3116f. führt im Einzelnen rechtlich und fachlich notwendigen Kenntnisse des Compliance-Beauftragten an.

1007 Siehe dazu bereits den Beginn des ersten Kapitels S. 3ff.

1008 Auch § 52a II BImSchG findet Erwähnung bei *Schneider*, ZIP 2003, 645, 649.

1009 Vgl. *Fleischer*, AG 2003, 291, 299; *Hauschka*, ZIP 2004, 877, 878; vgl. Bürkle, BB 2005, 565, 567; *Bachmann/Prüfer*, ZRP 2005, 109, 111; Spindler, WM 2008, 905, 908 m.w.N hinsichtlich des Streitstandes; vgl. *Kort*, NZG 2008, 81, 83; *Dreher*, in FS Hüffer, 161,

auf den Finanzsektor zugeschnittenen Regelungen, explizit adressiert an das Wertpapierdienstleistungsunternehmen selbst, eignet sich wegen seiner Spezialität nicht zur Verallgemeinerung.[1010]

b) Deutscher Corporate Governance Kodex

Der DCGK verwendet den Begriff der „Compliance" an verschiedenen Stellen:[1011] So soll unter anderem der Vorstand regelmäßig den Aufsichtsrat über die Compliance informieren (Ziffer 3.4 DCGK) und der Aufsichtsrat sich im Rahmen eines zu bildenden Audit Committee mit Compliance befassen, sofern nicht ein anderes Committee damit betraut ist (Ziffer 5.3.2 DCGK). Ziffer 4.1.3 DCGK legt – versehen mit dem Zusatz Compliance in Klammern am Ende der Ziffer – fest, dass der Vorstand für die Einhaltung der Gesetze wie auch unternehmensinterner Richtlinien zu sorgen hat. Dabei soll der Vorstand auf die Beachtung durch die Konzernunternehmen hinwirken.

Auf diese Weise gibt der DCGK in Ziffer 4.1.3 allerdings nur deklaratorisch die bestehende Gesetzeslage wieder.[1012] Er begründet damit keine allgemeinverbindliche Rechtspflicht für alle Unternehmen, da es sich beim DCGK nach ganz h.M. um „soft law" handelt, d.h., der DCGK ist weder von einer staatlichen Institution als Recht erlassen worden, noch stellen die enthaltenen Empfehlungen einen Handelsbrauch im Sinne des § 346 HGB dar.[1013]

172; *Hüffer*, in FS Roth, 299, 303f.; *Kindler*, in FS Roth, 367, 371f. m.w.N.; *Lutter*, in FS Goette, 289, 297; vgl. *Goslar*, in: Wilsing, DCGK, 4.1.3, Rn. 8.

1010 Ausdrücklich *Fett*, in: Schwark/Zimmer, Kapitalmarktrechtskommentar, § 33 WpHG, Rn. 2.

1011 Der Begriff „Compliance" wird im DCGK in den Ziffern 3.4, 4.1.3, 5.2 und 5.3.2 verwendet.

1012 *Bürkle*, BB 2007, 1797, 1798; *Schneider/Schneider*, ZIP 2007, 2061, 2062; *Ringleb*, in: Ringleb/Kremer/Lutter/v. Werder, DCGK, Rn. 615; *Winter*, in FS Hüffer, 1103, 1104, dort auch zum folgenden Text.

1013 BGH, BGHZ 180, 9, 22f. Rn. 25; OLG München, AG 2009, 294 = ZIP 2009, 133, 134, Vorinstanz: LG München I, ZIP 2007, 2360, 2361 = NZG 2008, 150, 151; KG Berlin, AG 2009, 118, 119; *Seibert*, ZIP 2001, 2192; *Ulmer*, ZHR (166) 2002, 150, 158ff.; *Berg/Stöcker*, WM 2002, 1569, 1571; *Borges*, ZGR 2003, 508, 515ff.; *Körner*, NZG 2004, 1148, 1149; *Kort*, NZG 2008, 81, 82; *Thümmel*, CCZ 2008, 141, 142, 145; *Koch*, WM 2009, 1013, 1020; *Goette*, in FS Hüffer, 225, 229; ausführlich contra DCGK als Handelsbrauch jeweils m.w.N.: *Hanfland*, Haftungsrisiken im Zusammenhang mit § 161 AktG und dem Deutschen Corporate Governance Kodex, S. 73ff.; *Kort*, in FS K. Schmidt, 945, 956ff.; *Holzhauser*, in: Holzhauser/Sutter, Interdisziplinäre Aspekte von Compliance, S. 11, 21.

c) *Sarbanes-Oxley-Act*

Vereinzelt finden sich Stimmen in der Literatur, die auch die Regelungen des SOA für die Einrichtung eines Corporate Compliance-Systems heranziehen.[1014] Die Regelungen des SOA[1015] beziehen sich in Sec. 302, 404 auf ein IKS und nicht explizit auf ein Corporate Compliance-System.[1016] Obgleich das Corporate Compliance-System je nach konkreter Ausgestaltung im Unternehmen eine autarke Komponente des IKS sein kann, so ist dies nicht zwingend, da das unternehmensindividuelle Corporate Compliance-System auch über das IKS des entsprechenden Unternehmens hinausgehen kann.[1017] Zudem ist zu bedenken, dass es sich um US-amerikanisches Recht handelt, das nur dann auf deutsche Unternehmen Anwendung findet, wenn diese an einer US-amerikanischen Börse gelistet sind.[1018]

Aus diesem Grunde scheiden mithin die Vorschriften des SOA als Grundlage einer allgemeinen Pflicht zur Corporate Compliance für alle Unternehmen aus.

d) *§ 91 II AktG*

Ein weiterer Ansatzpunkt zur Begründung einer Rechtspflicht zur Corporate Compliance wird in der Literatur auf die normative Grundlage des § 91 II AktG gestellt. Begründet wird dies damit, dass durch einen Verstoß gegen gesetzliche Ge- und Verbote sowie die daraus folgenden Schadensersatzansprüche, Bußgelder, Gewinnabschöpfungen und Ähnliches eine Bestandsgefährdung des Unternehmens eintreten könne, die im Endeffekt auf das Fehlen eines Corporate Compliance-Systems zurückzuführen sei.[1019] In § 91 II AktG wird geregelt, dass der Vorstand geeignete

---

1014 *Passarge*, in: Martinek/Semler/Habermeier/Flohr, HdB des Vertriebsrechts, § 82, Rn. 90, 92.

1015 SOA: http://pcaobus.org/About/History/Documents/PDFs/Sarbanes_Oxley_Act_of_2002.pdf, zuletzt besucht am 10.01.2013.

1016 Siehe dazu *Carl*, in: Spahlinger/Wegen, Internationales Gesellschaftsrecht in der Praxis, Rn. 1630ff.; vgl. *Schulte/Görts*, RIW 2006, 561, 566; *Obermayr*, in: Hauschka, Corporate Compliance, § 17, Rn. 22; ähnlich: *Holzhauser*, in: Holzhauser/Sutter, Interdisziplinäre Aspekte von Compliance, S. 11, 27f.

1017 Siehe bereits ausführlich mit weiteren Nachweisen zum Verhältnis von Corporate Compliance zum IKS S. 25ff.

1018 Zum Anwendungsbereich siehe *Carl*, in: Spahlinger/Wegen, Internationales Gesellschaftsrecht in der Praxis, Rn. 1625 m.w.N.; *Passarge*, in: Martinek/Semler/Habermeier/Flohr, HdB des Vertriebsrechts, § 82, Rn. 90f.; *Holzhauser*, in: Holzhauser/Sutter, Interdisziplinäre Aspekte von Compliance, S. 11, 27; *Hölters*, in: Hölters, AktG, § 93, Rn. 93.

1019 So ausdrücklich die Argumentation von *Passarge*, DStR 2010, 1675, 1676; *Passarge*, in: Martinek/Semler/Habermeier/Flohr, HdB des Vertriebsrechts, § 82, Rn. 80; u.a. ebenfalls für § 91 II AktG als Rechtsgrundlage: *Berg*, AG 2007, 271, 274ff. m.w.N., der § 91 II AktG als Grundlage für ein Risikomanagement gegen Korruption sieht; vgl. *Schwintowski*, NZG 2005, 200, 201f.; *Dreher*, FS Hüffer, 161, 168ff.; a.A u.a.: *Fleischer*, BB 2008, 1070, 1072; *Seibert*, FS Bezzenberger, 427, 436ff.; *Kort*, ZGR 2010, 440, 452.

Maßnahmen wie insbesondere die Einrichtung eines Überwachungssystems zu veranlassen hat, um eine den Bestand der Gesellschaft gefährdende Entwicklung frühzeitig zu erkennen.

Allerdings verpflichtet § 91 II AktG rechtlich gerade nicht zur Einführung eines umfassenden Corporate Compliance-Systems, da Corporate Compliance zwar auch, aber nicht nur bestandsgefährdende Risiken erfasst, sondern vielmehr über diese Risiken hinaus geht.[1020] Im Ergebnis ist § 91 II AktG jedenfalls keine Grundlage für eine Pflicht zur Corporate Compliance nebst entsprechendem Corporate Compliance-System.[1021]

e) § 130 I OWiG

Ferner wird § 130 I OWiG für die Begründung einer Pflicht zur Corporate Compliance bemüht: zum einen wird § 130 I OWiG im Wege der bereits erwähnten Gesamtanalogie[1022] angeführt bzw. zum anderen aufgrund der in § 130 I OWiG geregelten allgemeinen Haftung für Aufsichtspflichtverletzungen des Betriebsinhabers unter Verweis auf die fehlende Anwendungsmöglichkeit einer denkbaren aktienrechtlichen Grundlage aus §§ 93 I 1, 91 II AktG auf andere Unternehmen als Aktiengesellschaften.[1023] Hinsichtlich der Gesamtanalogie sei auf die vorstehenden Ausführungen verwiesen. Im Hinblick auf die Aufsichtspflicht des Betriebsinhabers wird eingewandt, dass eine Aufsichtspflicht im Vergleich zur Einrichtung eines Corporate Compliance-Systems rechtlich unterschiedliche Pflichten sind, wenngleich sich die Rechtsprechung und Literatur zu § 130 I OWiG auch für Elemente eines Corporate Compliance-Systems wie Organisationspflichten[1024] und die laufende Kontrolle[1025] nutzen lassen.[1026]

1020 Siehe bereits zum Verständnis und Umfang von Corporate Compliance S. 5ff.; vgl. *von Hehn/Hartung*, DB 2006, 1909, 1910; *Hommelhoff/Mattheus*, BB 2007, 2787; *Holzhauser*, in: Holzhauser/Sutter, Interdisziplinäre Aspekte von Compliance, S. 11, 22; vgl. *Goslar*, in: Wilsing, DCGK, 4.1.3, Rn. 8.

1021 *Kort*, in: Großkommentar AktG, § 91, Rn. 67 (01.10.2006); *Fleischer*, BB 2008, 1070, 1072; *Kort*, in FS Roth, 407, 413; so auch *Mertens/Cahn*, in: Kölner Kommentar AktG, Bd. 2/1, § 91, Rn. 34.

1022 Siehe dazu bereits oben S. 186f. sowie *Schneider*, ZIP 2003, 645, 648f.

1023 *Moosmayer*, Compliance, S. 5; für eine „umfassende Compliance-Organisation“ auf Grundlage des § 130 I i.V.m. § 9 I Nr. 1 OWiG: *Spindler*, in: Fleischer, Handbuch des Vorstandsrechts, § 15, Rn. 94.

1024 Vgl. KG, WuW/E OLG 2330, 2332.

1025 Vgl. BGH, WuW/E BGH 2202, 2203 = wistra 1985, 228f. = NStZ 1986, 34f.; vgl. OLG Stuttgart, NJW 1977, 1410; BayObLG, BayObLG 2001, 107ff. = NJW 2002, 766ff. = wistra 2001, 478ff.

1026 *Kremer/Klahold*, ZGR 2010, 113, 119; *Feischer*, CCZ 2008, 1, 2.

f) §§ 76 I, 93 I AktG

Die mittlerweile überwiegende Auffassung in der Literatur leitet die Pflicht zur Einrichtung eines Corporate Compliance-Systems dogmatisch aus der Leitungsverantwortung des Vorstandes aus § 76 I AktG bzw. der allgemeinen Sorgfaltspflicht des § 93 I AktG ab.[1027]

In diesem Zusammenhang ist nochmals klarzustellen, dass es bei Corporate Compliance nicht bloß um die Einhaltung des geltenden Rechts geht, sondern um eine systematische Einhaltung des Rechts mittels einer entsprechenden Organisation, die untrennbar mit dem Terminus Corporate Compliance verbunden ist.[1028] Damit geht Corporate Compliance über die bloße Legalitätspflicht des Vorstandes hinaus.

Der Vorstand hat gem. § 76 I AktG das Unternehmen unter eigener Verantwortung zu leiten und ist deswegen auch dafür zuständig, dass sowohl das Unternehmen wie auch seine Organe nicht gegen das geltende Recht verstoßen.[1029] Indes werden aus dieser Pflicht zur Corporate Compliance keine starren Organisationsanforderungen abgeleitet, vielmehr ist die konkrete Organisation der Corporate Compliance, d.h. die Ausgestaltung des Corporate Compliance-Systems in das unternehmerische Ermessen des Vorstands gestellt.[1030]

2. Fazit: Corporate Compliance-Pflicht im Innen- und Außenverhältnis

Angesichts der bereits angeführten Einwände gegen die Ansätze, eine Corporate Compliance-Pflicht aus einer Rechtsanalogie, auf die Grundlage des DCGK, des Sarbanes-Oxley-Acts oder des § 91 II AktG zu stellen, ist im Ergebnis eine Pflicht des

---

1027 Vgl. *Schneider*, ZIP 2003, 645, 648f.; *Bürkle*, BB 2005, 565, 567; *Fleischer*, in: Fleischer, Handbuch des Vorstandsrechts, § 8, Rn. 43; *Fleischer*, BB 2008, 1070, 1072; *Goette*, ZHR 175 (2011), 388, 392; *Hüffer*, AktG, § 76, Rn. 9a; vgl. *Bürkle*, BB 2007, 1797, 1798; *Vetter*, DB 2007, 1963, 1964; *Campos Nave/Bonenberger*, BB 2008, 734; *Eisele/Faust*, in: Schimansky/Bunte/Lwonski, Bankrechts-Handbuch Bd. II, § 109, Rn. 95; *Fleischer*, BB 2008, 1070, 1072; *Immenga*, in Unternehmensrecht zu Beginn des 21. Jahrhunderts, FS Schwark, 199, 202; *Winter*, in FS Hüffer, 1103, 1104; *Bicker*, AG 2012, 542, 544.

1028 Siehe auch entsprechende Klarstellung bei *Hüffer*, FS Roth, 299, 301f., dort auch zum folgenden Text; ebenso *Gößwein/Hohmann*, BB 2011, 963; siehe ausführlich zur Begriffsbestimmung und den Elementen von Corporate Compliance bereits S. 13ff.

1029 *Reichert/Ott*, ZIP 2009, 2173; *Kindler*, in FS Roth, 367, 370; ausführlich zur Legalitätspflicht sowie den Anforderungen und Maßstäben aus §§ 76 I, 93 I AktG siehe S. 260ff.

1030 Vgl. zum Aufsichtsrat BGH, BGHZ 135, 244, 251f. = NJW 1997, 1926, 1927; OLG Frankfurt a.M. AG 2008, 453, 455; *Fleischer*, AG 2003, 291, 299f.; ausführlich bereits *Bürkle*, BB 2005, 565, 568f.; *Fleischer*, CCZ 2008, 1, 2; *Spindler*, in: MüKo-AktG, Bd. 2, § 91, Rn. 36; *Spindler*, WM 2008, 905, 909; *Koch*, WM 2009, 1013, 1015: *Immenga*, Unternehmensrecht zu Beginn des 21. Jahrhunderts, FS Schwark, 199, 203; *Kremer/Klahold*, ZGR 2010, 113, 120f.; *Kort*, in FS Roth, 407, 410.

Vorstandes zur Corporate Compliance aus der Leitungsverantwortung und Legalitätspflicht des Vorstandes gem. §§ 76 I, 93 I AktG abzuleiten, wobei die konkrete Ausgestaltung des Corporate Compliance-Systems im Ermessen des Vorstandes steht.[1031]

Bei einer weiteren Differenzierung der Pflicht des Vorstandes in eine Pflicht im Innenverhältnis, d.h. gegenüber der Gesellschaft und im Außenverhältnis gegenüber Dritten, bleibt zunächst festzuhalten, dass sich die Grundlage aus §§ 76 I, 93 I AktG ausschließlich auf das Innenverhältnis bezieht.[1032]

Um auch eine Verpflichtung des Vorstandes zur Corporate Compliance im Außenverhältnis zu begründen, wird Rückgriff genommen auf den bereits erwähnten § 130 I OWiG, § 831 I BGB bzw. betriebliche Organisationspflichten, die im Zusammenhang mit § 823 I BGB entwickelt worden sind.[1033]

Gegen die letztgenannten betrieblichen Organisationspflichten als Grundlage eines Corporate Compliance-Systems bestehen Bedenken, da diese Organisationspflichten im Zusammenhang mit im Betrieb geschaffenen, real greifbaren Gefahrenquellen[1034] entwickelt wurden, die durch geeignete Maßnahmen zu entschärfen sind.[1035] Aus diesem Blickwinkel mag beispielsweise auch unabhängig von einer Verkehrspflicht eine Arbeitsaufteilung oder eine Delegation von Aufgaben im Unternehmen selbst grundsätzlich geeignet sein, Gefahren für Außenstehende im Einzelfall auszulösen und damit eine Organisationspflicht zu begründen[1036], jedoch erscheint fraglich, ob die von der Rechtsprechung entwickelten Kriterien auf die von Corporate Compliance erfassten, rechtlichen Gefahren[1037] tatsächlich transferiert werden können, so dass dieser Ansatz im Ergebnis keine sichere Basis für die Begründung einer Corporate Compliance-Pflicht des Vorstandes im Außenverhältnis bietet.[1038]

Ähnlich verhält es sich mit § 831 I BGB: auch diese Norm bezieht sich auf eine andere Grundkonstellation, nämlich die Haftung des Geschäftsherrn für seinen Verrichtungsgehilfen.[1039] Die Pflicht des Geschäftsherrn bezieht sich auf eine Pflicht zur Auswahl eines geeigneten Verrichtungsgehilfen, so dass die Haftung

---

1031 Siehe dazu ausführlich bereits die vorstehenden Ausführungen.

1032 *Koch*, WM 2009, 1013, 1014; *Hüffer*, FS Roth, 299, 304; *Bunting*, ZIP 2012, 1542, 1543.

1033 Zu § 831 BGB siehe bereits *Schneider/Schneider*, ZIP 2007, 2061; Umfassende Darstellungen bei *Koch*, WM 2009, 1013, 1015ff.; *Bunting*, ZIP 2012, 1542, 1545ff.

1034 Z.B.: Bahnhofszufahrt: RGZ 53, 53, 54ff.; Warenproduktion, -vertrieb: BGH, BGHZ 51, 91, 92ff.; Umgang/Abgabe von Chemikalien: BGH, NJW 1973, 615, 616.

1035 Ständige Rechtsprechung zur Vornahmen von Maßnahmen, um eine selbst geschaffene Gefahr an der Realisierung zu hindern: BGH, BGHZ 14, 83, 85; BGH, BGHZ 54, 1635, 168 = NJW 1970, 1877; BGH, BGHZ 60, 54, 55 = NJW 1973, 460, 461; BGH, BGHZ 121, 367, 375 = WM 1993, 1015, 1018 = NJW 1993, 1799, 1801; BGH, NJW-RR 2002, 525, 526 m.w.N.; *Koch*, WM 2009, 1013, 1016f.

1036 So *Bunting*, ZIP 2012, 1542, 1547 m.w.N. zur Herleitung des Gedankens.

1037 Siehe zur Definition und zum Umfang von Corporate Compliance bereits S. 5ff.

1038 So im Ergebnis *Koch*, WM 2009, 1013, 1016f.

1039 *Kleindiek*, Deliktshaftung und juristische Person, S. 286; *Koch*, WM 2009, 1013, 1016; *Bunting*, ZIP 2012, 1542, 1546.

des Geschäftsherrn auf einer fehlerhaften Auswahl bzw. Überwachung des einzelnen Verrichtungsgehilfen fußt und ergo keine allgemeine Organisationspflicht für das gesamte Unternehmen begründet.[1040] Zudem sieht § 831 I BGB die Möglichkeit eines dezentralisierten Entlastungsbeweises vor, d.h. dass der Geschäftsherr sich prinzipiell seiner Pflicht zur Auswahl und Überwachung, sofern es z.B. aus betrieblichen Gründen nicht möglich ist alle Gehilfen persönlich auszuwählen und zu überwachen, durch Übertragung auf einen Angestellten entledigen kann, so dass er nur noch diesen Angestellten auszuwählen und zu überwachen hat.[1041]

Im Ergebnis taugt § 831 I BGB damit aufgrund der genannten Bedenken auch nicht als Rechtsgrundlage einer Corporate Compliance-Pflicht des Vorstandes im Außenverhältnis.[1042]

Trotz der bereits eingangs geschilderten Bedenken verbleibt damit im Außenverhältnis § 130 I OWiG i.V.m. § 9 I Nr. 1 OWiG zur Begründung einer Pflicht des Vorstandes zur Corporate Compliance.[1043] Sofern es sich also gemäß des Wortlauts von § 130 I i.V.m. § 9 I Nr. 1 OWiG um Pflichten des Betriebsinhabers handelt, deren Verletzung mit Strafe oder Geldbuße bedroht ist, ist im Außenverhältnis eine Pflicht des Vorstandes zur Corporate Compliance anzunehmen.[1044]

Obwohl die Pflicht des Vorstandes zur Corporate Compliance damit gem. §§ 76 I, 93 I AktG sowie gem. §§ 130 I, 9 I Nr. 1 OWiG auf zwei unterschiedlichen Säulen für das Innen- und das Außenverhältnis ruht, so bilden diese zwei Säulen doch ein gemeinsames Fundament für eine einheitliche Corporate Compliance-Pflicht des Vorstandes: Die Erfüllung der Anforderungen aus § 130 I OWiG zur Vermeidung einer Pflichtverletzung im Außenverhältnis ist auch Gegenstand der Sorgfaltspflicht

---

1040 RG, RGZ 53, 53, 57; RG, RGZ 78, 107, 108f.; BGH, BGHZ 8, 239, 243; vgl. BGH, VersR 1955, 746, 747; zusammenfassende Darstellung der frühen Rechtsprechung zur Überwachung bei *Helm*, ACP 166 (1966), 389, 392ff.; vgl. dazu auch *Brüggemeier*, Deliktsrecht, Tz. 123, 125; *Kleindiek*, Deliktshaftung und juristische Person, S. 287ff.; ausführlich m.w.N. *Spindler*, Unternehmensorganisationspflichten, S. 689ff., insbesondere S. 692f.; *Wagner*, in: MüKo-BGB, Bd. 5, § 831, Rn. 34f.; im Ergebnis so auch *Kötz/Wagner*, Deliktsrecht, Rn. 304f.

1041 RG, RGZ 78, 107, 108f.; BGH, BGHZ 4, 1, 2; vgl. BGH, NJW 1973, 1602, 1603f.; siehe zum dezentralisierten Entlastungsbeweis: *Wagner*, in: MüKo-BGB, Bd. 5, § 831, Rn. 42–44; *Spindler*, Unternehmensorganisationspflichten, S. 689ff.; siehe ausführlich und kritisch *Belling*, in: Staudinger, BGB, § 831, Rn. 174–176 (Juni 2012); vgl. dazu auch noch ausführlicher mit weiteren Nachweisen S. 281ff. in Bezug auf die vertikalen Organisations- und Überwachungspflichten des Vorstands.

1042 Ebenfalls kritisch *Koch*, WM 2009, 1013, 1016.

1043 *Spindler*, in: Fleischer, Handbuch des Vorstandsrechts, § 15, Rn. 94, dort auch zum folgenden Text; siehe zu § 130 OWiG als Grundlage einer Pflicht des Vorstands zur Corporate Compliance bereits S. 189; Einzelheiten zu den Voraussetzungen, Anforderungen und Maßstäben des § 130 I OWiG siehe S. 336ff.

1044 Vgl. zustimmend *Koch*, WM 2009, 1013, 1016; *Bunting*, ZIP 2012, 1542, 1544.

des Vorstandes aus § 93 I AktG im Innenverhältnis gegenüber der Gesellschaft.[1045] Folglich ist eine kongruente Pflicht des Vorstands zur Corporate Compliance im Innen- wie auch im Außenverhältnis auf Grundlage von §§ 76 I, 93 I AktG sowie §§ 130 I, 9 I Nr. 1 OWiG zu bejahen.

II. Corporate Compliance aus der Konzernperspektive

Über die Begründung dieser Vorstandspflicht zur Corporate Compliance im Einzelunternehmen hinaus ist in Anbetracht der Tatsache, dass in etwa dreiviertel aller Aktiengesellschaften mit rund 90 % ihres Kapitals[1046] in Konzerne eingebunden sind, ein Blick auf diese Vorstandspflicht aus der Perspektive des Konzerns geboten.[1047]

Auch aus Sicht des Konzerns wird mittlerweile von einer konzernweiten Corporate Compliance-Pflicht des Vorstandes ausgegangen, wobei die Begründung bzw. die dogmatische Herleitung nicht einheitlich vorgenommen wird.[1048]

1. Rechtsgrundlagen

a) Konzernleitungspflicht und Konzernleitungsermessen

Eine solche Pflicht des Vorstandes zur konzernweiten Corporate Compliance könnte sich aus der Konzernleitungspflicht ergeben.[1049] Allerdings setzt dies zunächst logisch die Existenz einer solchen Konzernleitungspflicht voraus, deren Ausgestaltung wie auch Reichweite in der Literatur umstritten sind.[1050] Nach einer Ansicht wird eine umfassende Leitungsverpflichtung des Vorstandes des herrschenden Unternehmens bis in die tiefste Verästelung der abhängigen Tochtergesellschaften hinein

---

1045 Vgl. *Hopt*, in: Großkommentar AktG, § 93, Rn. 143 (01.01.1999); *Fleischer*, in: Fleischer, Handbuch des Vorstandsrechts, § 8, Rn. 34; *Mertens/Cahn*, in: Kölner Kommentar AktG, Bd. 2/1, § 93, Rn. 77; ebenso *Wilsing*, in: Krieger/Schneider, Handbuch Managerhaftung, § 27, Rn. 23; vgl. dort auch jeweils zum folgenden Text, ohne das dort explizit der Rückschluss auf die Corporate Compliance-Pflicht genannt wird.

1046 Schätzung ohne repräsentative, statistische Grundlage, *Görling*, AG 1993, 538, 642ff.; *Meyer*, GmbHR 2002, 242, 244; weitere, umfassende Nachweise bei: *Koppensteiner*, in: Kölner Kommentar AktG, Bd. 6, Vorb. § 291, Rn. 15; *Emmerich/Habersack*, Konzernrecht, S. 4 sowie *Altmeppen*, in: MüKo-AktG, Bd. 5, Einl., Rn. 19.

1047 Vgl. *Koch*, WM 2009, 1013.

1048 *Habersack*, in Recht, Ordnung und Wettbewerb, FS Möschel, 1175 mit umfangreichen Nachweisen; *Verse*, ZHR 175 (2011), 401, 402; vgl. *Hüffer*, AktG, § 76, Rn. 9c.

1049 So auch der erste Ansatz zu Compliance im Konzern bei *Spindler*, WM 2008, 905, 915.

1050 Grundlegend zur Konzerleitungspflicht: *Hommelhoff*, Die Konzernleitungspflicht, S. 43ff.; siehe dazu auch den Überblick über die einzelnen Meinungen bei *Fleischer*, in: Fleischer, Handbuch des Vorstandsrechts, § 18, Rn. 7ff. sowie *Fleischer*, in: Spindler/Stilz, AktG, Bd. 1, § 76, Rn. 84ff., dort auch jeweils zum folgenden Text; *Bicker*, AG 2012, 542, 548.

befürwortet[1051], was von der überwiegenden Ansicht zum Teil unter Verweis auf § 311 AktG, der den Einfluss des herrschenden Unternehmens im faktischen Konzern einschränkt, abgelehnt wird.[1052] Jedoch ist diese überwiegende Ansicht sich nur in der Ablehnung einer derart weitreichenden Konzerleitungspflicht einig, hinsichtlich der alternativen Ausgestaltung und Reichweite der Leitung allerdings gespalten: das Spektrum reicht über ein weites Ermessen des Vorstandes des herrschenden Unternehmens in Bezug auf die Ausübung der Leitung[1053] über eine Differenzierung zwischen faktischem Konzern ohne umfassende Leitung durch die herrschende Gesellschaft und Vertragskonzern mit intensiverer Leitung[1054] bis hin zur bloßen Annahme von Sorgfaltspflichten bzgl. Beteiligungsgesellschaften[1055].

Im Ergebnis ist also im Lichte der gesetzlichen Wertung aus § 311 I AktG übereinstimmend mit der überwiegenden Ansicht der Literatur anzunehmen, dass keine umfassende Konzernleitungspflicht unabhängig von der vorliegenden Konzernform besteht[1056], ebenso wenig wie eine umfassende Konzernleitungspflicht nur in Fällen eines Eingliederungs- oder Vertragskonzerns, da auch hier nach dem Wortlaut des § 308 I AktG nur ein Weisungsrecht des herrschenden Unternehmens gegenüber dem Vorstand der abhängigen Gesellschaft, aber keine Weisungspflicht existiert[1057]. Damit ist dem Vorstand des herrschenden Unternehmens ein Ermessen einzuräumen, wie er seine Leitungspflicht im Konzern ausübt.[1058]

1051 Siehe dazu bereits *Semler*, Die Überwachungsaufgabe des Aufsichtsrats, S. 105ff. sowie *Timm*, AG 1980, 172, 181; *Schneider*, BB 1981, 249, 253; ausführlich *Hommelhoff*, Die Konzernleitungspflicht, S. 43ff., 165ff.; *Schmidt*, Gesellschaftsrecht, § 31 II 4 c, S. 947.

1052 *Martens*, FS Heinsius, 523, 531f.; ausführlich contra die Thesen zur Konzernleitungspflicht von *Hommelhoff*: *Mülbert*, Aktiengesellschaft, Unternehmensgruppe und Kapitalmarkt, S. 29ff.; *Götz*, ZGR 1998, 524, 529; *Reuter*, DB 1999, 2250, 2250f.; *Koppensteiner*, in: Kölner Kommentar AktG, Bd. 6, Vorb. § 291, Rn. 71 a.E.; *Schneider/Schneider*, AG 2005, 57, 58; *Spindler*, in: MüKo-AktG, Bd. 2, § 76, Rn. 52; *Seibt*, in: Schmidt/Lutter, AktG, Bd. 1, § 76, Rn. 16; *Hüffer*, AktG, § 76, Rn. 17.

1053 *Martens*, FS Heinsius, 523, 531f.; im Ergebnis ebenso *Götz*, ZGR 1998, 524, 529; *Spindler*, in: MüKo-AktG, Bd. 2, § 76, Rn. 49; vgl. *Hüffer*, § 76, Rn. 17.

1054 *Götz*, ZGR 1998, 524, 526; ebenso *Rieger*, in FS Peltzer, 339, 346; *Bayer*, in: MüKo-AktG, Bd. 1, § 18, Rn. 18ff.

1055 Vgl. ähnlich *Reuter*, DB 1999, 2250, 2251; *Hüffer*, AktG, § 76, Rn. 17a.

1056 *Hüffer*, AktG, § 76, Rn. 17.

1057 *Fleischer*, in Fleischer, Handbuch Vorstandsrecht, § 18, Rn. 13; *Kleindiek*, in: Hommelhoff/Hopt/v. Werder, Handbuch Corporate Governance, S. 787, 795; *Altmeppen*, MüKo-AktG, Bd. 5, § 309, Rn. 52; *Emmerich*, in: Emmerich/Habersack, Aktien- und GmbH-KonzernR, § 308 AktG, Rn. 34; *Hüffer*, AktG, § 76, Rn. 17a.

1058 Vgl. *Liebscher*, in: Müller/Rödder, Beck'sches Handbuch der AG, § 6, Rn. 119; siehe dazu ausführlich *Fleischer*, DB 2005, 759, 760f. m.w.N.; *Fleischer*, in: Fleischer, Handbuch des Vorstandsrechts, § 18, Rn. 10ff. m.w.N.; *Fleischer*, in: Spindler/Stilz, AktG, Bd. 1, § 76, Rn. 86ff. m.w.N.

Gleichwohl ist eine Konzernleitungspflicht des Vorstandes des herrschenden Unternehmens in eng umgrenzten Ausnahmefällen auch gegenüber dem abhängigen Unternehmen denkbar, z.B. bei Bestehen eines Beherrschungsvertrags, wenn jener Beherrschungsvertrag den Vorstand des abhängigen Unternehmens in seinem Aufgabenbereich beschneidet.[1059] Auf diese Weise soll eine Erhöhung der Sorgfalt des Vorstandes des herrschenden Unternehmens im Sinne des § 309 I AktG möglich sein, so dass im Falle einer Untätigkeit, d.h. der Nichtvornahme einer Weisung, sich der Vorstand des herrschenden Unternehmens dann nicht per Berufung auf ein bloßes, durch den Beherrschungsvertrag vermitteltes, optional wahrzunehmendes Weisungsrecht ohne Pflicht zur Weisung aus seiner Verantwortung befreien kann.[1060] Überdies ist eine gewisse Leitungspflicht im Ausnahmefall dann anzunehmen, wenn durch vorhergehende Weisungen eine Lage für das abhängige Unternehmen geschaffen wurde, welche zwingend weitere Weisungen erfordert, sei es aufgrund der Tatsache, dass negative Folgen durch ein Unterlassen der Weisung drohen, nur mehrere Einzelweisungen kumulativ eine sinnvolle „Gesamtweisung" ergeben und die notwendige, nachfolgende Weisung nicht vorgenommen wurde oder der Vorstand des abhängigen Unternehmens durch die vorige Weisung seiner Handlungsmöglichkeiten beraubt worden ist.[1061] Jedoch ändert sich durch diese Ausnahmekonstellationen nichts an der im Grundsatz mit der h.M. anzunehmenden Ablehnung einer generellen und allumfassenden Konzernleitungs- oder Weisungspflicht des herrschenden Unternehmens.[1062]

Ungeachtet dessen, dass folglich keine umfassende Konzernleitungspflicht des Vorstandes der herrschenden Gesellschaft weder gegenüber dem eigenen Unternehmen noch gegenüber dem abhängigen Unternehmen[1063] besteht, ist die Ausübung des soeben festgestellten Leitungsermessens nicht grenzenlos möglich: Der Vorstand des herrschenden Unternehmens ist dem eigenen herrschenden Unternehmen verpflichtet, den Beteiligungsbesitz gewissenhaft zu verwalten.[1064] Daraus resultiert eine Pflicht zur Überwachung und zur Kontrolle der Konzerngesellschaften, um die Entwicklung der gehaltenen Beteiligungen zu beaufsichtigen, negativen Tendenzen

---

1059 Siehe zur „Entlastung" des Vorstands *Hommelhoff*, Die Konzernleitungspflicht, S. 310ff., 315ff.

1060 Siehe zu diesem Ansatz insgesamt *Altmeppen*, in: MüKo-AktG, Bd. 5, § 309, Rn. 56ff., dort auch zum folgenden Text.

1061 *Koppensteiner*, Kölner Kommentar AktG, Bd. 6, § 309, Rn. 6; weitergehend *Emmerich*, in: Emmerich/Habersack, Aktien- und GmbH-KonzernR, § 308, Rn. 30f., 35; *Hüffer*, AktG, § 309, Rn. 10.

1062 Siehe dazu auch bereits die vorstehenden Ausführungen; *Koppensteiner*, Kölner Kommentar AktG, Bd. 6, § 309, Rn. 6 m.w.N.; *Hüffer*, AktG, § 309, Rn. 10.

1063 *Fleischer*, in: Spindler/Stilz, AktG, Bd. 1, § 76, Rn. 90 m.w.N. zur h.M.

1064 *Lutter*, in FS Harry Westermann, 347, 357; vgl. *Martens*, ZGR 1984, 417, 425; vgl. *Rehbinder*, ZHR 147 (1983), 464, 467f.; *Götz*, ZGR 1998, 524, 526; vgl. *Fleischer*, DB 2005, 759, 762; *Fleischer*, CCZ 2008, 1, 3; *Spindler*, WM 2008, 905, 915; *Habersack*, in: Recht, Ordnung und Wettbewerb, FS Möschel, 1175, 1183.

entgegenzuwirken und insgesamt einen Schaden der herrschenden Gesellschaft durch eine Rechtsverletzung der abhängigen Konzerngesellschaften zu vermeiden.[1065]

b) *Schadensabwendungspflicht*

Falls sich im Lichte der gewissenhaften Verwaltung des Beteiligungsbesitzes demnach zur Begründung einer Pflicht des Vorstandes des herrschenden Unternehmens zur Corporate Compliance im Konzern auf eine Schadensabwendungspflicht dieses Vorstandes aus §§ 76 I, 93 I AktG[1066] im Verhältnis zum herrschenden Unternehmens kapriziert wird, ist zunächst die Gefahr eines Schadens des herrschenden Unternehmens durch die abhängigen Unternehmen zu bejahen: Neben den speziell konzernrechtlichen Haftungstatbeständen im Falle eines Vertrags- oder Eingliederungskonzerns gem. § 302 AktG – Verlustübernahme bei Beherrschungs- und Gewinnabführungsvertrag, § 324 III AktG – Verlustausgleich bei Eingliederung und § 322 AktG – gesamtschuldnerische Haftung des herrschenden Unternehmens und des eingegliederten Unternehmens für die Verbindlichkeiten des Letztgenannten unabhängig vom zu Grunde liegenden Rechtsgrund, so dass auch Bußgelder umfasst sind[1067], existieren sowohl für den Vertrags- bzw. Eingliederungskonzern als auch den faktischen Konzern weitere Konstellationen, in denen das herrschende Unternehmen für Verfehlungen der abhängigen Unternehmen haftet.[1068] Beispielhaft sei in diesem Zusammenhang auf die Haftung für Kartellverstöße hingewiesen, wonach bei einem Kartellverstoß des abhängigen Unternehmens auch das herrschenden Unternehmen für die zu zahlende Buße bemüht wird, sofern für das herrschende Unternehmen die Möglichkeit gegeben ist, die Geschicke des abhängigen Unternehmens wirksam zu beeinflussen.[1069] Auf diese Weise hat die Geldbuße nicht nur einen negativen Einfluss

---

1065 Ähnlich *Schneider/Schneider*, AG 2005, 57, 58; *Altmeppen*, in: MüKo-AktG, Bd. 5, § 311, Rn. 406; *Mertens/Cahn*, in: Kölner Kommentar AktG, Bd. 2/1, § 76, Rn. 65; *Verse*, ZHR 175 (2011), 401, 407f. m.w.N.; *Bicker*, AG 2012, 542, 548.

1066 *Raiser/Veil*, Recht der Kapitalgesellschaften, § 14, Rn. 81; *Lutter*, in FS Goette, 289, 291f.; Siehe dazu z.B. die kritischen Darstellungen im Zusammenhang mit Corporate Compliance im Konzern bei *Verse*, ZHR 175 (2011), 401, 409ff.; *Bunting*, ZIP 2012, 1542, 1544f.

1067 *Geßler*, ZGR 1978, 251, 254f.; vgl. *Habersack*, in: Emmerich/Habersack, Aktien- und GmbH-KonzernR, § 322, Rn. 5; vgl. *Singhof*, in: Spindler/Stilz, AktG, Bd. 2, § 322, Rn. 4; *Grunewald*, in: MüKo-AktG, Bd. 5, § 322, Rn. 3ff.; vgl. *Hüffer*, AktG, § 322, Rn. 4; grds. einschränkend *Kley/Lehmann*, DB 1972, 1421, 1422; *Bülow*, ZGR 1988, 192, 206f.; *Koppensteiner*, in: Kölner Kommentar AktG, Bd. 6, § 322, Rn. 7ff., die abseits von Geldschulden lediglich einen Anspruch auf Weisung zur Erfüllung gegen das herrschende Unternehmen hinsichtlich des abhängigen Unternehmens annehmen wollen.

1068 *Habersack*, in: Recht, Ordnung und Wettbewerb, FS Möschel, 1175, 1177ff., insbesondere S. 1180f.

1069 *Lutter*, in FS Goette, 289, 299; *Habersack*, in Recht, Ordnung und Wettbewerb, FS Möschel, 1175, 1177; *Bunting*, ZIP 2012, 1542, 1544, dort jeweils auch zum folgenden Text.

auf die vom herrschenden Unternehmen gehaltene Beteiligung oder die Reputation des Unternehmens, sondern insbesondere auf Grundlage der Rechtsprechung des EuGH, der herrschendes und abhängiges Unternehmen im Falle eines Kartellverstoßes des abhängigen Unternehmens als Gesamtschuldner haften lässt, auch unmittelbar auf das herrschende Unternehmen.[1070]

Allerdings rekurriert die Begründung einer Corporate Compliance-Pflicht resultierend aus der Schadensabwendungspflicht zentral auf den Eintritt eines Schadens. Abseits des Eintritts eines Schadens vermag die Schadensabwendungspflicht indes keine generelle Pflicht des Vorstands des herrschenden Unternehmens zur Corporate Compliance zu begründen.[1071]

c) §§ 831 I, 823 I BGB

Die bereits im Rahmen der Corporate Compliance-Pflicht im Einzelunternehmen diskutierten Ansätze aus § 831 I BGB oder der Organisationspflicht im Lichte des § 823 I BGB unterliegen aufgrund ihrer inhärenten Schwächen zur Begründung einer umfassenden Corporate Compliance-Pflicht schon für Einzelunternehmen Bedenken, so dass sie aus den bereits genannten Erwägungen heraus auch nicht als verlässliche Grundlage einer Corporate Compliance-Pflicht im Konzern heranzuziehen sind.[1072]

d) Aufsichtspflicht gem. § 130 I OWiG

Als weiterer Ansatz einer Corporate Compliance-Pflicht im Konzern wird § 130 I OWiG ins Feld geführt, indem der Konzern faktisch wie ein Unternehmen betrachtet wird, mit der Konsequenz, dass das herrschende Unternehmen eine Aufsichtspflicht für das abhängige Tochterunternehmen inne hat und im Falle einer Aufsichtspflichtverletzung haftet.[1073] Im Detail ergibt sich jedoch aus dem Schrifttum nicht eindeutig, wie umfangreich diese Aufsichtspflicht in welcher Art von Konzern sein soll: Die Ansätze reichen über eine Aufsichtspflicht im Rahmen des Direktionsrechts im Vertragskonzern[1074], die einheitliche Leitung und damit dem Konzern im Sinne des

---

1070 Siehe dazu EuGH, „Stora", EuGHE 2000, I-9925 Rn. 26; EuGH, „Akzo Nobel", EuGHE 2009, I-8327, Rn. 58.

1071 Vgl. im Ergebnis *Verse*, ZHR 175 (2011), 401, 409; *Bunting*, ZIP 2012, 1542, 1544f.

1072 Siehe dazu bereits ausführlich mit weiteren Nachweisen oben S. 190ff.

1073 *Lemke*/Mosbacher, OWiG, § 130, Rn. 7; *Rogall*, in: KK-OWiG, § 130, Rn. 25; so auch im Ergebnis in der Praxis das Bundeskartellamt bei der Verhängung eines Bußgeldes gem. § 130 OWiG wegen Aufsichtspflichtverletzung gegen die Etex-Holding aufgrund von Kartellverstößen der Etex-Töchter: Fallbericht des Bundeskartellamtes, Az. B1-200-06, http://www.bundeskartellamt.de/wDeutsch/download/pdf/Kartell/Kartell09/Fallberichte/B1-200-06-Fallbeschreibung.pdf?navid=38, zuletzt besucht am 0811.2012; siehe dazu auch *Koch*, AG 2009, 564ff.; *Lutter*, in FS Goette, 289, 290f.

1074 *Bohnert*, OWiG, § 130, Rn. 7.

§ 18 AktG[1075], die Geltung auch bei Konzernen des § 17 AktG, d.h also bei reiner Abhängigkeit im Falle eines Eingriffs in die Leitung des abhängigen Unternehmens[1076], bis hin zur pauschalen Anwendung im Konzern ohne weitere Differenzierung[1077].[1078]

Von der Rechtsprechung ist diese Frage, inwiefern damit das herrschende Unternehmen als Betriebsinhaber im Sinne des § 130 I OWiG anzusehen ist, nicht abschließend geklärt, sondern auf eine mögliche Unvereinbarkeit mit der Rechtspersönlichkeit des abhängigen Unternehmens hingewiesen worden bzw. auf den noch zu erläuternden Sinn und Zweck des § 130 I OWiG, eine Sanktionslücke zu schließen.[1079]

Abweichende Ansätze in der Literatur beschränken die Anwendung des § 130 I OWiG auf Konzernebene auf die Konstellation einer Tochtergesellschaft, an der das herrschende Unternehmen 100 % der Anteile hält[1080] oder auf die Fallgestaltung, dass durch die Etablierung einer konzernweiten Aufsicht innerhalb des Konzerns dem abhängigen Unternehmen durch die Konzentrierung der Aufsicht bei der Konzernmutter die Aufsichtsbefugnis genommen wurde[1081].

Diese Ansätze einer Konzernaufsichtspflicht sind zunächst am Sinn und Zweck des § 130 I OWiG zu messen. Danach ist zentrales Anliegen des § 130 I OWiG, eine Sanktionslücke zu schließen: Durch die Delegation von Aufgaben und die in größeren Unternehmen übliche Arbeitsteilung werden Pflichten des Betriebsinhabers nicht von diesem selbst, sondern seinen Mitarbeitern wahrgenommen, so dass der Betriebsinhaber als der eigentlich Verpflichtete nicht unmittelbar gegen eben diese Verpflichtung verstößt, sondern der Mitarbeiter. Mittels § 130 I OWiG ist der Betriebsinhaber in dieser Situation gleichwohl bei Verletzung seiner Aufsichtspflicht in Anspruch zu nehmen.[1082] Falls nun in einem Konzern das herrschende Unternehmen

---

1075 *Thiemann*, Aufsichtspflichtverletzung in Betrieben und Unternehmen, S. 150ff., 160; *Hüneröder*, Die Aufsichtspflichtverletzung im Kartellrecht, S. 67ff.; *Rogall*, in: KK-OWiG, § 130, Rn. 25.

1076 Vgl. *Raum*, in: Langen/Bunte, Kommentar zum deutschen und europäischen Kartellrecht, Bd. 1, § 81, Rn. 25.

1077 *Lemke*/Mosbacher, OWiG, § 130, Rn. 7; vgl. *Pampel*, BB 2007, 1636, 1637.

1078 Siehe ausführlich zum Streitstand, inwiefern ein herrschendes Unternehmen als Betriebsinhaber des abhängigen Unternehmens anzusehen ist *Koch*, AG 2009, 564, 565ff.

1079 BGH, WuW/E BGH 1871, 1876 – Transportbeton-Vertrieb; BGHZ 125, 366, 374 = NJW 1994, 1801, 1803 = GmbHR 1994, 390, 392f.; siehe zur Intention des § 130 OWiG noch ausführlich mit weiteren Nachweisen S. 336ff.

1080 *Tiedemann*, NJW 1979, 1849, 1852.

1081 Vgl. KG, WuW/E OLG 2330, 2331f. - Revisionsabteilung; *Wirtz*, WuW 2001, 342, 348f.; vgl. *Klusmann*, in: Wiedemann, Handbuch des Kartellrechts, § 55, Rn. 41f., der in diesem Fall ein Auseinanderklaffen der rechtlichen Verantwortung der Unternehmensleitung des Tochterunternehmens aus § 130 OWiG und den rechtlichen Möglichkeiten der Unternehmensleitung aufgrund der Delegation der Aufsicht „nach oben" problematisiert; siehe dazu den Überblick bei *Koch*, AG 2009, 564, 565f.

1082 BGH, BGHZ 125, 366, 374 = NJW 1994, 1801, 1803 = GmbHR 1994, 390, 392f.; siehe bereits zum Entwurf eines Gesetzes über Ordnungswidrigkeiten (OWiG),

als Betriebsinhaber im Sinne des § 130 I OWiG qualifiziert werden soll, so widerspricht dies dem Sinn und Zweck der Norm. Die angesprochene Sanktionslücke existiert im Konzern nicht, da bereits das abhängige Unternehmen im Falle der Delegation wegen Verletzung seiner Pflichten aus § 130 I OWiG haftet, was dazu führt, dass kein Bedürfnis für eine Haftung des herrschenden Unternehmens besteht.[1083]

Ferner ist die Delegation betriebsbezogener Pflichten notwendige Bedingung einer Haftung aus § 130 I OWiG, so dass infolge der Delegation und Arbeitsaufteilung erst das Erfordernis einer Aufsichtspflicht geschaffen wird.[1084] Somit öffnet sich für eine Anwendung des § 130 I OWiG im Konzern nur dann ein Raum, wenn eine bestehende Aufsichtspflicht hinsichtlich betriebsbezogener Pflichten, die den Betriebsinhaber treffen, delegiert wird. Demnach müsste zunächst eine konzernweite Aufsichtspflicht bestehen, die sich allerdings gerade nicht aus der Delegation einzelner betriebsbezogener Pflichten ableiten lässt, sondern deren Bestehen von § 130 I OWiG vorausgesetzt wird.[1085] Dagegen ist auch im Konzern die jeweilige abhängige Gesellschaft Adressat der sie betreffenden betriebsbezogenen Pflichten, für deren Erfüllung sie selbst einzustehen oder bei Delegation gem. § 130 I OWiG zu haften hat.[1086] Dies entspricht auch dem im Konzern geltenden Trennungsprinzip, wonach kein Einheitskonzern besteht, sondern die einzelnen Konzernunternehmen trotz Konzernzugehörigkeit weiterhin rechtlich eigenständig sind.[1087]

Teilweise wird für eine Begründung einer konzernweiten Aufsichtspflicht auch der Zweck des § 130 I OWiG bemüht, dem Risiko zu begegnen, welches sich gerade aus der Arbeitsaufteilung auf eine Vielzahl von Arbeitnehmern ergibt.[1088] Hierbei handelt es sich allerdings um eine Haftung des Betriebsinhabers getragen von dem Gedanken, dass der Betriebsinhaber quasi im Gegenzug zu den sich für ihn ergebenden Vorteilen aus der Delegation für die infolgedessen geschaffenen Gefahren

---

BT-Drs. V/1269, S. 68f.; *Rogall*, ZStW 98 (1986), 573, 578f.; *Hermanns/Kleier*, Grenzen der Aufsichtspflicht in Betrieben und Unternehmen, S. 7f.; *Koch*, AG 2009, 564, 568f.; *Koch*, WM 2009, 1013, 1018; *Gürtler*, in: Göhler, OWiG, § 130, Rn. 2.

1083 *Ransiek*, Unternehmensstrafrecht, S. 105f.; *Koch*, WM 2009, 1013, 1018; *Koch*, AG 2009, 564, 571.

1084 *Koch*, ZHR 171 (2007), 554, 572f.; *Koch*, AG 2009, 564, 569; *Koch*, WM 2009, 1013, 1018, dort auch zum folgenden Text.

1085 *Koch*, ZHR 171 (2007), 554, 572f.; *Koch*, AG 2009, 564, 569; *Koch*, WM 2009, 1013, 1018.

1086 *Ransiek*, Unternehmensstrafrecht, S. 105f.; *Koch*, ZHR 171 (2007), 554, 573; *Koch*, AG 2009, 564, 571; *Koch*, WM 2009, 1013, 1018; *Gürtler*, in: Göhler, OWiG, § 130, Rn. 5a, dort auch zum folgenden Text.

1087 Vgl. *Hermanns/Kleier*, Grenzen der Aufsichtspflicht in Betrieben und Unternehmen, S. 25; vgl. *Spindler*, in: Fleischer, Handbuch des Vorstandsrechts, § 13, Rn. 115 sowie § 15, Rn. 127f. m.w.N.; *Verse*, ZHR 175 (2011), 401, 412; *Habersack*, in Recht, Ordnung und Wettbewerb, FS Möschel, 1175, 1178f.; vgl. dazu auch die zuvor geschilderte Diskussion einer einheitlichen und umfassenden Konzernleitungspflicht, die ebenfalls abzulehnen ist.

1088 So wohl der Gedankengang bei *Bunting*, ZIP 2012, 1542, 1546.

durch den Risikofaktor Arbeitnehmer einzustehen hat.[1089] Die Übertragung dieses Gedankens auf den Konzern ist abzulehnen, weil auch dieser Ansatz aus einem Konzern ein faktisches Einheitsunternehmen konstruiert; vielmehr ist auch hier wieder im Sinne des Trennungsprinzips die jeweilige abhängige Gesellschaft in die Haftung zu nehmen.[1090]

Angesichts der Tatsache, dass eine umfassende Aufsichtspflicht auf Grundlage des § 130 I OWiG im Konzern nicht nur mit seinem telos nicht zu vereinbaren ist, sondern überdies mittels Annahme eines faktischen Einheitskonzerns dogmatisch das Trennungsprinzip missachtet, muss im Ergebnis mit dem überwiegenden Schrifttum eine generelle Aufsichtspflicht des herrschenden Unternehmens aus § 130 I OWiG abgelehnt werden.[1091] Als Konsequenz kann im Konzern eine Corporate Compliance-Pflicht des Vorstandes nicht auf die Aufsichtspflicht des § 130 I OWiG gestützt werden.[1092]

Einschränkend ist diesem ablehnenden Votum allerdings noch anzufügen, dass im Einzelfall ausnahmsweise eine Haftung des Vorstands des herrschenden Unternehmens aus § 130 I OWiG eintreten kann, sofern die Aufsichtspflicht gleichsam als Reflex einer erteilten Weisung zu qualifizieren ist oder Gesellschafter des herrschenden Unternehmens in den Organen der abhängigen Unternehmen aktiv werden.[1093]

2. Schlussfolgerung: Corporate Compliance-Pflicht im Innenverhältnis

Damit bleibt zunächst festzuhalten, dass § 130 I OWiG im Außenverhältnis des Konzerns über die angesprochenen Ausnahmenkonstellationen hinaus keine Grundlage einer umfassenden Corporate Compliance-Pflicht ist, da die Annahme einer solchen Pflicht auf einer konzernweiten Aufsichtspflicht fußt, die mit dem Sinn und Zweck der Norm sowie dem gesellschaftsrechtlichen Grundsatz der rechtlichen Eigenständigkeit der Konzernunternehmen unvereinbar ist.[1094]

In Ermangelung einer umfassenden Konzernleitungspflicht besteht im Innenverhältnis über die aus dem Beteiligungsinteresse des herrschenden Unternehmens resultierende Schadensabwendungspflicht eine Konzerleitungspflicht des

---

1089 Siehe bereits zum Entwurf eines Gesetzes über Ordnungswidrigkeiten (OWiG), BT-Drs. V/1269, S. 69; *Rogall*, ZStW 98 (1986), 573, 587; *Rogall*, in: KK-OWiG, § 130, Rn. 2.

1090 Siehe dazu bereits die vorstehenden Ausführungen mit den entsprechenden Nachweisen.

1091 *Deselaers*, WuW 2006, 118, 123; *Spindler*, in: Fleischer, Handbuch des Vorstandsrechts, § 13, Rn. 115 sowie § 15, Rn. 127f.; *Koch*, ZHR 171 (2007), 554, 572f.; *Koch*, AG 2009, 564, 571, 574; siehe dazu auch ausführlich *Vogt*, Die Verbandsgeldbuße gegen eine herrschende Konzerngesellschaft, S. 283ff.; *Pietzke*, CCZ 2010, 45, 52.

1092 *Koch*, WM 2009, 1013, 1018.

1093 Vgl. *Spindler*, Unternehmensorganisationspflichten, S. 962f.; vgl. *Gürtler*, in: Göhler, OWiG, § 130 OWiG, Rn. 5a.

1094 Siehe dazu die vorstehenden Ausführungen mit entsprechenden Nachweisen.

Konzernvorstands gegenüber dem herrschenden Unternehmen auf Basis von §§ 76 I, 93 I AktG, die dem Vorstand ein Konzernleitungsermessen einräumt und ihre Grenzen im Rahmen des rechtlich Möglichen je nach Ausgestaltung des konkreten Konzerns findet[1095]: Im Vertrags- oder Eingliederungskonzern hat der Vorstand des herrschenden Unternehmens gem. § 308 I bzw. § 323 I AktG anders als beim faktischen Konzern ein Weisungsrecht inne, was bereits de iure weiter reichende Einflussmöglichkeiten eröffnet.[1096] Zu bedenken ist dabei, dass die Unternehmensleitung der abhängigen Unternehmen jeweils für sich genommen der Legalitätspflicht unterliegt, so dass die Gewährleistung legalen Verhaltens zuvorderst Aufgabe der Unternehmensleitung des abhängigen Unternehmen ist.[1097] Ergo wird der Pflichtenkreis des Vorstands des herrschenden Unternehmens auf den Bereich der Kontrolle der ergriffenen Maßnahmen auf der Ebene der abhängigen Unternehmen, ihrer Effizienz, Geeignetheit, Funktionsfähigkeit sowie wirksamer Durchsetzung im Einzelfall restringiert.[1098] Indes ist der Pflichtenkreis dann anders zu beurteilen bzw. zu erweitern, wenn der Vorstand des herrschenden Unternehmen im Rahmen des im Konzern rechtlich Möglichen die Corporate Compliance-Zuständigkeit zur Wahrung seiner Beteiligungsinteressen an sich zieht oder im Zuge einer Gesamtbetrachtung Verursacher einer Pflichtverletzung ist.[1099]

Damit besteht zwar eine konzernweite Corporate Compliance-Pflicht des Vorstands des herrschenden Unternehmens, jedoch ist diese durch das Korsett der konzernrechtlichen Rahmenbedingungen abhängig von der konkreten Ausgestaltung des Konzerns. Trotz der rechtlichen Eigenständigkeit der Konzernunternehmen und die damit verbundene originäre Corporate Compliance-Pflicht des Vorstands

---

1095 Vgl. *Semler*, Leitung und Überwachung der Aktiengesellschaft, der dazu in Rn. 281 ausführt: „[...]; überwiegend muß aber auf die Rechtsnatur des einzelnen Konzernverhältnisses abgestellt werden: Im Konzernrecht werden die Grenzen der Ausübung von Leitungsmacht (oder des durch sie bewirkten Erfolgs) diesen Konzernverhältnissen entsprechend definiert."; siehe dort auch Rn. 285ff. mit detaillierten Ausführungen zur Konzernführung bei unterschiedlichen Konzernkonstellationen.

1096 *Spindler*, WM 2008, 905, 916; *Spindler*, in: MüKo-AktG, Bd. 2, § 76, R. 53; vgl. *Bürkle*, in: Hauschka, Corporate Compliance, § 8, Rn. 65; *Fleischer*, in: Spindler/Stilz, AktG, Bd. 1, § 91, Rn. 62 m.w.N.; *Hüffer*, AktG, § 76, Rn. 9d.

1097 *Löbbe*, Unternehmenskontrolle im Konzern, S. 182f.; *Fleischer*, CC 2008, 1, 6; vgl. *Schneider*, NZG 2009, 1321, 1325f.; vgl. *Schneider*, in: Krieger/Schneider, Handbuch Managerhaftung, § 9, Rn. 17; *Hüffer*, in FS Roth, 299, 307, vgl. dort auch zum folgenden Text; ähnlich das Fazit bei *Bunting*, ZIP 2012, 1542, 1549.

1098 *Goette*, ZHR 175 (2011), 388, 393; anders *Verse*, ZHR 175 (2011), 401, 413, der nur eine Legalitätskontrollpflicht im Rahmen der Schadensabwendungspflicht anerkennt.

1099 Vgl. allgemein zum faktischen Konzern *Kort*, in: Großkommentar AktG, § 76, Rn. 146 (01.12.2002); vgl. *Koch*, WM 2009, 1013, 1017ff.; *Hüffer*, in FS Roth, 299, 306f.; *Habersack*, in Recht, Ordnung und Wettbewerb, FS Möschel, 1175, 1178f.; *Hüffer*, AktG, § 76, Rn. 9d a.E.

des abhängigen Unternehmens, ist der Vorstand des herrschenden Unternehmens gegenüber seiner Gesellschaft im Rahmen des rechtlich Möglichen verpflichtet, auf eine Corporate Compliance in den abhängigen Konzernunternehmen hinzuwirken, die ergriffenen Maßnahmen der abhängigen Unternehmen zu überwachen und auf ihre Durchsetzung zu achten.

III. Fazit

1. Corporate Compliance-Pflicht im Einzelunternehmen und im Konzern

Als Fazit auf die eingangs geschilderte Problemstellung, dass de lege lata keine explizite, allgemeinverbindliche Normierung einer Corporate Compliance-Pflicht für alle Arten von Unternehmen abseits spezialgesetzlicher Regelungen wie § 33 I 2 Nr. 1 WpHG existiert[1100], lässt sich nunmehr Folgendes konstatieren:

Im Innenverhältnis ist der Vorstand auf der Ebene eines Einzelunternehmens dem Unternehmen gegenüber aus seiner Leitungsverantwortung und Legalitätspflicht gem. §§ 76 I, 93 I AktG zur Corporate Compliance verpflichtet. Die konkrete Ausgestaltung des einzurichtenden Corporate Compliance-Systems ist zunächst in das Ermessen des Vorstandes gestellt. Für das Außenverhältnis bietet § 130 I i.V.m. § 9 I Nr. 1 OWiG die rechtliche Grundlage im Einzelunternehmen, die wiederum über die Vermeidung einer Pflichtverletzung im Außenverhältnis Teil der Sorgfaltspflicht des Vorstandes aus § 93 I AktG ist.[1101]

Auf diese Weise greifen die Ansätze einer Corporate Compliance-Pflicht im Einzelunternehmen für das Innen- und Außenverhältnis ineinander und bilden damit eine einheitliche, rechtliche Basis, so dass eine Pflicht des Vorstandes zur Corporate Compliance gem. §§ 76 I, 93 I AktG sowie § 130 OWiG besteht.

Bei Betrachtung der Konzernebene scheidet nach der hier vertretenen Ansicht eine Begründung einer Corporate Compliance-Pflicht des Vorstandes im Außenverhältnis gem. § 130 I OWiG aus.[1102]

Indessen ist im Innenverhältnis eine Parallele zum Einzelunternehmen zu ziehen. Die Pflicht des Vorstandes zur Corporate Compliance ist ebenfalls auf §§ 76 I, 93 I AktG zu stützen und räumt diesem bei Ausübung seiner Konzernleitungspflicht ein entsprechendes Ermessen wie auch auf Ebene der Einzelunternehmen ein. Anders als beim Einzelunternehmen sind indes die Besonderheiten des Konzerns zu berücksichtigen. Demzufolge ist die Pflicht des Vorstandes zur Corporate Compliance im Konzern durch die Restriktionen des rechtlich Möglichen eingeschränkt, so dass sich Inhalt und Umfang der Pflicht an der konkreten rechtlichen Gegebenheiten – Eingliederungs- bzw. Vertragskonzern oder faktischer Konzern – orientieren müssen. Ein weiterer Aspekt ist die rechtliche Eigenständigkeit der abhängigen Unternehmen, deren Vorstand gem. §§ 76 I, 93 I AktG sowie § 130 I OWiG als Vorstand

1100 Siehe dazu oben S. 3ff.
1101 Siehe dazu ausführlich mit weiteren Nachweisen bereits oben S. 190ff.
1102 Siehe zu den Gründen bereits ausführlich mit weiteren Nachweisen oben S. 197ff.

eines Einzelunternehmens selbst zur Corporate Compliance verpflichtet ist. Infolgedessen ist der Pflichtenkreis des Vorstandes des herrschenden Unternehmens darauf reduziert, die Corporate Compliance-Maßnahmen der abhängigen Unternehmen zu kontrollieren, z.B. unter den Gesichtspunkten der Effizienz, Geeignetheit Funktionsfähigkeit und ihrer Durchsetzung im Einzelfall. Eine Erweiterung dieses Pflichtenkreises ist nur in den Konstellationen denkbar, in denen der Vorstand des herrschenden Unternehmens die Verantwortung für die Corporate Compliance auf sich gezogen hat oder als Urheber einer Pflichtverletzung anzusehen ist.[1103]

2. *Konsequenzen für Tax Compliance*

Aus diesem allgemeinen Befund einer Corporate Compliance-Pflicht des Vorstandes sowohl auf der Ebene des Einzelunternehmens als auch auf Ebene des Konzerns ist in Anbetracht der Ausgangsthese, dass es sich bei Tax Compliance um einen Unterfall der Corporate Compliance handelt, einstweilen festzuhalten, dass somit allgemein eine Pflicht des Vorstandes zur Tax Compliance abgeleitet aus der Pflicht zur Corporate Compliance des Vorstands anzunehmen ist. Daraus resultiert für das Unternehmen zugleich die Organisationspflicht, ein an der individuellen Risikolage des Unternehmens ausgerichtetes Tax Compliance-System einzurichten, da ein Tax Compliance-System als elementarer Bestandteil Tax Compliance inhärent ist.[1104]

Freilich wird mit diesem Resultat lediglich der bereits am Ende des zweiten Kapitels artikulierte Gedanke einer faktischen Notwendigkeit zur Tax Compliance auf eine allgemeine, rechtliche Grundlage gestellt, ohne dass damit zunächst ein konkreter Erkenntnisgewinn im Hinblick auf die an eine Pflicht zur Beherrschung der steuerlichen Risiken zu stellenden Maßstäbe zu verzeichnen ist.

Gleichwohl ist zu untersuchen, welche Maßstäbe sich den Normen §§ 76 I, 93 I AktG, 130 I OWiG als Grundlage einer derivativen Pflicht zur Tax Compliance gerade im Verhältnis zu einer denkbare originären, steuerrechtlichen Pflicht zur Tax Compliance aus § 69 AO entnehmen lassen und in welchem Verhältnis diese Maßstäbe zu § 69 i.V.m. §§ 34, 35 AO zu sehen sind.

B. Sorgfaltspflichten des Vorstandes – Derivative Anforderungen und Maßstäbe an Tax Compliance aus §§ 76 I, 93 I, II AktG

Die Normen §§ 76 I, 93 I, II AktG bilden die Grundlage für eine Corporate Compliance Pflicht des Vorstandes im Innenverhältnis und damit derivativ auch für Tax

1103 Siehe dazu ausführlich mit weiteren Nachweisen bereits oben S. 199ff.

1104 Siehe zum Tax Compliance-System als Element von Tax Compliance bereits oben S. 8ff.; vgl. dazu auch *Fleischer*, AG 2003, 291, 300; vgl. *Hauschka*, ZIP 2004, 877, 878; vgl. *Bürkle*, BB 2005, 565, 568ff.; *Fleischer*, in: Handbuch des Vorstandsrechts, § 8, Rn. 45; vgl. *Spindler*, in: MüKo-AktG, Bd. 2, § 93, Rn. 130.

Compliance. Im Lichte der Haftung aus § 93 II AktG gilt es nunmehr, Anforderungen und Maßstäbe aus §§ 76 I, 93 I, II AktG speziell für den Bereich der Tax Compliance zu bestimmen, um den Pflichtenkreis des Vorstands bei der Beherrschung der steuerrechtlichen Unternehmensrisiken im Rahmen seiner Funktion und Sorgfaltspflicht zu analysieren und zu definieren.

I. Funktion und Aufgaben des Vorstands im Hinblick auf Tax Compliance

1. Leitung der Gesellschaft

§ 76 I AktG normiert, dass der Vorstand die Gesellschaft unter eigener Verantwortung zu leiten hat, d.h. dem Vorstand obliegt die Leitung als Kollegialorgan.[1105] Inhaltlich lässt sich die Leitung einerseits anhand expliziter Regelungen des AktG konkretisieren, wie z.B. durch die Berichtspflicht des Vorstandes an den Aufsichtsrat gem. § 90 AktG, die Pflicht zur Einrichtung eines Überwachungssystems aus § 91 II AktG oder auch die Pflicht zur Einberufung des Aufsichtsrates gem. § 110 I AktG. Andererseits existieren auch Leitungsaufgaben des Vorstandes, die nicht ausdrücklich im AktG normiert sind.[1106]

Zurückgehend auf den Befund, dass sich eine Pflicht des Vorstandes zur Tax Compliance im Innenverhältnis derivativ auf § 76 I, 93 I AktG stützen lässt, stellt sich zunächst die Frage nach der unmittelbaren Korrelation zwischen der Leitung des Unternehmens gem. § 76 I AktG und Tax Compliance und den Anforderungen sowie den Maßstäben, die an die Unternehmensleitung in puncto Tax Compliance anzulegen sind.

Zwar ordnen einige Autoren Corporate Compliance als Leitungsaufgabe des Vorstandes ein, allerdings ohne dies aus dem Aktiengesetz herzuleiten oder die nähere Ausgestaltung, Anforderungen oder Konkretisierungen dieser Leitungsaufgabe anhand des Aktiengesetzes zu bestimmen.[1107]

a) Konkretisierung durch die Berichte an den Aufsichtsrat gem. § 90 AktG

Auf den ersten Blick regelt § 90 I, III AktG ausdrückliche Berichtspflichten des Vorstandes an den Aufsichtsrat und bezweckt auf diese Weise über die Information des Aufsichtsrates die Überwachung des Vorstandes durch den Aufsichtsrat zu vereinfachen.[1108] Unter anderem obliegt es dem Vorstand im Rahmen der Leitung,

---

1105 *Hüffer*, in Liber amicorum Wilhelm Happ, 93, 99f.; *Oltmanns*, in: Heidel, AktR, § 76, Rn. 1; *Hüffer*, AktG, § 76, Rn. 1.

1106 *Weber*, in: Hölters, AktG, § 76, Rn. 9f.; *Oltmanns*, in: Heidel, AktR, § 76, Rn. 5.

1107 Siehe dazu z.B. *Schneider*, ZIP 2003, 645, 647f.; *Spindler*, in: MüKo-AktG, § 76, Rn. 17; *Hüffer*, AktG, § 76, Rn. 9a m.w.N.

1108 Vgl. BGHZ 106, 54, 63 = NJW 1989, 979, 981; *Kropff*, Aktiengesetz – Begründung Regierungsentwurf, S. 116; *Pentz*, in: Fleischer, Handbuch des Vorstandsrechts, § 16, Rn. 53; vgl *Hüffer*, NZG 2007, 47, 48; *Mertens/Cahn*, in: Kölner Kommentar

die Gesellschaft rentabel zu führen, was sich zwar nicht explizit aus dem Gesetz ergibt, aber aus der Berichtspflicht in § 90 I 1 Nr. 2 AktG geschlossen werden kann.[1109] Abseits des Berichts über die Rentabilität verpflichtet § 90 I 1 Nr. 1 AktG über die beabsichtigte Geschäftspolitik und andere grundsätzliche Fragen der Unternehmensplanung[1110], insbesondere die Finanz-, Investitions- und Personalplanung, gem. § 90 I 1 Nr. 3 AktG über den Gang der Geschäfte, speziell den Umsatz und die Lage der Gesellschaft, gem. § 90 I 1 Nr. 4 AktG über Geschäfte, die für die Rentabilität oder Liquidität der Gesellschaft von erheblicher Bedeutung sein können, zu berichten. Der Bericht hat sich gem. § 90 I 2 AktG ggf. auf Tochterunternehmen zu erstrecken bzw. es ist gem. § 90 I 3 AktG aus sonstigem wichtigen Anlass dem Aufsichtsrat zu berichten, wobei darunter auch ein geschäftlicher Vorgang bei einem verbundenen Unternehmen zu fassen ist, der auf die Lage der Gesellschaft erheblichen Einfluss haben kann. Diese Berichtspflichten sind als Minimum obligatorisch im öffentlichen Interesse und stehen nicht zur Disposition des Vorstandes, des Aufsichtsrates oder der Hauptversammlung und können demnach ebenfalls nicht kraft Satzung reduziert oder ausgeschlossen werden.[1111]

Neben diese Berichtspflicht des Vorstandes, die kein explizites Informationsverlangen des Aufsichtsrates erfordert, tritt in § 90 III AktG das Recht des Aufsichtsrates, jederzeit einen Bericht vom Vorstand über die rechtliche und geschäftliche Beziehung des Unternehmens zu verbundenen Unternehmen und geschäftliche Vorgänge bei diesen Unternehmen, sofern diese von erheblicher Bedeutung für das Unternehmen sind.[1112]

Auf den zweiten Blick mag § 90 I, III AktG wie bereits zuvor angedeutet, dazu dienen, Anforderungen an den Vorstand sowie dessen Aufgaben zu konkretisieren, da die Erfüllung der genannten Berichtspflichten eine entsprechende Übersicht und das Wissen des Vorstandes hinsichtlich der Berichtsgegenstände voraussetzen.[1113]

AktG, Bd. 2/1, § 90, Rn. 6; *Krieger/Sailer-Coceani*, in: Schmidt/Lutter, AktG, Bd. 1, § 90, Rn. 1; *Müller-Michaels*, in: Hölters, AktG, § 90, Rn. 1; *Hüffer*, AktG, § 90, Rn. 1; siehe ausführlich zum Umfang der Überwachung des Aufsichtsrat anhand der Berichtspflicht aus § 90 AktG: *Lohse*, Unternehmerisches Ermessen, S. 96ff.

1109 *Spindler*, in: MüKo-AktG, Bd. 2, Vor § 76, Rn. 44.

1110 Siehe zur Unternehmensplanung noch ausführlicher in den sich anschließenden Ausführungen zu den ungeschriebenen Leitungsaufgaben des Vorstands.

1111 *Baumbach/Hueck*, AktG, § 90, Rn. 4; *Pentz*, in: Fleischer, Handbuch des Vorstandsrechts, § 16, Rn. 53; *Spindler*, in: MüKo-AktG, Bd. 2, § 90, Rn. 8.

1112 *Fleischer*, in: Spindler/Stilz, AktG, Bd. 1, § 90, Rn. 2 spricht in diesem Zusammenhang bei § 90 I AktG vom „Push-Prinzip" und bei § 90 III vom „Pull-Prinzip".

1113 Vgl. *Kort*, Großkommentar AktG, § 76, Rn. 36 (01.12.2002); vgl. *Bergmoser/Theusinger/Gushurst*, BB-Special Compliance 5.2008 zu Heft 25, 1, 4, die aus der getreuen und gewissenhaften Rechenschaft der Berichte gem. § 90 IV AktG auf ein entsprechend eingerichtetes Berichtwesen rückschließen; vgl. *Henze*, BB 2000, 209, 210; vgl. *Hölters*, in: Hölters, AktG, § 93, Rn. 28.

aa) Gegenstand und Inhalt der Berichtspflichten

(1) Regelmäßige Berichtspflichten gem. § 90 I AktG

Im Einzelnen bezieht sich § 90 I 1 Nr. 1 AktG auf die beabsichtigte Geschäftspolitik und andere grundsätzliche Fragen der Unternehmensplanung. Obgleich das Verhältnis der Begriffe der beabsichtigten Geschäftspolitik zur Unternehmensplanung unklar ist[1114], scheint jedoch insoweit Einigkeit zu bestehen, dass die Geschäftspolitik auch die Maßnahmen erfasst, die zu ihrer Umsetzung im Unternehmen notwendig sind, wie laut Begründung zum Regierungsentwurf die Umstellung von Arbeitsmethoden oder des Herstellungsprogramms oder Veränderungen im Bereich des Vertriebs[1115].[1116] Hinsichtlich der Unternehmensplanung nennt das Gesetz die Finanz-, Investitions- und Personalplanung, wobei die für das Unternehmen relevanten Steuerfragen bzw. allgemein die Steuerplanung vordringlich dem Bereich der Finanzplanung zuzuordnen ist[1117]. Dabei normiert § 90 I 1 Nr. 1 AktG nicht erst die Pflicht zur Unternehmensplanung, sondern fügt der bestehenden Verpflichtung des Vorstands wahlweise gestützt auf § 76 I AktG oder die Sorgfaltspflicht aus § 93 I AktG lediglich die Berichtspflicht hinzu und hat damit eine klarstellende Funktion.[1118]

Ferner wurde zur Verdeutlichung der bestehenden Gesetzeslage durch das TransPuG[1119] 2002 in § 90 I 1 Nr. 1 AktG die sog. Follow-up-Berichterstattung ausdrücklich normiert, wonach unter Angabe von Gründen Abweichungen der tatsächlichen Entwicklung von den vorher berichteten Zielen darzustellen sind, um auf diese Weise zum einen die Qualität der Unternehmensplanung zu sichern und zum anderen die Notwendigkeit einer Analyse der Abweichungen zu betonen.[1120]

1114 *Kropff*, NZG 1998, 613, 614; *Spindler*, in: MüKo-AktG, Bd. 2, § 90, Rn. 18, dort auch zum folgenden Text; *Krieger/Sailer-Coceani*, in: Schmidt/Lutter, AktG, Bd. 1, § 90, Rn. 8; *Hüffer*, AktG, § 90, Rn. 4a.

1115 *Kropff*, Aktiengesetz – Begründung Regierungsentwurf, S. 116.

1116 *Semler*, Die Überwachungsaufgabe des Aufsichtsrats, S. 34; *Semler*, Leitung und Überwachung der Aktiengesellschaft, Rn. 144; vgl. *Semler*, in: Semler/v. Schenck, Arbeitshandbuch für Aufsichtsratsmitglider, § 1, Rn. 113.

1117 Vgl dazu *Jacobs*, Internationale Unternehmensbesteuerung, S. 971ff.; siehe zum Begriff und Inhalt der Steuerplanung sowie zur Steuerplanung als Bestandteil von Tax Compliance bereits S. 17ff.

1118 So die h.M.: *Semler*, ZGR 1983, 1, 12; *Lutter*, AG 1991, 249, 250f.; *Kropff*, NZG 1998, 613; *Kort*, in: Großkommentar AktG, § 90, Rn. 25 (01.10.2006); *Krieger/Sailer-Coceani*, in: Schmidt/Lutter, AktG, Bd. 1, § 90, Rn. 12; *Hüffer*, AktG, § 90, Rn. 4a; siehe auch ausdrücklich BT-Drs. 13/9712, S. 15; zum Begriff und Inhalt der Unternehmensplanung siehe die nachfolgenden Ausführungen.

1119 Art. 1, Nr. 5a) aa) des Gesetzes zur weiteren Reform des Aktien- und Bilanzrechts, zu Transparenz und Publizität (Transparenz- und Publizitätsgesetz), BGBl. I 2002, 2681.

1120 BT-Drs. 14/8769, S. 13f.; *Baums*, Bericht der Regierungskommission Corporate Governance, Rn. 24; *Knigge*, WM 2002, 1729, 1731; vgl. *Götz*, NZG 2002, 599, 600;

Trotz des damit bestehenden Bedürfnisses, die entsprechenden Daten als Grundlage einer seriösen Planung zu erheben, bietet § 90 I 1 Nr. 1 AktG keine rechtliche Grundlage für die Einrichtung eines umfassenden Management-Informationssystems, wie es teilweise in der betriebswirtschaftlichen Literatur gefordert wird[1121]: Das Gesetz intendiert die Überwachung des Vorstandes durch die Information des Aufsichtsrates und nicht die Einrichtung eines umfassenden Informationssystems, zumal dem Aufsichtsrat auch kein Recht auf Zugang zu allen Daten eines solchen Systems zusteht, sondern er im Zuge der Berichte nur über die grundsätzlichen Fragen der Unternehmensplanung zu informieren ist.[1122]

Abschließend ist zur Ausgestaltung der Unternehmensplanung festzuhalten, dass sich diese Planung an den betriebswirtschaftlichen Grundsätzen ordnungsgemäßer Unternehmensführung oder Unternehmensplanung[1123] orientieren kann, eine entsprechende Pflicht zur Beachtung dieser Grundsätze aber abzulehnen ist, weil diese aufgestellten Grundsätze keine Rechtsverbindlichkeit aufweisen und dem Vorstand bei der Leitung der Gesellschaft ein weites Ermessen einzuräumen ist.[1124]

§ 90 I 1 Nr. 2 AktG bezieht sich auf die Rentabilität der Gesellschaft. Ausgerichtet ist der Maßstab der Rentabilität eines Unternehmens jedenfalls auch am Cash Flow[1125] des Unternehmens, verstanden als das Jahresergebnis nach Steuern, zzgl. Abschreibungen, Wertberichtigungen und Rückstellungen, abzüglich nicht einnahmewirksamer Erträge wie der Auflösung von Rückstellungen oder des Buchgewinns aus Anlagenveräußerung.[1126] Demnach sind die Höhe der Steuern im Rahmen der

---

Krieger/Sailer-Coceani, in: Schmidt/Lutter, AktG, Bd. 1, § 90, Rn. 14; *Hüffer*, AktG, § 90, Rn. 4c.

1121 *Dreyer*, BB 1981, 1436, 1438ff.; siehe ausführlich zur Rolle der Betriebswissenschaften gerade auch im Bezug auf die Information des Aufsichtsrats *Theisen*, zfbf 2009, 530.

1122 *Kort*, in: Großkommentar AktG, § 90, Rn. 36f. (01.10.2006); *Fleischer*, in: Spindler/Stilz, AktG, Bd. 1, § 90, Rn. 22; *Hüffer*, AktG, § 90, Rn. 4b.

1123 Zu den Grundsätzen ordnungsgemäßer Unternehmensplanung: *Groß/Amen*, WPg 2003, 1161, 1176f.; Grundsätze ordnungsmäßiger Überwachung für den Aufsichtsrat: *Scheffler*, AG 1995, 207ff.

1124 *Kort*, in: Großkommentar AkG, § 90, Rn. 30 (01.10.2006); *Fleischer*, in: Fleischer, Handbuch des Vorstandsrechts, § 7, Rn. 39; *Mertens/Cahn*, in: Kölner Kommentar AktG, Bd. 2/1, § 90, Rn. 32 a.E.; aA.: *Landwehrmann*, in: Heidel, AktR, § 93, Rn. 55 m.w.N.; siehe weitere Ausführungen zur Unternehmensplanung in den sich anschließenden Ausführungen zu den ungeschriebenen Leitungsaufgaben des Vorstands.

1125 Siehe zum Begriff des Cash Flows bereits allgemein S. 40ff.

1126 *Semler*, in: Semler/v. Schenck, Arbeitshandbuch für Aufsichtsratsmitglider, § 1, Rn. 102ff.; *Kort*, in: Großkommentar AktG, § 90, Rn 50 (01.10.2006); *Lutter*, Information und Vertraulichkeit im Aufsichtsrat, Rn. 57; *Pentz*, in: Fleischer, Handbuch des Vorstandsrechts, § 16, Rn. 68; *Wiesner*, in: Münchener Handbuch Aktiengesellschaft, § 25, Rn. 19; *Fleischer*, in: Spindler/Stilz, AktG, Bd. 1, § 90, Rn. 25; *Krieger/Sailer-Coceani*, in: Schmidt/Lutter, AktG, Bd. 1, § 90, Rn. 17; *Mertens/Cahn*, in: Kölner Kommentar AktG, Bd. 2/1, § 90, Rn. 36; *Hüffer*, AktG, § 90, Rn. 5.

Bestimmung des Cash Flows im Sinne des § 90 I 1 Nr. 2 AktG ein relevanter Faktor für die Rentabilität der Gesellschaft.

Außerdem verlangt § 90 I 1 Nr. 3 AktG einen Bericht über den Gang der Geschäfte, insbesondere den Umsatz und die Lage der Gesellschaft. Dies umfasst zunächst eine detaillierte Aufbereitung und Darstellung der Geschäftszahlen um einen übersichtlichen und umfassenden Überblick über die Geschäftsentwicklung im Vergleich zum vorhergehenden Bericht geben zu können.[1127] Auf diese Weise wird ein Überblick über die Finanzlage des Unternehmens, im Besonderen die Ertragslage und die Liquidität gegeben.[1128] Hierunter sind ebenfalls spezielle Umstände des Geschäftsablaufs sowie besondere Risikolagen für das jeweilige Unternehmen zu fassen, wie z.B. Arbeitskämpfe, Rechtsstreitigkeiten, Gewinn oder Verlust bedeutender Kunden sowie Risiken hinsichtlich der Auftragslage oder der Liquidität der Gesellschaft.[1129] Im Lichte des Berichts über die finanzielle Lage sowie dieser Aufzählung außerordentlicher Risikolagen, sind Steuern als Einflussfaktor[1130] und damit einhergehende Risiken auch ein Bestandteil des Berichts im Sinne des § 90 I 1 Nr. 3 AktG.

In § 90 I 1 Nr. 4 AktG wird ein Bericht an den Aufsichtsrat für Geschäfte eingefordert, die für die Rentabilität und die Liquidität der Gesellschaft von erheblicher Bedeutung sein können. Der Wortlaut lässt erkennen, dass es sich um Geschäfte von erheblicher Bedeutung in Abhängigkeit vom jeweiligen Unternehmen, d.h. von Parametern wie der wirtschaftlichen Lage, Größe und dem Geschäftsgegenstand handelt.[1131] Sofern ein erheblicher Einfluss auf die Rentabilität und Liquidität des Unternehmens zu bejahen ist, kann dies beispielsweise bei der Veräußerung eines (Teil-)Betriebs, der Gründung von Zweigniederlassungen oder auch bei der Erteilung bzw. Übernahme eines größeren Auftrags anzunehmen sein. Als weiteres Beispiel, das je nach Zuschnitt des jeweiligen Unternehmens Auswirkungen auf die Rentabilität und Liquidität desselben nehmen kann, ist allein schon in Anbetracht ihrer steuerlichen Bedeutung die Gründung einer Betriebstätte im Ausland in diesem Zusammenhang zu nennen. Zwar mag dieser Vorgang in einigen Unternehmen ein alltäglicher sein, jedoch richtet sich die Berichtspflicht nach dem Einzelfall, so dass ein alltäglicher Vorgang des einen Unternehmens im anderen Unternehmen ein Geschäft von erheblicher Bedeutung ist.[1132] Ausreichend zur Auslösung der Berichtspflicht ist, wie die Verwendung des Wortes „können" in der Norm indiziert,

1127 *Wiesner*, in: Münchener Handbuch Aktiengesellschaft, § 25, Rn. 20; *Spindler*, in: MüKo-AktG, Bd. 2, § 90, Rn. 27.

1128 *Kort*, in: Großkommentar AktG, § 90, Rn. 58 (01.10.2006).

1129 Statt aller: *Lutter*, Information und Vertraulichkeit im Aufsichtsrat, Rn. 43f.

1130 Siehe dazu beispielhaft den bereits geschilderten Einfluss von Steuern auf den Cash Flow eines Unternehmens, S. 40ff.

1131 *Kropff*, Aktiengesetz – Begründung Regierungsentwurf, S. 117, dort auch zum folgenden Text.

1132 *Semler*, in: Semler/v. Schenck, Arbeitshandbuch für Aufsichtsratsmitglider, § 1, Rn. 135.

wenn nach einer vernünftigen kaufmännischen Prognose die erhebliche Bedeutung potentiell möglich ist.[1133]

Die dargestellten Berichte sind gem. § 90 I 2 AktG auch auf Tochterunternehmen zu erstrecken, sofern es sich bei dem berichtenden Unternehmen um ein Mutterunternehmen handelt, so dass der Vorstand die dargestellten steuerlichen Aspekte auch bei den Tochterunternehmen beachten muss. Allerdings ist bei Erlass dieser Vorschrift kein eigenständiges Informationsrecht für den gesamten Konzern beabsichtigt worden, vielmehr sind die Informationen ausweislich der Regierungsbegründung nur innerhalb der Grenzen des rechtlich und tatsächlich Möglichen und Zumutbaren zu besorgen,[1134] mit der Konsequenz des Bestehens einer Informationsbeschaffungspflicht des Vorstandes, die aber den soeben skizzierten Bereich nicht überschreitet.[1135]

§ 90 I 3 AktG regelt die Berichtspflicht aus wichtigem Anlass, wobei darunter auch ein Vorgang bei einem mit der Gesellschaft verbundenen Unternehmen anzusehen ist, wenn dies von erheblichem Einfluss auf die Lage der Gesellschaft sein kann. Hierbei handelt es sich in der Regel um potentiell negative Ereignisse, die von außen auf das Unternehmen einwirken, wie z.B. Arbeitskämpfe, erhebliche Betriebsstörungen, wesentliche Verluste, Gefährdung größerer Außenstände, eine Niederlage in einem zentralen Rechtsstreit oder wesentliche Steuernachforderungen.[1136]

Infolgedessen ist es für den Vorstand im Rahmen seiner Berichtspflicht unerlässlich, über die steuerlichen Angelegenheiten und insbesondere bestehende steuerliche Risiken der Tochterunternehmen informiert zu sein, gerade um im Falle einer drohenden, erheblichen Steuernachforderung entsprechend berichten zu können.

(2) Berichterstattung auf Verlangen gem. § 90 III AktG

Schlussendlich räumt § 90 III AktG dem Aufsichtsrat das Recht ein, einen Bericht zu verlangen, der Angelegenheiten der Gesellschaft, rechtliche und geschäftliche Beziehungen zu verbundenen Unternehmen sowie geschäftliche Vorgänge bei diesen Unternehmen, die auf die Lage der Gesellschaft einen erheblichen Einfluss haben können, zum Gegenstand hat. Der Begriff der Angelegenheiten im Sinne des § 90 III AktG ist weit wie im Sinne von § 131 I 1 AktG zu verstehen und umfasst alles, was

---

1133 *Pentz*, in: Fleischer, Handbuch des Vorstandsrechts, § 16, Rn. 73; vgl. *Mertens/Cahn*, in: Kölner Kommentar AktG, Bd. 2/1, § 90, Rn. 38; vgl. *Bürgers/Israel*, in: Bürgers/Körber, AktG, § 90, Rn. 12; *Hüffer*, AktG, § 90, Rn. 7.

1134 BT-Drs. 14/8769, S. 14; *Hüffer*, AktG, § 90, Rn. 7a.

1135 Siehe dazu ausführlich *Lutter*, Information und Vertraulichkeit im Aufsichtsrat, Rn. 177ff.; siehe zu konzernweiten Informationssystemen auch *Schneider*, Informationspflichten und Informationssystemeinrichtungspflichten im Aktienkonzern, S. 310ff.

1136 *Kropff*, Aktiengesetz – Begründung Regierungsentwurf, S. 117; *Lutter*, Information und Vertraulichkeit im Aufsichtsrat, Rn. 67ff.; *Krieger/Sailer-Coceani*, in: Schmidt/Lutter, AktG, Bd. 1, § 90, Rn. 33; *Mertens/Cahn*, in: Kölner Kommentar AktG, Bd. 2/1, § 90, Rn. 45; *Oltmanns*, in: Heidel, AktR, § 90, Rn. 11; *Hüffer*, AktG, § 90, Rn. 8.

das Unternehmen und seine Tätigkeit betrifft.[1137] Damit geht dieser Bericht inhaltlich noch über die Pflichten des § 90 I AktG hinaus und umfasst beispielsweise auch organisatorische Aspekte innerhalb des Unternehmens.[1138] Überdies bezieht sich § 90 III AktG auf die rechtlichen und geschäftlichen Beziehungen zu verbundenen Unternehmen gem. § 15 AktG, also Unternehmen, die zwar rechtlich selbstständig sind, aber konzernrechtlich miteinander gem. §§ 16–19 AktG, §§ 291, 292 AktG verbunden sind.[1139] In der Sache knüpft dies wie in § 131 I 2 AktG z.B. an die Höhe des Beteiligungsbesitzes, Einzelheiten zu Unternehmensverträgen bzw. zu Rahmenverträgen über wechselseitige Lieferungen und Leistungen, Konzernumlagen, einzelne Rechtsgeschäfte oder Konzernverrechnungspreise an.[1140] Ausgedehnt wird dies noch auf die geschäftlichen Vorgänge, welche zwar Vorgänge des verbundenen Unternehmens sind, jedoch wegen ihrer Relevanz für das berichtende wie ein geschäftlicher Vorgang des berichtenden Unternehmens anzusehen sind.[1141]

Auf steuerrechtlicher Ebene ist bei Konzernunternehmen im Leistungsaustausch zwischen den verbundenen Unternehmen in erster Linie wie genannt auf den Risikobereich der Verrechnungspreise zu fokussieren.[1142] Infolgedessen erstreckt sich die Berichterstattung des Vorstandes aus § 90 III AktG bei einem entsprechenden Verlangen des Aufsichtrates in Anbetracht vorstehender Ausführungen z.B. auf die Verrechnungspreisbildung oder die gesamte Verrechnungspreisdokumentation, was korrespondierende Kenntnisse des Vorstandes bzw. die Verfügbarkeit dieser Informationen und Unterlagen impliziert.

Die Einschränkung des § 131 III Nr. 2 AktG, der eine Auskunftsverweigerung des Vorstands gegenüber dem Aktionär für steuerlichen Wertansätze und die Höhe einzelner Steuern vorsieht, ist aufgrund des nicht auf das Verhältnis Vorstand und Aufsichtsrat zu übertragenden Zwecks, den Aktionär vor dem Irrtum zu bewahren, der steuerliche Gewinn sei das betriebswirtschaftliche Ergebnis und könnte

---

1137 *Kort*, in: Großkommentar AktG, § 90, Rn. 88 (01.10.2006); *Hüffer*, AktG, § 131, Rn. 11.

1138 *Spindler*, in: MüKo-AktG, Bd. 2, § 90, Rn. 33.

1139 *Spindler*, in: MüKo-AktG, Bd. 2, § 90, Rn. 33 a.E.; siehe zur konzernrechtlichen Verbundenheit *Hüffer*, AktG, § 15, Rn. 2.

1140 *Kort*, in: Großkommentar AktG, § 90, Rn. 90 (01.10.2006); *Hüffer*, AktG, § 131, Rn. 15 unter Verweis u.a. auf: OLG Karlsruhe, AG 1990, 82; OLG Stuttgart, AG 2005, 94, 96; *Meilicke/Heidel*, DStR 1992, 113, 114f.; *Spitze/Diekmann*, ZHR (158) 1994, 447, 453; *Kubis*, in: MüKo-AktG, Bd. 42, § 131, Rn. 65; siehe bereits zur Auskunft über Verrechnungspreise OLG Hamburg, AG 1970, 372f.

1141 *Kort*, in: Großkommentar AktG, § 90, Rn. 92 (01.10.2006); *Hüffer*, AktG, § 131, Rn. 16 unter Verweis auf: BGH, WM 2003, 345, 347 in Bezug auf einen Verein; OLG Düsseldorf, NJW 1988, 1033, 1034; OLG Köln, AG 2002, 89, 90f.

1142 Siehe zu den Verrechnungspreisen bereits ausführlich S. 56ff.

demnach ausgeschüttet werden[1143], nicht auf die Steuern betreffende Auskünfte aus § 90 III AktG anzuwenden.

bb) Rhythmus der Berichterstattung

Die Berichte des § 90 I AktG sind gem. § 90 II AktG regelmäßig zu erstatten. Nach § 90 II Nr. 1 AktG ist über die Geschäftspolitik und die Unternehmensplanung im Sinne des § 90 I 1 Nr. 1 AktG jährlich bei Änderungen der Lage oder neuen Fragen, die einen Bericht gebieten, eben jener zu erstellen. Geboten ist ein Bericht dann, wenn eine wesentliche Änderung der wirtschaftlichen Lage des Unternehmens abseits der routinemäßigen, täglichen Geschäfte eintritt oder bei wesentlichen, neuen wirtschaftlichen wie auch rechtlichen Situationen.[1144] Dabei liegt die Beurteilung dieser Änderung im pflichtgemäßen Ermessen des Vorstandes.[1145]

Hinsichtlich der Rentabilität und Liquidität aus § 90 I 1 Nr. 2 AktG hat der Bericht gem. § 90 II Nr. 2 AktG in der Sitzung des Aufsichtsrats zu erfolgen, in der über den Jahresabschluss verhandelt wird. Über die Geschäfte nach § 90 I 1 Nr. 3 AktG ist gem. § 90 II Nr. 3 AktG regelmäßig, d.h mindestens vierteljährlich und über die Geschäfte aus § 90 I 1 Nr. 4 AktG, die für die Gesellschaft von erheblicher Bedeutung sein können, gem. § 90 II Nr. 4 AktG so rechtzeitig, dass der Aufsichtsrat vor Vornahme der Geschäfte noch Stellung nehmen kann, zu berichten.

Gem. § 90 I 3 AktG haben die Berichte aus sonstigen wichtigen Anlässen unverzüglich im Sinne des § 121 BGB, d.h. ohne schuldhaftes Zögern nach Eintritt des Anlasses zu erfolgen.[1146]

Schließlich steht dem Aufsichtsrat gem. § 90 III AktG das Recht zu, jederzeit die entsprechenden Auskünfte zu verlangen, so dass nicht nur im Hinblick auf die genannten, periodisch wiederkehrenden Berichtspflichten, sondern gerade auch im Lichte eines permanent möglichen Informationsanspruchs des Aufsichtsrates es für den Vorstand unablässig ist, konstant über die in Rede stehenden Sachverhalte informiert zu sein.[1147]

cc) Schlussfolgerung für Tax Compliance

Ausgehend von der These, dass die Berichtspflichten aus § 90 AktG zur Konkretisierung der Anforderungen an die Unternehmensleitung instrumentalisiert werden können, lassen sich in Bezug auf Tax Compliance die folgenden Erkenntnisse konstatieren:

1143 Zum Sinn und Zweck der Auskunftsverweigerung aus § 131 III Nr. 2 AktG siehe statt aller *Kropff*, Aktiengesetz – Begründung Regierungsentwurf, S. 186.

1144 *Kort*, in: Großkommentar AktG, § 90, Rn. 78 (01.10.2006).

1145 *Müller-Michaels*, in: Hölters, AktG, § 90, Rn. 12.

1146 *Mertens/Cahn*, in: Kölner Kommentar AktG, Bd. 2/1, § 90, Rn. 45; *Oltmanns*, in: Heidel, AktR, § 90, Rn. 11; *Hüffer*, AktG, § 90, Rn. 8.

1147 *Krieger/Sailer-Coceani*, in: Schmidt/Lutter, AktG, Bd. 1, § 90, Rn. 37; *Spindler*, in: MüKo-AktG, Bd. 2, § 90, Rn. 35; *Müller-Michaels*, in: Hölters, AktG, § 90, Rn. 15.

In dem Rahmen des § 90 I AktG wird offenbar, dass Steuern eine zentrale Rolle für die Leitung des Unternehmens einnehmen: Die Finanz- und damit auch allgemein die Steuerplanung – begründet in der Sorgfaltspflicht des Vorstands – ist Teil der Unternehmensplanung, wobei über die Follow-up-Berichterstattung eine Reflektion über die Bedeutung und vor allen Dingen den Erfolg der vorgenommenen Steuerplanung in Bezug auf die definierten Zielgrößen notwendig ist. Steuern beeinflussen den Cash Flow und damit unmittelbar die Rentabilität des Unternehmens, die Geschäftsentwicklung hängt von der Finanzlage und damit von Steuern als Einflussfaktor ab. Die Gründung einer Betriebstätte kann je nach Einzelfallprognose für das Unternehmen gravierende Auswirkungen auf die Rentabilität und Liquidität haben oder wesentliche Steuernachforderungen für das Unternehmen drohen.[1148]

Sofern rechtlich und tatsächlich möglich sowie zumutbar, wird die Perspektive durch § 90 I 2 AktG über das einzelne Unternehmen hinaus auf die Tochterunternehmen erweitert.

Durch Hinzuziehung des Informationsverlangens aus § 90 III AktG dehnen sich die Anforderungen an den Vorstand in steuerlicher Hinsicht weiter aus, da diese Norm zusätzlich die rechtlichen und geschäftlichen Beziehungen zu verbundenen Unternehmen erfasst, was insbesondere die Konzernverrechnungspreise, d.h. die Verrechnungspreisbildung oder die gesamte Verrechnungspreisdokumentation beinhaltet.[1149]

Mithin ist zunächst festzustellen, dass Steuern ein erheblicher Faktor in der Unternehmens- bzw. Finanzplanung sind und sowohl die Rentabilität wie auch die Liquidität eines Einzelunternehmens oder eines Konzerns prägen, was unterstreicht, dass Steuern folglich als ein wesentliches Element der Unternehmensleitung zu qualifizieren sind.

Überdies verlangt die Wahrnehmung der Pflichten aus § 90 I, III AktG in Bezug auf Steuern die Verfügbarkeit der entsprechenden Informationen, also muss der Vorstand über alle wesentlichen steuerlichen Vorgänge sowie Risikolagen im Unternehmen sowie in den Tochterunternehmen, die ob ihrer Wesentlichkeit den Pflichten gem. § 90 I, III AktG unterfallen, informiert sein.

Der gesetzlich vorgesehene Rhythmus der Berichterstattung aus § 90 II AktG, d.h. die Periodizität der Berichterstattung, sowie der permanent mögliche Informationsanspruch des Aufsichtsrates, verdeutlicht, dass es für den Vorstand erforderlich ist, kontinuierlich über sämtliche in Rede stehenden steuerrechtlich relevanten Sachverhalte informiert zu sein.

Trotz der Einschränkung, dass § 90 AktG keine rechtliche Grundlage für die Etablierung eines umfassenden Management-Informationssystems bietet[1150], wird de facto eine entsprechende Kenntnis steuerlicher Risiken zur Erfüllung der Berichtspflichten gerade bei international tätigen Unternehmen kaum ohne eine effiziente

1148 Siehe dazu bereits oben mit weiteren Nachweisen S. 206ff.

1149 Siehe dazu bereits oben mit weiteren Nachweisen S. 210f.

1150 Vgl. zur mangelnden Pflicht zur Einrichtung eines umfassenden Informationssystems auf Grundlage des § 90 I AktG bereits oben S. 205ff.

Tax Compliance möglich sein. Gerade die primäre Intentionsebene zielt auf die Risikoerkennung und -vermeidung durch Risikominimierung und Risikokontrolle ab und bringt ergo das Wissen um eben die steuerlichen Risiken mit sich.[1151]

Insofern sind nicht nur Steuern selbst ein wesentliches Element der Leitung des Unternehmens, vielmehr ist im Ergebnis Tax Compliance notwendig als Leitungsaufgabe zu definieren, auf dass dem Vorstand ein Instrumentarium zur Verfügung gestellt wird, um die Leitung des Unternehmens aus steuerlicher Sicht effektiv wahrnehmen zu können.

Darüber hinausgehende, konkretere Anforderungen an die Leitungsaufgabe lassen sich allerdings nicht feststellen.

b) Ungeschriebene Leitungsaufgaben

Wie bereits im Rahmen der Berichtspflicht gem. § 90 I 1 Nr. 1 AktG festgestellt, gehört die Unternehmensplanung, insbesondere die Finanz-, Investitions- und Personalplanung in den Bereich der Leitungsaufgaben des Vorstands.[1152] Ergänzend lassen sich aus der Betriebswirtschaftslehre weitere Konkretisierungen der Leitungsaufgabe des Vorstandes entnehmen, allerdings ohne dass eine rechtliche Verpflichtung des Vorstands bestünde, die betriebswirtschaftlichen Grundsätze ordnungsgemäßer Unternehmensführung oder Unternehmensplanung zwingend zu berücksichtigen.[1153] Danach sind die Unternehmensplanung als Zieldefinition und dauerhafte Bestimmung der Unternehmenspolitik, die Unternehmensstruktur, d.h. die Organisation und Abstimmung der Bereiche des Unternehmens, die mit Führungsaufgaben betraut sind und die Definition der Leitlinien der Markt-, Produkt-, Finanz-, Investitions- und Personalpolitik, die Unternehmenskontrolle, also die permanente und retrospektive Kontrolle der delegierten Geschäftsführungsaufgaben[1154], Geschäfte und Maßnahmen von außerordentlicher Bedeutung bzw. erheblichen Risiken, die Beobachtung der Geschäfts- und Ergebnisentwicklung sowie die Besetzung der oberen Führungspositionen ebenfalls Teil der Leitungsaufgabe des Vorstands.[1155] Bei der Qualifikation einer Entscheidung als Leitungsaufgabe des Vorstands ist die Größe des jeweiligen Unternehmens ebenso wie die Entscheidungssituation und die

---

1151 Vgl. dazu ausführlich mit weiteren Nachweisen die Definition von Tax Compliance, S. 8ff. sowie das zusammenfassende Schaubild auf S. 22.

1152 Siehe dazu bereits oben S. 205ff.

1153 Siehe dazu bereits oben mit ausführlichen Nachweisen S. 207.

1154 Siehe dazu noch ausführlicher mit weiteren Nachweisen bereits S. 207ff. sowie die Ausführungen im Anschluss.

1155 *Gutenberg*, Unternehmensführung, S. 60f.; *Semler*, Leitung und Überwachung der Aktiengesellschaft, Rn. 11; *Henze*, BB 2000, 209, 210; mit abweichender Terminologie kritisch *Fleischer*, ZIP 2003, 1, 5f.; *Mertens/Cahn*, in: Kölner Kommentar AktG, Bd. 2/1, § 76, Rn. 5; *Wöhe/Döring*, Allgemeine Betriebswirtschaftslehre, S. 47ff.; *Jung*, Allgemeine Betriebswirtschaftslehre, 2006, S. 163ff.

Auswirkungen der Entscheidung auf die weitere Entwicklung des Unternehmens zu berücksichtigen.[1156]

Entscheidungen, die das tägliche, operative Geschäft betreffen, sind demgegenüber keine Leitungsaufgaben des Vorstandes, ausgenommen solche, die enorme Auswirkungen auf das jeweilige Unternehmen im Einzelfall haben.[1157] Die Erledigung des Tagesgeschäfts ist damit entgegen einer abweichenden Auffassung[1158], die das Tagesgeschäft zur Durchführung der Leitungsaufgaben als Teil der Unternehmensleitung ansieht, als der Geschäftsführung zugehörig anzusehen.[1159]

Mithin sind Entscheidungen sowie die zentralen Maßnahmen zu ihrer Umsetzung, die die Struktur des Unternehmens, der Finanzen und des Absatzes, also Investitionen, Produktions- und Lieferprogramme sowie die Organisation des Unternehmens in betriebswirtschaftlicher und rechtlicher Hinsicht, betreffen tendenziell Leitungsaufgaben des Vorstandes.

Dies untermauert die bereits getroffene Feststellung, dass Tax Compliance als Leitungsaufgabe des Vorstandes anzusehen ist und betont den organisatorischen, systematischen Aspekt von Tax Compliance, da dem Vorstand auch die wesentlichen Organisationsentscheidungen im Unternehmen obliegen, ohne dass dabei hilfreiche betriebswirtschaftliche Erkenntnisse zugleich im Einzelnen rechtsverbindlich sind.

Quintessenz der ungeschriebenen Leitungsaufgaben für Tax Compliance ist, dass die Einrichtung eines Tax Compliance Systems als organisatorisches Element zur Umsetzung von Tax Compliance im Unternehmen prinzipiell als Leitungsaufgabe des Vorstandes zu qualifizieren ist.

c) Berücksichtigung betriebswirtschaftlicher Erkenntnisse

Ergänzend bleibt noch klarzustellen, dass die betriebswirtschaftlichen Erkenntnisse eine Orientierung zur Beschreibung der Leitungsaufgabe bieten, deren genaue Bestimmung aber vom jeweiligen Einzelfall abhängt. Überdies hat die Leitung des Unternehmens nach anerkannten betriebswirtschaftlichen Regeln zu erfolgen, jedoch kommt betriebswirtschaftlichen Regeln, die teilweise selbst nicht eindeutig oder im Detail umstritten sind, insbesondere den entworfenen „Grundsätzen ordnungsgemäßer Unternehmensleitung“[1160] gerade aufgrund mangelnder Konkretisierung bzw.

1156 Vgl. *Spindler*, in: MüKo-AktG, Bd. 2, § 76, Rn. 16; *Mertens/Cahn*, in: Kölner Kommentar AktG, Bd. 2/1, § 76, Rn. 5, dort auch zum folgenden Text.

1157 Vgl. *v. Werder*, zfbf Sonderheft 36/1996, 27, 46f.; *Semler*, Leitung und Überwachung der Aktiengesellschaft, Rn. 15; *Kort*, in: Großkommentar AktG, § 76, Rn. 36 (01.12.2002) unter Verweis auf *Hefermehl*, in: Geßler/Hefermehl/Eckardt/Kropff, AktG, Bd. 2, § 76, Rn. 10; siehe zu den Leitungsaufgaben des Vorstands ausführlich *Lohse*, Unternehmerisches Ermessen, S. 90ff.

1158 *Wiesner*, in: Münchener Handbuch Aktiengesellschaft, § 19, Rn. 14; *Spindler*, in: MüKo-AktG, Bd. 2, Vor § 76, Rn. 40.

1159 So ausdrücklich *Kort*, in: Großkommentar AktG, § 76, Rn. 36 (01.12.2002).

1160 Siehe dazu *v. Werder*, zfbf Sonderheft 36/1996, 27ff.

Übertragbarkeit auf den Einzelfall sowie in Anbetracht des Leitungsermessens des Vorstands keine rechtliche Verbindlichkeit zu.[1161] Somit dienen die betriebswirtschaftlichen Erkenntnisse einerseits wie vorstehend geschildert dazu, eine gewisse Struktur in die Leitungsaufgaben des Vorstandes zu bringen.[1162]

Andererseits unterliegen die betriebswirtschaftlichen Prognosetechniken, die der Vorstand z.B. im Rahmen der Business Judgement Rule zur Schaffung der vorausgesetzten, angemessenen Informationsbasis anwendet, einer rechtlichen Kontrolle: Der Vorstand ist gehalten, die Prognosen als Grundlage seiner unternehmerischen Entscheidungen anhand branchenüblicher, Techniken, die der Betriebswirtschaft entspringen, durchzuführen und nicht auf veraltete, überholte Methoden zu vertrauen, um in den Genuss einer Anwendung der Business Judgement Rule zu gelangen.[1163]

Übertragen auf Tax Compliance lässt sich aus dem Gedanken, anerkannte und aktuelle betriebswirtschaftliche Erkenntnisse als wenngleich en detail auch nicht rechtsverbindliche Orientierung zu nutzen, im Hinblick auf die Steuerplanung bzw., genauer die in diesem Rahmen angewendete Steuerquote quasi als Tax Compliance-Baustein aus der Betriebswirtschaftslehre[1164] festhalten, dass einer Nutzung anerkannter betriebswirtschaftlicher Aspekte für Tax Compliance keine grundlegenden Bedenken entgegenstehen.

d) Das Leitungsermessen des Vorstandes und seine Grenzen

Der Vorstand hat bei der Leitung der Gesellschaft ein eigenes Ermessen in den Schranken der Business Judgement Rule inne[1165], welches er weisungsunabhängig

---

1161 Vgl. *v. Werder*, zfbf Sonderheft 36/1996, 27, 33; *Hommelhoff/Schwab*, zfbf Sonderheft 36/1996, 149, 171f.; *Hopt*, in: Großkommentar AktG, § 93, Rn. 88 (01.01.1999); *Kort*, in: Großkommentar AktG, § 76, Rn. 38 (01.12.2002); *Wiesner*, in: Münchener Handbuch Aktiengesellschaft, § 25, Rn. 7; *Raiser/Veil*, Recht der Kapitalgesellschaften, § 14, Rn. 85; vgl. dazu bereits oben S. 207.

1162 *Fleischer*, in: Fleischer, Handbuch des Vorstandsrechts, § 7, Rn. 36; *Fleischer*, in: Spindler/Stilz, AktG, Bd. 1, § 93, Rn. 50.

1163 Vgl. BGH, NZG 2011, 549, 550, Rn. 8 = CCZ 2011, 233 = AG 2011, 378; vgl. *Semler*, in FS Ulmer, 627, 632; ausführlich zur betriebswirtschaftlichen Entscheidungsvorbereitung *Grundei/v. Werder*, AG 2005, 825, 829f. m.w.N.; *Spindler*, in: MüKo-AktG, Bd. 2, § 93, Rn. 49.

1164 Zur Steuerquote als Kennzahl aus der Betriebswirtschaft siehe z.B. *Müller*, DStR 2002, 1682f. sowie die Ausführungen im ersten Kapitel zur Vereinbarkeit von Tax Compliance und Steuerplanung, S. 17ff.

1165 BGH, BGHZ 125, 239, 246 = NJW 1994, 1410, 1411; BGH, BGHZ 135, 244, 253; zur Rechtsprechung des BGH siehe auch *Lutter*, in 50 Jahre Bundesgerichtshof, Festgabe aus der Wissenschaft, Bd. II, 321, 333f.; zu Ermessen und Haftung siehe *Kindler*, ZHR 162 (1998), 101, 102, 104; ausführlich *Roth*, Unternehmerisches Ermessen und Haftung des Vorstands, S. 8ff.; *Kort*, in: Großkommentar AktG, § 76, Rn. 41 (01.12.2002); *Mertens/Cahn*, in: Kölner Kommentar AktG, Bd. 2/1, § 76, Rn. 9; zu Ermessen und Business Judgement Rule siehe ausführlich S. 302ff.

ausübt[1166]. Indes ist dieses Ermessen nebst Ausübung nicht endlos in das Belieben des Vorstandes gestellt, sondern unterliegt zunächst einigen grundlegenden Einschränkungen.[1167]

aa) Achtung des Unternehmensgegenstandes und des geltenden Rechts

Eine einschneidende Grenze für das Leitungsermessen bildet zunächst der Unternehmensgegenstand der Gesellschaft wie er in der Satzung niedergelegt ist. Freilich ist die Kompetenz zur Festlegung des Unternehmensgegenstandes nicht dem Vorstand zugewiesen, vielmehr ist dies dem Aufgabenbereich der Hauptversammlung vorbehalten.[1168] Überdies ist die Einhaltung des geltenden Rechts und damit auch des Steuerrechts eine weitere fixe Grenze des Vorstandshandelns, was unter Umständen auch in Organisationspflichten im Sinne des § 130 OWiG münden kann, worauf noch gesondert eingegangen wird.[1169]

bb) Unternehmensinteresse und Gemeinwohl

Im Vordergrund der Leitung durch den Vorstand steht die Prämisse, den Fortbestand des Unternehmens zu sichern und für eine dauerhafte Rentabilität zu sorgen.[1170] Gemeint ist damit keine Beschränkung des Vorstandsermessens auf eine maximale Gewinnsteigerung. Ganz im Gegenteil ist der Vorstand in seinem unternehmerischen Ermessen frei, ob Gewinne thesauriert, in die Expansion investiert wird oder wie die Kapitalstruktur des Unternehmens zu gestalten ist, so lange der Bestand des Unternehmens und seine Rentabilität garantiert sind.[1171] Infolgedessen ist aus der Sicherung der Rentabilität und des Fortbestandes des Unternehmens ein Rahmen für das Leitungsermessen des Vorstandes zu extrahieren, aber keine konkreten Handlungsanweisungen als Ausfluss einer bestimmten Sorgfaltspflicht abzuleiten.[1172] Gleichwohl handelt es sich beim Unternehmensinteresse und insbesondere

1166 Vgl. *Wiesner*, in: Münchener Handbuch Aktiengesellschaft, § 19, Rn. 20; *Spindler*, in: MüKo-AktG, Bd. 2, § 76, Rn. 25; *Mertens/Cahn*, in: Kölner Kommentar AktG, Bd. 2/1, § 76, Rn. 44; *Fleischer*, in: Spindler/Stilz, AktG, Bd. 1, § 76, Rn. 57.

1167 Vgl. *Großmann*, Unternehmensziele im Aktienrecht, S. 6.

1168 *Kort*, in: Großkommentar AktG, § 76, Rn. 45 (01.12.2002); *Hüffer*, AktG, § 82, Rn. 9.

1169 *Kort*, in: Großkommentar AktG, § 76, Rn. 47 (01.12.2002); *Mertens/Cahn*, in: Kölner Kommentar AktG, Bd. 2/1, § 76, Rn. 9; siehe dazu ausführlich im Rahmen der Legalitätspflicht S. 262ff.; siehe zur Aufsichtspflicht aus § 130 OWiG ausführlich S. 336ff.

1170 OLG Hamm, AG 1995, 512, 514; *Goette*, in FS 50 Jahre BGH, 123, 127; *Hüffer*, in FS Raiser, 163, 168ff.; *v. Werder*, ZGR 1998, 69, 77ff.; *Semler*, Leitung und Überwachung der Aktiengesellschaft, Rn. 40ff.; vgl. *Langenbucher*, DStR 2005, 2083f. zum Begriff der Rentabilität siehe bereits oben S. 207f.

1171 *Mertens/Cahn*, in: Kölner Kommentar AktG, Bd. 2/1, § 76, Rn. 21.

1172 Vgl. kritisch zum Begriff des Unternehmensinteresses: *Großmann*, Unternehmensziele im Aktienrecht, S. 98ff., insbesondere S. 105ff.; vgl. *Semler*, Leitung und Überwachung der Aktiengesellschaft, Rn. 40f.

der Rentabilität – obschon begrifflich schwammig – um eine Rechtspflicht, die einer gerichtlichen Überprüfung zugänglich ist.[1173]

Um die Einschränkung des Leitungsermessens des Vorstandes im Lichte des Unternehmensinteresses zu bestimmen, bedarf es einer Präzisierung des Begriffs des Unternehmensinteresses. Gegenstand des Unternehmensinteresses ist eine „interessenplurale Zielkonzeption“[1174], d.h. dass der Vorstand verschiedene, sich im Unternehmen reflektierende Interessen zu beachten hat. So bildet der Terminus Unternehmensinteresse ein Sammelbecken für die Interessen verschiedener Gruppen wie der Arbeitnehmer des Unternehmens, der Aktionäre und der Öffentlichkeit im Sinne des Gemeinwohls.[1175]

Inwiefern den Aktionärsinteressen, also den Interessen der Anteilseigner nach einer vordringenden Ansicht (shareholder value[1176]) im Vergleich zu den anderen Interessen, also Eigen- und Fremdkapitalgeber, Arbeitnehmer, Kunden, Lieferanten, allgemeine Öffentlichkeit (Stakeholder value[1177]) der Vorzug zu geben ist, bedarf an dieser Stelle keiner vertieften Erörterung, vielmehr ist mit der herrschenden Meinung von bereits erwähnter Interessenpluralität auszugehen, die es dem Vorstand ermöglicht, die Interessen der Aktionäre bei der Abwägung der differierenden Interessen im Wege der praktischen Konkordanz bei Bedarf auf- oder abzuwerten.[1178]

Hinsichtlich der Interessen der Öffentlichkeit in Gestalt des Allgemeinwohls erwähnte die ursprüngliche Fassung des AktG von 1937 in § 70 I die Direktive, dass die Leitung der Gesellschaft so zu erfolgen hatte, „wie das Wohl des Betriebes und seiner Gefolgschaft und der gemeine Nutzen von Volk und Reich es fordern“, was in der Fassung des Referentenentwurfs aus dem Jahre 1958 abgeändert wurde in „wie das Wohl des Unternehmens, seiner Arbeitnehmer und der Aktionäre sowie das Wohl der Allgemeinheit es fordern“. In die Fassung des § 76 I AktG von 1965 wurde diese Gemeinwohlklausel nicht mehr ausdrücklich aufgenommen, aber in der Begründung des Regierungsentwurfs darauf verwiesen, dass eine explizite

---

1173 BGH, BGHZ 64, 325, 329 = AG 1975, 219, 220; *Mertens/Cahn*, in: Kölner Kommentar AktG, Bd. 2/1, § 76, Rn. 22; *Heinz*, in: Schüppen/Schaub, MüAnwHdB Aktienrecht, § 22, Rn. 29; *Hüffer*, AktG, § 76, Rn. 13.

1174 Begriff nach *Hüffer*, AktG, § 76, Rn. 12 unter Verweis auf die h.M.

1175 Ausführlich dazu *Semler*, Leitung und Überwachung der Aktiengesellschaft, Rn. 50ff. m.w.N; *Schmidt*, Gesellschaftsrecht, § 26 II 3. c), S. 768; § 28 II 1. a), S. 804ff.; *Spindler*, in: MüKo-AktG, Bd. 2, § 76, Rn. 65; *Mertens/Cahn*, in: Kölner Kommentar AktG, Bd. 2/1, § 76, Rn. 15; *Hüffer*, AktG, § 76, Rn. 12.

1176 Zum Begriff shareholder value siehe aus der betriebswirtschaftlichen Literatur *Rappaport*, Shareholder value, S. 1ff.; *Wöhe/Döring*, Allgemeine Betriebswirtschaftlehre, S. 66ff.

1177 Zum Begriff stakeholder value siehe aus der betriebswirtschaftlichen Literatur: *Wöhe/Döring*, Allgemeine Betriebswirtschaftlehre, S. 66ff.

1178 Vgl. ausführlich zur Darstellung des Streitstandes jeweils m.w.N. *Spindler*, in: MüKo-AktG, Bd. 2, § 76, Rn. 76ff.; *Fleischer*, in: Spindler/Stilz, AktG, Bd. 1, § 76, Rn. 31ff.; *Hüffer*, AktG, § 76, Rn. 12ff.

Aufnahme einer Gemeinwohlklausel je nach konkreter Formulierung irreführend sein und die Bedeutung des Gemeinwohls überhöhen könnte, zumal sie keinen eigenen Regelungsgehalt hätte, da selbstverständlich die Interessen der Aktionäre, der Arbeitnehmer sowie der Allgemeinheit zu berücksichtigen seien.[1179]

Der nationalsozialistisch eingefärbte Wortlaut der Fassung aus dem Jahre 1937 fordert vom Vorstand neben der Beachtung der Interessen der Aktionäre auch die Beachtung des Gemeinwohls, was abseits der Umsetzung des Führerprinzips mittels einer verstärkten Bedeutung des Vorstandes den organisatorischen Notwendigkeiten des Großunternehmens Rechnung tragen sollte und darüber hinaus die bereits nach dem ersten Weltkrieg aufkommende Tendenz aufgreift, aus der Konzentration von Kapital in Großunternehmen eine Verpflichtung zu Gunsten des Gemeinwohls abzuleiten, was sich de lege lata auf die verfassungsrechtliche Grundlage des Art. 14 II GG stellen lässt.[1180]

Auf diese Weise wird es dem Vorstand ermöglicht – sofern der Bestand des Unternehmens und die Rentabilität nicht gefährdet ist – kraft seines Ermessens beispielsweise soziale und kulturelle Projekte zu unterstützen oder Spenden zu tätigen, ohne dass dabei ein Verstoß gegen das Unternehmensinteresse zu konstatieren wäre. Jedoch ist bei gemeinnützigen Handlungen des Vorstands stets dessen Treuhandfunktion zu bedenken, da er in seiner Eigenschaft als Organ des Unternehmens nicht über eigenes Kapital, sondern über das ihm anvertraute Kapital der Gesellschaft verfügt, so dass eine Pflichtverletzung oder gar eine Strafbarkeit wegen Untreue gem. § 266 StGB droht, falls derartige Handlungen trotz eines Nutzens für das Gemeinwohl für das Unternehmen z.B. ob der finanziellen Auswirkungen für das Unternehmen abträglich sind.[1181]

Damit lässt sich im Hinblick auf das Steuerrecht bzw. speziell bezogen auf einen Maßstab oder Anforderungen für Tax Compliance aus einer Berücksichtigung von Gemeinwohlinteressen keine Rechtfertigung für eine Nichtwahrnehmung von

---

1179 *Kropff*, Aktiengesetz – Begründung Regierungsentwurf, S. 97f.; *Kort*, in: Großkommentar AktG, § 76, Rn. 60 (01.12.2002); *Spindler*, in: MüKo-AktG, Bd. 2, § 76, Rn. 65f. m.w.N.; *Mülbert*, AG 2009, 766, 770; *Fleischer*, in: Spindler/Stilz, AktG, Bd. 1, § 76, Rn. 23 m.w.N. zum damaligen Meinungsstreit, wie der Gesetzgeber genau zu verstehen sei und welche Konsequenzen dies nach sieh ziehe; vgl. krit. *Mertens/Cahn*, in: Kölner Kommentar AktG, § 76, Rn. 33.

1180 *Geiler*, Die wirtschaftlichen Strukturwandlungen und die Reform des Aktienrechts, S. 1ff.; kritisch zum Verhältnis Wirtschaft und Recht: *Haussmann*, Vom Aktienwesen und vom Aktienrecht, *passim*; zur nationalsozialistisch geprägten Sichtweise: *Teichmann/Koehler*, AktG, 2. A 1939, § 70, S. 157 und *Teichmann/Koehler*, AktG, 3. A 1950, § 70, S. 153; *Raiser/Veil*, Recht der Kapitalgesellschaften, § 2, Rn. 5.

1181 BGH, NJW 2002, 1585, 1586f.; *Mertens/Cahn*, in: Kölner Kommentar AktG, § 76, Rn. 34f., vgl. dort auch zum folgenden Text und der Idee, finanzielle Nachteile für das Unternehmen aus „patriotischer Gesinnung" in Kauf zu nehmen; *Hüffer*, AktG, § 76, Rn. 14; siehe zur treuhänderischen Funktion des Vorstands bereits im Rahmen der Steuerplanung S. 17ff.

Steuereinsparmöglichkeiten aus altruistischer „Vaterlandsliebe" ableiten, um den institutionellen und sozialen Finanzbedarf[1182] des Staates durch Steuern zu stillen. Vielmehr resultiert aus dem Unternehmensinteresse unter Berücksichtigung des Postulats der Einhaltung der Gesetze gerade die Pflicht des Vorstands, im Lichte einer drohenden Sorgfaltspflichtverletzung oder einer Strafbarkeit wegen Untreue, legale Steuereinsparungsmöglichkeiten als Teil von Tax Compliance bei der Ausübung seines Leitungsermessens zu berücksichtigen.[1183]

cc) OECD-Leitsätze für multinationale Unternehmen

Eine Konkretisierung oder vielmehr Einschränkung des Leitungsermessens des Vorstands könnte sich ferner aus den OECD-Leitsätzen für multinationale Unternehmen ergeben.[1184]

(1) Charakter der OECD-Leitsätze

Zwar handelt es sich bei diesen OECD-Leitsätzen nicht um formelles Gesetzesrecht sondern um Soft Law, jedoch bieten die Leitsätze vergleichbar mit einer „Best Practice"[1185] eine gewisse Orientierung zur Evaluation des Vorstandshandelns im Falle einer freiwilligen Unterwerfung des Unternehmens, wobei aufgrund des fehlenden formell-normativen Charakters keine Verbindlichkeit der Leitsätze anzunehmen ist. Vielmehr sind die Leitsätze als Empfehlung der Regierungen der teilnehmenden

---

1182 Siehe zu Begrifflichkeiten *Seer*, in: Tipke/Lang, Steuerrecht, § 1, Rn. 6f.: Institutioneller Finanzbedarf zur Verwirklichung Rechts- und Wirtschaftsordnung zur Schaffung geeigneter Rahmenbedingungen zur freien Entfaltung sowie zum Schutz des Einzelnen, sozialer Finanzbedarf zwecks Umverteilung, sozialer Sicherheit, Für- und Vorsorge.

1183 Vgl. dazu den Gedanken bei *Kort*, NZG 2012, 926, der allgemein für das Verhältnis von Compliance, Unternehmensinteresse und Gemeinwohl feststellt, dass es bei Compliance um die organisierte Regeleinhaltung gehe und nicht um die Umsetzung gesellschaftspolitischer Wunschvorstellungen und dass Compliance dem Unternehmensinteresse diene und nicht umgekehrt, was mit dem Beispiel illustriert wird, dass die Bekämpfung von Korruption im Sinne des Unternehmensinteresse erfolgt und nicht das Unternehmensinteresse auf die Bekämpfung der Korruption ausgerichtet ist.

1184 *Kort*, in: Großkommentar AktG, § 76, Rn. 63 (01.12.2002), dort auch zum folgenden Text; OECD-Leitsätze für multinationale Unternehmen, Neufassung 2011, S. 19, Nr. 1.

1185 Nach *Hauschka*, ZRP 2006, 258 handelt es sich bei „Best Practice" um einen Begriff ursprünglich der amerikanischen Betriebswirtschaft, der die Verwendung erprobter und kostengünstiger Verfahren, Systeme und Prozesse, die in weiten Teilen des jeweiligen unternehmerischen Betätigungsfeldes als mustergültig anzusehen sind, umschreibt.

Staaten[1186] an multinationale Unternehmen zu verstehen, um die Tätigkeit der Unternehmen mit der staatlichen Politik zu harmonisieren, das Vertrauen zwischen Staat und Unternehmen zu kräftigen, das Investitionsklima zu optimieren, indem sie den Rahmen für ein Unternehmenshandeln im Einklang mit dem geltenden Recht und international anerkannter Normen festlegen.[1187]

Als Kardinalpflicht bestimmen die OECD-Leitsätze die Beachtung des geltenden Rechts des betroffenen Landes, wobei die Leitsätze insoweit von den Unternehmen einzuhalten sind, als sie nicht dem jeweils geltenden Recht widersprechen.[1188] Neben diesen allgemeinen Grundsätzen enthalten die Leitsätze unter anderem Ausführungen zu den Bereichen Umwelt, Korruption, Verbraucherinteressen, Wettbewerb und Besteuerung.[1189]

(2) Die Besteuerung als Gegenstand der OECD-Leitsätze

Zur Bestimmung möglicher Anforderungen und Maßstäbe für Tax Compliance ist der Abschnitt der Besteuerung in den Leitsätzen von besonderem Interesse, in dem sich vier wesentliche Aspekte herauskristallisieren[1190]:

(a) Einhaltung der Steuergesetze und Beachtung ihrer Intention

Die OECD-Leitsätze fordern vom Unternehmen die Einhaltung der Steuergesetze nicht nur nach dem reinen Wortlaut, sondern auch nach „dem Geist der Steuergesetze", um auf diese Weise der Pflicht zur rechtzeitigen Entrichtung der Steuern nachzukommen. Dafür ist die Kenntnis der Intention des Gesetzgebers notwendig, wobei keine Steuerzahlungen zu leisten sind, die über den vom Gesetzgeber intendierten Betrag hinausgehen.[1191] Jedoch sollen die den Steuerzahlungen zu Grunde liegenden Geschäfte nicht so strukturiert werden, dass sie zu einem steuerlichen Ergebnis führen, das den wirtschaftlichen Fakten des Geschäfts widerspricht, womit sich die Leitsätze ausdrücklich gegen die Instrumentalisierung von Gesetzlücken,

---

1186 Die teilnehmenden Staaten sind alle OECD Mitgliedstaaten wie z.B. Deutschland (Mitgliederliste der OECD abrufbar unter: http://www.oecd.org/about/membersandpartners/, zuletzt besucht am 06.12.2012), sowie Ägypten, Argentinien, Brasilien, Lettland, Litauen, Marokko, Peru und Rumänien: OECD-Leitsätze für multinationale Unternehmen, Neufassung 2011, S. 9, Fn. 1.

1187 OECD-Leitsätze für multinationale Unternehmen, Neufassung 2011, Einführung, S. 15, Nr. 1.

1188 OECD-Leitsätze für multinationale Unternehmen, Neufassung 2011, S. 19, Nr. 2.

1189 Siehe dazu das Inhaltsverzeichnis, OECD-Leitsätze für multinationale Unternehmen, Neufassung 2011, S. 7f.

1190 Siehe zur Einteilung in vier Aspekte auch *Hardeck*, IStR 2011, 933, 935.

1191 OECD-Leitsätze für multinationale Unternehmen, Neufassung 2011, S. 70f., Nr. 1, 100, dort auch zum folgenden Text.

die der Gesetzgeber in der Form nicht gewollt hat, zur Erwirkung von niedrigeren Steuerzahlungen wenden.[1192]

(b) Information der und Kooperation mit den Steuerbehörden

Daneben umfassen die Leitsätze auch die Übermittlung der Informationen an die Steuerbehörden, die diese zur Besteuerung des jeweiligen Sachverhalts benötigen.[1193] Darüber hinaus soll eine Zusammenarbeit des Unternehmens mit der Steuerbehörde dergestalt erfolgen, dass Anfragen der Behörde im Rahmen von Steuerabkommen oder Informationsaustauschabkommen zeitnah und vollständig beantwortet werden. Eingeschränkt wird der Informationsanspruch durch das Erfordernis der Bedeutsamkeit der Information für die Besteuerung um auf diese Weise die Balance zwischen dem Aufwand des Unternehmens zur Einhaltung der Steuergesetze und Bereitstellung der Informationen und des Bedarfs der Steuerbehörden an den Informationen zur Durchführung der Besteuerung zu erzielen. Bei grenzüberschreitenden steuerlich relevanten Sachverhalten besteht die Informationspflicht des Unternehmens analog der eben geschilderten Anforderungen hinsichtlich der Tatsachen, die zur Bestimmung der Steuerschuld erforderlich sind.

(c) Einrichtung eines steuerlichen Risikomanagementsystems

Überdies sehen die OECD-Leitsätze vor, die Einhaltung der Steuergesetze als Bestandteil des Aufsichts- und Risikomanagementsystems des Unternehmens einzuordnen, ebenso wie die Zusammenarbeit und die Information der Steuerbehörden. Die Leitungsebene des Unternehmens soll demnach im Unternehmen entsprechende Prozesse und interne Systeme für den steuerlichen Bereich etablieren; die Verantwortung für die Ausübung von Kontrollen sowie die Berichterstattung an die Unternehmensleitung muss klar geregelt sein, so dass die Unternehmensleitung immer über sämtliche steuerliche Risiken informiert ist. Auf diese Weise soll das Steuerrisiko beherrschbar werden sowie Finanz-, Aufsichts- und Reputationsrisiken für das Unternehmen minimiert werden.[1194]

(d) Anwendung des Fremdvergleichsgrundsatzes bei Verrechnungspreisen

Schlussendlich unterstreichen die Leitsätze sowohl zur Verhinderung von Gewinnverlagerungen als auch von Doppelbesteuerungen zu Lasten der Unternehmen die Bedeutung des Fremdvergleichsgrundsatzes, da verbunden mit der Zunahme des Handels multinationaler Konzerne die Bedeutung der Verrechnungspreise für die

1192 So auch *Hardeck*, IStR 2011, 933, 935.

1193 Siehe zu diesem Abschnitt OECD-Leitsätze für multinationale Unternehmen, Neufassung 2011, S. 70ff., Nr. 1, 100, 101, 103.

1194 Siehe zu diesem Abschnitt OECD-Leitsätze für multinationale Unternehmen, Neufassung 2011, S. 70ff., Nr. 2, 102.

Zuordnung des Steuersubstrats stetig wächst.[1195] Auch in diesem Zusammenhang wird wieder die Zusammenarbeit mit den Steuerbehörden propagiert. Ferner wird auf die OECD-Verrechnungspreisleitlinien verwiesen, die Ansätze für eine sachgerechte Bestimmung des Verrechnungspreises am Maßstab des Fremdvergleichs bieten, um so (Rechts-)Streitigkeiten zwischen den beteiligten Steuerbehörden sowie zwischen den Steuerbehörden und den Unternehmen zu verhindern.

dd) Schlussfolgerung

Die OECD-Leitlinien für multinationale Unternehmen sind nur als Soft Law anzusehen, ohne dass ihnen eine rechtliche Verbindlichkeit zukäme.[1196] Dies hindert die EU-Kommission allerdings nicht, im Rahmen der Diskussion um die soziale Verantwortung von Unternehmen bzw. der Berücksichtigung von Gemeinwohlbelangen unter den Schlagwörtern Social Corporate Responsibility (CSR)[1197], in ihrer Mitteilung vom 25.10.2011 zur neuen EU-Strategie (2011–14) für die soziale Verantwortung der Unternehmen (CSR)[1198] zu verlangen, dass sich alle großen europäischen Unternehmen bis 2014 verpflichten, entweder die OECD-Leitsätze für multinationale Unternehmen oder den „Global Compact" der Vereinten Nationen[1199] oder die ISO-Norm 26000[1200] zu sozialen Verantwortung in ihr CSR-Konzept aufnehmen.

Trotz der mangelnden rechtlichen Verbindlichkeit der Mitteilung der EU-Kommission[1201], unterstreicht dies die Bedeutung der OECD-Leitsätze für multinationale Unternehmen.

Neben der Begrenzung des Leitungsermessens durch den Unternehmensgegenstand, ist ebenfalls – wie im nationalen Schrifttum anerkannt[1202] – die grundlegende

---

1195 Siehe zu diesem Abschnitt OECD-Leitsätze für multinationale Unternehmen, Neufassung 2011, S. 70, Nr. 1, S. 72f., Nr. 2, 104–106; siehe zu den Verrechnungspreisen und zur Bestimmung des Fremdvergleichsgrundsatzes bereits oben ausführlich S. 56ff.

1196 Siehe dazu bereits oben mit ausführlichen Nachweisen S. 220.

1197 Siehe dazu sehr ausführlich *Mülbert*, AG 2009, 766ff.; *Kort*, NZG 2012, 926, 927.

1198 Mitteilung der Kommission an das Europäische Parlament, den Rat, den Europäischen Wirtschafts- und Sozialausschuss und den Ausschuss der Regionen – Eine neue EU-Strategie (2011–14) für die soziale Verantwortung der Unternehmen (CSR) vom 25.10.2011, KOM(2011), 681, S. 16, http://eur-lex.europa.eu/LexUriServ/LexUriServ.do?uri=COM:2011:0681:FIN:DE:PDF, zuletzt besucht am 17.05.2013, dort auch zum folgenden Text.

1199 Siehe dazu weiterführend: www.unglobalcompact.org/languages/german/, zuletzt besucht am 19.05.2013.

1200 Siehe dazu weiterführend: www.iso.org/iso/home/standards/iso26000.htm, zuletzt besucht am 19.05.2013.

1201 Siehe zur Rechtsnatur von Mitteilungen der Kommission etwa *Borchardt*, Die rechtlichen Grundlagen der Europäischen Union, Rn. 543ff., insbes. Rn. 546; *Haratsch/Koenig/Pechstein*, Europarecht, Rn. 376.

1202 Siehe dazu bereits oben S. 216f.

Annahme der OECD-Leitsätze der Beachtung des geltenden Rechts durch das Unternehmen als absolute Grenze des Vorstandsermessens anzusehen. Konsequenz für Tax Compliance ist, dass die Einhaltung des Steuerrechts für den Vorstand nicht im Rahmen seines Ermessens disponibel ist, was im Zuge der Legalitätspflicht noch eingehend zu erläutern ist.[1203]

Konkret bezogen auf Anforderungen und Maßstäbe für Tax Compliance verlangen die OECD-Leitlinien unternehmensextern eine „Informationskooperation“ mit den Steuerbehörden dergestalt, dass die Informationen, die für die Besteuerung relevant sind, der Steuerbehörde zeitnah und vollständig zur Verfügung zu stellen sind. Unternehmensintern soll die Einhaltung der Steuergesetze sowie die Information der Steuerbehörden in ein von der Unternehmensleitung einzurichtendes Aufsichts- und Risikomanagementsystem eingeordnet werden, so dass das Steuerrisiko über die Schaffung klarer Verantwortlichkeiten für die Vornahme von Kontrollen sowie die Berichterstattung an die Unternehmensleitung zur Vermeidung von Finanz-, Aufsichts- und Reputationsrisiken minimiert wird.

Abseits dieser allgemeinen Kriterien betonen die OECD-Leitlinien insbesondere durch die spezielle Erwähnung des Risikobereichs Verrechnungspreise[1204] die enorme Bedeutung, die den Verrechnungspreisen in international tätigen Unternehmen zukommt, so dass bei den entsprechenden Unternehmen den Verrechnungspreisen im Rahmen der Tax Compliance eine besondere Aufmerksamkeit zu widmen ist.

Bei einem Vergleich dieser Anforderungen an Tax Compliance, die sich aus der OECD-Leitlinie ableiten lassen, mit der nationalen Rechtslage, ist zu konstatieren, dass die Information der Steuerbehörden im Besteuerungsverfahren beispielsweise über die allgemeine Mitwirkungspflicht aus § 90 I AO, für die Verrechnungspreise gem. § 90 II, III AO abgedeckt ist, wohingegen keine expliziten Anforderungen an die Einrichtung einer speziellen steuerrechtlichen Komponente eines Aufsichts- oder Risikomanagementsystems in dieser Form existieren.

Bedenken unterliegt der Ansatz der OECD-Leitsätze, die Steuerzahlung des Unternehmens habe sich über den Wortlaut der Steuernormen hinaus an der Intention des Gesetzgebers zu orientieren, da der Vorstand als Treuhänder fremder Vermögensinteressen zur Wahrnehmung von legalen Steuereinsparungsmöglichkeiten verpflichtet ist[1205] und sich deswegen kaum an der nicht verbindlich kodifizierten, unter Umständen auch unklaren, interpretationsbedürftigen Intention des Gesetzgebers wird orientieren können, ohne sich dem Risiko auszusetzen, gegen die ihm obliegende Sorgfaltspflicht zu verstoßen.

Ergo können den OECD-Leitlinien für multinationale Unternehmen wegen ihrer fehlenden rechtlichen Verbindlichkeit aufgrund Übereinstimmung mit der

---

1203 Siehe dazu vertieft mit ausführlichen Nachweisen S. 262ff.

1204 Siehe zum Risikobereich der Verrechnungspreise bereits ausführlich im Zweiten Kapitel S. 56ff., dort auch zum folgen Text.

1205 Siehe zur Treuhandfunktion des Vorstands und zur Möglichkeit einer strafbaren Untreue bei der Nichtwahrnehmung von Steuereinsparungen S. 300f.

nationalen Rechtslage nur die Einhaltung des Steuerrechts und die Wahrnehmung von Steuereinsparungsmöglichkeiten als verbindliche Ansatzpunkte als Grenze des Leitungsermessens des Vorstands und damit zugleich als Anforderung für Tax Compliance entnommen werden. Die in den OECD-Leitlinien angesprochenen organisatorischen Faktoren mögen sinnvoll sein, sind aber rechtlich nicht per se zwingend.

2. *Tax Compliance als Leitungsaufgabe des Vorstandes*

Als Basis der nachfolgenden Überlegungen verbleibt zunächst in Bezug auf den Stellenwert, den Steuern in Unternehmen einnehmen, die Erkenntnis, dass Steuern ein wesentliches Element der Unternehmensleitung im Sinne des § 76 I AktG sind.[1206] Um den Vorstand in die Lage zu versetzen, diese steuerlichen Verpflichtungen sachgerecht zu erfüllen, ist gerade bei international tätigen Unternehmen eine effiziente Tax Compliance als praktisches Instrumentarium unerlässlich.

Diese Schlussfolgerung wird gestützt von den ungeschriebenen Leitungsaufgaben des Vorstands, die die Organisation des Unternehmens in betriebswirtschaftlicher und rechtlicher Hinsicht in seine Hände legen und somit das organisatorische Element von Tax Compliance in Form des Tax Compliance-Systems ebenfalls in den Stand einer Leitungsaufgabe erheben.

Dabei ist die Berücksichtigung anerkannter betriebswirtschaftlicher Lehrsätze z.B. im Rahmen der Steuerquote nicht hinderlich, obgleich nicht im Einzelnen rechtlich verpflichtend.

Begrenzt wird das Leitungsermessen des Vorstands bei der Wahrnehmung seiner steuerlichen Aufgabe bzw. bei der Umsetzung von Tax Compliance durch den Unternehmensgegenstand und das geltende Recht, wobei die letztgenannte Grenze nach dem in dieser Arbeit zu Grunde gelegten Verständnis von Tax Compliance dieser inhärent ist.

Durch das Unternehmensinteresse ist der Vorstand weiterhin verpflichtet, legale Steuereinsparungsmöglichkeiten zu nutzen und darüber hinausgehende Steuerzahlungen, mögen sie auch im Interesse der Allgemeinheit sein, zu vermeiden.

Den OECD-Leitlinien für multinationale Unternehmen sind mangels rechtlicher Verbindlichkeit keine weiteren Erkenntnisse zu entnehmen.

Also ist Tax Compliance und damit auch die Etablierung eines Tax Compliance-Systems als Leitungsaufgabe des Vorstands gem. § 76 I AktG zu qualifizieren, wobei sich die Erfüllung dieser Aufgabe an betriebswirtschaftlichen Erkenntnissen orientieren kann, aber nicht muss, sowie als Anforderung bzw. Maßstab für Tax Compliance

---

1206 Ähnlich *Schneider*, DStR 2001, 2038 sowie *Montag*, in Steuerzentrierte Rechtsberatung, FS Schaumburg, 65, 75f., der ohne dogmatische, gesellschaftsrechtliche Herleitung den Bereich der Steuern aufgrund seiner Bedeutung für und seines Einflusses auf das Unternehmen unmittelbar der Unternehmensleitung zurechnet, um eine „Signalwirkung“ durch die hohe Einordnung der Steuern in die Unternehmenshierarchie zu erzielen.

durch den Unternehmensgegenstand, das geltende Recht und die Pflicht zur Nutzung legaler Steuersparmöglichkeiten begrenzt wird.

II. Aktienrechtliche Unternehmensorganisationspflichten unter steuerrechtlichen Gesichtspunkten

Ausgehend von vorstehender Prämisse als erstem Schritt, dass es sich bei Tax Compliance und der Einrichtung eines Tax Compliance-Systems um eine Leitungsaufgabe des Vorstands handelt, ist nunmehr in einem zweiten Schritt erforderlich, nähere organisatorische Anforderungen und Maßnahmen an Tax Compliance aus dem Aktiengesetz sowie aus der Rechtsprechung zu analysieren.

1. Gesetzliche Organisationsanforderungen

a) Organisationsanforderungen gem. § 91 AktG

aa) Buchführungspflicht gem. § 91 I AktG

Wie bereits im Grundlagenteil geschildert, ist die Einhaltung der Buchführungs- und Aufzeichnungspflichten im Unternehmen institutionell abgesichert durch das Rechnungswesen. Die Buchführungs- und Aufzeichnungspflichten bilden einen essentiellen Teilaspekt von Tax Compliance, da sie auf steuerrechtlich relevante Sachverhalte hindeuten, im Rahmen des Tax Accountings die Grundlage der Steuererklärung bilden und im Falle einer Verletzung empfindliche Konsequenzen z.B. in Form von Bußgeldern nach sich ziehen.[1207] Nach § 91 I AktG fällt es in den Aufgabenbereich des Vorstands, dass die erforderlichen Handelsbücher geführt werden. Umstritten ist, ob sich die Pflicht des § 91 I AktG auch auf die speziellen steuerrechtlichen Buchführungs- und Aufbewahrungspflichten aus den §§ 140ff. AO bezieht[1208] oder ob dafür § 34 I AO den Anknüpfungspunkt bietet[1209]. Im Ergebnis ist eine Entscheidung der Streitfrage an dieser Stelle entbehrlich, da beide Rechtsgrundlagen jeweils den Vorstand als Adressaten der steuerlichen Buchführungspflichten aus §§ 140ff. AO verpflichten.

Zwar trifft die Buchführungspflicht den Vorstand in seiner Gesamtverantwortung, indes ist es in Anbetracht der notwendigen Sachkenntnisse hinsichtlich Buchführung und Bilanzierung möglich, diese im Wege der Geschäftsverteilung auf ein einzelnes Vorstandsmitglied zu übertragen, so dass die Verantwortung der übrigen Vorstandsmitglieder auf eine Kontrolle und eine Handlungspflicht im Falle von

---

1207 Siehe dazu oben bereits ausführlich S. 47ff. mit weiteren Nachweisen.

1208 So wohl Adler/Düring/Schmaltz, Rechnungslegung und Prüfung der Unternehmen, Teil-Bd. 4, AktG § 91, Rn. 4.

1209 *Fleischer*, WM 2006, 2021, 2022 unter Verweis auf *Crezelius*, in: Scholz, GmbHG, Bd. 2, § 41, Rn. 10; *Altmeppen*, in: Roth/Altmeppen, GmbHG § 41, Rn. 13 hinsichtlich der GmbH; ebenso *Fleischer*, in: MüKo-GmbHG, Bd. 2, § 41, Rn. 9.

Unregelmäßigkeiten reduziert wird.[1210] Da der Wortlaut des § 91 I AktG dem Vorstand nur die Sorge um die Buchführung und nicht die eigenhändige Pflicht zur Buchführung auferlegt, ist die Beauftragung nachgeordneter Mitarbeiter zulässig. Dabei gebietet allerdings die Sorgfaltspflicht aus § 91 I AktG, sachkundige und geeignete Mitarbeiter auszuwählen und fortwährend zu überwachen, ebenso bei einer Übertragung der Buchführung auf externe Dienstleister, die zudem vertraglich verpflichtet werden müssen, ähnlich einem Arbeitnehmer dem Vorstand stets den Zugriff auf die Buchführung zu ermöglichen.[1211]

bb) Überwachungssystem gem. § 91 II AktG

Die Norm des § 91 II AktG wurde durch das KonTraG 1998 in das Aktiengesetz aufgenommen und dient der Regierungsbegründung zu Folge der Verdeutlichung der Leitungsverantwortung des Vorstands aus § 76 AktG.[1212] Darunter fällt auch die Organisation, konkret die Einrichtung eines angemessenen Risikomanagements und einer internen Revision, deren Ausgestaltung sich an den individuellen Verhältnissen des jeweiligen Unternehmens zu orientieren hat. Ein Verstoß gegen diese Organisationspflicht kann die Schadensersatzpflicht des § 93 II AktG begründen.[1213] Intention des § 91 II AktG ist es, mittels der Einführung von Maßnahmen bestandsgefährdende Entwicklungen frühzeitig zu erkennen, das Risikobewusstsein des Vorstands zu erhöhen sowie auch die Prävention vor Insolvenzen.[1214]

Nach einer betriebswirtschaftlich geprägten Sichtweise, verpflichtet § 91 II AktG als vom Gesetzgeber beabsichtigtes Schlaglicht zur Sorge für ein „angemessenes Risikomanagement“[1215] zur Einrichtung eines umfassendes Risikomanagements nach betriebswirtschaftlichem Verständnis, da der Begriff des Risikomanagements

1210 Vgl. BGH, DB 1985, 2291, 2292 = NJW 1986, 54, 55; BGH, WM 1985, 1293, 1294; siehe Adler/Düring/Schmaltz, Rechnungslegung und Prüfung der Unternehmen, Teil-Bd. 4, AktG § 91, Rn. 12 m.w.N. zur GmbH; *Fleischer*, WM 2006, 2021. 2023; *Kort*, in: Großkommentar AktG, § 91, Rn. 12 (01.10.2006); siehe ausführlich zu den Konsequenzen aus der Delegation von Vorstandsaufgaben S. 272ff.

1211 *Fleischer*, WM 2006, 2021, 2024f.; *Kort*, in: Großkommentar AktG, § 91, Rn. 13ff. (01.10.2006); *Wiesner*, in: Münchener Handbuch Aktiengesellschaft, § 25, Rn. 72; *Spindler*, in: MüKo-AktG, Bd. 2, § 91, Rn. 7.

1212 BT-Drs. 13/9712, S. 15; *Vogler/Gundert*, DB 1998, 2377; *Kort*, in: Großkommentar AktG, § 91, Rn. 3 (01.10.2006); vgl. *Hommelhoff/Mattheus*, BB 2007, 2787; *Spindler*, in: MüKo-AktG, Bd. 2, § 91, Rn. 1; *Krieger/Sailer-Coceani*, in: Schmidt/Lutter, AktG, Bd. 1, *Oltmanns*, in: Heidel, AktR, § 91, Rn. 1; § 91, Rn. 1; *Hüffer*, AktG, § 91, Rn. 1; *Pauli/Albrecht*, CCZ 2014, 17, 17f.

1213 BT-Drs. 13/9712, S. 15.

1214 *Kort*, in: Großkommentar AktG, § 91, Rn. 22 (01.10.2006); vgl. *Hommelhoff/Mattheus*, BB 2007, 2787; *Mertens/Cahn*, in: Kölner Kommentar AktG, Bd. 2/1, § 91, Rn. 23 a.E.; *Hüffer*, AktG, § 91, Rn. 4.

1215 BT-Drs. 13/9712, S. 15.

vom Gesetzgeber im Gesetzestext nicht weiter konkretisiert wird.[1216] Indessen ist das Wort Risikomanagement selbst nicht Bestandteil des § 91 II AktG wie gleichermaßen eine betriebswirtschaftliche Begriffsdefinition für die rechtswissenschaftliche Gesetzesauslegung des § 91 II AktG nicht ausschlaggebend ist.[1217] Mithin ist dem juristischen Verständnis der Vorzug zu geben, wonach § 91 II AktG keine Verpflichtung zur Einrichtung eines umfassenden Risikomanagementsystems vorsieht. Eine abweichende Beurteilung ist auf Grundlage des durch das BilMoG neu eingeführten § 289 V HGB, der die Beschreibung der wesentlichen Merkmale des internen Kontroll- und Risikomanagementsystems im Hinblick auf den Rechnungslegungsprozess im Lagebericht des Unternehmens fordert, nicht geboten.[1218]

Charakteristisch für ein System im Sinne des § 91 II AkG ist das Vorliegen einer Bestandsgefährdung. Eine solche ist dann anzunehmen, wenn eine Entwicklung potentiell wesentliche Auswirkungen auf die Vermögens- und die Ertragslage der Gesellschaft nebst Steigerung oder Verursachung eines Insolvenzrisikos des Unternehmens mit sich bringt. Eine bloße, wenn auch permanente Minderung der Rentabilität des Unternehmens, ist in Anbetracht des Wortlauts des § 91 II AktG, der auf „den Fortbestand der Gesellschaft gefährdende Entwicklungen" abstellt, ebenso wie nach dem telos der Norm, eine Prävention vor Insolvenzen zu bieten, nicht ausreichend.[1219] Ziel des § 91 II AktG ist, schon vor dem Eintritt der wesentlichen Veränderung einzugreifen, d.h. eine Negativtendenz zu einem Zeitpunkt zu identifizieren, der dem Vorstand noch die reelle Möglichkeit belässt, sinnvolle und

1216 *Lück*, DB 1998, 8, 9; *Lück*, DB 1998, 1925; siehe zur betriebswirtschaftlichen Ausgestaltung eines Risikomanagements: *Weber/Weißenberger/Liekweg*, DStR 1999, 1710ff.; *Ossadnik/Dorenkamp/Wilmsmann*, DB 2004, 1165, 1168; vgl. *Pauli/Albrecht*, CCZ 2014, 17, 18.

1217 *Mertens/Cahn*, in: Kölner Kommentar AktG, § 91, Rn. 20; vgl. im Ergebnis auch *Baums*, ZHR 175 (2011), 1160, 197; siehe dazu auch bereits S. 23ff., .188f. mit weiteren Nachweisen.

1218 Siehe dazu bereits S. 23ff., 188f. mit weiteren Nachweisen sowie die nachfolgende Darstellung zu § 289 V HGB.

1219 BT-Drs. 13/9712, S. 15; *Emmerich* zfbf 1999, 1075; 1082; *Seibert*, in FS Bezzenberger, 427, 437; *Becker/Janker/Müller*, DStR 2004, 1578, 1579; *Mertens/Cahn*, in: Kölner Kommentar AktG, Bd. 2/1, § 91, Rn. 23 *Spindler*, in FS Hüffer, 985, 989f. *Baums*, ZHR 175 (2011), 160, 197; für eine permanente Minderung der Rentabilität: *Hüffer*, in Recht und Vernunft, FS Imhoff, 91, 100; *Picot*, in: Lange/Wall, Risikomanagement, § 1, Rn. 122; *Zimmer/Sonneborn*, in: Lange/Wall, Risikomanagement, § 1, Rn. 182; *Hommelhoff/Mattheus*, in: Dörner/Horváth/Kagermann, Praxis des Risikomanagements, S. 5, 16; nach *Hüffer*, AktG, § 91, Rn. 6 soll eine Bestandsgefährdung bereits dann anzunehmen sein, wenn Einwirkungen auf die Vermögens- und Ertragslage des Unternehmens auftreten, die für die Darstellungsanforderungen des § 264 II HGB von Bedeutung sind. § 264 II HGB greift ein, wenn die Darstellung im Jahresabschluss durch besondere Umstände kein tatsächliches Bild der Finanz-, Vermögens- und Ertragslage der Kapitalgesellschaft mehr vermittelt, da ein Bezug auf da Insolvenzrisiko eine ungewollte Verengung darstellen würde.

wirksame Gegenmaßnahmen zu ergreifen. Zu diesem Zweck gebietet § 91 II AktG die Schaffung eines Überwachungssystems, welches mittels einer Organisationsstruktur die Einhaltung dieser Zielvorstellung garantiert.[1220]

Wie schon bereits festgestellt, verpflichtet § 91 II AktG weder zur Einrichtung eines umfassendes Risikomanagementsystems, noch zur Einführung eines detaillierten Corporate Compliance-Systems und damit verbunden nicht zur Einführung eines umfangreichen Tax Compliance-Systems, da Corporate Compliance über Risiken, die den Bestand des Unternehmens gefährden, hinausgeht.[1221] Jedoch lässt sich aus § 91 II AktG für Tax Compliance jedenfalls ableiten, dass der Vorstand ein System einzurichten hat, welches bestandsgefährdende Risiken frühzeitig identifiziert, was auch auf steuerliche Risiken zutrifft, die je nach Art und Umfang nicht nur temporär die Liquidität eines Unternehmens beeinträchtigen, sondern die Insolvenz des Unternehmens verursachen können.[1222]

cc) Schlussfolgerung für Tax Compliance

Mithin ist die Identifikation bestandsgefährdender Risiken eine zwingende Anforderungen an den Vorstand[1223], wobei die Beschränkung auf bestandsgefährdende Risiken im Sinne des § 91 II AktG als absoluter Mindeststandard unter Tax Compliance Gesichtspunkten anzusehen ist: Die Idee und das Ziel von Tax Compliance ist die durch ein System organisierte, generell präventive Einhaltung aller für das Unternehmen relevanter, steuerrechtlicher Regelungen, zur Vermeidung von Haftungs- und Strafrisiken für das Unternehmen, seine Mitarbeiter sowie den Vorstand.[1224] Als Konsequenz resultiert daraus, dass dieser weite Fokus von Tax Compliance auch bestandsgefährdende Risiken berücksichtigt, so dass ein Unternehmen, das bereits ein wirksames Tax Compliance-System etabliert hat, bezogen auf bestandsgefährdende steuerrechtliche Risiken die Anforderungen des § 91 II AktG erfüllt, wohingegen ein Unternehmen ohne Tax Compliance-System, die bestandsgefährdenden steuerrechtlichen Regelungen mit dem allgemeinen, für alle bestandsgefährdenden Risiken eingerichteten unternehmensinternen Risikofrüherkennungssystem erfassen muss. Es darf bezweifelt werden, dass ein solches System alle spezifischen steuerrechtlichen Risiken, die eine Bestandsgefährdung im Sinne des § 91 II AktG auslösen können, welche exemplarisch ohne Anspruch auf Vollständigkeit im zweiten Kapitel angesprochen wurden, tatsächlich registrieren kann. Gerade in Anbetracht der komplexen Materie des Steuerrechts bedarf es einer nicht unwesentlichen Fachkenntnis, um steuerliche Risiken aufdecken und aufnehmen

1220 Vgl. BT-Drs. 13/9712, S. 15; *Kort*, in: Großkommentar AktG, § 91, Rn. 44f. (01.10.2006).
1221 Siehe dazu bereits oben mit weitern Nachweisen S. 23ff., .188f.
1222 Siehe dazu bereits das zweite Kapitel mit der Darstellung steuerlicher Risiken und ihrer Folgen.
1223 *Spindler*, in: MüKo-AktG, Bd. 2, § 76, Rn. 19; *Hüffer*, AktG, § 76, Rn. 8, § 91, Rn. 1, 4.
1224 Siehe dazu bereits mit ausführlichen Nachweisen oben S. 8ff.

zu können[1225], so dass jedenfalls ein Tax Risk Management[1226] zur Identifikation steuerlicher Risiken justiert auf bestandsgefährdende Steuerrisiken je nach Art, Größe und Umfang des Unternehmens als Teil des Risikofrüherkennungssystems im Sinne des § 91 II AktG unumgänglich ist.

§ 91 I AktG erhebt die Buchführungspflicht als Grundlage der Tax Compliance in den Rang einer Vorstandspflicht und illustriert so die Bedeutung der Buchführung. Konkrete bzw. weiterführende Anforderungen oder Maßstäbe, die über die Befolgung der Buchführungspflichten und insbesondere der steuerlichen Buchführungs- und Aufbewahrungspflichten im Rahmen des Tax Accountings hinausgehen, lassen sich für Tax Compliance hieraus allerdings nicht gewinnen.

b) Interne Revision und Controlling im Lichte des § 91 II AktG

In der Norm des § 91 II AktG wird die Einrichtung eines Überwachungssystems angesprochen, ohne im Wortlaut der Vorschrift dieses Überwachungssystem näher zu konkretisieren.[1227] Bei Hinzuziehung des Referentenentwurfs zum KonTraG wird deutlich, dass die ursprüngliche Funktion des Überwachungssystems gewesen ist, die Einhaltung der Maßnahmen zur frühzeitigen Identifikation von Risiken, die das Unternehmen in seinem Bestand bedrohen, zu überwachen.[1228] Auf diese Weise intendierte der Gesetzgeber die Präzisierung der Vorstandspflicht, ein in seiner konkreten Ausgestaltung anhand der Struktur des jeweiligen Unternehmens individualisiertes, angemessenes Risikomanagement und eine angemessene interne Revision zu gewährleisten.[1229] Diesbezüglich beschreibt die Literatur die Aufgabe des Überwachungssystem dergestalt, dass insbesondere mit Hilfe des Überwachungssystems die Etablierung sowohl einer angemessenen internen Revision wie auch eines angemessenen Controllings im Unternehmen garantiert werden sollte, ebenso

---

1225 Siehe dazu bereits im ersten Kapitel Grundlagen, S. 30ff. mit entsprechenden Nachweisen.

1226 Siehe Zum Begriff des Tax Risk Managements bereits im ersten Kapitel Grundlagen, S. 20ff. mit entsprechenden Nachweisen.

1227 Vgl. *Kort*, in: Großkommentar AktG, § 91, Rn. 48 (01.10.2006); *Spindler*, in: MüKo-AktG, Bd. 2, § 91, Rn. 25.

1228 Siehe dazu die seinerzeit geplante Fassung des § 93 I 2, 3 AktG „Sie haben insbesondere unter Berücksichtigung der Art und Größe ihrer Gesellschaft und bei Mutterunternehmen im Sinne des § 290 des HGB ihres Konzerns geeignete Maßnahmen zu treffen, um zu gewährleisten, dass den Fortbestand der Gesellschaft gefährdende Entwicklungen, insbesondere risikobehaftete Geschäfte, Unrichtigkeiten der Rechnungslegung und Verstöße gegen gesetzliche Vorschriften, die sich auf die Vermögens-, Finanz- und Ertragslage der Gesellschaft oder des Konzerns auswirken, früh erkannt werden. Dazu gehört auch die Einrichtung eines Überwachungssystems mit der Aufgabe, die Einhaltung der nach Satz 2 zu treffenden Maßnahmen zu überwachen." im Referentenentwurf zur Änderung des Aktiengesetzes (KonTraG), ZIP 1996, 2129, 2131f., dort auch zum folgenden Text.

1229 Siehe dazu die Begründung des Gesetzesentwurfes, BT-Drs. 13/9712, S. 15.

wie die Weiterleitung der ermittelten Ergebnisse an den Vorstand.[1230] Zwar mag die Einrichtung einer internen Revision und eines Controllings[1231] im Sinne einer sorgfältigen Unternehmensleitung angezeigt sein[1232], allerdings lassen sich aus der Einrichtung einer internen Revision oder des Controllings nur bedingt Maßstäbe oder Anforderungen für Tax Compliance ableiten. Die interne Revision deckt durch ihre unabhängige Überprüfung unternehmensinterner Strukturen und Aktivitäten auch ein Element des Tax Compliance-Systems in Form der Kontrolle ab. Das Controlling hingegen, deckt nicht ein abgrenzbares Element eines Tax Compliance-Systems ab, sondern bietet Tax Compliance lediglich Informationsstrukturen, auf die ein Tax Compliance-System aufbauen kann.[1233]

Somit kann aus dem Erfordernis einer internen Revision in Bezug auf Tax Compliance geschlossen werden, dass im Unternehmen Kontrollstrukturen vorhanden sein müssen, ohne daraus in Bezug auf das Steuerrecht und damit auf Tax Compliance über die Existenz des Kontrollelements eines Tax Compliance-Systems Anforderungen an das Unternehmen speziell im Hinblick auf das Steuerrecht definieren zu können.

c) Organisationsanforderungen aus der Rechnungslegung gem. § 289 HGB

Ein weiterer, denkbarer Ansatz zur Herleitung von Organisationsanforderungen – insbesondere bei Berücksichtigung der Bedeutung der Rechnungslegung für Tax Compliance[1234] – könnte sich ähnlich wie im Wege der Konkretisierung der Leitungsaufgaben anhand der Berichtspflichten des Vorstands nach § 90 AktG[1235] aus der Pflicht zur Erstellung eines Lageberichts gem. § 289 HGB ergeben. Gem. § 264 I 1, 3 HGB obliegt es den gesetzlichen Vertretern einer Kapitalgesellschaft, also im Falle einer Aktiengesellschaft gem. § 78 I 1 AktG dem Vorstand der Aktiengesellschaft als gerichtlichem und außergerichtlichem Vertreter der Gesellschaft, einen Lagebericht anhand der Anforderungen des § 289 HGB aufzustellen.[1236]

1230 *Kort*, in: Großkommentar AktG, § 91, Rn. 51 (01.10.2006); *Zimmer/Sonneborn*, in: Lange/Wall, Risikomanagement, § 1, Rn. 187; *Spindler*, in: Fleischer, Handbuch des Vorstandsrechts, § 19, Rn. 13; *Spindler*, in: MüKo-AktG, Bd. 2, § 91, Rn. 25: *Hüffer*, AktG, § 91, Rn. 8.

1231 Zu den Aufgaben und der Funktion der internen Revision und des Controllings siehe ausführlich mit weiteren Nachweisen bereits S. 27ff.

1232 *Götz*, AG 1995, 337, 338; *Hopt*, in: Großkommentar AktG, § 93, Rn. 84, 107 (01.01.1999); siehe dazu auch noch S. 292f.

1233 Siehe zum Verhältnis von Corporate Compliance und Tax Compliance zur internen Revision und zum Controlling bereits S. 27ff.

1234 Siehe dazu ausführlich mit weiteren Nachweisen oben S. 47ff.

1235 Siehe dazu ausführlich mit weiteren Nachweisen oben S. 205ff.

1236 *Reiner*, in: MüKo-HGB, Bd. 4, § 264, Rn. 18; *Lange*, in: MüKo-HGB, Bd. 4, § 289, Rn. 1.

aa) Anforderungen aus der Lageberichterstattung gem. § 289 I, II HGB?

Während § 90 AktG die Berichtspflicht des Vorstands an den Aufsichtsrat zum Gegenstand hat, ist der Lagebericht des § 289 HGB primär darauf gerichtet, den Gesellschaften, Arbeitnehmern, Investoren, Lieferanten oder Gläubigern Informationen zu vermitteln.[1237]

§ 289 HGB enthält inhaltliche Anforderungen an den Lagebericht. Zusammen mit dem Jahresabschluss bildet der Lagebericht die Basis für die Entscheidung, ob und ggf. wie viel Gewinn ausgeschüttet wird, er vervollständigt und skizziert durch die Darstellung des Geschäftsverlaufs, der Geschäftsergebnisse und der Lage der Gesellschaft ein den tatsächlichen Verhältnissen entsprechendes Bild.[1238] Durch das Eingehen auf die voraussichtliche Entwicklung nebst Beurteilung und Erläuterung ihrer wesentlichen Chancen und Risiken erfüllt der Lagebericht über seine Informationsfunktion eine Prognosefunktion, damit Chancen und Risiken sowie das Potential des Unternehmens vom Adressaten des Berichts evaluiert werden können.[1239] Die umfangreichen Informationen des Lageberichts begründen vor allem wegen der Risikoanalyse eine Warnfunktion sowie eine Überwachungsfunktion, da der umfassende Lagebericht dem Aufsichtsrat eine bessere Kontrolle des Vorstands ermöglicht.[1240]

(1) Anforderungen aus § 289 I HGB

(a) Bedeutung der Steuern für § 289 I HGB

Im Einzelnen fordert § 289 I HGB die Darstellung des Geschäftsverlaufs einschließlich der Geschäftsergebnisse nebst umfassender und ausgewogener Analyse derselben, in der die für die wirtschaftliche Betätigung des Unternehmens relevanten finanziellen Leistungsindikatoren in Bezug auf die Angaben im Jahresabschluss zu berücksichtigen sind (§ 289 I 1–3 HGB). Ferner bedarf es einer Beurteilung und Erläuterung der voraussichtlichen Entwicklung mit den sich bietenden Chancen und Risiken (§ 289 I 4 HGB).

Bezüglich des Geschäftsverlaufs und der Lage der Gesellschaft nebst der angesprochenen Analyse ist auf die Faktoren einzugehen, die von entscheidendem Einfluss auf das Unternehmen sind. Um den Zweck des Lageberichts zu erfüllen, eine Übersicht über die gesamtwirtschaftlichen Konditionen des Unternehmens zu

---

1237 Vgl. *Stobbe*, BB 1988, 303ff.; *Claussen*, in: Kölner Kommentar zum Rechnungslegungsrecht, § 289, Rn. 7; *Lange*, in: MüKo-HGB, Bd. 4, § 289, Rn. 4, dort auch zum folgenden Text.

1238 BGH, NJW-RR 2008, 907, 908; *Winnefeld*, Bilanz-Handbuch, K, Rn. 5.

1239 *Stobbe*, BB 1988, 303ff.; *Küting/Hütten*, AG 1997, 250, 251; vgl. *Baetge/Schulze*, DB 1998, 937, 938; *Kleindiek*, ZGR 1998, 466, 473; *Lange*, BB 1999, 2447ff.; *Kaiser*, DB 2005, 345f.; *Lange*, in: MüKo-HGB, Bd. 4, § 289, Rn. 6f.

1240 Vgl. auch *Paetzmann*, in: Haufe, HGB Bilanzkommentar, § 289, Rn. 5f.; *Lange*, in: MüKo-HGB, Bd. 4, § 289, Rn. 8f.

bieten, kann auf verschiedene Aspekte eingegangen werden:[1241] Zu nennen sind in diesem Zusammenhang beispielsweise die gesamtwirtschaftliche Entwicklung, d.h. z.B. die Entwicklung des Außenhandels, die Beschäftigungslage, die Beschaffung von Rohstoffen oder Dienstleistungen oder auch die rechtlichen Verhältnisse sowie weitere entscheidende Ereignisse für das Unternehmen. Darunter fallen auch unter anderem der Ausgang wichtiger Prozesse, Änderungen der Rechtsform, Verschmelzungen, Ausgliederungen oder Änderungen im Steuerrecht.[1242]

Damit ist das Steuerrecht aufgrund seines wesentlichen Einflusses auf das Unternehmen als essentieller Teil der Berichterstattung im Lagebericht zu qualifizieren. Über die Änderungen der steuerrechtlichen Rechtslage hinaus können steuerliche Sachverhalte und insbesondere steuerliche Risiken z.B. in Form von Steuernachforderungen, Doppelbesteuerung, Zinsen und Penalties einen erheblichen Einfluss auf die Liquidität eines Unternehmens haben.[1243]

Diese Einschätzung wird darüber hinaus durch eine Vielzahl finanzieller Leistungsindikatoren im Sinne des § 289 I 3 HGB, wie beispielsweise den Cash Flow eines Unternehmens[1244], oder dem Return on Investment (ROI) als Rentabilitätskennziffer gestützt, die vom Unternehmen zu entrichtenden Steuern berücksichtigen.[1245]

Der Bericht über die sich bietenden Chancen und Risiken im Sinne des § 289 I 4 HGB wird legal nicht weiter definiert oder eingeschränkt. Allerdings genügt keine reine Darstellung aller denkbaren Risiken, vielmehr muss eine Gewichtung der wesentlichen Risiken anhand ihres Einflusses auf die künftige Entwicklung des Unternehmens erfolgen.[1246] Als wesentliche Risiken, über die zu berichten ist, sind solche Risiken zu verstehen, die einen wesentlichen Einfluss auf die Vermögens-, Finanz- und Ertragslage des Unternehmens haben, unabhängig davon, ob sie innerbetrieblichen oder externen Ursprungs sind. Darunter fallen z.B. Risiken resultierend

1241 Vgl. *Paetzmann*, in: Haufe, HGB Bilanzkommentar, § 289, Rn. 19f.; *Lange*, in: MüKo-HGB, Bd. 4, § 289, Rn. 58.

1242 *Stobbe*, BB 1988, 303, 308f.; *Ellrott*, in: Beck'scher Bilanz-Kommentar, § 289, Rn. 23; *Lange*, in: MüKo-HGB, Bd. 4, § 289, Rn. 58ff.

1243 Siehe zu steuerrechtlichen Risiken und ihren Auswirkungen auf das Unternehmen bereits oben S. 179ff.

1244 Siehe zur Bedeutung von Steuern im Cash Flow eines Unternehmens bereits oben S. 40ff.

1245 Weitere finanzielle Leistungsindikatoren sind z.B. die Eigenkapitalrentabilität, Liquiditäts- und Verschuldungsgrade oder die Umsatzrentabilität, vgl. IDW Rechnungslegungshinweis: Lageberichterstattung nach § 289 Abs. 1 und 3 HGB bzw. § 315 Abs. 1 HGB in der Fassung des Bilanzrechtsreformgesetzes, IDW RH HFA 1.007, Anm. 7, WPg 2005, 1234; vgl. auch Entwurf eines Gesetzes zur Einführung internationaler Rechnungslegungsstandards und zur Sicherung der Qualität der Abschlussprüfung (Bilanzrechtsreformgesetz – BilReG), BT-Drs. 15/3419, S. 30.

1246 *Küting/Hütten*, AG 1997, 250, 252f.; *Kajüter*, BB 2004, 427; *Ellrott*, in: Beck'scher Bilanz-Kommentar, § 289, Rn. 48.

aus dem Umfeld oder der Branchenzugehörigkeit, aufgrund der Absatz- und Beschaffungsmärkte, der Rechtslage oder auch Steuerrisiken.[1247]

(b) „Bilanzeid" gem. § 289 I 5 HGB

In Anlehnung an Sec. 302 und Sec. 906 des SOA[1248], die eine Affirmation der Korrektheit und Vollständigkeit des bei der Securities and Exchange Commission (SEC) einzureichenden Berichts durch den Chief Executive Officer (CEO) oder Chief Financial Officer (CFO) verlangen, wurde in Umsetzung des Art. 4 II c) der EU-Transparenzrichtlinie[1249] durch das Transparenzrichtlinie-Umsetzungsgesetz – TUG[1250] der § 289 I 5 HGB eingeführt, wonach der Vorstand zu versichern hat, dass die Angaben im Lagebericht einschließlich des Geschäftsverlaufs und des Geschäftsergebnisses ein den tatsächlichen Verhältnissen des Unternehmens entsprechendes Bild vermitteln.[1251]

Aus Sicht des Vorstands ist zu bedenken, dass eine nicht richtig abgegebene Versicherung im Sinne des § 289 I 5 HGB gem. § 331 Nr. 3a HGB mit einer Freiheitsstrafe bis zu drei Jahren oder mit einer Geldstrafe zu sanktionieren ist.[1252] Erfasst ist nach dem Sinn und Zweck der Strafnorm nur die inhaltlich unrichtige Abgabe der Versicherung und nicht wie im Entwurf ursprünglich vorgesehen ebenfalls die Nichtabgabe der Erklärung.[1253]

1247 *Freidank/Mammen*, ZCG 2008, 285, 290; *Wiedmann*, in: Ebenroth/Boujong/Joost/Strohn, HGB, Bd. 1, § 289, Rn. 23; vgl. *Paetzmann*, in: Haufe, HGB Bilanzkommentar, § 289, Rn. 35ff.; *Ellrott*, in: Beck'scher Bilanz-Kommentar, § 289, Rn. 53; *Lange*, in: MüKO-HGB, Bd. 4, § 289, Rn. 81.

1248 SOA: http://pcaobus.org/About/History/Documents/PDFs/Sarbanes_Oxley_Act_of_2002.pdf, zuletzt besucht am 10.01.2013.

1249 Richtlinie 2004/109/EG des Europäischen Parlaments und des Rates vom 15. Dezember 2004 zur Harmonisierung der Transparenzanforderungen in Bezug auf Informationen über Emittenten, deren Wertpapiere zum Handel auf einem geregelten Markt zugelassen sind, und zur Änderung der Richtlinie 2001/34/EG, Abl. EU L 390, S. 38, 44f.

1250 Gesetz zur Umsetzung der Richtlinie 2004/109/EG des Europäischen Parlaments und des Rates vom 15. Dezember 2004 zur Harmonisierung der Transparenzanforderungen in Bezug auf Informationen über Emittenten, deren Wertpapiere zum Handel auf einem geregelten Markt zugelassen sind, und zur Änderung der Richtlinie 2001/34/EG (Transparenzrichtlinie-Umsetzungsgesetz – TUG), BGBl. I 2007, 10, 29.

1251 Ausführlich zu Sec. 302 und 906 SOA: *Lanfermann/Maul*, DB 2002,1725, 1729f.; siehe bereits zum Gesetzesentwurf *Beiersdorf/Buchheim*, BB 2006, 1674, 1677; *Heldt/Ziemann*, NZG 2006, 652; vgl. *Hahn*, IRZ 2007, 375f.; *Paetzmann*, in: Haufe, HGB Bilanzkommentar, § 289, Rn. 49ff.; *Ellrott*, in: Beck'scher Bilanz-Kommentar, § 289, Rn. 56.

1252 *Altenhain*, in: Kölner Kommentar zum Rechnungslegungsrecht, § 331, Rn. 123; *Lange*, in: MüKo-HGB, Bd. 4, § 289, Rn. 92, 165.

1253 Entwurf eines Gesetzes zur Umsetzung der Richtlinie 2004/109/EG des Europäischen Parlaments und des Rates vom 15. Dezember 2004 zur Harmonisierung der Transparenzanforderungen in Bezug auf Informationen über Emittenten, deren

Zugleich soll § 331 HGB nach dem Willen der h.M. die Anforderungen an ein Schutzgesetz im Sinne des § 823 II BGB erfüllen, so dass für den Fall eines Schadens, verursacht durch das Vertrauen auf die Korrektheit der Rechnungslegung, dem Vorstand Schadensersatzforderungen drohen. Indes wird gerade in Anbetracht der Notwendigkeit des Nachweises dieses Schadens und angesichts der in dieser Konstellation in der Regel einschlägigen Betrugsvorschriften der §§ 263ff. StGB die praktische Relevanz des § 331 HGB als Schutzgesetz angezweifelt.[1254]

Zum Teil wird durch das in § 289 I 5 HGB geschaffene Institut des „Bilanzeides“ und seine dem Vorstand drohenden Konsequenzen ein internes Überwachungssystem in Form eines Risikomanagementsystems als notwendig im Unternehmen angesehen.[1255] Dies mag zwar in Anbetracht der in § 289 I HGB angesprochenen Berichtsgegenstände sehr sinnvoll sein, kulminiert aber weder in einer Pflicht des Vorstands zur Einrichtung entsprechender Systeme, noch wird die Ausgestaltung einer Organisation zur Einhaltung der gesetzlichen Berichtsanforderungen definiert.

(2) Anforderungen aus § 289 II HGB

Nach § 289 II Nr. 1 HGB soll auf Vorgänge von besonderer Bedeutung einzugehen sein, die nach dem Schluss des Geschäftsjahres eingetreten sind, wobei trotz des Wortlauts als „Soll-Vorschrift“ die entsprechenden Angaben in der Regel vorzunehmen sind und nur unter dem Grundsatz der Wesentlichkeit in Sonder- und Ausnahmefällen von einem Bericht Abstand genommen werden kann.[1256] Gegenstand dieser Berichtspflicht sind Vorgänge von besonderer Bedeutung, die nach dem Schluss

Wertpapiere zum Handel auf einem geregelten Markt zugelassen sind, und zur Änderung der Richtlinie 2001/34/EG (Transparenzrichtlinie-Umsetzungsgesetz – TUG), BT-Drs. 16/2498, S. 23; siehe zum Entwurf: *Heldt/Ziemann*, NZG 2006, 652, 653; krit. Stellungnahme zum Entwurf Deutsches Aktieninstitut (DAI), NZG 2006, 696, 699ff.; zur aktuellen Fassung des § 331 Nr. 3a HGB: *Altenhain*, WM 2008 1141, 1143ff.; *Abendroth*, WM 2008, 1147, 1149.

1254 So *Altenhain*, in: Kölner Kommentar zum Rechnungslegungsrecht, § 331, Rn. 14 mit ausführlichen Hinweisen zur h.M.; siehe auch die Darstellung bei *Fleischer*, ZIP 2007, 97, 103, ebenfalls m.w.N.

1255 *Paetzmann*, in: Haufe, HGB Bilanzkommentar, § 289, Rn. 56.

1256 So bereits Adler/Düring/Schmaltz, Rechnungslegung und Prüfung der Unternehmen, Teil-Bd. 2, § 289, Rn. 94 m.w.N.; *Schmiel/Jansen*, in: Heidel/Schall, HGB, § 289, Rn. 35; *Ellrot*, in: Beck'scher Bilanz-Kommentar, § 289, Rn. 60; *Merkt*, in: Hopt/Merkt, Bilanzrecht, § 289, Rn. 2; *Merkt*, in: Baumbach/Hopt, HGB, § 289, Rn. 2; *Lange*, in: MüKo-HGB, Bd. 4, § 289, Rn. 94; für eine Berichterstattung im Ermessen der Unternehmensleitung *Claussen*, in: Kölner Kommentar zum Rechnungslegungsrecht, § 289, Rn. 34, da nach der ratio legis des BilMoG – Kostenersparnisse und Fokus auf den Mittelstand – keine Ausdehnung der Berichtspflicht anzunehmen ist, zumal § 289 II–IV vielmehr an börsennotierte Aktiengesellschaften adressiert sein sollen. Da der Schwerpunkt der Arbeit auf der Aktiengesellschaft liegt, erscheint eine vertiefte Auseinandersetzung mit dieser Streitfrage entbehrlich zu sein.

des Geschäftsjahres eintreten und die Bewertung hinsichtlich der Situation des Unternehmens enorm beeinflussen können.[1257] Hierunter fallen neben branchenspezifischen wirtschaftlichen und politischen Ereignissen wie z.B. die Verschärfung der Exportvorschriften ebenso schwerwiegende Verluste, unvorhersehbare Kostensteigerungen, Abschluss und Kündigung wichtiger Verträge, Verlust von Großkunden, Gründung oder Stilllegung von Zweigniederlassungen, der Ausgang bedeutender Rechtsstreitigkeiten.[1258]

Denkbar ist, dass diese Vorgänge von besonderer Bedeutung im Sinne des § 289 II Nr. 1 HGB ihre Ursache in einer Realisierung steuerlicher Risiken haben, z.B. im Falle einer unerwarteten Steuernachforderung, der Niederlage in einem Steuerrechtsstreit oder einer gravierenden Änderung der Steuerrechtslage, so dass steuerliche Risiken ebenfalls in den Anwendungsbereich des § 289 II Nr. 1 HGB fallen.

Über § 289 II Nr. 2 HGB verpflichtet der Gesetzgeber den Vorstand, über die Risikomanagementziele und -methoden der Gesellschaft sowie die Preisänderungs-, Ausfall- und Liquiditätsrisiken sowie die Risiken aus Zahlungsstromschwankungen jeweils hinsichtlich der Verwendung von Finanzinstrumenten durch die Gesellschaft, sofern es für die Beurteilung der Lage oder die künftige Entwicklung von Bedeutung ist, zu berichten.

Gerade im Zusammenhang mit der Darstellung der Risikomanagementziele und -methoden, die in einem Zusammenhang mit § 91 II AktG – Früherkennungssystems hinsichtlich bestandsgefährdender Risiken[1259] – zu sehen ist, kommt es im Unternehmen abstrahiert von den Finanzinstrumenten vor allen Dingen auf ein Konzept an, das systematisch Risiken für das Unternehmen identifiziert und zwar in allen Bereichen des Unternehmens, um dann darüber berichten zu können. Eine bloße Enumeration von Risiken ist im Lagebericht nicht ausreichend, wodurch insgesamt die gesamte Unternehmensplanung durch den Lagebericht kritischer beleuchtet wird.[1260]

Damit sind auch die Steuern als wichtiges Element der Unternehmensplanung[1261] sowie die mit den Steuern verbundenen Risiken ebenfalls Gegenstand dieser Reflektion im Lagebericht des Unternehmens.

1257 Adler/Düring/Schmaltz, Rechnungslegung und Prüfung der Unternehmen, Teil-Bd. 2, § 289, Rn. 101; *Ellrott*, in: Beck'scher Bilanz-Kommentar, § 289, Rn. 62; *Kajüter*, in: Küting/Weber, Handbuch der Rechnungslegung Einzelabschluss, § 289, Anm. 114ff. (April 2011).

1258 *Paetzmann*, in: Haufe, HGB Bilanzkommentar, § 289, Rn. 61; weitere Beispiele siehe *Winnefeld*, K, Rn. 57.

1259 Siehe dazu ausführlich S. 225ff.

1260 *Claussen*, in: Kölner Kommentar zum Rechnungslegungsrecht, § 289, Rn. 40; *Lange*, in: MüKo-HGB, Bd. 4, § 289, Rn. 103ff.; a.A. *Ellrott*, in: Beck'scher Bilanzkommentar, § 289, Rn. 70ff., der hier die Darstellung des Konzepts zur Vermeidung von Risiken in Form des Risikomanagements auf Finanzinstrumente beschränkt.

1261 Siehe dazu bereits oben S. 205ff.

(3) Schlussfolgerung für Tax Compliance

Zunächst ist festzustellen, dass Steuern und die ihnen inne wohnenden Risiken aufgrund ihres Einflusses auf die einzelnen Berichtsgegenstände aus § 289 I, II HGB eng mit dem Lagebericht verwoben sind. Deswegen ist Tax Compliance hinsichtlich der Berichterstattung über Steuerrisiken, über die Risikoidentifikation und die kritische Würdigung der gesamten Unternehmensplanung ebenfalls von Relevanz für den Lagebericht.

Indes lassen sich weder aus § 289 I HGB noch aus § 289 II HGB nähere Anforderungen an die Organisation von Tax Compliance im Unternehmen herleiten. Freilich setzt die Berichterstattung über Steuern und ihre Risiken im Lagebericht die entsprechenden Kenntnisse und somit ein Informationssystem voraus, zwar fordert § 289 II Nr. 2 HGB eine systematische Risikoidentifikation mit anschließender Evaluation, jedoch ohne jeweils konkrete Anforderungen oder Voraussetzungen zu benennen.

Ergo lassen sich über die bereits bekannten Erkenntnisse zur Notwendigkeit einer Tax Compliance nebst einem Tax Compliance-System sowie über die Notwendigkeit einer Risikoidentifikation, deren Effizienz regelmäßig kritisch zu hinterfragen ist, keine konkreten Einzelheiten zu Organisationsanforderungen an Tax Compliance aus §§ 289 I, II HGB ableiten.

bb) Anforderungen des § 289 V HGB

(1) Charakter der Norm

Zwecks Umsetzung von Art. 46a I c) der Bilanzrichtlinie[1262] in der Fassung der Abänderungsrichtlinie[1263], der „eine Beschreibung der wichtigste[n] Merkmale des internen Kontroll- und des Risikomanagementsystems der Gesellschaft im Hinblick auf den Rechnungslegungsprozess" fordert, hat § 289 V HGB für Kapitalgesellschaften gem. § 264d HGB im Zuge des BilMoG mit ähnlichem Wortlaut Eingang in das deutsche HGB gefunden, wobei § 315 II Nr. 5 HGB das Pendant auf Konzernebene bildet.[1264]

Sinn und Zweck der Abänderungsrichtlinie ist ausweislich der Erwägungsgründe[1265] durch eine größere Transparenz unionsweit grenzüberschreitende Investitionen

---

1262 Vierte Richtlinie 78/660/EWG des Rates vom 25. Juli 1978 aufgrund von Artikel 54 Absatz 3 Buchstabe g) des Vertrages über den Jahresabschluss von Gesellschaften bestimmter Rechtsformen, ABl. EU Nr. L 222, S. 11.

1263 Richtlinie 2006/46/EG des Europäischen Parlaments und des Rates vom 14. Juni 2006 zur Änderung der Richtlinie des Rates 78/660/EWG über den Jahresabschluss von Gesellschaften bestimmter Rechtsformen, 83/349/EWG über den konsolidierten Abschluss, 86/635/EWG über den Jahresabschluss und den konsolidierten Abschluss von Banken und anderen Finanzinstituten und 91/674/EWG über den Jahresabschluss und den konsolidierten Abschluss von Versicherungsunternehmen, Abl. EU Nr. L 224, S. 1.

1264 BT-Drs. 16/10067, S. 1, 76, 86.

1265 Erwägungsgrund (13), 2006/46/EG, Abl. EU Nr. L 224, 1, 3.

zu vereinfachen sowie die Vergleichbarkeit und das öffentliche Vertrauen in die Abschlüsse und Lageberichte zu stärken. Demgemäß intendiert der deutsche Gesetzgeber mit der Einführung des § 289 V HGB weder eine Verpflichtung zur Etablierung eines internen Risikomanagement- oder internen Kontrollsystems hinsichtlich des Rechnungslegungsprozesses, noch regelt er die organisatorische Ausgestaltung dieser Systeme.[1266] Folglich ist es die Aufgabe der Leitungsorgane, das interne Risikomanagement- oder interne Kontrollsystem nach den individuellen Anforderungen des jeweiligen Unternehmens unter den Gesichtspunkten der Wirtschaftlichkeit und der Effizienz auszugestalten. Der Lagebericht umfasst über die Beschreibung des internen Kontrollsystems die Grundsätze, Verfahren und Maßnahmen, die die Ordnungsmäßigkeit des Rechnungslegungsprozesses sowie die Beachtung der einschlägigen gesetzlichen Grundlagen sichern, wie auch das interne Revisionssystem im Hinblick auf die Rechnungslegung als Teil des internen Kontrollsystems.[1267] Dabei wird lediglich eine Beschreibung der genannten Systeme bezogen auf den Rechnungslegungsprozess im Lagebericht, ohne Beurteilung der Effektivität der etablierten Systeme bzw. bei völligem Fehlen der Systeme die Abgabe einer entsprechenden Negativerklärung gefordert.[1268] Entgegenstehende Stimmen in der Literatur, die wegen zunehmender Haftungsrisiken und eines Rechtfertigungsdrucks im Falle eines Fehlens entsprechender Systeme eine faktische Verpflichtung konstruieren[1269], mag zwar de facto je nach Ausgestaltung des einzelnen Unternehmens aus rein praktischer Sicht zuzustimmen sein, de iure lässt sich dies aber in Anbetracht der vorstehenden Erwägungen nicht verpflichtend mit § 289 V HGB begründen.[1270]

Jedoch verlangt allein die Beschreibung der Systeme der Unternehmensleitung ab, sich mit diesen zu beschäftigen und damit gleichsam einhergehend deren Effektivität zu beurteilen, zumal eine mangelhafte Organisation derartiger Systeme

---

1266 BT-Drs. 16/10067, S. 76f., dort auch zum folgenden Text; vgl. auch *Melcher/Mattheus*, DB Beilage1/2008, 52, 53; *Ernst/Seidler*, ZGR 2008, 631, 672; *Wiese/Lukas*, GmbHR 2009, 561, 565; *Gernoth*, NZG 2010, 292, 293; *Claussen*, in: Kölner Kommentar zum Rechnungslegungsrecht, § 289, Rn. 68.

1267 BT-Drs. 16/10067, S. 77; IDW PS 261, Tz. 19 n.F., FN-IDW 2012, 239, 243; siehe zur internen Revision bereits S. 27f.

1268 *Melcher/Mattheus*, DB Beilage 5/2009, 77, 79; *Wiese/Lukas*, GmbHR 2009, 561, 565; *Merkt*, in: Hopt/Merkt, Bilanzrecht, § 289, Rn. 5; *Lange*, in: MüKo-HGB, Bd. 4, § 289, Rn. 156; zum möglichen Inhalt dieser Beschreibung im Lichte von COSO II siehe *Nimwegen/Koelen*, DB 2010, 2011, 2013ff.

1269 *Braun/Louven*, GmbHR 2009, 965, 967f.; *Wohlmannstetter*, ZGR 2010, 472, 476; so mittlerweile abweichend noch von der Vorauflage *Merkt*, in: Baumbach/Hopt, HGB, § 289, Rn. 5.

1270 So auch die h.M.: *Wenk/Jagosch*, IRZ 2009, 539, 540; *Kort*, ZGR 2010, 440, 447; *Risse/Große-Allermann*, Ubg 2010, 629, 631, 632; *Lange*, in: MüKo-HGB, Bd. 4, § 289, Rn. 155.

im Falle ihrer Erforderlichkeit für das Unternehmen eine Sorgfaltspflichtverletzung der Unternehmensleitung begründen kann.[1271]

(2) Bezug zu und Konsequenzen für Tax Compliance

Bei der Herstellung eines Bezugs des § 289 V HGB zu Tax Compliance ist festzustellen, dass der Wortlaut des § 289 V HGB nicht als Einschränkung auf den Rechnungslegungsprozess, sondern im Gegenteil als Konkretisierung zu sehen ist: Gerade der Rechnungslegungsprozess ist wegen der Fülle an Aufzeichnungspflichten und der Konzentration von Informationen über die Vorgänge im Unternehmen im Rechnungswesen die Basis für die Handels- und Steuerbilanz und damit für die Steuerermittlung von zentraler Bedeutung.[1272]

Dieses weite Verständnis des Begriffes Rechnungslegungsprozess ist im Zusammenhang mit § 289 V HGB nicht zu beanstanden, da sich das Begriffverständnis im Sinne des § 289 V HGB nicht nur auf die Erstellung der Jahres- und Konzernabschlüsse erstreckt, sondern auch die Buchhaltung mit der Buchung und Kontierung einzelner geschäftlicher Vorgänge im Unternehmen erfasst.[1273]

Falls im Unternehmen ein internes Risikomanagement- oder internes Kontrollsystem im Hinblick auf den Rechnungslegungsprozess vorhanden ist, handelt es sich damit wegen der inhärenten Verbindung zum Steuerrecht unter der Prämisse der Wirksamkeit der Systeme um ein steuerliches „Risk Reporting", ähnlich dem Reporting im Rahmen des Tax Accountings im internationalen Bereich auf Grundlage des ASC 740 bzw. IAS 12, 37, ohne dessen Detailfülle zu erreichen, da § 289 V HGB nur die Beschreibung wesentlicher Merkmale der Systeme und keine Darstellung einzelner Risiken auferlegt.[1274]

Zwar verpflichtet § 289 V HGB nicht zur Etablierung interner Risikomanagement- und Kontrollsysteme, allerdings verdeutlicht er die Pflicht der Unternehmensleitung zur „Situationsanalyse". Sofern entsprechende Systeme im Unternehmen existieren, erfolgt im Wege der Beschreibung dieser Systeme zwangsläufig eine Würdigung ihrer Effizienz und Wirksamkeit, ebenso wie eine Negativerklärung, die einem bewussten Verzicht auf solche Systeme gleichkommt, ob des latent drohenden Vorwurfs einer Sorgfaltspflichtverletzung unter eben diesem Gesichtspunkt der

---

1271 BT-Drs. 16/10067, S. 76; vgl. ähnlich *Claussen*, in: Kölner Kommentar zum Rechnungslegungsrecht, § 289, Rn. 68, der die Bewertung des internen Kontroll- und Risikomanagementsystems als Aufgabe des Vorstands definiert; *Lange*, in: MüKo-HGB, Bd. 4, § 289, Rn. 159.

1272 *Risse/Große-Allermann*, Ubg 2010, 629, 632, vgl. dort auch zum folgenden Text; siehe zum Zusammenhang zwischen Rechnungswesen und Steuerrecht und insbesondere Tax Compliance bereits im ersten Kapitel S. 36ff. sowie im zweiten Kapitel im Rahmen des Tax Accountings S. 50ff.

1273 *Strieder*, BB 2009, 1002, 1003; vgl. *Ellrott*, in: Beck'scher Bilanz-Kommentar, § 289, Rn. 151; *Lange*, in: MüKo-HGB, Bd. 4, § 289, Rn. 160.

1274 Siehe zum Stichwort „Risk Reporting" ebenfalls bereits im Rahmen des Tax Accountings S. 56.

Unternehmensleitung die Prüfung der Notwendigkeit dieser Systeme abverlangt.[1275] Infolge dessen präzisiert § 289 V HGB aus steuerrechtlicher Sicht eindeutig die Pflicht des Vorstands, zur Wahrung der gebotenen Sorgfalt bei der Unternehmensleitung, die steuerliche Risikolage des Unternehmens zu eruieren und zu bewerten, um so die Notwendigkeit organisatorischer Maßnahmen wie z.B. eines Tax Risk Managements oder eines gesamten Tax Compliance-Systems einschätzen zu können.

cc) Ergebnis zu § 289 HGB

Bezogen auf den Ansatz, der der Betrachtung des § 289 HGB zu Grunde lag, nämlich Organisationsanforderungen für Tax Compliance zu gewinnen, sind die Erkenntnisse eher spärlich: § 289 I, II HGB ist lediglich zu entnehmen, dass im Rahmen eines Tax Compliance-Systems die Notwendigkeit einer effizienten, periodisch zu überprüfenden Risikoidentifikation besteht, ohne Näheres zu definieren.

Ähnlich aussagearm unter dem Aspekt der Organisationsanforderungen für Tax Compliance ist § 289 V HGB, der als Präzisierung der Sorgfaltspflicht des Vorstands mit Blick auf seine steuerlichen Pflichten eine Analyse sowie Evaluierung der steuerlichen Risikolage des Unternehmens implizit zu Grunde legt, um auf dieser Grundlage die Erforderlichkeit von Organisationsmaßnahmen im Unternehmen wie die Einführung eines Tax Risk Managements oder eines kompletten Tax Compliance-Systems abzuschätzen. Allerdings ist § 289 V HGB genauso wenig wie §§ 289 I, II HGB konkrete Anforderungen zu entnehmen.

2. Organisationsanforderungen aus der Rechtsprechung

Abgesehen von den gesetzlichen Organisationsanforderungen ist es auch denkbar, der Rechtsprechung Organisationsanforderungen für Tax Compliance zu entnehmen.

a) MPS-Urteil des BGH

aa) Sachverhalt und Urteilsgründe

Im sog. MPS-Urteil des BGH aus dem Jahre 2008[1276] ging es ausweislich der Leitsätze zunächst um die Frage der Nachteiligkeit im Sinne des § 311 AktG in der Konstellation eines „upstream-Darlehens“ einer abhängigen Tochter in Gestalt einer Aktiengesellschaft (M-AG) an die die Mehrheit haltende Mutter in der Form einer GmbH (MPS-GmbH). Ferner wurde die Pflicht des Vorstands aus § 93 I 1 AktG, fortwährend mögliche Veränderungen hinsichtlich der Risikolage in Bezug auf die Darlehen zu überwachen um ggf. mit einer Kündigung des Darlehens oder einem Verlangen nach Absicherungen reagieren zu können, angesprochen.

1275 Vgl. im Zusammenhang mit der Prüfungspflicht des Aufsichtsrates aus § 107 III 2 AktG *Wolf*, DStR 2009, 920, 921f.

1276 BGH, BGHZ 179, 71ff., dort auch zum folgenden Text.

Die M-AG war an mehr als 120 verschiedenen Niederlassungen vertreten, wobei die dafür notwendigen Grundstücke von der MPS-GmbH gekauft wurden, finanziert wiederum von der M-AG, die der MPS-GmbH zu diesem Zweck insgesamt 25 Darlehen in einem Gesamtumfang von etwa 80 Mio. DM ohne weitere Sicherheiten gewährte.

Abseits der Ausführungen zur Nachteiligkeit dieser Finanzierung im Lichte der Normen §§ 57, 311 AktG stellte der BGH fest, dass bei der Vergabe von Darlehen, die sich zunächst aus der ex-ante Perspektive als nicht von Nachteil für das Unternehmen darstellen, Überwachungspflichten aus § 93 I 1 AktG bestehen.[1277] Konkret müsse eine permanente Kontrolle erfolgen inwiefern sich die Risikolage hinsichtlich der Kredite ggf. zum Negativen verändert und eine Kündigung des Kredits oder die Beibringung von Sicherheiten erfordert.

Gerade bei einer Vielzahl von lang laufenden Darlehen oder einem „Cash-Management" kann nach Ansicht des BGH gem. §§ 93 I 1, 116 AktG aus der potentiellen Möglichkeit einer negativen Veränderung der Kreditrisiken die Notwendigkeit resultieren, zwischen Mutter- und Tochterunternehmen ein passendes Informationssystem oder Frühwarnsystem zu etablieren.[1278] Konsequenz der Nichteinführung entsprechender Systeme könnte die Anwendung des § 311 AktG sein, d.h. die Nichteinführung könnte als Nachteil im Verhältnis des abhängigen Unternehmens gegenüber dem herrschende Unternehmen zu sehen sein und bei mangelndem Ausgleich des Nachteils Schadensersatzansprüche aus §§ 317, 318 AktG sowie insbesondere aus § 93 II AktG begründen.[1279]

Explizit stellt der BGH in seinen Urteilsgründen fest, dass das Informationssystem und seine konkrete Organisation in die Sorgfaltspflicht der Verwaltungsorgane falle, so dass die Verwaltungsorgane gem. §§ 93 II 2, 116 AktG im Hinblick auf die Existenz des Systems und seiner Organisation sowohl darlegungs- als auch beweispflichtig seien.[1280]

Allerdings finden sich im Urteil keine Ausführungen, welchen Anforderungen oder Maßstäbe an die Ausgestaltung dieses Informationssystems zu stellen sind.[1281]

1277 BGH, BGHZ 179, 71, 79. Tz. 14, dort auch zum folgenden Text unter Hinweis auf *Pentz*, ZIP 2006, 781, 785 m.w.N.; vgl. Begründung des Regierungsentwurfs § 57 I 3 AktG n.F. in: *Goette*, Einführung in das neue GmbH-Recht, S. 258ff., 357; siehe ausführlicher zur Sorgfaltspflicht auch S. 261f.

1278 BGH, BGHZ 179, 71, 79, Tz. 14 unter Hinweis auf *Henze*, WM 2005, 717, 726; *Krieger*, in: Münchener Handbuch Aktiengesellschaft, § 69, Rn. 62; *Vetter/Stadler*, Haftungsrisiken beim konzernweiten Cash Pooling, Rn. 194ff.

1279 BGH, BGHZ 179, 71, 79, Tz. 14 unter Hinweis auf *Hüffer*, AktG, § 318, Rn. 9.

1280 BGH, BGHZ 179, 71, 79, Tz. 20, zur Darlegungs- und Beweispflicht vgl. BGH, BGHZ 152, 280, 284 = WM 2002, 2509, 2511 = NJW 2003, 358f. = NZG 2003, 81, 82; siehe zur Beweislast auch noch ausführlich mit weiteren Nachweisen S. 321ff.

1281 So bereits explizit *Geibel*, ZJS 2009, 190, 193; *Bayer/Lieder*, AG 2010, 885, 890.

bb) Anforderungen an Informations- und Frühwarnsysteme

(1) Analyse des MPS-Urteils

Bei einer Analyse des Urteils fällt auf, dass der BGH sich bei dem einzurichtenden System auf die Sorgfaltspflicht aus § 93 I 1 AktG bezieht und nicht auf § 91 II AktG, der die Einrichtung eines Früherkennungssystems zur Identifikation von Risiken, die das Unternehmen in seinem Bestands bedrohen können, vorschreibt und auf diese Weise die Leitungsverantwortung des Vorstands aus § 76 I AktG spezifiziert.[1282] Demnach ist daraus der Rückschluss zu ziehen, dass der BGH im MPS-Urteil sich gerade nicht auf ein System bezieht, das der Früherkennung bestandsgefährdender Risiken dient, sondern ein davon zu unterscheidendes Informations- und Frühwarnsystem, das bereits Risiken bei der Vergabe langfristiger Kredite oder beim „Cash Management" erfasst[1283], die vom Umfang her nicht bereits potentiell bestandsgefährdend sind, ohne sich aber ausschließlich auf diese beispielhaft angeführten Konstellationen festlegen zu lassen.[1284]

Der BGH benutzt dabei als Anknüpfungspunkt die Sorgfaltspflicht des Vorstands aus § 93 I 1 AktG und leitet daraus die Verpflichtung ab, permanent Veränderungen hinsichtlich des Risikos bei den Krediten zu untersuchen, um dann entsprechende Maßnahme wie die Kündigung des Kredits oder die Bereitstellung von (weiteren) Sicherheiten einleiten zu können.[1285] D.h. der BGH knüpft an einen bestimmten Vorgang im Unternehmen, in diesem Fall die Vergabe von Krediten, der durchaus mit Risiken für das Unternehmen verbunden ist wenn der Kreditnehmer zahlungsunfähig werden würde, eine Kontrollpflicht des Vorstands, um das dem Vorgang innewohnende Risiko für das Unternehmen zu minimieren. Aus diesem Gedanken der Kontrollpflicht erwächst die Notwendigkeit eines adäquaten Informations- und Frühwarnsystems, sofern der Umfang der Kredite oder des Cash-Managements dies verlangen.[1286]

Dieses System, das der BGH meint, bezieht sich auf die Organisation, also die Sicherstellung der angesprochenen Kontrollpflichten, so dass dieses Informations- und Frühwarnsystem in erster Linie bei umfangreichen und langfristigen Darlehen sowie bei einem Cash-Management quasi die Institutionalisierung der Kontrollpflichten, die den Vorstand nach Ausreichung eines Kredites treffen, um bei einer Bonitätsverschlechterung mit einer Kündigung reagieren zu können, darstellt. Insbesondere in Anbetracht einer Vielzahl von Darlehen ist zur effektiven und effizienten Kontrolle eine Systematisierung der Kontrolle in den erwähnten Systemen geboten, weil sich schon allein aus Gründen der Praktikabilität eine

---

1282 Siehe zu § 91 II AktG bereits ausführlich und mit weiteren Nachweisen oben S. 226ff.; vgl. *Geibel*, ZJS 2009, 190, 193.

1283 BGH, BGHZ 179, 71, 79. Tz. 14, dort auch zum folgenden Text; siehe ferner bereits oben m.w.N.

1284 So *Bayer/Lieder*, AG 2010, 885, 891.

1285 BGH, BGHZ 179, 71, 79, Tz. 14, dort auch zum folgenden Text; vgl. dazu *Geibel*, ZJS 2009, 190, 193.

1286 BGH, BGHZ 179, 71, 79, Tz. 14, 20.

flächendeckende Einzelkontrolle jedes Kredites wegen der schieren Menge an Krediten nur sehr schwer würde realisieren lassen.

Abstrahiert von der konkreten Fallgestaltung fordert der BGH damit zur Erfüllung der Sorgfaltspflicht aus § 93 I 1 AktG in Konstellationen, die für das Unternehmen nicht unmittelbar ein Risiko bedeuten, aber bei einer möglichen Veränderung der ihr zu Grunde liegenden Parameter zu einem Risiko werden können, zunächst die Kontrolle dieser Risiken durch den Vorstand. Wenn der zu kontrollierende Sachverhalt aufgrund seines Umfangs, seiner Komplexität und Reichweite im gesamten Unternehmen, ggf. im gesamten Konzern nicht mehr durch einzelne Kontrollen effizient beherrscht werden kann, sondern nur noch durch ein System praktikabel gewährleistet werden kann, resultiert aus dieser Kontrollpflicht die Pflicht zur Einrichtung eines Informations- und Frühwarnsystems.

In diesem System spiegelt sich ein Präventivgedanke, da der BGH für einen Sachverhalt bzw. einen Vorgang im Unternehmen, der mit bekannten Risiken verbunden ist, die Realisierung der Risiken mittels Einrichtung eines Systems zu verhindern versucht. Von einem Risikofrüherkennungssystem aus § 91 II AktG unterscheidet sich dieses System insofern, als dass es sich nicht notwendig auf bestandsgefährdende Risiken bezieht. Bei einem Vergleich mit einem (Tax) Compliance-System ist zu konstatieren, dass dem Informations- und Frühwarnsystem des BGH im MPS-Urteil in erster Linie das wesentliche Element der Risikoidentifikation fehlt.[1287] Das System setzt erst bei der Organisation bzw. Institutionalisierung der Kontrolle eines bekannten Risikobereichs an. Obwohl es zwar in Gestalt der Weiterleitung von Informationen, der Kontrolle und der Reaktion, konkret die Kündigung des Darlehens und das Verlangen von Sicherheiten,[1288] Elemente enthält, die ähnlich auch Bestandteil eines (Tax) Compliance-Systems sind, so bleibt es doch mangels vorgeschalteter Risikoidentifikation als festes Element des Systems hinter einem umfassenden (Tax) Compliance-System zurück.

Gleichwohl lassen sich trotz dieser Analyse aus dem MPS-Urteil keine konkreten Anforderungen und Maßstäbe an die Einrichtung des Informations- und Frühwarnsystem gewinnen.

(2) Konkretisierungsversuche im Schrifttum

Ein erster Blick in die mittlerweile recht umfangreiche Literatur, die sich mit dem MPS-Urteil auseinandersetzt, bringt zunächst auch kein rechtes Licht in dieses Dunkel, vielmehr scheint der Aufbau des Informationssystems im Schatten der ebenfalls in diesem Urteil behandelten Fragen der Konzernfinanzierung, d.h. der Nachteiligkeit eines Rechtsgeschäfts gem. § 311 AktG, der Einlagenrückgewähr aus § 57 AktG

1287 Siehe zu den Elementen und zum Aufbau eines (Tax) Compliance Systems bereits ausführlich S. 13ff.

1288 BGH, BGHZ 179, 71, 79, Tz. 14.

und der mit dem Urteilsspruch verbundenen Abkehr vom sog. Novemberurteil des BGH zu stehen.[1289]

Über den pauschalen Hinweis, dass ein Informations- und Frühwarnsystem einzurichten ist hinaus,[1290] finden sich auf den zweiten Blick in der Literatur in Bezug auf das MPS-Urteil insbesondere im Zusammenhang mit der Problematik des Cash-Poolings im Konzern eine Reihe von Anforderungen, die an die Organisation eines solchen Systems zu stellen sein sollen.[1291]

Vorweg ist der Literatur zur Einrichtung eines Informations- und Frühwarnsystems, auf die der BGH in seinen Urteilsgründen verweist[1292], als Kriterien bzw. als Zielvorgabe zu entnehmen, dass sich die Unternehmensleitung des darlehensgebenden Unternehmens immer eine Übersicht über die Geschäfts-, Finanz- und Liquiditätslage des darlehensnehmenden Unternehmens muss verschaffen können. Dies führt dazu, dass dem darlehensnehmenden Unternehmen korrelierende Informationspflichten obliegen, die in einer Anzeigepflicht von finanziellen Risikosituationen gipfeln, was wiederum durch Kontroll- und Warnsysteme gesichert werden soll. Weitere Kriterien für die Etablierung und Ausgestaltung werden dabei nicht genannt; als Reaktionsmöglichkeit auf eine entsprechende Risikosituation ist eine außerordentliche Kündigung des Cash-Poolings vorgesehen.[1293]

Ergänzt werden diese Grundbedingungen des BGH in der weiteren einschlägigen Literatur, die sich mit dem MPS-Urteil oder allgemein mit den in Rede stehenden Systemen befasst, durch die Prämisse, dass nicht die Einführung eines starren Systems unabhängig vom Umfang der Kredite unbedingt angebracht ist, sondern ein System vor allen Dingen dann geboten ist, wenn die Höhe der Kredite, die ggf. nicht mehr bedient werden können, das Unternehmen in seinem Bestand bedrohten.[1294]

1289 Vgl. aus dem Schrifttum beispielhaft *Altmeppen*, ZIP 2009, 48; *Wand/Tillmann/Heckenthaler*, AG 2009, 148ff.; *Podewils*, GmbHR 2009, 203; *Mülbert/Leuschner*, NZG 2009, 281; *Kropff*, NJW 2009, 814; *Wilhelmi*, WM 2009, 1917; *Theusinger/Kapteina*, NZG 2011, 881; zu den Auswirkungen des MPS-Urteils auf die GmbH: *Komo*, GmbHR 2010, 230.

1290 Vgl. dazu die Nachweise in der vorstehenden Fußnote.

1291 Siehe dazu *Habersack*, in: Emmerich/Habersack, Aktien- und GmbH-KonzernR, § 311, Rn. 47b unter Verweis auf die Fundstellen, die auch der BGH in BGHZ 179, 71, 79, Tz. 14 anführt: *Henze*, WM 2005, 717, 726; *Krieger*, in: Münchener Handbuch Aktiengesellschaft, § 69, Rn. 62; *Goette*, Einführung in das neue GmbH-Recht, S. 11; *Habersack*, ZGR 2009, 347, 361ff.; allgemein: *Schneider*, Informationspflichten und Informationssystemeinrichtungspflichten, passim, S. 125ff.; siehe auch *Vetter*, in: Goette/Habersack, Das MoMiG in Wissenschaft und Praxis, Rn. 4.94 unter anderem unter Verweis auf *Vetter*, in: Lutter, Holding Handbuch, § 8, Rn. 32ff., insbes. Rn. 36ff.

1292 BGH, BGHZ 179, 71, 79, Tz. 14.

1293 So die vom BGH in Bezug genommenen Ausführungen bei *Henze*, WM 2005, 717, 726; *Vetter/Stadler*, Haftungsrisiken beim konzernweiten Cash Pooling, Rn. 194ff.

1294 Vgl. *Geibel*, ZJS 2009, 190, 193; vgl. *Schickerling/Blunk*, GmbHR 2009, 1294, 1298; *Habersack*, ZGR 2009, 347, 362, dort auch zum folgenden Text; *Lieder*, GmbHR 2009, 1177, 1184; vgl. *Kordes*, GmbH-StB 2009, 342, 344; *Goette*, DStR 2009, 2602, 2604;

Um diese abstrakten Grundprinzipien des BGH und des Schrifttums in Bezug auf ein Informations- und Frühwarnsystem mit einem fassbaren und praktikablem Inhalt zu füllen, ist zu bedenken, inwiefern Unternehmensinformationen des darlehensnehmenden Unternehmens aufgrund entsprechender gesetzlicher Pflichten z.B. aus §§ 37w, 37x WpHG öffentlich zugänglich sind und somit ohne vertraglich vereinbarte Informationsrechte oder Informationspflichten berücksichtigt werden können und müssen, so dass vor allen Dingen bei Unternehmen, die keiner entsprechenden Informationspflicht unterliegen, eine ständige Information über gravierende Geschäftsentwicklungen notwendigerweise vertraglich festgeschrieben werden muss.[1295] Als Leitfaden für die einzuholenden Informationen sollen die Maßstäbe zu Rate gezogen werden, die Unternehmen, deren Kerngeschäft die Vergabe von Krediten ist, anwenden, obgleich diese Maßstäbe weder näher beschrieben sind, noch festgestellt wird, ob und inwieweit diese Maßstäbe ggf. noch einer Modifikation bedürfen um der Sorgfaltspflicht des Vorstands zu genügen.[1296]

Konkreter werden als Kriterien für das Informationssystem zur Beurteilung der Bonität Daten zur Ertragslage und zur Zahlungsfähigkeit zu Grunde gelegt, wobei der Jahresabschluss nicht ausreicht, da dieser nur Zahlen aus der Vergangenheit in Bezug auf einen bestimmten Stichtag vorhält. Um auch Prognosen für die Zukunft vornehmen zu können, sollen auch die Planzahlen zur Gewinn- und Verlustrechnung sowie zur Liquidität für ein Jahr im voraus erfasst werden. Derartige Planzahlen werden in Konzernen in regelmäßigen Abständen ermittelt und können abgerufen werden. Sie sollen umso häufiger angefordert werden, je prekärer die finanzielle Situation des darlehensnehmenden Unternehmens ist.[1297]

Überdies werden als weitere denkbare Daten, die es im Wege des Informationssystems zu erheben gilt, z.B. auch der Verlust eines bestimmten Ratings durch eine Ratingagentur, eine mangelnde kurzzeitig verfügbare Mindestliquidität[1298], Schwankungen im Risikoprofil des darlehensnehmenden Unternehmens sowie Ausweitungen des Cash-Poolings durch Einbeziehung weiterer (Tochter-/Enkel-) Unternehmen genannt.[1299]

Zwecks Absicherung des Informationsflusses, muss zudem ein entsprechendes Informationsrecht gegenüber dem darlehensnehmenden Unternehmen vertraglich

Bayer/Lieder, AG 2010, 885, 891; *Habersack*, in: Ulmer/Habersack/Winter, GmbHG, Ergänzungsband MoMiG, § 30, Rn. 27; vgl. für die GmbH *Lieder*, in: MüKo-GmbHG, Bd. 3, § 56a, Rn. 61.

1295 Vgl. *Cahn*, Kredite an Gesellschafter, S. 26.

1296 *Habersack*, ZGR 2009, 347, 362, der keine näheren Erläuterungen zur Wahl dieses Leitfadens vornimmt.

1297 *Erne*, GWR 2010, 314, 316f.; vgl. *Vetter*, in: Lutter, Holding Handbuch, § 8, Rn. 37.

1298 Siehe dazu *Vetter/Stadler*, Haftungsrisiken beim konzernweiten Cash Pooling, Rn. 242.

1299 *Hentzen*, ZGR 2005, 480, 500f.; *Kordes*, GmbH-StB 2009, 342, 344.

vereinbart werden, welches dann entsprechend zu nutzen ist.[1300] Teilweise wird in Ergänzung zu den Informationsrechten eine „Ad hoc-Informationspflicht" gefordert, die bei wesentlichen negativen Änderungen beim darlehensnehmenden Unternehmen, beispielsweise dem Verlust einer hohen Forderung, der Beklagtenstellung in einem wichtigen Prozess mit ungewissem Ausgang, der Verfehlung eigener Geschäftsprognosen, greifen soll.[1301]

Abseits einer bloßen Information soll ein einzurichtendes System ebenso „Handlungsmöglichkeiten" vorsehen, d.h. neben einer Anforderung von Sicherheiten, die teilweise mangels Praktikabilität abgelehnt wird, soll vielmehr die Rückforderung des gegebenen Darlehens, die Aussetzung oder der Ausstieg aus dem Cash-Pooling realisierbar sein, bzw. eigene Rücklagen als Sicherheit für den Ausfall von Krediten zu bilden oder eine Kündigungsmöglichkeit in Abhängigkeit zuvor festgelegter Bilanzkennzahlen eingeplant werden.[1302]

Empfohlen wird zum Nachweis der Unternehmensleitung ihre Sorgfalt beachtet zu haben, die ergriffenen Maßnahmen im Zusammenhang mit der Vergabe der Darlehen zu dokumentieren.[1303]

(3) Abstrahierung vom Cash-Pooling

Die vorgenannten Aspekte, die im Rahmen eines Informations-, Früherkennungs- und Reaktionssystems aus Sicht des Schrifttums beachtet werden sollen, beziehen sich zumeist auf die konkrete Situation eines Cash-Poolings in einem Konzern,

---

1300 *Habersack*, ZGR 2009, 347, 362f.; *Schickerling/Blunk*, GmbHR 2009, 1294, 1298; vgl. *Cahn*, Kredite an Gesellschafter, S. 26; *Kordes*, GmbH-StB 2009, 342, 344; *Bayer/Lieder*, AG 2010, 885, 891; vgl. auch *Hommelhoff*, in: Lutter/Hommelhoff, GmbHG, § 30, Rn. 40; siehe zur vertraglichen Ausgestaltung des Cash-Pooling allgemein, losgelöst vom MPS-Urteil: *Schneider*, in: Lutter/Scheffler/Schneider, Handbuch der Konzernfinanzierung, Rn. 25.11; *Vetter*, in: Lutter, Holding Handbuch, § 8, Rn. 33f.

1301 Zur Diskussion um eine gesetzliche Grundlage einer Informationspflicht *Schickerling/Blunk*, GmbHR 2009, 1294, 1299; vgl. *Thümmel/Burkhardt*, AG 2009, 885, 890; *Erne*, GWR 2010, 314, 315ff.; Speziell zum Cash-Pooling: *Vetter*, in: Lutter, Holding Handbuch, § 8, Rn. 37; siehe auch für die GmbH *Hommelhoff*, in: Lutter/Hommelhoff, GmbHG, § 30, Rn. 41.

1302 *Henze*, WM 2005, 717, 726 Vgl. *Theusinger/Cernicky*, CCZ 2009, 146, 154; *von Falkenhausen/Kocher*, BB 2009, 121, 122; *Lieder*, GmbHR 2009, 1177, 1184; vgl. *Schickerling/Blunk*, GmbHR 2009, 1294, 1298; *Thümmel/Burkhardt*, AG 2009, 885, 890; *Cahn*, Kredite an Gesellschafter, S. 27f.; *Kordes*, GmbH-StB 2009, 342, 344; *Willemsen/Rechel*, BB 2009, 2215, 2220; *Erne*, GWR 2010, 314, 317, der sich mangels Praktikabilität gegen die Anforderung weiterer Sicherheiten ausspricht; *Bayer/Lieder*, AG 2010, 885, 891; *Strohn/Simon*, GmbHR 2010, 1181, 1184; *Lieder*, in: MüKo-GmbHG, Bd. 3, § 56a, Rn. 61; allgemein *Hommelhoff*, in: Lutter/Hommelhoff, GmbHG, § 30, Rn. 46; allgemein *Vetter*, in: Lutter, Holding Handbuch, § 8, Rn. 36.

1303 Vgl. *von Falkenhausen/Kocher*, BB 2009, 121, 122; *Theusinger/Cernicky*, CCZ 2009, 146, 154; ähnlich *Schickerling/Blunk*, GmbHR 2009, 1294, 1298; *Strohn/Simon*, GmbHR 2010, 1181, 1184.

wobei sie einer detaillierten gesetzlichen Grundlage, die alle Einzelheiten regelt, entbehren.[1304]

Gleichwohl lassen sich aus diesen speziellen Anforderungen und Kriterien verallgemeinerungsfähige Erkenntnisse über die konkrete Fallgestaltung hinaus für die anzuwendende Sorgfalt des Vorstands gewinnen.

Grundlegend ist zunächst die Feststellung, dass kein absolutes System existiert, welches in immer gleicher Form für jede Risikolage geeignet ist, sondern in Abhängigkeit von der konkreten Risikolage das Informations- und Frühwarnsystem individuell zu gestalten ist.[1305] Problematisch ist dabei das Kriterium der Bestandsgefährdung zur Kategorisierung der Risiken, weil dann die Grenzen zum Risikofrüherkennungssystem aus § 91 II AktG verwischen können.

Sofern das Informations- und Frühwarnsystem bei dem Cash-Pooling bzw. Cash-Management einen Überblick über die Geschäfts-, Finanz- und Liquiditätslage zur Evaluierung der Risikolage bieten soll,[1306] lässt sich daraus der allgemeine Gedanke ableiten, dass jedes System nicht um seiner selbst willen eingerichtet wird, im Gegenteil einem bestimmten, vorab festzulegendem Ziel oder Zweck dient.[1307] In Abhängigkeit dieses Zwecks gilt es dann eine umfassende Informationsgrundlage zu schaffen, um mit Hilfe der Informationen auf sich abzeichnende Risiken vorbereitet zu sein und deren Realisierung zu verhindern. Im Bereich des Cash-Poolings wurde dabei auf Daten aus den Jahresabschlüssen, Prognosen zur Gewinn- und Verlustrechnung oder dem Verlust eines Ratings abgestellt;[1308] für andere Risikobereiche sind entsprechend andere Informationsquellen, die eine verlässliche und belastbare Informationsbasis gewährleisten, zu nutzen, welche je nach Risikobereich auch bereits entwickelte Standards oder Prüfungsstandards wie die IDW-PS zur Orientierung heranziehen können. Hinsichtlich der relevanten Informationen sind demnach ebenso wie in einem Risikomanagementsystem z.B. unternehmens- oder konzernweite Berichtspflichten oder Meldesysteme anhand von Faktoren wie den Eintritt bestimmter, wesentlicher Ereignisse, Kennzahlen, Überschreiten von Grenzwerten, usw., die für das jeweilige Risiko bzw. dem Eintritt oder der Verschärfung einer Risikolage erheblich sind, denkbar, wobei sich die Intervalle der Berichtspflichten an der Risikolage orientieren.[1309]

1304 Vgl. dazu die vorstehenden Fußnoten.

1305 Siehe dazu bereits oben mit weiteren Nachweisen S. 241ff.

1306 Siehe dazu bereits oben mit weiteren Nachweisen S. 241ff.

1307 Vgl. zu Risikomanagementsystemen: Arbeitskreis Externe und Interne Überwachung der Unternehmung (AKEIÜ) der Schmalenbach-Gesellschaft für Betriebswirtschaft e.V., Köln, DB 2010, 1245f.; siehe bereits zu Risikomanagement mit ausführlichen Nachweisen oben S. 226ff.

1308 Siehe dazu bereits oben mit weiteren Nachweisen S. 243ff.; vgl. dort auch zum folgenden Text.

1309 Vgl. *von Randow*, ZGR 1996, 594, 619; Arbeitskreis Externe und Interne Überwachung der Unternehmung (AKEIÜ) der Schmalenbach-Gesellschaft für Betriebswirtschaft e.V., Köln, DB 2010, 1245f.; vgl. *Steuber*, in FS Hommelhoff, 1165, 1176; siehe zum Risikomanagement bereits oben mit weiteren Nachweisen S. 226ff.

Die weiteren in der Literatur genannten Elemente eines Informations- und Frühwarnsystems für das Cash-Pooling in Gestalt der Handlungs- bzw. Reaktionsmöglichkeiten durch zu ergreifenden Maßnahmen sowie die Dokumentation aus Beweisgründen bedürfen keiner Abstraktion, sondern können ohne Weiteres auch auf andere Systeme übertragen werden bzw. stellen bereits Elemente bestehender Systeme wie beispielsweise dem Tax Compliance-System dar.[1310]

cc) Schlussfolgerung für Tax Compliance

Bei Betrachtung der soeben geschilderten, vom Cash-Pooling abstrahierten Prinzipien, die der BGH und die darauf aufbauende, weiterführende Literatur entwickelt haben, ist als reduzierte Essenz festzuhalten, dass die Sorgfaltspflicht des Vorstands zur Kontrolle eines bekannten Risikos eine unternehmensinterne Organisation erfordert, die einer umfassende Informationsgrundlage anhand zu definierender Kennzahlen bzw. Grenzwerte bedarf, Berichts- und Meldepflichten, ein Kontrollsystem, Maßnahmenmechanismen sowie eine Dokumentation vorsieht. Leitend ist dabei indes die Prämisse der Erforderlichkeit, mit der Konsequenz, dass ein derartiges System nicht schon bei einem überschaubaren Einzelrisiko notwendig ist. Vielmehr ist diese Institutionalisierung der Vorstandskontrollpflicht genau dann erforderlich, wenn der konkrete Sachverhalt aufgrund seiner Relevanz und seines Umfangs unter dem Gesichtspunkt der Praktikabilität und Effizienz nicht mehr ein Einzelkontrollen bewältig werden kann, sondern nach einem systematisierten Ansatz verlangt.

Übertragen auf das Steuerrecht ergibt sich damit für Tax Compliance die Konsequenz, dass ab einer gewissen Unternehmensgröße die steuerlichen Risikobereiche im Falle einer Realisierung des Risikos in einer negativen Folge für das Unternehmen aufgrund ihres Umfangs und ihrer Relevanz für die wirtschaftliche Gesamtsituation des Unternehmens nicht mehr ausreichend nur durch eine Vielzahl einzelner Kontrollen wirksam beherrscht werden können, sondern zur Erfüllung der Sorgfaltspflicht die Schaffung eines Systems zur Beherrschung der Risiken angezeigt ist. Im Falle eines bekannten steuerlichen Risikos ist nach den entwickelten Kriterien dann der Sorgfaltspflicht genügt, wenn in das Unternehmens ein System implementiert wird, das die risikorelevanten Informationen mittels eines Melde- oder Berichtssystems erfasst, notwendigen Maßnahmen und Kontrollen sowie eine Dokumentation des Gesamtsystems vorsieht. Speziell für die Organisation des Melde- oder Berichtssystems ist eine grundlegende Definition der relevanten Daten erforderlich, ihre konzernweite Erhebung sicher zu stellen, das Intervall der Berichtspflichten in Abhängigkeit zur Risikolage ggf. zu verkürzen sowie eine Informations- oder Meldepflicht bei Überschreiten zuvor festgelegter Grenzwerte vorzusehen. Diese Kriterien, variierend in Abhängigkeit von der konkreten Risikosituation, sind folglich die Anforderungen, die ausgehend vom MPS-Urteil des BGH dem Schrifttum

1310 Zum Cash-Pooling siehe oben S. 241ff. mit den entsprechenden Nachweisen, zu den Elementen eines Tax Compliance-Systems siehe bereits ausführlich mit weiteren Nachweisen S. 13ff.

entnommen werden können, an Tax Compliance anzulegen sind und sich im Tax Compliance-System niederschlagen.[1311]

b) Das Siemens/Neubürger-Urteil des LG München I[1312]

aa) Sachverhalt

Zwar ist die Entscheidung des LG München I[1313] aktuell nicht rechtskräftig[1314], jedoch scheint das Urteil einige interessante Aspekte im Hinblick auf Corporate Compliance und damit auch für Tax Compliance zu enthalten.

Ausgangspunkt des Urteils ist die Klage eines Unternehmens gegen ein ehemaliges Vorstandsmitglied auf Schadensersatz und die Widerklage des Vorstandsmitgliedes auf ausstehende Vergütung. Das beklagte Vorstandsmitglied war im Zentralvorstand als Teil des Gesamtvorstandes unter anderem für die Zentralabteilung Finanzen zuständig, die den Bereich Treasury, also die „Verwaltung" der finanziellen Mittel des Unternehmens, das Reporting und die Rechtsabteilung umfasste.[1315] Sowohl die Geschäftsordnung wie auch die Business Conduct Guidelines des Unternehmens stellten klar, dass der Gesamtvorstand die ihm nach dem Aktiengesetz zugewiesenen Aufgaben und Pflichten wahrzunehmen hatte, was auch beispielsweise die Einrichtung eines angemessenen Risikomanagements sowie Risikocontrollings bedeutete, ebenso wie Aufsichts- und Organisationspflichten, die Sorge für die Beachtung des Rechts innerhalb des entsprechenden Verantwortungsbereich und die ordnungsgemäße Auswahl, Instruktion und Überwachung führender Mitarbeiter, worunter auch fiel, die Mitarbeiter über die Nichtduldung und konsequente Verfolgung von Gesetzesverstößen zu belehren.[1316]

Gegenstand der Auseinandersetzung war die Bildung „schwarzer Kassen" zwecks Korruptionszahlungen in einigen Unternehmensbereichen. Ursprünglich wurden diese Korruptionszahlungen über Barschecks vorgenommen, später wurde von mehreren auch führenden Mitarbeitern ein Geflecht von Scheinberaterverträgen entwickelt, um über Scheinrechnungen die Korruptionszahlungen zu verschleiern.[1317]

1311 Siehe zu den einzelnen Elementen eines Tax Compliance-Systems bereits ausführlich mit weiteren Nachweisen S. 13ff.

1312 Bezeichnung des Urteils als „Siemens/Neubürger-Urteil des LG München I" nach *Fleischer*, NZG 2014, 321.

1313 LG München I, 5 HKO 1387/14, juris = DB 2014, 766 = AG 2014, 332 = WM 2014, 947.

1314 *Grützner*, BB 2014, 850; *Meyer*, DB 2014, 1063 unter Verweis auf OLG München, 7 U 113/14.

1315 LG München I, Rn. 3f., juris = DB 2014, 766 = AG 2014, 332 = WM 2014, 947, 948.

1316 LG München I, Rn. 3f., 14ff., juris = DB 2014, 766, 767 = AG 2014, 332 = WM 2014, 947, 948.

1317 LG München I, Rn. 30, juris = DB 2014, 766, 767 = AG 2014, 332, 332f. = WM 2014, 947, 948f.

Dabei blieb die Problematik dieser „schwarzen Kassen“ im Unternehmen nicht unentdeckt. So wurde in einer Sitzung des Gesamtvorstands vom Vorstandsvorsitzenden zunächst die steigende Anzahl von Ermittlungsverfahren im Zusammenhang mit einer Regelung der OECD zur Bekämpfung der Bestechung ausländischer Amtsträger thematisiert, was einen Aufruf an die Mitarbeiter zur Beachtung der Gesetze und an die Führungskräfte zur Wahrnehmung ihrer Aufsichtspflicht in Bezug auf die Einhaltung der Gesetze durch die Mitarbeiter nach sich zog.[1318] Das beklagte Vorstandsmitglied selbst brachte ein Schriftstück in Umlauf, in dem es auf die verschärften Regelungen des US-amerikanischen Foreign Corrupt Practices Act (FCPA) verwies und sich beim Leiter der Rechtsabteilung vergewisserte, ob ausreichend auf den FCPA im Unternehmen hingewiesen worden sei.

In der Folgezeit verdichteten sich die Hinweise auf ein Korruptionsproblem innerhalb des Unternehmens, da in der Betriebsprüfung auch mit dem Verdacht einer Steuerhinterziehung Unregelmäßigkeiten in Bezug auf die Beraterverträge auftraten, die von der Betriebsprüfung an die Staatsanwalt zu melden waren. Auch den Abschlussprüfern des Unternehmens fielen bei ihrer Prüfung Anomalien in den Finanzen des Unternehmens auf.[1319]

Eine sich anschließende interne Ermittlung des beklagten Vorstandsmitgliedes förderte das Korruptionssystem der schwarzen Kassen zu Tage, allerdings wurde einer Reform der Compliance-Organisation des Unternehmens erst gut ein Jahr später umgesetzt, nachdem ein erster Reformversuch direkt im Anschluss an die Entdeckung nicht verwirklicht worden war.[1320]

Zurückgehend auf das Korruptionssystem der schwarzen Kassen ergingen anschließend eine Reihe von Bußgeldbescheiden gegen das Unternehmen.[1321]

bb) Urteilsgründe

Die Entscheidungsgründe des LG München I stellen für den Schadensersatzanspruch gegen das beklagte Vorstandsmitglied auf § 93 II 1 AktG ab und verweisen auf die Legalitätspflicht, die den Vorstand und damit auch das beteiligte Vorstandsmitglied zur Einhaltung des Rechts verpflichten würde. Zur Umsetzung der Legalitätspflicht sei demnach eine Organisation und Aufsicht im Unternehmen geboten, die frühzeitig Gesetzesverstöße identifiziert, wobei das Gericht offen lässt, ob die Rechtsgrundlage dieser Organisationspflicht bzw. dieser Pflicht zu einer Compliance-Organisation in

1318 LG München I, Rn. 31f., juris = DB 2014, 766, 767 = AG 2014, 332 = WM 2014, 947, 949, dort auch zum folgenden Text.

1319 LG München I, Rn. 35ff, 43ff., juris = DB 2014, 766, 767 = AG 2014, 332 = WM 2014, 947, 949.

1320 LG München I, Rn. 46ff., 53, juris = DB 2014, 766, 767 = AG 2014, 332 = WM 2014, 947, 949f.

1321 LG München I, Rn. 56, juris = DB 2014, 766, 768 = AG 2014, 332, 333 = WM 2014, 947, 950.

§§ 76 I, 93 I AktG oder § 91 II AktG zu sehen ist.[1322] Für den Umfang der Organisation sieht das Gericht die Art, die Größe und die Unternehmensorganisation, die relevanten Normen, Geschäftszweige im Ausland ebenso wie vorangegangene Vorfälle als entscheidungserheblich an.

Im Einzelnen wurde für die Pflichtverletzung des beklagten Vorstandsmitgliedes unter anderem darauf abgestellt, dass trotz Kenntnis der Korruptionssachverhalte keine ausreichenden, wirksamen Maßnahmen zur Klärung, Sanktionierung und Verhinderung weiterer Vorfälle ergriffen worden sind, insbesondere war die eingerichtete Compliance-Organisation ungenügend und wurde nicht angemessen überwacht und das trotz der erwähnten konkreten Hinweis auf die Existenz eines Korruptionsproblems. Überdies musste nach der Ansicht des Gerichts die Compliance-Organisation des Unternehmens besonders strengen Anforderungen genügen, da das Unternehmen seine Geschäftstätigkeit in sehr korruptionsanfälligen Ländern wie Nigeria entfaltete und strengen gesetzlichen Regelungen z.B. durch das Listing am New York Stock Exchange unterworfen war.[1323]

Hinsichtlich der Compliance-Organisation führt das Gericht weiter aus, dass angesichts der sich mehrenden Anzeichen der Mangelhaftigkeit der Organisation eindeutige organisatorische Zuständigkeiten geschaffen, notwendige Maßnahmen wie beispielsweise die Überprüfung aller Beraterverträge eingeleitet, die tatsächliche Umsetzung der Compliance-Vorgaben kontrolliert und Sanktionen hätten vorgesehen werden müssen.[1324]

Auch scheitert das Vorliegen einer Pflichtverletzung des beklagten Vorstandsmitgliedes nicht etwas an mangelnder Kompetenz oder Zuständigkeit aufgrund der Geschäftsverteilung im Unternehmen, vielmehr sei die Legalitätspflicht und damit die Einrichtung eines Compliance-Systems nebst Überwachung der Effektivität Teil der Gesamtverantwortung des Vorstandes, so dass das beklagte Vorstandsmitglied in Kenntnis des Korruptionsproblems hätte handeln müssen. Gleichzeitig hätte sich das beklagte Vorstandsmitglied auch über die internen Ermittlungen, personelle Konsequenzen und das Vorgehen gegen das Korruptionsgeflecht informieren müssen.[1325]

1322 LG München I, Rn. 89, juris = DB 2014, 766, 768 = AG 2014, 332, 333 = WM 2014, 947, 950f., dort auch zum folgenden Text sowie m.w.N. zum Compliance-Schrifttum.

1323 LG München I, Rn. 92ff., juris = DB 2014, 766, 769 = AG 2014, 332, 334 = WM 2014, 947, 951ff.

1324 LG München I, Rn. 97ff., juris = DB 2014, 766, 769 = AG 2014, 332, 334 = WM 2014, 947, 952.

1325 LG München I, Rn. 100ff., juris = DB 2014, 766, 770 = AG 2014, 332, 334f. = WM 2014, 947, 952.

cc) Anforderungen an eine Compliance-Organisation

Das Urteil des LG München I orientiert sich im Prinzip am Stand der Diskussion in der Literatur im Hinblick auf die Ausgestaltung der Compliance-Organisation.[1326]

Auf den Punkt gebracht ist der Ausgangspunk einer Compliance-Organisation die Legalitätspflicht, aus der eine Pflicht zur Organisation und Aufsicht zur Vermeidung von Gesetzesverstößen folge, die sich an individuellen Unternehmensparametern wie der Größe, der Struktur, den relevanten Regelungssystemen und der Internationalität des Unternehmens ausrichtet.[1327]

Als konkrete Organisationsanforderung kann dem Urteil entnommen werden, dass zur Vermeidung einer Pflichtverletzung im Falle der Kenntnis einer Gesetzesverletzung geeignete und vor allen Dingen wirksame Maßnahmen zur Klärung, Sanktionierung und Verhinderung weiterer Vorfälle einzuleiten sind, was speziell auch die Überwachung der eingerichteten Compliance-Organisation umfasst.[1328]

Sofern sich eine Compliance-Organisation als mangelhaft herausstellt, so ist nach Ansicht des Gerichts Abhilfe zu schaffen, was im konkreten Beispiel durch die Schaffung eindeutiger organisatorischer Zuständigkeiten, die Überprüfung weiterer, problematischer Verträge, die Überwachung der tatsächlichen Umsetzung der Compliance-Vorgaben sowie durch Sanktionen hätte passieren können. Dabei kann sich das einzelne Vorstands nicht hinter seiner Ressortverteilung verstecken, sondern muss aufgrund der Gesamtverantwortung des Vorstands in Kenntnis von Rechtsverletzungen aktiv werden.

Obwohl die Klarstellungen des Urteils und die Bestätigung der Literaturansichten aus Gründen der Rechtssicherheit zu begrüßen sind und dem Urteil des LG Münchens I ergo sicherlich eine Signalwirkung[1329] zukommt, so sind doch die Erkenntnisse in Bezug auf den hiesigen Untersuchungsgegenstand – organisatorische Anforderungen an Corporate bzw. Tax Compliance aus der Rechtsprechung zu gewinnen – eher dürftig. Beschränkt auf die Aspekte einer Compliance-Organisation werden lediglich die bekannten Anforderungen aus dem Schrifttum[1330] aufgegriffen, ohne eine signifikante Rechtsfortbildung in Form handfester Kriterien zu liefern.[1331]

1326 Siehe dazu die ausführlichen Verweise im Urteil des LG München I auf das Schrifttum zu Compliance, so z.B. in Rn. 89, juris = DB 2014, 766, 768 = AG 2014, 332, 333 = WM 2014, 947, 950f. Im Hinblick auf die aktienrechtlichen Anforderungen an die Ausgestaltung der Sorgfaltspflicht des Vorstandes und die daraus resultierenden Anforderungen an die Einrichtung einer Compliance-Organisation siehe noch ausführlich S. 272ff.

1327 Vgl. *Fleischer*, NZG 2014, 321, 322f.; vgl. *Grützner*, BB 2014, 850.

1328 Vgl. zu den Kernaussagen des Urteils *Fleischer*, NZG 2014, 321, 324f., dort auch zum folgenden Text; vgl. *Grützner*, BB 2014, 850, 851f.; vgl. *Meyer*, DB 2014, 1063, 1068.

1329 *Fleischer*, NZG 2014, 321 bezeichnet das Urteil als einen möglichen zukünftigen "Iconic Case in Corporate Law".

1330 Vgl. dazu ausführlich die Darstellung S. 13ff. mit umfangreichen Nachweisen.

1331 Vgl. weniger kritisch *Meyer*, DB 2014, 1063, 1068.

dd) Schlussfolgerung für Tax Compliance

In Anbetracht der vorstehenden Ausführungen ist als Schlussfolgerung für Tax Compliance aus dem Urteil des LG München I nur abzuleiten, dass die im Schrifttum im Rahmen der aktienrechtlichen Sorgfalts- und Legalitätspflicht entwickelten Kriterien, die an Corporate bzw. Tax Compliance anzulegen sind, zumindest von der unterinstanzlichen Rechtsprechung gebilligt worden sind und damit zumindest eine gewisse Rechtssicherheit bieten. Indes können aus dem Urteil keine speziellen, originär der Rechtsprechung zuzuordnen Anforderungen an Tax Compliance gewonnen werden.

c) Rechtsprechung abseits des MPS- und des Siemens/Neubürger-Urteils

Eine dezidierte und detaillierte Rechtsprechung, die alle Zweifelsfragen im Zusammenhang mit Corporate Compliance oder insbesondere Tax Compliance zu beantworten vermag und konkrete Anforderungen an die Sorgfaltspflicht des Vorstands statuiert, hat sich bisher über das Urteil des Landgerichts München I hinaus nicht herauskristallisiert, lediglich einzelne Aspekte, die mit Corporate Compliance in Zusammenhang gebracht werden können, sind bereits Gegenstand verschiedener gerichtlicher Verfahren gewesen.[1332]

aa) Anforderungen

Aus den unterschiedlichen Urteilen lassen sich gleichwohl Anforderungen an die Corporate Compliance gewinnen.

(1) Obiter dictum zur Garantenstellung eines Compliance Officers

Von zentraler Bedeutung für Compliance ist ein Urteil des BGH aus dem Jahre 2009.[1333] In diesem Urteil unterlässt es der Leiter der Rechtsabteilung und der Innenrevision der Berliner Stadtreinigungsbetriebe, die aufgedeckte, unberechtigte Einziehung von Entgelten zur Straßenreinigung zu korrigieren.

Den Ausführungen in den Urteilsgründen lässt sich entnehmen, dass die Personen, die die Position eines „Compliance Officers" im Unternehmen inne haben, in der Regel eine Garantenpflicht aus § 13 I StGB trifft. Voraussetzung der Garantenpflicht ist, dass die tatsächliche Übernahme eines bestimmten Pflichtenkreises, der unter anderem darauf gerichtet ist, vom eigenen Unternehmen verursachte Rechtsverstöße nicht nur aufzudecken, sondern auch zu korrigieren, mit der Position des „Compliance Officers" verbunden ist.[1334]

1332 Siehe zum Zusammenhang von Corporate Compliance zu unternehmensinternen Überwachungs- und Risikosteuerungssystemen im Rahmen der Implementierung von Corporate Compliance in das Unternehmen bereits oben S. 23ff.

1333 BGH, BGHSt 54, 44 = NJW 2009, 3173 = NZG 2009, 1356 = NStZ 2009, 686.

1334 BGH, BGHSt 54, 44, 49f., Tz. 26f. = NJW 2009, 3173, 3174f., Tz. 26f. = NZG 2009, 1356, 1358, Tz. 26f. = NStZ 2009, 686, 687f., Tz. 26f.; siehe dazu ausführlich in der Literatur schon vor dem Urteil des BGH: *Kraft/Winkler*, CCZ 2009, 29, 31ff.

Unmittelbar aus dem Urteilstext lassen sich obiter dictu zur Garantenstellung des Compliance Officers keine umfassenden Erkenntnis hinsichtlich einer detaillierten Corporate Compliance-Organisation oder eines Corporate Compliance-Systems im Unternehmen extrahieren. Konkret angesprochen werden lediglich eine Überwachungspflicht[1335] sowie eine Informationspflicht bzw. Beanstandungspflicht des verurteilten Leiters der Innenrevision und der Rechtsabteilung[1336], die im Lichte des obiter dictum auf den Compliance Officer übertragen werden können, ohne dass im Urteil nähere Voraussetzungen oder die Organisation der Pflichten erläutert werden.

Das Urteil war Gegenstand einer ganzen Reihe von Veröffentlichungen im Schrifttum, die sich einerseits schwerpunktmäßig mit der Garantenstellung des Compliance Officers beschäftigen[1337], was unter dem Gesichtspunkt von Anforderungen und Maßstäben an das Vorstandshandeln im Hinblick auf Tax Compliance an dieser Stelle nicht Gegenstand der Erörterung sein soll, sowie andererseits als Folge des Urteils mit der Frage der notwendigen unternehmensinternen Organisation, um die nach Ansicht des BGH drohende Strafbarkeitsfolge zu vermeiden.[1338] Aus letztgenannter Literatur sind damit mittelbar auf das Urteil zurückgehend einige Anforderungen und Maßstäbe für das Vorstandshandeln zu konstatieren

Zunächst werden grundsätzlich Feststellungen zur Delegation von Compliance auf dem Vorstand nachgeordnete Stellen – in diesem Fall einem Compliance Officer – getroffen, die sich im Kern an den allgemeinen Anforderungen der vertikalen Delegation von Vorstandsaufgaben, d.h. keine Delegation von Leitungsaufgaben, Modifikation der Vorstandspflicht zur Überwachungspflicht, ordnungsgemäße Auswahl, Anleitung und Überwachung, klare Kompetenzen, usw.[1339] orientieren.[1340]

1335 BGH, BGHSt 54, 44, 51, Tz. 30 = NJW 2009, 3173, 3175, Tz. 30 = NZG 2009, 1356, 1358, Tz. 30 = NStZ 2009, 686, 688, Tz. 30.

1336 BGH, BGHSt 54, 44, 51f., Tz. 31 = NJW 2009, 3173, 3175, Tz. 31 = NZG 2009, 1356, 1358, Tz. 31 = NStZ 2009, 686, 688, Tz. 26f.; siehe dazu auch *Favoccia/Richter*, AG 2010, 137, 139.

1337 Siehe dazu beispielsweise: *Thomas*, CCZ 2009, 239f.; befürwortend *Lackhoff/Schulz*, CCZ 2010, 81, 82ff., 86f,; *Ransiek*, AG 2010, 147ff.; *Dann/Mengel*, NJW 2010, 3265, 3267f.; *Rönnau/Schneider*, ZIP 2010, 53, 54ff.; krit.: *Wybitul*, BB 2009, 2590f.; abehnend: *Rübenstahl*, NZG 2009, 1341ff.; *Grau/Blechschmidt*, DB 2009, 2145f.; *Campos Nave/Vogel*, BB 2009, 2546ff.; *Warneke*, NStZ 2010, 312ff.; *Michalke*, AnwBl. 2010, 666, 668; *Deutscher*, WM 2010, 1387, 1390ff.; *Wolf*, BB 2011, 1353, 1358ff.; grundlegend bereits für das BGH Urteil *Kraft/Winkler*, CCZ 2009, 29, 31ff., siehe auch den Verweis bei BGH, BGHSt 54, 44, 49f., Tz. 27 a.E. = NJW 2009, 3173, 3175, Tz. 27 = NZG 2009, 1356, 1358, Tz. 27 = NStZ 2009, 686, 687f., Tz. 27.

1338 Siehe dazu die nachfolgenden Ausführungen mit den entsprechenden Nachweisen.

1339 Siehe dazu noch ausführlich m.w.N. S. 281ff.

1340 Vgl. *Campos Nave/Vogel*, BB 2009, 2548f.; *Bürkle*, CCZ 2010, 4, 5f.; vgl. *Fecker/Kinzl*, CCZ 2010, 13f.; *Lackhoff/Schulz*, CCZ 2010, 81, 84f.; *Krieger/Günther*, NZA 2010, 367f., 369ff.; *Krieger/Günther*, ZRFC 2011, 149; ausführlich *Wolf*, BB 2011, 1353, 1356f. m.w.N.

Ferner wird die Einrichtung von Meldesystemen oder Berichtspflichten sowie die Dokumentation der einzelnen Kompetenzen des Compliance Officers, der Verantwortungsbereiche bzw. des installierten Corporate Compliance-Systems und der ergriffenen Maßnahmen gefordert.[1341]

Für die Ausgestaltung der Position des Compliance Officers werden überdies noch die Aspekte einer Weisungsfreiheit des Compliance-Officers, die Ausstattung mit geeigneten Mitteln und Kompetenzen zur Wahrnehmung seiner Aufgaben sowie ein Kündigungsschutz angesprochen.[1342]

Indes werden die vorstehenden Kriterien im Schrifttum im Ergebnis nicht als Dogma statuiert, sondern es wird auf die Erforderlichkeit im Einzelfall abgestellt,[1343] so dass sich die umschriebenen Erkenntnisse, die im Zusammenhang mit dem BGH-Urteil in Bezug auf unternehmensinterne Organisationsanforderungen im Schrifttum propagiert worden sind, nicht wesentlich von den aus §§ 76, 93 AktG abgeleiteten Sorgfaltsanforderungen an das Vorstandshandeln unterscheiden.[1344]

Durch das Urteil rückt in der Diskussion um die Erforderlichkeit von Corporate Compliance-Systemen auch die strafrechtliche Dimension ins Blickfeld, die die Risikolage für den Vorstand verschärft, da der Compliance Officer qua Delegation an sich nur die Aufgaben wahrnimmt, die der Vorstand zu erfüllen hat.[1345] Die Delegation befreit den Vorstand letztendlich nicht von seiner Verantwortung, so dass über die Kontroverse der Strafbarkeit des Compliance Officers eine nach der Rechtsprechung des BGH denkbare Strafbarkeit der Unternehmensleitung aus Unterlassen als möglicher Risikofaktor unabhängig von der Kritik der Literatur[1346] an diesem Urteil zumindest im Hinterkopf zu behalten ist, wobei dieses Risiko durch die Etablierung eines effizienten Systems und eine der Sorgfaltspflicht genügenden Delegation minimiert werden kann.[1347]

1341 Vgl. *Kraft/Winkler*, CCZ 2009, 29, 33; vgl. *Campos Nave/Vogel*, BB 2009, 2548; vgl. *Grau/Blechschmidt*, DB 2009, 2145, 2146; *Wybitul*, BB 2009, 2590, 2593; vgl. *Bürkle*, CCZ 2010, 4, 5, 6f.; *Fecker/Kinzl*, CCZ 2010, 13, 16ff.; *Lackhoff/Schulz*, CCZ 2010, 81, 87f.; vgl. *Rönnau/Schneider*, ZIP 2010, 53, 59; vgl. *Favoccia/Richter*, AG 2010, 137, 139ff.; vgl. *Krieger/Günther*, NZA 2010, 367, 370ff.; vgl. *Warneke*, NStZ 2010, 312, 317; *Dann/Mengel*, NJW 2010, 3265, 3268; *Krieger/Günther*, ZRFC 2011, 149, 151f.,153; vgl. zur Problematik einer „Aufgabenbeschreibung eines Compliance Officers *Wolf*, BB 2011, 1353, 1358.

1342 Ausführlich *Krieger/Günther*, NZA 2010, 367f., 370f.; vgl. auch *Bürkle*, CCZ 2010, 4, 6ff., 12; vgl. *Fecker/Kinzl*, CCZ 2010, 13, 18f.; *Meier*, NZA 2011, 779, 782; *Krieger/Günther*, ZRFC 2011, 149, 151f.

1343 Vgl. *Favoccia/Richter*, AG 2010, 137, 139; vgl. *Michalke*, AnwBl. 2010, 666, 669.

1344 Siehe dazu ausführlich S. 261ff.

1345 Vgl. ausführlich *Wybitul*, BB 2009, 2590ff., 2593, vgl. dort auch zum folgenden Text; vgl. *Bürkle*, CCZ 2010, 4, 6; zur Delegation siehe S. 272ff.

1346 Siehe zur Kontroverse um die Strafbarkeit des Compliance Officers und des Vorstands die vorstehenden Ausführungen mit den entsprechenden Nachweisen.

1347 Vgl. *Grau/Blechschmidt*, DB 2009, 2145, 2146; vgl. *Lackhoff/Schulz*, CCZ 2010, 81, 88.

(2) Einzelaspekte weiterer Urteile

Bereits 2002 urteilte das LG Berlin, dass es in die Pflicht des Vorstandes einer Bank fällt, ein funktionsfähiges Risikofrüherkennungssystem gem. § 91 II AktG einzurichten, das sich an den Anforderungen des § 25a KWG orientiert und eine Risikoanalyse, Dokumentation und Berichterstattung über die Risikolage umfasst.[1348] Es wird betont, dass eine Delegation dieser Pflicht innerhalb des Vorstands diese Pflicht in eine Überwachungspflicht modifiziert.[1349]

Dieser Gedanke wurde 2004 vom VG Frankfurt a. M. über das Bankenwesen hinaus für Versicherungen fortgeführt.[1350] Auch hier wird die Bedeutung des Risikofrüherkennungssystems im Sinne des § 91 II AktG unterstrichen, ebenfalls zur Ausgestaltung auf § 25a I KWG zurückgegriffen[1351] und herausgestellt, dass den Vorstandsmitgliedern, die nicht unmittelbar mit diesem System befasst sind, eine Überwachungspflicht obliegt. Allerdings geht das VG Frankfurt a. M. über die Ausführungen des LG Berlin hinaus, in dem es eine intensivere Überwachungspflicht für die Vorstandsmitglieder annimmt, deren Ressort dem Ressort, in sich dem die Sorgfaltspflichtverletzung ereignet hat, sachnah sind.[1352] Unter Bezug auf das KonTraG konstatiert das VG Frankfurt in seiner Urteilsbegründung weiter, dass der genaue Umfang und Aufbau eines Risikofrüherkennungssystems im Sinne des § 91 II AktG, im Urteil verstanden als Risikomanagementsystem[1353], von den individuellen Gegebenheiten des jeweiligen Unternehmens abhängen würde, gleichwohl unabhängig in jedem Fall eine Dokumentation des Systems und vor allen Dingen die Umsetzung bzw. Anwendung des Systems in der täglichen Unternehmenspraxis geboten sei.[1354]

Ferner wurde vom LG München I im Jahre 2007 entschieden, dass ein einzurichtendes Risikofrüherkennungssystem im Sinne des § 91 II AktG zwingend zu dokumentieren ist, um auf diese Weise das System im gesamten Unternehmen zu publizieren und damit verbunden auf die Risiken im Unternehmen aufmerksam machen zu können.[1355] Die Dokumentation wird als elementare Pflicht des Vorstands im Rahmen des § 91 II

1348 LG Berlin, AG 2002, 682, 683f. = BKR 2002, 969, 970.

1349 Siehe dazu ausführlich m.w.N. S. 226ff.

1350 VG Frankfurt a. M., WM 2004, 2157 = VersR 2005, 57 = AG 2005, 264.

1351 Dies geschieht unter Verweis auf *Preußner/Zimmermann*, AG 2002, 657, 660, die sich wiederum auf das schon erörterte Urteil des LG Berlin, AG 2002, 682 = BKR 2002, 969 beziehen; krit. Auseinandersetzung mit dem Rückgriff auf die Voraussetzungen des § 25a I KWG sowie seinem Verhältnis zu § 91 II AktG bei *Bürkle*, WM 2005, 1496ff.

1352 VG Frankfurt a. M., WM 2004, 2157, 2160f. = VersR 2005, 57, 59f. = AG 2005, 264, 265f.; siehe zur Diskussion um eine erhöhte Überwachungspflicht aufgrund eines sachnahen Vorstandsressorts ausführlich m.w.N. S. 272ff.

1353 Siehe zur in dieser Arbeit vertretenen juristischen Auffassung, die § 91 II AktG nicht als Grundlage eines umfassenden Risikomanagementsystems sieht bereits ausführlich S. 226ff.

1354 VG Frankfurt a. M., WM 2004, 2157, 2161f. = VersR 2005, 57, 60 = AG 2005, 264, 266.

1355 LG München I, BB 2007, 2170, 2172, dort auch zum folgenden Text.

AktG angesehen, wobei das Risikofrüherkennungssystem vom LG München I als Risikomanagementsystem[1356] begriffen wird. Unabhängig von der Tatsache, dass es an einer gesetzlichen Grundlage für die generelle Verpflichtung zur Dokumentation des Systems aus § 91 II AktG mangelt[1357], ist in der Praxis gerade im Lichte des weiten Verständnisses des Risikofrüherkennungssystems im Urteil als Risikomanagementsystem nicht nur die Dokumentation des Risikomanagementsystems anzuraten[1358], sondern darüber hinaus auch unter dem Aspekt der Beweisvorsorge eine Dokumentation der Corporate Compliance und damit auch der Tax Compliance vorzunehmen.

Aus einem Urteil des OLG Jena aus dem Jahre 2009 lässt sich beispielsweise entnehmen, dass der Geschäftsführer in einem GmbH-Konzern verpflichtet ist, ein Kontrollsystem einzurichten, das Scheinrechnungen, also Rechnungen bei denen die quittierte Leistung nie erbracht worden ist, im Konzern aufspürt.[1359] In Bezug auf die Kriterien, die an ein solches System anzulegen sind um dieser postulierten Pflicht zu genügen, hüllt sich das Urteil in Schweigen.

Jedoch verdeutlich das Urteil die Bedeutung der unternehmensinternen Organisation, insbesondere die Einrichtung von Kontrollsystemen in essentiellen Bereichen des Unternehmens wie in diesem Fall der Buchhaltung.[1360]

bb) Schlussfolgerung für Tax Compliance

So kontrovers die Diskussion über das obiter dictum des BGH zur Garantenstellung des Compliance Officers in der Literatur auch ausfallen mag, so wenig lassen sich aus dem Urteil Anforderungen und Maßstäbe für den Vorstand aus dem Blickwinkel der Tax Compliance gewinnen, die über die bereits bekannten Erkenntnisse begründet in der allgemeinen Sorgfaltspflicht des Vorstands hinausgehen.[1361] Jedenfalls führt diese Rechtsprechung des BGH unter dem Aspekt der Risikoanalyse zu einer Verschärfung der Risikolage für den Vorstand, da sich neben der allgemeinen Haftung aus § 93 II AktG im Falle einer Verletzung der Sorgfaltspflicht nunmehr ob einer denkbaren Strafbarkeit aus Unterlassen als strafrechtliche Dimension der Sorgfaltspflichtverletzung eröffnet.

Aus der bruchstückhaften, unterinstanzlichen Rechtsprechung ist zumindest zu entnehmen, dass aus Gründen der unternehmensinternen Publikation an die

1356 Siehe zur in dieser Arbeit vertretenen juristischen Auffassung, die § 91 II AktG nicht als Grundlage eines umfassenden Risikomanagementsystems sieht bereits ausführlich S. 226ff.

1357 Siehe dazu kritisch *Theusinger/Liese*, NZG 2008, 289, 290.

1358 *Huth*, BB 2007, 2167, 2170; *Theusinger/Liese*, NZG 2008, 289, 290f.; *Bihr/Kalinowsky*, DStR 2008, 620, 623.

1359 OLG Jena, NZG 2010, 226, 227.

1360 Vgl. *Erwin*, GWR 2009, 449; *Wilsing/Ogorek*, NZG 2010, 216, 217; *Klindt/Pelz/Theusinger*, NJW 2010, 2385, 2386.

1361 Siehe zur Sorgfaltspflicht des Vorstands und ihren einzelnen Ausprägungen im Lichte von Tax Compliance S. 261ff.

Mitarbeiter zwecks Beachtung sowie der Beweisvorsorge, ein unternehmensindividuell einzurichtendes System zu dokumentieren ist.

Bei dem einzurichtenden System beziehen sich das LG Berlin[1362], das VG Frankfurt a. M.[1363] sowie das LG München I[1364] auf das Risikofrüherkennungssystem aus § 91 II AktG, was aber zumindest in den Ausführungen des VG Frankfurt a. M. sowie des LG München I als eher umfassendes Risikomanagementsystem interpretiert wird ohne sich en detail an den Anforderungen des § 25a I KWG auszurichten, wohingegen das LG Berlin das System – freilich wegen des konkreten Bezugs auf einen Bankvorstand – an den Anforderungen des § 25a KWG orientiert. Das OLG Jena[1365] fordert im Ergebnis ein Kontrollsystem in sensiblen Bereichen des Unternehmens, in denen die Realisierung eines Risikos in einem Schaden erhebliche Folgen für das betroffene Unternehmens nach sich ziehen würde.

Als Zusammenfassung ist als Folge dieser Urteile für die Unternehmensorganisation festzuhalten, dass ein Risikofrüherkennungssystem wie es § 91 II AktG nach hier vertretener Ansicht festschreibt, im Einzelfall nicht ausreicht, sondern ein darüber hinausgehendes System zur Risikoidentifikation nebst Berichterstattung und Kontrollmechanismen erforderlich ist, wobei insbesondere unternehmensindividuell zu bestimmende, wesentliche Risikobereiche abzudecken sind.

Übertragen auf Tax Compliance bedeutet dies, dass der Vorstand zur Erfüllung seiner Sorgfaltspflicht zunächst per Risikoanalyse steuerliche Risikobereiche im Unternehmen zu eruieren hat, um dann ggf. durch ein zu dokumentierendes System die Risiken zu überwachen, zu kontrollieren und damit im Endeffekt zu beherrschen.

Allerdings geben die angesprochenen Urteile über diese allgemeinen Hinweise keine konkreten Anforderungen oder Maßstäbe vor, so dass sich aus dieser Rechtsprechung kein Erkenntnisgewinn über das Schrifttum, insbesondere das noch zu erläuternde Schrifttum zur Sorgfaltspflicht des Vorstands, hinaus einstellt.

3. Schlussfolgerung: Gesetzliche Organisationspflichten und Organisationsanforderungen der Rechtsprechung an Tax Compliance

a) Gesetzliche Organisationsanforderungen für Tax Compliance

Unter dem Aspekt der gesetzlichen Organisationspflichten ist der Regelung des § 91 II AktG als Anforderung für Tax Compliance die Einrichtung eines Tax Risk

---

1362 LG Berlin, AG 2002, 682 = BKR 2002, 969, siehe dazu bereits im Einzelnen die vorstehenden Ausführungen.

1363 VG Frankfurt a. M., WM 2004, 2157 = VersR 2005, 57 = AG 2005, 264, siehe dazu bereits im Einzelnen die vorstehenden Ausführungen.

1364 LG München I, BB 2007, 2170, siehe dazu bereits im Einzelnen die vorstehenden Ausführungen.

1365 OLG Jena, NZG 2010, 226, siehe dazu bereits im Einzelnen die vorstehenden Ausführungen; siehe auch *Bürkle*, WM 2005, 1496, 1497, der die Aussage des VG Frankfurt in einer Übertragung der Voraussetzungen des § 25a I KWG auf § 91 II AktG sieht, bzw. ein einheitlich Verständnis der beiden Normen annimmt.

Managements zur Identifikation der bestandsgefährdenden, steuerlichen Risiken zu entnehmen, um mit Hilfe der notwendigen Fachkenntnisse in Steuerfragen Risiken aufzudecken. Dabei handelt es sich um eine absolute Mindestanforderung für Tax Compliance, da Tax Compliance nach der zu Grunde gelegten Definition weiter reicht. Ergänzt wird dieser Aspekt durch das Element der Regelmäßigkeit der Risikoidentifikation, das aus dem Lagebericht gem. § 289 I, II HGB resultiert. Des weiteren fügt § 289 V HGB implizit ein vorgeschobenes Evaluationselement hinzu, welches allerdings lediglich vom Vorstand eine Analyse und Bewertung der steuerlichen Risikolage verlangt, um darauf aufbauend mit der Ergreifung von Organisationsmaßnahmen wie der Etablierung des angesprochenen Tax Risk Managements oder eines gesamten Tax Compliance-Systems reagieren zu können.

Hinsichtlich des Erfordernisses der Einrichtung einer internen Revision als Ausfluss einer sorgfältigen Unternehmensleitung auch im Lichte des § 91 II AktG, kann für Tax Compliance bzw. für das Tax Compliance-System nur der grundsätzliche Bedarf eines Kontrollelements abgeleitet werden, ohne das anhand aktiengesetzlicher Normen spezifische Anforderungen definiert werden können.

b) Organisationsanforderungen der Rechtsprechung an Tax Compliance

Aus dem MPS-Urteil des BGH ist in Abhängigkeit von der individuellen Risikolage des Unternehmens die Einrichtung eines Tax Compliance-Systems dann geboten, wenn die steuerlichen Risiken aufgrund ihrer Relevanz für die wirtschaftliche Gesamtsituation des Unternehmens nicht mehr ausreichend durch Einzelkontrollen, sondern nur noch durch die Einführung eines Systems wirksam beherrscht werden können. Konkrete Kriterien, die dabei angepasst an die jeweilige Risikosituation für das zu implementierende System und damit für ein Tax Compliance-System anzulegen sind, ist die Erfassung der risikorelevanten Informationen durch ein Melde- oder Berichtssystem. Zu diesem Zweck ist die Definition der zu erhebenden Daten notwendig, die konzernweite Erhebung zu sichern und das Intervall der Berichtspflichten flexibel an der Risikolage auszurichten und eine Meldepflicht bei Erreichen bestimmter Grenzwerte festzulegen.

Weiterhin muss das System Maßnahmen bei Eintritt einer zu bestimmenden Risikosituation, Kontrollen sowie die Dokumentation des Gesamtsystems vorsehen.

Im Gegensatz dazu liefert das Siemens/Neubürger-Urteil des LG München I keinen Erkenntnisgewinn, der über die bereits im Schrifttum gewonnenen Anforderungen der Sorgfaltspflicht hinausgehen.[1366]

Durch die bruchstückhafte Rechtsprechung abseits des MPS- und Siemens/Neubürger-Urteils tritt zunächst eine Verschärfung der Risikolage für den Vorstand ein, da durch das Urteil zur Strafbarkeit des Compliance Officers neben der Haftung aus § 93 II AktG noch eine strafrechtliche Dimension eröffnet wurde.

Als Anforderung ist der Rechtsprechung zur Publikation der Tax Compliance im Unternehmen an die Mitarbeiter zwecks Beachtung und zur Beweisvorsorge die

---

1366 Siehe dazu noch im Detail ausführlich S. 261ff.

Dokumentation des unternehmensindividuell einzurichtenden Tax Compliance-Systems zu entnehmen.

Ferner lässt sich aus der Rechtsprechung ableiten, dass der Vorstand zur Erfüllung seiner Sorgfaltspflicht hinsichtlich Tax Compliance zunächst per Risikoanalyse steuerliche Risikobereiche im Unternehmen zu eruieren hat, um dann ggf. durch zu ein dokumentierendes System die Risiken zu überwachen, zu kontrollieren und damit im Endeffekt zu beherrschen.

Jedoch geben die angesprochnen Urteile über diese allgemeinen Hinweise keine weiteren, konkreten Anforderungen oder Maßstäbe vor, so dass sich aus dieser Rechtsprechung kein Erkenntnisgewinn über das Schrifttum insbesondere zur Sorgfaltspflicht des Vorstandes[1367] hinaus einstellt.

III. Sorgfaltspflicht und Haftung des Vorstandes – Maßstäbe für Tax Compliance aus § 93 I, II AktG

Tax Compliance ist als Leitungsaufgabe des Vorstandes zu qualifizieren. Diese Leitungsaufgabe[1368] wird durch organisatorische Anforderungen sowie Maßstäbe aus dem Aktiengesetz und der Rechtsprechung konkret in Bezug auf Tax Compliance ergänzt. Zugleich unterfällt das Handeln des Vorstandes den Sorgfaltsanforderungen des § 93 I AktG, flankiert von der Haftung des § 93 II AktG,[1369] so dass eine Untersuchung geboten ist, welche Anforderungen und Maßstäbe zurückgehend auf die Sorgfaltspflicht effektiv an Tax Compliance anzulegen sind.

1. Sorgfaltspflicht

Allgemein besagt der Wortlaut des § 93 I 1 AktG, dass die Vorstandsmitglieder bei ihrer Geschäftsführung die Sorgfalt eines ordentlichen und gewissenhaften Geschäftsleiters anzuwenden haben. Die Norm statuiert durch eine Doppelfunktion sowohl objektive Verhaltenspflichten, wie auch einen Verschuldensmaßstab.[1370]

1367 Siehe dazu noch im Detail ausführlich S. 261ff.

1368 Siehe dazu bereits ausführlich oben S. 224f.

1369 Statt aller *Hopt*, in: Großkommentar AktG, § 93, Rn. 18 (01.011999); *Hüffer*, AktG, § 93, Rn. 93, Nr. 3.

1370 So die h.M.: *Hopt*, in FS Mestmäcker, 909, 916; *Hopt*, in: Großkommentar AktG, § 93, Rn. 19 (01.01.1999); *Spindler*, in: MüKo-AktG, § 93, Rn. 20; *Thümmel*, Persönliche Haftung von Managern und Aufsichtsräten, Rn. 182; *Krieger/Sailer-Coceani*, in: Schmidt/Lutter, AktG, Bd. 1, § 93, Rn. 5; *Bürgers/Israel*, in: Bürgers/Körber, AktG, § 93, Rn. 2; *Fleischer*, in: Spindler/Stilz, AktG, Bd. 1, § 93, Rn. 10; *Mertens/Cahn*, in: Kölner Kommentar AktG, Bd. 2/1, § 93, Rn. 11; *Raiser/Veil*, Recht der Kapitalgesellschaften, § 14, Rn. 65; a.A. *Hüffer*, in FS Raiser, 163, 165ff., 176; *Hüffer*, AktG, § 93, Rn. 3a; zur Doppelfunktion bei der GmbH *Fleischer*, in: MüKo-GmbHG, Bd. 2, § 43, Rn. 10 m.w.N.; a.A. zur GmbH: *Koppensteiner/Gruber*, in: Rowedder/Schmidt-Leithoff, GmbHG, § 43, Rn. 8; *Zöllner/Noack*, in: Baumbach/Hueck, GmbHG, § 43, Rn. 8.

Ergo stellt sich § 93 I 1 AktG als spezielle Ausführung des Maßstabs aus § 276 II BGB, der die Fahrlässigkeit als die Außerachtlassung der im Verkehr erforderlichen Sorgfalt umschreibt, sowie des Maßstabs aus § 347 I HGB, der für ein Handelsgeschäft, das zur Sorgfalt verpflichtet, auf die Sorgfalt eines ordentlichen Kaufmanns abstellt, dar.[1371] Jedoch ist der Vorstand einer Aktiengesellschaft im Vergleich zum Kaufmann im Sinne des § 347 I HGB einer anderen, größeren Pflicht zur Sorgfalt ausgesetzt, da der Vorstand wie ein Treuhänder fremde Vermögensinteressen wahrnimmt.[1372]

Im Rahmen der Bestimmung von Anforderungen an das Vorstandshandeln basierend auf der Sorgfaltspflicht ist allerdings zunächst die Einschränkung zu äußern, dass sich aufgrund der Individualität eines jeden Unternehmens keine allgemeingültigen, starren Anforderungen an die Sorgfaltspflicht des Vorstandes formulieren lassen, vielmehr ist der Maßstab im Einzelfall anhand von Faktoren wie der Größe des Unternehmens, der Anzahl der Arbeitnehmer, der allgemeinen Wirtschaftslage sowie dem jeweiligen Zuständigkeitsbereich des Vorstandsmitglieds zu ermitteln.[1373]

Gleichwohl handelt es sich bei diesem Maßstab um einen normativen Maßstab, wodurch eine Objektivierung eintritt und sich der Vorstand im Falle seiner Haftung z.B. nicht auf eine gegen diesen Maßstab verstoßende übliche Praxis berufen kann.[1374] Die Individualität des Maßstabs hindert ebenfalls nicht an der Identifikation von Grundprinzipien, an denen sich das Handeln des Vorstandes zu orientieren hat, wie z.B. die Legalitätspflicht oder Organisations- und Überwachungspflichten.[1375]

1371 Vgl. *Hopt*, in: Großkommentar AktG, § 93, Rn. 72 (01.01.1999); *Raiser/Veil*, Recht der Kapitalgesellschaften, § 14, Rn. 65; *Hüffer*, AktG, § 93, Rn. 4.

1372 Vgl. bereits RGZ 64, 254, 257f.; BGHZ 129, 30, 34 = NJW 1995, 1299 (Geschäftsführer einer GmbH); OLG Koblenz, ZIP 1991, 870, 871 (Geschäftsführer einer GmbH); OLG Hamm, AG 1995, 512, 514; OLG Düsseldorf, AG 1997, 231, 235; *Geßler*, JW 1937, 497, 501; *Wiesner*, in: Münchener Handbuch Aktiengesellschaft, § 25, Rn. 2; *Spindler*, in: MüKo-AktG, Bd. 2, § 93, Rn. 24; *Böttcher*, NZG 2009, 1047, 1049; *Mertens/Cahn*, in: Kölner Kommentar AktG, Bd. 2/1, § 93, Rn. 10; *Krieger/Sailer-Coceani*, in: Schmidt/Lutter, AktG, § 93, Rn. 5; *Hüffer*, AktG, § 93, Rn. 4.

1373 Vgl. *Semler*, Leitung und Überwachung der Aktiengesellschaft, Rn. 60f.; *Hopt*, in: Großkommentar AktG, § 93, Rn. 80ff. (01.01.1999); *Wiesner*, in: Münchener Handbuch Aktiengesellschaft, § 25, Rn. 2; *Fleischer*, in: Spindler/Stilz, AktG, Bd. 1, § 93, Rn. 41; *Raiser/Veil*, Recht der Kapitalgesellschaften, § 14, Rn. 88; *Landwehrmann*, in: Heidel, AktR, § 93, Rn. 51.

1374 Vgl. BGH, WM 1971, 1548, 1549; vgl. OLG Koblenz, ZIP 1991, 870, 871 (GmbH); *Wiesner*, in: Münchener Handbuch Aktiengesellschaft, § 25, Rn. 2; *Landwehrmann*, in: Heidel, AktR, § 93, Rn. 52; *Hüffer*, AktG, § 93, Rn. 4.

1375 *Fleischer*, in: Fleischer, Handbuch des Vorstandsrechts, § 7, Rn. 2; *Fleischer*, in: Spindler/Stilz, AktG, Bd. 1, § 93, Rn. 12.

a) Legalitätspflicht und Legalitätskontrollpflicht

aa) Inhalt der Legalitätspflicht

Explizit wird in § 93 I 1 AktG nur die Anwendung der Sorgfalt eines ordentlichen und gewissenhaften Geschäftsleiters postuliert, ohne dabei die Einhaltung der Gesetze als Gegenstand einer Legalitätspflicht zu erwähnen. Ausdrücklich erwähnt wird die Einhaltung der gesetzlichen Bestimmungen als Aufgabe des Vorstandes in Ziffer 4.1.3 des DCGK, wobei diese Regelung nur die geltende Rechtslage widerspiegelt und als „soft law" nicht zur Begründung einer Pflicht des Vorstandes taugt.[1376]

Implizit ist die Grundlage der Legalitätspflicht demgegenüber in der allgemeinen Sorgfaltspflicht aus § 93 I 1 AktG zu sehen: Die Sorgfaltspflicht des Vorstandes verlangt nicht nur die eigene Regeltreue des Vorstandes, sondern auch die Sorge für die Regeltreue der Gesellschaft.[1377] Im Rückschluss bedeutet dies, dass eine vom Vorstand verschuldete Rechtsverletzung der Gesellschaft im Außenverhältnis gegenüber Dritten gleichzeitig im Innenverhältnis gegenüber der Gesellschaft eine Verletzung der Legalitätspflicht des Vorstandes begründet.[1378] Die Aktiengesellschaft ist als juristische Person ebenso wie natürliche Personen zur Einhaltung des Rechts verpflichtet und hält diese Pflicht durch das für sie handelnde Organ in Gestalt des Vorstandes ein.[1379]

Wie soeben angedeutet, lässt sich die Legalitätspflicht in eine „interne Pflichtenbindung" und eine „externe Pflichtenbindung" unterteilen.[1380] Unter interner

1376 Vgl. *Thole*, ZHR 173 (2009), 504, 505, 514f.; zum DCGK: *Goslar*, in: Wilsing, DCGK, 4,1,3, Rn. 7; siehe auch zum DCGK bereits oben S. 187f. mit ausführlichen Nachweisen.

1377 *Thole*, ZHR 173 (2009), 504, 509, dort auch zum folgenden Text; *Fischbach*, Die Haftung des Vorstands im Aktienkonzern, S. 47; vgl. *Immenga*, in Unternehmensrecht zu Beginn des 21. Jahrhunderts, FS Schwark, 199, 202; *Goette*, in: Hommelhoff/Hopt/v. Werder, Handbuch Corporate Governance, S. 713, 721; *Verse*, ZHR 175 (2011), 401, 403f. m.w.N.; *Hüffer*, AktG, § 93, Rn. 4.

1378 *Rehbinder*, ZHR 148 (1984), 555, 569; *Schlechtriem*, in: Kreuzer; Die Haftung der Leitungsorgane von Kapitalgesellschaften, S. 9, 20ff.; *Abeltshauser*, Leitungshaftung im Kapitalgesellschaftsrecht, S. 213f. m.w.N.; vgl. *Hopt*, in: Großkommentar AktG, § 93, Rn. 98f. (01.01.1999); *Paefgen*, Unternehmerische Entscheidung und Rechtsbindung der Organe in der AG, S. 24f.; vgl. *Dreher*, in FS Konzen, 85, 92; auch zur Bedeutung des Aufsichtsrats in diesem Zusammenhang: *Lutter/Krieger*, Rechte und Pflichten des Aufsichtsrats, Rn. 72; *Spindler*, in: MüKo-AktG, Bd. 2, § 93, Rn. 63f., dort auch zum folgenden Text; *Mertens/Cahn*, in: Kölner Kommentar AktG, Bd. 2/1, § 93, Rn. 71; vgl. *Raiser/Veil*, Recht der Kapitalgesellschaften, § 14, Rn. 81; *Fleischer*, in: Spindler/Stilz, AktG, Bd. 1, § 93, Rn. 24, alle Quellen jeweils m.w.N.

1379 Vgl. für die GmbH und den GmbH-Geschäftsführer: BGH, BGHZ 133, 370, 375 = NJW 1997, 130, 131.

1380 Vgl. zu dieser Unterteilung *Abeltshauser*, Leitungshaftung im Kapitalgesellschaftsrecht, S. 213f.; vgl. *Schlechtriem*, in: Kreuzer; Die Haftung der Leitungsorgane von Kapitalgesellschaften, S. 9, 20ff.; *Paefgen*, Unternehmerische Entscheidung und Rechtsbindung der Organe in der AG, S. 17f.; *Fleischer*, ZIP 2005, 141, 142; *Fleischer*,

Pflichtenbindung sind die Beachtung der sich aus dem Gesetz unmittelbar ergebenden Pflichten des Vorstandes als Organ sowie die Einhaltung und Sicherung der innergesellschaftlichen Verantwortlichkeiten – beides in den Grenzen des Unternehmensgegenstandes – zu verstehen. Folglich sind die Normen, die an die Gesellschaft adressiert sind, Gegenstand der externen Pflichtenbindung, so dass diese die Einhaltung aller einschlägigen Rechtspflichten im Außenverhältnis erfasst.[1381] Hierunter fallen unter anderem auch die steuergesetzlichen Regelungen.[1382]

bb) Grenzbereiche der Legalitätspflicht und Tax Compliance

So trivial der Kern der Legalitätspflicht auf den ersten Blick erscheinen mag, umso komplizierter gestaltet sich seine Umsetzung auf den zweiten, vertieften Blick gerade aus dem Blickwinkel des Steuerrechts und damit aus der Perspektive von Tax Compliance.

Ein Problembereich, den die Legalitätspflicht aus der Natur ihrer Sache mit sich bringt, ist die grundlegende Bestimmung der maßgeblichen Legalität selbst. Rechtsbegriffe und Rechtslagen sind nicht immer eindeutig und zweifelsfrei zu bestimmen, sondern geprägt von Unbestimmt, Ermessen sowie Auslegungsspielräumen, wodurch die Legalität als Basis einer Pflicht des Vorstandes auf einem unsicheren Fundament ruht.[1383]

Fokussiert auf das Steuerrecht existieren eine Reihe rechtlicher Grundlagen, die den Adressaten, in diesem Fall Vorstand und Unternehmen, aufgrund ihrer Unbestimmtheit und Detailfülle wie z.B. die Vorschriften der GAufzV oder der FVerlV oder aufgrund mangelnder Harmonisierung mit internationalen Regelwerken wie z.B. bei der mangelnden Einheitlichkeit des Betriebstättenbegriffs im internationalen Kontext vor das Dilemma stellen, der Legalitätspflicht genüge tun zu wollen, dies

---

in: Fleischer, Handbuch des Vorstandsrechts, § 7, Rn. 4; *Spindler*, in: MüKo-AktG, Bd. 2, § 93, Rn. 129; *Fischbach*, Die Haftung des Vorstands im Aktienkonzern, S. 48ff. m.w.N.; *Fleischer*, in: Spindler/Stilz, AktG, Bd. 1, § 93, Rn. 14; engeres Verständnis der Legalitätspflicht bei *Thole*, ZHR 173 (2009), 504, 506ff.

1381 Ausführlich zum Inhalt der internen und externen Pflichtenbindung etwa *Abeltshauser*, Leitungshaftung im Kapitalgesellschaftsrecht, S. 213f.; *Fleischer*, in: Fleischer, Handbuch des Vorstandsrechts, § 7, Rn. 5–21; *Fleischer*, in: Spindler/Stilz, AktG, Bd. 1, § 93, Rn. 14–34, jeweils m.w.N.

1382 *Schlechtriem*, in: Kreuzer; Die Haftung der Leitungsorgane von Kapitalgesellschaften, S. 9, 21; *Fleischer*, in: Fleischer, Handbuch des Vorstandsrechts, § 7, Rn. 13 *Fleischer*, in: Spindler/Stilz, AktG, Bd. 1, § 93, Rn. 23; *Krieger/Sailer-Coceani*, in: Schmidt/Lutter, AktG, Bd. 1, § 93, Rn. 6; *Raiser/Veil*, Recht der Kapitalgesellschaften, § 14, Rn. 81; *Hölters*, in: Hölters, AktG, § 93, Rn. 68; *Landwehrmann*, in: Heidel, AktR, § 93, Rn. 13; für den Geschäftsführer einer GmbH: BGH, HFR 1986, 83, 83f. = GmbHR 1985, 143, 143f.

1383 *Dreher*, FS Konzen, 85, 92ff.; *Spindler*, in: MüKo-AktG, § 93, Rn. 65; *Thole*, ZHR 173 (2009), 504, 521; vgl. *Mertens/Cahn*, in: Kölner Kommentar AktG, Bd. 2/1, § 93, Rn. 75; vgl. *Fleischer*, in: Spindler/Stilz, AktG, Bd. 1, § 93, Rn. 29.

aber in der praktischen Umsetzung in der Unternehmenswirklichkeit schlichtweg unmöglich ist.[1384]

(1) Bestimmung der Grenzen der Legalitätspflicht

In Anlehnung an die Business Judgement Rule aus § 93 I 2 AktG, die auf ein Handeln des Vorstandes unter Rechtsunsicherheit keine unmittelbare Anwendung findet[1385], sind im Lichte der Sorgfaltspflicht bestimmte Anforderungen an das Handeln des Vorstandes zu stellen.[1386]

Essentiell ist zunächst die Bestimmung der einschlägigen Rechtsvorschriften nebst einer Analyse der Rechtslage. Der dafür zu betreibende Aufwand und Umfang richtet sich nach dem jeweiligen Einzelfall und insbesondere der Schwierigkeit der zu klärenden Rechtsfrage: So kann sich die Einholung von Rechtsrat in dringenden Fällen auf eine summarische Prüfung reduzieren, in sonstigen Fällen auf das Votum der unternehmensinternen Juristen beschränken oder die Hinzuziehung externen Sachverstands erfordern bzw. in Konstellation, die für das Unternehmen von enormer Bedeutung sind, wie beispielsweise eine Übernahme oder eine Fusion, auch qua „Vier-Augen-Prinzip" die Notwendigkeit einer zweiten rechtsgutachterlichen Stellungnahme begründen.[1387]

In Bezug auf die Unsicherheit der Rechtslage ist ferner zu differenzieren, inwiefern sich zur Rechtslage eine herrschende Ansicht in der Literatur herauskristallisiert, ob Gerichtsentscheidungen existieren oder inwiefern sehenden Auges von einer entgegenstehenden Rechtsprechung durch das Handeln des Vorstandes abgewichen werden soll. Abhängig von diesen unterschiedlichen Ausgangslagen variieren auch die Anforderungen an das Handeln des Vorstandes, mit der Konsequenz,

---

1384 Siehe dazu die Schlussfolgerung zur Phänomenologie systemischer Steuerrisiken in internationalen Unternehmen, S. 179ff.

1385 Bei einer Rechtsverletzung gibt es nach dem Willen des Gesetzgebers keinen „sicheren Hafen" der Business Judgement Rule, BT-Drs. 15/5092, S. 11, zudem fordert die Business Judgement Rule eine unternehmerische Entscheidung, weswegen ihre Anwendung bei rechtlich gebundenen Entscheidungen ausgeschlossen ist. Siehe dazu auch ausführlich unten S. 302ff. mit umfangreichen weiteren Nachweisen zur Literatur.

1386 Vgl. *Spindler*, in: MüKo-AktG, Bd. 2, § 93, Rn. 66; der sich an andere Stelle deutlicher für eine analoge Anwendung der Business Judgement Rule bei Rechtsunsicherheit ausspricht: *Spindler*, in FS Canaris, Bd. II, 403, 413ff.; vgl. ähnlich *Müller*, Liber amicorum Wilhelm Happ, 179, 190ff., der sich ausführlich mit Bilanzentscheidungen als unternehmerische Entscheidung auseinandersetzt; *Thole*, ZHR 173 (2009), 504, 522ff.

1387 *Fleischer*, ZIP 2005, 141, 150; *Dreher*, in FS Konzen, 85, 92f.; *Spindler*, in FS Canaris, Bd. II, 403, 421; *Fleischer*, BB 2008, 1070, 1071 *Spindler*, in: MüKo-AktG, Bd. 2, § 93, Rn. 67; vgl. *Kocher*, CCZ 2009, 215, 217; *Fleischer*, in: Spindler/Stilz AktG, Bd. 1, § 93, Rn. 29; *Hölters*, in: Hölters, AktG, § 93, Rn. 76; siehe weiterführend zum Vertrauen auf den extern eingeholten Rechtsrat: *Fleischer*, NZG 2010, 121, insbesondere 122f.

dass die Gründe des Vorstandes, sich z.B. von einer bestehenden Rechtsprechung zu entfernen, umso bedeutender sein müssen, je größer die Anforderungen sind, eben jene Rechtsprechungsänderung herbeizuführen.[1388]

Falls der Vorstand also danach bei Beachtung der vorstehenden Ausführungen eine für das Unternehmen günstige Rechtsauffassung einnimmt, die retrospektiv vor Gericht keinen Bestand hat, so resultiert daraus keine Haftung des Vorstandes aus § 93 II AktG, wenn der eintretende Nachteil für das Unternehmen nicht außer Verhältnis zum anvisierten Vorteil für das Unternehmen stand.[1389]

Demgegenüber erstreckt sich die hier definierte Legalitätspflicht nicht auf den althergebrachten Grundsatz „pacta sunt servanda": Da Verträge nicht als allgemeinverbindliche Rechtsquelle zu qualifizieren sind, ist es vielmehr mit der Sorgfaltspflicht des Vorstandes zu vereinbaren, wenn dieser Verträge mit Dritten zum (beispielsweise finanziellen) Wohle der Gesellschaft bricht, sofern dies lediglich vertragliche Schadensersatzforderungen und nicht auch gesetzliche Folgen wie eine Haftung gem. § 826 BGB oder eine Strafbarkeit wegen Betruges gem. § 263 I StGB nach sich zieht.[1390]

Noch weiter als der Gedanke, Verträge im Interesse des Unternehmens nicht einzuhalten, geht der Ansatz der „nützlichen" Pflichtverletzungen[1391]: Nach diesem Ansatz erfolgt ein Gesetzesverstoß mit der Intention, auf diese Weise dem Unternehmen einen Vorteil zu verschaffen, sei es z.B. in Form von erhöhten Gewinnen oder auch zur Abwendung einer drohenden Insolvenz.[1392]

Mit der h.M. ist eine Zulässigkeit nützlicher Pflichtverletzungen zu Gunsten des Unternehmens abzulehnen.[1393] Zum einen kann den nützlichen Pflichtverletzungen

---

1388 *Haertlein*, ZHR 168 (2004), 437, 463; *Dreher*, in FS Konzen, 85, 92; *Spindler*, in: MüKo-AktG, Bd. 2, § 93, Rn. 70; *Thole*, ZHR 173 (2009), 504, 524; *Bayer*, in FS Schmidt, 85, 92.

1389 Vgl. *Horn*, ZIP 1997, 1129, 1136; *Hopt*, in: Großkommentar AktG, § 93, Rn. 99 (01.01.1999); *Roth*, Unternehmerisches Ermessen und Haftung des Vorstands, S. 132; *Fleischer*, ZIP 2005, 141, 149f. m.w.N.; *Dreher*, in FS Konzen, 85, 93, 96f.; *Wiesner*, in: Münchener Handbuch Aktiengesellschaft, § 25, Rn. 4; *Zimmermann*, WM 2008, 433, 435; *Fleischer*, BB 2008, 1070, 1071; *Mertens/Cahn*, in: Kölner Kommentar AktG, Bd. 2/1, § 93, Rn. 75.

1390 Vgl. *Windbichler*, ZGR 1989, 434, 437; *Hopt*, in: Großkommentar AktG, § 93, Rn. 100 (01.01.1999); *Spindler*, in: MüKo-AktG, Bd. 2, § 93, Rn. 73; *Thole*, ZHR 173 (2009), 504, 518f.; ausführliche Darstellung des Meinungsstands bei *Schneider*, in FS Hüffer, 905, 910ff.; *Fleischer*, in: Spindler/Stilz, AktG, Bd. 1, § 93, Rn. 33 m.w.N.

1391 Begriff nach *Haas/Ziemons*, in: Michalski, GmbHG, Bd. 2, § 43, Rn. 50, vgl. dort auch zum folgenden Text.

1392 Siehe auch Beispiele bei *Ihrig*, WM 2004, 2098, 2104: Einhaltung einer Umweltnorm; *Fleischer*, ZIP 2005, 141, 145: rechtswidrige Waffengeschäfte, Schmiergeldzahlungen, Verstoß gegen Umweltstandards; *Thole*, ZHR 173 (2009), 504, 512.

1393 Vgl. *Schneider*, AG 1983, 205, 212; *Rehbinder*, ZHR 148 (1984), 555, 571; *Hopt*, in: Großkommentar AktG, § 93, Rn. 99 (01.01.1999); ähnlich *Roth*, Unternehmerisches Ermessen und Haftung des Vorstands, S. 132; *Paefgen*, Unternehmerischen Entscheidungen und Rechtsbindung der Organe in der AG, S. 17; vgl. *Ihrig*, WM 2004,

gemäß der Idee eines „efficient breach of law“[1394] entgegengehalten werden, dass eine Gewinnmaximierung auch im Rahmen bestehender Gesetze erfolgen kann, wenn man diese als natürliche Grenzen des Wettbewerbs begreift.[1395] Zum anderen lässt sich den aktienrechtlichen Wertungen aus § 93 IV AktG – gesetzmäßiger Beschluss der Hauptversammlung – sowie aus § 396 I AktG – gesetzwidriges Verhalten des Verwaltungsträgers – entnehmen, dass die Rechtmäßigkeit des Vorstandshandelns gerade nicht zur Disposition steht, was insgesamt gegen die Vereinbarkeit einer nützlichen Pflichtverletzung mit der Legalitätspflicht spricht.[1396] Eine ähnliche Wertung ist auch der Rechtsprechung zu entnehmen, die im Falle der Einrichtung verdeckter Kassen, obwohl deren Geld zu Gunsten der Gesellschaft verwendet werden soll, durch leitende Angestellte einen Vermögensnachteil im Sinne des Untreuetatbestandes aus § 266 I StGB angenommen hat.[1397]

Bei einer Erweiterung der Perspektive auf ausländische Rechtsgrundlagen, dehnt sich die Legalitätspflicht als Pflicht zur Einhaltung des für das Unternehmen geltenden Rechts ebenfalls auf die ausländischen Vorschriften, die auf das Unternehmen und seine Geschäftstätigkeit anwendbar sind, aus.[1398] Als Grenze dieser Erweiterung wird die tatsächliche Anwendung der ausländischen Rechtsvorschriften in ihrem Ursprungsland angesehen, d.h. soweit dies als praktikable Einschränkungen überhaupt umgesetzt werden kann, sollen ausländische Rechtsgrundlagen nur dann beachtet werden, wenn sie nicht nur auf dem Papier existieren, sondern auch de facto angewendet werden.[1399]

2098, 2104f.; *Fleischer*, ZIP 2005, 141, 145, 148; *Krause*, BB Beilage 2007, Nr. 007, 2, 6; vgl. *Bayer*, in FS Schmidt, 85, 90f.; *Fleischer*, BB 2008, 1070, 1071; *Zimmermann*, WM 2008, 433, 435; *Thole*, ZHR 173 (2009), 504, 513; *Mertens/Cahn*, in: Kölner Kommentar AktG, Bd. 2/1, § 93, Rn. 71; *Fleischer*, in: Spindler/Stilz, AktG, Bd. 1, § 93, Rn. 36; *Raiser/Veil*, Recht der Kapitalgesellschaften, § 14, Rn. 81.

1394 *Thole*, ZHR 173 (2009), 504, 515; vgl. zur Parallelidee eines „efficient breach of contract“ *Spindler*, in: MüKo-AktG, Bd. 2, § 93 Rn. 76 a.E. m.w.N.

1395 Vgl. Gedanke des „play of the game within the rules“, *Fleischer*, ZIP 2005, 141, 148f. m.w.N.; vgl. *Thole*, ZHR 173 (2009), 504, 513ff. m.w.N.

1396 *Fleischer*, ZIP 2005, 141, 148; *Fleischer*, in: Fleischer, Handbuch des Vorstandsrechts, § 7, Rn. 22; *Thole*, ZHR 173 (2009), 504, 515; vgl. *Fleischer*, in: Spindler/Stilz, AktG, Bd. 1, Rn. 36.

1397 Vgl. BGH NJW 2009, 89, 92; siehe auch: *Fleischer*, in: Spindler/Stilz, AktG, Bd. 1, § 93, Rn. 36.

1398 *Hopt*, in: Großkommentar AktG, § 93, Rn. 103 (01.01.1999); *Glöckner/Müller-Tautphaeus*, AG 2001, 344, 345; vgl. *Schneider/Schneider*, ZIP 2007, 2061, 2064; *Riegger/Götze*, in: Krieger/Schneider, Handbuch Managerhaftung, § 26, Rn. 49; *Bürkle*, in: Hauschka, Corporate Compliance, § 8, Rn. 74; *Mertens/Cahn*, in: Kölner Kommentar AkG, Bd. 2/1, § 93, Rn. 73.

1399 Vgl. *Hopt*, in: Großkommentar AktG, § 93, Rn. 104f. (01.01.1999) unter Bezug und mit weiteren Nachweisen zum Beispiel der Schmiergeldzahlungen nach damaliger, mittlerweile überholter Rechtslage; *Spindler*, in: MüKo-AktG, Bd. 2, § 93, Rn. 81; *Mertens/Cahn*, in: Kölner Kommentar AktG, Bd. 2/1, § 93, Rn. 73.

Weiterhin wird im Zusammenhang mit der Definition der maßgeblichen ausländischen Normen eine differenzierte Betrachtung vorgenommen, wonach ausländisches Recht nur dann Gegenstand der Legalitätspflicht sein soll, soweit sich die Anwendung des ausländischen Rechts für das Unternehmen oder den jeweils betroffenen Sachverhalt aus den kollisionsrechtlichen Normen ergibt.[1400] Jedoch soll auch für den Fall, dass nach Kollisionsrecht deutsches Recht einschlägig ist, nach teilweise vertretener Ansicht der Anwendungsbereich der Legalitätspflicht eröffnet sein, falls trotz der Zuweisung des Kollisionsrechts ausländisches Recht z.B. territorial gilt und durchgesetzt wird und ein Verstoß gegen dieses Recht zugleich einen Verstoß gegen § 138 BGB – Sittenwidrigkeit – darstellt, was jedenfalls bei einer Zuwiderhandlung gegen Strafvorschriften anzunehmen sein soll.[1401] Dieser Ansicht ist zuzugestehen, dass nach dem Verständnis der Legalitätspflicht im Sinne einer Einhaltung der einschlägigen gesetzlichen Regelungen für das Unternehmen formaljuristisch nach Kollisionsrecht die Anwendung ausländischen Rechts ausgeschlossen ist und die Beachtung auf Grundlage ausländischen Rechts anwendbarer Normen damit nicht auf die Grundlage der Legalitätspflicht gestellt werden kann. Allerdings handelt es sich bei der Legalitätspflicht nur um eine – wenngleich auch sehr wichtige – Konkretisierung der allgemeinen Sorgfaltspflicht des Vorstandes im Sinne eines ordentlichen und gewissenhaften Geschäftsleiters.[1402] Im Ergebnis ist indes die Beachtung ausländischen Rechts, soweit es trotz entgegenstehenden Kollisionsrechts anwendbar ist, im Hinblick der sich daraus für das Unternehmen möglicherweise ergebenden Folgen und Risiken formaljuristisch selbst über den Tatbestand des § 138 BG hinaus nicht auf Grundlage der Legalitätspflicht, sondern ob der allgemeinen Sorgfaltspflicht des Vorstandes verpflichtend.

(2) Konsequenzen für Tax Compliance

Wie bereits einleitend erwähnt und im zweiten Kapitel ausführlich geschildert, zeichnet sich die Rechtslage im Steuerrecht durch ihre Komplexität, ständige Änderungen und eine Vielzahl unbestimmter Rechtsbegriffe aus,[1403] was die Bestimmung der Grenzbereiche der Legalitätspflicht erschwert. Das Dogma der Einhaltung der Steuergesetze führt unweigerlich in ein Dilemma, da vielfach eine Einhaltung nationaler wie auch internationaler Regeln an einer mangelnder Harmonisierung der Regelwerke scheitert.

1400 *Hopt*, in: Großkommentar AktG, § 93, Rn. 103f. (01.01.1999); *Spindler*, in: MüKo-AktG, Bd. 2, § 93, Rn. 79; *Riegger/Götze*, in: Krieger/Schneider, Handbuch Managerhaftung, § 26, Rn. 49f.; *Hölters*, in: Hölters, AktG, § 93, Rn. 71.

1401 Ähnlich *Hopt*, in: Großkommentar AktG, § 93, Rn. 104; *Riegger/Götze*, in: Krieger/Schneider, Handbuch Managerhaftung, § 26, Rn. 50.

1402 Siehe dazu bereits oben S. 262ff. mit weiteren Nachweisen.

1403 Siehe beispielsweise *Besch/Starck*, in: Hauschka, Corporate Compliance, § 34, Rn. 8; siehe dazu auch bereits z.B. S. 181ff., dort auch zum nachfolgenden Text.

Demnach sieht sich der Vorstand zunächst in der Pflicht als Basis der Tax Compliance die für das Unternehmen maßgebliche Steuerrechtslage zu eruieren, da diese je nach Struktur des Unternehmens z.B. in Abhängigkeit von Art und Umfang nationaler wie auch internationaler Tätigkeit (Verrechnungspreise, Betriebstätten, Expatriates) variiert.[1404] Aufgrund der fachlichen Qualifikation der Steuerabteilung[1405] bietet es sich an, diese mit der entsprechenden Analyse der Rechtslage zu beauftragen und ggf. durch den Vorstand in Erfüllung seiner Sorgfaltspflicht anzuhalten, externen Sachverstand hinzuziehen, um die rechtliche Risikolage erschöpfend evaluieren zu können.[1406] Sofern zu Gunsten des Unternehmens aus einem wichtigen Grund von der bestehenden Steuerrechtslage abgewichen oder gegen eine Rechtsprechung oder Verwaltungspraxis vorgegangen werden soll, so sind im Lichte vorstehender Ausführungen die steuerlichen Konsequenzen für das Unternehmen als Teil der Entscheidungsgrundlage zu bedenken. Tax Compliance sieht ausdrücklich auch die Möglichkeit eines Steuerstreits vor, um die Rechte des Unternehmens durchzusetzen,[1407] erfährt damit allerdings zur Wahrung der Sorgfaltspflicht des Vorstandes eine Einschränkung durch die Berücksichtigung der sich aus dem Rechtsstreit und seiner Erfolgsaussichten ergebenden Nachwirkungen für das Unternehmen. Folglich obliegt dem Vorstand die Sorge bzw. die Sicherstellung im Falle einer Aufgabendelegation[1408], dass ein Steuerstreit nur dann eingegangen wird, wenn die Erfolgsaussichten die Risiken überwiegen, wobei die Anforderungen an die Argumentation und die Gründe steigen, je stärker der Gegenwind in Gestalt abweichender Literaturmeinungen, Finanzverwaltungsübungen oder gar entgegenstehender Rechtsprechung weht.

Mag es auch im Interesse des Unternehmens sein, durch aggressive Steuerplanungen und insbesondere Steuermanipulationen die Steuerlast für das Unternehmen zu senken und damit den Gewinn nach Steuern zu maximieren, so erfasst Tax Compliance nur die legalen Steuereinsparungsmöglichkeiten. Steuermanipulationen und damit eine Überschreitung der gesetzlichen Grenzen, sind nicht als nützliche Pflichtverletzung von der Legalitätspflicht ausgenommen, so dass der Vorstand pflichtwidrig handelt, wenn er derartige Praktiken im Unternehmen über die von ihm geforderte legale Minimierung der Steuerlast duldet oder forciert.[1409] Insofern stimmt die Grenze von Tax Compliance mit dem Grenzbereich der Legalitätspflicht des Vorstandes überein, vielmehr bedingt die Sorgfaltspflicht des

---

1404 Siehe dazu bereits oben S. 13f.

1405 Siehe zur Steuerabteilung und ihrer Bedeutung im Rahmen von Tax Compliance bereits S. 31ff.

1406 Vgl. dazu bereits oben S. 264f.

1407 Siehe zum Steuerstreit als Teil von Tax Compliance bereits oben S. 20.

1408 Siehe zur Aufgabendelegation und der an sie zu stellenden Anforderungen ausführlich S. 272ff, 281ff.

1409 *Mertens/Cahn*, in: Kölner Kommentar AktG, Bd. 2/1, § 93, Rn. 71; *Hölters*, in: Hölters, AktG, § 93, Rn. 75.

Vorstandes in Gestalt der Legalitätspflicht die Legalität der Steuereinsparungsmaßnahmen bzw. der Steuerplanung.[1410]

Über die Notwendigkeit das ausländische Recht, welches auf die geschäftliche Tätigkeit und das Unternehmen anwendbar ist, zu beachten – sei es wegen des Legalitätspflicht oder der allgemeinen Sorgfaltspflicht – besteht demnach auch die Pflicht, die internationalen Steuergesetze, die an eine grenzüberschreitende bzw. ausländische Geschäftsaktivität anknüpfen, zu befolgen, was aus Sicht einer Tax Compliance zu dem bereits erwähnte Dilemma führt, zwischen den nicht miteinander harmonisierten Rechtsordnungen die größte Übereinstimmung mit dem geringsten Risiko zu finden.

cc) Legalitätskontrollpflicht

Zur Umsetzung der Legalitätspflicht im Unternehmen bedarf es einer entsprechend organisierten Kontrolle, deren angemessene Ausgestaltung sich an den Gegebenheiten des jeweiligen Unternehmens wie der Größe oder einer spezifischen Risikolage orientiert.[1411] Diese Legalitätskontrollpflicht hat ihre Grundlage nicht wie von einigen Stimmen in der Literatur angenommen in § 91 II AktG, sondern ergibt sich als die Legalitätspflicht flankierendes Element ebenfalls aus der Sorgfaltspflicht des § 93 I 1 AktG.[1412] Dabei ist Legalitätskontrollpflicht nicht nur eine nachträgliche Kontrolle, inwiefern der Legalität im Unternehmen genüge getan wurde, vielmehr hat sie auch einen präventiven Charakter, so dass sie auf diese Weise als Grundlage von Corporate Compliance anzusehen ist.[1413]

Klarzustellen ist in diesem Zusammenhang, dass es sich bei der Legalitätskontrollpflicht nicht um einen Unterfall der Schadensabwendungspflicht des Vorstandes handelt, also der Pflicht, Schaden von der Gesellschaft fernzuhalten.[1414] Dies ist damit

1410 Siehe zur Steuerplanung und zur Pflicht des Vorstands, legale Steuereinsparungsmöglichkeiten im Sinne des Unternehmens wahrzunehmen und zu nutzen S. 17ff.

1411 *Thole*, ZHR 173 (2009), 504, 510; *Mertens/Cahn*, in: Kölner Kommentar AktG, Bd. 2/1, § 93, Rn. 80; vgl. *Bunting*, ZIP 2012, 1542, 1543.

1412 Siehe z.B. *Immenga*, in Unternehmensrecht zu Beginn des 21. Jahrhunderts, FS Schwark, 199, 202; *Winter*, in FS Hüffer, 1103, 1104; *Krieger/Sailer-Coceani*, in: Schmidt/Lutter, AktG, Bd. 1, § 93, Rn. 6; *Krieger*, in: Krieger/Schneider, Handbuch Managerhaftung, § 3, Rn. 6; *Verse*, ZHR 175 (2011), 401, 404 m.w.N.; siehe auch die weiteren Nachweise oben S. .189f.; a.A. pro § 91 II AktG: vgl. vgl. *Schwintowski*, NZG 2005, 200, 201; *Spindler*, WM 2008, 905, 906f. m.w.N.; *Passarge*, NZI 2009, 86, 89f.; *Dreher*, in FS Hüffer, 161, 168ff.; siehe dazu auch bereits die Nachweise oben S. 188f.

1413 Siehe zur Herleitung einer Corporate Compliance Pflicht ausführlich mit weiteren Nachweisen bereits oben S. 185ff.; vgl. *Thole*, ZHR 173 (2009), 504, 510; vgl. *Mertens/Cahn*, in: Kölner Kommentar AktG, Bd. 2/1, § 93, Rn. 80; vgl. *Verse*, ZHR 175 (2011), 401, 403.

1414 Zur Schadensabwendungspflicht *Koch*, WM 2009, 1013, 1014; *Raiser/Veil*, Recht der Kapitalgesellschaft, § 14, Rn. 81; *Verse*, ZHR 175 (2011), 401, 405; ausführlich *Bunting*, ZIP 2012, 1542, 1544f.

zu begründen, dass die Legalitätspflicht über die Schadensabwendungspflicht hinaus die Einhaltung des Rechts auch dann fordert, wenn dem Unternehmen kein Schaden entsteht und darüber hinaus keine „nützlichen“ Pflichtverletzungen[1415] duldet, die für den Fall, dass kein Schaden droht, mit der Schadensabwendungspflicht zu vereinbaren wären.[1416]

Zum Teil wird die Legalitätskontrollpflicht auch auf das Prinzip der Delegation gestützt: wenn der Vorstand eine Aufgabe delegiert, so wird er nicht vollkommen seiner Pflichten entbunden, sondern seine Pflicht wandelt sich durch die Delegation in eine Pflicht zur ordnungsgemäßen Auswahl, Instruktion und Kontrolle des Mitarbeiters.[1417] Dagegen spricht indes, dass auch das legale Handeln von Mitarbeitern zu überwachen ist, die nicht im Wege der Delegation für das Unternehmen tätig werden.[1418]

Somit lässt sich im Ergebnis feststellen, dass die Legalitätskontrollpflicht sich ebenfalls wie die Legalitätspflicht aus der allgemeinen Sorgfaltspflicht des Vorstandes ableiten lässt sowie in Fällen der Delegation von Aufgaben ergänzend von den Prinzipien der Delegation getragen wird und den Vorstand dazu verpflichtet, die Kontrollmaßnahmen im Unternehmen zu ergreifen, die notwendig sind, um die Einhaltung der Legalität auch präventiv zu gewährleisten.

Konsequenz für Tax Compliance ist, dass die für das Unternehmen maßgebliche Steuerrechtslage, wie sie durch den Vorstand in den umrissenen Grenzen der Legalitätspflicht im Rahmen seiner Sorgfaltspflicht im Unternehmen umzusetzen ist, eines bereits präventiv eingreifenden Kontrollsystems bedarf, wie es typischerweise ein Element von Tax Compliance ist.[1419]

dd) Maßstäbe für Tax Compliance aus der Legalitätspflicht und der Legalitätskontrollpflicht

Die Legalitätspflicht ist der Ursprung und gleichsam das Herz der Tax Compliance, da die Legalitätspflicht dem Vorstand die Einhaltung des geltenden Rechts und damit auch des Steuerrechts abverlangt. Um dies effektiv gewährleisten zu können bedarf es speziell bezogen auf Tax Compliance der Bestimmung der unternehmensindividuellen Steuerrechtslage, wozu die Steuerabteilung ob ihrer fachlichen Qualifikation oder ggf. externer Sachverstand einzusetzen ist. Bei dieser Eruierung der einschlägigen Steuerrechtsgrundlage des Unternehmens sind abhängig von der internationalen Ausrichtung des Unternehmens auch internationale, ausländische Regelwerke zu erfassen und die rechtlichen Gestaltungen zu wählen, die angesichts

---

1415 Siehe dazu bereits oben mit ausführlichen Nachweisen S. 264ff.

1416 Vgl. *Thole*, ZHR 173 (2009), 504, 517f.; *Verse*, ZHR 175 (2011), 401, 405; *Bunting*, ZIP 2012, 1542, 1544.

1417 Siehe zur Delegation ausführlich mit weiteren Nachweisen S. 272ff.; *Verse*, ZHR 175 (2011), 401, 404.

1418 So ausdrücklich *Bunting*, ZIP 2011, 1542, 1543f.

1419 Siehe zu den Elementen von Tax Compliance und insbesondere zum Tax Compliance-System bereits oben S. 13ff.

der unzureichenden internationalen Harmonisierung der nationalen Regelungen für das Unternehmen die geringste Risikolage bietet.

Abweichungen von der geltenden Steuerrechtslage, einer bestehenden Rechtsprechung oder Verwaltungspraxis sind im Lichte der Legalitätspflicht in einem Steuerstreit möglich, sofern unter Kalkulation der Erfolgsaussichten und der sich ergebenden Konsequenzen für das Unternehmen die Erfolgsaussichten überwiegen.

Abschließend ist festzustellen, dass die Legalitätspflicht die Legalität der Steuerplanung im Unternehmen bedingt.

Ausfluss der Legalitätskontrollpflicht für Tax Compliance ist die Verpflichtung des Vorstandes, die Legalitätspflicht organisatorisch im Unternehmen durch ein präventiv wirkendes Kontrollsystem als Element des Tax Compliance-Systems umzusetzen, wobei sich über diesen grundlegenden Befund keine konkreten Arbeitsanweisungen oder Organisations- bzw. Systembestandteile bestimmen lassen.

b) Organisations- und Überwachungspflichten

Über die Legalitätskontrollpflicht hinaus trifft den Vorstand aus seiner Sorgfaltspflicht eine Pflicht zur Organisation und Überwachung, die grundsätzlich in zwei Bereiche differenziert werden kann: eine vorstandsinterne Überwachungspflicht, auch als Pflicht aus horizontaler Arbeitsteilung oder horizontale Überwachungspflichten bezeichnet sowie die Organisations- und Überwachungspflichten bei Delegation, auch als Pflicht aus vertikaler Arbeitsteilung oder vertikale Überwachungspflicht betitelt.[1420]

aa) Vorstandsinterne, horizontale Überwachungspflichten

(1) Vorüberlegungen und rechtlicher Rahmen

Nach dem Grundsatz der Gesamtverantwortung sind alle Vorstandsmitglieder sowohl für die Geschäftsleitung verantwortlich als auch korrespondierend verantwortlich für sämtliche Angelegenheiten des Unternehmens, woraus die Prinzipien der Gesamtleitung[1421] sowie der gegenseitigen Überwachung abgeleitet werden.[1422]

1420 Unterscheidung und Einteilung nach: *Fleischer*, in: Fleischer, Handbuch des Vorstandsrechts, § 8, Rn. 3f. (horizontale/vertikale Überwachungspflicht); *Spindler*, in: MüKo-AktG, Bd. 2, § 93, Rn. 82 (Überwachungspflichten bei horizontaler/vertikaler Arbeitsteilung); *Fleischer*, in: Spindler/Stilz, AktG, Bd. 1, § 93, Rn. 95f. (horizontale/vertikale Überwachungspflicht); *Schmidt-Husson*, in: Hauschka, Corporate Compliance, § 7, Rn. 5f.; vgl. auch die Unterscheidung bei *Hölters*, in: Hölters, AktG, § 93, Rn. 80, 84ff., 87.

1421 Siehe zur Gesamtleitung bereits S. 204ff.; Begriff bzw. Grundsatz der Gesamtleitung bereits bei *Schlegelberger/Quassowski/Herbig/Geßler/Hefermehl*, AktG, § 70, Rn. 1.

1422 Vgl. zur Gesamtverantwortung *Schlegelberger/Quassowski/Herbig/Geßler/Hefermehl*, AktG, § 70, Rn. 10f., dort auch zum folgenden Text; siehe auch *Martens*, in FS Fleck, 191, 193ff.; zum Inhalt der Gesamtverantwortung siehe auch BFH, BFHE 141, 443, 446 = BStBl. II 1984, 776, 777 = ZIP 1984, 1345, 1346; BGH,

Das Prinzip der gegenseitigen Überwachung lässt sich konkretisieren in eine Pflicht zur Selbstkontrolle, d.h. eine Pflicht der einzelnen Vorstandsmitglieder, die Einhaltung der aktienrechtlichen Verpflichtungen durch die jeweils anderen Vorstandsmitglieder zu kontrollieren,[1423] die dogmatisch wiederum auf die Organstellung des Vorstandsmitglieds zurückzuführen ist[1424].

Trotz des Prinzips der Gesamtverantwortung besteht nach übereinstimmender Meinung neben der gesetzlich vorgesehen gemeinschaftlichen Geschäftsführung aller Vorstandsmitglieder aus § 77 I 1 AktG auch gem. § 77 I 2 AktG die Möglichkeit von einer gemeinschaftlichen Geschäftsführung abzuweichen und eine Geschäftsverteilung vorzunehmen.[1425]

In der Praxis existieren eine Reihe von Organisationsmodellen, die in der Gesellschaft anfallenden Geschäfte auf einzelne Vorstandsmitglieder zu verteilen, zumal auch im Lichte einer effektiven Arbeit des Vorstandes eine Aufteilung der Geschäfte geboten ist: Eine Beteiligung aller Vorstandsmitglieder an jeder noch so kleinen Entscheidung würde das Organ aufgrund der daraus resultierenden Trägheit des Entscheidungsprozesses und sich unter Umständen überschneidender Kompetenzen einzelner Vorstandsmitglieder bei Einzelgeschäftsführung ohne sinnvolle Geschäftsverteilung lähmen.[1426] Somit bietet es sich an, eine Geschäftsverteilung ausgerichtet an personellen, fachlichen oder regionalen Faktoren vorzunehmen. Organisatorisch

---

BGHZ 133, 370, 376ff. = NJW 1997, 130, 131f.; BGH, BGHSt 37, 106, 123; *Schiessl*, ZGR 1992, 64, 66f.; *Hoffmann-Becking*, ZGR 1998, 497, 506; *Hopt*, in: Großkommentar AktG, § 77, Rn. 35ff. (01.12.2002); *Fleischer*, NZG 2003, 449; *Hoffmann-Becking*, NZG 2003, 745, 746f.; *Fleischer*, Handbuch des Vorstandsrechts, § 8, Rn. 5; *Fleischer*, in: Spindler/Stilz, AktG, Bd. 1, § 77, Rn. 44.

1423 Siehe dazu bereits RGZ 98, 98, 100; *Golling*, Sorgfaltspflicht und Verantwortlichkeit der Vorstandsmitglieder für ihre Geschäftsführung innerhalb der nicht konzerngebundenen Aktiengesellschaft, S. 51ff.; vgl. *Schwark*, ZHR 142 (1978), 203, 216f.; *Hoffmann-Becking*, ZGR 1998, 497, 512; *Fleischer*, NZG 2003, 449, 450; vgl. *Turiaux/Knigge*, DB 2004, 2199, 2203; *Fleischer*, Handbuch des Vorstandsrechts, § 8, Rn. 6; *Fleischer*, in: Spindler/Stilz, AktG, Bd. 1, § 77, Rn. 45; *Hüffer*, AktG, § 77, Rn. 14f.

1424 So zumindest explizit *Fleischer*, NZG 2003, 449, 450; *Fleischer*, Handbuch des Vorstandsrechts, § 8, Rn. 6; *Fleischer*, in: Spindler/Stilz, AktG, Bd. 1, § 77, Rn. 45.

1425 Vgl. *Hoffmann-Becking*, ZGR 1998, 497, 507f.; *Kort*, in: Großkommentar AktG, § 77, Rn. 36 (01.12.2002); *Fleischer*, ZIP 2003, 1, 7; *Fleischer*, Handbuch des Vorstandsrechts, § 8, Rn. 7; *Wiesner*, in: Münchener Handbuch Aktiengesellschaft, § 22, Rn. 15; vgl. *Spindler*, in: MüKo-AktG, Bd. 2, § 77, Rn. 34; *Fleischer*, in: Spindler/Stilz, AktG, Bd. 1, § 77, Rn. 46; vgl. *Hüffer*, AktG, § 77, Rn. 14.

1426 Ausführlich *Spindler*, in: MüKo-AktG, Bd. 2, § 77, Rn. 34, dort auch zum folgenden Text; zur Notwendigkeit der Geschäftsverteilung siehe auch: *Schlegelberger/Quassowski/Herbig/Geßler/Hefermehl*, AktG, § 70, Rn. 10, dort auch zum folgenden Text; *Wicke*, NJW 2007, 3755; *Fleischer*, in: Spindler/Stilz, AktG, Bd. 1, § 77, Rn. 46; *Weber*, in: Hölters, AktG, § 77, Rn. 27; Geschäftsverteilung zur Optimierung von Leitungsprozessen (bei Vereinen): *Heermann*, in FS Röhricht, 1191, 1192; *Schießl/Küpperfahrenberg*, DStR 2006, 445, 446.

lässt sich dies z.B. mit Hilfe einer funktionalen Organisation bei der einzelnen Vorstandsmitgliedern Bereiche wie die Produktion, der Vertrieb, usw. zugewiesen werden, einer Spartenorganisation, die ein Vorstandsmitglied mit einer Sparte wie beispielsweise ein bestimmtes Produkt oder eine bestimmte Region betraut oder einer Matrixorganisation, die die beiden Ansätze kombiniert, umsetzen.[1427]

Aufgrund der eingangs beschriebenen Pflicht zur Selbstkontrolle als Ausfluss der Gesamtverantwortung des Vorstandes, führt eine Geschäftsverteilung neben der Verantwortung des einzelnen Vorstandsmitglied für das ihm kraft Verteilung zugewiesene Ressort[1428] zu einer Überwachungspflicht der Ressorts der anderen Vorstandsmitglieder.[1429]

(2) Ausgestaltung der Überwachungspflicht

Unmittelbar aus dieser Feststellung drängt sich die Frage auf, wie diese Überwachungspflicht gegenüber den anderen Vorstandsmitgliedern konkret auszugestalten ist. Gesetzliche Vorgaben auf Basis des Aktiengesetzes lassen sich nicht finden, so dass die Ausgestaltung der Überwachungspflicht einzelfallabhängig zu beurteilen ist.[1430]

Allerdings können über diese allgemeine und wenig konkrete Aussage hinaus zumindest bestimmte Faktoren als Orientierung und Maßstab einer horizontalen Überwachung im Vorstand identifiziert werden.[1431]

1427 *Fleischer*, ZIP 2003, 1, 7; *Turiaux/Knigge*, DB 2004, 2199, 2202; vgl. *Wiesner*, in: Münchener Handbuch Aktiengesellschaft, § 22, Rn. 12f.; vgl. *Spindler*, in: MüKo-AktG, Bd. 2, § 93, Rn. 65ff.; siehe dazu ausführlich m.w.N. *Fleischer*, in: Spindler/Stilz, AktG, Bd. 1, Rn. 36ff.; ausführlich *Wöhe/Döring*, Allgemeine Betriebswirtschaftslehre, S. 103ff.; *Weber*, in: Hölters, AktG, § 77, Rn. 38ff.; zur funktionalen Organisation und zur Spartenorganisation siehe auch *Schwark*, ZHR 142 (1978), 203, 205f.; *Semler*, in FS Döllerer, 573f.; *Schiessl*, ZGR 1992, 64f.; vgl. *Bezzenberger*, ZGR 1996, 661, 663.

1428 Siehe dazu ausführlicher im Rahmen der vertikalen Überwachungspflichten bei Delegation, S. 281ff.

1429 VG Frankfurt a. M., WM 2004, 2157, 2160 = VersR 2005, 57, 59 = AG 2005, 264, 265; so bereits: *Schlegelberger/Quassowski/Herbig/Geßler/Hefermehl*, AktG, § 70, Rn. 11; *Götz*, AG 1995, 337, 339; *Hoffmann-Becking*, ZGR 1998, 497, 512; siehe auch *Hopt*, in: Großkommentar AktG, § 93, Rn. 61f. m.w.N.; *Schneider/Brouwer*, in FS Priester, 713, 717f.; *Spindler*, in: MüKo-AktG, Bd. 2, § 77, Rn. 59; *Krieger/Sailer-Coceani*, in: Schmidt/Lutter, AktG, Bd. 1, § 93, Rn. 27; *Hüffer*, AktG, § 77, Rn. 14f.; § 93, Rn. 13a; zur GmbH vgl. aus der Rechtsprechung u.a.: BGH, WM 1985, 1293, 1294; BGH, ZIP 1987, 1050, 1051; BGH, BGHZ 133, 370, 377f. m.w.N. = NJW 1997, 130, 132.

1430 Vgl. *Dose*, Die Rechtsstellung der Vorstandsmitglieder einer Aktiengesellschaft, S. 122; vgl. *Hopt*, in: Großkommentar AktG, § 93, Rn. 62 (01.01.1999); *Fleischer*, NZG 2003, 449, 453; *Spindler*, in: MüKo-AktG, Bd. 2, § 93, Rn. 135; vgl. *Hüffer*, AktG § 93, Rn. 13a.; *Bergmoser/Theusinger/Gushurst*, BB-Special Compliance 5.2008 zu Heft 25, 1, 5f.

1431 Die nachfolgende Unterteilung in allgemeine Kriterien und fallgruppenbezogene Kriterien orientiert sich an der Einteilung von *Fleischer*, NZG 2003, 449, 453ff., der

(a) Allgemeine Kriterien

Zunächst hängen die Überwachungsmaßstäbe von der individuellen Ausgestaltung und der Art des Unternehmens ab; so ist beispielsweise denkbar, dass eine Spartenorganisation ein größeres Maß an Überwachung erfordert als eine andere Organisationsform, abhängig von der Relevanz der Sparte für das Unternehmen unter Berücksichtigung der geschäftlichen Ausrichtung des Unternehmens und der daraus resultierenden Risikolage.[1432] Ein weiterer allgemeiner Faktor für die Bestimmung der Überwachungsmaßstäbe ist die Berufserfahrung der Vorstandsmitglieder, so dass langjährige Vorstandsmitglieder mit großer Erfahrung in ihrem zugewiesenen Aufgabenbereich sicherlich weniger intensiv zu kontrollieren sind als unerfahrene Vorstandsmitglieder, die just mit ihrem Aufgabenbereich betraut worden sind.[1433]

(b) Fallgruppenbezogene Kriterien

Da sich die Geschäftsverteilung innerhalb des Vorstandes in der Regel an der fachlichen Kompetenz des einzelnen Vorstandsmitgliedes orientieren wird, kann ein gewisses Vertrauen in die Aufgabenerfüllung des einzelnen Vorstandsmitglieds entgegengebracht werden.[1434] Dieses Vertrauen ist jedoch limitiert: Für das einzelne Vorstandsmitglied folgt aus seiner Sorgfaltspflicht, die in der Überwachungspflicht konkretisiert ist, eine Pflicht zur Intervention in einem anderen Ressort, wenn sich greifbare Anhaltspunkte dafür finden lassen, dass das für das Ressort zuständige Vorstandsmitglied seine Aufgaben nicht ordnungsgemäß erfüllt und infolgedessen die Unternehmensinteressen gefährdet sind.[1435]

---

zwischen einer „Allgemeinen Annäherung“ und einer „Fallgruppenspezifischen Auffächerung“ unterscheidet.

1432 Vgl. *Fleischer*, ZIP 2003, 1, 7; *Fleischer*, NZG 2003, 449, 453f.; *Habersack*, WM 2005, 2360, 2362; *Spindler*, in: MüKo-AktG, Bd. 2, § 77, Rn. 67; *Fleischer*, in: Spindler/Stilz, AktG, Bd. 1, § 77, Rn. 51; *Krieger/Sailer-Coceani*, in: Schmidt/Lutter, AktG, Bd. 1, § 93, Rn. 27; *Hüffer*, AktG, § 77, Rn. 15.

1433 Vgl. LG Düsseldorf, ZIP 1995, 1985, 1993; vgl. *Dose*, Die Rechtsstellung der Vorstandsmitglieder einer Aktiengesellschaft, S. 122; *Fleischer*, NZG 2003, 449, 454; *Fleischer*, in: Fleischer, Handbuch des Vorstandsrechts, § 8, Rn. 17; *Fleischer*, in: Spindler/Stilz, AktG, Bd. 1, § 77, Rn. 51; *Weber*, in: Hölters, AktG, § 77, Rn. 36.

1434 Vgl. LG Düsseldorf, ZIP 1995, 1985, 1992f.; *Abeltshauser*, Leitungshaftung im Kapitalgesellschaftsrecht, S. 225f.; *Schneider/Brouwer*, in FS Priester, 713, 718; *Spindler*, in: MüKo-AktG, Bd. 2, § 93, Rn. 136; *Weber*, in: Hölters, AktG, § 77, Rn. 36; vgl. zur GmbH: BGH, BGHZ 133, 370, 377f. = NJW 1997, 130, 132; OLG Düsseldorf, WM 1992, 1658, 1661; *Lohr*, NZG 2000, 1204, 1210; *Marsch-Barner/Diekmann*, in: Münchener Handbuch GmbH, § 44, Rn. 78; *Leuering/Dornhegge*, NZG 2010, 13, 15.

1435 Siehe aus der Rechtsprechung beispielsweise: RG, RGZ 98, 98, 100; vgl. BGH, BGHZ 15, 71, 78; BGH, ZIP 1987, 1050, 1051; BGH, DB 1985, 2291, 2292 = NJW 1986, 54, 55 (GmbH); BGH, BGHZ 133, 370, 378f. = NJW 1997, 130, 132; BGH, WM 2001, 574, 576 = NJW 2001, 969, 971; vgl. BFH, BFHE 146, 23, 25 = BStBl. II 1986, 384, 385; BFH, BFHE 186, 132, 138 = BStBl. II 1998, 761, 763f.; OLG Koblenz, NZG 1998,

Zur Erhärtung eines Verdachts ist ein Vorstandsmitglied unter anderem verpflichtet, Erkundigungen bei Mitarbeitern oder anderen Vorstandsmitgliedern einzuholen und ggf. Kontrollen durchzuführen.[1436] Die zu ergreifenden Maßnahmen abseits einer direkten Intervention richten sich nach dem Verdachtsgrad und den drohenden Risiken und Folgen für das Unternehmen, so dass mitunter ein direktes Gespräch mit dem betroffenen Vorstandsmitglied, ein Widerspruch gegen die Maßnahme des Vorstandsmitglieds sofern von der Satzung bzw. Geschäftsordnung eingeräumt oder die Information des Vorstandes ausreicht.[1437] Einschränkend ist allerdings auch zu beachten, dass die zu ergreifenden Maßnahmen nicht pflichtwidrig ausgeübt werden dürfen, sondern sich am Interesse der Gesellschaft orientieren müssen.[1438]

Allerdings sind die Anforderungen, die konkret an die Aufsichtspflicht des einzelnen Vorstandsmitglieds gestellt werden um die beschriebenen Missstände aufzudecken bisher nicht eindeutig definiert, sondern variieren. Zum Teil wird es als ausreichend angesehen, die Geschäftstätigkeiten und Geschehnisse eines anderen Ressorts in den Vorstandssitzungen fortwährend zu beobachten,[1439] wohingegen dies zum Teil als gerade nicht genügend angesehen wird, sich auf den in der Sitzung vermittelten Eindruck zu verlassen, da es in der Hand des Vorstandsmitglieds liegt, welche Informationen in die Sitzung gelangen[1440]. Ein Mittelweg zwischen diesen beiden Positionen fordert die Nutzung der dem Vorstand zur Verfügung stehenden Informationen sowie eine Kontrolle, ob die Vorstandsberichte erhebliche Geschäftstätigkeiten oder Geschehnisse auslassen, um dann die ggf. fehlenden

953, 954 (GmbH); OLG Köln, AG 2000, 281, 284 (AG); OLG Hamburg, AG 2001, 141, 144 (AG); *Hopt*, in: Großkommentar AktG, § 93, Rn. 62 (01.01.1999); *Fleischer*, NZG 2003, 449, 454; *Habersack*, WM 2005, 2360, 2362; *Götz*, AG 1995, 337, 339; *Fleischer*, in: Spindler/Stilz, AktG, Bd. 1, § 77, Rn. 52; *Mertens/Cahn*, in: Kölner Kommentar AktG, Bd. 2/1, § 93, Rn. 92; *Hüffer*, AktG, § 93, Rn. 13a.

1436 Aus der Rechtsprechung zur GmbH: BGH, ZIP 1987, 1050, 1051; BGH, NJW 1994, 2149, 2151 = GmbHR 1994, 460, 462; vgl. BGH, GmbHR 1995, 299, 300; vgl. OLG Koblenz, ZIP 1991, 870, 871; *Fleischer*, NZG 2003, 449, 454; *Fleischer*, in: Fleischer, Handbuch des Vorstandsrechts, § 8, Rn. 19; *Fleischer*, in: Spindler/Stilz, AktG, Bd. 1, § 77, Rn. 52; siehe zur GmbH: *Haas/Ziemons*, in: Michalski, GmBHG, Bd. 2, § 43, Rn. 162.

1437 Vgl. *Kort*, in: Großkommentar AktG, § 77, Rn. 39 (01.01.2002); *Spindler*, in: MüKo-AktG, Bd. 2, § 77, Rn. 33, § 93, Rn. 142; *Mertens/Cahn*, in: Kölner Kommentar AktG, Bd. 2/1, § 77, Rn. 29; vgl. zum Widerspruch: *Baumbach/Hueck*, AktG, § 77, Rn. 3; *Wiesner*, Münchener Handbuch Aktiengesellschaft, § 22, Rn. 11; *Landwehrmann*, in: Heidel, AktR, § 93, Rn. 123.

1438 Ähnlich *Mertens/Cahn*, in: Kölner Kommentar AktG, Bd. 2/1, § 77, Rn. 30.

1439 *Dose*, Die Rechtsstellung der Vorstandsmitglieder einer Aktiengesellschaft, S. 124; *Hopt*, in: Großkommentar AktG, § 93, Rn. 62 (01.01.1999); *Schwark*, in FS Canaris, 389, 391.

1440 Vgl. *Rieger*, in FS Peltzer, 339, 347; *Mertens/Cahn*, in: Kölner Kommentar AktG, Bd. 2/1, § 93, Rn. 92; *Hüffer*, AktG, § 93, Rn. 13a.

Informationen anfordern zu können.[1441] Nicht beabsichtigt ist eine extensive Kontrolle jeder Maßnahme des anderen Vorstandskollegen in seinem Ressort, vielmehr soll die Geschäftsverteilung weiterhin respektiert werden.[1442]

In der unterinstanzlichen Rechtsprechung wird darüber hinaus vereinzelt gefordert, dass Vorstandsmitglieder eines Vorstandsressorts, welches mit dem Ressort, in dem Risiken aufgetreten sind, „eng verbunden“ ist, aus ihrer Sorgfaltspflicht eine erhöhte Aufsichtspflicht im Vergleich zu Vorstandsmitgliedern anderer, „sachfernerer“ Ressorts trifft.[1443] Dieser Ansatz wird in der Literatur kritisiert und ist im Lichte der vorstehenden Ausführungen zur Aufsichtspflicht unter Respektierung der Geschäftsverteilung wegen tatsächlicher Verletzung bzw. Auflösung des Ressortprinzips und infolgedessen mangelnder Vereinbarkeit mit dem Aktienrecht abzulehnen.[1444]

Solange eine höchstrichterliche Entscheidung in dieser Rechtsfrage aussteht, ist es in Anbetracht des bisher einzigartigen Urteils und der sachlich sowie dogmatisch fundierten Kritik weiterhin als vertretbar anzusehen, dem Vorstandsmitglied eines sachnahen Vorstandsressorts keine andere Überwachungspflicht als dem Rest des Vorstandes aufzubürden, zumal das Gesetz keine solche Differenzierung vornimmt und das Kriterium der „Sachnähe“ bzw. der „engen Verbundenheit“[1445] wenig brauchbar erscheint, um eine trennscharfe Bestimmung der Überwachungszuständigkeiten im Vorstand vorzunehmen.[1446] Gleichwohl ist es einem Vorstandsmitglied nicht verwehrt, seine individuellen Sachkenntnisse bei der Überwachung einzubringen, um so frühzeitig Missstände in anderen Ressorts zu identifizieren und abzustellen.[1447]

Ebenso wird im Schrifttum die Überwachungspflicht des Vorstandsvorsitzenden diskutiert. Nach einigen Stimmen in der Literatur wird dem Vorstandsvorsitzenden eine besondere Rolle eingeräumt, weil er typischerweise eine herausragende Stellung innerhalb des Vorstandes einnähme und infolgedessen die Gesamtüberwachung

---

1441 Vgl. *Schiessl*, ZGR 1992, 64, 70; vgl. *Götz*, AG 1995, 337, 339; *Fleischer*, NZG 2003, 449, 455; *Fleischer*, in: Spindler/Stilz, AktG, Bd. 1, § 77, Rn. 55.

1442 Vgl. OLG Hamm, GmbHR 1992, 376, 377; *Fleischer*, NZG 2003, 449, 455; *Fleischer*, in: Spindler/Stilz, AktG, Bd. 1, § 77, Rn. 55.

1443 VG Frankfurt a. M., WM 2004, 2157, 2161 = VersR 2005, 57, 60 = AG 2005, 264, 265f.

1444 Ausführlich *Habersack*, WM 2005, 2360, 2363; *Mutter/Frick*, AG 2005, R 470, R470f.; *Wolf*, VersR 2005, 1042, 1043ff.; *Hüffer*, in: Bayer/Habersack, Aktienrecht im Wandel, Bd. 2, 334, 380; im Ergebnis ebenso: *Schneider/Brouwer*, in FS Priester, 713, 718; *Seibt*, in: Schmidt/Lutter, AktG, Bd. 1, § 93, Rn. 27; *Bürgers/Israel*, in: Bürgers/Körber, AktG, §93, Rn. 21 a.E.; *Hüffer*, AktG, § 93, Rn. 13a a.E.

1445 Siehe dazu den Urteilstext: VG Frankfurt a. M., WM 2004, 2157, 2161 = VersR 2005, 57, 60 = AG 2005, 264, 265f.

1446 *Schmidt-Husson*, in: Hauschka, Corporate Compliance, § 7, Rn. 11; vgl. *Habersack*, WM 2005, 2360, 2363f., dort auch zum folgenden Text.

1447 *Habersack*, WM 2005, 2360, 2364 unter Verweis auf den Einsatz persönlicher, besonderer Qualifikationen der Aufsichtsratsmitglieder, siehe dazu u.a. BGH, NZG 2011, 1271, 1274 = ZIP 2011, 2097, 2101; OLG Düsseldorf, WM 1984, 1080, 1085 = ZIP 1984, 825, 830f.; *Altmeppen*, ZGR 2004, 390, 411f.; a.A.: *Wirth*, ZGR 2005, 327, 334ff.; *Hüffer*, AktG, § 116, Rn. 3 m.w.N.

seine erste Pflicht und „Schwerpunkt seines Amtes“ sei.[1448] Indes knüpft das Aktiengesetz an das Amt des Vorstandsvorsitzenden nicht ausdrücklich besondere Pflichten, insbesondere keine speziellen Überwachungspflichten, so dass de iure zunächst keine abweichende Überwachungspflicht anzunehmen ist.[1449] Trotzdem hat der Vorstandsvorsitzende in der Praxis eine erhöhte Überwachungspflicht, was aber nicht in der gesetzlichen Wertung begründet ist, sondern sich nach der tatsächlichen Geschäfts- und Aufgabenverteilung im individuellen Unternehmen richtet. Mithin ist eine denkbare gesteigerte Überwachungspflicht des Vorstandsvorsitzenden nicht generell abstrakt, vielmehr nur im Einzelfall anhand der konkreten Ausgestaltung seines Amtes zu bestimmen.[1450]

Ferner ist eine generelle Pflicht des einzelnen Vorstandsmitglieds abzulehnen, sich ohne Anhaltspunkte der ordnungsgemäßen Arbeit der internen Revision oder des Controllings zu versichern.[1451] Allerdings ist in Krisenzeiten[1452] in Anbetracht der Insolvenzantragspflicht des Vorstandes aus § 15a InsO eine gesteigerte Aufsicht über das Controlling, die interne Revision, das interne Risikomanagementsystem sowie insgesamt den Bereich der Finanzen anzunehmen.[1453] Grund dafür ist die Tatsache, dass zwar die Wahrnehmung gesetzlich dem Vorstand obliegender Pflichten auf ein Vorstandsmitglied delegiert werden kann, im Gegenzug jedoch verschärfte Anforderungen an die Überwachungspflicht hinsichtlich der Aufgabenwahrnehmung des anderen Vorstandsmitglieds zu stellen sind.[1454]

1448 So explizit *Bezzenberger*, ZGR 2002, 661, 670ff, 672; siehe auch *Dose*, Die Rechtsstellung der Vorstandsmitglieder einer Aktiengesellschaft, S. 122; *Krieger*, Personalentscheidungen des Aufsichtsrats, S. 249f.; *Erle*, AG 1987, 7, 11f.; *Hoffmann-Becking*, ZGR 1998, 497, 517; *Wiesner*, in: Münchener Handbuch Aktiengesellschaft, § 25, Rn. 4; *Seibt*, in: Schmidt/Lutter, AktG, Bd. 1, § 77, Rn. 18; *Krieger/Sailer-Coceani*, in: Schmidt/Lutter, Aktg, Bd. 1, § 93, Rn. 28; *Weber*, in: Hölters, AktG, § 77, Rn. 34.

1449 So auch *Bezzenberger*, ZHG 1996, 661; im Ergebnis ebenso *Schneider/Brouwer*, in FS Priester, 713, 718; *Spindler*, in: MüKo-AktG, Bd. 2, § 93, Rn. 145; vgl. *Fleischer*, NZG 2003, 449, 455; *Fleischer*, in: Spindler/Stilz, AktG, Bd. 1, § 77, Rn. 56.

1450 Vgl. *Bezzenberger*, ZGR 1996, 661, 673; *Fonk*, in: Semler/v. Schenck, Arbeitshandbuch für Aufsichtsratsmitglieder, § 9, Rn. 57; *Spindler*, in: MüKo-AktG, Bd. 2, § 93, Rn. 145; erhöhte Überwachungspflichten insgesamt ablehnend *von Hein*, ZHR 166 (2002), 464, 487ff.

1451 *Spindler*, in: MüKo-AktG, § 93, Rn. 138 a.E.; a.A. *Götz*, AG 1995, 337, 338.

1452 Siehe dazu ausführlicher den sich anschließenden Teil „Strengere Überwachungspflichten insbesondere hinsichtlich Steuern“.

1453 *Spindler*, in: MüKo-AktG, Bd. 2, § 93, Rn. 141, dort auch zum folgenden Text.

1454 So explizit der BGH in Bezug auf § 64 GmbHG, BGH, NJW 1994, 2149, 2150; vgl. LG Aachen, ZIP 1995, 1837, 1838; vgl. *Altmeppen*, ZIP 1997, 1173, 1177; vgl. auch *Uhlenbruck*, GmbHR 1999, 313, 322 mit umfangreichen Hinweisen auf die Literatur zur GmbH; Ebenfalls zur GmbH: *Haas*, NZG 1999, 373.

In diesem Zusammenhang können auch einzelne Vorstandsmitglieder erhöhte Überwachungspflichten treffen, wenn ihnen diese z.B. im Rahmen ihrer Zuständigkeit für das Controlling oder die interne Revision zugewiesen worden sind.[1455]

(aa) Strengere Überwachungspflichten hinsichtlich Steuern

Generell ist eine Steigerung der Überwachungspflicht anerkannt und anzunehmen, wenn sich das Unternehmen insbesondere in einer finanziellen Krise befindet. Entsprechende Ausführungen sind der Rechtsprechung zur Abführung der Sozialversicherungsbeiträge und der Entrichtung von Steuern und Abgaben zu entnehmen.[1456]

Um die Frage der ordnungsgemäßen Überwachung hinsichtlich der Zahlung der Steuern zu beantworten, ist zur Reduktion der Verantwortlichkeit der anderen Vorstandsmitglieder auf die hier näher beleuchtete Überwachungspflicht zunächst eine nach der Rechtsprechung des BFH wirksame Geschäftsverteilung Voraussetzung. Demnach hat die Geschäftsverteilung schriftlich zu erfolgen[1457], der zuständige Vorstand muss integer, die Einhaltung der steuerlichen Pflichten muss gesichert sein ebenso wie die sofortige Information des Vorstandes bei sich abzeichnenden Risiken für die Liquidität und die Vermögenslage des Unternehmens.[1458]

Liegt danach eine wirksame Geschäftsverteilung vor, ist im Bereich des Steuerrechts dann die Überwachungspflicht verletzt, wenn das nicht zuständige Vorstandsmitglied um Anomalien weiß und nicht handelt, wobei bei drohender Insolvenz oder Illiquidität eine etwaige Geschäftsverteilung hinfällig ist.[1459]

Schließlich bildet mangelndes Fachwissen im Steuerrecht keinen Ausschlussgrund hinsichtlich einer Haftung eines nicht für Steuern zuständigen Vorstandsmitglieds, da es in diesem Fall eine Tätigkeit als Vorstand nicht hätte aufnehmen

---

1455 *Seibt*, in: Schmidt/Lutter, AktG, Bd. 1, § 77, Rn. 18; *Weber*, in: Hölters, AktG, § 77, Rn. 34 a.E.

1456 GmbH: BGH, BGHZ 133, 370, 379 = NJW 1997, 130, 132; BGH, WM 2001, 574, 576 = NJW 2001, 969, 971; OLG Düsseldorf, GmbHR 1996, 368; OLG Bremen, ZIP 1999, 1671, 1678; vgl. OLG Hamburg, AG 2001, 141, 144; hinsichtlich Steuern siehe BFH, BFHE 141, 443, 446f. = BStBl. II 1984, 776, 778 = ZIP 1984, 1345, 1346f.; BFH, GmbHR 1989, 170, 172; *Hopt*, in: Großkommentar AktG, § 93, Rn. 59 (01.01.1999); *Spindler*, in: MüKo, AktG, Bd. 2, § 93, Rn. 139f.; *Fleischer*, in: Spindler/Stilz, AktG, Bd. 1, § 93, Rn. 53; *Krieger/Sailer-Coceani*, in: Schmidt/Lutter, AktG, Bd. 1, § 93, Rn. 27.

1457 Siehe dazu ausführlich unten S. 280f.

1458 BFH, BFHE 141, 443, 447f. = BStBl. II 1984, 776, 778 = ZIP 1984, 1345, 1347; *Dreher*, ZGR 1992, 22, 53f.; *Spindler*, in: MüKo-AktG, Bd. 2, § 93, Rn. 140.

1459 GmbH: BFH, BFHE 75, 206, 208 = BStBl. III 1962, 342, 343; BFH, BFHE 141, 443, 446f. = BStBl. II 1984, 776, 777f = ZIP 1984, 1345, 1346f.; BFH, GmbHR 1989, 170, 171f.; BFH, BFHE 1986, 132, 138 = BStBl. II 1998, 761, 763; *Spindler*, in: MüKo-AktG, Bd. 2, § 93 Rn. 140, Fn. 474.

dürfen oder bei Entdeckung der unzureichenden Kenntnisse seinen Posten hätte aufgeben müssen.[1460]

Konsequenz der intensiveren Überwachungspflicht ist, dass in Verdachtsfällen bzgl. einer nicht ordnungsgemäßen Erfüllung der steuerlichen Pflichten die Aussagen des zuständigen Vorstandsmitglieds nur mit entsprechenden Belegen akzeptiert werden können und in Zweifel Kontrollen vorzunehmen sind, inwiefern die Steuerzahlungen realiter zum fälligen Zeitpunkt erfolgen.[1461]

Überdies lebt über die strengere Überwachungspflicht hinaus im Falle der Nichterfüllung der steuerlichen Pflichten die ursprüngliche Verantwortung jedes einzelnen Vorstandsmitgliedes in Bezug auf die Einhaltung der steuerlichen Pflichten wieder auf, so dass in dieser Konstellation die Modifikation zur bloßen Überwachungspflicht hinfällig ist.[1462]

(bb) Informationssystem

Um die Überwachungspflicht überhaupt wahrnehmen zu können, gebührt zunächst dem einzelnen Vorstandsmitglied ein Informationsanspruch gegen die anderen Vorstandsmitglieder hinsichtlich ihres Ressorts.[1463] Darüber hinaus ist im Sinne einer effektiven Überwachungspflicht im Einzelfall die Etablierung eines vorstandsinternen Informationssystems ratsam.[1464] Die Beschaffenheit dieses Systems, d.h. der konkrete Umfang der zu erbringenden Informationen, die Informationsdichte sowie Regelmäßigkeit der Information stehen dabei im Ermessen des Vorstandes, welches

1460 BFH, BFHE 186, 132, 136 = BStBl. II 1998, 761, 762; vgl. BFH, BFH/NV 2004, 157; *Spindler*, in: MüKo-AktG, Bd. 2, § 93, Rn. 140.

1461 BGH, WM 2001, 574, 576 = NJW 2001, 969, 971; vgl. OLG Düsseldorf, GmbHR 1996, 368; *Fleischer*, NZG 2003, 449, 454.

1462 BFH, BFHE 141, 443, 446f = BStBl. II 1984, 776, 777f. = ZIP 1984, 1345, 1346f.; vgl. BGH, BGHZ 133, 370, 378f. = NJW 1997, 130, 132; BGH, NZG 2008, 628, 629 (Abführung Sozialversicherungsbeiträge); FG Münster, EFG 1985, 782; *Hopt*, in: Großkommentar AktG, § 93, Rn. 510 (01.01.1999); *Wiesner*, in: Münchener Handbuch Aktiengesellschaft, § 26, Rn. 38; *Intemann*, in: Pahlke/Koenig, AO, § 69, Rn. 80; *Mertens/Cahn*, in: Kölner Kommentar AktG, Bd. 2/1, § 93, Rn. 230.

1463 *Hoffmann-Becking*, ZGR 1998, 497, 512; *Wiesner*, in: Münchener Handbuch Aktiengesellschaft, § 22, Rn. 16; *Spindler*, in: MüKo-AktG, Bd. 2, § 93, Rn. 143; *Fleischer*, in: Spindler/Stilz, AktG, Bd. 1, § 77, Rn. 49; *Weber*, in: Hölters, AktG, § 77, Rn. 35.

1464 *Schiessel*, ZGR 1992, 64, 69; *Hoffmann-Becking*, ZGR 1998, 497, 513; *Kort*, in: Großkommentar AktG, § 77, Rn. 40 (01.12.2002); *Fleischer*, NZG 2003, 449, 454; *Wiesner*, Münchener Handbuch Aktiengesellschaft, § 22, Rn. 16; *Mertens/Cahn*, in: Kölner Kommentar AktG, Bd. 2/1, § 77, Rn. 27; *Weber*, in Hölters, AktG, § 77, Rn. 35, dort auch zum folgenden Text; Informationssystem im Falle einer Spartenorganisation *Schwark*, ZHR 142 (1978), 203, 216; gegen ein Informationssystem zur Überwachung, sondern grundsätzlich Abhängigkeit vom Einzelfall: *Spindler*, in: Müko-AktG, Bd. 2, § 93, Rn. 143.

sich an den jeweiligen Eigenheiten des Unternehmens orientiert und insbesondere der individuellen Risikolage des Unternehmens Rechnung tragen muss.[1465]

Diesbezüglich ist zudem zu beachten, dass eine Pflicht des einzelnen Vorstandsmitglieds besteht, die anderen Vorstandsmitglieder über wesentliche Sachverhalte, die für das Unternehmen insgesamt relevant sind, in Kenntnis zu setzen.[1466] Umgekehrt setzt dies natürlich auch wieder voraus, dass das einzelne Vorstandsmitglied über genau diese Sachverhalte in dem von ihm zu beaufsichtigen Ressort informiert ist.[1467] So lange jedes Mitglied des Vorstandes mit den für eine wirksame Kontrolle relevanten Informationen versorgt wird, kann das Sammeln der notwendigen Informationen auch durch das Controlling erfolgen.

Abschließend sei noch darauf hingewiesen, dass ein Vorstandsmitglied, das Mängel in der Informationskette entdeckt, sich dann selbst um die Beschaffung der Informationen kümmern muss.[1468]

(3) Dokumentationserfordernis

Wie bereits unter Verweis auf die Rechtsprechung der BFH festgestellt wurde, ist die Geschäftsordnung im Sinne des § 77 II AktG aus Gründen der Rechtssicherheit schriftlich zu fixieren.[1469] Weitergehend sieht die steuerrechtliche Rechtsprechung die Schriftlichkeit einer Geschäftsverteilung als Voraussetzung zur Veränderung der Pflichten des einzelnen Vorstandsmitglieds an, damit die Verantwortlichkeit im Einzelfall zu bestimmen ist, was wohl auch von einem Teil des aktienrechtlichen Schrifttums befürwortet wird.[1470] Dagegen wird eingewandt, dass der eigentliche, grundsätzliche Sinn einer Dokumentation, demjenigen, der den Schaden hat, über

---

1465 *Hoffmann-Becking*, ZGR 1998, 497, 513; vgl. *Kort*, in: Großkommentar AktG, § 77, Rn. 40 (01.12.2002); *Fleischer*, NZG 2003, 449, 454; *Fleischer*, in: Spindler/Stilz, AktG, Bd. 1, § 77, Rn. 54.

1466 Vgl. *Schwark*, ZHR 142 (1978), 203, 216f.; vgl. *Martens*, in FS Fleck, 191, 196f.; *Schiessl*, in: ZGR 1992, 64, 69; *Wiesner*, in: Münchener Handbuch Aktiengesellschaft, § 22, Rn. 16; *Fleischer*, in: Spindler/Stilz, AktG, Bd. 1, § 77, Rn. 49.

1467 Siehe dazu auch ausführlicher im Rahmen der vertikalen Überwachungspflicht bei Delegation, S. 284ff.; *Martens*, in FS Fleck, 191, 200; vgl. *Schiessl*, ZGR 1992, 64, 69f., dort auch zum folgenden Text; *Mertens/Cahn*, in: Kölner Kommentar AktG, Bd. 2/1, § 77, Rn. 25.

1468 *Schiessl*, ZGR 1992, 64, 70; siehe dazu auch bereits oben S. 275f.

1469 *Kropff*, Aktiengesetz – Begründung Regierungsentwurf, S. 100; *Baumbach/Hueck*, AktG, § 77, Rn. 15; *von Godin/Wilhelmi*, AktG, Bd. I, § 77, Rn. 11; *Kort*, in: Großkommentar AktG, § 77, Rn. 78 (01.12.2002); *Fleischer*, in: Spindler/Stilz, AktG, Bd. 1, § 77, Rn. 68; *Weber*, in: Hölters, AktG, § 77, Rn. 50; *Hüffer*, § 77, AktG, Rn. 21.

1470 BFH, BFHE 141, 443, 447 = BStBl. II 1984, 776, 778 = ZIP 1984, 1345, 1374; BFH, BFHe 146, 23, 25 = BStBl. II 1986, 384, 385 = DB 1986, 1555f. = ZIP 1986, 1247, 1248; BFH, BFHE 146, 23, 25 = BStBl. II 1986, 384, 385; BFH, NZG 1998, 861, 862; BFH, BFHE 186, 132, 137f. = BStBl. II 1998, 761, 763; zum aktienrechtlichen Schrifttum siehe z.B. *Hopt*, in: Großkommentar AktG, § 93, Rn. 510 (01.01.1999); ausführlich

die Dokumentation eine Beweismöglichkeit zu eröffnen, infolge der Beweislastumkehr aus § 93 II 2 AktG[1471] im Falle einer Haftung auf aktienrechtlicher Grundlage aus § 93 II AktG nicht greife.[1472] Jedoch räumt auch diese Ansicht ein, dass eine unterlassene Dokumentation einen schwer zu entkräftenden Hinweis auf eine denkbare Verletzung von Organisationspflichten innerhalb des Organs Vorstand sein kann.[1473] Für eine schriftliche Niederlegung spricht zudem, dass im Gegensatz zur Beweislastumkehr aus § 93 II 2 AktG bzw. über die Funktion der Beweislastumkehr hinaus über die Schriftlichkeit Mängel in der Organisation besser aufgedeckt werden können und den Vorstandsmitgliedern eine sichere Leitlinie geboten wird.[1474] Ferner ist es auch aus Gründen der Beweissicherung für das einzelne Vorstandsmitglied zum Nachweis seines Aufgabenbereichs und seiner Verantwortung anzuraten, die Geschäftsverteilung schriftlich niederzulegen.[1475]

Demnach ist im Hinblick auf die für die Praxis bedeutsame Rechtsprechung des BFH die schriftliche Dokumentation der Geschäftsverteilung im Vorstand de facto obligatorisch, um einer Sorgfaltspflichtverletzung in Gestalt einer Organisationspflichtverletzung vorzubeugen.

bb) Organisations- und vertikale Überwachungspflichten bei Delegation

Grundsätzlich ist die Delegation von Aufgaben des Vorstandes an Mitarbeiter, die nicht auf der Ebene des Vorstandes stehen sondern sich auf niedrigeren Hierarchieebenen befinden, möglich, obwohl keine explizite Normierung im AktG existiert.[1476] Jedoch kann nicht jede Aufgabe des Vorstandes ohne weiteres delegiert werden. Speziell für den Bereich des Steuerrechts müssen die Aufgaben beim Vorstand verbleiben, deren Erfüllung kraft Gesetzes dem Vorstand obliegt, wie beispielsweise

---

Dreher, ZGR 1992, 22, 57ff. m.w.N.; *Fleischer*, NZG 2003, 449, 452f.; *Fleischer*, in: Spindler/Stilz, AktG, Bd. 1, § 77, Rn. 58.

1471 Siehe noch ausführlich zur Beweislastumkehr S. 321ff.

1472 *Spindler*, in: MüKo-AktG, Bd. 2, § 93, Rn. 133, dort auch zum folgenden Text, siehe auch Rn. 166.

1473 Siehe zu diesem Aspekt für die GmbH auch: *Marsch-Barner/Diekmann*, in: Münchener Handbuch GmbH, § 44, Rn. 84.

1474 Vgl. *Dreher*, ZGR 1992, 22, 59f.; vgl. *Martens*, in FS Fleck, 191, 195; ausführlich: *Fleischer*, NZG 2003, 449, 452f.; *Fleischer*, in: Spindler/Stilz, AktG, Bd. 1, § 77, Rn. 58.

1475 Vgl. *Hauschka*, AG 2004, 461, 464f.; in Bezug auf die GmbH: *Froesch*, DB 2009, 722, 725; vgl. krit. *Kleindiek*, in: Lutter/Hommelhoff, GmbHG § 37, Rn. 37; für den Verein: *Heermann*, in FS Röhricht, 1191, 1198; allgemein: *Leuering, Dornhegge*, CCZ 2010, 13, 15.

1476 BGH, BGHZ 133, 370, 378 = NJW 1997, 130, 132; *Semler*, Leitung und Überwachung der Aktiengesellschaft, Rn. 10, 22; *Hopt*, in: Großkommentar AktG, § 93, Rn. 55 (01.01.1999); vgl. *Fleischer*, AG 2003, 291, 292; *Froesch*, DB 2009, 722, 723; *Mertens/Cahn*, in: Kölner Kommentar AktG, Bd. 2/1, § 93, Rn. 48; *Schmidt-Husson*, in: Hauschka, Corporate Compliance, § 7, Rn. 6; *Hüffer*, AktG, § 76, Rn. 7.

§§ 93, 137ff., 140ff., 149ff. i.V.m. 34 I AO.[1477] Aber auch in diesem Bereich der nicht delegierbaren Pflichten, kann sich das zuständige Vorstandsmitglied der Hilfe nachgeordneter Mitarbeiter bedienen, die dem Vorstand vorbereitend oder ausführend zuarbeiten, so lange die Verantwortlichkeit und letzte Entscheidungsgewalt beim Vorstandsmitglied verbleibt.[1478]

Voraussetzung zur Vermeidung einer Haftung im Falle einer Delegation und zur Wahrung der Organisationsverantwortung hinsichtlich der Umsetzung der delegierten Pflichten des jeweiligen Vorstandsmitglieds ist eine ordnungsgemäße Auswahl (curia in eligendo), Anleitung (curia in instruendo) und Überwachung (curia in custodiendo) der per Delegation verpflichteten Mitarbeiter.[1479]

(1) Ordnungsgemäße Auswahl

Eine ordnungsgemäße Auswahl eines Mitarbeiters, an den Aufgaben delegiert werden, setzt zunächst voraus, dass die zu erfüllende Aufgabe und die damit verbundenen Anforderungen an den Mitarbeiter definiert werden, da diese je nach Aufgabengebiet differieren: Ein im Steuerrecht per Delegation eingesetzter Mitarbeiter wird sicherlich andere Qualifikationen vorweisen müssen, als ein Mitarbeiter im Bereich Produktion oder Logistik. Maßgeblichen Einfluss auf dieses Anforderungsprofil haben auch die Schwierigkeit der Aufgabe, die Bedeutung der Aufgabe für das Unternehmen und die mit der Aufgabe verbundenen Risiken für das Unternehmen. Folge ist, dass für eine ordnungsgemäße Auswahl derjenige auszuwählen ist, der sowohl unter Beachtung persönlicher Faktoren wie Verlässlich- und Strapazierfä-

---

1477 Vgl. BFH, BFHE 146, 23ff. = BStBl. II 1986, 384f. = DB 1986, 1555f. = ZIP 1986, 1247f.; *Hegnon*, CCZ 2009, 57; *Froesch*, DB 2009, 722, 724; *Urban*, GWR 2013, 343564 = GWR 2013, 106ff.; *Schmidt-Husson*, in: Hauschka, Corporate Compliance, § 7, Rn. 14; siehe in diesem Zusammenhang auch die Leitungsaufgaben des Vorstands mit weiteren Nachweisen S. 204ff.; grundlegend und ausführlich *Semler*, Leitung und Überwachung der Aktiengesellschaft, Rn. 10ff, 22.

1478 *Semler*, Leitung und Überwachung der Aktiengesellschaft, Rn. 24; *Hoffmann-Becking*, ZGR 1998, 497, 508; *Fleischer*, ZIP 2003, 1, 6; *Turiaux/Knigge*, DB 2004, 2199, 2204; *Fleischer*, in: Fleischer, Handbuch des Vorstandsrechts, § 1, Rn. 17 m.w.N.; vgl. *Wiesner*, in: Münchener Handbuch Aktiengesellschaft, § 19, Rn. 17; *Spindler*, in: MüKo-AktG, Bd. 2, § 77, Rn. 64; *Froesch*, DB 2009, 722, 724; *Schmidt-Husson*, in: Hauschka, Corporate Compliance, § 7, Rn. 18; a.A. *Hüffer*, AktG, § 77, Rn. 17, der nur die Vorbereitung, aber nicht die Durchführung bei nicht delegierbaren Pflichten erfasst.

1479 BGH, BGHZ 127, 336, 347 = NJW 1995, 326, 329; vgl. BGH, BGHZ 134, 304, 313f. = GmbHR 1997, 305, 307; *Hopt*, in: Großkommentar AktG, § 93, Rn. 59 (01.01.1999) m.w.N. zur GmbH; vgl. *Fleischer*, AG 2003, 291, 292f.; *Turiaux/Knigge*, DB 2004, 2199, 2205; *Schneider/Schneider*, GmbHR 2005, 1229, 1231; *Fleischer*, in: Fleischer, Handbuch des Vorstandsrechts, § 8, Rn. 28; *Schneider/Brouwer*, in FS Priester, 713, 720f. m.w.N. zur GmbH; *Hüffer*, AktG, § 93, Rn. 14.

higkeit als auch fachlicher Aspekte in Gestalt seiner Qualifikation, Bildungsgang oder Berufserfahrung für die Wahrnehmung der Aufgabe geeignet ist.[1480]

(2) Ordnungsgemäße Anleitung

Über die ordnungsgemäße Auswahl hinaus erfordert die Organisationsverantwortung die ordnungsgemäße Anleitung des Mitarbeiters. Dem Mitarbeiter muss also erklärt werden, was alles seiner Verantwortung unterfällt und wie genau er die ihm übertragenen Aufgaben wahrzunehmen hat. Ferner müssen ihm die notwendigen Kenntnisse hinsichtlich der betriebsinternen Regeln, Abläufe, Berichtswege und -pflichten, besondere Risiken sowie typische Gefahren vermittelt werden. Ihm sind die zur sorgfältigen Wahrnehmung seiner Aufgaben erforderlichen Instrumente und Berechtigungen zur Verfügung zu stellen. Durch Rechtsänderungen oder Änderungen im Unternehmensablauf kann mitunter eine erneute Anleitung oder Weiterbildung des Mitarbeiters geboten sein.[1481]

Gegenstand einer ordnungsgemäßen Anleitung ist ferner, wenn möglich kritische Sachverhalte oder Grenzwerte zu benennen, die eine Einschaltung des Delegierenden erfordern.[1482]

Stimmen in der Literatur, die eine zu umfangreiche Anweisung unter dem Gesichtspunkt der Haftung als problematisch ansehen, ist nicht zuzustimmen.[1483] Die Begründung, dass umfangreiche Anweisungen bei einer Änderung der die Anweisung bedingenden Basis in Form der Rechtsgrundlagen oder der realen Verhältnisse immer korrespondierende Änderungen der Anweisungen nach sich ziehen müssen um nicht eine Haftung auszulösen, ist insoweit durchaus nachvollziehbar. Allerdings vermag die daraus gezogene Konsequenz, die Anweisungen auf ein Minimum zu beschränken und die Detailarbeit auf die untergeordnete Ebene zu delegieren nicht die beabsichtigte Besserstellung bei der Haftung herbeizuführen, weil sich durch diese Delegation die Pflicht zur Anleitung in eine Pflicht zur Überwachung des

---

1480 Siehe insgesamt zur ordnungsgemäßen Auswahl: *Schneider*, DB 1993, 1909, 1914; *Hopt*, in: Großkommentar AktG, § 93, Rn. 59 (01.01.1999); *Fleischer*, AG 2003, 291, 293; *Hauschka*, AG 2004, 461, 466; *Turiaux/Knigge*, DB 2004, 2199, 2205 *Fleischer*, in: Fleischer, Handbuch des Vorstandsrechts, § 8, Rn. 30; *Froesch*, DB 2009, 722, 724; *Fleischer*, in: Spindler/Stilz, AktG, Bd. 1, § 93, Rn. 102; *Schmidt-Husson*, in: Hauschka, Corporate Compliance, § 7, Rn. 22; siehe zur GmbH: *Schneider*, in FS 100 Jahre GmbHG, 473, 485.

1481 *Schneider*, DB 1993, 1909, 1914; *Fleischer*, AG 2003, 291, 293; *Hauschka*, AG 2004, 461, 466; *Turiaux/Knigge*, DB 2004, 2199, 2205; *Fleischer*, in: Fleischer, Handbuch des Vorstandsrechts, § 8, Rn. 31; *Froesch*, DB 2009, 722, 724; *Schmidt-Husson*, in: Hauschka, Corporate Compliance, § 7, Rn. 23; *Landwehrmann*, in: Heidel, AktR, § 93, Rn. 77; zur GmbH: BGH, BGHZ 134, 304, 313f. = GmbHR1997, 305, 307f.; *Schneider*, in FS 100 Jahre GmbHG, 473, 486.

1482 *Hegnon*, CCZ 2009, 57, 60.

1483 *Hegnon*, CCZ 2009, 57, 60f., dort auch zum folgenden Text.

damit betrauten, untergeordneten Mitarbeiters wandelt.[1484] Ergo ist nunmehr tatsächlich die Folge, dass der Delegierende zwar nicht mehr die Anweisungen selbst aktualisieren, jedoch per Überwachung sicherstellen muss, dass der damit befasste Mitarbeiter die gebotenen Aktualisierungen vornimmt, so dass sich das Haftungsrisiko, das der Delegation inhärent ist, parallel zur Wandlung der Pflichten lediglich von der Anweisung in die Überwachung verlagert. Folglich liegt im Ergebnis schlussendlich nur eine Veränderung der Haftung, aber keine Besserstellung vor.

(3) Ordnungsgemäße Überwachung

Um der aktienrechtlichen Sorgfaltspflicht im Falle einer vertikalen Delegation zu genügen, bedarf es nicht nur einer ordnungsgemäßen Auswahl und Anleitung, sondern auch wie bereits erwähnt, einer ordnungsgemäßen Überwachung der Mitarbeiter, an die die Wahrnehmung der Aufgabe delegiert worden ist. Dies bildet gleichsam die Kehrseite der Delegation: Die Pflicht zur Erfüllung der Aufgabe wird qua Delegation nunmehr zu einer Überwachungspflicht modifiziert.[1485] Ebenso judiziert der BFH, der der delegierenden Unternehmensleitung im Lichte des § 69 AO eine Überwachungspflicht zuspricht, deren Verletzung eine grob fahrlässige Pflichtverletzung im Sinne des § 69 AO in Gestalt eines „Überwachungsverschuldens" verursacht, wobei die vorzunehmenden Vorkehrungen zur Überwachung nicht pauschal, sondern von Fall zu Fall zu bestimmen seien.[1486]

Allerdings alterniert die Überwachungspflicht bei der Aufdeckung von Missständen in eine Pflicht des delegierenden Vorstandes zum unmittelbaren Handeln, um auf diese Weise eine sorgfältige Unternehmensleitung durch Einhaltung der Anweisungen des Leitungsorgans zu sichern.[1487]

1484 Von einer günstigeren Haftung demgegenüber ausgehend: *Hegnon*, CCZ 2009, 57, 61; siehe zur Pflichtenmodifikation im Falle der Delegation einer Aufgabe: BGH, DB 1985, 2291, 2292 = NJW 1986, 54, 55; vgl. BGH, BGHZ 127, 336, 347 = NJW 1995, 326, 329; BGH, BGHZ 133, 370, 377f. = NJW 1997, 130, 132; *Schneider*, DB 1993, 1909, 1914; vgl. *Mutter*, Unternehmerische Entscheidungen und Haftung des Aufsichtsrats der Aktiengesellschaft, S. 36; *Semler*, Leitung und Überwachung der Aktiengesellschaft, Rn. 24; *Turiaux/Knigge*, DB 2004, 2199, 2205; *Hegnon*, CCZ 2009, 57, 58 m.w.N. unter anderem in Bezug in Bezug auf die Delegation strafrechtlicher Pflichten; *Froesch*, DB 2009, 722, 725.

1485 Siehe dazu die Nachweise in der vorstehenden Fußnote.

1486 BFH, BFH/NV 1988, 220, 221; BFH, BFHE 175, 509, 513f. = BStBl. II 1995, 278, 280; BFH, GmbHR 2000, 392, 393; jeweils mit umfangreichen Nachweisen zur Rechtsprechung des BFH, siehe zum „Überwachungsverschulden" im Rahmen des § 69 AO noch ausführlicher S. 389ff.; vgl. *Mittelbach*, DStZ 1984, 211, 212.

1487 So explizit *Hauschka*, AG 2004, 461, 467; vgl. zu § 130 OWiG: OLG Celle, Nds. RPfl. 1987, 135.

(a) Allgemeine Organisationsanforderungen

Demgemäß lässt sich allgemein zunächst feststellen, dass die Ausgestaltung der Überwachungspflicht je nach Sachlage divergiert. Entscheidende Faktoren sind zum einen die Besonderheiten des jeweiligen Unternehmens in Gestalt seines Wesens, seines Ausmaßes und seiner Struktur, der maßgeblichen, einschlägigen und damit einzuhaltenden Rechtsnormen sowie der Relevanz der Aufgabe für das Unternehmen.[1488] Zum anderen beeinflusst auch der konkrete Mitarbeiter, an den delegiert wird, den Überwachungsmaßstab: Folglich nimmt der Umfang der Überwachung ab, je länger der Mitarbeiter ohne Beanstandung mit der Aufgabe betraut ist. In diesem Zusammenhang korreliert die ordnungsgemäße Auswahl und Anleitung mit den Anforderungen, die an die Überwachung anzulegen sind, da die Anforderungen an die Überwachung geringer anzusetzen sind, je besser das fachliche Vermögen des zu überwachenden Mitarbeiters ist.[1489]

Greifbare Anforderungen an die Ausgestaltung der Überwachungspflicht lassen sich insbesondere der Rechtsprechung zu § 130 OWiG entnehmen. § 130 OWiG richtet sich nicht nur an die Gesellschaft als Betriebsinhaber, sondern über § 9 I Nr. 1 OWiG auch an den Vorstand als vertretungsberechtigtes Organ der juristischen Person Unternehmen.[1490]

Zudem fällt auch die Beachtung des § 130 OWiG in den Pflichtenkanon des Vorstandes gegenüber der Aktiengesellschaft, so dass bei einer Verletzung des § 130 OWiG dem Vorstand eine Haftung aus § 93 II AktG droht.[1491]

(b) Konkrete Organisationsanforderungen

Unabhängig von einer gezielten Organisation der Überwachung besteht Konsens darüber, dass der Vorstand jedenfalls dann aktiv werden muss, wenn sich erkennbare Anzeichen ergeben, die auf Rechtsverletzungen oder Fehler von Mitarbeitern hindeuten.[1492] Aus diesen einzelnen, entdeckten Missständen resultiert wiederum eine Pflicht

---

1488 *Fleischer*, AG 2003, 291, 293f.; *Turiaux/Knigge*, DB 2004, 2199, 2206; *Fleischer*, in: Fleischer, Handbuch des Vorstandsrechts, § 8, Rn. 33; *Fleischer*, in: Spindler/Stilz, AktG, Bd. 1, § 93, Rn. 105.

1489 *Fleischer*, AG 2003, 291, 293f.; *Fleischer*, in: Fleischer, Handbuch des Vorstandsrechts, § 8, Rn. 33; *Fleischer*, in: Spindler/Stilz, AktG, Bd. 1, § 93, Rn. 105; vgl. dazu im Deliktsrecht: *Belling*, in: Staudinger, BGB, § 831, Rn. 140f. (Juni 2012).

1490 *Többens*, NStZ 1999, 1, 2; *Fleischer*, AG 2003, 291, 294; *Fleischer*, in: Fleischer, Handbuch des Vorstandsrechts, § 8, Rn. 34; *Fleischer*, CCZ 2008, 1, 2; *Fleischer*, in: Spindler/Stilz, AktG, Bd. 1, § 93, Rn. 106; siehe bei Fleischer auch jeweils zum folgenden Text.

1491 *Hopt*, in: Großkommentar AktG, § 93, Rn. 143 (01.01.1999); vgl. *Glöckner/Müller-Tautphaeus*, AG 2001, 344, 345; *Mertens/Cahn*, in: Kölner Kommentar AktG, Bd. 2/1, § 93, Rn. 77; *Landwehrmann*, in: Heidel, AktR, § 93, Rn. 15 m.w.N.; siehe zu § 130 OWiG noch ausführlicher S. 336ff.

1492 Vgl. zum Steuerrecht und zur GmbH: BGH, HFR 1986, 83, 83f. = GmbHR 1985, 143, 144; *Turiaux/Knigge*, DB 2004, 2199, 2205; *Rogall*, in: KK-OWiG, § 130, Rn. 40; *Gürtler*, in: Göhler, OWiG, 130, Rn. 11.

des Vorstandes zur vollumfänglichen Kontrolle des Sachverhalts und zur Etablierung präventiver Maßnahmen, um gleichartige Rechtsverstöße zu verhindern.[1493]

Abseits dieses situativen Tätigwerdens verlangt die Ausgestaltung der Überwachungspflicht nach einer Organisationsstruktur, die eine Verletzung der auf die Mitarbeiter übertragenen Pflichten verhindert bzw. allgemein Pflichtverletzungen der Mitarbeiter ausschließt.[1494]

Vor der Etablierung einer solchen Organisationsstruktur sind zunächst denklogisch einige Vorarbeiten notwendig:[1495] Unerlässlich ist die Kenntnis der zu beachtenden, für das jeweilige Unternehmen und seine Mitarbeiter einschlägigen Rechte und Pflichten, die, wie bereits im Rahmen der ordnungsgemäßen Anleitung geschildert, infolge beständiger Änderungen der Rechtslage zu aktualisieren sind. Erforderlich ist zu diesem Zweck eine eindeutige Kompetenzzuweisung zur Vermeidung eines Zuständigkeitsvakuums resultierend aus dem Umstand, dass einzelne Abteilungen jeweils eine andere Abteilung für zuständig halten, über die Einhaltung des Rechts zu wachen und Rechtsänderungen zu verfolgen. Ferner sichert dieser Ansatz auch eine Zusammenschau der relevanten Rechtsgrundlagen, der ergriffenen Maßnahmen und ermöglicht auf diese Weise eine Einschätzung der Risiken für das Unternehmen bei Missachtung der Rechtsgrundlagen.[1496] Wie bereits geschildert, ist die Identifikation von Risiken ein elementarer Bestandteil eines funktionierenden Tax Compliance-Systems, damit dieses die Minimierung und Kontrolle der Risiken umsetzen kann.

Neben diesem Überblick über die Risiken unmittelbar aus den anzuwendenden Rechtsgrundlagen besteht eine Notwendigkeit gezielt die Risiken zu bestimmen, die bei der Erfüllung der delegierten Pflicht auftreten, bzw. die Erfüllung erschweren oder verhindern.[1497]

Die auf diesen Erkenntnissen aufbauende Organisationsstruktur zur Umsetzung der Überwachungspflicht bedarf zunächst einer klaren Bestimmung von Kompetenzen und Verantwortlichkeiten, um das beschriebene Zuständigkeitsvakuum zu vermeiden, Unsicherheiten und Missverständnisse, welche Personen und Abteilungen im Unternehmensgefüge bei einzelnen Abläufen wann und wie zu beteiligen sind, auszuräumen und auf diese Weise eine klare sowie sichere Organisation zu realisieren,

---

1493 *Fleischer*, AG 2003, 291, 294; *Fleischer*, in: Fleischer, Handbuch des Vorstandsrechts, § 8, Rn. 35; *Fleischer*, in: Spindler/Stilz, AktG, Bd. 1, § 93, Rn. 107.

1494 *Fleischer*, AG 2003, 291, 294; *Turiaux/Knigge*, DB 2004, 2199, 2205; *Fleischer*, in: Fleischer, Handbuch des Vorstandsrechts, § 8, Rn. 36; *Fleischer*, in: Spindler/Stilz, AktG, Bd. 1, § 93, Rn. 108.

1495 Siehe hierzu den ausführlichen Überblick über die Rechtspflichtenerfassung, Risikoerfassung und Aufgabenverteilung im Rahmen der Organisation bei *Hegnon*, CCZ 2009, 57, 60, dort auch zum folgenden Text.

1496 *Schneider*, in FS 100 Jahre GmbHG, 473, 486; vgl. *Hauschka*, AG 2004, 461, 467f.; siehe dazu auch im 1. Kapitel: Grundlagen die Ausführungen zur Risikoidentifikation innerhalb eines Tax Compliance-Systems, S. 13f., dort auch die entsprechenden Nachweise zum folgenden Text.

1497 *Hegnon*, CCZ 2009, 57, 60, dort auch zum folgenden Text.

die Aufgaben und Verantwortlichkeiten trennscharf und pragmatisch definiert.[1498] Richtlinien und Dienstanweisungen mit entsprechend konkreten Regelungsinhalten können dabei als hilfreiches Mittel zur Erreichung dieses Zwecks dienen.[1499]

Kernelement der Überwachungspflicht der Unternehmensleitung ist die Kontrolle. Die Kontrollintensität orientiert sich an Art und Umfang des Risikos, welches mit der Pflichterfüllung durch den Mitarbeiter verbunden ist. Kontrollen, die erst nach einer Pflichtverletzung einsetzen, sind ebenso unzureichend[1500] wie – je nach übertragener Aufgabe – bloß sporadische Kontrollen[1501]. Gefordert ist eine Organisation, die ohne permanente Überwachung aller Einzelschritte trotzdem die Erfüllung der Aufgaben unter Befolgung der gesetzlichen Vorgaben garantiert.[1502] Im Zusammenhang mit Kartellverstößen kristallisierte sich hinsichtlich der Ausgestaltung der Überwachung heraus, dass unerwartete Kontrollen obligatorisch und genügend sind, falls sie dem Mitarbeiter wirksam vermitteln, dass Pflichtverletzungen aufgespürt und sanktioniert werden.[1503] Sollte sich diese Form der Überwachung als ungeeignet erweisen, so sind andere Überwachungsvorkehrungen zu treffen, wie beispielweise eine spontane und weitreichende Kontrolle einzelner Abteilungen oder Sparten des Unternehmens.[1504]

Ähnlich wie bei den horizontalen Überwachungspflichten ist auch im Rahmen der vertikalen Überwachungspflicht eine Eskalation der Überwachungspflicht

---

1498 *Schneider/Demuth*, BB 1970, 648f.; *Fleischer*, AG 2003, 291, 294; ausführlich: *Rogall*, in: KK-OWiG, § 130, Rn. 53; *Fleischer*, in: Fleischer, Handbuch des Vorstandsrechs, § 8, Rn. 36; *Fleischer*, in: Spindler/Stilz, AtkG, Bd. 1, § 93, Rn. 108; *Landwehrmann*, in: Heidel, AktR, § 93, Rn. 54; siehe in Bezug auf die GmbH: *Lutter*, GmbHR 2000, 301, 304f.

1499 *Turiaux/Knigge*, DB 2004, 2199, 2205; *Spindler*, Unternehmensorganisationspflichten, S. 693 ebenfalls m.w.N. zum Deliktsrecht.

1500 Vgl. OLG Stuttgart, NJW 1977, 1410; *Gürtler*, in: Göhler, OWiG, § 130, Rn. 12.

1501 BGH, BGHSt 9, 319, 323; BGH, BGHSt 25, 158, 163 = NJW 1973, 1511, 1512; *Rogall*, in: KK-OWiG, § 130, Rn. 41 m.v.w.N. zur Rechtsprechung; *Gürtler*, in: Göhler, OWiG, § 130, Rn. 12.

1502 *Fleischer*, AG 2003, 291, 294; *Fleischer*, in: Fleischer, Handbuch des Vorstandsrechts, § 8, Rn. 37; *Fleischer*, in: Spindler/Stilz, AtkG, Bd. 1, § 93, Rn. 109, dort auch jeweils zum folgenden Text.

1503 Vgl. BGH, WuW/E BGH 1799 – Revisionsabteilung; vgl. BGH, WuW/E BGH 2202, 2203 = wistra 1985, 228 = NStZ 1986, 34f. – Brückenbau Hopener Mühlenbach; *Leube*, wistra 1987, 41, 44f.; *Tessin*, BB 1987, 984, 985ff.; *Wirtz*, WuW 2001, 342, 343; *Fleischer*, BB 2008, 1070, 1071f.; *Dannecker/Biermann*, in: Immenga/Mestmäcker, GWB, Vor § 81, Rn. 128 m.w.N. zum Kartellrecht; vgl. dazu ohne Bezug auf das Kartellrecht zur Intensität der Überwachung: *Krekeler/Werner*, Unternehmer und Strafrecht, Rn. 25; *Rogall*, in: KK-OWiG, § 130, Rn. 60; *Hegnon*, CCZ 2009, 57, 61.

1504 Vgl. BGH, WuW/E BGH 2202, 2203 = wistra 1985, 228 = NStZ 1986, 34f. – Brückenbau Hopener Mühlenbach; *Fleischer*, AG 2003, 291, 294; *Fleischer*, in: Fleischer, Handbuch des Vorstandsrechts, § 8, Rn. 37; *Fleischer*, in: Spindler/Stilz, AtkG, Bd. 1, § 93, Rn. 109.

anzunehmen. So sind dann höhere Anforderungen an die Überwachungspflicht zu stellen, wenn in der Unternehmensvergangenheit Missstände aufgetreten sind.[1505]

Darüber hinaus ist parallel zu den horizontalen Überwachungspflichten auch in finanziellen Krisenzeiten eine Eskalation der Überwachungspflicht gegeben, wenn zu befürchten steht, dass das Unternehmen seine finanziellen Verpflichtungen nicht mehr zu erfüllen in der Lage ist.[1506] Als konkretes Beispiel wird in diesem Zusammenhang auf eine gesteigerte Überwachung im Hinblick auf die Abführung der Sozialversicherungsbeiträge verwiesen[1507], wobei es keinen Bedenken unterliegt, dies wie auch bei den horizontalen Überwachungspflichten ebenfalls auf die rechtzeitige und korrekte Abführung der Steuern auszudehnen.[1508]

Effektiv sind die im Rahmen der Überwachungspflicht zu ergreifenden Maßnahmen, insbesondere die vorzunehmenden Kontrollen dann, wenn sie ohne vorherige Anmeldung durchgeführt werden, keinen festen periodischen Rhythmus aufweisen und trotzdem mehrmals jährlich einen Großteil der Mitarbeiter abdecken, damit jeder Mitarbeiter eine Aufdeckung und Sanktionierung seiner Pflichtverletzungen fürchten muss.[1509]

Indes verpflichtet die Delegation den delegierenden Vorstand nicht zur grenzenlosen Überwachung, vielmehr ist die Überwachung aus sich heraus bereits limitiert durch die objektive Zumutbarkeit der Überwachung, der Verantwortung des einzelnen, ordentlich ausgewählten und angeleiteten Mitarbeiters und dem Vertrauen in seine Wahrnehmung der Pflichten, falls dieses nicht durch greifbare Indizien erschüttert wird.[1510] Insofern mag der Vertrauensgrundsatz hinsichtlich der Aufgabenerfüllung durch die Mitarbeiter qua der Pflichten zur Auswahl, Anleitung und Überwachung zwar eingeschränkt sein, jedoch gipfelt die vereinzelt vertretene Feststellung, dass

---

1505 OLG Düsseldorf, wistra 1991, 38, 39; OLG Köln, wistra 1994, 315; OLG Zweibrücken, NStZ-RR 1998, 311f.; *Fleischer*, AG 2003, 291, 295; *Fleischer*, in: Fleischer, Handbuch des Vorstandsrechts, § 8, Rn. 38; *Fleischer*, in: Spindler/Stilz, AtkG, Bd. 1, § 93, Rn. 110, dort auch jeweils zum folgenden Text; *Turiaux/Knigge*, DB 2004, 2199, 2206; *Rogall*, in: KK-OWiG, § 130, Rn. 41; *Gürtler*, in: Göhler, OWiG, § 130, Rn. 13.

1506 Vgl. BGHZ 133, 370, 378f. = NJW 1997, 130, 132; *Hopt*, in: Großkommentar AktG, § 93, Rn. 59 (01.01.1999); vgl. *Goette*, Die GmbH, § 8, Rn. 132; siehe dazu auch bereits oben bei den horizontalen Überwachungspflichten.

1507 BGH, BGHZ 133, 370, 379 = NJW 1997, 130, 132.

1508 Siehe dazu oben im Zusammenhang mit den horizontalen Überwachungspflichten S. 278.

1509 Vgl. zu § 130 OWiG BayObLG, BayObLGSt 2001, 107, 108ff. = NJW 2002, 766, 767 = wistra 2001, 478, 479; *Hegnon*, CCZ 2009, 57, 61.

1510 Vgl. BGH, NStZ 2002, 421, 423; vgl. OLG Düsseldorf, NStZ-RR 1999, 151, 152 = wistra 1999, 115, 116; *Fleischer*, AG 2003, 291, 294f.; *Turiaux/Knigge*, DB 2004, 2199, 2206; *Fleischer*, in: Fleischer, Handbuch des Vorstandsrechts, § 8, Rn. 37; *Hegnon*, CCZ 2009, 57, 61; *Fleischer*, in: Spindler/Stilz, AtkG, Bd. 1, § 93, Rn. 109; vgl. *Gürtler*, in: Göhler, OWiG, § 130, Rn. 12 m.w.N. zu § 130 OWiG.

bei einer vertikalen Delegation der Vertrauensgrundsatz nicht greife[1511], de facto im Umkehrschluss in einem Generalverdacht, dass jeder Mitarbeiter, der per Delegation eine Aufgabe zu erfüllen hat, dies nicht ordnungsgemäß tue.

Eine Überwachung, die ohne Anhaltspunkte von einer undifferenzierten Vermutung der Pflichtverletzung durch die Mitarbeiter ausgeht, überschreitet nach Ansicht der Rechtsprechung jedenfalls die Grenzen der Zumutbarkeit.[1512]

cc) Delegation und Bündelung der Überwachung

Sofern der Vorstand einen Teil seiner Aufgaben delegiert hat und infolgedessen zur Überwachung der Mitarbeiter, die mit der Aufgabenerfüllung betraut worden sind, verpflichtet ist, besteht die Möglichkeit, diese Überwachungspflicht ebenfalls zu delegieren, um auf diese Weise nicht mit einer Vielzahl einzelner Überwachungspflichten belastet zu sein, sondern nur noch mit der Überwachungspflicht hinsichtlich des „Überwachers".[1513] Diesbezüglich wird von einer „Meta-Überwachung"[1514] bzw. einer „Oberaufsicht"[1515] gesprochen.

Eine Parallele zu dieser Delegation der Überwachung findet sich im Deliktsrecht unter dem Stichwort des „dezentralisierten Entlastungsbeweises" im Zusammenhang mit § 831 BGB, der es dem Geschäftsherrn ebenfalls erlaubt, die Auswahl, Anleitung und Überwachung von Mitarbeitern auf einen sorgsam ausgewählten und zu überwachenden Angestellten zu delegieren.[1516] Allerdings sind die unter diesem Stichwort gewonnenen Erkenntnisse nicht ohne Weiteres auf das hier betrachtete

---

1511 So aber *Froesch*, DB 2009, 722, 725; sowie *Pelz*, in: Hauschka, Corporate Compliance, § 6, Rn. 39; zur Einschränkung des Vertrauensgrundsatzes vgl. beispielsweise *Hegnon*, CCZ 2009, 57, 58.

1512 Vgl. BGH, WuW/E BGH 2262, 2264 – Aktenvermerke; *Rogall*, in: KK-OWiG, § 130, Rn. 49.

1513 Vgl. *Fleischer*, AG 2003, 291, 295; *Hauschka*, AG 2004, 461, 467; *Fleischer*, in: Fleischer, Handbuch des Vorstandsrechts, § 8, Rn. 39; *Froesch*, DB 2009, 722, 725; *Hegnon*, CCZ 2009, 57, 59; *Fleischer*, in: Spindler/Stilz, AktG, Bd. 1, § 93, Rn. 111; *Schmidt-Husson*, in: Hauschka, Corporate Compliance, § 7, Rn. 28f.; siehe in diesem Zusammenhang zu § 130 OWiG: *Rogall*, in: KK-OWiG, § 130, Rn. 38.

1514 *Froesch*, DB 2009, 722, 725; *Schmidt-Husson*, in: Hauschka, Corporate Compliance, § 7, Rn. 27.

1515 RG, RGZ 87, 1, 4; *Fleischer*, AG 2003, 291, 295 *Fleischer*, in: Fleischer, Handbuch des Vorstandsrechts, § 8, Rn. 39; *Rogall*, in: KK-OWiG, § 130, Rn. 38; *Hegnon*, CCZ 2009, 57, 59 („Oberaufsichtspflicht"); *Fleischer*, in: Spindler/Stilz, AktG, Bd. 1, § 93, Rn. 111.

1516 RG, RGZ 78, 107, 108f.; BGH, BGHZ 4, 1, 2; *Fleischer*, AG 2003, 291, 295; *Fleischer*, in: Fleischer, Handbuch des Vorstandsrechts, § 8, Rn. 39; *Fleischer*, CCZ 2008, 1, 2; *Fleischer*, in: Spindler/Stilz, § 93, Rn. 111; *Schmidt-Husson*, in: Hauschka, Corporate Compliance, § 7, Rn. 67 siehe zum dezentralisierten Entlastungsbeweis: *Wagner*, in: MüKo-BGB, Bd. 5, § 831, Rn. 42–44; *Spindler*, Unternehmensorganisationspflichten, S. 689ff.; siehe ausführlich und kritisch *Belling*, in: Staudinger, BGB, § 831, Rn. 174–176 (Juni 2012), siehe dazu bereits oben S. 190ff.

Verhältnis des Vorstandes zu seinen Mitarbeitern übertragbar: § 831 BGB ist auf gerade dieses Verhältnis nicht unmittelbar anwendbar, da Geschäftsherr im Sinne des § 831 BGB, der einen anderen, d.h. den jeweiligen Mitarbeiter zu einer Verrichtung bestellt, nicht der Vorstand sondern das Unternehmen selbst ist.[1517]

Organisatorisch obliegt damit dem einzelnen Vorstandsmitglied in seinem Aufgabenbereich die Pflicht, auch im Falle einer Delegation der Überwachung selbst noch die vertikale Oberaufsicht zu führen. Im Ergebnis besteht damit anschließend die Möglichkeit, die einzelnen vertikalen Oberaufsichten der einzelnen Vorstandsmitglieder nunmehr horizontal innerhalb des Organs Vorstand zusammenzufassen und in Person eines einzelnen Vorstandsmitglieds gezielt zu bündeln.[1518]

Demgegenüber ist eine Bündelung der horizontalen Überwachungspflichten[1519] innerhalb des Vorstandes problematisch. Eine Delegation der Überwachungspflicht hinsichtlich der anderen Vorstandsmitglieder bzw. der Organbinnenkontrolle wird teilweise ohne eine differenzierte Auseinandersetzung für möglich gehalten[1520], zum Teil wird die innerhalb des Vorstandes auf ein Mitglied übertragene Kontrolle wieder einer Kontrolle durch den gesamten Vorstand unterstellt[1521], wohingegen die überwiegende Auffassung aus Gründen der Gesamtverantwortung des Vorstandes und der gleichberechtigten Stellung der Vorstandsmitglieder eine derartige horizontale Delegation und Bündelung der Überwachungspflicht innerhalb des Vorstandes ablehnt[1522].

1517 Rechtsprechung zur GmbH: BGH, BGHZ 109, 297, 304; vgl. BGH, BGHZ 125, 366, 375 = NJW 1994, 1801, 1803 = GmbHR 1994, 390, 393; BGH, NJW 1974, 1371, 1372; *Hefermehl*, in: Geßler/Hefermehl/Eckardt/Kropff, AktG, Bd. 2, § 93, Rn. 31; *Hopt*, in: Großkommentar AktG, § 93, Rn. 56 (01.01.1999); *Fleischer*, AG 2003, 291, 292; *Fleischer*, in Fleischer, Handbuch des Vorstandsrechts, § 8, Rn. 26; *Spindler*, in: MüKo-AktG, Bd. 2, § 93, Rn. 161; *Mertens/Cahn*, in: Kölner Kommentar, AktG, Bd. 2/1, § 93, Rn. 48; *Fleischer*, in: Spindler/Stilz, AktG, Bd. 1, § 93, Rn. 98; *Landwehrmann*, in: Heidel, AktR, § 93, Rn. 108; *Hüffer*, AktG, § 93, Rn. 14.; zur GmbH: *Zöllner/Noack*, in: Baumbach/Hueck, GmbHG, § 43, Rn. 87 m.w.N.

1518 Zu Compliance: *Hauschka*, NJW 2004, 257, 259; *Schmidt-Husson*, in: Hauschka, Corporate Compliance, § 7, Rn. 30.

1519 Zu den horizontalen Organisations- und Überwachungspflichten siehe oben S. 272ff.

1520 *Martens*, in FS Fleck, 191, 200; vgl. *Wiesner*, Münchener Handbuch Aktiengesellschaft, § 22, Rn. 16.

1521 *Mertens/Cahn*, in: Kölner Kommentar AktG, Bd. 2/1, § 77, Rn. 25.

1522 Vgl. *Schiessl*, ZGR 1992, 64, 69f.; vgl. *Hoffmann-Becking*, ZGR 1998, 497, 512ff.; *Kort*, in: Großkommentar AktG, § 77, Rn. 35 (01.01.2002); *Spindler*, in: MüKo-AktG, Bd. 2, § 77, Rn. 63; ähnlich *Fleischer*, NZG 2003, 449, 45 sowie *Fleischer*, in Fleischer, Handbuch des Vorstandsrechts, § 8, Rn. 10 und *Fleischer*, in: Spindler/Stilz, AktG, Bd. 1, § 77, Rn. 49; *Schmidt-Husson*, in: Hauschka, Corporate Compliance, § 7, Rn. 31f.

Auch im Lichte vorstehender Ausführungen zur Gesamtverantwortung des Vorstandes hinsichtlich horizontaler Organisations- und Überwachungspflichten[1523] ist ergo den Argumenten der überwiegenden Auffassung zu folgen und eine Bündelung horizontaler Überwachungspflichten abzulehnen.

dd) Externe Delegation

In Ergänzung zu den bisherigen Ausführungen, die sich auf interne Organisations- und Überwachungspflichten im Rahmen einer horizontalen oder vertikalen Delegation beziehen, besteht ferner die Möglichkeit, Angelegenheiten des Unternehmens auf Dritte, d.h. Unternehmensexterne zu delegieren.[1524] Bezogen auf Tax Compliance mag zwar die Steuerabteilung aufgrund der enormen Bedeutung der Besteuerung für das Unternehmen hoch in der Hierarchie des Unternehmens angesiedelt sein[1525], jedoch ist auch im Sinne eines Kosten-Nutzen-Verhältnisses hinsichtlich der Unterhaltung einer eigenen Steuerabteilung oder auch zur Nutzung des speziellen steuerrechtlichen Wissens zur entgeltlichen Beratung konzernfremder Unternehmen die Auslagerung der gesamten Steuerabteilung oder einzelner Aufgabenbereiche denkbar[1526].

(1) Grundvoraussetzungen der externen Delegation

Eine Delegation unternehmensinterner Pflichten auf Dritte kann z.B. mit Hilfe eines Betriebsführungsvertrages[1527], der einen Dritten mit der Führung der delegierten Geschäfte betraut, oder durch eine vorübergehende oder dauerhafte Auslagerung einer (Teil-) Aufgabe im Wege des Outsourcings erfolgen.[1528] Die Anforderungen und Einschränkungen, die dabei an einen konzernfreien Betriebsführungsvertrag, also einem Betriebsführungsvertrag mit einem Unternehmen, das nicht zum eigenen Konzern gehört, und an das Outsourcing zu stellen sind, weisen zunächst eine

---

1523 Zu den horizontalen Organisations- und Überwachungspflichten siehe oben S. 272ff.

1524 *Turiaux/Knigge*, DB 2004, 2199, 2206.

1525 Siehe zu Bedeutung der Steuerabteilung bereits oben im ersten Kapitel: Grundlagen S. 31ff.

1526 Siehe zu den reinen Kostengesichtspunkten in Bezug auf die Steuerabteilung: *Gonella/Starke*, BB 1996, 1253ff.; ergänzend ähnliche Erwägungen zur Unterhaltung einer Rechtsabteilung bei *Horst*, BB 1995, 1096ff.; zum Outsourcing der Steuerabteilung im Zusammenhang mit Steuerberatungsgesetz und der Beratung konzernfremder Unternehmen: *Siegels*, DStR 2000, 1110ff.

1527 Siehe ausführlich zum Betriebsführungsvertrag: *Veelken*, Der Betriebsführungsvertrag im deutschen und amerikanischen Aktien- und Konzernrecht, S. 1ff., *passim*; *Huber*, ZHR 152 (1988), 1ff.; *Kort*, in: Großkommentar AktG, § 76, Rn. 159f. (01.12.2002); *Krieger*, in: Münchener Handbuch Aktiengesellschaft, § 72, Rn. 45ff.; *Altmeppen*, in: MüKo-AktG, Bd. 5, § 292, Rn. 143ff.; *Mertens/Cahn*, in: Kölner Kommentar AktG, Bd. 2/1, § 76, Rn. 57f.

1528 Siehe zur unternehmensexternen Delegation den Überblick bei *Turiaux/Knigge*, DB 2004, 2199, 2206, dort auch zum folgenden Text.

fundamentale Parallele auf. Grundbedingung der Zulässigkeit der Delegation ist, dass sich der Vorstand durch die Delegation nicht seiner Leitungsverantwortung entledigt, sondern die Entscheidungsgewalt beim Vorstand verbleibt.[1529]

(2) Betriebsführungsvertrag

Bezogen auf den Betriebsführungsvertrag bedeutet dies, dass der Vorstand weiterhin befähigt ist, auf der Basis angemessener Informationen die notwendigen Entscheidungen zur Leitung des Unternehmens zu fällen. Deshalb muss der Vorstand weiterhin das entscheidende Organ sein.[1530] Unter diesem Aspekt muss der Betriebsführungsvertrag verschiedene Maßnahmen und Rechte zu Gunsten des Vorstandes vorsehen wie ein Weisungsrecht, Kündigungsmöglichkeiten, Kontrollen und Sanktionen zur Sicherstellung der Befolgung der Weisungen, die Möglichkeit des Widerrufs einer erteilten Vollmacht sowie weitere Informations- und Kontrollrechte.[1531]

(3) Outsourcing

Beim Outsourcing wiederum sind ähnliche Kriterien wie bei der vertikalen Delegation anzulegen. Gleichermaßen obliegt es hier dem Vorstand in diesem Fall hinsichtlich der hinzugezogenen Externen ebenfalls eine ordnungsgemäße Auswahl, Anleitung und Überwachung vorzunehmen, wobei ähnlich einem Weisungsrecht vertraglich die Möglichkeit der Einflussnahme dem Vorstand zugestanden sein muss.[1532] Als Konsequenz wird der Vorstand allerdings durch diese Form der Delegation nicht von seinen Pflichten vollkommen befreit, vielmehr muss er bei Missständen, die bei

---

1529 BGH, NJW 1982, 1817, 1818 = WM 1982, 578, 582; vgl. bereits *Damm*, BB 1976, 294, 297; *Schneider*, ZGR 1980, 511, 521, 523; *Hommelhoff*, die Konzernleitungspflicht, S. 284 m.w.N.; *Huber*, ZHR 152 (1988), 1, 30ff.; vgl. *Joachim*, DZWiR 1992, 455, 457; *Kort*, in: Großkommentar AktG, § 76, Rn. 159f. (01.12.2002); *Fleischer*, ZIP 2003, 1, 9; *Krieger*, in: Münchener Handbuch Aktiengesellschaft, § 72, Rn. 50; *Emmerich*, in: Emmerich/Habersack, Aktien- und GmbH-KonzernR, § 292, Rn. 57; vgl. *Mertens/Cahn*, in: Kölner Kommentar AktG, Bd. 2/1, § 76, Rn. 57; a.A. *Veelken*, Der Betriebsführungsvertrag im deutschen und amerikanischen Aktien- und Konzernrecht, S. 265.

1530 So ausdrücklich *Kort*, in: Großkommentar AktG, § 76, Rn. 159f. (01.12.2002); vgl dazu auch die Nachweise in der vorstehenden Fußnote.

1531 Vgl. BGH, NJW 1982, 1817, 1818 = WM 1982, 578, 582; vgl. *Henze*, BB 2000, 209, 210; *Kort*, in: Großkommentar AktG, § 76, Rn. 159f. (01.12.2002); *Fleischer*, ZIP 2003, 1, 9; *Turiaux/Knigge*, DB 2004, 2199, 2206; *Mertens/Cahn*, in: Kölner Kommentar AktG, § 76, Rn. 57.

1532 *Stein*, ZGR 1988, 163, 170f.; *Henze*, BB 2000, 209, 210, *Fleischer*, ZIP 2003, 1, 10; *Turiaux/Knigge*, DB 2004, 2199, 2206; siehe dazu bereits im Zusammenhang mit der Übertragung der Buchführung auf externe Dienstleister, S. 226.

den vorzunehmenden Kontrollen zu Tage treten, die notwendigen Maßnahmen zur Beseitigung der Missstände ergreifen.[1533]

ee) Weitere Organisationspflichten

Abseits der umfassenden Organisations- und Überwachungspflichten, die sich bereits aus der horizontalen und vertikalen Organisation ergeben, sowie der Pflicht zur Einrichtung eines Überwachungssystems im Sinne des § 91 II AktG, ist im Sinne einer sorgfältigen Unternehmensleitung zur Gewinnung von Informationen und zum Überblick über die konkrete ökonomische und geldliche Lage des Unternehmens die Einrichtung einer internen Revision und eines Controllings angezeigt.[1534]

Ferner lässt sich noch allgemein feststellen, dass es die Sorgfaltspflicht des Vorstandes gebietet, eine Organisation, bzw. eine Struktur im Unternehmen zu etablieren und permanent zu optimieren, die eindeutige Zuständigkeiten, Aufgaben- und Verantwortungsbereiche schafft, um eine optimale Erfüllung der Unternehmenspflichten zu gewährleisten.[1535]

ff) Organisations- und Überwachungsmaßstäbe für Tax Compliance

Die vorstehenden Ausführungen zur horizontalen und vertikalen Überwachungspflicht errichten für den Vorstand zur Erfüllung seiner Sorgfaltspflichten ein Gerüst aus Anforderungen und Maßstäben in Bezug auf die Organisation, Überwachung und Struktur eines Unternehmens, welche Rückschlüsse hinsichtlich eines Tax Compliance-Systems als zentralen Bestandteil von Tax Compliance zulassen.

(1) Horizontale Organisations- und Überwachungspflichten

Ausgangspunkt der horizontalen Organisations- und Überwachungspflichten ist zunächst die Feststellung, dass trotz einer vorstandsinternen Geschäftsverteilung aus der Gesamtverantwortung des Vorstandes eine Selbstkontrolle resultiert, die unabhängig von der konkreten Binnenorganisation des Vorstandes dem einzelnen Vorstandsmitglied eine Überwachungspflicht bezüglich der Ressorts der anderen Vorstandsmitglieder auferlegt. Konsequenz für Tax Compliance ist, dass zwar per Geschäftsverteilung ein Vorstandsmitglied mit der Wahrnehmung dieser Aufgabe

1533 Vgl. *Gutenberg*, Unternehmensführung, S. 71f.; vgl. *Mutter*, Unternehmerische Entscheidungen und Haftung des Aufsichtsrats der Aktiengesellschaft, S. 36; *Semler*, Leitung und Überwachung der Aktiengesellschaft, Rn. 24; *Turiaux/Knigge*, DB 2004, 2199, 2206.

1534 *Götz*, AG 1995, 337, 338; *Hopt*, in: Großkommentar AktG, § 93, Rn. 84, 107 (01.01.1999); zur GmbH: BGH, WM 1995, 709, 710; siehe dazu bereits ausführlich mit weiteren Nachweisen, insbesondere zum Verhältnis der internen Revision und dem Controlling zu § 91 II AktG S. 229ff.

1535 Vgl. *Spindler*, in: MüKo-AktG, Bd. 2, § 93, Rn. 82; *Mertens/Cahn*, in: Kölner Kommentar AktG, Bd. 2/1, § 93, Rn. 77; *Hölters*, in: Hölters, AktG, § 93, Rn. 43; *Landwehrmann*, in: Heidel, AktR, § 93, Rn. 54.

betraut werden kann, die anderen Vorstandsmitglieder aber dennoch verpflichtet sind, die Wahrnehmung der Aufgabe Tax Compliance zu überwachen, zumal Steuern gerade in international agierenden Unternehmen einen gravierenden (Risiko-) Faktor[1536] darstellen.[1537]

Voraussetzung der Pflichtenmodifikation zur Überwachungspflicht ist zunächst die schriftliche Fixierung der Geschäftsverteilung. Ferner muss die Einhaltung der steuerlichen Pflichten gewährleistet sein sowie die sofortige Information des Vorstandes sofern sich Risiken für die Liquidität und die Vermögenslage des Unternehmens abzeichnen.

Mangelnde Fachkenntnisse im Steuerrecht befreien nicht von der Haftung wegen Verletzung der Überwachungspflicht, da sich das Vorstandsmitglied, selbst wenn es nicht explizit für den Bereich Steuern zuständig ist, die notwendigen Kenntnisse zur Erfüllung seiner Aufgaben verschaffen oder sonst seinen Vorstandsposten räumen muss.

Obwohl sich die konkrete Ausgestaltung der Überwachungspflicht an den individuellen Gegebenheiten des jeweiligen Unternehmens orientiert, bieten indes eine Reihe von Faktoren gleichsam verallgemeinerungsfähige Leitlinien.

Grundsätzlich ist eine Verletzung der Überwachungspflicht im Hinblick auf Tax Compliance dann anzunehmen, wenn das nicht zuständige Vorstandsmitglied Kenntnis von steuerlichen Risiken oder allgemein Anomalien im steuerlichen Bereich erlangt und nicht reagiert.

In diesem Zusammenhang besteht zwar ein gewisses Vertrauen in die Sachkunde des Vorstandsmitglieds für das ihm anvertraute Ressort der Steuern bzw. Tax Compliance, jedoch nur so lange sich keine Anhaltspunkte für Missstände finden lassen, die bei Gefährdung von Unternehmensinteressen eine Intervention erfordern. Ein Kriterium für das Vertrauen in das Vorstandsmitglied und die Intensität der Überwachungspflicht ist die Berufserfahrung des zu überwachenden Vorstandsmitglieds, d.h. je kürzer sich das zuständige Vorstandsmitglied mit Steuern und Tax Compliance befasst hat, desto intensiver ist die Kontrolle.

Reaktionsmöglichkeiten des überwachenden Vorstandsmitglieds sind abhängig vom Verdachtsgrad und der Schwere des Missstandes z.B. die Einholung von Informationen bei Mitarbeitern, die Vornahme von Kontrollen inwiefern Steuerzahlungen zum fälligen Zeitpunkt erfolgt sind, das Anfordern von Belegen als Nachweis der Steuerzahlung, ein direktes Gespräch mit dem betroffenen Vorstandsmitglied, eventuell wenn möglich ein Widerspruch gegen die Maßnahmen des Vorstandsmitglieds sowie die Information des Vorstandes.

Werden die steuerlichen Pflichten vom zuständigen Vorstandsmitglied nicht erfüllt, ist die Modifikation zur Überwachungspflicht hinfällig und die ursprüngliche

---

1536 Siehe zur Bedeutung der Steuern für Unternehmen und zur Risikolage bereits S. 179ff.

1537 Zu den allgemeinen Voraussetzungen und Anforderungen an die horizontale Delegation siehe mit den ausführlichen Nachweisen bereits oben S. 272ff.

Verantwortung der anderen Vorstandsmitglieder zur Einhaltung der steuerlichen Pflichten lebt wieder auf.

Als Grundlage der Überwachung dienen die von dem für Steuern zuständigen Vorstandsmitglied zur Verfügung gestellten Informationen, die durch ein Informationssystem zu erheben sind und in ihrer Detailfülle sowie Regelmäßigkeit an den Bedürfnissen und der Risikolage des Unternehmens ausgerichtet sind.

Bei Verdacht oder schlichtweg entdeckten Mängeln in der Informationskette sind die zur Verfügung gestellten Informationen durch die Anforderung weitergehender Informationen seitens der überwachenden Vorstandsmitglieder zu ergänzen.

Zu diesem Zweck besteht ein Informationsanspruch der anderen Vorstandsmitglieder gegen das für Steuern zuständige Vorstandsmitglied, was ebenso wie die angesprochene Notwendigkeit eines Informationssystems für die regelmäßigen Informationen die Bedeutung der Informationsfunktion von Tax Compliance ggf. unter Nutzung vorhandener Controllingstrukturen[1538] unterstreicht, um das zuständige Vorstandsmitglied mit den zur Erfüllung dieses Anspruchs notwendigen Informationen zu versorgen. Die Relevanz von Informationen über die wesentlichen Steuerfragen des Unternehmens zur ordnungsgemäßen Aufgabenerfüllung des zuständigen Vorstandsmitglieds wird weiter untermauert durch die Pflicht, den übrigen Vorstand über alle Steuerfragen zu informieren, die für das Unternehmen wesentlich sind.

Eine erhöhte Überwachungspflicht der anderen Vorstandsmitglieder für den Steuerbereich und für Tax Compliance ist dann anzunehmen, wenn sich das Unternehmen in einer finanziellen Krisensituation befindet, das Vorstandsmitglied aufgrund seines Ressorts wie z.B. dem Controlling, der internen Revision oder dem internen Risikomanagement per se in den unternehmensweiten Kontroll- und Überwachungsprozess eingebunden ist oder ihm – wie insbesondere im Falle des Vorstandsvorsitzenden denkbar – kraft Satzung oder Geschäftsverteilung eine entsprechende Überwachungsaufgaben oder Oberaufsicht auferlegt worden sind.

(2) Vertikale Organisations- und Überwachungspflichten

Grundlage der Maßstäbe für Tax Compliance in der Konstellation der vertikalen Delegation ist zunächst die Feststellung, dass der Vorstand eines Unternehmens die Möglichkeit hat, steuerliche Pflichten auf nachgeordnete Mitarbeiter zu delegieren bzw. bei nicht delegierbaren Pflichten Vorbereitungs- und Ausführungshandlungen zu übertragen, so lange ihm die letzte Entscheidungsgewalt verbleibt. Damit ist der Vorstand in der Lage, die Umsetzung seiner Leitungsaufgabe in Gestalt der Tax Compliance auf nachgeordnete Mitarbeiter im Unternehmen zu verteilen. Die konkreten Anforderungen, die an die Mitarbeiter und die Organisationsstruktur des Unternehmens zu stellen sind, um Tax Compliance mit Hilfe eines Tax Compliance-Systems im Unternehmen zu verwirklichen, sind aus den

1538 Zum Zusammenhang zwischen Tax Compliance und Controlling siehe bereits oben S. 28f.

dargestellten Anforderungen an die vertikale Delegation und die korrespondierenden Organisationspflichten zu extrahieren.[1539]

(a) Personelle Tax Compliance-Anforderungen

Zunächst ist die Bestimmung der steuerlichen Aufgabe notwendig, die der Mitarbeiter ausfüllen soll um auf diese Weise ein Anforderungsprofil und den steuerlichen Verantwortungsbereich des Mitarbeiters definieren zu können. Relevante persönliche Aspekte sind die Verlässlichkeit, Integrität und Strapazierfähigkeit des Mitarbeiters, unter fachlichen Gesichtspunkten ist seine Qualifikation, sein Bildungsgang und seine Berufserfahrung für die von ihm auszufüllende Aufgabe entscheidend. Dabei ist auch zu bedenken, dass gerade im Steuerrecht aufgrund eines sehr begrenzten Angebots an entsprechend qualifizierten Mitarbeitern, diesem Aspekt eine große Bedeutung zukommt.[1540]

Anschließend ist der ausgewählte Mitarbeiter umfassend in den steuerlichen Betriebsablauf einzuweisen, en detail in die betriebsinternen Regeln, Abläufe, Berichtswege, -pflichten, Grenzwerte/-fälle für die Hinzuziehung der nächsthöheren Hierarchieebene, besondere Gefahrenlagen und insbesondere die steuerlichen Risiken. Ihm sind Instrumente und Befugnisse einzuräumen, die für die Erfüllung seiner steuerlichen Aufgaben notwendig sind. Gerade in Anbetracht der ständigen Rechtsänderungen im Steuerrecht sind regelmäßige Weiterbildungen der Mitarbeiter erforderlich, um sie auf dem aktuellen Stand zu halten.

Sofern diese Ausprägungen der Sorgfaltspflicht zur Auswahl und Anleitung vom Vorstand delegiert werden, ist der Vorstand weiterhin zur Überwachung der Aufgabenerfüllung verpflichtet.

(b) Organisatorische Tax Compliance-Anforderungen

Unter Berücksichtigung der Bedeutung der Steuern für das Unternehmen sowie der Komplexität der zu beachtenden rechtlichen Grundlagen[1541], ist ein strenger Maßstab an die Überwachungspflicht des Vorstandes hinsichtlich der Steuerangelegenheiten des Unternehmens und damit auch die organisatorische Ausgestaltung durch die Kontrollelemente des Tax Compliance-Systems anzulegen, zumal die Verletzung der Überwachungspflicht nicht nur zu einem Schaden für das Unternehmen durch die Realisierung eines steuerlichen Risikos, sondern neben der Haftung aus § 93 II AktG als grob fahrlässige Pflichtverletzung im Sinne des § 69 AO einzustufen ist.[1542]

Die Überwachungspflicht manifestiert sich zum einen punktuell in einer Reaktionspflicht des Vorstandes, falls erkennbare Anzeichen eines Missstands im steuerlichen Bereich auftreten. Sie alterniert dann in eine Handlungspflicht, den fraglichen

1539 Siehe zu den allgemeinen Voraussetzungen der vertikalen Delegation nebst Organisationsstruktur mit entsprechenden Nachweisen bereits ausführlich oben S. 281ff.
1540 *Montag*, in Steuerzentrierte Rechtsberatung, FS Schaumburg, 65, 79f. m.w.N.
1541 Siehe dazu bereits ausführlich oben S. 179ff.
1542 Siehe dazu bereits ausführlich oben S. 284.

Sachverhalt aufzuklären und Maßnahmen zu etablieren, um den Missstand zu beheben und für die Zukunft zu verhindern.

Zum anderen ist die dauerhafte, effiziente Erfüllung der Überwachungspflicht gerade im Bereich der Steuern im Unternehmen aufgrund der eingangs erwähnten Bedeutung und der Komplexität der Steuern im Unternehmen nicht ohne eine durchdachte Organisationsstruktur zur Verhinderung der Verletzung steuerlicher Pflichten möglich.

Fundament der Organisationsstruktur ist die Kenntnis aller steuerlichen Rechte und vor allem der Pflichten, die von dem Unternehmen und seinen Mitarbeitern zu beachten und die fortwährend zu aktualisieren sind.

Durch diese Zusammenschau der Rechtsgrundlagen sowie der zu ergreifenden Maßnahmen zur Umsetzung dieser gesetzlichen Anforderungen ist eine Evaluation der Risikolage für das Unternehmen bei Verstoß gegen diese Rechtsgrundlagen möglich. Ergänzend sind speziell die Risiken zu berücksichtigen, die bei der Erfüllung der delegierten Aufgabe auftreten oder diese erschweren oder behindern. Gerade die Identifikation von Risiken ist auch ein elementarer Bestandteil eines funktionstüchtigen Tax Compliance-Systems, um eine Kontrolle und Minimierung der Risiken realisieren zu können.[1543]

Weiterhin ist eine eindeutige Kompetenzzuweisung mit trennscharf definierten Verantwortlichkeiten für die Wahrnehmung der einzelnen steuerlichen Rechte und Pflichten, die im Wege der Delegation übertragen worden sind, unabdingbar, um ein Zuständigkeitsvakuum, unklare Kompetenzen und Verantwortlichkeiten zu vermeiden. Dies ist bei der Einrichtung eines Tax Compliance-Systems zu bedenken, um ein möglichst lückenloses, effizient struktuiertes System zu etablieren. Als Mittel zur Verwirklichung sind Richtlinien und Dienstanweisungen denkbar.

Kernelement der Organisationsstruktur im Rahmen der Überwachungspflicht der Unternehmensleitung ist die Kontrolle. Im Zusammenspiel mit der Risikoidentifikation als Grundlage, richtet sich die Kontrollintensität am Risiko aus, welches mit der delegierten Aufgabe einhergeht, so dass im steuerlichen Bereich aufgrund der Bedeutung der Besteuerung im Mittel eine vergleichsweise hohe Kontrollintensität angebracht erscheint.

Als personeller Faktor beeinflusst die Erfahrung des Mitarbeiters die Kontrollintensität, mit der Konsequenz, dass ein Mitarbeiter, der schon lange mit steuerlichen Aufgabe befasst, einer geringeren Überwachung bedarf, als ein neuer Mitarbeiter.

Zudem korreliert die Überwachungspflicht mit der Auswahl und Anleitung: je sorgsamer die Auswahl und je besser die fachliche Qualifikation in Steuerfragen, desto geringer die Überwachungspflicht.

Nachträgliche und lediglich sporadische Kontrollen sind unzureichend, vielmehr bedarf es präventiver Kontrollen, die obligatorisch unerwartet aber regelmäßig ohne einen periodischen Rhythmus durchgeführt werden, ohne dass eine Kontrolle aller

---

1543 Siehe dazu ausführlich mit weiteren Nachweisen das erste Kapitel: Grundlagen, S. 13f.

Einzelschritte verlangt ist. Ziel der Kontrollen ist, den Mitarbeitern zu kommunizieren, dass Pflichtverstöße aufgedeckt und anschließend sanktioniert werden, wobei die Kontrollen mehrmals jährlich einen Großteil des Unternehmens abdecken sollten. Erweisen sich derartige Kontrollen als nicht ausreichend, so sind weitreichende Kontrollen ganzer Sparten oder Abteilungen angezeigt.

Ein solches Kontrollelement ist ebenfalls ein unabdingbarer Baustein im Gefüge eines effizienten Tax Compliance-Systems, das ohne Weiteres an den vorstehenden Anforderungen gemessen und ausgerichtet werden kann, um der Überwachungspflicht als Ausfluss der Sorgfaltspflicht des Vorstandes zu genügen.

Speziell im Hinblick auf Tax Compliance ist eine Eskalation der Überwachungspflicht einzubeziehen, wenn infolge einer finanziellen Schieflage des Unternehmens die Abführung der Steuern gefährdet ist oder in der Vergangenheit bereits Verstöße bzw. eine Verletzung steuerlicher Pflichten aufgetreten sind. Letzteres lässt sich vor allen Dingen über das Ergebnis der vergangenen Betriebsprüfung feststellen. Die Beanstandungen der Betriebsprüfung sind mithin nicht nur abzustellen, sondern zusätzlich im Wege einer erhöhten Überwachungspflicht per gesteigerter Kontrollintensität abzusichern.

Gleichwohl ist auch für Tax Compliance als Grenze der Kontrolle bzw. der Überwachung die objektive Zumutbarkeit im Lichte der Verantwortung des ausgewählten und angeleiteten Mitarbeiters sowie des Vertrauens in seine Wahrnehmung der Aufgaben falls dieses nicht durch greifbare Indizien erschüttert wird, anzusehen, so dass die Zumutbarkeit jedenfalls dann überschritten ist, wenn die Mitarbeiter unter einen Generalverdacht gestellt werden.

(3) Oberaufsicht, externe Delegation und delegationsunabhängige Organisation

Bezugnehmend auf die vertikalen Organisations- und Überwachungspflichten obliegt damit dem einzelnen Vorstandsmitglied in seinem Aufgabenbereich die Pflicht, auch im Falle einer Delegation der Überwachung selbst noch die vertikale Oberaufsicht zu führen. Im Ergebnis besteht damit die Möglichkeit, die einzelnen vertikalen Oberaufsichten der einzelnen Vorstandsmitglieder nunmehr horizontal innerhalb des Organs Vorstand zusammenzufassen und in Person eines einzelnen Vorstandsmitglieds gezielt zu bündeln, so dass die Verantwortlichkeit für Tax Compliance auch von nur einem Vorstandsmitglied ressortübergreifend wahrgenommen werden kann.[1544]

Demgegenüber ist im Lichte vorstehender Ausführungen zur Gesamtverantwortung des Vorstandes hinsichtlich horizontaler Organisations- und Überwachungspflichten[1545] mit den genannten Argumenten der überwiegenden Auffassung eine Bündelung horizontaler Überwachungspflichten abzulehnen.

1544 Zu Compliance: *Hauschka*, NJW 2004, 257, 259; *Schmidt-Husson*, in: Hauschka, Corporate Compliance, § 7, Rn. 30.

1545 Zu den horizontalen Organisations- und Überwachungspflichten siehe oben S. 272ff.

Die Option der externen Delegation stellt sich im Hinblick auf Anforderungen und Maßstäbe an das Handeln des Vorstandes im Vergleich zur internen, vertikalen oder horizontalen Delegation lediglich als anderer Weg zum Ziel der Tax Compliance dar. Unabhängig von der Form der externen Delegation, sei es durch einen Betriebsführungsvertrag oder sei es im Wege des Outsourcings, muss die letztverantwortliche Entscheidungsgewalt zur Ausübung der Leitungsverantwortung beim Vorstand verbleiben. Umzusetzen ist dies mittels vertraglicher Vereinbarungen, die den Vorstand rechtlich befähigen, seine Weisungen über Informationsrechte sowie auch durch Kontrollen und Sanktionsmechanismen durchzusetzen. Diese vertragliche Komponente ist der entscheidende Unterschied zur internen Delegation, da der Vorstand sich bei oder per externer Delegation nicht seiner Sorgfaltspflicht entsagen kann, sondern genauso zur sorgfältigen Auswahl, Anleitung und Überwachung angehalten ist.

Abseits der umfassenden Organisations- und Überwachungspflichten ob der horizontalen und vertikalen Überwachungspflicht ist zur Gewinnung von Informationen und zum Überblick über die konkrete ökonomische Lage des Unternehmens die Einrichtung einer internen Revision und eines Controllings erforderlich, deren Strukturen für das Tax Compliance-System genutzt werden können.[1546] Ferner ist es Ausfluss der Sorgfaltspflicht des Vorstandes, auch unabhängig von einer Delegation mittels einer effizienten Struktur durch eindeutige Zuständigkeiten, Aufgaben und Verantwortungsbereiche eine optimale Erfüllung der Unternehmenspflichten zu erreichen.

(4) Schlussfolgerung für Tax Compliance

Aus der vertikalen Organisations- und Überwachungspflicht wird zum Teil das Erfordernis einer Corporate Compliance-Organisation im Unternehmen abgeleitet.[1547] Zwar bietet die vertikale Organisations- und Überwachungspflicht unter dem Aspekt der Bündelung der Aufgabenwahrnehmung in einer Person organisatorisch einen Ansatzpunkt für ein Corporate bzw. Tax Compliance-System, jedoch deckt sich die Reichweite der vertikalen Überwachungspflicht für sich genommen nicht mit der Reichweite von Tax Compliance und damit eines Tax Compliance-Systems.[1548] Die vertikale Überwachungspflicht modifiziert in Anlehnung an § 831 BGB die Aufgabenwahrnehmung durch den Vorstand selbst in eine Überwachungspflicht hinsichtlich sorgsam ausgewählter und angeleiteter Mitarbeiter, die mit der

1546 Siehe zum Zusammenspiel von Tax Compliance, dem Controlling und der internen Revision bereits S. 23ff.

1547 Vgl. *Fleischer*, AG 2003, 291, 298ff.; vgl. *Schneider*, ZIP 2003, 645, 648f.; *Fleischer*, in: Fleischer, Handbuch des Vorstandsrechts, § 8, Rn. 40; zur Ableitung einer Compliance-Pflicht aus §§ 76 I, 93 I 1 AktG siehe bereits oben S. 189f.

1548 Vgl. dazu auch *Kremer/Klahold*, ZGR 2010, 113, 118f., die Maßnahmen zur Organisation im Rahmen der Delegation dann nicht als ausreichend erachten, wenn sich aus Compliance-Verstößen gravierende Konsequenzen ergeben, die die Geschäftsentwicklung des Unternehmens negativ beeinflussen können.

Erfüllung der delegierten Aufgaben betraut worden sind.[1549] Ähnlich wie beim dezentralisierten Entlastungsbeweis im Deliktsrecht beschränkt die Installation bzw. Zwischenschaltung eines Mitarbeiters, der wiederum mit der Auswahl und Anleitung eines weiteren, überwachenden Mitarbeiters beauftragt ist, die Überwachungspflicht des Vorstandes auf eine „Oberaufsicht" bzw. „Meta-Überwachung" in Bezug auf den oder die Mitarbeiter, die die nachgeordneten, überwachenden Mitarbeiter auswählen, anleiten und überwachen.[1550]

Ergo lassen sich indes aus der vertikalen Organisations- und Überwachungspflicht wie dargestellt konkrete und über die einzelne Delegation hinaus verallgemeinerungsfähige Anforderungen und Maßstäbe für Tax Compliance entnehmen, die allerdings ähnlich wie bei der Begründung einer generellen Pflicht zur Corporate Compliance zu § 831 BGB ausgeführt[1551], aufgrund ihrer eingeschränkten Perspektive, fokussiert auf die Umsetzung einer vom Vorstand delegierten Aufgabe, allein nicht die generelle Pflicht zur Tax Compliance begründen können.

Vielmehr konkretisieren die vorliegend dargestellten Anforderungen und Maßstäbe die vom Vorstand zur Wahrung seiner Sorgfaltspflicht einzurichtende Organisationsstruktur und damit auch die Anforderungen an ein Tax Compliance-System, ohne zugleich als alleinige Rechtsgrundlage einer Pflicht zur Tax Compliance zu taugen.

c) *Treuhandfunktion*

Obwohl nicht explizit im Gesetz festgeschrieben, unterliegt der Vorstand einer allgemein anerkannten Treuepflicht im Verhältnis zur Gesellschaft, was in verschiedenen Termini aber ähnlichem Ergebnis wahlweise oder kumulativ aus der Position des Vorstandes als Treuhänder fremder Vermögensinteressen, den Pflichten aus dem Anstellungsvertrag bzw. dem Organverhältnis hergeleitet wird.[1552]

Die für Tax Compliance relevante Quintessenz der verschiedenen Ausprägungen der Treuepflicht, wie z.B. die Loyalität zur Gesellschaft, das Verbot eigennützig zu handeln bzw. Geschäftschancen zum eigenen Vorteil zu nutzen oder die Rücksichtnahme auf die Belange der Gesellschaft[1553], ist die treuhänderische Funktion des

---

1549 Siehe dazu mit ausführlichen Nachweisen bereits oben S. 281ff.

1550 Siehe dazu mit ausführlichen Nachweisen bereits oben S. 285ff.

1551 Siehe zur Begründung einer Corporate Compliance Pflicht und zu § 831 BGB bereits oben S. 196f.

1552 BGH, BGHZ 20, 239, 246 = NJW 1956, 906; BGH, BGHZ 49, 30, 31 = NJW 1968, 396; BGH, BGHSt 50, 331, 338f. = NJW 2006, 522, 524; *Hopt*, in: Großkommentar AktG, § 93, Rn. 144 mit umfangreichen Nachweisen; *Fleischer*, WM 2003, 1045, 1045f; *Spindler*, in: MüKo-AktG, Bd. 2, § 76, Rn. 14, § 93, Rn. 92; *Mertens/Cahn*, in: Kölner Kommentar AktG, Bd. 2/1, § 93, Rn. 95; *Krieger/Sailer-Coceani*, in: Schmidt/Lutter, AktG, Bd. 1, § 93, Rn. 16; *Lutter*, DZWiR 2011, 265, 266; *Hölters*, in: Hölters, AktG, § 93, Rn. 114; *Hüffer*, AktG, § 84, Rn. 9.

1553 Siehe zu den Ausprägungen und Einzelfällen der Treuepflicht im Detail *Hopt*, in: Großkommentar AktG, § 93, Rn. 144ff. (01.01.1999); *Spindler*, in: MüKo-AktG, Bd. 2, § 93, Rn. 92ff.; *Mertens/Cahn*, in; Kölner Kommentar AktG, Bd. 2/1, § 93,

Vorstandes, der als Organ der Gesellschaft nicht im Sinne eigener, sondern fremder Vermögensinteressen, genauer im Sinne der Vermögensinteressen der Gesellschaft und ihrer Aktionäre zu handeln hat.[1554]

Als konkrete Konsequenz für Tax Compliance ergibt sich daraus, dass der Vorstand zur Erfüllung seiner Pflicht als Treuhänder der Vermögensinteressen des Unternehmens stets die Steuergestaltung zu wählen hat, die auf legalem Wege zur günstigsten Steuerbelastung für das Unternehmen führt.[1555]

Überdies ist zu beachten, dass eine Verletzung dieser Treuhandfunktion unter dem Aspekt der Sorgfalt eines ordentlichen und gewissenhaften Geschäftsleiters im Sinne des § 93 I AktG nicht nur im Lichte von § 93 II AktG zu betrachten ist, sondern bei zumindest bedingtem Vorsatz zugleich als Verletzung der Vermögensbetreuungspflicht des Vorstandes auch eine Strafbarkeit gem. § 266 StGB nach sich ziehen kann.[1556] Auch die Berücksichtigung des weiten Ermessensspielraums des Vorstandes qua Business Judgement Rule gem. § 93 I 2 AktG[1557] durch die Strafgerichte steht im Falle einer Überschreitung dieses eingeräumten Freiraums einer Strafbarkeit wegen Untreue nicht entgegen.[1558]

Rn. 95ff.; *Raiser/Veil*, Recht der Kapitalgesellschaften, § 14, Rn. 91ff.; *Fleischer*, in: Spindler/Stilz, AktG, Bd. 1, § 93, Rn. 113ff.; *Grigoleit/Tomasic*, in: Grigoleit, AktG, § 93, Rn. 44ff.

1554 BGH, BGHZ 129, 30, 34; OLG Koblenz, ZIP 1991, 870, 871 m.w.N. zur GmbH; OLG Hamm, AG 1995, 512, 514; OLG Düsseldorf, AG 1997, 231, 235; *Geßler*, JW 1937, 497, 501; *Hopt*, in: Großkommentar AktG, § 93, Rn. 72 (01.01.1999); *Böttcher*, NZG 2009, 1047, 1049; *Spindler*, in: MüKo-AktG, Bd. 2, § 93, Rn. 24; *Mertens/Cahn*, in: Kölner Kommentar AktG, Bd. 2/1, § 93 Rn. 10; *Hüffer*, AktG, § 93 Rn. 4; siehe dazu auch noch ausführlicher bei der Sorgfaltspflicht des Vorstands, S. 261ff.

1555 *Wessing*, Steueranwaltsmagazin 2007, 175, 176.

1556 RG, RGSt 69, 203, 207; RG, RGSt 71, 344, 346; BGH, BGHSt 3, 23, 24; *Brüning/Samson*, ZIP 2009, 1089, 1092ff. (bezogen auf Banken); *Bosch/Lange*, JZ 2009, 225, 226; *Mertens/Cahn*, in: Kölner Kommentar AktG, Bd. 2/1, § 93 Rn. 10; *Landwehrmann*, in: Heidel, AktR, § 93, Rn. 82; *Hüffer*, AktG, § 93, Rn. 11; Vermögensbetreuungspflicht des Vorstandes, aus dem strafrechtlichen Schrifttum: *Kindhäuser*, in: NK-StGB, § 266, Rn. 58, 63 jeweils m.w.N.; *Perron*, in: Schönke/Schröder, StGB, § 266, Rn. 25 a.E., m.w.N.; ausführlich zur „Aktienuntreue" auch *Schünemann*, in: LK-StGB, § 266, Rn. 256f.; siehe zur Untreue im Fall „schwarzer Kassen" (Siemens) BGH, NJW 2209, 89, 90ff.; siehe zur streitigen Frage einer strafbarkeitsausschließenden Einwilligung der Aktionäre durch die Hauptversammlung in die schädigende Handlung des Vorstands im Hinblick auf den Untreuetatbestand z.B. *Nelles*, Untreue zum Nachteil der Gesellschaften, S. 551ff.; *Busch*, Konzernuntreue, S. 151ff.; *Brand*, AG 2007, 681ff.; *Rönnau*, in Grundlagen des Straf- und Strafverfahrensrechts, FS Amelung, S. 247ff.

1557 Siehe ausführlich zur Business Judgement Rule die anschließenden Ausführungen.

1558 *Hopt/Roth*, in: Großkommentar AktG, § 93 Abs 1 Satz 2, 4 nF, Rn. 64.

d) *Pflicht zur Abführung der Steuern*

Wie bereits erwähnt, deckt die Legalitätspflicht des Vorstandes selbstverständlich ebenfalls die Einhaltung der Steuergesetze ab.[1559] Folge der Einhaltung der Steuergesetze ist gem. § 34 I AO, dass der Vorstand die Steuern aus dem ihm anvertrauten Vermögen des Unternehmens bestreitet. Werden Ansprüche aus dem Steuerverhältnis aufgrund eines vorsätzlichen oder grob fahrlässigen Verhaltens des Vorstandes nicht bzw. nicht rechtzeitig festgesetzt oder erfüllt, so haftet dieser gem. § 69 AO für die zu entrichtenden Steuern.[1560] Explizit wird damit der Vorstand in die (Sorgfalts-) Pflicht genommen, die Erfüllung der Steueransprüche der Finanzverwaltung abzusichern.

Zwar sind gemäß der Rechtsprechung des BFH zunächst alle einzelnen Vorstandsmitglieder für die Einhaltung der steuerlichen Pflichten verantwortlich[1561], jedoch besteht wie geschildert unter den genannten Voraussetzungen die Möglichkeit, die Erfüllung der steuerlichen Pflichten innerhalb des Vorstandes schriftlich zu delegieren[1562], was die Pflicht der delegierenden Vorstandsmitglieder in eine Überwachungspflicht modifiziert.[1563] Bei Unregelmäßigkeiten in Bezug auf die Einhaltung der steuerlichen Pflichten, der Bedienung von Verbindlichkeiten und der Entrichtung der Steuern lebt die individuelle Pflicht der einzelnen Vorstandsmitglieder wieder auf.[1564]

Weitere Einzelheiten zu den sich aus §§ 34, 35, 69 AO ergebenden Anforderungen und Maßnahmen an Tax Compliance sowie ihrem Verhältnis zu §§ 76, 93 AktG werden ausführlich im 3. Kapitel: „Steuerliche Pflichten des Vorstands – Originäre Anforderungen und Maßstäbe an Tax Compliance aus § 69 AO i.V.m. §§ 34 I, 35 AO" dargestellt und erörtert.[1565]

1559 Siehe dazu bereits ausführlich oben S. 262ff. mit weiteren Nachweisen.

1560 Vgl. BFH, BFHE 104, 294, 297; *Raiser/Veil*, Recht der Kapitalgesellschaften, § 14, Rn. 81, 108, dort auch zum folgenden Text; siehe ausführlich zur Einhaltung der steuerlichen Pflichten und zur Haftung aus § 69 AO im Zusammenhang mit Tax Compliance S. 382ff.

1561 BFH, BFHE 141, 443, 446 = BStBl. II 1984, 776, 777 = ZIP 1984, 1345, 1346; BFH, BFHE 146, 23, 24f. = BStBl. II 1986, 384, 385 = DB 1986, 1555f. = ZIP 1986, 1247f.

1562 Siehe dazu ausführlich mit entsprechenden Nachweisen bereits oben S. 272ff.

1563 BFH, BFHE 141, 443, 446 = BStBl. II 1984, 776, 777 = ZIP 1984, 1345, 1346; vgl. BFH, DB 1986, 1555f. = ZIP 1986, 1247, 1248; BGH, BGHZ 133, 370, 378 = NJW 1997, 130, 132; *Mertens/Cahn*, in: Kölner Kommentar AktG, Bd. 2/1, § 93, Rn. 230.

1564 BFH, BFHE 141, 443, 447 = BStBl. II 1984, 776, 778 = ZIP 1984, 1345, 1346; vgl. BGH, BGHZ 133, 370, 378f. = NJW 1997, 130, 132; vgl. BGH, NZG 2008, 628, 629; FG Münster, EFG 1985, 782; *Hopt*, in: Großkommentar AktG, § 93, Rn. 510 (01.01.1999); *Wiesner*, in: Münchener Handbuch Aktiengesellschaft, § 26, Rn. 38; *Intemann*, in: Pahlke/Koenig, AO, § 69, Rn. 80; *Mertens/Cahn*, in: Kölner Kommentar AktG, Bd. 2/1, § 93, Rn. 230; siehe dazu bereits ausführlich im Rahmen der horizontalen Organisations- und Überwachungspflichten bei der strengeren Überwachungspflicht hinsichtlich Steuern, S. 272ff.

1565 Siehe dazu S. 363ff.

e) *Business Judgement Rule*

aa) Grundgedanke der Business Judgement Rule

Die Regelung des § 93 I 2 AktG besagt, dass eine Haftung des Vorstandes ausgeschlossen ist, sofern das Vorstandsmitglied bei einer unternehmerischen Entscheidung auf der Grundlage angemessener Information zum Wohle der Gesellschaft handelt.[1566] Mit der Einführung dieser sog. Business Judgement Rule im Rahmen des UMAG[1567] im Jahre 2005, wurde durch den Gesetzgeber ein Rechtsinstitut legal fixiert, das sich zuvor bereits in der Rechtsprechung[1568] und der Lehre[1569] heraus kristallisiert hatte.[1570] Mittels der Business Judgement Rule wird dem Vorstand eines Unternehmens bei der Ausübung seiner Leitungsaufgabe ein weiter Ermessensspielraum zugebilligt, der als „safe harbor" bei Vorliegen seiner Voraussetzungen unternehmerische Entscheidungen aus der Haftung wegen einer Sorgfaltspflichtverletzung ausklammert, damit nicht jeder unternehmerische Fehlschlag retrospektiv als Haftungsfall qualifiziert wird.[1571] Andernfalls drohte gerade angesichts

---

1566 Eine Auseinandersetzung mit der unterschiedlich beurteilten Rechtsnatur der Business Judgement Rule ist mangels Auswirkung auf die Rechtsfolge des § 93 I 2 AktG an dieser Stelle obsolet. Siehe dazu nur den Überblick bei *Mertens/Cahn*, in: Kölner Kommentar AktG, Bd. 2/1, § 93, Rn. 15 m.w.N.

1567 Gesetz zu Unternehmensintegrität und Modernisierung des Anfechtungsrechts (UMAG), BGBl. I 2005, 2802.

1568 Grundlegend in diesem Zusammenhang ist die ARAG/Garmenbeck Entscheidung des BGH: BGHZ 135, 244, 253f. = NJW 1997, 1926, 1927f.; vgl. BGHZ 134, 392, 398; vgl. BGHZ 136, 133, 139; vgl. BGH, NZG 2002, 195, 196.

1569 *Semler*, Leitung und Überwachung der Aktiengesellschaft, Rn. 82ff.; *Henze*, NJW 1998, 3309, 3311; *Ulmer*, ZHR (163) 1999, 290, 299 mit einem Formulierungsvorschlag zur Business Judgement Rule, verortet in § 93 II 2 AktG: „Eine Pflichtverletzung liegt nicht vor, wenn der Schaden durch unternehmerisches Handeln im Interesse der Gesellschaft auf der Grundlage angemessener Informationen verursacht wurde, auch wenn dieses Handeln sich aufgrund späterer Entwicklungen oder Erkenntnisse als für die Gesellschaft nachteilig erweist."; *Henze*, BB 2000, 53, 57; *Henze*, BB 2000, 209, 215; *Lutter*, GmbHR 2000, 301, 308; zum Entwurf einer Business Judgement Rule im UMAG *Paefgen*, AG 2004, 245, insbesondere 248ff.

1570 Vgl. *Spindler*, in: MüKo-AktG, Bd. 2, § 93, Rn. 35; *Mertens/Cahn*, in: Kölner Kommentar AktG, Bd. 2/1, § 93, Rn. 12; siehe auch zur Entwicklung der Business Judgement Rule bis zu ihrer Kodifizierung *von Falkenhausen*, NZG 2012, 644, 645.

1571 Phänomen des „hindsight bias", wonach vom negativen Ausgang einer Sache auf den Zeitpunkt der ihr zu Grunde liegenden Entscheidung zurückgeschlossen wird und rückblickend die Prognosemöglichkeiten hinsichtlich des negativen Ausgangs überbewertet werden. Siehe dazu ausführlich *Fleischer*, in Wirtschafts- und Privatrecht im Spannungsfeld von Privatautonomie, Wettbewerb und Regulierung, FS Immenga, 575, 579f.; *Brömmelmeyer*, WM 2005, 2065, 2068f. m.w.N.; *Hopt/Roth*, in: Großkommentar AktG, § 93 Abs 1 Satz 2, 4 nF, Rn. 8 m.w.N. (01.10.2006); *Spindler*, AG 2006, 677, 678 m.w.N. *Spindler*, in: MüKo-AktG, Bd. 2, § 93, Rn. 35 m.w.N.; vgl. *Klindt/Pelz/Theusinger*, NJW 2010, 2385, 2389; *Geiser*, Leitungspflichten des

der Unsicherheit und des Risikos[1572], mit der zukunftsgerichtete, unternehmerische Entscheidungen behaftet sind, dass selbst aus ex ante Sicht hinsichtlich des Risikos für das Unternehmen als vertretbar anzusehende unternehmerische Entscheidungen verbunden mit ihren Chancen und Möglichkeiten aus Furcht vor einer theoretisch denkbaren Haftung nicht getroffen werden würden.[1573] Bereits der Gesetzgeber des Aktiengesetzes aus dem Jahre 1937 wollte dem Vorstand nicht durch eine strenge Haftung jeden „Mut zur Tat" nehmen.[1574]

bb) Voraussetzungen und Anforderungen der Business Judgement Rule

Voraussetzung für die Anwendung der Business Judgement Rule ist eine unternehmerische Entscheidung, die frei von sachfremden Einflüssen und Sonderinteressen gewesen sein muss, dem Wohle der Gesellschaft gedient hat und auf angemessenen Informationen beruht, wobei hinsichtlich der genannten Voraussetzungen mit Ausnahme der unternehmerischen Entscheidung zudem Gutgläubigkeit notwendig ist.[1575]

Falls es sich bei der unternehmerischen Entscheidung um eine gebundene Entscheidung des Vorstandes handelt, so ist nach einem weitgehenden Konsens eine unternehmerische Entscheidung ausgeschlossen. Demnach darf keine gesetzliche Verpflichtung, Aufgabe oder Handlungspflicht des Vorstandes im Einzelfall Grundlage der Entscheidung des Vorstandes sein, weil ansonsten keine Ermessensausübung des Vorstandes, sondern die bloße Befolgung eines rechtlichen Befehls vorliegt.[1576]

Ein gewisser Dissens besteht hingegen, inwiefern die unternehmerische Entscheidung zugleich – wie überwiegend angenommen wird – eine unternehmerische

---

Vorstands in der AG, S. 32; *Schweizer/Ott*, Lehrbuch der ökonomischen Analyse des Zivilrechts, S. 106f.; siehe zu obiger Definition den Auszug aus *Schweizer*, Kognitive Täuschungen vor Gericht, Zürich 2005, ebenfalls m.w.N., Auszug abrufbar unter: http://www.decisions.ch/dissertation/diss_rueckschaufehler.html, zuletzt besucht am 09.04.2013.

1572 Siehe zur Verbindung von Unternehmensentscheidungen und Risiken: *Hommelhoff*, Die Konzernleitungspflicht, S. 171; vgl. *Hoor*, DStR 2004, 2104, 2105; *Kock/Dinkel*, NZG 2004, 441,442; *Grundei/V. Werder*, AG 2005, 825, 833; *Spindler*, AG 2006, 677, 681.

1573 *Spinder*, in: MüKo-AktG, Bd. 2, § 93, Rn. 35; *Mertens/Cahn*, in: Kölner Kommentar AktG, Bd. 2/1, § 93, Rn. 12f.

1574 Siehe dazu die amtliche Begründung zu § 84 AktG 1937 bei *Klausing*, Gesetz über Aktiengesellschaften und Kommanditgesellschaften auf Aktien (Aktien-Gesetz), S. 71 sowie *Küch*, Aktiengesetz, S. 280; siehe auch *Ihrig*, WM 2004, 2098.

1575 Statt aller: *Hüffer*, AktG, § 93, Rn. 4e; vgl. auch Begründung des Regierungsentwurfs zum UMAG, BT-Drs. 15/5092, S. 11.

1576 *Hopt/Roth*, in: Großkommentar AktG, § 93 Abs 1 Satz 2, 4 nF, Rn. 16 (01.10.2006); vgl. Arbeitskreis Externe und Interne Überwachung der Unternehmung (AKEIÜ) der Schmalenbach-Gesellschaft für Betriebswirtschaft e.V., Köln, DB 2006, 2189, 2190f.; *Hüffer*, AktG, § 93, Rn. 4f.; mit abweichender Begründung auch *Mertens/Cahn*, in: Kölner Kommentar AktG, Bd. 2/1, § 93, Rn. 19 a.E.

Entscheidung unter Unsicherheit sein muss. Dafür scheint der Wortlaut der Regierungsbegründung zu § 93 I 2 AktG im UMAG zu sprechen, der feststellt, dass unternehmerische Entscheidungen von ihrem Zukunftsbezug und von Prognosen geprägt sind, was demgegenüber von der Gegenansicht kritisch gesehen wird, da der Wortlaut der Begründung die nötige Eindeutigkeit vermissen lasse, auch unternehmerische Entscheidungen ohne Unsicherheit sowie zwingendem Zukunftsbezug denkbar sind und andernfalls der Anwendungsbereich der Business Judgement Rule zu sehr verengt werden würde.[1577] Festzuhalten bleibt, dass beide Ansichten jedenfalls unsichere, zukunftsgerichtete unternehmerische Entscheidungen des Vorstandes in den Anwendungsbereich der Business Judgement Rule einordnen. Ob darüber hinaus auch solche Entscheidungen erfasst werden, die weder zukunftsgerichtet sind, noch von Unsicherheit geprägt sind, bedarf für den weiteren Gang der Untersuchung keiner Erörterung.

Demgegenüber ist ein Unterlassen des Vorstandes z.B. in Gestalt des Auslassens einer Geschäftschance nur dann als unternehmerische Entscheidung zu qualifizieren, wenn ein bewusster Entschluss des Vorstandes anzunehmen ist, nicht aktiv zu werden, wohingegen reine, unreflektierte Passivität nicht in den Anwendungsbereich des § 93 I 2 AktG fällt.[1578]

Obwohl es sich nicht explizit aus dem Wortlaut des § 93 I 2 AktG ergibt, so ist der Schutz der unternehmerischen Entscheidung ausweislich der Gesetzesbegründung eingeschränkt: Die Business Judgement Rule erfasst nur unternehmerische Entscheidungen, die im Einklang mit dem geltenden Recht, der Satzung des Unternehmens und dem Anstellungsvertrag getroffen worden sind, da nur der Schutz einer solchen unternehmerischen Entscheidung mit der Regelung bezweckt ist.[1579]

1577 Begründung des Regierungsentwurfs zum UMAG, BT-Drs. 15/5092, S. 11; krit. dazu: *Hauschka*, ZRP 2004, 65, 66; vgl. *Bastuck*, Enthaftung des Managements, S. 69; ausführlich zur unternehmerischen Entscheidung: *Mutter*, Unternehmerische Entscheidungen und Haftung des Aufsichtsrats der Aktiengesellschaft, S. 8ff., S. 23; vgl. *Semler*, Leitungs und Überwachung der Aktiengesellschaft, Rn. 80; *Hopt*, in: Großkommentar AktG, § 93, Rn. 81 (01.01.1999); *Schneider*, DB 2005, 707ff.; Arbeitskreis Externe und Interne Überwachung der Unternehmung (AKEIÜ) der Schmalenbach-Gesellschaft für Betriebswirtschaft e.V., Köln, DB 2006, 2189, 2190; *Hüffer*, AktG, § 93, Rn. 4f a.E.; a.A.: *Langenbucher*, DStR 2005, 2083, 2086; *Lohse*, Unternehmerisches Ermessen, S. 74ff.; *Spindler*, NZG 2005, 865, 871; *Koch*, ZGR 2006, 769, 787f.; *Hopt/Roth*, in: Großkommentar AktG, § 93 Abs 1 Satz 2, 4 nF, Rn. 18 (01.10.2006); *Bosch/Lange*, JZ 2009, 225, 230; *Kocher*, CCZ 2009, 215, 216ff.; *Seibt/Schwarz*, AG 2010, 301, 305.

1578 So bereits Begründung des Regierungsentwurfs zum UMAG, BT-Drs. 15/5092, S. 11; vgl. *Roth*, Unternehmerisches Ermessen und Haftung des Vorstandes, S. 65f.; *Paefgen*, AG 2004, 245, 251; *Kock/Dinkel*, NZG 2004, 441, 443; *Hopt/Roth*, in: Großkommentar AktG, § 93 Abs 1 Satz 2 nF, Rn. 15 (01.10.2006); *Spindler*, in: MüKo-AktG, Bd. 2, § 93, Rn. 42f.

1579 Begründung des Regierungsentwurfs zum UMAG, BR-Drs. 2/05, S. 18f., BT-Drs. 15/5092, S. 11; *Paefgen*, AG 2004, 245, 251f.; *Fleischer*, ZIP 2004, 685, 690; *Schäfer*, ZIP 2005, 1253, 1255f.; *Hopt/Roth*, in: Großkommentar AktG, § 93 Abs 1 Satz 2, 4 nF,

Nicht dem Privileg der Business Judgement Rule unterfallen nützliche Rechtsverletzungen, die zwar als unternehmerische Entscheidung für das Unternehmen von Vorteil sein mögen, jedoch trotz dieses Vorteils für das Unternehmen nicht den Makel der Rechtsverletzung verlieren.[1580]

Ebenso findet die Business Judgement Rule keine Anwendung bei unternehmerischen Entscheidungen unter Rechtsunsicherheit.[1581]

Weitere Bedingung der Business Judgement Rule ist ein Agieren des Vorstandes auf der Grundlage angemessener Information. Bereits der Wortlaut des § 93 I 2 AktG deutet darauf hin, dass es nicht um das Ausschöpfen aller theoretisch denkbaren Informationsquellen gehen kann, sondern in Abhängigkeit von den konkreten Entscheidungsumständen und unter Berücksichtigung von Kosten sowie Nutzen der Informationsermittlung die optimale Informationsbasis für die unternehmerische Entscheidung zu gewinnen. Folglich kann aus der zu Grunde liegenden ex-ante Sicht des Vorstandes unter Umständen in Fällen besonderer Eile, die ein rasches Handeln erfordern, eine nur summarische Informationsbeschaffung ausreichend, dagegen in komplexen Sachverhaltskonstellationen die Anforderung von Sachverständigengutachten oder Marktanalysen geboten sein.[1582] Entgegen einiger Stimmen in der Literatur[1583] führt ein Blick in die Rechtsprechung zu keinem anderen Ergebnis, da dort zwar die Pflicht des Vorstandes postuliert wird, alle zur Verfügung stehenden

---

Rn. 22 (01.10.2006); vgl. im Ergebnis *Duve/Basak*, BB 2006, 1345, 1349; *Lutter*, ZIP 2007, 841, 843; *Goette*, in: Hommelhoff/Hopt/v. Werder, Handbuch Corporate Governance, S. 713, 728ff.; vgl. *Strohn/Simon*, GmbHR 2010, 1181, 1185; *Fleischer*, in: Spindler/Stilz, AktG, Bd. 1, § 93, Rn. 67; *Krieger/Sailer*, in: Schmidt/Lutter, AktG, Bd. 1, § 93, Rn. 12; *Hüffer*, AktG, § 93, Rn. 4f.

1580 *Ihrig*, WM 2004, 2098, 2103ff.; *Fleischer*, ZIP 2005, 141, 145f. m.w.N.; *Lutter*, ZIP 2007, 841, 843f.; *Bayer*, in FS K. Schmidt, 85, 90, m.w.N.; ausführlich *Thole*, ZHR 173 (2009), 504, 512ff.; *Krieger/Sailer*, in: Schmidt/Lutter, AktG, Bd. 1, § 93, Rn. 12; siehe zu nützlichen Rechtsverletzungen auch bereits oben S. 265f.

1581 Siehe dazu bereits ausführlich m.w.N. oben S. 264f.

1582 Begründung des Regierungsentwurfs zum UMAG, BT-Drs. 15/5092, S. 11f.; *Bastuck*, Enthaftung des Managements, S. 69; ausführlich *Roth*, Unternehmerisches Ermessen und Haftung des Vorstands, S. 81ff.; *Fleischer*, ZIP 2004, 685, 691; *Ulmer*, DB 2004, 859, 860; ausführlich *Grundei/v. Werder*, AG 2005, 825, 829ff.; *Weiss/Buchner*, WM 2005, 162, 164; *Koch*, ZGR 2006, 769, 788f.; *Hopt/Roth*, in: Großkommentar AktG, § 93 Abs 1 Satz 2 nF, Rn. 46 (01.10.2006); *Fleischer*, in: Fleischer, Handbuch Vorstandsrecht, § 7, Rn. 58; vgl. *Lutter*, ZIP 2007, 841, 844f.; *Spindler*, in: MüKo-AktG, Bd. 2, § 93, Rn. 47f.; *Fleischer*, in: Spindler/Stilz, AktG, Bd. 1, § 93, Rn. 73; *Mertens/Cahn*, in: Kölner Kommentar AktG, Bd. 2/1, § 93, Rn. 33f.

1583 *Fleischer*, NJW 2009, 2337, 2339; *Redeke*, NZG 2009, 496f.; *Wagner*, CCZ 2009, 8, 16; *Kocher*, CCZ 2009, 215, 220f.; *Krieger/Sailer-Coceani*, in: Schmidt/Lutter, AktG, Bd. 1, § 93, Rn. 13, Fn. 56; *Redeke*, ZIP 2011, 59, 60 m.w.N.

Informationsquellen zu nutzen, dies jedoch ebenfalls unter der Kondition der „konkreten Entscheidungssituation“[1584] relativiert wird.[1585]

Ferner sei der Vollständigkeit halber noch erwähnt, dass der Vorstand seine unternehmerischen Entscheidungen zum Wohl der Gesellschaft zu treffen hat, was im Ergebnis einem Handeln gemäß des bereits erwähnten Unternehmensinteresses aus ex-ante Sicht entspricht.[1586] Die Entscheidungen dürfen nicht von sachfremden Erwägungen oder Eigeninteressen geleitet sein, was ein Handeln zu Gunsten von dem Vorstand nahestehenden Personen oder Unternehmen ausschließt. Zum eigenen Vorteil darf der Vorstand dann eine Entscheidung treffen, wenn sich dieser Vorteil aus dem Unternehmensinteresse ableitet wie z.B. bei der Koppelung der Vergütung des Vorstandes an den erwirtschafteten Gewinn des Unternehmens.[1587]

Sofern das Eingehen bestandsgefährdender Risiken nicht per se als mit dem Wohle der Gesellschaft unvereinbar befunden wird[1588], ist bei Eingehen eines solchen Risikos durch den Vorstand der Anwendungsbereich der Business Judgement Rule je nach Sachlage eröffnet, falls das Risiko nicht dem Gegenstand des Unternehmens widerspricht und die gebotenen Maßnahmen zur Kontrolle des Risikos ergriffen wurden.[1589]

Abschließend sei noch unabhängig von der Frage der tatsächlichen Relevanz darauf hingewiesen, dass der Vorstand gutgläubig zu handeln hat, ohne dass damit ein Maßstab für ein mögliches Verschulden des Vorstandes errichtet würde.[1590]

1584 BGH, NJW 2008, 3361, 3362f., Tz. 11 = NZG 2008, 751, 752, Tz. 11; BGH, NZG 2009, 117, Tz. 3.

1585 So ausdrücklich *Hüffer*, AktG, § 93, Rn. 4g.

1586 Begründung des Regierungsentwurfs zum UMAG, BT-Drs. 15/5092, S. 11; *Spindler*, in: MüKo-AktG, Bd. 2, § 93, Rn. 45f.; *Hüffer*, AktG, § 93, Rn. 4g; zum Unternehmensinteresse siehe bereits ausführlich oben S. 217ff.

1587 Begründung des Regierungsentwurfs zum UMAG, BT-Drs. 15/5092, S. 11; *Fleischer*, ZIP 2004, 685, 691 *Spindler*, in: MüKo-AktG, Bd. 2, § 93, Rn. 54; *Fleischer*, in: Spindler/Stilz, AktG, Bd. 1, § 93, Rn. 72; *Mertens/Cahn*, in: Kölner Kommentar AktG, Bd. 2/1, § 93, Rn. 26.

1588 Vgl. BGH, BGHZ 135, 244, 253 = NJW 1997, 1926, 1927f.; *Lutter*, in FS Canaris, Bd. II, 245, 246 in Bezug auf „die Vermeidung unvertretbarer oder übergroßer Risiken“; vgl. *Lutter*, ZIP 2007, 841, 844; vgl. MüKo-AktG, Bd. 2, § 93, Rn. 50; vgl. *Lutter*, ZIP 2009, 197, 199; *Brüning/Samson*, ZIP 2009, 1089, 1092; *Mertens/Cahn*, in: Kölner Kommentar AktG, Bd. 2/1, § 93, Rn. 24.

1589 Vgl. *Hopt*, in: Großkommentar AktG, § 93, Rn. 82 (01.01.1999); *Balthasar/Hamelmann*, WM 2010, 589, 590; vgl. *Rieder/Holzmann*, AG 2011, 265, 268 zum Ermessensspielraum des § 93 I 2 AktG im Rahmen eines Urteils des OLG Frankfurt, AG 2011, 173 = WM 2011, 116 zur Sorgfalt bei riskanten Geschäften; *Krieger/Sailer-Coceani*, in: Schmidt/Lutter, AktG, Bd. 1, § 93, Rn. 13; *Hüffer*, AktG, § 93, Rn. 4g.

1590 Vgl. Begründung des Regierungsentwurfs zum UMAG, BT-Drs. 15/5092, S. 11; vgl. *Fleischer*, ZIP 2004, 685, 691; vgl. *Hopt/Roth*, in: Großkommentar AktG, § 93 Abs 1 Satz 2 nF, Rn. 42 (01.10.2006); *Fleischer*, in: Spindler/Stilz, AktG, Db. 1, § 93, Rn. 76; *Hüffer*, AktG, § 93, Rn. 4h; gegen einen Anwendungsbereich für das Merkmal der Gutgläubigkeit: vgl. *Weiss/Buchner*, WM 2005, 162, 164; *Spindler*,

cc) Wechselwirkung zwischen Tax Compliance und Business Judgement Rule

Bei einer Analyse des Verhältnisses zwischen Corporate Compliance zur Business Judgement Rule, ist zunächst eine Erkenntnis, dass Corporate Compliance über die präventive Einhaltung der Gesetze als „Wegbereiter“ für den „safe harbor“ des § 93 I 2 AktG dient.[1591] Mit anderen Worten fungiert ein Corporate Compliance-System wie ein Lotse des Vorstandes auf dem Weg in den Hafen der Sorgfalt eines ordentlichen und gewissenhaften Geschäftsleiters.

Gleichzeitig legt der safe harbor der Business Judgement rule aber auch die Rahmenbedingungen für die Arbeit des Lotsens, ergo für Corporate Compliance, in diesem Fall in Gestalt von Tax Compliance fest. Losgelöst von diesem sprachlichen Bild weisen Tax Compliance und die Business Judgement Rule zunächst die Parallele auf, dass für beide das geltende und einzuhaltende Recht von zentraler Bedeutung ist. Für die Business Judgement Rule ist das geltende Recht die äußerste Grenze ihrer Anwendbarkeit, für Tax Compliance ist es die absolute Orientierung für die Ausgestaltung eines wirksamen Tax Compliance-Systems, dessen Struktur und Organisation im Detail in das Ermessen des Vorstandes gestellt ist.

Eine Wechselwirkung zwischen Tax Compliance und Business Judgement Rule besteht insofern, als dass Tax Compliance nicht nur als Lotse den Vorstand in den sicheren Hafen der Business Judgement Rule geleitet, sondern die Business Judgement Rule als starrer Hafen bzw. mehr oder minder klar umrissene Rahmenbedingung für eine Haftungsfreiheit des Vorstandes der flexibel gestaltbaren Tax Compliance selbst durch eben jene Rahmenbedingungen Maßstäbe und Anforderungen vorgibt.

Ziel von Tax Compliance ist nicht nur die Vermeidung nachteiliger Folgen für das Unternehmen selbst, sondern auch die Vermeidung einer Haftung oder Strafbarkeit der Mitarbeiter sowie der Unternehmensleitung in Person des Vorstandes.[1592] Sofern sich Tax Compliance an den Maßstäben und Anforderungen der Business Judgement Rule aus § 93 I 2 AktG orientiert, ist damit zumindest eine Haftung des Vorstandes aus § 93 II AktG ausgeschlossen und ergo hinsichtlich dieser Haftungsnorm der Sinn und Zweck von Tax Compliance erfüllt, auch wenn sich die Business Judgement Rule zunächst nur auf die Haftung des Vorstandes gegenüber der Gesellschaft und nicht gegenüber Dritten bezieht.[1593] Gleichwohl finden sich Stimmen in der Literatur, die in Anlehnung an Urteile des BGH, die dem Vorstand einen Handlungs- und Ermessensspielraum eingeräumt haben[1594], diesen richterrechtlich

in: MüKo-AktG, Bd. 2, § 93, Rn. 56; *Mertens/Cahn*, in: Kölner Kommentar AktG, Bd. 2/1, § 93, Rn. 31.

1591 *Geiser*, Leitungspflichten des Vorstandes in der AG, S. 85f.; *Schöne/Petersen*, AG 2012, 700, 704.

1592 Siehe dazu die Definition von Tax Compliance auf S. 8ff.

1593 Ähnlich *Mülbert*, JZ 2002, 826, 832; *Mertens/Cahn*, in Kölner Kommentar AktG, Bd. 2/1, § 93, Rn. 16.

1594 Grundlegend „ARAG-Garmenbeck“: BGH, BGHZ 135, 244, 253 = NJW 1997, 1926, 1927f.; hinsichtlich der Feststellung des Zeitpunkts der Auslösung der Insolvenz: BGH, BGHZ 75, 96ff.; BGH, BGHZ 126, 181, 199 = ZIP 1994, 1103, 1110.

entwickelten Ermessensbereich nicht durch die Einführung der Business Judgement Rule beeinträchtigt sehen und damit im Einklang mit dem Willen des Gesetzgebers des UMAG für die in der Rechtsprechung entwickelten Anwendungsfälle sowie auch darüber hinaus die Business Judgement Rule über die Innenhaftung gegenüber der Gesellschaft auch auf die Außenhaftung ausdehnen.[1595]

Inwiefern sich die Business Judgement Rule auf die noch zu behandelnden Normen § 130 OWiG und § 69 AO auswirkt, wird im Rahmen der jeweiligen Norm erläutert werden.[1596]

Die eingangs aufgestellte, programmatische Annahme, dass Tax Compliance eine Steuergestaltung und eine Steuerplanung zu Gunsten des Unternehmens als Komponente enthält, die bis zu Grenze der Illegalität möglich ist, hat damit im Gesellschaftsrecht in der Business Judgement Rule über die Legalitätspflicht des Vorstandes aus § 93 I 1 AktG eine normative Grundlage, als dass eine Ermessensausübung des Vorstandes – hier hinsichtlich der Wahrnehmung von Steuereinsparungsmöglichkeiten und Steuergestaltungen – immer nur bis zu eben jener Grenze der Illegalität möglich ist. Damit ist auch klar, dass ein Rechtsverstoß in diesem Zusammenhang nicht mit dem Nutzen für das Unternehmen gerechtfertigt werden kann.[1597] Aus letzterem Aspekt heraus ist ebenfalls abzuleiten, dass im Falle einer Kenntnis steuerlicher Risiken resultierend aus Rechtsverstößen eine bewusste Untätigkeit des Vorstandes aus reinem Kostenkalkül gleichsam in die Haftung des Vorstandes aus § 93 II AktG führt. Folglich kann eine bewusste Inkaufnahme nachteiliger Folgen für das Unternehmen vor dem Hintergrund, dass nach Saldo das Abstellen des Rechtsverstoßes mit Hilfe z.B. eines Tax Compliance-Systems höhere Kosten verursachen würde als der Rechtsverstoß selbst – zumal dieser zuerst entdeckt werden müsste um sich in einem Schaden zu materialisieren – ebenfalls nicht mit dem Unternehmenswohl im Sinne einer saldierten „Kosteneinsparung“ gerechtfertigt werden kann.

Zentraler Aspekt der Business Judgement Rule ist ferner die unternehmerische Entscheidung auf Basis einer angemessenen Informationsgrundlage zu treffen. In Anbetracht der Omnipräsenz der Steuern im Unternehmen und der damit einhergehenden Ubiquität von Tax Compliance[1598], setzt die angemessene Informationsgrundlage im Sinne des § 93 I 2 AktG die Berücksichtigung steuerlicher Belange

---

1595 Siehe dazu auch BR-Drs. 3/05, S. 21: „Der Grundgedanke eines Geschäftsleiterermessens im Bereich unternehmerischer Entscheidungen ist nicht auf den Haftungstatbestand des § 93 AktG und nicht auf die Aktiengesellschaft beschränkt, sondern findet sich auch ohne positivrechtliche Regelung in allen Formen unternehmerischer Betätigung.“; *Fleischer*, ZIP 2004, 685, 691f.; *Fleischer*, in: Spindler/Stilz, AktG, Bd. 1, § 93, Rn. 78; siehe für die Übertragung des Geschäftsleiterermessens auch auf Fälle der Außenhaftung beispielhaft *Roth*, Unternehmerisches Ermessen und Haftung des Vorstands, S. 260ff., insbesondere S. 270f.; *Schnorbus*, ZHR 167 (2003), 666, 681ff. hinsichtlich § 25 I UmwG.

1596 Siehe zu § 130 OWiG S. 336ff. und zu § 69 AO S. 363ff.

1597 Siehe zu den nützlichen Pflichtverletzungen bereits oben S. 261ff.

1598 Siehe dazu bereits oben S. 35f.

voraus. Demnach muss der Vorstand über die eintretenden steuerlichen Folgen einer unternehmerischen Entscheidung informiert sein, um dann die Einhaltung der Steuergesetze bei seiner Entscheidung zu berücksichtigen. Von Tax Compliance verlangt dies die Analyse der zukünftigen steuerlichen Auswirkungen und der damit einhergehenden Risiken einer unternehmerischen Entscheidung, um dem Präventivgedanken von Tax Compliance Rechnung tragen zu können. Infolgedessen resultiert daraus die Anforderung an das Tax Compliance-System, nicht nur bestehende Risikolagen im Unternehmen zu identifizieren, sondern darüber hinaus auch bei zukünftigen Sachverhalten, die sich aus einer unternehmerischen Entscheidung ergeben, die Risikolage einschätzen zu können, um so Rechtsverletzungen und damit schlussendlich die Haftung des Vorstandes auszuschließen. Dies spiegelt auch die Gratwanderung von Tax Compliance wider, einerseits die Steuerlast des Unternehmens durch Steuerplanung zu optimieren, ohne dabei andererseits zugleich in die Illegalität abzurutschen.[1599]

Hier zeigt sich auch wieder die angesprochene Wechselwirkung: Die Business Judgement Rule kann ihre Wirkung nur entfalten, wenn das Tax Compliance-System als Quelle der angemessenen Informationen genutzt wird, umgekehrt kann das Tax Compliance-System die Aufgabe der Risikoidentifikation zukünftiger Risikolagen bei unternehmerischen Entscheidungen nur dann wirkungsvoll wahrnehmen, wenn Tax Compliance in den Entscheidungsfindungsprozess eingebunden wird.

Sollte das unternehmensinterne Tax Compliance-System nicht darauf ausgelegt sein, steuerliche Risiken bedingt durch unternehmerische Entscheidungen aufzudecken und zu evaluieren, so ist zur Schaffung einer angemessenen Informationsgrundlage die Einholung eines entsprechenden Sachverständigengutachtens oder zumindest die Konsultation eines entsprechend qualifizierten Beraters angezeigt.[1600]

Gleichzeitig ist bei den Anforderungen an ein Tax Compliance-System zu bedenken, dass das System in seiner konkreten Ausgestaltung dem Vorstand auch weiterhin riskante Entscheidungen im Rahmen seiner unternehmerischen Entscheidungsfreiheit ermöglichen muss.

Im Ergebnis besteht also die eingangs beschriebene Wechselwirkung zwischen Tax (bzw. allgemeiner Corporate) Compliance und der Business Judgement Rule, wonach einerseits Tax Compliance der Lotse ist, um in den sicheren Hafen der Business Judgement Rule zu gelangen und andererseits die Business Judgement Rule den Rahmen für Tax Compliance definiert.

Dieser Rahmen statuiert bzw. bekräftigt den Maßstab des geltenden Rechts, der nicht durch unternehmerische Entscheidungen beispielsweise zur Einsparung von Steuern übertreten werden darf. Überdies resultiert aus dem Erfordernis einer angemessenen Informationsgrundlage der unternehmerischen Entscheidung steuerliche Aspekte wegen ihrer Allgegenwart im Unternehmen insbesondere unter dem Fokus möglicher Rechtsverletzungen und zukünftiger Risiken für das Unternehmen, die im

1599 Siehe dazu bereits die vorstehenden Ausführungen.

1600 Siehe zur angemessenen Information oben S. 304f.

Falle ihrer Realisierung eine Haftung des Vorstandes gegenüber dem Unternehmen aus § 93 II AktG begründen könnten, zu berücksichtigen. Das Tax Compliance-System hat hierbei die Aufgabe, die sich aus der unternehmerischen Entscheidung auch für die Zukunft ergebenden Risiken zu identifizieren und zu evaluieren, nötigenfalls unter Hinzuziehung externen Sachverstands.

2. *Aktienrechtliche Sorgfaltspflicht und Tax Compliance*

Die vorstehende Analyse der Sorgfaltspflicht sowie der Business Judgement Rule enthüllt eine Reihe von Anforderungen und Maßstäben, die sich über die Legalitätspflicht, die Legalitätskontrollpflicht sowie insbesondere durch die horizontalen und vertikalen Überwachungspflichten im Zusammenhang mit der Delegation von Vorstandsaufgaben als Standard für Tax Compliance zur Wahrung eben jener Sorgfalt eines ordentlichen und gewissenhaften Geschäftsleiters aus § 93 I AktG extrahieren lassen. Im Zusammenspiel mit den vorhergehenden Erkenntnissen, dass Tax Compliance als Leitungsaufgabe des Vorstandes zu qualifizieren ist und Organisationsanforderungen aus dem Gesetz sowie der Rechtsprechung unterliegt, ergänzt durch die nachfolgenden Erkenntnisse zur Haftung des Vorstandes, kristallisieren sich aktienrechtliche Anforderungen an Tax Compliance heraus.

3. *Haftung des Vorstandes*

Neben diesen Anforderungen und Maßstäben, die Gegenstand der Sorgfaltspflicht eines ordentlichen und gewissenhaften Geschäftsleiters im Sinne des § 93 I 1 AktG sind, enthält § 93 I 1 AktG in diesem Zusammenhang eine weitere, wichtige Komponente. Wie schon erwähnt, erfüllt § 93 I 1 AktG eine Doppelfunktion nicht nur als Verhaltenspflicht adressiert an den Vorstand, sondern auch als Verschuldensmaßstab.[1601] Kehrseite der Sorgfaltspflicht als die eine Seite der Medaille ist folglich die damit untrennbar verbundene Haftung aus § 93 II AktG als andere Seite. Die Einhaltung und Umsetzung der herausgearbeiteten Anforderungen und Maßstäbe als aktienrechtliche Quintessenz für Tax Compliance erfolgt aus Sicht des Vorstandes in Anbetracht eben dieser Haftung also nicht um ihrer selbst willen, vielmehr auch zur Vermeidung einer eigenen Haftung des Vorstandes gegenüber der Gesellschaft.

1601 So die h.M.: *Hopt*, in FS Mestmäcker, 909, 916; *Hopt*, in: Großkommentar AktG, § 93, Rn. 19 (01.01.1999); *Spindler*, in: MüKo-AktG, § 93, Rn. 20; *Thümmel*, Persönliche Haftung von Managern und Aufsichtsräten, Rn. 182; *Krieger/Sailer-Coceani*, in: Schmidt/Lutter, AktG, Bd. 1, § 93, Rn. 5; *Bürgers/Israel*, in: Bürgers/Körber, AktG, § 93, Rn. 2; *Fleischer*, in: Spindler/Stilz, AktG, Bd. 1, § 93, Rn. 10; *Mertens/Cahn*, in: Kölner Kommentar AktG, Bd. 2/1, § 93, Rn. 11; *Raiser/Veil*, Recht der Kapitalgesellschaften, § 14, Rn. 65; a.A. *Hüffer*, in FS Raiser, 163, 165ff., 176; *Hüffer*, AktG, § 93, Rn. 3a; zur Doppelfunktion bei der GmbH *Fleischer*, in: MüKo-GmbHG, Bd. 2, § 43, Rn. 10 m.w.N.; a.A. zur GmbH: *Koppensteiner/Gruber*, in: Rowedder/Schmidt-Leithoff, GmbHG, § 43, Rn. 8; *Zöllner/Noack*, in: Baumbach/Hueck, GmbHG, § 43, Rn. 8.

Präziser formuliert ist die Konsequenz einer Pflichtverletzung des Vorstandes eine gesamtschuldnerische Haftung gegenüber der Gesellschaft aus § 93 II AktG hinsichtlich des aus der Pflichtverletzung entstandenen Schadens, wobei der Vorstand im Zweifel mit dem Beweis belastet ist, die Sorgfalt eines ordentlichen und gewissenhaften Geschäftsleiters angewandt zu haben. Dabei handelt es sich bei § 93 II AktG um eine eigene Anspruchsgrundlage.[1602] In Bezug auf die streitige Frage, ob die Haftung auf die Organstellung[1603], den Anstellungsvertrag[1604] oder auf beides[1605] zurückzuführen ist, ist im Lichte der Trennungstheorie, die zwischen der Bestellung auf korporationsrechtlicher Grundlage und dem Anstellungsvertrag auf schuldrechtlicher Grundlage differenziert, die Haftung aus § 93 II AktG als gesetzliche Organhaftung aufzufassen.[1606] Per Anstellungsvertrag können die Haftungsvoraussetzungen des § 93 AktG nicht verschärft, jedoch die Pflichten des Vorstandes weiter konkretisiert bzw. in eingeschränktem Maße neue Pflichten statuiert werden, deren Nichteinhaltung auch die Haftung des § 93 II AktG auslöst.[1607]

Im Hinblick auf Tax Compliance sind damit die vorstehend aufgestellten Anforderungen und Maßstäbe aus §§ 76 I, 93 I AktG vom Vorstand einzuhalten, um im Sinne der Definition von Tax Compliance auch eine Haftung des Vorstandes systematisch präventiv zu verhindern.[1608]

1602 Allgemeine Meinung: *Wiesner*, in: Münchener Handbuch Aktiengesellschaft, § 26, Rn. 3; *Spindler*, in: MüKo-AktG, Bd. 2, § 93, Rn. 10; *Hüffer*, AktG, § 93, Rn. 11.

1603 *Golling*, Sorgfaltspflicht und Verantwortlichkeit der Vorstandsmitglieder für ihre Geschäftsführung innerhalb der nicht konzerngebundenen Aktiengesellschaft, S. 12ff.; *Hopt*, in: Großkommentar AktG, § 93, Rn. 20 (01.01.1999); *Wiesner*, in: Münchener Handbuch Aktiengesellschaft, § 26, Rn. 3; *Spindler*, in: MüKo-AktG, Bd. 2, § 93, Rn. 10; *Landwehrmann*, in: Heidel, AktR, § 93, Rn. 3; *Hüffer*, AktG, § 93, Rn. 11; *Hölters*, in: Hölters, AktG, § 93, Rn. 226.

1604 RG, RGZ 63, 203, 211; vgl. BGH, BGHZ 41, 282, 287 = NJW 1964, 1367; ausführlich: *Baums*, Der Geschäftsleitervertrag, S. 211ff.

1605 So wohl im Ergebnis *Fleck*, ZHR 149 (1985), 387, 397; *Schmidt*, Gesellschaftsrecht, § 36, II)4)a), S. 1077f.; *Mertens/Cahn*, in: Kölner Kommentar AktG, Bd. 2/1, § 93, Rn. 4.

1606 Vgl. *Hopt*, in: Großkommentar AktG, § 93, Rn. 225f. (01.01.1999); *Fleischer*, in: Fleischer, Handbuch des Vorstandsrechts, § 11, Rn. 3; *Hüffer*, AktG, § 84, Rn. 2, § 93, Rn. 11; zur Trennungstheorie vgl. BGH, BGHZ 78, 82, 84 = NJW 1980, 2145; BGH, BGHZ 79, 38, 41 = NJW 1981, 757, 758; BGH, BGHZ 89, 48, 52 = NJW 1984, 733, 734; BGH, NJW 1989, 2683; BGH, NJW 2003, 351; *Kropff*, Aktiengesetz – Begründung Regierungsentwurf, S. 106.

1607 *Hopt*, in: Großkommentar AktG, § 93, Rn. 21, 226f.; (01.01.1999); *Fleischer*, in: Fleischer, Handbuch des Vorstandsrechts, § 11, Rn. 3; *Spindler*, in: MüKo-AktG, Bd. 2, § 93, Rn. 10; *Landwehrmann*, in: Heidel, AktR, § 93, Rn. 3; *Hüffer*, AktG, § 93, Rn. 13.

1608 Siehe zur Definition von Tax Compliance ausführlich mit weiteren Nachweisen S. 13ff.

a) *Pflichtverletzung*

Zentraler Aspekt der Vorstandshaftung aus § 93 II AktG ist zunächst eine Pflichtverletzung des Vorstandes. Bei einer weit gefassten Perspektive umfasst die Pflichtverletzung sämtliche Pflichten des Vorstandes, die sich aus der Sorgfaltspflicht, der Treuepflicht, die z.B. in der Verschwiegenheitspflicht aus § 93 I 3 AktG sowie im Wettbewerbsverbot aus § 88 I AktG veranschaulicht ist, direkt aus dem Gesetz sowie aus dem Anstellungsvertrag ergeben.[1609]

aa) Pflichtverletzung und Tax Compliance

Im Falle einer Fokussierung auf Tax Compliance führt also die Nichteinhaltung der aktienrechtlichen Anforderungen und Maßstäbe an Tax Compliance als Pflicht des Vorstandes[1610] demnach zu einer solchen Pflichtverletzung, beispielsweise durch die Missachtung der Steuergesetze als Verstoß gegen die vom Vorstand zu beachtende Legalitätspflicht.

Allerdings sind die Pflichten, die dabei das einzelne Vorstandsmitglied treffen, nicht zwangsläufig mit den Pflichten der anderen Vorstandsmitglieder kongruent, sondern variieren in Abhängigkeit zur vorstandsinternen Geschäftsverteilung, die Überwachungspflichten abseits des eigenen Ressorts begründet, und in Abhängigkeit zur Ausgestaltung der Delegation auf die dem Vorstand nachgeordnete Ebene.[1611] In diesem Zusammenhang scheidet eine Aufsichtspflichtverletzung eines Vorstandsmitgliedes angesichts von unentdeckt gebliebenen Missständen in einem anderen Ressort als dem eigenen dann aus, wenn diese Missstände selbst bei sorgfältiger und wachsamer Aufsicht bzw. Kontrolle des Ressorts nicht zu lokalisieren waren.[1612] Explizit

---

1609 Vgl. *Hopt*, in FS Mestmäcker, 909, 917; *Hopt*, in: Großkommentar AktG, § 93, Rn. 227 (01.01.1999); *Fleischer*, in: Fleischer, Handbuch des Vorstandsrechts, § 11, Rn. 35f.; *Spindler*, in: MüKo-AktG, Bd. 2, § 93, Rn. 128f.; vgl. Raiser/Veil, Recht der Kapitalgesellschaften, § 14, Rn. 65; *Fleischer*, in: Spindler/Stilz, AktG, Bd. 1, § 93, Rn. 200f.; *Mertens/Cahn*, in: Kölner Kommentar AktG, Bd. 2/1, § 93, Rn. 4, 124; *Krieger/Sailer-Coceani*, in: Schmidt/Lutter, AktG, Bd. 1, § 93, Rn. 25; *Bürgers/Israel*, in: Bürgers/Körber, AktG, § 93, Rn. 19; *Hüffer*, AktG, § 93, Rn. 13.

1610 Siehe dazu die ausführlich die vorstehenden Ausführungen zur Erarbeitung von Anforderungen und Maßstäben an Tax Compliance, S. 225ff.

1611 *Wiesner*, in: Münchener Handbuch Aktiengesellschaft, § 26, Rn. 6; *Fleischer*, in: Fleischer, Handbuch des Vorstandsrechts, § 11, Rn. 38; *Spindler*, in: MüKo-AktG, Bd. 2, § 93, Rn. 131; *Fleischer*, in: Spindler/Stilz, AktG, Bd. 1, § 93, Rn. 203; *Hüffer*, AktG, § 93, Rn. 13a; siehe ausführlich mit weiteren Nachweisen zur Modifikation der Pflichten des einzelnen Vorstandsmitgliedes im Falle der Geschäftsverteilung bereits die vorstandsinterne, horizontale Überwachungspflicht, S. 272ff. und im Falle der Delegation die Organisations- und vertikale Überwachungspflichten bei Delegation, S. .281ff.

1612 Vgl. OLG Köln, NZG 2001, 135, 136; *Fleischer*, NZG 2003, 449, 455; *Fleischer*, in: Fleischer, Handbuch des Vorstandsrechts, § 8, Rn. 22; *Fleischer*, in: Spindler/Stilz, AktG, § 77, Rn. 55; für die GmbH: OLG Zweibrücken, NZG 1999, 506, 508; weiter-

gehören in den Pflichtenkanon, der zur Vermeidung einer Haftung des Vorstandes zu beachten ist, auch die sich aus § 130 OWiG ergebenden Aufsichtsmaßnahmen, für deren Etablierung und Einhaltung die Vorstandsmitglieder Sorge zu tragen haben.[1613]

Konkret bezogen auf die Einrichtung eines Tax Compliance-Systems als organisatorische Umsetzung von Tax Compliance im Unternehmen ist festzustellen, dass mit der konstatierten Pflicht zur Tax Compliance inhärent auch die Pflicht zur Einrichtung eines auf das Unternehmen und seine individuelle Risikolage zugeschnittenen Tax Compliance-Systems einhergeht, mit der Konsequenz, dass die Nichteinrichtung eines entsprechenden Systems als Pflichtverletzung zu qualifizieren ist.[1614]

Damit wird deutlich, dass sich die Pflichtverletzung des Vorstandsmitgliedes sowohl in einem positiven Tun als auch in einem Unterlassen manifestieren kann.[1615]

bb) Pflichtverletzungen bei Mehrheitsentscheidungen des Vorstandes

Problematisch ist die Pflichtverletzung eines einzelnen Vorstandsmitglieds im Kontext einer Mehrheitsentscheidung des Vorstandes, da die Haftungsfolge des § 93 II AktG an die persönliche Verantwortung des einzelnen Vorstandsmitgliedes anknüpft und nicht an die Verantwortung des gesamten Organs.[1616]

Speziell in Bezug auf Tax Compliance sind eine Reihe von Vorstandsbeschlüssen theoretisch denkbar, die gegen die geltenden Steuergesetze verstoßen und somit die Haftung des § 93 II AktG auslösen, z.B. wenn einer aggressiven Steuerplanung[1617] folgend eine Unternehmensstruktur aufgebaut wird, die unter Verstoß gegen § 42 AO ausschließlich dem Ziel Steuern einzusparen und sonst keinem anderen, insbesondere wirtschaftlichen Zweck dient[1618], Gewinnverlagerungen in Niedrigsteuerländer

---

gehend *Schneider*, in FS 100 Jahre GmbHG, 473, 482; *Schneider*, in: Scholz, GmbHG, Bd. 2, § 43, Rn. 36.

1613 Statt aller: *Mertens/Cahn*, in: Kölner Kommentar AktG, Bd. 2/1, § 93, Rn. 77; siehe dazu auch bereits oben S. 285 mit entsprechenden Nachweisen.

1614 Siehe zur Tax Compliance-Pflicht und zur Einrichtung eines Tax Compliance-Systems bereits oben S. 201ff.; vgl. dazu unter anderem auch *Fleischer*, AG 2003, 291, 300; vgl. *Hauschka*, ZIP 2004, 877, 878; vgl. *Bürkle*, BB 2005, 565, 568ff.; *Fleischer*, in: Fleischer, Handbuch des Vorstandsrechts, § 8, Rn. 45; vgl. *Spindler*, in: MüKo-AktG, Bd. 2, § 93, Rn. 130.

1615 *Spindler*, in: MüKo-AktG, Bd. 2, § 93, Rn. 130; *Landwehrmann*, in: Heidel, AktR, § 93, Rn. 70; *Bürgers/Israel*, in: Bürgers/Körber, AktG, § 93, Rn. 93; vgl. zur GmbH: *Haas/Ziemons*, in: Michalski, GmbHG, Bd. 2, § 43, Rn. 174.

1616 *Thümmel*, Persönliche Haftung von Managern und Aufsichtsräten, Rn. 54; *Fleischer*, BB 2004, 2645; *Fleischer*, in: Fleischer Handbuch des Vorstandsrechts, § 11, Rn. 39; vgl. zur GmbH: *Schaub*, DStR 1992, 985f.; *Schneider*, in: Scholz, GmbHG, Bd. 2, § 43, Rn. 31; *Haas/Ziemons*, in: Michalski, GmbHG, Bd. 2, § 43, Rn. 174.

1617 Zur legalen Steuerplanung als Element von Tax Compliance siehe bereits oben S. 17ff.

1618 Siehe zu § 42 AO beispielsweise *Klein*, AO, § 42, Rn. 52f. sowie bereits oben ausführlich S. 70 mit weiteren Nachweisen.

durch unangemessene Verrechnungspreise[1619] vorgenommen werden oder in einer finanziellen Krisensituation für das Unternehmen die Abführung der Lohnsteuer nicht sichergestellt wird[1620].

Sofern das Vorstandsmitglied dem rechtswidrigen Beschluss des Vorstandes zugestimmt hat, liegt eine Pflichtverletzung im Sinne des § 93 II AktG vor.[1621]

Im Umkehrschluss ist allerdings nicht bereits eine Pflichtverletzung ausgeschlossen, wenn das Vorstandsmitglied gegen einen rechts- oder satzungswidrigen Beschluss der Mehrheit der Vorstandsmitglieder gestimmt hat. Vielmehr ist in dieser Konstellation als Konsequenz der Sorgfaltspflicht des überstimmten Vorstandsmitgliedes ein Vorgehen gegen die Umsetzung des Beschlusses erforderlich.[1622]

Es ist dabei nicht notwendig, eine Beschlussunfähigkeit herbeizuführen, da die Teilnahmen an einer Sitzung nebst Stellungnahme zur Rechtswidrigkeit des Beschlusses eine Pflicht des Vorstandsmitglieds darstellt.[1623] Auch eine Niederlegung des Amtes ist wider der Rechtsprechung des BFH[1624] nicht angezeigt, da die Niederlegung des Amtes nicht die Umsetzung des Beschlusses zu verhindern vermag; jedoch ist das

1619 Siehe zur Gewinnverlagerung mit Hilfe von unangemessenen Verrechnungspreisen S. 56ff.

1620 *Fleischer*, BB 2004, 2465, 2466, als weitere, problematische Vorstandsbeschlüssen nennt *Fleischer* beispielsweise die per Mehrheit beschlossenen Entscheidung, ein wahrscheinlich gesundheitsschädliches Produkt nicht zurückzurufen, oder die Mehrheitsentscheidung, einem ausländischen Amtsträger zur Erlangung eines Auftrags ein Schmiergeld zu zahlen trotz Strafbarkeit gem. § 334 StGB i.V.m. § 1 Nr. 2 IntBestG; siehe zur Abführung der Lohnsteuer auch S. 151ff.

1621 Ausführlich *Fleischer*, BB 2004, 2645, 2646ff., dort auch Ausführungen zur Frage der Kausalität zwischen Abstimmungsverhalten und Schaden; *Fleischer*, in: Fleischer, Handbuch des Vorstandsrechts, § 11, Rn. 40.

1622 Siehe dazu bereits: *Schilling*, in: Großkommentar AktG, Bd. 1 (2. A. 1961), § 84, Anm. 22; *Spieker*, DB 1962, 927, 929; *Hopt*, in: Großkommentar AktG, § 93, Rn. 53 (01.01.1999); *Kort*, in: Großkommentar AktG, § 77, Rn. 22 (01.12.2002); *Fleischer*, NZG 2003, 449, 457; *Fleischer*, BB 2004, 2645, 2648f.; *Fleischer*, in: Fleischer, Handbuch des Vorstandsrechts, § 11, Rn. 43; *Wiesner*, in: Münchener Handbuch Aktiengesellschaft, § 22, Rn. 8; *Spindler*, in: MüKo-AktG, Bd. 2, § 93, Rn. 149; *Fleischer*, in: Spindler/Stilz, AktG, Bd. 1, § 77, Rn. 31; vgl. *Mertens/Cahn*, in: Kölner Kommentar AktG, Bd. 2/1, § 77, Rn. 50; *Seibt*, in: Schmidt/Lutter, AltG, Bd. 1, § 77, Rn. 11; vgl. aus strafrechtlicher Perspektive: BGH, BGHSt 37, 106, 131f. m.w.N.

1623 *Fleischer*, BB 2004, 2645, 2648; *Fleischer*, in: Fleischer: Handbuch des Vorstandsrechts, § 11, Rn. 42; *Spindler*, in: MüKo-AktG, Bd. 2, § 93, Rn. 153; *Fleischer*, in: Spindler/Stilz, AktG, Bd. 1, § 77, Rn. 30; *Hölters*, in: Hölters, AktG, § 93, Rn. 240; ähnlich *Tiedemann*, ZIP 2004, 2056, 2057, allerdings a.A. bei offensichtlicher Strafbarkeit des beabsichtigten Beschlusses; a.A. wohl LG Düsseldorf, ZIP 2004, 2044, 2045 = NJW 2004, 3275, 3276 („Mannesmann").

1624 Vgl. BFH, NV 1989, 757; BFH, NV 1996, 589 = GmbHR 1997, 139; BFH, GmbHR 2000, 395, 398; ähnlich für die GmbH: *Haas/Ziemons*, in: Michalski, GmbHG, Bd. 2, § 43, Rn. 164; vgl. *Kleindiek*, in: Lutter/Hommelhoff, GmbHG, § 37, Rn. 30.

Vorstandsmitglied berechtigt, zur Vermeidung einer persönlichen Haftung sein Amt niederzulegen.[1625]

Maßnahmen, die zur Erfüllung der Sorgfaltspflicht zu ergreifen sind, sind zum einen eine Gegenvorstellung – Remonstration – gegenüber den anderen Vorstandsmitgliedern, die Herbeiführung eines erneuten Beschlusses, ein aus Gründen des Nachweises zu protokollierender Widerspruch oder die Benachrichtigung des Aufsichtsrates.[1626] Von einer grundsätzlichen Pflicht, Dritte wie beispielsweise allgemein die Öffentlichkeit oder staatliche Stellen zu informieren, ist nicht auszugehen, da zunächst die genannten unternehmensinternen Mittel auszuschöpfen sind und zudem die Verschwiegenheitspflicht der Vorstandsmitglieder aus § 93 I 3 AktG dem entgegensteht.[1627] Wann zu derartigen Maßnahmen, die über die unternehmensinternen Maßnahmen hinausgehen, zu greifen ist, ist nicht mit letzter Sicherheit geklärt. Jedenfalls sind in Ausnahmefällen als ultima ratio dann solche Maßnahmen einzuleiten, falls das Vorstandsmitglied dazu selbst unter dem Eindruck einer drohenden Strafe verpflichtet ist (z.B. § 138 StGB), nach einem Scheitern der unternehmensinternen Bemühungen

---

1625 *Spieker*, DB 1962, 927, 930; *von Godin/Wilhelmi*, AktG, Bd. I, § 77, Rn. 6; *Golling*, Sorgfaltspflicht und Verantwortlichkeit der Vorstandsmitglieder für ihre Geschäftsführung innerhalb der nicht konzerngebundenen Aktiengesellschaft, S. 74; *Hopt*, in: Großkommentar AktG, § 93, Rn. 54 a.E. (01.01.1999); *Kort*, in: Großkommentar AktG, § 77, Rn. 22 (01.12.2002); *Fleischer*, BB 2004, 2645, 2649; *Fleischer*, in: Fleischer, Handbuch des Vorstandsrechts, § 11, Rn. 47; *Wiesner*, in: Münchener Handbuch Aktiengesellschaft, § 22, Rn. 8; *Spindler*, in: MüKo-AktG, Bd. 2, § 77, Rn. 30, § 93, Rn. 150; *Mertens/Cahn*, in: Kölner Kommentar AktG, Bd. 2/1, § 77, Rn. 50 a.E.; *Seibt*, in: Schmidt/Lutter, AktG, Bd. 1, § 93, Rn. 11; *Fleischer*, in: Spindler/Stilz, AktG, Bd. 1, § 93, Rn. 32.

1626 Siehe dazu bereits *Schilling*, in: Großkommentar AktG, Bd. 1 (2. A. 1961), § 84, Anm. 22; vgl. *Spieker*, DB 1962, 927; 929f; *von Godin/Wilhelmi*, AktG, Bd. I, § 77, Rn. 6; *Golling*, Sorgfaltspflicht und Verantwortlichkeit der Vorstandsmitglieder für ihre Geschäftsführung innerhalb der nicht konzerngebundenen Aktiengesellschaft, S. 74; *Kust*, WM 1980, 758, 761; *Hopt*, in: Großkommentar AktG, § 93, Rn. 53 (01.01.1999); *Kort*, in: Großkommentar AktG, § 77, Rn. 22 (01.12.2002); *Fleischer*, BB 2004, 2645, 2649, m.w.N. auch zur GmbH; *Fleischer*, in: Fleischer, Handbuch des Vorstandsrechts, § 11, Rn. 45f.; *Spindler*, in: MüKO-AktG, Bd. 2, § 93, Rn. 150; *Fleischer*, in: Spindler/Stilz, AktG, Bd. 1, § 77, Rn. 32; *Mertens/Cahn*, in: Kölner Kommentar AktG, Bd. 2/1, § 77, Rn. 50; *Seibt*, in: Schmidt/Lutter, AktG, Bd. 1, § 93, Rn. 11; *Bürgers/Israel*, in: Bürgers/Körber, AktG, § 93, Rn. 20.

1627 BGH, WM 1966, 968f.; im Ergebnis ebenso: *Hopt*, in: Großkommentar AktG, § 93, Rn. 54, 89 (01.01.1999); *Fleischer*, NZG 2003, 449, 457; *Fleischer*, BB 2004, 2645, 2650; *Fleischer*, in: Fleischer, Handbuch des Vorstandsrechts, § 11, Rn. 49f.; *Spindler*, in: MüKo-AktG, Bd. 2, § 93, Rn. 150; *Mertens/Cahn*, in: Kölner Kommentar AktG, Bd. 2/1, § 77, Rn. 50; *Fleischer*, in: Spindler/Stilz, AktG, Bd. 1, § 77, Rn. 33f.; *Spindler*, Unternehmensorganisationspflichten, S. 912; siehe zur GmbH auch: OLG Hamm, GmbHR 1985, 157, 157f.; *Schneider*, in FS 100 Jahre GmbHG, 473, 483; *Haas/Ziemons*, in: Michalski, GmbHG, Bd. 2, § 43, Rn. 44; vgl. *Koppensteiner/Gruber*, in: Rowedder/Schmidt-Leithoff, GmbHG, § 43, Rn. 13.

sich auf keine andere Art und Weise ein gravierender Schaden für die Allgemeinheit bzw. bedeutende Rechtsgüter Einzelner wie Leib oder Leben verhindern lässt oder das Gesetz eine Pflicht zum „whistle-blowing" anordnet.[1628]

Abseits dieser Gegebenheiten ist sich das Schrifttum bei Schädigungen des Gesellschaftsvermögens uneins: Zum Teil wird eine Pflicht zur Information Dritter abgelehnt unter Hinweis auf die Insolvenzantragspflicht, die den Aktionären einen ausreichenden Schutz bieten würde[1629], zum Teil wird die Information Dritter als letztes Mittel angesehen, um einen weiteren Schaden resultierend aus einer Fortführung des zu beanstandenden Verhaltens zu verhindern[1630], wobei letztgenannter Auffassung der Vorzug einzuräumen ist. Zu begründen ist dies damit, dass bei Eingreifen der Insolvenzantragspflicht bereits die Existenz der Gesellschaft und damit auch des Gesellschaftsvermögens akut bedroht ist, so dass es gerade im Lichte der treuhänderischen Funktion des Vorstandes als Verwalter fremden Vermögens[1631] als Ausfluss der individuellen Sorgfaltspflicht geboten ist, als „ultima ratio" nach Erschöpfung aller unternehmensinternen Möglichkeiten zur Abwendung eines weiteren Schadens vom Unternehmen auch Dritte zu informieren, wenn dies geeignet ist, den rechtswidrigen Zustand zu beenden und damit Schaden vom Unternehmen abzuwenden.

Als Konsequenz ergibt sich im Lichte von Tax Compliance aus diesem Pflichtenkanon bei rechtswidrigen Vorstandsentscheidungen getragen von der Mehrheit der Vorstandsmitglieder, dass das überstimmte Vorstandsmitglied bei allen Entscheidungen, die gegen Tax Compliance verstoßen, die vorgenannten Maßnahmen ergreifen muss. Dies dient zum einen der Vermeidung einer eigenen, haftungsbegründenden Pflichtverletzung wegen Verstoßes gegen die Sorgfaltspflicht, wie auch zum anderen um einen potentiellen Schaden vom Unternehmen abzuwenden. Fokussiert auf die daraus für Tax Compliance abzuleitenden Anforderungen und Maßstäbe an den Vorstand[1632], erlangt Tax Compliance damit eine weitere Dimension: Über die konkreten Anforderungen und Maßstäbe hinaus, die sich primär auf das Innenleben des Unternehmens beziehen, gebietet Tax Compliance demnach in absoluten Ausnahmenfällen nach Erschöpfung aller anderen, internen Maßnahmen präventiv

---

1628 Vgl. BGH, WM 1966, 968, 969; vgl. *Hopt*, in: Großkommentar AktG, § 93, Rn. 54 (01.01.1999); *Fleischer*, BB 2004, 2645, 2650; *Spindler*, in: MüKo-AktG, Bd. 2, § 93, Rn. 151f.; *Fleischer*, in: Spindler/Stilz, AktG, Bd. 1, § 77, Rn. 34; *Altmeppen*, in: Krieger/Schneider, Handbuch Managerhaftung, § 7, Rn. 74; *Seibt*, in: Schmidt/Lutter, AktG, Bd. 1, § 77, Rn. 11; *Hölters*, in: Hölters, AktG, § 93, Rn. 242; vgl. *Foerste*, in: Foerste/von Westphalen, Produkthaftungshandbuch, § 25, Rn. 259f.; für die GmbH: *Schneider*, FS 100 Jahre GmbHG, 473, 483; *Haas/Ziemons*, in: Michalski, GmbHG, Bd. 2, § 43, Rn. 164; vgl. *Kleindiek*, in: Lutter/Hommelhoff, GmbHG, § 37, Rn. 30.

1629 *Spindler*, in: MüKo-AktG, Bd. 2, § 93, Rn. 152; ebenso *Hölters*, in: Hölters, AktG, § 93, Rn. 242.

1630 *Fleischer*, BB 2004, 2645, 2650; *Fleischer*, in: Fleischer, Handbuch des Vorstandsrechts, § 11, Rn. 51; *Fleischer*, in: Spindler/Stilz, AktG, Bd. 1, § 77, Rn. 34.

1631 Siehe dazu bereits ausführlich mit weiteren Nachweisen oben S. 301f.

1632 Siehe dazu bereits ausführlich mit weiteren Nachweisen oben S. 204ff.

die Hinzuziehung Dritter bzw. in den zu Grunde liegenden steuerrechtlichen Fallgestaltungen die Information der zuständigen Finanzbehörden, um einen weiteren, schwerwiegenden Schaden vom Unternehmen abzuwenden.

cc) Auswirkungen der Business Judgement Rule

Abschließend sei zur Klarstellung noch darauf hingewiesen, dass nicht zugleich jeder unternehmerische Misserfolg auch eine Pflichtverletzung begründet, sondern dem Vorstand ein unternehmerisches Ermessen als Business Judgement Rule kodifiziert in § 93 I 2 AktG gebührt, welches ihm in den bereits näher erläuterten Grenzen wie z.B. der Legalitätspflicht einen Haftungsfreiraum, in dem keine Pflichtverletzungen begründet werden, einräumt.[1633]

b) Verschuldensmaßstab

aa) Formen des Verschuldens

Obgleich der Wortlaut des § 93 II AktG nicht darauf schließen lässt, so erfordert die Haftung des Vorstandes gestützt auf die Doppelfunktion des § 93 I AktG als Sorgfalts- und Verschuldensmaßstab[1634] indes auch ein Verschulden.[1635]

Anzulegender Maßstab hinsichtlich der Sorgfalt eines ordentlichen und gewissenhaften Geschäftsleiters ist neben dem Vorsatz jede Form der Fahrlässigkeit, so dass demnach auch die „leichte" Fahrlässigkeit bereits erfasst ist.[1636] Der „typisierte" und damit objektive Verschuldensmaßstab anhand der Sorgfalt eines ordentlichen und gewissenhaften Geschäftsleiters orientiert sich somit an dem Wissen,

---

1633 Siehe zur Business Judgement Rule und zu Tax Compliance bereits ausführlich S. 303ff. mit umfangreichen Nachweisen; vgl. auch: *Spindler*, in: MüKo-AktG, Bd. 2, § 93, Rn. 130; *Landwehrmann*, in: Heidel, AktR, § 93, Rn. 85ff.

1634 Siehe zur Doppelfunktion bereits ausführlich oben S. 312f. m.w.N.

1635 Allgemeine Ansicht: *Baumbach/Hueck*, AktG, § 93, Rn. 8; *Hopt*, in FS Mestmäcker, 909 916; *Hopt*, in: Großkommentar AktG, § 93, Rn. 252 (01.01.1999); *Fleischer*, in: Fleischer, Handbuch des Vorstandsrechts, § 11, Rn. 55; *Wiesner*, in: Münchener Handbuch Aktiengesellschaft, § 26, Rn. 9; *Spindler*, in: MüKo-AktG, Bd. 2, § 93, Rn. 158; *Goette*, in: Hommelhoff/Hopt/v. Werder, Handbuch Corporate Governance, 713, 736; *Fleischer*, in: Spindler/Stilz, AktG, Bd. 1, § 93, Rn. 205; *Mertens/Cahn*, in: Kölner Kommentar AktG, Bd. 2/1, § 93, Rn. 136; *Krieger/Sailer-Coceani*, in: Schmidt/Lutter, AktG, Bd. 1, § 93, Rn. 29; vgl. *Landwehrmann*, in; Heidel, AktR, § 93, Rn. 103; *Bürgers/Israel*, in: Bürgers/Körber, AktG, § 93, Rn. 21b; *Hölters*, in: Hölters, AktG, § 93, Rn. 248; *Hüffer*, AktG, § 93, Rn. 14.

1636 *Baumbach/Hueck*, AktG, § 93, Rn. 8; *von Godin/Wilhelmi*, AktG, Bd. I, § 93, Rn. 6; *Hopt*, in: Großkommentar AktG, § 93, Rn. 253 (01.01.1999); *Peltzer*, in FS Hadding, 593; *Fleischer*, in: Fleischer, Handbuch des Vorstandsrechts, § 11, Rn. 56; *Spindler*, in: MüKo-AktG, Bd. 2, § 93, Rn. 160; *Fleischer*, in: Spindler/Stilz, AktG, Bd. 1, § 93, Rn. 206; *Bürgers/Israel*, in: Bürgers/Körber, AktG, § 93, Rn. 21c; *Hölters*, in: Hölters, AktG, § 93, Rn. 251.

den Qualifikationen und dem Können, welches für eine ordnungsgemäße und gewissenhafte Wahrnehmung der jeweiligen Position im Vorstand objektiv geboten ist. Folglich ist es den Mitgliedern des Vorstandes verwehrt, sich auf subjektives Unvermögen, d.h. konkret auf fehlende Fachkenntnisse und Qualifikationen zu berufen. Sofern es einem Mitglied des Vorstandes an bestimmten Kenntnissen oder Qualifikationen mangelt, muss es sich die entsprechenden Kenntnisse aneignen oder auf sachverständigen Beistand zurückgreifen, da sonst bereits ein Übernahmeverschulden durch Übernahme des Vorstandsamtes anzunehmen ist.[1637]

Im Hinblick auf Tax Compliance bedeutet dies, dass auch diejenigen Vorstandsmitglieder, die nicht unmittelbar mit dem Steuerrecht befasst sind, sondern diese Aufgabe im Wege der horizontalen Delegation[1638] auf ein einschlägig qualifiziertes und damit geeignetes Vorstandsmitglied delegiert haben, zur ordnungsgemäßen Erfüllung ihrer Überwachungsaufgabe sich nicht auf ihre fehlenden steuerrechtlichen Kenntnisse zurückziehen können, vielmehr adäquaten Sachverstand konsultieren müssen, um dem objektiven Maßstab erfüllen zu können.[1639]

bb) Konsultation von Sachverstand

Gleichwohl muss die Konsultation von Sachverstand, sei es unternehmensintern oder durch externe Berater, differenziert betrachtet bestimmte Kriterien erfüllen, um das Vorstandsmitglied von der Haftung wegen mangelnder Kenntnisse zu befreien.[1640] Grundlegende Bedingung ist die fachliche Qualifikation des hinzugezogenen Beraters, wobei auf die „Formalqualifikation" wie die Zulassung als Rechtsanwalt oder Steuerberater vertraut werden kann, da es dem aus Unkenntnis Rechtssuchenden

1637 RG, RGZ 163, 200, 208 (zur Genossenschaft); BGH, WM 1971, 1548, 1549; BGH, WM 1981, 440, 442; BGH, NJW 2007, 2118, 2120 m.w.N. = NZG 2007, 545, 547 = ZIP 2007, 1265, 1266; OLG Düsseldorf, AG 1997, 231, 235 m.w.N.; OLG Stuttgart, NZG 2010, 141, 143; vgl. *Pant*, VersR 2004, 690, 694; *Fleischer*, in FS Hüffer, 187, 189 m.w.N. aus dem Strafrecht; Fleischer, Handbuch des Vorstandsrechts, § 11, Rn. 55; *Spindler*, in: MüKo-AktG, Bd. 2, § 93, Rn. 158f; *Fleischer*, in *Fleischer*, NZG 2010, 121, 122; *Krieger/Sailer-Coceani*, in: Schmidt/Lutter, AktG, Bd. 1, § 93, Rn. 29; *Mertens/Cahn*, in: Kölner Kommentar AktG, Bd. 2/1, § 93, Rn. 136f.; *Krieger*, in: Krieger/Schneider, Handbuch Managerhaftung, § 3, Rn. 37f.; *Fleischer*, in: Spindler/Stilz, AktG, Bd. 1, § 93, Rn. 205; *Bürgers/Israel*, in: Bürgers/Körber, AktG, § 93, Rn. 21b; *Landwehrmann*, in: Heidel, AktR, § 93, Rn. 103f.; *Hüffer*, AktG, § 93, Rn. 14.

1638 Siehe zur Überwachung in Fällen der horizontalen Delegation bereits oben S. 272ff.

1639 Vgl. dazu auch *Wiesner*, in: Münchener Handbuch Aktiengesellschaft, § 26, Rn. 9.

1640 Siehe dazu ausführlich *Fleischer*, in FS Hüffer, 187, 188ff.; *Fleischer*, NZG 2010, 121, 122ff. in Anlehnung an BGH, NJW 2007, 2118, 2120 = NZG 2007, 545, 547 = ZIP 2007, 1265, 1266 sowie OLG Stuttgart, NZG 2010, 141, 143f.; *Fleischer*, in: Spindle/Stilz, AktG, Bd. 1, § 93, Rn. 35, 209.

kaum möglich sein wird, eine nuancierte Auswahl eines Spezialisten für die konkrete Rechtsfrage vorzunehmen.[1641]

Der entsprechend qualifizierte Berater muss zudem unabhängig sein, was auf den zweiten Blick Inhouse-Juristen oder Syndikusanwälte trotzdem nicht ausschließt, da ihnen per Anstellungsvertrag die Abwendung zivilrechtlicher Ansprüche gegen die Gesellschaft obliegt, sie wie externe Berater bei vorsätzlicher, falscher Beratung einem Strafbarkeitsrisiko aus Anstiftung oder Beihilfe ausgesetzt sind und sie sich durch den Anstellungsvertrag genauso wie der externe Berater durch den Beratervertrag in einer vergleichbaren wirtschaftlichen Abhängigkeit vom Ratsuchenden wiederfinden.[1642]

Basis des einzuholenden Rates ist die Schilderung des fraglichen Sachverhalts, dessen Unvollständigkeit dazu führt, dass sich das Vorstandsmitglied nicht auf den Rat verlassen kann, es sei denn die Unvollständigkeit des Sachverhalts beruht auf einem mangelndem Verschulden des Vorstandsmitglieds begründet in der rechtlichen Unwissenheit.[1643]

Schlussendlich muss das Vorstandsmitglied den erteilten Rat, der die vorstehenden Kriterien erfüllt, einer kritischen Würdigung unterziehen, d.h. kontrollieren, ob sich der erteilte Rat auf den zutreffenden Sachverhalt stützt, offensichtliche Widersprüche oder evident falsche Schlussfolgerungen enthält und inwiefern der Rat die intendierte Aktion des Vorstandsmitglieds koinzidiert oder die Aktion die Grenzen des Rates überschreitet.[1644]

Nur wenn diese Anforderungen erfüllt sind, kann sich ein Vorstandsmitglied haftungsbefreiend auf die Hinzuziehung von Sachverstand, sei es durch externe

---

1641 Vgl. BGH, NJW 1970, 463, 464; vgl. NJW 1994, 2754, 2755; vgl. BGH, NJW 2001, 3114, 3115; *Fleischer*, ZIP 2009, 1397, 1403; *Fleischer*, in FS Hüffer, 187, 190f.; *Fleischer*, NZG 2010, 121, 123; aus strafrechtlicher Sicht: *Roxin*, StrafR AT, Bd. 1, § 21, Rn. 62; *Sternberg-Lieben*, in: Schönke/Schröder, StGB, § 17, Rn. 18 m.w.N.; a.A.: vgl. BGH, BGHSt 15, 332, 340f. = NJW 1961, 929, 930f.; vgl. BGH, JR 1962, 348; KG, WuW/E OLG 2205, 2207 - Jeans; *Rengier*, in: KK-OWiG, § 11, Rn. 77; *Vogel*, in: LK-StGB, § 17, Rn. 81; *Binder*, AG 2008, 274, 285f.

1642 Siehe dazu beispielhaft: OLG Hamburg, NJW 1967, 213, 214f.; OLG Braunschweig, NStZ-RR 1998, 251; OLG Düsseldorf, JR 1984, 257, 258; ausführlich *Löw*, Die Erkundigungspflicht beim Verbotsirrtum gem. § 17 StGB, S. 119 m.w.N.; *Rengier*, in: KK-OWiG, § 11, Rn. 78; *Roxin*, StrafR AT, Bd. 1, § 21, Rn. 62; *Vogel*, in: LK-StGB, § 17, Rn. 82; *Fleischer*, ZIP 2009, 1397, 1403; *Fleischer*, in FS Hüffer, 187, 191ff.; *Fleischer*, NZG 2010, 121, 123f. contra einer Unabhängigkeit der Inhouse-Juristen im oben genannten Sinne: BGH, BGHSt 30, 270, 276f. = NJW 1982, 938, 939; KG, JR 1978, 166, 168; OLG Stuttgart, JR 1978, 294, 295.

1643 *Rudolphi*, Unrechtsbewusstsein, Verbotsirrtum und Vermeidbarkeit des Verbotsirrtums, S. 247; *Wolter*, JuS 1979, 482, 487; *Vogel*, in: LK-StGB, § 17, Rn. 86 a.E.; vgl. *Binder*, AG 2008, 274, 286; *Fleischer*, ZIP 2009, 1397, 1403; *Fleischer*, in FS Hüffer, 187, 193f.; *Fleischer*, NZG 2010, 121, 124.

1644 BGH, DStR 2007, 1641; BayObLG, NJW 1965, 163, 164; vgl. OLG Stuttgart, NZG 2010, 141, 143; *Goette*, DStR 2007, 1176, 1177; *Fleischer*, in FS Hüffer, 187, 194ff.; *Fleischer*, NZG 2010, 121, 124.

Berater oder Inhouse-Juristen aus der Rechtsabteilung verlassen, wohingegen die bloße Hinzuziehung eines sachkundigen Beraters als „Feigenblatt" um den bloßen Schein ordnungsgemäßen Verhaltens zu wahren zur Herbeiführung der Haftungsbefreiung nicht ausreicht.[1645]

Übertragen auf Tax Compliance besteht damit also für das Vorstandsmitglied, welches gerade nicht die objektiv erforderlichen steuerrechtlichen Kenntnisse besitzt, die Möglichkeit, sich diese Kenntnisse unternehmensintern durch die Steuerabteilung zu verschaffen oder ggf. auf entsprechend fachkundigen externen Rat zurückzugreifen. Indes befreit die Hinzuziehung fachkundigen Rats das Vorstandsmitglied nicht vollständig von seinen Pflichten, da es für die Vollständigkeit und Richtigkeit des zu Grunde gelegten steuerlichen Sachverhalts einzustehen sowie eine Plausibilitätsprüfung auf evidente Fehler durchzuführen hat.

cc) Haftung für Eigenverschulden

Ferner haftet das einzelne Vorstandsmitglied ausschließlich für eigenes Verschulden hinsichtlich der Delegation oder Überwachung eigener Pflichten.[1646] Eine Zurechnung von Fremdverschulden über die Normen §§ 278, 831 BGB ist tatbestandlich nicht möglich, da die Mitarbeiter des Unternehmens zwar als Erfüllungs- und Verrichtungsgehilfen zu qualifizieren sind, dies jedoch im Verhältnis zur Gesellschaft und nicht im Verhältnis zum Vorstandsmitglied oder dem Vorstand als Organ.[1647] Ebenso wenig findet eine Zurechnung des Verschuldens eines anderen Vorstandsmitglieds statt.[1648] Die früher in der Literatur vertretene Ansicht, die sich aus der

---

1645 BGH, NStZ 2000, 307, 309 („Feigenblattfunktion"); BGHSt 48, 278, 289; *Fleischer*, ZIP 2009, 1397, 1404 und *Fleischer*, NJW 2009, 2337, 2339 sowie *Fleischer*, in: Spindler/Stilz, AktG, Bd. 1, § 93, Rn. 209 („Feigenblattfunktion"); *Fleischer*, in FS Hüffer, 187, 194 („Gefälligkeitsgutachten").

1646 *Raiser/Veil*, Recht der Kapitalgesellschaften, § 14, Rn. 81; siehe dazu bereits ausführlich oben S. 281ff.

1647 Vgl. RG, RGZ 91, 72, 74f.; BGH, NJW 1974, 1371, 1372; BGH, BGHZ 109, 297, 304 = NJW 1990, 976, 978 = JZ 1990, 486, 487; BGH, BGHZ 125, 366, 375 = NJW 1994, 1801, 1803 = GmbHR 1994, 390, 393; BGH, BGHZ 127, 336, 347 = NJW 1995, 326, 329; *Hopt*, in: Großkommentar AKtG, § 93, Rn. 55f. (01.01.1999) m.w.N. zur GmbH; *Fleischer*, AG 2003, 291, 192; *Fleischer*, NZG 2003, 449, 453; *Fleischer*, in: Fleischer, Handbuch des Vorstandsrechts, § 8, Rn. 26; *Wiesner*, in: Münchener Handbuch Aktiengesellschaft, § 26, Rn. 10; *Spindler*, in: MüKo-AktG, Bd. 2, § 93, Rn. 161; *Schmidt-Husson*, in: Hauschka, Corporate Compliance, § 7, Rn. 9; *Fleischer*, in: Spindler/Stilz, AktG, Bd. 1, § 93, Rn. 98; *Mertens/Cahn*, in: Kölner Kommentar AktG, Bd. 2/1, § 93, Rn. 48; *Krieger/Sailer-Coceani*, in: Schmidt/Lutter, AktG, Bd. 1, § 93, Rn. 29; *Landwehrmann*, in: Heidel, AktR, § 93, Rn. 108; *Hölters*, in: Hölters, AktG, § 93, Rn. 238; *Hüffer*, AktG, § 93, Rn. 14 sowie die weiteren Nachweise in den nachfolgenden Fußnoten.

1648 Vgl. BGH, BGHZ 13, 61, 65; *Fleischer*, in: Fleischer, Handbuch des Vorstandsrechts § 11, Rn. 57; *Wiesner*, in: Münchener Handbuch Aktiengesellschaft, § 26, Rn. 10; *Spindler*, in: MüKo-AktG, Bd. 2, § 93, Rn. 161; *Mertens/Cahn*, in: Kölner Kommentar

Diskussion eines Urteils des BGH zu einer Garantenstellung verbunden mit den GmbH-Geschäftsführungsaufgaben[1649] entwickelte und gestützt darauf die Anwendung des § 831 II BGB als Haftungstatbestand gegenüber dem Vorstand nicht per se ausschloss[1650], ist mit der h.M. abzulehnen, da so eine nahezu unbegrenzte Außenhaftung begründet wird, welche die de iure intendierte Bündelung der Haftung in der Gesellschaft konterkariert.[1651]

Insgesamt weist das Kriterium des Verschuldens in der Praxis eine eher inferiore Relevanz auf, da aufgrund der Objektivierung des Verschuldensmaßstabs der entscheidende Faktor zur Annahme einer Haftung die Pflichtverletzung ist. Aus diesem Grund existieren bereits unter den gegebenen Voraussetzungen nur wenige Fallgestaltungen, in denen zwar objektiv eine Pflichtverletzung begangen wurde, es demgegenüber am subjektiven Verschulden fehlt.[1652]

Hinsichtlich der Voraussetzungen, die im Lichte von Tax Compliance an die Sorgfaltspflicht des Vorstandes im Rahmen der Delegation von steuerlichen Aufgaben zur Vermeidung einer Pflichtverletzung zu stellen sind, sei auf die entsprechenden Ausführungen bei den vertikalen Organisations- und Überwachungspflichten verwiesen.[1653] Durch die Objektivierung des Verschuldensmaßstabs besteht für den Vorstand de facto nur eine theoretische Möglichkeit, im Falle einer Verletzung der ausgearbeiteten Pflichten in Bezug auf Tax Compliance einer Haftung aus § 93 II AktG zu entgehen.

c) *Beweislast des Vorstandes*

In § 93 II 2 AktG ist normiert, dass im Falle einer Pflichtverletzung die Vorstandsmitglieder mit dem Beweis belastet sind, inwiefern sie die Sorgfalt eines ordentlichen und gewissenhaften Geschäftsleiters beachtet bzw. appliziert haben. Grund dieser Beweislastverteilung ist die Sachnähe der Vorstandsmitglieder: Wenn die Gesellschaft

---

AktG, Bd. 2/1, § 93, Rn. 49; *Fleischer*, in: Spindler/Stilz, AktG, Bd. 1, § 93, Rn. 207; *Landwehrmann*, in: Heidel, AktR, § 93, Rn. 108.

1649 BGH, BGHZ 109, 297, 302ff. (303) = NJW 1990, 976, 977f. = JZ 1990, 486, 487.

1650 *Frank*, BB 1975, 588f.; *Altmeppen*, ZIP 1995, 881, 888.

1651 Vgl. zur Kontroverse um § 831 II BGB insbesondere den Überblick bei: *Hopt*, in: Großkommentar AktG, § 93, Rn. 502ff. (01.01.1999) m.w.N.; ferner: *Krebs/Dylla-Krebs*, DB 1990, 1271, 1272; *Medicus*, in FS Lorenz, 161, 165ff.; *Dreher*, ZGR 1992, 22, 34; *Götting*, GRUR 1994, 6, 10; *Groß*, ZGR 1998, 551, 563; *Medicus*, ZGR 1998, 570, 584f.; vgl. im Ergebnis: *Krause*, in: Soergel, BGB, Bd. 12, § 831, Rn. 61 a.E.; *Raiser/Veil*, Recht der Kapitalgesellschaften, § 14, Rn. 111; sowie die weiteren Nachweise zur Literatur und Rechsprechung in den vorstehenden Fußnoten.

1652 *Hopt*, in FS Mestmäcker, 909 916; *Hopt*, in: Großkommentar AktG, § 93, Rn. 255 (01.01.1999); *Fleischer*, in: Fleischer, Handbuch des Vorstandsrechts, § 11, Rn. 55; *Wiesner*, in: Münchener Handbuch Aktiengesellschaft, § 26, Rn. 10; *Spindler*, in: MüKo-AktG, Bd. 2, § 93, Rn. 158; vgl. *Goette*, in: Hommelhoff/Hopt/v. Werder, Handbuch Corporate Governance, 713, 736; *Fleischer*, in: Spindler/Stilz, AktG, Bd. 1, § 93, Rn. 205.

1653 Siehe dazu bereits ausführlich oben S. 281ff.

nach den allgemeinen Regeln zur Geltendmachung von Schadensersatzansprüchen gegen den Vorstand beweisbelastet wäre, so würde sie den nötigen Beweis oftmals nicht führen können, weil sie auf die dafür notwendigen Unterlagen und Hintergrundinformationen, die dem Vorstand zur Verfügung stehen, nicht zugreifen kann. Ergo obliegt es aus dieser Überlegung dem Vorstand, sich zu entlasten.[1654]

Präziser gefasst muss die Gesellschaft nachweisen, dass ein Schaden entstanden ist, der von einer Handlung eines Vorstandsmitgliedes kausal verursacht worden ist; demgegenüber muss der Vorstand beweisen, dass keine Pflichtverletzung bzw. kein Verschulden verwirklicht wurde oder dass der Schaden auch bei pflichtgemäßem Verhalten eingetreten wäre.[1655] Allerdings ist diese Einteilung nicht apodiktisch bei jedem in Frage kommenden Sachverhalt anzuwenden, sondern hinsichtlich des konkreten Einzelfalls zu modifizieren.[1656] So kann aus dem Schaden im Wege des Anscheinsbeweises die Annahme resultieren, dass der Schaden auf die Handlung eines Vorstandsmitglieds zurückzuführen ist. Beispielsweise resultiert aus einem Fehlbestand in der Kasse oder im Warenlager die Vermutung einer Pflichtverletzung des zuständigen Vorstandsmitglieds.[1657] Ebenso wird sich bei Schwierigkeiten,

---

1654 Vgl. BGH, BGHZ 152, 280, 283 = WM 2002, 2509, 2510 = NJW 2003, 358 = NZG 2003, 81, 82; vgl. *Goette*, ZGR 1995, 648, 672; *Hopt*, in: Großkommentar AktG, § 93, Rn. 276 (01.01.1999); *Fleischer*, in: Fleischer, Handbuch des Vorstandsrechts, § 11, Rn. 69; *Goette*, in: Hommelhoff/Hopt/v. Werder, Handbuch Corporate Governance, 713, 737; *Spindler*, in: MüKo-AktG, Bd. 2, § 93, Rn. 162; *Mertens/Cahn*, in: Kölner Kommentar AktG, Bd. 2/1, § 93, Rn. 138; *Fleischer*, in: Spindler/Stilz, AktG, Bd. 1, § 93, Rn. 220; vgl. *Bürgers/Israel*, in: Bürgers/Körber, § 93, Rn. 26; *Landwehrmann*, in: Heidel, AktR, § 93, Rn. 110.

1655 Siehe dazu bereits RG, RGZ 13, 43, 46; BGH, BGHZ 152, 280, 284 = WM 2002, 2509, 2511 = NJW 2003, 358f. = NZG 2003, 81, 82; BGH, DB 2007, 389, 391; OLG Hamm, AG 1995, 512, 513; OLG Stuttgart, NZG 2010, 141, 142; *Goette*, ZGR 1995, 648, 673f.; *Heermann*, ZIP 1998, 761, 767f.; *Fleischer*, in: Fleischer, Handbuch des Vorstandsrechts, § 11, Rn. 70f.; *Wiesner*, in: Münchener Handbuch Aktiengesellschaft, § 26, Rn. 11; *Spindler*, in: MüKo-AktG, § 93, Rn. 167; *Goette*, in: Hommelhoff/Hopt/v. Werder, Handbuch Corporate Governance, 713, 737; *Fleischer*, in: Spindler/Stilz, AktG, Bd. 1, § 93, Rn. 221f.; *Krieger*, in: Krieger/Schneider, Handbuch Managerhaftung, § 3, Rn. 41; *Mertens/Cahn*, in: Kölner Kommentar AktG, Bd. 2/1, § 93, Rn. 140; *Krieger/Sailer-Coceani*, in: Schmidt/Lutter, AktG, Bd. 1, § 93, Rn. 31; vgl. *Bürgers/Israel*, in: Bürgers/Körber, § 93, Rn. 27; *Landwehrmann*, in: Heidel, AktR, § 93, Rn. 111f.; *Hüffer*, AktG, § 93, Rn. 16.

1656 Vgl. *Hopt*, in: Großkommentar AktG, § 93, Rn. 283f. (01.01.1999); *Fleischer*, in: Fleischer, Handbuch des Vorstandsrechts, § 11, Rn. 72; *Spindler*, in: MüKo-AktG, Bd. 2, § 93, Rn. 168; *Fleischer*, in: Spindler/Stilz, AktG, Bd. 1, § 93, Rn. 223; vgl. *Bürgers/Israel*, in: Bürgers/Körber, § 93, Rn. 28; *Hüffer*, AktG, § 93, Rn. 17 spricht von „Lockerungen oder Ausnahmen“, dort auch zum folgenden Text; vgl. auch *Landwehrmann*, in: Heidel, AktR, § 93, Rn. 115f.

1657 BGH, ZIP 1980, 776, 777 (GmbH); BGH, DB 1985, 2291 = NJW 1986, 54, 55; BGH, ZIP 1991, 159, 160; vgl. BGH, NZG 2008, 314; *Hopt*, in: Großkommentar AktG, § 93, Rn. 282 (01.01.1999); *Fleischer*, in: Fleischer, Handbuch des Vorstandsrechts,

eine Handlung einem bestimmten Vorstandsmitglied zuzuordnen bzw. zunächst überhaupt eine Handlung festzustellen, dies im Lichte der Sach- und Beweisnähe nachteilig für das betroffene Vorstandsmitglied auswirken mit der Konsequenz, dass sich der zu führende Entlastungsbeweis des Vorstandsmitglieds entgegen der vorgenannten Einteilung nunmehr auch auf das Verhalten bzw. die Handlung ausdehnt.[1658]

Überdies ist für die Vorstandsmitglieder zu bedenken, dass sich die Beweislastregelung des § 93 II 2 AktG auch auf die Business Judgement Rule bezieht, was zur Folge hat, dass das Vorstandsmitglied, welches gerne für sich den „safe harbor" aus § 93 I 2 AktG[1659] reklamieren möchte, dessen Voraussetzungen sowohl darlegen wie auch beweisen muss.[1660]

Im Lichte dieser Beweisanforderungen, die an das Vorstandsmitglied gestellt werden, empfiehlt es sich aus Gründen der Beweisvorsorge zumindest die Grundlagen einer unternehmerischen Entscheidungen ausführlich zu dokumentieren um im Haftungsfall in den Genuss des „safe harbor" der Business Judgement Rule kommen zu können.[1661] Sinnvoll ist darüber hinaus auch die profunde Dokumentation sämtlicher weiterer Maßnahmen und Handlungen, die eventuell einen Haftungsfall begründen könnten gleicherweise wie die vollständige Dokumentation der Einrichtung von Informations- oder Risikomanagementsystemen durch den Vorstand, um so der Beweislast genügen zu können, da möglicherweise von dem Vorfall, der den

---

§ 11, Rn. 72; *Wiesner*, in: Münchener Handbuch Aktiengesellschaft, § 26, Rn. 11; *Spindler*, in: MüKo-AktG, Bd. 2, § 93, Rn. 168; ausführlich *Mertens/Cahn*, in: Kölner Kommentar AktG, Bd. 2/1, § 93, Rn. 142; *Fleischer*, in: Spindler/Stilz, AktG, Bd. 1, § 93, Rn. 223; *Landwehrmann*, in: Heidel, AktR, § 93, Rn. 115; *Hölters*, in: Hölters, AktG, § 93, Rn. 267.

1658 *Hopt*, in: Großkommentar AktG, § 93, Rn. 283f. (01.01.1999).

1659 Siehe zu den Voraussetzungen und zum „safe harbor" der Business Judgement Rule aus § 93 I 2 AktG bereits oben ausführlich S. 303ff.

1660 BT-Drs. 15/5092, S. 12; BR-Drs. 3/05, S. 21; BGH, NZG 2011, 549ff. = CCZ 2011, 233ff. = AG 2011, 378ff.; *Seibert/Schütz*, ZIP 2004, 252, 254; *Fleischer*, ZIP 2004, 685, 688; *Kock/Dinkel*, NZG 2004, 441, 447f.; *Fleischer*, in: Fleischer, Handbuch des Vorstandsrechts, § 7, Rn. 61; *Lutter*, ZIP 2007, 841, 846; *Spindler*, in: MüKo-AktG, Bd. 2, § 93, Rn. 164; *Lutter*, ZIP 2009, 197, 199 m.w.N.; *Fleischer*, in: Spindler/Stilz, AktG, Bd. 1, § 93, Rn. 77; *Mertens/Cahn*, in: Kölner Kommentar AktG Bd. 2/1, § 93, Rn. 141; *Krieger/Sailer-Coceani*, in: Schmidt/Lutter, AktG, Bd. 1, § 93, Rn. 31; *Landwehrmann*, in: Heidel, AktR, § 93, Rn. 114; *Bürgers/Israel*, in: Bürgers/Körber, AktG, § 93, Rn. 27; *Hölters*, in: Hölters, AktG, § 93, Rn. 269; *Fest*, NZG 2011, 540, 541f.; *Hüffer*, AktG, § 93, Rn. 16a; krit./a.A.: *Hopt/Roth*, in: Großkommentar AktG, § 93 Abs. 1 Satz 2, 4 n.F., Rn. 66ff. (01.10.2006); *Paefgen*, AG 2004, 245, 258f.; *Paefgen*, NZG 2009, 891, 892ff., der der Gesellschaft auferlegt, durch substantiiertes Bestreiten in Form konkreter Anhaltspunkte, dass z.B. im Zuge der unternehmerischen Entscheidung keine angemessenen Informationen eingeholt worden sind oder ein Interessenkonflikt vorgelegen habe.

1661 *Göz/Holzborn*, WM 2006, 157, 158; *Krieger/Sailer-Coceani*, in: Schmidt/Lutter, AktG, Bd. 1, § 93, Rn. 31 a.E.; *Bürgers/Israel*, in: Bürgers/Körber, AktG, § 93, Rn. 13, 27 a.E.

Haftungsfall auslöst, bis zu der tatsächlichen Geltendmachung der Haftung viel Zeit vergehen kann und die Gefahr droht, den geforderten Beweis mangels Rekonstruierbarkeit des Sachverhalts nicht mehr erbringen zu können.[1662]

Auf einer steuerrechtlichen Ebene verlangt die steuerrechtliche Rechtsprechung, wie schon geschildert[1663], zur Modifikation der steuerlichen Pflichten im Wege der Delegation eine schriftliche Geschäftsverteilung, was auch in der aktienrechtlichen Literatur Anklang gefunden hat. Gleichwohl ist festzustellen, dass eine nicht vorgenommene Dokumentation nicht schon von sich aus eine Sorgfaltspflichtverletzung im Sinne des § 93 I AktG ist.[1664] Eine schriftliche Dokumentation hat keinen Einfluss auf die gesetzlich intendierte Beweislast, kann aber insofern hilfreich sein, als dass die Gesellschaft zunächst substantiiert vortragen muss, inwiefern die Geschäftsverteilung, die dokumentiert wurde, in der Realität sich anders dargestellt hat.

Allerdings ist trotz alledem eine nicht vorhandene Dokumentation ein Indiz für eine unzulängliche Geschäftsverteilung sowie damit verbunden eine ungenügende Anwendung der Sorgfalt eines ordentlichen und gewissenhaften Geschäftsleiters im Sinne des § 93 I AktG und kompliziert den zu führenden Entlastungsbeweis.[1665]

Vorausgesetzt Tax Compliance soll präventiv negative Folgen von dem Unternehmen abwenden und dazu eine Haftung des Vorstandes vermeiden[1666], so muss die Konsequenz unter dem Aspekt der Beweisvorsorge sein, nicht nur die Geschäftsverteilung innerhalb des Vorstandes zu dokumentieren, sondern darüber hinaus eine umfassende Dokumentation jedenfalls hinsichtlich aller Handlungen, Maßnahmen und Systeme, die für das Unternehmen im steuerrechtlichen Bereich von Bedeutung sind und damit zugleich sowohl ein Schadensrisiko für Unternehmen als auch entsprechend ein Haftungsrisiko für den Vorstand bedeuten, einzurichten.

d) Schaden und Kausalität

Weitere Voraussetzung des Anspruchs der Gesellschaft aus § 93 II 1 AktG ist, dass durch die Pflichtverletzung des Vorstandes ein Schaden für die Gesellschaft verursacht wurde, wobei sich die Bestimmung des Schadens nach §§ 249ff. BGB richtet.[1667] Demnach ist infolge der anzuwendenden Differenzhypothese der Vermögensschaden der

---

1662 *Hauschka*, AG 2004, 461, 464f.; *Pant*, VersR 204, 690, 693; *Arnold*, in: Marsch-Barner/Schäfer, Handbuch börsennotierte AG, § 22, Rn. 48; *Liebscher*, in: Müller/Rödder, Beck'sches Handbuch der AG, § 6, Rn. 141; *Hölters*, in: Hölters, AktG, § 93, Rn. 272.

1663 Siehe dazu bereits ausführlich oben S. 280f. mit umfangreichen Nachweisen.

1664 *Spindler*, in: MüKo-AktG, Bd. 2, § 93, Rn. 166, dort auch zum folgenden Text.

1665 *Spindler*, in: MüKo-AktG, Bd. 2, § 93, Rn. 166.

1666 Siehe zur Definition von Tax Compliance bereits ausführlich oben S. 8ff.

1667 OLG Düsseldorf, AG 1997, 231, 237; *Hopt*, in: Großkommentar AktG, § 93, Rn. 261 (01.01.1999); *Fleischer*, in: Fleischer, Handbuch des Vorstandsrechts, § 11, Rn. 60; *Spindler*, in: MüKo-AktG, Bd 2, § 93, Rn. 154; *Goette*, in: Hommelhoff/Hopt/v. Werder, Handbuch Corporate Governance, 713, 736; *Fleischer*, in: Spindler/Stilz, AktG, Bd. 1, § 93, Rn. 211; *Mertens/Cahn*, in: Kölner Kommentar AktG, Bd. 2/1, § 93, Rn. 55; *Landwehrmann*, in: Heidel, AktR, § 93, Rn. 99; *Hüffer*, AktG, § 93, Rn. 15.

Gesellschaft durch einen Vergleich der aktuellen Vermögenslage des Unternehmens mit der hypothetischen Vermögenslage, die ohne das schädigende Ereignis, in diesem Fall die Pflichtverletzung des Vorstandes bestehen würde, zu bestimmen.[1668] Erfasst werden dabei sowohl unmittelbare wie auch mittelbare Schäden.[1669]

aa) Grenzen des Schadensbegriffes

Verschiedene Modifikationen des Schadensbegriffes, die darauf abzielen, bestimmte Minderungen des Vermögens z.B. aufgrund von Spenden, sozialem Engagement oder Ähnlichem aus dem Schadensbegriff auszuschließen, indem sie nur solche Vermögenseinbußen erfassen wollen, die dem Unternehmenszweck zuwiderlaufen[1670] bzw. in einem ersten Schritt § 93 II AktG nur dann prüfen, wenn die Vermögensminderung eine Pflichtverletzung indiziert um dann auf einer zweiten Ebene bei Vorliegen der Voraussetzungen des § 93 II AktG jede adäquat kausale Vermögensminderung gelten zu lassen[1671], sind im Ergebnis abzulehnen: Das gewünschte Ergebnis, die genannten Vermögensminderungen, die im Interesse des Unternehmens liegen, nicht Grundlage einer Haftung werden zu lassen, kann ohne diese vom Gesetz nicht vorgesehene Modifikation des homogenen, zivilrechtlichen Schadensbegriffes dogmatisch sauber dadurch erreicht werden, dass bei derartigen Vermögensminderungen bereits keine Pflichtverletzung anzunehmen ist.[1672]

Ferner ist zur näheren Ausgestaltung des Schadensbegriffes auszuführen, dass Bußgelder und andere denkbare Strafzahlungen auch als Vermögensschaden im Sinne

---

1668 OLG Düsseldorf, AG 1997, 231, 237; *Fleischer*, in: Fleischer, Handbuch des Vorstandsrechts, § 11, Rn. 60; *Thole*, ZHR 173 (2009), 504, 525; *Fleischer*, in: Spindler/Stilz, AktG, Bd. 1, § 93, Rn. 221; *Hölters*, in: Hölters, AktG, § 93, Rn. 252, dort auch zum folgenden Text; vgl. auch die Nachweise der vorstehenden Fußnote; zur Differenzhypothese: st. Rspr., siehe z.B. BGH, BGHZ 86, 128, 130 = NJW 1983, 444, 445; BGH, BGHZ 99, 182, 196 = NJW 1987, 831, 834; BGH, NJW-RR 2001, 1428; BGH, NJW-RR 2006, 1403, 1404; aus der umfangreichen Literatur z.B.: *Lange/Schiemann*, Schadensersatz, § 1 I, S. 27ff.; *Schiemann*, in: Staudinger, BGB, § 249, Rn. 4ff. (Oktober 2004); *Oetker*, in: MüKo-BGB, Bd. 2, § 249, Rn. 16ff.

1669 Statt aller: *Schiemann*, in: Staudinger, BGB, Vorbem. zu § 249ff., Rn. 43 (Oktober 2004); *Oetker*, in: MüKo-BGB, Bd. 2, § 249, Rn. 99ff. m.w.N.

1670 *Mertens*, Der Begriff des Vermögensschadens im Bürgerlichen Recht, S. 128ff., 165ff.; *Mertens*, in: Kölner Kommentar AktG, Bd. 2, 2. A. 1996, § 93, Rn. 23.

1671 So offenbar der Ansatz nunmehr von *Mertens/Cahn*, in: Kölner Kommentar, AktG, Bd. 2/1, § 93, Rn. 59.

1672 *Großmann*, Unternehmensziele im Aktienrecht, S. 187ff.; *Hopt*, in: Großkommentar AktG, § 93, Rn. 263 (01.01.1999); *Fleischer*, in: Fleischer, Handbuch des Vorstandsrechs, § 11, Rn. 61; *Spindler*, in: MüKo-AktG, Bd. 2, § 93, Rn. 155; *Goette*, in: Hommelhoff/Hopt/v. Werder, Handbuch Corporate Governance, 713, 736; *Fleischer*, in: Spindler/Stilz, AktG, Bd. 1, § 93, Rn. 212; *Landwehrmann*, in: Heidel, AktR, § 93, Rn. 100; *Bürgers/Israel*, in: Bürgers/Körber, § 93, Rn. 22; *Hölters*, in: Hölters, AktG, § 93, Rn 253; *Hüffer*, AktG, § 93, Rn. 15.

des § 93 II AktG zu qualifizieren sind.[1673] Diese Lösung, die sich auf den Wortlaut des Gesetzes stützen lässt, wird in der Literatur vor dem Hintergrund, dass sich gegen das Unternehmen gerichtete Bußgelder an der Leistungsfähigkeit desselben orientieren, kontrovers diskutiert, da die über § 93 II AktG in Höhe der Bußgelder haftenden Vorstandsmitglieder keine vergleichbare Leistungsfähigkeit aufweisen[1674] bzw. über eine „Weitergabe" des Bußgeldes dessen eigentliche Intention, das Unternehmen zu treffen, konterkariert wird[1675]. Im Einzelnen reicht die Diskussion unter besonderer Schwerpunktsetzung auf die kartellrechtlichen Bußgelder mit unterschiedlicher Begründung von einem generellen Ausschluss eines Rückgriffs qua § 93 II AktG bis hin zu einer angemessenen Beschränkung des Schadensersatzanspruches.[1676]

Zu beachten ist indes, dass es sich um einen rein akademischen Streit handelt, der in der Praxis noch nicht von der Rechtsprechung entschieden worden ist, so dass es keine Rechtssicherheit hinsichtlich einer möglichen Beschränkung der Höhe der Bußgelder gibt. Insofern kann unter dem Gesichtspunkt Tax Compliance eine vertiefte Auseinandersetzung und Entscheidung des Streits unterbleiben, da unter Risikogesichtspunkten mangels höchstrichterlicher Rechtsprechung gemäß dem Wortlaut des Gesetzes § 93 II AktG von einer Haftung für Bußgelder in voller Höhe ohne eine angemessene Beschränkung ausgegangen werden muss.

bb) Tax Compliance und Vorteilsausgleichung

Darüber hinaus kann bei der Bestimmung des Schadens im Sinne des § 93 II AktG zwar auf die Prinzipien des Vorteilsausgleichs zurückgegriffen werden,[1677] jedoch

---

1673 *Kapp/Gärtner*, CCZ 2009, 168, 170; *Krieger*, in: Krieger/Schneider, Handbuch Managerhaftung, § 3, Rn. 39; *Wilsing*, in: Krieger/Schneider, Handbuch Managerhaftung, § 27, Rn. 39; *Krieger/Sailer-Coceani*, in: Schmidt/Lutter, AktG, Bd. 1, § 93, Rn. 30; *Hölters*, in: Hölters, AktG, § 93, Rn. 255 m.w.N. zum Streitstand, siehe dazu die folgenden Fußnoten; *Hüffer*, AktG, § 93, Rn. 15, vgl. dort auch zum folgenden Text.

1674 Statt aller: *Koch*, Liber Amicorum Martin Winter, 327f., 330ff.

1675 Siehe dazu *Mertens/Cahn*, in: Kölner Kommentar AktG, Bd. 2/1, § 93, Rn. 56.

1676 *Horn*, ZIP 1997, 1129, 1136; Zimmermann, WM 2008, 433, 436ff.; *Fleischer*, BB 2008, 1070, 1073; Bayer, in FS Schmidt, 85, 95ff.; *Thole*, ZHR 173 (2009), 504, 532ff.; *Marsch-Barner*, ZHR 2009, 723, 730; *Koch*, AG 2012, 429; 432ff.; *Hüffer*, AktG, § 93, Rn. 15; für eine vertragliche Haftungsmilderung: *Hoffmann*, NJW 2012, 1393, 1398f.; a.A. *Glöckner/Müller-Tautphaeus*, AG 2001, 344, 346; ausführlich *Schöne/Petersen*, AG 2012, 700ff.; vollständiger Überblick bei *Koch*, Liber Amicorum Martin Winter, 330ff. m.w.N.; differenzierter *Mertens/Cahn*, in: Kölner Kommentar AktG, Bd. 2/1, § 93, Rn. 56.

1677 BGH, NZG 2011, 1271, 1274 = ZIP 2011, 2097, 2101; BGH, DB 2013, 507, 509 = WM 2013, 455, 459 = ZIP 2013, 455, 457 = NZG 2013, 293, 295f; *Horn*, ZIP 1997, 1129, 1136; *Bayer*, in FS Schmidt, 85, 94; *Zimmermann*, WM 2008, 433, 438f.; *Wilsing*, in: Krieger/Schneider, Handbuch Managerhaftung, § 27, Rn. 35ff.; *Kapp/Gärtner*, CCZ 2009, 168, 170; *Marsch-Barner*, ZHR 173 (2009), 723, 729; *Krieger/Sailer-Coceani*,

ist eine Diskussion entbrannt, inwiefern eine Anwendung dieser Prinzipien bei der Vorstandshaftung einzuschränken oder sogar generell zu versagen ist.[1678]

Hinsichtlich der Anwendung des Vorteilsausgleichs im Bereich der Tax Compliance ist zunächst der Vorteil aus steuerlicher Sicht in diesem konkreten Zusammenhang zu definieren. Der Vorteilsbegriff im Sinne des Vorteilsausgleichs erfasst nicht nur Vermögenszuwächse, vielmehr kann ein Vorteil auch in der Verhinderung eines Verlustes erblickt werden.[1679]

Übertragen auf das Steuerrecht ist die Zahlung von Steuern als Verminderung des Vermögens des Steuerpflichtigen zu sehen, die Vermeidung der Steuerzahlung reduziert diese Verminderung des Vermögens. Das bedeutet zum einen, dass eine Überbezahlung von Steuern, die auf eine unzureichende Steuerplanung in dem Sinne zurückzuführen ist, dass legale Steuereinsparungsmöglichkeiten nicht wahrgenommen worden sind, als Vermögensminderung und damit als Schaden anzusehen ist, ohne dass dem Unternehmen daraus ein Vorteil erwachsen würde, der auf den Anspruch aus § 93 II AktG anzurechnen wäre. Ferner folgt daraus zum anderen, dass im umgekehrten Fall die Steuerersparnis, sei es resultierend aus einer aggressiven Steuerplanung oder aufgrund fahrlässiger Umsetzung der Steuergesetze, jedenfalls beruhend auf einer Missachtung der Steuergesetze zunächst als Verhinderung eines Vermögensverlustes, ergo als Vorteil im Sinne der Definition des Vorteilsausgleichs zu werten ist. Allerdings greift diese Beurteilung zu kurz. Für die Ermittlung des Schadens ist die Differenzhypothese ausschlaggebend, die darauf abstellt, wie sich die Vermögenslage theoretisch entwickelt hätte, wenn das schädigende Ereignis nicht eingetreten wäre.[1680] In dieser Konstellation ist das schädigende Ereignis ein Versagen der Tax Compliance, die zu einer fehlerhaften Steuerzahlung, genauer zu einer zu niedrigen Steuerzahlung geführt hat. Bei Betrachtung der theoretischen Entwicklung des Gesellschaftsvermögens ohne das schädigende Ereignis wäre die Steuer in korrekter Höhe abgeführt worden. Demnach ist der Differenzhypothese zufolge die Steuernachzahlung, die sich als Konsequenz der ursprünglich zu wenig abgeführten Steuer ergibt, schon nicht als Schaden zu qualifizieren. Durch die Steuernachforderung verbleibt bei dem Unternehmen aber auch kein Vorteil in Höhe der Steuerersparnis mehr, der im Wege des Vorteilsausgleichs geltend gemacht werden könnte.

---

in: Schmidt/Lutter, AktG, Bd. 1, § 93, Rn. 30; *Hölters*, in: Hölters, AktG, § 93, Rn. 256; *Hüffer*, AktG, § 93, Rn. 15a.

1678 Siehe dazu beispielhaft *Thole*, ZHR 173 (2009), 504, 526ff.; *Marsch-Barner*, ZHR 2009, 723, 726ff.; *Mertens/Cahn*, in: Kölner Kommentar AktG, Bd. 2/1, § 93, Rn. 63; *Lohse*, in FS Hüffer, 581ff.; *Kindler*, in FS Roth, 367, 373ff.; *Hölters*, in: Hölters, AktG, § 93, Rn. 257f.; *Hüffer*, AktG, § 93, Rn. 15a; grundlegend zur Vorteilsausgleichung: *Müller*, in FS Kellermann, 317ff.

1679 *Oetker*, in: MüKo-BGB, Bd. 2, § 249, Rn. 229 unter Verweis auf *Mertens*, in: Soergel, BGB, Bd. 2, Vor § 249, Rn. 233.

1680 Siehe zur Differenzhypothese bereits oben S. 325.

Als Schaden im Sinne der Differenzhypothese sind allerdings die zu zahlenden Zinsen auf die Steuernachforderung sowie sämtliche Zuschläge, Penalties, Doppelbesteuerungseffekte und Geldbußen anzusehen, da sie bei ordnungsgemäßer Abführung der zu zahlenden Steuern nicht entstanden wären.[1681] Ihnen kann als Vorteil allenfalls entgegengehalten werden, dass mit dem steuerersparten Finanzmitteln, die erst später im Wege der Steuernachforderung an das Finanzamt gezahlt werden mussten, in der Zwischenzeit, also in dem Zeitraum ab Ersparnis bis zu Nachforderung, Gewinne erwirtschaftet werden konnten, sei es in Gestalt von Zinsen oder durch erfolgreiche Investitionen.

Für die Anrechnung wurde zunächst als Grundvoraussetzung gefordert, dass der Vorteil durch das schadensauslösende Ereignis adäquat kausal verursacht worden ist,[1682] wobei teilweise die Bedeutung dieses Kriteriums angezweifelt und der Schwerpunkt auf das Problem der Zurechnung des Vorteilsausgleichs verlagert wird.[1683]

Indes akzeptiert die Rechtsprechung nicht jeden Vorteil als Vorteil zur Anrechnung im Wege der Vorteilsausgleichung, sondern nur einen solchen Vorteil, dessen Anrechnung nicht dem Sinn und Zweck des Schadensersatzanspruches zuwiderläuft, den Geschädigten nicht unangemessen belastet bzw. den Schädiger nicht unangemessen entlastet.[1684]

Bei Subsumtion der genannten, denkbaren Vorteile, die sich aus der Schädigung in Gestalt einer zu niedrigen abgeführten Steuer ergeben, sind sicherlich die erzielten Zinsgewinne als Vorteil im Sinne des Vorteilsausgleichs zu erachten. So ergibt sich z.B. aus der Rechtsprechung des BGH und der Literatur, dass im Falle eines unzulässigen Spekulationsgeschäftes, das von einem Organ vorgenommen worden ist, aus dem nicht nur ein Verlust sondern auch ein Gewinn resultiert, dieser

---

1681 Siehe zu den negativen Folgen, Risiken und Schäden für das Unternehmen bereits ausführlich oben S. 179ff.

1682 BGH, BGHZ 74, 103, 113f. = NJW 1979, 1449, 1451; BGH, NJW 1983, 2137f.; BGH NJW 1984, 977, 978; BGH, NJW 1984, 229, 230; *Müller*, in: Wellhöfer/Peltzer/Müller, Die Haftung von Vorstand, Aufsichtsrat, Wirtschaftsprüfer, § 24, Rn. 87; *Marsch-Barner*, ZHR 173 (2009), 723, 725.

1683 Siehe bereits *Thiele*, AcP 167 (1967), 193, 197ff.; ausführlich *Lohse*, in FS Hüffer, 581, 589ff.; zustimmend BGH 1979, 760; dagegen auf die adäquate Kausalität abstellend z.B.: BGH, BGHZ 74, 103, 113f. = NJW 1979, 1449, 1451; BGH, NJW 2010, 675, 676, Tz. 9; BGH, DB 2013, 507, 509f. = WM 2013, 455, 459 = ZIP 2013, 455, 457 = NZG 2013, 293, 295f.

1684 St. Rspr BGH: BGH, BGHZ 8, 325, 329 = NJW 1953, 618, 619; BGH, BGHZ 30, 29, 33 = NJW 1959, 1078; BGH, BGHZ 74, 103, 113f. = NJW 1979, 1449, 1451; vgl. BGH, NJW 1980, 1788f.; BGH, NJW 1983, 2137f.; BGH NJW 1984, 977, 978; BGH, NJW 1984, 229, 230; BGH, NJW 1990, 1360; BGH, BGHZ 91, 206, 210 = NJW 1984, 2457, 2458; BGH, NJW-RR 2004, 79, 80; BGH, NJW 2010, 675, 767 m.w.N.; BGH, DB 2013, 507, 509f. = WM 2013, 455, 459 = ZIP 2013, 455, 457 = NZG 2013, 293, 295f.; siehe dazu auch in der Literatur ausführlich *Lohse*, in FS Hüffer, 581, 597ff.; *Fleischer*, DStR 2009, 1204, 1210; *Kindler*, in FS Roth, 367, 375; *Hüffer*, AktG, § 93, Rn. 15a.

Gewinn beim Schadensersatzanspruch der Gesellschaft grundsätzlich berücksichtigt werden muss.[1685]

Jedoch steht bisher eine höchstrichterliche Entscheidung zu dieser Frage aus, so dass keine Rechtssicherheit hinsichtlich der Anrechnung der Zinsen einer vorübergehend ersparten Steuerzahlung als Vorteil gewährleistet ist.

Demgegenüber dürfte eine Berücksichtigung der Gewinne aus der Investition des zwischenzeitlich bis zu Nachforderung verfügbaren Kapitals ausscheiden, da der Schaden und der anzurechnende Vorteil kongruent sein müssen, d.h. „bei wertender Betrachtungsweise gleichsam zu einer Rechnungseinheit verbunden sein" müssen[1686] Unterstellt, dass sich der Investitionsumfang nicht bloß aus der einstweilen „aufgeschobenen" Steuerzahlung speist, wird am Ende kaum mehr möglich sein, den zur Nachforderung korrespondierenden Vorteil in Form des Investitionsgewinnes zweifelsfrei zu bestimmen.

Darüber hinaus ist der Vorstand hinsichtlich des Vorteils zudem darlegungs- und beweispflichtig,[1687] was die Praktikabilität und den tatsächlichen Anwendungsbereich des Vorteilsausgleiches insgesamt schmälert.[1688]

Im Ergebnis dürften damit allenfalls die erwirtschafteten Zinsen als Vorteil angerechnet werden, wobei unklar ist, inwiefern dies von der Rechtsprechung akzeptiert wird. Damit bietet sich über den Weg der Vorteilsausgleichung unter dem Gesichtspunkt der Tax Compliance keine rechtssichere Möglichkeit, die Haftung des Vorstandes quasi auf der Rechtsfolgenseite bei der Bestimmung der Schadenshöhe abzumildern und auf diese Weise zu minimieren.

Ergänzend zum fehlenden, rechtssicheren Anwendungsbereich für die Vorteilsausgleichung im Steuerrecht spricht ebenfalls gegen eine Zulässigkeit der Vorteilsausgleichung, dass über die Vorteilsausgleichung im Prinzip auf der Rechtsfolgenseite bzw. über ein Ausbleiben der Rechtsfolge Schadensersatz, nützliche Pflichtverletzungen, die im Lichte der Legalitätspflicht zu Gunsten des Unternehmens ausnahmslos nicht mit Tax Compliance zu vereinbaren sind, zumindest nicht

---

1685 BGH, DB 2013, 507, 509f. = WM 2013, 455, 459 = ZIP 2013, 455, 457 = NZG 2013, 293, 295f.; *Fleischer*, ZIP 2005, 141, 151; *Paefgen*, in: Ulmer/Habersack/Winter, GmbHG, Bd. 2, § 43, Rn. 94; *Fleischer*, DStR 2009, 1204, 1210.

1686 Vgl. BGH, BGHZ 91, 206, 210 = NJW 1984, 2457, 2458; vgl. BGH, NJW 1985, 735; BGH, NJW 1997, 2378; vgl. BGH, BGHZ 173, 83, 86ff. = NJW 2007, 2695, 2696; *Thiele*, AcP 167 (1967), 197, 202; *Mertens*, in: Soergel, BGB, Bd. 2, Vor § 249, Rn. 220; *Schiemann*, in: Staudinger, BGB, § 249, Rn. 144 m.w.N. (Oktober 2004); *Oetker*, in: MüKo-BGB, Bd. 2, § 249, Rn. 277 m.w.N.; *Grüneberg*, in: Palandt, BGB, Vorb v § 249, Rn. 73.

1687 Zur Beweislast aus § 93 II 2 AktG bereits oben S. 322ff.; BGH, NJW-RR 2004, 79, 81 m.w.N.; *Schneider*, in: Scholz, GmbHG, Bd. 2, § 43, Rn. 230 *Thole*, ZHR 173 (2009), 504, 527f.

1688 *Marsch-Barner*, ZHR 173 (2009), 723, 726.

geahndet werden und damit die gesetzliche Wertung, die dem Ausschluss einer nützlichen Pflichtverletzung zu Grunde liegt, untergraben wird.[1689]

cc) Kausalität und pflichtgemäßes Alternativverhalten

Um die Haftung aus § 93 II 1 AktG zu begründen ist des Weiteren erforderlich, dass der Schaden adäquat kausal auf die Pflichtverletzung zurückzuführen ist.[1690]

Dessen ungeachtet ist eine Haftung des Vorstandes dann ausgeschlossen, wenn dem Vorstand der Beweis gelingt, dass der Schaden sich selbst bei einem rechtmäßigen Alternativverhalten verwirklicht hätte, wobei diese Enthaftung nach überwiegender Ansicht der aktienrechtlichen Literatur dann nicht möglich sein soll, wenn es sich um eine Verletzung von Kompetenz-, Organisations- und Verfahrensregeln handelt.[1691] Gegen diese strikte Einschränkung des rechtmäßigen Alternativverhaltens wird eingewandt, dass dieser Ausschluss immer dann, wenn die Beachtung der Kompetenz-, Organisations- oder Verfahrensregeln zu keinem anderen Ergebnis als dem Schaden geführt hätte, den Schadensersatzspruch in eine vom Gesetzgeber mit dieser Norm nicht intendierte Sanktion umwandle und eine unverhältnismäßige Rechtsfolge zu Lasten des Vorstandes darstelle.[1692] Zudem weicht die Rechtsprechung des BGH von dieser starren Feststellung ab, indem sie davon ausgeht,

---

1689 Vgl. *Thole*, ZHR 2009, 504, 527; a.A.: *Kindler*, in FS Roth, 367, 376.

1690 *Hopt*, in: Großkommentar AktG, § 93, Rn. 266 (01.01.1999); *Fleischer*, in: Fleischer, Handbuch des Vorstandsrechts, § 11, Rn. 64; *Wiesner*, in: Münchener Handbuch Aktiengesellschaft, § 26, Rn. 8; *Spindler*, in: MüKo-AktG, Bd. 2, § 93, Rn. 156; *Fleischer*, in: Spindler/Stilz, AktG, Bd. 1, § 93, Rn. 215; *Mertens/Cahn*, in: Kölner Kommentar AktG, Bd. 2/1, § 93, Rn. 55; *Bürgers/Israel*, in: Bürgers/Körber, AktG, § 93, Rn. 23; *Landwehrmann*, in: Heidel, AktR, § 93, Rn. 99; *Hölters*, in: Hölters, AktG, § 93, Rn. 262; *Hüffer*, AktG, § 93, Rn. 15.

1691 *Hopt*, in: Großkommentar AktG, § 93, Rn. 267f. (01.01.1999); *Fleischer*, in: Fleischer, Handbuch des Vorstandsrechts, § 11, Rn. 65; *Wiesner*, in: Münchener Handbuch Aktiengesellschaft, § 26, Rn. 8; *Spindler*, in: MüKo-AktG, Bd. 2, § 93, Rn. 156; *Mertens/Cahn*, in: Kölner Kommentar AktG, Bd. 2/1, § 93, Rn. 54f.; *Krieger/Sailer-Coceani*, in: Schmidt/Lutter, AktG, Bd. 1, § 93, Rn. 30; *Hüffer*, AktG, § 93, Rn. 15a; krit.: *Hölters*, in: Hölters, AktG, § 93, Rn. 262; a.A. *Horn*, ZIP 1987, 1225, 1230f.; *Lutter*, in FS Steindorff, 125, 137ff., die die Awendung der Figur des rechtmäßigen Alternativverhaltens durch den Schutzzweck der jeweils betroffenen Normen einschränken; siehe zum übrigen zivilrechtlichen Schrifttum, das speziell hinsichtlich der Fallgruppe der Verletzung von Verfahrensvorschriften ein rechtmäßiges Alternativverhalten dann anerkennt, wenn trotz rechtmäßigem Verhalten der Schaden ebenso gewiss eingetreten wäre: *Altmeppen*, in FS Schmidt, 23, 35f. m.w.N.; *Oetker*, in: MüKo-BGB, Bd. 2, Rn. 217ff., 221 m.w.N.; siehe auch den Überblick bei *Fleischer*, DStR 2009, 1204, 1207ff. m.w.N.

1692 Vgl. *Martens*, ZHR 147 (1983), 375, 399f.; vgl. *Martens*, in: Schlegelberger, HBG, Bd. III/1, § 114, Rn. 37; *Tieves*, Der Unternehmensgegenstand der Kapitalgesellschaft, S. 343ff.; siehe dazu auch *Schiemann*, in: Staudinger, BGB, § 249, Rn. 105 (Oktober 2004); *Fleischer*, DStR 2009, 1204, 1208, der für eine differenzierte Lösung

dass ein Verstoß gegen das unternehmensinterne Kompetenzgefüge allein keinen Schadensersatz verursache[1693], jedoch dürfte in Anbetracht der Beweislastverteilung dem Vorstand in dieser Konstellation der sichere Nachweis eines Schadenseintritts auch bei Beachtung des Kompetenzgefüges als rechtmäßiges Alternativverhalten de facto kaum gelingen.[1694]

Unabhängig von dieser Diskussion über die genauen Grenzen und Anwendungsfälle des rechtmäßigen Alternativverhaltens bietet sich im Steuerrecht im Hinblick auf die Figur des pflichtgemäßen Alternativverhaltens eine besondere Problemkonstellation. Zentraler Faktor für die Verursachung eines Schadens im Bereich der Tax Compliance für das Unternehmen ist die Nichtbeachtung oder Nichtumsetzung steuerlicher Rechtsgrundlagen, die die bereits erörterten Konsequenzen für das Unternehmen in Gestalt von Steuernachforderungen, Doppelbesteuerung, Bußgelder, Penalties und Zinszahlungen nach sich ziehen. Auf der Ebene des Vorstandes ist die Nichtbeachtung und Nichtumsetzung von Steuergesetzen eine Verletzung der Legalitätspflicht oder je nach Sachlage bei mangelnder Umsetzung der Steuergesetze der Legalitätskontrollpflicht. Differenziert betrachtet scheidet eine Anwendung des pflichtgemäßen Alternativverhaltens aus, falls der Schaden die Folge einer riskanten, aggressiven Steuerplanung des Unternehmens ist, die bewusst mit der Möglichkeit der Entdeckung kalkuliert hat. Abseits dieser Fallgestaltung drohen dem Unternehmen selbst bei unbedingtem Willen, die Steuergesetze einzuhalten und anzuwenden jedoch negative Konsequenzen z.B. in Form von Steuernachforderungen, Zinsen und Doppelbesteuerung: Sachverhalten, die im internationalen Steuerrecht angesiedelt sind, wohnt teilweise das Dilemma der mangelnden Harmonisierung der Rechtsgrundlagen inne.[1695] Folglich führt die Einhaltung des nationalen Rechts damit automatisch zu einer Verletzung ausländischer Rechtsgrundlagen und löst die damit verbundenen Rechtsfolgen aus. Umgekehrt ist die Beachtung des ausländischen Rechts zugleich eine Verletzung des nationalen Rechts, so dass die Figur des pflichtgemäßen Alternativverhaltens in diesem spezifischen Konflikt an ihre Grenzen stößt. Vielmehr wird man in der letztgenannten Konstellation bereits die Pflichtverletzung verneinen müssen, sofern der Vorstand alle zumutbaren Möglichkeiten ergriffen hat, um dieses Dilemma zu vermeiden oder zumindest die Folgen für das Unternehmen abzuschwächen.

---

eintritt; *Rawert*, in: MüKo-HGB, Bd. 2, § 114, Rn. 64; *Zöllner/Noack*, in: Baumbach/Hueck, GmbHG; § 43, Rn. 16 (zur GmbH).

1693 Vgl. zur GmbH: BGH, NJW 2007, 917f. = DStR 2007, 310; BGH, NZG 2008, 783ff. = DStR 2008, 1974ff.

1694 *von Gerkan*, ZHR 154 (1990), 39, 49 (zur GmbH); *Altmeppen*, in FS Schmidt, 23, 37; vgl. *Schiemann*, in: Staudinger, BGB, § 249, Rn. 106 (Oktober 2004); *Fleischer*, NJW 2009, 2337, 2339; *Fleischer*, in: Spindler/Stilz, AktG, Bd. 1, § 93, Rn. 216; *Zöllner/Noack*, in: Baumbach/Hueck, GmbHG; § 43, Rn. 16 (zur GmbH).

1695 Zur damit verbundenen Risikolage für das Unternehmen siehe bereits oben ausführlich S. 179ff.

Insgesamt hat damit die Figur des pflichtgemäßen Alternativverhaltens keine grundsätzliche Bedeutung im Rahmen von Tax Compliance; sie eröffnet insbesondere keine Möglichkeit, eine Haftung des Vorstandes bei Verletzung seiner steuerlichen Pflicht gleichsam „durch die Hintertür" zu entschärfen oder ganz auszuschließen.

IV. Aktienrechtliche Anforderungen an Tax Compliance

War es im Grundlagenkapitel eher eine „Blaupause", was unter dem Phänomen Tax Compliance überhaupt zu verstehen sein soll oder grundlegend überhaupt verstanden werden kann, so zeigte das zweite Kapitel die faktische Notwendigkeit einer Tax Compliance im Lichte der Risikolage für Unternehmen auf, wohingegen das dritte Kapitel nach der Feststellung der grundsätzlichen Pflicht des Vorstandes zur Tax Compliance sich der Konkretisierung des Pflichtenkreises des Vorstandes im Hinblick auf die Beherrschung der steuerlichen Unternehmensrisiken widmete.

1. Konkretisierung der Pflichten des Vorstandes

Die Analyse der vorstehenden Ausführungen über die Funktion und Aufgaben des Vorstandes in Bezug auf Tax Compliance, die aktienrechtlichen Unternehmensorganisationspflichten unter steuerrechtlichen Gesichtspunkten sowie des Maßstabs des Vorstandshandelns hinsichtlich Tax Compliance lässt sich – wie dargestellt – in aktienrechtlichen Anforderungen für Tax Compliance verdichten, deren Einhaltung für den Vorstand im Lichte seiner Sorgfaltspflicht obligatorisch ist. Es handelt sich dabei um Mindestanforderungen, deren Missachtung jedoch im Einzelfall nicht automatisch eine Sorgfaltspflichtverletzung des Vorstandes bedeutet, da sie kein starres Anforderungssystem bilden, sondern der unternehmerischen Entscheidung im Einzelfall gemessen an der individuellen Risikolage des jeweils fraglichen Unternehmens sowie dem unternehmerischen Ermessen in den Grenzen der Business Judgement Rule[1696] unterliegen.[1697] Gleichwohl setzen die aktienrechtlichen Anforderungen an Tax Compliance abseits der Pflicht zur Tax Compliance der Freiheit des unternehmerischen Ermessens Grenzen. Diese Grenzen, die den Leitfaden für die Ausgestaltung des Tax Compliance-Systems bilden, werden durch mehrere Komponenten gezogen.[1698]

1696 Siehe zum unternehmerischen Ermessen im Rahmen der Business Judgement Rule ausführlich oben S. 302ff.

1697 Vgl. dazu schon *Adams/Johannsen*, BB 1996, 1017, 1018; *Fleischer*, AG 2003, 291, 300; vgl. *Hauschka*, ZIP 2004, 877, 878; *Fleischer*, in: Fleischer, Handbuch des Vorstandsrechts, § 8, Rn. 45; *Fleischer*, BB 2008, 1070, 1072 m.w.N.; vgl. *Kremer/Klahold*, ZGR 2010, 113, 120f.; vgl. *Schöne/Petersen*, AG 2012, 700, 702.

1698 Zahlreiche Veröffentlichungen zum Thema Compliance enthalten ähnliche Organisationsanforderungen an die Einrichtung eines Corporate Compliance-Systems begründet in der Sorgfaltspflicht des Vorstandes und sein unternehmerisches Ermessen, ohne dass eine vergleichbare Herleitung vorgenommen würde, wie sie

Zum einen resultiert aus der Pflicht des Vorstandes zur Tax Compliance im Lichte der Idee, welche die Basis oder das Herzstück von Tax Compliance darstellt, über die durch ein System organisierte Einhaltung aller für das Unternehmen relevanter, steuerrechtlicher Regelungen Haftungs- und Strafbarkeitsrisiken für das Unternehmen, seine Mitarbeiter sowie die Unternehmensleitung zu vermeiden,[1699] zunächst als Basis des Tax Compliance-Systems die Erforderlichkeit einer Risikoidentifikation zur Evaluation der Risikolage des Unternehmens.

Zum anderen lässt sich für den Umfang und die Notwendigkeit der Umsetzung der aktienrechtlichen Anforderungen, der Gedanke aus der MPS-Entscheidung des BGH[1700] fruchtbar machen, der die Einrichtung eines Systems im Unternehmen, gerichtet auf die präventive Kontrolle und effiziente Beherrschung potentieller Risiken an die Einschätzung koppelt, inwiefern die identifizierten und evaluierten Risiken aufgrund ihrer Bedeutung für das Unternehmen, ihrer Komplexität und Reichweite im gesamten Unternehmen bzw. Konzern nicht noch durch einzelne Kontrollen effizient und sicher beherrscht werden können, sondern einer unternehmensweiten, systematischen Kontrolle bedürfen.[1701]

Ausgehend von dieser Leitlinie ist die konkrete Ausgestaltung der aktienrechtlichen Anforderungen an Tax Compliance im Einzelfall zu bemessen.

2. *Konsequenzen für ein Organisationsverschulden des Vorstandes*

Bei Rückbezug auf den Untersuchungsgegenstand, Anforderungen und Maßstäbe aus §§ 76, 93 I, II AktG für den Bereich Tax Compliance zu bestimmen um den Pflichtenkreis des Vorstandes bei der Beherrschung steuerrechtlicher Unternehmensrisiken zu analysieren und zu definieren, liefern die aktienrechtlichen Anforderungen an Tax Compliance angesichts der steuerlichen Risikolage im Unternehmen als Resultat bzw. logische Konsequenz dieser Risikolage die Grundlagen einer Organisationsstruktur zur Vermeidung der Risiken.

Sofern der Vorstand in Wahrnehmung seiner Sorgfaltspflicht nach einer entsprechenden Identifikation, Analyse und Evaluation der unternehmensindividuellen, steuerlichen Risikolage die herausgearbeiteten aktienrechtlichen Anforderungen

hier auf den Bereich der Steuern spezifiziert ist. Vgl. dazu z.B. schon vor dem eigentlichen Beginn der Compliancediskussion *Adams/Johannsen*, BB 1996, 1017ff.; vgl. ferner z.B.: *Fleischer*, AG 2003, 291–295, 298ff.; *Hauschka*, ZIP 2004, 877, 879ff.; *Bürkle*, BB 2005, 565, 567ff.; *Kremer/Klahold*, ZGR 2010, 113, 121ff.; vgl. zu § 130 OWiG *Kiesel/Böhringer*, BB 2012, 1190, 1193; ausführlich zur Compliance-Organisation allgemein *Lampert*, in: Hauschka, Corporate Compliance, § 9 *passim*; siehe dazu ferner die Nachweise im Grundlagenkapitel bei der Beschreibung der Elemente eines Corporate Compliance bzw. Tax Compliance-Systems, S. .13ff.

1699 Siehe dazu ausführlich bereits oben S. 13ff., dort auch zum folgenden Text.

1700 BGH, BGHZ 179, 71ff.

1701 Siehe zur Herleitung dieses Gedankens aus dem MPS-Urteil ausführlich mit weiteren Nachweisen S. 240ff.

insbesondere an die Etablierung einer unternehmensinternen Organisation zur Beherrschung und Vermeidung bzw. Minimierung der Risiken – obwohl eine systematisch Organisation geboten wäre – nicht im Unternehmen umsetzt, so liegt ein Organisationsverschulden durch Verletzung der Sorgfaltspflicht in Gestalt der Organisationspflicht des Vorstandes und damit ein Anwendungsfall des Haftungstatbestandes aus § 93 II AktG vor. Konkret kann der Vorstand ein Organisationsverschulden nur umgehen, indem er auf die Risikolage mit der Einrichtung einer Organisation bzw. eines Systems, im Falle steuerlicher Risiken mit einem Tax Compliance-System reagiert, welches sicherstellt, dass sich die identifizierten Risiken nicht in einem Schaden für das Unternehmen materialisieren.[1702]

V. Tax Compliance Maßstäbe und Anforderungen bei Konzernen

Eingangs des Kapitels wurde konstatiert, dass für Konzernsachhalte die Pflicht des Vorstandes zur Corporate Compliance und damit ebenfalls zur Tax Compliance im Innenverhältnis trotz der Eigenständigkeit der einzelnen Konzernunternehmen auf §§ 76 I, 93 I AktG zu stützen ist. Dem rechtlichen Konstrukt Konzern wird dadurch Rechnung getragen, dass sich die Pflicht zur Tax Compliance am rechtlich Möglichen zu orientieren hat, bestimmt durch die konkrete Ausgestaltung als Vertrags- Eingliederungs- oder faktischer Konzern. Aufgrund der rechtlichen Eigenständigkeit der Konzernunternehmen restringieren sich die Pflichten des Vorstandes des herrschenden Unternehmens auf eine Kontrolle der Tax Compliance Maßnahmen sowie deren Durchsetzung. Sofern der Vorstand des herrschenden Unternehmens die Verantwortung für Tax Compliance auf sich gezogen hat oder selbst Urheber einer Pflichtverletzung ist, wird dieser zuvor umrissene Pflichtenkreis entsprechend erweitert.[1703]

Fokussiert auf das herrschende Unternehmen sieht das AktG bei Konzernen verschiedene, spezielle Haftungstatbestände gem. §§ 309, 317 III, 323 I i.V.m. § 309 vor.[1704] Dabei ordnet § 317 III AktG eine Haftung an, sofern das herrschende Unternehmen das beherrschte Unternehmen zu einem Nachteil veranlasst hat, der

---

1702 Vgl. zum Organisationsverschulden: grundlegend zum Organisationsverschulden im Deliktsrecht: *Hassold*, JuS 1982, 583ff.; *Adams/Johannsen*, BB 1996, 1017, 1020; *Fleischer*, AG 2003, 291, 294; in Bezug auf Produkthaftung und Berichtswesen: *Pant*, VersR 2004, 690, 691f.; *Bürkle*, BB 2005, 565, 567f.; *Fleischer*, in: Fleischer, Handbuch des Vorstandsrechts, § 8, Rn. 45; *Spindler*, in: MüKo-AktG, § 76, Rn. 17; *Wellhöfer*, in: Wellhöfer/Peltzer/Müller, Die Haftung von Vorstand, Aufsichtsrat, Wirtschaftsprüfer, § 11, Rn. 85ff.; *Fleischer*, in: Spidler/Stilz, AktG, Bd. 1, § 93, Rn. 56, 108; *Ringleb*, in: Ringleb/KremerLutter/v. Werder, DCGK, Rn. 625ff., insbesondere Rn. 627a; *Landwehrmann*, in: Heidel, AktR, § 93, Rn. 109; *Gürtler*, in: Göhler, OWiG, § 130, Rn. 14; *Loritz/Wagner*, DStR 2012, 2189, 2192.

1703 Siehe dazu ausführlich mit weiteren Nachweisen bereits oben S. 192ff.

1704 Vgl. dazu *Hopt*, in: Großkommentar AktG, § 93, Rn. 114ff. (01.01.1999); *Spindler*, in: MüKo-AktG, Bd. 2, § 93, Rn. 9.

nicht ausgeglichen worden ist[1705], wohingegen § 309 II AktG bei Bestehen eines Beherrschungsvertrags für den Vorstand des herrschenden Unternehmen bei der Erteilung von Weisungen an die Verletzung der Sorgfalt eines ordentlichen und gewissenhaften Geschäftsleiters anknüpft. Wegen des ähnlichen Aufbaus der Normen § 93 AktG und § 309 AktG sowie gemäß Wortlaut des identischen Bezugs auf die Sorgfalt eines ordentlichen und gewissenhaften Geschäftsleiters orientiert sich der (Verschuldens-) Maßstab des § 309 AktG am Maßstab des § 93 AktG.[1706]

Ausgehend von diesen Grundvoraussetzungen sind die im Lichte von §§ 76, 93 AktG ausgearbeiteten Maßstäbe und Anforderungen an Tax Compliance bei Konzernen an die individuelle, konkrete Ausgestaltung des Konzerns zu adaptieren, um zu einem sachgerechten und gesetzeskonformen Ergebnis zu gelangen. Die Grenzen der Konzern Tax Compliance bildet dabei das gesetzlich vorgegebene rechtlich Mögliche.[1707]

C. Aufsichtspflichten des Vorstandes – Derivative Anforderungen und Maßstäbe an Tax Compliance aus § 130 OWiG

Während die Normen §§ 76 I, 93 I AktG die derivative Grundlage für Tax Compliance im Innenverhältnis bilden, ist die Norm des § 130 OWiG die Basis von Corporate Compliance und mithin derivativ die Basis von Tax Compliance im Außenverhältnis.[1708] Nunmehr gilt es, die speziellen Anforderungen und Maßstäbe, die die Norm des § 130 OWiG an Tax Compliance in der Aktiengesellschaft stellt, zu extrahieren, so dass der Pflichtenkreis des Vorstandes im Außenverhältnis im Lichte des § 130 OWiG näher beleuchtet und definiert werden kann.

I. Charakter und Intention des § 130 OWiG

1. Regelungsgegenstand

Die Regelung des § 130 OWiG besagt zunächst, dass der Inhaber eines Betriebes oder Unternehmens dann ordnungswidrig handelt, wenn er vorsätzlich oder fahrlässig die erforderlichen Aufsichtsmaßnahmen unterlässt, um im Betrieb bzw. Unternehmen Zuwiderhandlungen gegen Pflichten zu verhindern, die ihn als Inhaber treffen und deren Verletzung mit Strafe oder Geldbuße bedroht ist, sofern die Zuwiderhandlung

---

1705 Siehe dazu *Hüffer*, AktG, § 317, Rn. 13.

1706 Vgl. *Koppensteiner*, in: Kölner Kommentar AktG, Bd. 6, § 309, Rn. 1, 12; *Fleischer*, in: Fleischer, Handbuch des Vorstandsrechts, § 18, Rn. 56, (58); *Langenbucher*, in: Schmidt/Lutter, AktG, Bd. 2, § 309, Rn. 23; vgl. *Altmeppen*, in: MüKo-AktG, Bd. 5, § 309, Rn. 1; *Peres*, in: Heidel, AktR, § 309, Rn. 12; vgl. *Hüffer*, AktG, § 309, Rn. 1.

1707 Siehe dazu auch die Ausführungen am Ende von Kapitel 3 A, S. 201ff.

1708 Siehe zu § 130 OWiG als Grundlage von Tax Compliance im Außenverhältnis bereits oben S. 189ff., 201f.

mittels gehöriger Aufsicht verhindert oder wesentlich erschwert worden wäre. Als erforderliche Aufsichtsmaßnahmen werden auch die Bestellung, sorgfältige Auswahl und Überwachung von Aufsichtspersonen in § 130 I 2 OWiG genannt.

§ 130 III OWiG legte in der alten Fassung bisher fest, dass die Ordnungswidrigkeit mit einer Geldbuße bis zu einer Million Euro geahndet werden konnte, wenn die Pflichtverletzung mit Strafe bedroht war und im Falle einer Geldbuße als Folge der Pflichtverletzung sich das Höchstmaß der Geldbuße aus § 130 OWiG am Höchstmaß der Geldbuße der Pflichtverletzung ausrichtete. In seiner ab dem 30.06.2013 geltenden Fassung hat der Gesetzgeber im Rahmen eines Achten Gesetzes zur Änderung des Gesetzes über Wettbewerbsbeschränkungen (8. GWB-ÄndG)[1709] durch einen Verweis auf den ebenfalls reformierten § 30 II 3 OWiG[1710] das Höchstmaß der Geldbuße auf zehn Millionen Euro verzehnfacht.[1711]

2. *Regelungszweck*

Gedanklicher Ausgangspunkt des § 130 OWiG ist die Annahme, dass den Inhaber eines Betriebs oder eines Unternehmens Pflichten treffen, deren Verletzung mit Strafe oder Geldbuße bedroht ist.[1712] Diese Pflichten sind mannigfaltigen Ursprungs und knüpfen an die unterschiedlichen Funktionen des Betriebs- bzw. Unternehmensinhabers z.B. als Arbeitgeber, Hersteller einer Ware, Grundstückseigentümer, Anlagenbetreiber oder als Teilnehmer am Außenwirtschaftsverkehr an, was ein engmaschiges, komplexes Netz aus multiplen Pflichten entstehen lässt. Konsequenz der Pflichtenlage ist zum einen unter dem Gesichtspunkt einer mangelnden realen Möglichkeit des Betriebs- bzw. Unternehmensinhabers, sämtlichen Pflichten persönlich nachzukommen und zum anderen unter dem Aspekt einer ökonomisch effizienten Einhaltung aller maßgeblichen Pflichten, die Erfüllung der einzelnen Pflichten per Delegation auf weitere Mitarbeiter des Unternehmens zu verteilen.[1713]

Reflex dieser Delegation ist die Aufsichtspflicht des Betriebs- bzw. Unternehmensinhabers, da die Konzentration von Personen und Ressourcen in einem Unternehmen

---

1709 Gesetzesentwurf der Bundesregierung eines Achten Gesetzes zur Änderung des Gesetzes gegen Wettbewerbsbeschränkungen (8. GWB-ÄndG), BT-Drs. 17/9852 in der Fassung der Beschlussempfehlung und Berichts des Ausschusses für Wirtschaft und Technologie (9. Ausschuss) zu dem Gesetzesentwurf der Bundesregierung – Drucksache 17/9852 – Entwurf eines Achten Gesetzes zur Änderung des Gesetzes gegen Wettbewerbsbeschränkungen (8. GWB-ÄndG), BT-Drs. 17/11053.

1710 BT-Drs. 17/11053, S. 7f., 21, siehe zum neuen § 30 OWiG ausführlicher S. 452ff.

1711 BT-Drs. 17/11053, S. 7f., 23.

1712 *Koch*, AG 2009, 564, 569, dort auch zum folgenden Text.

1713 BT-Drs. V/1269, S. 68; OLG Celle, NStZ-RR 2007, 215; *Demuth/Schneider*, BB 1970, 642, 647; *Többens*, NStZ 1999, 1, 3; *Adam*, wistra 2003, 285, 285f.; *Rogall*, in: KK-OWiG, § 130, Rn. 3, 5; *Kindler*, Das Unternehmen als haftender Täter, S. 94f.; *Pelz*, in: Hauschka, Corporate Compliance, § 6, Rn. 3; *Pietrek*, Die strafrechtliche Verantwortlichkeit des Betriebsinhabers aus Compliance-Pflichten, S. 133f.; *Gürtler*, in: Göhler, OWiG, § 130, Rn. 2.

nicht nur Sachgefahren auslöst, sondern auch personelle Gefahren. Dem liegt die Idee zu Grunde, dass Mitarbeiter die an sie delegierten Aufgaben vereinzelt nicht adäquat wahrnehmen und damit gegen straf- oder bußgeldbewehrte Pflichten verstoßen, so dass der Mensch als Risikofaktor in der Unternehmensorganisation zu qualifizieren ist. Apologetisiert wird die auf diese Weise in § 130 OWiG begründete Haftung mit dem Argument, dass der Betriebs- oder Unternehmensinhaber qua Delegation seiner Pflichten auf eine Vielzahl von Mitarbeitern seinen Spielraum enorm vergrößert und von den daraus resultierenden Vorteilen profitiert.[1714]

Klargestellt ist damit, dass sich § 130 OWiG nicht auf irgendeine Aufsichtspflicht stützt, indessen gründet diese in der Delegation eine Pflicht, die an den Betriebs- oder Unternehmensinhaber gerichtet ist.[1715]

Über die Konstruktion einer Haftung des Betriebs- oder Unternehmensinhabers für Aufsichtspflichtverletzungen schließt § 130 OWiG funktional eine „Strafbarkeits-" bzw. Zurechnungslücke. Ohne diesen Haftungstatbestand könnte sich der Unternehmensinhaber als primärer Adressat der Pflichten qua Delegation aus der Erfüllung der Pflichten entlassen, wohingegen der per Delegation mit der Aufgabe Betraute gerade nicht der primäre Adressat der Pflichten ist.[1716]

3. *Subsidiarität bzw. Auffangfunktion*

Insbesondere im Lichte der vorstehenden Ausführungen zu § 130 OWiG als Mittel zur Schließung einer „Strafbarkeits-" oder Zurechnungslücke wird deutlich, dass obgleich nicht gesetzlich ausdrücklich kodifiziert, § 130 OWiG von Schrifttum und Rechtsprechung subsidiär als eine Art „Auffangtatbestand" angewendet wird.[1717] Wenn also der Betriebs- oder Unternehmensinhaber, respektive ein für diesen Handelnder im Sinne des § 9 OWiG wie beispielsweise der Vorstand einer Aktiengesellschaft[1718], die Zuwiderhandlung als Täter oder Teilnehmer gem. §§ 25ff. StGB,

1714 Vgl. BGH, BGHZ 125, 366, 373 = NJW 1994, 1801, 1803; BT-Drs. V/1269, S. 68; vgl. *Thiemann*, Aufsichtspflichtverletzung in Betrieben und Unternehmen, S. 71; *Rogall*, ZStW 98 (1986), 573, 578, 587; *Rogall*, in: KK-OWiG, § 130, Rn. 2; *Koch*, AG 2009, 564, 569; vgl. *Bock*, in: Kuhlen/Kudlich/Ortiz de Urbina, Compliance und Strafrecht, S. 57, 60; wohl a.A.: *Hermanns/Kleier*, Grenzen der Aufsichtspflicht in Betrieben und Unternehmen, S. 57f.

1715 So explizit *Koch*, WM 2009, 1013, 1018.

1716 BT-Drs. V/1269, S. 68f.; *Demuth/Schneider*, BB 1970, 642f.; *Rogall*, in: KK-OWiG, § 130, Rn. 3f.; *Koch*, AG 2009, 564, 567.

1717 KG, JR 1972, 121, 122; BayObLG, wistra 1999, 71, 73; OLG Düsseldorf, wistra 1989, 358; *Demuth/Schneider*, BB 1970, 642, 649; *Rogall*, ZStW 98 (1986), 573, 620; *Hermanns/Kleier*, Grenzen der Aufsichtspflicht in Bertrieben und Unternehmen, S. 10f., m.w.N.; *Többens*, NStZ 1999, 1, 5; *Rogall*, in: KK-OWiG, § 130, Rn. 108; *Achenbach*, in: Achenbach/Ransiek, Handbuch Wirtschaftsstrafrecht, S. 36, Rn. 41; *Gürtler*, in: Göhler, OWiG, § 130, Rn. 25f. m.w.N., dort auch zum folgenden Text.

1718 *Bohnert*, OWiG, § 130, Rn. 1, 9; siehe dazu auch noch ausführlicher im Anschluss S. 342ff.

Nebentäter bei Fahrlässigkeit oder Beteiligter gem. § 14 OWiG verwirklicht, greift § 130 OWiG nicht.[1719] Ein Unterlassen des Betriebs- oder Unternehmensinhabers gegen eine Zuwiderhandlung vorzugehen, wird in diesem Zusammenhang wie eine Nebentäterschaft behandelt und schließt demnach ebenfalls eine Berufung auf den Tatbestand des § 130 OWiG aus.[1720]

Positiv formuliert verbleibt dem § 130 OWiG als Anwendungsbereich die fahrlässige Verletzung der Aufsichtspflicht seitens des Verpflichteten, sofern die Fahrlässigkeit nicht auch zugleich Ursache der Zuwiderhandlung ist, die fahrlässige Handlung des zur Aufsicht Verpflichteten, selbst wenn die Zuwiderhandlung hingegen des Vorsatzes oder bestimmter Merkmale bedarf oder abschließend die Konstellation, in der der Täter nicht der Adressat der verletzten Norm und der zur Aufsicht Verpflichtete nicht als mittelbarer Täter in Erscheinung getreten ist.[1721]

II. Anwendbarkeit des § 130 OWiG auf steuerrechtliche Sachverhalte

Der Vielzahl steuerlicher Pflichten, die es gerade in einem international operierenden Konzern seitens der Unternehmensleitung zu beachten gilt, wird in der Unternehmenspraxis per Delegation der steuerlichen Pflichten auf eine Mehrzahl von Mitarbeitern Rechnung getragen, was nach einer geeigneten Organisationsstruktur im Unternehmen zur Wahrung der Pflichten verlangt.[1722]

Damit verwirklicht sich zunächst in Bezug auf die steuerlichen Pflichten eines Unternehmens und seiner Leitung exakt die dem § 130 OWiG zugrunde liegende Ausgangssituation, ein komplexes und umfangreiches Regelungswerk realiter und effizient nur durch eine Verteilung der Pflichten auf zahllose Mitarbeiter im Unternehmen gewährleisten zu können.[1723] Logische Konsequenz dieser erforderlichen Delegation steuerlicher Pflichten ist neben der ohnedem von Rechts wegen bestehenden steuerlichen Risikolage insbesondere für international ausgerichtete

1719 OLG Düsseldorf, wistra 1992, 355f.; *Thiemann*, Aufsichtspflichtverletzung in Betrieben und Unternehmen, S. 59; ausführlich und kritisch: *Kaufmann*, Möglichkeiten der sanktionsrechtlichen Erfassung von (Sonder-) Pflichtverletzungen im Unternehmen, S. 111ff., die sich vertiefend mit der Frage einer möglichen Garantenstellung des Geschäftsherrn hinsichtlich der Vermeidung von Straftaten der Unternehmensmitarbeiter befasst; *Rogall*, in: KK-OWiG, § 130, Rn. 108.

1720 *Rogall*, in: KK-OWiG, § 130, Rn. 108.

1721 Vgl. BGH, wistra 1983, 161f.; *Thiemann*, Aufsichtspflichtverletzung in Betrieben und Unternehmen, S. 59; *Göhler*, wistra 1983, 242, 243ff.; *Hermanns/Kleier*, Grenzen der Aufsichtspflicht in Betrieben und Unternehmen, S. 10f.; vgl. *Rogall*, in: KK-OWiG, § 130, Rn. 109; vgl. *Gürtler*, in: Göhler, OWiG, § 130, Rn. 27.

1722 Vgl. *Adam*, wistra 2003, 285f.; *Binnewies*, in: Streck/Mack/Schwedhelm, Tax Compliance, Rn. 4.70; *Kiesel/Böhringer*, BB 2012, 1190.

1723 Siehe dazu bereits oben S. 338f.; vgl. in Bezug auf die Erfüllung steuerlicher Pflichten *Seer*, in: Tipke/Lang, Steuerrecht, § 23, Rn. 122.

Unternehmen[1724] das Hinzutreten des der Delegation inhärenten Risikofaktors Mensch innerhalb der Unternehmensorganisation[1725].

Überdies ist rekurrierend auf den Wortlaut des § 130 I OWiG zu konstatieren, dass es das Ziel und zugleich notwendige Bedingung der Aufsichtsmaßnahmen ist, Zuwiderhandlungen gegen Pflichten zu verhindern, die den Inhaber treffen und deren Verletzung mit Strafe oder Geldbuße bedroht sind.[1726]

Eine ältere Auffassung, die sich gegen eine Anwendung des § 130 OWiG in Bezug auf steuerrechtliche Pflichtverletzungen mit dem Argument aussprach, die Regelungen der AO in §§ 378ff. seien hinsichtlich der steuerrechtlichen Ordnungswidrigkeiten abschließend,[1727] läuft demgemäß ins Leere: § 130 OWiG richtet sich primär gegen die mangelhafte, interne Organisation eines Unternehmens und nicht allgemein gegen steuerrechtliche Pflichtverletzungen, so dass einer Anwendung des § 130 OWiG auf steuerrechtliche Sachverhalte nichts entgegen steht.[1728]

Als objektive Bedingung der Ahndung ist die vom Wortlaut des § 130 OWiG vorausgesetzte Zuwiderhandlung gegen Pflichten, die den Inhaber treffen, zu sehen und verlangt die Verwirklichung des „äußeren Geschehensablaufs" der Tat, die mit Strafe oder Geldbuße bedroht ist.[1729] Falls diese Tat um die genannten Folgen auszulösen des Vorsatzes bedarf, so muss die Tat von einem natürlichen Vorsatz getragen worden sein.[1730] Konkret bedeutet dies z.B. für die Steuerhinterziehung, dass allein die Verwirklichung des objektiven Tatbestandes nicht ausreichen würde, um die objektive Bedingung der Ahndung des § 130 OWiG zu erfüllen.

1724 Siehe zur steuerlichen Risikolage der Unternehmen die Darstellung anhand der exemplarisch ausgewählten Beispiele im zweiten Kapitel zur systemischen Risikolage im Unternehmen, S. 179ff.

1725 Siehe dazu bereits oben mit entsprechenden Nachweisen S. 338f.

1726 Siehe dazu bereits oben S. 337.

1727 *Suhr/Naumann/Bilsdorfer*, Steuerstrafrecht-Kommentar, Rn. 413.

1728 So ausführlich und ausdrücklich *Joecks*, in: Gast/Dehaan, § 377, Rn. 54.

1729 *Hermanns/Kleier*, Grenzen der Aufsichtspflicht in Betrieben und Unternehmen, S. 9; *Kaufmann*, Möglichkeiten der sanktionsrechtlichen Erfassung von (Sonder-) Pflichtverletzungen im Unternehmen, S. 130; *Rogall*, in: KK-OWiG, § 130, Rn. 73; *Bohnert*, OWiG, § 130, Rn. 24; *Gürtler*, in: Göhler, OWiG, § 130, Rn. 17; *Achenbach*, in: Achenbach/Ransiek, Handbuch Wirtschaftsstrafrecht, S. 42, Rn. 60; bereits ausführlich zur objektiven Bedingung der Strafbarkeit, *Thiemann*, Aufsichtspflichtverletzung in Betrieben und Unternehmen, S. 86ff.

1730 BayObLG, wistra 1999, 71, 73; vgl. BayObLG, GewArch 2004, 219; *Demuth/Schneider*, BB 1970, 642, 647; *Lutz*, WuW 1976, 69, 73; *Hermanns/Kleier*, Grenzen der Aufsichtspflicht in Betrieben und Unternehmen, S. 75; *Kaufmann*, Möglichkeiten der sanktionsrechtlichen Erfassung von (Sonder-) Pflichtverletzungen im Unternehmen, S. 130f.; *Rogall*, in: KK-OWiG, § 130, Rn. 75; *Gürtler*, in: Göhler, OWiG, § 130, Rn. 21; a.A.: *Rebmann/Roth/Herrmann*, OWiG, § 130, Rn. 11 (September 2008); siehe zum natürlichen Vorsatz *Lackner/Kühl*, StGB; § 15, Rn. 31.

1. *Anwendbarkeit bei nationalen Sachverhalten*

Sofern die dem Unternehmen obliegenden steuerlichen Pflichten im Einzelfall nicht erfüllt werden, drohen der Unternehmensleitung die straf- und steuerordnungswidrigkeitsrechtlichen Vorschriften der Steuerhinterziehung gem. § 370 AO sowie der leichtfertigen Steuerverkürzung gem. § 378 AO mit Strafe, Geldstrafe oder Geldbuße. Bereits die Nichterfüllung der steuerlichen Pflichten indiziert, dass die im betroffenen Unternehmen etablierte Organisation zur Einhaltung der steuerlichen Pflichten fehlerhaft ist. Sintemal es für die Ermittlungsbehörden nicht ganz einfach ist, den subjektiven Tatbestand vorstehender Sanktionsnormen nachzuweisen, erfolgt bei steuerrechtlichen Sachverhalten zunehmend der Rückgriff auf § 130 OWiG i.V.m. § 30 IV OWiG als eine Art „Unternehmensstrafrecht".[1731]

Im Angesicht dieser Sachlage und dieser Entwicklung darf aber nicht vergessen werden, dass die Perspektive des § 130 OWiG beispielsweise im Vergleich zu § 93 II AktG eingeschränkt ist: Während § 93 II AktG jeden Schaden für das Unternehmen verursacht durch eine Pflichtverletzung des Vorstandes erfasst, ist § 130 OWiG nur auf einen Pflichtverstoß, der eine Strafe oder Geldbuße nach sich zieht, fokussiert.[1732]

Für das Steuerrecht lässt sich extrahieren, dass somit eine Verletzung steuerlicher Pflichten, die weder den Tatbestand einer Steuerhinterziehung gem. § 370 AO, weder den Tatbestand einer leichtfertigen Steuerverkürzung gem. § 378 AO, noch den Tatbestand anderer Straf- und Ordnungswidrigkeitsnormen in Bezug auf steuerrechtliche Pflichten wie beispielweise der Steuererklärungs-, Buchführungs- oder Dokumentationspflichten ausfüllt,[1733] nicht mit einer Geldbuße nach § 130 OWiG geahndet werden kann, selbst wenn dadurch dem Unternehmen oder einem Dritten ein Schaden entstanden sein sollte.

2. *Anwendbarkeit bei internationalen Sachverhalten*

Um die Frage der Anwendbarkeit des § 130 OWiG bei steuerrechtlichen Sachverhalten umfassend beantworten zu können, ist der Betrachtungshorizont noch um die internationale Perspektive zu erweitern, da international tätige Unternehmen z.B. in den Bereichen der Verrechnungspreise, Betriebstätten oder der Expatriates vielfach den eigentlichen Rechtsverstoß im Ausland verwirklichen.

1731 Vgl. *Adam*, wistra 2003, 285, 287; vgl. *Joecks*, in: Franzen/Gast-Dehaan, § 377, Rn. 53; *Geuenich/Kiesel*, BB 2012, 155 157; *Kiesel/Böhringer*, BB 2012, 1190f; vgl. *Grützner/Leisch*, DB 2012, 787, 788.

1732 *Pelz*, in: Hauschka, Corporate Compliance, § 6, Rn. 33.

1733 *Seer*, in: Tipke/Lang, Steuerrecht, § 23, Rn. 122.

Inwiefern eine im Ausland vorgenommene Handlung nach den deutschen Strafvorschriften des StGB bzw. nach den Vorschriften des OWiG geahndet werden kann, ist zum einen in §§ 3–9 StGB, sowie in §§ 5, 7 OWiG geregelt.[1734]

Demnach gilt das deutsche StGB gem. §§ 3,9 für Taten, die im Inland begangen wurden, wobei auf den Ort abzustellen ist, an dem der Täter gehandelt hat oder im Falle des Unterlassens hätte handeln müssen bzw. an dem der Erfolg eingetreten ist oder nach der Vorstellung des Täters hätte eintreten müssen. Die Folge ist, dass deutsches Strafrecht einschlägig ist, selbst wenn die Handlungen im Ausland vorgenommen werden und der tatbestandliche Erfolg bei einer deutschen Gesellschaft eintritt oder eine Handlung einer ausländischen Tochtergesellschaft zu einer Steuerverkürzung im Inland führt.[1735] Ausreichend ist gem. § 9 II StGB schon die Beihilfe zur Anknüpfungstat des § 130 OWiG, wobei die Teilnahme gem. § 9 II 2 StGB auch dann dem deutschen Strafrecht unterfällt, wenn der Teilnehmer der Auslandstat im Inland gehandelt hat und die Tat im Ausland nicht mit Strafe bedroht ist. Ferner bieten §§ 5–7 StGB weitere Möglichkeiten, zu einer Anwendung des deutschen Strafrechts zu gelangen.[1736]

Unter Berücksichtigung des einheitlichen Täterbegriffs des OWiG ist die Regelung des § 7 OWiG im Kern dem § 9 StGB nachgebildet, allerdings aufgrund des Territorialprinzips des Ordnungswidrigkeitengesetzes ohne die Möglichkeit der Beteiligung an einer Auslandstat wie es § 9 II 2 StGB vorsieht.[1737]

Speziell bezogen auf das Steuerrecht findet sich in § 370 VII AO für die Steuerhinterziehung und qua Verweis in § 378 I 2 AO auch für die leichtfertige Steuerverkürzung eine Regelung zu Auslandstaten. Demzufolge greifen §§ 370, 378 AO selbst dann, wenn unabhängig vom Recht des Tatortes die Tat außerhalb des Geltungsbereiches der AO begangen wurde.[1738]

Folglich ist die Anwendung des § 130 OWiG bei internationalen, steuerrechtlichen Sachverhalten keineswegs ausgeschlossen, sondern vielmehr wird sich ein international tätiges Unternehmen der Regelung und ihrer Konsequenzen kaum entziehen können.[1739]

1734 Siehe dazu ausführlich *Grützner/Leisch*, DB 2012, 787, 789, dort auch zum folgenden Text.

1735 OLG Koblenz, wistra 1984, 79, 79f.; *Grützner/Leisch*, DB 2012, 787, 789.

1736 *Grützner/Leisch*, DB 2012, 787, 789.

1737 Siehe auch Begründung zum Entwurf eines Einführungsgesetzes zum Strafgesetzbuch (EGStGB), BT-Drs. 7/550, S. 343; *Rogall*, in: KK-OWiG, § 7, Rn. 1; *Bohnert*, OWiG, § 7, Rn. 1; *Gürtler*, in: Göhler, OWiG, § 7, Rn. 1.

1738 Siehe dazu *Meyer*, in: Beermann/Gosch, § 370, Rn. 14ff. (August 2011); *Jäger*, in: Klein, AO, § 370, Rn. 160f.

1739 Im Ergebnis zur Anwendung des § 130 OWiG ohne konkreten Bezug zum Steuerrecht: *Grützner/Leisch*, DB 2012, 787, 789.

III. Organisationsanforderungen an die Unternehmensaufsicht

1. *Adressat der Aufsichtspflicht*

Zuvorderst ist nach dem Wortlaut des § 130 I OWiG der Inhaber eines Betriebs oder Unternehmens Adressat der Aufsichtspflicht und damit Täter einer möglichen Aufsichtspflichtverletzung. Sofern wie im Falle einer Aktiengesellschaft eine juristische Person als Betriebs- oder Unternehmensinhaber anzusehen ist, erweitert § 9 I OWiG den Kreis der Verpflichteten z.B. im Falle der Aktiengesellschaft auf die gesetzlich vertretungsberechtigten Organe, d.h. den Vorstand, sowie gem. § 9 II OWiG im Wege der Substitutenhaftung auf vom Betriebs- oder Unternehmensinhaber Beauftragte.[1740]

Letztere Konstellation erfasst über die gesetzlichen Vertreter hinaus Personen, die gem. § 9 II 1 Nr. 1 OWiG vom Betriebs- bzw. Unternehmensinhaber oder einem sonstigen Befugten beauftragt sind, den Betrieb ganz oder teilweise zu leiten oder gem. § 9 II 1 Nr. 2 OWiG ausdrücklich beauftragt sind, in eigener Verantwortung Aufgaben wahrzunehmen, die dem Inhaber des Betriebs obliegen. Demzufolge ist § 9 OWiG auch z.B. unmittelbar an den Leiter der Steuerabteilung als Leiter eines „(verselbstständigten) Teilbereichs“[1741] oder falls im jeweiligen Unternehmen entweder ausdrücklich geregelt oder als Teilbereich ausgestaltet an den Compliance Officer adressiert[1742]. Freilich ist die Verantwortung begrenzt durch die Kompetenzen und Befugnisse, die der beauftragten Person im Sinne des § 9 II 1 Nr. 1 OWiG verliehen worden sind.[1743]

Hinsichtlich der Adressateneigenschaft des Vorstandes einer Aktiengesellschaft ist abschließend zu präzisieren, dass auch im Rahmen des § 130 OWiG die Prinzipien, die zur horizontalen, vorstandsinternen Überwachungspflicht[1744] herausgearbeitet wurden, Anwendung finden.[1745] Jedes Mitglied des Vorstandes ist zunächst originär für sein mittels Geschäftsverteilung zugewiesenes Ressort verantwortlich

---

1740 *Többens*, NStZ 1999, 1, 2f.; *Spindler*, in: Fleischer, Handbuch des Vorstandsrechts, § 15, Rn. 94; *Rogall*, in: KK-OWiG, § 9, Rn. 42f., 65; *Kindler*, Das Unternehmen als haftender Täter, S. 96; *Pelz*, in: Hauschka, Corporate Compliance, § 6, Rn. 7ff.; *Bohnert*, OWIG, § 9, Rn. 9ff., 18; *Pietrek*, Die strafrechtliche Verantwortlichkeit des Betriebsinhabers aus Compliance-Pflichten, S. 136f.

1741 Zitat nach *Rogall*, in: KK-OWiG, § 9, Rn. 77, dort auch ausführlich m.w.N.; vgl. *Lemke/Mosbacher*, OWiG, § 9, Rn. 22; vgl. *Gürtler*, in: Göhler, OWiG, § 9, Rn. 20. Vgl. Zur Parallelnorm § 14 StGB: *Perron*, in: Schönke/Schröder, StGB, § 14, Rn. 32.

1742 So explizit *Gürtler*, in: Göhler, OWiG, § 9, Rn. 23; vgl. bereits *Demuth/Schneider*, BB 1970, 642, 645.

1743 BayObLG, wistra 1988, 162, 166; *Lemke/Mosbacher*, OWiG, § 9, Rn. 18; *Gürtler*, in: Göhler, OWiG, § 9, Rn. 17.

1744 Siehe dazu bereits ausführlich in Kapitel 3 B, S. 272ff.

1745 So auch *Spindler*, in: Fleischer, Handbuch des Vorstandsrechts, § 15, Rn. 123, dort auch zum folgenden Text; siehe dazu ebenso bereits *Thiemann*, Aufsichtspflichtverletzung in Betrieben und Unternehmen, S. 205ff., mit einer Darstellung auch abweichender, abzulehnender Ansichten, die die Geschäftsverteilung nicht berücksichtigen.

und darf darauf vertrauen, dass die anderen Vorstandsmitglieder ihre jeweiligen Ressorts ordnungsgemäß überwachen, so dass grundsätzlich keine Haftung im Falle einer Aufsichtspflichtverletzung in einem fremden Ressort eingreift. Ausnahmsweise werden die Handlungs-, Überwachungs- und Aufsichtspflichten des an sich unzuständigen Vorstandsmitgliedes über qua Geschäftsverteilung reduzierte Pflichten hinaus wieder erweckt, wenn sich das Unternehmen entweder in einer Krise befindet, Kenntnis von Pflichtverletzungen in einem anderen Ressort besteht oder die Aufgabenwahrnehmung des originär zuständigen Vorstandsmitgliedes evident unzureichend ist.[1746]

Folglich werden – wie bei der aktienrechtlichen, horizontalen Organisations- und Überwachungspflicht bereits herausgearbeitet – die einzelnen Vorstandsmitglieder bei einer Aufgabendelegation mittels Geschäftsverteilung im Vorstand nicht per se von ihrer Verantwortung zur Tax Compliance befreit, vielmehr müssen sie auch nach den Anforderungen des § 130 OWiG zur effektiven Wahrnehmung ihrer vorstandsinternen Überwachungspflicht ein Mindestmaß an steuerrechtlichen Kenntnissen aufweisen, um dieser Überwachungspflicht zu genügen.[1747]

2. Organisations- und Aufsichtsmaßnahmen

Der Wortlaut des § 130 I OWiG gibt wenig Aufschluss, wie die erforderliche Aufsicht zur Vermeidung der Haftung auszusehen hat. Lediglich § 130 I 2 OWiG ist der Hinweis zu entnehmen, dass zu den erforderlichen Aufsichtsmaßnahmen auch die Bestellung, sorgfältige Auswahl und Überwachung von Aufsichtspersonen gehören, was impliziert, dass sich die erforderlichen Aufsichtsmaßnahmen gerade nicht in dieser doch recht dürftigen Anforderungstrias erschöpfen.[1748]

1746 BGH, BGHSt 37, 106, 123ff.; OLG Hamm, NJW 1971, 817f.; OLG Düsseldorf, GewArch 2002, 389 = NStZ-RR 2002, 178f.; *Demuth/Schneider*, BB 1970, 642, 644f.; *Tessin*, BB 1987, 984, 989; *Bauer/Wrage-Molkenthin*, WuW 1988, 10, 11; *Ransiek*, ZGR 1999, 613, 637ff.; ausführlich zu § 130 OWiG *Wirtz*, WuW 2001, 342, 344f.; *Rogall*, in: KK-OWiG, § 9, Rn. 64; *Klusmann*, in: Wiedemann, Handbuch des Kartellrechts, § 55, Rn. 37; *Gürtler*, in: Göhler, OWiG, § 9, Rn. 15; *Rebmann/Roth/Herrmann*, OWiG, § 130, Rn. 27 (Januar 2001); aus der Perspektive des Strafrechts: *Marxen*, in: NK-StGB, § 14, Rn. 46 m.w.N.; *Perron*, in: Schönke/Schröder, StGB, § 14, Rn. 19.

1747 Siehe dazu bereits ausführlich mit weiteren Nachweisen zum aktienrechtlichen Schrifttum, S. 272ff.

1748 Vgl. *Demuth/Schneider*, BB 1970, 642, 648; *Rogall*, ZStW 98 (1986), 573, 602; *Többens*, NStZ 1999, 1, 3f.; *Adam*, wistra 2003, 285, 288; *Rogall*, in: KK-OWiG, § 130, Rn. 37; *Kindler*, Das Unternehmen als haftender Täter, S. 97; *Bussman/Matschke*, CCZ 2009, 132; *Pietrek*, Die strafrechtliche Verantwortlichkeit des Betriebsinhabers aus Compliance-Pflichten, S. 139; *Böhringer/Kiesel*, BB 2012, 1190, 1192; a.A. wohl *Spindler*, in: Fleischer, Handbuch des Vorstandsrechts, § 15, Rn. 107, der die Formulierung des § 130 I 2 OWiG im Lichte der Unmöglichkeit einer laufenden Überwachung in größeren Unternehmen durch die Unternehmensleitung die Bestellung, sorgfältige Auswahl und Überwachung als hinlängliche Aufsichtsmaßnahme ansieht.

a) *Grundlegende Bedingungen der Aufsichtsmaßnahmen*

In Anbetracht mangelnder, gesetzlicher Vorgaben existiert demnach keine allgemeinverbindliche, starre Organisationsvorgabe für die Unternehmensleitung, die es umzusetzen gilt, sondern vielmehr ist die Organisation der Aufsicht im Sinne des § 130 OWiG eine Frage des Einzelfalls in Abhängigkeit von einer Reihe denkbarer Faktoren wie der Größe und Organisation des Unternehmens, der einschlägigen zu beachtenden Vorschriften, des Geschäftsmodells oder des Geschäftsfeldes des Unternehmens, der verschiedenen Kontrollmöglichkeiten, der sich daraus ergebende rechtliche Risikolage des Unternehmens sowie der in der Vergangenheit begangenen Rechtsverstöße.[1749]

Dessen ungeachtet können aus dem Wortlaut des § 130 I 1 OWiG grundlegende Leitlinien für die weitere Bestimmung der Aufsichtspflicht gewonnen werden, konkret aus der verwendeten Formel der „Aufsichtsmaßnahmen [...], die erforderlich sind" sowie dem Ausdruck „gehörige Aufsicht".[1750]

Im Licht der Erforderlichkeit sind die Maßnahmen im Unternehmen zu etablieren, die geeignet sind, die Zuwiderhandlungen im Sinne des § 130 OWiG auszuschließen. Die Unternehmensleitung kann zwischen verschiedenen Maßnahmen bei identischer Eignung diejenige umsetzen, die das Unternehmen und seine Mitarbeiter am wenigsten beansprucht, so dass keine verbindliche Pflicht existiert, Aufsichtspersonen im Unternehmen zu installieren oder eine andere, vorgeschriebene Organisation einzuführen.[1751]

Über die Erforderlichkeit hinaus ist Voraussetzung der Aufsichtsmaßnahmen ihre Geeignetheit, die (steuerrechtswidrigen) Zuwiderhandlungen zu unterbinden, wonach nur solche Aufsichtsmaßnahmen in Betracht zu ziehen sind, die aller

---

1749 Vgl. BGH, WuW/E BGH 2203, 2203 = wistra 1985, 228f. = NStZ 1986, 34f.; OLG Hamm, GewArch 1974, 190, 191; OLG Düsseldorf, wistra 1991, 38, 39; OLG Düsseldorf, wistra 1991, 38, 38f.; vgl. OLG Köln, wistra 1994, 315; OLG Zweibrücken, NStZ-RR 1998, 311f.; OLG Düsseldorf, NStZ-RR 1999, 151 = wistra 1999, 115, 116; *Hermanns/Kleier*, Grenzen der Aufsichtspflicht in Betrieben und Unternehmen, S. 37ff.; *Tessin*, BB 1987, 984, 987; *Otto*, Jura 1998, 409, 414; *Többens*, NStZ 1999, 1, 3f.; vgl. *Rogall*, in: KK-OWiG, § 130, Rn. 41; *Krekeler/Werner*, Unternehmer und Strafrecht, Rn. 24; vgl. *Hauschka/Greeve*, BB 2007, 165ff.; *Bussmann/Matschke*, CCZ 2009, 132; *Pelz*, in: Hauschka, Corporate Compliance, § 6, Rn. 15; *Rettenmaier/Palm*, NJOZ 2010, 1414, 1418; *Gürtler*, in: Göhler, OWiG, § 130, Rn. 10; *Pietrek*, Die strafrechtliche Verantwortlichkeit des Betriebsinhabers aus Compliance-Pflichten, S. 139f.; *Kiesel/Böhringer*, BB 2012, 1190.

1750 *Adam*, wistra 2003, 285, 288; *Rogall*, in: KK-OWiG, § 130, Rn. 38ff, 49f.; vgl. *Bussmann/Matschke*, CCZ 2009, 132, 133; *Pietrek*, Die strafrechtliche Verantwortlichkeit des Betriebsinhabers aus Compliance-Pflichten, S. 139; vgl. *Kiesel/Böhringer*, BB 2012, 1190, 1192ff.

1751 Vgl. *Hermanns/Kleier*, Grenzen der Aufsichtspflicht in Betrieben und Unternehmen, S. 69f.; *Rogall*, in: KK-OWiG, § 130, Rn. 38, 48; vgl. *Bohnert*, OWiG, § 130, Rn. 21.

Wahrscheinlichkeit nach die Zuwiderhandlung verhindern können.[1752] Ferner werden die Aufsichtsmaßnahmen begrenzt durch die fehlende Realisierbarkeit einiger Maßnahmen sowie durch das geltende Recht, mit der Folge, dass nicht alles, was technisch möglich ist, auch gesetzeskonform ist sowie durch die Zumutbarkeit.[1753] Letzteres Kriterium leitet sich aus der gehörigen Aufsicht ab und soll unrealistische, unverhältnismäßig teure, ineffiziente Maßnahmen, die das Betriebsklima unnötig belasten oder die Würde der Mitarbeiter beeinträchtigt ausschließen.[1754]

Diese grundlegenden Leitlinien der Erforderlichkeit, Geeignetheit und Zumutbarkeit haben außer den bereits angedeuteten Konsequenzen weitere, praktische Auswirkungen für die Ausgestaltung der Aufsichtsmaßnahmen im Sinne des § 130 OWiG und damit auch auf die aus dieser Norm anzulegenden Maßstäbe für Tax Compliance.

So scheiden z.B. umfassende Video- und Telefonüberwachungen der Mitarbeiter[1755] aus, ebenso wie die Anfertigung umfassender Vermerke über jegliche Geschäfte des Unternehmens[1756]. Unmöglich und unzumutbar ist die grundsätzliche Verhinderung von „Exzesstaten", d.h. die willentliche und bewusste Schädigung des Unternehmens durch einen Mitarbeiter, da dies von den Aufsichtsmaßnahmen nicht erfasst werden kann; unzumutbar ist ferner die Förderung von Denunziationen durch ein entsprechende Belohnungssystem und übermäßige „Schnüffelei" sowie Maßnahmen, die mit unverhältnismäßigen Kosten verbunden sind oder an eine Schikane der Mitarbeiter grenzen.[1757]

Trotz des Dogmas der Einzelfallbezogenheit der Aufsichtsmaßnahmen lassen sich unter Hinzunahmen der Idee des erlaubten Risikos, also der Annahme, dass bestimmten Handlungen Risiken inhärent sind und von der Rechtsordnung toleriert

---

1752 Vgl. BGH, BGHSt 9, 319, 323; vgl. BGH, BGHSt 25, 158, 163 = NJW 1973, 1511, 1513; vgl. OLG Stuttgart, NJW 1977, 1410; vgl. OLG Zweibrücken, NStZ-RR 1998, 311, 312; *Többens*, NStZ 1999, 1, 4; *Rogall*, in: KK-OWiG, § 130, Rn. 43; *Pelz*, in: Hauschka, Corporate Compliance, § 6, Rn. 15, vgl. dort auch zum folgenden Text; *Bohnert*, OWiG, § 130, Rn. 20; vgl. *Gürtler*, in: Göhler, OWiG, Rn. 11; vgl. *Pietrek*, Die strafrechtliche Verantwortlichkeit des Betriebsinhabers aus Compliance-Pflichten, S. 140.

1753 OLG Düsseldorf, NStZ-RR 1999, 115, 116 = wistra 1999, 115, 116; *Tessin*, BB 1987, 984, 988; *Rogall*, in: KK-OWiG, § 130, Rn. 38; *Gürtler*, in: Göhler, OWiG, § 130, Rn. 12; *Pietrek*, Die strafrechtliche Verantwortlichkeit des Betriebsinhabers aus Compliance-Pflichten, S. 141; *Kiesel/Böhringer*, BB 2012, 1190, 1193.

1754 BGH, wistra 1986, 222; OLG Düsseldorf, NStZ-RR 1999, 151; *Adam*, wistra 2003, 285, 288; *Rogall*, in: KK-OWiG, § 130, Rn. 49; *Liese*, BB-Special Compliance 5.2008 zu Heft 25, 17, 20; *Pelz*, in: Hauschka, Corporate Compliance, § 6, Rn. 15; *Gürtler*, in: Göhler, OWiG, § 130, Rn. 12; *Pietrek*, Die strafrechtliche Verantwortlichkeit des Betriebsinhabers aus Compliance-Pflichten, S. 141f.

1755 *Rogall*, KK-OWiG, § 130, Rn. 38; *Gürtler*, in: Göhler, OWiG, § 130, Rn. 12.

1756 BGH, wistra 1986, 222, 223f.; BGH, wistra 1987, 148, 148f.; *Ransiek*, Unternehmensstrafrecht, S. 109; *Gürtler*, in: Göhler, OWiG, § 130, Rn. 12; stichwortartiger Vermerk: KG, wistra 1985, 205.

1757 Siehe dazu ausführlich statt aller *Rogall*, in: KK-OWiG, § 130, Rn. 38, 49f.

werden[1758], sowie des Vertrauensgrundsatzes[1759] konkretere Gesichtspunkte der Aufsicht definieren.[1760] Ausfluss des Vertrauensgrundsatzes ist zunächst, dass die Unternehmensleitung auf eine ordnungsgemäße Pflichterfüllung der Mitarbeiter – sofern sich keine Anhaltspunkte finden, die dieses Vertrauen erschüttern – vertrauen darf, so dass kein allumfassendes Kontroll- und Überwachungssystem im Unternehmen eingerichtet werden muss.[1761]

Allgemein gesprochen werden als Quintessenz der vorstehenden Ausführungen der Aufsicht eine Leitungs-, Koordinations-, Organisations-, und Kontrollpflicht zugerechnet,[1762] die im Wege eines Stufenmodells zerlegt werden in die erste Stufe der sorgfältigen Auswahl der Mitarbeiter und Aufsichtspersonen, die zweite Stufe der Organisation, die dritte Stufe der Instruktion und Aufklärung über die Pflichten, der vierten Stufe der Überwachung und Kontrolle sowie der fünften Stufe der Reaktion auf Pflichtverstöße.[1763]

b) Stufenmodell der Aufsichtsmaßnahmen

Die erste Stufe fordert eine sorgfältige Auswahl der Mitarbeiter und Aufsichtspersonen, wobei sich die Auswahlkriterien an den Gegebenheiten der jeweils durch den Mitarbeiter bzw. der Aufsichtsperson zu besetzenden Stelle, also der ordnungsgemäßen Erfüllung der sich stellenden Aufgaben sowie der konkreten Risikolage orientieren.[1764] Sofern ein geeigneter Mitarbeiter gefunden worden ist, ist dieser in

---

1758 *von Bar*, Die Lehre vom Kausalzusammenhang im Recht, besonders im Strafrecht, S. 13f.; *Binding*, Normen, Bd. IV, § 286, S. 433f, 445f.; *Roxin*, in FS Klug, 303, 310; *Rengier*, in: KK-OWiG, Vor §§ 15, 16, Rn. 37; *Duttge*, in: MüKo-StGB, Bd. 1, § 15, Rn. 134f.

1759 Siehe dazu bereits ausführlich oben S. 284ff.

1760 Vgl. *Rogall*, ZStW 98 (1986), 573, 598; *Ransiek*, Unternehmensstrafrecht, S. 108; *Rogall*, in: KK-OWiG, § 130, Rn. 40; *Pietrek*, Die strafrechtliche Verantwortlichkeit des Betriebsinhabers aus Compliance-Pflichten, S. 139.

1761 *Rogall*, in: KK-OWiG, § 130, Rn. 40.

1762 Zur Kontollpflicht: BGH, WuW/E BGH 2202, 2203 = wistra 1985, 228, 229 = NStZ 1986, 34f.; vgl. *Demuth/Schneider*, BB 1970, 642, 648f.; *Rogall*, ZStW 98, (1986), 573, 602f.; vgl. *Wirtz*, WuW 2001, 342, 343; *Rogall*, in: KK-OWiG, § 130, Rn. 40; *Liese*, BB-Special Compliance 5.2008 zu Heft 25, 17, 19; *Rebmann/Roth/Herrmann*, OWiG, § 130, Rn. 15ff. (Januar 2001).

1763 OLG Düsseldorf, wistra 1991, 38, 39; Einteilung in das Stufenmodell nach *Rogall*, in: KK-OWiG, § 130, Rn. 40; *Adam*, wistra 2003, 285, 286; siehe auch *Pietrek*, Die strafrechtliche Verantwortlichkeit des Betriebsinhabers aus Compliance-Pflichten, S. 139; Aufzählung inhaltlich identischer Aspekte bei *Pelz*, in: Hauschka, Corporate Compliance, § 6, Rn. 14ff.; *Spindler*, in: Fleischer, Handbuch des Vorstandsrechts, § 15, Rn. 108ff.; vgl. *Bohnert*, OWiG, § 130, Rn. 20; *Achenbach*, in Achenbach/Ransiek, Handbuch Wirtschaftsstrafrecht, S. 39f., Rn. 51; *Gürtler*, in: Göhler, OWiG, § 130, Rn. 11.

1764 *Demuth/Schmidt*, BB 1970, 642, 648; *Többens*, NStZ 1999, 1, 4; vgl. *Wirtz*, WuW 2001, 342, 343; *Rogall*, in: KK-OWiG, § 130, Rn. 52; *Spindler*, in: Fleischer, Handbuch

seinen Aufgabenbereich einzuarbeiten und dabei detailliert über seine Aufgaben und Verantwortungen zu belehren.[1765]

Ferner werden in der Literatur weitere Anforderungen an eine ordnungsgemäße Aufsicht im Sinne des § 130 OWiG formuliert, die an sich denklogisch der ersten Stufe vorgeschaltet sind. So wird unter dem Aspekt der Vermeidung einer Haftung der Unternehmensleitung aus § 130 OWiG eine Risikoanalyse gefordert, die die steuerliche Pflichtenlage, die Organisation und besondere Risikobereiche wie die Lohnsteuer und die Umsatzsteuer analysiert, um dann Verantwortlichkeiten zu definieren und die umfangreichen und weitreichenden Anforderungen insbesondere der genannten Steuern zu erfüllen.[1766]

Im Rahmen einer Risikoevaluation sollen dann im Verhältnis zum drohenden Schaden ökonomisch sinnvolle Aufsichtsmaßnahmen ergriffen werden, wobei die genaue Bestimmung einer Kosten-Nutzen-Relation mangels entsprechender Daten im Steuerrecht kaum möglich sein wird.[1767] Kritisch ist zudem anzumerken, dass unter dem Gesichtspunkt der Legalitätspflicht des Vorstandes die bewusste Eingehung eines Risikos unter Kosten-Nutzen-Gesichtspunkten als nützliche Pflichtverletzung weder von der Haftung aus § 93 II AktG befreit noch von der Haftung aus § 130 OWiG, es sei denn bei letzterer Norm ist die Grenze der Zumutbarkeit überschritten.[1768]

Auf der zweiten Stufe ist die Organisation verortet, die zunächst eine klare Verteilung der Aufgaben in der Form gebietet, dass die Unternehmensleitung die wahrzunehmenden Aufsichtsaufgaben ausnahmslos auf die Mitarbeiter verteilt und dabei eindeutig definiert, welche Anforderungen bei der Erfüllung der Aufgabe en detail zu beachten sind um das unternehmensinterne Kompetenzgefüge eindeutig zu strukturieren.[1769] Folglich liegt ein Organisationsmangel vor, wenn für eine bestimmte Aufsichtsaufgabe Zweifel an der Verantwortlichkeit bestehen oder gar kein verantwortlicher Mitarbeiter gefunden werden kann,[1770] bei unklaren Verantwortlichkeiten, die darin gipfeln, dass sich niemand als zuständig ansieht, sondern auf

---

des Vorstadsrechts, § 15, Rn. 108; *Pelz*, in: Hauschka, Corporate Compliance, § 6, Rn. 20; *Rettenmaier/Palm*, NJOZ 2010, 1414, 1416; *Rebmann/Roth/Herrmann*, OWiG, § 130, Rn. 15 (Januar 2001); vgl. dazu auch die Ausführungen im Rahmen der aktienrechtlichen, vertikalen Organisations- und Überwachungspflichten.

1765 LG Celle, NdsRPfl. 1987, 135; *Rettenmaier/Palm*, NJOZ 2010, 1414, 1416.

1766 *Kiesel/Böhringer*, BB 2012, 1190, 1193, siehe dort auch 1193f. zum folgenden Text.

1767 Siehe dazu und insbesondere zum Kosten-Nutzen-Verhältnis: *Bock*, ZIS 2009, 68, 75f.

1768 Siehe zur nützlichen Pflichtverletzung S. 264ff., zur Zumutbarkeit bei § 130 OWiG S. 345ff.

1769 BGH, WuW/E BGH 2148, 2149 – Sportartikelhersteller; *Demuth/Schneider*, BB 1970, 642, 648f.; *Rogall*, in: KK-OWiG, § 130, Rn. 53; *Spindler*, in: Fleischer, Handbuch des Vorstandsrechts, § 15, Rn. 109; *Pelz*, in: Hauschka, Corporate Compliance, § 6, Rn. 19; *Achenbach*, in: Achenbach/Ransiek, Handbuch Wirtschaftsstrafrecht, S. 39, Rn. 50.

1770 *Demuth/Schneider*, BB 1970, 642, 649; *Thiemann*, Aufsichtspflichtverletzung in Betrieben und Unternehmen, S. 4; *Rogall*, in: KK-OWiG, § 130, Rn. 53 a.E.

einrichten, welches durch externen Sachverstand kontrolliert wird, oder allgemein externen Sachverstand konsultieren.[1783]

Weiterer Baustein der Aufsichtspflicht ist die vierte Stufe in Gestalt der Überwachung und Kontrolle. Diese bietet der Unternehmensleitung die Chance zu überprüfen, inwiefern die Mitarbeiter tatsächlich die zur Umsetzung der Aufsichtspflicht ergriffenen Maßnahmen im Unternehmensalltag realisieren und beachten.[1784] Bei fehlenden Kenntnissen der Unternehmensleitung im Steuerrecht sei auf die gerade geschilderten Anforderungen im Rahmen der Instruktion und Aufklärung verwiesen.[1785]

In Abhängigkeit vom jeweils zu überwachenden Einzelfall, ausgerichtet an der Risikolage und den drohenden Folgen für das Unternehmen bei einer Pflichtverletzung sind bloß sporadische Kontrollen vielfach nicht geeignet, die Anforderungen der Aufsichtspflicht zu erfüllen, allerdings ist auch keine vollständige, unternehmensweite Überwachung notwendig.[1786] Ergo ist als Mindestmaß eine Kontrolle vorzusehen, welche mit großer Wahrscheinlichkeit zur Entdeckung von Zuwiderhandlungen führt indem sie sich auf einen großen Bereich der Aufgabenerfüllung der Mitarbeiter erstreckt und von den Mitarbeitern auch als Kontrolle empfunden wird. Konkret bedeutet dies, dass quasi im „Normalzustand", d.h. ohne Vorliegen einer besonderen Risikolage, bei simpler Rechtlage und pflichtbewussten Mitarbeitern wenigstens monatliche Kontrollen angezeigt sind.[1787]

Zusätzlicher Einflussfaktor für die nähere Ausgestaltung der Kontrolle und Überwachung ist neben der genannten konkreten Risiko- und Gesetzeslage die Erfahrung des beaufsichtigenden bzw. des zu beaufsichtigenden Mitarbeiters, so dass mit einer Aufgabe neu befasste Mitarbeiter einer intensiveren Überwachung bedürfen, wohingegen die Überwachungsintensität mit steigender Qualifikation und Erfahrung abnimmt.[1788]

1783 BGH, BGHSt 27, 196, 202 = BGHZ 69, 398; BayObLG, BayObLGSt 2001, 107, 109 = NJW 2002, 766f. = wistra 2001, 478, 479; *Rogall*, in: KK-OWiG, § 130, Rn. 55; *Rettenmaier/Palm*, NJOZ 2010, 1414, 1416f.

1784 OLG Stuttgart, wistra 1987, 35; OLG Köln, wistra 1994, 315; *Rogall*, in: KK-OWiG, § 130, Rn. 58; *Pelz*, in: Hauschka, Corporate Compliance, § 6, Rn. 23; *Rettenmaier/Palm*, NJOZ 2010, 1414, 1417.

1785 Siehe dazu die vorstehenden Ausführungen nebst Nachweisen in der Fußnote.

1786 BGH, wistra 1986, 222, 223; BGH, wistra 1987, 148f.; *Rogall*, in: KK-OWiG, § 130, Rn. 58; vgl. *Spindler*, in: Fleischer, Handbuch des Vorstandsrechts, § 15, Rn. 114; *Gürtler*, in: Göhler, OWiG, § 130, Rn. 12.

1787 So explizit der Maßstab des BayObLG, BayObLGSt 2001, 107, 110 = NJW 2002 766, 767 = wistra 2001, 478, 479.

1788 BayObLG, BayObLGSt 2001, 107, 108 = NJW 2002, 766 = wistra 2001, 478, 479; *Hermanns/Kleier*, Grenzen der Aufsichtspflicht in Betrieben und Unternehmen, S. 39; *Rogall*, in: KK-OWiG, § 130, Rn. 58; *Spindler*, in: Fleischer, Handbuch des Vorstandsrechts, § 15, Rn. 113; *Gürtler*, in: Göhler, OWiG, § 130, Rn. 12; *Pietrek*, Die strafrechtliche Verwantwortlichkeit des Betriebsinhabers aus Compliance-Pflichten, S. 144.

Damit den Mitarbeitern das Gefühl vermittelt wird, einen Pflichtverstoß nicht ungestraft begehen zu können vielmehr mit der Aufdeckung desselben rechnen zu müssen, sind über die systematische Überwachung hinaus wiederkehrende, jedoch unangekündigte und unerwartete Stichproben im Unternehmen vorzunehmen.[1789] Sollten stichprobenartige Überprüfungen als nicht hinreichend zu qualifizieren sein, ist mitunter eine unerwartete, vollumfängliche Geschäftsprüfung angezeigt.[1790]

Über dieses durchschnittliche Maß an üblicher Überwachung und Kontrolle, ist eine Reihe von Konstellationen im Unternehmen denkbar, in denen eine höhere Intensität an Überwachung und Kontrolle verlangt wird, die Aufsichtspflicht somit eskaliert. Im Einzelnen ist eine Eskalation denkbar, wenn es bereits in der Vergangenheit zu Pflichtverstößen innerhalb des Unternehmens gekommen ist, selbst wenn die Personalabteilung Folgen daraus abgeleitet hat[1791], wenn es sich um eine besonders komplizierte Sach- oder Rechtslage handelt[1792], bei sich ständig ändernden rechtlichen Rahmenbedingungen[1793], Vorschriften, deren Nichtbeachtung mit gravierenden Folgen für das Unternehmen oder die Allgemeinheit verbunden wären[1794], Zweifeln an der fachlichen Eignung eines Mitarbeiters[1795] oder in einer finanziellen Krisensituation des Unternehmens[1796].[1797]

Ergo ist in Bezug auf das Steuerrecht eine Eskalation der Überwachungspflicht anzunehmen bei Beanstandungen der Betriebsprüfung sowie im Hinblick auf die sich ständig ändernden steuerrechtlichen Rahmenbedingungen. Auch die zum Teil

---

1789 BGH, BGHSt 9, 319, 323; BGH, BGHSt 25, 158 163 = NJW 1973, 1511, 1513; BGH, WuW/E BGH 1799 – Revisionsabteilung; BGH, WuW/E BGH 2202, 2203 = wistra 1985, 228f. = NStZ 1986, 34 – Brückenbau Hopener Mühlenbach; OLG Stuttgart, wistra 1987, 35; OLG Köln, wistra 1994, 315; *Wirtz*, WuW 2001, 342, 343 m.w.N. zur Rechtsprechung; *Rogall*, in: KK-OWiG, § 130, Rn. 60; *Rettenmaier/Palm*, NJOZ 2010, 1414, 1418; *Pelz*, in: Hauschka, Corporate Compliance, § 6, Rn. 25; *Achenbach*, in: Achenbach/Ransiek, Handbuch Wirtschaftsstrafrecht, S. 40, Rn. 51 a.E.

1790 Vgl. BGH, WuW/E BGH 2202, 2203 = wistra 1985, 228f. = NStZ 1986, 34; OLG Köln, wistra 1994, 315; *Pelz*, in: Hauschka, Corporate Compliance, § 6, Rn. 25; *Achenbach*, in: Achenbach/Ransiek, Handbuch Wirtschaftsstrafrecht, S. 40, Rn. 51 a.E.

1791 OLG Hamm, GewArch 1973, 121; OLG Düsseldorf, WuW/E DE-R 1893, 1897 – Transportbeton; vgl. BayObLG, BayObLGSt 2001, 107, 110 = NJW 2002, 766, 767 = wistra 2001, 478, 479; *Tessin*, BB 1987, 984, 988; *Adam*, wistra 2003, 285, 290; *Bussmann/Matschke*, CCZ 2009, 132f.

1792 BGH, BGHSt 27, 196, 202 = BGHZ 69, 398; vgl. OLG Stuttgart, wistra 1987, 35; vgl. KG, wistra 1999, 357ff.

1793 OLG Koblenz, VRS 50, 54, 57.

1794 Vgl. Folgen in KG, wistra 1999, 357ff.

1795 Vgl. BayObLG, BayObLGSt 2001, 107, 108 = NJW 2002, 766 = wistra 2001, 478, 479.

1796 BGH, BGHZ 133, 370; aus dem aktienrechtlichen Schrifttum: *Hopt*, in: Großkommentar AktG, § 93, Rn. 59 (01.01.1999); *Fleischer*, AG 2003, 291, 295.

1797 Überblicke bei *Rogall*, in: KK-OWiG, § 130, Rn. 68f.; *Spindler*, in: Fleischer, Handbuch des Vorstandsrechts, § 15, Rn. 112; *Pelz*, in: Hauschka, Corporate Compliance, § 6, Rn. 27; *Gürtler*, in: Göhler, OWiG, § 130, Rn. 13.

existenzbedrohenden Folgen einer Verletzung steuerlicher Pflichten sind in diesem Zusammenhang zu berücksichtigen.[1798]

Weiterhin wird diskutiert, inwiefern eine Pflicht zu internen Ermittlungen zur Ausübung der gehörigen Aufsicht im Unternehmen besteht, wenn die Unternehmensleitung Kenntnis von Fehlentwicklungen im Unternehmen erhält.[1799] Vorausgesetzt, dass es sich nicht um bloße Mutmaßungen handelt, sondern fundierte Anhaltspunkte in Bezug auf eine Gesetzesverletzung bestehen, ist über eine präventive Kontrolle eine interne Ermittlung aufzunehmen oder wahlweise eine externe Ermittlungsbehörde einzuschalten, um der Aufsichtspflicht des § 130 OWiG zu genügen.[1800]

Um eine effektive Umsetzung der vorstehenden Aufsichtsmaßnahmen zu erreichen, ist im Bereich des rechtlich Möglichen als fünfte Stufe ein Sanktionsmechanismus vorzusehen, der Mitarbeitern im Falle eines Verstoßes gegen die definierten Maßnahmen Konsequenzen androht. Unter diese anzudrohenden und ggf. anzuwendenden Sanktionen fallen beispielsweise die Abmahnung, Rügen, Verwarnungen, betriebliche Geldbußen und die Kündigung.[1801]

Der bereits angesprochene § 130 I 2 OWiG eröffnet rechtlich die Möglichkeit, die Aufsichtsmaßnahmen innerhalb des Unternehmens vom Vorstand ausgehend auf nachgeordnete Stellen im Unternehmen zu delegieren, da abhängig von der Größe des Unternehmens die gebotene Aufsicht nicht allein vom Vorstand ausgefüllt werden kann.[1802] Allerdings ist festzuhalten, dass wie auch bei den aktienrechtlichen, vertikalen Organisations- und Überwachungspflichten konstatiert[1803], keine vollständige Delegation sämtlicher Pflichten der Unternehmensleitung auf nachgeordnete Mitarbeiter zulässig ist, sondern immer eine übergeordnete Aufsicht bei der Unternehmensleitung, d.h. im Falle der Aktiengesellschaft beim Vorstand erhalten bleiben muss.[1804] Im Ergebnis sind ergo Aufsichtsmaßnahmen je nach interner

---

1798 Siehe dazu bereits ausführlich S. 274ff., 284ff.

1799 *Grützner/Leisch*, DB 2012, 787, 791.

1800 Vgl. BGH, HFR 1986, 83, 83f. = GmbHR 1985, 143, 144; *Reichert/Ott*, ZIP 2009, 2173, 2176; *Reichert*, ZIS 2011, 113, 117; vgl. *Wisskirchen/Glaser*, DB 2011, 1392, 1394; vgl. *Momsen/Grützner*, DB 2011, 1792; *Grützner/Leisch*, DB 2012, 787, 791f.; allgemein zu „Internal Investigations“ *Behrens*, RIW 2009, 22, 29; zum AktG: *Fleischer*, in: Spindler/Stilz, AktG, Bd. 1, § 91, Rn. 55.

1801 Vgl. OLG Frankfurt a.M., NJW 1992, 2777, 2778; OLG Frankfurt a.M., NStZ-RR 1993, 231; OLG Düsseldorf, WuW DE-R 1893, 1896 - Transportbeton; *Rogall*, in: KK-OWiG, § 130, Rn. 61f.; *Bohnert*, OWiG, § 130, Rn. 20; *Rettenmaier/Palm*, NJOZ 2010, 1414, 1418; *Pelz*, in: Hauschka, Corporate Compliance, § 6, Rn. 29; *Gürtler*, in: Göhler, OWiG, § 130, Rn. 13.

1802 Vgl. BGH, WuW/E BGH 2202, 2203 = wistra 1985, 228f. = NStZ 1986, 34; *Rogall*, in: KK-OWiG, § 130, Rn. 66; *Spindler*, in: Fleischer, Handbuch des Vorstandsrechts, § 15, Rn. 116; *Pietrek*, Die strafrechtliche Verantwortung des Betriebsinhabers aus Compliance-Pflichten, S. 145.

1803 Siehe dazu bereits ausführlich oben S. 272ff.

1804 BGH, BGHSt 25, 158, 163 = NJW 1973, 1511, 1513; KG, JR 1972, 121, 122; BayObLG, BayObLGSt 2001, 107, 108f. = NJW 2002, 766 = wistra 2001, 478, 479; *Rogall*,

Struktur des Unternehmens auf verschiedenen Ebenen denkbar, deren Umfang und Ausgestaltung korrespondierend mit den Anforderungen des konkreten Einzelfalls zu definieren sind.[1805] Dabei wird dem Vorstand in diesem in mehre Ebenen unterteilten Gefüge jedenfalls die Pflicht zugesprochen, einen Organisationsplan zu schaffen, der Zuwiderhandlungen in den einzelnen Unternehmensteilen verhindert, wobei der Tatbestand des § 130 OWiG bereits eingreift, wenn im Falle eines unzureichenden Organisationsplans eine ordnungsgemäße Organisation die Zuwiderhandlung zumindest erschwert hätte.[1806]

Abschließend sei noch einmal darauf hingewiesen, dass eine Aufsichtspflichtverletzung ausgeschlossen ist, sofern es sich um eine Exzesstat handelt, d.h. wenn ein Mitarbeiter erkennbar und bewusst gegen die Interessen des Unternehmens handelt, oder um einen atypischen Kausalverlauf, der schlussendlich zur Schädigung führt.[1807]

Zweifelhaft erscheint eine Einschränkung der Aufsichtspflichtverletzung, wonach eine Verletzung abzulehnen ist, wenn sich darin eine „unvermeidbare Systemgefahr"[1808] realisieren würde. Dem liegt der Gedanke zu Grunde, dass in der modernen Betriebsstruktur der einzelne Mitarbeiter bei Erfüllung seiner spezifischen Aufgabe keinen Bezug zum großen Ganzen habe, durch die Eintönigkeit der zu erfüllenden Aufgaben und die deswegen abnehmende Konzentration quasi zwangsläufig Fehler begehe, deren Ursprung im Einzelfall kaum zu identifizieren sei, so dass die sich auf diese Weise realisierenden Gefahren aus der Aufsichtspflicht herauszunehmen seien.[1809]

Indes verkennt dieser Ansatz die grundsätzliche Idee des § 130 OWiG, die den Betriebs- oder Unternehmensinhaber gerade deswegen haften lässt, weil er die im Unternehmen zu erfüllenden Aufgaben und Pflichten auf eine Vielzahl von Mitarbeiters verteilt, die damit unausweichlich nur noch ein Teil eines Gesamtzusammenhanges sein können und gerade deswegen der Aufsicht in Gestalt der Auswahl, Instruktion und Überwachung bedürfen, um die Einhaltung der Pflichten zu gewährleisten.[1810] § 130 OWiG zielt auf den Menschen als Risikofaktor ab, so dass der skizzierten Einschränkung der Aufsichtpflichtverletzung in ihrer Allgemeinheit nicht zu folgen ist,

ZStW 98 (1986), 573, 602f.; *Rogall*, in: KK-OWiG, § 130, Rn. 38 a.E., 69; *Pelz*, in: Hauschka, Corporate Compliance, § 6, Rn. 13; *Rebmann/Roth/Herrmann*, OWiG, § 130, Rn. 18 (Januar 2001); *Gürtler*, in: Göhler, OWiG, § 130, Rn. 15; *Kiesel/Böhringer*, BB 2012, 1190, 1191.

1805 *Rogall*, in: KK-OWiG, § 130, Rn. 66; *Pietrek*, in: Die strafrechtliche Verantwortlichkeit des Betriebsinhabers aus Compliance-Pflichten.

1806 *Rogall*, in: KK-OWiG, § 130, Rn. 67; *Spindler*, in: Fleischer, Handbuch des Vorstandsrechts, § 15, Rn. 117; *Pietrek*, Die strafrechtliche Verantwortlichkeit des Betriebsinhabers aus Compliance-Pflichten; siehe zum wesentlichen Erschweren noch ausführlich unten S. 356ff.

1807 *Adam*, wistra 2003, 285, 290; siehe zur Exzesstat auch bereits oben S. 347f. m.w.N.

1808 *Adam*, wistra 2003, 285, 290.

1809 So ausdrücklich und ausführlich *Adam*, wistra 2003, 285, 290.

1810 Zur grundsätzlichen Intention des § 130 OWiG siehe bereits eingangs des Kapitels S. 337.

vielmehr ist im Einzelfall ein Ausschluss der Aufsichtspflichtverletzung über das Kriterium der Zumutbarkeit zu berücksichtigen.

IV. Haftungsmaßstab

1. *Subjektiver Maßstab: Vorsatz und Fahrlässigkeit*

Der subjektive Tatbestand des § 130 OWiG erfasst sowohl Vorsatz als auch Fahrlässigkeit. Bezugspunkt ist die Aufsichtspflichtverletzung des Aufsichtspflichtigen als Unterlassen der gebotenen Aufsicht, wobei im Unterlassen sämtlicher Aufsichtsmaßnahmen für gewöhnlich Vorsatz begründet wird.[1811] Ferner muss der Täter die aus der Unterlassung resultierende, potentielle Gefahr einer Zuwiderhandlung, welche sich später realisiert hat, erkannt haben oder zumindest hätte er sie erkennen können, ohne dass er die konkrete Zuwiderhandlung, die sich ereignet hat, speziell in seine Vorstellung aufgenommen hat.[1812]

2. *Objektiver Maßstab der Risikoerhöhung*

Ferner fordert § 130 I 1 OWiG, dass die Zuwiderhandlung durch die gehörige Aufsicht verhindert oder wesentlich erschwert worden wäre. Abstellend auf die Variante der Verhinderung, müsste die Zuwiderhandlung mit an Sicherheit grenzender Wahrscheinlichkeit aufgrund der Aufsichtsmaßnahme verhindert worden sein, wobei dieser Nachweis in der Praxis retrospektiv nur schwerlich geführt werden kann.[1813] Im Lichte dieses praktischen Anwendungsproblems des § 130 OWiG ist die nachträglich eingeführte Variante[1814] der wesentlichen Erschwerung zu sehen: Danach greift im Falle einer Zuwiderhandlung der Tatbestand bereits bei einer wesentlichen Steigerung der Gefahrenlage durch das Unterlassen der Aufsicht ein.[1815] Durch das Korrektiv „wesentlich" soll ausgeschlossen werden, dass jegliche

---

1811 *Hermanns/Kleier*, Grenzen der Aufsichtspflicht in Betrieben und Unternehmen, S. 83.

1812 OLG Hamm, VRS 62, 207; OLG Köln, GewArch 1974, 143; *Hermanns/Kleier*, Grenzen der Aufsichtspflicht in Betrieben und Unternehmen, S. 9, 83ff.; *Rogall*, ZStW 98 (1986), 573, 597; *Rogall*, in: KK-OWiG, § 130, Rn. 103; *Bohnert*, OWiG, § 130, Rn. 32; *Gürtler*, in: Göhler, OWiG, § 130, Rn. 16a; *Achenbach*, in: Achenbach/Ransiek, Handbuch Wirtschaftsstrafrecht, S. 41, Rn. 55; *Rebmann/Roth/Herrmann*, OWiG, § 130, Rn. 20a (Januar 2001).

1813 BT-Drs. 12/192, S. 33; *Rogall*, in: KK-OWiG, § 130, Rn. 99; *Gürtler*, in: Göhler, OWiG, § 130, Rn. 22; *Achenbach*, in: Achenbach/Ransiek, Handbuch Wirtschaftsstrafrecht, S. 42, Rn. 61, dort auch jeweils zum folgenden Text.

1814 Siehe dazu den Entwurf eines ... Strafrechtänderungsgesetzes – Zweites Gesetz zur Bekämpfung der Umweltkriminalität – (...StrÄndG – 2. UKG), BT-Drs. 12/192, S. 33f., sowie die sich anschließende Gesetzesänderung durch das Einundreißigste Strafrechtsänderungsgesetz – Zweites Gesetz zur Bekämpfung der Umweltkriminalität – (31. StrÄndG – 2. UKG) v. 27. Juni 1994, BGBl. I 1994, 1440, 1444.

1815 Ausführlich BT-Drs. 12/192, S. 33.

Verletzung der Aufsicht, die in irgendeiner Weise eine Zuwiderhandlung de facto begünstig hat, erfasst wird.[1816]

Gleichwohl ist die sonst bei Unterlassungsdelikten übliche hypothetische Kausalität durch die Einführung der wesentlichen Erschwerung auf den Aspekt einer bloßen Risikoerhöhung reduziert.[1817] Ausgehend vom Leitmotiv der Risikoerhöhungslehre[1818] ist der Vorstand damit verpflichtet, die ihm zur Verfügung stehenden Mittel zur Minderung der Risikosituation des Unternehmens zu ergreifen, da der Vorstand sonst bei Unterlassen der gebotenen Maßnahme und Vorliegen einer Zuwiderhandlung letztere verursacht hat.[1819]

Indes ist die Formulierung einer wesentlichen Erschwerung sehr vage und bedarf der Konkretisierung, um den Haftungsmaßstab für den Vorstand präzisieren zu können.[1820]

Zur Beurteilung inwiefern eine Aufsichtsmaßnahme die Zuwiderhandlung wesentlich erschwert hätte, ist eine objektive, nachgelagerte Analyse der ex ante Perspektive vorzunehmen, wobei die Indikatoren und Kriterien, die zur wesentlichen Erschwerung im Schrifttum diskutiert werden, nicht einheitlich sind.[1821] Teilweise wird auf eine Eignung der Aufsichtsmaßnahme zur Beseitigung der betriebstypischen Zuwiderhandlungsgefahr[1822], zum Teil darauf abgestellt, dass die Maßnahme zu einer substantiellen Verringerung der Wahrscheinlichkeit einer Zuwiderhandlung führe[1823]. Hinsichtlich der anzusetzenden Wahrscheinlichkeit mutet die Festsetzung eines starren Prozentsatzes der Risikoreduzierung in Bezug auf eine Zuwiderhandlung[1824] willkürlich an, wohingegen einer flexiblen Wertung, die evaluiert, ob durch

1816 BT-Drs. 12/192, S. 33; *Gürtler*, in: Göhler, OWiG, § 130, Rn. 22a.

1817 Vgl. BT-Drs. 12/192, S. 33f.; *Rogall*, in: KK-OWiG, § 130, Rn. 97f.; vgl. *Gürtler*, in: Göhler, OWiG, § 130, Rn. 22; *Kiesel/Böhringer*, BB 2012, 1190, 1192.

1818 Siehe zur Risikoerhöhungslehre ausführlich: *Roxin*, ZStW 74 (1962), 411, 430ff.; *Roxin*, StrafR AT, Bd. 1, § 11, Rn. 76ff.; *Rudolphi*, in: SK-StGB, Vor § 1, Rn. 65ff. (Mai 2013); Vor § 13, Rn. 15ff. (Mai 2013), jeweils m.w.N.

1819 *Rogall*, in: KK-OWiG, § 130, Rn. 100.

1820 *Rogall*, in: KK-OWiG, § 130, Rn. 101; *Kindler*, Das Unternehmen als haftender Täter, S. 108; *Achenbach*, in: Achenbach/Ransiek, Handbuch Wirtschaftsstrafrecht, S. 42, Rn. 62; *Gürtler*, in: Göhler, OWiG, § 130, Rn. 22a.

1821 *Achenbach*, in: Achenbach/Ransiek, Handbuch Wirtschaftsstrafrecht, S. 42f., Rn. 62; *Gürtler*, in: Göhler, OWiG, § 130, Rn. 22a; siehe dazu auch die Nachweise in den nachfolgenden Fußnoten.

1822 Vgl. *Spindler*, in: Fleischer, Handbuch des Vorstandsrechts, § 15, Rn. 103; *Hellmann/Beckemper*, Wirtschaftsstrafrecht, Rn. 970; *Achenbach*, in: Achenbach/Ransiek, Handbuch Wirtschaftsstrafrecht, S. 42f., Rn. 62; *Gürtler*, in: Göhler, OWiG, § 130, Rn. 22a; *Rebmann/Roth/Herrmann*, OWiG, § 130, Rn. 21 (Januar 2001).

1823 So *Rogall*, in: KK-OWiG, § 130, Rn. 101.

1824 So aber *Rogall*, in: KK-OWiG, § 130, Rn. 101: Reduzierung der Wahrscheinlichkeit einer Zuwiderhandlung von zumindest 25%, krit.: *Gürtler*, in: Göhler, OWiG, § 130, Rn. 22a.

die Aufsichtsmaßnahme die Verhinderung der Zuwiderhandlung wahrscheinlicher ist als ihre Verwirklichung[1825], der Vorzug zu geben ist.[1826]

Als Mindestmaß sind freilich die Aufsichtsmaßnahmen unzureichend, die nur zum Schein ergriffen werden, ohne wirksam die Zuwiderhandlung beeinflussen zu können[1827], bzw. die Aufsichtsmaßnahmen, die nach einer Prognose nicht auf die Zuwiderhandlung selbst sondern nur auf ihre Begleiterscheinungen einwirken[1828].

Konsequent zu Ende gedacht ist Folge des Kriteriums der wesentlichen Erschwerung, dass auch in den Fällen, in denen zwar eine Zuwiderhandlung aber kein konkreter Täter festgestellt werden kann, eine Haftung der Unternehmensleitung aus § 130 OWiG droht, falls die Zuwiderhandlung durch die gebotene Aufsichtsmaßnahme wesentlich erschwert worden wäre.[1829]

Betrachtet aus der Perspektive einer abzuleitenden Anforderung an Tax Compliance, ist angesichts der Intention von Tax Compliance[1830], durch ein System die organisierte Einhaltung aller für das Unternehmen relevanten steuerrechtlichen Regelungen zu gewährleisten, um auf diese Weise Haftungs- und Strafrisiken des Unternehmens, seiner Mitarbeiter sowie der Geschäftsführung bzw. des Vorstandes zu vermeiden, im Sinne einer Risikobetrachtung ein strenger Maßstab anzulegen. Somit ist für die wesentliche Erschwerung die Aufsichtsmaßnahme erforderlich, die geeignet ist, die betriebstypischen Zuwiderhandlungsgefahren zu beseitigen, was nach einer flexiblen Wertung dann anzunehmen ist, wenn durch die Aufsichtsmaßnahme die Verhinderung der Zuwiderhandlung wahrscheinlicher ist als ihre Verwirklichung.[1831]

Ergänzend reicht nicht jede bloße Ursächlichkeit zwischen der Aufsichtspflichtverletzung und der Zuwiderhandlung aus, sondern es bedarf eines Schutzzweckzusammenhangs zwischen der Aufsichtspflichtverletzung und der Zuwiderhandlung.[1832]

1825 Vgl. BGH, BGHSt 18, 271, 272; *Achenbach*, wistra 1998, 296, 300; *Gürtler*, in: Göhler, OWiG, § 130, Rn. 22a.

1826 Vgl. *Spindler*, in: Fleischer, Handbuch des Vorstandsrechts, § 15, Rn. 103.

1827 *Achenbach*, in: Achenbach/Ransiek, Handbuch Wirtschaftsstrafrecht, S. 42f., Rn. 62.

1828 So *Rogall*, in: KK-OWiG, § 130, Rn. 101 a.E.

1829 BT-Drs. V/1269, S. 69f.; *Hilgers*, Verantwortlichkeit von Führungskräften in Unternehmen für Handlungen ihrer Mitarbeiter, S. 26; *Rogall*, in: KK-OWiG, § 130, Rn. 94; vgl. *Kindler*, Das Unternehmen als haftender Täter, S. 107; *Bohnert*, OWiG, § 130, Rn. 27; *Gürtler*, in: Göhler, OWiG, § 130, Rn. 20; *Rebmann/Roth/Herrmann*, OWiG, § 130, Rn. 9 (September 2008).

1830 Siehe zur Definition und Intention von Tax Compliance bereits oben S. 8ff. m.w.N.

1831 Siehe dazu *Gürtler*, in: Göhler, OWiG, § 130, Rn. 22a.

1832 *Rogall*, ZStW 98 (1986), 573, 612f.; *Bottke*, wistra 1991, 81, 87; *Ransiek*, Unternehmensstrafrecht, S. 100ff., 102; *Hilgers*, Verantwortlichkeit von Führungskräften in Unternehmen für Handlungen ihrer Mitarbeiter, S. 33; *Rogall*, in: KK-OWiG, § 130, Rn. 102; *Spindler*, in: Fleischer, Handbuch des Vorstandsrechts, § 15, Rn. 103; *Achenbach*, in: Achenbach/Ransiek, Handbuch Wirtschaftsstrafrecht, S. 43, Rn. 62; *Gürtler*, in: Göhler, OWiG, § 130, Rn. 22b; *Rebmann/Roth/Herrmann*, OWiG, § 130, Rn. 21 (Januar 2001).

Demnach muss sich die Zuwiderhandlung als Verwirklichung der Risikolage im Unternehmen darstellen, die die Unternehmensleitung gerade durch die gehörige Aufsicht hätte vermeiden sollen.[1833]

In Bezug auf Tax Compliance ist dieser Schutzzweckzusammenhang dann zu bejahen, wenn sich ein steuerliches Risiko in einer Zuwiderhandlung realisiert und dies gerade durch die ergriffenen Aufsichtsmaßnahmen hätte verhindert werden sollen.

3. § 130 OWiG und Business Judgement Rule

Schlussendlich ist zur vollständigen Präzisierung eines Haftungsmaßstabs als weiteres Element neben den subjektiven Komponenten Vorsatz und Fährlässigkeit sowie der objektiven der Risikoerhöhung das Verhältnis des § 130 OWiG zur Business Judgement Rule, die in § 93 I 2 AktG kodifiziert unternehmerische Entscheidungen auf der Grundlage angemessener Informationen zum Wohle der Gesellschaft aus dem Bereich der Haftung aufgrund einer Pflichtverletzung im Sinne des § 93 II AktG ausnimmt und damit schützt, zu bestimmen.[1834]

Der Gesetzgeber hat bei der Kodifizierung der Business Judgement Rule in § 93 I 2 AktG konstatiert, dass mit der expliziten Aufnahme der Business Judgement Rule und ihrer Anwendung auf die aktienrechtliche Haftung des Vorstandes gegenüber der Gesellschaft keine Entscheidung gegen eine Anwendung der Grundsätze der Business Judgement Rule außerhalb des Aktiengesetzes getroffen wurde.[1835] Vielmehr sollen die aus dem Schrifttum und der Rechtsprechung zum Aktiengesetz gewonnenen Erkenntnisse als Basis einer weiteren Rechtsentwicklung dienen, so dass die Prinzipien der Business Judgement Rule auch ohne explizite Regelung bei anderen Haftungstatbeständen und damit auch bei § 130 OWiG anzuwenden sind.[1836]

Sofern also die Voraussetzungen der Business Judgement Rule erfüllt und die ihrer Anwendung inhärenten Grenzen wie z.B. die Legalitätspflicht gewahrt sind,[1837] ist ein unternehmerischer Ermessensspielraum bei der Ausgestaltung der von § 130 OWiG im Einzelfall geforderten Aufsicht zu berücksichtigen. Folglich haftet der Vorstand einer Aktiengesellschaft dann nicht gem. § 130 OWiG, wenn die Aufsichtspflichtverletzung das Ergebnis einer unternehmerischen Entscheidung ist, die im Einklang mit dem geltenden Recht eine an sich geeignete und erforderliche Aufsichtsmaßnahme z.B. zu Gunsten einer anderen unterlassen hat.

1833 *Rogall*, ZStW 98 (1986), 573, 612f.; *Rogall*, in: KK-OWiG, § 130, Rn. 102.

1834 Zu Einzelheiten und Voraussetzungen der Business Judgement Rule siehe bereits mit ausführlichen Nachweisen oben S. 303ff.

1835 Statt aller Literatur: BR-Drs. 3/05, S. 21, vgl. dort auch zum folgenden Text.

1836 Siehe zur Anwendung der Business Judgement Rule außerhalb des Aktiengesetzes: *Fleischer*, ZIP 2004, 685, 691f.; *Fleischer*, in: Spindler/Stilz, AktG, Bd. 1, § 93, Rn. 78; *Roth*, Unternehmerisches Ermessen und Haftung des Vorstandes, S. 260ff., insbesondere S. 270f.; *Schnorbus*, ZHR 167 (2003), 666, 681ff. hinsichtlich § 25 I UmwG; wohl a.A. *Mertens/Cahn*, in: Kölner Kommentar AktG, Bd. 2/1, § 93, Rn. 16.

1837 Siehe dazu bereits ausführlich S. 303ff.

Ergo ist im Rahmen des aus § 130 OWiG abzuleitenden Haftungsmaßstabs neben den Komponenten Vorsatz und Fahrlässigkeit sowie der Risikoerhöhung die Business Judgement Rule quasi als Korrektiv zum Schutz unternehmerischer Entscheidung zu berücksichtigen.

V. Ordnungswidrigkeitenrechtliche Anforderungen an Tax Compliance

Das grundsätzliche Problem des § 130 OWiG ist, dass die Norm selbst keine konkreten Aufsichtsmaßnahmen vorgibt, sondern diese vielmehr aus dem Wortlaut der Vorschrift, der aus einer Vielzahl unbestimmter Rechtsbegriffe besteht, abgeleitet werden müssen.[1838] Im Ergebnis existiert zwar eine Menge von Einzelfallentscheidungen und Einzelkriterien, welche Voraussetzungen an die erforderliche Aufsicht zu stellen sind, gleichwohl ist der damit in § 130 OWiG angelegten Rechtsunsicherheit durch eine Kanalisation der Einzelaspekte in übergreifenden, allgemeingültigen Elementen zumindest bedingt beizukommen.[1839]

1. *Konkretisierung der Pflichten des Vorstandes*

Durch eine Spezifikation der extrahierten Anforderungen zur Vermeidung einer Aufsichtspflichtverletzung im Sinne des § 130 OWiG auf steuerrechtliche Sachverhalte sind die Anforderungen, die § 130 OWiG an Tax Compliance stellt, zu definieren.[1840] Viele der Anforderungen des § 130 OWiG an Tax Compliance laufen parallel zu den bereits dargestellten aktienrechtlichen Anforderungen an Tax Compliance[1841] und bringen insofern wenig bis keinen neuen Erkenntnisgewinn im Hinblick auf ein umfassendes Netz an Anforderungen an Tax Compliance auf breiter Basis. Allerdings ist zu beachten, dass § 130 OWiG primär auf die Ausgestaltung einer ordnungsgemäßen

1838 Vgl. *Hermanns/Kleier*, Grenzen der Aufsichtspflicht in Betrieben und Unternehmen, S. 57; siehe dazu auch bereits oben mit weiteren Nachweisen S. 345ff., dort auch zum folgenden Text.

1839 Im Ergebnis a.A.: *Hermanns/Kleier*, Grenzen der Aufsichtspflicht in Betrieben und Unternehmen, S. 56.

1840 Zahlreiche Veröffentlichungen zum Thema Compliance enthalten ähnliche Organisationsanforderungen an die Einrichtung eines Corporate Compliance-Systems, ohne dass eine vergleichbare Herleitung auf Grundlage des Ordnungswidrigkeitenrechts auf den Bereich der Steuern spezifiziert erfolgt. Vgl. dazu z.B. schon vor dem eigentlichen Beginn der Compliancediskussion *Adams/Johannsen*, BB 1996, 1017ff.; vgl. ferner z.B.: *Fleischer*, AG 2003, 291–295, 298ff.; *Hauschka*, ZIP 2004, 877, 879ff.; *Bürkle*, BB 2005, 565, 567ff.; vgl. *Hegnon*, CCZ 2009, 57ff.; *Kremer/Klahold*, ZGR 2010, 113, 121ff.; ausführlich zur Compliance-Organisation allgemein *Lampert*, in: Hauschka, Corporate Compliance, § 9 *passim*; siehe dazu ferner die Nachweise im Grundlagenkapitel bei der Beschreibung der Elemente eines Corporate Compliance bzw. Tax Compliance-Systems, S. 13ff.

1841 Siehe dazu bereits oben S. 332ff.

Aufsicht kapriziert und damit eine eingeschränkte Perspektive aufweist.[1842] Ferner besteht kein gesetzlicher Zwang zur Etablierung von Aufsichtspersonen oder zur Einführung einer bestimmten Unternehmensorganisation vielmehr ist als grundsätzlicher Rahmen der Organisationsanforderungen auf die näheren Umstände des Einzelfalls bzw. präziser auf die steuerrechtliche Gesamtsituation des individuellen Unternehmens abzustellen. Ergo orientieren sich die Maßstäbe für Tax Compliance aus § 130 OWiG an der Größe und Organisation des Unternehmens, an den einschlägigen Steuerrechtsnormen, dem Geschäftsmodell und Geschäftsfeld, den tatsächlichen Kontrollmöglichkeiten sowie Verstößen in der Vergangenheit, die sich beispielsweise in Beanstandungen der Betriebsprüfung widerspiegeln.[1843]

Jedoch ist nicht jedes Unterlassen einer Aufsichtsmaßnahmen mit einer Flucht unter den Deckmantel des Einzelfalls zu rechtfertigen, sondern unter Berücksichtigung der grundlegenden Idee von Tax Compliance, durch ein System die organisierte Einhaltung aller für das Unternehmen relevanter, steuerrechtlicher Regelungen zu erreichen, um Haftungs- und Strafbarkeitsrisiken für das Unternehmen, seine Mitarbeiter sowie die Unternehmensleitung zu vermeiden[1844], ist zunächst eine Risikoidentifikation zur Analyse der individuellen Risikolage geboten.[1845] Als Leitlinie ist im Sinne einer Risikobetrachtung ein strenger Maßstab anzulegen. Somit ist die Erforderlichkeit einer Aufsichtsmaßnahme an ihrer Geeignetheit zu bemessen, die analysierten Risiken zu beseitigen, was nach einer flexiblen Wertung dann anzunehmen ist, wenn durch die Aufsichtsmaßnahme die Verhinderung der Risiken wahrscheinlicher ist als ihre Verwirklichung.[1846] Dabei ist im Zuge der Kontrolle, die der Aufsicht inhärent ist, als Mindestmaß eine Kontrolle vorzusehen, welche mit großer Wahrscheinlichkeit zur Entdeckung von Zuwiderhandlungen führt. Die Kontrolle deckt einen Großteil der Aufgabenerfüllung der Mitarbeiter ab und wird von den Mitarbeitern auch als Kontrolle empfunden. Ohne Vorliegen einer besonderen Risikosituation sind bei simpler Rechtlage und pflichtbewussten Mitarbeitern wenigstens monatliche Kontrollen geboten.[1847]

Anhand dieses Rahmens ist die im Einzelfall gebotene Aufsicht als Anforderung an Tax Compliance individuell für das jeweilige Unternehmen zu definieren.

2. *Konsequenzen für ein Organisationsverschulden des Vorstandes*

Der Untersuchungsgegenstand, spezielle Anforderungen und Maßstäbe, die die Norm des § 130 OWiG an Tax Compliance stellt zu extrahieren um den Pflichtenkreis des

---

1842 Vgl. *Kremer/Klahold*, ZGR 2010, 113, 119.

1843 Siehe dazu bereits ausführlich die Ausführungen oben S. 343ff.

1844 Siehe dazu ausführlich bereits oben S. 13ff., dort auch zum folgenden Text.

1845 *Kiesel/Böhringer*, BB 2012, 1190, 1192.

1846 Siehe dazu *Gürtler*, in: Göhler, OWiG, § 130, Rn. 22a sowie die detaillierten Schilderungen oben S. 343ff.

1847 So explizit der Maßstab des BayObLG, BayObLGSt 2001, 107, 110 = NJW 2002 766, 767 = wistra 2001, 478, 479.

Vorstandes im Außenverhältnis zu bestimmen, mündet in die ordnungswidrigkeitenrechtlichen Anforderungen an Tax Compliance, die als organisatorische Antwort auf die analysierten und evaluierten steuerlichen Risiken im Unternehmen zu sehen sind.

Ein Organisationsverschulden des Vorstandes ist als Konsequenz bzw. als Negativ zu diesen Anforderungen immer dann zu bejahen, wenn der Vorstand die gebotenen Aufsichtsmaßnahmen unterlässt. Basierend auf einer Risikoidentifikation und -evaluation der steuerlichen Risikolage des Unternehmens hat der Vorstand zur Beherrschung und Vermeidung bzw. Minimierung der Risiken die gebotenen organisatorischen Maßnahmen zu ergreifen. Sofern er es also unterlässt, den ordnungswidrigkeitenrechtlichen Anforderungen an Tax Compliance zu genügen, d.h. sofern er die erforderlichen, geeigneten und zumutbaren Aufsichtsmaßnahmen unterlässt, die eine Zuwiderhandlung und damit die Realisierung des Risikos wesentlich erschweren könnten, ist ein Organisationsverschulden im Sinne eines Unterlassens der von § 130 OWiG geforderten Aufsichtsmaßnahmen verwirklicht.[1848]

Auch hier ist wie schon bei den aktienrechtlichen Anforderungen zur Vermeidung eines Organisationsverschuldens im Hinblick auf die steuerlichen Risiken die Einrichtung eines Tax Compliance-Systems angezeigt, welches als Reaktion auf die steuerliche Risikolage die gebotene Aufsicht gem. § 130 OWiG im Unternehmen etabliert.[1849]

3. *Vergleich und Verhältnis zwischen den aktienrechtlichen und den ordnungswidrigkeitenrechtlichen Anforderungen an Tax Compliance*

Bei einem Vergleich der aktienrechtlichen Anforderungen an Tax Compliance und der ordnungswidrigkeitenrechtlichen Anforderungen an Tax Compliance sind auf den ersten Blick viele nahezu identische Elemente hinsichtlich einer einzurichtenden Organisation im Unternehmen auszumachen wie z.B. die Risikoidentifikation, Instruktion bzw. Aufklärung der Mitarbeiter oder die Einführung von Kontroll- oder Überwachungsmechanismen im Unternehmen. Vor diesem Hintergrund stellt sich zum einen die Frage nach dem Verhältnis der diesen Anforderungen zur Grunde liegenden Normen zueinander wie ebenso zum anderen die Frage nach möglichen

1848 Vgl. *Kiesel/Böhringer*, BB 2012, 1190, 1192.

1849 Vgl. zum Organisationsverschulden: grundlegend zum Organisationsverschulden im Deliktsrecht: *Hassold*, JuS 1982, 583ff.; *Adams/Johannsen*, BB 1996, 1017, 1020; *Fleischer*, AG 2003, 291, 294; in Bezug auf Produkthaftung und Berichtswesen: *Pant*, VersR 2004, 690, 691f.; *Bürkle*, BB 2005, 565, 567f.; *Fleischer*, in: Fleischer, Handbuch des Vorstandsrechts, § 8, Rn. 45; *Spindler*, in: MüKo-AktG, § 76, Rn. 17; *Wellhöfer*, in: Wellhöfer/Peltzer/Müller, Die Haftung von Vorstand, Aufsichtsrat, Wirtschaftsprüfer, § 11, Rn. 85ff.; *Fleischer*, in: Spidler/Stilz, AktG, Bd. 1, § 93, Rn. 56, 108; *Ringleb*, in: Ringleb/KremerLutter/v. Werder, DCGK, Rn. 625ff., insbesondere Rn. 627a; *Landwehrmann*, in: Heidel, AktR, § 93, Rn. 109; *Gürtler*, in: Göhler, OWiG, § 130, Rn. 14; *Loritz/Wagner*, DStR 2012, 2189, 2192; Unterlassen der Aufsicht im Sinne des § 130 OWiG als Organisationsverschulden: *Gelhausen/Wermelt*, CCZ 2010, 208.

Unterschieden, die Auswirkungen auf die Anforderungen an Tax Compliance haben könnten.

Grundsätzlich fordert die Legalitätspflicht des § 93 I 1 AktG[1850] die ausnahmslose Einhaltung aller Gesetze die das Unternehmen betreffen, so dass denklogisch auch § 130 OWiG davon erfasst ist.[1851] Da regelmäßig ein Verstoß gegen die Anforderungen des § 130 OWiG im Außenverhältnis zugleich eine Pflichtverletzung im Innenverhältnis gegenüber der Gesellschaft im Sinne des § 93 AktG begründet,[1852] umfassen die aktienrechtlichen Anforderungen implizit die ordnungswidrigkeitenrechtlichen Anforderungen.

Umgekehrt allerdings sind die aktienrechtlichen Anforderungen auf Grundlage insbesondere der §§ 76, 93 AktG nicht Teil des Anforderungen aus § 130 OWiG, weil andernfalls konsequent zu Ende gedacht eine widersinnige Normenkette entstünde: § 93 II AktG begründet einen Anspruch der Gesellschaft gegen den Vorstand. Wären die Pflichten des § 93 AktG, die Grundlage der Haftung aus § 93 II AktG sind, zugleich auf das Außenverhältnis transferiert von § 130 OWiG umfasst, so käme es qua § 130 OWiG zu einer Anwendung des § 30 OWiG[1853], der bei einem Verstoß gegen § 130 OWiG eine Bußgeldsanktion gegen das Unternehmen vorsieht. Auf diese Weise pervertierte die Intention der Norm des § 93 AktG, der Aktiengesellschaft einen Schadensersatzanspruch bei Pflichtverletzungen des Vorstandes zuzugestehen, in eine Sanktion gegen die Aktiengesellschaft, was aus eben diesem Grunde abzulehnen ist.[1854]

Zu beachten ist ferner die eingeschränkte Perspektive des § 130 OWiG, der sich lediglich auf die erforderlichen Aufsichtsmaßnahmen zur Abwendung von Straftaten und Ordnungswidrigkeiten fokussiert, wohingegen der Horizont des § 93 AktG sich auf die Abwendung jeglichen Schadens von der Aktiengesellschaft erstreckt.[1855] § 130 OWiG setzt als Unterlassungsdelikt unter Verzicht auf eine hypothetische Kausalität mit der hier hinreichenden bloßen Risikoerhöhung die Schwelle für eine Haftung recht niedrig an,[1856] indes ist zu bedenken, dass § 130 OWiG als Auffangtatbestand fungiert und damit zunächst eine Haftung des Vorstandes aus anderen Rechtsgrundlagen zu prüfen ist.[1857]

Somit sind also die ordnungswidrigkeitenrechtlichen Anforderungen im Ergebnis als Teil der aktienrechtlichen Anforderungen an Tax Compliance zu qualifizieren.

1850 Siehe ausführlich zur Legalitätspflicht bereits oben S. 262ff.

1851 Vgl. *Mertens/Cahn*, in: Kölner Kommentar AktG, Bd. 2/1, § 93, Rn. 77, dort auch zum folgenden Text.

1852 Vgl. *Hopt*, in: Großkommentar AktG, § 93, Rn. 143 (01.01.1999); *Grützner/Leisch*, DB 2012, 787, 790.

1853 Siehe zu § 30 OWiG und den eintretenden Rückkoppelungseffekt S. 452ff.

1854 Siehe zu diesem Gedankengang statt aller: *Grützner/Leisch*, DB 2012, 787, 790.

1855 *Pelz*, in: Hauschka, Corporate Compliance, § 6, Rn. 33, siehe dazu auch bereits oben S. 325ff.

1856 *Kiesel/Böhringer*, BB 2012, 1190, 1192, siehe zum Haftungsmaßstab des § 130 OWiG oben S. 354ff.

1857 Siehe dazu ausführlich mit den entsprechenden Nachweisen bereits oben S. 339f.

Dem § 130 OWiG verbleibt trotz der niedrigen Voraussetzungen als Haftungsmaßstab in Gestalt der hinreichenden Risikoerhöhung jedoch nur als Auffangtatbestand ein eigener Anwendungsbereich.

VI. Tax Compliance Maßstäbe und Anforderungen bei Konzernen

Zu Beginn des dritten Kapitels wurde bereits Corporate Compliance aus der Konzernperspektive beleuchtet und festgestellt, dass eine Ausdehnung des § 130 I OWiG im Sinne einer umfassenden Aufsichtspflicht als Grundlage einer Rechtspflicht zur Corporate Compliance auf den Konzern mit dem telos des § 130 I OWiG nicht zu vereinbaren ist. Ferner würde eine Betrachtung des Konzerns als faktisches Einheitsunternehmen im Falle einer Anwendung des § 130 I OWiG das Trennungsprinzip außer Acht lassen, so dass § 130 I OWiG als Rechtsgrundlage einer konzernweiten Aufsichts- und Corporate Compliance-Pflicht abzulehnen ist.[1858]

Gleichwohl ist es möglich, die herausgearbeiteten Anforderungen im Rahmen der konzernrechtlich zulässigen Einflussmöglichkeiten zu etablieren,[1859] allerdings ohne dass nach der hier vertretenen Rechtsansicht eine Pflicht aus § 130 I OWiG anzunehmen wäre, die bei Unterlassen der erforderlichen Aufsicht ein Bußgeld nach sich ziehen würde.

D. Steuerrechtliche Pflichten des Vorstandes – Originäre Anforderungen und Maßstäbe an Tax Compliance aus § 69 i.V.m. §§ 34 I, 35 AO

Grundlage der bisherigen Analyse waren für das Innenverhältnis §§ 76 I, 93 I, II AktG sowie für das Außenverhältnis § 130 OWiG, aus denen Anforderungen und Maßstäbe für Tax Compliance ob einer derivativen Pflicht zur Tax Compliance extrahiert wurden.

Abseits dieser derivativen Pflichten im Innen- wie Außenverhältnis gilt es nun zu untersuchen, inwiefern sich aus § 69 i.V.m. §§ 34 I, 35 AO eine originär steuerrechtliche Pflicht zur Tax Compliance in der Aktiengesellschaft ergibt und welche Anforderungen und Maßstäbe sich daraus konkret für Tax Compliance ableiten lassen.

I. Charakter und Intention des § 69 AO sowie der §§ 34 I, 35 AO

1. Intention und Wesen des § 69 AO

Die Regelung des § 69 AO normiert, dass die in den §§ 34 und 35 der AO bezeichneten Personen haften, sofern Ansprüche aus dem Steuerschuldverhältnis des § 37 AO nicht

---

1858 Siehe dazu bereits ausführlich m.w.N. S. 197ff.

1859 Vgl. *Grützner/Leisch*, DB 2012, 787, 790f.

oder nicht rechtzeitig festgesetzt oder erfüllt werden oder soweit Steuervergütungen und Steuererstattungen ohne rechtlichen Grund gezahlt werden, wobei die Haftung nach § 69 S. 2 AO sich auch auf die zu zahlenden Säumniszuschläge erstreckt. Voraussetzung dieser Haftung ist, dass die beschriebenen Folgen auf eine vorsätzliche oder grob fahrlässige Verletzungen der den in §§ 34, 35 AO bezeichneten Personen auferlegten Pflichten zurückzuführen ist.

§ 69 AO geht zurück auf § 109 RAO, welcher – kongruent mit § 90 RAO 1919 – eine persönliche Haftung der Vertreter neben dem Steuerpflichtigen vorsah, wenn durch eine schuldhafte Verletzung der in §§ 103–108 RAO auferlegten Pflichten Steueransprüche verkürzt bzw. Erstattungen oder Vergütungen zu Unrecht gewährt wurden.[1860]

Wie der im Zusammenhang mit § 69 AO verwendete Begriff der Haftung bereits andeutet, handelt es sich bei § 69 AO nicht um eine gesetzliche Sanktion, vielmehr intendiert die Norm die Kompensation von Steuerausfällen als Folge einer Pflichtverletzung, so dass § 69 AO einen „Schadensersatzcharakter" zu Gunsten des Fiskus aufweist.[1861] Da es sich bei § 69 AO um einen öffentlich-rechtlichen Anspruch handelt, kann § 69 AO nicht per vertraglicher Vereinbarung unternehmensintern ausgeschlossen werden.[1862] Im Ergebnis bedeutet die Haftung nach § 69 AO, dass die in § 34 I, § 35 AO festgelegten Personen mit ihrem eigenen Vermögen für fremde Steuerschulden, in der konkreten Betrachtung der vertretenen juristischen Person in Gestalt des Unternehmens, aufzukommen haben.[1863] Konsequenz ist damit, dass § 69 AO

1860 *Jatzke*, in: Beermann/Gosch, § 69, Rn. 2 (Juni 2009); *Boecker*, in: Hübschmann/Hepp/Spitaler, § 69, Rn. 1 (Juni 2010); *Loose*, in: Tipke/Kruse, AO, § 69, Rn. 1 (Juni 2010); *Nacke*, Die Haftung für Steuerschulden, Rz. 12; siehe zu § 90 RAO 1919 *Cordes*, Untersuchungen über Grundlagen und Entstehung der Reichsabgabenordnung vom 23. Dezember 1919, S. 143ff.; siehe zu § 109 RAO *Becker/Riewald/Koch*, RAO, Bd. 1, § 109, Anm. 1ff.; zur Entwicklung der RAO 1919 über die RAO zur AO siehe auch den Überblick bei *Seer*, in: Tipke/Lang, Steuerrecht, § 1, Rn. 53 m.w.N.; ausführlich zur geschichtlichen Entwicklung *Musil*, in: Hübschmann/Hepp/Spitaler, Einf. AO (Juni 2010).

1861 BFH, BFHE 153, 512, 514 = BStBl. II 1988, 859, 860; BFH, BStBl II 1991, 678, 680; BFH, BFH/NV 1994, 526; BFH, BStBl. II 2001, 271, 272; BFH, BStBl. II 2003, 337, 341; BFH, BStBl. II 2008, 273, 275; *Beermann*, DStR 1994, 805, 806; *Haunhorst*, DStZ 2002, 368; *Jatzke*, in: Beermann/Gosch, § 69, Rn. 3 (Juni 2009); *Loose*, in: Tipke/Kruse, AO, § 69, Rn. 2 (Mai 2010) m.w.N.; *Boecker*, in: Hübschmann/Hepp/Spitaler, § 69, Rn. 7 (Juni 2010); *Nacke*, Die Haftung für Steuerschulden, Rz. 13; *Rüsken*, in: Klein, AO, § 69, Rn. 1.

1862 BFH, BStBl. II 1990, 939, 941; *Mösbauer*, DB 2005, 1816; *Intemann*, in: Pahlke/Koenig, AO, § 69, Rn. 4; vgl. *Jatzke*, in: Beermann/Gosch, § 69, Rn. 3 (Juni 2009); *Loose*, in: Tipke/Kruse, AO, § 69, Rn. 2 (Mai 2010); *Nacke*, Die Haftung für Steuerschulden, Rz. 12.

1863 *Mösbauer*, DB 2005, 1816; *Jatzke*, in: Beermann/Gosch, Vor §§ 69–77, Rn. 1 (Januar 2006); *Intenmann*, in: Pahlke/Koenig, AO, § 69, Rn. 1; *Loose*, in: Tipke/Kruse, AO, Vor § 69, Rn. 10 a.E. (Mai 2010); *Boecker*, in: Hübschmann/Hepp/Spitaler, Vor §§ 69–77 AO, Rn. 2 (März 2011).

akzessorisch ist zur fremden Steuerschuld, welche durch die Pflichtverletzung nicht an den Fiskus gezahlt wurde.[1864] Diese Akzessorietät wird allerdings eingeschränkt durch die Regelung des § 44 II AO bzw. durch die Spezialregelung des § 191 V AO, der einen Haftungsbescheid ausschließt, sofern die Steuer gegen den Steuerschuldner nicht festgesetzt wurde und wegen Fristablaufs auch nicht mehr festgesetzt werden kann oder sofern die Steuer verjährt ist oder ein Erlass eingetreten ist, was z.B. die Stundung oder die Verwirkung nicht der Akzessorietät unterwirft.[1865]

Über die Akzessorietät hinaus ist die Haftung aus § 69 AO prinzipiell subsidiär: § 219 S. 1 AO sieht vor, dass der Haftungsschuldner nur in Anspruch genommen werden kann, soweit die Vollstreckung in das bewegliche Vermögen des Steuerschuldners ohne Erfolg geblieben ist, bzw. angenommen werden kann, dass die Vollstreckung aussichtslos sei. Von diesem Grundsatz sieht § 219 S. 2 AO eine Ausnahme vor, wonach die Subsidiarität nach § 219 S. 1 AO dann nicht greift, falls die Haftung auf einer Steuerhinterziehung oder -hehlerei fußt oder der Haftungsschuldner per Gesetz dazu verpflichtet war, die Steuern einzubehalten und abzuführen oder zu Lasten eines anderen zu entrichten. Infolgedessen wird der Grundsatz der Subsidiarität, der den primären Erlass eines Haftungsbescheides vor der Beanspruchung des Steuerschuldners ausschließt, gerade für die in der Praxis häufigsten Anwendungsfälle der Abzugssteuern wie der Lohnsteuer sowie auch für den Haftungsfall des § 69 AO, weil die in §§ 34 I, 35 AO normierten Personen die Steuern zu Lasten eines anderen im Sinne des § 219 S. 2 AO entrichten, ausgeschaltet.[1866]

2. *Intention der §§ 34 I, 35 AO*

a) Abstrakter Regelungsbereich

§ 34 I AO legt fest, dass die gesetzlichen Vertreter natürlicher und juristischer Personen sowie die Geschäftsführer nicht rechtsfähiger Personenvereinigungen und Vermögensmassen deren steuerliche Pflichten zu erfüllen haben. Mittels § 35 AO werden diese Pflichten auf Personen ausgedehnt, die als Verfügungsberechtigte im eigenen

1864 BFH, BStBl. II 1986, 872, 874; BFH, BStBl. II 1989, 315; BFH, BStBl. II 1995, 198, 200; *Breuer*, AO-StB 2002, 115, 117; *Müller*, AO-StB 2006, 153; *Jatzke*, in: Beermann/Gosch, Vor §§ 69–77, Rn. 3 (Januar 2006); *Intemann*, in: Pahlke/Koenig, AO, § 69, Rn. 2; vgl. auch ausführlich *Loose*, in: Tipke/Kruse, AO, Vor § 69, Rn. 16ff. (Mai 2010); *Boecker*, in: Hübschmann/Hepp/Spitaler, § 69, Rn. 7, 23 (Juni 2010).

1865 *Seer*, in: Tipke/Lang, Steuerrecht, § 6, Rn. 60, 82.

1866 Vgl. BFH, BFH/NV 1987, 140; BFH, BFH/NV 1987, 349; vgl. BFH, BFH/NV 1991, 283; *Kanzler*, DStR 1985, 339, 343; *Jatzke*, in: Beermann/Gosch, Vor §§ 69–77, Rn. 6 (Januar 2006), § 219, Rn. 14 (Januar 2006); *Alber*, in: Hübschmann/Hepp/Spitaler, § 219, Rn. 37 (August 2011); vgl. *Binnewies*, in: Streck/Mack/Schwedhelm, Tax Compliance, Rn. 4.6; *Loose*, in: Tipke/Kruse, Vor § 69, Rn. 20 (Mai 2010), § 219, Rn. 9ff. (Juni 2012); vgl. *Seer*, in: Tipke/Lang, Steuerrecht, § 6, Rn. 84.

oder fremden Namen auftreten, soweit sie diese Pflichten rechtlich oder tatsächlich erfüllen können.[1867]

Juristische Personen sind zwar steuerrechtsfähig, demgegenüber jedoch nicht selbst handlungsfähig, so dass es eines Vertreters im Sinne des § 34 I AO bedarf, der für die juristische Person handelt. Zwar ändert die Vertretung nichts an den steuerrechtlichen Pflichten der vertretenen juristischen Person, zugleich werden aber für den gesetzlichen Vertreter eigene steuerrechtliche Pflichten durch § 34 AO im Verhältnis zur Finanzverwaltung ins Leben gerufen, resultierend aus der Verpflichtung die steuerlichen Pflichten der juristischen Person als dem Vertreter fremde, steuerliche Pflichten wahrzunehmen.[1868] Wie § 34 I 2 AO verdeutlicht, führt die Pflichtenstellung der Vertreter nicht dazu, mit eigenem Vermögen die Entrichtung der Steuern der juristischen Person zu garantieren, sondern die Entrichtung der Steuern aus dem verwalteten Vermögen der juristischen Person sicher zu stellen.[1869] Durch die so begründeten, eigenen steuerlichen Pflichten der Vertreter, können Zwangsgelder und Verspätungszuschläge sowohl gegen die juristische Person, die vertreten wird, als auch die Vertreter selbst festgesetzt werden.[1870]

Obwohl durch die Regelung des § 34 AO an sich eine eigene Vertretungsregelung für das Steuerrecht geschaffen wurde, die dem handlungsunfähigen Steuerrechtssubjekt einen handelnden Vertreter zuweist, um nicht nur Willenserklärungen im Rahmen eines Rechtsgeschäftes zu erfassen, hingegen auch Erklärungen wie die Steuererklärung und zu erteilenden Auskünfte, so orientiert sich die Regelung speziell des § 34 I AO an den bürgerlich-rechtlichen Begrifflichkeiten und Prinzipien des gesetzlichen Vertreters, die das rechtsgeschäftliche Verhalten des Vertreters dem Vertretenen zuzurechnen.[1871]

Über die Ausdehnung der Pflichten des gesetzlichen Vertreters aus § 34 I AO auch auf die Verfügungsberechtigten im Sinne des § 35 AO, wird eine Sicherung der Interessen des Fiskus intendiert: zum einen greift die Vorschrift die speziellen Verfügungsmöglichten des Verfügungsberechtigten als Ansatzpunkt auf und schließt

---

1867 Siehe dazu ausführlich *Gmach*, DStZ 2001, 341ff.

1868 BT-Drs. VI/1982, S. 110f.; BFH, BStBl. II 1989, 955; BFH, BStBl. II 1991, 675, 677; *Carl*, DStR 1990, 270; *Jatzke*, in: Beermann/Gosch, § 34, Rn. 2ff. (Januar 2007); *Boecker*, in: Hübschmann/Hepp/Spitaler, § 34, Rn. 5f. (November 2009); *Koenig*, in: Pahlke/Koenig, § 34, Rn. 1; *Loose*, in: Tipke/Kruse, AO, § 34, Rn. 1 (Januar 2010); vgl. *Nacke*, Die Haftung für Steuerschulden, Rz. 14.

1869 BFH, BStBl. II 1991, 675, 677f.; *Rüsken*, in: Klein, AO, § 34, Rn. 1.

1870 BFH, BStBl. II 1989, 955, 956; BFH, BStBl. II 1991, 384, 385f.; BFH, BStBl. II 1991, 675 677f.; BFH, BStBl. II 1992, 3; BFH, BFH/NV 1992, 577; FG Berlin, EFG 2000, 1223; *Jatzke*, in: Beermann/Gosch, § 34, Rn. 3 (Januar 2007); vgl. *Boecker*, in: Hübschmann/Hepp/Spitaler, § 34, Rn. 8 (November 2009); *Loose*, in: Tipke/Kruse, AO, § 34, Rn. 1 (Januar 2010); *Rüsken*, in: Klein, AO, § 34, Rn. 2.

1871 Vgl. *Koenig*, in: Pahlke/Koenig, AO, § 34, Rn. 11; vgl. *Boecker*, in: Hübschmann/Hepp/Spitaler, § 34, Rn. 10 (November 2009); *Loose*, in: Tipke/Kruse, AO, § 34, Rn. 2f. (Januar 2010).

an der Pflichtenstellung des Vorstandes als gesetzlichem Vertreter im Sinne des § 34 I AO.

II. Steuerlicher Pflichtenkanon

Der Wortlaut des § 69 S. 1 AO bezieht sich auf die Pflichten, die den in den § 34 und § 35 AO bezeichneten Personen auferlegt worden sind. § 35 AO verweist hinsichtlich der Pflichten auf die Pflichten des gesetzlichen Vertreters aus § 34 I AO, der den gesetzlichen Vertretern auferlegt, die steuerlichen Pflichten der juristischen Personen, die sie vertreten, zu erfüllen. Ausgangspunkt der Pflichtenstellung des Vorstandes als gesetzlichem Vertreter sind somit explizit und exklusiv steuerliche Pflichten, die die vertretene Gesellschaft treffen, so dass ein Verstoß gegen beispielsweise allgemeine handelsrechtliche Vorschriften nicht von § 69 AO sanktioniert wird.[1882]

Genau wie die Haftung aus § 69 AO nicht unternehmensintern durch vertragliche Vereinbarung umgangen werden kann, ist es auch nicht möglich, die steuerlichen Pflichten, die als öffentlich-rechtliche Pflichten zu qualifizieren sind, privatautonom auszuschließen.[1883]

1. Kenntnis der steuerlichen Pflichten

Grundlegende Pflicht des Vorstandes, um diese Position überhaupt bekleiden und seine Aufgaben sachgerecht wahrnehmen zu können, ist die Kenntnis der einschlägigen steuerlichen Pflichten: falls also ein Vorstandsmitglied bei Antritt seines Amtes nicht mit den steuerrechtlichen Pflichten des Unternehmens vertraut ist und nicht die zur Ausübung seines Amtes notwendigen steuerrechtlichen Kenntnisse aufweisen kann, muss sich das Vorstandsmitglied zwingend diese Kenntnisse erarbeiten und in die Pflichten des Unternehmens einarbeiten oder auf externen Sachverstand entsprechend qualifizierter Berater zurückgreifen.[1884] Auf diesen externen Sachverstand

1882 BFH, BFHE 123, 398, 402; *Beermann*, DStR 1994, 805, 808; *Koenig*, in: Pahlke/Koenig, AO, § 34, Rn. 17; *Boeker*, in: Hübschmann/Hepp/Spitaler, § 34, Rn. 45, 45d (November 2009); *Loose*, in: Tipke/Kruse, AO, § 34, Rn. 21 (Januar 2010); *Rüsken*, in: Klein, AO, § 69, Rn. 46.

1883 Siehe zu § 69 AO bereits oben S. 363ff.; so bereits RFH, RStBl. 1933, 1224; BFH, BStBl. III 1958, 367, 368; BFH, BFHE 96, 39, 40 = BStBl. II 1969, 539, 540; BFH, BStBl. II 1983, 655, 656f.; BFH, BFH/NV 1989, 139; *Stahlschmidt*, GmbHR 2005, 677, 678; *Jatzke*, in: Beermann/Gosch, § 34, Rn. 46 (Januar 2007); *Koenig*, in: Pahlke/Koenig, AO, § 34, Rn. 18; *Boeker*, in: Hübschmann/Hepp/Spitaler, § 34, Rn. 54 (November 2009); *Loose*, in: Tipke/Kruse, AO, § 34, Rn. 16 (Januar 2010); *Rüsken*, in: Klein, AO, § 34, Rn. 35.

1884 Vgl. BFH, BStBl. II 1982, 521, 523; BGH, HFR 1986, 83, 83f. = GmbHR 1985, 143, 143f.; BFH, BFHE 146, 23, 24f. = BStBl. II 1986, 384f.; BFH, BFH/NV 1987, 210; BFH, BFH/NV 1995, 941; BFH, BFH/NV 1996, 589 = GmbHR 1997, 139; BFH, BFH/NV 1996, 657; BFH, BFH/NV 2004, 1363; BFH, BFH/NV 2006, 241, 241f.; *Jatzke*, in: Beermann/Gosch, § 69, Rn. 25 (Juni 2009), dort auch zum folgenden Text; vgl.

in Steuerfragen darf sich der Vorstand verlassen, so lange sich keine Anhaltspunkte zeigen, die Zweifel an der fachlichen Eignung bzw. der Korrektheit der Arbeit des externen Beraters sähen.[1885]

Unabdingbare Voraussetzung für die Kenntnis der steuerlichen Pflichten des Unternehmens ist die Kenntnis der steuerauslösenden, realen Sachverhalte im Unternehmen. Insbesondere im Falle einer Nachfolge im Amt muss sich der neue Amtsinhaber einen Überblick über den Stand der steuerlichen Pflichterfüllung im Unternehmen verschaffen und ggf. Korrekturen bis hin zur Berichtigung von Erklärungen gem. § 153 AO vornehmen.[1886]

Eine Berufung auf persönliches Unvermögen wie z.B. einem Mangel an praktischer Erfahrung, um sich der Pflichten, die mit der Übernahme des Amtes verbunden sind, zu entziehen, ist dem Vorstand verwehrt. Im Gegenteil darf der Vorstand sein Amt nicht antreten oder muss es niederlegen, wenn er die vorgenannten, fachlichen Anforderungen nicht erfüllen kann.[1887]

Auch eine vorübergehende, krankheitsbedingte Einbuße an Leistungsfähigkeit befreit nicht von der Pflichtenstellung. Stattdessen muss die Einhaltung der Pflichten qua Delegation auf einen geeigneten Mitarbeiter sichergestellt werden, wobei ebenfalls eine Niederlegung des Amtes vorzunehmen ist, wenn das betroffene Vorstandsmitglied bereits nicht mehr in der Lage ist, einen geeigneten und vor allen Dingen sachkundigen Bewerber auszuwählen und dessen Wahrnehmung der steuerlichen Pflichten zu kontrollieren.[1888]

Loose, in: Tipke/Kruse, AO, § 34, Rn. 19 (Januar 2010); vgl. *Boeker*, in: Hübschmann/Hepp/Spitaler, § 69, Rn 41 (Juni 2010); *Rüsken*, in: Klein, AO, § 69, Rn. 47.

1885 BFH, BFHE 75, 206, 208 = BStBl. III 1962, 342, 343; BFH, BFH/NV 2004, 1363; *Jochum*, DStZ 2007, 335, 336; zur notwendigen Überwachung der Aufgabenerfüllung des hinzugezogenen Sachverstandes siehe den nachfolgenden Punkt der steuerlichen Organisationsanforderungen.

1886 Vgl. BGH, HFR 1986, 83, 83f. = GmbHR 1985, 143, 143f.; BFH, BFH/NV 2007, 1801; *Jatzke*, in: Beermann/Gosch, § 69, Rn. 25.1 (Juni 2009); *Loose*, in: Tipke/Kruse, AO, § 69, Rn. 31 (Mai 2010).

1887 FG Baden-Würtemberg, EFG 1987, 591; *Jatzke*, in: Beermann/Gosch, § 69, Rn. 26 (Juni 2009); *Rüsken*, in: Klein, AO, § 69, Rn. 47.

1888 Vgl. BFH, BFH/NV 1987, 422; BFH, BStBl. II 1990, 1008, 1009f.; BFH, BFH/NV 1998, 1325; BFH, GmbHR 2000, 392, 393; *Jatzke*, in: Beermann/Gosch, § 69, Rn. 26 (Juni 2009); *Rüsken*, in: Klein, AO, § 69, Rn. 47.

2. *Steuerliche Pflichten der Aktiengesellschaft*

a) Einhaltung aller steuergesetzlichen Verpflichtungen

Im Einzelnen muss der Vorstand als Vertreter die steuerlichen Pflichten wahrnehmen, die sich für die vertretene Aktiengesellschaft aus der AO und den weiteren, einschlägigen Steuergesetzen ergeben.[1889]

Exemplarisch sei auf die Buchführungs- und Aufzeichnungspflichten gem. §§ 140ff. AO, Auskunftspflichten gem. § 93 AO, Pflicht zur Abgabe von Steuererklärungen und zur Berichtigung unrichtiger Steuerklärungen aus §§ 149ff. AO sowie die Pflicht zur Einbehaltung und Abführung der Abzugssteuern wie der Lohnsteuer nach § 38 III, § 41a I 1 Nr. 2 EStG verwiesen.

Insbesondere die Mitwirkungspflichten im Rahmen der Betriebsprüfung gem. § 200 AO sind in diesem Zusammenhang noch zu nennen, wobei der Vorstand sich in der Konstellation einer Mitwirkung entziehen kann, in der er sich selbst durch die Mitwirkung einer Steuerstraftat oder -ordnungwidrigkeit bezichtigen müsste.[1890] Untrennbar verbunden mit der Betriebsprüfung ist eine nicht gesetzliche normierte Pflicht des Vorstandes als gesetzlichem Vertreter, die Beanstandungen der Betriebsprüfung im Unternehmen umzusetzen.[1891] Konkret erfordert dies z.B., die mit der Wahrnehmung steuerlicher Aufgaben betrauten Mitarbeiter über die Erkenntnisse der Betriebsprüfung und die sich daraus ergebenden Konsequenzen zu instruieren und zu überwachen um so die Einhaltung der steuerlichen Pflichten im Unternehmen effektiv zu sichern.

b) Pflicht zur Steuerentrichtung

aa) Steuerentrichtung und Vermögensvorsorge

Ferner fällt es in den Pflichtenkanon des Vorstandes als gesetzlichem Vertreter, für die fristgerechte Entrichtung der Steuern aus den verwalteten, realiter vorhandenen

---

1889 BFH, BStBl. III 1953, 161; BFH, BStBl. II 1986, 577, 578; vgl. BFH, BFHE 163, 106ff. = BStBl. II 1991, 284ff.; *Müller*, GmbHR 1984, 45, 46; *Haunhorst*, DStZ 2002, 368; *Stahlschmidt*, GmbHR 2005, 677f.; *Boeker*, in: Hübschmann/Hepp/Spitaler, § 34, Rn. 45 (November 2009); *Koenig*, in: Pahlke/Koenig, AO, § 34, Rn. 17; *Loose*, in: Tipke/Kruse, AO, § 34, Rn. 19 (Januar 2010), § 69, Rn. 31 (Mai 2010); *Binnewies*, in: Streck/Mack/Schwedhelm, Tax Compliance, Rn. 4.13; *Talaska*, BB 2012, 1195, 1196; *Nacke*, Haftung für Steuerschulden, Rz. 61, siehe dort auch jeweils mit Beispielen und weiteren Nachweisen zum folgenden Text.

1890 BFH, BFH/NV 1988, 415; BFH, BFHE 159, 28, 29 = BStBl. II 1990, 272, 273; vgl. *Koenig*, in: Pahlke/Koenig, § 34, Rn. 17; *Boeker*, in: Hübschmann/Hepp/Spitaler, § 34, Rn. 45c (November 2009).

1891 FG München, EFG 2001, 1254, dort auch zum folgenden Text; *Loose*, in: Tipke/Kruse, AO, § 69, Rn. 31 (Mai 2001); zu den aus diesem Aspekt resultierende organisatorischen Anforderungen siehe zugleich ausführlicher.

Mitteln gem. § 34 I 2 AO zu sorgen und die zu diesem Zweck vorzunehmenden Steuerzahlungen zu kontrollieren.[1892]

Infolgedessen existiert jedoch keine Pflicht des Vorstandes, finanzielle Mittel wie Darlehen zu organisieren oder persönlich mit eigenem Vermögen haften zu müssen, falls im Zeitpunkt der Fälligkeit der zu zahlenden Steuern nicht ausreichend liquide Mittel im Unternehmen vorhanden sein sollten.[1893]

Gleichwohl trifft den Vorstand in seiner Funktion als gesetzlicher Vertreter eine Vermögensvorsorgepflicht, d.h. dem Vorstand wird eine um- und weitsichtige Planung abverlangt, um genügend liquide Mittel zur Begleichung der zukünftig zu zahlenden Steuern vorzuhalten. Ergo ist eine Pflichtverletzung dann anzunehmen, wenn in Anbetracht einer kritischen Finanzlage des Unternehmens keine Vorsorge zur Entrichtung der Steuern getroffen, sondern stattdessen Geld beispielsweise an die Aktionäre ausgeschüttet wird.[1894] Demgegenüber schränkt die Vermögensvorsorgepflicht das unternehmerische Ermessen des Vorstandes zur Vornahme riskanter Geschäfte selbst in Krisenzeiten nicht ein, selbst wenn z.B. die Abführung der anfallenden Umsatzsteuer nicht gesichert ist. Grund dafür ist, dass die Vermögensvorsorgepflicht als Ansatzpunkt auf die bestehenden Steueransprüche abstellt und nicht auf die Begründung neuer Steueransprüche, so dass im Lichte des letzteren Aspekts ein Geschäftsabschluss oder ein anderes, beliebiges unternehmerisches Handeln nicht allein mit der Begründung eines Verstoßes gegen die Vermögensvorsorgepflicht zur Entrichtung der Steuern ausgeschlossen werden kann, sofern nicht absichtlich zum Nachteil der Finanzbehörde gehandelt wird.[1895]

bb) Grundsatz der anteiligen Tilgung

Anknüpfend an die Pflicht zur Steuerentrichtung und der sie flankierenden Pflicht zur Vermögensvorsorge besagt der Grundsatz der anteiligen Tilgung, dass im Falle nicht ausreichender finanzieller Mittel im Unternehmen zur vollständigen Befriedigung

1892 RFH, RFHE 35, 76; BFH, BStBl. II 1969, 603, 604; BFH, BStBl. II 1991, 678, 681; BFH, BFH/NV 1987, 273; *Beermann*, DStR 1994, 805, 808; vgl. *Haunhorst*, DStZ 2002, 368; vgl. *Koenig*, in: Pahlke/Koenig, AO, § 34, Rn. 17; *Loose*, in: Tipke/Kruse, AO, § 69, Rn. 31 (Mai 2010), dort auch zum folgenden Text; vgl. *Binnewies*, in: Streck/Mack/Schwedhelm, Tax Compliance, Rn. 4.13.

1893 BFH, BFHE 141, 443, 448 = BStBl. II 1984, 776, 778 = ZIP 1984, 1345, 1347; vgl. *Boeker*, in: Hübschmann/Hepp/Spitaler, § 34, Rn. 48 (November 2009); *Loose*, in: Tipke/Kruse, AO, § 34, Rn. 22 (Januar 2010).

1894 Vgl. BFH, BStBl. II 1990, 767, 769; BFH, BStBl. II 1995, 230, 231; BFH, BFH/NV 1997, 324; BFH, BFH/NV 2005, 994; FG Hamburg, EFG 2004, 74, 75f.; *Haunhorst*, DStZ 2002, 368; *Jatzke*, in: Beermann/Gosch, § 69, Rn. 27 (Juni 2009); *Rüsken*, in: Klein, AO, § 69, Rn. 55; vgl. zum Beispiel auch *Loose*, in: Tipke/Kruse, AO, § 69, Rn. 43 (Mai 2010).

1895 BFH, BFH/NV 1987, 2; vgl. BFH, BFH/NV 1988, 485; BFH, BStBl. II 2003, 337, 338; BFH, BFH/NV 2007, 2233; BFH, BFH/NV 2008, 16; *Jatzke*, in: Beermann/Gosch, § 69, Rn. 28f. (Juni 2009); *Boeker*, in: Hübschmann/Hepp/Spitaler, § 69, Rn. 14a (Juni 2010); vgl. ausführlich *Rüsken*, in: Klein, AO, § 69, Rn. 57ff. m.w.N.

sämtlicher Gläubiger inklusive des Fiskus als Gläubiger fälliger Steuerzahlungen, kein Gläubiger zu favorisieren ist, d.h. speziell der Fiskus im Vergleich zu anderen Gläubigern weder zu bevorzugen, und erst recht nicht zu benachteiligen ist.[1896] Die Tatsache, dass nicht ausreichend finanzielle Mittel zur Verfügung stehen ist bei rechtzeitiger Vornahme der Steuererklärung noch keine Pflichtverletzung, zumal die Haftung des § 69 AO sich lediglich auf die Summe bezieht, die infolge einer Pflichtverletzung nicht gezahlt wurde und nicht ausnahmslos jeden beliebigen Ausfall der Steuerzahlungen unabhängig von seiner Ursache.[1897]

Zur Bestimmung der Tilgungsquote reicht eine Überschlagsrechnung aus, bei der die Verbindlichkeiten in Relation zu den auf sie geleisteten Zahlungen für den fraglichen Zeitraum zu setzen sind, ohne dabei bestimmten ausgewählten Verbindlichkeiten eine besondere Priorität zukommen zu lassen.[1898] Lässt sich die Tilgungsquote nicht zweifelsfrei bestimmen, nimmt die Finanzverwaltung eine Schätzung vor. Ist eine Schätzung aufgrund fehlender Kooperation seitens des Vorstandes als Haftungsschuldner aus § 69 AO ebenfalls nicht möglich, so droht dem Vorstand trotz Feststellungslast der Finanzbehörde für die Pflichtverletzung in Form einer Nichtbeachtung des Prinzips der anteiligen Tilgung die Haftung in voller Höhe.[1899]

cc) Sonderfall Lohnsteuer

Zwar ist der Grundsatz der anteiligen Tilgung auch im Rahmen der Lohnsteuer zu berücksichtigen, jedoch wird bei der Lohnsteuer die Perspektive von einer

1896 Siehe dazu aus der umfangreichen Rechtsprechung exemplarisch: RFH, RFHE 20, 199; BFH, BFHE 141, 443, 448 = BStBl. II 1984, 776, 778 = ZIP 1984, 1345, 1347; BFH, BStBl. II 1985, 539, 540; BFH, BStBl. II 1985, 702, 704; BFH, BFHE 146, 511ff. = BStBl. II 1986, 657ff.; BFH, BFH/NV 1989, 478; BFH, BStBl. II 1990, 201, 203; BFH, BStBl. II 2001, 271, 273; *Koenig*, in: Pahlke/Koenig, AO, § 34, Rn. 21; *Jatzke*, in: Beermann/Gosch, § 69, Rn. 34 (Juni 2009); *Loose*, in: Tipke/Kruse, AO, § 69, Rn. 34 (Mai 2010); *Boeker*, in: Hübschmann/Hepp/Spitaler, § 69, Rn. 14 (Juni 2010); *Nacke*, Die Haftung für Steuerschulden, Rz. 71f.; *Rüsken*, in: Klein, AO, § 69, Rn. 58, vgl. dort auch zum folgenden Text.

1897 Vgl. BFH, BFH/NV 2000, 1322; BFH, BFH/NV 2001, 294; vgl. *Spriegel/Jokisch*, DStR 1990, 433, 436; *Jatzke*, in: Beermann/Gosch, § 69, Rn. 34 (Juni 2009); vgl. *Loose*, in: Tipke/Kruse, AO, § 69, Rn. 34 (Mai 2010).

1898 BFH, BStBl. II 1983, 249, 250; vgl. BFH, BFHE 141, 443, 448 = BStBl. II 1984, 776, 778 = ZIP 1984, 1345, 1347; BFH, BStBl. II 1985, 539, 540; BFH, BStBl. II 1988, 172, 172f; BFH, BFH/NV 2004, 1363; *Jatzke*, in: Beermann/Gosch, § 69, Rn. 34 (Juni 2009); *Loose*, in: Tipke/Kruse, AO, § 69, Rn. 38 (Mai 2010); *Binnewies*, in: Streck/Mack/Schwedhelm, Tax Compliance, Rn. 4.16; *Talaska*, BB 2012, 1195, 1197; *Rüsken*, in: Klein, AO, § 69, Rn. 58 a.E., 63.

1899 BFH, BFH/NV 1986, 321; BFH, BFH/NV 1990, 351; BFH, BFH/NV 2007, 185; FG Sachsen, EFG 2000, 46, 46f.; *Loose*, in: Tipke/Kruse, AO, § 69, Rn. 38 (Mai 2010); *Rüsken*, in: Klein, AO, § 69, Rn. 63a, 138; a.A. mit einer ablehnenden Haltung gegenüber einer Haftung in voller Höhe *Nacke*, Die Haftung für Steuerschulden, Rz. 110 unter Verweis auf FG Niedersachsen, EFG 2003, 746, 746f.

gleichmäßigen, anteiligen Erfüllung sämtlicher Gläubigeransprüche auf die anteilige Erfüllung des Lohnsteueranspruchs des Finanzamtes und des Arbeitslohnanspruches der Arbeitnehmer reduziert.[1900] Die Konsequenz ist, dass das Unternehmen als Arbeitgeber nicht mehr den vollen Nettolohn an die Arbeitnehmer auszahlen darf, wenn die Abführung der entsprechenden Lohnsteuer nicht gesichert ist. Dagegen muss die Lohnzahlung um den Betrag verringert werden, der es zugleich erlaubt, die mit dem nunmehr verringerten Lohn korrespondierende Lohnsteuer zu entrichten.[1901]

Gerechtfertigt wird diese Bevorzugung der Lohnsteuer von der Rechtsprechung mit dem Argument der Treuhandfunktion des Arbeitgebers im Hinblick auf die Anmeldung und Abführung der Lohnsteuer für den Arbeitnehmer gem. § 41a EStG. Danach sei der Arbeitgeber nicht befugt, frei über diese Fremdgelder nach seinem Gutdünken zu verfügen, wobei selbst die Gefahr einer Arbeitsniederlegung als Folge der verringerten Löhne einen Verstoß gegen die Abführung der Lohnsteuer nicht zu entschuldigen vermag.[1902]

Kritische Stimmen an diesem Ansatz der Rechtsprechung bezweifeln die Treuhandfunktion des Arbeitgebers im Hinblick auf den Arbeitslohn, da es sich bei der abzuführenden Lohnsteuer für den Arbeitgeber nicht um Fremdgeld handle, mit der Folge, dass die abzuführenden Beträge bis zu ihrer Fälligkeit in voller Höhe dem Arbeitgeber zustünden und zudem den Ansprüchen seiner Gläubiger ausgesetzt seien. Überdies sei die finanzielle Krise eines Unternehmens eine Notsituation, die zur Rettung des Unternehmens die volle Zahlung der Löhne entschuldige um eine Arbeitsniederlegung und damit das Ende der Tätigkeit des Betriebs zu verhindern.[1903]

Ungeachtet dessen ist unter dem Aspekt einer durch Tax Compliance vorzunehmenden Risikobetrachtung[1904] der Rechtsprechung zu folgen, die wie beschrieben eine Kürzung der Löhne vorsieht, um eine Pflichtverletzung des Vorstandes als

1900 BFH, BFHE 153, 512f. = BStBl. II 1988, 859; BFH, BFH/NV 2005, 1753; BFH, BFH/NV 2006, 897; *Jatzke*, in: Beermann/Gosch, § 69, Rn. 42.1 (Juni 2009); vgl. *Binneswies*, in: Streck/Mack/Schwedhelm, Tax Compliance, Rn. 4.18; *Talaska*, BB 2012, 1195, 1197; *Rüsken*, in: Klein, AO, § 69, Rn. 71, dort auch jeweils zum folgenden Text.

1901 Vgl. BFH, BFHE 75, 206, 207ff. = BStBl. II 1962, 342, 343; BFH, BStBl. II 1982, 521, 523; BFH, BFHE 153, 512f. = BStBl. II 1988, 859; BFH, BFH/NV 1988, 764; BFH, BFH/NV 1990, 756; BFH, BFH/NV 1999, 745; siehe auch: *Loose*, in: Tipke/Kruse, AO, § 69, Rn. 40 (Mai 2010); *Boeker*, in: Hübschmann/Hepp/Spitaler, § 69, Rn. 17 (Juni 2010).

1902 BFH, BStBl. II 1982, 521, 523; BFH, BFH/NV 1986, 266; BFH, BFH/NV 1986, 378; BFH, BFH/NV 2001, 84; siehe dazu auch aus dem Schrifttum: *Jatzke*, in: Beermann/Gosch, § 69, Rn. 43 (Juni 2009); *Nacke*, Die Haftung für Steuerschulden, Rz. 78ff., insbesondere Rz. 80; *Rüsken*, in: Klein, AO; § 69, Rn. 71.

1903 Vgl. bereits kritisch gegenüber der Rechtssprechung *Buciek*, BB 1989, 2303, 2305; *Spriegel/Jokisch*, DStR 1990, 433, 437; ausführlich *Loose*, in: Tipke/Kruse, AO, § 69, Rn. 41 (Mai 2010) m.w.N.; vgl. zur a.A.: *Beermann*, FR 1992, 262, 266.

1904 Siehe dazu bereits ausführlich mit den entsprechenden Nachweisen, S. 8ff.

für das Unternehmen als Arbeitgeber handelnden und haftenden Vertreter zu vermeiden.

Gleichwohl liegt kein Pflichtverstoß vor, wenn eine Entrichtung der Lohnsteuer zwar aufgrund einer Zahlungsunfähigkeit unmöglich ist, die Zahlungsunfähigkeit aber bei der Lohnzahlung noch nicht absehbar war und erst im Zeitraum zwischen der Lohnzahlung und der Abführung der Lohsteuer eingetreten ist.[1905]

Die früher bestehende Konfliktlage für den gesetzlichen Vertreter, bei drohender Insolvenz im Falle einer Nichtabführung der Lohnsteuer nach § 69 AO zu haften oder aber im Falle einer Abführung der Lohnsteuer wegen eines Verstoßes gegen Pflicht zur Massesicherung nach § 64 S. 2 GmbHG respektive §§ 92 II, 93 III Nr. 6 AktG zu haften, ist nach einer Änderung der Rechtsprechung des BGH, der eine Lohnsteuerzahlung auch in der Krise als mit der Sorgfalt eines ordentlichen und gewissenhaften Geschäftsleiters im Sinne der § 64 S. 2 GmbHG, § 92 II AktG vereinbar ansieht, die Brisanz genommen worden.[1906]

Ergo muss sich der Vorstand einer Aktiengesellschaft in der Krise zur Vermeidung einer etwaigen Haftung stets absichern, die mit den gezahlten Arbeitslöhnen korrespondierende Lohnsteuer auch tatsächlich abführen zu können, um nicht eine Pflichtverletzung im Sinne des § 69 AO zu verwirklichen

3. *Zusammenhang steuerlicher Pflichtenkanon und Tax Compliance*

Eine nähere Analyse des geschilderten steuerlichen Pflichtenkanons offenbart unter der Direktive von Maßstäben und Anforderungen an Tax Compliance eine Zweiteilung in eine persönliche Dimension konkreter Anforderungen an die Vorstandsmitglieder als Personen zur Erfüllung der steuerlichen Pflichten und eine weitere Pflichtendimension, die genau diese steuerlichen Pflichten des Vorstandes definiert.

a) Persönliche Dimension

Die persönliche Dimension[1907] statuiert als essentielle Anforderung die Kenntnis der einschlägigen steuerrechtlichen Pflichten. Infolgedessen muss der Vorstand soweit nicht vorhanden steuerliche Kenntnisse selbst erarbeiten oder auf externen Sachverstand zurückgreifen, dem so lange vertraut werden darf, wie sich keine Anhaltspunkte für berechtigte Zweifel an der Kompetenz der externen Berater zeigen.

1905 BFH, BFH/NV 1994, 142, 143f.; BFH, BFH/NV 1997, 4; *Boeker*, in: Hübschmann/Hepp/Spitaler, § 69, Rn. 18, 40 (Juni 2010); *Nacke*, Die Haftung für Steuerschulden, Rz. 81.

1906 Änderung der Rechtsprechung durch BGH, DStR 2007, 1174, 1175ff.; siehe dazu ausführlich mit den entsprechenden Nachweisen sowohl zur Rechtsprechung des BFH als auch des BGH *Jatzke*, in: Beermann/Gosch, § 69, Rn. 43.1ff. (Juni 2009); *Boeker*, in: Hübschmann/Hepp/Spitaler, § 69, Rn. 41a ff. (Juni 2010); *Rüsken*, in: Klein, AO, § 69, Rn. 72f.

1907 Siehe dazu bereits ausführlich oben S. 369ff., dort auch zum folgenden Text.

Zugleich setzt diese fachliche Komponente der persönlichen Dimension in Form einer tatsächlichen Komponente die Kenntnis der Sachverhalte voraus, an die die steuerlichen Pflichten anknüpfen.

Sind diese Voraussetzungen sowohl der fachlichen als auch der tatsächlichen Komponente nicht erfüllt, darf das einzelne Vorstandsmitglied das Amt schon nicht antreten oder muss es unverzüglich niederlegen, um dem Vorwurf einer Pflichtverletzung im Sinne des § 69 AO zu entgehen. Dabei ist ein persönliches Unvermögen, sei es auch nur zeitweise aufgrund äußerer, widriger Umstände eingetreten, keine Haftungsbefreiung.

b) Pflichtendimension

Gegenstand oder Maßstab der persönlichen Dimension sind die Vorgaben der Pflichtendimension.[1908] Wesentlicher Ansatzpunkt und notwendige Basis für die Bestimmung einer Pflichtverletzung im Sinne des § 69 AO ist die Einhaltung der steuerlichen Pflichten, die das Unternehmen treffen, durch den Vorstand als gesetzlichen Vertreter.

Erfasst werden zunächst alle Pflichten, die in Steuergesetzen ausdrücklich normiert sind. Aus diesen gesetzlichen Pflichten resultieren zum Teil nicht kodifizierte Handlungspflichten, wie am Beispiel der Beanstandungen im Zuge einer Betriebsprüfung verdeutlicht werden kann: Zwar ist die Pflicht zur Mitwirkung in § 200 AO ebenso wie das gesamte Verfahren der Betriebsprüfung explizit geregelt, die Pflicht zur Umsetzung der Erkenntnisse aus der Betriebsprüfung zur Vermeidung einer Pflichtverletzung hingegen nicht.

Zentrales Element der Pflichtendimension ist die fristgerechte Entrichtung der Steuern, welche kombiniert mit der Vermögensvorsorgepflicht gleichwohl dem Vorstand ohne Limitierung seines unternehmerischen Ermessens nicht untersagt, auch neue und riskante Geschäfte vorzunehmen.

Untermauert wird die Bedeutung der Steuerentrichtung durch den Grundsatz der anteiligen Tilgung, wonach im Falle nicht ausreichender liquider Mittel zur Befriedigung aller Gläubiger sämtliche Gläubiger und damit auch der Fiskus als Gläubiger der Steueransprüche anteilig nach einer zu bestimmenden Quote zu befriedigen sind. Zu bedenken ist dabei allerdings, dass die Lohnsteuer hierbei eine Sonderrolle einnimmt, was sich darin niederschlägt, dass sich der Blickwinkel der anteiligen Tilgung auf die Faktoren Lohnzahlung und Lohnsteuer verengt, so dass die Lohnzahlungen zwingend zu kürzen sind, falls die Entrichtung der Lohnsteuern in voller Höhe zweifelhaft ist.

4. Zwischenfazit: Originäre „Teilpflicht" zur Tax Compliance

Im Ergebnis lässt sich aus der geschilderten persönlichen Dimension und der ihr zu Grunde liegenden Pflichtendimension eine Pflicht zur Tax Compliance ableiten. Allerdings ist diese Pflicht zur Tax Compliance auf Grundlage des steuerrechtlichen

---

1908 Siehe dazu bereits ausführlich oben S. 371ff., dort auch zum folgenden Text.

Pflichtenkanons zunächst auf die Einhaltung des Steuerrechts, insbesondere auf die Pflicht zur Entrichtung der Steuern ggf. unter Beachtung des Grundsatzes der anteiligen Tilgung und des Sonderfalls der Lohnsteuer eingeschränkt. Die Notwendigkeit zur Einrichtung einer Organisation, bzw. eines Systems, lässt sich dagegen nicht ohne Weiteres auf diesen Teil des steuerlichen Pflichtenkanons stützen, da er keine konkreten Organisationsanforderungen zur bloßen Einhaltung der steuerlichen Pflichten definiert oder vorgibt.

Lediglich abgeleitet besteht je nach Komplexität und Umfang der Geschäftstätigkeit des jeweiligen Unternehmens eine faktische Notwendigkeit zur Einrichtung eines Systems, gerade um die komplizierten steuerrechtlichen Vorgaben[1909] einzuhalten und der Vermögensvorsorgepflicht zur Entrichtung der Steuern zu genügen. Insofern ist die für Tax Compliance essentielle Organisationskomponente nicht Gegenstand der Pflicht zur Einhaltung des Steuerrechts und zur Entrichtung der Steuern, sondern quasi eine Art faktische Nebenpflicht, ohne die die Einhaltung der steuerlichen Pflichten abhängig von den Umständen des Einzelfalls schlechterdings nur sehr schwer möglich ist.

Als Konsequenz bleibt festzuhalten, dass der steuerliche Pflichtenkanon damit selbst „nur“ die originäre Pflicht zur Einhaltung der Steuergesetze als Grundlage und Teilaspekt von Tax Compliance begründet, nicht aber eine belastbare und konkrete Basis für den anderen Teilaspekt, nämlich die systematische, organisatorisch abgesicherte Einhaltung der Steuergesetze, liefert.

III. Steuerliche Organisationsanforderungen

Über diese originäre „Teilpflicht“ zur Tax Compliance begründet im steuerlichen Pflichtenkanon stellt sich die Frage, ob und ggf. inwieweit organisatorische Maßnahmen und damit auch die Einrichtung eines Tax Compliance-Systems abseits einer bloßen Einhaltung kodifizierter gesetzlicher Vorgaben und der Entrichtung von Steuern zur Vermeidung einer Haftung aus § 69 AO geboten sind.

Wie bereits konstatiert, mangelt es an konkreten gesetzlichen Organisationsvorgaben zur Einhaltung des Steuerrechts bzw. zur Erfüllung der steuerlichen Pflichten aus § 69 AO.

1. Geschäftsverteilung – horizontale Organisations- und Überwachungspflichten

Einige Organisationskomponenten lassen sich aus den Haftungskriterien in der Konstellation mehrerer Vertreter im Sinne der §§ 34, 35 AO im Unternehmen ableiten. Prinzipiell sind bei mehreren Vorstandsmitgliedern zunächst alle Vorstandsmitglieder

1909 Siehe zur Komplexität der steuerrechtlichen Vorschriften und die daraus für das Unternehmen erwachsende Risikolage bereits ausführlich S. .179ff.

wegen des Grundsatzes der Gesamtverantwortung[1910] zur Erfüllung der steuerlichen Pflichten berufen.[1911]

a) Organisationsanforderungen und Pflichtenmodifikation

Wie schon bei den Tax Compliance Anforderungen und Maßstäben aus §§ 76 I, 93 I, II AktG im Rahmen der vorstandsinternen, horizontalen Überwachungspflichten erläutert[1912], ist es möglich, diese Verpflichtung aller Vorstandsmitglieder so zu modifizieren, dass z.B. einem oder mehreren Vorstandsmitgliedern per Geschäftsverteilung die Verantwortung für die Einhaltung der steuerlichen Pflichten übertragen wird, wodurch sich die Verantwortung der anderen Vorstandsmitglieder in eine Überwachungspflicht ändert, die sich in einer unablässigen Kontrolle des mit der Aufgabenwahrnehmung belasteten Vorstandsmitglieds niederschlägt.[1913] Neben dieser Pflichtenmodifikation liegt die Motivation einer Geschäftsverteilung innerhalb des Vorstandes in einer effektiven Gestaltung der unternehmensinternen Leitungsprozesse und dient zur Erhaltung einer effizienten Handlungsfähigkeit des Organs.[1914]

aa) Notwendigkeit schriftlicher Dokumentation

Grundlegende Voraussetzung für diese Pflichtenmodifikation ist nach der Rechtsprechung vor allen Dingen, dass die Geschäftsverteilung entweder im Gesellschaftsvertrag, in einem Gesellschafterbeschluss oder in einem anderen Dokument zur internen Regelung der Geschäftsverteilung schriftlich unmissverständlich fixiert ist.[1915] Durch die Schriftlichkeit der Geschäftsverteilung ist gewährleistet, dass die

---

1910 Siehe zum Grundsatz der Gesamtverantwortung bereits ausführlich S. 272.

1911 BFH, BFHE 75, 206, 208 = BStBl. III 1962, 342, 343; vgl. BFH, BFHE 141, 443, 446 = BStBl. II 1984, 776, 777 = ZIP 1984, 1345, 1346; BFH, BFHE 146, 23, 25f. = BStBl. II 1986, 384, 385 = DB 1986, 1555, 1556f. = ZIP 1986, 1247, 1248; BFH, BFHE 186, 132, 136f. = BStBl. II 1998, 761, 763; *Stahlschmidt*, GmbHR 2005, 677, 678; *Intemann*, in: Pahlke/Koenig, AO, § 69, Rn. 77; *Jatzke*, in: Beermann/Gosch, § 69, Rn. 51 (Juni 2009); *Boeker*, in: Hübschmann/Hepp/Spitaler, § 34, Rn. 53 (November 2009); *Loose*, in: Tipke/Kruse, AO, § 69, Rn. 32 (Mai 2010); *Binnewies*, in: Streck/Mack/Schwedhelm, Tax Compliance, Rn. 4.14; *Talaska*, BB 2012, 1195, 1196f.; *Rüsken*, in: Klein, AO, § 69, Rn. 105.

1912 Siehe dazu bereits ausführlich S. 272ff. m.w.N.

1913 BFH, BFHE 141, 443, 446 = BStBl. II 1984, 776, 777 = ZIP 1984, 1345, 1346; BFH, BFH/NV 2004, 157; *Intemann*, in: Pahlke/Koenig, AO, § 69, Rn. 80; vgl. *Jatzke*, in: Beermann/Gosch, § 69, Rn. 51 (Juni 2009); *Rüsken*, in: Klein, AO, § 69, Rn. 106f.; vgl. *Nacke*, Die Haftung für Steuerschulden, Rz. 148.

1914 Siehe dazu die entsprechenden Nachweise im Rahmen Erläuterungen zu den vorstandsinternen, horizontalen Überwachungspflichten S. 273.

1915 BFH, BFHE 141, 443, 447 = BStBl. II 1984, 776, 778 = ZIP 1984, 1345, 1347; BFH, BFHE 146, 23, 25 = BStBl. II 1986, 384, 385 = BFH, DB 1986, 1555, 1556 = ZIP 1986, 1247, 1248; BFH, BFHE 186, 132, 137f. = BStBl. II 1998, 761, 763; BFH, BFH/NV 2004, 157; BayVGH, DB 2007, 2083; siehe aus dem Schrifttum dazu: *Beermann*,

Verantwortungsbereiche der einzelnen Vorstandsmitglieder und damit insbesondere auch die Verantwortung zur Erfüllung der steuerlichen Pflichten in nachvollziehbarer Weise möglichst trennscharf definiert und kodifiziert ist, damit keine Unklarheiten oder Unsicherheiten über den Umfang der einzelnen Pflichten besteht. Bloß mündlichen Abreden zur Geschäftsverteilung können dies nicht leisten und sind damit nicht ausreichend, um die Pflichtenstellung zu modifizieren, selbst wenn sich eine Pflichteneinteilung aus tatsächlicher Übung herauskristallisieren sollte.[1916]

Eine von diesem ausnahmslos bestehenden Schriftformerfordernis divergierende Auffassung im Schrifttum weicht die Notwendigkeit einer schriftlichen Regelung auf, wenn sich die Zuständigkeiten aus der „Natur der Sache" ergeben, beispielsweise sei demnach bei zwei Geschäftsführern – einem Handwerksmeister und einem Diplomkaufmann – ersterer für den technischen Bereich und letzterer für den kaufmännischen Bereich zuständig.[1917] Zwar mag diese Einschränkung in derart evidenten Fällen durchaus sachgerecht sein um die Schriftlichkeit nicht zu einer bloßen Förmelei verkommen zu lassen, allerdings greift dieses Argument gerade nicht bei komplexeren Sachverhalten insbesondere in Bezug auf die steuerlichen Pflichten, die ubiquitär verschiedene Bereiche des Unternehmens betreffen und daher einer klaren Verantwortungsabgrenzung bedürfen. Zudem ist es aus der Tax Compliance-Perspektive zur Vermeidung bzw. Minimierung von Haftungsrisiken des Vorstandes angezeigt, das Schriftformerfordernis der über das Vorliegen einer Pflichtverletzung letztendlich entscheidenden Rechtsprechung aus den genannten Gründen zu befolgen. Ferner dient eine schriftliche Niederlegung der Geschäftsverteilung im Zweifel als Beweismöglichkeit für das einzelne Vorstandsmitglied hinsichtlich seiner individuellen Zuständigkeit.[1918]

Abseits dieses abzulehnenden Ansatzes aus dem Schrifttum sieht die Rechtsprechung selbst eine Einschränkung des Schriftformerfordernisses für „Geschäfte des laufenden Geschäftsverkehrs" vor. Dabei handelt es sich um Geschäfte, die nicht von entscheidender Bedeutung für das Unternehmen sind, vorausgesetzt das handelnde Vorstandsmitglied ist vertrauenswürdig, die anderen Vorstandsmitglieder wissen, dass die Aufgabe mit der nötigen Sorgfalt wahrgenommen wird, dass die Grenze des laufenden Geschäftsverkehrs nicht überschritten wird und dass sichergestellt

---

DStR 1994, 805, 807; *Jochum*, DStZ 2007, 335, 337; *Intemann*, in: Pahlke/Koenig, AO, § 69, Rn. 80; *Jatzke*, in: Beermann/Gosch, § 69, Rn. 52 (Juni 2009); *Boeker*, in: Hübschmann/Hepp/Spitaler, § 34, Rn. 53 (November 2009); *Loose*, in: Tipke/Kruse, AO, § 69, Rn. 33 (Mai 2010); *Leuering/Dornhegge*, NZG 2010, 13, 15; *Binnewies*, in: Streck/Mack/Schwedhelm, Tax Compliance, Rn. 4.29; *Talaska*, BB 2012, 1195, 1198; *Rüsken*, in: Klein, AO, § 69, Rn. 106.

1916 FG Bremen, EFG 1994, 594, 595; vgl. *Stahlschmidt*, GmbHR 2005, 677, 678; vgl. *Jatzke*, in: Beermann/Gosch, § 69, Rn. 52 (Juni 2009); *Rüsken*, in: Klein, AO, § 69, Rn. 106.

1917 *Loose*, in: Tipke/Kruse, AO, § 69, Rn. 33 (Mai 2010).

1918 Siehe zur schriftlichen Niederlegung der Geschäftsverteilung auch aus Gründen der Beweissicherung aus der gesellschaftsrechtlichen Perspektive bereits S. 281f. mit umfangreichen Nachweisen.

ist, dass alle anderen Vorstandsmitglieder unverzüglich informiert werden, falls eine Gefahr für die finanzielle Situation des Unternehmens sich abzeichnen sollte.[1919] Indes sind gegen diese Einschränkung die identischen Bedenken anzubringen, da auch hier die Schriftlichkeit als klare Abgrenzung der individuellen Aufgaben nebst der daraus resultierenden Sicherheit sowie die Option eines sicheren Nachweises des eigenen Verantwortungsbereiches zur Risikovermeidung oder zumindest -minimierung im Lichte von Tax Compliance angezeigt sind.[1920]

Zuletzt ist noch zu beachten, dass der Haftungsschuldner aus § 69 AO im Hinblick auf die Geschäftsverteilung sowohl darlegungs- als auch beweispflichtig ist und dass im Falle einer unwirksamen respektive nicht nachweisbaren Geschäftsverteilung das schuldhafte Verhalten der anderen Vorstandsmitglieder wie ein eigenes Verschulden behandelt wird.[1921]

bb) Überwachungs- und Reaktionspflicht

Weitere Voraussetzungen einer wirksamen, schriftlichen Geschäftsverteilung sind, dass keine Zweifel an der Zuverlässigkeit des Vorstandsmitglieds bestehen, welches mit der Erfüllung der steuerlichen Pflichten betraut worden ist. Sofern sich Anhaltspunkte zeigen, die darauf hindeuten, dass das zuständige Vorstandsmitglied nicht in der Lage oder nicht geeignet ist, seinen Pflichten nachzukommen, ist zunächst die Überwachung zu intensivieren und schließlich durch die zur Überwachung verpflichteten anderen Vorstandsmitglieder einzuschreiten, da in dieser Konstellation ihre ursprüngliche Pflicht zur Erfüllung der steuerlichen Pflichten wiederauflebt und sie ansonsten trotz Geschäftsverteilung haften.[1922]

Vereinzelte Stimmen im Schrifttum fordern in diesem Zusammenhang die Kodifizierung einer Informationspflicht in der Geschäftsverteilung, wonach das Vorstandsmitglied, welches für die Erfüllung der steuerlichen Pflicht eingeteilt worden ist, die

---

1919 BFH, BFHE 141, 443, 447f. = BStBl. II 1984, 776, 778 = ZIP 1984, 1345, 1347; BFH, BFHE 146, 23, 25f. = BStBl. II 1986, 384, 385 = DB 1986, 1555, 1556 = ZIP 1247, 1248; BFH, BFH/NV 1987, 550; aus dem Schrifttum: *Jatzke*, in: Beermann/Gosch, § 69, Rn. 52 (Juni 2009).

1920 Vgl. dazu auch bereits die vorstehenden Ausführungen.

1921 FG München, EFG 1992, 642; *Loose*, in: Tipke/Kruse, AO, § 69, Rn. 33 (Mai 2010).

1922 BFH, BFHE 141, 443, 446 = BStBl. II 1984, 776, 778 = ZIP 1984, 1345, 1346; BFH, BFHE 146, 23, 25f. = BStBl. II 1986, 384, 385 = DB 1986, 1555, 1556 = ZIP 1986, 1347, 1348; BFH, GmbHR 1989, 170, 171f.; BFH, BFHE 186, 132, 138f. = BStBl. II 1998, 761, 763f.; BFH, BeckRS 2005, 25009190 = BFH/NV 2006, 480, 480ff.; BFH, BFH/NV 2006, 1441; BFH, BFH/NV 2009, 1968; *Stahlschmidt*, GmbHR 2005, 677, 678; *Jochum*, DStZ 2007, 335, 337; *Jatzke*, in: Beermann/Gosch, § 69, Rn. 52 (Juni 2009); *Intemann*, in: Pahlke/Koenig, AO, § 69, Rn. 80; *Boeker*, in: Hübschmann/Hepp/Spitaler, § 34, Rn. 53 (November 2009); *Loose*, in: Tipke/Kruse, AO, § 69, Rn. 32 (Mai 2010), dort auch zum folgenden Text; vgl. *Binneswies*, in: Streck/Mack/Schwedhelm, Tax Compliance, Rn. 4.30; vgl. *Talaska*, BB 2012, 1195, 1198; *Rüsken*, in: Klein, AO, § 69, Rn. 107b; *Nacke*, Die Haftung für Steuerschulden, Rz. 148.

anderen Vorstandsmitglieder unverzüglich für den Fall in Kenntnis zu setzen hat, dass die steuerlichen Pflichten zumindest zum Teil nicht mehr eingehalten werden können.[1923]

Ohne entsprechende Anhaltspunkte ist die vorzunehmende Überwachung eine Frage des Einzelfalls. Es ist erforderlich, dass sich das nicht mit der Erfüllung der steuerlichen Pflichten betraute Vorstandsmitglied von der ordnungsgemäßen Wahrnehmung durch das verantwortliche Vorstandsmitglied in der Weise vergewissert, dass eine mangelhafte Erfüllung der steuerlichen Pflichten bei gewöhnlichem Lauf der Dinge frühzeitig erkannt wird. Dabei kann auch die Zuverlässigkeit und Erfahrung des verantwortlichen Vorstandsmitgliedes einkalkuliert werden.[1924]

Darüber hinaus ist von einer Reanimation der steuerlichen Pflichten der einzelnen Vorstandsmitglieder in einer Krise des Unternehmens auszugehen, weil die finanzielle Krise es erfordert, dass sich alle Vorstandsmitglieder um die gesamten Pflichten des Unternehmens kümmern und dabei insbesondere die richtige Beachtung der steuerlichen Pflichten kontrollieren.[1925]

Daneben tritt eine Haftung von Vorstandsmitgliedern trotz wirksamer Geschäftsverteilung dann ein, wenn im Unternehmen steuerrechtliche Fehler begangen wurden und die Vorstandsmitglieder in Kenntnis der Fehlers diese nicht behoben haben.[1926]

cc) Pflicht zur Niederlegung des Amtes

Bereits im Rahmen der steuerlichen Pflichten wurde darauf hingewiesen, dass ein Vorstand sein Amt niederzulegen hat, wenn er weder über die notwendigen steuerrechtlichen Kenntnisse, noch über eine Möglichkeit verfügt, sich diese selbst oder durch Hinzuziehung externen Sachverstands anzueignen bzw. aus z.B. gesundheitlichen Gründen nicht mehr in Lage ist, sein Amt auszuüben oder einen sorgfältig

1923 *Binnewies*, in: Streck/Mack/Schwedhelm, Tax Compliance, Rn. 4.30; *Talaska*, BB 2012, 1196, 1197.

1924 BFH, BFH/NV 1986, 61; BFH, BFH/NV 1989, 72; BFH, BFH/NV 1991, 12; BFH, BFH/NV 1996, 2; BFH, BFH/NV 2010, 2227; *Rüsken*, in: Klein, AO, § 69, Rn. 107 vgl. zur Vertreterhaftung/horizontalen Delegation: BFH, BFHE 175, 509 = BStBl. II 1995, 278.

1925 BFH, BFHE 141, 443, 447 = BStBl. II 1984, 776, 778 = ZIP 1984, 1345, 1346; BFH, BFHE 146, 23, 26 = BStBl. II 1986, 384, 385 = DB 1986, 1555, 1556 = ZIP 1986, 1237, 1248; BFH, GmbHR 1989, 170, 172; BFH, BStBl. II 2003, 556, 559f.; BFH, BFH/NV 2006, 1441; FG Münster, EFG 1998, 617; *Jochum*, DStZ 2007, 335, 337; vgl. *Jatzke*, in: Beermann/Gosch, § 69, Rn. 52 (Juni 2009); *Boeker*, in: Hübschmann/Hepp/Spitaler, § 34, Rn. 53 (November 2009); *Binnewies*, in: Streck/Mack/Schwedhelm, Tax Compliance, Rn. 4.31; *Talaska*, BB 2012, 1195, 1198; *Rüsken*, in: Klein, AO, § 69, Rn. 107b; *Nacke*, Die Haftung für Steuerschulden, Rz. 148.

1926 BFH, BFHE 75, 206, 208 = BStBl. III 1962, 342, 343; BFH, BStBl. II 1981, 138, 139; BFH, BFHE 146, 23 25 = BStBl. II 1986, 384, 385 = DB 1986, 1555, 1556 = ZIP 1985, 1247, 1248; vgl. FG Münster, EFG 1995, 782; *Intenmann*, in: Pahlke/Koenig, AO, § 69, Rn. 80; *Loose*, in: Tipke/Kruse, AO, § 69, Rn. 32 (Mai 2010); vgl. *Rüsken*, in: Klein, AO, § 69, Rn. 107.

ausgewählten Mitarbeiter ordnungsgemäß zu überwachen.[1927] Die identische Konsequenz einer Pflicht zu Niederlegung des Amtes zur Vermeidung einer Haftung ergibt sich für das jeweilige Vorstandsmitglied, welches zur Überwachung verpflichtet ist, wenn es sich – sei es aus persönlichen, fachlichen oder davon unabhängigen Ursachen – außer Stande sieht, seiner Überwachungspflicht nachzukommen, beispielsweise weil sich das Vorstandsmitglied im Unternehmen nicht behaupten kann.[1928]

Aus Beweisgründen wird empfohlen, die Niederlegung schriftlich und unter Nachweis des Zugangs vorzunehmen.[1929]

b) *Schlussfolgerung: Horizontale Organisations- und Überwachungsmaßstäbe für Tax Compliance*

Die horizontale Delegation bietet dem Vorstand die Möglichkeit, die Erfüllung der steuerlichen Pflichten in einem Vorstandsmitglied zu bündeln und damit die Pflichtenstellung der anderen Vorstandsmitglieder in eine Überwachungspflicht zu modifizieren. Mit dieser Bündelung der steuerlichen Pflichten in einem Vorstandsmitglied, obliegt diesem zunächst auch die Aufgabe der Tax Compliance, da die Pflicht zur Einhaltung der Steuergesetze als Teilaspekt von Tax Compliance sich auf einer rein steuerrechtlichen Ebene betrachtet aus der Pflicht zur Erfüllung der steuerlichen Pflichten ergibt[1930], sofern nicht Tax Compliance als Unterfall der Corporate Compliance dem dafür zuständigen Vorstandsmitglied je nach individueller, unternehmensinterner Geschäftsverteilung zugeteilt wird[1931].

Jedenfalls ist als Organisationselement die Notwendigkeit einer schriftlichen Dokumentation zumindest der Geschäftsverteilung als Anforderung an Tax Compliance zu konstatieren, um auf diese Weise klare Zuständigkeiten und damit Rechtssicherheit für das einzelne Vorstandsmitglied hinsichtlich seiner Verantwortlichkeit zu schaffen. Mittels schriftlicher Geschäftsverteilung kann ferner der Nachweis der Pflichtenmodifikation und die damit verbundene, partielle Haftungsbefreiung im Haftungsfall geführt werden. Zudem sei an dieser Stelle auf die Ausführungen zum Dokumentationserfordernis im Rahmen der aktienrechtlichen, vorstandsinternen horizontalen Überwachungspflichten verwiesen, wonach eine fehlende Dokumentation innerhalb des Vorstandes ein nur mühsam zu widerlegendes Indiz für eine vorstandsinterne Organisationspflichtverletzung darstellt.[1932]

1927 Siehe dazu die entsprechenden Ausführungen auf S. 370f. m.w.N.

1928 BFH, BFH/NV 1995, 941; BFH, BFH/NV 1996, 589 = GmbHR 1997, 139; BFH, BStBl. II 2004, 579, 580; vgl. *Intemann*, in: Pahlke/Koenig, AO, § 69, Rn. 77; *Binnewies*, in: Streck/Mack/Schwedhelm, Tax Compliance, Rn. 4.33; *Talaska*, BB 2012, 1195, 1198.

1929 *Binnewies*, in: Streck/Mack/Schwedhelm, Tax Compliance, Rn. 4.33; *Talaska*, BB 2012, 1195, 1198.

1930 Siehe dazu bereits die vorstehenden Ausführungen auf S. 369ff., 373f.

1931 Siehe dazu bereits die Ausführungen im Grundlagenteil S. 30ff.

1932 Siehe dazu bereits S. 281f. mit ausführlichen Nachweisen.

Obwohl die aus der Pflichtenmodifikation entspringende Überwachungspflicht in ihrer Ausgestaltung eine Frage des Einzelfalls ist, muss sie freilich so ausgestaltet sein, dass sie unter normalen Umständen eine ungenügende Erfüllung der steuerlichen Pflichten enthüllt. Ferner muss die Überwachung auch effektiv im Vorstand und im Unternehmen ausgeübt werden können, wie die Pflicht zur Niederlegung des Amtes in der Konstellation einer fehlenden Durchsetzbarkeit der Überwachung verdeutlicht.

Über eine an die Überwachung gekoppelte Reaktionspflicht im Falle steuerlicher Fehlentwicklung, mangelnder Abhilfe oder einer finanziellen Krise des Unternehmens werden die steuerlichen Pflichten aller Vorstandsmitglieder wieder reanimiert.

Darüber hinaus kann der angesprochene Gedanke aus dem Schrifttum, eine Informationspflicht im Hinblick auf steuerliche Fehlentwicklungen zu kodifizieren[1933], insofern kultiviert werden, als dass ein unternehmensinternes, steuerliches Informationssystem einzurichten, ist welches es dem zuständigen Vorstand ermöglicht, den Überblick über die Erfüllung der steuerlichen Pflichten zu wahren.

2. *Delegation – vertikale Organisations- und Überwachungspflichten*

Zuvorderst ist grundlegend festzuhalten, dass die Haftung aus § 69 AO nach h.M. keine Zurechnung des Verschuldens einer Hilfsperson nach dem Prinzip des § 278 BGB zulässt, wonach ein Schuldner das Verschulden eines gesetzlichen Vertreters und einer Person, derer er sich zur Erfüllung seiner Verbindlichkeiten bedient, wie ein eigenes Verschulden zu vertreten hat.[1934] Vielmehr hat der Adressat des § 69 AO für ein eigenes Auswahl- bzw. Überwachungsverschulden einzustehen, da die Auswahl und Überwachung in den Kreis der steuerlichen Pflichten aus § 34 AO fällt.[1935]

a) Interne Delegation an Mitarbeiter

aa) Auswahl und Instruktion der Mitarbeiter

Zur Vermeidung einer Haftung ist zunächst eine sorgfältige Auswahl des mit steuerlichen Aufgaben zu betrauenden Mitarbeiters geboten. Die individuelle Verlässlichkeit

1933 Siehe die Ausführungen oben auf S. 381.

1934 A.A.: *Wilke*, StVj 1990, 146, 148f., der eine Anwendung des § 278 BGB, der darauf verweist, dass die arbeitsteilige Wirtschaft die Tätigkeit von Hilfspersonen verlange, was eine Anwendung des § 278 BGB bei § 69 AO plausibel erscheinen lässt, ebenso wie die Tatsache, dass die Rechtsprechung die Norm des § 278 BGB auch bei der Auslegung anderer Normen der Abgabenordnung hinzuziehen würde (m.w.N. zur Rspr.); Nachweise zur h.M. siehe nachfolgende Fußnote.

1935 BFH, BFH/NV 1989, 72; BFH, BFHE 163, 106, 111 = BStBl. II 1991, 284, 286; BFH, BFHE 175, 509, 513 = BStBl. II 1995, 278, 280; BFH, BFH/NV 1996, 2; BFH, BFH/NV 1998, 1325; BFH, BFH/NV 2005, 1487; *Jatzke*, in: Beermann/Gosch, § 69, Rn. 31 (Juni 2009); *Intemann*, in: Pahlke/Koenig, AO, § 69, Rn. 89; *Loose*, in: Tipke/Kruse, AO, § 69, Rn. 31 (Mai 2010); *Boeker*, in: Hübschmann/Hepp/Spitaler, § 69, Rn. 42 (Juni 2010); *Rüsken*, in: Klein, AO, § 69, Rn. 122; *Nacke*, Die Haftung für Steuerschulden, Rz. 139.

des Mitarbeiters ist mit Hilfe von Tatsachen zu evaluieren, d.h. der Vorstand darf sich bei der Beurteilung der Verlässlichkeit eines Mitarbeiters nicht ausschließlich auf dessen Selbstdarstellung anhand seiner bisherigen Karriere vertrauen.[1936] Was die fachliche Qualifikation des auszuwählenden Mitarbeiters betrifft, so erhöht ein Mangel an entsprechender Qualifikation die Auswahlanforderungen des Vorstandes dergestalt, dass der Vorstand verifizieren muss, inwiefern die auszuwählenden Mitarbeiter die notwendige Verlässlichkeit aufweisen und inwiefern sie den Voraussetzungen tatsächlich gewachsen sind.[1937]

Über die sorgfältige Auswahl hinaus ist der Mitarbeiter über seine Aufgaben und Pflichten zu unterrichten, ggf. einzuarbeiten, mit den zur Aufgabenerfüllung erforderlichen Berechtigungen zu versehen und ständig fortzubilden.[1938]

bb) Überwachung der Mitarbeiter

Weiterhin ist über die sorgfältige Auswahl und Instruktion hinaus eine Überwachung des per Delegation verpflichteten Mitarbeiters angezeigt.[1939] Allerdings finden sich wenig konkrete Anhaltspunkte, wie die Überwachung auszugestalten ist, vielmehr handelt es sich um eine Frage des Einzelfalls.[1940]

Zwar darf der Vorstand durchaus darauf vertrauen, dass die beauftragten Mitarbeiter die ihnen zugedachten Aufgaben auch tatsächlich umsetzen, jedoch ist der Vorstand trotzdem zur Kontrolle verpflichtet.[1941] Kontrollumfang bzw. Maßstab ist dabei die permanente Information des Vorstandes über die geschäftlichen Vorgänge, also das operative Geschäft und die Wahrnehmung der steuerlichen Pflichten, so dass er sich bei normalem Lauf der Dinge beispielsweise auf die Einhaltung von Steueranmeldungsfristen sowie die rechtzeitige Abführung fälliger Steuern verlassen kann.[1942] In diesem Rahmen ist es indes nicht notwendig, jeden einzelnen geschäftlichen Vorgang

1936 BFH, BFH/NV 1998, 1325; BFH, GmbHR 2000, 393, 393; *Jatzke*, in: Beermann/Gosch, § 69, Rn. 31 (Juni 2009); *Rüsken*, in: Klein, AO, § 69, Rn. 122.

1937 *Jatzke*, in: Beermann/Gosch, § 69, Rn. 31 (Juni 2009).

1938 BFH, BFH/NV 2009, 362; FG Niedersachsen. EFG 2007, 1050; *Karl*, BB 2011, 229, 230 unter Verweis auf die aktienrechtlichen Anforderungen; *Talaska*, BB 2012, 1195, 1197.

1939 BFH, BFHE 163, 106, 111 = BStBl. 1991, 284, 286; BFH, BFH/NV 1991, 12; BFH, BFH/NV 1996, 2; *Jatzke*, in: Beermann/Gosch, § 69, Rn. 32 (Juni 2009); *Loose*, in: Tipke/Kruse, AO, § 34, Rn. 17 (Januar 2010), § 69, Rn. 31 (Mai 2010); *Nacke*, Die Haftung für Steuerschulden, Rz. 139.

1940 BFH, BFHE 175, 509, 513f. = BStBl. II 1995, 278, 280; BFH, BFH/NV 1996, 2; BFH, BFH/NV 1998, 1325; BFH, BFH/NV 2008, 1983; BFH, BFH/NV 2009, 362; *Jatzke*, in: Beermann/Gosch, § 69, Rn. 32 (Juni 2009); *Loose*, in: Tipke/Kruse, AO, § 69, Rn. 31 (Mai 2010); *Nacke*, Die Haftung für Steuerschulden, Rz. 139.

1941 *Jatzke*, in: Beermann/Gosch, § 69, Rn. 32 (Juni 2009).

1942 BFH, BFH/NV 1987, 273; BFH, BFHE 163, 106, 111 = BStBl. II 1991, 284, 286; BFH, GmbHR 2000, 392, 393; *Jatzke*, in: Beermann/Gosch, § 69, Rn. 32 (Juni 2009), dort auch zu folgenden Text; *Loose*, in: Tipke/Kruse, AO, § 69, Rn. 31 (Mai 2010).

im Unternehmen einer genauen Kontrolle zu unterziehen, sondern die Überwachung so vorzunehmen, dass Fehler bei der Einhaltung der steuerlichen Pflichten nach kurzer Zeit aufgedeckt werden. Entgeht dem Vorstand beispielsweise über Monate die unterlassene Anmeldung der Lohnsteuer, so bedeutet dies ein Überwachungsverschulden des Vorstandes.[1943]

Falls die steuerlichen Pflichten des Unternehmens nicht erfüllt werden, ist der Vorstand verpflichtet, die Pflichten wieder selbst wahrzunehmen.[1944] Treffen entsprechende Hinweise des Finanzamtes ein, die auf eine unzureichende Einhaltung steuerlicher Pflichten schließen lassen, so muss der Vorstand diese Hinweise im Unternehmen weiterverfolgen.[1945]

Ein grob fahrlässiges, haftungsbegründendes Verhalten ist trotz Nichteinhaltung steuerlicher Pflichten dann nicht anzunehmen, wenn dieser Fehler selbst bei gewissenhafter Überwachung nicht hätte erkannt werden können, bzw. sich die zu ergreifenden Kontrollmaßnahmen nicht geeignet hätten, der Nichteinhaltung vorzubeugen.[1946]

b) Externe Delegation auf sachkundige Dritte

Ebenso ist eine Wahrnehmung von Aufgaben oder ein Rückgriff auf einen sachkundigen Dritten, z.B. in Gestalt von Rechts- und Steuerberatern möglich. Eine Zurechnung des Verschuldens des sachkundigen Dritten über § 278 BGB ist in dieser Konstellation ebenfalls wie schon bei der internen Delegation abzulehnen, so dass lediglich für ein eigenes Verschulden des Vorstandes gehaftet wird.[1947]

Auch hier ist hinsichtlich des sachkundigen Dritten eine sorgfältige Auswahl nebst Überwachung erforderlich, deren genauen Maßstäbe eine Frage des Einzelfalls sind. Auf die Qualifikation dieser Personen darf sich der Vorstand verlassen, sofern sich keine Anhaltspunkte ergeben, die geeignet sind, Zweifel an der Kompetenz und Verlässlichkeit des Beraters zu schüren.[1948]

1943 Vgl. BGH, HFR 1986, 83, 84 = GmbHR 1985, 143, 144; BFH, BFH/NV 1991, 283; BFH, BFHE 186, 132, 136ff. = BStBl. II 1998, 761, 762f.; *Jatzke*, in: Beermann/Gosch, § 69, Rn. 32 (Juni 2009); *Intemann*, in: Pahlke/Koenig, AO, § 69, Rn. 89.

1944 RFH, RFHE 22, 319, 321; *Loose*, in: Tipke/Kruse, AO, § 69, Rn. 31 (Mai 2010); *Nacke*, Die Haftung für Steuerschulden, Rz. 139.

1945 BFH, BFH/NV 1991, 209; *Intemann*, in: Pahlke/Koenig, AO, § 69, Rn. 89; *Nacke*, Die Haftung für Steuerschulden, Rz. 139.

1946 Vgl. BFH, BFHE 163, 106, 111 = BStBl. II 1991, 284, 286; BFH, BFHE 175, 509, 514 = BStBl. II 1995, 278, 280; vgl. *Jatzke*, in: Beermann/Gosch, § 69, Rn. 33 (Juni 2009) a.E.; *Intemann*, in: Pahlke/Koenig, AO, § 69, Rn. 89; *Boeker*, in: Hübschmann/Hepp/Spitaler, § 69, Rn. 42 (Juni 2010); *Rüsken*, in: Klein, AO, § 69, Rn. 122 a.E.

1947 BFH, BFHE 175, 509, 513 = BStBl. II 1995, 278, 280; BFH, BFH/NV 1996, 2; BFH, GmbHR 2000, 392, 393; *Intemann*, in: Pahlke/Koenig, AO, § 69, Rn. 90; *Rüsken*, in: Klein, AO; § 69, Rn. 128; *Nacke*, Die Haftung für Steuerschulden, Rz. 142.

1948 BFH, BFHE 175, 509, 513 = BStBl. II 1995, 278, 280; BFH, BFH/NV 2008, 1983; BFH, BFH/NV 2009, 362; BFH, BeckRS 2009, 25015411 = BFH/NV 2009, 1589; *Jatzke*, in: Beermann/Gosch, § 69, Rn. 31 (Juni 2009); *Intemann*, in: Pahlke/Koenig, AO, § 69,

Ähnlich wie bei der internen Delegation auf Mitarbeiter ist bei der externen Delegation als Maßstab für die Überwachung die permanente Information des Vorstandes über die geschäftlichen Vorgänge anzulegen, so dass steuerliche Fehlentwicklungen aufgedeckt werden ohne jede einzelne Handlung des sachkundigen Dritten zu überprüfen. Auch hier sind bei Vorliegen von Anhaltspunkten für Fehlentwicklungen sowie in der Krise des Unternehmens erhöhte Anforderungen an die Überwachung zu stellen.[1949]

Der Vorstand darf sich auf die Auskunft eines Rechtsanwaltes bzw. eines Steuerberaters unter der Bedingung verlassen, dass er den Rechtsanwalt oder Steuerberater erschöpfend und korrekt über die tatsächlichen Verhältnisse in Kenntnis gesetzt hat.[1950]

c) Schlussfolgerung: Vertikale Organisations- und Überwachungsmaßstäbe für Tax Compliance

In Bezug auf die vertikale Delegation an Mitarbeiter des Unternehmens ist als Anforderung für Tax Compliance zu extrahieren, dass es zunächst der sorgfältigen Auswahl eines geeigneten Mitarbeiters bedarf, der die notwendigen Fähigkeiten und Verlässlichkeit bietet, um die delegierte Aufgabe erschöpfend auszufüllen. Dabei muss der Vorstand die Zuverlässigkeit des Mitarbeiters anhand von Tatsachen evaluieren und kann sich nicht ausschließlich auf dessen Selbstdarstellung verlassen. Zugleich weist dies auf die Notwendigkeit hin, ein aussagekräftiges und realistisches Anforderungsprofil für die Mitarbeiter zu definieren, um anhand des Profils die entsprechende Auswahl vorzunehmen.[1951]

Wenn Aufgaben an einen sorgfältig ausgewählten und instruierten Mitarbeiter delegiert worden sind, so ist der Vorstand damit nicht von jeglicher Verantwortung frei, sondern er ist zur Überwachung der Mitarbeiter verpflichtet, wobei die konkrete Ausgestaltung der Überwachung und damit die konkreten Organisationsanforderungen als Maßstab für Tax Compliance eine Frage des Einzelfalls sind. Als grundsätzlicher Rahmen und quasi als Mindestanforderung an Tax Compliance endet das Vertrauen in die ordnungsgemäße Aufgabenerfüllung des Mitarbeiters sobald Anzeichen festgestellt werden können, die auf eine unzureichende Wahrnehmung der Aufgaben schließen lassen, so dass sich das delegierende Vorstandsmitglied bzw. der Vorstand permanent über die Aufgabenerfüllung informieren muss, um Fehler kurzfristig aufdecken zu können.

Rn. 90; vgl. *Loose*, in: Tipke/Kruse, AO, § 34, Rn. 17 (Januar 2010); *Rüsken*, in: Klein, AO, § 69, Rn. 128; *Nacke*, Die Haftung für Steuerschulden Rz. 142ff.

1949 Vgl. BFH, BFH/NV 1987, 273; BFH, BFH/NV 1991, 283; *Jochum*, DStZ 2007, 335, 336; vgl. intern BFH, BFHE 163, 106, 111f. = BStBl. II 1991, 284, 286f., siehe dazu auch die vorstehenden Ausführungen zur internen Delegation an Mitarbeiter.

1950 BFH, BFH/NV 1986, 133; *Intemann*, in: Pahlke/Koenig, AO, § 69, Rn. 90; *Rüsken*, in: Klein, AO, § 69, Rn. 128; *Nacke*, Die Haftung für Steuerschulden, Rz. 146.

1951 Vgl. dazu bereits die Ausführungen auf S. 281ff. im Rahmen der aktienrechtlichen Anforderungen.

Inhaltlich ähnliche Anforderungen ergeben sich in der Konstellation einer externen Delegation auf sachkundige Dritte wie Rechtsanwälte oder Steuerberater. Auch hier ist eine sorgfältige Auswahl und Überwachung unumgänglich, die sich in ihren konkreten Anforderungen am Einzelfall orientiert. Bei Zweifeln an der Kompetenz und Anhaltspunkten für Fehler sind erhöhte Anforderungen an die Überwachung zu stellen, die die Gewähr bieten muss, eben solche Fehler oder Unzulänglichkeiten des sachkundigen Dritten zeitnah zu enthüllen. Demnach muss der Vorstand als Anforderung an Tax Compliance ein angemessenes Überwachungssystem als Anforderung an Tax Compliance eingerichtet werden.

Eine weitere, wichtige Anforderung an Tax Compliance ist im Zusammenhang mit der Inanspruchnahme des externen Sachverstands die Einrichtung eines Informationssystems: dies lässt sich aus dem Gedanken ableiten, dass sich der Vorstand nur dann auf den Rat des externen Sachverstands verlassen kann, wenn er diesen korrekt und erschöpfend über die tatsächlichen Verhältnisse in Kenntnis gesetzt hat. Dies verlangt im Umkehrschluss, dass der Vorstand selbst ausreichend informiert ist, was je nach Komplexität der Unternehmensstruktur die Etablierung eines steuerlichen Informationssystem erfordert.[1952]

3. *Zwischenfazit: Die Originäre Organisationspflicht als Teilaspekt von Tax Compliance*

War die systematische, organisatorisch abgesicherte Einhaltung der Steuergesetze im Rahmen des steuerlichen Pflichtenkanons fokussiert auf eben jene Einhaltung der Steuergesetze wegen der Komplexität des Steuerrechts je nach Größe des Unternehmens eine faktische Notwendigkeit,[1953] zeigt die Analyse der steuerrechtlichen Organisationsanforderungen, dass sich aus den organisationsrechtlichen Grundsätzen, die zu § 69 AO entwickelt wurden, eine originäre Organisationspflicht als weiterer, elementarer Teilaspekt von Tax Compliance ableiten lässt.

Aus den horizontalen Organisations- und Überwachungspflichten der Geschäftsverteilung ist zunächst als Organisationselement ein Dokumentationserfordernis zu ziehen, da die Geschäftsverteilung aus Gründen der Rechtssicherheit und des Nachweises schriftlich niederzulegen ist.

Bezogen auf die Überwachungspflicht sind aufgrund der Einzelfallabhängigkeit zwar keine konkreten Vorgaben zur Ausgestaltung eines Überwachungs- oder Kontrollsystems vorgeben, jedoch muss es sich um eine systematische Kontrolle handeln, um eine ungenügende Erfüllung der steuerlichen Pflichten rechtzeitig aufzudecken und eine effektive Umsetzung der Überwachung zu gewährleisten. Über die

1952 *Binnewies*, in: Streck/Mack/Schwedhelm, Tax Compliance, Rn. 4.34; *Talaska*, BB 2012, 1195, 1199; Siehe zu Informationssystemen im Zusammenhang mit Tax Compliance bereits die Ausführungen S. 381, 384.

1953 Siehe dazu die vorstehenden Ausführungen im Zwischenfazit zur originären „Teilpflicht" zur Tax Compliance, S. 377f.

Reanimation der steuerlichen Pflichten bei Fehlentwicklungen, mangelnder Abhilfe oder in der Krise des Unternehmens ist zudem eine Reaktionspflicht, d.h. die Wahrnehmung der steuerlichen Pflichten durch alle Vorstandsmitglieder obligatorisch, was auch die Bedeutung einer systematischen, effektiven Überwachung als weiteres Organisationselement verdeutlicht.

Flankierend zum Überwachungssystem bedarf es eines steuerlichen Informationssystems, um die einzelnen Vorstandsmitglieder über Fehlentwicklungen und die Erfüllung der steuerlichen Pflichten zu informieren.

Weitere Organisationselemente ergeben sich aus den vertikalen Organisations- und Überwachungsmaßstäben für Tax Compliance, wonach eine gezielte Auswahl und Instruktion von Mitarbeitern anhand vordefinierter Anforderungsprofile vorzunehmen ist, was nach entsprechenden unternehmensinternen Strukturen verlangt. Auch hier bedarf es einer individuell zu bestimmenden Überwachung der Mitarbeiter, die als Mindestanforderung eine permanente Überwachung der Intensität vorsieht, die im Zweifel eine Aufdeckung unsachgemäßer Aufgabenerfüllung durch den damit betrauten Mitarbeiter garantiert. Analog muss eine Überwachung im Falle einer externen Aufgabenwahrnehmung durch Steuerberater oder Rechtsanwälte eben dieser sachkundigen Dritten vorgesehen werden.

Auch im Rahmen der horizontalen Delegation bedarf es der Einrichtung eines Informationssystems, um gerade im Falle der externen Delegation den Externen die unternehmensinterne Situation korrekt schildern zu können.

Diese Zusammenschau der einzelnen Organisationselemente, die sich aus den horizontalen und vertikalen Organisations- und Überwachungsmaßstäben für Tax Compliance ergeben, formt das Gesamtbild eines unternehmensinternen Systems, dessen Ausgestaltung freilich eine Frage des Einzelfalls ist. Gleichwohl existieren unabhängig vom Einzelfall verbindliche, organisatorische Anforderungen und Maßstäbe für Tax Compliance, deren Nichtbeachtung ein Haftungsrisiko begründen, so dass über die faktische Notwendigkeit zur Absicherung der Einhaltung der Steuergesetze hinaus eine originäre, in ihrer konkreten Ausprägung einzelfallabhängige, Organisationspflicht für Tax Compliance über die Prinzipien der horizontalen und vertikalen Delegation aus § 69 AO existiert.

IV. Verschuldensmaßstab

Im Gegensatz zum aktuellen § 69 AO, der eine vorsätzliche bzw. grob fahrlässige Verletzung der auferlegten Pflichten fordert, ließ die vorhergehende Vorschrift des § 109 RAO bereits eine „schuldhafte Verletzung“ ausreichen, so dass für die Haftung bereits eine leichte Fahrlässigkeit genügte.[1954] Der Wandel von der leichten Fahrlässigkeit zum Vorsatz bzw. zur groben Fahrlässigkeit als Maßstab wurde

---

1954 Siehe zu § 109 RAO und seinem Maßstab der leichten Fahrlässigkeit *Becker/Riewald/Koch*, RAO, Bd. 1, § 109, Anm. 4 (1); *Mösbauer*, DB 1995, 1679; *Jatzke*, in: Beermann/Gosch, § 69, Rn. 2 (Juni 2009); *Boecker*, in: Hübschmann/Hepp/Spitaler, § 69, Rn. 1 (Juni 2010).

vom Arbeitskreis für eine Reform der Reichsabgabenordnung mit dem Argument initiiert, dass keine sachliche Rechtfertigung für eine Haftung bereits bei einer derart niedrigen Verschuldensstufe ersichtlich sei, zumal der Maßstab der leichten Fahrlässigkeit aus § 109 RAO nur aufgrund seines restriktiven Gebrauchs keine unangemessenen Resultate verursacht habe.[1955]

1. *Grundsatz des subjektiven Sorgfaltsmaßstabs*

Voraussetzung für die Annahme eines Vorsatzes im Sinne des § 69 AO ist, dass das betroffene Vorstandsmitglied um seine steuerlichen Pflichten weiß und gegen diese Pflichten wissentlich und willentlich verstößt, indem es entweder passiv eine gebotene Handlung unterlässt oder aktiv entgegen seiner Pflichten verfährt. Hinlänglich zur Annahme eines Vorsatzes ist dabei, dass das Vorstandsmitglied die Pflichtverletzung billigend in Kauf nimmt. Bezugspunkt des Vorsatzes ist ausschließlich die begangene Pflichtverletzung und nicht der durch die Pflichtverletzung verursachte Steuerschaden für den Fiskus.[1956]

Unter der groben Fahrlässigkeit des § 69 AO ist eine Verletzung der Sorgfalt, die das Vorstandsmitglied aufgrund der Gesamtsituation sowie infolge seiner individuellen Kenntnisse und Fähigkeiten zumutbar zu beachten verpflichtet war, „in ungewöhnlich hohem Maße" zu verstehen.[1957] Die Verletzung der Sorgfalt in „ungewöhnlich hohem Maße" ist unter anderem dann gegeben, wenn für Jedermann Offensichtliches vernachlässigt wird bzw. wenn z.B. simpelste, evidente Erwägungen nicht vorgenommen werden.[1958]

Auf die Unterscheidung zwischen einer bewussten Fahrlässigkeit, d.h. das Vorstandsmitglied hat den Erfolgseintritt der Pflichtverletzung im Voraus erkannt aber in dem Glauben gehandelt, der Erfolg werde sich nicht realisieren, und einer

1955 BT-Drs. VI/1982, S. 119; BMF, Reform der Reichsabgabenordnung, Begründung zu §§ 66, 67, S. 256; *Koch*, Reform der Abgabenordnung, BB 1970, 361, 364.

1956 BFH, BStBl. II 1983, 655, 656; BFH, BFH/NV 1988, 7; *Müller*, GmbHR 1984, 45, 46; *Jatzke*, in: Beermann/Gosch, § 69, Rn. 56, 58 (Juni 2009); *Intemann*, in: Pahlke/Koenig, AO, § 69, Rn. 68; *Loose*, in: Tipke/Kruse, AO, § 69, Rn. 24 (Mai 2010); *Boeker*, in: Hübschmann/Hepp/Spitaler, § 69, Rn. 38 (Juni 2010); *Binnewies*, in: Streck/Mack/Schwedhelm, Tax Compliance, Rn. 4.23; *Rüsken*, in: Klein, AO, § 69, Rn. 31; *Nacke*, Die Haftung für Steuerschulden, Rz. 134.

1957 BFH, BStBl. II 1989, 491, 493; BFH, BFH/NV 1992, 785; BFH, BFH/NV 1995, 941 m.w.N.; BFH, BFHE 211, 407, 411 = BStBl. II 2006, 397, 399; BFH, BFHE 222, 228, 234 = BStBl. II 2009, 129, 131 m.w.N.; FG Münster, EFG 1998, 617; *Intemann*, in: Pahlke/Koenig, AO, § 69, Rn. 69; *Jatzke*, in: Beermann/Gosch, § 69, Rn. 59 (Juni 2009); *Loose*, in: Tipke/Kruse, AO, § 69, Rn. 26 (Mai 2010); *Boeker*, in: Hübschmann/Hepp/Spitaler, § 69, Rn. 38 (Juni 2010); *Binnewies*, in: Streck/Mack/Schwedhelm, Tax Compliance, Rn. 4.23; *Rüsken*, in: Klein, AO, § 69, Rn. 32.

1958 BFH, BFH/NV 1995, 941; BFH, BFH/NV 1998, 1460; FG Hamburg, EFG 2004, 74; *Müller*, GmbHR 1984, 45, 46; *Loose*, in: Tipke/Kruse, AO, § 69, Rn. 26 (Mai 2010); *Nacke*, Die Haftung für Steuerschulden, Rz. 136.

unbewussten Fahrlässigkeit bei der das Vorstandsmitglied den Erfolg der Pflichtverletzung im Voraus hätte erkennen können aber nicht erkannt hat, kommt es nicht an.[1959]

Eine trennscharfe Differenzierung zwischen Vorsatz und grober Fahrlässigkeit ist bei der grundsätzlichen Feststellung des Verschuldens nicht angezeigt, da sich die Haftung bzw. konkret das Ausmaß der Haftung als Rechtsfolge der verschuldeten Pflichtverletzung an der Kausalität der Pflichtverletzung hinsichtlich des Schadens ausrichtet und nicht an der Verschuldensform.[1960]

Mittels Bezug auf die individuellen Kenntnisse und Fähigkeiten des Vertreters, in diesem Fall also des Vorstandsmitgliedes, wird deutlich, dass sich der Verschuldensmaßstab des § 69 AO nicht am objektiven Fahrlässigkeitsbegriff des § 276 II BGB als Verletzung der im Verkehr erforderlichen Sorgfalt orientiert, sondern von einem subjektiven Sorgfaltsmaßstab ausgeht.[1961] Rekurrierend auf diesen Maßstab wurde beispielsweise in einem Urteil des FG München das Verschulden eines Volljuristen, der als Insolvenzverwalter im Zuge einer Zwangsverwaltung tätig wurde, trotz Verletzung der steuerlichen Pflicht aus § 15a UStG mit der Begründung verneint, er habe keine steuerliche Ausbildung erhalten und habe bei einer nur kurzzeitigen Verwaltung fremden Vermögens keinen externen Sachverstand hinzuzuziehen.[1962] Indes taugt diese Einzelfallentscheidung nicht zur Absolution eines Vorstandsmitgliedes für die Unkenntnis seiner steuerlichen Pflichten, da die Tätigkeit eines Vorstandsmitgliedes nicht mit der Tätigkeit eines Insolvenzverwalters identisch ist, was sich beispielsweise konkret gerade in der bezüglich des zitierten Urteils diametralen Pflicht zur Kenntnis der steuerlichen Pflichten bzw. wahlweise in der Pflicht zur Konsultation externen Sachverstands äußert.[1963]

Ein Verschulden ist abzulehnen, sofern sich das Vorstandsmitglied in einem unvermeidbaren Rechtsirrtum befand, z.B. resultierend aus einer unsicheren Rechtslage[1964], einer Falschauskunft der Finanzbehörde[1965], einer fehlerhaften Rechts- oder

1959 *Intemann*, in: Pahlke/Koenig, AO, § 69, Rn. 69; *Jatzke*, in: Beermann/Gosch, § 69, Rn. 59 (Juni 2009); *Loose*, in: Tipke/Kruse, AO, § 69, Rn. 25 (Mai 2010); *Boeker*, in: Hübschmann/Hepp/Spitaler, § 69, Rn. 38 (Juni 2010).

1960 BFH, BStBl. II 2001, 271, 272; *Jatzke*, in: Beermann/Gosch, § 69, Rn. 57 (Juni 2009).

1961 BFH, BStBl. II 1958, 367, 368; BFH, BStBl. II 1989, 491, 493; FG Bremen, EFG 1992, 496, 497; *Intemann*, in: Beermann/Gosch, § 69, Rn. 69; *Jatzke*, in: Beermann/Gosch, § 69, Rn. 59 (Juni 2009); *Loose*, in: Tipke/Kruse, AO, § 69, Rn. 25 (Mai 2010); *Rüsken*, in: Klein, AO, § 69, Rn. 32; *Nacke*, Die Haftung für Steuerschulden, Rz. 136.

1962 FG München, EFG 1999, 99, 100.

1963 Siehe zu steuerlichen Pflichten des Vorstands gem. § 69 i.V.m. §§ 34, 35 AO ausführlich S. 365ff. m.w.N.

1964 BFH, BFHE 211, 407, 410f. = BStBl. II 2006, 397, 399; Ziehen falscher Schlüsse aus Rechtslage: BFH, BFHE 222, 228, 234 = BStBl. II 2009, 129, 132.

1965 BFH, BFH/NV 1988, 625.

Steuerberatung[1966] sowie einer uneinheitlichen Rechtsprechung[1967].[1968] Allerdings entbindet eine fehlerhafte Beratung den Vorstand nicht von seiner Pflicht, zumindest den Versuch zu unternehmen, sich selbst die notwendigen Kenntnisse steuerlicher Pflichten anzueignen.

Ebenso ist die Berücksichtigung eines Mitverschuldens der Finanzbehörde denkbar, welches überwiegend von der Literatur über die Anwendung des Rechtsgedankens aus § 254 BGB[1969] und von der Rechtsprechung auf der Ebene des Ermessens[1970] Eingang in die Prüfung einer Haftung aus § 69 AO findet.[1971] Jedoch ist Voraussetzung, dass das Mitverschulden der Finanzbehörde erheblich schwerer zu gewichten ist, als das Verschulden des Haftenden.[1972] Zudem hat der Haftende das Mitverschulden der Finanzbehörde sowohl darzulegen als auch zu beweisen, was die Berufung auf eben jenes Mitverschulden in der Praxis nicht unerheblich erschwert.[1973]

2. *Objektivierung qua Übernahmeverschulden*

Bereits in der Vergangenheit fanden sich in der Literatur kritische Stimmen, die sich gegen die Anlegung eines subjektiven Sorgfaltsmaßstabs bei der Bestimmung des Verschuldens im Rahmen des § 69 AO wandten und demgegenüber für einen objektiven Maßstab in Anlehnung an die Grundsätze der bürgerlich-rechtlichen Fahrlässigkeit der im Verkehr erforderlichen Sorgfalt aus § 276 II BGB eintraten.[1974] Freilich ist es aufgrund der Tatsache, dass die Rechtsprechung sich an eben jenem

1966 BFH, BFH/NV 1986, 133.

1967 BFH, BFHE 222, 228, 234f. = BStBl. II 2009, 129, 132.

1968 Siehe zu den Beispielen *Boeker*, in: Hübschmann/Hepp/Spitaler, § 69, Rn. 38 (Juni 2010), dort auch zum folgenden Text; *Jatzke*, in: Beermann/Gosch, § 69, Rn. 60 (Juni 2009); *Loose*, in: Tipke/Kruse, AO, § 69, Rn. 26 (Mai 2010); *Rüsken*, in: Klein, AO, § 69, Rn. 40 mit weiteren Beispielen.

1969 *Schäuble* DStR 1979, 284, 285; *Müller*, GmbHR 1984, 45, 49; *Kanzler*, in: DStR 1985, 339, 340f.; *Buciek*, DStR 1987, 190, 191; *Urban*, DStR 1997, 1145, 1150; *Loose*, in: Tipke/Kruse, AO, § 69, Rn. 28 (Mai 2010); *Rüsken*, in: Klein, AO, § 69, Rn. 43; aus der Rechsprechung: FG Nürnberg, EFG 1963, 218, 219; FG Münster, EFG 1996, 82, 83.

1970 Siehe dazu beispielhaft: BFH, BFH/NV 1986, 518; BFH, BFH/NV 1989, 150; BFH, BFH/NV 2000, 1442; BFH, BFH/NV 2001, 1222; BFH, BFH/NV 2010, 11.

1971 *Jatzke*, in: Beermann/Gosch, § 69, Rn. 63 (Juni 2009); *Loose*, in: Tipke/Kruse, AO, § 69, Rn. 28f. (Mai 2010); *Nacke*, in: Haftung für Steuerschulden, Rz. 159; *Rüsken*, in: Klein, AO, § 69, Rn. 43; siehe dazu auch die ausführliche Darstellung bei *Müller*, AO-StB 2007, 19ff.

1972 BFH, BFH/NV 2000, 1442; *Müller*, AO-StB 2007, 19, 20; *Jatzke*, in: Beermann/Gosch, § 69, Rn. 63 (Juni 2009); *Loose*, in: Tipke/Kruse, AO, § 69, Rn. 28 (Mai 2010).

1973 [illegible], 190, 191; *Bley*, DStR 1990, 25, 26; *Loose*, in: Tipke/Kruse, Ao, [illegible] Mai 2010).

[illegible] *tier*, Die Haftung im Steuerrecht, S. 33f.; *Barwitz*, Verschulden [illegible] 07ff.; *Friedl*, DStR 1991, 1616ff.; zum Streitstand vgl. z.B. *Loose*, [illegible], § 69, Rn. 25 (Mai 2010).

subjektiven Sorgfaltsmaßstab orientiert[1975], aus der Perspektive von Tax Compliance, die die Vermeidung oder zumindest Minimierung von Risiken intendiert, entbehrlich, diesen Streit auszufechten, sondern vielmehr den Anforderungen und damit dem subjektiven Sorgfaltsmaßstab der letztendlich über das Bestehen einer Haftung entscheidenden Rechtsprechung zu folgen.

Gleichwohl unterwirft die Rechtsprechung ihren subjektiven Sorgfaltsmaßstab einer Objektivierung durch die Konstruktion eines Übernahmenverschuldens bei Verletzung der durch § 69 AO umfassten steuerlichen Pflichten.[1976] Explizit wird als Grenze der groben Fahrlässigkeit statuiert, dass ein Verschulden nicht durch die Unkenntnis steuerlicher Pflichten bei Antritt des Amtes ausgeschlossen wird, dagegen die Übernahme des Amtes in unzureichender, steuerrechtlicher Kenntnis, ohne Verschaffung dieser Kenntnisse durch Eigenstudium oder Konsultation externen Sachverstandes bereits eine grobe Fahrlässigkeit begründet, womit dem an sich subjektiven Maßstab eine objektive Grenze gezogen wird.[1977]

3. *Das Organisationsverschulden im Lichte von Tax Compliance*

Die bisherigen Ausführungen zum Verschuldensmaßstab definieren allgemein die Grenzen der Haftung des Vorstandes auf der Ebene des Verschuldens speziell im Hinblick auf seine steuerlichen Pflichten. Darüber hinaus ist für die intendierte Bestimmung von Anforderungen und Maßstäben für Tax Compliance insbesondere von Interesse, welche Anforderungen und Maßstäbe an das einzurichtende Tax Compliance-System zu stellen sind, um eine Haftung des Vorstandes wegen eines Organisationsverschuldens beruhend auf einem unzureichenden oder mangelhaften System zu vermeiden.[1978]

a) Die Organisation als Frage des Einzelfalls?

Im Wege der Analyse der steuerrechtlichen Organisationsanforderungen unter Fokussierung auf die Geschäftsverteilung und die Delegation steuerlicher Pflichten zur Bestimmung horizontaler wie auch vertikaler Organisations- und Überwachungspflichten ist eine generelle Organisations- und Überwachungspflicht als Element von Tax Compliance festzustellen. Exakte Anforderungen an die Ausgestaltung der im Unternehmen zu etablierenden Organisation im Hinblick auf die Einhaltung der steuerlichen Pflichten sind allgemeinverbindlich für alle Unternehmen weder

1975 Siehe dazu die entsprechenden Nachweise aus der Rechtsprechung im Rahmen der Definition der groben Fahrlässigkeit.

1976 Vgl. *Intemann*, in: Pahlke/Koenig, AO, § 69, Rn. 70; vgl. *Binnewies*, in: Streck/Mack/Schwedhelm, Tax Compliance, Rn. 4.23; *Rüsken*, in: Klein, AO, § 69, Rn. 37 a.E., dort auch jeweils zum folgenden Text.

1977 Rechtsprechungsnachweise im Hinblick auf die Pflicht zur Kenntnis der steuerlichen Pflichten, siehe bereits ausführlich oben S. 370f.

1978 Siehe zur Definition und Intention von Tax Compliance bereits S. 8ff.

der Rechtsprechung noch der Literatur zu entnehmen, sondern gestalten sich als Frage des Einzelfalls.[1979]

Davon losgelöst kristallisiert sich bei der Feststellung des Verschuldensmaßstabs aus § 69 AO heraus, dass abweichend vom Prinzip des subjektiven Sorgfaltsmaßstabs durch die Annahme eines Übernahmeverschuldens der subjektive Sorgfaltsmaßstab objektiviert wird.[1980] Diese Objektivierung des Verschuldensmaßstabs für ein Übernahmeverschulden ist eine konkrete Ausprägung der grundlegenden Feststellung der Rechtsprechung, wonach bei § 69 AO das Vorliegen einer Pflichtwidrigkeit in der Regel das Verschulden in Form der groben Fahrlässigkeit indiziert.[1981]

Eine Kultivierung dieses letztgenannten Gedankens zur Objektivierung des subjektiven Sorgfaltsmaßstabs führt in Bezug auf die bisher nur anhand des konkreten Einzelfalls zu bestimmenden Organisations- und Überwachungspflichten zu der Frage, ob und inwieweit eine objektive Kategorisierung dieser Einzelfälle möglich ist. Präziser gefasst gilt es, objektive Kriterien für die unternehmensinterne Organisation und Überwachung zu bestimmen, bei deren Verletzung eine Pflichtwidrigkeit im Sinne des § 69 AO als indiziertes Organisationsverschulden der Unternehmensleitung anzunehmen ist.

b) Definition typisierender, organisatorischer Anforderungen

In Ermangelung eines einheitlichen Haftungsmaßstabs für alle Unternehmen angesichts der Einzelfallabhängigkeit der Organisations- und Überwachungspflichten[1982] ist ein möglicher gedanklicher Ansatz, die Unternehmen qua noch zu bestimmender Kriterien nach Gemeinsamkeiten zu klassifizieren, um so typisierend einheitliche Organisationsanforderungen für die auf diese Weise bestimmten Klassen zur Vermeidung eines Organisationsverschuldens zu determinieren.

aa) Entwicklung adäquater Anknüpfungskriterien

Diesem Ansatz folgend bedarf es zunächst der Entwicklung oder des Rückgriffs auf geeignete Kriterien, die eine Klassifikation von Unternehmen ermöglichen.

Als Kriterien für die Einteilung der Unternehmen liegt im Steuerrecht zunächst der Rückgriff auf die Einordnung in Größenklassen nach § 3 BpO 2000 nahe, die für die Betriebsprüfung vorgenommen wird, sowie zugleich die Frage, nach welchen

---

1979 Siehe dazu bereits ausführlich oben S. 378ff. mit ausführlichen Nachweisen.

1980 Siehe dazu die vorstehenden Ausführungen zum Grundsatz des subjektiven Sorgfaltsmaßstabs sowie der Objektivierung qua Übernahmeverschulden.

1981 BFH, DStR 1988, 551, 552; vgl. BFH, BFH/NV 1987, 616; BFH, BFH/NV 2000, 303; BFH, BStBl. II 2003, 556, 560; BFH, BFH/NV 2006, 241, 241f.; BFH, BFHE 222, 228, 233 = BStBl. II 2009, 129, 131, BFH, BStBl. II 2009, 342, 343; aus dem Schrifttum dazu: *Beermann*, DStR 1994, 805, 810; *Jatzke*, in: Beermann/Gosch, § 69, Rn. 56 (Juni 2009); *Loose*, in: Tipke/Kruse, AO, § 69, Rn. 29 (Mai 2010); *Rüsken*, in: Klein, AO, § 69, Rn. 44; *Nacke*, Die Haftung für Steuerschulden, Rz. 132.

1982 Siehe dazu die vorstehenden Ausführungen.

Kriterien die Einordnung in Größenklassen gem. § 3 BpO 2000 erfolgt und ob diese Einordnung für die Einteilung in Verschuldensstufen prinzipiell geeignet ist.

(1) Orientierung an der Einordnung in Größenklassen gemäß § 3 BpO 2000

(a) Wesen der Einordnung in Größenklassen

Die Norm des § 3 BpO 2000 sieht für die Steuerpflichtigen, die der Außenprüfung unterliegen, eine Aufteilung in Größenklassen vor, und zwar in Groß-, Mittel-, Klein- und Kleinstbetriebe, wobei die Merkmale für diese Einordnung von der obersten Finanzbehörde der Länder zusammen mit dem Bundesministerium der Finanzen definiert werden.[1983] Gemäß dieser Einteilung wird unter anderem unterschieden nach Handelsbetrieben, Fertigungsbetrieben, freien Berufen, oder anderen Leistungsbetrieben. Für jede dieser Betriebsarten werden Betriebsmerkmale wie Umsatzerlöse oder steuerlicher Gewinn über einem bestimmten Betrag in Euro festgelegt, um die jeweilige Betriebsart qua Betriebsmerkmal als Groß-, Mittel- oder Kleinbetrieb zu qualifizieren. So ist beispielsweise in der Betriebsart der Handelsbetriebe als Betriebsmerkmal in Euro der Umsatzerlös oder der steuerliche Gewinn festgehalten, der bei einem Großbetrieb in Bezug auf den Umsatzerlös über 7,3 Mio. Euro oder in Bezug auf den steuerlichen Gewinn über 280.000 Euro liegen muss. Für einen Mittelbetrieb werden als Grenzwerte für den Umsatzerlös 900.000 Euro und für den steuerlichen Gewinn 56.000 Euro festgelegt und von einem Kleinbetrieb ist bei einem Umsatzerlös über 170.000 Euro oder einem steuerlichen Gewinn über 36.000 Euro auszugehen. Andere Betriebsarten als die aufgeführten werden ebenfalls erfasst, weisen allerdings andere Betriebsmerkmale in Euro zur Klassifizierung als Groß-, Mittel- oder Kleinbetrieb auf. Bei Kreditinstituten tritt z.B. an die Stelle des Umsatzerlöses das Aktivvermögen neben den steuerlichen Gewinn, bei Land- und forstwirtschaftlichen Betrieben wird auf den Wirtschaftswert der selbstbewirtschafteten Fläche oder den steuerlichen Gewinn abgestellt.

Anknüpfend an diese Einteilung differenziert § 4 II BpO 2000 weiter, wonach sich bei Großbetrieben und Unternehmen nach §§ 13, 19 BpO 2000, d.h. bei Unternehmen, die zu Konzernen im Sinne des § 18 AktG gehören sowie bei international verbundenen Unternehmen, sich der Prüfungszeitraum an den vorhergehenden anschließen soll, wohingegen bei den anderen Betrieben gem. § 4 III BpO 2000 lediglich nicht mehr als drei zusammenhängende Besteuerungszeiträume erfasst werden sollen. Entscheidendes Kriterium für die Anwendung entweder des § 4 II BpO 2000 oder des § 4 III BpO 2000 ist gem. § 4 IV BpO 2000 die Größenklasse, in die das Unternehmen bei Bekanntgabe der Prüfungsanordnung fällt.[1984]

1983 BMF, Einordnung in Größenklassen gem. § 3 BpO 2000; Festlegung neuer Abgrenzungsmerkmale zum 1. Januar 2013, BStBl. I 2012, 689f., dort auch zum folgenden Text.

1984 Siehe dazu *Seer*, in: Tipke/Kruse, AO, § 193, Rn. 40 (Januar 2010).

Die bloße Masse der zu prüfenden Betriebe in Deutschland und die für diese Masse nicht ausreichende Anzahl an Betriebsprüfern, vereitelt eine alle Betriebe in gleicher Weise und Intensität betreffende Durchführung der Betriebsprüfung.[1985] In aktuellen Zahlen ausgedrückt enthielt die Datenbank der Finanzämter im Jahr 2012 exakt 8.571.212 Betriebe. Hiervon wurden lediglich 195.691 Betriebe geprüft, was eine Quote von 2,3 % ergibt.[1986]

(b) Praktische Konsequenz der Einordnung

Praktische Konsequenz der von der BpO vorgesehenen Einteilung und der Unmöglichkeit einer alle Betriebe umfassenden Außenprüfung ist, dass aktuell im Mittel Großbetriebe alle 4,63 Jahre, Mittelbetriebe alle 15,21 Jahre, Kleinbetriebe alle 30,54 Jahre und Kleinstbetrieb alle 101,72 Jahre geprüft werden, was einer durchschnittlichen Prüfungsdichte bei Großbetrieben von 72 %, bei Mittelbetrieben von 19,8 %, bei Kleinbetrieben von 9,7 % und bei Kleinstbetrieben von nur 2,9 % bedeutet.[1987] Auffällig ist in erster Linie die Fokussierung der Betriebsprüfung auf die Großbetriebe, die durch die andauernden Betriebsprüfungen offensichtlich ungleich stärker belastet werden, als die übrigen Betriebsgrößen.[1988]

Gerichtliche Überprüfungen der BpO 2000 und der sich aus der BpO 2000 ergebenden Folge einer unterschiedlichen Prüfungsdichte der Großbetriebe im Vergleich zu allen anderen Größenklassen von Betrieben führten allerdings zu keinen rechtlichen Beanstandungen, insbesondere wurde ein Verstoß gegen Art. 3 I GG vom Bundesfinanzhof verneint.[1989]

(c) Prüfungsbedürftigkeit und Risikomanagement

Gleichwohl entzündet sich Kritik an der starren Einteilung der BpO in Größenklassen als „Zweiklassensteuerrecht" für Großbetriebe und die übrigen Betriebe[1990], zumal diese Einteilung ausschließlich von der Finanzverwaltung ohne eine korrespondie-

1985 So ausdrücklich *Baetge/Jerschensky/Herrmann/Stibi*, DB 1995, 585; sowie *Gosch*, in: Beermann/Gosch, § 193, Rn. 32 (Juli 2001); zur beschränkten Anzahl der Betriebsprüfer siehe auch: *Schallmoser*, in: Hübschmann/Hepp/Spitaler, § 193, Rn. 114 (Februar 2011); vgl. zu den unzureichenden Ressourcen der Finanzämter: *Pelka*, DB 1996, 699; *Seer*, FR 1997, 553; *Schmidt*, DStJG 31 (2008), 37, 38.

1986 Zahlen entnommen aus BMF, Monatsbericht August 2013, S. 34.

1987 Zahlen entnommen aus BMF, Monatsbericht August 2013, S. 35f.

1988 *Gosch*, in: Beermann/Gosch, § 193, Rn. 32 (Juli 2001); *Seer*, in: Tipke/Kruse, AO, § 193, Rn. 42 (September 2009).

1989 Siehe aus der Rechtsprechung dazu z.B.: BFH, BStBl. II 1973, 275, 276f.; BFH, BStBl. II 1983, 621, 621f.; BFH, BFHE 159, 28, 30f. = BStBl. II 1990, 272, 273; BFH, BStBl. II 1992, 220, 222f.; BFH, BStBl. II 2002, 269, 270; BFH, BFH/NV 2009, 887; FG München, EFG 1987, 599f.; siehe aus Schrifttum auch *Seer*, in: Tipke/Kruse, AO, § 193, Rn. 40 (Januar 2010) m.w.N. zur umfangreichen Rechtsprechung.

1990 *Kruse*, DStJG 18 (1995), 115, 120ff., vgl. dort auch zum folgenden Text.

rende gesetzliche Grundlage entwickelt wurde.[1991] Der Einteilung in Größenklassen und der damit einhergehenden viel höheren Prüfungsdichte der Großbetriebe liegt die These zu Grunde, dass die Größe des Unternehmens in einem Zusammenhang mit dem Auftreten von steuerrechtlichen Fehlern steht, d.h. je größer das Unternehmen, desto größer die Fehleranfälligkeit und desto größer auch die steuerlichen Folgen der Fehler.[1992] Eine solche Wertung ist allerdings nicht im Gesetz zu finden, ebenso wenig wie die Pauschalwertung, dass ein höheres Einkommen bzw. ein höherer Gewinn die Steuerunehrlichkeit des Steuerpflichtigen steigern würde.[1993]

Als Alternative zu dieser fiskalischen Ausrichtung der Betriebsprüfung am zu erzielenden Mehrergebnis insbesondere in der Größenklasse der Großbetriebe wird die Orientierung an einer „Prüfungsbedürftigkeit" vorgeschlagen, wonach als Faktor neben die Höhe der Steuerausfälle aufgrund von Fehlern als Kriterium der bisherigen Größenklasseneinteilung die individuelle Wahrscheinlichkeit solcher Fehler im einzelnen Unternehmen tritt.[1994] Dieser Ansatz mündet schließlich in eine Einteilung in „Steuerausfall-Risikoklassen", die den Platz der Größenklassen einnehmen.[1995]

1991 Siehe unter anderem *Seer*, FR 1997, 553, 561; *Gosch*, in: Beermann/Gosch, § 193, Rn. 35 (Juli 2001); *Seer*, in: Tipke/Kruse, AO, § 193, Rn. 41 (Januar 2010); Überblick über die Kritik bei *Schallmoser*, in: Hübschmann/Hepp/Spitaler, § 193, Rn. 110ff. (Februar 2011), der sich wiederum gegen die Kritik wendet und als entscheidendes Kriterium auf die mangelnde Prüfungsdichte infolge fehlender Betriebsprüfer als zentrales Problem abstellt.

1992 *Thiel*, StuW 1986, 1, 3; vgl. *Stibi*, Statistische Jahresabschlussanalyse als Instrument der steuerlichen Betriebsprüfung, S. 35ff.; *Baetge/Jerschensky/Herrmann/Stibi*, DB 1995, 585; *Eckhoff*, StuW 1996, 107, 116; *Hoffmann*, DStR 1997, 1189, 1192f.; vgl. *Philips*, in Wirtschafts- und Steuerordnung auf dem Prüfstand, FS Bayer, 249, 260ff.; *Karl*, DStZ 2002, 598, 602; *Müller-Franken*, Maßvolles Verwalten, S. 350; *Nagel/Waza*, DStZ 2008, 321, 323; krit.: *Seer*, in: Tipke/Kruse, AO, § 193, Rn. 41ff. (Januar 2010), siehe dort auch zum folgenden Text.

1993 *Pelka*, DB 1996, 699; *Seer*, FR 1997, 553, 561; BRH-Präsident, Probleme beim Vollzug der Steuergesetze, S. 177; vgl. *Drüen*, StuW 2007, 112, 113; *Schmidt*, DStJG 31 (2008), 37, 43; *Seer*, in: Tipke/Kruse, AO, § 193, Rn. 42 (Januar 2010); siehe dazu auch *Klotz*, in Steuerrecht, Verfassungsrecht, Finanzpolitik, FS Klein, 289, 290ff. mit einer Reihe von Beispielen zur alltäglichen Steuerunehrlichkeit im Kleinen.

1994 *Seer*, in: FR 1997, 553, 561; *Gosch*, in: Beermann/Gosch, § 193, Rn. 35 (Juli 2001); *Hey*, in FS Kruse, 269, 273; *Seer*, StuW 2003, 40, 49f.; *Seer*, DStR 2008, 1553, 1555f.; *Seer*, DStJG 31 (2008), 1, 29ff.; *Schmidt*, DStJG 31 (2008), 37, 43; *Drüen*, in: Schön/Beck, Zukunftsfragen des deutschen Steuerrechts, S. 12; *Seer*, in: Tipke/Kruse, AO, § 193, Rn. 44 (Januar 2010).

1995 Ausführlich statt aller *Seer*, in: Tipke/Kruse, AO, § 193, AO, Rn. 44 (Januar 2010) unter Verweis auf § 85, Rn. 33ff. (Mai 2013) m.w.N.

(d) Die Größenklasseneinordnung der BpO als alleiniges Anforderungskriterium

Rekurrierend auf die Ausgangsfrage, inwiefern objektive Kriterien für die unternehmensinterne Organisation und Überwachung bestimmt werden können, deren Verletzung eine Pflichtwidrigkeit im Sinne des § 69 AO indiziert, ist im Hinblick auf die starre Einordnung in Größenklassen nach § 3 BpO 2000 zu konstatieren, dass diese Einordnung zu diesem speziellen Zweck nicht geeignet ist.

Zwar ermöglicht die Einordnung nach § 3 BpO 2000 eine Klassifizierung der Unternehmen anhand objektiver Kriterien, jedoch sind diese Kriterien im Lichte der Kritik aus dem Schrifttum nicht sachgerecht, um daran schlussendlich Organisationsanforderungen und damit ein Organisationsverschulden festzumachen. Die Einordnung in Größenklassen basiert holzschnitzartig auf der pauschalen Annahme, dass die Fehleranfälligkeit eines Unternehmens in Bezug auf die Einhaltung seiner steuerlichen Pflichten sowie die steuerlichen Auswirkungen dieser Fehler mit der Größe des Unternehmens ansteigen, was zu einer intensiveren Prüfung großer Unternehmen unabhängig von einer tatsächlichen Prüfungsbedürftigkeit gemessen am individuellen Risiko führt.[1996]

Freilich mag es durchaus zutreffend sein, dass ein größeres Unternehmen infolge komplexerer Strukturen ein höheres Risiko trifft, steuerliche Vorgaben nicht adäquat auszufüllen und mithin seine Steuern nicht in korrekter Höhe zu zahlen, jedoch ist für dieses Risiko nicht allein die Größe des Unternehmens in absoluten Zahlen, sondern die komplexe Struktur desselben verantwortlich.[1997] Bereits die Phänomenologie systemischer Steuerrisiken in internationalen Unternehmen zeigte auf, dass international tätige Unternehmen einer Fülle von Risiken ausgesetzt sind, die eine faktische Notwendigkeit zur Tax Compliance begründen, um Schaden vom Unternehmen abzuwenden. Insbesondere lässt sich aus dieser Phänomenologie der systemischen Steuerrisiken ableiten, dass es für die konkrete Risikolage des Unternehmens und die an diese Risikolage adaptierte Unternehmensorganisation inklusive eines Tax Compliance-Systems und damit auf die Organisationsanforderungen zur Vermeidung eines Organisationsverschuldens auf die Verwirklichung von steuerrechtlichen Tatbeständen ankommt, deren Voraussetzungen zwar häufig gerade bei Großbetrieben bzw. Konzernen erfüllt werden, diese Eigenschaft aber keine notwendige Bedingung ist. Konkret ergibt sich die Risikolage bei den Verrechnungspreisen oder den Betriebstätten exemplarisch aus der internationalen Tätigkeit eines Unternehmens und nicht aus der Überschreitung einer bestimmten Gewinngröße oder eines festgelegten Betrags an steuerlichem Gewinn.

Eine isolierte Betrachtung ausschließlich der Einteilung in Größenklassen ignoriert die für die Organisation mitbestimmende, tatsächliche Risikostruktur des jeweiligen Unternehmens und ist daher als alleiniges Anknüpfungskriterium oder

1996 Siehe dazu bereits die Ausführungen S. 396f., dort auch zum folgenden Text.

1997 Siehe zum bereits ausführlich das 2. Kapitel: Phänomenologie systemischer Steuerrisiken in internationalen Unternehmen.

Klassifikationsmerkmal zur Definition eines Organisationsverschuldens nicht sachgerecht.

(2) Orientierung am Risikomanagement der Finanzverwaltung

(a) Wesen und Kriterien des Risikomanagements der Finanzverwaltung

Aufbauend auf die Kritik an der Einordnung in Größenklassen als Kriterium für die Einteilung der Betriebe zur Betriebsprüfung und der damit einhergehenden Ungeeignetheit als alleiniges Klassifikationsmerkmal zum Zwecke einer typisierenden Definition einheitlicher Organisationsanforderungen ist folglich zu untersuchen, ob und inwieweit die Kriterien, die im Zusammenhang mit dem Risikomanagement der Finanzverwaltung entwickelt wurden und werden, sinngemäß auch für das Unternehmen zur beabsichtigten Klassifikation derselben genutzt werden können.

Unter dem Stichwort eines Risikomanagements seitens der Finanzverwaltung wird z.B. in Bezug auf die Einordnung in Größenklassen zum Zwecke der Betriebsprüfung eine Orientierung an der Prüfungsbedürftigkeit nebst Einbeziehung eines subjektiven Risikos des einzelnen Steuerpflichtigen intendiert.[1998]

Differenziert werden kann in Anlehnung an ein Modell der niederländischen Finanzverwaltung zwischen einem objektiven Risiko und einem subjektiven Risiko, wobei unter dem Aspekt des objektiven Risikos die Wahrscheinlichkeit, dass ein bestimmtes Element der Steuererklärung fehlerhaft ist, zu verstehen ist und unter dem Begriff des subjektiven Risiko die „steuerliche Integrität des Steuerpflichtigen" bemessen wird.[1999]

Zur Beurteilung des subjektiven Risikos werden Kriterien berücksichtigt wie z.B. die Tatsache, dass es sich um einen Unternehmensgründer handelt, die Komplexität des steuerlichen Sachverhalts, das Vorverhalten bei Zahlungen, Vorauszahlungen und etwaigen Nachzahlungen, die Rechtzeitigkeit der Steuererklärungen, notwendige Schätzungen, Ordnungsmäßigkeit der Buchführung bzw. Rechnungslegung, Steuerhinterziehungen und Beanstandungen in Betriebsprüfungen.[2000] Darauf aufbauend ergibt sich eine Unterscheidung zwischen abstrakten Faktoren und der „Steuervita" des Steuerpflichtigen in Gestalt seines Vorverhaltens zur Bestimmung

---

1998 Ausführlich statt aller *Seer*, in: Tipke/Kruse, AO, § 193, AO, Rn. 44 (Januar 2010) unter Verweis auf § 85, Rn. 33ff. (Mai 2013) m.w.N.; siehe zur Diskussion auf europäischer Ebene mit einem Vergleich europäischer Staaten: *EU-Kommission*, Leitfaden – Risikomanagement für Steuerverwaltungen, Fiscalis-Projektgruppe Risikoanalyse.

1999 *Seer*, StuW 2003, 40, 49; *Ahrens*, Der Vollzug von Steuergesetzen durch den niederländischen Belastingdienst im Vergleich zur deutschen Finanzverwaltung, S. 350ff.; *Seer*, StbJb 2004/2005, 53, 67; *Seer*, DStJG 31 (2008), 7, 29.

2000 Fragebogen zur Ermittlung des steuerlichen Risikos der niederländischen Finanzverwaltung in deutscher Sprache bei *Ahrens*, Der Vollzug von Steuergesetzen durch den niederländischen Belastingdienst im Vergleich zur deutschen Finanzverwaltung, Anlage zum Text; ausführlich dazu *Seer*, StuW 2003, 40, 49.

eines einheitlichen Risikoindikators.[2001] Berücksichtigung findet dabei das Steueraufkommen im Rahmen der Intensität eines möglichen Schadens, hinsichtlich des abstrakten Faktors beispielsweise die Art und Zusammensetzung der Einkünfte, das Geschäfts- und Betätigungsfeld, die Hinzuziehung externen Sachverstands sowie die Zuverlässigkeit desselben und im Hinblick auf die Steuervita die bereits genannten Kriterien wie das Verhalten bei Steuererklärungen, Voraus- und Nachzahlungen der Steuer, Beanstandungen der Betriebsprüfung, usw.

Auch in Deutschland beginnt die Finanzverwaltung mit der Nutzung der Möglichkeiten des Risikomanagements zwecks effektiver Kontrolle, wobei dieser Prozess sich noch im Anfangsstadium befindet.[2002] Hierbei geht es wie im niederländischen Beispiel um die Berücksichtigung objektiver Kriterien in Bezug auf den Steuerpflichtigen bzw. den Lebenssachverhalt, wie auch subjektiver Kriterien, gekoppelt an das individuelle steuerliche Profil des Steuerpflichtigen, bezeichnet als „Historie" bzw. Steuervita.[2003]

Dieserart kann ein „Compliance-Faktor" determiniert werden, der dem Steuerpflichtigen die Chance offeriert, durch sein Verhalten Einfluss auf die Einordnung in eine Risikoklasse mit hoher oder geringer Steuerausfallwahrscheinlichkeit und korrespondierender Prüfungsintensität zu nehmen.[2004] Neben dem Risikomanagement setzt die Finanzverwaltung demnach im Rahmen ihrer behördeneigenen Tax Compliance auch auf die Kooperation mit dem Steuerpflichtigen.[2005]

Konkret ist die Umsetzung des Risikomanagements in der Praxis auf unterschiedliche Art und Weise denkbar, jedoch ist grundlegend nach dem Risiko und der Wahrscheinlichkeit von Fehlern in der Steuererklärung zu differenzieren. Diese Differenzierung innerhalb des Risikomanagementsystems der Finanzverwaltung kann durch den Sachbearbeiter oder automatisch per Computer anhand verfügbarer Daten durchgeführt werden. Mittels sog. intelligenter Risikomanagementsysteme, die durch Künstliche Neuronale Netze statistische Muster in den verfügbaren Daten identifizieren können, ist ein Rückschluss durch diese Muster auf etwaige Fehler in

---

2001 Vgl. *Schmarbeck*, Monatsbericht BMF 12/2002, 57, 60; vgl. auch *Ahrens*, Der Vollzug von Steuergesetzen durch den niederländischen Belastingdienst im Vergleich zur deutschen Finanzverwaltung, Anlage zum Text, S. 350ff.; *Seer*, StuW 2003, 40, 49f., dort auch jeweils zum folgenden Text.

2002 Vgl. *Nagel/Waza*, DStZ 2008, 321, 324; *Seer*, in: Tipke/Kruse, AO, § 85, Rn. 35 (Mai 2013).

2003 *Seer*, DStJG 31 (2008), 7, 29; *Huber/Seer*, StuW 2007, 355, 360f.; *Schmidt*, DStJG 31 (2008), 37, 43f.; *Schmidt/Schmitt*, in Steuerrecht und Rechtsstaat, FS Spindler, 529, 535; *Seer*, in: Tipke/Kruse, AO, § 85, Rn. 33 (Mai 2013).

2004 *Seer*, StuW 2003, 40, 49; *Seer*, StbJb 2004/2005, 53, 67f.; *Seer*, DStJG 31 (2008), 7, 29; *Seer*, DStR 2008, 1553, 1555; vgl. *Haunhorst*, DStR 2010, 2105; *Seer*, in: Tipke/Kruse, AO, § 85, Rn. 33 (Mai 2013).

2005 Vgl. *Seer*, StuW 2003, 40, 52; *Huber/Seer*, StuW 2007, 355, 356f.; *Nagel/Waza*, DStZ 2008, 321, 322; *Schmidt*, DStJG 31 (2008), 37, 41; *Söhn*, in: Hübschmann/Hepp/Spitaler, § 88, Rn. 196 (März 2010); siehe zum abweichenden Verständnis von Tax Compliance aus Sicht der Finanzverwaltung bereits S. 9f.

Steuererklärungen möglich. Künstliche Neuronale Netze sind in der Lage, nicht nur gleichlaufend Informationen aufzunehmen, sondern durch eigenständiges Lernen die erwähnten Muster oder auch bestimmte signifikante Kennziffern als Indikator herauszustellen.[2006]

Ergänzend muss abschließend ein Risikomanagement nach den vorstehenden Grundsätzen eine gewisse Quote zufällig verteilter Stichproben vorsehen, um qua drohender, intensiver Prüfung das Risiko einer Aufdeckung von steuerlichen Fehlern insbesondere bei Steuerpflichtigen mit einer geringen Fehlerwahrscheinlichkeit aufrecht zu erhalten.[2007]

(b) Risikomanagementkriterien der Finanzverwaltung als Anknüpfungskriterien

(aa) Grundsätzliche Eignung der Kriterien als Anknüpfungskriterien

In Bezug auf objektive Kriterien für die unternehmensinterne Organisation und Überwachung, deren Verletzung eine Pflichtwidrigkeit im Sinne des § 69 AO indiziert, erscheinen die Risikomanagementkriterien der Finanzverwaltung sachgerechter als die zuvor diskutierte Ausrichtung an den starren Betriebsgrößeneinteilungen als alleiniges Kriterium.

Zielrichtung des Risikomanagements der Finanzverwaltung ist zunächst fiskalisch betrachtet, das Risiko eines Steuerausfalls zwar zu akzeptieren, indes zugleich zu minimieren, indem das Risiko eines Steuerausfalls evaluiert wird. Simultan wird per Ausrichtung an der Prüfungsbedürftigkeit des jeweiligen Sachverhalts sowohl eine gleichmäßige Anwendung des Rechts als auch eine effiziente Allokation der Prüfungskapazitäten der Finanzverwaltung beabsichtigt.[2008]

Auch wenn die Kriterien zur Evaluation des Risikos primär den Zwecken der Finanzverwaltung zu dienen bestimmt sind, so darf nicht außer Acht gelassen werden, dass es auch grundsätzlich im Interesse des Unternehmens ist, Risiken zu minimieren: Abstrahiert von der Intention des Risikomanagements der Finanzverwaltung,

---

2006 Siehe zur Ausgestaltung des Risikomanagements der Finanzverwaltung ausführlich *Schmidt*, DStJG 31 (2008), 37, 47ff.; zu Künstlichen Neuronalen Netzen *Baetge/Jerschensky/Herrmann/Stibi*, DB 1995, 585ff., insbesondere 586f.; vgl. auch *Seer*, DStJG 31 (2008), 7, 29f.; vgl. *Seer*, in: Tipke/Kruse, AO, § 85, Rn. 35 a.E. (Mai 2013).

2007 *Seer*, StuW 2003, 40, 49; *Seer*, StbJb 2004/2005, 53, 68; *Seer*, DJStG 31 (2008); 7, 29; *Schmidt*, DJStG 31 (2008), 37, 48; *Seer*, DStR 2008, 1553, 1556; *Nagel/Waza*, DStZ 2008, 321, 323; *Söhn*, in: Hübschmann/Hepp/Spitaler, § 88, Rn. 196 (März 2010); *Schmidt/Schmitt*, in Steuerrecht im Rechtsstaat, FS Spindler, 529; 539; *Seer*, in: Tipke/Kruse, AO, § 85, Rn. 33 (Mai 2013).

2008 *Ahrens*, Der Vollzug von Steuergesetzen durch den niederländischen Belastingdienst im Vergleich zur deutschen Finanzverwaltung, S. 158f., 350f.; *Huber/Seer*, StuW 2007, 355, 359; vgl. *Seer*, DStR 2008, 1553, 1555; *Seer*, DStJG 31 (2008), 7, 29; *Schmidt*, DStJG 31 (2008), 37, 43; vgl. *Schmidt/Schmitt*, in Steuerrecht und Rechtsstaat, FS Spindler, 529, 539f.

korrespondiert mit dem Risiko der Finanzverwaltung, Steuerausfälle infolge fehlerhafter Steuererklärungen bzw. Nichtbeachtung steuerlicher Vorschriften unentdeckt hinzunehmen, das Risiko des Unternehmens, wegen eben jener Gesetzesverstöße nachträglich mit einer Steuernachzahlung, Schätzung, Penalties, Zinsen oder gar strafrechtlich belangt zu werden.[2009] Folglich resultiert aus einer immer präziseren Risikoevaluation der Finanzverwaltung zur Bestimmung der Prüfungsintensität für das Unternehmen unter Umständen gerade eine intensivere Prüfung, die die Wahrscheinlichkeit, dass sich die möglicherweise begangenen Steuerrechtsverletzungen in einem Schaden für das Unternehmen durch Schätzungen, Zinsen, Penalties, etc. realisieren, erhöht. Umgekehrt ist es dem Unternehmen unbenommen, im Zuge der Risikoidentifikation als Bestandteil von Tax Compliance[2010], auch auf die Risikomanagementkriterien der Finanzverwaltung zurückzugreifen, um präventiv Steuerrechtsverletzungen und damit die Realisierung eines Schadens für das Unternehmen zu verhindern.

Weil die Einrichtung einer unternehmensinternen Organisation unter dem Stichwort Tax Compliance aus Unternehmenssicht quasi als Reflex auf die Risikolage der systematischen, präventiven Einhaltung der steuerlichen Pflichten zur Vermeidung eines Schadens dient,[2011] sind die Risikomanagementkriterien prinzipiell geeignet, als objektive Anknüpfungskriterien für das Erfordernis einer Organisation und damit zur Konkretisierung eines Organisationsverschuldens herangezogen zu werden. Ähnlich wie bei dem Gedanken aus der Perspektive der Finanzverwaltung, mit Hilfe der Risikomanagementkriterien eine Prüfungsbedürftigkeit vermöge Risikoklassen zu bestimmen[2012], können die Kriterien aus der Perspektive des Unternehmens analog genutzt werden, „Risikostrukturklassen" für das Unternehmen festzulegen, wobei die jeweilige Risikostrukturklasse in Abhängigkeit von der ihr inhärenten Risikolage für das Unternehmen nach organisatorischen Maßnahmen verlangt, deren Nichtergreifung somit ein Organisationsverschulden im Sinne des § 69 AO begründet.

Hierfür sind zunächst die Kriterien der Finanzverwaltung auf ihre Tauglichkeit zur unternehmensinternen Risikoidentifikation näher zu untersuchen.

(bb) Tauglichkeit der Kriterien im Einzelnen

Angelehnt an das Modell der niederländischen Finanzverwaltung, werden eine Reihe von Kriterien genannt, die zur Evaluation eines steuerlichen Risikos Verwendung

2009 Siehe zu den möglichen Folgen für das Unternehmen im Falle von Verstößen gegen Steuergesetze bereits ausführlich mit umfangreichen Nachweisen S. 179ff.

2010 Siehe zu den Elementen eines Tax Compliance-Systems bereits ausführlich S. 8ff.

2011 Tax Compliance intendiert gerade die Vermeidung identifizierter Risiken durch die Einrichtung eines präventiv operierenden Tax Compliance-Systems, siehe dazu ausführlich S. 8ff.

2012 Siehe oben S. 397f., 399ff. mit ausführlichen Nachweisen.

finden:[2013] Zu Anfang stehen eher grundsätzliche Kriterien, wie die Frage, ob es sich um einen Unternehmensgründer handelt, d.h. ob in der Vergangenheit eine Steuererklärung abgegeben worden ist, die Komplexität des steuerlichen Sachverhalts, also die Struktur des Unternehmens aufgeschlüsselt nach in- und ausländischen Mutter- oder Tochtergesellschaften, im Falle einer Organschaft die Anzahl von Organträgern, Steuervermeidungsgestaltungen und Auseinandersetzungen in der näheren Vergangenheit in Bezug auf die Steuerpflicht, die steuerliche Bewertung oder den anzuwendenden Steuersatz.

Unter dem Stichwort eines strukturellen Risikos des Unternehmens ist ein Rückgriff auf die genannten Kriterien zur Risikoidentifikation auch aus der Sicht des Unternehmens selbst möglich. Lediglich der Status eines Unternehmensgründers läuft als Kriterium in gewisser Weise ins Leere, da dies den Unternehmensverantwortlichen aus der Natur der Sache offensichtlich ist und daher keiner besonderen Erwähnung bedarf. Steuervermeidungsgestaltungen sind zwar unter dem Oberbegriff der Steuerplanung als essentielles Element von Tax Compliance zu qualifizieren, müssen sich aber zwingend in der Legalität, insbesondere in den Grenzen des § 42 AO bewegen.[2014]

Weitere Kriterien[2015] sind das Vorverhalten bei Zahlungen allgemein, Vorauszahlungen und etwaige Nachzahlungen, gestaffelt nach absoluten Zahlen oder Prozentsätzen, was beispielsweise den Einfluss der Nachzahlung auf die Risikoermittlung an den Anteil der Nachzahlung im Verhältnis zu den gezahlten Steuern der jeweiligen Steuerart koppelt. Ferner fließen die Rechtzeitigkeit der Steuererklärungen differenziert nach der Rechtzeitigkeit der einzelnen Steuererklärung z.B. für die Lohnsteuer, die Körperschaftssteuer oder die Umsatzsteuer, die Anzahl notwendiger Schätzungen im vorhergehenden Jahr, die Güte der Buchführung bzw. Rechnungslegung beurteilt beispielsweise an Kassenfehlbeständen, nachträglichen Umsatzbuchungen durch den Steuerberater oder einer unzureichenden Bereitstellung von Informationen für die Finanzverwaltung und der Häufigkeit dieser Mängel, Steuerhinterziehungen abhängig von ihrem Umfang und ihrer Häufigkeit, Beanstandungen in Betriebsprüfungen ebenfalls gestuft nach Umfang der daraus resultierenden Korrekturen bzw. Mehrergebnisse sowie die grundsätzliche Bereitschaft zur Kooperation mit der Finanzverwaltung ein.

Auch diese Kriterien sind aus Sicht eines Unternehmens geeignet, interne Risiken aufzudecken: Nachzahlungen nebst Zinsen, Schätzungen, nicht eingehaltene Erklärungsfristen sowie Beanstandungen in der Betriebsprüfung sind eindeutige

---

2013 Die nachfolgend dargestellten Kriterien sind folgenden Quellen entnommen: Fragebogen zur Ermittlung des steuerlichen Risikos der niederländischen Finanzverwaltung in deutscher Sprache bei *Ahrens*, Der Vollzug von Steuergesetzen durch den niederländischen Belastingdienst im Vergleich zur deutschen Finanzverwaltung, Anlage zum Text; *Seer*, StuW 2003, 40, 49.

2014 Siehe dazu bereits ausführlich in den Grundlagen S. 17ff.

2015 Fragebogen zur Ermittlung des steuerlichen Risikos der niederländischen Finanzverwaltung in deutscher Sprache bei *Ahrens*, Der Vollzug von Steuergesetzen durch den niederländischen Belastingdienst im Vergleich zur deutschen Finanzverwaltung, Anlage zum Text; *Seer*, StuW 2003, 40, 49.

Indikatoren für eine mangelhafte Tax Compliance und die Gesamtrisikolage des Unternehmens, die sich im Falle von Nachzahlungen oder nachteiligen Schätzungen allerdings bereits in einem Schaden für das Unternehmen realisiert haben.

Des Weiteren kann auch die Hinzuziehung externen Sachverstands durch einen Steuerberater sowie dessen Kompetenz Berücksichtigung finden,[2016] da gerade die Hinzuziehung externen Sachverstands nach einer Kontrolle desselben verlangt[2017].

Lediglich die Kriterien der Art und Zusammensetzung der Einkünfte sowie des Branchenrisikos, die in der vorgenannten Aufzählung aufgeführt sind[2018], überzeugen nicht so recht als Kriterien, da sie zwar auf mögliche Risiken in einem Unternehmen hinweisen mögen, es sich indes weniger um strukturelle, organisatorische Risiken handelt, die zur Determinierung eines Organisationsverschuldens primär taugen, sondern um Aspekte, in einer allgemeinen Risikoanalyse zu berücksichtigen sind.

Automatische, mit dem Computer betriebene Risikomanagementsysteme ermöglichen über ein selbstlernendes System und Stichproben eine stetige Optimierung der Risikoindikatoren.[2019] In der Betriebsprüfung werden zudem die frei zugänglichen Prüfungsprogramme „IDEA“ und „AIS Tax Audit“ – aktuellere Version „AIS Tax Audit Professional“ – eingesetzt, die mit mathematischen Wahrscheinlichkeiten, Stichworte Chi-Quadrat-Test oder Benfords Gesetz, operieren, um steuerliche Fehler aufzudecken.[2020]

Der Einsatz einer solchen Software zur Identifikation von Risiken als Teil eines Tax Compliance-Systems ist wie bereits geschildert ein taugliches Mittel, um diesen Zweck zu erreichen, so dass insofern auf diese Software und die mathematischen Methoden zum Herausstellen von Unregelmäßigkeiten im Zahlenwerk des Unternehmens zurückzugreifen ist.

(c) Schlussfolgerung

Transferiert in eine Anwendung zur Risikoidentifikation durch das Unternehmen selbst, ist wie dargestellt die Mehrzahl der geschilderten Kriterien grundsätzlich

---

2016 *Seer*, StuW 2003, 40, 50.

2017 Vgl. dazu bereits die Ausführungen zur Sorgfalt aus §§ 76, 93 I AktG, S. 261ff.

2018 Fragebogen zur Ermittlung des steuerlichen Risikos der niederländischen Finanzverwaltung in deutscher Sprache bei *Ahrens*, Der Vollzug von Steuergesetzen durch den niederländischen Belastingdienst im Vergleich zur deutschen Finanzverwaltung, Anlage zum Text; *Seer*, StuW 2003, 40, 50.

2019 *Seer*, StbJb 2004/2005, 53, 68; vgl. *Huber/Seer*, StuW 2007, 355; 365; *Seer*, DStJG 31, (2008), 7, 29f.; *Seer*, DStR 2008, 1553, 1556; siehe zu den computergestützten Systemen ausführlich *Schmidt*, DStJG 31 (2008), 37, 47ff.

2020 *Groß/Georgios*, DStR 2006, 2067, 2068ff.; vgl. *Seer*, DStR 2008, 1553, 1559; vgl. *Schauf/Idler*, Ubg 2010, 111, 118; siehe zu näheren Informationen zur Prüfungssoftware mit weiterführenden Verlinkungen zu „IDEA“ und „AIS Tax Audit Professional“ http://www.audicon.net/themen/gdpdu-digitale-betriebspruefung, zuletzt besucht am 19.04.2012; siehe dazu bereits die Ausführungen im Grundlagenkapitel, S. 14, dort auch zum folgenden Text.

geeignet, eine Risikostruktur auch aus der Perspektive des Unternehmens zu identifizieren und damit über die Notwendigkeit einer Organisation ein Organisationsverschulden zu begründen.

Bevor eine nähere Einteilung in „Risikostrukturklassen" mit korrespondierenden Organisationsanforderungen vorgenommen wird ist zunächst weiter zu untersuchen, inwiefern zusätzliche Kriterien zur präzisen Risikoidentifikation und damit zur Bestimmung von Organisationsanforderungen auszumachen sind.

(3) Orientierung am risikoorientierten Prüfungsansatz der Wirtschaftsprüfung – Stichwort Skalierung

Beschränkte sich die bisherige Suche nach geeigneten Kriterien zur Klassifikation der Unternehmen im Lichte des maßgeblichen Oberbegriffs der Tax Compliance auf ausschließlich steuerrechtliche Ansatzpunkte, so soll diese Suche nach geeigneten Kriterien nunmehr auch auf Regelungswerke außerhalb des Steuerrechts ausgedehnt werden. Konkret ist für die Klassifikation der Unternehmen zwecks Bestimmung von Organisationsanforderungen ein Rückgriff auf die Kriterien des risikoorientierten Prüfungsansatzes der Wirtschaftprüfung, der Risikofaktoren der IDW PS 210 und IDW PS 261 n.F. bzw. der Skalierung im Rahmen der Abschlussprüfung gem. §§ 316ff. AktG anzudenken.

(a) Die Ausgangssituation der Wirtschaftsprüfung

Als Konsequenz der Weltwirtschaftskrise in den Jahren 1929/1930 wurde in Deutschland die Jahresabschlussprüfung gesetzlich niedergelegt und in der Folgezeit mehrfach reformiert, zuletzt durch das BilMoG[2021] im Jahre 2009.[2022] Zu Beginn fielen nur Aktiengesellschaften unter das Diktat der Abschlussprüfung, was aber im Zuge anschließender Reformen im Laufe der Jahre ausgedehnt wurde, sodass nunmehr die in den §§ 316ff. HGB normierte Prüfung des Jahresabschlusses und des Lageberichts über Aktiengesellschaften hinaus die Kapitalgesellschaften erfasst, die nicht als kleine Kapitalgesellschaften im Sinne des § 267 I HGB zu qualifizieren sind, sowie über das PublG weitere Unternehmen abseits der AG und der KGaA, sofern sie eine bestimmte Größe erreicht haben.

Gegenstand der Reform des BilMoG war die Abschlussprüferrichtlinie[2023], die in Art. 26 vorsieht, dass die Mitgliedstaaten internationale Prüfungsstandards im Sinne des Art 2 Nr. 11 der Abschlussprüferrichtlinie, also die „International Standards on

2021 Gesetz zur Modernisierung des Bilanzrechts v. 15.05.2009, BGBl. I 2009, 1102.

2022 *Habersack/Schürnbrand*, in: Staub, HGB, § 317, Rn. 5ff.; *Müller*, in: Kölner Kommentar zum Rechnungslegungsrecht, § 316, Rn. 1, 4; *Schüppen*, in: Heidel/Schall, HGB, Vor §§ 316–324a, Rn. 1, dort jeweils auch zum folgenden Text; siehe zu den Gesetzesreformen im Detail auch den Überblick bei *Merkt*, in: Hopt/Merkt, Bilanzrecht, Überbl. v. § 316, Rn 1ff.

2023 Richtlinie 2006/43/EG des Europäischen Parlaments und des Rates v. 17 Mai 2006 über Abschlussprüfungen von Jahresabschlüssen und konsolidierten Abschlüssen,

Auditing“ (ISA)[2024] sowie die dazu gehörigen Stellungnahmen und Standards sofern von Bedeutung für die Abschussprüfung, anwenden, die die EU-Kommission im sog. Komitologieverfahren, dies ist ein Regelungssetzungsverfahren der Kommission durch Ausschüsse[2025], akzeptiert hat.[2026] Nach Art. 5 und 13 der Abschlussprüferrichtlinie ist mit der Anwendung der internationalen Prüfungsstandards beabsichtigt, eine gleichermaßen hohe Qualität der Abschlussprüfung innerhalb Europas zu garantieren und die Abschlussprüfung zu harmonisieren.[2027]

Bei den ISA handelt es sich um Standards, die vom „International Auditing and Assurance Standards Board“ (IAASB), einem zur Ausarbeitung dieser Standards vorgesehenem unabhängigen Ausschuss der „International Federation of Accountants“ (IFAC), besetzt unter anderem mit Berufsangehörigen, Länder- und Organisations- und Firmenvertretern, gesetzt werden.[2028]

Im Zuge des BilMoG wurde mit der Regelung des § 317 V HGB eine nationale Pflicht zur Anwendung internationaler Prüfungsstandards und damit wie dargestellt der ISA, geschaffen.[2029] Einschränkend ist darauf hinzuweisen, dass die ISA bisher noch nicht offiziell von der EU-Kommission für verbindlich erklärt worden sind, gleichwohl sich die in Deutschland weit verbreiteten IDW Prüfungsstandards inhaltlich an den

---

zur Änderung der Richtlinien 78/660/EWG und 83/349/EWG des Rates und zur Aufhebung der Richtlinie 84/253/EWG des Rates, ABl. EU 2006, Nr. L 157, S. 87ff.

2024 Die International Standards on Auditing (ISA) können im englischsprachigen Original unter http://www.ifac.org/publications-resources/2012-handbook-international-quality-control-auditing-review-other-assurance-a, zuletzt besucht am 19.11.2013, abgerufen werden.

2025 BT-Drs. 16/10067, S. 87; Art. 48 II der Abschlussprüferrichtlinie verweist hinsichtlich des Ausschusses auf Art. 5 und 7 des Beschlusses 1999/468/EG – Beschluss des Rates v. 28. Juni 1999 zur Festlegung der Modalitäten für die Ausübung der der Kommission übertragenen Durchführungsbefugnisse, ABl. EU 1999, L 184, S. 23ff.; siehe zum Komitologieverfahren ausführlich und kritisch: *Schmolke*, EuR 2006, 432ff.; *Fuhrmann*, DÖV 2007, 464ff.; *Habersack/Schürnbrand*, in: Staub, HGB, § 317, Rn. 37; *Beer*, EuZW 2010, 201; *Edenharter*, DÖV 2011, 645ff.; *Bremer*, NZG 2011, 341.

2026 *Förschle/Almeling*, in: Beck'scher Bilanz-Kommentar, § 317, Rn. 90f.; *Ebke*, in: MüKo-HGB, Bd. 4, § 317, Rn. 40.

2027 *Habersack/Schürnbrand*, in: Staub, HGB, § 317, Rn. 37; *Burg/Müller*, in: Kölner Kommentar zum Rechnungslegungsrecht, § 317, Rn. 127.

2028 Ausführlich *Orth/Müller*, in: Küting/Pfitzer/Weber, Das neue deutsche Bilanzrecht, S. 614f.; *Habersack/Schürnbrand*, in: Staub, HGB, § 317, Rn. 36; *Bertram/Brinkmann*, in: Haufe, HGB-Bilanzkommentar, § 317, Rn. 133ff.; *Naumann/Feld*, WPg 2013, 641, 644; http://www.ifac.org/auditing-assurance/about-iaasb, zuletzt besucht am 20.11.2013; sowie zu den Mitgliedern des IAASB http://www.ifac.org/auditing-assurance/about-iaasb/iaasb-members, zuletzt besucht am 20.11.2013.

2029 BT-Drs. 16/10067, S. 87; *Habersack/Schürnbrand*, in: Staub, HGB, § 317, Rn. 35; *Burg/Müller*, in: Kölner Kommentar zum Rechnungslegungsrecht, § 317, Rn. 128; vgl. *Förschle/Almeling*, in: Beck'scher Bilanz-Kommentar, § 317, Rn. 90f.; *Ebke*, in: MüKo-HGB, Bd. 4, § 317, Rn. 40, vgl. dort auch zum folgenden Text.

ISA orientieren, so dass die ISA durch die IDW Prüfungsstandards in Deutschlands bereits faktisch bei den Abschlussprüfungen angewendet werden.[2030]

Durchgeführt werden die Abschlussprüfungen durch die Abschussprüfer in Gestalt von Wirtschaftsprüfern oder Wirtschaftsprüfungsgesellschaften, bei mittelgroßen Gesellschaften mit beschränkter Haftung oder mittelgroßen Personengesellschaften erlaubt § 319 I HGB auch die Vornahme der Abschlussprüfung durch vereidigte Buchprüfer und Buchprüfungsgesellschaften.[2031]

Sinn und Zweck der Abschlussprüfung ist eine Kontroll-, Informations- und Beglaubigungsfunktion:[2032] Im Einzelnen dient die Kontrollfunktion der Überprüfung, ob der Jahresabschluss nebst Lagebericht unter Einhaltung der gesetzlichen Vorschriften, der Satzung des Unternehmens und den Grundsätzen der ordnungsgemäßen Buchführung aufgestellt worden ist, um damit seinem Anspruch der Information der Gesellschafter, der Arbeitnehmer sowie dritter Personen, die eine geschäftliche Verbindung mit dem fraglichen Unternehmen unterhalten, gerecht werden zu können.[2033]

Die Informationsfunktion manifestiert sich primär im Prüfungsbericht des Abschlussprüfers adressiert an den Aufsichtsrat und den Vorstand des Unternehmens um die Unternehmensorgane über die Ergebnisse der Prüfung in Kenntnis zu setzen.[2034]

Schlussendlich erfüllt die Abschlussprüfung über den zu erteilenden Bestätigungsvermerk eine Beglaubigungsfunktion, da der Bestätigungsvermerk nach außen die Ordnungsmäßigkeit des Jahresabschlusses und des Lageberichts signalisiert.[2035]

2030 *Orth/Müller*, in: Küting/Pfitzer/Weber, Das neue deutsche Bilanzrecht, S. 614; *Habersack/Schürnbrand*, in: Staub, HGB, § 317, Rn. 35; vgl. *Burg/Müller*, in: Kölner Kommentar zum Rechnungslegungsrecht, § 317, Rn. 131a; *Bertram/Brinkmann*, in: Haufe, HGB-Bilanzkommentar, § 317, Rn. 135.

2031 Siehe dazu auch *Habersack/Schürnbrand*, in: Staub, HGB, Vor § 316, Rn. 18; *Veldkamp*, in: Haufe, HGB-Bilanzkommentar, § 316, Rn. 2; *Schüppen*, in: Heidel/Schall, HGB, Vor §§ 316–324a, Rn. 3; *Hopt/Merkt*, in: Hopt/Merkt, Bilanzrecht, § 319, Rn. 1; *Förschle/Küster*, in: Beck'scher Bilanz-Kommentar, § 316, Rn. 2; *Ebke*, in: MüKo-HGB, Bd. 4, § 319, Rn. 8f.

2032 *Scheffler*, in Internationale Wirtschaftsprüfung, FS Havermann, 651, 666; *Habersack/Schürnbrand*, in. Staub, HGB, Vor § 316, Rn. 1; *Müller*, in: Kölner Kommentar zum Rechnungslegungsrecht, § 316, Rn. 3; *Graumann*, Wirtschaftliches Prüfungswesen, S. 89ff.; *Ebke*, in: MüKo-HGB, Bd. 4, § 316, Rn. 24.

2033 *Scheffler*, in Internationale Wirtschaftsprüfung, FS Havermann, 651, 666; *Habersack/Schürnbrand*, in. Staub, HGB, Vor § 316, Rn. 1; *Müller*, in: Kölner Kommentar zum Rechnungslegungsrecht, § 316, Rn. 4ff.; *Ebke*, in: MüKo-HGB, Bd. 4, § 316, Rn. 25.

2034 *Scheffler*, in Internationale Wirtschaftsprüfung, FS Havermann, 651, 666; *Habersack/Schürnbrand*, in. Staub, HGB, Vor § 316, Rn. 1; *Müller*, in: Kölner Kommentar zum Rechnungslegungsrecht, § 316, Rn. 7ff.; *Ebke*, in: MüKo-HGB, Bd. 4, § 316, Rn. 26f.

2035 *Scheffler*, in Internationale Wirtschaftsprüfung, FS Havermann, 651, 666; *Habersack/Schürnbrand*, in. Staub, HGB, Vor § 316, Rn. 1; *Müller*, in: Kölner Kommentar

Jedoch ist in diesem Zusammenhang auf eine signifikante „Erwartungslücke" hinzuweisen: die Prüfung durch den Abschlussprüfer stellt im Kern lediglich eine Rechtmäßigkeitsprüfung in Bezug auf einen definierten Stichtag dar, bietet allerdings keine automatische Gewähr gegen Unternehmenskrisen.[2036]

(b) Die Kriterien des risikoorientierten Prüfungsansatzes

(aa) Das Wesen und die Idee des risikoorientierten Prüfungsansatzes

Das HGB legt in § 317 I 2 fest, dass sich die Prüfung des Jahres- und des Konzernabschlusses darauf bezieht, inwiefern gesetzliche Vorschriften, ergänzende Bestimmungen des Gesellschaftsvertrages oder die Satzung des Unternehmens beachtet worden sind. Als Maßstab dieser Prüfung definiert § 317 I 3 HGB, dass diese Prüfung so auszugestalten ist, dass bei gewissenhafter Berufsausübung Unrichtigkeiten und Verstöße gegen den genannten Regelungskanon, die sich wesentlich auf die Darstellung der Vermögens-, Finanz- und Ertragslage auswirken, identifiziert werden. Dieser Gesetzeswortlaut – zurückgehend auf das KonTraG[2037] – betont im Vergleich zur vorhergehenden Textfassung unter anderem den schon zuvor praktizierten sog. risikoorientierten Prüfungsansatz.[2038]

Unter dem risikoorientierten Prüfungsansatz ist das Prüfungsrisiko des Abschlussprüfers als Aussicht des Abschlussprüfers zu verstehen, einen falschen Bestätigungsvermerk zum Jahresabschluss zu erteilen. Detaillierter aufgeschlüsselt differenziert sich das Prüfungsrisiko in das Fehlerrisiko, definiert als Risiko wesentlich falscher Angaben in der Rechnungslegung und in das Entdeckungsrisiko, determiniert als das Risiko des Abschlussprüfers, die Fehler im Zuge der durchgeführten Prüfung nicht freizulegen.[2039]

---

zum Rechnungslegungsrecht, § 316, Rn. 10; *Ebke*, in: MüKo-HGB, Bd. 4, § 316, Rn. 28.

2036 Siehe zur „Erwartungslücke" ausführlich *Forster*, in Für Recht und Staat, FS Helmrich, 613ff.; *Scheffler*, in Internationale Wirtschaftsprüfung, FS Havermann, 651, 666; *Müller*, in: Kölner Kommentar zum Rechnungslegungsrecht, § 316, Rn. 6.

2037 Art. 2 Nr. 6 des Gesetzes zur Kontrolle und Transparenz im Unternehmensbereich (KonTraG) v. 27. April 1998, BGBl. I 1998, 786, 789.

2038 Vgl. BT-Drs. 13/9712, S. 27; so ausdrücklich *Habersack/Schürnbrand*, in: Staub, HGB, § 317, Rn. 11 m.w.N.; *Burg/Müller*, in: Kölner Kommentar zum Rechnungslegungsrecht, § 317, Rn. 29; *Ebke*, in: MüKo-HGB, Bd. 4, § 317, Rn. 64f.

2039 *Doll/Pinzinger*, BC 2007, 70, 71, 73 (Schaubild); *Burg/Müller*, in: Kölner Kommentar zum Rechnungslegungsrecht, § 317, Rn. 41; *Schmidt*, in: Beck'scher Kommentar Bilanzrecht, § 317, Rn. 108, 110; IDW PS 261 n.F., Rn. 5f., FN-IDW 2012, 239, 240.

Noch präziser gefasst kann die risikoorientierte Abschlussprüfung in Anlehnung an ISA 315[2040] und ISA 330[2041] in der Prüfungspraxis in verschiedene Abschnitte, bzw. aufeinander aufbauende Teile untergliedert werden:[2042] Zu Beginn steht die Feststellung von Risiken für eine wesentlich falsche Darstellung in der Rechnungslegung des jeweiligen Unternehmens, die Kenntnisse des zu prüfenden Unternehmens und seines Internen Kontrollsystems erfordert. Darauf erfolgt eine Beurteilung der identifizierten Risiken, d.h. das Ausmaß und die Auswirkungen bzw. die Reichweite der Risiken im Unternehmen werden analysiert um die Risiken zu klassifizieren. Anschließend werden die sich aus der Risikolage ergebenden Prüfungshandlungen festgelegt und vorgenommen, dokumentiert und die Aufsichtsorgane über die Risiken informiert.

(bb) Geeignetheit und Tauglichkeit der Kriterien als Anknüpfungskriterien

Ohne auf die weiteren Anforderungen an den genauen Prüfungsablauf im Detail eingehen zu wollen, so werden zur Lokalisation der Fehlerrisiken in der Literatur unter Bezugnahme auf ISA 315, insbesondere ISA 315 Rn. 11, 12, 13, A 17-A 68[2043] Bereiche dargestellt, die einer weiteren Analyse unterzogen werden. Bei den zu durchleuchtenden Bereichen handelt es sich um das Unternehmensumfeld, das Unternehmen selbst, die Unternehmensplanung, die Erfolgskennzahlen bzw. Erfolgsmessung und das Interne Kontrollsystem.[2044]

Innerhalb dieser einzelnen Analysebereiche werden bestimmte Faktoren geprüft, die zwar nicht speziell auf das Steuerrecht zugeschnitten sind, sondern sich auf die Feststellung von Fehlerrisiken generell in allen Bereichen des Unternehmens beziehen[2045], gleichwohl stellt sich die Frage, ob diese Faktoren nicht auch als Kriterien zur Bestimmung von Organisationsanforderungen zur Vermeidung eines Organisationsverschuldens im Sinne der Haftung aus § 69 AO taugen.

Der erstgenannte Analysebereich des Unternehmensumfeldes kann in vier weitere Unterpunkte unterteilt werden und zwar in das makroökonomische und

---

2040 ISA 315: Identifying and assessing the risks of material misstatement through understanding the entity and its environment, http://www.ifac.org/sites/default/files/publications/files/A018%202012%20IAASB%20Handbook%20ISA%20315.pdf, zuletzt besucht am 23.11.2013.

2041 ISA 330: The auditor's responses to assessed risks, http://www.ifac.org/sites/default/files/publications/files/A020%202012%20IAASB%20Handbook%20ISA%20330.pdf, zuletzt besucht am 23.11.2013.

2042 Orientierung am Schaubild und der ausführlichen Darstellung von *Schmidt*, WPg 2005, 873, 876; *Schmidt/Eibelshäuser*, WPg 2013, 696, 698.

2043 ISA 315 Rn. 11, 12, 13, A 17-A 68, http://www.ifac.org/sites/default/files/publications/files/A018%202012%20IAASB%20Handbook%20ISA%20315.pdf, zuletzt besucht am 03.12.2013.

2044 IDW PS 261 n.F., Rn. 13ff., FN-IDW 2012, 239, 242f.; *Schmidt*, WPg 2005, 873, 877f.; *Schmidt*, in: Beck'scher Kommentar Bilanzrecht, § 317, Rn. 128; *Schmidt/Eibelshäuser*, WPg 2013, 696, 699.

2045 Vgl. dazu die Nachweise der vorstehenden Fußnote.

das regulatorische Umfeld, die Branche und die Stellung des Unternehmens in der Branche. Faktoren im makroökonomischen Umfeld sind z.B. die gesamtwirtschaftliche Entwicklung, das politische und gesellschaftliche Umfeld wohingegen für das regulatorische Umfeld als Faktoren aufsichtsrechtliche Bestimmungen sowie sonstige für das Unternehmen und die Branche relevante Rechtvorschriften sowie die Grundsätze der Rechnungslegung charakteristisch sind.[2046]

Für die Branche und die Stellung des Unternehmens in der Branche werden Aspekte wie das Marktpotential, d.h. die Entwicklung des Marktes, Produkte, Dienstleistungen, Marktanteile, Wettbewerbsunterschiede und die Kostensituation untersucht.

Bezogen auf den Bereich des Unternehmens selbst wird weiter in die finanzwirtschaftliche Entwicklung, also Vermögen und Schulden, Umsatzerlöse, Abschreibungen, usw., die rechtlichen Verhältnisse, aufgeschlüsselt in die gesellschaftsrechtlichen Verhältnisse, Beteiligungen, Dauerschulverhältnisse und Rechtsstreitigkeiten, die wirtschaftlichen Verhältnisse, dies sind die Vermögens- und Ertragslage in Form des Eigenkapitals, des Cash Flows, der Kapitalbedarf und Sicherheiten, Absatz, Produktion, Forschung und Entwicklung, usw., die steuerlichen Verhältnisse, d.h. steuerliche Organschaften, Stand des Besteuerungsverfahrens, Betriebsprüfungen, etc., die organisatorischen Grundlagen und hierbei die Aufbau- und Ablauforganisation sowie das interne bzw. externe Rechnungswesen in Gestalt der Buchführung, des Controlling und der Bilanzierungsmethoden – Bilanzpolitik, Nutzung von Spielräumen – differenziert.[2047]

Die Unternehmensplanung wird bestimmt anhand der Unternehmensziele, also der Gesamtausrichtung des Unternehmens sowie der ökonomischen und nicht ökonomischen Grundsätze und Verhaltensnormen, anhand der strategischen Planung, z.B. langfristige Leistungsprogrammplanung, Finanzplanung, Produktions- und Ressourcenplanung, Führungskräfteplanung, Geschäftsfeldstrategien und der operative Planung, beispielsweise der operativen Funktionsbereichsplanung, kalkulatorischen Ergebnisplanung, bilanziellen Ergebnisplanung und Finanzplanung.[2048]

2046 Orientierung am Schaubild und der ausführlichen Darstellung von *Schmidt*, WPg 2005, 873, 877f.; *Schmidt*, in: Beck'scher Bilanz-Kommentar, § 317, Rn. 129f.; *Schmidt/Eibelshäuser*, WPg 2013, 696, 699; vgl. IDW PS 261, Rn. 13, FN-IDW 2012, 239, 242; vgl. ISA 315, Rn. 11, lit. a), A 17-A 22, http://www.ifac.org/sites/default/files/publications/files/A018%202012%20IAASB%20Handbook%20ISA%20315.pdf, zuletzt besucht am 03.12.2013, dort auch jeweils zum folgenden Text.

2047 *Schmidt*, WPg 2005, 873, 877f.; *Schmidt*, in: Beck'scher Bilanz-Kommentar, § 317, Rn. 131f.; *Schmidt/Eibelshäuser*, WPg 2013, 696, 699; vgl. IDW PS 261, Rn. 13, FN-IDW 2012, 239, 242; vgl. ISA 315, Rn. 11, lit. b), A 23-A 27, zum Rechnungswesen vgl. Rn. 11, lit. c), A 28, http://www.ifac.org/sites/default/files/publications/files/A018%202012%20IAASB%20Handbook%20ISA%20315.pdf, zuletzt besucht am 03.12.2013.

2048 *Schmidt*, WPg 2005, 873, 877f.; vgl. *Schmidt*, in: Beck'scher Bilanz-Kommentar, § 317, Rn. 136; *Schmidt/Eibelshäuser*, WPg 2013, 696, 699; vgl. vgl. IDW PS 261, Rn. 13, FN-IDW 2012, 239, 242; vgl. ISA 315, Rn. 11, lit. d, A 29-A 35, http://www.

Ferner werden für die Erfolgsanalysen als Faktoren unter anderem Kennzahlen zur Messung des Erfolgs in Form von „Key-Performance-Indikatoren“ und Soll-/Ist-Vergleiche nebst Abweichungsanalysen genannt.[2049]

Schlussendlich bedarf es nach den Anforderungen ISA 315 Rn. 13 bzw. A 66–A68[2050] einer Prüfung des Internen Kontrollsystems des Unternehmens im Hinblick auf den Aufbau, die Funktion und die Angemessenheit des Systems. Im Detail muss sich der Abschlussprüfer mit den einzelnen Komponenten des Internen Kontrollsystems wie im IDW PS 260[2051] festgelegt, ergo dem Kontrollumfeld, dem Risikobeurteilungsprozess, dem rechnungslegungsbezogenen Informationssystem und der Kommunikation, den Kontrollaktivitäten und der Überwachung auseinander setzen.[2052]

Unter Berücksichtigung der Ausgangsfrage, objektive Kriterien für die unternehmensinterne Organisation und Überwachung zu bestimmen, bei deren Verletzung eine Pflichtwidrigkeit nach § 69 AO indiziert ist, ist einstweilen festzuhalten, dass sich die Kriterien des risikoorientierten Prüfungsansatzes vorrangig am Risiko des Abschlussprüfers orientieren, einen falschen Bestätigungsvermerk zum Jahresabschluss zu erteilen und nicht an einem Primat der Lokalisation steuerlicher Risiken im Unternehmen.[2053] Zwar mag die Abschlussprüfung ihre Rolle der Kontroll-, Informations- und Beglaubigungsfunktion erfüllen, jedoch wurde bereits darauf hingewiesen, dass es sich lediglich um eine Rechtmäßigkeitsprüfung ohne Garantie vor Unternehmenskrisen handelt.[2054] Indes passt in diesen Zusammenhang auch die Feststellung, dass die Außenprüfung in erster Linie nicht auf die Aufdeckung von betrügerischen Handlungen wie Untreue, Unterschlagung, usw. abzielt, zumal die Identifikation von Unregelmäßigkeiten im Abschluss resultierend aus bewussten Verstößen wegen der oftmals damit einhergehenden Maßnahmen zur Tarnung des Verstoßes erschwert wird.[2055] Gleichwohl ist die Prüfung so vorzunehmen, dass bewusste Verstöße entdeckt

---

ifac.org/sites/default/files/publications/files/A018%202012%20IAASB%20Handbook%20ISA%20315.pdf, zuletzt besucht am 03.12.2013.

2049 *Schmidt*, WPg 2005, 873, 877f.; *Schmidt*, in: Beck'scher Bilanz-Kommentar, § 317, Rn. 137f.; *Schmidt/Eibelshäuser*, WPg 2013, 696, 699; vgl. ISA 315, Rn. 11, lit. e), A 36-A 41, http://www.ifac.org/sites/default/files/publications/files/A018%20 2012%20IAASB%20Handbook%20ISA%20315.pdf, zuletzt besucht am 03.12.2013.

2050 ISA 315, Rn. 13, A66-A68: http://www.ifac.org/sites/default/files/publications/files/A018%202012%20IAASB%20Handbook%20ISA%20315.pdf, zuletzt besucht am 25.11.2013.

2051 IDW PS 261 n.F., Rn. 19ff., FN-IDW 2012, 239, 243ff.

2052 *Schmidt*, WPg 2005, 873, 879f.; *Schmidt*, in: Beck'scher Bilanz-Kommentar, § 317, Rn. 139ff.; *Schmidt/Eibelshäuser*, WPg 2013, 696, 699ff.

2053 Siehe dazu bereits die einleitenden Ausführungen zum risikoorientierten Prüfungsansatz, S. 408ff.

2054 Siehe dazu bereits m.w.N. S. 408ff.

2055 Vgl. IDW PS 210, Rn. 15, 19, FN-IDW 2006, 694, 699; *Burg/Müller*, in: Kölner Kommentar zum Rechnungslegungsrecht, § 317, Rn. 54; *Förschle/Almeling*, in: Beck'scher Bilanz-Kommentar, § 317, Rn. 18; *Schmidt*, in: Beck'scher Bilanz-Kommentar, § 317, Rn. 189.

werden können, wobei bei einem identifizierten Verstoß die Vermutung greift, dass es sich nicht um einen einmaligen Verstoß handelt.[2056]

Ausgehend von diesen Grundbedingungen der Abschlussprüfung und den vorgenannten Kriterien des risikoorientierten Prüfungsansatzes ist eine evidente Erkenntnis, dass es im Gegensatz zu den Kriterien der Finanzverwaltung im Rahmen des Risikomanagements hier nicht nur um steuerliche Risiken geht, sondern der Fokus auf sämtliche Risiken, die sich in der Rechnungslegung bzw. im Abschluss niederschlagen können, gerichtet ist sowie auf die Frage, inwiefern diese Risiken sich auch tatsächlich im Abschluss wiederfinden. Zugleich ist der Ansatz der risikoorientierten Prüfung nicht primär auf vorsätzliche Rechtsverstöße spezialisiert, so dass es zumindest zweifelhaft erscheint, ob und inwiefern die Kriterien des risikoorientierten Prüfungsansatzes tatsächlich geeignet sind, bewusste Verstöße gegen Steuergesetze als vorsätzliche Verletzung auferlegter steuerlicher Pflichten im Sinne des § 69 AO zu identifizieren.

Eine Analyse der einzelnen Kriterien unter Berücksichtigung dieser Rahmenbedingungen ergibt vor dem Hintergrund einer Definition objektiver Kriterien für die unternehmensinterne Organisation und Überwachung, deren Verletzung eine Pflichtwidrigkeit indiziert, dass aus dem genannten Bereich des Unternehmensumfeldes[2057] allenfalls der Aspekt des regulatorischen Umfeldes des Unternehmens zu bedenken ist, da die anderen Faktoren des makroönomischen Umfeldes, der Branche und der Stellung des Unternehmens in der Branche das Umfeld des Unternehmens aus einer vordringlich externen, ökonomisch geprägten Perspektive betrachten, ohne dass daraus Erkenntnisse für die interne Organisation des Unternehmens zur Einhaltung der steuerlichen Pflichten gewonnen werden könnten. Selbst der Faktor des regulatorischen Umfeldes, d.h. pauschal gesprochen die Beachtung relevanter Vorschriften und Rechnungslegungsgrundsätze, liefert keine weiteren Erkenntnisse, da die Beachtung steuerlicher Pflichten den Kern des § 69 AO bildet[2058] und damit kein Kriterium darstellt, dass konkrete Organisationsforderungen bestimmt.

Der sich anschließende Bereich des Unternehmens bezieht seine Faktoren auf die rechtlichen und wirtschaftlichen Verhältnisse des Unternehmens, die finanzwirtschaftliche Entwicklung, organisatorische Grundlagen, das Rechnungswesen sowie die steuerlichen Verhältnisse.[2059] Bei Letzteren werden weiter beispielhaft steuerliche Organschaften, Stand des Besteuerungsverfahrens sowie Betriebsprüfungen als Faktoren aufgeführt. Obwohl diese Faktoren prinzipiell geeignet sind, auf steuerliche Risiken im Unternehmen hinzuweisen, ebenso wie insbesondere die Faktoren der rechtlichen Verhältnisse und der organisatorischen Grundlagen

2056 IDW PS 210, Rn. 59, FN-IDW 2006, 694, 707; *Burg/Müller*, in: Kölner Kommentar zum Rechnungslegungsrecht, § 317, Rn. 57; *Schmidt*, in: Beck'scher Bilanz-Kommentar, § 317, Rn. 189.

2057 Siehe dazu bereits die vorstehenden Ausführungen mit entsprechenden Nachweisen.

2058 Siehe dazu bereits oben S. 369ff.

2059 Siehe dazu bereits die vorstehenden Ausführungen mit entsprechenden Nachweisen.

tauglich sind, um über die Struktur des Unternehmens und ein aus der Komplexität der Unternehmensstruktur etwaig resultierendes Risiko Auskunft zu geben, so sind die unter dem Stichwort des „strukturellen Risikos“ erläuterten Kriterien der Finanzverwaltung spezieller, da sie im Gegensatz zu den hier dargestellten Faktoren des risikoorientierten Prüfungsansatzes in erster Linie auf das Steuerrecht zugeschnitten sind. Die hier auftauchenden steuerrechtlichen Aspekte der steuerlichen Organschaft, des Standes des Besteuerungsverfahrens sowie der Betriebsprüfungen gehen in den Kriterien der Finanzverwaltung auf bzw. sind mit diesen kongruent.

Ähnlich verhält es sich mit den beiden weiteren Bereichen der Unternehmensplanung und der Erfolgsanalysen.[2060] Selbstverständlich sind Steuern bzw. steuerliche Risiken von enormer Bedeutung für die Unternehmensplanung und die Erfolgsanalysen des Unternehmens[2061], doch abseits dieser bekannten Tatsache lassen sich aus diesen Faktoren keine Kriterien für die Organisation und die Überwachung des Unternehmens finden, die einen Maßstab für ein Organisationsverschulden determinieren könnten.

Im Ergebnis sind mithin die Kriterien des risikoorientierten Prüfungsansatzes zwar zum Teil prinzipiell geeignet, als Kriterien zur Bestimmung einheitlicher Organisationsanforderungen zu dienen, stehen indes hinter den spezielleren und detaillierteren Anforderungen, die aus der Transformation der Risikomanagementkriterien der Finanzverwaltung auf das Unternehmen gewonnen werden konnten, zurück.

(c) Risikofaktoren der IDW PS 210 und IDW PS 261 n.F.

Über die allgemeinen Kriterien und die Bereichseinteilung der risikoorientierten Prüfung hinaus, existieren in den IDW PS 210 und auch in dem IDW PS 261 n.F. Auflistungen von Indikatoren, die auf ein erhöhtes Risiko von Fehlern und Zuwiderhandlungen hindeuten und möglicherweise der Klassifikation von Unternehmen dienlich sein könnten.

(aa) IDW PS 261 n.F.

Der IDW PS 261 n.F. führt in Rn. 14 als Risikofaktoren die Integrität, Kompetenz und personelle Beständigkeit der Unternehmensleitung, negative Entwicklungen im Unternehmen bzw. dem Betätigungsfeld des Unternehmens, die einen Anreiz zweifelhafter Bilanzierungsmethoden verleiten könnten, die allgemeine Entwicklung in der Branche, neue Regelungswerke und den Sachverstand der mit der Aufgabenwahrnehmung, konkret der Rechnungslegung betrauten Mitarbeiter an.[2062] Ferner sollen nach Rn. 15 des IDW PS 261 n.F. die Fehleranfälligkeit einzelner Posten, die Schwierigkeit von Rechtsgeschäften, Bewertungsspielräume, mögliche

2060 Siehe dazu bereits die vorstehenden Ausführungen mit entsprechenden Nachweisen.
2061 Siehe zu Bedeutung der Steuern in einem Unternehmen bereits S. 40ff. m.w.N.
2062 IDW PS 261 n.F., Rn. 14, FN-IDW 2012, 239, 242.

Unterschlagungen, anormale oder unübersichtliche Rechtsgeschäfte insbesondere zum Jahresende als Anhaltspunke zu Rate gezogen werden.[2063]

(bb) IDW PS 210

Demgegenüber stützt sich der IDW PS 210 in Rn. 35 auf ähnliche Faktoren, stellt allerdings ausführlicher exemplarisch dar, wie die Indikatoren konkret auszugestalten sind.[2064]

Als erster Faktor für ein erhöhtes Risiko werden Zweifel an der Integrität oder Kompetenz des Managements angesprochen und als Anzeichen z.B. undurchsichtige Organisationsstrukturen, mangelnde Überwachung durch ein Organ bei gleichzeitiger Dominanz der Unternehmensleitung durch nur wenige Personen, keine Überarbeitung des Internen Kontrollsystems durch die Unternehmensleitung und keine Korrektur von Unregelmäßigkeiten genannt.

Ein weiterer Punkt sind kritische Unternehmenssituationen, die sich beispielhaft in einer rückläufigen, auf der Stelle tretenden oder übermäßig stark ausgeübten Geschäftstätigkeit, Abhängigkeit von einer geringen Anzahl von Geschäftspartnern oder mangelhafter Kapitalausstattung manifestieren.

Ferner werden anormale Rechtsgeschäfte beispielsweise mit überdurchschnittlich hohen Gewinnen, respektive Vermittlungsprovisionen, mit nahe stehenden Personen und einem hohen Grad an Komplexität erwähnt.

Weitere Faktoren bezogen auf die Einsicht in Unterlagen sind eine unzureichende Rechnungslegung oder Dokumentationen von Rechtsgeschäften, eine undurchsichtige Buchführung und unverständliche Auskünfte der Unternehmensleitung.

Allgemeine, anderweitige Faktoren sind exemplarisch Vergütungen leitender Angestellter abhängig vom Erfolg, eine mangelhafte interne Revision oder auch Ergebniserwartungen Dritter an das Unternehmen.

Außerdem werden als Kriterien für Zuwiderhandlungen und Unregelmäßigkeiten, die im Laufe der Prüfung auftauchen können, in dem IDW PS 210 in Rn. 37 beispielsweise laufende Untersuchungen von Behörden, Bußgeldbescheide, Entlohnungen oder Kredite an Berater, Mitarbeiter, Behördenmitarbeiter oder nahe stehende Personen für nicht näher definierte Leistungen, unübliche Provisionen, Barzahlungen oder Überweisungen auf Nummerkonten, anormale Rechtsgeschäfte mit Niedrigsteuerländern sowie eine lückenhafte Dokumentation von Rechtsgeschäften aufgezählt.[2065]

2063 IDW PS 261 n.F., Rn. 14, FN-IDW 2012, 239, 242.

2064 Siehe zu den Indikatoren IDW PS 210, Rn. 35, FN-IDW 2006, 694, 702f., dort auch zum folgenden Text.

2065 FN-IDW 2006, 694, 703.

(cc) Geeignetheit und Tauglichkeit der Risikofaktoren

Hinsichtlich geeigneter und tauglicher Kriterien zur Bestimmung typisierender, einheitlicher Organisationsanforderungen im Sinne des § 69 AO führt die Auswertung der in den IDW PS 261 n.F. und 210 genannten Risikofaktoren zu dem Ergebnis, dass die Risikofaktoren, die Zweifel an der Integrität und Kompetenz des Management identifizieren sollen, für den hier untersuchten Zweck nicht geeignet sind. § 69 AO normiert unter anderem eine Haftung gesetzlicher Vertreter gem. § 34 AO, wobei sich die hiesige Untersuchung auf den Vorstand als gesetzlichem Vertreter einer Aktiengesellschaft fokussiert. Die Risikofaktoren dienen den Abschlussprüfern zur Aufdeckung eines Fehlverhaltens bzw. der Aufdeckung potentieller Risiken, die sich aus der Struktur, Organisation sowie der Zusammensetzung des Vorstandes ergeben können. Zwar kann auch eine mangelnde Kompetenz und Integrität des Vorstandes Auswirkungen auf die Erfüllung steuerlicher Pflichten im Sinne des § 69 AO haben, jedoch wurde die Notwendigkeit steuerlicher Kompetenz bereits im Zuge des Übernahmeverschuldens[2066] problematisiert sowie die Frage der organinternen Organisation und Kontrolle im Rahmen der horizontalen Organisations- und Überwachungspflichten[2067], so dass diese Risikofaktoren als Kriterien für Organisationsanforderungen bereits an anderer Stelle Berücksichtigung gefunden haben. Ähnlich verhält es sich mit dem Risikofaktor des Sachverstands von Mitarbeitern, was bereits als Frage der vertikalen Delegation problematisiert worden ist.[2068]

Geeignet ist demgegenüber als Kriterium der Risikofaktor anormaler Rechtsgeschäfte, verstanden als Rechtsgeschäfte, die einen hohen Grad an Komplexität oder Unübersichtlichkeit aufweisen oder mit unverhältnismäßigen Gewinnen oder Vermittlungsprovisionen einhergehen, da hier der Verdacht einer Gewinnverlagerung, Steuerhinterziehung oder auch der Korruption mit den steuerlichen Folgen des § 4 V 1 Nr. 10 EStG und einer Strafbarkeit nach dem StGB nahe liegt.[2069] In diesem Zusammenhang sind als deutliche Hinweise auf Zuwiderhandlungen gegen die Steuergesetze die genannten Kriterien der Bußgeldbescheide, laufenden Ermittlungen, Barzahlungen, Überweisungen auf Nummernkonten sowie von Rechtsgeschäften mit Niedrigsteuerländern einzuordnen. Überdies sind auch Geschäfte mit nahe stehenden Personen vor dem Hintergrund und dem enormen Risiken ausgehend von der Verrechnungspreisproblematik[2070] ein Kriterium für die Bestimmung von Organisationsanforderungen.

Schlussendlich ist auch eine ungenügende Rechnungslegung oder unzureichende Dokumentation von Rechtsgeschäften ein taugliches Kriterium für die Definition von Organisationsanforderungen, da gerade die Dokumentation von Rechtsgeschäften

2066 Siehe dazu bereits oben ausführlich S. 392.
2067 Siehe dazu bereits oben ausführlich S. 377ff.
2068 Siehe dazu bereits oben ausführlich S. 383ff.
2069 Siehe dazu das zweite Kapitel über die Phänomenologie systemischer Steuerrisiken in internationalen Unternehmen, insbesondere S. 56ff. sowie S. 159ff.
2070 Siehe zur Verrechnungspreisproblematik ausführlich S. .56ff.

im internationalen Steuerrecht von essentieller Bedeutung ist, so dass eine unterlassene Organisation der Dokumentation als Pflichtverstoß des gesetzlichen Vertreters anzusehen ist.[2071]

Die anderen Risikofaktoren wie z.B. die kritischen Unternehmenssituationen haben aufgrund der Ubiquität des Steuerrechts im Unternehmen[2072] sicherlich auch einen Einfluss auf die Beachtung der steuerlichen Pflichten des Unternehmens, sind aber zu allgemein gehalten, um als spezifische Kriterien steuerrechtlicher Organisationsanforderungen im Sinne des § 69 AO zu dienen.

Obschon es sich bei den Prüfungsstandards des IDW nicht um staatlich erlassene Gesetze handelt, sondern um „privatrechtliches Vereinsinnenrecht", so sind die tatsächlichen Auswirkungen der Prüfungsgrundsätze in der Praxis nicht zu verkennen, zumal rund 85 % aller Wirtschaftsprüfer in dem IDW als Verein organisiert sind.[2073] Selbstauferlegte Aufgabe des IDW ist neben der Wahrung der Interessen der Wirtschaftsprüfer unter anderem die Schaffung einheitlicher Leitlinien für die Praxis sowie eine Kontrolle, dass diese auch von den Mitgliedern beachtet werden.[2074] Somit haben die vorstehenden Kriterien des IDW, die aus Erkenntnissen der Prüfungspraxis geschaffen werden, keine Gesetzeskraft, haben aber aufgrund ihrer flächendeckenden Verbreitung als Risikofaktoren der IDW PS 261 n.F. und 210 in der Abschlussprüfung eine große praktische Bedeutung.[2075] Klarstellend sei aber darauf hingewiesen, dass nach der wohl überwiegenden Ansicht die IDW PS weder als Gewohnheitsrecht, weder als antizipiertes Gewohnheitsrecht, noch als verbindliche Mindestanforderungen zu begreifen sind und somit nicht die Gerichte in ihrer Auslegung der Gesetze binden, hingegen höchstens als Entscheidungshilfe fungieren können.[2076]

2071 Siehe dazu ausführlich bereits S. 128ff.

2072 Siehe dazu bereits die Einleitung zum zweiten Kapitel, S 40ff.

2073 Siehe ausführlich *Ruhnke*, Normierung der Abschlussprüfung, S. 58ff. m.w.N.; vgl. *Ruhnke/Schmidt/Seidel*, BB 2002, 138, 139; *Baetge/Lienau*, DB 2004, 2277, 2781; *Habersack/Schürnbrand*, in: Staub, HGB, § 317, Rn. 35, § 323, Rn. 13 m.w.N.; *Böttcher*, NZG 2011, 1054, 1055 m.w.N.; *Ebke*, in: MüKo-HGB, Bd. 4, § 323, Rn. 32 m.w.N.; http://www.idw.de/idw/portal/n281334/n379162/index.jsp, zuletzt besucht am 18.02.2014.

2074 Siehe zu den Aufgaben des IDW die IDW Satzung, S. 2–3, § 2, insbesondere § 2 II lit. b), http://www.idw.de/idw/portal/d626212, zuletzt besucht am 05.12.2013.

2075 *Naumann/Feld*, WPg 2013, 641, 642.

2076 Vgl. AG Duisburg, DB 1994, 466, 467; *Taupitz*, BB 1990, 2367, 2370; *Mai*, Rechtsverhältnis zwischen Abschlussprüfer und prüfungspflichtiger Kapitalgesellschaft, S. 102, 179; *Ruhnke/Niephaus*, DB 1996, 789, 790; *Hommelhoff/Mattheus*, in FS Röhricht, 897, 913f.; *Habersack/Schürnbrand*, in: Staub, HGB, § 323, Rn. 13 m.w.N.; *Müller*, in: Kölner Kommentar zum Rechnungslegungsrecht, § 323, Rn. 24; *Hopt/Merkt*, in: Baumbach/Hopt, HGB, § 323, Rn. 1; *Winkeljohann/Feldmüller*, in: Beck'scher Bilanz-Kommentar, § 323, Rn. 12; ausführlich *Ebke*, in: MüKo-HGB, Bd. 4, § 323, Rn. 32 m.w.N. zum Streitstand; *Bormann/Greulich*, in: MüKo-Bilanzrecht, Bd. 2, § 323, Rn. 38; weitergehend: *Niemann*, DStR 2003, 1454, 1455 („faktische Verbindlichkeit"); *Naumann/Feld*, WPg 2013, 641, 642 („faktische Bindungswirkung" und

(d) Die Kriterien der Skalierung

Hinter dem Begriff der Skalierung einer Prüfung bzw. einer skalierten Prüfung wird in der Wirtschaftsprüfung eine Prüfung verstanden, die sich in Art, Umfang und Dokumentation an der Größe, Komplexität und Risiko des zu prüfenden Unternehmens orientiert, eigenverantwortlich bestimmt vom Prüfer nach pflichtgemäßen Ermessen zur Gewährleistung einer verhältnismäßigen Prüfung.[2077]

Auch hier kann die Frage aufgeworfen werden, inwiefern die Kriterien, die bei der Skalierung der durchzuführenden Prüfung Anwendung finden nicht geeignet sind, Unternehmen zur Bestimmung einheitlicher, typisierender Organisationsanforderungen einzuteilen um so ein indiziertes Organisationsverschulden zu determinieren.

(aa) Idee und Kriterien der Skalierung

Die skalierte Prüfung resultiert aus dem risikoorientierten Prüfungsansatz und ist in der Berufssatzung für Wirtschaftsprüfer/vereidigte Buchprüfer (BS WP/vBP) in § 24b I geregelt.[2078] Sie ist vordergründig eine Reaktion auf die Verunsicherung der Praxis, wie die ISA, die in erster Linie an große Unternehmen am Kapitalmarkt adressiert sind, auf kleine und mittlere Unternehmen anzuwenden sind. Gleichwohl intendiert die skalierte Prüfung keine Beschränkung auf kleine und mittlere Unternehmen wie es ein Vorschlag der EU-Kommission zur Änderung der Abschlussprüferrichtlinie per Schaffung zweier neuer Artikel 43a und 43b vorsieht[2079], sondern soll nach dem Willen der Wirtschaftsprüferkammer bei jeder Prüfung Anwendung finden.[2080]

---

gerichtliche Beachtung als „Verkehrs- und Berufspflicht", fingierte Behandlung als Sachverständigengutachten zur Auslegung der Norm); a.A. *Köndgen*, Selbstbindung ohne Vertrag, S. 221f.

2077 *Wirtschaftsprüferkammer*, Hinweise zur skalierten Prüfungsdurchführung auf Grundlage der ISA, S. 4, siehe dazu auch *Farr/Niemann*, DStR 2012, 1875.

2078 Satzung der Wirtschaftsprüferkammer über die Rechte und Pflichten bei der Ausübung der Berufe des Wirtschaftsprüfers und des vereidigten Buchprüfers (Berufssatzung für Wirtschaftsprüfer/vereidigte Buchprüfer – BS WP/vBP) Wortlaut § 24b I BS WP/vBP: „WP/vBP haben für eine den Verhältnissen des zu prüfenden Unternehmens entsprechende Prüfungsdurchführung Sorge zu tragen. Dabei hat der WP/vBP Art, Umfang und Dokumentation der Prüfungsdurchführung im Rahmen seiner Eigenverantwortlichkeit nach pflichtgemäßem Ermessen in Abhängigkeit von Größe, Komplexität und Risiko des Prüfungsmandats zu bestimmen.", http://www.wpk.de/pdf/bs-wpvbp.pdf, zuletzt besucht am 09.12.2013; *Naumann/Feld*, WPg 2013, 641, 646 m.w.N.

2079 EU-Kommission, Vorschlag für eine Richtlinie des Europäischen Parlaments und des Rates zur Änderung der Richtlinie 2006/43/EG über Abschlussprüfungen von Jahresabschlüssen und konsolidierten Abschlüssen, KOM (2011) 778 endg., S. 9f., 25f., http://eur-lex.europa.eu/LexUriServ/LexUriServ.do?uri=COM:2011:0778:FIN:DE:PDF, zuletzt besucht am 10.12.2013.

2080 *Wirtschaftsprüferkammer*, Erläuterungstext zu § 24b Abs. 1 BS WP/vBP – neu, S. 1; *Wirtschaftsprüferkammer*, Hinweise zur skalierten Prüfungsdurchführung auf

Entscheidende Stellschrauben für eine mögliche Skalierung sind die drei Faktoren der Größe, der Komplexität und des Risikos, wobei die Größe als „quantitatives Merkmal" in seiner Bedeutung geringer zu schätzen ist, als die „qualitativen Merkmale" Komplexität und Risiko.[2081] Zwischen diesen beiden Kriterien ist in unklaren Fällen dem Kriterium des Risikos der Vorrang einzuräumen.

Definiert wird die Komplexität in diesem Zusammenhang als Schwierigkeit der bilanziellen und außerbilanziellen Gegebenheiten, die aus der Schwierigkeit der wirtschaftlichen Betätigung des Unternehmens derivieren.[2082]

Als Risiko ist die Eventualität einer bedeutend falschen Aussage des Abschlusses als Gegenstand der Prüfung anzusehen. Aspekte, die für das Risiko maßgeblich sind, sind die Schwierigkeit der wirtschaftlichen Betätigung des Unternehmens, die Komplexität der getätigten Rechtsgeschäfte oder der Buchführung des zu prüfenden Unternehmens.

Aus einer Priorisierung der genannten Kriterien obliegt es dann dem Abschlussprüfer, die Skalierung für die Prüfung festzulegen.

Um die vorgenannten Kriterien der Komplexität und des Risikos inhaltlich auszufüllen, werden zum Zwecke der Skalierung die Anhaltspunkte zur Bestimmung kleiner oder mittlerer Unternehmen aus ISA 200, A 64[2083] sowie den IDW PH 9.100.1, Rn. 3[2084] mit den Hinweis instrumentalisiert, dass diese Anhaltspunkte zum einen nicht nur auf die Bestimmung kleiner und mittlerer Unternehmen zu limitieren sind und zum anderen nicht dem Anspruch der Vollständigkeit genügen.[2085]

Die ISA 200, A 64 nennen zunächst als Anzeichen eines kleineren Unternehmens das Zusammenfallen von Eigentum und Management in einem kleinen Personenkreis. Zudem werden noch die Übersichtlichkeit und fehlende Schwierigkeit von Rechtsgeschäften des Unternehmens, eine simple Dokumentation sowie Rechnungswesen, wenige Geschäftszweige und eine übersichtliche Produktpalette innerhalb der Geschäftszweige, wenige interne Kontrollen, wenige Hierarchieebenen mit

---

Grundlage der ISA, S. 2; *Farr/Niemann*, DStR 2012, 1875; *Naumann/Feld*, WPg 2013, 641, 646.

2081 *Wirtschaftsprüferkammer*, Erläuterungstext zu § 24b Abs. 1 BS WP/vBP – neu, S. 1f.; *Wirtschaftsprüferkammer*, Hinweise zur skalierten Prüfungsdurchführung auf Grundlage der ISA, S. 7; *Farr/Niemann*, DStR 2012, 1875, dort auch jeweils zum folgenden Text.

2082 *Wirtschaftsprüferkammer*, Erläuterungstext zu § 24b Abs. 1 BS WP/vBP – neu, S. 2; *Wirtschaftsprüferkammer*, Hinweise zur skalierten Prüfungsdurchführung auf Grundlage der ISA, S. 7f.; *Farr/Niemann*, DStR 2012, 1875, dort auch jeweils zum folgenden Text.

2083 ISA 200, A 64, http://www.ifac.org/sites/default/files/publications/files/A009%20 2012%20IAASB%20Handbook%20ISA%20200.pdf, zuletzt besucht am 10.12.2013.

2084 IDW PH 9.100.1, FN-IDW 2007, S. 63ff.

2085 *Wirtschaftsprüferkammer*, Hinweise zur skalierten Prüfungsdurchführung auf Grundlage der ISA, S. 8f.; *Farr/Niemann*, DStR 2012, 1875, 1876.

Leitungsbefugnissen und Kontrollverantwortung, wenige Mitarbeiter, die dann jedoch mit großen Aufgabenbereichen versehen sind, als Anzeichen aufgezählt.[2086]

Ergänzend werden als weitere Anhaltspunkte aus dem IDW PH 9.100.1, Rn. 3 extrahiert, dass der Inhaber zum größten Teil die Entscheidungen von Bedeutung für das Unternehmen trifft, dass keine Konzernzugehörigkeit besteht, regionale und branchenspezifische Faktoren große Auswirkungen haben, sich die Kenntnisse der Rechnungslegung nur bei den damit beauftragten Mitarbeitern wiederfinden und nur eine kleine Anzahl von Personen über Spezialkenntnisse im Hinblick auf das Unternehmen verfügt.[2087]

(bb) Geeignetheit und Tauglichkeit der Kriterien

Unter Bezugnahmen auf die zu untersuchende Fragestellung, geeignete und taugliche Kriterien für typisierende, einheitliche Organisationsanforderungen im Sinne des § 69 AO zu bestimmen, lassen sich aus den Kriterien der Größe, der Komplexität und des Risikos als Elemente der Skalierung keine neuen Erkenntnisse für konkrete Organisationsanforderungen gewinnen, die über die bereits dargestellten Kriterien abgeleitet aus dem Risikomanagement der Finanzverwaltung[2088] hinausgehen. Eine interessante Parallele ist, dass bei den Kriterien der Skalierung ähnlich wie bei der Kritik an der Einteilung in Größenklassen zum Zwecke der Betriebsprüfung[2089], dem Faktor der Größe des Unternehmens nicht das entscheidende Gewicht zur Bestimmung eines Prüfungsumfangs, sei es aus Sicht der Finanzverwaltung oder aus Sicht des Abschlussprüfers, eingeräumt wird.

Dessen ungeachtet eignen sich die Kriterien, die zur Konkretisierung der Komplexität und des Risikos benutzt werden, gleichsam als Negativ um Unternehmensstrukturen zu charakterisieren, die gerade keine große Komplexität und kein großes Risiko aufweisen und damit im Sinne einer typisierenden Betrachtung keiner besonderen Organisationsanforderungen bedürfen: transferiert auf eine steuerrechtliche Ebene taugen die Anzeichen des ISA, A 64 für kleinere Unternehmen als Ergänzung zu den bisher diskutierten Kriterien durchaus, auch einen Rückschluss auf die steuerrechtliche Risikolage und die damit korrespondierenden Organisationsanforderungen zu gestatten, weisen sie doch auf Unternehmen mit einfachen Strukturen und einem niedrigen Grad an Komplexität hin. Diese These gilt unter der Prämisse, dass derartige, inhabergeführte Unternehmen mit einer übersichtlichen

---

2086 ISA 200, A 64, http://www.ifac.org/sites/default/files/publications/files/A009%202012%20IAASB%20Handbook%20ISA%20200.pdf, zuletzt besucht am 10.12.2013; *Wirtschaftsprüferkammer*, Hinweise zur skalierten Prüfungsdurchführung auf Grundlage der ISA, S. 8f.; *Farr/Niemann*, DStR 2012, 1875, 1876.

2087 IDW PH 9.100.1, FN-IDW 2007, S. 63ff.; *Wirtschaftsprüferkammer*, Hinweise zur skalierten Prüfungsdurchführung auf Grundlage der ISA, S. 8f.; *Farr/Niemann*, DStR 2012, 1875, 1876.

2088 Siehe dazu bereits oben S. 398ff.

2089 Siehe dazu den vorstehenden Nachweis.

Anzahl einfach strukturierter Rechtsgeschäfte, geringen gesetzlichen Dokumentationserfordernissen, wenigen Geschäftszweigen und Produkten typischerweise vor dem Hintergrund der zu beachtenden gesetzlichen Anforderungen ein geringeres Risikopotential steuerrechtlicher Pflichtverletzungen aufweisen dürften, als z.B. international tätige Konzerne mit einer Vielzahl von Geschäftszweigen, komplexen gesellschaftsrechtlichen und rechtsgeschäftlichen Strukturen.[2090]

Ebenso eignen sich additiv die angeführten Kriterien aus dem IDW PH 9.100.1, Rn. 3 um einfache Strukturen und eine damit korrespondierende geringe steuerliche Risikostruktur auszumachen.

bb) Klassifikation per adäquater, typisierender Anknüpfungskriterien

Zurückblickend auf die Ausgangslage der Entwicklung bzw. des Rückgriffs auf geeignete Kriterien, die eine Klassifikation von Unternehmen ermöglichen, gilt es festzuhalten, dass sich aus den Kriterien der Finanzverwaltung für ein Risikomanagement entsprechende Anknüpfungskriterien auch aus der Sicht des Unternehmens durch einen sinngemäßen Transfer der Kriterien in die Sphäre des Unternehmens ergeben. Gleiches ist mit den näher bezeichneten Kriterien der IDW PS sowie mit den herausgearbeiteten Kriterien der Skalierung, insbesondere zur Bestimmung des Risikos und der Komplexität eines Unternehmens denkbar.

Mithin existieren durch die vorgenommene Fokussierung, respektive den Transfer der Anknüpfungskriterien auf bzw. in das Steuerrecht eine Reihe von Kriterien, die eine Klassifikation der Unternehmen anhand einer steuerlichen Risikostruktur erlauben.

Anhand dieser Klassifikation in Risikostrukturklassen können typisierend einheitliche Organisationsanforderungen bestimmt werden um ein Organisationsverschulden auszuschließen.

c) Organisationsanforderungen anhand typisierender „Risikostrukturklassen"

aa) Der Begriff der Risikostrukturklasse

Ausgangspunkt war die Definition von Anforderungen und Maßstäben an ein zu etablierendes Tax Compliance-System um ein Organisationsverschulden des Vorstandes gemessen an § 69 AO als Folge eines mangelhaften oder nicht ausreichenden Systems zu vermeiden. Zwar stellt sich die im Unternehmen zur Einhaltung der steuerlichen Pflichten einzurichtende Organisation grundsätzlich als Frage des Einzelfalls dar, jedoch lässt sich der subjektive Maßstab unter Bezugnahme auf das Prinzip der Rechtsprechung einer Objektivierung im Lichte eines Übernahmever-

2090 Siehe zur exemplarischen Risikostruktur international tätiger Unternehmen bereits die Ausführungen im zweiten Kapitel; eine ähnliche Wertung findet sich in den Kriterien der Finanzverwaltung zur Bestimmung eines strukturellen Risikos der Unternehmen im Rahmen des Risikomanagements der Finanzverwaltung wieder, S. 398ff.

schuldens mit Hilfe der zuvor definierten Kriterien zu einer objektiven Klassifikation der Unternehmen verdichten.[2091]

Eine bloße Orientierung an der Größe des Unternehmens gemessen in absoluten Zahlen wie dem Umsatz oder dem steuerlichem Gewinn ist als alleiniges Kriterium zur Determinierung von Organisationsanforderungen ungeeignet. Über die definierten Kriterien kann im Wege einer Konkretisierung und Klassifikation der Einzelfälle die individuelle Risikostruktur eines Unternehmens an einem objektiven Maßstab gemessen werden.

Der zentrale Begriff der Risikostruktur des Unternehmens ermöglicht, die Unternehmen aufgrund eines typisierten Risikoprofils in Risikostrukturklassen, ähnlich den „Steuerausfall-Risikoklassen der Finanzverwaltung"[2092] einzuteilen. Unterschied zu den „Steuerausfall-Risikoklassen der Finanzverwaltung" ist dabei die Perspektive bzw. die Intention: Während es der Finanzverwaltung um eine Evaluation des Risikos eines Steuerausfalls sowie eine Ausrichtung an der Prüfungsbedürftigkeit des jeweiligen Sachverhalts, eine gleichmäßige Anwendung des Rechts wie auch eine effiziente Allokation der Prüfungskapazitäten geht[2093], beabsichtigen die hier definierten Risikostrukturklassen das Risiko einer steuerlichen Pflichtverletzung nebst Schaden für das Unternehmen abzubilden, zu kategorisieren und mit Organisationsanforderungen zu kombinieren, um ein indiziertes Organisationsverschulden auszuschließen.

Zur ersten Einteilung der Risikostrukturklassen liegt eine Dreiteilung in die Klassen „hohes Risiko", „mittleres Risiko" sowie „niedriges Risiko" nahe. Zu ergänzen ist diese Klassentrias wie im nachfolgenden Überblick veranschaulicht um weitere Untergliederungen innerhalb der jeweiligen Klasse, damit präzisere Anforderungen an die Organisation im Unternehmen und ergo im Umkehrschluss an ein Organisationsverschulden im Sinne des § 69 AO gestellt werden können.

2091 Siehe zu dieser Ausgangssituation bereits die Ausführungen auf S. 394ff.

2092 Siehe dazu bereits oben S. 398f. sowie statt aller *Seer*, in: Tipke/Kruse, AO, § 193, Rn. 44 (Dezember 2013), § 85, Rn. 33ff. (Mai 2013).

2093 Siehe dazu bereits oben die Ausführungen zum Risikomanagement der Finanzverwaltung und der grundsätzlichen Eignung der Kriterien (der Finanzverwaltung) als Anknüpfungskriterien, S. 398ff.

Risikostrukturklassen – Überblick

Risikostrukturklassen

Hohes Risiko im weiteren Sinne

- **Realisierte Risiken**
  - o **Merkmale**
  - o **Organisationsanforderungen**
- **Hohes Risiko im engeren Sinne**
  - o **Merkmale**
  - o **Organisationsanforderungen**

Mittleres Risiko im weiteren Sinne

- **Mittleres Risiko im engeren Sinne**
  - o **Merkmale**
  - o **Organisationsanforderungen**
- **Erhöhtes Risiko**
  - o **Merkmale**
  - o **Organisationsanforderungen**
- **Gemindertes Risiko**
  - o **Merkmale**
  - o **Organisationsanforderungen**

Niedriges Risiko im weiteren Sinne

- **Niedriges Risiko im engeren Sinne**
  - o **Merkmale**
  - o **Organisationsanforderungen**
- **Funktionierendes Tax Compliance-System**

Zwecks Definition und Abgrenzung der einzelnen Risikostrukturklassen, sind die definierten Kriterien auf Basis des Risikomanagements der Finanzverwaltung, aus den IDW PS sowie dem Prinzip der Skalierung den einzelnen Risikostrukturklassen als prägende Merkmale zuzuordnen. Anhand dieser Klassifikation in Risikostrukturklassen können dann typisierend einheitliche Organisationsanforderungen bestimmt werden um ein Organisationsverschulden auszuschließen.

Im Schrifttum lassen sich ähnliche Kategorisierungen der Unternehmen finden, um auf diese Weise orientiert an den Risiken des Unternehmens tendenziell die Notwendigkeit und den Umfang einer Corporate Compliance-Organisation zu beschreiben, jedoch ohne dies auf das Steuerrecht zu spezifizieren und ohne den hier unternommenen Versuch einer Herleitung aus bereits bekannten Ansätzen und Kriterien.[2094]

bb) Risikostrukturklasse: Hohes Risiko im weiteren Sinne

Der Risikostrukturklasse des höchsten Risikos im weiteren Sinne liegt zunächst der Gedanke zu Grunde, dass in Ermangelung organisatorischer Strukturen im Unternehmen der Eintritt eines Schadens als Folge einer Verletzung steuerlicher Pflichten akut droht. Ebenso in diese Risikostrukturklasse fällt die Steigerung des erstgenannten Zustands, also auch die Konstellation, in der sich ein Risiko im Unternehmen bereits in einem Schaden realisiert hat, da diese Konstellation ein organisatorisches Tätigwerden zur Verhinderung eines erneuten Schadens erzwingt, auch wenn streng semantisch in diesem Fall kein Risiko mehr vorliegt.

(1) Risikostrukturklasse: Realisiertes Risiko

(a) Merkmale der Risikostrukturklasse

Anzeichen für ein bereits realisiertes Risiko sind z.B. geforderte Nachzahlungen nebst Zinsen, Penalities, vorgenommene Schätzungen der Finanzbehörde, Doppelbesteuerungen bei international geprägten Sachverhalten, Umfang und Häufigkeit von Steuerhinterziehungen – wobei allein die Tatsache einer Steuerhinterziehung für sich genommen als Merkmal bereits ausreicht, Umfang und Häufigkeit bestimmen lediglich das Ausmaß und die damit korrespondierenden, notwendigen

---

2094 Siehe dazu beispielhaft die grundlegende Einteilung bei *Lampert*, in: Hauschka, Coporate Compliance, § 9, Rn. 8, der im Rahmen einer Standortbestimmung eine Unterteilung in drei Stufen vorsieht: Unternehmen der ersten Stufe sind Unternehmen mit einem „überschaubaren Geschäftsbetrieb ohne besondere Einzelrisiken“ mit entsprechend weniger umfangreichen Anforderungen an die Compliance-Organisation. Auf der zweiten Stufe sind demnach Unternehmen anzusiedeln, die eine „erhöhte Schadensneigung“ ohne „konkreten Verdacht oder tatsächliche Schadensfälle“ charakterisieren und eine Compliance-Organisation z.B. in Form eines Compliance-Officers, Verhaltensregeln, usw. erfordern, die über die übliche Organisation des Unternehmens in Gestalt des Controllings und der Revision hinausgehen. Die dritte Stufe wiederum zeichnet sich durch dauernde „Problemsituationen mit hohem Gefahrenpotential“ aus, d.h. nunmehr bestehen konkrete Verdachtsfälle bzw. Schäden für das Unternehmen, was eine unmittelbare Reaktion und Prävention für die Zukunft erfordert, wobei die zu ergreifenden Maßnahmen auch über die Einführung eines Compliance-Programms hinausgehen können.

organisatorischen Maßnahmen –, Bußgeldbescheide, Beanstandungen in der Betriebsprüfung, Nichteinhaltung von Steuererklärungsfristen und daraus resultierenden Verspätungszuschlägen sowie eine verspätete Entrichtung fälliger Steuern, seien es Vorauszahlungen, Nachzahlungen oder sonstige Zahlungen.

(b) Organisationsanforderungen

Da sich die steuerlichen Risiken des Unternehmens bereits in einem Schaden realisiert haben, ist ein Tätigwerden der Unternehmensleitung notwendig, um den erneuten Eintritt von Schäden zu verhindern. Sofern die zu Grunde liegende Verletzung steuerlicher Pflichten nicht von einem bereits etablierten System im Unternehmen rechtzeitig aufgedeckt und verhindert werden konnte, ist das System zu überarbeiten oder bei Fehlen jeglichen Systems oder jeglicher Organisation ein solches im Unternehmen nach Durchführung einer umfassenden Risikoanalyse nach dem im Anschluss definierten Kriterien der Risikostrukturklasse des mittleren Risikos im weiteren Sinne zu installieren.

Falls dies nicht geschieht, ist ein Organisationsverschulden des Vorstandes für die nachfolgenden Pflichtverletzungen und Schäden für das Unternehmen im Sinne des § 69 AO in der Regel indiziert.

(2) Risikostrukturklasse: Hohes Risiko im engeren Sinne

(a) Merkmale der Risikostrukturklasse

Demgegenüber ist im Vergleich zum bereits realisierten Risiko für ein hohes Risiko im engeren Sinne charakteristisch, dass sich das Risiko noch nicht in einem Schaden realisiert hat, dies aber akut droht.

Merkmale, die ein hohes Risiko im engeren Sinne indizieren, können auch Beanstandungen in der Betriebsprüfung sein, laufende Ermittlungen der Finanz- oder Strafbehörden oder ganz allgemein das Vorliegen der Voraussetzungen des § 153 I AO[2095]: Nach § 153 I AO hat der Steuerpflichtige anzuzeigen bzw. richtigzustellen, wenn nachträglich vor Ablauf der Festsetzungsfrist erkannt wird, dass eine abgegebene Erklärung unrichtig oder unvollständig ist und es dadurch zu einer Verkürzung von Steuern kommen kann oder schon gekommen ist, bzw. im Falle einer Verwendung von Steuerzeichen oder Steuerstempeln nicht die richtige Höhe entrichtet worden ist.

Folglich ist ein hohes Risiko im engeren Sinne immer dann anzunehmen, wenn eine Analyse der steuerlichen Risiken des Unternehmens eine Verletzung einschlägiger, zu beachtender steuerlicher Pflichten zum Ergebnis hat, diese Verletzung steuerlicher Pflichten sich freilich noch nicht in einem Schaden realisiert hat oder noch nicht von der Finanzverwaltung oder ggf. den Strafverfolgungsbehörden entdeckt wurde.

2095 Siehe dazu bereits im Grundlagenkapitel S. 15.

(b) Organisationsanforderungen

Im Prinzip deckt sich das Vorgehen in dieser Konstellation mit dem Vorgehen im Falle einer Realisierung der Risiken: auch hier sind bestehende Organisationsmaßnahmen bzw. das System zu überarbeiten oder im Unternehmen nach den Risikokriterien der Risikostrukturklasse des mittleren Risikos im weiteren Sinne zu installieren.

Ebenso ist ein Organisationsverschulden indiziert, wenn es infolge einer dieser steuerlichen Pflichtverletzungen nachfolgend zu einem Schaden für das Unternehmen kommt.

cc) Risikostrukturklasse: Mittleres Risiko im weiteren Sinne

In die Kategorie der Risikostrukturklasse des mittleren Risikos im weiteren Sinne sind die Risiken zu fassen, die sich in der Struktur des Unternehmens gründen bzw. dem Steuerrecht immanent sind[2096] und bei denen nicht akut die Realisierung in einem Schaden als Folge der Verletzung steuerlicher Pflichten zu befürchten ist. Je nach Dringlichkeit, Art und Umfang der Risiken kann dass mittlere Risiko im weiteren Sinne in ein erhöhtes Risiko, ein mittleres Risiko im engeren Sinne und ein gemindertes Risiko differenziert werden.

Ausgangspunkt des mittleren Risikos im weiteren Sinne sind zunächst die Merkmale des mittleren Risikos im engeren Sinne quasi als „Durchschnittsrisiko“ aus denen in Kombination mit weiteren Merkmalen als Unterfälle entweder eine Steigerung als erhöhtes Risiko oder eine Abschwächung als gemindertes Risiko mit entsprechend modifizierten Organisationsanforderungen abzuleiten sind, wobei die Übergänge zwischen den einzelnen Unterfällen der Risikoklasse kaum trennscharf für den Einzelfall zu definieren sind, sondern sich fließend ineinanderübergehend darstellen. Auch wird es kaum möglich sein, die strukturellen Risikomerkmale so präzise zu definieren oder zu quantifizieren, dass die Überschreitung eines bestimmten Grenz- oder Schwellenwertes, z.B. eine festgelegte Anzahl von Tochtergesellschaften, Umsatz- oder Gewinnwerten zwingend ein Organisationsverschulden indiziert, wenn nicht eine bestimmte Organisationsmaßnahme ergriffen worden ist.

(1) Risikostrukturklasse: Mittleres Risiko im engeren Sinne

(a) Merkmale der Risikostrukturklasse

Allgemeines Merkmal für ein strukturelles Risiko des Unternehmens ist die Komplexität des Unternehmens, also zuvorderst seine gesellschaftsrechtlichen und steuerrechtlichen Strukturen wie beispielsweise die Aufteilung und Verflechtung in in- und ausländische Tochtergesellschaften, die Eingliederung in einen Konzern oder die Größe und Anzahl der Organträger einer Organschaft.[2097]

2096 Siehe dazu den exemplarischen Überblick am Ende des zweiten Kapitels S. 179ff.

2097 Inwiefern die Komplexität an einer bestimmten Anzahl von Gesellschaften im Konzernverbund festgemacht werden kann, erscheint eher zweifelhaft. Anders die Einteilung im: Fragebogen zur Ermittlung des steuerlichen Risikos der niederländischen

Weiteres Merkmal für die Komplexität und damit die Risikostruktur des Unternehmens ist die Komplexität der getätigten Rechtsgeschäfte, z.B. mit nahe stehenden Personen im Sinne des § 1 AStG, d.h. gerade das Vorliegen von grenzüberschreitenden, internationalen Sachverhalten, was die diffizilen Risikobereiche beispielsweise der Verrechnungspreise, Betriebstätten oder der Expatriates eröffnet.

Ferner ist auch die grundsätzliche Bereitschaft zur Kooperation mit der Finanzverwaltung als Risikomerkmal zu erwähnen, letztere insbesondere vor dem Hintergrund der Idee der zeitnahen Betriebsprüfung, um auf diese Weise das latente Risiko einer Beanstandung oder Nachzahlung nebst Zinsen infolge der nachfolgenden Betriebsprüfung evaluieren und ggf. minimieren zu können.

Ebenfalls im Rahmen eines strukturellen Unternehmensrisikos sind Steuervermeidungsgestaltungen zu beachten, die als Steuerplanung in den Grenzen der Legalität und insbesondere in den Grenzen des § 42 AO ein wesentliches Element von Tax Compliance darstellen[2098] und dann als Merkmal eines strukturellen Risikos dienen, wenn sie sich nicht mehr in der Grauzone der Legalität bewegen, sondern diese Grenze überschreiten.

Auch das regelmäßige Vorliegen von Steuerstreitigkeiten in der Vergangenheit etwa über Steuerpflichten, die Bewertung einzelner Positionen oder den anzuwendenden Steuersatz kann als Indiz auf ein strukturelles Risiko im Unternehmen hinweisen, sofern diese über das bewusste Ausloten z.B. der Grenzen der Steuerplanung zur Erlangung von Rechtssicherheit als Mittel der Tax Compliance hinausgehen[2099].

Des Weiteren sind Merkmale eines strukturellen Risikos aus der Güte der Buchführung zu entnehmen; so weisen beispielsweise Kassenfehlbestände, die Notwendigkeit nachträglicher Umsatzbuchungen, oder die Unfähigkeit, der Finanzverwaltung die angeforderten Informationen aus der Rechnungslegung zur Verfügung zu stellen, auf ein strukturelles Defizit in den Bereichen des Tax Accountings und des Financial Accountings hin. Gerade strukturelle Defizite im Tax Accounting verstanden als die Rechnungslegung zu Steuerzwecken als Informationsgrundlage für die Steuererklärung[2100] deuten als Merkmal auf ein strukturelles Risiko des Unternehmens hin.

Zuletzt ist auch die Hinzuziehung externen Sachverstands kritisch zu sehen, da sich das Unternehmen aufgrund fehlenden unternehmensinternen Sachverstands auf unternehmensexterne Kompetenz verlässt und Gefahr läuft, wegen unzureichender Kenntnisse des unternehmensexternen Sachverstands gegen die steuerlichen Pflichten zu verstoßen.

Finanzverwaltung in deutscher Sprache bei *Ahrens*, Der Vollzug von Steuergesetzen durch den niederländischen Belastingdienst im Vergleich zur deutschen Finanzverwaltung, Anlage zum Text.

2098 Siehe dazu bereits im ersten Kapitel der Grundlagen S. 17ff.

2099 Siehe zum Steuerstreit als Element von Tax Compliance bereits S. 20.

2100 Siehe dazu bereits ausführlich S. 47ff.

(b) Organisationsanforderungen

Ausgehend von dem Ansatz, die Risikostrukturklasse des mittleren Risikos im engeren Sinne gleichsam als „Durchschnittsrisiko" zu definieren, sind hier die zuvor herausgearbeiteten steuerlichen Organisationsanforderungen sowie die damit einhergehenden Überwachungspflichten und Überwachungsanforderungen aus § 69 AO[2101] zu beachten und im Unternehmen umzusetzen.

Sofern die herausgearbeiteten Organisations- und Überwachungsanforderungen nicht beachtet werden, ist im Falle einer Verletzung steuerlicher Pflichten das Organisationsverschulden des Vorstandes indiziert.

(2) Risikostrukturklasse: Erhöhtes Risiko

(a) Merkmale der Risikostrukturklasse

Als risikoerhöhende Merkmale im Vergleich zum mittleren Risiko im engeren Sinne sind z.B. Rechtsgeschäfte mit einem Niedrigsteuerland wegen des Verdachts der Gewinnverlagerung, Vermittler- und Beraterprovisionen im Hinblick auf möglicherweise geflossene Schmiergelder, Barzahlungen sowie eine unzureichende Dokumentation von Rechtsgeschäften, was gerade bei internationalen Steuersachverhalten und den Risikobereichen der Verrechnungspreise oder der Betriebstätten unter dem Aspekt der Mitwirkung des Steuerpflichtigen aus § 90 AO[2102] zu einem Nachteil des Unternehmens führen kann, zu nennen.

(b) Organisationsanforderungen

In Abgrenzung zur Risikostrukturklasse des mittleren Risikos im engeren Sinne ist für die Organisationsanforderungen der Risikostrukturklasse mit einem im Vergleich dazu erhöhtem Risiko ein anderer Maßstab anzulegen: die Organisations- und Überwachungspflichten sowie -anforderungen sind in diesem Fall als Minimum zu qualifizieren und gemäß der individuellen Risikolage des Unternehmens nebst der sich daraus ergebenden, ggf. spezialgesetzlichen Anforderungen auszubauen

Ein Verstoß gegen diese Organisationsmaßstab indiziert ein Organisationsverschulden des Vorstandes.

(3) Risikostrukturklasse: Gemindertes Risiko

(a) Merkmale der Risikostrukturklasse

Von einem geminderten Risiko ist bei der Risikostrukturklasse des mittleren Risikos im weiteren Sinne dann auszugehen, wenn die Merkmale des mittleren Risikos im engeren Sinne nicht in Gänze erfüllt sind, sondern sich aus der Kombination einzelner Merkmal der Gesamteindruck eines Unternehmens mit einer weniger komplexen Struktur ergibt, sei es z.B. in Ermangelung internationaler Geschäftstätigkeit, wenig

2101 Siehe dazu bereits ausführlich oben S. 396ff.

2102 Siehe dazu bereits ausführlich S. 19ff., 103f., 128ff.

verschachtelter, gesellschaftsrechtlicher Untergliederungen oder fehlender Konzernzugehörigkeit.

(b) Organisationsanforderungen

Konsequenz des geminderten Risikos ist eine Anpassung der Organisationsanforderungen dergestalt, dass die Organisations- und Überwachungspflichten des § 69 AO als Ausgangspunkt zu nehmen sind und entsprechend der weniger komplexen Struktur des Unternehmens zu modifizieren sind, d.h. konkret in abgeschwächter Form an die individuelle Risikolage des Unternehmens zu adaptieren sind.

Sofern keine organisatorischen Maßnahmen ergriffen werden oder die eingeführten Maßnahmen hinter der tatsächlichen Risikolage zurückbleiben, ist trotzdem ein Organisationsverschulden des Vorstandes indiziert.

dd) Risikostrukturklasse: Niedriges Risiko im weiteren Sinne

Abweichend von den bisher genannten Risikostrukturklassen des hohen und mittleren Risikos ist dann von einer Risikostrukturklasse niedrigen Risikos auszugehen, wenn es sich entweder um ein kleineres Unternehmen ohne komplexe Strukturen, gesellschaftsrechtliche Verflechtungen oder internationalen Bezug handelt, oder ein Unternehmen, dass von seiner Risikostruktur kraft der erfüllten Merkmale an sich eine der beiden anderen Risikostrukturklassen zuzuordnen ist, jedoch der Risikostruktur mit Hilfe eines funktionsfähigen Tax Compliance-Systems oder allgemein durch dem Risikoumfang korrespondierende organisatorische Maßnahmen abgeholfen hat.

(1) Risikostrukturklasse: Niedriges Risiko im engeren Sinne

(a) Merkmale der Risikostrukturklasse

Merkmale für die Risikostrukturklasse des niedrigen Risikos im engeren Sinne sind aufbauend auf die zuvor herausgearbeiteten Kriterien das Zusammenfallen von Eigentum und Management in einem kleinen Personenkreis, die Übersichtlichkeit und fehlende Schwierigkeit von Rechtsgeschäften des Unternehmens, eine simple Dokumentation sowie Rechnungswesen, wenige Geschäftszweige und eine übersichtliche Produktpalette innerhalb der Geschäftszweige, wenige interne Kontrollen, wenige Hierarchieebenen mit Leitungsbefugnissen und Kontrollverantwortung, wenige Mitarbeiter, die dann jedoch mit großen Aufgabenbereichen versehen sind.[2103]

Ferner sind denkbare Kriterien, dass der Inhaber zum größten Teil die Entscheidungen von Bedeutung für das Unternehmen trifft, dass keine Konzernzugehörigkeit besteht, regionale und branchenspezifische Faktoren große Auswirkungen

2103 Siehe dazu bereits oben S. 419ff, Merkmale angelehnt an die ISA 200, A 64; ISA 200, A 64, http://www.ifac.org/sites/default/files/publications/files/A009%202012%20IAASB%20Handbook%20ISA%20200.pdf, zuletzt besucht am 10.12.2013; *Wirtschaftsprüferkammer*, Hinweise zur skalierten Prüfungsdurchführung auf Grundlage der ISA, S. 8f.; *Farr/Niemann*, DStR 2012, 1875, 1876.

haben, sich die Kenntnisse der Rechnungslegung nur bei den damit beauftragten Mitarbeitern wiederfinden und nur eine kleine Anzahl von Personen über Spezialkenntnisse im Hinblick auf das Unternehmen verfügt.[2104]

(b) Organisationsanforderungen

Bei Unternehmen mit niedriger Risikostrukturklasse, die eines oder mehrere der vorgenannten Merkmale erfüllen, besteht keine pauschale Notwendigkeit einer Organisation. Vielmehr ist hier die interne Organisation eine Frage des Einzelfalls und als Ergebnis einer Risikoanalyse an die Unternehmensbedürfnisse zu adaptieren. Allerdings ist dem Vorstand eines Unternehmens zur sicheren Vermeidung eines Organisationsverschuldens die Durchführung eben jener Risikoanalyse anzuraten, um so Gewissheit zu erlangen, inwiefern etwaige Risiken durch Einzelmaßnahmen ausgeräumt werden können oder einer Organisation bedürfen.

(2) Risikostrukturklasse: Funktionierendes Tax Compliance-System

Von der niedrigsten Risikostrukturklasse ohne weitere Organisationsanforderungen ist auszugehen, wenn der Vorstand auf die systemische Risikostruktur des Unternehmens bereits reagiert hat, indem er ein Tax Compliance-System eingerichtet oder allgemein an das Risiko angepasste Maßnahmen ergriffen hat, die sowohl die Wahrscheinlichkeit eines Schadenseintrittes für das Unternehmen sowie die Wahrscheinlichkeit einer Haftung der Mitarbeiter des Unternehmens und des Vorstandes weitestgehend minimieren. Bedingung ist indes, dass das System und seine Maßnahmen nicht nur auf dem Papier existieren, sondern tatsächlich wirksam im Unternehmen verankert sind.

d) Fazit: Indiziertes Organisationsverschulden aufgrund typisierter Organisationsanforderungen

Rekurrierend auf den gedanklichen Ansatzpunkt, objektive Kriterien für die unternehmensinterne Organisation und Überwachung zu bestimmen, deren Verletzung eine Pflichtwidrigkeit nach § 69 i.V.m. §§ 34 I, 35 AO als indiziertes Organisationsverschulden der Unternehmensleitung bedeutet, ist zu konstatieren, dass sehr wohl die Möglichkeit besteht, Unternehmen anhand objektiver Kriterien in Risikostrukturklassen einzuteilen, die wiederum Organisationsanforderungen nach sich ziehen.

Folglich beruht die Pflichtwidrigkeit dann auf einem Organisationsverschulden des Vorstandes, wenn die Organisationsanforderungen, die die jeweilige Risikostrukturklasse, in die das Unternehmen zu kategorisieren ist, voraussetzt, nicht im Unternehmen umgesetzt worden sind. Auf diese Weise lässt sich das

2104 Siehe dazu bereits oben S. 419ff.; Merkmale in Anlehnung an IDW PH 9.100.1, Tz. 3, FN-IDW 2007, S. 63ff.; *Wirtschaftsprüferkammer*, Hinweise zur skalierten Prüfungsdurchführung auf Grundlage der ISA, S. 8f.; *Farr/Niemann*, DStR 2012, 1875, 1876.

Organisationsverschulden im Rahmen des Verschuldensmaßstabs des § 69 i.V.m. §§ 34 I, 35 AO präzisieren.

Grundlage der Einteilung in eine der Risikostrukturklassen ist aus Sicht des Unternehmens zunächst eine Risikoanalyse, um das Unternehmen in eine der Klassen einordnen zu können und damit die notwendigen Organisationsanforderungen zur Vermeidung eines Organisationsverschuldens gemäß der Kategorisierung bestimmen zu können. Im Umkehrschluss ist daraus zu folgern, dass im Falle einer Verletzung steuerlicher Pflichten eine zuvor unterlassene Risikoanalyse, die die Pflichtverletzung begünstig hat, als grobe Fahrlässigkeit im Sinne des § 69 AO anzusehen ist.

Anzumerken ist in diesem Zusammenhang allerdings als Einschränkung, dass die herausgearbeiteten Kriterien und die darauf beruhenden Risikostrukturklassen nicht gesetzlich verbindlich sind, da sie sich nicht unmittelbar aus dem Gesetz ableiten, sondern nur eine Konkretisierung des gesetzlichen Rahmens, in diesem Falle des Organisationsverschuldens darstellen.

4. Schlussfolgerung und Konsequenzen für Tax Compliance

Mögen die aufgezeigten Kriterien und Risikostrukturklassen zur Indikation des Organisationsverschuldens im Rahmen des § 69 AO auch keine Gesetzeskraft besitzen, so bieten sie doch eine brauchbare Orientierung, um vom Vorstand zur Vermeidung einer Pflichtverletzung zu beachtende Organisationsanforderungen zu definieren. Im Sinne der Ziele und dem Zweck von Tax Compliance, systematisch und präventiv Schaden vom Unternehmen abzuwenden und eine Haftung des Vorstandes zu vermeiden[2105], können die Organisationsanforderungen der typisierten Risikostrukturklassen als steuerrechtliche Anforderungen an die Einrichtung eines Tax Compliance-Systems verstanden werden, um ein Organisationsverschulden des Vorstandes auszuschließen.

Folglich sind die typisierten Organisationsanforderungen der § 69 i.V.m. §§ 34 I, 35 AO in die steuerrechtlichen Anforderungen an Tax Compliance zu inkorporieren.

5. § 69 AO und Business Judgement Rule

Zur abschließenden Bestimmung des Verschuldensmaßstabs aus § 69 AO und die sich daraus ergebenden Tax Compliance Anforderungen und Maßstäben ist noch das Verhältnis der Business Judgement Rule zu § 69 AO zu beleuchten. Die Business Judgement Rule statuiert, dass unternehmerische Entscheidungen auf der Grundlage angemessener Informationen zum Wohle der Gesellschaft nicht der Haftung aus Pflichtverletzung im Sinne des § 93 II AktG unterliegen und damit geschützt sind und ist nur im Aktienrecht in § 93 I 2 AktG ausdrücklich kodifiziert.[2106] Jedoch ist

2105 Siehe dazu bereits ausführlich S. 8ff.

2106 Zu Einzelheiten und Voraussetzungen der Business Judgement Rule siehe bereits mit ausführlichen Nachweisen oben S. 303ff.

dieses Haftungsprivileg nicht auf das Aktienrecht zu reduzieren, sondern nach dem Willen des Gesetzgebers sind die im Schrifttum und der Rechtsprechung zur Business Judgement Rule gewonnenen Erkenntnisse als Ausgangspunkt einer Rechtsentwicklung zu sehen, was prinzipiell in eine Anwendung der Grundsätze der Business Judgement Rule auch ohne eine entsprechende Regelung außerhalb des Aktienrechts bei anderen Haftungstatbeständen wie § 69 AO mündet.[2107]

Ergänzend zu der analysierten Wechselwirkung von Tax Compliance und der Business Judgement Rule[2108] ist zu konstatieren, dass keine direkten Auswirkungen der Business Judgement Rule auf den Haftungstatbestand des § 69 AO existieren. Dies beruht zunächst auf dem Anwendungsbereich der Business Judgement Rule, der durch die Legalitätspflicht und die unbedingte Notwendigkeit eines unternehmerischen Ermessens definiert ist.[2109] Somit greift die Business Judgement Rule per se nicht, so lange eine unternehmerische Entscheidung lediglich die Folge einer gesetzlichen Verpflichtung ist. Konkret bedeutet dies für die Anwendung der Business Judgement Rule auf § 69 AO, dass im Bereich des betrachteten und von § 69 AO erfassten steuerlichen Pflichtenkanons[2110], d.h. der Einhaltung der gesetzlichen steuerlichen Pflichten der Aktiengesellschaft sowie der Pflicht zur Steuerentrichtung kein unternehmerischer Ermessensspielraum besteht, der eine Anwendung der Business Judgement Rule erlaubte. Insbesondere sei zur Klarstellung nochmals hervorgehoben, dass auch eine Steuerplanung oder Steuergestaltung als unternehmerische Entscheidung nur in den Grenzen der Legalität möglich ist, selbst wenn die illegale Steuergestaltung für das Unternehmen deutlich günstiger wäre.[2111] Demnach ist eine Anwendung der Business Judgement Rule allenfalls dann in Erwägung zu ziehen, sofern die zu beachtenden steuerlichen Pflichten dem Vorstand einen unternehmerischen Freiraum lassen.

Indes bietet § 69 AO keinen Raum für eine Privilegierung unternehmerischer Entscheidungen, da die Beachtung des steuerlichen Pflichtenkanons gerade keine Ermessensfrage ist. Darüber hinaus ist der Haftungsmaßstab des § 69 AO nach seinem Wortlaut bereits auf Vorsatz und grobe Fahrlässigkeit limitiert um den Anwendungsbereich nicht ausufern zu lassen[2112], so dass ein Haftungsprivilegierung über die Business Judgement Rule im Falle einer zumindest grob fahrlässigen Verletzung steuerlicher Pflichten der Aktiengesellschaft schlichtweg nicht zu rechtfertigen ist und diametral zum Grundgedanken der Business Judgement Rule steht, den Vorstand

2107 BR-Drs. 3/05, S. 21; Siehe zur Anwendung der Business Judgement Rule außerhalb des Aktiengesetzes: *Fleischer*, ZIP 2004, 685, 691f.; *Fleischer*, in: Spindler/Stilz, AktG, Bd. 1, § 93, Rn. 78; *Roth*, Unternehmerisches Ermessen und Haftung des Vorstands, S. 260ff., insbesondere S. 270f.; *Schnorbus*, ZHR 167 (2003), 666, 681ff. hinsichtlich § 25 I UmwG.

2108 Siehe dazu bereits ausführlich S. .308ff.

2109 Siehe dazu bereits ausführlich m.w.N. S. 303ff.

2110 Siehe dazu bereits ausführlich die vorstehenden Ausführungen S. 387ff.

2111 Siehe dazu bereits ausführlich S. 17ff.

2112 Siehe dazu bereits ausführlich S. 390ff.

bei Beachtung der Voraussetzungen der Business Judgement Rule in den Grenzen der Legalitätspflicht zu unternehmerischen Entscheidungen zu ermutigen, selbst wenn diese sich retrospektiv als nachteilig für das Unternehmen herausstellen sollten.

V. Steuerrechtliche Anforderungen an Tax Compliance

Eine Ableitung steuerrechtlicher Anforderungen an Tax Compliance aus § 69 i.V.m. §§ 34 I, 35 AO weist vergleichbare Schwierigkeiten auf wie die Ableitung auf aktienrechtlicher Grundlage gem. §§ 76 I, 93 I, II AktG oder ordnungswidrigkeitenrechtlicher Basis gem. § 130 OWiG, da sich auch hier aus dem Wortlaut der Vorschriften keine Anforderungen ergeben. Indes zeigt die näherer Untersuchung des § 69 i.V.m. §§ 34 I, 35 AO, dass sich sehr wohl konkretisierende Anforderungen an Tax Compliance extrahieren lassen. Im Vergleich zu den bereits herausgearbeiteten aktienrechtlichen und ordnungswidrigkeitenrechtlichen Anforderungen[2113] finden sich unter den steuerrechtlichen Anforderungen auch viele Wiederholungen bereits genannter Anforderungen, die unter dem Aspekt eines umfassenden, im Unternehmen zu etablierenden Tax Compliance-Systems keinen neuen Befund erlauben.

1. Konkretisierung der Pflichten des Vorstandes

Als elementar ist für die steuerrechtlichen Anforderungen anzusehen, dass sich aus der persönlichen Dimension und der ihr zu Grunde liegenden Pflichtendimension eine Pflicht zur Tax Compliance aus § 69 i.V.m. §§ 34 I, 35 AO ergibt, die basierend auf dem steuerlichen Pflichtenkanon postuliert, das Steuerrecht einzuhalten und insbesondere die Steuern unter Beachtung des Grundsatzes der anteiligen Tilgung zu entrichten. Die für Tax Compliance charakteristische Organisationskomponente ist in diesem Zusammenhang je nach Komplexität und Umfang der Geschäftstätigkeit des Unternehmens eine faktische Notwendigkeit, um die Einhaltung schwieriger, steuerrechtlicher Vorgaben gewährleisten zu können.[2114]

Über den steuerrechtlichen Pflichtenkanon hinaus resultiert aus der Analyse steuerrechtlicher Organisationsanforderungen hinsichtlich § 69 i.V.m. §§ 34 I, 35 AO, dass nicht nur eine faktische Notwendigkeit zur Einhaltung des steuerlichen

2113 Siehe dazu bereits oben S. 332ff. und S. 336ff.

2114 Es sei darauf hingewiesen, dass zahlreiche Veröffentlichungen zum Thema Compliance ähnliche Anforderungen an die Einrichtung eines Corporate Compliance-Systems vorsehen, allerdings ohne dies wie hier aus einer Rechtsgrundlage wie § 69 AO i.V.m. §§ 34 I, 35 AO herzuleiten. Vgl. dazu z.B. schon vor dem eigentlichen Beginn der Compliancediskussion *Adams/Johannsen*, BB 1996, 1017ff.; vgl. ferner z.B.: *Fleischer*, AG 2003, 291–295, 298ff.; *Hauschka*, ZIP 2004, 877, 879ff.; *Bürkle*, BB 2005, 565, 567ff.; *Kremer/Klahold*, ZGR 2010, 113, 121ff.; ausführlich zur Compliance-Organisation allgemein *Lampert*, in: Hauschka, Corporate Compliance, § 9 *passim*; *Besch/Starck*, in: Hauschka, Corporate Compliance, § 34, Rn. 47ff.; siehe dazu ferner die Nachweise im Grundlagenkapitel bei der Beschreibung der Elemente eines Corporate Compliance bzw. Tax Compliance-Systems, S. 13ff.

Pflichtenkanons anzunehmen ist, vielmehr eine originäre Organisationspflicht als fundamentaler Gesichtspunkt von Tax Compliance existiert. Durch eine Synopse singulärer Organisationsaspekte, die aus den horizontalen und vertikalen Organisations- und Überwachungsmaßstäben für Tax Compliance resultieren, entsteht ein Gesamtbild eines unternehmensinternen Tax Compliance-Systems mit der Konsequenz einer auf § 69 i.V.m. §§ 34 I, 35 AO beruhenden Organisationspflicht für Tax Compliance.

Mittels einer Kategorisierung der Unternehmen in Risikostrukturklassen besteht ferner die Möglichkeit, die Anforderungen an ein Organisationsverschulden im Rahmen der § 69 i.V.m. §§ 34 I, 35 AO zu konkretisieren, indes ohne die herausgearbeiteten Kriterien in den Rang des Gesetzes erheben zu wollen, da sie in Ermangelung einer gesetzlichen Verbindlichkeit lediglich den gesetzlichen Rahmen, in diesem Falle das Organisationsverschulden ausgestalten.

2. Konsequenzen für ein Organisationsverschulden des Vorstandes

Als Umkehrschluss zu den Anforderungen ist ein Organisationsverschulden des Vorstandes immer dann gegeben, wenn der Vorstand die gebotenen Organisationsanforderungen im Unternehmen nicht umsetzt. Bereits im Rahmen der Darstellung der Organisationsanforderungen anhand typisierender Risikostrukturklassen wurden den einzelnen Risikostrukturklassen korrespondierende Organisationsanforderungen zugeordnet, deren Nichterfüllung ein Organisationsverschulden des Vorstandes indiziere, so dass zur Vermeidung von Wiederholungen auf die vorstehenden Ausführungen verwiesen wird.[2115]

VI. Tax Compliance Anforderungen und Maßstäbe bei Konzernen

Die Feststellung der Tax Compliance Anforderungen und Maßstäbe aus § 69 i.V.m. §§ 34 I, 35 AO führt zu der Frage, wie es sich mit diesen Anforderungen und Maßstäben aus der Konzernperspektive betrachtet verhält. Im Kern geht es also um die Frage, ob und inwieweit § 69 i.V.m. §§ 34 I, 35 AO im Konzern über das einzelne Unternehmen hinaus reicht.

Ausgehend von der im Konzernsteuerrecht grundlegenden Trennungstheorie sind die zu einem Konzern gehörigen Kapitalgesellschaften jede für sich genommen rechtsfähig und damit unabhängig von ihrer Stellung und Einordnung in das Konzerngefüge jeweils ein selbstständiges Steuersubjekt.[2116] Darauf aufbauend trifft das jeweilige Leitungsorgan der konzernangehörigen Unternehmen prinzipiell der

2115 Siehe dazu im Einzelnen bereits S. 422ff.

2116 So bereits *Niemann*, Probleme der Gewinnrealisierung innerhalb des Konzerns, S. 97; vgl. *von Wallis*, StbJb 1970/1971, 113, 119f.; vgl. *Hamburger*, Der internationale Konzernaufbau und die Besteuerung; *Kessler*, in: Kessler/Kröner/Köhler, Konzernsteuerrecht, § 1, Rn. 1; vgl. *Montag*, in: Tipke/Lang, Steuerrecht, § 18, Rn. 400.

steuerliche Pflichtenkanon nebst der Haftung aus § 69 i.V.m. §§ 34 I, 35 AO, wobei die Zugehörigkeit zum Konzern nach Ansicht der Rechtsprechung keine Privilegierung der Haftung mit sich bringt: Zwar ist es möglich, innerhalb eines Konzerns steuerliche Aufgaben auf andere, konzernangehörige Unternehmen zu übertragen bzw. zu delegieren, aber genau wie im Falle einer unternehmensinternen Delegation befreit sich die Unternehmensleitung dadurch nicht von ihren steuerlichen Pflichten, sondern modifiziert sie in eine Überwachungspflicht.[2117]

Mithin ist die Konsequenz, dass das jeweilige Leitungsorgan eines konzernangehörigen Unternehmens weiterhin für die Erfüllung der steuerlichen Pflichten verantwortlich ist und im Umkehrschluss nur dann sich für die Wahrnehmung der steuerlichen Pflichten eines anderen konzernangehörigen Unternehmens verantwortlich zeichnet, wenn ihm die entsprechenden Pflichten auferlegt worden sind. Demnach obliegen im Umkehrschluss dem herrschenden Unternehmen auch nur die das Unternehmen selbst treffenden steuerlichen Pflichten. Ein rechtlicher Automatismus zur Erfüllung der steuerlichen Pflichten anderer, rechtlich selbstständiger konzernangehöriger Unternehmen ist mit der Stellung des herrschenden Unternehmens nicht verbunden.

VII. Kohärenz der aktienrechtlichen, ordnungswidrigkeitenrechtlichen und steuerrechtlichen Anforderungen an Tax Compliance

Nachdem nunmehr die Anforderungen, die an Tax Compliance zu stellen sind, aus dem Aktienrecht auf Grundlage der §§ 76 I, 93 I, II AktG, auf ordnungswidrigkeitenrechtlicher Basis gem. § 130 OWiG sowie aus dem Steuerrecht gem. § 69 i.V.m. §§ 34 I, 35 AO bestimmt worden sind, ist noch die Kohärenz dieser Normen und ihrer Anforderungen zu analysieren und zu definieren. Zu untersuchen ist dabei beispielsweise eine theoretisch denkbare präjudizielle Wirkung einer der Normen für die anderen Normen oder ein Spezialitätsverhältnis bzw. eine Anspruchskonkurrenz der genannten Normen zueinander.

Für das Verhältnis der aktienrechtlichen und ordnungswidrigkeitenrechtlichen Anforderungen an Tax Compliance wurden bereits Parallelen bei den Anforderungen beschrieben und festgestellt. Ferner fordert die Legalitätspflicht die Einhaltung aller Gesetze, die das Unternehmen betreffen was auch § 130 OWiG umfasst, wobei die aktienrechtlichen Anforderungen implizit die ordnungswidrigkeitenrechtlichen Anforderungen abdecken, da in der Regel eine Verletzung der Pflichten des § 130 OWiG im Außenverhältnis ebenso eine Pflichtverletzung des Vorstandes im

2117 BFH, BeckRS 2005, 25009190 = BFH/NV 2006, 480, 480ff.; BFH, BeckRS 2009, 25015411 = BFH/NV 2009, 1589; vgl. *Intemann*, in: Pahlke/Koenig, AO, § 69, Rn. 90 a.E.

Innenverhältnis gegenüber der Gesellschaft darstellt.[2118] Gleichwohl erfüllt § 130 OWiG allgemein lediglich eine Funktion als Auffangtatbestand, so dass zwar die ordnungswidrigkeitenrechtlichen Anforderungen in den aktienrechtlichen Anforderungen an Tax Compliance aufgehen, dem § 130 OWiG jedoch nur als Auffangtatbestand im Verhältnis zu § 93 AktG ein eigener Anwendungsbereich zuzusprechen ist.[2119] In dieses Normenverhältnis gilt es nun, § 69 i.V.m. §§ 34 I, 35 AO einzuordnen und somit die Kohärenz in Bezug auf diese beiden Normen bzw. die Kohärenz dieser Normen untereinander zu bestimmen.

Fokussiert auf den Zusammenhang zwischen § 93 AktG und § 69 AO liegt auch hier wie im Verhältnis von § 93 AktG zu § 130 OWiG der Schluss nahe, die Legalitätspflicht des § 93 AktG ebenfalls auf die Beachtung des § 69 AO zu erstrecken. Präziser formuliert sind die steuerlichen Pflichten, auf die sich § 69 AO bezieht und deren Verletzung ggf. die Haftung des Vorstandes aus § 69 i.V.m. § 34 I AO auslösen kann, qua Legalitätspflicht Gegenstand des § 93 AktG.[2120] Sofern also dem Unternehmen – konkret der Aktiengesellschaft – durch die Verletzung steuerlicher Pflichten ein Schaden entsteht, so haftet der Vorstand einerseits im Wege der Innenhaftung gegenüber der Aktiengesellschaft gem. § 93 I, II AktG auf Schadensersatz, andererseits gegenüber dem Fiskus aus § 69 i.V.m. §§ 34 I, 35 AO für die Ansprüche aus dem Steuerschuldverhältnis.[2121]

Infolgedessen haben die Normen unterschiedliche Zielrichtungen bei identischem Ausgangspunkt: Die Verletzung steuerlicher Pflichten als Gemeinsamkeit ruft zum einen eine Innenhaftung auf Schadensersatz gegenüber der Aktiengesellschaft hervor und zum anderen einen Schadensersatzanspruch des Fiskus in Bezug auf das Steuersubstrat.

Ausgehend von einer Verletzung steuerlicher Pflichten erfordert die Innenhaftung des § 93 I, II AktG den Eintritt eines Schadens als Voraussetzung[2122], was allerdings denklogisch bedingt, dass die Finanzverwaltung die Verletzung der steuerlichen Pflichten entdeckt hat um die damit verbundenen, nachteiligen Rechtsfolgen für das Unternehmen als Steuerschuldner und den Vorstand als Haftungsschuldner auszulösen. Ergo ist die Innenhaftung logisch einer Haftung aus § 69 AO zeitlich nachfolgend, jedoch ist zu bedenken, dass das Vorliegen der Voraussetzungen des § 69 AO nicht zwingend in einer Geltendmachung des Haftungsanspruchs münden

---

2118 Vgl. *Hopt*, in: Großkommentar AktG, § 93, Rn. 143 (01.01.1999); Vgl. *Mertens/Cahn*, in: Kölner Kommentar AktG, Bd. 2/1, § 93, Rn. 77, dort auch zum folgenden Text; *Grützner/Leisch*, DB 2012, 787, 790; siehe dazu bereits ausführlich oben S. 191f., 362f.

2119 Siehe dazu ausführlich mit den entsprechenden Nachweisen bereits oben S. 362f.

2120 Siehe zur Legalitätspflicht und ihren Zusammenhang mit dem Steuerrecht bzw. Tax Compliance S. 262ff.

2121 Siehe zu den Einzelheiten der jeweiligen Haftung S. 312ff. bzw. S. 364ff. jeweils mit entsprechenden Nachweisen.

2122 Siehe zu den Voraussetzungen und insbesondere zum Schaden im Sinne des § 93 AktG S. 325ff.

muss, da die Geltendmachung durch Haftungsbescheid gem. § 191 I 1 AO in dem Ermessen der Finanzbehörde liegt.[2123]

Somit weisen die Normen § 69 AO und § 93 AktG eine gemeinsame Voraussetzung auf, sind aber auf ein vollkommen unterschiedliches Interesse gerichtet, wobei die Erfüllung des Tatbestandes des § 69 AO nebst möglicher Haftung logisch vor einer Inanspruchnahme im Innenverhältnis aus § 93 AktG steht. Per Legalitätsprinzip führt die Verwirklichung des Haftungstatbestandes aus § 69 AO aufgrund einer Verletzung der steuerlichen Pflichten bei Eintritt eines Schadens für das Unternehmen im Sinne des § 93 II AktG ebenfalls zu einer Haftung aus § 93 II AktG im Innenverhältnis. Folglich ist die reine Erfüllung des Tatbestandes des § 69 AO als Spezialtatbestand in Bezug auf die Haftung aus § 93 I, II AktG präjudiziell sofern durch die Verletzung der steuerlichen Pflichten ein Schaden für das Unternehmen eingetreten ist.

In Bezug auf einen Vergleich der ordnungswidrigkeitenrechtlichen Anforderungen an Tax Compliance aus § 130 OWiG und den steuerrechtlichen Anforderungen aus § 69 AO ist zunächst der Befund geboten, dass sich trotz der Unterschiedlichkeit der Rechtsgrundlagen einige Elemente im Hinblick auf die an das Unternehmen zu stellenden Organisationsanforderungen wiederfinden lassen, die sich ähneln oder übereinstimmen. Beispielsweise seien in diesem Zusammenhang die Kriterien für die vertikale und horizontale Delegation und die Modifikation in Überwachungspflichten angeführt. Eine Analyse des Zusammenhangs zwischen § 130 OWiG und § 69 AO wiederum führt einstweilen zu der Feststellung, dass die Regelungsgegenstände der beiden Normen unterschiedlich sind: § 69 AO ist ein Haftungsanspruch des Fiskus zur Sicherung des Steuersubstrats, wohingegen § 130 OWiG die Verletzung einer Aufsichtspflicht als Ordnungswidrigkeit mit der Folge der Geldbuße qualifiziert.[2124] Letzterer stellt nach seinem Wortlaut zudem nicht primär auf die Verletzung steuerlicher Pflichten als entscheidendes Kriterium ab, sondern auf das fahrlässige oder vorsätzliche Unterlassen einer erforderlichen Aufsichtsmaßnahme.

Ferner ist die Anwendung des § 130 OWiG konzentriert auf das Steuerrecht nur dann möglich, sofern die Verletzung steuerlicher Pflichten als Folge der unterlassenen Aufsichtsmaßnahme entweder den Tatbestand der Steuerhinterziehung gem. § 370 AO, der leichtfertigen Steuerverkürzung gem. § 378 AO oder einer Ordnungswidrigkeitsnorm in Bezug auf steuerrechtliche Pflichten, z.B. der Steuererklärungs-, Buchführungs- oder Dokumentationspflichten erfüllt und nicht vom Vorstand, sondern einem anderen Mitarbeiter des Unternehmens begangen worden ist.[2125] Weiterhin ist zu bedenken, dass § 130 OWiG von Schrifttum und Rechtsprechung subsidiär als eine Art „Auffangtatbestand" angewendet wird.[2126] Demnach greift

---

2123 Statt aller: *Loose*, in: Tipke/Kruse, AO, § 69, Rn. 46 (Oktober 2012).

2124 Siehe dazu im Einzelnen ausführlich S. 337ff. sowie S. 364ff.

2125 Siehe dazu bereits ausführlicher S. 337ff. sowie *Seer*, in: Tipke/Lang, Steuerrecht, § 23, Rn. 122.

2126 KG, JR 1972, 121, 122; BayObLG, wistra 1999, 71, 73; OLG Düsseldorf, wistra 1989, 358, 359; *Demuth/Schneider*, BB 1970, 642, 649; *Rogall*, ZStW 98 (1986), 573, 620; *Hermanns/Kleier*, Grenzen der Aufsichtspflicht in Bertrieben und Unternehmen,

§ 130 OWiG nicht ein, falls der Betriebs- oder Unternehmensinhaber, respektive ein für diesen Handelnder im Sinne des § 9 OWiG wie beispielsweise der Vorstand einer Aktiengesellschaft[2127], die Zuwiderhandlung als Täter oder Teilnehmer gem. §§ 25ff. StGB, Nebentäter bei Fahrlässigkeit oder Beteiligter gem. § 14 OWiG verwirklicht.[2128] Ein Unterlassen des Betriebs- oder Unternehmensinhabers gegen eine Zuwiderhandlung vorzugehen, wird in diesem Zusammenhang wie eine Nebentäterschaft qualifiziert.[2129]

Anders gefasst ist die Anwendung des § 130 OWiG eröffnet, wenn eine fahrlässige Aufsichtspflichtverletzung seitens des Verpflichteten vorliegt und diese Fahrlässigkeit nicht gleichzeitig Grund der Zuwiderhandlung ist, wobei Fahrlässigkeit ausreichend ist, selbst wenn die Zuwiderhandlung des Vorsatzes oder bestimmter Merkmale bedarf oder abschließend die Konstellation, in der der Täter nicht der Adressat der verletzten Norm und der zur Aufsicht Verpflichtete nicht als mittelbarer Täter in Erscheinung getreten ist.[2130]

Unter Berücksichtigung vorstehender Ausführungen findet § 130 OWiG im Lichte seiner Subsidiarität einen eingeständigen Anwendungsbereich, wenn die Verletzung steuerlicher Pflichten, die mit Strafe oder Geldbuße sanktioniert ist, auf eine fahrlässige Aufsichtspflichtverletzung zurückzuführen ist, die aufgrund des Haftungsmaßstabs der zumindest groben Fahrlässigkeit des § 69 AO von eben jenem (oder einer anderen, vorrangigen Norm) nicht erfasst ist. Ergo ist ein Präjudiz der einen Rechtsgrundlage für die andere aufgrund der unterschiedlichen Anwendungsbereiche nicht erkennbar.

Dessen ungeachtet können die Aufsichtsmaßnahmen des § 130 OWiG im Bereich des § 69 AO sicherlich zur Konkretisierung zu Rate gezogen werden, da die Haftung des § 130 OWiG bereits auf der Stufe der einfachen Fahrlässigkeit greift, wohingegen es im Rahmen des § 69 AO der zumindest groben Fahrlässigkeit bedarf,

---

S. 10f., m.w.N.; *Többens*, NStZ 1999, 1, 5; *Rogall*, in: KK-OWiG, § 130, Rn. 108; *Achenbach*, in: Achenbach/Ransiek, Handbuch Wirtschaftsstrafrecht, S. 36, Rn. 41; *Rebmann/Roth/Herrmann*, OWiG, § 130, Rn. 28 (Januar 2001); *Gürtler*, in: Göhler, OWiG, § 130, Rn. 25f. m.w.N., dort auch zum folgenden Text; siehe dazu auch bereits ausführlich S. 337ff.

2127 *Bohnert*, OWiG, § 130, Rn. 1, 9; siehe dazu auch noch ausführlicher im Anschluss die nachfolgenden Ausführungen.

2128 OLG Düsseldorf, wistra 1992, 355f.; *Thiemann*, Aufsichtspflichtverletzung in Betrieben und Unternehmen, S. 59; ausführlich und kritisch: *Kaufmann*, Möglichkeiten der sanktionsrechtlichen Erfassung von (Sonder-) Pflichtverletzungen im Unternehmen, S. 111ff., die sich vertiefend mit der Frage einer möglichen Garantenstellung des Geschäftsherrn hinsichtlich der Vermeidung von Straftaten der Unternehmensmitarbeiter befasst; *Rogall*, in: KK-OWiG, § 130, Rn. 108.

2129 *Rogall*, in: KK-OWiG, § 130, Rn. 108.

2130 Vgl. BGH, wistra 1983, 161f.; *Thiemann*, Aufsichtspflichtverletzung in Betrieben und Unternehmen, S. 59; *Göhler*, wistra 1983, 242, 243ff.; *Hermanns/Kleier*, Grenzen der Aufsichtspflicht in Betrieben und Unternehmen, S. 10f.; vgl. *Rogall*, in: KK-OWiG, § 130, Rn. 109; vgl. *Gürtler*, in: Göhler, OWiG, § 130, Rn. 27.

so dass die Anforderungen zur Vermeidung einer Haftung wegen einer Aufsichtspflichtverletzung gem. § 130 OWiG erst recht den Haftungsanforderungen des § 69 AO genügen sollten.

VIII. Die Tax Compliance Normentrias

Im Lichte der vorstehenden Ausführungen bleibt als Resümee zu ziehen, dass sich die Anforderungen, die sich aus den untersuchten Normen ergeben, ergänzen.

Systematisch betrachtet bilden die §§ 76 I, 93 I, II AktG primär über die Legalitätspflicht die allumfassende Basis und fungieren gleichsam als „Tax Compliance Generalnorm“, da sie sowohl die Anforderungen des § 130 OWiG wie auch die sich aus § 69 i.V.m. §§ 34 I, 35 AO ergebenden steuerlichen Pflichten und Anforderungen in sich vereinen. § 69 ist dabei i.V.m. §§ 34 I, 35 AO in Bezug auf die Einhaltung steuerlicher Pflichten spezieller als die §§ 76 I, 93 I, II AktG und wirkt im Falle eines Schadens für das Unternehmen präjudiziell im Verhältnis zu § 93 II AktG.

In dieses Verhältnis zwischen §§ 76 I, 93 I, II AktG und § 69 i.V.m. §§ 34 I, 35 AO ist § 130 OWiG lediglich als reiner Auffangtatbestand einzuordnen. Die Legalitätspflicht umfasst ebenfalls die Anforderungen des § 130 OWiG und in der Regel wird eine Verletzung des § 130 OWiG im Außenverhältnis zugleich die Rechtsfolge des § 93 II AktG im Innenverhältnis auslösen. Gegenüber § 69 i.V.m. §§ 34 I, 35 AO verbleibt dem § 130 OWiG insoweit ein eigener Anwendungsbereich, als dass § 69 i.V.m. §§ 34 I, 35 AO nur fahrlässig begangene Aufsichtspflichtverletzungen in Bezug auf Inhaberpflichten nicht abdeckt, deren Verletzung mit Strafe oder Geldbuße bedroht ist.

Zusammengenommen bilden die Normen §§ 76 I, 93 I, II AktG, § 130 OWiG und § 69 i.V.m. §§ 34 I, 35 AO eine Normentrias, die die Anforderungen für Tax Compliance konstituiert, reglementiert und zugleich auch verschiedenartig sanktioniert.

E. Tax Compliance-Anforderungen an den Vorstand und Rückkoppelungseffekt

Nachdem nunmehr die Pflicht des Vorstandes zur Tax Compliance nicht nur derivativ aus einer Pflicht zur Corporate Compliance gestützt auf §§ 76 I, 93 I AktG[2131], § 130 OWiG[2132] sondern auch steuerrechtlich originär aus § 69 i.V.m. §§ 34 I, 35 AO[2133] hergeleitet werden konnte, Anforderungen und Maßstäbe für Tax Compliance auf Grundlage der genannten Normen extrahiert wurden, ist im Lichte des Verhältnisses der Normen zueinander, von einem einheitlichen Anforderungskatalog für Tax Compliance adressiert an den Vorstand auszugehen. Zugleich bedarf die Vorstandshaftung angesichts der zu erfüllenden Anforderungen unter der erörterten Direktive einer Pflicht zur Beherrschung steuerlicher Risiken im Verhältnis bzw. in

2131 Siehe dazu bereits ausführlich S. 185ff.
2132 Siehe dazu bereits ausführlich S. 185ff.
2133 Siehe dazu bereits ausführlich S. 364ff.

Interdependenz zur steuerlichen Risikolage des Unternehmens als Phänomenologie systemischer Steuerrisiken in internationalen Unternehmen unter dem Stichwort eines noch herauszustellenden Rückkoppelungseffektes der Erörterung.

I. Parallelität der aktienrechtlichen, ordnungswidrigkeitenrechtlichen und steuerrechtlichen Anforderungen an Tax Compliance

Wie die Untersuchung der Tax Compliance Normentrias aus §§ 76 I, 93 I, II AktG, § 130 OWiG sowie § 69 i.V.m. §§ 34 I, 35 AO sowie die Kohärenz der Normen zueinander ergab[2134], leiten sich sowohl aus der derivativen Pflicht zur Tax Compliance aus §§ 76 I, 93 I AktG und § 130 OWiG sowie aus der originären Pflicht aus § 69 i.V.m. §§ 34 I, 35 AO Anforderungen und Maßstäbe aus Tax Compliance ab. Bereits ein flüchtiger, vergleichender Blick auf diese Anforderungen offenbart die Erkenntnis, dass diese Anforderungen nicht vollkommen unterschiedliche oder gar gegensätzliche, sondern in weiten Teilen ähnlich und zum Teil auch identische sind. Da sich die Anwendbarkeit der analysierten Normen nicht gegenseitig ausschließt, sie vielmehr trotz oder gerade wegen unterschiedlicher Intentionen und Schutzrichtungen gleichsam einen Anforderungsdreiklang als Tax Compliance Normentrias anstimmen, bilden diese unter Eliminierung der Doppelungen bzw. der identischen Anforderungen einen einheitlichen Anforderungskatalog als Essenz gesetzlicher Mindestanforderungen an Tax Compliance im Unternehmen. Begrifflich sind die Anforderungen dieses Anforderungskatalogs als Mindestanforderungen für den Vorstand zu verstehen, da sie sich am Ziel einer bloßen Haftungsvermeidung des Vorstandes und nicht an einem Optimum oder einer herausgebildeten Best Practice[2135] orientieren.

Aus diesen Übereinstimmungen der Anforderungen der genannten Tax Compliance Normentrias können jedenfalls verbindliche und universelle Mindestanforderungen gezogen werden, die gleichwohl in ihrer konkreten Umsetzung im individuellen Unternehmen eine Frage des Einzelfalls im Sinne einer Adaption an die eigene Risikolage des Unternehmens sind. Trotz der Einzigartigkeit der Risikolage der einzelnen Unternehmen umreißen die Mindestanforderungen den Pflichtenrahmen des Vorstandes im Hinblick auf Tax Compliance und definieren die Grenzen eines möglichen Organisationsverschuldens des Vorstandes.

2134 Siehe dazu bereits zur Kohärenz der daraus resultierenden Annahme einer Tax Compliance Normentrias S. 440ff.

2135 Zum Begriff der Best Practice im Verhältnis zu den Mindestanforderungen siehe die ausführliche Darstellung im 4. Kapitel.

II. Unternehmensrisiko Rückkoppelungseffekt – Der untrennbare Zusammenhang zwischen Tax Compliance, der Haftung des Vorstandes und des Unternehmens

Die bisherige Perspektive richtete sich vor dem Hintergrund einer de facto bestehenden Notwendigkeit und de iure bestehenden Pflicht zur Tax Compliance im Lichte der systemischen, steuerlichen Risikolage gerade international tätiger Unternehmen separat auf die Anforderungen und Maßstäbe an den Vorstand, die zur Beherrschung der steuerlichen Risiken anzulegen sind und zuvor auf die Phänomenologie systemischer Steuerrisiken im internationalen Unternehmen. Jedoch sind die Anforderungen und Maßstäbe an Tax Compliance nicht nur darauf ausgerichtet, eine Haftung des Vorstandes als Kompensation für die dem Unternehmen infolge der Pflichtverletzung entstandenen Schäden zu vermeiden. Sie dienen der und bezwecken geradezu die Vermeidung der Ursache in Form der Realisierung eines bestehenden, steuerlichen Risikos.

Ist allerdings erst eine Pflichtverletzung durch den Vorstand verwirklicht worden, drohen dem Unternehmen über den unmittelbaren Schaden aus der Pflichtverletzung hinaus weitere, negative Folgen, so dass die Pflichtverletzung des Vorstandes als Rückkoppelungseffekt wieder auf das Unternehmen durchschlägt. Dieser Rückkoppelungseffekt ist nicht auf eine bestimmte nachteilige Rechtsfolge beschränkt, sondern kann korrespondierend mit dem zu Grunde liegenden Haftungsfall verschiedenartige Folgen auf unterschiedlichen Ebenen auslösen, so exemplarisch auf der steuerrechtlichen Ebene durch §§ 169 II 2, 3, 233a, 235 I AO, auf der ordnungswidrigkeitenrechtlichen Ebene durch § 30 OWiG sowie auf zivilrechtlicher Ebene gem. § 31 BGB.

Ein analysierender Blick auf die vorgenannten Normen offenbart, dass der Rückkoppelungseffekt einer weitergehenden Differenzierung zugänglich ist. Die steuerrechtlichen Normen der §§ 233a I, 235 I AO sehen die Zinsen bei Steuernachforderungen, Steuererstattungen oder der Steuerhinterziehung als Folge kraft Gesetzes vor, ebenso verlängert sich die Festsetzungsfrist gem. § 169 II 2 AO nach dem Wortlaut von Gesetzes wegen. Demgegenüber stellt die Regelung des § 30 OWiG die Verhängung einer Geldbuße durch die Verwendung des Wortes „kann" in das pflichtgemäße Ermessen der Behörde oder des Gerichts,[2136] so dass kein „gesetzlicher Automatismus" wie auf der steuerrechtlichen Ebene greift. Ähnlich verhält es sich mit der Norm des § 31 BGB, die keine eigenständige Anspruchsgrundlage darstellt, sondern eine Zurechnung des Organverhaltens vornimmt.[2137] Die Verwirklichung der Folge für das Unternehmen ist somit von der Geltendmachung eines Anspruchs als Zwischenschritt abhängig und damit ebenfalls kein „gesetzlicher Automatismus". Sprachlich prägnanter gefasst lässt

2136 *Rogall*, in: KK-OWiG, § 30, Rn. 19; *Bohnert*, OWiG, § 30, Rn. 45; *Gürtler*, in: Göhler, OWiG, § 30, Rn. 35.

2137 BGH, BGHZ 99, 289, 302 = NJW 1987, 1193, 1194; BGH, NJW 2003, 2984; *Jauernig*, in: Jauernig, BGB, § 31, Rn. 30; *Ellenbeger*, in: Palandt, BGB, § 31, Rn. 2; *Schöpflin*, in: Beck'scher Online-Kommentar BGB, § 31, Rn. 1 (01.05.2013).

sich der Rückkoppelungseffekt folglich in einen direkten (steuerrechtlichen) Rückkoppelungseffekt, bei dem die Folge für das Unternehmen automatisch per Gesetz eintritt und in einen indirekten Rückkoppelungseffekt, der sich nicht unmittelbar kraft Gesetzes in einer Folge für das Unternehmen realisiert, kategorisieren.

1. Der direkte (steuerrechtliche) Rückkoppelungseffekt

a) Verlängerung der Festsetzungsfrist gem. § 169 II 2, 3 AO

aa) Charakter und Intention der Regelung

Soweit nichts anderes vorgeschrieben ist, werden die Steuern von der Finanzbehörde gem. § 155 I 1 AO per Steuerbescheid festgesetzt, wobei es sich beim Steuerbescheid nach § 155 I 2 AO um einen Verwaltungsakt handelt, mit dessen Hilfe das allgemein geltende Recht der Steuergesetze individuell für den jeweiligen Sachverhalt präzisiert wird.[2138]

Durch den Erlass eines Steuerbescheides als Steuerverwaltungsakt tritt im Interesse des Fiskus Rechtssicherheit und für den Steuerpflichtigen eigentums- und erwerbssichernder Dispositionsschutz ein, da durch den Bescheid Klarheit geschaffen wird, wie hoch die zu tragende steuerliche Last ist.[2139]

In diesen Vorgang der Steuerfestsetzung durch Steuerbescheid fällt die Festsetzungsfrist im Rahmen der Festsetzungsverjährung gem. § 169 I AO, wonach eine Steuerfestsetzung nicht mehr möglich ist, wenn die Festsetzungsfrist abgelaufen ist. Die Festsetzungsfrist beträgt gem. § 169 II 1 AO je nach Steuerart ein bzw. vier Jahre. Allerdings verändert sich die Festsetzungsfrist nach § 169 II 2 AO soweit eine Steuer hinterzogen wurde auf zehn Jahre und sofern die Steuer leichtfertig verkürzt worden ist, auf fünf Jahre gerechtfertigt mit dem Argument, dass der Täter die Festsetzung der Steuern selbst per Steuerhinterziehung und leichtfertiger Steuerverkürzung verhindert hat und ihm damit keine Rechtssicherheit gebührt.[2140]

Demgegenüber ist es nicht die Intention der Verlängerung der Festsetzungsfrist, dem hinterziehenden oder verkürzenden Steuerpflichtigen die Möglichkeit einzuräumen, sich längere Zeit auf Erstattungsansprüche berufen zu können.[2141] Vielmehr

---

2138 *von Groll*, DStJG 18 (1995), 47, 70f.; *Pahlke*, in: Pahlke/Koenig, AO, § 118, Rn. 4; *Seer*, in: Tipke/Kruse, AO, § 155, Rn. 1 (September 2009), Vor § 118, Rn. 1 (Oktober 2010).

2139 Vgl. BFH, BFHE 156, 30, 33 = BStBl. II 1989, 442, 443; vgl. dazu ausführlich *Hey*, Steuerplanungssicherheit als Rechtsproblem, S. 743ff.; *Seer*, in: Tipke/Kruse, AO, § 155, Rn. 1 (September 2009), Vor § 118, Rn. 1f. (Oktober 2010); vgl. *Banniza*, in Hübschmann/Hepp/Spitaler, Vor § 169, Rn. 6 (August 2010); *Paetsch*, in: Beermann/Gosch, § 169, Rn. 2 (November 2011); *Seer*, in: Tipke/Lang, Steuerrecht, § 21, Rn. 50.

2140 BFH, BFHE 220, 229, 234f. = BStBl. II 2008, 659, 661; FG Sachsen-Anhalt, EFG 2009, 1082, 1083; *Kruse*, in. Tipke/Kruse, AO, § 169, Rn. 13 (Mai 2011); vgl. *Paetsch*, in Beermann/Gosch, § 169, Rn. 41 (November 2011); *Rüsken*, in: Klein, AO, § 169, Rn. 25.

2141 BFH, BFHE 220, 229, 235 = BStBl. II 2008, 659, 661; BFH/NV 2009, 1397; *Banniza*, in: Hübschmann/Hepp/Spitaler, § 169, Rn. 35 (August 2010); *Kruse*, in: Tipe/Kruse, AO, § 169, Rn. 13 (Mai 2011); *Rüsken*, in: Klein, AO, § 169, Rn. 25.

verlängert sich die Festsetzungsfrist selbst in der Konstellation, dass die Steuerbehörde Kenntnis von der Steuerhinterziehung erlangt und an der Steuerfestsetzung an sich nicht gehindert ist, wobei eine Verlängerung dann ausgeschlossen ist, wenn die Behörde auf eine Besteuerung verzichtet, da dann das Ausbleiben der zu zahlenden Steuer nicht auf der Verkürzung oder Hinterziehung beruht, sondern auf dem Verzicht.[2142]

bb) Die Voraussetzungen der Fristverlängerung im Einzelnen

Anknüpfungspunkt der Verlängerung der Festsetzungsfrist ist die Steuerhinterziehung gem. § 370 AO und die leichtfertige Steuerverkürzung gem. § 378 AO. Um die Anforderungen des § 169 II 2 AO an die Steuerhinterziehung zu erfüllen, muss der objektive und subjektive Tatbestand der Steuerhinterziehung erfüllt sein, wobei die Handlung in einem Tun oder Unterlassen verwirklicht werden kann und bedingter Vorsatz in Form eines Bewusstseins des Täters, den staatlichen Steueranspruch zu verkürzen vorliegen muss.[2143]

Irrelevant ist dabei für die Rechtsfolge des § 169 II 2 AO, inwiefern die Steuerhinterziehung tatsächlich verfolgt und einer Strafe zugeführt wird.[2144]

Für die Leichtfertigkeit im Sinne des § 378 AO reicht ein erhöhter Grad an Fahrlässigkeit vergleichbar mit der groben Fahrlässigkeit des Zivilrechts aus, wobei sich die Leichtfertigkeit in Abgrenzung zur groben Fahrlässigkeit auf die individuelle Befähigung des Handelnden bezieht.[2145]

Unerheblich ist für den Eintritt der Verlängerung der Festsetzungsfrist, wer die Steuerhinterziehung bzw. die leichtfertige Steuerverkürzung begangen hat: demnach greift bereits die Fristverlängerung ein, wenn weder der Steuerpflichtige noch ein Erfüllungsgehilfe, sondern ein beliebiger Dritter die Steuerhinterziehung oder leichtfertige Steuerverkürzung verwirklicht hat, da die Verkürzung oder Hinterziehung mit

---

2142 RFH, RStBl. 1938, 513, 515; *Banniza*, in: Hübschmann/Hepp/Spitaler, § 169, Rn. 36 (August 2010); a.A. *Rüsken*, in: Klein, AO, § 169, Rn. 25a, der sich auf das „Argument“ beschränkt, dass in der letztgenannten Konstellation eine abweichende Behandlung nicht „einzusehen“ sei.

2143 BFH, BStBl. II 1973, 273, 274; BFH, BStBl. II 1988, 213; vgl. BFH, BStBl. II 1989, 216, 218f.; BFH, BStBl. II 1993, 36, 41; BFH, BFHE 185, 351, 354 = BStBl. II 1998, 466, 467; BFH, BFHE 186, 1, 3 = BStBl. II 1998, 530, 531; BFH, BStBl. II 2007, 364f.; BFH, BFHE 220, 229, 232 = BStBl. II 2008, 659, 660; BFH/NV 2008, 1485; FG Hamburg, EFG 2002, 955, 956; FG München, EFG 2006, 473, 473f.; FG Köln, DStRE 2010, 766, 767f.; *Banniza*, in: Hübschmann/Hepp/Spitaler, § 169, Rn. 47 (August 2010); *Kruse*, in: Tipke/Kruse, AO, § 169, Rn. 15 (Mai 2011); *Paetsch*, in: Beermann/Gosch, § 169, Rn. 46 (November 2011).

2144 *Rüsken*, in: Klein, AO, § 169, Rn. 26.

2145 BFH, BStBl. II 1988, 215, 216f.; BFH, BStBl. II 1990, 518, 519; BFH, BFHE 200, 495, 500f. = BStBl. II 2003, 385, 388; *Cöster*, in: Pahlke/Koenig, AO; § 169, Rn. 58; *Banniza*, in: Hübschmann/Hepp/Spitaler, § 169, Rn. 48; *Kruse*, in: Tipke/Kruse, AO; § 169, Rn. 15a (Mai 2011); *Rüsken*, in: Klein, AO, § 169, Rn. 35.

der Steuer selbst, die der Steuerpflichtige schuldet, verbunden ist.[2146] Sofern mehrere Personen als mögliche Täter zu erwägen sind, reicht es aus, wenn zumindest einer davon der Täter ist.[2147]

Als Ausgleich zu diesem strikten Anwendungsbereich des § 169 II 2 AO wurde über § 169 II 3 AO eine Exkulpationsmöglichkeit zu Gunsten des Steuerpflichtigen als Steuerschuldner geschaffen, die ihm die Chance offeriert nachzuweisen, dass er durch die Hinterziehung bzw. Verkürzung des Dritten keinen Vermögensvorteil erlangt habe und dass die Hinterziehung bzw. Verkürzung auch nicht auf einer Unterlassung der im Verkehr erforderlichen Vorkehrungen zur Verhinderung von Steuerverkürzungen beruhe.[2148] Unter Vermögensvorteil ist dabei jede Verbesserung der Vermögenslage durch die Tat zu verstehen, die im Verkehr erforderlichen Vorkehrungen sind eine Frage des Einzelfalls orientiert an der konkreten Risikolage und der Fehleranfälligkeit des Dritten sowie der tatsächlichen Möglichkeit der Überwachung des Dritten, so dass Stichproben, stichprobenartige Kontrollen von Aufzeichnungen und Ähnliches notwendig sein können.[2149] Im Falle einer amtlichen Überwachung des Dritten wird überwiegend angenommen, dass keine speziellen Maßnahmen zu ergreifen sein sollen.[2150]

Die Verlängerung der Festsetzungsfrist bezieht sich ob des Wortlauts des § 169 II 2 AO „soweit" nur auf den Betrag, der Gegenstand der Steuerhinterziehung oder leichtfertigen Steuerverkürzung gewesen ist, mit der Konsequenz, dass hinsichtlich anderer Steuerbeträge eine Verjährung gemäß der regulären Fristen des § 169 II 1 Nr. 1 und Nr. 2 AO eintritt.[2151]

2146 BFH, BFHE 130, 131, 132f.; BFH, BFHE 135, 563, 566ff.; BFH, BStBl. II 1988, 211, 212; BFH, BFHE 156, 30, 31f. = BStBl. II 1989, 442; BFH, BStBl. II 1998, 458, 459; BFH, BFHE 200, 495, 500 = BStBl. II 2003, 385, 387; BFH, BStBl. II 2003, 687, 689; vgl. *Cöster*, in: Pahlke/Koenig, AO, § 169, Rn. 54; *Banniza*, in: Hübschmann/Hepp/Spitaler, § 169, Rn. 53 (August 2010); *Kruse*, in: Tipke/Kruse, AO, § 169, Rn. 18 (Mai 2011); *Rüsken*, in: Klein, AO, § 169, Rn. 28.

2147 BFH, BFHE 185, 351, 354 = BStBl. II 1998, 466, 468; *Banniza*, in: Hübschmann/Hepp/Spitaler, § 169, Rn. 56 (August 2010); *Kruse*, in: Tipke/Kruse, AO, § 169, Rn. 18 a.E. (Mai 2011).

2148 BFH, BFHE 156, 30, 32 = BStBl. II 1989, 422; *Cöster*, in: Pahlke/Koenig, AO; § 169, Rn. 62; *Banniza*, in: Hübschmann/Hepp/Spitaler, § 169, Rn. 60 (August 2010); vgl. *Kruse*, in: Tipke/Kruse, AO, § 169, Rn. 20 (Mai 2011); vgl. *Paetsch*, in: Beermann/Gosch, § 169, Rn. 53 (November 2011).

2149 Vgl. BFH, BFHE 156, 30, 36 = BStBl. II 1989, 442, 444; *Cöster*, in: Pahlke/Koenig, AO, § 169, Rn. 64; *Banniza*, in: Hübschmann/Hepp/Spitaler, § 169, Rn. 61 (August 2010); *Kruse*, in: Tipke/Kruse, AO, § 169, Rn. 20 (Mai 2011); *Paetsch*, in: Beermann/Gosch, § 169, Rn. 56 (November 2011); *Rüsken*, in: Klein, AO, § 169, Rn. 29.

2150 FG Düsseldorf, EFG 1988, 150; *Cöster*, in: Pahlke/Koenig, AO, § 169, Rn. 64 a.E.; *Banniza*, in: Hübschmann/Hepp/Spitaler, § 169, Rn. 62 (August 2010); *Kruse*, in: Tipke/Kruse, AO, § 169, Rn. 20 (Mai 2011); *Paetsch*, in: Beermann/Gosch, § 169, Rn. 57 (November 2011); a.A.: *Rüsken* in: Klein, AO, § 169, Rn. 29a.

2151 RFH, RFHE 50, 247; BFH, BFHE 70, 81, 85 = BStBl. III 1960, 30, 32; BFH, BFHE 220, 229, 235f. = BStBl. II 2008, 659, 661; *Cöster*, in: Pahlke/Koenig, AO, § 169, Rn. 22;

Damit ist der direkte (steuerrechtliche) Rückkoppelungseffekt auf die tatsächlich hinterzogenen oder verkürzten Steuern beschränkt und „infiziert" nicht zugleich weitere Steuerbeträge.

cc) Risikolage aufgrund der Fristverlängerung

Aufgrund des geschilderten Anwendungsbereichs des § 169 II AO, der sogar die Taten Dritter umfasst, keine Feststellung einer Hinterziehung oder Verkürzung der Steuern in einem strafrechtlichen Verfahren voraussetzt und dem Betroffenen eine wenig konkrete Exkulpationsmöglichkeit bietet, droht dem steuerpflichtigen Unternehmen bei Sachverhaltskonstellationen, die die Anforderungen im Sinne des § 169 II AO an eine Steuerhinterziehung oder eine leichtfertige Steuerverkürzung erfüllen, eine Verlängerung der Festsetzungsfrist.[2152] Diese durch die Fristverlängerung verursachte Verschiebung der von Amts wegen zu prüfenden Festsetzungsverjährung[2153], führt zu einer großen Rechtsunsicherheit für das steuerpflichtige Unternehmen, weil sich der eigentums- und erwerbssichernde Dispositionsschutz[2154] ebenfalls korrespondierend verzögert.[2155]

Konkret bedeutet dies, dass jede Verletzung steuerlicher Pflichten des Vorstandes, jedes Organisationsverschulden des Vorstandes im Falle einer Verwirklichung der Tatbestände der Steuerhinterziehung und der leichtfertigen Steuerverkürzung sich automatisch auf das Unternehmen auswirken, da das steuerpflichtige Unternehmen sich aufgrund der Fristverlängerung einer erheblichen Rechtsunsicherheit im Hinblick auf die Höhe der zahlenden Steuern ausgesetzt sieht. Das ganze Ausmaß dieser Rechtsunsicherheit und des aus diesem direkten Rückkoppelungseffektes resultierenden Risikos wird erst in der Zusammenschau mit dem Umfang möglicher Steuernachzahlungen deutlich, die wie bereits im Rahmen der Phänomenologie systemischer Steuerrisiken im internationalen Unternehmen herausgearbeitet[2156], existenzbedrohende Ausmaße annehmen können.

b) Zinszahlungen als Rückkoppelungseffekt

Gemäß des allgemeinen Rechtsgrundsatzes im öffentlichen Recht, dass die Verzinsung von Abgaben einer gesetzlichen Grundlage bedarf, sieht § 233 S. 1 AO eine Verzinsung von Ansprüchen aus dem Steuerschuldverhältnis nur dann vor, falls dies

---

Banniza, in: Hübschmann/Hepp/Spitaler, § 169, Rn. 66 (August 2010); *Kruse*, in: Tipke/Kruse, AO, § 169, Rn. 14 (Mai 2011); *Rüsken*, in: Klein, AO, § 169, Rn. 25.

2152 Siehe dazu die vorstehenden Ausführungen mit den entsprechenden Nachweisen.

2153 BFH, BStBl. II 2002, 447; *Paetsch*, in: Beermann/Gosch, § 169, Rn. 21; *Rüsken*, in: Klein, AO, § 169, Rn. 14a.

2154 Siehe dazu oben mit ausführlichen Nachweisen.

2155 *Seer*, StuW 2003, 40, 55.

2156 Siehe dazu bereits oben ausführlich S. 40ff., 179ff.

gesetzlich vorgeschrieben ist.[2157] Die Höhe sämtlicher Zinsen ist nach § 238 I 1 AO mit einhalb Prozent für jeden vollen Monat festgeschrieben.[2158]

Fokussiert auf den direkten (steuerrechtlichen) Rückkoppelungseffekt bilden die Normen § 233a AO als Verzinsung von Steuernachforderungen und § 235 AO als Verzinsung hinterzogener Steuern den Mittelpunkt des Interesses.

aa) Die Verzinsung von Steuernachforderungen gem. § 233a AO

Die aus § 233a AO resultierende Verzinsung für den Zeitraum ab der tatsächlichen Entstehung der Steuer bis zur Festsetzung derselben intendiert laut Gesetzgeber die Gleichmäßigkeit der Besteuerung zu sichern, indem der angesprochene Zeitraum, der bei den Steuerpflichtigen z.B. aufgrund einer Betriebsprüfung unterschiedlich lang ausfallen kann[2159], einer Verzinsung unterworfen wird.[2160] Durch die Verzinsung soll dem Steuerpflichtigen kein Anreiz gegeben werden, die Steuerfestsetzung zeitlich möglichst zu verzögern um in der Zwischenzeit mit den so verbleibenden liquiden Mitteln wirtschaften zu können.[2161] Allerdings scheint die Steuergerechtigkeit eher das Feigenblatt für eine fiskalpolitische Motivation zu sein, über die Verzinsung Einnahmeausfälle an anderer Stelle auszugleichen.[2162] Schließlich tritt die Rechtsfolge der Verzinsung aus § 233a AO automatisch und damit unabhängig von der eigenständigen Verwirklichung eines Tatbestandsmerkmals durch den Steuerpflichtigen ein, so dass der Eintritt der Verzinsung nicht vom Steuerpflichtigen

2157 BFH, BFHE 182, 253, 255ff. = BStBl. II 1997, 476, 477f.; vgl. BFH, BFHE 212, 416, 417ff. = BStBl. II 2007, 240, 241ff.; BVerwG, BVerwGE 37, 239, 240f.; BVerwG, BVerwGE 38, 297, 297ff.; *Kögel*, in: Beermann/Gosch, § 233, Rn. 13 (Mai 2003): *Heuermann*, in: Hübschmann/Hepp/Spitaler, § 233, Rn. 9 (November 2009).

2158 *Heuermann*, in: Hübschmann/Hepp/Spitaler, Vor § 233–239, Rn. 12 (November 2009).

2159 Siehe zum zeitlichen Verzug durch die Betriebsprüfung bereits die Ausführungen auf S. 42ff.

2160 BT-Drs. 8/1410, S. 8; BT-Drs. 11/2157, S. 194; vgl. dazu ferner aus der Rechtsprechung: BFH, BStBl. II 1994, 81; BFH, BStBl. II 1997, 446, 447, BFH, BStBl. II 2004, 39, 40; BFH, BStBl. II 2005, 683, 685; *Heuermann*, in: Hübschmann/Hepp/Spitaler, § 233a, Rn. 5 (November 2009) m.w.N.; *Koenig*, in: Pahlke/Koenig, AO § 233a, Rn. 6: vgl. *Rüsken*, in: Klein, AO, § 233a, Rn. 1; *Kögel*, in: Bermann/Gosch, § 233a, Rn. 1, 5 (Juni 2012); siehe dazu auch den Überblick bei *Loose*, in: Tipke/Kruse, AO, § 233a, Rn. 3 (Mai 2013).

2161 *Koch*, in FS Haubrichs, 153, 154; *Rüsken*, in: Klein, AO, § 233a, Rn. 1; vgl. *Kögel*, in: Beermann/Gosch, § 233a, Rn. 5 (Juni 2012).

2162 Vgl. FG Bremen, EFG 1992, 503, 504; siehe zu den Steuermehreinnahmen *Roland*, FR 1987, 541, 551; *Melchior*, DStR 1995, 82; ausführlich *Loose*, in FS Kruse, 295, 296ff.; *Loose*, DStJG 31 (2008), 203, 207; *Heuermann*, in: Hübschmann/Hepp/Spitaler, § 233a, Rn. 5 (November 2009); *Loose*, in: Tipke/Kruse, § 233a, Rn. 3 (Mai 2013); a.A.: FG Nürnberg, EFG 1992, 386; FG Bremen, EFG 1993, 361, 362.

beherrscht werden kann.[2163] Inwiefern der Steuerpflichtige tatsächlich Zinsvorteile erzielt ist zudem vollkommen irrelevant, die bloße Gelegenheit das vorhandene Kapital zu nutzen, genügt bereits.[2164]

Rekurrierend auf die Ausführungen zum steuerlichen Risiko in Zahlen verstärken die Zinsen aus § 233a AO im Falle einer Steuernachforderung die Planungsunsicherheit des Unternehmens und verringern seine Liquidität, so dass es sich bei den zu leistenden Zinszahlungen nicht um einen marginalen Nebeneffekt der Steuernachforderung handelt.[2165]

Wenn die zu zahlende Steuernachforderung und damit auch die sie flankierenden Zinsen aus § 233a AO wie beispielsweise bei einer fehlerhaften Bestimmung der Verrechnungspreise[2166] auf eine Pflichtverletzung bzw. ein (Organisations-) Verschulden der Unternehmensleitung, konkret des Vorstandes zurückzuführen sind, so schlägt diese Pflichtverletzung, die für sich genommen eine Haftung des Vorstandes begründet, zugleich im Ergebnis nicht nur in Form der Steuernachforderung, sondern kraft Gesetzes automatisch und für das Unternehmen nicht zu beeinflussen in Gestalt der Zinsen als direkter Rückkoppelungseffekt auf das steuerpflichtige Unternehmen durch. Dies verdeutlicht, dass im „Organismus Unternehmen" das Unternehmen selbst und sein Leitungsorgan Vorstand in Bezug auf die steuerlichen Folgen einer Pflichtverletzung nicht isoliert betrachtet werden können. Vielmehr besteht über das beschriebene Phänomen des direkten Rückkoppelungseffektes ausgelöst durch § 233a AO ein Zusammenhang der Haftung des Vorstandes mit den Auswirkungen auf das Unternehmen in Form der Steuernachforderung und der zu zahlenden Zinsen, die im Falle einer korrekten Abführung der geschuldeten Steuern nicht angefallen wären.

bb) Die Verzinsung von hinterzogenen Steuern gem. § 235 AO

Ein weiterer Verzinsungstatbestand, der beabsichtigt, dem Steuerschuldner den durch die Hinterziehung erlangten Zinsvorteil zu nehmen, ist die Verzinsung hinterzogener Steuern aus § 235 AO.[2167] Um den Zinsvorteil abzuschöpfen, ist nach § 235 I 2 AO derjenige zur Zahlung der Zinsen verpflichtet, der von der Steuerhinterziehung

2163 Vgl. *Haubrichs*, Die Problematik der Vollverzinsung, S. 14; vgl. *Kruse*, FR 1988, 1, 6; ausführlich *Loose*, in FS Kruse, 295, 297.

2164 BFH, BFH/NV 2005, 1220; BFH, BFH/NV 2009, 200 m.w.N.; *Heuermann*, in: Hübschmann/Hepp/Spitaler, § 233a, Rn. 5 (November 2009); *Kögel*, in: Beermann/Gosch, § 233a, Rn. 5 (Juni 2012).

2165 Siehe dazu ausführlich mit weiteren Nachweisen S. 40ff.

2166 Siehe dazu ausführlich mit weiteren Nachweisen S. 58ff.

2167 BFH, BFHE 156, 383, 385 = BStBl. II 1989, 596, 597; BFH, BStBl. II 1991, 781 = DStR 1991, 1248; BFH, BFHE 165, 330, 332f. = BStBl. II 1992, 9, 11, dort auch zum folgenden Text; BFH, BFHE 180, 533, 536 = BStBl. II 1996, 554 556; *Koenig*, in: Pahlke/Koenig, AO, § 235, Rn. 4; *Heuermann*, in: Hübschmann/Hepp/Spitaler, § 235, Rn. 7 (November 2009); *Rüsken*, in: Klein, AO, § 235, Rn. 1; *Seer*, in: Tipke/Lang, Steuerrecht, § 21, Rn. 355; *Loose*, in: Tipke/Kruse, AO, § 235, Rn. 1 (Mai 2013).

profitiert hat.[2168] Dabei muss der Täter der Steuerhinterziehung nicht zugleich auch der Schuldner der Hinterziehungszinsen sein, da nach dem Wortlaut des § 370 I AO die Steuern auch zum Vorteil eines anderen hinterzogen werden können.[2169] § 235 I 3 AO sieht vor, dass in der Konstellation, in der ein anderer als der Steuerschuldner die Verpflichtung, einbehaltene Steuern abzuführen oder Steuern zu Lasten eines anderen zu entrichten, nicht erfüllt und damit eine Steuerhinterziehung begeht, derjenige, der die Steuer einzubehalten und abzuführen bzw. zu entrichten hat, der Zinsschuldner ist. In diesem Zusammenhang ist klar zu stellen, dass der Vorstand als gesetzliches Organ kein „anderer" im Sinne dieser Norm ist, sondern vielmehr handelt das für sich genommen handlungsunfähige Unternehmen durch seine gesetzlichen Vertreter.[2170] Mithin schuldet das Unternehmen die Hinterziehungszinsen sofern ein gesetzlicher Vertreter wie der Vorstand Steuern zu Gunsten des Unternehmens hinterzieht.[2171]

Die Norm hat keinen Strafcharakter, zumal auch hier der gesetzliche Zinssatz aus § 238 I 1 AO mit monatlich einhalb Prozent greift, so dass die Verzinsung hinter den üblichen Bankzinsen und im Vergleich deutlich hinter dem Säumniszuschlag aus § 240 I 1 AO zurückbleibt.[2172]

Um die Verzinsung auszulösen müssen objektiver und subjektiver Tatbestand der Steuerhinterziehung erfüllt sein, wobei es nicht auf einen konkreten Täter ankommt.[2173] Sofern Rechtfertigungs- und Schuldausschließungsgründe greifen, sind

---

2168 BFH, BFHE 156, 383, 385 = BStBl. II 1989, 596, 597; BFH, BStBl II 1992, 163; BFH, BStBl. II 1994, 557; *Kögel*, in: Beermann/Gosch, § 235, Rn. 23 (Mai 2003); *Koenig*, in: Pahlke/Koenig, AO, § 235, Rn. 15; *Heuermann*, in: Hübschmann/Hepp/Spitaler, § 235, Rn. 29 (November 2009); *Rüsken*, in: Klein, AO, § 235, Rn. 12; *Loose*, in: Tipke/Kruse, AO, § 235, Rn. 13 (Mai 2013).

2169 BFH, BStBl. II 1991, 822, 823; *Rüsken*, in: Klein, AO, § 235, Rn. 12 a.E.; *Loose*, in: Tipke/Kruse, AO, § 235, Rn. 14 (Mai 2013).

2170 BFH, BStBl. II 1991, 781 = DStR 1991, 1248; BFH. BStBl. II 1992, 163, 164; *Hild/Hild*, BB 1991, 2344f.; *Fuchsen*, DStR 1992, 1307, 1308; *Kögel*, in: Beermann/Gosch, § 235, Rn. 30 (Mai 2003); *Heuermann*, in: Hübschmann/Hepp/Spitaler, § 235, Rn. 31 (November 2009); *Rüsken*, in: Klein, AO, § 235, Rn. 14; *Loose*, in: Tipke/Kruse, AO, § 235, Rn. 16 (Mai 2013); a.A.: FG München, EFG 1987, 394; FG Münster, EFG 1989, 611, 611f.

2171 In Bezug auf die GmbH FG Bremen, EFG 1991, 300, 300f.; *Rüsken*, in: Klein, AO, § 235, Rn. 14 a.E.; a.A. FG Münster, EFG 1989, 611, 611f.

2172 Vgl. BFHE 165, 330, 332f. = BFH, BStBl. II 1992, 9, 11; *Kögel*, in: Beermann/Gosch, § 235, Rn. 2 (Mai 2003); *Koenig*, in: Pahlke/Koenig, AO, § 235, Rn. 4; *Heuermann*, in: Hübschmann/Hepp/Spitaler, § 235, Rn. 8 (November 2009); *Loose*, in: Tipke/Kruse, AO, vgl. Vor § 233, Rn. 4 (Mai 2013), § 235, Rn. 1 (Mai 2013).

2173 Vgl. BFH, BStBl. II 1990, 340, 343; BFH, BFHE 165, 330, 332 = BStBl. II 1992, 9, 10; BFH, BFHE 185, 351, 354 = BStBl. II 1998, 466, 468; BFH, BFHE 191, 240, 246 = BStBl. II 2000, 378, 380; *Kögel*, in: Beermann/Gosch, § 235, Rn. 9 (Mai 2003); *Koenig*, in: Pahlke/Koenig, AO, § 235, Rn. 5; *Heuermann*, in: Hübschmann/Hepp/Spitaler, § 235, Rn. 13 (November 2009); vgl. *Rüsken*, in: Klein, AO, § 235, Rn. 5; *Loose*, in: Tipke/Kruse, AO, § 235, Rn. 3 (Mai 2013).

die Voraussetzungen des § 235 I AO nicht erfüllt,[2174] allerdings reichen persönliche Strafausschließungs- oder Strafaufhebungsgründe wie die Selbstanzeige nicht aus, um der Rechtsfolge des § 235 I AO zu entgehen[2175]. Zur Feststellung der Steuerhinterziehung sind die Finanzbehörden und Finanzgerichte angehalten, so dass keine strafrechtliche Verurteilung des Steuerhinterziehers von Nöten ist.[2176]

Abschließend ist für die Bestimmung des Rückkoppelungseffektes resultierend aus diesen beiden Zinstatbeständen § 233a und § 235 AO noch auf § 235 IV AO hinzuweisen, wonach im Verhältnis der beiden Normen zueinander die Zinsen des § 233a AO, die für denselben Zeitraum festgesetzt wurden, anzurechnen sind auf die Hinterziehungszinsen aus § 235 AO.

Bei Analyse des Tatbestandes aus § 235 AO vor dem Hintergrund des direkten Rückkoppelungseffektes ist zu konstatieren, dass eine vom Vorstand begangene Steuerhinterziehung zu Gunsten des Unternehmens ohne strafrechtliche Verurteilung automatisch per Gesetz die Hinterziehungszinsen aus § 235 AO zu Lasten des Unternehmens auslöst. Folglich wirkt sich diese Pflichtverletzung des Vorstandes über die Norm § 235 AO durch die Hinterziehungszinsen unmittelbar negativ auf das Unternehmen als direkter Rückkoppelungseffekt aus.

2. *Der indirekte Rückkoppelungseffekt*

a) *Die Rückkoppelung gem. § 30 OWiG*

aa) Der Regelungsgehalt des § 30 OWiG

Ein Blick auf den Wortlaut des § 30 OWiG aus der Perspektive der Aktiengesellschaft enthüllt, dass § 30 I Nr. 1, 4, 5 OWiG die Festsetzung einer Geldbuße gegen die Aktiengesellschaft als juristische Person[2177] vorsieht, wenn jemand als vertretungsberechtigtes Organ oder als Mitglied des Organs, als Generalbevollmächtigter oder in leitender Stellung als Prokurist oder Handlungsbevollmächtigter oder als sonstige Person, die für die Unternehmensleitung verantwortlich handelt, was auch die Überwachung des Vorstandes oder die sonstige Wahrnehmung von Kontrollbefugnissen in leitender Stellung erfasst, eine Straftat oder Ordnungswidrigkeit begeht, durch

---

2174 BFH, BFHE 165, 330, 332 = BStBl. II 1992, 9, 11; BFH, BFHE 186, 1, 4 = BStBl. II 1998, 530, 531; *Kögel*, in: Beermann/Gosch, § 235, RN. 11 (Mai 2003); *Koenig*, in: Pahlke/Koenig, AO, § 235, Rn. 7; *Rüsken*, in: Klein, AO, § 235, Rn. 5; *Loose*, in: Tipke/Kruse, AO, § 235, Rn. 5 (Mai 2013), dort auch zum folgenden Text.

2175 FG Düsseldorf, EFG 1989, 491 493; FG Bremen, EFG 1999, 417, 418; *Koenig*, in: Pahlke/Koenig, AO, § 235, Rn. 8; *Rüsken*, in: Klein, AO, § 235, Rn. 5.

2176 BFH, BStBl. II 1974, 125, 126; vgl. BFH, BFHE 191, 240, 246 = BStBl. II 2000, 378, 380; BFH, BStBl. II 2001, 16, 18; vgl. BFH, BFH/NV 2002, 917; *Koenig*, in: Pahlke/Koenig, AO, § 235, Rn. 8; vgl. *Heuermann*, in: Hübschmann/Hepp/Spitaler, § 235, Rn. 17 (November 2009); *Rüsken*, in: Klein, AO, § 235, Rn. 8; *Loose*, in: Tipke/Kruse, AO, § 235, Rn. 6 (Mai 2013).

2177 *Többens*, NStZ 1999, 1, 6; *Rogall*, in: KK-OWiG, § 30, Rn. 31; *Lemke/Mosbacher*, OWiG, § 30, Rn. 13; *Gürtler*, in: Göhler, OWiG, § 30, Rn. 2.

die Unternehmenspflichten verletzt worden sind bzw. das Unternehmen bereichert worden ist oder werden sollte.

Im Kern wird durch die Regelung des § 30 OWiG der juristischen Person, d.h. z.B. der Aktiengesellschaft, das Verhalten ihrer Organe und Vertreter zugerechnet, da die juristische Person nicht unmittelbar selbst agieren kann.[2178] Auf diese Weise sollen der juristischen Person im Wege des „Durchgriffs" die Vorteile genommen werden, die sie aufgrund der Straftat bzw. der Ordnungswidrigkeit erlangt hat, was insbesondere durch den Verweis in § 30 III OWiG auf § 17 IV OWiG verdeutlich wird, wonach die Geldbuße den erlangten wirtschaftlichen Vorteil im Zweifel auch unter Überschreitung des gesetzlichen Höchstmaßes übersteigen soll.[2179]

Über die repressive Funktion hinaus intendiert die Norm eine präventive Wirkung, indem die Organe sorgsam auch unter dem Aspekt der Beachtung des Rechts und nicht nur unter dem Aspekt der Gewinnmaximierung bestimmt werden sollen.[2180]

Wichtigster Anwendungsfall des § 30 OWiG ist die Verletzung der Aufsichtspflicht aus § 130 OWiG,[2181] so dass aus der bereits erörterten Aufsichtspflichtverletzung des § 130 OWiG durch den Vorstand als Rückkoppelung das Unternehmen per § 30 OWiG ebenfalls in die Haftung gerät.

Bezugnehmen auf Tax Compliance führt mithin eine Missachtung der Anforderungen und Maßstäbe an Tax Compliance auf Grundlage des § 130 OWiG[2182] in die Haftung des § 30 OWiG. Darüber hinaus verlangt § 30 OWiG eine Straftat oder Ordnungswidrigkeit, so dass lediglich diejenigen steuerrechtlichen Normen zur Anknüpfung an § 30 OWiG gereichen, die als eben solche Normen zu qualifizieren sind, wie z.B. die Steuerhinterziehung gem. § 370 AO als Straftat oder die leichtfertige Steuerverkürzung aus § 378 AO als Ordnungswidrigkeit.

Über den § 130 OWiG als Anknüpfung des § 30 OWiG hinaus, ist eine Verletzung von Unternehmenspflichten im Sinne des § 30 OWiG anzunehmen, wenn das Unternehmen als Adressat steuerlicher Pflichten eben diese Pflichten verletzt und diese Pflichtverletzung als Straftat oder Ordnungswidrigkeit anzusehen ist oder das Unternehmen durch die Pflichtverletzung bereichert wird.

Somit ist bei der Evaluation der Risikolage des Unternehmens im Rahmen vom Tax Compliance unabhängig von der theoretischen Diskussion um das Für und

---

2178 Vgl. *Rogall*, in: KK-OWiG, § 30, Rn. 1ff.; vgl. *Kindler*, Das Unternehmen als haftender Täter, S. 132f.; *Bohnert*, OWiG, § 30, Rn. 1; *Rettenmaier/Palm*, NJOZ 2010, 1414.

2179 Siehe dazu bereits die Intention des Gesetzgebers im Entwurf eines Gesetzes über Ordnungswidrigkeiten (OWiG), BT-Drs. V/1269, S. 59; vgl. OLG Hamm, NJW 1973, 1851, 1852f.; *Lemke/Mosbacher*, OWiG, § 30, Rn. 7; *Rogall*, in: KK-OWiG, § 30, Rn. 17f., 75; *Rettenmaier/Palm*, NJOZ 2010, 1414f.; vgl. *Bohnert*, OWiG, § 30, Rn. 2.

2180 *Lemke/Mosbacher*, OWiG, § 30, Rn. 7; *Rogall*, in: KK-OWiG, § 30, Rn. 16; vgl. *Kindler*, Das Unternehmen als haftender Täter, S. 132; *Gürtler*, in: Göhler, OWiG, Vor § 29a, Rn. 11; *Rebmann/Roth/Herrmann*, OWiG, Vor § 30, Rn. 8 (August 2004).

2181 Vgl. *Lemke/Mosbacher*, OWiG, § 30, Rn. 8; *Rogall*, in: KK-OWiG, § 30, Rn. 20, 75; *Rettenmaier/Palm*, NJOZ 2010, 1414; vgl. *Gürtler*, in: Göhler, OWiG, § 30, Rn. 17.

2182 Siehe dazu bereits ausführlich oben S. 337ff.

Wider eines Unternehmensstrafrechts[2183] aufgrund der geltenden Rechtslage der Rückkoppelungseffekt des § 30 OWiG bei einer Verletzung steuerlicher Pflichten bzw. einer Verletzung der Pflichten aus § 130 OWiG unter Fokussierung auf Tax Compliance zu beachten.

bb) Die Änderungen im Rahmen der GWB-Gesetzesnovelle

(1) Die Änderungen des § 30 OWiG

Im Rahmen des Achten Gesetzes zur Änderung des Gesetzes über Wettbewerbsbeschränkungen vom 25.06.2013 wurde die bestehende Regelung des § 30 OWiG novelliert.[2184] Der 4. Artikel dieses Änderungsgesetzes führte zunächst zu einer Erhöhung der Geldbußen des § 30 II OWiG und zwar für die Fälle einer vorsätzlichen Straftat von einer Million auf zehn Millionen Euro (§ 30 II 1 Nr. 1 OWiG) und für die Fälle einer fahrlässigen Straftat von fünfhunderttausend auf fünf Millionen Euro (§ 30 II 1 Nr. 2 OWiG).[2185]

Ferner wurde die bisherige Regelung des § 30 II 2 OWiG a.F., wonach sich bei Vorliegen einer Ordnungswidrigkeit das Höchstmaß der Geldbuße aus § 30 OWiG am Höchstmaß der Geldbuße der Ordnungswidrigkeit orientiert, mittels § 30 II 3 OWiG erweitert, der bei einem Verweis des Gesetzes auf die Vorschrift des § 30 OWiG eine Verzehnfachung des Höchstmaßes der Geldbuße im Sinne des § 30 II 2 OWiG für die im Gesetz bezeichneten Tatbestände vorsieht.[2186]

Die Erhöhung des Bußgeldrahmens von einer Million auf zehn Millionen Euro, respektive von fünfhunderttausend auf fünf Millionen Euro erfolgte als Reaktion auf die im Rahmen der Wirtschaftskriminalität erzielten, immer weiter steigenden Gewinne und um über die Gewinnabschöpfung aus § 30 III i.V.m. § 17 IV OWiG hinaus durch das Bußgeld ein wirksames Abschreckungspotential zu entwickeln.[2187]

Über die Erhöhung der Bußgelder hinaus ist durch die Einfügung eines neuen Absatzes in Gestalt des § 30 IIa OWiG die Möglichkeit eröffnet, die Geldbuße aus § 30 I, II OWiG bei einer Gesamtrechtsnachfolge oder einer partiellen Gesamtrechtsnachfolge durch Aufspaltung gem. § 123 I UmwG gegen den oder die Rechtsnachfolger

---

2183 Siehe dazu u.a. anknüpfend an § 30 OWiG *Ransiek*, NZWiSt 2012, 45, 46ff.; *Leipold*, ZRP 2013, 34ff.; *Kutschaty*, ZRP 2013, 74ff.; vgl. *Palzer*, ZRP 2013, 122f.

2184 Siehe dazu Gesetzesentwurf der Bundesregierung eines Achten Gesetzes zur Änderung des Gesetzes gegen Wettbewerbsbeschränkungen (8. GWB-ÄndG), BT-Drs. 17/9852 in der Fassung der Beschlussempfehlung und Berichts des Ausschusses für Wirtschaft und Technologie (9. Ausschuss) zu dem Gesetzesentwurf der Bundesregierung – Drucksache 17/9852 – Entwurf eines Achten Gesetzes zur Änderung des Gesetzes gegen Wettbewerbsbeschränkungen (8. GWB-ÄndG), BT-Drs. 17/11053; Achtes Gesetz zur Änderung des Gesetzes gegen Wettbewerbsbeschränkungen v. 25.06.2013, BGBl. I 2013, 1738, 1747f.

2185 BT-Drs. 17/11053, S. 7f.; BGBl. I 2013, 1738, 1747f.

2186 BT-Drs. 17/11053, S. 8; BGBl. I 2013, 1738, 1747f.

2187 BT-Drs. 17/11053, S. 20f.

festzusetzen. Limitiert wird die Geldbuße durch den Wert des übernommenen Vermögens des Rechtsnachfolgers sowie die Höhe der gegenüber dem Rechtsvorgänger angemessenen Geldbuße, wobei die Rechtsnachfolger in die Verfahrensstellung zum Zeitpunkt der Rechtsnachfolge eintreten.[2188]

Intention der Neuregelung ist durch die Einführung des § 30 IIa OWiG zu verhindern, dass sich Unternehmen, denen ein Bußgeld droht, im Wege der Umwandlung sich diesem entziehen können, da nach der bisherigen Rechtsprechung des BGH eine Geldbuße gegen den Rechtsnachfolger nur unter der strengen Voraussetzung wirtschaftlicher Identität[2189] verhängt werden konnte.[2190]

Schlussendlich wurde noch § 30 VI OWiG angefügt, der zur Sicherung der Geldbuße modifizierend auf § 111d I 2 StPO verweist, so dass die Anordnung des Arrestes wegen der Geldbuße möglich sein soll, wenn gegen den Beschuldigten ein entsprechender Bußgeldbescheid ergangen ist.[2191]

(2) Der Zusammenhang zwischen der Gesetzesnovelle und Tax Compliance

Wie nach bisheriger Praxis ist es auch weiterhin Wille des Gesetzgebers, dass bei der Bemessung des konkreten Bußgeldes nach § 30 II OWiG die Existenz eines wirksames Corporate Compliance-Systems berücksichtigt werden soll,[2192] wobei die Einzelheiten der Berücksichtigung in das Urteil der jeweils zuständigen Behörde bzw. des jeweils angerufenen Gerichts gestellt sind.[2193] Schon vor dem eigentlichen Gesetzgebungsverfahren wurden vom Bundesministerium der Justiz Diskussionsentwürfe hinsichtlich der beabsichtigten Änderung der §§ 30, 130 OWiG an Verbände verschickt.[2194] Neben dem vereinzelten Ruf nach einer deutlich stärkeren Erhöhung der Geldbußen[2195] waren im Zuge dieser Diskussion Stimmen aus der

2188 BT-Drs. 17/11053, S. 8; BGBl. I 2013, 1738, 1747f.; siehe dazu auch *Kahlenberg/Neuhaus*, BB 2013, 131, 135.

2189 Siehe zuletzt beispielweise BGH, NJW 2012, 164ff.

2190 BT-Drs. 17/11053, S. 20ff.

2191 BT-Drs. 17/11053, S. 8; BGBl. I 2013, 1738, 1747f.; komprimierter Überblick über alle Änderungen des § 30 OWiG bei *Ulrich*, GmbHR 2012, R233.

2192 Statt aller: *Gürtler*, in: Göhler, OWiG, § 30, Rn. 36a m.u.w.N.

2193 BT-Drs. 17/11053, S. 21.

2194 *Reichling*, http://www.lto.de/recht/hintergruende/h/verschaerfung-der-verbandsgeldbusse-geplant/, zuletzt besucht am 29.06.2013; *Moosmayer/Gropp-Stadler*, NZWiSt 2012, 241.

2195 So forderte transparency international die Erhöhung des Bußgeldes unter anderem nicht um das zehn- sondern mindestens das hundertfache, http://www.transparency.de/fileadmin/pdfs/Themen/Wirtschaft/BMJ_Stellungnahme_12-05-25.pdf, zuletzt besucht am 29.06.2013; demgegenüber äußerte sich der Deutsche Richterbund wegen der Annäherung der Geldbuße an die Höchstgrenze der Geldstrafe aus § 40 StGB (360 Tagessätze zu 30.000 Euro = 10,8 Millionen Euro kritisch und regt eine Aufhebung jener Höchstgrenze an, http://www.drb.de/cms/index.php?id=776, zuletzt besucht am 29.06.2013.

Unternehmenspraxis und der Anwaltschaft zu vernehmen, die bei der Bemessung des Bußgeldes die verbindliche Berücksichtigung eines Corporate Compliance-Systems forderten, um nicht auf die Einzelfallentscheidung von Behörden und Gerichten angewiesen zu sein und einen Präventionsanreiz für die Unternehmen zur Einführung organisatorischer Maßnahmen in Form eines Corporate Compliance-Systems zu setzen.[2196] Eine entsprechende Regelung zur Einbeziehung eines effizienten Corporate Compliance-Systems des Unternehmens in die Bußgeldbemessung sollte die Eigenheiten des jeweiligen Unternehmens wie die individuelle Risikolage oder die Größe bedenken, ohne dass ein konkreter Regelungsentwurf unterbreitet worden wäre.

Wie schon dem Gesetzesentwurf und der nunmehr vorliegenden Gesetzesfassung zu entnehmen ist, verhallten die Stimmen ungehört, denn es wurde die bestehende Praxis, Corporate Compliance-Systeme im Einzelfall in die Bemessung einfließen zu lassen, bestätigt und keine verbindliche Regelung geschaffen, die eine zwingende Beachtung eines Corporate Compliance-Systems bei der Bestimmung des zu verhängenden Bußgeldes kodifiziert.[2197]

Mithin ist die Berücksichtigung eines Tax Compliance-Systems bei der Bemessung eines Bußgeldes nach § 30 OWiG eine Frage des Einzelfalls, wobei zu bedenken ist, dass die Wirksamkeit eines Systems, dessen Versagen den bußgeldauslösenden Sachverhalt und damit eine von § 30 OWiG vorausgesetzte Straftat oder Ordnungswidrigkeit überhaupt erst ermöglicht hat, in Abhängigkeit von der realen sowie zumutbaren Beherrschbarkeit der Ursache des Bußgeldes mitunter nur ein sehr schwaches Argument zur Minderung des Bußgeldes ist.[2198]

Folglich führt kein Weg an einem tatsächlich wirksamen Tax Compliance-System vorbei, um die Ursache und damit den Rückkoppelungseffekt des § 30 OWiG von vornherein zu vermeiden.

2196 Stellungnahme des Bundesverbands der Unternehmensjuristen, http://www.buj.net/aktuelles/aktuelles/article/stellungnahme-zum-diskussionsentwurf-des-bundesministeriums-der-justiz-vom-29-maerz-2012-zur-regelu/, zuletzt besucht am 29.06.2013; Stellungnahme des Deutschen Anwaltvereins durch den Strafrechtsausschuss, http://anwaltverein.de/downloads/Stellungnahmen-11/SN-OWiG-u.-8.-GWB-AendGneu.pdf, zuletzt besucht am 29.06.2013, dort insbesondere S. 5ff., wo von einer „Exkulpationsmöglichkeit" zu Gunsten der juristischen Person in Anlehnung an den UK-Bribery Act die Rede ist; ausführlich *Moosmayer/Gropp-Stadler*, NZWiSt 2012, 242f., dort auch zum folgenden Text; *Moosmayer*, NJW 2012, 3013, 3017.

2197 BT-Drs. 17/11053, S. 21; BGBl. I 2013, 1738, 1747f.

2198 *Palzer*, ZRP 2013, 122, 123 spricht in diesem Zusammenhang von einem Fall der „ineffektiven" Compliance als Ausgangspunkt für die Diskussion einer bußgeldmindernden Berücksichtigung von Compliance.

b) *Rückkoppelung gem. § 31 BGB*

Über die steuerrechtlichen und ordnungswidrigkeitsrechtlichen Rückkoppelungseffekte hinaus ist die allgemeine Norm des § 31 BGB zu bedenken, die den Verein für den Schaden verantwortlich zeichnet, den ein Mitglied des Vorstandes oder ein anderer verfassungsmäßig berufener Vertreter durch eine in Ausführung der ihm zustehenden Verrichtungen begangene, zum Schadensersatz verpflichtende Handlung einem Dritten zufügt.

Ohne auf die dogmatischen Hintergründe der Norm eingehen zu wollen,[2199] ist zunächst festzustellen, dass sich die Anwendung des § 31 BGB nicht auf den Verein beschränkt, sondern bereits die Rechtsprechung des Reichsgerichts § 31 BGB analog auf die Aktiengesellschaft anwendete.[2200] Demnach haftet die Aktiengesellschaft, wenn der Vorstand durch eine Handlung oder im Falle einer Handlungspflicht durch eine Unterlassung einen Schadensersatz ausgelöst hat. Hierbei können sämtliche einen Schadensersatz verursachenden Rechtsgrundlagen herangezogen werden, wie beispielsweise deliktische Handlungen gem. §§ 823ff. BGB, Vertragsverletzungen, culpa in contrahendo gem. § 311 II BGB oder auch die Tatbestände der Gefährdungshaftung, sofern sämtliche Tatbestandsmerkmale vom Vorstand verwirklicht worden sind.[2201]

Die Handlung oder Unterlassung des Vorstandes muss dabei in Ausübung seines Amtes geschehen sein und einen sachlichen Zusammenhang zu seinem Verantwortungsbereich aufweisen.[2202]

Fokussiert auf Tax Compliance und die inhärente Etablierung eines Tax Compliance-Systems im Unternehmen ist hinsichtlich des Anwendungsbereichs des § 31 BGB zu bedenken, dass § 31 BGB auch im Falle einer mangelhaften internen Organisation Anwendung findet. Anknüpfend an die Lehre vom Organisationsmangel[2203] besteht für den Vorstand die Verpflichtung, dass für die Aufgaben, die der Vorstand nicht erfüllen kann, ein verfassungsmäßig berufener Vertreter und kein Verrichtungsgehilfe im Sinne des § 831 BGB mit der Ergreifung der erforderlichen Maßnahmen zu betrauen ist. Dabei werden tatsächlich tätige Verrichtungsgehilfen von der Rechtsprechung als verfassungsmäßig berufene Vertreter qualifiziert, was den Vorstand im Ergebnis für die Mitarbeiter im Unternehmen ohne die Möglichkeit

2199 siehe dazu beispielsweise: *Weick*, in: Staudinger, BGB, § 31, Rn. 2.

2200 RG, RGZ 78, 347, 353f.; RG, JW 1930, 2927, 2928 mit Anmerkung Hoeniger; BGH, NJW 2005, 2450, 2451f.; *Schöpflin*, in: Prütting/Wegen/Weinreich, BGB, § 31, Rn. 2.

2201 *Hadding*, in: Soergel, BGB, Bd. 1, § 31, Rn. 13f.; *Weick*, in: Staudinger, BGB, § 31, Rn. 5ff; *Reuter*, in: MüKo-BGB, Bd. 1, § 31, Rn. 30; *Schöpflin*, in: Prütting/Wegen/Weinreich, BGB, § 31, Rn. 6; *Ellenberger*, in: Palandt, BGB, § 31, Rn. 2.

2202 Vgl. RG, RGZ 104, 286, 288; RG, RGZ 117, 61, 65; vgl. RG, RGZ 128, 229, 233; RG, RGZ 134, 375, 377; RG, RGZ 162, 129, 169; BGH, NJW 1952, 537, 538; BGH, BGHZ 49, 19, 23 = NJW 1968, 391, 392; BGH, NJW 1980, 115f.; BGH, BGHZ 98, 148, 152 = NJW 1986, 2941, 2942; *Hadding*, in: Soergel, BGB, Bd. 1, § 31, Rn. 21; *Reuter*, in: MüKo-BGB, Bd. 1, § 31, Rn. 33.

2203 *Hassold*, JuS 1982, 583ff.

des dezentralisierten Entlastungsbeweises des § 831 BGB haften lassen soll.[2204] Eine identische Folge für das Unternehmen wird über die alternative, analoge Anwendung des § 31 BGB erzielt.[2205]

3. *Unternehmensrisiko Rückkoppelungseffekt*

Die exemplarische Untersuchung der Normen §§ 169 II, 2, 3, 233a, 235 I AO, 30 OWiG, 31 BGB zeigt, dass Sorgfaltspflichtverletzungen des Vorstandes über das sich in der Sorgfaltspflichtverletzung realisierende Risiko hinaus Rechtsfolgen zu Ungunsten des Unternehmens auslösen.

Eine Separierung durch isolierte Betrachtung der Haftung des Unternehmens und der Haftung des Vorstandes ist aufgrund dieses Rückkoppelungseffektes, sei es direkt oder indirekt, nicht im Interesse des Unternehmens. Vielmehr liegt es in Anbetracht des Rückkoppelungseffektes im ureigenen Interesse des Unternehmens, die Haftungsrisiken des Vorstandes resultierend aus Pflichtverletzungen zu minimieren, um so die negativen Folgen der Rückkoppelung für das Unternehmen zu vermeiden.

Insbesondere der direkte (steuerrechtliche) Rückkoppelungseffekt verdeutlicht damit auch den inneren, rechtlichen Zusammenhang zwischen den Elementen der Tax Compliance-Definition in Form der Vermeidung von Haftungsrisiken des Unternehmens und des Vorstandes[2206], der die Pflichtverletzung des Vorstandes mit einer unmittelbaren Folge für das Unternehmen verknüpft.

III. Fazit

Die Normen § 76 I, 93 I AktG, § 130 OWiG, sowie § 69 i.V.m. §§ 34 I, 35 AO gipfeln in gesetzlichen Mindestanforderungen an das Verhalten des Vorstandes. Dabei ist die Einhaltung dieser gesetzlichen Mindestanforderungen zur Vermeidung von Pflichtverletzungen kein Selbstzweck des Vorstandes und verhindert nicht ausschließlich eine Haftung des Vorstandes, vielmehr ist die Einhaltung der Mindestanforderungen über den Rückkoppelungseffekt auch von Bedeutung für das Unternehmen selbst. Per Rückkoppelungseffekt realisiert sich nicht nur das Risiko der Pflichtverletzung selbst im Unternehmen, sondern löst noch weitergehende unmittelbar negative Auswirkungen für das Unternehmen aus. Ergo kristallisiert sich eine Interdependenz zwischen der Haftung des Vorstandes und einer Haftung des Unternehmens bzw.

2204 RG, RGZ 89, 136, 137f.; RG, RGZ 157, 228, 235; RG, RGZ 162, 129, 166; RG, JW 1936, 915; vgl. BGH, BGHZ 13, 198, 203; BGH, BGHZ 24, 200, 213; vgl. BGH, BGHZ 39, 124, 129f. = NJW 1963, 902f.; BGH, NJW 1980, 2810, 2811.

2205 *Neumann-Duesberg*, NJW 1966, 715, 716f.; *Grunewald*, ZHR 157 (1993), 451, 453 m.w.N.; ausführlich *Hadding*, in: Soergel, BGB, Bd. 1, § 31, Rn. 16ff. sowie *Weick*, in: Staudinger, BGB, § 31, Rn. 27ff.; *Reuter*, in: MüKo-BGB, Bd. 1, § 31, Rn. 6ff.; *Schöpflin*, in: Bamberger/Roth, BGB, Bd. 1, § 31, Rn. 13ff.; *Schöpflin*, in: Prütting/Wegen/Weinreich, BGB, § 31, Rn. 7.

2206 Siehe dazu bereits ausführlich S. 8ff.

allgemeiner des Eintritts negativer Folgen für das Unternehmen heraus. Folglich ist die Beachtung und Umsetzung der gesetzlichen Mindestanforderungen an Tax Compliance nicht allein im Interesse des Vorstandes zur bloßen Vermeidung einer persönlichen Haftung, sondern ebenso im Interesse des Unternehmens selbst, um den Eintritt eines Schadens zu Lasten des Unternehmens zu verhindern, was verdeutlicht, dass sich eine isolierte Betrachtung der Pflichtenebene des Unternehmens und der Pflichtenebene des Vorstandes jedenfalls im Hinblick auf die Beachtung des steuerlichen Pflichtenkanons verbietet.

F. Die Schattenseite von Tax Compliance - Tax Compliance als Nachteil?

Gleichsam als Annex der vorstehenden Ausführungen zur steuerlichen Risikolage des Unternehmens und der Pflichtenstellung des Vorstandes, die in Mindestanforderungen gipfeln, stellt sich die Frage einer Schattenseite von Tax Compliance.

Per Definition ist Tax Compliance die durch ein System organisierte Einhaltung aller für das Unternehmen relevanten steuerrechtlichen Regelungen.[2207] Es geht um die Vermeidung von Haftungs- und Strafrisiken des Unternehmens, seiner Mitarbeiter sowie der Geschäftsführung bzw. des Vorstandes.[2208] Damit ist die Intention von Tax Compliance über die Einhaltung der steuerrechtlichen Regelungen im Ergebnis einen positiven Effekt für das Unternehmen durch eine bewusste Risikominimierung zu erzielen und zugleich die Haftungsrisiken für die Mitarbeiter und den Vorstand zu reduzieren.

Dessen ungeachtet stellt sich über die anfänglichen Kosten für die Einrichtung von Tax Compliance[2209] hinaus die Frage, inwiefern die hehre Intention von Tax Compliance nicht zugleich Schatten wirft, inwiefern Tax Compliance möglicherweise auch nachteilige Effekte für das Unternehmen, insbesondere den Vorstand auslösen kann.

2207 *Streck/Binnewies*, DStR 2009, 229; *Schwedhelm*, AnwBl. 2009, 90; *Streck*, StbJb. 2009/2010, 415, 417; *Streck*, in: Streck/Mack/Schwedhelm, Tax Compliance, Rn. 1.4; *Besch/Starck*, in: Hauschka, Corporate Compliance, § 34, Rn. 4f.; *Seer*, in: Tipke/Kruse, AO, § 85, Rn. 38 (Mai 2013).

2208 *Wessing*, Steueranwaltsmagazin 2007, 175; *Demuth/Kaiser*, in: Görling/Inderst/Bannenberg, Compliance, S. 333; *Seer*, in FS Streck, 403, 404; *Kälin/Strohe*, ZRFC 2011, 102, 104; siehe dazu auch umfassend das Grundlagenkapitel, dort auch zum folgenden Text.

2209 Siehe dazu bereits im Grundlagenkapitel S. 7f.

I. Stand der fragmentarischen Diskussion im Schrifttum

1. Unsystematisches „Ansatzallerlei"

Fragmentarisch werden zur Nachteiligkeit von Tax Compliance bzw. allgemein zu Nachteilen verbunden mir Corporate Compliance verschiedene Aspekte in der Literatur erörtert, die mehr oder weniger differenziert denkbare negative Auswirkungen von Tax Compliance bzw. Corporate Compliance anreißen.

So wird im Zusammenhang mit Hinweisgebersystemen bzw. Whistleblowing-Systemen in Bezug auf eine Aufsichtspflichtverletzung im Sinne des § 130 I OWiG ausgeführt, dass das Risiko eines Bußgeldes trotz des Systems nicht reduziert werde, sondern in der Konstellation eskaliere, in der das eingerichtete System nicht ordnungsgemäß im Unternehmen den Mitarbeitern bekannt gemacht werde oder die im System eingehenden Informationen und Indizien nicht aufmerksam und gründlich gewürdigt würden.[2210]

Grundlage einer negativen Wirkung von Corporate Compliance ist nach dieser Ansicht also losgelöst vom konkreten Beispiel die mangelhafte Umsetzung und Durchführung des Systems im Unternehmen.

Ein weiterer Ansatz aus der Perspektive steuerlicher Berater, die auf ein Unternehmen treffen, in dem Tax Compliance-Richtlinien gerichtet auf die „bestmögliche Sicherstellung der steuerlichen Rechtsbefolgung" vorhanden sind, wirft in letzter Konsequenz das Problem auf, dass bei der Beratung in unsicherer Rechtslage nicht im Sinne des Gesetzes und der Rechtsprechung zum Vorteil des Steuerpflichtigen gehandelt werden könne, sofern dies vom Standpunkt der Finanzverwaltung abweiche.[2211] Begründet wird dieser Ansatz damit, dass der Berater sich in den Bereich einer Beihilfe zur Steuerhinterziehung begebe, sofern er um die entsprechenden Sachverhalte, die zur Hinterziehung führten, wusste. Handelte er dabei in Kenntnis der Tax Compliance-Richtlinie des Unternehmens, so könne vielleicht über die Tax Compliance vom Unternehmen – entsprechend erstreckt auf den Berater – der Nachweis eines Vorsatzes beim Berater erleichtert werden.[2212]

Der andere Begründungsstrang der vorstehenden These stützt sich auf die strengere Rechtsprechung des BGH, wonach eine Steuerhinterziehung gem. § 370 I Nr. 1 AO vorliegen könne, wenn der Steuerpflichtige Tatsachen gegenüber der Finanzveraltung verschweige, die zur Würdigung einer strittigen Rechtsfrage notwendig seien und auf diese Weise ein steuerlicher Vorteil erzielt werde.[2213]

Reduziert auf die Rolle von Tax Compliance und abstrahiert von der speziellen Beratersituation, wird damit Tax Compliance das Potential zugeschrieben, den ermittelnden Behörden den Nachweis des Vorsatzes zu erleichtern, wobei an

---

2210 *Grützner/Leisch*, DB 2012, 787, 793.
2211 *Gotzens*, in FS Roxin, 453, 460.
2212 *Gotzens*, in FS Roxin, 453, 456f.
2213 *Gotzens*, in FS Roxin, 453, 458f. unter Verweis auf BGH, NStZ 2000, 203ff. = wistra 2000, 137ff.

dieser Stelle noch erwähnt werden soll, dass umgekehrt eine funktionierende Tax Compliance-Organisation im Unternehmen ebenso dabei helfen kann, den Vorsatz auszuschließen[2214].

In eine ähnliche Richtung weist ein Ansatz zur Criminal Compliance, bei der die Betrachtung auf die strafrechtlichen Fragen von Compliance beschränkt bzw. fokussiert wird,[2215] wonach über die Etablierung strenger unternehmensinterner Regelungen und Vorgaben in einem gesetzlich nicht erschlossenen Bereich das Unternehmen z.B. im Hinblick auf eine Strafbarkeit aus einem Fahrlässigkeitsdelikt sich selbst einen zu beachtenden und strafrechtlich relevanten Sorgfaltsmaßstab auferlegt und damit zu seinen Ungunsten die Grenzen einer strafbaren Fahrlässigkeit definiert. Zugleich wird die Frage aufgeworfen, inwiefern eine unternehmensinterne Struktur überhaupt einen Einfluss auf die strafrechtliche Verantwortlichkeit ausüben kann.[2216]

Bei näherer Betrachtung ist aber nach diesem Gedankengang Bedingung der negativen Seite von Corporate Compliance ein Verstoß gegen den durch Corporate Compliance erschaffenen Sorgfaltsmaßstab, der die anzuwendende Sorgfalt im Rahmen eines Fahrlässigkeitsdeliktes spezifiziert und verschärft.

Etwas differenzierter und ausführlicher wird wiederum aus der Perspektive von Corporate Compliance als System zur Vermeidung von Straftaten und Ordnungswidrigkeiten Corporate Compliance eine „Janusköpfigkeit“ attestiert, womit verdeutlicht werden soll, dass Corporate Compliance positive wie auch negative Aspekte aufweist.[2217] Illustriert wird dies auf der Ebene, des objektiven und subjektiven Tatbestandes sowie auf der Ebene der Schuld bzw. Vorwerfbarkeit. Konzentriert auf die negative Blickrichtung dieser „Janusköpfigkeit“ wird auf der Ebene des objektiven Tatbestandes dann eine negative Seite von Corporate Compliance offenbar, wenn nämlich gesetzlichen Vorgaben an Corporate Compliance nicht gefolgt wird und damit aller Wahrscheinlichkeit nach eine Aufsichtspflichtverletzung begründet werde. Zudem entlasteten Corporate Compliance Vorgaben einer übergeordneten Hierarchiestufe im Unternehmen ausschließlich diese Hierarchiestufe um gleichzeitig die untergeordnete Hierarchiestufe als Adressat der Vorgaben zu belasten. Ähnlich wie bereits im Rahmen der Criminal Compliance angesprochen drohe durch Corporate Compliance die Definition von Pflichten, an denen sich Unternehmen und Vorstand messen lassen müssten.[2218]

Ebenfalls auf der Ebene des objektiven Tatbestandes wird die Möglichkeit der Delegation von Garantenpflichten z.B. auf den Compliance-Officer diskutiert, so dass

---

2214 So das Ergebnis der Ausführungen bei *Kiesel/Böhringer*, BB 2012, 1190, 1192.

2215 Grundlegend statt aller *Rotsch*, ZIS 2010, 614ff.

2216 *Rotsch*, ZIS 2010, 614, 616.

2217 *Mosbacher*, in: Rotsch, Wissenschaftliche und praktische Aspekte der nationalen und internationalen Compliance-Diskussion, 129, 132, dort auch zum folgenden Text.

2218 *Mosbacher*, in: Rotsch, Wissenschaftliche und praktische Aspekte der nationalen und internationalen Compliance-Diskussion, 129, 130ff., dort auch zum folgenden Text.

auch wieder die Entlastung per Delegation als Kehrseite ein gesteigertes Risiko für den Verpflichteten bedeute.

Auf der Ebene des subjektiven Tatbestandes könnte Corporate Compliance zwar selbst bei einem unzureichende Corporate Compliance-System als Anhaltspunkt für einen Ausschluss des Vorsatzes dienen, sofern der Geschäftsherr sich glaubhaft auf das System verlassen hat und sich auch auf das System verlassen durfte. Andererseits stelle ein Verstoß gegen das System einen Anhaltspunkt für die Bejahung eines Vorsatzes dar, wobei die Existenz eines Corporate Compliance-Systems mit seinen Überwachungsmöglichkeiten bei einem Verstoß den Nachweis des Vorsatzes im Vergleich zu einem Unternehmen ohne entsprechendes System vereinfachen würde.[2219]

Schlussendlich soll sich Corporate Compliance auf der Ebene der Schuld bzw. der Vorwerfbarkeit in der Form negativ auswirken, dass permanente Verstöße gegen das Corporate Compliance-System im Falle einer Relevanz dieser Verstöße für die in Fragen kommenden Straftatbestände die Intensität der Schuld erhöhen könne.[2220]

Zugleich wird festgestellt, dass ein Corporate Compliance-System als bloßes „window-dressing“ keine positiven Effekte auf eine denkbare Strafbarkeit haben kann, sondern das Corporate Compliance einer tatsächlichen Umsetzung im Unternehmen bedürfe.

Als negative Konsequenzen von Corporate Compliance lassen sich aus diesen Ausführungen und ihrer Unterteilung auf die unterschiedlichen Ebenen lediglich extrahieren, dass im Falle eines Verstoßes gegen eine gesetzlich vorgegebene Corporate Compliance eine Aufsichtspflichtverletzung indiziert sei, dies ebenfalls auf einen Vorsatz hindeute und durch den Verstoß gegen das Corporate Compliance-System der Nachweis des Vorsatzes erleichtert sei. Des weiteren werde durch Corporate Compliance ein Sorgfaltsmaßstab definiert, an dem sich das Unternehmen und der Vorstand messen lassen müsste, zudem würde die Delegation von (Garanten-) Pflichten die nachfolgenden Hierarchiestufen einem erhöhten Risiko aussetzen.

2. Gemeinsamkeiten im „Ansatzallerlei“

Obwohl die Einzelaspekte im Schrifttum sich dem Problem eines Nachteils durch Corporate Compliance aus unterschiedlichen Richtungen nähern, so lassen sich doch Übereinstimmungen finden.

Als Gemeinsamkeit ist zunächst zu konstatieren, dass die negativen Folgen an einen Verstoß gegen das Corporate Compliance-System oder gegen gesetzliche Regelungen anknüpfen. Folge eines Corporate Compliance-Systems soll dann eine erleichterte Feststellung des Vorsatzes sein, bzw. durch das Corporate Compliance-System sei dann ein strengerer Sorgfaltsmaßstab im Rahmen der Fahrlässigkeit definiert.

2219 *Mosbacher*, in: Rotsch, Wissenschaftliche und praktische Aspekte der nationalen und internationalen Compliance-Diskussion, 129, 132f., dort auch zum folgenden Text.

2220 *Mosbacher*, in: Rotsch, Wissenschaftliche und praktische Aspekte der nationalen und internationalen Compliance-Diskussion, 129, 133f., dort auch zum folgenden Text.

Ferner werden als nachteilige Einzelaspekte die fehlerhafte und unzureichende Umsetzung des Systems im Unternehmen als Grundlage einer Aufsichtspflichtverletzung im Sinne des § 130 OWiG genannt sowie die Belastung untergeordneter Hierarchieebenen mit zusätzlichen Risiken und Verpflichtungen.

Gegen den letztgenannten Faktor ist allerdings einzuwenden, dass eine Verlagerung von Pflichten im Ergebnis nur zur einer Modifikation der Pflichtenstellung führt: Wie bereits im Rahmen der organisatorischen Anforderungen an ein Tax Compliance-System ausführlich erläutert, führt eine Delegation von Pflichten – soweit gesetzlich zulässig – zu einer Modifikation der Pflichtenstellung des delegierenden Pflichteninhabers, der nunmehr zur Überwachung verpflichtet ist und damit nicht vollständig von allen Pflichten und Risiken befreit wird[2221]. Jedoch tritt dieser Effekt unabhängig von Corporate Compliance bei jeder Form der Pflichtendelegation auf, so dass es sich nicht um einen spezifischen Nachteil von Corporate Compliance handelt.

Somit reduzieren sich die nachteiligen Auswirkungen von Corporate Compliance auf die fehlerhafte Umsetzung des Systems und das Vorliegen eines Verstoßes entweder gegen das System selbst oder das Gesetz.

II. Systematisierung eines Nachteils durch Tax Compliance

Jedoch sind die damit aus dem Schrifttum ableitbaren negativen Auswirkungen weit von einer systematischen Betrachtung einer möglichen Nachteiligkeit von Corporate Compliance und ergo auch von Tax Compliance entfernt.

1. Systematisierungsprämissen

Ausgangspunkt einer Systematisierung ist zuvorderst die Prämisse, dass es sich bei dem im Unternehmen eingerichteten System nicht um ein bloßes „window dressing"[2222] handelt. Ist Tax Compliance nur zum äußeren Schein eingerichtet und erfüllt in der Unternehmenswirklichkeit keinerlei Funktion, besteht objektiv betrachtet kein Unterschied zur Situation, in der gar keine Tax Compliance im Unternehmen existiert.

Weitere Prämisse ist, dass Tax Compliance im Unternehmen auch tatsächlich umgesetzt wird. Die im Schrifttum angesprochene Konstellation einer fehlerhaften Umsetzung bzw. einer nachlässigen Umsetzung[2223] ist vergleichbar mit jeder anderen fehlerhaften Umsetzung unternehmensinterner organisatorischer Vorgaben. Auch insofern sind die daraus möglicherweise resultierenden Folgen nicht ein spezifischer Nachteil von Tax Compliance, sondern z.B. hinsichtlich der drohenden Aufsichtspflichtverletzung aus § 130 OWIG mit jeder anderen nachlässigen Umsetzung organisatorischer Vorgaben gleich zu setzen. Zudem ist im Zusammenhang mit der erstgenannten Prämisse einer wirksamen Umsetzung von Tax Compliance

---

2221 Siehe dazu ausführlich mit weiteren Nachweisen bereits z.B. S. 272ff.

2222 Siehe zum „window dressing" bereits ausführlich mit weiteren Nachweisen S. 17.

2223 Siehe dazu bereits oben, vgl. auch *Grützner/Leisch*, DB 2012, 787, 793.

im Unternehmen eine notorisch fehlerhafte Umsetzung ausgeschlossen, da ein Tax Compliance System immer Kontrollmechanismen vorsieht, die über die Funktion, die Umsetzung und die Wirksamkeit des Systems wachen.[2224]

2. *Systematisierung durch Fallgruppen*

Ausgehend von diesen beiden Direktiven kann sich die Frage einer Nachteiligkeit von Tax Compliance nur im Zusammenhang mit einem Verstoß gegen die Steuergesetze stellen. Relevant für eine Haftung oder eine irgendwie geartete negative Folge für das Unternehmen kann ausschließlich ein Gesetzesverstoß sein, da ein Verstoß gegen die unternehmensinterne, selbstauferlegt Tax Compliance ggf. noch intern durch die Kontrollmechanismen entdeckt und infolgedessen korrigiert wird, bevor es zu einer Außenwirkung kommen kann.

Kommt es trotz eines grundsätzlich funktionierenden Tax Compliance-Systems zu einem Verstoß gegen die Steuergesetze, ist zu untersuchen, inwiefern das Tax Compliance-System im Hinblick auf den Gesetzesverstoß fehlerhaft oder unzureichend ist.

Stellt sich das System als nicht fehlerhaft, sondern als ausreichend und angemessen dar, dann kann die Ursache des Gesetzesverstoßes an sich nur in einem vorsätzlich schädigendem Verhalten liegen, was unter dem Gesichtspunkt der Zumutbarkeit und des rechtlich wie tatsächlich Möglichen selbst bei einem noch so ausgereiftem Tax Compliance-System nicht vollkommen ausgeschlossen werden kann. Diesbezüglich ist keine Nachteiligkeit eines Tax Compliance-Systems denkbar, vielmehr schränkt ein Tax Compliance-System den Spielraum für derartiges, vorsätzlich schädigendes Verhalten gerade auch durch die Kontrollmechanismen ein.

Ist demgegenüber das im Unternehmen etablierte Tax Compliance-System etwa fehlerhaft und unzureichend, ist weiter zu differenzieren, inwiefern dieser Mangel des Tax Compliance-Systems dem Vorstand des Unternehmens bekannt war. Es ist zumindest theoretisch denkbar, dass bei einem an sich funktionierenden System kleinere Lücken unter Kosten-Nutzen-Aspekten in Kauf genommen werden, jedoch ist diese Konstellation ähnlich der Situation, in der ohne ein bestehendes System ebenfalls Gesetzesverstöße quasi als Kollateralschaden der wirtschaftlichen Betätigung des Unternehmens billigend in Kauf genommen werden. Auch hier ist ein spezifischer Nachteil von Tax Compliance nicht zu erkennen.

War der Mangel im System im Gegensatz dazu dem Vorstand gänzlich unbekannt, d.h. der Vorstand vertraute im guten Glauben darauf, ein angemessenes, ausreichendes und effizient funktionierendes System im Unternehmen errichtet zu haben, muss weiter unterteilt werden, ob diese Unkenntnis vorwerfbar ist, also ob der Vorstand Kenntnis dieses Systemmangels hätte haben müssen: Wenn der Vorstand schon auf das Funktionieren des Systems vertrauen durfte, ist die Frage

2224 Siehe zu den grundlegenden Elementen eines Tax Compliance-Systems im Grundlagenkapitel S. 8ff.

eines verschärften Maßstabs als Nachteil von Tax Compliance bereits obsolet. Im Lichte der bisherigen Feststellungen an die Anforderungen an Tax Compliance liegt ein solches Kennenmüssen des Systemmangels dann vor, wenn sich abseits der Risikoidentifikation als Element des Tax Compliance-Systems Anhaltspunkte für Fehlfunktionen intern beispielsweise durch Zufallsentdeckungen andeuteten. Dies wirft nun in dieser letzteren Alternative, in der der Vorstand nicht auf derartige Indizien in Bezug auf einen Systemfehler reagiert hat, die Frage eines besonderen Nachteils durch Tax Compliance in Form eines selbstauferlegten, strengeren Maßstabs auf, wie es in der Literatur diskutiert wird[2225].

Indes heißt die Frage stellen sie zu verneinen: Zum einen orientiert sich Tax Compliance nach der hier zu Grunde gelegten Definition am Maßstab der Legalität und nicht an einem übertrieben strengen Gradmesser, der weit über das gesetzlich geforderte Maß hinausgeht. Zum anderen läuft der gedankliche Ansatz der Haftung aus einem strengeren Maßstab in der vorliegenden Alternative ins Leere: die Mangelhaftigkeit des Systems, die sich zufällig gezeigt hat, wurde vom Vorstand nicht behoben, was letztendlich zu einem Gesetzesverstoß geführt hat. Für diesen konkreten Gesetzesverstoß besteht also eine Lücke im Tax Compliance-System, so dass gerade keine Haftungsverschärfung durch eine selbstauferlegte Tax Compliance mangels einer konkreten, verschärfenden Regelung gerade dieser Konstellation existieren kann.

Im Umkehrschluss bedeutet dies jedoch, dass der in der Literatur angesprochene Gedanke einer Haftungs- oder Sorgfaltsmaßstabsverschärfung nur in der Situation eingreifen kann, in der das Tax Compliance-System einen von der Gesetzeslage abweichenden, strengeren Maßstab vorsieht, der nicht eingehalten wird und sich schließlich in einem Gesetzesverstoß niederschlägt.

Damit ist allerdings wieder die im Rahmen der Systematisierungsprämissen angesprochene Fallgestaltung erreicht, dass das Tax Compliance-System im Unternehmen nicht adäquat umgesetzt wird, was mit jeder anderen fehlerhaften Umsetzung unternehmensinterner Vorgaben zu vergleichen ist und damit kein Tax Compliance spezifisches Problem darstellt.

Unabhängig davon ist der Gedanke einer strengeren Haftung, insbesondere einer Strafbarkeit resultierend aus selbstauferlegten Regeln, die über das gesetzlich Geforderte hinausgehen in Anbetracht der Intention von Tax Compliance nahezu absurd: Die Einhaltung und Beachtung des Steuerrechts ist manifestiert im Tax Compliance Commitment des Tax Compliance-Systems gerade das erklärte Ziel, das über den Literaturansatz in eine „Selbstbestrafung" pervertiert würde.

Zudem schließt ein funktionierendes Tax Compliance-System aufgrund der installierten Kontrollmechanismen den vorliegenden Gedankengang der Literatur aus. Es müsste also zu einem „multiplen Systemversagen" kommen, um überhaupt diese gedachte Situation zu erreichen. Daran muss sich konsequent die Überlegung anschließen, ob ein derart fehlerhaftes System nicht eher ein „window-dressing"

2225 Siehe dazu ausführlich die vorstehenden Ausführungen zum unsystematischen „Ansatzallerlei".

repräsentiert und damit schlicht zu vernachlässigen ist und somit das Unternehmen und der Vorstand so gestellt werden müssen, als wenn überhaupt kein System im Unternehmen eingerichtet worden ist.

III. Schlussfolgerung: Kein Nachteil durch Tax Compliance

Schlussendlich zeigt die Systematisierung eines denkbaren Nachteils von Tax Compliance anhand von Fallgruppen, dass es eines „multiplen Systemversagens" bedarf, um überhaupt die theoretische Frage eines Nachteils stellen zu können. Es müsste an der Umsetzung einer über den Maßstab des Gesetzes hinausgehenden Systemvorgabe mangeln, was nicht durch die zu etablierenden Kontrollmechanismen erfasst wird. In einer solchen Konstellation eines „multiplen Systemversagens" liegt der Schluss nahe, dass das gesamte System eher als „window-dressing" denn als ernste Risikominimierung installiert wurde, so dass im Endeffekt ausgehend von der ersten Systematisierungsprämisse in Ermangelung eines ernsthaft eingerichteten, grundsätzlich funktionierenden Tax Compliance-Systems der Vorstand nicht schlechter zu stellen ist als komplett ohne eingerichtetes System, da ein nicht funktionierendes, zum Schein eingerichtetes System dasselbe Ergebnis erzielt wie die das reine Nichtvorhandensein eines Systems.

Im Ergebnis ist damit selbst bei kleineren Fehlern oder Mängeln eines Tax Compliance-Systems im Falle einer grundsätzlichen Funktionsfähigkeit des Systems keine Fallgestaltung zu erkennen, die einen der Tax Compliance innewohnenden, spezifischen Tax Compliance Nachteil begründen könnte.

4. Kapitel: Tax Compliance im Spannungsverhältnis zwischen Mindestanforderungen und Best Practice?

Der bisherige Gang der Untersuchung fokussierte sich nach einer generellen Einführung zunächst auf die Risikolage des Unternehmens als Rechtsträger um anschließend auf eine Analyse der Pflichtenstellung der Leitungsebene des Unternehmens umzuschwenken.

Neben der de facto bestehenden Notwendigkeit zur Tax Compliance im Unternehmen bereits resultierend aus der systemischen steuerrechtlichen Risikolage, existiert de iure eine Pflicht des Vorstands zur Beherrschung eben jener systemischen steuerrechtlichen Risikolage, die sich in den gesetzlichen Mindestanforderungen an die Aufgabenwahrnehmung des Vorstands manifestiert.

Ergo lässt sich das Pflichtprogramm des Vorstands im Angesicht der steuerlichen, systemischen Risikolage des Unternehmens aus den gesetzlichen Anforderungen ableiten. An dieses Pflichtprogramm schließt sich nunmehr der Gedanke an, inwiefern diese dargestellten gesetzlichen Mindestanforderungen gleichsam als Kür durch eine etwaige Best Practice konkretisiert oder ausgebaut werden können und wie das Verhältnis der Mindestanforderungen zu einer möglichen Best Practice für Tax Compliance zu beurteilen ist.

A. Mindestanforderungen und Best Practice – Die Ausgangssituation

I. Der Begriff der Best Practice

Bezogen auf Unternehmen bezeichnet der feststehende Ausdruck der Best Practice ein Unternehmen, welches erprobte und ökonomisch sinnvolle Vorgehensweisen, Systeme und Prozesse anwendet, wodurch es jedenfalls in bedeutenden Tätigkeitsbereichen seiner Branche als beispielhaft bzw. mustergültig anzusehen ist.[2226]

Somit handelt es sich bei einer Best Practice nicht um eine gesetzliche Regelung, sondern um die Quintessenz dessen, was sich in der Praxis als vorbildlich herauskristallisiert hat und teilweise als soft law in Standards kodifiziert worden ist. Trotz der fehlenden rechtlichen Verbindlichkeit kann eine Best Practice als Standard eine Orientierung beispielsweise für den zu bestimmenden Sorgfaltsmaßstab des

2226 Siehe dazu die Definition bei *Hauschka*, ZRP 2006, 258.

Vorstandshandelns in Zweifelsfällen bieten oder als Grundlage künftiger gesetzlicher Regelungen dienen.[2227]

Dieser Definitionsansatz einer Best Practice erklärt nicht nur den Inhalt derselben, sondern kulminiert in der Fragestellung, was in Bezug auf Tax Compliance als Best Practice anzusehen ist. In Ermangelung eines kodifizierten, expliziten Tax Compliance-Standards müssen zunächst mögliche Ansätze einer Best Practice für Tax Compliance identifiziert werden, die anschließend unter dem Aspekt der Tauglichkeit zur Konkretisierung der Mindestanforderungen und der Konsequenzen für die Pflichtenstellung des Vorstands in Bezug auf Tax Compliance zu analysieren sind.

II. Best Practice im Verhältnis zu den Mindestanforderungen

Ebenfalls Gegenstand einer näheren Auseinandersetzung mit der Existenz und dem Inhalt einer möglichen Best Practice für Tax Compliance ist gedanklich auch die Klärung des Verhältnisses einer möglichen Best Practice zu den bereits definierten Mindestanforderungen. Während die Mindestanforderungen aus den zentralen, die Pflicht zur Tax Compliance begründenden Normen abgeleitet worden sind und mithin auf einem gesetzlichen Fundament ruhen[2228], stellt eine Best Practice das Optimum eines praktischen Prozesses dar und ist bestenfalls in einem soft law kodifiziert[2229].

In diesem Zusammenhang sind die Mindestanforderungen, in denen sich die Gesetzeslage niederschlägt, begrifflich als „Good Practice“ anzusehen, die von der betriebswirtschaftlich geprägten Best Practice und ihren weitergehenden Anforderungen überflügelt wird.[2230] Kritisch ist im Kontext von Corporate Compliance und Best Practice von einer „Verbetriebswirtschaftlichung der Organisationspflichten“ die Rede, wobei das Bestehen einer Best Practice als allseits verbindlichem Maßstab gleichermaßen für alle Arten und Größen von Unternehmen angezweifelt wird.[2231] Vielmehr sei eine Organisation zur wirksamen Umsetzung des Legalitätsprinzips im Unternehmen eine Reaktion auf die individuelle Risikolage des einzelnen Unternehmens und damit eine Frage des Einzelfalls.[2232]

Gleichwohl verbleibt selbst unter der Prämisse, das Gesetz fordere nicht ein Optimum an Organisation sondern eine Good Practice sowie der Negation der Existenz einer allseits anwendbaren Best Practice die Frage, ob sich nicht abseits dieser theoretischen Erwägungen tatsächlich eine Best Practice herauskristallisiert hat, die zumindest Einzelaspekte von Tax Compliance wie beispielweise die Überwachung

2227 Ausführlich *Behringer*, in: Behringer, Compliance kompakt, S. 44f.

2228 Siehe dazu bereits ausführlich Kap. 3.

2229 Siehe dazu obenstehende Definition von Best Practice mit den entsprechenden Nachweisen.

2230 *Bürkle*, in: Hauschka, Corporate Compliance, § 8, Rn. 19; vgl. *von Busekist/Hein*, CCZ 2012, 41, 42.

2231 Begriff der „Verbetriebswirtschaftlichung“: *Goette*, ZHR 175 (2011), 388, 389f.; vgl. *Kiesel/Böhringer*, BB 2012, 1190, 1194.

2232 Statt aller *Goette*, ZHR 175 (2011), 388ff., 396, 400.

oder das unternehmensinterne Informationssystem konkretisieren und damit bei der Ausgestaltung eines Tax Compliance-Systems hilfreich sein können.

B. Ansatzpunkte einer Best Practice für Tax Compliance

Wie schon zuvor konstatiert, existiert kein Tax Compliance Best Practice Standard, so dass zur Feststellung einer möglichen Best Practice zunächst bestehende Kodifikationen zur Corporate Compliance zu beleuchten sind, um im Anschluss daran etwaige Best Practice Ansätze der Literatur zu untersuchen.

I. Grundsätze ordnungsmäßiger Prüfung von Compliance Management Systemen – IDW PS 980

1. *Entwicklung und Rechtsnatur des IDW PS 980*

Am 11.03.2011 hat der Hauptfachausschuss (HFA) des Instituts der Wirtschaftsprüfer in Deutschland (IDW) den IDW Prüfungsstandard „Grundsätze ordnungsmäßiger Prüfung von Compliance Management Systemen (IDW PS 980)“ erlassen.[2233] Bei dem IDW handelt es sich um einen Verein, in dem in etwa 85 % der Wirtschaftsprüfer organisiert sind und dessen Prüfungsstandards keinen Gesetzesrang haben, sondern ein „privatrechtliches Vereinsinnenrecht“ darstellen.[2234] Aufgabe des HFA ist im Gefüge des IDW eine homogene Verfahrensweise der Wirtschaftsprüfer in den Bereichen der Rechnungslegung, der Prüfung, der Unternehmensbewertung und weiterer betriebswirtschaftlicher Fragestellungen herzustellen. Im Zuge dessen veröffentlich der HFA unter anderem die Prüfungsstandards wie in diesem Fall den IDW PS 980.[2235]

2233 FN-IDW 2011, 203.

2234 Siehe ausführlich *Ruhnke*, Normierung der Abschlussprüfung, S. 58ff. m.w.N.; vgl. *Ruhnke/Schmidt/Seidel*, BB 2002, 138, 139; *Baetge/Lienau*, DB 2004, 2277, 2781; *Habersack/Schürnbrand*, in: Staub, HGB, § 317, Rn. 35, § 323, Rn. 13 m.w.N.; *Böttcher*, NZG 2011, 1054, 1055 m.w.N.; *Ebke*, in: MüKo-HGB, Bd. 4, § 323, Rn. 32 m.w.N.; http://www.idw.de/idw/portal/n281334/n379162/index.jsp, zuletzt besucht am 18.02.2014.

2235 Grundsätze für die Arbeitsweise des Hauptfachausschusses vom 22.08.2008, Rn. 1f., abrufbar als pdf-Datei unter http://www.idw.de/idw/portal/n281334/n379162/index.jsp, zuletzt besucht am 18.02.2014, unter der Rubrik „Wichtige Dokumente“ – Grundsätze für die Arbeit des Hauptfachausschusses (HFA) des IDW.

Der IDW PS 980 baut auf den im März 2010 vom HFA zur Diskussion gestellten Entwurf des Prüfungsstandards, IDW EPS 980[2236] auf und modifiziert diesen an einigen Stellen durch Klarstellungen und Ergänzungen.[2237]

Begründet wird die Notwendigkeit eines derartigen Prüfungsstandards für Compliance Management Systeme aus einem Bedarf der Praxis, die im Unternehmen eingerichteten Systeme zur präventiven Verhinderung von Gesetzesverstößen einer Überprüfung durch Wirtschaftsprüfer zu unterziehen um sowohl das Unternehmen wie auch die Unternehmensleitung vor den Folgen eines Gesetzesverstoßes zu bewahren.[2238]

2. *Anwendungsbereich und Aufbau des IDW PS 980*

Zu Beginn des IDW PS 980 wird der Ablauf der Prüfung und die Anwendbarkeit des Standards erläutert.[2239] An diese Bestimmungen zur Prüfung schließen sich Anwendungshinweise und Erläuterungen an[2240] um schließlich in einem Anlagenteil[2241] zu enden, der neben einer Aufzählung von Compliance Management System-Rahmenkonzepten Formulierungshilfen zur Prüfungsberichterstattung enthält.[2242]

a) Anwendungsbereich

Eingangs wird im IDW PS 980 festgelegt, dass dieser die freiwillige Überprüfung von Compliance Managements Systemen (CMS) zum Gegenstand habe, welches der gesetzliche Vertreter eines Unternehmens im Rahmen seines Ermessens im Unternehmen mit dem Ziel der Beachtung der Legalitätspflicht etablieren und ausgestalten könne. Eine Prüfung nach diesem Standard könne zudem dem Beweis nutzen, dass der gesetzliche Vertreter sein Ermessen fehlerfrei ausgeübt habe.[2243]

2236 Entwurf IDW Prüfungsstandard: Grundsätze ordnungsmäßiger Prüfung von Compliance Management Systemen (IDW EPS 980), Stand 11.03.2010, FN-IDW 2010, 126ff.

2237 Vgl. dazu bereits *Eisolt*, BB 2010, 1843; *Wimsheim*, DStR 2011, 997; siehe zu den wesentlichen Klarstellungen und Ergänzungen den Überblick bei *Görtz*, BB 2012, 178, 179.

2238 Pressemitteilung des IDW vom 26.03.2010 bei Veröffentlichung des IDW EPS 980, abrufbar unter http://www.idw.de/idw/portal/d595946/index.jsp, zuletzt besucht am 18.02.2014; vgl. *IDW*, FN-IDW 2011, 203; vgl. *Wermelt*, CCZ 2010, 150; vgl. *Rieder/Jerg*, CCZ 2010, 201, 202; vgl. *Eisolt*, BB 2010, 1843; vgl. *Böttcher*, NZG 2011, 1054; vgl. *Schemmel/Minkoff*, CCZ 2012, 49; vgl. *Görtz*, BB 2012, 178; *Nothhelfer*, CCZ 2013, 23; *Schautes/Schier*, CCZ 2013, 149, 151; *Rieder/Falge*, BB 2013, 778.

2239 IDW PS 980, Tz. 1–73, FN-IDW 2011, 203–212.

2240 IDW PS 980, Tz. A1–A40, FN-IDW 2011, 212–221.

2241 IDW PS 980, Anlagen, FN-IDW 2011, 221–231.

2242 Siehe dazu auch die zusammenfassende Darstellung z.B. bei *Görtz*, CCZ 2010, 127ff.; *Wolf*, DStR 2011, 997ff.; *Nothhelfer*, CCZ 2013, 23f.

2243 IDW PS 980, Tz. 1, FN-IDW 2011, 203, 204.

Als CMS bestimmt der IDW PS 980 Grundsätze und Maßnahmen, die von den gesetzlichen Vertretern zur Erreichung der von ihnen definierten Ziele im Unternehmen eingerichtet worden sind, um Regelverstöße – erfasst sind sowohl Gesetze als auch unternehmensinterne Anordnungen – der Mitarbeiter, der gesetzlichen Vertreter selbst sowie unter Umständen auch Dritter zu vermeiden.[2244] Dabei muss sich das CMS nicht auf das Gesamtunternehmen erstrecken, sondern kann auch nur bestimmte Funktionsbereiche des Unternehmens wie den Einkauf, Vertrieb oder die Produktion, bestimmte Rechtsgebiete wie z.B. das Kartellrecht oder das Antikorruptionsrecht oder das Zoll- und Außensteuerrecht zum Gegenstand haben.[2245]

Ausgeschlossen ist die Anwendung des IDW PS 980 demgegenüber bei Systemprüfungen, für die ein spezieller Prüfungsstandard erlassen wurde, was für die Prüfung des Risikofrüherkennungssystems nach IDW PS 340, des Rechnungslegungsbezogenen Internen Kontrollsystem nach IDW PS 261, IDW PS 330, IDW PS 331 sowie IDW PS 951, des Risikomanagements von Kreditinstituten nach IDW PS 525 und der Compliance-Funktion im Rahmen des Wertpapierdienstleistungsgeschäfts nach § 36 Abs. 1 Satz 1 WpHG nach IDW PS 521[2246] anzunehmen ist.[2247]

Mithin liegt die Überprüfung eines Tax Compliance-Systems als ein CMS konzentriert auf den Bereich des Steuerrechts innerhalb des Anwendungsbereichs des IDW PS 980, so dass der grundsätzlichen Nutzung möglicher Best Practice Kriterien herausgearbeitet aus dem IDW PS 980 keine Einwände entgegenzubringen sind.

b) Prüfungsumfang

Innerhalb des IDW PS 980 werden drei verschiedene CMS-Prüfungen unterschiedlichen Umfangs beschrieben, die in logischen Stufen aufeinander aufbauen.[2248]

Den geringsten Prüfungsumfang weist die sog. Konzeptionsprüfung auf, die lediglich die theoretische Konzeption des CMS testet, d.h. nur begutachtet, ob das CMS des Unternehmens aus Sicht des Prüfers in allen essentiellen Aspekten adäquat erklärt wird.[2249]

2244 IDW PS 980, Tz. 5f., FN-IDW 2011, 203, 204f.

2245 IDW PS 980, Tz. 6, A3, FN-IDW 2011, 203, 205, 213.

2246 Bereits bei der Frage einer Rechtspflicht zur Corporate Compliance respektive zur Tax Compliance wurde eine spezialgesetzliche Analogie und damit § 33 WpHG als Rechtsgrundlage für eine allgemeine Pflicht zur Corporate Compliance abgelehnt. Demzufolge unterbleibt an dieser Stelle wegen der eingeschränkten Perspektive auf das WpHG eine Auseinandersetzung mit dem entsprechenden IDW Prüfungsstandard, der die Compliance-Funktion im Rahmen des Wertpapierdienstleistungsgeschäfts nach § 36 I 1 WpHG zum Gegenstand hat.

2247 IDW PS 980, Tz. 2, A2, FN-IDW 2011, 203, 204, 213.

2248 IDW PS 980, Tz. 12ff., A9ff., FN-IDW 2011, 203, 205f., 214f., siehe dazu auch die Ausführungen zur Konzeptions-, Aufbau und Funktionsprüfung unter Tz. 41–46, A32ff., FN-IDW 2011, 203, 209, 219f.

2249 IDW PS 980, Tz. 16, A11, FN-IDW 2011, 203, 205f., 214.

Weitergehend umfasst die sog. Angemessenheitsprüfung über die adäquate Beschreibung hinaus die Geeignetheit des CMS des Unternehmens, das Risiko drohender Zuwiderhandlungen zu identifizieren und diese Zuwiderhandlungen zu vermeiden sowie eine Feststellung, dass das CMS im Unternehmen in einem konkreten Moment tatsächlich etabliert war.[2250]

Schlussendlich ergänzt die sog. Wirksamkeitsprüfung als ausführlichste Art der Prüfung nach dem IDW PS 980 die Konzeptions- und Angemessenheitsprüfung um den Faktor der Wirksamkeit des beschriebenen, prinzipiell geeigneten und im Unternehmen etablierten Systems, die dann anzunehmen ist, wenn das CMS nebst seiner Vorkehrungen im operativen Geschäft des Unternehmens, also im aktuellen Geschäftsbetrieb von den Adressaten registriert und eingehalten wird.[2251]

Indes ist der Maßstab der jeweiligen Prüfungen kein abstrakt genereller, sondern wie der Überblick über die einzelnen Prüfungen zeigt, nur bezogen auf das konkrete CMS des Unternehmens. Zugleich ist die Prüfung eine „Systemprüfung“ mit der Konsequenz, dass es nicht um die Identifikation einzelner Zuwiderhandlungen geht, ebenso wenig wie um die Gewissheit, dass keine Zuwiderhandlungen vorkommen.[2252] Insbesondere enthält der IDW PS 980 selbst den Hinweis, dass auch ein wirksames CMS in Fällen menschlichen Versagens oder bewusster Zuwiderhandlungen wirkungslos ist bzw. der Wirksamkeit eines CMS auch durch die eigene Unternehmensleitung Schranken gesetzt werden, wenn z.B. unter Kosten-Nutzen-Gesichtspunkten mögliche Vorkehrungen unterlassen werden.[2253]

3. *Best Practice Aspekte des IDW PS 980*

Zwar ist der IDW PS 980 als Prüfungsstandard in erster Linie an die Wirtschaftsprüfer adressiert um ihnen einen Leitfaden zur Ausführung von Prüfungsaufträge hinsichtlich eines CMS zu bieten, jedoch charakterisiert er zu diesem Zweck auch die „Grundelemente eines CMS“[2254,2255] aus denen nunmehr mögliche Best Practice Aspekte für Tax Compliance herausgelöst werden sollen.

a) Kriterien des IDW PS 980 zu Compliance Management Systemen

aa) Bestandteile eines Compliance Management Systems

Demnach hat ein adäquates CMS nach dem Verständnis des IDW PS 980 verschiedene Komponenten, die sich gegenseitig beeinflussen.[2256] Genannt werden die „Compliance-Kultur“, also das Vorleben von Compliance durch die Unternehmensleitung,

2250 IDW PS 980, Tz. 17, A11, FN-IDW 2011, 203, 206, 214.
2251 IDW PS 980, Tz. 17, 21, A11, A13, FN-IDW 2011, 203, 206, 214.
2252 IDW PS 980, Tz. 18, vgl. A12, FN-IDW 2011, 203, 206, 215.
2253 IDW PS 980, A12, FN-IDW 2011, 203, 215.
2254 IDW PS 980, Tz. 23, A14ff., FN-IDW 2011, 203, 206, 215ff.
2255 Vgl. IDW PS 980, Tz. 1, FN-IDW 2011, 203, 204.
2256 IDW PS 980, Tz. 23, FN-IDW 2011, 203, 206.

die „Compliance-Ziele“, dies sind die von der Unternehmensleitung definierten Ziele und zu beachtenden Normen für das Gesamtunternehmen oder auch nur einen Teilbereich, die „Compliance-Risiken“, worunter Risiken zu fassen, aus denen Zuwiderhandlungen resultieren können, wobei die Risiken nach Wahrscheinlichkeit ihrer Realisierung sowie der Auswirkungen zu untersuchen sind.[2257]

Ferner werden als Grundelemente ein „Compliance-Programm“, welches im Lichte der „Compliance-Risiken“ Vorkehrungen zur Verhinderung von Zuwiderhandlungen vorsieht, die „Compliance-Organisation“ als von der Unternehmensleitung vorgegebene Verteilung von Zuständigkeiten und Kompetenzen zur organisatorischen Umsetzung des CMS, die „Compliance-Kommunikation“ als Information der einzelnen Mitarbeiter über ihre Aufgaben im Compliancegefüge sowie vice versa als Berichterstattung über Risiken an die vorgesehenen Stellen sowie die „Compliance-Überwachung und Verbesserung“, die auf eine Dokumentation des CMS zurückgreift und bei Mängeln die zuständige Position im Unternehmen informiert um so Abhilfe zu gewährleisten, enumeriert.

Allerdings formuliert der IDW PS 980 selbst eine Restriktion in Bezug auf die Grundelemente des CMS, indem er die tatsächliche Einrichtung des CMS in das Ermessen der Unternehmensleitung stellt sowie den Aufbau des CMS an die definierten „Compliance-Ziele“, die Größe des Unternehmens sowie das Ausmaß der wirtschaftlichen Betätigung des Unternehmens koppelt.[2258]

bb) Denkbare Best Practice Kriterien

Trotz dieser Einschränkung im Prüfungsstandard selbst werden die genannten Grundelemente des CMS in den Anwendungshinweisen und Erläuterungen des IDW PS 980 weiter präzisiert, wobei diese Präzisierungen aufgrund der verwendeten Formulierungen wie „u.a.“ oder „z.B.“ kein abschließender Charakter zugesprochen werden kann.[2259]

Im Einzelnen wird zur Compliance-Kultur ausgeführt, dass diese durch bestimmte Kriterien bedingt wird, wie etwa der Handlungsweise der Unternehmensleitung auf allen Hierarchiestufen des Unternehmens auch im Hinblick auf die Auswahl fähiger Mitarbeiter, die im Unternehmen verbreiteten Handlungsanweisungen, „Anreizsysteme“ zur Unterstützung der Regeleinhaltung beispielsweise indem Compliance als Faktor bei Personalenscheidung eine Relevanz zugesprochen wird sowie auch durch Arbeit und die Position des Kontrollorgans im Unternehmen in Bezug auf Compliance, obschon sich der IDW PS 980 dazu ausschweigt, welches Kontroll- bzw. „Aufsichtsorgan“ gemeint ist.[2260]

Bezogen auf die Compliance-Ziele wird gefordert, dass die Compliance-Ziele mit anderen Zielvorstellungen des Unternehmens kompatibel sind, sie eingängig

2257 IDW PS 980, Tz. 23, FN-IDW 2011, 203, 206, dort auch zum folgenden Text.
2258 IDW PS 980, Tz. 23, FN-IDW 2011, 203, 206.
2259 Siehe zu den Präzisierungen IDW PS 980, Tz. A14ff., FN-IDW 2011, 203, 215ff.
2260 IDW PS 980, Tz. A14, FN-IDW 2011, 203, 215.

formuliert und durchführbar sind, die tatsächliche Umsetzung der Ziele im Unternehmen ermittelt und bestimmt werden kann und die Compliance-Ziele auf die verfügbare Substanz des Unternehmens zugeschnitten sind.[2261]

Unter dem Stichwort der Compliance-Risiken wird die kontinuierliche Risikoidentifikation als Basis eines adäquaten Compliance-Systems angesehen, die per Interviews, Arbeitskreisen oder auch durch Vergleich mit anderen Unternehmen durchzuführen sei. Als Kriterien der Risikoanalyse und -identifikation werden Entwicklungen in der ökonomischen und rechtlichen Sphäre aufgelistet, Änderungen im Mitarbeiterbestand, größerer Zuwachs des Unternehmens, d.h. Expansion z.B. in bisher unbekannte Geschäftsbereiche oder Produkte, interner Umbau des Unternehmens oder auch der räumliche Ort der Ausübung des Unternehmensgegenstands.[2262]

Ferner werden unter dem Compliance-Programm Grundsätze und Maßnahmen verstanden, die die Regeleinhaltung zur Vermeidung von Compliance-Risiken sicherstellen sollen. En detail soll das Programm zu diesem Zwecke präventiv eindeutig die Grenzen für Zuwiderhandlungen gegen die unternehmensinterne Compliance definieren und eine Risikoidentifikation ermöglichen. Konkret soll ein Hinweisgebersystem im Unternehmen installiert werden, die Unterrichtung der zuständigen unternehmensinternen Stellen und ggf. auch externer Stellen bei Zuwiderhandlungen, der Umgang mit den Folgen der Zuwiderhandlung sowie eine Ursachenforschung, um das CMS durch Beseitigung der Wurzeln der Zuwiderhandlung fortlaufend zu optimieren im Programm vorgesehen sein. Des Weiteren soll das Programm eine Überwachungskomponente enthalten, die sich beispielsweise in der Verhinderung einer Aufgabenkumulation in der Person eines Verantwortlichen, der Festlegung von Rechten, Kompetenzen und Verfahren, einer Absicherung des Vermögens, autonomen Überwachungsmaßnahmen wie dem 4-Augen-Prinzip oder auch Positions- bzw. Tätigkeitswechsel von Mitarbeitern realisieren könnte.[2263]

Zur Präzisierung der Compliance-Programme verweist der IDW PS 980 im Anschluss an die Auflistung dieser Einzelaspekte auf die Rahmenkonzepte, die in der Anlage des Prüfungsstandards Erwähnung finden.[2264] Bei diesen Rahmenkonzepten differenziert der IDW PS 980 zwischen „allgemeinen Rahmenkonzepten" wie u.a. den Foundation Guidelines „Red Book"[2265] der Open Compliance and Ethics Group (OCEG), dem Australian Standard on Compliance (AS 3806–2006)[2266] des Standards Australia Committee QR-014, dem Unternehmensweiten Risikomanagement – Übergreifendes Rahmenwerk (COSO II)[2267] des Committee of Sponsoring

2261 IDW PS 980, Tz. A15, FN-IDW 2011, 203, 215.
2262 IDW PS 980, Tz. A16, FN-IDW 2011, 203, 215f.
2263 IDW PS 980, Tz. A17, FN-IDW 2011, 203, 216.
2264 IDW PS 980, Tz. A17 a.E., FN-IDW 2011, 203, 216.
2265 http://www.oceg.org/Standards, zuletzt besucht am 24.02.2014.
2266 http://www.saiglobal.com/PDFTemp/Previews/OSH/as/as3000/3800/3806-2006.pdf, zuletzt besucht am 24.02.2014.
2267 http://www.coso.org/default.htm, zuletzt besucht am 24.02.2014.

Organisation oder auch den OECD Guidelines for Multinational Enterprises[2268] der Organisation für wirtschaftliche Zusammenarbeit und Entwicklung (OECD) und den „spezifischen Rahmenkonzepten", wie beispielsweise den Grundsätzen ordnungsmäßiger Compliance[2269] der Österreichischen Finanzmarktaufsicht, den United States Federal Sentencing Guidelines Manual[2270] der United States Sentencing Commission oder Korruption bekämpfen – Ein ICC Verhaltenskodex für die Wirtschaft[2271] des ICC Deutschland e.V.[2272]

Nicht nur auf den ersten Blick erscheint diese Zusammenstellung von Rahmenkonzepten beliebig zu sein, da sie diese ohne erkennbaren Ordnungsgedanken oder ohne eine plausible Systematisierung nur pauschal und diffus in allgemeine und spezifische Rahmenkonzepte einteilt, ohne die einzelnen Rahmenkonzepte hinsichtlich ihrer Intention, ihrer Zielgruppe oder der sie begründenden Umstände zu würdigen, so dass sich die aus dieser Aufzählung zu gewinnende Erkenntnis für die Ausgestaltung eines Compliance-Programms in der bloßen Funktion einer Erinnerung an andere bestehende Konzepte erschöpft.[2273]

Für die Compliance-Organisation des Unternehmens benennt der IDW PS 980 eine Reihe von Kriterien wie eine eindeutige Fixierung von Kompetenzen innerhalb des CMS beispielsweise durch Schaffung eines Compliance-Officers oder eines Compliance-Committees nebst einer entsprechenden Integration in das Unternehmen oder ggf. in bereits bestehende Systeme im Unternehmen wie dem Risikomanagementsystem oder dem internen Kontrollsystem, was auch das Vorhalten geeigneter und ausreichender Mittel zur wirksamen und effektiven Implementierung sowie Optimierung des CMS umfasst. Überdies fällt hierunter nach dem IDW PS 980 die Konzipierung von Instrumenten zur Umsetzung des CMS im Unternehmen wie beispielsweise der Einsatz von Richtlinien, Handbüchern, Checklisten oder Computerprogrammen.[2274]

Die als weiteres Grundelement eines CMS genannte Compliance-Kommunikation soll nach dem Willen des Prüfungsstandards gewährleisten, dass das Compliance-Programm den Adressaten zur Kenntnis gebracht wird sowie in umgekehrter Richtung die Informationen über Zuwiderhandlungen und Risiken im Wege einer näher bestimmten Berichtspflicht an die dafür im Unternehmen installierten Organe fließen. Als Mittel zum Zweck sollen u.a. Mitarbeiterbriefe, Handbücher und

2268 http://www.oecd.org/dataoecd/56/36/1922428.pdf, zuletzt besucht am 24.02.2014.

2269 http://www.fma.gv.at/typo3conf/ext/dam_download/secure.php?u=0&file=2402&t=1393335241&hash=3230272b497a13c5180f83ad384196d0, zuletzt besucht am 24.02.2014.

2270 http://www.ussc.gov/Guidelines/2010_guidelines/index.cfm, zuletzt besucht am 24.02.2104.

2271 http://www.icc-deutschland.de/fileadmin/ICC_Dokumente/ICC-Verhaltenskodex_Korruption_final.pdf, zuletzt besucht am 24.02.2014.

2272 IDW PS 980, Anlagen, FN-IDW 2011, 203, 221f.

2273 Vgl. zum Entwurf IDW EPS 980 bereits *Willems/Schreiner*, CCZ 2010, 214, 215f.

2274 IDW PS 980, Tz. A18, FN-IDW 2011, 203, 216.

Schulungen dienen, um den Mitarbeitern das Wissen um die Bedeutung eines zeitnahen Berichterstattung bzw. Kommunikation zu verdeutlichen und sie in Kenntnis über die Berichtspflichten zu setzen.[2275]

Zu guter letzt sieht der IDW PS 980 als weiteres wesentliches Grundelement eines CMS die Compliance-Überwachung und Verbesserung vor. Obwohl sie als Grundelement des CMS angesehen wird, soll diese Compliance-Überwachung und Verbesserung zugleich aber nicht nur die wirksame Umsetzung des CMS im Unternehmen kontrollieren, hingegen auch die Effektivität der im CMS vorgesehenen Kontrollmechanismen. Infolge dessen soll die Compliance-Überwachung und Verbesserung durch Institutionen im Unternehmen ausgeübt werden, die unabhängig vom CMS existieren, wie z.B. die Interne Revision.[2276]

Als Elemente einer solchen Compliance-Überwachung und Verbesserung benennt der IDW PS 980 beispielhaft die Institutionalisierung der Kontrolle durch Bestimmung von Kompetenzen und die Einrichtung einer Organisation, die für die effiziente Wahrnehmung ihrer Aufgaben angemessen auszustatten ist und parallel das unternehmensinterne Aufsichtsorgan wie den Aufsichtsrat bei einer AG – soweit für dessen Aufgabenwahrnehmung von Relevanz – über die Kontrollen informiert, die Einrichtung eines Informationssystems, welches die Erkenntnisse der Kontrollen weiterleitet sowie eine Dokumentation der Kontrollen und ihrer Erkenntnisse.

Der Gesichtspunkt der Verbesserung soll sich aus einer Analyse der Kontrollmaßnahmen aus der Perspektive möglicher Mängel oder Lücken ergeben, um bei Bedarf das CMS ergebnisorientiert zu optimieren. Zusätzlich soll das CMS für den Fall der Zuwiderhandlung durch Mitarbeiter oder Dritte Vorkehrungen zur Verhinderung einer Wiederholung vorsehen, wie z.B. weitere Schulungen oder durch Einbeziehen der Zuwiderhandlungen bei Personalentscheidungen. Im Falle schwerer Zuwiderhandlungen soll zudem als Sanktionsmechanismus die Kündigung des Mitarbeiters bzw. die Kündigung von Verträgen zuwiderhandelnder Dritter Teil des CMS sein.[2277]

b) Tauglichkeit der Kriterien als Best Practice für Tax Compliance

Schon nach seinem Selbstverständnis schränkt der IDW PS 980 die Aussagekraft seiner Grundelemente eines CMS selbst ein, indem er vorab darauf hinweist, dass die tatsächliche Organisation der Compliance im Unternehmen im Ermessen des Leitungsorgans liegt und in Relation zur Unternehmensgröße, seinen Tätigkeitsbereichen und dem selbstauferlegten Compliance-Zielen zu sehen ist.[2278]

Fernerhin bringt die Analyse dieser Fülle genannter Kriterien, die zur Konkretisierung der Grundelemente des CMS in den Anwendungshinweisen und Erläuterungen des IDW PS 980 erörtert werden, im Lichte vorgenannter Einschränkung auf der Suche nach einer Best Practice einstweilen zumindest zweierlei Erleuchtungen:

2275 IDW PS 980, Tz. A19, FN-IDW 2011, 203, 216f.
2276 IDW PS 980, Tz. A20, FN-IDW 2011, 203, 217, dort auch zum folgenden Text.
2277 IDW PS 980, Tz. A20, FN-IDW 2011, 203, 217.
2278 IDW PS 980, Tz. 23, 203, 206, siehe dazu bereits oben S. 470ff.

zum einen geht der IDW PS 980 nach seinem Selbstverständnis nicht von einem für jedes Unternehmen passenden CMS aus und zum anderen erheben die Konkretisierungen in den Anwendungshinweisen und Erläuterungen keinen Anspruch auf Vollständigkeit ebenso wenig wie sie veranschaulichen, in welcher fest umrissenen Situation im Unternehmen welches Kriterium wie zum Einsatz kommen soll.

Außerdem trifft der IDW PS 980 keine Aussage darüber, inwiefern die beispielhaft genannten Kriterien realiter Anwendung gefunden haben und sich in der Praxis als eine Art Best Practice bewährt haben.

Unter Berücksichtigung dieser Restriktionen sowie der Grundidee einer Best Practice im Sinne eines Vorgehens, Systems oder Prozesses, welcher das Unternehmen jedenfalls in bedeutenden Tätigkeitsbereichen seiner Branche als beispielhaft und mustergültig erscheinen lässt[2279], sind die beispielhaft genannten Kriterien eher als Anhaltspunkte für die Prüfenden zu bezeichnen mit der Konsequenz, dass in den Kriterien lediglich eine Inspirationsquelle zur Präzisierung der Mindestanforderungen gesehen werden und gerade keine Kodifikation einer Best Practice, da vollkommen im Unklaren bleibt, wann und wie die Kriterien eines CMS im Unternehmen Anwendung finden sollen, um dieses als mustergültig erscheinen zu lassen.

4. *Schlussfolgerung: Keine Best Practice aus IDW PS 980*

Festzuhalten bleibt also, dass der IDW PS 980 in Bezug auf Tax Compliance sicherlich Anhaltspunkte liefert, wie die Mindestanforderungen auf dem Weg zu einer Best Practice präzisiert werden können, ohne aber eine Best Practice für bestimmte, typische Risikosituationen vorzugeben.

Konkret bezogen auf Tax Compliance und in erster Linie auf die Mindestanforderungen an Tax Compliance eignen sich die Maßnahmen zur Risikoidentifikation des IDW PS 980[2280] wie z.B. die Interviews von Mitarbeitern, die Beobachtung der ökonomischen und rechtlichen Entwicklung, Änderungen im Mitarbeiterbestand oder auch eine Expansion des Unternehmens zur Präzisierung und Ausgestaltung der Risikoidentifikation steuerlicher Risiken. Ebenso sind weitere Aspekte wie beispielsweise die Ursachenforschung im Falle eines Verstoßes gegen die vom Unternehmen zu beachtenden Steuergesetze, das 4-Augen-Prinzip zur Kontrolle oder ggf. Positions- und Tätigkeitswechsel zur Vermeidung einer Korruptionsnetzwerkbildung, die Fixierung von Kompetenzen und klaren Organisationsstrukturen, der Einsatz von Richtlinien, Handbüchern und Schulungen genauso wie eine angemessene Kommunikation, Berichterstattung im Wege eines reibungslosen Informationsflusses hilfreich, um im Unternehmen über die Mindestanforderungen hinaus zu einer Best Practice in Bezug auf Tax Compliance zu gelangen.

2279 Siehe zur Definition der Best Practice bereits ausführlich oben S. 468ff.

2280 Siehe zu den einzelnen, im Folgenden angesprochenen Aspekte bereits die vorstehenden Nachweise.

Demnach formuliert der IDW PS 980 keine Best Practice weder für ein CMS noch für Tax Compliance, bietet indes aber über die in ihm angesprochenen Kriterien und Aspekte des CMS ein Konkretisierungspotential für die Mindestanforderungen, jedoch ohne dass eine verallgemeinernde Aussage über eine generelle Anwendbarkeit der Kriterien und Aspekte getroffen werden könnte.

II. Mindestanforderungen an die Compliance-Funktion – MaComp

Als weiterer Ansatzpunkt einer Best Practice können möglicherweise die Mindestanforderungen an die Compliance-Funktion (MaComp)[2281] der BaFin dienen.

1. Rechtliche Grundlagen und Rechtsqualität der MaComp

Die MaComp sind ein Rundschreiben der BaFin, welches die Auslegung und die Anwendung der Normen der §§ 31ff. WpHG sowie der auf diesen Regelungen beruhenden Verordnungen wie der WpDVerOV spezifizieren soll.[2282]

Aus dem Blickwinkel von Tax Compliance oder allgemein aus der Perspektive von Corporate Compliance ist unter den Normen der §§ 31ff. WpHG nebst begleitender Verordnungen wie schon bereits im Grundlagenkapitel erwähnt, die Norm des § 33 I 2 Nr. 1 WpHG von besonderer Bedeutung, da sie den Begriff „Compliance" explizit zum ersten Mal in einem Gesetz in Deutschland normiert, selbst wenn es sich nicht um eine allgemeingültige Legaldefinition des Begriffes Compliance handelt, sondern lediglich um die Umschreibung einer speziellen Organisationspflicht („Compliance-Funktion") im Rahmen des WpHG.[2283] Diese Compliance-Funktion soll die Einhaltung des WpHG als „Kontrollverfahren" gewährleisten.[2284] Damit setzt § 33 I 2 Nr. 1 WpHG die Verwaltungspraxis des damaligen Bundesamtes für den Wertpapierhandel (BaWe), heute Bundesanstalt für Finanzdienstleistungsaufsicht

2281 Bundesanstalt für Finanzdienstleitungsaufsicht, Rundschreiben 4/2010 (WA) – MaComp, Mindestanforderungen an die Compliance-Funktion und die weiteren Verhaltens-, Organisations- und Transparenzpflichten nach §§ 31ff. WpHG für Wertpapierdienstleistungsunternehmen.

2282 *Birnbaum/Kütemeier*, WM 2011, 293; *Meyer/Paetzel/Will*, in: Kölner Kommentar WpHG, § 33, Rn. 33.

2283 So auch BT-Drucks. 16/4028, S. 71; Konkretisierung dieser Organisationsanforderungen in der Wertpapierdienstleistungs-Verhaltens- und Organisationsverordnung – WpDVerOV v. 20. Juli 2007, BGBl. I 2007, 1432, u.a. auf Grundlage des § 33 IV WpHG verordnet; vgl. *Röh*, BB 2008, 398, 400; vgl. *Engelhardt*, ZIP 2010, 1832, 1832f.; *Holzhauser*, in: Holzhauser/Sutter, Interdisziplinäre Aspekte von Compliance, S. 11, 29f.; *Schäfer*, in: Heidel, AktR, § 33 WpHG, Rn. 18; *Meyer/Paetzel/Will*, in: Kölner Kommentar WpHG, § 33, Rn. 100.

2284 BT-Drucks. 16/4028, S. 71 (Begründung Regierungsentwurf eines Gesetzes zur Umsetzung der Richtlinie über Märkte für Finanzinstrumente und der Durchführungsrichtlinie der Kommission [Finanzmarkt-Richtlinie-Umsetzungsgesetz]).

(BaFin), festgehalten in der „Compliance-Richtlinie"[2285] sowie Art. 13 II der Finanzmarktrichtlinie (MiFID)[2286] und Art. 6 I der Durchführungsrichtlinie (DRL)[2287] um.[2288]

Über die Regelung des § 33 I 2 Nr. 1 WpHG hinaus sei noch auf § 33 I 2 Nr. 5 WpHG verwiesen, der von einem Wertpapierdienstleitungsunternehmen im Zuge der Einrichtung der Compliance-Funktion einen Compliance-Beauftragten mit Verantwortlichkeit für die Compliance-Funktion verlangt. Überdies trat zum 01.11.2012 § 34d III WpHG[2289] in Kraft, der für den Compliance-Beauftragten die Sachkunde und die erforderliche Zuverlässigkeit zur Ausübung der Tätigkeit einfordert, welche durch §§ 3, 4 S. 1 Nr. 3 WpHG-Mitarbeiteranzeigeverordnug – WpHGMaAnzV[2290] präzisiert wird.[2291] § 12 IV WpDVerOV enthält weitere Konkretisierungen im Zusammenhang mit dem Compliance-Beauftragten, dem unter anderem auch die notwendigen Mittel und Kompetenzen zur Erfüllung seiner Aufgaben eingeräumt werden sollen.

In dieses Normen- und Verordnungsgeflecht gebar die BaFin im Jahre 2010 nebst Überarbeitung im Jahre 2012 die MaComp als Reaktion auf die Finanzkrise, insbesondere ausgelöst durch den Handel mit den Zertifikaten der Lehmann-Bank und die damit verbundene Frage, wie es überhaupt zu einem Handel mit derartigen Zertifikaten kommen konnte und weshalb dies von der Compliance-Funktion der beteiligten Finanzdienstleister nicht unterbunden wurde. Erklärte Intention der

2285 BAnz. Nr. 210 v. 6. November 1999, S. 18453, 18453ff.

2286 Richtlinie 2004/39/EG v. 21. April 2004, ABl. EU Nr. L 145, S. 1.

2287 Richtlinie 2006/73/EG v. 10. August 2006, ABl. EU Nr. L 241, S. 26.

2288 BT-Drucks. 16/4028, S. 70f.; vgl. auch *Rolshoven*, in: Renz/Adloff, Wertpapier-Compliance in der Praxis, 899, 903ff.; *Fuchs*, in: *Koller*, in: Assmann/Schneider, WpHG, § 33, Rn. 1; Fuchs, WpHG, § 33 Rn. 67 und Fn. 124; *Niermann*, ZBB 2010, 400, 402; *Zingel*, BKR 2010, 500, 500f.; *Meyer/Paetzel/Will*, in: Kölner Kommentar WpHG, § 33, Rn. 86, 99; vgl. dazu auch die Ausführungen zu Beginn des Grundlagenkapitels.

2289 Eingeführt durch das Gesetz zur Stärkung des Anlegerschutzes und Verbesserung der Funktionsfähigkeit des Kapitalmarkts (Anlegerschutz- und Funktionsverbesserungsgesetz) v. 05.04.2011, BGBl. I 2011, 538, 540f., 548.

2290 Verordnung über den Einsatz von Mitarbeitern in der Anlageberatung, als Vertriebsbeauftragte oder als Compliance-Beauftragte und über die Anzeigepflichten nach § 34d des Wertpapierhandelsgesetzes (WpHG-Mitarbeiteranzeigeverordnug – WpHGMaAnzV), BGBl. I 2011, 3116, zuletzt geändert durch Artikel 2 des Gesetzes zur Förderung und Regulierung einer Honorarberatung über Finanzinstrumente (Honoraranlageberatungsgesetz) v. 15. Juli 2013, BGBl. I 2013, 2390, 2392.

2291 BT-Drs. 17/3628, S. 22: Verpflichtung zum Einsatz geeigneter Mitarbeiter. § 3 der Verordnung über den Einsatz von Mitarbeitern in der Anlageberatung, als Vertriebsbeauftragter oder als Compliance-Beauftragter und über die Anzeigepflichten nach § 34d des Wertpapierhandelsgesetzes (WpHG-Mitarbeiteranzeigeverordnung – WpHGMaAnzV) v. 21.12.2011, BGBl. I 2011, 3116, 3116f. führt im Einzelnen rechtlich und fachlich notwendigen Kenntnisse des Compliance-Beauftragten an; vgl. *Koller*, in: Assmann/Schneider, § 33, Rn. 27, § 34d, Rn. 38f.; vgl. *Möllers*, in: Kölner Kommentar WpHG, § 34d, Rn. 92.

BaFin war respektive ist, mit Hilfe der MaComp gerade die Compliance-Funktionen der Finanzdienstleistungsunternehmen zu intensivieren und weiterzuentwickeln.[2292]

Indes erfüllen die MaComp als Rundschreiben der BaFin jedenfalls nicht die Anforderungen, die an ein materielles Gesetz zu stellen sind, so dass sie keine rechtliche Verbindlichkeit im Rechtsverkehr oder vor Gericht begründen können. Vielmehr verfolgen die MaComp als Verwaltungsvorschriften den Zweck, für Rechtssicherheit in der Praxis zu sorgen, indem sie der Unternehmensleitung von Wertpapierdienstleistungsunternehmen, Compliance Officern und der Rechtsberatung eine schriftliche Präzisierung der gesetzlichen Vorgaben bieten.[2293]

Obgleich die MaComp keinen Gesetzesrang haben, wird ihre Rechtsqualität und Wirkung im Schrifttum nicht einheitlich beurteilt: Im Kern dreht es sich dabei um die Frage, ob es sich bei den MaComp um norminterpretierende Verwaltungsvorschriften ohne unmittelbare Außenwirkung[2294] oder um normkonkretisierende Verwaltungsvorschriften mit beschränkter unmittelbarer Außenwirkung[2295] handelt.[2296] Ohne den Meinungsstreit im Detail auszubreiten, erscheint es bedenklich, den MaComp als „Innenrecht" der BaFin[2297] de iure eine Außenwirkung zuzusprechen, zumal sich der Gedanke des Drittschutzes, der der Idee der normkonkretisierenden Verwaltungsvorschriften entwickelt im Immissionsschutzrecht ursprünglich zu Grunde lag, auf die im öffentlichen Interesse erlassenen MaComp nicht ohne Weiteres übertragen lässt.[2298]

Jedenfalls bleibt losgelöst von der Frage der dogmatischen Einordnung der MaComp festzuhalten, dass die MaComp in der Praxis de facto eine Bindungswirkung entfalten. Dies gründet zum einen darin, dass die BaFin ihre eigenen Rundschreiben im Rahmen der Selbstbindung der Verwaltung anwendet und zum anderen in der Tatsache, dass die Gerichte im Falle einer Auslegung der fraglichen Gesetzesbestimmungen auf die MaComp zurückgreifen.[2299]

2292 BaFin, Jahresbericht 2009, S. 162f.; siehe dazu auch *Niermann*, ZBB 2010, 400; vgl. *Engelhardt*, ZIP 2010, 1832, 1833; *Schäfer*, BKR 2011, 45; *Birnbaum/Kütemeier*, WM 2011, 293; vgl. *Lindner/Schroeren*, Kreditwesen 2013, 766; *Birnbaum*, Kreditwesen 2013, 771.

2293 *Koller*, in: Assmann/Schneider, WpHG, § 33, Rn. 2; *Birnbaum*, Kreditwesen 2013, 771, 772; *Meyer/Paetzel/Will*, in: Kölner Kommentar WpHG, § 33, Rn. 34.

2294 BVerwGE 34, 278, 278ff.; siehe dazu ausführlich *Maurer*, Allgemeines Verwaltungsrecht, § 24, Rn. 9.

2295 BVerwGE 72, 300, 320; aus dem Schrifttum vgl. dazu weiterführend bereits *Hill*, NVwZ 1989, 401ff.; *Gerhardt*, NJW 1989, 2233ff.; siehe ebenfalls ausführlich *Maurer*, Allgemeines Verwaltungsrecht, § 24, Rn. 25a ff. m.w.N.

2296 Umfassende Darstellung des Streits bei *Niermann*, ZBB 2010, 400, 404ff. m.w.N.; *Kuthe/Zipperle*, CF law 2010, 337f.; *Schäfer*, BKR 2011, 45, 46; ausführlich in Bezug auf die MaRisk VA siehe *Michael*, VersR 2010, 141, 142ff.

2297 So *Kuthe/Zipperle*, CF law 2010, 337.

2298 Siehe dazu ausführlich statt aller *Niermann*, ZBB 2010, 400, 407f.

2299 *Kuthe/Zipperle*, CF law 2010, 337f.; *Niermann*, ZBB 2010, 400, 406, 407f.; *Engelhardt*, ZIP 2010, 1832, 1840; vgl. *Meyer/Paetzel/Will*, in: Kölner Kommentar WpHG, § 33,

2. *Die MaComp als Best Practice für Tax Compliance?*

Vor dem Hintergrund der rudimentären Ausführungen zur Rechtsqualität und den Rechtsgrundlagen der MaComp gilt es nunmehr die Frage zu beantworten, ob und inwiefern die MaComp sich als Basis einer Best Practice für Tax Compliance eignen.

Bei einer verengten Perspektive auf das Wertpapierrecht ist zunächst zu konstatieren, dass in Bezug auf die Einhaltung der §§ 31ff. WpHG die MaComp als Best Practice etabliert durch die BaFin angesehen werden.[2300] Eine theoretisch denkbare Erweiterung der Perspektive über das Wertpapierrecht und die Wertpapierdienstleitungsunternehmen und damit über die Beachtung der §§ 31ff. WpHG hinaus auf ein beliebiges Unternehmen im Anwendungsbereich des AktG, ist gedanklich untrennbar mit der vorgeschalteten, grundlegenden Bedingung verbunden, dass sich die MaComp als Best Practice auf jedes beliebiges Unternehmen übertragen lassen, was im Schrifttum überwiegend verneint wird.[2301]

Die zutreffende Rechtfertigung dieser Ablehnung ist einerseits systematischer Natur, wonach die Generalisierung von Spezialregelungen systemwidrig ist und Rechtsunsicherheit auslöst und andererseits die MaComp ja gerade speziell für Wertpapierdienstleistungsunternehmen von der BaFin ins Leben gerufen wurden und eben nicht jede Aktiengesellschaft bzw. jedes andere Unternehmen erfassen sollen.[2302]

Ergo sind die MaComp wegen ihrer Spezialisierung ungeeignet, in ihrer Gesamtheit als Best Practice für jedes beliebige Unternehmen, welches nicht zugleich ein Wertpapierdienstleistungsunternehmen ist, zu dienen. Folglich scheiden die MaComp als Basis einer Best Practice für Tax Compliance jedenfalls im Sinne einer Übernahme des gesamten Regelungswerkes aus. Gleichwohl erscheint es denkbar, einzelne Aspekte der MaComp hinsichtlich Tax Compliance zur Konkretisierung der herausgearbeiteten Mindestanforderungen zu berücksichtigen, um auf diese Weise in der Praxis eine Best Practice herauszubilden zu helfen. Letzterer Gedanke zieht seine Berechtigung aus dem Umstand, dass dem Aufsichtsrecht der Finanzdienstleistungsunternehmen (§ 25a KWG), der Versicherungsunternehmen (§ 64a VAG) oder auch der Wertpapierdienstleistungsunternehmen (§ 33 WpHG) allgemein

---

Rn. 24; in Bezug auf die MaRisk VA im Ergebnis ähnlich *Michael*, VersR 2010, 141, 143ff.

2300 Vgl. *Kuthe/Zippelberger*, CF law 2010, 337, 338; *Niermann*, ZBB 2010, 400, 403, 405; *Schäfer*, BKR 2011, 45, 47; *Koller*, in: Assmann/Schneider, WpHG, § 33, Rn. 2.

2301 Unter Bezug auf § 25a I KWG: *Bürkle*, WM 2005, 1496ff.; vgl. den ähnlichen Gedanken zur Ausdehnung des Risikomanagements im Rahmen des § 91 II AktG: *Hüffer*, AktG, § 91, Rn. 9; vgl. in Bezug auf § 25a I KWG und die MaRisk: *Spindler*, in: MüKo-AktG, Bd. 2, § 91, Rn. 31 m.w.N. zum Streitstand; vgl. zur Übertragung der Spezialregelung des § 64a VAG *Armbrüster*, VersR 2009, 1293, 1295; *Weber-Rey*, ZGR 2010, 543, 571; *Kuthe/Zipperle*, CF law 2010, 337, 338.

2302 Unter Bezug auf eine Übertragung der Voraussetzungen des § 25a I KWG: *Bürkle*, WM 2005, 1496, 1499; *Weber-Rey*, ZGR 2010, 543, 571; *Kuthe/Zipperle*, CF law 2010, 337, 338.

eine „Schrittmacherrolle“[2303] zugesprochen wird, zumal diese aufsichtsrechtlichen Vorschriften in einigen Bereichen detaillierter sind als die gesellschaftsrechtlichen Vorgaben.[2304] In Anbetracht dieser Erwägung bietet es sich an, die MaComp entgegen der Ausgangsüberlegung nicht aus dem Blickwinkel einer Best Practice für Tax Compliance, sondern unter dem Aspekt einer Konkretisierung der herausgearbeiteten Mindestanforderungen zu beleuchten, ohne eine Übernahme oder Übertragung der MaComp auf jedes beliebige Unternehmen zu intendieren, vielmehr die MaComp als Quelle verallgemeinerungsfähiger Anregungen zu verstehen.[2305]

3. Konkretisierung der Mindestanforderungen mit Hilfe der MaComp

Die MaComp gliedern sich zunächst grob in zwei Teile, und zwar in „AT Allgemeine Anforderungen für Wertpapierdienstleistungsunternehmen“ sowie in „BT Besondere Anforderungen nach §§ 31ff. WpHG“.[2306] Innerhalb der besonderen Anforderungen werden unter „BT 1 Organisatorische Anforderungen und Aufgaben der Compliance-Funktion nach § 33 Abs. 1 WpHG“ Ausführungen zur Compliance im Wertpapierdienstleistungsunternehmen vorgenommen.

Neben speziellen Ausführungen, die ausschließlich auf die Bedürfnisse eines Wertpapierdienstleistungsunternehmens ausgerichtet sind, enthalten die MaComp in ihren Darstellungen zur Compliance-Funktion auch Verallgemeinerungsfähiges, wobei viele Parallelen zu den bereits herausgearbeiteten Mindestanforderungen an Tax Compliance bestehen.

a) Die MaComp und die Stellung der Compliance-Funktion im Unternehmen

Zunächst wird zur Stellung der Compliance-Funktion im Unternehmen ausgeführt, dass es sich um eine dauerhafte, angemessene und wirksame im Unternehmen zu etablierende Compliance-Funktion handeln muss, die mit den für die unabhängige Erfüllung ihrer Aufgaben notwendigen Mitteln zu versehen ist. Die Verantwortung für die Einführung der Compliance-Funktion nebst einem Auskunftsrecht gegenüber

2303 Begriff geprägt von *Fleischer*, ZIP 2003, 1, 10.

2304 *Fleischer*, ZIP 2003, 1, 10; *Preußner*, NZG 2004, 57ff., 60; *Bürkle*, WM 2005, 1496, 1496f.; *Kuthe/Zipperle*, CF law 2010, 337, 338; *Bicker*, AG 2012, 542, 548.

2305 Vgl. *Preußner*, NZG 2004, 57ff., 60 sowie ausführlich *Kuthe/Zipperle*, CF law 2010, 337, 338ff.; ähnlich *Engelhardt*, ZIP 2010, 1832, 1840, der allerdings weitergehend wenig konkret von „... Ausführungen zu Compliance [...], soweit sie nicht Spezifika des Wertpapierhandels betreffen, von grundsätzlicher Art.“ spricht, die nach seiner Ansicht als „Vorgaben mit besonderer Autorität“ als „Best-Practice-Leitlinien“ für sämtliche Unternehmen herhalten könnten.

2306 BaFin, MaComp, AT, BT, dort auch zum folgenden Text; siehe auch die zusammenfassenden Darstellungen zur ursprünglichen Version der MaComp aus dem Jahre 2010 unter anderem bei *Engelhardt*, ZIP 2010, 1832, 1833ff.; *Zingel*, BKR 2010, 500, 501ff.; *Birnbaum/Kütemeier*, WM 2011, 293, 295ff.; *Schäfer*, BKR 2011, 45ff.; *Schäfer*, BKR 2011, 187ff.

dem Compliance-Beauftragten wird der Unternehmensleitung zugesprochen, die intern die Zuständigkeit für die Compliance-Funktion auf ein Mitglied der Unternehmensleitung delegieren kann und eine das gesamte Unternehmen erfassende „Compliance-Kultur“ lancieren soll.[2307]

Im Prinzip decken sich diese Aspekte mit den Mindestanforderungen, die die Verantwortung für die Etablierung einer Tax Compliance ebenfalls unmittelbar dem Vorstand zuweisen und auch die Möglichkeit der Delegation kennen.

b) Die Aufgaben der Compliance-Funktion gemäß der MaComp

Anschließend werden die Aufgaben der Compliance-Funktion erörtert, die sich in die Überwachungsaufgabe, die Berichtspflichten, die Beratungsaufgabe sowie die Beteiligung an Prozessen aufteilen.[2308]

Hinsichtlich der Überwachungsaufgabe wird sozusagen allgemein festgelegt, dass die Grundsätze sowie die eingerichteten Verfahren bzw. die ergriffenen Maßnahmen zur Beseitigung von Mängeln Gegenstand einer turnusmäßigen, risikoorientierten Kontrolle seien, um so die Einhaltung von Organisations- und Arbeitsanweisungen zu gewährleisten und innerhalb des Unternehmens das Risikobewusstsein zu schärfen.[2309]

Der Maßstab für die Aktivität der Compliance-Funktion ist anhand einer Risikoanalyse zu bestimmen, die einerseits zwecks Aktualisierung der Risikolage periodisch durchzuführen ist und andererseits auch außerplanmäßige, anlassbezogene Risikoanalysen vorsehen muss, z.B. wenn Umstrukturierungen des Unternehmens oder neue Großprojekte anstehen.[2310]

Ferner hat die Risikoanalyse auch die Erkenntnisse vorangegangener Kontrollen, der internen Revision oder von Wirtschaftsprüfern sowie weiterer denkbarer Erkenntnismöglichkeiten zu nutzen.[2311]

Auch hier besteht eine Ähnlichkeit zu den Mindestanforderungen, die ebenso eine Risikoanalyse als Ausgangspunkt von Tax Compliance vorsehen, welche nunmehr anhand der vorstehenden Ausführungen präzisiert, respektive ergänzt werden kann.

Konkret bezogen auf die Überwachungshandlungen hat die Compliance-Funktion die Kontrollhandlungen, die in den Organisations- und Arbeitsanweisungen zur Durchführung in den einzelnen Abteilungen des Unternehmens vorgesehen sind, zu kontrollieren und durch eigene, risikoausgerichteten Überprüfungen, ggf. auch vor Ort zu ergänzen. Dabei darf sich die Kontrolle nicht allein auf die Ergebnisse der internen Revision verlassen, sondern muss z.B. auch Dokumentationen auswerten, die ein Auseinanderklaffen von prognostizierten und realen Entwicklungen belegen,

2307 BaFin, MaComp, BT 1.1.
2308 BaFin, MaComp, BT 1.2.1 – BT 1.2.4.
2309 BaFin, MaComp, BT 1.2.1, Rn. 1f.
2310 BaFin, MaComp, BT 1.2.1.1, Rn. 1.
2311 BaFin, MaComp, BT 1.2.1.1, Rn. 2.

unternehmensinterne Arbeitsprozesse analysieren oder Mitarbeiterbefragungen vorsehen.[2312]

Überdies wird eine Koordination und Kooperation der Compliance-Funktion mit unternehmensinternen Überwachungsmechanismen wie der internen Revision und dem Controlling angeregt, wobei die Überwachung im Rahmen der Compliance-Funktion stets dauerhaft prozessbegleitend vorzunehmen ist. Ergänzend hat die Compliance-Funktion im Falle des Vorliegens von Mängeln die entsprechenden Abhilfemaßnahmen in die Wege zu leiten, die Unternehmensleitung zu benachrichtigen und die ordnungsgemäße Durchführung der Abhilfemaßnahmen wiederum zu überwachen.[2313]

Diese Aspekte gehen über die herausgearbeiteten Mindestanforderungen zum Teil hinaus und können somit zur Veranschaulichung im Einzelfall hinzugezogen werden, ohne dass per se eine rechtliche Verbindlichkeit bestünde, diese Anforderungen der MaComp tatsächlich außerhalb eines Wertpapierdienstleistungsunternehmens umzusetzen.

Als weitere Aufgabe der Compliance-Funktion wird die Berichtspflicht aufgeführt, die periodisch – mindestens einmal jährlich – oder aus gegebenem Anlass schriftliche Berichte an die Unternehmensleitung zum Inhalt hat. Jene Berichte schildern die Umsetzung und Wirksamkeit des Überwachungssystems, die aufgedeckten Risiken nebst der ergriffenen Abhilfemaßnahmen und sind über die Unternehmensleitung auch dem unternehmensinternen Aufsichtsorgan zuzuleiten.[2314] Im Einzelnen haben die Berichte sämtliche Bereiche des Unternehmens zu erfassen und haben die wesentlichen Erkenntnisse der Überprüfung der Grundsätze und Verfahren, eine Übersicht über die vorgenommenen Prüfungen, speziell der Prüfungen vor Ort sowie die Mängel und die Abhilfemaßnahmen darzustellen. Zudem sind die aufgedeckten Risiken, etwaige Rechtsänderungen und die dazu ergriffenen Maßnahmen, sämtliche für die Compliance-Funktion relevanten Fallgestaltungen, ggf. angefallene Korrespondenz mit Aufsichtsbehörden sowie Aussagen über die Adäquanz der personellen und sachlichen Ausrüstung der Compliance-Funktion in den Bericht aufzunehmen.[2315]

Verglichen mit den dargestellten Mindestanforderungen an Tax Compliance bieten hier die Ausführung der MaComp einen Ansatz zur Konkretisierung und Ausgestaltung der Mindestanforderungen bezüglich der Berichtspflicht.

Gleichfalls in den Aufgabenbereich der Compliance-Funktion rücken die MaComp eine Beratungsaufgabe, die sich in regelmäßigen, angemessenen, ggf. auch anlassbezogenen, bei Bedarf zu aktualisierenden Schulungen eines Teils oder aller Mitarbeiter, der Mithilfe bei der Anfertigung neuer Grundsätze und Verfahren und

2312 BaFin, MaComp, BT 1.2.1.2, Rn. 1–4.
2313 BaFin, MaComp, BT 1.2.1.2, Rn. 6–8.
2314 BaFin, MaComp, BT 1.2.2, Rn. 1–3.
2315 BaFin, MaComp, BT 1.2.2, Rn. 5–6.

der Assistenz bei der Einhaltung der gesetzlichen Rahmenbedingungen sowie der Organisations- und Arbeitsanweisungen manifestiert.[2316]

Aus der Perspektive der Mindestanforderungen betrachtet handelt es sich bei dieser „Beratungsaufgabe“ um eine gesetzliche Pflicht des Vorstands, im Falle einer Pflichtendelegation die mit der Aufgabenwahrnehmung betrauten Mitarbeiter fortlaufend über alle für ihren Aufgabenbereich relevanten Informationen und Neuerungen zu versorgen, sie entsprechend zu instruieren und zu schulen.

Den Abschluss des Aufgabenbereichs der Compliance-Funktion nach den MaComp bildet die Beteiligung der Compliance-Funktion an Prozessen. Demnach ist die Compliance-Funktion so früh wie möglich an der Entwicklung und Erneuerung interner Organisations- und Arbeitsanweisungen, die relevant für die Compliance-Funktion sind, zu beteiligen um eine präventive Wirkung der Anweisungen im Sinne einer Verhinderung von Gesetzesverstößen abzusichern und die Spezialkenntnisse der Compliance-Funktion optimal im Unternehmen umzusetzen. Organisatorisch wird die Beteiligung über ein Interventionsrecht der Compliance-Funktion abgesichert; eine Ablehnung des Rates der Compliance-Funktion ist von dieser zu dokumentieren. Des Weiteren ist die Compliance-Funktion beispielsweise in den wesentlichen, außerplanmäßigen Behördenschriftverkehr einzubeziehen.[2317]

Auch hier spiegeln sich in den MaComp die herausgearbeiteten gesetzlichen Mindestanforderungen wieder, werden jedoch z.B. durch den Aspekt der Einbeziehung in den Behördenverkehr konkretisiert.

c) Die Organisation der Compliance-Funktion gemäß der MaComp

Zu Anfang wird die Wirksamkeit der Compliance-Funktion problematisiert und per Aufzählung („insbesondere“) einige Faktoren genannt, die unter Beachtung der spezifischen Konstellation des jeweiligen Unternehmens für die Wirksamkeit von Bedeutung sind. Als über die Wertpapierdienstleistungsunternehmen hinaus verallgemeinerungsfähige Faktoren werden aufgezählt die Mitarbeiteranzahl, eine grenzüberschreitende Tätigkeit des Unternehmens sowie die Organisation und die Aktualität der IT-Systeme des Unternehmens.[2318]

Erster Unterpunkt dieses Aspekts der Wirksamkeit der Compliance-Funktion ist die Ausstattung und das Budget der Compliance-Funktion, die demgemäß über die angemessenen sachlichen, persönlichen und sonstigen Mittel zur Erfüllung ihrer Aufgabe zu verfügen hat, die sich an den individuellen Gegebenheiten des Unternehmens zu orientieren hat, wobei die Ausstattung der Compliance-Funktion akzessorisch zur Veränderung der Geschäftstätigkeit des Unternehmens anzupassen ist.[2319]

2316 BaFin, MaComp, BT 1.2.3, Rn. 1–5.
2317 BaFin, MaComp, BT 1.2.4, Rn. 1–6.
2318 BaFin, MaComp, BT 1.3.1.
2319 BaFin, MaComp, BT 1.3.1.1, Rn. 1–3.

Als zweiter Unterpunkt werden die Befugnisse der Mitarbeiter der Compliance-Funktion näher beleuchtet, die kurz gesagt mit sämtlichen Befugnissen zur Ausübung ihrer Aufgaben auszustatten sind, sei es der Zugriff auf alle Informationsflüsse des Unternehmens, umfassendes Auskunfts-, Einsichts- und Zugangsrechte zu allen Räumlichkeiten, Akten, Dokumenten sowie Computersystemen, internen und externen Prüfungsberichten sowie weiteren Berichten der Unternehmensleitung oder das Recht des Compliance-Beauftragten zur Teilnahme an den Sitzungen der Unternehmensleitung oder des Aufsichtsorgans.[2320]

Der dritte Unterpunkt bezieht sich auf die Sachkunde der Compliance-Mitarbeiter, die zumindest nach der Einweisung die notwendigen Fachkenntnisse zur Wahrnehmung der ihnen zugedachten Aufgaben aufweisen müssen, wie beispielsweise Kenntnisse der rechtlichen Rahmenbedingungen in Gestalt von Gesetzen, Verwaltungsvorschriften und Veröffentlichungen der maßgeblichen Verwaltungsbehörden, das Wissen um die organisatorische Eingliederung des Compliance-Beauftragten und des Mitarbeiters selbst in das Gefüge des Unternehmens nebst Wissen um die zugewiesenen Kompetenzen und bei grenzüberschreitender Geschäftstätigkeiten die Kenntnisse der tangierten ausländischen Rechtsordnungen. Durch periodisch wiederkehrende Schulungen ist die Aktualität der Kenntnisse abzusichern.[2321]

Ein weiterer Unterpunkt bezieht sich auf die Sachkunde und die Zuverlässigkeit des Compliance-Beauftragten in persona. Grundvoraussetzung ist zunächst, dass der Compliance-Beauftragte zuverlässig ist, wobei die Unzuverlässigkeit indiziert ist, wenn der Compliance-Beauftragte in der Zeit vor Aufnahme seiner Tätigkeit strafrechtlich z.B. wegen eines Vermögensdeliktes oder abstrahiert auf Tax Compliance wegen einer Steuerstraftat verurteilt worden ist. Genau wie die Mitarbeiter muss auch der Compliance-Beauftragte über die erforderlichen Sachkenntnisse sowie das notwendige Maß an Erfahrung verfügen, um das Funktionieren der Compliance-Funktion gewährleisten zu können. Insbesondere muss sich der Compliance-Beauftragte über die Besonderheiten des Unternehmens informieren und sich ggf. weiteres Wissen aneignen.[2322] Konkret sind als Kriterien für die Erfahrung des Compliance-Beauftragten seine vorangegangene Berufserfahrung im operativen Bereich oder in Kontrollorganen, etc. maßgeblich.[2323]

Auch hier sind die Vorgaben der MaComp in den Grundzügen kongruent zu den Mindestanforderungen, gehen allerdings in der Schilderung einzelner Anforderungen wie beispielsweise der recht konkreten Anforderungen an die Person des Compliance-Beauftragten über die Mindestanforderungen hinaus.

Unter dem Aspekt der Dauerhaftigkeit der Compliance-Funktion statuieren die MaComp ferner, dass die Compliance-Funktion im Unternehmen auf Dauer etabliert werden muss, was laut Aussage der MaComp organisatorisch im Unternehmen so

---

2320 BaFin, MaComp, BT 1.3.1.2, Rn. 1f.
2321 BaFin, MaComp, BT 1.3.1.3, Rn. 1f.
2322 BaFin, MaComp, BT 1.3.1.4, Rn. 1f.
2323 BaFin, MaComp, BT 1.3.1.4.2.

abzusichern ist, dass die Organisations- und Arbeitsanweisungen die Aufrechterhaltung der Compliance-Funktion auch in Abwesenheit de Compliance-Beauftragten gewährleisten, insbesondere durch die Installation eines hinreichend qualifizierten Vertreters. Überdies definieren die Organisations- und Arbeitsanweisungen die Verantwortungsbereiche und Befugnisse der Compliance-Funktion im Unternehmen und kodifizieren unter anderem Einzelheiten zu dem Überwachungsplan, den Berichtspflichten und der Risikoanalyse.[2324]

Fokussiert auf den Überwachungsplan ist durch diesen intendiert, einen periodischen Überwachungszyklus zu schaffen, dessen Reichweite unter risikoorientierter Schwerpunktsetzung sämtliche Geschäftsbereiche des Unternehmens erfasst und durch eine gewisse Flexibilität die Überwachungsmaßnahmen auch auf unerwartete Situationen adaptieren kann. Gegenstand der Überwachung sind die Rechtsgrundlagen, Verfahren sowie die Kontrollmechanismen des Unternehmens zur detaillierten Kontrolle aller Compliance-Risiken. Die Überwachung richtet sich in ihrer konkreten Ausgestaltung am Ergebnis der Risikoanalyse aus und ist demgemäß mit den notwendigen Mitteln auszustatten, die zur Erfüllung ihrer Aufgaben erforderlich sind. Dabei ist der Überwachungsplan flexibel an die Risikosituation des Unternehmens anzupassen.[2325]

In Bezug auf die Eingliederung in einen Unternehmens- bzw. Konzernverbund wird klargestellt, dass im Sinne des Trennungsprinzips im Konzern[2326] die Verantwortung für die Compliance-Funktion und die Kontrolle der einzelnen Compliance-Risiken bei den einzelnen Unternehmen liegt, selbst wenn die Compliance-Funktion outgesourcet wird. Gleichwohl bietet der Konzernverbund die Option, Synergien durch eine Kooperation mit den Bereichen der internen Revision, der Rechtsabteilung sowie der Compliance der anderen verbundenen Unternehmen zu nutzen.[2327]

Verglichen mit den Mindestanforderungen stellen die MaComp unter dem Oberpunkt der Dauerhaftigkeit der Compliance-Funktion nichts essentiell Neues dar, sondern sind geeignet, zur Konkretisierung zu dienen, da sie im Einzelnen über die Mindestanforderungen hinausgehen und damit fundierte Anregungen zur Ausgestaltung der Tax Compliance im Unternehmen offerieren.

Über die Dauerhaftigkeit der Compliance-Funktion hinaus fordern die MaComp die Unabhängigkeit der Compliance-Funktion von der Unternehmensleitung und von anderen Bereichen des Unternehmens, insbesondere sollen andere Unternehmensbereiche der Compliance-Funktion keine Weisungen erteilen oder in anderer Weise Einfluss nehmen dürfen.[2328] Dies wirkt sich auch auf die Mitarbeiter der Compliance-Funktion aus, die an den Prozessen im Unternehmen, die sich kontrollieren, nicht beteiligt sein dürfen. Zu begründende und zu dokumentierende

2324 BaFin, MaComp, BT 1.3.2, Rn. 1ff.
2325 BaFin, MaComp, BT 1.3.2.1, Rn. 1ff.
2326 Siehe dazu bereits die Ausführungen S. 199f.
2327 BaFin, MaComp, BT 1.3.2.2.
2328 BaFin, MaComp, BT 1.3.3, Rn. 1.

Ausnahmen von diesem Grundsatz sind bei kleineren Unternehmen zuzulassen, bei denen das Zusammenfallen verschiedener Aufgabenbereiche in einer Person im Lichte der Verhältnismäßigkeit nicht zu vermeiden ist. Alternativ besteht auch die Möglichkeit des Outsourcings der Compliance-Funktion.[2329]

Zum Verhältnis der Compliance-Funktion zu anderen Institutionen innerhalb des Unternehmens führen die MaComp aus, dass die Compliance-Funktion unter Wahrung ihrer Unabhängigkeit und Wirksamkeit auch an andere Kontrollinstitutionen wie z.B. das Risikocontrolling oder die Rechtsabteilung angebunden werden kann, ausgenommen die Interne Revision, weil diese die Compliance-Funktion zu kontrollieren habe oder die Etablierung der Compliance-Funktion im Einzelfall zur Wahrung ihrer Unabhängigkeit geboten ist.[2330]

An diesem Punkt der Unabhängigkeit der Compliance-Funktion und ihrer organisatorischen Umsetzung innerhalb des Unternehmens weichen die MaComp von den herausgearbeiteten Mindestanforderungen ab, was sicherlich eine Folge der spezialgesetzlichen Grundlage des § 33 I 1 Nr. 1 WpHG ist, der eine unabhängige Aufgabenwahrnehmung der Compliance-Funktion postuliert.

Als weiterer Aspekt der Unabhängigkeit der Compliance-Funktion wird unter anderem die Unabhängigkeit des Compliance-Beauftragten konkretisiert, die sich auch rechtlich in der Stärkung seiner Position (Ernennung für einen Zeitraum von mindestens 24 Monaten, Kündigungsfrist von 12 Monaten von Seiten des Arbeitgebers) manifestieren sollte. Des Weiteren schlagen die MaComp vor, die Stellung, Befugnisse und Vergütung des Compliance-Beauftragten anhand der Leiter der Internen Revision, des Risikocontrollings und der Rechtsabteilung zu bestimmen. Hinsichtlich der Vergütung der Mitarbeiter der Compliance-Funktion soll gewährleistet sein, dass ihre Vergütung nicht an die Vergütung derjenigen Personen gekoppelt ist, die sie überwachen sollen.[2331]

Schlussendlich wird zur bereits erwähnten Möglichkeit des Outsourcings der Compliance-Funktion in den MaComp noch grundlegend statuiert, dass freilich alle festgelegten Anforderungen zu beachten sind. Ferner steht das outsourcende Unternehmen dafür in der Verantwortung, dass das Unternehmen, auf welches die Compliance-Funktion verlagert wird, über die Ressourcen und das Fachwissen verfügt, um diese Aufgabe auf Dauer erfüllen zu können. Die Aufgabenwahrnehmung ist ferner adäquat von der Unternehmensleitung zu kontrollieren.

Schlussendlich sind auch diese Ausführungen der MaComp etwas weiter gehend als die Mindestanforderungen, so dass auch hier die Möglichkeit einer Konkretisierung der Mindestanforderungen besteht.

2329 BaFin, MaComp, BT 1.3.3.1, Rn. 1ff.

2330 BaFin, MaComp, BT 1.3.3.2, Rn. 1f.; zur Rechtsabteilung siehe BaFin, MaComp, BT 1.3.3.3, Rn. 1ff.

2331 BaFin, MaComp, BT 1.3.3.4, Rn. 4–6.

d) *Fazit: Konkretisierungspotential statt Best Practice*

Wie bereits zu Beginn festgestellt, eignen sich die MaComp aufgrund ihrer Spezialisierung nicht als Best Practice für ein beliebiges Unternehmen, welches nicht zugleich ein Wertpapierdienstleistungsunternehmen ist, genutzt zu werden. Gleichwohl konnte aufgezeigt werden, dass die MaComp zwar in vielen, wesentlichen und verallgemeinerungsfähigen bzw. auch auf Tax Compliance übertragbaren Aspekten mit den herausgearbeiteten und dargestellten Mindestanforderungen kongruent sein mögen, trotzdem aber ein Konkretisierungspotential aufweisen, welches einzelne Unternehmen zur Ausgestaltung ihrer Tax Compliance nutzen können, ohne dies verallgemeinernd in den Rang einer Best Practice oder gar einer Rechtspflicht erheben zu wollen.

III. Mindestanforderungen an das Risikomanagement – MaRisk

Neben den MaComp hat die BaFin noch Mindestanforderungen an das Risikomanagement veröffentlicht, die ebenfalls als mögliche Quelle einer Best Practice für Tax Compliance dienen könnten.

Hinsichtlich der Rechtsqualität dieser Mindestanforderungen sei auf die Ausführungen zu den MaComp verwiesen.[2332]

Indes ist bei den Mindestanforderungen an das Risikomanagement aus Klarstellungsgründen zwischen zwei unterschiedlichen Regelungswerken zu unterscheiden, namentlich den Aufsichtsrechtlichen Mindestanforderungen an das Risikomanagement, MaRisk (VA)[2333] und den eigentlichen Mindestanforderungen an das Risikomanagement, MaRisk[2334].

1. *MaRisk (VA)*

Die MaRisk (VA) intendieren die Ausgestaltung der Regelungen §§ 64a, 104s VAG, sowie des Art. 9 der sog Finanzkonglomerate Richtlinie[2335], um auf diese Weise die Einstellung der Unternehmensleitung eines Versicherungsunternehmens im Hinblick

---

2332 Siehe dazu bereits die Auseinandersetzung in Bezug auf die MaComp, S. 480ff.

2333 Bundesanstalt für Finanzdienstleistungsaufsicht, Rundschreiben 3/2009 – Aufsichtsrechtliche Mindestanforderungen an das Risikomanagement (MaRisk VA).

2334 Bundesanstalt für Finanzdienstleistungsaufsicht, Rundschreiben 10/2012 – Mindestanforderungen an das Risikomanagement (MaRisk).

2335 Richtlinie 2002/87/EG des Europäischen Parlaments und des Rates vom 16. Dezember 2002 über die zusätzliche Beaufsichtigung der Kreditinstitute, Versicherungsunternehmen und Wertpapierfirmen eines Finanzkonglomerats und zur Änderung der Richtlinien 73/239/EWG, 79/267/EWG, 92/49/EWG, 92/96/EWG, 93/6/EWG und 93/22/EWG des Rates und der Richtlinien 98/78/EG und 2000/12/EG des Europäischen Parlaments und des Rates, ABl. EU 2003, L 35, S. 1, 9.

auf Risiken zu sensibilisieren.[2336] Adressiert sind die MaRisk (VA) an verschiedenste Arten von Versicherungsunternehmen und setzen sich schwerpunktmäßig mit der Ausgestaltung eines angemessenen Risikomanagements für eben diese Versicherungsunternehmen auseinander.[2337]

Angesichts der hier vertretenen Auffassungen, wonach das Corporate Compliance-System und damit auch das Tax Compliance-System zum einen grundsätzlich vom Risikomanagement unabhängig sein sollten und das Risikomanagement sich vielmehr zur Identifikation compliance-relevanter Sachverhalte nutzen lässt[2338] sowie zum anderen, dass § 64a VAG, der mit Hilfe der MaRisk (VA) ausgestaltet wird, als spezialgesetzliche Norm nicht als Anknüpfungspunkt für Corporate Compliance und Tax Compliance taugt[2339], sind die MaRisk (VA) sowohl als Quelle einer Best Practice für Tax Compliance wie auch zur Konkretisierung der Mindestanforderungen an Tax Compliance ungeeignet. Die MaRisk (VA) weisen allenfalls einen im Rahmen der Risikoidentifikation bestehenden Bezug zu Tax Compliance auf und sind grundsätzlich auf die Spezifika von Versicherungsunternehmen ausgerichtet.

2. *MaRisk*

Demgegenüber intendieren die MaRisk in erster Linie auf Grundlage des § 25a KWG den Unternehmen eine Art Leitfaden zu bieten, um den Begriff des Risikomanagements näher auszufüllen. Ferner beziehen sich die MaRisk noch auf die Beachtung der Art. 22, 123 und 124 der Bankenrichtlinie[2340], des § 33 I WpHG i.V.m. § 25a I KWG, Art. 13 der Finanzmarktrichtlinie[2341] sowie der Art. 5, 7, 8, 9, 13 und 14 der Durchführungsrichtlinie zur Finanzmarktrichtlinie[2342].[2343]

2336 BaFin, MaRisk (VA), Punkt 1, Rn. 1.

2337 BaFin, MaRisk (VA), Punkt 2, Rn. 1; Punkt 7; siehe dazu auch *Weber-Rey*, AG 2009, R124, R125; *Bürkle*, VersR 2009, 866 *passim*; *Michael*, VersR 2010, 141.

2338 Siehe dazu bereits ausführlich m.w.N. S. 23ff.

2339 Siehe dazu bereits ausführlich m.w.N. S. 186f.

2340 Richtlinie 2006/48/EG des Europäischen Parlaments und des Rates vom 14. Juni 2006 über die Aufnahme und Ausübung der Tätigkeit der Kreditinstitute (Neufassung), ABl. EU 2006, L 177, 1, 19, 46f.

2341 Richtlinie 2004/39/EG des Europäischen Parlaments und des Rates vom 21. April 2004 über Märkte und Finanzinstrumente, zur Änderung der Richtlinien 85/611/EWG und 93/6/EWG des Rates und der Richtlinie 2000/12/EG des Europäischen Parlaments und des Rates zur Aufhebung der Richtlinie 93/22/EWG des Rates, ABl. EU 2004, L145, 1, 15f.

2342 Richtlinie 2006/73/EG der Kommission vom 10. August 2006 zur Durchführung der Richtlinie 2004/39/EG des Europäischen Parlaments und des Rates in Bezug auf die organisatorischen Anforderungen an Wertpapierfirmen und die Bedingungen für die Ausübung ihrer Tätigkeit sowie in Bezug auf die Definition bestimmter Begriffe für die Zwecke der genannten Richtlinie, ABl. EU 2006, L 241, 26, 36ff.

2343 BaFin, MaRisk, AT 1, Rn. 1–3.

a) Die Compliance-Funktion nach den MaRisk

In das Gesamtgefüge der MaRisk wird die Compliance-Funktion als internes Kontrollsystem eingeordnet und dabei als Subsystem des internen Kontrollverfahrens als Element eines wirksamen und adäquaten Risikomanagements qualifiziert.[2344] Diesbezüglich postulieren die MaRisk, dass in jedem Institut im Sinne der MaRisk eine Compliance-Funktion, adaptiert an die individuelle Risikostruktur des jeweiligen Instituts, einzuführen ist.[2345]

Nachfolgend wird die Compliance-Funktion weiter konkretisiert und festgelegt, dass die Compliance-Funktion Risiken aus der Nichtbeachtung für das Unternehmen relevanter Gesetze und Vorgaben minimieren soll, indem Verfahren nebst Kontrollen im Unternehmen eingerichtet werden und der Unternehmensleitung bei der Beachtung der relevanten Gesetze und Vorgabe assistiert wird.[2346]

Zu diesem Zweck erfolgt durch die Compliance-Funktion eine periodisch wiederkehrende Identifizierung der Gesetze und Vorgaben, deren Nichtbeachtung das Unternehmen finanziell gefährdet oder dem Unternehmen schadet.[2347]

Organisatorisch soll die Compliance-Funktion der Unternehmensleitung unterstellt und zum Bericht verpflichtet sein, kann aber auch in andere Kontrolleinheiten eingebunden sein oder mit diesen kooperieren.[2348] Personell trägt ein Compliance-Beauftragter die Verantwortung für die Aufgabenwahrnehmung der Compliance-Funktion, wobei die Aufgabe des Compliance-Beauftragten nur im Einzelfall von der Unternehmensleitung ausgefüllt werden darf.[2349]

Ferner bedarf es zu einer wirksamen und effektiven Compliance-Funktion noch der entsprechenden Ermächtigungen der Mitarbeiter der Compliance-Funktion im Unternehmen, insbesondere der Verfügungsmöglichkeit über alle relevanten Informationen, über Berichte und Weisungen der Unternehmensleitung. Freilich sind alle Mitarbeiter der Compliance-Funktion bei Änderungen im Verfahren zur Beachtung der Gesetze und Vorgaben rechtzeitig in Kenntnis zu setzen.[2350]

Teil der Compliance-Funktion ist nach den MaRisk ebenfalls eine Berichtspflicht an die Unternehmensleitung, d.h. es sind sowohl jährliche als auch Berichte aus gegebenem Anlass zu erstatten, in denen auf das tatsächliche Funktionieren der Compliance-Funktion einzugehen ist und Mängel sowie die ergriffenen Vorkehrungen erfasst sind. Überdies sind die Berichte auch den Aufsichtsorganen der Unternehmen und der internen Revision zur Verfügung zu stellen.[2351]

2344 BaFin, MaRisk, AT 1, Rn. 1.
2345 BaFin, MaRisk, AT 4.3, Rn. 1c).
2346 BaFin, MaRisk, AT 4.4.2, Rn. 1; siehe dazu auch die Darstellung von *Boldt/Büll/Voss*, CCZ 2013, 248, 249ff.
2347 BaFin, MaRisk, AT 4.4.2, Rn. 2.
2348 BaFin, MaRisk, AT 4.4.2, Rn. 3.
2349 BaFin, MaRisk, AT 4.4.2, Rn. 4.
2350 BaFin, MaRisk, AT 4.4.2, Rn. 5.
2351 BaFin, MaRisk, AT 4.4.2, Rn. 6.

Schlussendlich ist das Aufsichtsorgan bei einem Wechsel der Person des Compliance-Beauftragten in Kenntnis zu setzen.[2352]

b) Fazit

Während die MaRisk die Norm des § 33 I WpHG zwar berücksichtigen, sich aber schwerpunktmäßig mit dem Risikomanagement im Sinne des § 25a KWG auseinander setzen[2353], widmen sich die MaComp sehr viel ausführlicher der Norm des § 33 I WpHG[2354], so dass die Aspekte, die die MaRisk im Hinblick auf eine Compliance-Funktion im Unternehmen ansprechen, dort bereits Berücksichtigung gefunden haben.

Mithin bringen die MaRisk aus der Perspektive einer Best Practice für Tax Compliance keinen eigenen Erkenntnisgewinn im Vergleich zu den MaComp.

3. Keine Best Practice für Tax Compliance aus den MaRisk

Im Ergebnis lässt sich damit festhalten, dass weder die MaRisk (VA), noch die MaRisk als mögliche Quelle einer Best Practice für Tax Compliance genutzt werden können, da die MaRisk (VA) auf die speziellen Bedürfnisse und Risiken von Versicherungsunternehmen abgestimmt sind und ergo keine verallgemeinerungsfähigen Aussagen zur Corporate bzw. Tax Compliance enthalten, wohingegen die MaRisk zwar Ausführungen zu einer Compliance-Funktion im Unternehmen darstellen, die jedoch in den weiter reichenden und detaillierteren Darlegungen der MaComp aufgehen.

IV. Deutscher Corporate Governance Kodex

Bereits im Rahmen der Diskussion einer Pflicht zur Corporate Compliance wurde unter anderem auch Ziffer 4.1.3 DCGK erörtert, die deklaratorisch konstatiert, dass der Vorstand für die Beachtung der Gesetze und unternehmensinterner Richtlinien zu sorgen habe.[2355] Obwohl der DCGK lediglich als „soft law" konzipiert ist, führt er ausweislich seiner Präambel „international und national anerkannte Standards guter und verantwortungsvoller Unternehmensführung" zusammen, um auf diese Weise eine Best Practice einer guten Unternehmensführung zu etablieren.[2356]

Gleichwohl lässt sich im Hinblick auf eine Best Practice für Tax Compliance kein Erkenntnisgewinn aus dem DCGK erzielen: Außer dem Allgemeinplatz der

2352 BaFin, MaRisk, AT 4.4.2, Rn. 7.

2353 Siehe dazu bereits die vorstehenden Ausführungen sowie BaFin, MaRisk, AT 1, Rn. 1, 3.

2354 Siehe dazu bereits oben, S. 483ff.

2355 Siehe dazu bereits ausführlich m.w.N. S. 187f., dort auch zum folgenden Text.

2356 Vgl. dazu beispielhaft Grundsatzkommission Corporate Governance, NZG 2000, 333ff., die bereits in der Überschrift von einem „Code of Best Practice in Bezug auf die deutschen Corporate Governance Grundsätze spricht; *Vetter*, DNotZ 2003, 748, 752f.; *von Kann/Eigler*, DStR 2007, 1730; *von der Linden*, in: Wilsing, DCGK, Präambel, Rn. 5.

Einhaltung der Gesetze und damit auch der Steuergesetze sind dem DCGK keine konkreten Kriterien für eine Tax Compliance Best Practice zu entnehmen. Allenfalls zur Rechnungslegung als einer der Informationsquellen der Tax Compliance[2357] finden sich unter 7.1 einige Ausführungen, die indes aus der Perspektive von Tax Compliance zur Definition von Best Practice Kriterien aufgrund ihrer Allgemeinheit nicht geeignet sind, so dass letztendlich der DCGK keine Anhaltspunkte für eine Tax Compliance Best Practice zu liefern vermag.

V. Best Practice Ansätze im Schrifttum

Abseits der bisher untersuchten Kodifizierungen geistert der Begriff der Best Practice als Schlagwort im inhaltlichen Zusammenhang mit Compliance durch das Schrifttum. Überdies offeriert das Schrifttum eine Vielzahl organisatorischer Elemente, die eventuell als Ansatz einer Best Practice konkret für Tax Compliance, jedenfalls zur Konkretisierung der Mindestanforderungen an Tax Compliance genutzt werden können.

1. Existenz einer Best Practice im Schrifttum?

Obgleich der Begriff der Best Practice in der Compliance-Literatur zu finden ist, zeichnet sich kein einheitliches Stimmungsbild, welches ohne Weiteres zu einem Best Practice Standard verdichtet werden könnte. Zum Teil werden einzelne Aspekte einer Compliance-Organisation wie z.B. ein Hinweisgebersystem bzw. ein „Whistleblowing-System", das den Mitarbeitern ermöglichen soll, eine Stelle im Unternehmen diskret und anonym über potentielles Fehlverhalten in Bezug auf die Unternehmens-Compliance zu informieren, in den Stand einer Best Practice erhoben.[2358]

Teilweise werden auch „allgemeingültige Grundsätze ordnungsgemäßer Compliance" mit Elementen wie unter anderem „Compliance als Leitungsaufgabe", „Compliance als Organisationsaufgabe" oder dem „Grundsatz der Ausdrücklichkeit und Schriftlichkeit" als Verkehrssitte oder Best Practice bezeichnet, was aber in keiner Weise anhand tatsächlicher, ggf. empirischer Erkenntnisse als in der Praxis übliches Vorgehen verifiziert wird und damit lediglich eine Anregung bietet, wie sich eine Best Practice nach dem hier zu Grunde gelegten Verständnis einer Quintessenz dessen, was sich in der Praxis als vorbildlich herauskristallisiert, gestalten könnte.[2359]

Demgegenüber finden sich kritische Stimmen, die von einer allgemeingültigen Best Practice für Compliance mit dem Argument Abstand nehmen, dass es für Unternehmen unterschiedlicher Größe wie einem kleinen oder mittelständischen

---

2357 Siehe dazu die Ausführungen zum Tax Accounting S. 47ff.

2358 So beispielsweise *Grützner/Leisch*, DB 2012, 787, 792; siehe allgemein zu Hinweisgebersystemen bzw. zum Whistleblowing z.B.: *Lampert*, in: Hauschka, Corporate Compliance, § 9, Rn. 35 m.w.N.; *Moosmayer*, Compliance, S. 56ff.

2359 Siehe zu den „allgemeingültigen Grundsätzen ordnungsgemäßer Compliance" *Rieder/Falge*, in: Görling/Inderst/Bannenberg, Compliance, S. 13, 23ff.

Unternehmen im Vergleich zu einem internationalem Konzern mit unzähligen Tochtergesellschaften schon denklogisch keine einheitliche Best Practice geben könne.[2360] Konsequenz dieses Ansatzes ist demnach folgerichtig, dass in Ermangelung einer Best Practice die Organisation zur wirksamen Umsetzung des Legalitätsprinzips im Unternehmen eine Reaktion auf die individuelle Risikolage des einzelnen Unternehmens und damit eine Frage des Einzelfalls ist.[2361]

Mithin ist auch dem Schrifttum jedenfalls kein einheitlicher, allgemeingültiger Best Practice-Standard weder für Corporate Compliance im Allgemeinen noch für Tax Compliance im Speziellen zu entnehmen, so dass es beim Ausgangspunkt, nämlich einer bloßen Konkretisierung der Mindestanforderungen verbleibt.

2. Exemplarische Konkretisierung der Mindestanforderungen

In Anbetracht der immer weiter zunehmenden, nahezu unüberschaubaren Fülle an Darstellungen von Corporate Compliance-Systemen oder Organisationen ohne einen wirklich nennenswerten Erkenntnisgewinn unterbleibt eine auf Vollständigkeit angelegte Darstellung, vielmehr soll ein Ausblick auf mögliche, besonders prägnante Möglichkeiten zur Ergänzung und Konkretisierung der Mindestanforderungen gegeben werden.[2362] Klarstellend sei darauf hingewiesen, dass diese exemplarisch aufgeführten Konkretisierungen abseits der herausgearbeiteten Mindestanforderungen keine rechtliche Verbindlichkeit aufweisen, sondern je nach individueller Risikolage des Unternehmens als Mittel zur Umsetzung der Tax Compliance herangezogen werden können.[2363]

Bereits im Grundlagenkapitel wurden im Zuge der Begriffsbestimmungen von Compliance und insbesondere von Tax Compliance der Inhalt und die Bestandteile erläutert, die Tax Compliance charakterisieren und sich auch in den gesetzlichen Mindestanforderungen widerspiegeln.

a) Tax Compliance-Richtlinien und Tax Compliance-Manual

Zur Ausgestaltung und Umsetzung bzw. Konkretisierung der Mindestanforderungen können beispielsweise Tax Compliance-Richtlinien genutzt werden, die in einem allgemeinen Teil zunächst Grundsätzliches festlegen wie die Einhaltung der Steuergesetze und steuerlicher Fristen, Fortbildung der Mitarbeiter, und Ähnliches und in einem besonderen Teil dann präzise Zuständigkeits- und Verantwortungsregelungen,

2360 *Goette*, ZHR 175 (2011), 388, 389f.; *Kiesel/Böhringer*, BB 2012, 1190, 1194; vgl. auch *Verse*, ZHR 175 (2011), 401, 414 in Fn. 51.

2361 Statt aller *Goette*, ZHR 175 (2011), 388ff., 396, 400.

2362 Bereits *Goette*, ZHR 175 (2011), 388, 389, Fn. 3 wies darauf hin, dass das Schrifttum zum Thema Compliance „nahezu unüberschaubar" sei.

2363 Siehe zum Beispiel kritisch zu einzelnen Elementen einer Compliance-Organisation *Kort*, in FS Roth, 407, 410ff.

die Organisation der Fristen, den Umgang mit der Betriebsprüfung und besonderen gesetzlichen Anforderungen bestimmter Steuern, usw.[2364]

Bei derartigen Richtlinien oder Handbüchern (Manuals) adressiert an die Mitarbeiter des Unternehmens ist vor allen Dingen auf die Verständlichkeit und Eindeutigkeit der Darstellung zu achten, damit die Mitarbeiter die Bedeutung und die an sie gestellten Anforderungen bzw. Anweisungen überhaupt verstehen und dann auch umsetzen können.[2365]

b) „Notfall-“ bzw. „Krisenprogramm“

Aus dem Präventionsgedanken von Compliance lässt sich als Konkretisierung auch die Aufstellung eines umfassenden „Notfall-“ bzw. „Krisenprogramms“ ableiten, um für den Fall einer Durchsuchung des Unternehmens gewappnet zu sein und Schäden ausgelöst durch einen unkoordinierten, unprofessionellen Umgang mit staatlichen Ermittlungsmaßnahmen zu verhindern. En detail bietet sich beispielsweise eine Information der Mitarbeiter hinsichtlich ihrer Rechte und Pflichten im Ermittlungsverfahren an, das Aufstellen von Handlungsanweisungen, d.h. wer wie und wann genau zu informieren ist, das Aufstellen eines „Krisenteams“ als patenter Notfallansprechpartner für die Mitarbeiter, Information der Rechtsberater des Unternehmens, Überprüfung des Durchsuchungsbeschlusses, Erstellung von Protokollen, kontrollierte Kommunikation mit der Pressen und schließlich fortwährende Überarbeitung sowie Verbesserung des „Notfalls-“ bzw. „Krisenprogramms“.[2366]

c) Personalorganisation und organisatorische Kontrolle

Bezogen auf die Organisation des Personals bieten sich mehrere Möglichkeiten an, beispielsweise Schmiergeldzahlungen, die über § 4 V 1 Nr. 10 EStG durch die Finanzbehörde an die Staatsanwaltschaft mitzuteilen sind[2367], zu erschweren oder zu minimieren, indem das Vier-Augen-Prinzip, nach dem nie ein Mitarbeiter allein für eine bestimmte Entscheidung zuständig ist, eingeführt wird, oder bestimmte Funktionen wie z.B. die Wahrnehmung einer Aufgabe und die Kontrolle der Aufgabenwahrnehmung voneinander getrennt werden und nicht in einer Person oder dem identischen Prozess stattfinden, oder einem Mitarbeiter nur ausschließlich die Berechtigungen im Unternehmen eingeräumt werden, die für die Erfüllung der ihm übertragenen Aufgaben notwendig sind, ebenso wie Job-Rotationen hinsichtlich Aufgabenbereichen, Zuständigkeiten oder wahrgenommen Funktionen.[2368]

2364 Ausführliche Darstellung z.B. bei *Streck/Mack/Schwedhelm*, Tax Compliance, S. 509ff. (Anhang 1, Tax Compliance-Richtlinie).

2365 Siehe dazu ausführlich statt aller *Lampert*, in: Hauschka, Corporate Compliance, § 9, Rn. 19ff.

2366 Ausführliche Darstellung bei *Campos Nave/Bonenberger*, BB 2008, 734, 736ff.

2367 Siehe dazu bereits ausführlich oben S. 166ff.

2368 *Benz/Heißner/John*, in: Dölling, Handbuch der Korruptionsprävention, S. 49ff., Rn. 24–39.

d) *Compliance Audits*

Im Zuge der unternehmensinternen Kontrolle und insbesondere im Hinblick auf die Überprüfung der Wirksamkeit und der Umsetzung der Tax Compliance im Unternehmen, werden sog. Compliance Audits im Schrifttum beschrieben, die einzelne Abteilungen des Unternehmens einer systematischen Prüfung, in diesem Fall unter Fokussierung auf die Wirksamkeit der Tax Compliance oder bestimmte, vorab definierte Risikofaktoren, vorsehen.[2369]

e) *Tax Mock Dawn Raids*

Ein in der Literatur genanntes Element zur Konkretisierung der Mindestanforderung, speziell im Hinblick auf die Effektivität interner Kontrollsysteme und der Umsetzung von Richtlinien über Stichproben und Compliance Audits hinaus sind sog. Mock Dawn Raids, bei denen beispielsweise bezogen auf Tax Compliance, ein unverhoffter Besuch der Steuerfahndung im Unternehmen simuliert wird. Eine solche Tax Mock Dawn Raid bietet auch die Möglichkeit, hierbei aufgedeckte Lücken oder Unzulänglichkeiten in der unternehmensinternen Organisation auszumerzen.[2370]

f) *Sanktionsmechanismen*

Durch Schulungen und Fortbildungsangebote existiert eine Möglichkeit die Mitarbeiter über die Einhaltung der Gesetze, in diesem Fall über Tax Compliance zu instruieren und sie zur Abkehr von einer bestehenden, gesetzeswidrigen Praxis abzubringen. Zugleich bietet es sich an, Sanktionsmechanismen einzurichten, die dann eingreifen, wenn ein Mitarbeiter nach erfolgreicher Instruktion trotzdem an einer gesetzeswidrigen Praxis festhält oder sich anderweitig gesetzeswidrig verhält, wobei die Sanktionsmechanismen je nach Schwere des Verstoßes auf die ganze Bandbreite rechtlicher Sanktionsoptionen von der bloßen Abmahnung, über die Kürzung des Gehalts, die Versetzung bis hin zur Kündigung zurückgreifen können sollten.[2371]

3. *Fazit*

Ergo bleibt festzuhalten, dass im Schrifttum vereinzelt Ansätze einer Best Practice für solitäre organisatorische Aspekte von Corporate Compliance oder auch Tax Compliance zu finden sind, die sich aber nicht zu einer allgemeingültigen Tax Compliance Best Practice verdichten lassen. Vielmehr können aus den Einzelaspekten wie exemplarisch beschrieben Konkretisierungen für die Ausgestaltung der Mindestanforderungen abgeleitet werden, ohne dass diese dargestellten Konkretisierungsmöglichkeiten eine gesetzliche Verbindlichkeit für sich reklamieren könnten.

2369 Siehe dazu z.B. *Kremer/Klahold*, in: Krieger/Schneider, Handbuch Managerhaftung, § 21, Rn. 47ff.; *Liese/Schulz*, BB 2011, 1347 *passim*.

2370 *Inderst*, in: Görling/Inderst/Bannenberg, Compliance, S. 124f.

2371 Siehe dazu ausführlich *Lampert*, in: Hauschka, Corporate Compliance, § 9, Rn. 33.

C. Tax Compliance-Mindestanforderungen ohne Best Practice

Mit Blick auf die eingangs des Kapitels aufgeworfene Frage, inwiefern hinsichtlich Tax Compliance eine Best Practice über die Mindestanforderungen gleichsam als Good Practice hinaus existiert und wie sich diese Best Practice zu den Mindestanforderungen verhält lässt sich zunächst knapp konstatieren, dass sich eine Best Practice im Sinne einer Unternehmenspraxis, welche erprobte und ökonomisch sinnvolle Vorgehensweisen, Systeme und Prozesse anwendet, wodurch das Unternehmen jedenfalls in bedeutenden Tätigkeitsbereichen seiner Branche als beispielhaft bzw. mustergültig anzusehen ist[2372] als das Steuerrecht abdeckende Kodifikation nicht existiert und auch nicht aus den analysierten Quellen oder Ansätzen ab- oder hergeleitet werden kann.

Vielmehr ergeben sich aus den dargestellten Quellen und Ansätzen lediglich Konkretisierungsmöglichkeiten als ein optionales Instrumentarium, welches prinzipiell geeignet ist, die Mindestanforderungen auszugestalten, ohne dass die aus den Konkretisierungen resultierenden Ansätze oder Möglichkeiten pauschal eine rechtliche Verbindlichkeit begründen könnten.

2372 Siehe dazu die Definition bei *Hauschka*, ZRP 2006, 258.

Schlussbetrachtung

Ausgangspunkt dieser Arbeit war, die dogmatische Diskussion um Tax Compliance auf eine fundierte Grundlage zu stellen, indem die Schnittstelle zwischen Steuer- und Gesellschaftsrecht näher beleuchtet worden ist.

Gemäß dieser Zielsetzung verbleibt zunächst als Erkenntnis in Bezug auf den Begriff der Tax Compliance, dass Tax Compliance über eine primäre Intentionsebene die Einhaltung der Steuergesetze und die Erfüllung steuerlicher Pflichten beabsichtigt um auf diese Weise über eine Risikoerkennung und Risikovermeidung eine Haftung des Unternehmens, des Vorstands sowie steuerstrafrechtliche Folgen zu vermeiden. Mittel zum Zweck ist auf einer sekundären Transformationsebene eine Implementierung von Tax Compliance in das Unternehmen durch ein Tax Compliance-System, wobei dieses System in das IKS eingebettet ist, das Risikomanagement im Wege eines Informationsaustausches zur Risikoidentifikation, die interne Revision zur Kontrolle sowie das Controlling zur Abstimmung, Koordination und Information nutzt.

Verantwortlich für Tax Compliance ist in erster Linie die Steuerabteilung, die in enger Kooperation mit dem Rechnungswesen für die Aufzeichnungs- und Buchführungspflichten sowie der Corporate Compliance-Abteilung als „Infrastruktur" für die Realisierung von Tax Compliance im jeweiligen Unternehmen zur sorgen hat, ohne dass Tax Compliance in Anbetracht der Omnipräsenz bzw. Ubiquität der Steuern im gesamten Unternehmen auf eine dieser Abteilungen beschränkt wäre.

Untermauert wird diese Erkenntnis durch die überragende Bedeutung der Steuern in international tätigen Unternehmen, weil Steuern zwingend mit der wirtschaftlichen Betätigung des gesamten Unternehmens verbunden sind und gleichzeitig einen enormen Einfluss auf die Finanzlage national wie auch international ausgerichteter Unternehmen ausüben. Konsequenz ist, dass systemische Steuerrisiken das Unternehmen in seiner Existenz gefährden können.

Im Einzelnen geht die systemische Risikolage illustriert an exemplarischen Risikobereichen aus einer Kumulation einzelner Risiken wie beispielsweise den Steuernachforderungen, der Doppelbesteuerung oder den Zinszahlungen hervor, die dem Steuerrecht inhärent sind und die speziell bei internationalen Sachverhalten angesichts einer mangelnden Harmonisierung der Rechtsgrundlagen trotz des unbedingten Willens die Gesetze einhalten zu wollen in die missliche Lage der Rechtsverletzung als steuerrechtliches Risikodilemma führen.

Auf diese Weise begründet die systemische Risikolage bereits eine faktische Notwendigkeit von Tax Compliance im Unternehmen.

Über diese bloß faktische Notwendigkeit hinaus, ist die Pflicht zur Tax Compliance auf einer dogmatischen Grundlage derivativ über die Normen §§ 76 I, 93 I AktG im Innenverhältnis, § 130 OWiG im Außenverhältnis sowie originär steuerrechtlich über § 69 i.V.m. §§ 34 I, 35 AO herzuleiten. Diese Normen konstituieren, reglementieren und sanktionieren als Normentrias die Anforderungen, die an Tax Compliance zu stellen sind. Sie statuieren einen Katalog gesetzlicher Mindestanforderungen, der konkrete Organisationsanforderungen im Lichte der Relevanz von Tax Compliance als Leitungsaufgabe formuliert und mittels einer Einteilung in Risikostrukturklassen die Grenzen des Organisationsverschuldens des Vorstandes definiert.

Diese Pflicht des Vorstandes zur Tax Compliance nebst der einzuhaltenden Mindestanforderungen ist indes nicht isoliert als Selbstzweck des Vorstandes zu sehen, vielmehr existiert über den direkten, steuerrechtlichen Rückkoppelungseffekt sowie den indirekten Rückkoppelungseffekt ein untrennbarer Zusammenhang zwischen Tax Compliance, der Haftung des Vorstandes sowie der Haftung des Unternehmens.

Zugleich bleibt festzuhalten, dass sich die Etablierung von Tax Compliance im Unternehmen in Form eines Tax Compliance-Systems orientiert an den Mindestanforderungen durchweg positiv für den Vorstand und das Unternehmen auswirkt und keine Nachteile verursacht.

Gleichwohl hat sich bisher noch keine Best Practice für Tax Compliance herauskristallisiert, jedoch wohnt den mannigfaltigen Ansätzen der Literatur, den MaComp oder dem IDW PS 980 ein Konkretisierungspotential hinsichtlich der herausgearbeiteten Mindestanforderungen inne um diese näher auszufüllen.

Rekurrierend auf die Zielsetzung dieser Arbeit, die dogmatische Diskussion um Tax Compliance per Analyse der Schnittstelle zwischen Steuer- und Gesellschaftsrecht auf eine fundierte Grundlage zu stellen, mag diese Arbeit als Diskussionsgrundlage auf dem Weg zu einer abschließenden Beantwortung dieser Fragestellung dienen.

Literaturverzeichnis

Literatur und Rechtsprechung wurde bis Juli 2014 berücksichtigt

Abeltshauser, Thomas E.: Leitungshaftung im Kapitalgesellschaftsrecht, Köln, Berlin, Bonn, München 1998

Abendroth, Christiane: Der Bilanzeid – sinnvolle Neuerung oder systematischer Fremdkörper?, in WM 2008, 1147–1151

Achenbach, Hans: Rezension zu Günter Maschke, Aufsichtspflichtverletzungen in Betrieben und Unternehmen – Die Sanktionierung von Verstößen gegen die Aufsichtspflicht in Betrieben und Unternehmen nach § 130 des Ordnungswidrigkeitengesetzes unter besonderer Berücksichtigung des Zusammenhanges zwischen Tathandlung und Zuwiderhandlung, in wistra 1998, 296–300

Achenbach, Hans / Ransiek, Andreas (Hrsg.): Handbuch Wirtschaftsstrafrecht, 3. Aufl., Heidelberg, München, Landsberg, Frechen, Hamburg 2012 [zit.: *Bearbeiter*, in: Achenbach/Ransiek, Handbuch Wirtschaftsstrafrecht]

Adam, Dirk H. V.: Die Begrenzung der Aufsichtspflichten in der Vorschrift des § 130 OWiG, in wistra 2003, 285–292

Adams, Heinz W. / Johannsen, Dirk: Das 'gerichtsfeste' Produktionsunternehmen in BB 1996, 1017–1021

Adler, Hans / Düring, Walther / Schmaltz, Kurt (Hrsg.): Rechnungslegung und Prüfung der Unternehmen, Teilband 2, 6. Auflage, Stuttgart 1995

Adler, Hans / Düring, Walther / Schmaltz, Kurt (Hrsg.): Rechnungslegung und Prüfung der Unternehmen, Teilband 4, 6. Auflage, Stuttgart 1997

Ahrens, Susanne: Der Vollzug von Steuergesetzen durch den niederländischen Belastingdienst im Vergleich zur deutschen Finanzverwaltung, Berlin 2005

Altenhain, Karsten: Der strafbare falsche Bilanzeid, in WM 2008, 1141–1147

Altmeppen, Holger: Haftung der Geschäftsleiter einer Kapitalgesellschaft für Verletzung von Verkehrssicherungspflichten, in ZIP 1995, 881–891

Altmeppen, Holger: Probleme der Konkursverschleppungshaftung, in ZIP 1997, 1173–1185

Altmeppen, Holger: Der Prüfungsausschuss – Arbeitsteilung im Aufsichtsrat, in ZGR 2004, 390–415

Altmeppen, Holger: „Upstream-loans", Cash Pooling und Kapitalerhaltung nach neuem Recht, in ZIP 2009, 48–56

Altmeppen, Holger: Grenzen der Zustimmungsvorbehalte des Aufsichtsrats und die Folgen ihrer Verletzung durch den Vorstand, in: Festschrift für Karsten Schmidt, hrsg. v. Georg Bitter, Marcus Lutter, Hans-Joachim Priester, Wolfgang Schön, Peter Ulmer, Köln 2009, 23–40

Amling, Thomas / Bantleon, Ulrich: Interne Revision – Grundlagen und Ansätze zur Beurteilung deren Wirksamkeit, in DStR 2008, 1300–1306

Andresen, Ulf / Busch, Oliver: Anzeigepflicht bezüglich grenzüberschreitender Investitionen (§ 138 Abs. 2 AO), in GmbHR 2012, 81–86

Andresen, Ulf / Busch, Oliver: Betriebsstätten-Einkünfteabgrenzung: steuerliche Untiefen bei der Transformierung des Authorized OECD Approaches in nationales Recht, in Ubg 2012, 451–458

Arbeitskreis Externe und Interne Überwachung (AKEIÜ) der Schmalenbach-Gesellschaft für Betriebswirtschaft e.V., Köln: Best Practice für die Interne Revision, in DB 2006, 225–229

Arbeitskreis Externe und Interne Überwachung (AKEIÜ) der Schmalenbach-Gesellschaft für Betriebswirtschaft e.V., Köln: Praktische Empfehlungen für unternehmerisches Entscheiden, in DB 2006, 2189–2196

Arbeitskreis Externe und Interne Überwachung (AKEIÜ) der Schmalenbach-Gesellschaft für Betriebswirtschaft e.V., Köln: Aktuelle Herausforderungen im Risikomanagement – Innovationen und Leitlinien, in DB 2010, 1245–1252

Arbeitskreis Externe und Interne Überwachung (AKEIÜ) der Schmalenbach-Gesellschaft für Betriebswirtschaft e.V., Köln: Compliance: 10 Thesen für die Unternehmenspraxis, in DB 2010, 1509–1518

Armbrüster, Christian: Haftung der Geschäftsleiter bei Verstößen gegen § 64a VAG, in VersR 2009, 1293–1304

Assmann, Heinz-Dieter / Schneider, Uwe H. (Hrsg.): Wertpapierhandelsgesetz, 6. Aufl., Köln 2012 [zit.: *Bearbeiter*, in: Assmann/Schneider, WpHG]

Babič, Mateja / Baumhoff, Hubertus / Blahová, Renáta / Ditz, Xaver / Djedovič, Pavo / Galla, Harald / Greinert, Markus / Jancsa-Pék, Judit / Janežič, Karmen / Kuchtová, Judita / Nowotny, Clemens / Schöb, René / Schrottmeyer, Norbert / Vorličková, Lucie: Verrechnungspreis-Dokumentationspflichten in Deutschland, Österreich und in ausgewählten osteuropäischen Staaten, in IStR Beihefter zu Heft 20/2010, 37–52

Bach, Stefan / Dwenger, Nadja: Unternehmensbesteuerung: Trotz hoher Steuersätze mäßiges Aufkommen, in IDW Wochenbericht Nr. 5/2007, 57–65

Bachmann, Gregor / Prüfer, Geralf: Korruptionsprävention und Corporate Governance, in ZRP 2005, 109–113

Baetge, Jörg / Jerschensky, Andreas / Herrmann, Dagmar / Stibi, Bernd: Die Auswahl prüfungsbedürftiger Betriebe im Rahmen der steuerlichen Außenprüfung, in DB 1995, 585–594

Baetge, Jörg / Lienau, Achim: Änderungen der Berufsaufsicht der Wirtschaftsprüfer, in DB 2004, 2277–2281

Baetge, Jörg / Schulze, Dennis: Möglichkeiten der Objektivierung der Lageberichterstattung über „Risiken der künftigen Entwicklung", in DB 1998, 937–948

Baetge, Jörg / Kirsch, Hans-Jürgen, Thiele, Stefan: Bilanzen, Düsseldorf 2014

von Bar, Carl Ludwig: Die Lehre vom Kausalzusammenhang im Recht, besonders im Strafrecht, Leipzig 1871, Neudruck Aalen 1971

Bakker, Anuschka / Kloosterhof, Sander (Hrsg.): Tax Risk Management, Amsterdam 2010 [zit.: *Bearbeiter*, in: Bakker/Kloosterhof, Tax Risk Management]

Baldamus, Ernst-August: Neues zur Betriebsstättengewinnermittlung, in IStR 2012, 317–324

Balthasar, Stephan / Hamelmann, Uwe: Finanzkrise und Vorstandshaftung nach § 93 Abs. 2 AktG: Grenzen der Justizibilität unternehmerischer Entscheidungen, in WM 2010, 589–594

Bamberger, Heinz Georg / Roth, Herbert: Kommentar zum Bürgerlichen Gesetzbuch, Band 1, §§ 1–610, CISG, 3. Aufl., München 2012 [zit.: *Bearbeiter*, in: Bamberger/Roth, BGB, Bd 1]

Bannenberg, Britta: Korruption in Deutschland und ihre strafrechtliche Kontrolle, Neuwied, Kriftel 2002

Bartelsman, Eric J. / Beetsma, Roel M.W.J.: Why pay more? Corporate tax avoidance through transfer pricing in OECD countries, in Journal of Public Economics 2003, 2225–2252

Barwitz, Werner: Verschulden im Steuerrecht, Berlin 1987

Bastuck, Burkhard: Enthaftung des Managements, Köln, Berlin, Bonn, München 1986

Bauer, Andreas F. / Gemmecke, Thomas: Zur steuerlichen Behandlung von Aktienoptionsrechten nach dem Erlass des Finanzministeriums NRW vom 27.03.2003, in DStR 2003, 1818–1822

Bauer, Dan / Taetzner, Tobias: Zugriff ohne Ende? – Grenzen der steuerlichen Vorlagepflicht von Gutachten des Steuerberaters zur Angemessenheit grenzüberschreitender Verrechnungspreise in multinationalen Konzernen, in BB 2004, 2269–2272

Bauer, Wolfram / Wrage-Molkenthin, Heidi: Einheitliche Tat und Strafklageverbrauch in Kartellbußgeldsachen, in WuW 1988, 10–17

Baumbach, Adolf (Begr.) / *Hopt, Klaus J. / Merkt, Hanno* (Bearb.): Handelsgesetzbuch, 35. Aufl., München 2012 [zit.: *Bearbeiter*, in: Baumbach/Hopt, HGB]

Baumbach, Adolf (Begr.) / *Hueck, Alfred / Hueck, Götz*: Aktiengesetz, 13. Aufl., München 1968 [zit.: *Baumbach/Hueck*, AktG]

Baumbach, Adolf (Begr.) / *Hueck, Alfred*: Gesetz betreffend die Gesellschaft mit beschränkter Haftung, 20. Aufl., München 2013 [zit.: *Bearbeiter*, in: Baumbach/Hueck, GmbHG]

Baumhoff, Hubertus: Aktuelle Entwicklungen bei den internationalen Verrechnungspreisen, in IStR 2003, 1–6

Baumhoff, Hubertus: Die Besteuerung von Funktionsverlagerungen – neue Rechtslage, in StbJb 2010/2011, 183–198

Baumhoff, Hubertus / Ditz, Xaver / Greinert, Markus: Grundsätze der Dokumentation internationaler Verrechnungspreise nach der Gewinnabgrenzungsaufzeichnungsverordnung (GAufzV), in DStR 2004, 157–164

Baumhoff, Hubertus / Ditz, Xaver / Greinert, Markus: Die Dokumentation internationaler Verrechnungspreise nach den „Verwaltungsgrundsätze-Verfahren", in DStR 2005, 1549–1556

Baumhoff, Hubertus / Ditz, Xaver / Greinert, Markus: Auswirkungen des Unternehmenssteuerreformgesetzes 2008 auf die Besteuerung grenzüberschreitender Funktionsverlagerungen, in DStR 2007, 1649–1655

Baumhoff, Hubertus / Ditz, Xaver / Greinert, Markus: Die Besteuerung von Funktionsverlagerungen nach der Funktionsverlagerungsverordnung vom 12.8.2008, in DStR 2008, 1945–1952

Baumhoff, Hubertus / Ditz, Xaver / Greinert, Markus: Die Besteuerung von Funktionsverlagerungen nach den Verwaltungsgrundsätzen Funktionsverlagerung vom 13.10.2010, in Ubg 2011, 161–171

Baumhoff, Hubertus / Puls, Michael: Mediation bei Verrechnungspreiskonflikten als alternativer Streitbeilegungsansatz? in IStR 2010, 802–806

Baums, Theodor: Der Geschäftsleitervertrag, Köln 1987

Baums, Theodor (Hrsg.): Bericht der Regierungskommission Corporate Governance, Köln 2001

Baums, Theodor: Eigenkapital: Begriff, Aufgaben, Sicherung, in ZHR 175 (2011), 160–209

Bayer, Walter: Legalitätspflicht der Unternehmensleitung, nützliche Gesetzesverstöße und Regress bei verhängten Sanktionen, in: Festschrift für Karsten Schmidt, hrsg. v. Georg Bitter, Marcus Lutter, Hans-Joachim Priester, Wolfgang Schön, Peter Ulmer, Köln 2009, 85–103

Bayer, Walter / Lieder, Jan: Upstream-Darlehen und Aufsichtsratshaftung, in AG 2010, 885–903

Becker, Bernhard / Janker, Bernd / Müller, Stefan: Die Optimierung des Risikomanagements als Chance für den Mittelstand, in DStR 2004, 1578–1584

Becker, Enno / Riewald, Alfred / Koch, Carl: Reichsabgabenordnung, Band 1, §§ 1–159 Reichsabgabenordnung Steueranpassungsgesetz und Steuersäumnisgesetz, 9. Aufl., Köln, Berlin, Bonn, München 1963

Becker, Jan-Dierk / Kempf, Andreas / Schwarz, Martin: Neue Steuerfallen im internationalen Steuerrecht, in DB 2008, 370–378

Becker, Katharina: Seminar J: Verfahren zur Lösung von DBA-Konflikten, in IStR 2007, 592–595

Beck'scher Bilanz-Kommentar Handels- und Steuerbilanz, hrsg. v. Ellrott, Helmut / Förschle, Gerhart / Grottel, Bernd / Kozikowski, Michael / Schmidt, Stefan / Winkeljohann, Norbert, 8. Aufl., München 2012 [zit.: *Bearbeiter*, in: Beck'scher Bilanz-Kommentar]

Beck'scher Online-Kommentar BGB, hrsg. v. Bamberger, Heinz Georg, Roth, Herbert, Edition 27, München Stand 01.05.2013 [zit.: *Bearbeiter*, in: Beck'scher OK BGB, ... (Stand)]

Beck'scher Online-Kommentar Gewerbeordnung, hrsg. v. Johann-Christian Pielow, Edition 26, München, Stand 01.03. 2014 [zit.: *Bearbeiter*, in. Beck'scher OK GewO, ... (Stand)]

Beck'scher Online-Kommentar StGB, hsrg. v. Bernd von Heintschel-Heinegg, Edition 19, München Stand 15.06.2012 [zit.: *Bearbeiter*, in: Beck'scher OK StGB, ... (Stand)]

Beck'sches Steuer- und Bilanzrechtslexikon, hrsg. von beck-online, Edition 2/11, München 2011 [zit.: *Bearbeiter*, in: Beck'sches Steuer- und Bilanzrechtslexikon, ... (Stand)]

Beer, Nicola: Die Zukunft der Komitologie: Weniger Komitees – mehr Kommission?, in EuZW 2010, 201

Beermann, Albert: BFH-Rechtsprechung zu Lohnsteuerhaftung nach § 69 AO, in FR 1992, 262–268

Beermann, Albert: AO-Geschäftsführerhaftung und ihre Grenzen nach der Rechtsprechung des BFH, in DStR 1994, 805–812

Beermann, Albert (Begr.) / *Gosch, Dietmar* (Hrsg.): Abgabenordnung, Finanzgerichtsordnung, 77. Aktualisierung November 2009, Bonn 1995 ff. [zit.: *Bearbeiter*, in: Beermann/Gosch, ... (Stand)]

Behrens, Alexander: Internal Investigations: Hintergründe und Perspektiven anwaltlicher „Ermittlungen" in deutschen Unternehmen, in RIW 2009, 22–33

Behringer, Stefan: Die Organisation von Compliance in internationalen Unternehmen, in ZRFC 2010, 6–11

Behringer, Stefan (Hrsg.): Compliance kompakt, 2. Aufl., Berlin 2011 [zit.: *Bearbeiter*, in: Behringer, Compliance kompakt]

Beiersdorf, Kati / *Buchheim, Regine*: Entwurf des Gesetzes zur Umsetzung der EU-Transparenzrichtlinie: Ausweitung der Publizitätspflichten, in BB 2006, 1674–1677

Bellstedt, Christoph: Die Besteuerung international verflochtener Gesellschaften, 3. Aufl., Köln 1973

Bendlinger, Stefan: Zum Seminar A: Die Betriebsstätte – ein alternativer Betriebsstättentatbestand, in IStR 2009, 521–525

Berg, Stefan / Stöcker, Mathias: Anwendungs- und Haftungsfragen zum Deutschen Corporate Governance Kodex, in WM 2002, 1569–1582

Berg, Cai: Korruption im Unternehmen und Risikomanagement nach § 91 Abs. 2 AktG, in AG 2007, 271–278

Bergmoser, Ulrich / Theusinger, Ingo / Gushurst, Klaus-Peter: Corporate Compliance – Grundlagen und Umsetzung, in BB-Special Compliance 5.2008 zu Heft 25, 1–11

Bergmoser, Ulrich: Integration von Compliance-Management-Systemen, in BB Beilage 2010, Nr. 004, 2–6

Bernhardt, Lorenz / van der Ham, Susann / Kluge, Sven: Die gesetzliche Preisanpassungsklausel im § 1 AStG – Bestimmungen der Anpassungen der Höhe nach und weitere praktische Anwendungsprobleme, in IStR 2008, 844–849

Bezzenberger, Tilman: Der Vorstandsvorsitzende der Aktiengesellschaft, in ZGR 1996, 661–673

Bick, Friedhelm / Strohner, Klaus: Versteuerung verdeckter Zinsvorteile beim Arbeitgeberdarlehen, in BB 2005, 2046–2048

Bicker, Eike: Compliance – organisatorische Umsetzung im Konzern, in AG 2012, 542–552

Bihr, Dietrich / Kalinowsky, Marc: Risikofrüherkennungssystem bei nicht börsennotierten Aktiengesellschaften – Haftungsfalle für Vorstand, Aufsichtsrat und Wirtschaftsprüfer, in DStR 2008, 620–627

Binder, Jens-Hinrich: Geschäftsleiterhaftung und fachkundiger Rat, in AG 2008, 274–287

Binding, Karl: Die Normen und ihre Übertretung, Band 4, Die Fahrlässigkeit, Aalen 1965

Birkenfeld, Wolfram: Umsätze im Konsignationslager und im Kommissionslager, in UR 2006, 80–87

Birnbaum, Günter / Kütemeier, Claire: In der Diskussion – die MaComp, in WM 2011, 293–299

Birnbaum, Günter: Neue Herausforderungen für die Compliance der Banken durch die MaComp, in Kreditwesen 2013, 771–775

Blasche, Sebastian: Die Mindestanforderungen an ein Risikofrüherkennungs- und Überwachungssystem nach § 91 Abs. 2 AktG, in CCZ 2009, 62–67

Bley, Gerhard: Mitverschulden der Finanzbehörde und Haftung nach § 69 AO – Rechtsprechung des BFH, in DStR 1990, 25–26

Blum, Andreas / Lange, Benno: Funktionsverlagerungen zwischen international verbundenen Unternehmen – Beratungs- und Gestaltungshinweise zum BMF-Schreiben vom 13.10.2010 -, in GmbHR 2011, 65–74

Blumers, Wolfgang / Weng, Björn: Betriebsstätte bei Einschaltung einer Managementgesellschaft – Anmerkungen zum BFH-Urteil vom 24.8.2011, I R 46/10, in DStR 2012, 551–553

Blümich, Walter (Begr) / *Heuermann, Bernd / Brandis, Peter* (Hrsg.): EStG, KStG, GewStG, 111. Ergänzungslieferung (Mai 2011), München ... ff. [zit.: *Bearbeiter*, in: Blümich, EStG, KStG, GewStG, ... (Stand)]

Bock, Dennis: Strafrechtliche Aspekte der Compliance-Diskussion - § 130 OWiG als zentrale Norm der Criminal Compliance, in ZIS 2009, 68–81

Bock, Dennis: Compliance und Aufsichtspflichten in Unternehmen, in: Compliance und Strafrecht, hrsg. v. Lothar Kuhlen, Hans Kudlich, Íñigo Ortiz de Urbina, Heidelberg, München, Landsberg, Frechen, Hamburg 2013

Bödefeld, Axel / Kuntschik, Nina: Schiedsverfahren nach DBA, in IStR 2009, 449–454

Bohnert, Joachim: Ordnungswidrigkeitengesetz, 3. Aufl., München 2010

Boldt, Timo / Büll, Karsten M. / Voss, Michael: Implementierung einer Compliance-Funktion in einer mittelständischen Bank unter Berücksichtigung der neuen Mindestanforderungen an das Risikomanagement (MaRisk), in CCZ 2013, 248–254

Borchardt, Klaus-Dieter: Die rechtlichen Grundlagen der Europäischen Union, 5. Aufl., Wien 2012

Borges, Georg: Selbstregulierung im Gesellschaftsrecht - zur Bindung an Corporate Governance-Kodizes, in ZGR 2003, 508–540

Borstell, Thomas / Schäperclaus, Jens: Was ist eigentlich eine Funktion, in IStR 2008, 275–284

Borstell, Thomas: Funktionsverdoppelungen, IStR 2009, 329–336

Bosch, Nikolaus / Lange, Knut Werner: Unternehmerischer Handlungsspielraum des Vorstandes zwischen zivilrechtlicher Verantwortung und strafrechtlicher Sanktion, in JZ 2009, 225–237

Böttcher, Lars: Bankvorstandshaftung im Rahmen der Sub-Prime Krise, in NZG 2009, 1047–1052

Böttcher, Lars: Compliance: Der IDW PS 980 – Keine Lösung für alle Haftungsfälle, in NZG 2011, 1054–1058

Bottke, Wilfried: Empfiehlt es sich, die strafrechtliche Verantwortlichkeit für Wirtschaftsstraftaten zu verstärken?, in wistra 1991, 81–91

Boujong, Karlheinz / Ebenroth, Carsten Thomas / Joost, Detlev (Begr.): Handelsgesetzbuch, Band. 1 §§ 1–342e, hrsg. v. Detlev Joost, Lutz Strohn, 2. Aufl., München 2008 [zit.: *Bearbeiter*, in: Ebenroth/Boujong/Joost/Strohn, HGB, Bd. 1]

Brandt, Christian: Die Strafbarkeit des Vorstandes gem. § 266 StGB trotz Zustimmung aller Aktionäre, in AG 2007, 681–689

Brans, Thijs / Feyerabend, Hans-Jürgen A.: Steuerstrategien und Risk Management bei Kreditinstituten, Versicherern und Finanzdienstleistern, in BB 2004, 1994–1998

Braun, Carl / Louven, Christoph: Neuregelungen des BilMoG für GmbH-Aufsichtsräte, in GmbHR 2009, 965–970

Braun, Michael: Das Abzugsverbot für Schmiergeldzahlungen nach § 4 V Nr. 10 EStG, in DStZ 1999, 644–645

Bredow, Günther M.: Steuergünstige Gestaltung von Aktienoptionen für leitenden Angestellte („stock options"), in DStR 1996, 2033–2036

Breinersdorfer, Stefan: Kompliziertes Steuerrecht, muss das sein?, in StuW 2008, 216–227

Brem, Markus / Tucha, Thomas: Verrechnungspreise in Indien: Vorschriften und erste Dokumentations- und Prüfungserfahrungen, in IStR 2006, 391–396

Bremer, Jan: Einigung über Reform des Komitologieverfahrens, in NZG 2011, 341

Breuer, Friedrich: Steuerhaftung de Geschäftsführers (Teil 1), in AO-StB 2002, 115–117

Brezing, Klaus: Zu den materiellrechtlichen Vorschriften gegen Einkommensverlagerungen in das Ausland, in FR 1973, 485–488

Brömmelmeyer, Christoph: Neue Regeln für die Binnenhaftung des Vorstands – Ein Beitrag zur Konkretisierung der Business Judgement Rule, in WM 2005, 2065–2070

Brüggemeier, Gert: Deliktsrecht, Baden-Baden 1986

Brüning, Janique / Samson, Erich: Bankenkrise und strafrechtliche Haftung wegen Untreue gem. § 266 StGB, in ZIP 2009, 1089–1094

Bruschke, Gerhard: Sanktionen bei einem Verstoß gegen die Dokumentationspflichten für Verrechnungspreise, in DStZ 2006, 575–580

Buciek, Klaus: Mitwirkendes Verschulden durch Unterlassen von Vollstreckungsmaßnahmen, in DStR 1987, 190–192

Buciek, Klaus D.: Zum Einfluß von Lohnsteuerschulden und Lohnsteuerzahlungen auf die Geschäftsführerhaftung für Umsatzsteuer, in BB 1989, 2303–2307

Bülow, Peter: Einrede der Aufrechenbarkeit für Personengesellschafter, Bürgen und Hauptgesellschaft im Eingliederungskonzern, in ZGR 1988, 192–209

Bülte, Jens: Steuerrechtliche und steuerstrafrechtliche Risiken der Steuerbefreiung innergemeinschaftlicher Lieferungen (§ 6a UStG) im Lichte der neueren Rechtsprechung des EuGH, in CCZ 2009, 98–102

Bundesministerium der Finanzen: Reform der Reichsabgabenordnung (Bericht des Arbeitskreises für die Reform der Reichsabgabenordnung und ihrer Nebengesetze über seine Tätigkeit), Bonn 1970

Bungartz, Oliver: Handbuch Interne Kontrollsysteme (IKS), 3. Aufl., Berlin 2012

Bunjes, Johann / Geist, Reinhold (Begr.): Umsatzsteuergesetz, 11. Aufl., München 2012 [zit.: *Bearbeiter*, in: Bunjes, UStG]

Bunting, Nikolaus: Konzernweite Compliance – Pflicht oder Kür?, in ZIP 2012, 1542–1549

Bürgers, Tobias / Körber, Torsten (Hrsg.): Aktiengesetz, 2. Aufl., München 2011 [zit.: *Bearbeiter*, in: Bürgers/Körber, AktG]

Bürkle, Jürgen: Weitergabe von Informationen über Fehlverhalten in Unternehmen (Whistleblowing) und Steuerung auftretender Probleme durch ein Compliance-System, in DB 2004, 2158–2161

Bürkle, Jürgen: Coporate Compliance – Pflicht oder Kür für den Vorstand der AG?, in BB 2005, 565–570

Bürkle, Jürgen: Auswirkungen der Unternehmensaufsicht nach dem KWG auf organisatorische Pflichten von Versicherungsunternehmen, in WM 2005, 1496–1505

Bürkle, Jürgen: Corporate Compliance als Standard guter Unternehmensführung des Deutschen Corporate Governance Kodex, in BB 2007, 1797–1801

Bürkle, Jürgen: Die Compliance-Praxis im Finanzdienstleistungssektor nach Solvency II, in CCZ 2008, 50–56

Bürkle, Jürgen (Hrsg.): Compliance in Versicherungsunternehmen, München 2009 [zit.: *Bearbeiter*, in: Bürkle, Compliance in Versicherungsunternehmen]

Bürkle, Jürgen: Die rechtlichen Auswirkungen der MaRisk VA auf die Geschäftsorganisation von Versicherungsunternehmen, in VersR 2009, 866–873

Bürkle, Jürgen: Grenzen der strafrechtlichen Garantenstellung des Compliance-Officers, in CCZ 2010, 4–12

Busch, Dirk: Konzernuntreue, Frankfurt am Main 2004

von Busekist, Konstantin / Hein, Oliver: Der IDW PS 980 und die allgemeinen rechtlichen Mindestanforderungen an ein wirksames Compliance Management System (1) – Grundlagen, Kultur und Ziele, in CCZ 2012, 41–48

von Busekist, Konstantin / Hein, Oliver: Der IDW PS 980 und die allgemeinen rechtlichen Mindestanforderungen an ein wirksames Compliance Management System (2) – Risikoermittlungspflicht, in CCZ 2012, 86–95

Bussmann, Kai-D / Matschke, Sebastian: Die Zukunft der unternehmerischen Haftung bei Compliance-Verstößen, in: CCZ 2009, 132–138

Büssow, Thomas / Taetzner, Tobias: Sarbanes-Oxley Act Section 404: Internes Kontrollsystem zur Sicherstellung einer effektiven Finanzberichterstattung im Steuerbereich von Unternehmen – Pflicht oder Kür?, in BB 2005, 2437–2444

Cahn, Andreas: Kredite an Gesellschafter, Institute for Law and Finance, Working Paper Series No. 98, 02/2009, http://www.ilf-frankfurt.de/uploads/media/ILF_WP_098.pdf, zuletzt besucht am 24.04.2013

Campos Nave, José A. / Bonenberger, Saskia: Korruptionsaffären, Corporate Compliance und Sofortmaßnahmen für den Krisenfall, in BB 2008, 734–741

Campos Nave, José A. / Vogel, Henrik: Die erforderliche Veränderung von Corporate Compliance-Organisationen im Hinblick auf die gestiegene Verantwortlichkeiten des Compliance Officers, in BB 2009, 2546–2551

Campos Nave, José A. / Zeller, Jan: Corporate Compliance in mittelständischen Unternehmen, in BB 2012, 131–135

Carl, Dieter: Haftung eines Gemeinschafters für Umsatzsteuer-Schulden der Gemeinschaft, in DStR 1990, 270–273

Cauers, Lutz / Haas, Klaus / Jakob, Alexander / Kremer, Friedhelm / Schartmann, Bernd / Welp, Oliver: Ist der gegenwärtig viel diskutierte Begriff „Compliance" nur alter Wein in neuen Schläuchen?, in DB 2008, 2717–2719

Clausing, Kimberley A.: Tax-motivated transfer pricing and US intrafirm trade prices, in Journal of Public Economics 2003, 2207–2223

Coenenberg, Adolf G. / Fischer, Thomas M. / Günther, Thomas: Kostenrechnung und Kostenanalyse, 7. Aufl., Stuttgart 2009

Committe of Sponsoring Organizations of the Treadway Commission (COSO) (Hrsg.): Internal Control – Integrated Framework, 1992

Committe of Sponsoring Organizations of the Treadway Commission (COSO) (Hrsg.): Enterprise Risk Management Framework, 2004

Cordes, Helmut: Untersuchungen über Grundlagen und Entstehung der Reichsabgabenordnung vom 23. Dezember 1919, Köln 1971

Cordes, Martin: Steuerliche Aufzeichnungspflichten bei internationalen Verrechnungspreisen, Düsseldorf 2009

Creifelds, Carl (Begr.) / *Weber, Klaus* (Hrsg.): Creifelds Rechtswörterbuch, 21. Aufl., München 2014

Crüger, Arwed / Heggmair, Maik / Boehlke, Nicolas: China: Verrechnungspreise – Neue Vorschriften und Handlungsempfehlungen, in IStR-LB 2009, 49–51

Crüger, Arwed / Riedl, Andreas: Ausgewählte Probleme bei der Bewertung von Betriebsfunktionen, in BB-Special Steuerrecht 1.2010 zu Heft 5, 9–11

Dahlke, Jürgen / Seitz, Armin: Fachliche und technische Grundlagen der Umsetzung eines Steuerbilanzsystems in der Praxis, in: BB 2008, 1890–1894

Damm, Reinhard: Die aktienrechtliche Zulässigkeit von Betriebsführungsverträgen, in BB 1976, 294–297

Dann, Matthias / Mengel, Anja: Tanz auf dem Pulverfass – oder: Wie gefährlich leben Compliance-Beauftragte?, in NJW 2010, 3265–3269

Debatin, Helmut: Neugestaltung der deutsch-schweizerischen Steuerbeziehungen, in DStZ 1971, 385–402

Debatin, Helmut: Der deutsch-schweizerische Steuervertrag (III), in DB 1972, 2030–2035

Debatin, Helmut / Wassermeyer, Franz (Hrsg.): Doppelbesteuerung: DBA, 117. Ergänzungslieferung März 2012, München 1954ff. [zit.: *Bearbeiter*, in: Debatin/Wassermeyer, ... (Stand)]

Demuth, Hennrich / Schneider, Tilmann: Die Bedeutung des Gesetzes über Ordnungswidrigkeiten für Betrieb und Unternehmen, in BB 1970, 642–651

Deselaers, Wolfgang: Uferlose Geldbußen bei Kartellverstößen nach der neuen 10 % Umsatzregel des § 81 Abs. 4 GWB?, in WuW 2006, 118–127

Deutscher, Jörg: Zur Strafbarkeit des Compliance Officers – Erhöhte Berufsrisiken nach de Urteil des BGH vom 17.7.2009 = WM 2009, 1882, in WM 2010, 1387–1393

Deutsches Aktieninstitut (DAI): Stellungnahme zum Regierungsentwurf eines Transparenzrichtlinie-Umsetzungsgesetzes (TUG) vom 28. Juni 2006 – 16. August 2006, in NZG 2006, 696–701

Diederichs, Marc / Fricke, Wolfgang / Macke, Sandra: Risikomanagement im DAX 30 – Untersuchung des State-of-the-Art, in DB 2011, 1461–1466

Dieners, Peter (Hrsg.): Handbuch Compliance im Gesundheitswesen, 3. Aufl., München 2010 [zit.: *Bearbeiter*, in: Dieners, Handbuch Compliance im Gesundheitswesen]

Dierks, Kristin / Sandmann, Thomas / Herre, Uwe: Das neu überarbeitete COSO-Rahmenwerk für interne Kontrollsysteme und die Konsequenzen für die deutsche Unternehmenspraxis, in CCZ 2013, 164–169

Dietl, Clara-Erika / Lorenz, Egon: Wörterbuch für Recht, Wirtschaft und Politik, Teil I, Englisch-Deutsch, 6. Aufl., München 2000

Digeronimo, Angelo / Kolb, Andreas: Überblick über das Update 2010 des OECD-Musterabkommens, in IWB 2011, 26–37

Ditz, Xaver / Quilitzsch, Carsten: Aktuelle Entwicklungen im Hinblick auf die Definition der Betriebstätte, in FR 2012, 493–501

Ditz, Xaver / Quilitzsch, Carsten: Die Änderungen im AStG durch das Amtshilfe-RLUmsG – Quo vadis Außensteuergesetz, in IStR 2013, 1917–1923

Ditz, Xaver / Tcherveniachki, Vassil: Nutzungsüberlassung immaterieller Wirtschaftsgüter an ausländische Betriebsstätten – Betriebsprüfungsfall zu § 12 I KStG, in Ubg 2012, 101–107

Doll, Reiner-Peter / Pinzinger, Peter: Das Risiko als Prüfungsmaßstab und seine Anwendung in der Praxis, in BC 2007, 70–76

Dölling, Dieter (Hrsg.): Handbuch der Korruptionsprävention, München 2007 [zit.: *Bearbeiter*, in: Dölling, Handbuch der Korruptionsprävention]

Dörfler, Oliver / Heurung, Rainer / Adrian, Gerrit: Korrespondenzprinzip bei verdeckter Gewinnausschüttung und verdeckter Einlage, in DStR 2007, 514–520

Dötsch, Ewald / Jost, Werner F. / Pung, Alexandra / Witt, Georg (Hrsg.): Die Körperschaftssteuer, 71. Ergänzungslieferung Juni 2011, Stuttgart 2000ff. [zit.: *Bearbeiter*, in Dötsch/Jost/Pung/Witt, ... (Stand)]

Dörner, Dietrich / Horváth, Péter / Kagermann, Hennig (Hrsg.): Praxis des Risikomanagements, Stuttgart 2000 [zit.: *Bearbeiter*, in: Dörner/Horváth/Kagermann, Praxis des Risikomanagements]

Dose, Stefan: Die Rechtsstellung der Vorstandsmitglieder einer Aktiengesellschaft, 3. Aufl., Köln 1975

Dreher, Meinrad: Die persönliche Verantwortlichkeit von Geschäftsleitern nach außen und die innergesellschaftliche Aufgabenteilung, in ZGR 1992, 22–63

Dreher, Meinrad: Die kartellrechtliche Bußgeldverantwortlichkeit von Vorstandsmitgliedern, in: Festschrift für Horst Konzen zum siebzigsten Geburtstag, hrsg. v. Barbara Dauner-Lieb, Peter Hommelhoff, Matthias Jacobs, Dagmar Kaiser, Christoph Weber, Tübingen 2006, 85–107

Dreher, Meinrad: Das Risikomanagement nach § 64a VAG und Solvency II, in VersR 2008, 998–1007

Dreher, Meinrad: Die Vorstandsverantwortung im Geflecht von Risikomanagement, Compliance und interner Revision, in: Festschrift für Uwe Hüffer, hrsg. v. Peter Kindler, Jens Koch, Peter Ulmer, Martin Winter, München 2010, 161–177

Dreßler, Günter: Unbeachtlichkeit ausländischer Auskunftsverbote im deutschen Steuerrecht, in StBp 1992, 149–159

Dreßler, Günter: Gewinn- und Vermögensverlagerungen in Niedrigsteuerländer und ihre steuerliche Überprüfung, 3. Aufl., Neuwied u.a. 2000

Dreyer, Jörg-Detlev: Zum Ausbau der Informationsbestandteile des § 90 Abs. 1 Satz 1 AktG zu Informationskonzeptionen, in BB 1981, 1436–1440

Drüen, Klaus-Dieter: Konzernbetriebsprüfung im föderalen Steuerstaat, in StuW 2007, 112–121

Drüen, Klaus-Dieter: Die Zukunft des Steuerverfahrens, in: Zukunftsfragen des deutschen Steuerrechts, hrsg. v. Wolfgang Schön, Karin E. M. Beck, Berlin, Heidelberg 2009, 1–38

Drüen, Klaus-Dieter: Das Verzögerungsgeld als neue und fragwürdige Sanktion im Steuerverfahren, in Ubg 2009, 549–555

Drüen, Klaus-Dieter: Kooperation im Besteuerungsverfahren, in FR 2011, 101–113

Duve, Christian / Basak, Denis: Ungeahnte Unterstützung für aktive Aktionäre – wie das UMAG Finanzinvestoren hilft, in BB 2006, 1345–1350

Eckhoff, Rolf: Vom konfrontativen zum kooperativen Steuerstaat, in StuW 1996, 107–122

Edenharter, Andrea: Die Komitologie nach dem Vertrag von Lissabon: Verschiebung der Einflussmöglichkeiten zugunsten der EU-Kommission?, in DÖV 2011, 645–650

Ege, Gerhard: Verrechnungspreise im Lieferverkehr, in: Internationale Verrechnungspreise zwischen Kapitalgesellschaften, hrsg. v. Harald Schaumburg, Köln 1994, 15–28

Eggemann, Gerd / Konradt, Thomas: Risikomanagement nach KonTraG aus dem Blickwinkel des Wirtschaftsprüfers, in BB 2000, 503–510

Eigelshoven, Axel / Kratzer, Carsten: Rechtsverordnung zu Aufzeichnungspflichten bei der Bestimmung angemessener Verrechnungspreise, in IStR 2004, 30–36

Eigelshoven, Axel / Nientimp, Axel: Funktionsverlagerungen und kein Ende – Die Änderungen bei der Besteuerung von Funktionsverlagerungen nach dem EU-Umsetzungsgesetz, in Ubg 2010, 233–236

Eisolt, Dirk: Prüfung von Compliance-Management-Systemen: erste Überlegungen zu IDW EPS 980, in BB 2010, 1843–1848

Emmerich, Gerhard: Risikomanagement in Industrienunternehmen – gesetzliche Anforderungen und Umsetzung nach dem KonTraG, in zfbf 1999, 1075–1089

Emmerich, Volker / Habersack, Mathias: Konzernrecht, 9. Aufl., München 2008

Emmerich, Volker / Habersack, Mathias: Aktien- und GmbH-Konzernrecht, 6. Aufl., München 2010 [zit.: *Bearbeiter*, in: Emmerich/Habersack, Aktien- und GmbH-KonzernR]

Elser, Thomas / Bindl, Elmar: Kommentar: BFH zur Besteuerung von Investoren in ausländischen Private Equity Fonds [Besprechung BFH v. 24.08.2011, I R 46/10], in FR 2012, 44–46

Endres, Dieter / Rödl, Christian / Spengel, Christoph / Scheffler, Wolfram: Konsequenzen der Internationalisierung der Steuerberatung für Forschung und Lehre im Fach „Betriebswirtschaftliche Steuerlehre“, in DStR 2009, 2500–2506

Engelhardt, Marc: Die neuen Compliance-Anforderungen der BaFin (MaComp), in ZIP 2010, 1832–1840

Engelhardt, Werner H. / Raffée, Hans / Wischermann, Barbara: Grundzüge der doppelten Buchführung, 8. Aufl., Wiesbaden 2010

Erle, Bernd: Das Vetorecht des Vorstandsvorsitzenden in der AG, in AG 1987, 7–12

Erle, Bernd / Sauter, Thomas (Hrsg.): Heidelberger Kommentar zum Körperschaftssteuergesetz, 3. Aufl., Heidelberg 2010 [zit.: *Bearbeiter*, in: Erle/Sauter, KStG]

Erne, Roland: Haftungsvermeidung des Geschäftsführers durch Frühwarnsysteme bei Nutzung von Cash-Pooling, in GWR 2010, 314–318

Ernst, Christoph / Seidler, Holger: Der Regierungsentwurf eines Gesetzes zur Modernisierung des Bilanzrechts, in ZGR 2008, 631–675

Ernst&Young: Verrechnungspreise weltweit im Visier der Behörden, Pressemeldung vom 09.02.2011, abrufbar unter: http://www.ey.com/DE/de/Newsroom/News-releases/20110209-Verrechnungspreise-weltweit-im-Visier-der-Behoerden, zuletzt besucht am 08.05.2012

Erwin, Holger: Anmerkung zu OLG Jena, Urt. v. 12.08.2009 – 7 U 244/07, in: GWR 2009, 449–450

Eser, Albin: „Sozialadäquanz“: eine überflüssige oder unverzichtbare Rechtsfigur?, in: Festschrift für Claus Roxin, hrsg. v. Hans Achenbach, Wilfried Bottke Bernhard Haffke, Bernd Schünemann, Hans-Joachim Rudolphi, Berlin/New-York 2001, 199–212

Ettinger, Jochen / Bauer, Dorthe: Vermögensanlage über ausländische Kapitalgesellschaften, in RIW 2009, 417–428

Eufinger, Alexander: Zu den historischen Ursprüngen der Compliance, in CCZ 2012, 21–22

EU-Kommission, Generaldirektion Steuern und Zollunion (Hrsg.): Leitfaden – Risikomanagement für Steuerverwaltungen, Fiscalis-Projektgruppe Risikoanalyse, Version 1.02 (Februar 2006), http://ec.europa.eu/taxation_customs/resources/documents/taxation/tax_cooperation/gen_overview/risk_management_guide_for_tax_administrations_de.pdf, zuletzt besucht am 05.11.2013

Freiherr von Falkenhausen, Joachim: Die Haftung außerhalb der Business Judgement Rule – Ist die Business Judgement Rule ein Haftungsprivileg für Vorstände?, in NZG 2012, 644–651

Freiherr von Falkenhausen, Joachim / Kocher, Dirk: Anmerkung zum BGH, Urteil vom 01.12.2008, - II ZR 107/02, in BB 2009, 121–122

Farr, Wolf-Michael / Niemann, Walter: Skalierte Prüfungsdurchführung – Anregungen der WP-Kammer nach Änderung der Berufssatzung, in DStR 2012, 1875–1880

Favoccia, Daniela / Richter, Thomas: Rechte, Pflichten und Haftung des Compliance Officers aus zivilrechtlicher Sicht, in AG 2010, 137–147

Fecker, Jörg / Kinzl, Ulrich-Peter: Ausgestaltung der arbeitsrechtlichen Stellung des Compliance-Officers – Schlussfolgerungen aus der BSR-Entscheidung des BGH, in CCZ 2010, 13–20

Fehn, Bernd Josef: Arbeitnehmerentsendungen – einkommenssteuerrechtliche Aspekte einer globalisierten und internationalisierten Arbeitswelt, in BB 2004, Beilage Nr. 13, 7–11

Fest, Timo: Darlegungs- und Beweislast bei Prognoseentscheidungen im Rahmen der Business Judgement Rule, in NZG 2011, 540–542

Fett, Torsten / Theusinger, Ingo: Compliance im Konzern – Rechtliche Grundlagen und praktische Umsetzung, in BB 2010, Beilage 004, 6–14

Finsterwalder, Oliver: Einführung von Dokumentationssystemen bei internationalen Verrechnungspreisen – Anlass zur Prüfung grenzüberschreitender Risiko- und Funktionsverlagerungen –, in IStR 2004, 763–768

Finsterwalder, Oliver: Einkunftsabgrenzung bei grenzüberschreitenden Geschäftsbeziehungen, das BMF-Schreiben „Verwaltungsgrundsätze-Verfahren“, in DStR 2005, 765–770

Fischbach, Jonas: Die Haftung des Vorstands im Aktienkonzern, Baden-Baden 2009

Fischer, Thomas: Strafgesetzbuch und Nebengesetze, 59. Aufl., München 2012

Fischer, Wolfgang Wilhelm / Looks, Christian / im Schlaa, Stefan: Dokumentationspflichten für Verrechnungspreise – Aktuelle Erfahrungen mit der Betriebsprüfung und zukünftige Entwicklungen, in BB 2010, 157–162

Fleck, Hans-Joachim: Die Drittanstellung des GmbH-Geschäftsführers, in ZHR 149 (1985), 387–418

Fleischer, Holger: Zur Leitungsaufgabe des Vorstands im Aktienrecht, in ZIP 2003, 1–11

Fleischer, Holger: Zum Grundsatz der Gesamtverantwortung im Aktienrecht, in NZG 2003, 449–459

Fleischer, Holger: Vorstandsverantwortlichkeit und Fehlverhalten von Unternehmensangehörigen – Von der Einzelüberwachung zur Errichtung einer Compliance-Organisation, in AG 2003, 291–300

Fleischer, Holger: Zur organschaftlichen Treuepflicht der Geschäftsleiter im Aktien- und GmbH-Recht, in WM 2003, 1045–1058

Fleischer, Holger: Die „Business Judgement Rule“: Vom Richterrecht zur Kodifizierung, in ZIP 2004, 685–692

Fleischer, Holger: *Behavioral Law and Economics* im Gesellschafts- und Kapitalmarktrecht – ein Werkstattbericht, in: Wirtschafts- und Privatrecht im Spannungsfeld von Privatautonomie, Wettbewerb und Regulierung, Festschrift für Ulrich Immenga, hrsg. v. Andreas Fuchs, Hans-Peter Schwintowski, Daniel Zimmer, München 2004, 575–587

Fleischer, Holger: Legal Transplants im deutschen Aktienrecht, in NZG 2004, 1129–1137.

Fleischer, Holger: Zur Verantwortlichkeit einzelner Vorstandsmitglieder bei Kollegialentscheidungen im Aktienrecht, in BB 2004, 2645–2652

Fleischer, Holger: Aktienrechtliche Legalitätspflicht und „nützliche“ Pflichtverletzungen von Vorstandsmitgliedern, in ZIP 2005, 141–152

Fleischer, Holger: Konzernleitung und Leitungssorgfalt der Vorstandsmitglieder im Unternehmensverbund, in DB 2005, 759–766

Fleischer, Holger: Buchführungsverantwortung des Vorstands und Haftung der Vorstandsmitglieder für fehlerhafte Buchführung, in WM 2006, 2021–2029

Fleischer, Holger (Hrsg.): Handbuch des Vorstandsrechts, München 2006 [zit.: *Bearbeiter*, in: Fleischer, Handbuch des Vorstandsrechts]

Fleischer, Holger: Der deutsche „Bilanzeid“ nach § 264 Abs. 2 Satz 3 HGB, in ZIP 2007, 97–106

Fleischer, Holger: Corporate Compliance im aktienrechtlichen Unternehmensverbund, in: CCZ 2008, 1–6

Fleischer, Holger: Kartellrechtsverstöße und Vorstandsrecht, in BB 2008, 1070–1076

Fleischer, Holger: Kompetenzüberschreitungen von Geschäftsleitern im Personen- und Kapitalgesellschaftsrecht – Schaden – rechtmäßiges Alternativverhalten und Vorteilsausgleichung, in DStR 2009, 1204–1210

Fleischer, Holger: Vertrauen von Geschäftsleitern und Aufsichtsratsmitgliedern auf Informationen Dritter, in ZIP 2009, 1397–1406

Fleischer, Holger: Aktuelle Entwicklungen der Managerhaftung, in NJW 2009, 2337–2343

Fleischer, Holger: Rechtsrat und Organwalterhaftung im Gesellschafts- und Kapitalmarktrecht, in: Festschrift für Uwe Hüffer, hrsg. v. Peter Kindler, Jens Koch, Peter Ulmer, Martin Winter, München 2010, 187–203

Fleischer, Holger: Vorstandshaftung und Vertrauen auf anwaltlichen Rat, in NZG 2010, 121–125

Fleischer, Holger: Aktienrechtliche Compliance-Pflichten im Praxistest: Das Siemens/Neubürger-Urteil des LG München I, in NZG 2014, 321–329

Flick, Hans (Begr.) / *Wassermeyer, Franz / Baumhoff, Hubertus / Schönfeld, Jens* (Hrsg.): Außensteuerrecht, 68. Ergänzungslieferung November 2011, Köln 1973ff. [zit.: *Bearbeiter*, in: Flick/Wassermeyer/Baumhoff, ... (Stand)]

Förschle, Gerhart / Peemöller, Volker H. (Hrsg.): Wirtschaftsprüfung und Interne Revision, Heidelberg 2004 [zit.: *Bearbeiter*, in: Förschle/Peemöller, Wirtschaftsprüfung und Interne Revision]

Foerste, Ulrich / Graf von Westphalen, Friedrich (Hrsg.): Produkthaftungshandbuch, 3. Aufl., München 2012 [zit.: *Bearbeiter*, in: Foerste/von Westphalen, Produkthaftungshandbuch]

Förster, Hartmut: Der OECD-Bericht zur Ermittlung des Betriebsstättengewinns, in IWB 2007, 147–280

Förster, Hartmut: Veröffentlichung der OECD zur Revision des Kommentars zu Art. 7 OECD-Musterabkommen, in IStR 2007, 398–401

Förster, Hartmut / Naumann, Manfred: Der neue OECD-Vorschlag zur Änderung der Betriebsstättengewinnermittlung nach Art. 7 OECD-MA im Vergleich zur bisherigen Auffassung, in IWB 2004, 883–896

Förster, Hartmut / Naumann, Manfred / Rosenberg, Oliver: Generalthema II des IFA Kongresses 2006 in Amsterdam: Gewinnabgrenzung bei Betriebstätten, in IStR 2005, 617–624

Forster, Karl-Heinz: Zur „Erwartungslücke" bei der Abschlussprüfung, in: Für Recht und Staat, Festschrift für Herbert Helmrich, hrsg. v. Klaus Letzgus, Hermann Hill, Hans Hugo Klein, Detlef Kleinert, Georg-Berndt Oschatz, Hans de With, München 1994, 613–626

Frank, Will: Die Haftung des Geschäftsführers einer GmbH und der Geschäftsführungsorgane sonstiger juristischer Personen für Aufsichtsverschulden nach § 831 Abs. 2 BGB, in BB 1975, 588–589

Franzen, Klaus / Gast-Dehaan, Brigitte (Begr.): Steuerstrafrecht, 7. Aufl., München 2009 [zit.: *Bearbeiter*, in: Franzen/Gast-Dehaan]

Freidank, Carl-Christian / Mammen, Andreas: Reporting steuerlicher Risiken im Konzernlagebericht als Instrument der Corporate Governance, ZCG 2008, 285–292

Freytag, Ulf: Entwurf des Unternehmenssteuerreformgesetzes 2008 – Geplante Änderungen für den Bereich Verrechnungspreise, in IWB 2007, 237–244

Friedl, Helmut: Das Verschulden – Stiefkind von Steuerrechtswissenschaft und Steuerrechtsprechung, in DStR 1991, 1616–1619

Frischmuth, Markus: Die Konzeption der Funktionsverlagerungsbesteuerung nach dem UntStRefG 2008, in StuB 2007, 386–392

Frischmuth, Markus: Funktionsverlagerungsbesteuerung, in StuB 2010, 91–97

Froesch, Daniel: Managerhaftung – Risikominimierung durch Delegation?, in DB 2009, 722–726

Frotscher, Gerrit: Verfassungsrechtliche Fragen zu den Dokumentationspflichten bei Verrechnungspreisen und den Rechtsfolgen ihrer Verletzung, in Körperschaftssteuer – Internationales Steuerrecht – Doppelbesteuerung, Festschrift für Franz Wassermeyer, hrsg. v. Rudolf Gocke, Dietmar Gosch, Michael Lang, München 2005, 391–409

Frotscher, Gerrit: Grundfragen der Funktionsverlagerung, in FR 2008, 49–57

Frotscher, Gerrit: Internationales Steuerrecht, 3. Aufl., München 2009

Früh, Andreas: Legal & Compliance – Abgrenzung oder Annäherung (am Beispiel einer Bank), in CCZ 2010, 121–126

Fuchs, Andreas (Hrsg.): Wertpapierhandelsgesetz, München 2009 [zit.: *Bearbeiter*, in: Fuchs, WpHG]

Fuchsen, Heinz-Peter: Verfahrenfragen zur Festsetzung von Hinterziehungszinsen auf hinterzogene Gewerbesteuer, in DStR 1991, 1307–1310

Fuhrmann, Maria Monica: Neues zum Komitologieverfahren, in DÖV 2007, 464–469

Gast-de Haan, Brigitte: Lohnsteuerschuld und Arbeitgeberhaftung, in Grundfragen des Lohnsteuerrechts, in Grundfragen des Lohnsteuerrechts, hrsg. v. Joachim N. Stolterfoht, DStJG 9 (1986), 141–174

Gebhardt, Ronald: Ist § 1 Abs. 5 S. 8 AStG-E i.d.F. des JStG 2013 ein Treaty Override?, in BB 2012, 2353–2355

Gehm, Matthias H.: Steuerliche und steuerstrafrechtliche Aspekte des Umsatzsteuerkarussells, in NJW 2012, 1257–1262

Geibel, Stefan: Entscheidungsanmerkung zu BGH, Urteil vom 01.12.2008 – II ZR 107/02, in ZJS 2009, 190–193, http://www.zjs-online.com/dat/artikel/2009_2_170.pdf, zuletzt besucht am 24.04.2013

Geiler, Karl: Die wirtschaftlichen Strukturwandlungen und die Reform des Aktienrechts, Berlin 1927

Geiser, Martina: Leitungspflichten des Vorstandes in der AG, Hamburg 2010

Gelhausen, Friedrich / Wermelt, Andreas: Haftungsrechtliche Bedeutung des IDW EPS 980: Grundsätze ordnungsmäßiger Prüfung von Compliance-Management-Systemen, gleichzeitig: Replik zum Aufsatz von Dr. Markus S. Rieder und Marcus Jerg zum Thema: „Anforderungen an die Überprüfung von Compliance-Programmen“ (in diesem Heft S. 201), in CCZ 2010, 208–213

Gerhardt, Michael: Normkonkretisierende Verwaltungsvorschriften, in NJW 1989, 2233–2240

Gerhardt, Michael: Normkonkretisierende Verwaltungsvorschriften, in NVwZ 1989, 2233–2240 *von Gerkan, Hartwin*: Die Beweislastverteilung beim Schadensersatzanspruch der GmbH gegen ihren Geschäftsführer, in ZHR 154, (1990), 39–63

Gernoth, Jan: Aufsichtsrat und Prüfungsausschluss: Praktische Auswirkungen des Bilanzrechtsmodernisierungsgesetzes auf die Corporate Governance der GmbH, in NZG 2010, 292–295

Geßler, Ernst: Vorstand und Aufsichtsrat im neuen Aktiengesetz, in JW 1937, 497–503

Geßler, Ernst: Die Haftung der Hauptgesellschaft bei der Eingliederung (§ 322 AktG), in ZGR 1978, 251–268

Geßler, Ernst / Hefermehl, Wolfgang / Eckardt, Ulrich / Kropff, Bruno (Hrsg.): Aktiengesetz, Band II, §§ 76–147, München 1973 [zit.: *Bearbeiter*, in: Geßler/Hefermehl/Eckardt/Kropff, AktG, Bd. 2]

Geuenich, Marcus / Kiesel, Hanno: Tax Compliance bei Unternehmen – einschlägige Risiken und Folgerungen für die Praxis, in BB 2012, 155–162

Gleißner, Werner: Grundlagen des Risikomanagements im Unternehmen, 2. Aufl., München 2011

Glöckner, Jochen / Müller-Tautphaeus, Ken: Rückgriffshaftung von Organmitgliedern bei Kartellverstößen, in AG 2001, 344–349

Gmach, Gertlieb: Pflichten des Verfügungsberechtigten (§ 35 AO), in DStZ 2001, 341–351

Gocke, Rudolf / Ditz, Xaver: Internationale Verrechnungspreise und Steuerstrafrecht, in: Festschrift für Michael Streck, hrsg. v. Burkhard Binnewies, Rainer Spatscheck, Köln 2011, 495–517

Freiherr von Godin, Reinhard / Wilhelmi, Hans (Begr.) / *Wilhelmi, Sylvester* (Bearb.): Aktiengesetz vom 6. September 1965, Bd. I, 4. Aufl., Berlin, New York 1971

Goette, Wulf: Zur Verteilung der Darlegungs- und Beweislast der objektiven Pflichtwidrigkeit bei der Organhaftung, in ZGR 1995, 648–674

Goette, Wulf: Leitung, Aufsicht, Haftung – zur Rolle der Rechtsprechung bei der Sicherung einer modernen Unternehmensführung, in: Festschrift aus Anlass des fünfzigjährigen Bestehens von Bundesgerichtshof, Bundesanwaltschaft und Rechtsanwaltschaft beim Bundesgerichtshof, hrsg. v. Karlmann Geiß, Kay Nehm, Hans Erich Brandner, Horst Hagen, Köln, Berlin, Bonn, München 2000, 123–142

Goette, Wulf: Die GmbH, 2. Aufl., München 2002

Goette, Wulf: Anmerkung zum BGH-Urteil v. 14.05.2007, II ZR 48/06, in DStR 2007, 1176–1177

Goette, Wulf: Einführung in das neue GmbH-Recht, München 2008

Goette, Wulf: Neuere aktienrechtliche Rechtsprechung des II. Zivilsenats des Bundesgerichtshofes, in DStR 2009, 2602–2610

Goette, Wulf: „Zu den Rechtsfolgen unrichtiger Entsprechenserklärungen“, in: Festschrift für Uwe Hüffer, hrsg. v. Peter Kindler, Jens Koch, Peter Ulmer, Martin Winter, München 2010, 225–235

Goette, Wulf: Organisationspflichten in Kapitalgesellschaften zwischen Rechtspflicht und Opportunität, in ZHR 175 (2011), 388–400

Goette, Wulf / Habersack, Matthias (Hrsg.): Das MoMiG in Wissenschaft und Praxis, Köln 2009 [zit.: *Bearbeiter*, in: Goette/Habersack, Das MoMoG in Wissenschaft und Praxis]

Göhler, Erich: Die „Beteiligung" an einer unvorsätzlich begangenen Ordnungswidrigkeit, in wistra 1983, 242–245

Göhler, Erich (Begr.) / *Gürtler, Franz Seitz, Helmut*: Gesetz über Ordnungswidrigkeiten, 16. Aufl., München 2012 [zit.: *Bearbeiter*, in: Göhler, OWiG]

Golling, Hans-Joachim: Sorgfaltspflicht und Verantwortlichkeit der Vorstandsmitglieder für ihre Geschäftsführung innerhalb der nicht konzerngebundenen Aktiengesellschaft, Bad Schwartau 1969

Gonella, Robert / Starke, Peter: Ausgliederung von Dienstleistungen aus Konzernsteuerabteilungen, in BB 1996, 1253–1255

Görl, Maximilian: Steuerliche Probleme bei der Mitarbeiterentsendung, in IStR 2002, 443–448

Görl, Maximilian: Aktuelle Aspekte des Betriebstättenbegriffs unter besonderer Berücksichtigung der Präsenzanforderungen, in StbJb 2004/2005, S. 81–91

Görling, Helmut: Die Verbreitung zwei- und mehrstufiger Unternehmensverbindungen, in: AG 1993, 538–547

Görling, Helmut / Inderst, Cornelia / Bannenberg, Britta (Hsrg.): Compliance, Heidelberg et al. 2010 [zit.: *Bearbeiter*, in: Görling/Inderst/Bannenberg, Compliance]

Görtz, Birthe: Der neue Compliance-Prüfungsstandard (EPS 980) Inhalte und Aussagen, in CCZ 2010, 127–133

Görtz, Birthe: Prüfung von Compliance-Management-Systemen – Anwendung und Erfahrungen mit IDW PS 980, in BB 2012, 178–183

Görtz, Birthe / Roßkopf, Michael: Kosten von Compliance-Management in Deutschland, in ZRFC 2010, 150–154

Gosch, Dietmar (Hrsg.): Körperschaftssteuergesetz, 2. Aufl., München 2009 [zit.: *Bearbeiter*, in: Gosch, KStG]

Gößwein, Gregor / Hohmann, Olaf: Modelle der Compliance-Organisation in Unternehmen – Wider den Chief Compliance Officer als „Überoberverantwortungsnehmer", in BB 2011, 963–968

Götting, Horst-Peter: Die persönliche Haftung des GmbH-Geschäftsführers für Schutzrechtsverletzungen und Wettbewerbsverstöße, in GRUR 1994, 6–12

Götz, Heinrich: Die Überwachung der Aktiengesellschaft im Lichte jüngerer Unternehmenskrisen, in: AG 1995, 337–353

Götz, Heinrich: Leitungssorgfalt und Leitungskontrolle der Aktiengesellschaft hinsichtlich abhängiger Unternehmen, in ZGR 1998, 524–546

Götz, Heinrich: Rechte und Pflichten des Aufsichtsrats nach dem Transparenz und Publizitätsgesetz, in NZG 2002, 599–604

Gotzens, Markus: Nützliche Aufwendungen und das Abzugsverbot nach § 4 Abs. 5 Nr. 10 EStG, in DStR 2005, 673–678

Gotzens, Markus: Tax Compliance – Fluch oder Segen für den steuerlichen Berater?, in: Festschrift für Imme Roxin, hrsg. v. Lorenz Schulz, Michael Reinhart, Oliver Sahan, Heidelberg, München, Landsberg, Frechen, Hamburg 2012, 453–464

Goutier, Klaus E.: Die Haftung im Steuerrecht, Herne, Berlin 1978

Göz, Philipp / Holzborn, Timo: Die Aktienrechtsreform durch das Gesetz für Unternehmensintegrität und Modernisierung des Anfechtungsrechts – UMAG, in WM 2006, 157–164

Graf, Jürgen Peter (Hrsg.): Strafprozessordnung, München 2010 [zit.: *Bearbeiter*, in: Graf, StPO]

Graf, Jürgen Peter / Jäger, Markus / Wittig, Petra (Hrsg.): Wirtschafts- und Steuerstrafrecht, München 2011 [zit.: *Bearbeiter*, in: Graf/Jäger/Wittig, Wirtschafts- und Steuerstrafrecht]

Grau, Carsten / Blechschmidt, Vanessa: Anmerkung zu BGH, Urt. v. 17.07.2009, 5 StR 394/08, in DB 2009, 2145–2146

Graumann, Mathias: Controlling, 3. Aufl., Düsseldorf 2011

Graumann, Mathias: Wirtschaftliches Prüfungswesen, 3. Aufl., Herne 2012

Greier, Michael / Persch, Andreas: Auswirkungen der Änderungen des Art. 7 OECD-MA auf die Gewinnabgrenzung bei Bankbetriebsstätten, in BB 2012, 1318–1326

Grigoleit, Hans Christoph (Hrsg.): Aktiengesetz, München 2013 [zit.: *Bearbeiter*, in: Grigoleit, AktG]

von Groll, Rüdiger: Das Handeln der Finanzverwaltung als Gegenstand des Rechtsschutzbegehrens, in Der Rechtsschutz in Steuersachen, hrsg. v. Christoph Trzaskalik, DStJG 18 (1995), 47–75

Groß, Paul J. / Amen, Matthias: Rechtspflicht zur Unternehmensplanung?, in WPg 2003, 1161–1180

Groß, Stefan / Georgios, Alexander: Weitere Intensivierung der digitalen Betriebsprüfung durch den Einsatz von Prüfmakros, in DStR 2006, 2067–2071

Groß, Werner: Deliktische Außenhaftung des GmbH-Geschäftsführers, in ZGR 1998, 551, 569

Großkommentar Aktiengesetz, Erster Band, §§ 1–144, begr. v. Wilhelm Gadow, Eduard Heinichen, Eberhard Schmidt, W. Schmidt, O. Weipert, 2. Aufl., Berlin 1961 [zit.: *Bearbeiter*, in: Großkommentar AktG (2. A. 1961)]

Großkommentar Aktiengesetz, Band 3, §§ 76–94, hrsg. v. Klaus J. Hopt, Herbert Wiedemann, 4. Aufl., Berlin 2008 [zit.: *Bearbeiter*, in: Großkommentar AktG, ... (Stand)]

Großkommentar UWG, 1. Band §§ 1–12, hrsg. v. Rainer Jacobs, Walter F. Lindacher, Otto Teplitzky, Berlin 2006 [zit.: *Bearbeiter*, in: Großkommentar UWG, ... (Stand)]

Großmann, Adolf: Unternehmensziele im Aktienrecht, Bochum 1980

Grotherr, Siegfried: Überlegungen zur Ausgestaltung von speziellen Verfahrensregelungen für Advance Pricing Agreements, in IStR 2005, 350–360

Grotherr, Siegfried (Hrsg.): Handbuch der internationalen Steuerplanung, 3. Aufl., Herne 2011 [zit.: *Bearbeiter*, in: Grotherr, Internationale Steuerplanung]

Grundei, Jens / v. Werder, Axel: Die Angemessenheit der Informationsgrundlage als Anwendungsvoraussetzung der Business Judgement Rule, in AG 2005, 825–834

Grundsatzkommission Corporate Governance: Corporate Governance-Grundsätze („Code of Best Practice") für börsenorientierte Gesellschaften, in NZG 2000, 333–336

Grunewald, Barbara: Die Haftung von Organmitgliedern nach Deliktsrecht, in ZHR 157 (1993), 451–463

Grützner, Thomas: BB-Kommentar: „Compliance 2.0 – LG München I verpflichtet Vorstände zu ‚Compliance'", in BB 2014, 850–852

Grützner, Thomas / Jakob, Alexander (Hrsg.): Compliance von A-Z, München 2010

Grützner, Thomas / Leisch, Franz Clemens: §§ 130, 30 OWiG – Probleme für Unternehmen, Geschäftsleitung und Compliance-Organisation, in DB 2012, 787–794

Gutenberg, Erich: Unternehmensführung, Wiesbaden 1962

Haas, Ulrich: Fragen zur Insolvenzverschleppungshaftung des GmbH-Geschäftsführers, in NZG 1999, 373–381

Habersack, Mathias: Gesteigerte Überwachungspflichten des Leiters eines „sachnahen" Vorstandsressorts?, in WM 2005, 2360–2364

Habersack, Mathias: Aufsteigende Kredite im Lichte des MoMiG und des „Dezember"-Urteils des BGH, in ZGR 2009, 347–365

Habersack, Mathias: Gedanken zur konzernweiten Compliance-Verantwortung des Geschäftsleiters eines herrschenden Unternehmens, in: Recht, Ordnung und Wettbewerb, Festschrift für Wernhard Möschel, hrsg. v. Stefan Bechtold, Joachim Jickeli, Mathias Rohe, Baden-Baden 2011, 1175–1192

Haertlein, Lutz: Vorstandshaftung wegen (Nicht-)Ausführung eines Gewinnverwendungsbeschlusses mit Dividendenausschüttung, in ZHR 168 (2004), 437–467

Hahn, Christoph: Der Bilanzeid – Neue Rechtsfigur im deutschen Kapitalmarktrecht, in IRZ 2007, 375–379

Hamburger, Jürgen: Der internationale Konzernaufbau und die Besteuerung, Hamburg 1976

Hanfland, Philipp: Haftungsrisiken im Zusammenhang mit § 161 AktG und dem Deutschen Corporate Governance Kodex, Baden-Baden 2007

Haratsch, Andreas / Koenig, Christian / Pechstein, Matthias: Europarecht, 9. Aufl., Tübingen 2014

Hardeck, Inga: Die Empfehlungen der OECD-Leitsätze für multinationale Unternehmen im Bereich der Besteuerung, in IStR 2011, 933–939

Hardeck, Inga: Kooperative Compliance-Programme zwischen Finanzverwaltungen und Unternehmen, in StuW 2013, 156–172

Hassold, Gerhard: Die Lehre vom Organisationsverschulden, in JuS 1982, 583–587

Haubrichs, Willy: Die Problematik der Vollverzinsung, Bonn 1973

Haufe, HGB Bilanzkommentar, hrsg. v. Klaus Bertram, Ralph Brinkmann, Harald Kessler, Stefan Müller, 2. Aufl., Freiburg 2010 [zit.: *Bearbeiter*, in: Haufe, HGB Bilanzkommentar]

Haunhorst, Sabine: Haftung ohne Grenzen? Die Pflicht des Geschäftsführers zur anteiligen Tilgung – Grundsatz und Ausnahme, in DStZ 2002, 368–371

Haunhorst, Sabine: Risikomanagement in der Finanzverwaltung – ein Fall für die Finanzgerichte?, in DStR 2010, 2105–2110

Hauschka, Christoph E.: Compliance, Compliance-Manager, Compliance-Programme: eine geeignete Reaktion auf gestiegene Haftungsrisiken für Unternehmen und Management?, in NJW 2004, 257–261

Hauschka, Christoph E.: Corporate Compliance – Unternehmensorganisatorische Ansätze zur Erfüllung der Pflichten von Vorständen und Geschäftsführern, in AG 2004, 461–475

Hauschka, Christoph E.: Compliance am Beispiel der Korruptionsbekämpfung, in ZIP 2004, 877–883

Hauschka, Christoph E.: Grundsätze pflichtgemäßer Unternehmensführung- Entwurf eines Gesetzes zur Unternehmensintegrität und Modernisierung des Anfechtungsrechts, in ZRP 2004, 65–67

Hauschka, Christoph E.: Von Compliance zu Best Practice, in ZRP 2006, 258–261

Hauschka, Christoph E.: Compliance als Teil einer modernen Unternehmensführung, in AnwBl. 2010, 629–633

Hauschka, Christoph E. (Hrsg.): Corporate Compliance, 2. Aufl., München 2010 [zit.: *Bearbeiter*, in: Hauschka, Corporate Compliance]

Hauschka, Christoph E. / Greeve, Gina: Compliance in der Korruptionsprävention – was müssen, was sollen, was können die Unternehmen tun?, in BB 2007, 165–173

Haussmann, Fritz: Vom Aktienwesen und vom Aktienrecht, Mannheim, Berlin, Leipzig 1928

Hebestreit, Gernot / Esser, Martin: Nachrichten zu IFRS und US-GAAP, in IRZ 2006, 205–207

Hebig, Michael: Steuerabteilung und Steuerberatung in der Großunternehmung, Göttingen 1984

Heckemeyer, Jost H. / Spengel, Christoph: Ausmaß der Gewinnverlagerung multinationaler Unternehmen – empirische Evidenz und Implikationen für die deutsche Steuerpolitik, in PWP (Perspektiven der Wirtschaftspolitik) 2008, 37–61

Heermann, Peter W.: Unternehmerisches Ermessen, Organhaftung und Beweislastverteilung, in ZIP 1998, 761–769

Heermann, Peter W.: Die Beschränkung der persönlichen Haftung des Vorstands durch Ressortverteilung, in: Festschrift für Volker Röhricht, hrsg. v. Georg Crezelius, Heribert Hirte, Klaus Vieweg, Köln 2005, 1191–1203

Hegnon, Oliver: Aufsicht als Leitungspflicht – Umfang persönlich wahrzunehmender Aufsichtspflichten von Geschäftsleitern bei vertikaler Arbeitsteilung aus gesellschafts- und strafrechtlicher Sicht, in CCZ 2009, 57–62

von Hehn, Paul A. / Hartung, Wilhelm: Unabhängige interne Untersuchungen in Unternehmen als Instrument guter Corporate Governance – auch in Europa?, in DB 2006, 1909–1914

Heidel, Thomas (Hrsg.): Aktienrecht und Kapitalmarktrecht, 3. Aufl., Baden-Baden 2011 [zit.: *Bearbeiter*, in: Heidel, AktR]

Heidel, Thomas / Schall, Alexander (Hrsg.): Handelsgesetzbuch, Baden-Baden 2011 [zit.: *Bearbeiter*, in: Heidel/Schall, HGB]

von Hein, Jan: Vom Vorstandsvorsitzenden zum CEO?, in ZHR 166 (2002), 464–502

Heinrich, Rolf / Schmitt, Volker: Bilaterales Advance Pricing Agreement – Ein Erfahrungsbericht, in DB 2006, 2428–2432

Heldt, Cordula / Ziemann, Sascha: Sarbanes-Oxley in Deutschland? – Zur geplanten Einführung eines strafbewehrten „Bilanzeides" nach dem Regierungsentwurf eines Transparenzrichtlinie-Umsetzungsgesetzes, in NZG 2006, 652–654

Hellmann, Uwe / Beckemper, Katharina: Wirtschaftsstrafrecht, 3. Aufl., Stuttgart 2010

Helm, Johann Georg: Rechtsfortbildung und Reform bei der Haftung für Verrichtungsgehilfen, in ACP 166 (1966), 389–408

Hemmelrath, Alexander / Kepper, Philipp: Die Bedeutung des „Authorized OECD Approach" (AOA) für die deutsche Abkommenspraxis, in IStR 2013, 37–42

Henssler, Martin / Strohn, Lutz, Gesellschaftsrecht, München 2011 [zit.: *Bearbeiter*, in: Henssler/Strohn, Gesellschaftsrecht]

Hentzen, Matthias: Konzerninnenfinanzierung nach BGHZ 157, 72, in ZGR 2005, 480–527

Henze, Hartwig: Prüfungs- und Kontrollaufgaben des Aufsichtsrats in der Aktiengesellschaft – Die Entscheidungspraxis des Bundesgerichtshofs, in NJW 1998, 3309–3312

Henze, Hartwig: Entscheidungen und Kompetenzen der Organe in der AG: Vorgaben der höchstrichterlichen Rechtsprechung, in BB 2000, 53–61

Henze, Hartwig: Leitungsverantwortung des Vorstands – Überwachungspflicht des Aufsichtsrats, in BB 2000, 209–216

Henze, Hartwig: Konzernfinanzierung und Bereicherung – Das Upstreamrisiko aus Gesellschafter- und Bankensicht –, in WM 2005, 717–727

Hermanns, Ferdinand / Kleier, Ulrich F.: Grenzen der Aufsichtspflicht in Betrieben und Unternehmen, Köln, Berlin, Bonn, München 1987

Hermenau, Cora-Jeanette: Rechtsstaatlichkeit und zeitnahe Betriebsprüfung – ein Widerspruch?, in FR 2011, 120–122

Herrmann, Carl / Heuer, Gerhard / Raupach, Arndt: Einkommensteuer- und Körperschaftssteuergesetz, Band II, §§ 4–5 EStG, hrsg. v. Hey, Johanna / Prinz, Ulrich / Wendt, Michael, 247. Lieferung (September 2011), Köln 1950ff. [zit.: *Bearbeiter*, in: Herrmann/Heuer/Raupach, EStG, KStG, ... (Stand)]

Herzig, Norbert: Gestaltung der Konzernsteuerquote – eine neue Herausforderung für die Steuerberatung?, in WPg 2003, Sonderheft, 80–92

Herzig, Norbert: Modernisierung des Bilanzrechts und Besteuerung, in DB 2008, 1–10

Herzig, Norbert: BilMoG, Tax Accounting und Corporate Governance Aspekte, in: DB 2010, 1–8

Herzig, Norbert: Tax Accounting zwischen BiMoG und E-Bilanz, in: DStR 2010, 1900–1908

Herzig, Norbert: Die Zukunft der steuerlichen Gewinnermittlung, in: Der Schweizer Treuhänder 2011, 618–631

Herzig, Norbert: Erfahrungen mit dem BilMoG aus steuerlicher Sicht, in DB 2012, 1343–1351

Herzig, Nobert / Briesemeister, Simone / Schäperclaus, Jan: E-Bilanz und Steuertaxonomie, in: DB 2010, Beilage 5 zu Heft 41, 1–24

Herzig, Norbert / Dempfle, Urs: Konzernsteuerquote, betriebliche Steuerpolitik und Steuerwettbewerb, in DB 2002, 1–8

Herzig, Norbert / Vera, Antonio: Die Organisation von Steuerabteilungen, in DB 2001, 1–7

Herzig, Norbert / Vera Antonio: Die Stellung der Steuerabteilung in der Unternehmensorganisation, in DB 2001, 441–451

Herzig, Norbert / Vera, Antonio: Einsatz externer Steuerberatung in Großunternehmen – Eine theoretische und empirische Analyse -, in DStR 2001, 675–684

Herzig, Norbert / Vossel, Stephan: Interdependenzen von Financial und Tax Accounting, in: KSzW 2010, 53–60

Herzig, Norbert / Zimmermann, Martin: Steuercontrolling – Überflüssige Begriffsverbindung oder sinnvolle Innovation?, in DB 1998, 1141–1150

Hey, Johanna: Mitteilungspflicht oder Quellenabzug – Maßnahmen zur Sicherung der Steueransprüche, in: Festschrift für Heinrich Wilhelm Kruse, hsrg. v. Walter Drenseck, Roman Seer, Köln 2001, 269–293

Hey, Johanna: Steuerplanungssicherheit als Rechtsproblem, Köln 2002

Hild, Eckart C. / Hild, Dieter: Keine Inanspruchnahme von GmbH-Geschäftsführern als Schuldner von Hinterziehungszinsen, in BB 1991, 2344–2345

Hilgers, Benno Maria: Verantwortlichkeit von Führungskräften in Unternehmen für Handlungen ihrer Mitarbeiter, Freiburg im Breisgau 2000

Hill, Hermann: Normkonkretisierende Verwaltungsvorschriften, in NVwZ 1989, 401–410

Hoffmann, Gunter M.: Existenzvernichtende Haftung von Vorständen und Aufsichtsräten?, in AG 2012, 1393–1399

Hoffmann, Ralph: Neue Grundsätze für die Arbeitsweise der Veranlagungsstellen der Finanzämter (GNOFÄ), in DStR 1997, 1189–1195

Hoffmann-Becking, Michael: Zur rechtlichen Organisation der Zusammenarbeit im Vorstand der AG, in ZGR 1998, 497–519

Hoffmann-Becking, Michael: Vorstandsvorsitzender oder CEO?, in NZG 2003, 745–750

Hofmann, Karl-Wilhelm / Otto, Ute Barbara: Erschwernis der Freistellung von Arbeitslohn gem. DBA nach Einführung einer nationalen Rückfallklausel durch das StÄndG 2003, in IStR 2004, 826–830

Hofmann, Karl-Wilhelm / Schubert, Mathias: Nach Einführung des wirtschaftlichen Arbeitgeberbegriffs in das deutsche Lohnsteuerrecht – eine Bestandsaufnahme aus Praktikersicht, in BB 2004, 1477–1481

Hölters, Wolfgang (Hrsg.): Aktiengesetz, München 2011 [zit.: *Bearbeiter*, in: Hölters, AktG]

Holzhauser; Guido: Compliance: Must have or nice to have – Gesellschafts- und kapitalmarktrechtliche Grundlagen von Compliance, in: Interdisziplinäre Aspekte von Compliance, hrsg. v. Guido Holzhauser, Carolin Sutter, Baden-Baden 2011, 11–37

Homburg, Carsten / Stephan, Jörg / Haupt, Michael: Risikomanagement unter Nutzung der Balanced Scorecard, in DB 2005, 1069–1075

Hommelhoff, Peter: Die Konzernleitungspflicht, Köln, Berlin, Bonn, München 1982

Hommelhoff, Peter / Hopt, Klaus J. / v. Werder, Axel (Hrsg.): Handbuch Corporate Governance, 2. Aufl., Stuttgart, Köln 2009 [zit.: *Bearbeiter*, in: Hommelhoff/Hopt/v. Werder, Handbuch Corporate Governance]

Hommelhoff, Peter / Mattheus, Daniela: Risikomanagementsystem im Entwurf des BilMoG als Funktionselement der Corporate Governance, in BB 2007, 2787–2791

Hommelhoff, Peter / Mattheus, Daniela: Qualitätssicherung in der Wirtschaftsprüfung, in: Festschrift für Voler Röhricht, hrsg. v. Georg Crezelius, Heribert Hirte, Klaus Vieweg, Köln 2005, 897–918

Hommelhoff, Peter / Schwab, Martin: Zum Stellenwert betriebswirtschaftlicher Grundsätze ordnungsgemäßer Unternehmensleitung und -überwachung im Vorgang der Rechtserkenntnis, in zfbf Sonderheft 36/1996, hrsg. von Axel von Werder, 149–178

Hoor, Gerd: Die Präzisierung der Sorgfaltsanforderungen nach § 93 Abs. 1 AktG durch den Entwurf des UMAG, in DStR 2004, 2104–2108

Hoor, Oliver: Der OECD-Diskussionsentwurf zur Revision des Kommentars zu Art. 5 (Betriebsstätte) im OECD-Musterabkommen, in IStR 2012, 17–21

Höppner, Horst-Dieter: Der Bericht des OECD-Steuerausschusses über „Verrechnungspreise und multinationale Unternehmen", in StBp 1981, 56–61

Hopt, Klaus J.: Die Haftung von Vorstand und Aufsichtsrat, in: Festschrift für Ernst-Joachim Mestmäcker, hrsg. v. Ulrich Immenga, Wernhard Möschel, Dieter Reuter, Baden-Baden 1996, 909–931

Hopt, Klaus J. / Merkt, Hanno: Bilanzrecht, München 2010 [zit.: *Bearbeiter*, in: Hopt/Merkt, Bilanzrecht]

Hopt, Klaus J. / Wohlmannstetter Gottfried (Hrsg.): Handbuch Corporate Governance von Banken, München 2011 [zit.: *Bearbeiter*, in: Hopt/Wohlmannstetter, HdB Corporate Governance von Banken]

Horn, Norbert: Aktien- und konzernrechtlicher Vermögensschutz der Aktiengesellschaft und der Gang an die Börse, in ZIP 1987, 1225–1234

Horn, Norbert: Die Haftung des Vorstands der AG nach § 93 AktG und die Pflichten des Aufsichtsrats, in ZIP 1997, 1129–1139

Horschitz, Harald / Groß, Walter / Fanck, Bernfried / Kirschbaum, Jürgen: Bilanzsteuerrecht und Buchführung, 13. Aufl., Stuttgart 2013

Horst, Peter: Outsourcing von Rechtsabteilungen, in BB 1995, 1096–1100

Horváth, Péter: Controlling, 12. Aufl., München 2011

Hruschka, Franz: Anmerkung zum EuGH Urteil v. 29.11.2011, C-371/10, in DStR 2011, 2343–2344

Huber, Erich / Seer, Roman: Steuerverwaltung im 21. Jahrhundert: Risikomanagement und Compliance, in StuW 2007, 355–371

Huber, Ulrich: Betriebsführungsverträge zwischen selbstständigen Unternehmen, in ZHR 152 (1988), 1–37

Hübschmann, Walter / Hepp, Ernst / Spitaler, Armin: AO, FGO, Band III, §§ 33–77, Band V §§ 118–173, Band IX, §§ 347–373 AO, 213. Lieferung (Juli 2011), Köln 1951ff. [zit.: *Bearbeiter*, in: Hübschmann/Hepp/Spitaler, ... (Stand)]

Hüffer, Jens: Corporate Governance: Früherkennung nach § 91 Abs. 2 AktG – Neue Pflichten des Vorstands zum Risikomanagement?, in: Recht und Vernunft, Festschrift für Hans-Diether Imhoff, hrsg. v. VEW Energie AG, Dortmund, bearb. v. Hans Peter Hermann, Frankfurt am Main 1998, 91–106

Hüffer, Uwe: Das Leitungsermessen des Vorstands in der Aktiengesellschaft, in: Festschrift für Thomas Raiser, hrsg. v. Reinhard Damm, Peter W. Heermann, Rüdiger Veil, Berlin 2005, 163–180

Hüffer, Uwe: Die Leitungsverantwortung des Vorstands in der Managementholding, in: Liber amicorum Wilhelm Happ, hrsg. v. Michael Hoffmann-Becking, Rüdiger Ludwig, Köln, Berlin, München 2006, 93–108

Hüffer, Uwe: Der Vorstand als Leitungsorgan und die Mandats- sowie Haftungsbeziehungen seiner Mitglieder, in: Aktienrecht im Wandel, Band 2, hrsg. v. Walter Bayer, Mathias Habersack, Tübingen 2007, 334–388

Hüffer, Uwe: Die leitungsbezogene Verantwortung des Aufsichtsrats, in NZG 2007, 47–54

Hüffer, Uwe: Compliance im Innen- und Außenrecht der Unternehmen, in: Festschrift für Günter H. Roth, hrsg. v. Holger Altmeppen, Hanns Fitz, Heinrich Honsell, München 2011, 299–307

Hüffer, Uwe: Aktiengesetz, 10. Aufl., München 2012

Hundt, Florenz: UN-Musterabkommen zur Vermeidung der Doppelbesteuerung zwischen Industriestaaten und Entwicklungsländern, in RIW/AWD 1981, 306–327

Hüneröder, Johann-Friedrich: Die Aufsichtspflichtverletzung im Kartellrecht, Bergisch Gladbach 1989

Huschens, Ferdinand: Umsatzsteuerliche Karussellgeschäfte und deren Auswirkungen, in SteuK 2012, 479–484

Huth, Mark-Alexander: Grundsätze ordnungsmäßiger Risikoüberwachung, in BB 2007, 2167–2170

Immenga, Ulrich / Mestmäcker, Ernst-Joachim (Hrsg.): Wettbewerbsrecht, Band 2, GWB, 4. Aufl., München 2007 [zit.: *Bearbeiter*, in: Immenga/Mestmäcker, GWB]

Immenga, Ulrich: Compliance als Rechtspflicht nach Aktienrecht und Sarbanes-Oxley-Act, in: Unternehmensrecht zu Beginn des 21. Jahrhunderts, in: Festschrift für Eberhard Schwark, hrsg. v. Stefan Grundmann, Christian Kirchner, Thomas Raiser, Hans-Peter Schwintowski, Martin Weber, Christine Windbichler, München 2009, 199–207

Institut der Wirtschaftsprüfer: IDW Prüfungsstandard: Die Prüfung des Risikofrüherkennungssystem nach § 317 IV HGB (IDW PS 340), Stand: 25.06.1999, in WPg 1999, 659–662

Institut der Wirtschaftsprüfer: Interne Revision und Abschlussprüfung (IDW PS 321), Stand: 06.05.2002, in WPg 2002, 686- 689

Institut der Wirtschaftsprüfer: IDW Rechnungslegungshinweis: Lageberichterstattung nach § 289 Abs. 1 und 3 HGB bzw. § 315 Abs. 1 HGB in der Fassung des Bilanzrechtsreformgesetzes (IDW RH HFA 1.007), WPg 2005, 1234–1235

Institut der Wirtschaftsprüfer: IDW Prüfungsstandard: Zur Aufdeckung von Unregelmäßigkeiten im Rahmen der Abschlussprüfung (IDW PS 210), Stand: 06.09.2006, in WPg 2006, 694–710

Institut der Wirtschaftsprüfer: IDW Prüfungshinweis: Besonderheiten der Abschlussprüfung kleiner und mittelgroßer Unternehmen (IDW PH 9.100.1), Stand: 29.11.2006, in FN-IDW 2007, 63–75

Institut der Wirtschaftsprüfer: IDW Prüfungsstandard: Feststellung und Beurteilung von Fehlerrisiken und Reaktionen des Abschlussprüfers auf die beurteilten Fehlerrisiken (IDW PS 261), Stand: 06.09.2006, in WPg 2006, 1433–1445

Institut der Wirtschaftsprüfer: Entwurf IDW Prüfungsstandard: Grundsätze ordnungsmäßiger Prüfung von Compliance-Management Systemen (IDW EPS 980), Stand: 11.03.2010, in FN-IDW 2010, 126–151

Institut der Wirtschaftsprüfer: IDW Prüfungsstandard: Grundsätze ordnungsmäßiger Prüfung von Compliance-Management Systemen (IDW PS 980), Stand: 11.03.2011, in FN-IDW 2011, 203–231

Institut der Wirtschaftsprüfer: Entwurf einer Neufassung des IDW Prüfungsstandards: Feststellung und Beurteilung von Fehlerrisiken und Reaktionen des Abschlussprüfers auf die beurteilten Fehlerrisiken (IDW EPS 261 n.F.), Stand: 10.06.2011, in FN-IDW 2011, 408–426

Institut der Wirtschaftsprüfer: IDW Prüfungsstandard: Feststellung und Beurteilung von Fehlerrisiken und Reaktionen des Abschlussprüfers auf die beurteilten Fehlerrisiken (IDW PS 261 n.F.), Stand: 01.03.2012, in FN-IDW 2012, 239–255

Ihrig, Hans-Christoph: Reformbedarf beim Haftungstatbestand des § 93 AktG, in WM 2004, 2098–2107

Jackstein, Claus-Dieter: Das deutsche Steuerrecht im Wettbewerb mit ausländischen Steuersystemen, in: Außensteuerrecht, Doppelbesteuerungsabkommen und EU-Recht im Spannungsverhältnis, Festschirft für Helmut Debatin, hrsg. v. Gabriele Burmester, Dieter Endres, München 1997, 179–206

Jacobs, Otto H. / Endres, Dieter / Spengel, Christoph (Hrsg.): Internationale Unternehmensbesteuerung, 7. Aufl., München 2011

Jahndorf, Christian: Besteuerung der Funktionsverlagerung, in FR 2008, 101–111

Jakob, Wolfgang: Umsatzsteuer, 4. Aufl., München 2009

Jakob, Wolfgang / Hörmann, Norbert: Steuersystematische Grundlagen der Ergebniskorrektur im internationalen Konzern, in BB 1991, 733–742

Jankowiak, Ingo: Doppelte Nichtbesteuerung im Internationalen Steuerrecht, Baden-Baden 2009

Jauernig, Othmar (Hrsg.): Bürgerliches Gesetzbuch, 14. Aufl., München 2011 [zit.: *Bearbeiter*, in: Jauernig, BGB]

Joachim, Willi E.: Der Managementvertrag (Schluß), in DZWiR 1992, 455–459

Jochum, Heike: Grundsätze der steuerlichen Geschäftsführerhaftung, in DStZ 2007, 335–340

Joecks, Wolfgang: Abzugsverbot für Bestechungs- und Schmiergelder – Korruptionsbekämpfung durch Steuerrecht? -, in: DStR 1997, 1025–1032

Joecks, Wolfgang / Kaminski, Bert: Dokumentations- und Sanktionsvorschriften für Verrechnungspreise in Deutschland – eine rechtliche Würdigung -, in IStR 2004, 65–72

Jung, Hans: Allgemeine Betriebswirtschaftslehre, 12. Auflage, München 2010

Kadel, Jürgen: Eine Einführung in die US-amerikanische Steuerrechtsliteratur, in: IStR 2010, 583–589

Kahle, Holger: Preisanpassungsklauseln bei der Ertragsbesteuerung von Funktionsverlagerungen, in StuB 2009, 383–389

Kahle, Holger / Franke, Verona: Überführung von Wirtschaftsgütern in ausländische Betriebsstätten, IStR 2009, 406–411

Kahle, Holger / Mödinger, Jörg: Die Neufassung des Art. 7 OECD-MA im Rahmen der Aktualisierung des OECD-MA 2010, in IStR 2010, 757–763

Kahle, Holger / Mödinger, Jörg: Vermeidung von Doppelbesteuerung im Bereich der Unternehmensgewinne nach Art. 7 Abs. 3 OECD-MA 2010, in IStR 2011, 821–828

Kahle, Holger / Ziegler, Steffen: Betriebsstättenbegriff – Grundfragen und aktuelle Entwicklungen, DStZ 2009, 834–847

Kahlenberg, Harald / Neuhaus, Kai: Die Achte GWB-Novelle: Reform des deutschen Kartellrechts, in BB 2013, 131–137

Kaiser, Andreas: Tax Compliance in ausländischen Finanzverwaltungen, in IWB 2010, 774–779

Kaiser, Andreas: Chancen und Risiken von kooperativ ausgerichteten Finanzverwaltungen, in StW 2011, 101–103

Kaiser, Karin: Erweiterung der zukunftsorientierten Lageberichterstattung: Folgen des Bilanzrechtsreformgesetzes für Unternehmen, in DB 2005, 345–353

Kajüter, Peter: Berichterstattung über Chancen und Risiken im Lagebericht, in BB 2004, 427–433

Kälin, Ruth / Strohe, Martin: „Gebt dem Kaiser, was des Kaisers ist", in ZRFC 2011, 102–105

Kaminski, Bert: Änderungen im Bereich der internationalen Einkunftsabgrenzung durch die Unternehmenssteuerreform 2008, in RIW 2007, 594–603

Kaminski, Bert: Interne Revision und steuerliche Betriebsprüfung, in Kompendium der Internen Revision, hrsg. v. Carl-Christian Freidank, Volker H. Peemöller, Berlin 2011

Kamps, Heinz-Willi: Haftung des Vorstands für Steuerschulden der AG – Geschäftsverteilungspläne, anteilige Befriedigung und Verschulden, in AG 2011, 586–588

von Kann, Jürgen / Eigler, Mira: Aktuelle Neuerungen des Corporate Governance Kodex, in DStR 2007, 1730–1736

Kanzler, Ralf-Dieter: Der Einwand finanzbehördlichen Mitverschuldens gegenüber Haftungsansprüchen aus dem Steuerschuldverhältnis, in DStR 1985, 339–343

Kapp, Thomas / Gärtner, Daniel: Die Haftung von Vorstand und Aufsichtsrat bei Verstößen gegen das Kartellrecht, in CCZ 2009, 168–174

Kappel, Jan / Ehling, Jan: Wie viel Strafe ist genug? – Deutsche Unternehmen zwischen UK Bribery Act, FCPA und StGB, in BB 2011, 2115–2121

Karl, Roland: Rechtsanwendungsgleichheit und Verwaltungsanweisungen zur Begrenzung der Sachverhaltsermittlung, in DStZ 2002, 598–606

Karl, Roland: „Haftungsbegrenzung bei interner Aufteilung unter engen Voraussetzungen" – Kommentar zu FG München, Urt. v. 15.07.2010, 14 V 1552/10, BB 2011, 227f., in BB 2011, 229–230

Karlsruher Kommentar zum Gesetz über Ordnungswidrigkeiten, hrsg. v. Lothar Senge, 3. Aufl., München 2006 [zit.: *Beabeiter*, in: KK-OWiG]

Kaufmann, Anette: Möglichkeiten der sanktionsrechtlichen Erfassung von (Sonder-) Pflichtverletzungen im Unternehmen, Frankfurt am Main 2003

Keller, Daniel: Konsignationslager – Probleme aufgrund von Vereinfachungsregelungen in einzelnen EU-Mitgliedstaaten, in UR 2000, 61–65

Kempermann, Michael: Amtsermittlung, Mitwirkungspflichten und Beweislast bei Auslandssachverhalten, in FR 1990, 437–442

Kessler, Wolfgang: Die Euro-Holding, München 1996

Kessler, Wolfgang / Kröner, Michael / Köhler, Stefan (Hrsg.): Konzernsteuerrecht, 2. Aufl., München 2008 [zit.: *Bearbeiter*, in: Kessler/Kröner/Köhler, Konzernsteuerrecht]

Kiesel, Hanno / Theisen, Michaela: Steuerstrafrechtliche Risiken konzerninterner Verrechnungspreisgestaltungen, in: IStR 2006, 284–288

Kiesel, Hanno / Böringer, Jacob: Tax Compliance – Risikominimierung durch sanktionsbezogene Enthaftungsmaßnahmen, in BB 2012, 1190–1195

Kieser, Alfred / Walgenbach, Peter: Organisation, 6. Aufl., Stuttgart 2010

Kindler, Peter: Unternehmerisches Ermessen und Pflichtenbindung, in ZHR 162 (1998), 101–119

Kindler, Peter: Pflichtverletzung und Schaden bei der Vorstandshaftung wegen unzureichender Compliance, in: Festschrift für Günter H. Roth, hrsg. v. Holger Altmeppen, Hanns Fitz, Heinrich Honsell, München 2011, 367–377

Kindler, Steffi: Das Unternehmen als haftender Täter, Baden-Baden 2008

Kippenberg, Johannes: Internationale Organisationen – OECD: Konsultationsaufruf zum Betriebstättenbegriff, in IStR-LB zu Heft 21/2011

Kirchhof, Paul: Die freiheitliche Struktur der Steuerrechtsordnung, in StuW 2006, 3–21

Kirchhof, Paul (Hrsg.): Einkommensteuergesetz, 11. Aufl., Köln 2012 [zit.: *Bearbeiter*, in: Kirchhof, EStG]

Kirchhof, Paul / Söhn, Hartmut / Mellinghoff, Rudolf (Hrsg.): Einkommenssteuergesetz, 222. Aktualisierung (September 2011), Heidelberg, München, Landsberg, Frechen, Hamburg 1986ff. [zit.: *Bearbeiter*, in: Kirchhof/Söhn/Mellinghoff, EStG, ... (Stand)]

Klausing, Friedrich: Gesetz über Aktiengesellschaften und Kommanditgesellschaften auf Aktien (Aktien-Gesetz), Berlin 1937

Klein, Franz / Orlopp, Gerd (Begr.): Abgabenordnung, 12. Aufl., München 2012 [zit.: *Bearbeiter*, in: Klein, AO]

Kleine, Klaus: Podiumsdiskussion der Metallindustrie und Elektrounternehmen – Konfliktfelder aus der Sicht von Finanzverwaltung und Unternehmen, in: Internationale Verrechnungspreise zwischen Kapitalgesellschaften, hrsg. v. Harald Schaumburg, Köln 1994, 166–199

Kleindiek, Detlef: Deliktshaftung und juristische Person, Tübingen 1997

Kleindiek, Detlef: Geschäftsleitertätigkeit und Geschäftsleitungskontrolle: Treuhänderische Vermögensverwaltung und Rechnungslegung, in ZGR 1998, 466–489

Kleineidam, Jochen: Zur veranlassungsorientierten Steuerentstrickung bei grenzüberschreitenden Vorgängen im Unternehmensbereich, in IStR 2000, 577–580

Kley, Max Dietrich / Lehmann, Michael: Probleme der Eingliederungshaftung, in DB 1972, 1421–1423

Klindt, Thomas: Nicht-börsliches Compliance-Management als zukünftige Aufgabe des Inhouse-Juristen, in NJW 2006, 3399–3400

Klindt, Thomas / Pelz, Christian / Theusinger, Ingo: Compliance im Spiegel der Rechtsprechung, in NJW 2010, 2385–2391

Klingelhöfer, Wolfgang: Im Spannungsfeld von Steuer- und Strafrecht: Schmiergelder, in: StBp 1999, 309–315

Klotz, Werner: Über den Verfall der guten Sitten im Steuerrecht, in: Steuerrecht, Verfassungsrecht, Finanzpolitik, Festschrift für Franz Klein, hrsg. v. Paul Kirchhof, Klaus Offerhaus, Horst Schöberle, Köln 1994, 289–307

Kneip, Christoph / Jänisch, Christian: Tax Due Diligence, 2. Aufl., München 2010 [zit.: *Bearbeiter*, in: Kneip/Jänisch, Tax Due Diligence]

Knigge, Dagmar: Änderungen des Aktienrechtes durch das Transparenz- und Publizitätsgesetz, in WM 2002, 1729–1737

Knoll, Thomas / Kaven, Aram: Compliance Risk Assessment: Einordnung und Abgrenzung, in: Handbuch Compliance-Management, hrsg. v. Josef Wieland, Roland Steinmeyer, Stephan Grüninger, Berlin 2010, 457–476

Koch, Karl: Reform der Abgabenordnung, in BB 1970, 361–368

Koch, Karl: Vollverzinsung im Steuerrecht?, in: Der Bürger als Objekt der staatlichen Finanzpolitik, Festschrift für Willy Haubrichs, hrsg. v. Günter Schmölders, Günter Wöhe, Edwin H. Buchholz, 2. Aufl., Bad Wörishoven 1977, 153–166

Koch, Jens: Das Gesetz zur Unternehmensintegrität und Modernisierung des Anfechtungsrechts (UMAG), in ZGR 2006, 769–804

Koch, Jens: Der kartellrechtliche Sanktionsdurchgriff im Unternehmensverbund, in ZHR 171 (2007), 554–580

Koch, Jens: Die Konzernobergesellschaft als Unternehmensinhaber i.S.d. § 130 OWiG?, in AG 2009, 564–574

Koch, Jens: Compliance-Pflichten im Unternehmensverbund?, in WM 2009, 1013–1020

Koch, Jens: Beschränkungen des gesellschaftsrechtlichen Innenregresses bei Bußgeldzahlungen, in: Liber Amicorum für Martin Winter, hrsg. v. Michael Hoffmann-Becking, Uwe Hüffer, Jochem Reichert, Köln 2011, 327–350

Koch, Jens: Beschränkung der Regressfolgen im Kapitalgesellschaftsrecht, in AG 2012, 429–440

Koch, Sebastian / Nagel, Christian / Themanns, Eva: E-Bilanz – Die elektronische Übermittlung von Jahresabschlüssen erhält Kontur, in: NWB 2010, 3780–3797

Kocher, Dirk: Zur Reichweite der Business Judgement Rule, in CCZ 2009, 215–221

Kock, Martin / Dinkel, Renate: Die zivilrechtliche Haftung von Vorständen für unternehmerische Entscheidungen – Die geplante Kodifizierung der Business Judgement Rule im Gesetz zur Unternehmensintegrität und Modernisierung des Anfechtungsrechts, in NZG 2004, 441–448

Kölner Kommentar zum Aktiengesetz, hrsg. v. Wolfgang Zöllner, Band 2, §§ 76–117 AktG und Mitbestimmung im Aufsichtsrat, 2. Aufl., Köln, Berlin, Bonn, München 1996 [zit.: *Bearbeiter*, in: Kölner Kommentar AktG, Bd. 2, 2. A 1996]

Kölner Kommentar zum Aktiengesetz, hrsg. v. Wolfgang Zöllner, Ulrich Noack, Band 2/1 (§§ 76–94 AktG), 3. Aufl., Köln 2010 [zit.: *Bearbeiter*, in: Kölner Kommentar AktG, Bd. 2/1]

Kölner Kommentar zum Aktiengesetz, hrsg. v. Wolfgang Zöllner, Ulrich Noack, Band 6, §§ 15–22 AktG, §§ 291–328 AktG und Meldepflichten nach §§ 21ff. WpHG, SpruchG, 3. Aufl., Köln, Berlin, München 2004 [zit.: *Bearbeiter*, in: Kölner Kommentar AktG, Bd. 6]

Kölner Kommentar zum Rechnungslegungsrecht §§ 238–342e HGB, hrsg. v. Carsten P. Claussen, Gerhard Scherrer, Köln 2011 [zit.: *Bearbeiter*, in: Kölner Kommentar zum Rechnungslegungsrecht]

Kölner Kommentar zum WpHG, hrsg. v. Heribert Hirte, Thomas M. J. Möllers, 2. Auflage, Köln 2014 [zit.: *Bearbeiter*, in: Kölner Kommentar WpHG]

Komo, Daniel: Vermeidung von Haftungsrisiken für Geschäftsführer bei Gewährung von Upstream Securities, in GmbHR 2010, 230- 236

Köndgen, Johannes: Selbstbindung ohne Vertrag, Tübingen 1981

Kordes, Tobias: „Upstream-Darlehen“ und „Cash-Pooling“ der in GmbH, in GmbH-StB 2009, 342–346

Korff, Matthias: Die Rechtsprechung zu § 12 AO in der internationalen Steuerplanung – zugleich eine Anmerkung zu BFH-Urteil vom 4.6.2008, I R 30/07, IStR 2008, 702f., in IStR 2009, 231–236

Körner, Marita: Comply or disclose: Erklärung nach § 161 AktG und Außenhaftung des Vorstandes, in NZG 2004, 1148–1151

Kort, Michael: Verhaltensstandardisierung durch Corporate Compliance, in NZG 2008, 81–86

Kort, Michael: Corporate Governance-Grundsätze als haftungsrechtlich relevante Verhaltensstandards?, in: Festschrift für Karsten Schmidt, hrsg. v. Georg Bitter, Marcus Lutter, Hans-Joachim Priester, Wolfgang Schön, Peter Ulmer, Köln 2009, 945–964

Kort, Michael: Risikomanagement nach dem Bilanzrechtsmodernisierungsgesetz, in ZGR 2010, 440–471

Kort, Michael: Rechtsfragen der Compliance-Organisation von Unternehmen außerhalb spezialgesetzlich geregelter Branchen im deutschen Recht, in: Festschrift für Günter H. Roth, hrsg. v. Holger Altmeppen, Hanns Fitz, Heinrich Honsell, München 2011, 407–422

Kort, Michael: Gemeinwohlbelange beim Vorstandshandeln, in NZG 2012, 926–930

Korte, Matthias: Bekämpfung der Korruption und Schutz des freien Wettbewerbs mit den Mitteln des Strafrechts, in NStZ 1997, 513–519

Kötz, Hein (Begr.) / *Wagner, Gerhard*: Deliktsrecht, 11. Aufl., München 2010

Kraeusel, Jörg: Verhältnis der Nachweispflichten nach § 6a Abs. 3 UStG zum Vertrauensschutztatbestand des § 6a Abs. 4 UStG, in UR 2005, 187–193

Kraft, Gerhard (Hrsg.): Außensteuergesetz, München 2009 [zit.: *Bearbeiter*, in: Kraft, AStG]

Kraft, Oliver / Winkler, Klaus: Zur Garantenstellung des Compliance-Officers – Unterlassungsstrafbarkeit durch Organisationsmangel?, in CCZ 2009, 29–33

Kramer, Jörg-Dietrich: APA – Vorabverständigungsverfahren und Vorabzusagen über Verrechnungspreise, in IStR 2007, 174–177

Krause, Rüdiger: 'Nützliche' Rechtsverstöße im Unternehmen – Verteilung finanzieller Lasten und Sanktionen, in BB Beilage 2007, Nr. 007, 2–16

Krebs, Peter / Dylla-Krebs, Corinna: Deliktische Eigenhaftung von Organen für Organisationsverschulden, in DB 1990, 1271–1274

Krekeler, Wilhelm / Tiedemann, Klaus / Ulsenheimer, Klaus / Weinmann, Günther (Hrsg.): Handwörterbuch des Wirtschafts- und Steuerstrafrechts, 5. Ergänzungslieferung (Mai 1990), Heidelberg 1988ff. [zit.: *Bearbeiter*, in: Handwörterbuch des Wirtschafts- und Steuerstrafrechts, *Name des Artikel* ... (Stand)]

Krekeler, Wilhelm / Werner, Elke: Unternehmer und Strafrecht, München 2006

Kremer, Thomas / Klahold, Christoph: Compliance-Programme in Industriekonzernen, in ZGR 2010, 113–143

Krieger, Gerd: Personalentscheidungen des Aufsichtsrats, Köln, Berlin, Bonn, München 1981

Krieger, Gerd / Schneider, Uwe H. (Hrsg.): Handbuch Managerhaftung, 2. Aufl., Köln 2010 [zit.: *Bearbeiter*, in: Krieger/Schneider, Handbuch Managerhaftung]

Krieger, Steffen / Günther, Jens: Die arbeitsrechtliche Stellung des Compliance Officers – Gestaltung einer Compliance Organisation unter Berücksichtigung der Vorgaben im BGH vom 17.07.2009, in NZA 2010, 367–373

Krieger, Steffen / Günther, Jens: Der Compliance-Officer, in ZRFC 2011, 149–154

Kropff, Bruno: Aktiengesetz, Textausgabe des Aktiengesetzes vom 6.9.1965 und des Einführungsgesetzes zum Aktiengesetz vom 6.9.1965 mit Begründung des Regierungsentwurfs, Düsseldorf 1965 [zit.: *Kropff*, Aktiengesetz – Begründung Regierungsentwurf]

Kropff, Bruno: Die Unternehmensplanung im Aufsichtsrat, in NZG 1998, 613–619

Kropff, Bruno: Einlagenrückgewähr und Nachteilsausgleich im faktischen Konzern, in NJW 2009, 814–817

Kromschröder, Bernhard / Lück, Wolfgang: Grundsätze risikoorientierter Unternehmensüberwachung, in DB 1998, 1573–1576

Kröner, Michael: Tax Accounting – ein Perspektivwechsel, in StbJb 2004/2005, 275–294

Kröner, Michael / Beckenhaub, Claus: Konzernsteuerquote, München 2008

Kröner, Michael / Beckenhaub, Claus: Konzernsteuerquote: Vom Tax Accounting zum Tax Management, in Ubg 2008, 631–640

Kroppen, Heinz-Klaus: Der „Authorized OECD Approach" zur Gewinnaufteilung zwischen Stammhaus und Betriebstätte, in: Unternehmensbesteuerung, Festschrift für Norbert Herzig zum 65. Geburtstag, hrsg. v. Wolfgang Kessler, Guido Förster, Christoph Watrin, München 2010, 1071–1094

Kroppen, Heinz-Klaus (Hrsg.) / *Becker, Helmut* (Begr.): Handbuch Internationale Verrechnugspreise, Band 1 Nationale Vorschriften, 14. Ergänzungslieferung (April 2012), Köln 1997ff. [zit.: *Bearbeiter*, in: Kroppen/Becker, Handbuch Internationale Verrechnungspreise, ... (Stand)]

Kroppen, Heinz-Klaus / Rasch, Stephan: Die Funktionsverlagerungsverordnung, in IWB 2008, 547–562

Kroppen, Heinz-Klaus / Rasch, Stephan: Funktionsverlagerung – der nächste Akt, in IWB 2010, 316–324

Kroppen, Heinz-Klaus / Rasch, Stephan: Anmerkungen zu den Verwaltungsgrundsätzen Funktionsverlagerung vom 13.10.2010, in IWB 2010, 824–841

Kroppen, Heinz-Klaus / Rasch, Stephan / Eigelshoven, Axel: Die Behandlung der Funktionsverlagerungen im Rahmen der Unternehmenssteuerreform 2008 und der zu erwartenden Verwaltungsgrundsätze Funktionsverlagerung, in IWB 2007, 301–330

Kroppen, Heinz-Klaus / Rasch, Stephan / Roeder, Achim: Neue Verwaltungsgrundsätze des BMF zur Arbeitnehmerentsendung, in IWB 2002, 9–18

Kruse, Heinrich Wilhelm: Über Vollverzinsung, in FR 1988, 1–12

Kruse, Heinrich Wilhelm: Der Standort der Finanzgerichtsbarkeit gegenüber der Finanzverwaltung und der Steuergesetzgebung, in Der Rechtsschutz in Steuersachen, hrsg. v. Christoph Trzaskalik, DStJG 18 (1995), 115–136

Küch, Otto: Gesetz über Aktiengesellschaften und Kommanditgesellschaften auf Aktien (Aktien-Gesetz), Stuttgart und Berlin 1937

Kuckhoff, Harald / Schreiber, Rolf: Die neuen Verwaltungsgrundsätze zur Personalentsendung im Konzern, in IWB 2002, 169–174

Kumpf, Wolfgang: Ergebnis- und Vermögenszuordnung bei Betriebstätten, in StbJb 1988/1989, 399–422

Künkele, Kai Peter / Zwirner, Christian: Steuerbilanzpolitik: Ausweitung der Möglichkeiten durch das BilMoG, in: DStR 2010, 2263–2270

Küpper, Hans-Ulrich: Controlling, 5. Aufl., Stuttgart 2008

Kußmaul, Heinz / Ruiner, Christoph: Zur Umsetzung des OECD functionally separate entity approach in nationales Recht – Anmerkungen zu Art. 5 des Regierungsentwurfes eines Jahressteuergesetzes (JStG) 2013 –, in BB 2012, 2025–2029

Kußmaul, Heinz / Ruiner, Christoph / Delarber, Christian: Leistungsbeziehungen in internationalen Einheitsunternehmen mit Blick auf die Änderung des Art. 7 OECD-MA und die geplante Änderung des § 1 AStG, in Ubg 2011, 837–845

Kust, Egon: Zur Sorgfaltspflicht und Verantwortlichkeit eines ordentlichen und gewissenhaften Geschäftsleiters, in Wm 1980, 758–765

Kuthe, Thorsten / Zipperle, Madeleine: MaComp – Compliance-Standards für alle?, in CF law 2010, 337–345

Küting, Karlheinz: Einführung in die Cash-Flow-Rechnung, in DStR 1992, 625–631

Küting, Karheinz / Hütten, Christoph: Die Lageberichterstattung über Risiken der künftigen Entwicklung, in AG 1997, 250–256

Küting, Karheinz / Pfitzer, Norbert / Weber, Claus-Peter: Das neue deutsche Bilanzrecht, Stuttgart 2008 [zit.: *Bearbeiter*, in: Küting/Pfitzer/Weber, Das neue deutsche Bilanzrecht]

Küting, Karlheinz / Weber, Claus-Peter (Begr.): Handbuch der Rechnungslegung Einzelabschluss, hrsg. v. Michael Dusemond, Peter Küting, Claus-Pter Weber, Johannes Wirth, 18. Lieferung (Dezember 2013); Stuttgart 1986ff. [zit.: *Bearbeiter*, in: Küting/Weber, Handbuch der Rechnungslegung Einzelabschluss, ... (Stand)]

Kutschaty, Thomas: Deutschland braucht ein Unternehmensstrafrecht, in ZRP 2013, 74–76

Lackner, Karl / Kühl, Kristian: Strafgesetzbuch, 27. Aufl., München 2011

Lanfermann, Georg / Maul, Silja: Auswirkungen des Sarbanes-Oxley Acts in Deutschland, in DB 2002, 1725–1732

Lang, Joachim: Die gleichheitsrechtliche Verwirklichung der Steuerrechtsordnung, in StuW 2006, 22–33

Lang, Michael: DBA und Personengesellschaften – Grundfragen der Abkommensauslegung, in IStR 2007, 606–609

Lang, Michael: Auslegung von Doppelbesteuerungsabkommen und authentische Vertragssprachen, in IStR 2011, 403–410

Lange, Hermann / Schiemann, Gottfried: Schadensersatz, 3. Aufl., Tübingen 2003

Lange, Knut Werner: Grundsätzliche und unbegrenzte Pflicht zur Berichterstattung im Lagebericht?, in BB 1999, 2447–2453

Lange, Knut Werner / Wall, Friederike: Risikomanagement nach dem KonTraG, München 2001 [zit.: *Bearbeiter*, in: Lange/Wall, Risikomangement]

Langen, Eugen (Begr.) / *Bunte, Hermann-Josef* (Hrsg.): Kommentar zum deutschen und europäischen Kartellrecht, Bd. 1, Deutsches Kartellrecht, 10. Aufl., Köln 2011 [zit.: *Bearbeiter*, in: Langen/Bunte, Kommentar zum deutschen und europäischem Kartellrecht, Bd. 1]

Langenbucher, Katja: Vorstandshandeln und Kontrolle, in DStR 2005, 2083–2090

Lehner, Moris / Reimer, Ekkehardt: Generalthema I: Quelle versus Ansässigkeit – Wie sind die grundlegenden Verteilungsprinzipien des internationalen Steuerrechts austariert?, in: IStR 2005, 542–551

Leipold, Klaus: Unternehmensstrafrecht – Eine rechtspolitische Notwendigkeit?, in ZRP 2013, 34–37

Leipziger Kommentar StGB, hrsg. v. *Laufhütte, Heinrich Wilhelm / Rissing-van Saan, Ruth / Tiedemann, Klaus*, 1. Band Einleitung; §§ 1 bis 31, 12. Aufl., Berlin 2007 [zit.: *Bearbeiter*, in: LK-StGB]

Leipziger Kommentar StGB, hrsg. v. *Laufhütte, Heinrich Wilhelm / Rissing-van Saan, Ruth / Tiedemann, Klaus*, 10. Band §§ 284–305a, 12. Aufl., Berlin 2008 [zit.: *Bearbeiter*, in: LK-StGB]

Leipziger Kommentar StGB, hrsg. v. *Laufhütte, Heinrich Wilhelm / Rissing-van Saan, Ruth / Tiedemann, Klaus*, 13. Band §§ 331–358, 12. Aufl., Berlin 2009 [zit.: *Bearbeiter*, in: LK-StGB]

Leipziger Kommentar StGB, hrsg. v. *Laufhütte, Heinrich Wilhelm / Rissing-van Saan, Ruth / Tiedemann, Klaus*, 9. Band §§ 263 bis 283d 1. Teilband §§ 263–266b, 12. Aufl., Berlin, Boston 2012 [zit.: *Bearbeiter*, in: LK-StGB]

Lemke, Michael / Mosbacher, Andreas: Ordnungswidrigkeitengesetz, 2. Aufl., Heidelberg 2005

Lempenau, Gerhard: Grenzüberschreitende Steuerkultur Deutschlands, in: Festschrift für Wienand Meilicke, hrsg. v. Andreas Herlinghaus, Heribert Hirte, Rainer Hüttemann, Thomas Heidel, Baden-Baden 2010

Lenz, Martin / Schmidt, Wolfgang Wilhelm / Schmidt, Michael: Verwaltungsgrundsätze-Verfahren – Konsequenzen für die Dokumentation von Verrechnungspreisen, in BB 2005, 1255–1259

Leuering, Dieter / Dornhegge, Stefanie: Geschäftsverteilung zwischen GmbH-Geschäftsführern, in NZG 2010, 13–17

Leube, Jutta: Neuere Rechtsprechung zum Kartellordnungswidrigkeitenrecht, in wistra 1987, 41–48

Lieder, Jan: Kapitalaufbringung im Cash-Pool nach neuem Recht, in GmbHR 2009, 1177–1185

Liese, Jens: Much Adoe About Nothing? oder: Ist der Vorstand einer Aktiengesellschaft verpflichtet, eine Compliance-Organisation zu implementieren?, in BB-Special Compliance 5.2008 zu Heft 25, 17–22

Liese, Jens / Schulz, Martin: Risikomanagement durch Compliance Audits – Neue Herausforderungen für die Unternehmensorganisation –, in BB 2011, 1347–1353

Lindner, Bernd Michael / Schroeren, Dorit: Neueste Entwicklungen von Compliance in Banken durch die 4. MaRisk-Novelle, in Kreditwesen 2013, 766–770

Littmann, Eberhard (Begr.) / *Bitz, Horst / Pust, Hartmut* (Hrsg.): Das Einkommenssteuerrecht, 95. Ergänzungslieferung (Mai 2012), Stuttgart ...ff. [zit.: *Bearbeiter*, in: Littmann/Bitz/Pust, EStR, ... (Stand)]

Löbbe, Marc: Unternehmenskontrolle im Konzern, Heidelberg 2003

Loitz, Rüdiger: Tax Accounting nach ED/2009/2 – ein neuer Standard für die Abbildung von Ertragssteuern in der Finanzberichterstattung, in DStR 2009, 2267–2273

Lohr, Martin: Die Beschränkung der Innenhaftung des GmbH-GF, in NZG 2000, 1204–1213

Lohse, Andrea: Unternehmerisches Ermessen, Tübingen 2005

Lohse, Andrea: Schmiergelder als Schaden? Zur Vorteilsausgleichung im Gesellschaftsrecht, in: Festschrift für Uwe Hüffer, hrsg. v. Peter Kindler, Jens Koch, Peter Ulmer, Martin Winter, München 2010, 581–601

Loose, Matthias: Fiskalpolitische Tendenzen im Zinssystem der Abgabenordnung, in Festschrift für Heinrich Wilhelm Kruse, hrsg. v. Walter Drenseck, Roman Seer, Köln 2001, 295–310

Loose, Matthias: Funktion der steuerlichen Nebenleistungen für den Steuervollzug, in Steuervollzug im Rechtsstaat, hrsg. v. Werner Widmann, DStJG 31 (2008), 203–218

Lorenz, Manuel: Einführung in die rechtlichen Grundlagen des Risikomanagements, in: Rechtliche Grundlagen des Risikomanagements, hrsg. v. Frank Romeike, Berlin 2008, 3–29

Loritz, Karl-Georg / Wagner, Klaus-R.: Haftung von Vorständen und Aufsichtsräten, in DStR 2012, 2189–2195

Lösler, Thomas: Das moderne Verständnis von Compliance im Finanzmarktrecht, in NZG 2005, 104–108

Löw, Christine: Die Erkundigungspflicht beim Verbotsirrtum nach § 17 StGB, Frankfurt am Main, Berlin, Bern, Bruxelles, New York, Oxford, Wien 2002

Lück, Wolfgang: Elemente eines Risiko-Managementsystems, in DB 1998, 8–14

Lück, Wolfgang: Der Umgang mit unternehmerischen Risiken durch ein Risikomanagementsystem und durch ein Überwachungssystem, in DB 1998, 1925–1930

Lüdicke, Jürgen: Internationale Aspekte des Steuervergünstigungsabbaugesetzes, in IStR 2003, 433–444

Lühn, Tim: BB-Kommentar zum BFH Beschluss v. 14.07.2008, VII B 92/08, in BB 2008, 2220–2221

Lutter, Marcus: Zur Binnenstruktur des Konzerns, in: Festschrift für Harry Westermann, hrsg. v. Wolfgang Hefermehl, Rudolf Gmür, Hans Brox, Karlsruhe 1974, 347–368

Lutter, Marcus: Vermögensveräußerungen einer abhängigen Aktiengesellschaft, in: Festschrift für Ernst Steindorff, hrsg. v. Jürgen F. Baur, Klaus J. Hopt, K. Peter Mailänder, Berlin, New York 1990, 125–150

Lutter, Marcus: Unternehmensplanung und Aufsichtsrat, in AG 1991, 249–255

Lutter, Marcus: Haftung und Haftungsfreiräume des GmbH-Geschäftsführers, in GmbHR 2000, 301–312

Lutter, Marcus: Entwicklung und Fortbildung des Rechts durch Entscheidung: Der Bundesgerichtshof und das Aktienrecht, in: 50 Jahre Bundesgerichtshof, Festgabe aus der Wissenschaft Band II, hrsg. v. Andreas Heldrich, Klaus J. Hopt, München 2000, 321

Lutter, Marcus (Hrsg.): Holding Handbuch, 4. Aufl., Köln 2004 [zit.: *Bearbeiter*, in: Lutter, Holding Handbuch]

Lutter, Marcus: Information und Vertraulichkeit im Aufsichtsrat, 3. Aufl., Köln, Berlin, München 2006

Lutter Marcus: Die Business Judgement Rule und ihre praktische Anwendung, in ZIP 2007, 841–848

Lutter, Marcus: Interessenkonflikte und Business Judgement Rule, in: Festschrift für Claus-Wilhelm Canaris, Bd. II, hrsg. v. Andreas Heldrich, Jürgen Prölss, Ingo Koller, Katja Langenbucher, Hans Christoph Grigoleit, Johannes Hager, Felix Christopher Hey, Jörg Neuner, Jens Petersen, Reinhard Singer, München 2007, 245–256

Lutter, Marcus: Bankenkrise und Organhaftung, in ZIP 2009, 197–201

Lutter Marcus: Konzernphilosophie vs. konzernweite Compliance und konzernweites Risikomanagement, in: Festschrift für Wulf Goette, hrsg. v. Mathias Habersack, Peter Hommelhoff, München 2011, 289–298

Lutter, Marcus: Haftung und Verantwortlichkeit – Verantwortung von Organen und Beratern, in DZWiR 2011, 265–270

Lutter, Marcus / Hommelhoff, Peter (Hrsg.): GmbH-Gesetz, 18. Aufl., Köln 2012 [zit.: *Bearbeiter*, in: Lutter/Hommelhoff, GmbHG]

Lutter, Marcus / Krieger, Gerd: Rechte und Pflichten des Aufsichtsrats, 5. Aufl., Köln 2008

Lutter, Marcus / Scheffler, Eberhard / Schneider, Uwe H. (Hrsg.): Handbuch der Konzernfinanzierung, Köln 1998

Lutz, Helmuth: Strafrechtliche Verantwortung bei Verstößen gegen das Kartellgesetz, in: WuW 1976, 69–78

Mai, Thomas R.: Rechtsverhältnis zwischen Abschlussprüfer und prüfungspflichtiger Kapitalgesellschaft, Düsseldorf 1993

Maiwald, Manfred: Die Amtsdelikte – Probleme der Neuregelung des 28. Abschnitts des StGB, in: JuS 1977, 353–363

Marsch-Barner, Reinhard: Vorteilsausgleich bei der Schadensersatzhaftung nach § 93 AktG, in ZHR 173 (2009), 723–734

Marsch-Barner, Reinhard / Schäfer, Frank A.(Hrsg.): Handbuch börsennotierte AG, 2. Aufl., Köln 2009 [zit.: *Bearbeiter*, in: Marsch-Barner/Schäfer, Handbuch börsennotierte AG]

Martens, Klaus-Peter: Die Entscheidungsautonomie des Vorstands und die „Basisdemokratie" in der Aktiengesellschaft, in ZHR 147 (1983), 377–428

Martens, Klaus-Peter: Grundlagen des Konzernarbeitsrechts, in ZGR 1984, 417–459

Martens, Klaus-Peter: Der Grundsatz gemeinsamer Vorstandsverantwortung, in: Festschrift für Hans-Joachim Fleck, hrsg. v. Reinhard Goerdeler, Peter Hommelhoff, Marcus Lutter, Heribert Wiedemann, Berlin, New York 1988, 191–208

Martens, Klaus-Peter: Die Organisation des Konzernvorstands, in: Festschrift für Theodor Heinsius, hrsg. v. Friedrich Kübler, Hans-Joachim Mertens, Winfried Werner, Berlin, New York 1991, 523–544

Martinek, Michael / Semler, Franz-Jörg / Habermeier, Stefan / Flohr, Eckhard (Hrsg.): Handbuch des Vertriebsrechts, 3. Aufl., München 2010 [zit.: *Bearbeiter*, in: Martinek/Semler/Habermeier/Flohr, HdB des Vertriebsrechts]

Maurer, Hartmut: Allgemeines Verwaltungsrecht, 18. Aufl., München 2011

Medicus, Dieter: Zur deliktischen Eigenhaftung von Organpersonen, in: Festschrift für Werner Lorenz, hrsg. v. Bernhard Pfister, Michael R. Will, Tübingen 1991, 161–169

Medicus, Dieter: Deliktische Außenhaftung der Vorstandsmitglieder und Geschäftsführer, in ZGR 1998, 570–585

Meier, Georg: Der Arbeitsvertrag des Compliance-Beauftragten – Rechtliche Notwendigkeiten und Möglichkeiten, in NZA 2011, 779–782

Melcher, Winfried / Mattheus, Daniela: Zum Referentenentwurf des Bilanzrechtsmodernisierungsgesetzes (BilMoG): Lageberichterstattung, Risikomanagement-Bericht und Coporate Governance-Statement, in DB Beilage 1/2008, 52–55

Melcher, Winfried / Mattheus, Daniela: Zur Umsetzung der HGB-Modernisierung durch das BilMoG; Neue Offenlegungspflichten zur Coporate Governance, in DB Beilage 5/2009, 77–82

Melchior, Jürgen: Neueste Rechtslage der Vollverzinsung gem. § 233a AO, in DStR 1995, 82–86

Menck, Thomas: Unterkapitalisierung und DBA – Zu § 8a KStG und zum OECD-Musterabkommen, in FR 1994, 69–76

Meilicke, Heinz / Heidel, Thomas: Das Auskunftsrecht des Aktionärs in der Hauptversammlung (Teil II), in DStR 1992, 113–117

Menzies, Christof (Hrsg.): Sarbanes-Oxley und Corporate Compliance, Stuttgart 2006

Merges, Hans Dieter: Die Strafausschließungsgründe der Bestechungsdelikte, Dissertation Tübingen 1995

Mertens, Hans-Joachim: Der Begriff des Vermögensschadens im Bürgerlichen Recht, Stuttgart 1967

Meyer, Justus: Die GmbH und andere Handelsgesellschaften im Spiegel empirischer Forschung (II), in GmbHR 2002, 242–256

Meyer, Susanne: Compliance-Verantwortlichkeit von Vorstandsmitgliedern – Legalitätsprinzip und Risikomanagement, Besprechung des Urteils des LG München I vom 10.12.2013 – 5 HKO 1387/10, DB 2014, S. 766, in DB 2014, 1063–1068

Meyer-Goßner, Lutz: Strafprozessordnung, 55. Aufl., München 2012 [zit.: *Meyer-Goßner*, StPO]

Michael, Lothar: Rechts- und Außenwirkung sowie richterliche Kontrolle der MaRisk VA, in VersR 2010, 141–148

Michalke, Regina: Neue Garantenpflichten? – oder: Haftung des Compliance-Officers, in AnwBl. 2010, 666–670

Michalski, Lutz (Hrsg.): Kommentar zum Gesetz betreffend die Gesellschaften mit beschränkter Haftung (GmbH-Gesetz), Band II §§ 35–85 GmbHG, §§ 1–4 EGGmbHG, 2. Aufl., München 2010 [zit.: *Bearbeiter*, in: Michalski, GmbHG, Bd. 2]

Mitschke, Wolfgang: Zur gesetzlichen Entstrickungsregelung des § 4 Abs. 1 Satz 3 EStG, in DB 2009, 1376–1379

Mittelbach, Rolf: Haftung der Geschäftsführer für Steuerschulden der GmbH, in DStZ 1984, 211–215

Momsen, Carsten / Grützner, Thomas: Verfahrensregeln für interne Ermittlungen, in DB 2011, 1792–1798

Montag, Heinrich: Entwicklungstendenzen der Steuerberatung im Konzern, in: Steuerzentrierte Rechtsberatung, Festschrift für Harald Schaumburg, hrsg. v. Wolfgang Spindler, Klaus Tipke, Thomas Rödder, Köln 2009

Montag, Heinrich: Die Steuerquote in der Krise, in: Festschrift für Norbert Herzig, hrsg. v. Wolfgang Kessler, Guido Förster, Christoph Watrin, München 2010, 555–576

Moosmayer, Klaus: Compliance, 2. Aufl., München 2012

Moosmayer, Klaus: Modethema oder Pflichtprogramm guter Unternehmensführung – Zehn Thesen zu Compliance, in NJW 2012, 3013–3017

Moosmayer, Klaus / Gropp-Stadler, Susanne: Der Diskussionsentwurf des Bundesministeriums der Justiz zur Änderung der §§ 30, 130 OWiG: Ein Zwischenruf, in NZWiSt 2012, 241–243

Mosbach, Peter: Grundfragen zu steuerlichen Behandlung von Mitarbeiterentsendungen, in Ubg 2008, 675–683

Mosbacher, Andreas: Compliance aus Sicht des Gerichts – Chancen und Risiken, in: Wissenschaftliche und praktische Aspekte der nationalen und internationalen Compliance-Diskussion, hrsg. v. Thomas Rotsch, Baden-Baden 2012, 129–134

Mösbauer, Heinz: Möglichkeiten des Haftungsausschlusses bei der Lohnsteuerhaftung des Arbeitgebers, in FR 1995, 173–178

Mösbauer, Heinz: Die Vertretungs- und Verfügungsmacht nach den §§ 34 und 35 AO als Tatbestandsmerkmal der Haftung nach § 69 AO, in DB 1995, 1679–1681

Mösbauer, Heinz: Zur steuerlichen Buchführungspflicht gewerblicher Unternehmer nach § 140 AO, in DB 1996, 2582–2586

Mösbauer, Heinz: Zum Umfang der steuerrechtlichen Haftung der gesetzlichen Vertreter, Vermögensverwalter und Verfügungsberechtigten nach § 69 AO, in DB 2005, 1816–1821

Mössner, Jörg Manfred (Hrsg.): Steuerrecht international tätiger Unternehmen, 4. Aufl., Köln 2012 [zit.: *Bearbeiter* in: Mössner, Steuerrecht international tätiger Unternehmen]

Mülbert, Peter O.: Aktiengesellschaft, Unternehmensgruppe und Kapitalmarkt, 2. Aufl., München 1996

Mülbert, Peter O.: Empfiehlt es sich, im Interesse des Anlegerschutzes und zur Förderung des Finanzplatzes Deutschland das Kapitalmarkt- und Börsenrecht neu zu regeln?, in JZ 2002, 826–837

Mülbert, Peter O.: Soziale Verantwortung von Unternehmen im Gesellschaftsrecht, in AG 2009, 766–774

Mülbert, Peter O. / Leuschner, Lars: Aufsteigende Darlehen im Kapitalerhaltungs- und Konzernrecht – Gesetzgeber und BGH haben gesprochen, in NZG 2009, 281–288

Müller, Arnold: Die steuerrechtliche Haftung des GmbH-Geschäftsführers, in GmbHR ¡984, 45–50

Müller, Arnold: Die Akzessorietät der Haftung, in AO-StB 2006, 153–158

Müller, Arnold: Mitverschulden des Finanzamtes?, in AO-StB 2007, 19–23

Müller, Gerd: Gesellschafts- und Gesellschafterschaden, in: Festschrift für Alfred Kellermann, hrsg. v. Reinhard Goerdeler, Peter Hommerhoff, Marcus Lutter, Walter Odersky, Heribert Wiedemann, Berlin, New York 1991317–335

Müller, Regina: Steuersysteme im Wettbewerb, in StuW 2006, 173–181

Müller, Rolf: Die Konzernsteuerquote – Modephänomen oder erst zu nehmende neue Kennziffer?, in DStR 2002, 1684- 1688

Müller, Welf: Bilanzentscheidungen und Business Judgement Rule, in: Liber amicorum Wilhelm Happ, hrsg. v. Michael Hoffmann-Becking, Rüdiger Ludwig, Köln, Berlin, München 2006, 179–199

Müller, Welf / Rödder, Thomas (Hrsg.): Beck'sches Handbuch der AG, 2. Aufl., München 2009 [zit.: *Bearbeiter*, in: Müller/Rödder, Beck'sches Handbuch der AG]

Müller-Franken, Sebastian: Maßvolles Verwalten, Tübingen 2004

Müller-Gugenberger / Bieneck, Klaus (Hrsg.): Wirtschaftsstrafrecht, 5. Aufl., Köln 2011 [zit.: *Bearbeiter*, in: Müller-Gugenberger/Bieneck, Wirtschaftsstrafrecht]

Müller-Lee, Jens / Selera, Pawel: Konsignationslager in der Europäischen Union, in UStB 2007, 253–259

Münchener Handbuch des Gesellschaftsrechts, hrsg. v. Hans-Joachim Priester, Dieter Mayer Band 3 Gesellschaft mit beschränkter Haftung, 4. Aufl., München 2012 [zit.: *Bearbeiter*, in: Münchener Handbuch GmbH]

Münchener Handbuch des Gesellschaftsrechts, hrsg. v. Michael Hoffmann-Becking Band 4 Aktiengesellschaft, 3. Aufl., München 2007 [zit.: *Bearbeiter*, in: Münchener Handbuch Aktiengesellschaft]

Münchener Kommentar zum Aktiengesetz, hrsg. v. Wulf Goette, Mathias Habersack Band 1, §§ 1–75, 3. Aufl., München 2008 [zit.: *Bearbeiter*, in: MüKo-AktG, Bd. 1]

Münchener Kommentar zum Aktiengesetz, hrsg. v. Wulf Goette, Mathias Habersack Band 2, §§ 76–117; MitbestG, DrittelbG, 3. Aufl., München 2008 [zit.: *Bearbeiter*, in: MüKo-AktG, Bd. 2]

Münchener Kommentar zum Aktiengesetz, hrsg. v. Bruno Kropff, Johannes Semler Band 4, §§ 118–147, 2. Aufl., München 2004 [zit.: *Bearbeiter*, in: MüKo-AktG, Bd. 4]

Münchener Kommentar zum Aktiengesetz, hrsg. v. Wulf Goette, Mathias Habersack Band 5, §§ 278–328; SpruchG, ÖGesAusG, Österreichisches Konzernrecht, 3. Aufl., München 2010 [zit.: *Bearbeiter*, in: MüKo-AktG, Bd. 5]

Münchener Kommentar zum Bilanzrecht, hrsg. v. Joachim Hennrichs, Detlef Kleindiek, Christoph Watrin Band 1, IFRS, 3. Lieferung (Juli 2012), München 2008ff. [zit.: *Bearbeiter*, in: MüKo-Bilanzrecht IFRS ... (Stand)]

Münchener Kommentar zum Bilanzrecht, hrsg. v. Joachim Hennrichs, Detlef Kleindiek, Christoph Watrin Band 2, Bilanzrecht §§ 238–342e HGB, München 2013 [zit.: *Bearbeiter*, in: MüKo-Bilanzrecht, Bd. 2]

Münchener Kommentar zum Bürgerlichen Gesetzbuch, hrsg. v. Franz Jürgen Säcker, Roland Rixecker, Band 1, Allgemeiner Teil, §§ 1–240, ProstG, AGG, 6. Aufl., München 2012 [zit.: *Bearbeiter*, in: MüKo-BGB, Bd. 1]

Münchener Kommentar zum Bürgerlichen Gesetzbuch, hrsg. v. Franz Jürgen Säcker, Roland Rixecker, Band 2, Schuldrecht, Allgemeiner Teil, §§ 241–432, 6. Aufl., München 2012 [zit.: *Bearbeiter*, in: MüKo-BGB, Bd. 2]

Münchener Kommentar zum Bürgerlichen Gesetzbuch, hrsg. v. Franz Jürgen Säcker, Roland Rixecker, Band 5, Schuldrecht, Besonderer Teil III, §§ 705–853, Partnerschaftsgesellschaftsgesetz, Produkthaftungsgesetz, 5. Aufl., München 2009 [zit.: *Bearbeiter*, in: MüKo-BGB, Bd. 5]

Münchener Kommentar zum Gesetz betreffend die Gesellschaften mit beschränkter Haftung – GmbHG, hrsg. v. Holger Fleischer, Wulf Goette, Band 2, §§ 35–52, München 2012 [zit.: *Bearbeiter*, in: MüKo-GmbHG, Bd. 2]

Münchener Kommentar zum Gesetz betreffend die Gesellschaften mit beschränkter Haftung – GmbHG, hrsg. v. Holger Fleischer, Wulf Goette, Band 3, §§ 53–85, München 2011 [zit.: *Bearbeiter*, in: MüKo-GmbHG, Bd. 3]

Münchener Kommentar zum Handelsgesetzbuch, hrsg. v. Karsten Schmidt (Redakteur), Band 2, Zweites Buch. Handelsgesellschaften und stille Gesellschaft, Erster Abschnitt. Offene Handelsgesellschaft §§ 105–160, 3. Aufl., München 2011 [zit.: *Bearbeiter*, in: MüKo-HGB, Bd. 2]

Münchener Kommentar zum Handelsgesetzbuch, hrsg. v. Karsten Schmidt, Werner F. Ebke (Redakteur), Band 4, Drittes Buch. Handelsbücher §§ 238–342e HGB, 3. Aufl., München 2013 [zit.: *Bearbeiter*, in: MüKo-HGB, Bd. 4]

Münchener Kommentar zum StGB, hrsg. v. Wolfgang Joecks, Klaus Miebach, Band 4, §§ 263–358 StGB, §§ 1–8, 105, 106 JGG, München 2006 [zit.: *Bearbeiter*, in: MüKo-StGB]

Münchener Kommentar zum StGB, hrsg. v. Wolfgang Joecks, Klaus Miebach, Band 1, §§ 1–37 StGB, 2. Aufl., München 2011 [zit.: *Bearbeiter*, in: MüKo-StGB]

Mutter, Stefan: Unternehmerische Entscheidungen und Haftung des Aufsichtsrats der Aktiengesellschaft, Köln 1994

Mutter, Stefan / Frick, Vera: „Elf Freunde sollt ihr sein" – wider die Belastung der Zusammenarbeit im Vorstand durch überzogene Rechtsprechung, in AG 2005, R470-R471

Nacke, Alois: Die Steuerhaftung des Prokuristen, in AO-StB 2006, 189–191

Nacke, Alois: Die Haftung für Steuerschulden, 3. Aufl., Köln 2012

Nagel, Sybille / Waza, Thomas: Risikomanagement beim Steuervollzug – ein Weg aus der Krise!, in DStZ 2008, 321–326

Naumann, Klaus-Peter: IDW Prüfungsnavigator – Wegweiser zu einer risikoorientierten und damit skalierten Prüfung, in WPg 2013, Heft 19, S. I

Naumann, Klaus-Peter / Feld, Klaus-Peter: Die Anwendung der International Standards on Auditing (ISA) in Deutschland – Ziele, Bedeutung und Nutzen, in WPg 2013, 641–649

Neddermeyer, Walter: Zur Verfassungsmäßigkeit der Außenprüfung vor dem Hintergrund der Steuerharmonisierung in der Europäischen Union, in BB Beilage 1994, Nr. 10, 1–19

Nell, Mathias: Korruptionsbekämpfung ja – aber richtig! – Reformüberlegungen zur Unternehmenshaftung nach OWiG, in ZRP 2008, 149–151

Nelles, Ursula: Untreue zum Nachteil von Gesellschaften, Berlin 1991

Neumann-Duesberg, Horst: Kritik der Rechtskonstruktion einer „körperschaftlichen Organisationspflicht", in NJW 1966, 715–717

Neyer, Wolfgang: Neue Nachweisanforderungen bei steuerbefreiten Einkünften, in BB 2004, 519–521

Niemann, Ursula: Probleme der Gewinnrealisierung innerhalb des Konzerns, Düsseldorf 1968

Niemann, Walter: Grundsätze ordnungsmäßiger Durchführung von Abschlussprüfungen im Umbruch?, in DStR 2003, 1454–1460

Nientimp, Axel / Tomson, Susanne: Das verbindliche Schiedsverfahren nach dem neuen OECD-MA, in IStR 2009, 615–619

Niermann, Stephan: Die Compliance-Organisation im Zeitalter der MacComp – eine Analyse ausgewählter Fragen, in ZBB 2010, 400–427

Niermann, Walter / Plenker, Jürgen: Änderungen im Bereich der Arbeitnehmerbesteuerung durch das Steueränderungsgesetz 2003 DB 2003, 2724–2729

Nimwegen, Sebastian / Koelen, Peter: COSO II als Rahmen für die Beschreibung der wesentlichen Merkmale des internen Kontroll- und des Risikomanagementsystems, in DB 2010, 2011–2015

N. N.: Bosch gibt dem italienischen Fiskus nach, in Frankfurter Allgemeine Zeitung vom 03.01.2012, Nr. 2, S. 13

Nomos Kommentar (Handkommentar) Gesamtes Strafrecht, hrsg. v. Dieter Dölling, Gunnar Duttge, Dieter Rössner, 2. Aufl., Baden-Baden 2011 [zit.: *Bearbeiter*, in: NK HK-GS]

Nomos-Kommentar StGB, hrsg. v. Urs Kindhäuser, Ulfrid Neumann, Hans-Ullrich Paeffgen, Bd. 2 (§§ 146–358), 3. Aufl., Baden-Baden 2010 [zit.: *Bearbeiter*, in: NK-StGB]

Nothhelfer, Robert: Die Einführung eines Compliance Management Systems als organisatorischer Lernprozess, in CCZ 2013, 23–28

OECD Forum on Tax Administration: Tax Compliance and Tax Accounting Systems, April 2004, http://www.oecd.org/dataoecd/42/37/45045662.pdf, zuletzt besucht am 07.02.2012

OECD: Compliance Risk Management: Managing and Improving Tax Compliance, Oktober 2004, http://www.oecd.org/dataoecd/44/19/33818656.pdf, zuletzt besucht am 07.02.2012

OECD: Comparability: Public invitation to comment on a series of draft issues notes, 10.05.2006, http://www.oecd.org/dataoecd/59/38/36651642.pdf, zuletzt besucht am 15.05.2012

OECD: Monitoring Taxpayers' Compliance: A Practical Guide Based on Revenue Body Experience, 22.06.2008, http://www.oecd.org/dataoecd/51/13/40947920.pdf, zuletzt besucht am 07.02.2012

OECD: Report on the Attribution of Profits to Permanent Establishments, 17.07.2008, http://www.oecd.org/ctp/transferpricing/41031455.pdf, zuletzt besucht am 14.08.2012

OECD: The 2010 update to the Model Tax Convention, 22.07.2010, http://www.oecd.org/tax/transferpricing/45689328.pdf, zuletzt besucht am 14.08.2012

OECD: 2010 Report on the Attribution of Profits to Permanent Establishments, 22.07.2010, http://www.oecd.org/tax/transferpricing/45689524.pdf, zuletzt besucht am 14.08.2012

OECD: OECD-Verrechnungspreisleitlinien für multinationale Unternehmen und Steuerverwaltungen, 22.07.2010, http://browse.oecdbookshop.org/oecd/pdfs/product/2310095e.pdf, zuletzt besucht am 22.05.2014

OECD-Leitsätze für multinationale Unternehmen, Neufassung 2011, http://www.oecd.org/dataoecd/38/35/48808708.pdf, zuletzt besucht am 28.11.2012

OECD Forum on Tax Administration: Working smarter in structuring the administration, in compliance, and through legislation, Januar 2012, http://www.oecd.org/dataoecd/53/6/49428209.pdf, zuletzt besucht am 07.02.2012

OECD: Interpretation and Application of Article 5 (Permanent Establishment) of the OECD Model Tax Convention, 12.10.2011–10.02.2012, http://www.oecd.org/tax/taxtreaties/48836726.pdf, zuletzt besucht am 08.08.2012

Oestreicher, Andreas / Wilcke, Dirk: Die Einzelbewertung des Firmenwerts - Verrechnungspreise in Fällen einer Funktionsverlagerung nach dem Gesetz zur Umsetzung steuerlicher EU-Vorgaben sowie zur Änderung steuerlicher Vorschriften, in Ubg 2010, 225–232

Ossadnik, Wolfgang / Dorenkamp, Axel / Wilmsmann, Dirk: Diversifikation und Risikomanagement: Auswirkungen auf die relative Rendite-Risiko-Position, in DB 2004, 1165–1168

Otto, Harro: Die Haftung für kriminelle Handlungen in Unternehmen, in Jura 1998, 409–418

Owens, Jeffrey: Die Vorschläge der OECD zur Verbesserung des Verfahrens zur Beilegung von Streitigkeiten im Zusammenhang mit DBA, in IStR 2007, 472–474

Paefgen, Walter G.: Unternehmerische Entscheidung und Rechtsbindung der Organe in der AG, Köln 2002

Paefgen, Walter G.: Dogmatische Grundlagen, Anwendungsbereich und Formulierung einer Business Judgement Rule im künftigen UMAG, in AG 2004, 245–261

Paefgen, Walter G.: Die Darlegungs- und Beweislast bei der Business Judgement Rule, in NZG 2009, 891–896

Pahlke, Anne-Kathrin: Risikomanagement nach KonTraG – Überwachungspflichten und Haftungsrisiken für den Aufsichtsrat, in NJW 2002, 1680–1688

Pahlke, Armin / Koenig, Ulrich (Hrsg.): Abgabenordnung, 2. Aufl., München 2009 [zit.: *Bearbeiter*, in: Pahlke/Koenig, AO]

Palandt, Otto (Begr.): Bürgerliches Gesetzbuch, 72. Aufl., München 2013 [zit.: *Bearbeiter*, in: Palandt, BGB]

Palzer, Christoph: Unternehmensstrafrecht – Eine rechtspolitische Notwendigkeit?, in ZRP 2013, 122–123

Pampel, Gunnar: Die Bedeutung von Compliance-Programmen im Kartellordnungswidrigkeitenrecht, in BB 2007, 1636–1640

Pant, Michael: Angst ist ein schlechter Ratgeber, in VersR 2004, 690–696

Passarge, Malte: Risiken und Chancen mangelhafter Compliance in der Unternehmensinsolvenz, in NZI 2009, 86–91

Passarge, Malte: Grundzüge eines nachhaltigen Compliance-Programms: Was jeder Steuerberater zum Thema Compliance wissen sollte, in DStR 2010, 1675–1680

Pauli, Marcus / Albrecht, Christoph: Die Erfüllung gesetzlicher Risikomanagement-Anforderungen mit Hilfe von Risikomanagement-Informationssystemen, in CCZ 2014, 17–23

Peemöller, Volker H.: Controlling, 5. Aufl., Herne, Berlin 2005

Peemöller, Volker H. / Kregel, Joachim (Hrsg.): Handbücher der Revisionspraxis, Band 1: Grundlagen der Internen Revision, Berlin 2010 [zit.: *Peemöller/Kregel*, Grundlagen der Internen Revision]

Pelka, Jürgen: Zum maßvollen Gesetzesvollzug, in DB 1996, 699–702

Pellens, Bernhard / Füllbier, Rolf Uwe / Gassen Joachim / Sellhorn Thorsten: Internationale Rechnungslegung, 8. Aufl., Stuttgart 2011

Peltzer, Martin: Verschärfung der Haftung von Vorstand und Aufsichtsrat und dadurch entstehende Zielkonflikte, in: Festschrift für Walter Hadding, hrsg. v. Franz Häuser, Horst Hammen, Joachim Hennrichs, Anja Steinbeck, Ulf R. Siebel, Reinhard Welter, Berlin 2004, 593–605

Pentz, Andreas: Einzelfragen zu Cash Management und Kapitalerhaltung, in ZIP 2006, 781–789

Peters, Holger M. / Haverkamp, Lars H.: Verbesserte Möglichkeiten zur Beseitigung von Doppelbesteuerungen – Vergleich des Schiedsverfahrens nach Art. 25 V OECD-MA und des EU-Schiedsverfahrens, in BB 2011, 1303–1312

Peters, Sebastian / Pflaum, Ulrich: Steuerhinterziehung durch unangemessene Verrechnungspreise?, in: wistra 2011, 250–257

Philips, Heike: Die Außenprüfung von Unternehmen im Spannungsfeld zwischen Steuergerechtigkeit und fiskalischen Interessen, in: Wirtschafts- und Steuerordnung auf dem Prüfstand, Festschrift für Hermann-Wilfried Bayer, hrsg. v. Thomas Birtel, Gabriele Bourgon, Ute Merbecks, Baden-Baden 1998, 249–274

Picot, Arnold: Organisation, in Vahlens Kompendium der Betriebswirtschaftslehre Band 2, hrsg. v. Michael Bitz, Michael Domsch, Ralf Ewert, Franz W. Wagner, 5. Aufl., München 2005, 43–121

Picot, Arnold / Dietl, Helmut / Franck, Egon: Organisation, 5. Aufl., Stuttgart 2008

Pieth, Mark / Eigen, Peter (Hrsg.): Korruption im internationalen Geschäftsverkehr, Neuwied, Kriftel 1999 [zit.: *Bearbeiter*, in: Pieth/Eigen, Korruption im internationalen Geschäftsverkehr]

Pietrek, Anna Carolin: Die strafrechtliche Verantwortlichkeit des Betriebsinhabers aus Compliance-Pflichten, Hamburg 2012

Pietzke, Rudolf: Die Verantwortung für Risikomanagement und Compliance im mehrköpfigen Vorstand, in CCZ 2010, 45–53

Podewils, Felix: Der GmbHR-Kommentar zum BGH-Urteil v. 01.12.2008 – II ZR 102/07 (MPS-Urteil), in GmbHR 2009, 203–205

Pohl, Carsten: Ergänzung der Funktionsverlagerungsregelungen durch das Gesetz zur Umsetzung steuerlicher EU-Vorgaben sowie zur Änderung steuerlicher Vorschriften – Boykott der Altregelung oder viel Lärm um nichts?, in IStR 2010, 357–360

Pöllath, Reinhard / Rädler, Albert J.: Gewinnberichtigungen zwischen verbundenen Unternehmen ohne Rücksicht auf Abkommensrecht?, in DB 1982, 561–565

Portner, Rosemarie / Bödefeld, Axel: Besteuerung von Arbeitnehmer-Aktien-Optionen, in DStR 1995, 629–635

Portner, Rosemarie: Verrechnungspreisbestimmung bei Internet-Transaktionen, in IStR 1998, 549–551

Powilleit, Simone: Compliance im Unternehmen: Rechtliches Risikomanagement als Wertschöpfungsfaktor, in GWR 2010, 28ff. = beck-online GWR 2010, 296917

Der Präsident des Bundesrechnungshofes als Bundesbeauftragter für Wirtschaftlichkeit in der Verwaltung (Hrsg.), Probleme beim Vollzug der Steuergesetze, Stuttgart 2006 [zit. BRH-Präsident, Probleme beim Vollzug der Steuergesetze]

Prätzler, Robert C.: Update: Umsatzsteuerliche Aspekte bei Konsignationslagern im EU-Ausland, in UStB 2010, 13–16

Preising, Tobias / Kiesel, Hanno: Korruptionsbekämpfung durch das Steuerrecht? – Zu den Problemen des Abzugsverbots und der Mitteilungspflicht gemäß § 4 Abs. 5 Nr. 10 EStG, in DStR 2006, 118–124

Preußner, Joachim: Risikomanagement im Schnittpunkt von Bankaufsichtsrecht und Gesellschaftsrecht – Zur Schrittmacherrolle des Aufsichtsrechts am Beispiel der Organisation des Risikomanagements in Kreditinstituten, in NZG 2004, 57–61

Preußner, Joachim / Becker, Florian: Ausgestaltung von Risikomanagementsystemen durch die Geschäftsleitung – Zur Konkretisierung einer haftungsrelevanten Organisationspflicht, in NZG 2002, 846–851

Preußner, Joachim / Zimmermann, Dörte: Risikomanagement als Gesamtaufgabe des Vorstandes, in AG 2002, 657–662

Prinz, Ulrich: Gesetzgeberische Wirrungen um Grundsätze der Betriebsstättenbesteuerung, in DB 2009, 807–812

Prinz, Ulrich: Materielle Maßgeblichkeit handelsrechtlicher GoB – ein Konzept für die Zukunft im Steuerbilanzrecht? in: DB 2010, 2069–2076

Prütting, Hanns / Wegen, Gerhard / Weinreich, Gerd (Hrsg.): BGB Kommentar, 8. Aufl., Köln 2013 [zit.: *Bearbeiter*, in: Prütting/Wegen/Weinreich, BGB]

Raiser, Thomas / Veil, Rüdiger: Recht der Kapitalgesellschaften, 5. Aufl., München 2010

von Randow, Philipp: Derivate und Corporate Governance, in ZGR 1996, 594–641

Randt, Karsten: Schmiergeldzahlungen bei Auslandssachverhalten – steuerliche, steuerstrafrechtliche und strafrechtliche Bestandsaufnahme, in: BB 2000, 1006–1014

Ransiek, Andreas: Unternehmensstrafrecht, Heidelberg 1996

Ransiek, Andreas: Strafrecht im Unternehmen und Konzern, in ZGR 1999, 613–658

Ransiek, Andreas: Zur strafrechtlichen Verantwortung des Compliance Officers, in AG 2010, 147–153

Ransiek, Andreas: Zur strafrechtlichen Verantwortlichkeit von Unternehmen, in NZWiSt 2012, 45–51

Rappaport, Alfred: Shareholder Value, Stuttgart 1995

Rasch, Stephan: Konzernverrechnungspreise im nationalen, bilateralen und europäischen Steuerrecht, Steuerfragen der Wirtschaft Band 12, Köln 2001

Rau, Günter / Dürrwächter, Erich / Flick, Hans / Geist, Reinhold (Begr.): Kommentar zum Umsatzsteuergesetz, 150. Lieferung (Juli 2005), Köln 1967ff. [zit.: *Bearbeiter*, in: Rau/Dürrwächter, UStG, ... (Stand)]

Raupach, Arndt: Wechselwirkung zwischen der Organisationsstruktur und der Besteuerung multinationaler Konzernunternehmungen, in: Der Konzern im Umbruch, hrsg. v. Manuel R. Theisen, Stuttgart 1998, 59–167

Rautenstrauch, Gabriele / Binger, Marc: Dienstleistungsbetriebstätte – Zukunft oder bereits Realität, in Ubg 2009, 619–627

Rebmann, Kurt / Roth, Werner / Herrmann, Siegfried (Begr.): Gesetz über Ordnungswidrigkeiten, bearbeitet von Hans-Jürgen Förster, Rolf Hannich, Bernd Bösert,

Christoph Reichert, 18. Lieferung (März 2013), Mainz 1988ff. [zit.: *Rebmann/Roth/Herrmann*, OWiG, ... (Stand)]

Redeke, Julian: Zu den Voraussetzungen unternehmerischer Ermessensentscheidungen, in NZG 2009, 496–498

Redeke, Julian: Zur gerichtlichen Kontrolle der Angemessenheit der Informationsgrundlage im Rahmen der Business Judgement Rule nach § 93 Abs. 1 Satz 2 AktG, in ZIP 2011, 59–64

Reese, Birgit / Ronge, Christian: Aufgaben und Struktur der Compliance-Funktion im Versicherungsunternehmen unter besonderer Berücksichtigung von Solvency II, in VersR 2011, 1217–1234

Rehbinder, Eckard: [Anmerkung zu] Peter Hommelhoff, Die Konzernleitungspflicht, in ZHR 147 (1983), 464–473

Rehbinder, Eckhard: Rechtliche Schranken der Erstattung von Bußgeldern an Organmitglieder und Angestellte, in ZHR 148 (1984), 555–578

Rehkugler, Heinz / Vögele, Alexander: Quantitative Verfahren der Prüfung von Verrechnungspreisen – Perspektiven und offene Fragen, in BB 2002, 1937–1945

Reichert, Jochem: Reaktionspflichten und Reaktionsmöglichkeiten der Organe auf (möglicherweise) strafrechtsrelevantes Verhalten innerhalb des Unternehmens, in ZIS 2011, 113–122

Reichert, Jochem / Ott, Nicolas: Non Compliance in der AG – Vorstandspflichten im Zusammenhang mit der Vermeidung, Aufklärung und Sanktionierung von Rechtsverstößen, in ZIP 2009, 2173–2180

Reichling, Tilman: Geplante Verschärfung der Verbandsgeldbuße – Deutschlands nächster Schritt zu einem Unternehmensstrafrecht, in http://www.lto.de/recht/hintergruende/h/verschaerfung-der-verbandsgeldbusse-geplant/, zuletzt besucht am 29.06.2013

Reith, Thomas: Internationales Steuerrecht, München 2004

Rengier, Rudolf: Korkengelder und andere Maßnahmen zur Verkaufsförderung im Lichte des Wettbewerbs(straf)rechts, in: FS für Klaus Tiedemann, hrsg. v. Ulrich Sieber / Gerhard Dannecker / Urs Kindhäuser / Joachim Vogel / Tonio Walter, Köln, München 2008, 837–849

Rettenmaier, Felix / Palm, Lisa: Das Ordnungswidrigkeitenrecht und die Aufsichtspflicht von Unternehmensverantwortlichen, in NJOZ 2010, 1414–1419

Reuter, Alexander: Die Konzerndimension des KonTraG und ihre Umsetzung in Konzernobergesellschaften, in DB 1999, 2250–2253

Reuter, Hans-Peter: Doppelbesteuerung und Steuervermeidung bei der grenzüberschreitenden Betätigung – Steuersätze und Verrechnungspreise, in IStR 1993, 454–458

Richter, Andreas / Welling, Berthold: Diskussionsbericht zum 37. Berliner Steuergespräch: „Kooperationsformen im Besteuerungsverfahren, in FR 2011, 123–127

Rieder, Markus S. / Falge, Stefan: Sieben Thesen zur standardbasierten Prüfung von Compliance-Management-Systemen, in BB 2013, 778–781

Rieder, Markus S. / Holzmann, Daniel: Die Auswirkungen der Finanzkrise auf die Organhaftung, in AG 2011, 265–274

Rieder, Markus S. / Jerg, Marcus: Anforderungen an die Überprüfung von Compliance-Programmen – Zugleich kritische Anmerkungen zum Entwurf eines IDW-Prüfungsstandards: Grundsätze ordnungsmäßiger Prüfung von Compliance-Management-Systemen (IDW EPS 980), in CCZ 2010, 201–207

Rieger, Harald: Gesetzeswortlaut und Rechtswirklichkeit im Aktiengesetz, in: Festschrift für Martin Peltzer, hrsg. v. Marcus Lutter, Manfred Scholz, Walter Sigle, Köln 2001, 339–357

Ringleb, Henrik-Michael / Kremer, Thomas / Lutter, Marcus / von Werder, Axel: Kommentar zum Deutschen Corporate Governance Kodex, 4. Aufl., München 2010 [zit.: *Bearbeiter*, in: Ringleb/Kremer/Lutter/v. Werder, DCGK]

Risse, Robert: Tax Accounting, in: Festschrift für Norbert Herzig, hrsg. v. Wolfgang Kessler / Guido Förster/ Christoph Watrin, München 2010, 651–674

Risse, Robert: Steuercontrolling- und Reporting, Wiesbaden 2010

Risse, Robert: Zeitnahe Betriebsprüfung, in FR 2011, 117–120

Risse, Robert: Tax Compliance in Form der zeitnahen steuerlichen Außenprüfung, in DB 2011, 667–674

Risse, Robert: Steuerliches Risikomanagement, in Ubg 2012, 169–176

Risse, Robert / Große-Allermann, Florian: Tax Compliance auf der Grundlage handelsrechtlicher Risikomanagementsysteme – Auswirkungen des § 289 Abs. 5 HGB in der Fassung des BilMoG, in Ubg 2010, 629–634

Rödder, Thomas / Schumacher, Andreas: Das Steuervergünstigungsabbaugesetz, in DStR 2003, 805–819

Rödder, Thomas / Schumacher, Andreas: Das kommende SEStEG – Teil I: Die geplanten Änderungen des EStG, KStG und AStG, in DStR 2006, 1481–1494

Rodemer, Ingo: Advance Pricing Agreements im US-amerikanischen und im deutschen Steuerrecht, Köln 2001

Rodewald, Jörg / Unger, Ulrike: Corporate Compliance – Organisatorische Vorkehrungen zur Vermeidung von Haftungsfällen der Geschäftsleitung, in BB 2006, 113–117

Rodi, Michael: Internationaler Steuerwettbewerb, in StuW 2008, 327–336

Rogall, Klaus: Dogmatisch und kriminalpolitische Probleme der Aufsichtspflichtverletzung in Betrieben und Unternehmen (§ 130 OWiG), in ZStW 98 (1986), 573–623

Röh, Lars: Compliance nach der MiFID – zwischen höherer Effizienz und mehr Bürokratie, in BB 2008, 398–410

Roland, Detlef: Die geplanten steuerrechtlichen Änderungen zur Finanzierung der Steuerreform – ein Überblick, in FR 1987, 541–554

Rolshoven, Philipp: Compliance und Unternehmensrichtlinien, in: Wertpapier-Compliance in der Praxis, hrsg. v. Hartmut Renz, Dirk Hense, Berlin 2010, 899–916

Rönnau, Thomas: Untreue zu Lasten juristischer Personen und Einwilligungskompetenz der Gesellschafter, in: Grundlagen des Straf- und Strafverfahrensrechts, Festschrift für Knut Amelung, hrsg. v. Martin Böse, Detlev Sternberg-Lieben, Berlin 2009, 247–268

Rönnau, Thomas / Schneider, Frédéric: Der Compliance-Beauftrage als strafrechtlicher Garant, in ZIP 2010, 53–61

Rosenberger, Florian / Vitali, Marco / Ziehr Ulrich: Die Dienstleistungsbetriebsstätte: Internationale Entwicklungen und ihre Rezeption im internationalen Steuerrecht Deutschlands, Österreichs und der Schweiz, in IStR Beilage zu Heft 18/2010, 1–36

Rössler, Gerhard: Anmerkung zu BFH-Urteil v. 18.09.1981 – VI R 44/77, in FR 1982, 155

Roth, Andreas: Neues zu Betriebstättenbegriff und Gewinnermittlung, in StbJb 2010/2011, 167–182

Roth, Günter H. / Altmeppen, Holger: Gesetz betreffend die Gesellschaften mit beschränkter Haftung (GmbHG) – Kommentar, 7. Aufl., München 2012 [zit.: *Bearbeiter*, in: Roth/Altmeppen, GmbHG]

Roth, Markus: Unternehmerisches Ermessen und Haftung des Vorstands, München 2001

Roth, Monika: Compliance: Begriff Bedeutung Beispiele, Basel/Genf/München 2000

Röthlisberger, René / Zitter, Gernot: Tax Risk Management, in Der Schweizer Treuhänder 2005, 295–301

Rowedder, Heinz (Begr.) / *Schmidt-Leithoff* (Hrsg.): Gesetz betreffend die Gesellschaft mit beschränkter Haftung (GmbHG), 5. Aufl., München 2013 [zit.: *Bearbeiter*, in: Rowedder/Schmidt-Leithoff, GmbHG]

Roxin, Claus: Pflichtwidrigkeit und Erfolg bei fahrlässigen Delikten, in ZStW 74 (1962), 411–444

Roxin, Claus: Bemerkungen zur sozialen Adäquanz im Strafrecht, in: Festschrift für Ulrich Klug Band II, hrsg. v. Günter Kohlmann, Köln 1983, 303–313

Roxin, Claus: Strafrecht, Allgemeiner Teil, Band 1, 4. Aufl., München 2006

Rübenstahl, Markus: Zur „regelmäßigen" Garantenstellung des Compliance Officers, in NZG 2009, 1341–1344

Rudolphi, Hans-Joachim: Unrechtsbewusstsein, Verbotsirrtum und Vermeidbarkeit des Verbotsirrtums, Göttingen 1969

Ruhnke, Klaus: Normierung der Abschlussprüfung, Stuttgart 2000

Ruhnke, Klaus / Niephaus, Jürgen: Jahresabschlussprüfung kleiner Unternehmen, in DB 1996, 789–795

Ruhnke, Klaus / Schmidt, Martin / Seidel, Thorsten: Anzuwendenden Prüfungsnormen bei der Prüfung eines Konzernabschlusses nach § 292a HGB, in BB 2002, 138–142

Sahan, Oliver: Korruption als steuerstrafrechtliches Risiko, in: Recht – Wirtschaft – Strafe, Festschrift für Erich Samson, hrsg. v. Wolfgang Joecks, Heribert Ostendorf, Thomas Rönnau, Thomas Rotsch, Roland Schmitz, Heidelberg, München, Landsberg, Frechen, Hamburg 2010, 599–617

Sahan, Oliver / Berndt, Thomas: Neue Kronzeugenregelung – aktive Beendigung von Korruptionssystemen durch effiziente Compliance-Strukturen alternativlos, in BB 2000, 637–652

Samson, Erich / Langrock, Marc: Bekämpfung der Wirtschaftskriminalität im und durch Unternehmen, in DB 2007, 1684–1689

Saß, Gert: Zum EG-Abkommen über die Beseitigung der Doppelbesteuerung (Schlichtungsverfahren) im Falle einer Gewinnberichtigung bei Geschäftsbeziehungen zwischen verbundenen Unternehmen, in DB 1991, 984–987

Schäfer, Carsten: Die Binnenhaftung von Vorstand und Aufsichtsrat nach der Renovierung durch das UMAG, in ZIP 2005, 1253–1259

Schäfer, Hans-Bernd / Ott, Claus: Lehrbuch der ökonomischen Analyse des Zivilrechts, 5. Aufl., Berlin, Heidelberg 2012

Schäfer, Holger: Die MaComp und das Erfordernis der Unabhängigkeit, Wirksamkeit und Dauerhaftigkeit von Compliance, in BKR 2011, 45–57

Schäfer, Holger: Die MaComp und die Aufgaben von Compliance, in BKR 2011, 187–199

Schaefer, Torsten: Das Umsatzsteuerkarussel, in NJW-Spezial 2007, 231–232

Schaub, Bernhard: Die Haftung des Geschäftsführers einer GmbH gegenüber der Gesellschaft und den Gesellschaftern (Teil I), in DStR 1992, 985–989

Schäuble, Wolfgang: Mitwirkendes Verschulden des Finanzamtes als Begrenzung der Inanspruchnahme von Haftungsschuldnern, Anmerkung zu BFH, Urt. v. 11.08.1978, VI R 169/75, in DStR 1979, 284–285

Schauf, Jörg / Idler, Jesco: Praxiserfahrungen im Zusammenhang mit § 4 Abs. 5 Satz 1 Nr. 10 EstG, in Ubg 2010, 111–122

Schaumburg, Harald: Mitwirkung von Betriebsprüfung und Staatsanwaltschaft bei nützlichen Abgaben, in StbJb 2001/2002, 239–277

Schaumburg, Harald: Internationales Steuerrecht, 3. Aufl., Köln 2011

Schaumburg, Heide / Schaumburg, Harald: Grenzüberschreitende Sachaufklärung, Mitwirkungs- und Dokumentationspflichten, in: Festschrift für Michael Streck, hrsg. v. Burkhard Binnewies, Rainer Spatscheck, Köln 2011, 369–383

Schautes, Christoph / Schier, Holger: Compliance International – von „Compliance Defence“ und Business Case, in CCZ 2013, 149–156

Scheffler, Eberhard: Betriebswirtschaftliche Überlegungen zur Entwicklung von Grundsätzen ordnungsmäßiger Überwachung der Geschäftsführung durch den Aufsichtsrat, in AG 1995, 207–212

Scheffler, Eberhard: Aufsichtsrat und Abschlussprüfer als Überwachungsorgane der Aktiengesellschaft, in: Internationale Wirtschaftprüfung, Festschrift für Hans Havermann, hrsg. v. Josef Lanfermann, Düsseldorf 1995, 651–680

Schefold, Christian: Compliance-Management-Systeme nach deutschem Standard, in ZRFC 2011, 221–227

Scheint, Katharina: Korruptionsbekämpfung nach dem UK Bribery Act, in NJW Spezial 2011, 440

Schemmel, Alexander / Minkoff, Andreas: Die Bedeutung des Wirtschaftsstrafrechts für Compliance Management Systeme und Prüfungen nach dem IDW PS 980, in CCZ 2012, 49–54

Schick, Walter: Steuerschuld und Steuerhaftung im Lohnsteuerverfahren, in BB 1983, 1041–1047

Schickerling, Falco / Blunk, Andreas: Die Haftung im Zusammenhang mit Upstream Loans – quo vadis?, in GmbHR 2009, 1294–1301

Schießl, Harald / Küpperfahrenberg, Jan: Steuerrechtliche Haftung der Vorstände von Vereinen und Verbänden – Risiko, Vermeidungsstrategie, Versicherbarkeit, in DStR 2006, 445–450

Schiessl, Maximilian: Gesellschafts- und mitbestimmungsrechtliche Probleme der Spartenorganisation (Divisionalisierung), in ZGR 1992, 64–86

Schiffers, Joachim: Teilsysteme einer zukunftsgerichteten Steuerberatung, in StuW 1997, 42–50

Schimansky, Herbert / Bunte, Hermann-Josef / Lwonski, Hans-Jürgen (Hrsg.): Bankrechts-Handbuch, Band II, München 2011 [zit.: *Bearbeiter*, in: Schimansky/Bunte/Lwonski, Bankrechts-Handbuch Bd. II]

Schlechtriem, Peter: Schadensersatzhaftung der Leitungsorgane von Kapitalgesellschaften, in: Die Haftung der Leitungsorgane von Kapitalgesellschaften, hrsg. v. Karl Kreuzer, Baden-Baden 1991

Schlegelberger, Franz (Begr.): Handelsgesetzbuch, Band III/1. Halbband §§ 105–160, 5. Aufl., München 1992 [zit.: *Bearbeiter*, in: Schlegelberger, HGB, Bd. III/1]

Schlegelberger, Franz / Quassowski, Leo / Herbig, Gustav / Geßler, Ernst / Hefermehl, Wolfgang: Aktiengesetz, Gesetz über Aktiengesellschaften und Kommanditgesellschaften auf Aktien vom 30. Januar 1937, 3. Aufl., Berlin 1939

Schmarbeck, Tim: Tax Compliance – Ein ganzheitlicher Ansatz für die Modernisierung des Steuervollzugs, in Monatsbericht 12.2002 Bundesministerium der Finanzen, 57–64

Schmidt, Eckehard: Moderne Steuerungssysteme im Steuervollzug, in: Steuervollzug im Rechtsstaat, hrsg. v. Werner Widmann, DJStG 31 (2008), 37–57

Schmidt, Eckehard / Schmitt, Michael: Risikomanagement – Zaubermittel oder Bankrotterklärung der Verwaltung?, in: Steuerrecht im Rechtsstaat, Festschrift für Wolfgang Spindler, hrsg. v. Rudolf Mellinghoff, Wolfgang Schön, Hermann-Ulrich Viskorf, Köln 2011, 529–547

Schmidt, Karsten: Gesellschaftsrecht, 4. Aufl., Köln, Berlin, Bonn, München 2002

Schmidt, Karsten / Lutter, Marcus (Hrsg.): Aktiengesetz, Band 1, §§ 1–149, 2. Aufl., Köln 2010 [zit.: *Bearbeiter*, in: Schmidt/Lutter, AktG, Bd. 1]

Schmidt, Karsten / Lutter, Marcus (Hrsg.): Aktiengesetz, Band 2, §§ 150–410, 2. Aufl., Köln 2010 [zit.: *Bearbeiter*, in: Schmidt/Lutter, AktG, Bd. 2]

Schmidt, Ludwig: EStG, 31. Aufl. München 2012 [zit.: *Bearbeiter*, in: Schmidt, EStG]

Schmidt, Oliver: Lohnsteuerabzugsverpflichtung für Arbeitslohn von dritter Seite im Rahmen einer Arbeitnehmerentsendung, in IStR 2004, 372–374

Schmidt, Stefan: Geschäftsverständnis, Risikobeurteilungen und Prüfungshandlungen des Abschlussprüfers als Reaktion auf beurteilte Risiken, in WPg 2005, 873–887

Schmidt, Stefan: Handbuch risikoorientierte Abschlussprüfung,

Schmidt, Stefan / Eibelshäuser, Beate: Praktische Anwendung der ISA in Deutschland – Das ISA-Risikomodell (ISA 300, ISA 315, ISA 330), in WPg 2013, 696–707

Schmolke, Ulrich: Die Einbeziehung des Komitologieverfahrens in den Lamfalussy-Prozess – Zur Forderung des Europäischen Parlaments nach mehr Entscheidungsteilhabe, in EuR 2006, 432–448

Schneider, Dieter: Wider Marktpreise als Verrechnungspreise in der Besteuerung internationaler Konzerne, in DB 2003, 53–58

Schneider, Helmut: Die steuerliche Arbeitsteilung innerhalb der Unternehmung, in DStR 2001, 1224–1228

Schneider, Helmut: Organisatorische Stellung der Steuerabteilung in einer Unternehmung, in DStR 2001, 2038–2044

Schneider, Norbert / Oepen, Wolfgang: Finale Entnahme, Sicherstellung stiller Reserven und Entstrickung, in FR 2009, 22–29

Schneider, Sven H.: „Unternehmerische Entscheidungen" als Anwendungsvoraussetzung für die Business Judgement Rule, in DB 2005, 707–712

Schneider, Sven H.: Informationspflichten und Informationssystemeinrichtungspflichten im Aktienkonzern, Berlin 2006

Schneider, Sven H. / Schneider, Uwe H.: Vorstandshaftung im Konzern, in AG 2005, 57–66

Schneider, Sven H. / Schneider, Uwe H.: Die zwölf goldenen Regeln des GmbH-Geschäftsführers zur Haftungsvermeidung und Vermögenssicherung, in GmbHR 2005, 1229–1235

Schneider, Sven H.: Informationspflichten und Informationseinrichtungspflichten im Aktienkonzern, Berlin 2006

Schneider, Uwe H.: Konzernbildung, Konzernleitung und Verlustausgleich im Konzernrecht der Personengesellschaften, in ZGR 1980, 511–547

Schneider, Uwe H.: Konzernleitung als Rechtsproblem, in BB 1981, 249–259

Schneider, Uwe H.: Unentgeltliche Zuwendungen durch Unternehmen, in AG 1983, 205–216

Schneider, Uwe H.: Die Wahrnehmung öffentlich-rechtlicher Pflichten durch den Geschäftsführer, in: Festschrift 100 Jahre GmbH-Gesetz, hrsg. v. Marcus Lutter, Peter Ulmer, Wolfgang Zöllner, Köln 1992, 473–499

Schneider, Uwe H.: Die Überlagerung des Konzernrechts durch öffentlich-rechtliche Strukturnormen und Organisationspflichten – Vorüberlegungen zu „Compliance im Konzern" -, in ZGR 1996, 225–246

Schneider, Uwe H.: Compliance als Aufgabe der Unternehmensleitung, in ZIP 2003, 645–650

Schneider, Uwe H.: Gesellschaftsrechtliche und öffentlich-rechtliche Anforderungen an eine ordnungsgemäße Unternehmensorganisation in DB 1993, 1909–1915

Schneider, Uwe H.: Ausländisches Unternehmensstrafrecht und Compliance, in CCZ 2008, 18–19

Schneider, Uwe H.: Compliance im Konzern, in NZG 2009, 1321–1326

Schneider, Uwe H.: Die Haftung von Mitgliedern des Vorstands und der Geschäftsführung bei Vertragsverletzungen der Gesellschaft, in: Festschrift für Uwe Hüffer, hrsg. v. Peter Kindler, Jens Koch, Peter Ulmer, Martin Winter, München 2010, 905–916

Schneider, Uwe H. / Brouwer, Tobias: Die Verantwortlichkeit der Gesellschaft und ihrer Geschäftsleiter bei Delegation öffentlich-rechtlicher Pflichten, in: Festschrift für Hans-Joachim Priester, hrsg. v. Peter Hommelhoff, Peter Rawert, Karsten Schmidt, Köln 2007, 713–735

Schneider, Uwe H. / von Buttlar, Julia: Die Führung von Insiderverzeichnissen: Neue Compliance-Pflichten für Emittenten, in ZIP 2004, 1621–1627

Schneider, Uwe H. / Schneider, Sven H.: Konzern-Compliance als Aufgabe der Konzernleitung, in ZIP 2007, 2061–2065

Schnitger, Arne: Die Einbeziehung des OECD-Kommentars in die Rechtsprechung des BFH, in IStR 2002, 407–410

Schnitger, Arne: Änderungen des § 1 AStG und Umsetzung des AOA durch das JStG 2013, in IStR 2012, 633–645

Schnorberger, Stephan: Verrechnungspreis-Dokumentation und StVergAbG – Offene Fragen und Probleme, in DB 2003, 1241–1247

Schnorberger, Stephan / Sassmann, Juliane / Shekhovtsova, Maryna: Betriebsstättengewinnermittlung nach dem OECD-Ansatz: Der Grundfall der Vertriebsbetriebsstätte, in IStR 2014, 81–87

Schnorberger, Stephan / Waldens, Stephan: Einkommenszuordnung bei grenzüberschreitender Personalentsendung im Konzern, in IStR 2001, 39–46

Schnorberger, Stephan / Waldens, Stephan: Ertragssteuerliche Aspekte der internationalen Personalentsendung – Begründung einer ertragssteuerlichen Präsenz im Inland, in IStR 2001, 313–314

Schnorbus, York: Grundlagen der persönlichen Haftung von Organmitgliedern nach § 25 Abs. 1 UmwG, in ZHR 167 (2003), 666–701

Schoberth, Joerg / Servatius, Hans-Gerd / Thees, Alexander: Anforderungen an die Gestaltung von internen Kontrollsystemen, in BB 2006, 2571–2577

Scholz, Christian M.: Die Fremdüblichkeit einer Preisanpassungsklausel nach dem Entwurf zu § 1 III AStG, in IStR 2007, 521–526

Scholz, Franz (Begr.): Kommentar zum GmbH-Gesetz, II. Band §§ 35–52, 10. Auflage, Köln 2007 [zit.: *Bearbeiter*, in: Scholz, GmbHG, Bd. 2]

Schöne, Torsten / Petersen, Sabrina: Regressansprüche gegen (ehemalige) Vorstandsmitglieder – quo vadis?, in AG 2012, 700–706

Schönke, Adolf (Begr.) *Schröder, Horst / Eser, Albin* (Gesamtredaktion): Strafgesetzbuch, 28. Aufl., München 2010 [zit.: *Bearbeiter*, in: Schönke/Schröder, StGB]

Schreyögg, Georg: Organisation, 5. Aufl., Wiesbaden 2008

Schulte, Martin / Görts, Cornelius: Die SEC-Untersuchung nach dem Foreign Corrupt Practices Act, in RIW 2006, 561–568

Schulte-Zurhausen, Manfred: Organisation, 5. Aufl., München 2010

Schüppen, Matthias / Schaub, Bernhard: Münchener Anwaltshandbuch Aktienrecht, 2. Aufl., München 2010 [zit.: *Bearbeiter*, in: Schüppen/Schaub, MüAnwHdB Aktienrecht]

Schwark, Eberhard: Spartenorganisation in Großunternehmen und Unternehmensrecht, in ZHR 142 (1978), 203–227

Schwark, Eberhard: Sorgfaltspflicht und Verantwortlichkeit von Mitgliedern des Kreditausschusses einer Bank, in: Festschrift für Claus-Wilhelm Canaris, Band II, hrsg. v. Andreas Heldrich, Jürgen Prölss, Ingo Koller, München 2007, 389–402

Schwark, Eberhard / Zimmer, Daniel (Hrsg.): Kapitalmarktrechtskommentar, 4. Aufl., München 2010 [zit.: *Bearbeiter*, in: Schwark/Zimmer, Kapitalmarktrechtskommentar]

Schwedhelm, Rolf: Tax Compliance – mehr als ein Trend?, in AnwBl. 2009, 90–93

Schwintowski, Hans-Peter: Gesellschaftsrechtliche Anforderungen an Vorstandshaftung und Corporate Governance durch das neue System der kartellrechtlichen Legalausnahme, in NZG 2005, 200–203

Sedemund, Jan: Due Diligence bei Unternehmenskauf: Existenzbedrohung bei unterlassener Prüfung von Schmiergeld- und Bestechungszahlungen, in DB 2004, 2256–2257

Seer, Roman: Verständigungen im Steuerverfahren, Köln 1996

Seer, Roman: Möglichkeit und Grenzen eines „maßvollen" Gesetzesvollzugs durch die Finanzverwaltung, in FR 1997, 553–562

Seer, Roman: Kodifikation von Dokumentationspflichten über die Verrechnungspreisgestaltung im multinationalen Konzern, in FR 2002, 380–384

Seer, Roman: Besteuerungsverfahren: Rechtsvergleich USA-Deutschland, Heidelberg 2002

Seer, Roman: Reform des Veranlagungsverfahrens, in StuW 2003, 40–59

Seer, Roman: Reform des (Lohn-) Steuerabzugs, in FR 2004, 1037–1049

Seer, Roman: Reform der Steuerveranlagung, in StbJb 2004/2005, 53–78

Seer, Roman: Die Rolle des Steuerberaters in einer elektronischen Finanzverwaltung, in DStR 2008, 1553–1560

Seer, Roman: Steuervollzug im Rechtsstaat, in: Steuervollzug im Rechtsstaat, hrsg. v. Werner Widmann, DStJG 31 (2008), 1–36

Seer, Roman: Zeitnahe Außenprüfung bei Groß- und Konzernbetrieben, in Ubg 2009, 673–679

Seer, Roman: Tax Compliance und Außenprüfung, in: Festschrift für Michael Streck, hrsg. v. Burkhard Binnewies, Rainer Spatscheck, Köln 2011, 403–415

Seer, Roman: Verrechnungspreisdokumentation bei verbundenen Unternehmen, in IWB 2012, 350–358

Seer, Roman: Besteuerungsverfahren im 21. Jahrhrundert, in FR 2012, 1000–1008

Seibert, Ulrich: Die Entstehung des § 91 Abs. 2 AktG im KonTraG – „Risikomanagement" oder „Frühwarnsystem"?, in: Festschrift für Gerold Bezzenberger, hrsg. v. Harm Peter Westermann, Klaus Mock, Berlin, New York 2000, 427–438

Seibert, Ulrich: Transparenz- und Publizitätsgesetz, in ZIP 2001, 2192–2199

Seibert, Ulrich / Schütz, Carsten: Der Referentenentwurf eines Gesetzes zur Unternehmensintegrität und Modernisierung des Anfechtungsrechts – UMAG, in ZIP 2004, 252–258

Seibt, Christoph H. / Schwarz, Simon: Aktienrechtsuntreue, in AG 2010, 301–315

Selchert, Friedrich Wilhelm: Unternehmensbesteuerung und Unternehmensorganisation, in ZO 1978, 3–14

Semler, Johannes: Die Überwachungsaufgabe des Aufsichtsrats, Bochum 1980

Semler, Johannes: Die Unternehmensplanung in der Aktiengesellschaft, in ZGR 1983, 1–33

Semler, Johannes: Rechtsfragen der divisionalen Organisationstruktur in der unabhängigen Aktiengesellschaft, in: Handelsrecht und Steuerrecht, Festschrift für Georg Döllerer, hrsg. v. Brigitte Knobbe-Keuk, Franz Klein, Adolf Moxter, Düsseldorf 1988, 571–592

Semler, Johannes: Leitung und Überwachung der Aktiengesellschaft, 2. Aufl., Köln, Berlin, Bonn, München 1996

Semler, Johannes: Entscheidungen und Ermessen im Aktienrecht, in Festschrift für Peter Ulmer, hrsg. v. Mathias Habersack, Peter Hommelhoff, Uwe Hüffer, Karsten Schmidt, Berlin 2003, 627–642

Semler, Johannes / v. Schenck, Kersten: Arbeitshandbuch für Aufsichtsratsmitglieder, 2. Aufl., München 2004 [zit.: *Bearbeiter*, in: Semler/v. Schenck, Arbeitshandbuch für Aufsichtsratsmitglieder]

Sidhu, Karl / Schemmel, Jan Alexander: Steuerhinterziehung bei grenzüberschreitenden Gewinnverlagerungen durch Festlegung unangemessener Konzernverrechnungspreise, in: BB 2005, 2549–2552

Siegels, Jörg: Outsourcing von Steuerabteilungen – Das Stiftungsmodell des § 50a Abs. 2 Satz 2 StBerG, in DStR 2000, 1110–1116

Sölch, Ringleb, hrsg. v. Wilfried Wagner: Umsatzsteuergesetz, 71. Ergänzungslieferung November 2013, Müchen, 1935ff. [zit.: *Bearbeiter*, in: Sölch/Ringleb, UStG, ... (Stand)]

Soergel, Hans Theodor (Begr.): Bürgerliches Gesetzbuch, Band 1 Allgemeiner Teil 1 (§§ 1–103), 13. Aufl., Stuttgart, Berlin, Köln, Mainz 2000 [zit.: *Bearbeiter*, in: Soergel, BGB, Bd. 1]

Soergel, Hans Theodor (Begr.): Bürgerliches Gesetzbuch, Band 2 Schuldrecht I (§§ 241–432), 12. Aufl., Stuttgart, Berlin, Köln 1990 [zit.: *Bearbeiter*, in: Soergel, BGB, Bd. 2]

Soergel, Hans Theodor (Begr.): Bürgerliches Gesetzbuch, Band 12 Schuldrecht 10 §§ 823–853, ProdHG, UmweltHG, 13. Aufl., Stuttgart 2005 [zit.: *Bearbeiter*, in: Soergel, BGB, Bd. 12]

Spahlinger, Andreas / Wegen, Gerhard (Hrsg.): Internationales Gesellschaftsrecht in der Praxis, München 2005 [zit.: *Bearbeiter*, in: Spahlinger/Wegen, Internationales Gesellschaftsrecht in der Praxis]

Spengel, Christoph / Matenaer, Sebastian: Tax Risk Management – Strategische, prozessuale und organisationale Einflussfaktoren, in Ubg 2011, 798–811

Spieker, Wolfgang: Die haftungsrechtliche Verantwortlichkeit der Mitglieder eines mehrköpfigen Vorstands in der nicht konzerngebundenen Aktiengesellschaft, in DB 1962, 927–930

Spindler, Gerald: Haftung und Aktionärsklage nach dem neuen UMAG, in NZG 2005, 865–872

Spindler, Gerald: Prognosen im Gesellschaftsrecht, in AG 2006, 677–689

Spindler, Gerald: Die Haftung von Vorstand und Aufsichtsrat für fehlerhafte Auslegung von Rechtsbegriffen, in: Festschrift für Claus-Wilhelm Canaris, Bd. II, hrsg. v. Andreas Heldrich, Jürgen Prölss, Ingo Koller, Katja Langenbucher, Hans Christoph Grigoleit, Johannes Hager, Felix Christopher Hey, Jörg Neuner, Jens Petersen, Reinhard Singer, München 2007, 403–428

Spindler, Gerald: Compliance in der multinationalen Bankengruppe, in WM 2008, 905–918

Spindler, Gerald: Von der Früherkennung von Risiken zum umfassenden Risikomanangement – zum Wandel des § 91 II AktG unter europäischem Einfluss, in: Festschrift für Uwe Hüffer, hrsg. v. Peter Kindler, Jens Koch, Peter Ulmer, Martin Winter, München 2010, 985–998

Spindler, Gerald: Unternehmensorganisationspflichten, 2. Aufl., Göttingen 2011

Spindler, Gerald / Stilz, Eberhard (Hrsg.): Kommentar zum Aktiengesetz, Band 1, §§ 1–149, 2. Aufl., München 2010 [zit.: *Bearbeiter*, in: Spindler/Stilz, AktG, Bd. 1]

Spindler, Gerald / Stilz, Eberhard (Hrsg.): Kommentar zum Aktiengesetz, Band 2, §§ 150–410, IntGesR, SpruchG, SE-VO, 2. Aufl., München 2010 [zit.: *Bearbeiter*, in: Spindler/Stilz, AktG, Bd. 2]

Spitze, Peter Alexander / Diekmann, Hans: Verbundene Unternehmen als Gegenstand des Interesses von Aktionären, in ZHR (158) 1994, 447–472

Spriegel, Helmut / Jokisch, Andreas: Die steuerrechtliche Haftung des GmbH-Geschäftsführers und der Grundsatz der anteiligen Tilgung, in DStR 1990, 433–438

Stadie, Holger: Umsatzsteuerrecht, Köln 2005

Stadie, Holger: Umsatzsteuergesetz, 2. Aufl., Köln 2012 [zit.: *Stadie*, UStG]

Stahlschmidt, Michael: Haftung des Geschäftsführers für Steuerschulden der GmbH, in GmbHR 2005, 677–680

Stapf, Joachim: Steuerliche Folgen der Zuwendung korrumpierender Vorteile ab 1999, in DB 2000, 1092–1100

Starck, Arnulf: Tax Compliance, in ZRFC 2011, 160–164

Staringer, Claus: Steuervollzug bei grenzüberschreitenden Sachverhalten, in Steuervollzug im Rechtsstaat, hrsg. Werner Widmann, DStJG 31 (2008), 135–157

Staub, Hermann (Begr.): Handelsgesetzbuch, hrsg. v. Claus-Wilhelm Canaris, Mathias Habersack, Carsten Schäfer, Siebenter Band §§ 316–342e, Erster Teilband §§ 316–330, 5. Aufl., Berlin, New York 2010 [zit.: *Bearbeiter*, in: Staub, HGB]

von Staudinger, Justus: Kommentar zum Bürgerlichen Gesetzbuch mit Einführungsgesetz und Nebengesetzen, Buch 1, Allgemeiner Teil §§ 21–79 (Allgemeiner Teil 2); Neubearbeitung 2005 v. Norbert Habermann, Günter Weick, Herbert Roth (Redaktor), Berlin 2005 [zit.: *Bearbeiter*, in: Staudinger, BGB ... (Stand)]

von Staudinger, Justus: Kommentar zum Bürgerlichen Gesetzbuch mit Einführungsgesetz und Nebengesetzen, Buch 2, Recht der Schuldverhältnisse §§ 249–254

(Schadensersatzrecht); Neubearbeitung 2005 v. Gottfried Schiemann, Michael Martinek (Redaktor), Berlin 2005 [zit.: *Bearbeiter*, in: Staudinger, BGB ... (Stand)]

von Staudinger, Justus: Kommentar zum Bürgerlichen Gesetzbuch mit Einführungsgesetz und Nebengesetzen, Buch 2, Recht der Schuldverhältnisse §§ 830–838 (Unerlaubte Handlungen 3), Neubearbeitung 2012 v. Detlev W. Belling, Christina Eberl-Borges, Johannes Hager (Redaktor), Berlin 2012 [zit.: *Bearbeiter*, in: Staudinger, BGB ... (Stand)]

Stein, Ursula: Konzernherrschaft durch EDV?, in ZGR 1988, 163–191

Steiner, Hans Jürg / Belz, David: Steuerliches Risikomanagement, in Der Schweizer Treuhänder 2009, 95–102

Steuber, Elgin: Compliance – moving target, in: Festschrift für Peter Hommelhoff, hrsg. v. Bernd Erle, Wulf Goette, Detlef Kleindiek, Gerd Krieger, Hans-Joachim Priester, Christian Schubel, Martin Schwab, Christoph Teichmann, Carl-Heinz Witt, Köln 2012, 1165–1180

Steuerkommission der Internationalen Handelskammer (Grundsatzpapier erarbeitet unter Vorsitz von Wolfgang Ritter): Doppelbesteuerung und Beilegung internationaler Steuerkonflikte, in BB 1987, 595–598

Stibi, Bernd: Statistische Jahresabschlussanalyse als Instrument steuerlicher Betriebsprüfung, Düsseldorf 1994

Stobbe, Thomas: Der Lagebericht, in BB 1988, 303–311

Stober, Rolf: Ist der ehrbare Kaufmann der Schlüssel für Compliance-Anforderungen, in NJW 2010, 1573–1575

Streck, Michael (Hrsg.): Körperschaftssteuergesetz, 7. Aufl., München 2008 [zit.: *Bearbeiter*, in: Streck, KStG]

Streck, Michael: Steuercontrolling, Tax Compliance und Haftungsvorsorge, in StbJb 2009/2010, 415–436

Streck, Michael / Binnewies, Burkhard: Tax Compliance, DStR 2009, 229–234

Streck, Michael / Mack, Alexandra / Kamps, Heinz-Willi: Der Steuerstreit, 3. Aufl., Köln 2012

Streck, Michael / Mack, Alexandra / Schwedhelm, Rolf (Hrsg.): Tax Compliance, Köln 2010 [zit.: *Bearbeiter*, in: Streck/Mack/Schwedhelm, Tax Compliance]

Strieder, Thomas: Erweiterung der Lageberichterstattung nach dem BilMoG, in BB 2009, 1002–1006

Strohn, Lutz / Simon, Stefan: Haftungsfallen für Gesellschafter und Geschäftsführer im Recht der GmbH, in GmbHR 2010, 1181–1188

von Stuhr, Jürgen / Walz, Sabine: Die Informationsweiterleitung bei Verdacht einer steuerlich relevanten Straftat, in: StuB 1999, 408–411

Suchanek, Markus / Jansen, Arne: Umfang und Grenzen der Mitwirkungspflicht bei der Sachverhaltsaufklärung im rahmen von § 8c KStG, in GmbHR 2009, 412–418

Suhr, Gerhard / Naumann, Axel / Bilsdorfer, Peter: Steuerstrafrecht-Kommentar zu §§ 369–412 AO, 4. Aufl., Herne/Berlin 1986 [zit.: *Suhr/Naumann/Bilsdorfer*, Steuerstrafrecht-Kommentar]

Systematischer Kommentar zum StGB, begr. v. Hans-Joachim Rudolphi, Eckhart Horn, mitbegründet von Erich Samson, hrsg. v. Jürgen Wolter, 131. Lieferung (März 2012), München, Unterschleißheim 1975 ff. [zit.: *Bearbeiter*, in: SK-StGB ... (Stand)]

Talaska, Peter: Tax Compliance in Unternehmen – Organhaftung, in BB 2012, 1195–1200

Taupitz, Jochen: Die Entwicklung von Grundsätzen ordnungsmäßiger Buchführung durch die Wirtschaftsprüferkammer, in BB 1990, 2367–2372

Teichmann, Robert / Koehler, Walter: Aktiengesetz, 2. Auflage, Berlin 1939 [zit.: *Teichmann/Koehler*, AktG, 2. A 1939]

Teichmann, Robert / Koehler, Walter: Aktiengesetz, 3. Auflage, Heidelberg 1950 [zit.: *Teichmann/Koehler*, AktG, 3. A 1950]

Tessin, Claus: Verletzung der Aufsichtspflicht bei Kartellverstößen, in BB 1987, 984–990

Tettinger, Peter / Wank, Rolf / Ennuschat, Jörg: Gewerbeordnung, 8. Auflage, München 2011 [zit.: *Bearbeiter*, in: Tettinger/Wank/Ennuschat, GewO]

Theile, Carsten / Hartmann, Angelika: BilMoG: Zur Unmaßgeblichkeit der Handels- für die Steuerbilanz, in DStR 2008, 2031–2035

Theisen, René Manuel: Information und Berichterstattung des Aufsichtsrats, 4. Aufl., Stuttgart 2007

Theisen, René Manuel: Funktionsgerechte Informationsversorgung des Aufsichtsrats – Von der Negation über die Integration zur Affirmation betriebswirtschaftlicher Ansätze, in zfbf 2009, 530–549

Theusinger, Ingo / Cernicky, Majka: Kreditgewährung an Gesellschafter. Praktische Hinweise zum Umgang mit MoMiG und neuer Rechtsprechung, in CCZ 2009, 146–155

Theusinger, Ingo / Kapteina, Matthias: Upstream Sicherheiten und Limitation Language, in NZG 2011, 881–887

Theusinger, Ingo / Liese, Jens: Besteht eine Rechtspflicht zur Dokumentation von Risikoüberwachungssystemen i.S. des § 91 II 1 AktG?, in NZG 2008, 289–291

Thiel, Jochen: Steuerliche Betriebprüfung im Rechtsstaat – Tipkes Engagement für die Außenprüfung, in StuW 1986, 1–7

Thiele, Wolfgang: Gedanken zur Vorteilsausgleichung, in AcP 167 (1967), 193–240

Thiemann, Werner: Aufsichtspflichtverletzung in Betrieben und Unternehmen, Bochum 1976

Thole, Christoph: Managerhaftung für Gesetzesverstöße, in ZHR 173 (2009), 504–535

Thomas, Sven: Soziale Adäquanz und Bestechlichkeit, in: Festschrift für Heike Jung, hrsg. v. Heinz Müller Dietz / Egon Müller / Karl-Ludwig Kunz / Henning Radtke / Guido Britz / Carsten Momsen / Heinz Koriath, Baden Baden 2007, 973–985

Thomas, Sven: Strafrecht, Anmerkung zu BGH, Urt. v. 17.07.2009, 5 StR 394/08, in CCZ 2009, 239–240

Thommen, Jean-Paul / Achleitner, Ann-Kristin: Allgemeine Betriebswirtschaftslehre, 7. Aufl., Wiesbaden 2012

Thümmel, Roderich C.: Persönliche Haftung von Managern und Aufsichtsräten, 4. Aufl., Stuttgart, München, Hannover, Berlin, Weimar, Dresden 2008

Thümmel, Roderich C.: Die Abweichung von der Entsprechenserklärung nach § 161 AktG - Neue Risiken für Vorstände und Aufsichtsräte?, in CCZ 2008, 141–144

Tiedemann, Klaus: Strafrechtliche Grundprobleme im Kartellrecht, in NJW 1979, 1849–1856

Tiedemann, Klaus: Anmerkung zu LG Düsseldorf, Urt. v. 22.07.2004, XIV 5/03 („Mannesmann"), in ZIP 2004, 2056–2058

Tiemann, Veith: Statistik und Steuerbetrug, in ZRFC 2012, 24–27

Tilch, Horst / Arloth Frank (Hrsg.): Deutsches Rechts-Lexikon 3. Aufl., München 2001 [zit.: *Bearbeiter*, in: Tilch/Arloth, Deutsches Rechts-Lexikon, Bd.]

Timm, Wolfram: Hauptversammlungskompetenzen und Aktionärsrechte in der Konzernspitze, in AG 1980, 172–187

Tipke, Klaus / Kruse, Heinrich Wilhelm: AO, FGO, 126. Lieferung (Juli 2011), Köln 2007ff. [zit.: *Bearbeiter*, in: Tipke/Kruse, AO, ... (Stand)]

Tipke, Klaus (Begr.)/ Lang, Joachim (Fortf.) / Seer, Roman / Hey, Johanna /Montag, Heinrich / Englisch, Joachim / Hennrichs, Joachim (Bearb.): Steuerrecht, 21. Aufl., Köln 2013 [zit.: *Bearbeiter*, in: Tipke/Lang, Steuerrecht]

Többens, Hans W.: Die Bekämpfung der Wirtschaftskriminalität durch die Troika der §§ 9, 130 und 30 des Gesetzes über Ordnungswidrigkeiten, in NStZ 1999, 1–8

Trossen, Nils: Anmerkung zu FG Münster v. 14.08.2003, 8 V 2651/03 E, U, in EFG 2004, 11–12

Turiaux, Andre / Knigge, Dagmar: Vorstandshaftung ohne Grenzen? – Rechtssichere Vorstands- und Unternehmensorganisation als Instrument der Risikominimierung, in DB 2004, 2199–2207

Uhlenbruck, Wilhelm: Die Bedeutung des neuen Insolvenzrechts für GmbH-Geschäftsführer (I), in GmbHR 1999, 313–327

Ulmer, Peter: Die Aktionärsklage als Instrument zur Kontrolle des Vorstands- und Aufsichtsratshandelns, in ZHR 163 (1999), 290–342

Ulmer, Peter: Der Deutsche Corporate Governance Kodex – ein neues Regulierungsinstrument für börsennotierte Aktiengesellschaften, in ZHR 166 (2002), 150–181

Ulmer, Peter: Haftungsfreistellung bis zur Grenze grober Fahrlässigkeit bei unternehmerischen Fehlentscheidungen von Vorstand und Aufsichtsrat, in DB 2004, 859–863

Ulmer, Peter / Habersack, Matthias / Winter, Martin (Hrsg.): Gesetz betreffend die Gesellschaft mit beschränkter Haftung (GmbHG), Band II, §§ 29 bis 52, Tübingen 2006 [zit.: *Bearbeiter*, in: Ulmer/Habersack/Winter, GmbHG, Bd. 2]

Ulmer, Peter / Habersack, Matthias / Winter, Martin (Hrsg.): Gesetz betreffend die Gesellschaft mit beschränkter Haftung (GmbHG), Ergänzungsband MoMiG, Tübingen 2010 [zit.: *Bearbeiter*, in: Ulmer/Habersack/Winter, GmbHG, Ergänzungsband MoMiG]

Ulrich, Stephan: Höhere Geldbußen gegen Unternehmen – Entwurf zur Änderung des OWiG, in GmbHR 2012, R233

Umnuß, Karsten (Hrsg.): Corporate Compliance Checklisten, 2. Aufl., München 2012 [zit.: *Bearbeiter*, in: Umnuß, Corporate Compliance Checklisten]

Unger, Ulrike: Mehrfache Zahlungspflichten des „schmierenden" Unternehmens als Korruptionsfolge, in CCZ 2008, 201–207

Urban, Norbert: Je strafbarer, desto haftungsfreier? Zur steuerlichen Quotenhaftung des GmbH-Geschäftsführers nach §§ 69, 34 AO bei Konkursverschleppung, in DStR 1997, 1145–1151

Urban, Nele: Organhaftung begrenzen? Möglichkeiten der Pflichtendelegation, in GWR 2013, 343564 = GWR 2013, 106ff.

Veelken, Winfried: Der Betriebsführungsvertrag im deutschen und amerikanischen Aktien- und Konzernrecht, Baden-Baden 1975

Vera, Antonio: Organisation von Steuerabteilungen und Einsatz externer Steuerberatung in deutschen Großunternehmen, Lohmar, Köln 2001

Verse, Dirk A.: Compliance im Konzern, in ZHR 175 (2011), 401–424

Vetter, Eberhard: Deutscher Corporate Governance Kodex, in DNotZ 2003, 748–764

Vetter, Eberhard: Die Änderungen 2007 des Deutschen Corporate Governance Kodex, in DB 2007, 1963–1968

Vetter, Jochen / Stadler, Christoph: Haftungsrisiken beim konzernweiten Cash Pooling, Köln 2003

Vögele, Alexander / Borstell, Thomas / Engler, Gerhard: Verrechnungspreise, 3. Aufl., München 2011 [zit.: *Bearbeiter* in: Vögele/Borstell/Engler, Verrechnungspreise]

Vögele, Alexander / Crüger, Arwed / Schmitt, Volker: Mitarbeiterentsendung als Verrechnungspreisproblem: Neue Verwaltungsgrundsätze, in DB 2002, 1185–1187

Vögele, Alexander / Forster, Florence: Das EU-Schiedsübereinkommen, in IStR 2006, 537–540

Vögele, Alexander / Vögele, Florence: Advance Pricing Agreements bzw. Verbindliche Auskünfte, in IStR 2002, 641–644

Vogel, Horst: Aktuelle Fragen des Außensteuerrechts, insbesondere des „Steueroasengesetzes" unter Berücksichtigung des neuen Doppelbesteuerungsabkommens mit der Schweiz, in BB 1971, 1185–1192

Vogel, Horst A.: Schwerpunkte des Außensteuerreformgesetzes in Verbindung mit dem neuen deutsch-schweizerischen Doppelbesteuerungsabkommen, in DB1972, 1402–1411

Vogel, Klaus: Internationales Steuerrecht, in DStZ 1997, S. 269–281

Vogel, Klaus (Begr.) / *Lehner, Moris* (Hrsg.): Doppelbesteuerungsabkommen, 5. Aufl., München 2008 [zit.: *Bearbeiter*, in: Vogel/Lehner, DBA]

Vogler, Matthias / Gundert, Martin: Einführung von Risikomanagementsystemen, in DB 1998, 2377–2383

Vogt, Bianca: Die Verbandsgeldbuße gegen eine herrschende Konzerngesellschaft, Baden-Baden 2009

Vorwold, Gerhard: Clear Reflection of Income: der neue Maßstab für die Steuerbilanz? - Beobachtungen aus dem US-amerikanischen Steuerrecht -, in: WPg 2002, 499–510

Wabnitz, Heinz-Bernd / Janovsky, Thomas (Hrsg.): Handbuch des Wirtschafts- und Steuerstrafrechts, 3. Aufl., München 2007 [zit.: *Bearbeiter*, in: Wabnitz/Janovsky, Wirtschafts- und Steuerstrafrecht]

Wagner, Jens: „Internal Investigations" und ihre Verankerung im Recht der AG, in CCZ 2009, 8–17

Wahl, Andreas / Preisser, Heiko: Möglichkeiten und Grenzen von Datenbankanalysen zur Bestimmung von Verrechnungspreisen, in IStR 2008, 51–59

von Wallis, Hugo: Zur Ertragsbesteuerung der Konzerne, in StbJb 1970/1971, 113–146

Wand, Peter / Tillmann, Tobias / Heckenthaler, Stephan: Aufsteigende Darlehen und Sicherheiten bei Aktiengesellschaften nach dem MoMiG und der MPS-Entscheidung des BGH, in AG 2009, 148–161

Wang, Huili / Ackermann, Abraham: Aktuelle Entwicklungen in China im Bereich der Verrechnungspreise, in IStR 2010, 730–734

Warneke, Nikolai: Die Garantenstellung vom Compliance-Beauftragten, in NStZ 2010, 312–317

Wassermeyer, Franz: Die Betriebstätte – ein in vieler Hinsicht unbekanntes Wesen, in Festschrift für Heinrich Wilhelm Kruse, hrsg. v. Walter Drenseck, Roman Seer, Köln 2001, 589–603

Wassermeyer, Franz: Einkünftekorrekturnormen im Steuersystem, in IStR 2001, 633–638

Wassermeyer, Franz: Dokumentationspflichten bei internationalen Verrechnungspreisen, in DB 2003, 1535–1540

Wassermeyer, Franz: Diskriminierungsfreie Betriebstättengewinnermittlung, in IStR 2004, 733–735

Wassermeyer, Franz: Steuerliche Probleme bei der Personalentsendung im international tätigen Konzern, in Gedächtnisschrift für Meinhard Heinze, hrsg. v. Alfred Söllner, Wolfgang Gitter, Raimund Waltermann, Richard Giesen, Oliver Ricken, München 2005, 1037–1049

Wassermeyer, Franz: Modernes Gesetzgebungsniveau am Beispiel des Entwurfs zu § 1 AStG, in DB 2007, 535–539

Wassermeyer, Franz: Funktionsverlagerung – Statement, in FR 2008, 67–68

Wassermeyer, Franz: Entstrickung versus Veräußerung und Nutzungsüberlassung steuerrechtlich gesehen, in IStR 2008, 176–180

Wassermeyer, Franz: Anmerkung zu BFH v. 24.08.2011, I R 46/10, in IStR 2011, 931–932

Wassermeyer, Franz: Die abkommensrechtlichen Aufteilung von Unternehmensgewinnen zwischen den beteiligten Vertragsstaaten, in IStR 2012, 277–282

Watrin, Christoph / Struffert, Ralf: Benford's Law und Chi-Quadrat-Test – Chancen und Risiken des Einsatzes bei steuerlichen Prüfungen, in DB 2006, 1748–1750

Weber, Jürgen / Schäffer, Utz: Einführung in das Controlling, 13. Aufl., Stuttgart 2011

Weber, Jürgen / Weißenberger, Barbara E. / Liekweg, Arnim: Ausgestaltung eines unternehmerischen Chancen- und Risikomanagements nach dem KonTraG, in DStR 1999, 1710–1716

Weber-Rey, Daniela: Gesellschafts- und aufsichtsrechtliche Herausforderungen an die Unternehmensorganisation, in AG 2008, 345–358

Weber-Rey, Daniela: Die MaRisk VA sind da – ein Kind der Finanzkrise!, in AG 2009, R124-R127

Weber-Rey, Daniela: Ausstrahlung des Aufsichtsrechts (insbesondere für Banken und Versicherungen) auf das Aktienrecht – oder die Infiltration von Regelungssätzen?, in ZGR 2010, 543–590

Wecker, Gregor / van Laak, Hendrik (Hrsg.): Compliance in der Unternehmerpraxis, 2. Aufl., Wiesbaden 2009 [zit.: *Bearbeiter*, in Wecker/van Laak, Compliance in der Unternehmerpraxis]

Wehnert, Oliver / Sano, Yukika: Internationale Regelungen zu Funktionsverlagerungen, in IStR 2010, 53–57

Weiss, Susanne / Buchner, Markus: Wird das UMAG die Haftung und Inanspruchnahme der Unternehmensleiter verändern? In WM 2005, 162–171

Wellens, Ludger: Dokumentation von Verrechnungspreisen, in IStR 2004, 655–660

Wellhöfer, Werner / Peltzer, Martin / Müller, Welf: Die Haftung von Vorstand, Aufsichtsrat, Wirtschaftsprüfer, München 2008 [zit.: *Bearbeiter*, in: Wellhöfer/Peltzer/Müller, Die Haftung von Vorstand, Aufsichtsrat, Wirtschaftsprüfer]

Wellisch, Dietmar / Näth, Maik: Seminar E: Mitarbeiterentsendung auf kurze Zeit, in IStR 2008, 548–550

Wenning, Jochen: Karussellgeschäfte – Von Exporteuren, Pufferfirmen, Missing Tradern, in UStB 2002, 265–270

Wenk, Marc Oliver / Jagosch, Christian: Die neue Lageberichterstattung nach § 289 Abs. 5 HGB, Würdigung des E-DRÄS 5 mit Blick auf die europäischen Nachbarn, in IRZ 2009, 539–543

von Werder, Axel: Grundsätze ordnungsmäßiger Unternehmensleitung (GoU) – Bedeutung und erste Konkretisierung von Leitlinien für das Topmanagement, in zfbf Sonderheft 36/1996, hrsg. von Axel von Werder, 27–73

von Werder, Axel: Shareholder Value-Ansatz als (einzige) Richtschnur des Vorstandshandelns?, in ZGR 1998, 69–91

Wermelt, Andreas: Erhebung eines Meinungsbildes zum EPS 980, in CCZ 2010, 150–151

Werra, Matthias: Der 1995-OECD-Bericht zu den Verrechnungspreisen (Teil I), in IStR 1995, 457–464

Werra, Matthias: Der 1995-OECD-Bericht zu den Verrechnungspreisen (Teil II), in IStR 1995, 511–516

Wessing, Jürgen: Compliance – Ein Thema auch im Steuerstrafrecht, in Steueranwaltsmagazin 2007, 175–181

Wichmann, Michael: Aktuelle Tendenzen der OECD-Arbeiten zur Betriebsstätte, insbesondere bei Vertretern und Dienstleistungen, in StbJb 2004/2005, 93–108

Wichmann, Michael: Anmerkungen zur deutschen Abkommenspolitik, in FR 2011, 1082–1086

Wicke, Hartmut: Der CEO im Spannungsverhältnis zum Kollegialprinzip – Gestaltungsüberlegungen zur Leitungsstruktur der AG, in NJW 2007, 3755–3758

Widmann, Werner: Die Kooperationsstrategie als Mittel zum gleichmäßigen Vollzug des Steuerrechts im Rahmen der Tax Compliance, in: Steuerrecht im Rechtsstaat, Festschrift für Wolfgang Spindler, hrsg. v. Rudolf Mellinghoff, Wolfgang Schön, Hermann-Ulrich Viskorf, Köln 2011, 563–573

Wiedemann, Gerhard (Hrsg.): Handbuch des Kartellrechts, 2. Aufl., München 2008 [zit.: *Bearbeiter*, in: Wiedemann, Handbuch des Kartellrechts]

Wiese, Götz Tobias / Lukas, Philipp: Das Bilanzrechtsmodernisierungsgesetz (BilMoG) – Änderungen der Bilanzierungsvorschriften und Neuregelungen zur Coporate Governance in der GmbH, in GmbHR 2009, 561–569

Wilcke, Heinz-Joachim: Die Steuerhaftung des GmbH-Geschäftsführers, in StVj 1990, 146–163

Wilhelmi, Rüdiger: Upsteam Darlehen nach dem MoMiG, in WM 2009, 1917–1923

Willems, Heiko / Schreiner, Manja: Anmerkungen zum Entwurf eines IDW Prüfungsstandards/EPS 980 aus Sicht der deutschen Industrie, in CCZ 2010, 214–216

Willemsen, Reinhard / Rechel, Janine: Cash-Pooling und die insolvenzrechtliche Anfechtbarkeit absteigender Darlehen – Unterschätzte Risiken für Gesellschafter, in BB 2009, 2215–2221

Wilsing, Hans-Ulrich (Hrsg.): Deutscher Corporate Governance Kodex, München 2012 [zit.: *Bearbeiter*, in: Wilsing, DCGK]

Wilsing, Hans-Ulrich / Ogorek, Markus: Kündigung des Geschäftsführer-Anstellungsvertrags wegen unterlassener Konzernkontrolle, in NZG 2010, 216–217

Wimsheim, Klaus Wolf: Der IDW Prüfungsstandard zur ordnungsmäßigen Prüfung von Compliance Management Systemen, in DStR 2011, 997–1002

Windbichler, Christine: Schadensersatzansprüche des stillen Gesellschafters, in ZGR 1989, 434–444

Winnefeld, Robert: Bilanz-Handbuch, 4. Aufl., München 2006

Winter, Martin: Die Verantwortlichkeit des Aufsichtsrats für „Corporate Compliance", in: Festschrift für Uwe Hüffer, hrsg. v. Peter Kindler, Jens Koch, Peter Ulmer, Martin Winter, München 2010, 1103–1127

Wirth, Gerhard: Anforderungsprofil und Inkompatibilitäten für Aufsichtsratsmitglieder, in ZGR 2005, 327–347

Wirtschaftsprüferkammer: Hinweis zur skalierten Prüfungsdurchführung auf Grundlage der ISA, http://www.wpk.de/pdf/WPK_Skalierte_Pruefungsdurchfuehrung_Hinweis_auf_Grundlage_der_ISA.pdf, zuletzt besucht am 09.12.2013

Wirtschaftsprüferkammer: Erläuterungstext zu § 24b Abs. 1 BS WP/vBP – neu, http://www.wpk.de/pdf/WPK Skalierte_Pruefungsdurchfuehrung_Erlaeuterungstext_zu_24b_Abs1_BS_WP-vBP.pdf, zuletzt besucht am 10.12.2013

Wirtz, Markus M.: Die Aufsichtspflichten des Vorstandes nach OWiG und KonTraG, in WuW 2001, 342–356

Wisskirchen, Gerlind / Glaser, Julia: Unternehmensinterne Untersuchungen (Teil I), in DB 2011, 1392–1395

Wittig, Petra: § 299 StGB durch Einschaltung von Vermittlerfirmen bei Schmiergeldzahlungen, in wistra 1998, 7–10

Wöhe, Günter / Döring, Ulrich: Einführung in die allgemeine Betriebswirtschaftslehre, 25. Aufl., München 2013

Wohlmannstetter, Gottfried: Risikomanagement nach dem BilMoG, in ZGR 2010, 472–488

Wolf, Martin: Wider eine Misstrauenspflicht im Kollegialorgan „Vorstand", in VersR 2005, 1042–1047

Wolf, Martin: Der Compliance-Officer – Garant, hoheitlich Beauftragter oder Berater im Unternehmensinteresse zwischen Zivil-, Straf- und Aufsichtsrecht?, in BB 2011, 1353–1360

Wolf, Klaus: Corporate Compliance – ein neues Schlagwort? Ansatzpunkte zur Umsetzung der Compliance in der Finanzberichterstattung, in DStR 2006, 1995–2000

Wolf, Klaus: Zur Anforderung eines internen Kontroll- und Risikomanagementsystems im Hinblick auf den (Konzer-) Rechnungslegungsprozess gemäß BilMoG, in DStR 2009, 920–925

Wolf, Klaus: Der IDW Prüfungsstandard zur ordnungsmäßigen Prüfung von Compliance Management Systemen, in DStR 2011, 997–1002

Wolter, Jürgen: Schuldhafte Verletzung einer Erkundigungspflicht, Typisierung beim Vermeidbarkeitsurteil und qualifizierte Fahrlässigkeit beim Verbotsirrtum – OLG Celle, NJW 1977, 1644, in JuS 1979, 482–488

Wulf, Martin: Tax Compliance als Feld steueranwaltlicher Tätigkeit, in AnwBl. 2010, 656–659

Wybitul, Tim: Strafbarkeitsrisiken für Compliance-Verantwortliche, in BB 2009, 2590–2593

Zehetmair, Martin: Steuerfragen bei der Entsendung von Mitarbeitern ins Ausland aus der Sicht der beteiligten Unternehmen, in IStR 1998, 257–265

Zimmermann, Martin: Kartellrechtliche Bußgelder gegen Aktiengesellschaft und Vorstand: Rückgriffsmöglichkeiten, Schadensumfang und Verjährung, in WM 2008, 433–442

Zingel, Frank: Stellung und Aufgaben von Compliance nach den MaComp, in BKR 2010, 500–504

Zitzelsberger, Heribert: Podiumsdiskussion der Chemie und Pharmaunternehmen – Konfliktfelder aus der Sicht von Finanzverwaltung und Unternehmen, in: Internationale Verrechnungspreise zwischen Kapitalgesellschaften, hrsg. v. Harald Schaumburg, Köln 1994, 136–165

Verwaltungsanweisungen und Behördenveröffentlichungen

Bundesanstalt für Finanzdienstleistungsaufsicht

Bundesanstalt für Finanzdienstleistungsaufsicht (Hrsg.): Jahresbericht der Bundesanstalt für Finanzdienstleistungsaufsicht 2009, http://www.bafin.de/SharedDocs/Downloads/DE/Jahresbericht/dl_jb_2009.pdf?__blob=publicationFile&v=9, zuletzt besucht am 15.03.2014 [zit.: BaFin, Jahresbericht 2009]

Bundesanstalt für Finanzdienstleistungsaufsicht (Hrsg.): Rundschreiben 3/2009 (VA) – Aufsichtsrechtliche Mindestanforderungen an das Risikomanagement (MaRisk VA) vom 22. Januar 2009, http://www.bafin.de/SharedDocs/Veroeffentlichungen/DE/Rundschreiben/rs_0903_va_marisk.html?nn=2818068, zuletzt besucht am 28.03.2014 [zit.: BaFin, MaRisk (VA)]

Bundesanstalt für Finanzdienstleistungsaufsicht (Hrsg.): Rundschreiben 10/2012 (BA) – Mindestanforderungen an das Risikomanagement – MaRisk, vom 14. Dezember 2012, Geschäftszeichen BA 54-FR 2210–2012/0002, http://www.bafin.de/SharedDocs/Veroeffentlichungen/DE/Rundschreiben/rs_1210_marisk_ba.html;jsessionid=3E798F4D214E4076A12D78CE91A4F927.1_cid363, zuletzt besucht am 19.03.2014 [zit.: BaFin, MaRisk]

Bundesanstalt für Finanzdienstleistungsaufsicht (Hrsg.): Rundschreiben 4/2010 (WA) – MaComp, Mindestanforderungen an die Compliance-Funktion und die weiteren Verhaltens-, Organisations- und Transparenzpflichten nach §§ 31ff. WpHG für Wertpapierdienstleistungsunternehmen, vom 07. Juni 2010, zuletzt geändert am 07. Januar 2014, Geschäftszeichen WA 31-Wp 2002–2009/0010, http://www.bafin.de/SharedDocs/Veroeffentlichungen/DE/Rundschreiben/rs_1004_wa_macomp.html?nn=2818068#Start, zuletzt besucht am 12.03.2014 [zit.: BaFin, MaComp]

Bundesministerium der Finanzen: Grundsätze für die Prüfung der Einkunftsabgrenzung bei international verbundenen Unternehmen (Verwaltungsgrundsätze) vom 23. Februar 1983, IV C 5 – S 1341 – 4/83, BStBl. I 1983, 218–233 [zit.: BMF, Verwaltungsgrundsätze Einkunftsabgrenzung]

Bundesministerium der Finanzen

Bundesministerium der Finanzen: Steuerliche Behandlung von Arbeitnehmereinkünften bei Auslandstätigkeiten (Auslandstätigkeitserlaß) vom 31. Oktober 1983, IV B 6 – S 2293 – 50/83, BStBl. I 1983, 470–471 [zit.: BMF, Auslandstätigkeitserlaß]

Bundesministerium der Finanzen: Grundsätze der Verwaltung für die Prüfung der Aufteilung der Einkünfte bei Betriebsstätten international tätiger Unternehmen (Betriebsstätten-Verwaltungsgrundsätze) vom 24. Dezember 1999,

IV B 4 – S 1300 – 111/99, BStBl. I 1999, 1076–1120 [zit.: BMF, Betriebsstätten-Verwaltungsgrundsätze]

Bundesministerium der Finanzen: Grundsätze für die Prüfung der Einkunftsabgrenzung zwischen international verbundenen Unternehmen in Fällen der Arbeitnehmerentsendung (Verwaltungsgrundsätze – Arbeitnehmerentsendung) vom 09. November 2001, IV B 4 – S 1341 – 20/01, BStBl. I 2001, 796–800 [zit.: BMF, Verwaltungsgrundsätze - Arbeitnehmerentsendung]

Bundesministerium der Finanzen: Abzugsverbot für die Zuwendung von Vorteilen i.S. des § 4 V 1 Nr. 10 EStG vom 10. Oktober 2002, IV A 6 – S 2145 – 35/02, BStBl. I 2002, 1031–1038 [zit.: BMF, Abzugsverbot i.S.d. § 4 V 1 Nr. 10 EStG]

Bundesministerium der Finanzen: Zuflusszeitpunkt des geldwerten Vorteils aus der Ausübung eines Aktienoptionsrechts durch den Arbeitnehmer; Übergangsregelung zum BFH-Urteil vom 20. Juni 2001 (BStBl. II S. 689) vom 10. März 2003, IV C 5 – S 2332 – 11/03, BStBl. I 2003, 234 [zit.: BMF, Zuflusszeitpunkt des geldwerten Vorteils aus Ausübung Aktienoptionsrecht]

Bundesministerium der Finanzen: Einführungsschreiben Lohnsteuer zum Steueränderungsgesetz 2003 und Haushaltsbegleitgesetz 2004 vom 27. Januar 2004, IV C 5 – S 2000 – 2/04, BStBl. I 2004, 173–180 [zit.: BMF, Einführungsschreiben LSt SteueränderungsG 2003]

Bundesministerium der Finanzen: Umsetzung der Richtlinie 2001/115/EG (Rechnungsrichtlinie) und der Rechtsprechung des EuGH und des BFH zum unrichtigen und unberechtigten Steuerausweis durch das Zweite Gesetz zur Änderung steuerlicher Vorschriften (Steueränderungsgesetz 2003 – StÄndG 2003) vom 29. Januar 2004, IV B 7 – S 7280 – 19/04, UR 2004, 167–175 [zit.: BMF, Umsetzung Richtlinie 2001/115/EG und der Rspr. EuGH/BFH]

Bundesministerium der Finanzen: Umsatzsteuer; § 14 II 1 Umsatzsteuergesetz (UStG) - Ausstellung von Rechnungen; § 14b I 5 UStG – Aufbewahrungspflichten des nichtunternehmerischen Leistungsempfängers vom 24. November 2004, IV A 5 – S 7280 – 21/04, IV A 5 – S 7295 – 1/04, BStBl. I 2004, 1122–1125 [zit.: BMF, Umsatzsteuer § 14 II 1, § 14b I 5 UStG]

Bundesministerium der Finanzen: Grundsätze für die Prüfung der Einkunftsabgrenzung zwischen nahe stehenden Personen mit grenzüberschreitenden Geschäftsbeziehungen in Bezug auf Ermittlungs- und Mitwirkungspflichten, Berichtigungen, sowie auf Verständigungs- und EU-Schiedsverfahren (Verwaltungsgrundsätze-Verfahren) vom 12. April 2005, IV B 4 – S 1341 – 1/05, BStBl. I 2005, 570–599 [zit.: BMF, Verwaltungsgrundsätze-Verfahren]

Bundesministerium der Finanzen: Merkblatt zur Steuerfreistellung ausländischer Einkünfte gem. § 50d Abs. 8 EStG vom 21. Juli 2005, IV B 4 – S 2411 – 2/05, BStBl. I 2005, 821–823 [zit.: BMF, Merkblatt § 50d VIII EStG]

Bundesministerium der Finanzen: Merkblatt zum internationalen Verständigungs- und Schiedsverfahren auf dem Gebiet der Steuern vom Einkommen und vom

Vermögen vom 13. Juli 2006, IV B S 1300 – 340/06, BStBl. I 2006, 461–473 [zit.: BMF, Merkblatt internationale Verständigungs- und Schiedsverfahren]

Bundesministerium der Finanzen: Steuerliche Behandlung des Arbeitslohns nach den Doppelbsteuerungsabkommen vom 14. September 2006, IV B 6 – S 1300 – 367/06, BStBl. I 2006, 532–548 [zit.: BMF, Behandlung Arbeitslohn nach DBA]

Bundesministerium der Finanzen: Merkblatt für bilaterale oder multilaterale Vorabverständigungsverfahren auf der Grundlage der Doppelbesteuerungsabkommen zur Erteilung verbindlicher Vorzusagen über Verrechnungspreise zwischen international verbundenen Unternehmen (sog. „Advance Pricing Agreements" – APAs) vom 05. Oktober 2006, IV B 4 – S 1341 – 38/06, BStBl. I 2006, 594–610 [zit.: BMF, APA]

Bundesministerium der Finanzen: Umsatzsteuer; Steuerbefreiung gem. § 4 Nr. 1 Buchst. b i.V.m. § 6a UStG für innergemeinschaftliche Lieferungen vom 06. Januar 2009, IV B 9 – S 7141/08/10001, BStBl. I 2009, 60–68 [zit.: BMF, Schreiben betr. Umsatzsteuer v. 06.01.2009]

Bundesministerium der Finanzen: Anwendung der Grundsätze des BFH Urteils vom 17. Juli 2008 – I R 77/96 – (BStBl. 2009 II S. 464), vom 20. Mai 2009, IV C 6 – S 2134/07/10005, BStBl. I 2009, 671–672 [zit.: BMF, Anwendung der Grundsätze des BFH Urteils v. 17. Juli 2008]

Bundesministerium der Finanzen: Grundsätze der Verwaltung für die Prüfung der Aufteilung der Einkünfte bei Betriebsstätten international tätiger Unternehmen (Betriebsstätten-Verwaltungsgrundsätze); Änderungen aufgrund des Gesetzes über steuerliche Begleitmaßnahmen zur Einführung der Europäischen Gesellschaft und zur Änderung weiterer steuerlicher Vorschriften – SEStEG – (BGBl. 2006 I S. 2782) vom 25. August 2009, BStBl. I 2009, 888–890 [zit.: BMF, Betriebsstätten-Verwaltungsgrundsätze nach SEStEG]

Bundesministerium der Finanzen: Maßgeblichkeit der handelsrechtlichen Grundsätze ordnungsmäßiger Buchführung für die steuerliche Gewinnermittlung; Änderung des § 5 Absatz 1 EStG durch das Gesetz zur Modernisierung des Bilanzrechts (Bilanzrechtsmodernisierungsgesetz – BilMoG) vom 15. Mai 2009 (BGBl. I S. 1102, BStBl. I S. 650) vom 12. März 2010, IV C 6 – S 2133/09/10001, BStBl. I 2010, 239–242 [zit.: BMF, Maßgeblichkeit der handelsrechtlichen GoB für die steuerliche Gewinnermittlung; Änderung des § 5 I EStG durch das BilMoG]

Bundesministerium der Finanzen: Umsatzsteuer; Steuerbefreiung gem. § 4 Nr. 1 Buchst. B i.V.m. § 6a UStG für innergemeinschaftliche Lieferungen vom 05. Mai 2010, IV D 3 – S 7141/08/10001, BStBl. I 2010, 508–516 [zit.: BMF, Schreiben betr. Umsatzsteuer v. 05.05.2010]

Bundesministerium der Finanzen: Grundsätze für die Prüfung der Einkunftsabgrenzung zwischen nahe stehenden Personen in Fällen von grenzüberschreitenden Funktionsverlagerungen (Verwaltungsgrundsätze Funktionsverlagerung) vom 13. Oktober 2010, IV B 5 – S 1341/08/10003, BStBl. I 2010, 774–810 [zit.: BMF, Verwaltungsgrundsätze Funktionsverlagerung]

Bundesministerium der Finanzen: Umsatzsteuer; Verwaltungsregelung zur Anwendung des Umsatzsteuergesetzes – Umsatzsteuer-Anwendungserlass (UStAE), vom 01. Oktober 2010, IV D 3 – S 7015/10/10002, BStBl. I 2010, 846–1191 [zit.: BMF, Umsatzsteuer-Anwendungserlass]

Bundesministerium der Finanzen: Allgemeine Verwaltungsvorschrift zum Steuerabzug vom Arbeitslohn 2008 (Lohnsteuer-Richtlinien 2008 – LStR 2008 –) vom 10. Dezember 2007, BStBl. I 2007, Sondernummer 1, 2–60 in der Fassung der Allgemeinen Verwaltungsvorschrift zur Änderung der Lohnsteuer-Richtlinien 2008 (Lohnsteuer-Änderungsrichtlinie 2011 – LStÄR 2011) vom 23. November 2010, BStBl. I 2010, 1325–1337 [zit. LStR]

Bundesministerium der Finanzen: Lohnsteuerliche Behandlung von unentgeltlichen oder verbilligten Mahlzeiten der Arbeitnehmer ab Kalenderjahr 2011; Dritte Verordnung zur Änderung der Sozialversicherungsentgeltverordnung vom 10. November 2010 (BGBl. I S. 1751) vom 17. Dezember 2010, IV C 5 – S 2334/10/10008, BStBl. I 2011, 42 [zit.: BMF, Lohnsteuerliche Behandlung von unentgeltlichen oder verbilligten Mahlzeiten der Arbeitnehmer]

Bundesministerium der Finanzen: Monatsbericht September 2011, http://www.bundesfinanzministerium.de/Content/DE/Monatsberichte/Publikationen_Migration/2011/09/inhalt/Monatsbericht-September-2011.pdf?__blob=publicationFile&v=3, zuletzt besucht am 01.10.2013

Bundesministerium der Finanzen: Finale Entnahme und finale Betriebsaufgabe; BFH Urteile vom 17. Juli 2008 – I R 77/96 – (BStBl. II S. 464) und vom 28. Oktober 2009 – I R 99/08 – (BStBl. II S. 1019) vom 18. November 2011, IV C 6 – S 2134/10/10004, BStBl. I 2011, 1278 = DStR 2011, 2355 [zit.: BMF, Finale Entnahme und finale Betriebsaufgabe]

Bundesministerium der Finanzen: Einordnung in Größenklassen gem. § 3 BpO; Festlegung neuer Abgrenzungsmerkmale zum 1. Januar 2013 vom 22. Juni 2012, IV A 4 – S 1450/09/10001, BStBl. I 2012, 689–690 [zit.: BMF, Einordnung in Größenklassen gem. § 3 BpO; Festlegung neuer Abgrenzungsmerkmale zum 1. Januar 2013]

Bundesministerium der Finanzen: Monatsbericht Dezember 2012, http://www.bundesfinanzministerium.de/Content/DE/Monatsberichte/2012/12/Downloads/monatsbericht_2012_12_deutsch.pdf?__blob=publicationFile&v=5, zuletzt besucht am 01.10.2013

Bundesministerium der Finanzen: Ergebnisse der steuerlichen Betriebsprüfung 2012, http://www.bundesfinanzministerium.de/Content/DE/Downloads/BMF_Schreiben/Weitere_Steuerthemen/Betriebspruefung/2012-06-18-Ergebnis-steuerliche-Betriebspruefung-2012-anl.pdf?__blob=publicationFile&v=4, zuletzt besucht am 01.10.2013

Bundesministerium der Finanzen: Monatsbericht August 2013, http://www.bundesfinanzministerium.de/Content/DE/Monatsberichte/2013/08/Downloads/monatsbericht_2013_08_deutsch.pdf?__blob=publicationFile&v=3, zuletzt besucht am 01.10.2013

Verwaltungsanweisungen auf Landesebene

OFD Frankfurt: Nichtabzugsfähigkeit von Bestechungsgeldern als Betriebsausgaben – Neuregelung des § 4 Abs. 5 Satz 1 Nr. 10 EStG 1996 durch das StEntlG 1999/2000/2002 vom 29. Mai 2000, S 2145 A – 17 – St II 20, in DB 2000, 1303–1303 [zit.: OFD Frankfurt, Nichtabzugsfähigkeit von Bestechungsgeldern als Betriebsausgaben]

OFD Frankfurt: Verfügung betr. Warenlieferungen in und aus Konsignationslagern vom 17. März 2010 (UR S. 709), OFD Frankfurt S 7100a A - 4 – St 110, Beck-Verw 237495 [zit.: OFD Frankfurt, Verfügung betr. Warenlieferungen in und aus Konsignationslagern]

OFD Hannover: Zeitnahe Betriebsprüfung vom 30. März 2009, S 1502–7StO 11 [juris] [zit.: OFD Hannover, Zeitnahe Betriebsprüfung]

OFD Hannover, Leitfaden zur Jahrestaktprüfung, http://www.ofd.niedersachsen.de/portal/live.php?navigation_id=17549&article_id=67842&_psmand=110, Stand März 2009, zuletzt besucht am 08.07.2012 [zit.: OFD Hannover, Leitfaden Zeitnahe Betriebsprüfung]

Finanzministerium des Landes Nordrhein-Westfalen: Prüfung von Großbetrieben vom 10. September 2012, S 0401–10-V A 5 [juris] [zit.: FinMin NRW, Prüfung von Großbetrieben]

Rechtsprechungsverzeichnis

Datum und Art der Entscheidung	Aktenzeichen, ggf. Name der Entscheidung	Fundstelle
Bundesverfassungsgericht		
BVerfG v. 09.02.2005	2 BvR 1108/03	BeckRS 24600 = NStZ-RR 2005, 207
Bundesfinanzhof		
BFH, Urt. v. 19.02.1953	IV 319/52	BStBl. III 1953, 161
BFH, Urt. v. 13.05.1954	IV 197/53 U	BStBl. III 1954, 225
BFH, Urt. v. 14.07.1954	II 63/53 U	BFHE 59, 115 = BStBl. III 1954, 253
BFH, Beschl. v. 13.05.1958	I B 49/58 U	BStBl. III 1958, 379
BFH, Urt. v. 11.09.1958	III 267/57 U	BStBl. III 1958, 367
BFH, Urt. v. 06.05.1959	VI 252/57 U	BFHE 69, 83 = BStBl. III 1959, 292
BFH, Urt. v. 19.11.1959	IV 108/59 U	BFHE 70, 81 = BStBl. III 1960, 30
BFH, Beschl. v. 30.08.1960	I B 148/59 U	BStBl. III 1960, 468
BFH, Urt. v. 19.12.1960	VI 92/60 U	BFHE 72, 465 = BStBl. III 1961, 170
BFH, Urt. v. 24.11.1961	VI 183/59 S	BFHE 74, 97 = BStBl. III 1962, 37
BFH, Urt. v. 14.02.1962	VII 96/61	HFR 1962, 237
BFH, Urt. v. 11.05.1962	VI 195/60	BFHE 75, 206 = BStBl. III 1962, 342
BFH, Urt. v. 29.05.1968	I 187/65	BStBl. II 1968, 722
BFH, Urt. v. 21.05.1969	I R 8/68	BFHE 96, 39 = BStBl. II 1969, 539
BFH, Urt. v. 22.05.1969	V R 28/66	BStBl. II 1969, 603
BFH, Urt. v. 21.01.1972	VI R 187/68	BFHE 104, 294 = DB 1972, 416
BFH, Urt. v. 10.03.1972	VI R 278/68	BFHE 105, 348 = BStBl. II 1972, 596
BFH, Urt. v. 18.05.1972	IV R 168/68	BStBl. II 1972, 816
BFH, Urt. v. 08.06.1972	IV R 129/66	BStBl. II 1972, 784
BFH, Urt. v. 28.06.1972	I R 35/70	BStBl. II 1972, 785
BFH, Urt. v. 24.10.1972	VIII R 8/69	BStBl. II 1973, 275
BFH, Urt. v. 16.01.1973	VIII R 52/69	BStBl. II 1973, 273
BFH, Urt. v. 30.10.1973	I R 50/71	BStBl. II 1974, 107

BFH, Urt. v. 07.10.1973	I R 92/72	BStB. II 1974, 125
BFH, Urt. v. 09.10.1974	I R 128/73	BStBl. II 1975, 203
BFH, Urt. v. 05.03.1976	VI R 76/73	BStBl. II 1976, 392
BFH, Urt. v. 07.10.1977	III R 131/73	BFHE 123, 398
BFH, Urt. v. 12.04.1978	I R 136/77	BStBl. II 1978, 494
BFH, Urt. v. 04.03.1980	VII R 88/77	BFHE 130, 131
BFH, Urt. v. 12.03.1980	I R 186/76	BStBl. II 1980, 531
BFH, Urt. v. 16.04.1980	I R 75/78	BStBl. II 1980, 492
BFH, Urt. v. 17.10.1980	VI R 136/77	BStBl. II 1981, 138
BFH, Urt. v. 21.01.1981	I R 153/77	BStBl. II 1981, 517
BFH, Urt. v. 18.09.1981	VI R 44/77	BFHE 134, 149 = BStBl. II 1981, 801
BFH, Urt. v. 17.03.1982	I R 189/79	BStBl. II 1982, 624
BFH, Urt. v. 23.03.1982	VII R 68/81	BFHE 135, 563
BFH, Urt. v. 20.04.1982	VII R 96/79	BStBl. II 1982, 521
BFH, Urt. v. 08.07.1982	V R 7/76	BStBl. II 1983, 249
BFH, Beschl. v. 29.11.1982	GrS 1/81	BFHE 137, 433 = BStBl. II 1983, 272
BFH, Urt. v. 09.03.1983	I R 182/78	BStBl. II 1983, 744
BFH, Urt. v. 28.04.1983	IV R 255/82	BStBl. II 1983, 621
BFH, Beschl. v. 12.07.1983	VII B 19/83	BStBl. II 1983, 655
BFH v. 26.04.1984	V R 128/79	BFHE 141, 443 = BStBl. II 1984, 776 = NJW 1985, 400 L = ZIP 1984, 1345
BFH, Urt. v. 26.04.1984	V R 128/79	BFHE 141, 443 = BStBl. II 1984, 776 = ZIP 1984, 1345
BFH, Urt. v. 23.05.1984	I R 294/81	BStBl. II 1984, 673
BFH, Urt. v. 19.07.1984	V R 70/79	BStBl. II 1985, 147
BFH, Urt. v. 05.02.1985	VII R 124/80	BFH/NV 1987, 2
BFH, Urt. v. 05.03.1985	VII R 134/80	BFH/NV 1986, 61
BFH, Beschl. v. 05.03.1985	VII B 69/84	BFH/NV 1987, 422
BFH, Urt. v. 22.03.1985	VI R 170/82	BStBl. II 1985, 529
BFH, Urt. v. 22.03.1985	VI R 82/83	BStBl. II 1985, 532
BFH, Urt. v. 26.03.1985	VII R 139/81	BStBl. II 1985, 539
BFH, Urt. v. 28.03.1985	IV R 80/82	BStBl. II 1985, 405

BFH, Urt. v. 16.04.1985	VII R 132/80	BFH/NV 1987, 273
BFH, Urt. v. 07.05.1985	VII R 111/78	BFH/NV 1987, 210
BFH, Urt. v. 17.07.1985	I R 205/80	BStBl. II 1985, 703
BFH, Urt. v. 19.09.1985	VII R 88/85	BFH/NV 1986, 133
BFH, Urt. v. 09.10.1985	I R 154/82	BFH/NV 1986, 321
BFH, Urt. v. 25.10.1985	VI R 130/82	BFHE 144, 569 = BStBl. II 1986, 98
BFH, Urt. v. 29.10.1985	VII R 186/82	BFH/NV 1986, 192
BFH, Beschl. v. 19.11.1985	VII S 13/85	BFH/NV 1985, 266
BFH, Urt. v. 14.01.1986	VII R 9/85	BFH/NV 1986, 378
BFH, Beschl. v. 21.01.1986	VII S 30/85	BFH/NV 1986, 518
BFH, Urt. v. 21.02.1986	VI R 21/84	BStBl. II 1986, 406
BFH, Urt. v. 21.02.1986	VI R 9/80	BStBl. II 1986, 768
BFH, Beschl. v. 04.03.1986	VII S 33/85	BFHE 146, 23 = BStBl. II 1986, 384 = DB 1986, 1555 = ZIP 1986, 1247
BFH, Urt. v. 04.03.1986	VII R 38/81	BStBl. II 1986, 577
BFH, Urt. v. 12.06.1986	VII R 192/83	BFHE 146, 511 = BStBl. II 1986, 657
BFH, Urt. v. 24.06.1986	VII R 193/82	BStBl. II 1986, 872
BFH, Urt. v. 25.06.1986	II R 213/83	BStBl. II 1986, 785
BFH, Urt. v. 15.07.1986	VIII R 134/83	BStBl. II 1986, 744
BFH, Urt. v. 22.07.1986	VII R 191/83	BFH/NV 1987, 140
BFH, Urt. v. 28.08.1986	V R 20/79	BStBl. II 1987, 162
BFH, Urt. v. 02.10.1986	VII R 28/83	BFH/NV 1987, 349
BFH, Urt. v. 16.10.1986	VII R 161/83	BFH/NV 1987, 616
BFH, Beschl. v. 18.12.1986	I B 49/86	BStBl. II 1988, 213
BFH, Urt. v. 13.01.1987	VII R 86/85	BFH/NV 1987, 550
BFH, Urt. v. 04.02.1987	I R 58/86	BStBl. II 1988, 215
BFH, Urt. v. 01.04.1987	II R 186/80	BStBl. II 1987, 550
BFH, Urt. v. 12.05.1987	VII R 159/84	BFH/NV 1988, 139
BFH, Urt. v. 02.07.1987	VII R 162/84	BFH/NV 1988, 220
BFH, Urt. v. 14.07.1987	VII R 188/82	BStBl. II 1988, 172
BFH, Urt. v. 17.09.1987	VII R 62/84	BFH/NV 1988, 7
BFH, Urt. v. 30.09.1987	IV B 177/86	BFH/NV 1988, 415

BFH, Urt. v. 27.10.1987	VII R 12/84	BFH/NV 1988, 485
BFH, Urt. v. 12.04.1988	V R 135/83	DStR 1988, 551
BFH, Urt. v. 26.04.1988	VII R 105/85	BFH/NV 1988, 625
BFH, Urt. v. 10.05. 1988	VII R 24/85	BFH/NV 1989, 72
BFH, Urt. v. 17.05.1988	VII R 90/85	GmbHR 1989, 170
BFH, Urt. v. 12.07.1988	VII R 108–109/87	BFH/NV 1988, 764
BFH, Urt. v. 20.07.1988	I R 104/83	BFH/NV 1989, 478
BFH, Urt. v. 26.07.1988	VII R 83/87	BFHE 153, 512 = BStBl. II 1988, 859
BFH, Urt. v. 02.08.1988	VII R 60/85	BFH/NV 1989, 150
BFH, Urt. v. 13.09.1988	VII R 35/85	BFH/NV 1989, 139
BFH, Urt. v. 21.10.1988	III R 194/84	BStBl. II 1989, 216
BFH, Urt. v. 08.12.1988	V R 169/83	UR 1989, 129
BFH, Beschl. v. 24.01.1989	VII B 188/88	BStBl. II 1989, 315
BFH, Urt. v. 31.01.1989	VII R 77/86	BFHE 156, 30 = BStBl. II 1989, 442
BFH, Urt. v. 15.02.1989	X R 16/86	BStBl. II 1989, 462
BFH, Urt. v. 21.02.1989	VII R 165/85	BStBl. II 1989, 491
BFH, Urt. v. 22.02.1989	I R 44/85	BStBl. II 1989, 475
BFH, Urt. v. 09.03.1989	VI R 101/84	BStBl. II 1989, 749
BFH, Urt. v. 19.04.1989	X R 3/86	BFHE 156 = BStBl. II 1989, 596
BFH, Beschl. v. 25.04. 1989	VII S 15/89	BFH/NV 1989, 757
BFH, Urt. v. 27.06.1989	VIII R 73/84	BStBl. II 1989, 955
BFH, Urt. v. 13.07.1989	V R 8/86	BFHE 158, 166 = BStBl. II 1990, 100
BFH, Urt. v. 21.09.1989	IV R 115/88	BStBl. II 1990, 86
BFH, Urt. v. 26.09.1989	VII R 99/87	BFH/NV 1990, 351
BFH, Urt. v. 31.10.1989	VIII R 60/88	BStBl. II 1990, 518
BFH, Urt. v. 07.11.1989	VII R 34/87	BStBl. II 1990, 201
BFH, Urt. v. 16.11.1989	IV R 29/89	BFHE 159, 28 = BStBl. II 1990, 272
BGH, Urt. v. 13.12.1989	I R 39/88	BStBl. II 1990, 340
BFH, Urt. v. 15.12.1989	VI R 151/86	BStBl. II 1990, 526
BFH, Urt. v. 06.03.1990	VII R 63/87	BDH/NV 1990, 756
BFH, Urt. v. 27.03.1990	VII R 26/89	BStBl. II 1990, 939

BFH, Urt. v. 03.05.1990	VII R 108/88	BStBl. II 1990, 767
BFH, Beschl. v. 08.05.1990	VII B 173/89	BFH/NV 1991, 12
BFH, Urt. v. 29.05.1990	VII R 85/89	BStBl. II 1990, 1008
BFH, Urt. v. 29.05.1990	VII R 81/89	BFH/NV 1991, 283
BFH, Beschl. v. 26.06.1990	VII B 20/90	BFH/NV 1991, 209
BFH, Urt. v. 27.11.1990	VII R 20/89	BFHE 163, 106 = BStBl. II 1991, 284
BFH, Urt. v. 12.12.1990	I R 92/88	BStBl. II 1990, 384
BFH, Urt. v. 05.03.1991	VII R 93/88	BStBl. II 1991, 678
BFH, Urt. v. 18.04.1991	IV R 127/89	BStBl. II 1991, 675
BFH, Urt. v. 24.04.1991	I R 56/89	BFH/NV 1992, 76
BFH, Urt. v. 18.07.1991	V R 72/87	BStBl. II 1991, 781 = DStR 1991, 1248
BFH, Urt. v. 25.07.1991	V R 89/88	BStBl. II 1992, 3
BFH, Urt. v. 27.08.1991	VIII R 84/89	BFHE 165, 330 = BStBl. II 1992, 9
BFH, Urt. v. 27.09.1991	VI R 159/89	BStBl. II 1992, 163
BFH, Urt. v. 02.10.1991	X R 89/89	BStBl. II 1992, 220
BFH, Urt. v. 11.12.1991	I R 73/90	BFH/NV 1992, 577
BFH, Urt. v. 16.01.1992	V R 1/91	BStBl. II 1992, 541
BFH, Urt. v. 12.03.1992	IV R 29/91	BStBl. II 1992, 36
BFH, Urt. v. 12.05.1992	VII R 52/91	BFH/NV 1992, 785
BFH, Urt. v. 25.05.1992	VI R 85/90	BFHE 167, 542 = BStBl. II 1992, 655
BFH, Urt. v. 10.06.1992	I R 105/89	BStBl. II 1992, 1029
BFH, Urt. v. 29.07.1992	II R 39/89	BStBl. II 1993, 63
BFH, Urt. v. 03.02.1993	I R 80–81/91	BStBl. II 1993, 462
BFH, Beschl. v. 03.02.1993	I B 90/02	BStBl. II 1993, 426
BFH, Urt. v. 02.03.1993	VII R 90/90	BFH/NV 1994, 526
BFH, Urt. v. 20.04.1993	VII R 67/92	BFH/NV 1994, 142
BFH, Urt. v. 28.07.1993	I R 15/93	BStBl. II 1994, 148
BFH, Urt. v. 08.11.1993	I R 30/93	BStBl. II 1994, 81
BFH, Urt. v. 05.11.1993	VI R 16/93	BStBl. II 1994, 557
BFH, Urt. v. 21.06.1994	VII R 34/92	BStBl. II 1995, 230
BFH, Urt. v. 13.07.1994	I R 112/93	BStBl. II 1995, 198

BFH, Urt. v. 04.08.1994	VI R 61/92	BStBl. II 1995, 59
BFH, Urt. v. 30.08.1994	VII R 101/92	BFHE 175, 509 = BStBl. II 1995, 278
BFH, Urt. v. 07.12.1994	I K 1/93	BStBl. II 1995, 175
BFH, Urt. v. 17.02.1995	VI R 41/92	BFHE 177, 105 = BStBl. II 1995, 390
BFH, Beschl. v. 07.03.1995	VII B 172/94	BFH/NV 1995, 941
BFH, Urt. v. 16.03.1995	VII R 38/94	BStBl. II 1995, 859
BFH, Urt. v. 30.06.1995	VII R 85/94	BFH/NV 1996, 2
BFH, Beschl. v. 09.01.1996	VII B 189/95	BFH/NV 1996, 589 = GmbHR 1996, 139
BFH, Beschl. v. 13.02.1996	VII B 245/95	BFH/NV 1996, 657
BFH, Urt. v. 16.07.1996	VII R 133/95	BFH/NV 1997, 4
BFH, Urt. v. 31.07.1996	XI R 82/95	BFHE 180, 533 = BStBl. II 1996, 554
BFH, Urt. v. 30.10.1996	II R 12/92	BStBl. II 1997, 12
BFH, Urt. v. 06.12.1996	VI R 48/94	BStBl. II 1997, 331
BFH, Urt. v. 09.01.1997	VII R 51/96	BFH/NV 1997, 324
BFH, Beschl. v. 02.04.1997	V B 159/96	BFH/NV 1997, 629
BFH, Urt. v. 19.03.1997	I R 7/96	BStBl. II 1997, 446
BFH, Urt. v. 29.04.1997	VII R 91/96	BFHE 182, 253 = BStBl. II 1997, 476
BFH, Urt. v. 03.02.1998	IX R 38/96	BStBl. II 1998, 539
BFH, Beschl. v. 05.03.1998	VII B 36/97	BFH/NV 1998, 1325
BFH, Urt. v. 19.03.1998	V R 54/97	BFHE 185, 351 = BStBl. II 1998, 466
BFH, Beschl. v. 04.05.1998	I B 116/96	BFH/NV 1998, 1460
BFH, Urt. v. 23.06.1998	VII R 4/98	NZG 1998, 861
BFH, Urt. v. 02.04.1998	V R 60/97	BFHE 186, 1 = BStBl. II 1998, 530
BFH, Urt. v. 28.04.1998	IX R 49/96	BStBl. II 1998, 458
BFH, Urt. v. 23.06.1998	VII R 4/98	BFHE 186, 132 = BStBl. II 1998, 761
BFH, Beschl. v. 21.12.1998	VII B 175/98	BFH/NV 1999, 745
BFH, Beschl. v. 23.07.1999	VI B 116/99	BFHE 189, 403 = BStBl. II 1999, 684
BFH, Beschl. v. 18.08.1999	VII B 106/99	GmbHR 2000, 392
BFH, Urt. v. 19.08.1999	I R 77/96	BStBl. II 2001, 43
BFH, Beschl. v. 14.09.1999	VII B 77/99	BFH/NV 2000, 303
BFH, Beschl. v. 12.10.1999	VII B 54/99	GmbHR 2000, 395

BFH, Beschl. v. 17.03.2000	VII B 39/99	BFH/NV 2000, 1180
BFH, Beschl. v. 31.03.2000	VII B 187/99	BFH/NV 2000, 1322
BFH, Beschl. v. 11.05.2000	VII B 217/99	BFH/NV 2000, 1442
BFH, Urt. v. 24.05.2000	II R 25/99	BFHE 191, 240 = BStBl. II 2000, 378
BFH, Urt. v. 01.08.2000	VII R 110/99	BFH/NV 2000, 84
BFH, Beschl. v. 25.08.2000	VII B 30/00	BFH/NV 2000, 294
BFH, Beschl. v. 27.10.2000	VIII B 77/00	BStBl. II 2001, 16
BFH, Urt. v. 12.12.2000	VIII R 22/92	BStBl. II 2001, 385
BFH, Urt. v. 24.01.2001	I R 100/98	DStR 2001, 931
BFH, Urt. v. 24.01.2001	I R 119/98	DStR 2001, 934
BFH, Urt. v. 04.04.2001	VI R 173/00	BStBl. II 2001, 677
BFH, Beschl. v. 08.05.2001	VII B 252/00	BFH/NV 2001, 1222
BFH, Beschl. v. 10.05.2001	I S 3/01	BFHE 194, 360 = DStR 2001, 985
BFH, Urt. v. 20.06.2001	VI R 105/99	BStBl. II 2001, 689
BFH, Urt. v. 01.08.2001	VII R 110/99	BStBl. II 2001, 271
BFH, Beschl. v. 19.09.2001	XI B 6/01	BFHE 196, 200 = BStBl. II 2002, 4
BFH, Urt. v. 17.10.2001	I R 103/00	BFHE 197, 68 = BStBl. II 2004, 171
BFH, Urt. v. 30.01.2002	II R 52/99	BFH/NV 2002, 917
BFH, Urt. v. 07.02.2002	IV R 9/01	BStBl. II 2002, 269
BFH, Urt. v. 07.08.2002	I R 2/02	BStBl. II 2004, 131
BFH, Urt. v. 28.11.2002	VII R 41/01	BStBl. II 2003, 337
BFH, Urt. v. 19.12.2002	IV R 37/01	BFHE 200, 495 = BStBl. II 2003, 385
BFH, Urt. v. 14.01.2003	IX R 5/00	BStBl. II 2003, 509
BFH, Urt. v. 29.01.2003	I R 10/02	BStBl. II 2003, 687
BFH, Urt. v. 11.03.2004	VII R 52/02	BStBl. II 2004, 579
BFH, Urt. v. 13.03.2003	VII R 46/02	BStBl. II 2003, 556
BFH, Urt. v. 17.09.2003	I R 12/02	BStBl. II 2004, 396
BFH, Beschl. v. 21.10.2003	VII B 353/02	BFH/NV 2004, 157
BFH, Urt. v. 23.10.2003	V R 2/02	BStBl. II 2004, 39
BFH, Urt. v. 17.12.2003	IX R 56/03	BStBl. II 2004, 648
BFH, Beschl. v. 05.02.2004	V B 180/03	BFH/NV 2004, 988

BFH, Beschl. v. 04.05.2004	VII B 318/03	BFH/NV 2004, 1363
BFH, Urt. v. 07.07.2004	VI R 171/00	BStBl. II 2004, 1087
BFH, Urt. v. 14.07.2004	I R 106/03	BeckRS 2004, 25007151
BFH, Urt. v. 19.08.2004	VI R 33/97	BStBl. II 2004, 1077
BFH, Beschl. v. 21.12.2004	I B 128/04	BFH/NV 2005, 994
BFH, Urt. v. 16.02.2005	VI R 46/03	BStBl. II 2005, 529
BFH, Urt. v. 24.02.2005	V R 62/03	BFH/NV 2005, 1220
BFH, Urt. v. 19.04.2005	VIII R 12/04	BStBl. II 2005, 683
BFH, Beschl. v. 30.05.2005	VII S 27/04	BFH/NV 2005, 1487
BFH, Beschl. v. 06.07.2005	VII B 296/04	BFH/NV 2005, 1753
BFH, Urt. v. 15.07.2005	V R 1/04	BFH/NV 2005, 81
BFH, Urt. v. 20.07.2005	X R 22/02	BStBl. II 2006, 457
BFH, Beschl. v. 20.10.2005	VII B 17/05	BFH/NV 2005, 241
BFH, Beschl. v. 31.10.2005	VII B 66/05	BeckRS 2005, 25009190 = BFH/NV 2006, 480
BFH, Urt. v. 16.11.2005	VI R 157/98	BStBl. II 2006, 437
BFH, Urt. v. 16.11.2005	VI R 151/99	BStBl. II 2006, 439
BFH, Urt. v. 16.11.2005	VI R 151/00	BStBl. II 2006, 442
BFH, Urt. v. 22.11.2005	VII R 21/05	BFHE 211, 407 = BStBl. II 2006, 397
BFH, Beschl. v. 09.12.2005	VII B 124/05	BFH/NV 2006, 897
BFH, Urt. v. 20.03.2006	V R 47/03	BStBl. II 2006, 634
BFH, Beschl. v. 20.04.2006	VII B 280/05	BFH/NV 2006, 1441
BFH, Urt. v. 20.04.2006	III R 64/04	BFHE 212, 416 = BStBl. II 2007, 240
BFH, Urt. v. 04.05.2006	VI R 28/05	BStBl. II 2006, 781
BFH, Beschl. v. 15.09.2006	VII B 76/06	BFH/NV 2007, 185
BFH, Urt. v. 07.11.2006	VI R 70/02	DStRE 2007, 405
BFH, Urt. v. 07.11.2006	VIII R 81/04	BStBl. II 2007, 364
BFH, Urt. v. 07.12.2006	V R 52/03	BStBl. II 2007, 420
BFH, Urt. v. 19.04.2007	V R 48/04	UR 2007, 693
BFH, Beschl. v. 23.04.2007	VII B 92/06	DStRE 2007, 1210
BFH, Urt. v. 05.06.2007	VII R 65/05	BStBl. II 2008, 273
BFH, Beschl. v. 07.03. 2007	I B 99/06	BFH/NV 2007, 1801

BFH, Urt. v. 22.08.2007	I R 32/06	BStBl. II 2007, 962
BFH, Beschl. v. 07.09.2007	VII B 180/06	BFH/NV 2008, 16
BFH, Beschl. v. 07.09.2007	VII B 181/06	BFH/NV 2007, 2233
BFH, Urt. v. 18. 09.2007	I R 73/06	BStBl. II 2008, 314
BFH, Urt. v. 08.11.2007	V R 72/05	BStBl. II 2009, 55
BFH, Urt. v. 06.12.2007	V R 59/03	BStBl. II 2009, 57
BFH, Beschl. v. 19.12.2007	X B 34/07	BeckRS 2007, 25012891
BFH, Beschl. v. 13.02.2008	IX R 61/07	BFH/NV 2008, 1485
BFH, Beschl. v. 18.02.2008	II B 109/06	BFH/NV 2008, 1163 = BeckRS 2008, 25013373
BFH, Urt. v. 26.02.2008	VIII R 1/07	BFHE 220, 229 = BStBl. II 2008, 659
BFH, Urt. v. 04.06.2008	I R 30/07	IStR 2008, 702
BFH, Beschl. v. 14.07.2008	VII B 92/08	BFHE 220, 348 = BStBl. II 2008, 850
BFH, Urt. v. 17.07.2008	I R 77/06	BStBl. II 2009, 464
BFH, Beschl. v. 28.08.2008	VII B 240/07	BFH/NV 2008, 1983
BFH, Beschl. v. 01.08.2008	IV B 137/07	BFH/NV 2009, 200
BFH, Urt. v. 23.09.2008	VII R 27/07	BFHE 222, 228 = BStBl. II 2009, 129
BFH, Urt. v. 11.11.2008	VII R 19/08	BStBl. II 2009, 342
BFH, Urt. v. 20.11.2008	VI R 25/05	BStBl. II 2009, 382
BFH, Beschl. v. 26.11.2008	V B 210/07	BFH/NV 2009, 362
BFH, Urt. v. 15.01.2009	VI R 22/06	BStBl. II 2009, 476
BFH, Beschl. v. 03.02.2009	VIII B 114/08	BFH/NV 2009, 887
BFH, Beschl. v. 19.02.2009	II B 120/08	BFH/NV 2009, 965
BFH, Beschl. v. 23.04.2009	VIII R 6/08	BFH/NV 2009, 1397
BFH, Urt. v. 12.05.2009	V R 65/06	DStR 2009, 1639
BFH, Beschl. v. 12.05.2009	VII B 266/08	BeckRS 2009, 25015411 = BFH/NV 2009, 1589
BFH, Beschl. v. 07.07.2009	VII B 248/08	BFH/NV 2009, 1968
BFH, Beschl. v. 03.08.2009	XI B 79/08	BFH/NV 2010, 72
BFH, Beschl. v. 21.09.2009	VII B 85/09	BFH/NV 2010, 11
BFH, Beschl. v. 16.11.2009	V B 37/09	BFH/NV 2010, 450
BFH, Beschl. v. 19.05.2010	I B 191/09	BFHE 229, 322 = BStBl. II 2011, 156

BFH, Beschl. v. 22.07.2010	VII B 126/09	BFH/NV 2010, 2227
BFH, Urt. v. 11.11.2010	VI R 27/09	BStBl. II 2011, 386
BFH, Urt. v. 11.11.2010	VI R 41/10	BStBl. II 2011, 389
BFH, Urt. v. 09.02.2011	I R 54 55/10	BFHE 232, 476 = IStR 2011, 345
BFH, Urt. v. 23.02.2011	I R 52/10	BeckRS 2011, 95635
BFH, Urt. v. 14.04.2011	VI R 24/10	BStBl. II 2011, 767
BFH, Urt. v. 04.05.2011	XI R 10/09	BStBl. II 2011, 797
BFH, Urt. v. 11.05.2011	VI R 65/09	DStR 2011, 1849
BFH, Beschl. v. 21.11.2011	V B 102/10	BFH/NV 2011, 1930
BFH, Urt. v. 24.08.2011	I R 46/10	BFHE 234, 339 = IStR 2011, 925
BFH, Urt. v. 25.05.2011	I R 95/10	BFHE 234, 63 = IStR 2011, 688
Reichsfinanzhof		
RFH, Urt. v. 04.01.1927	V A 695/26	RFHE 20, 199
RFH, Urt. v. 18.05.1927	VI A 158/27	RFHE 21, 214
RFH, Urt. v. 11.01.1928	VI A 606/27	RFHE 22, 319
RFH, Urt. v. 26.10.1933	VI A 536/32	RStBl. 1933, 1224
RFH, Urt. v. 22.12.1933	V e A 1052/31	RFHE 35, 76
RFH, Urt. v. 19.12.1935	I A 236/35	RFHE 39, 1 = RStBl. 1936, 590
RFH, Urt. v. 19.06.1936	II A 107/35	RStBl. 1936, 765
RFH, Urt. v. 06.04.1938	VI 193/38	RStBl. 1938, 513
RFH, Urt. v. 18.06.1941	VI 62/41	RFHE 50, 247
Bundesgerichtshof		
BGH, Urt. v. 25.10.1951	III ZR 95/50	BGHZ 4, 1
BGH, Urt. v. 08.02.1952	I ZR 92/51	NJW 1952, 537
BGH, Urt. v. 17.06.1952	1 StR 668/51	BGHSt 3, 23
BGH, Urt. v. 18.12.1952	VI ZR 54/52	BGHZ 8, 239
BGH, Urt. v. 15.01.1953	VI ZR 46/52	BGHZ 8, 325 = NJW 1953, 618
BGH, Urt. v. 31.03.1954	II ZR 57/53	BGHZ 13, 61
BGH, Urt. v. 28.04.1954	II ZR 279/53	BGHZ 13, 198

BGH, Urt. v. 15.06.1954	III ZR 125/53	BGHZ 14, 83
BGH, Urt. v. 20.10.1954	II ZR 280/53	BGHZ 15, 71
BGH, Urt. v. 22.10.1955	VI ZR 179/54	VersR 1955, 746
BGH, Urt. v. 26.03.1956	II ZR 57/55	BGHZ 20, 239 = NJW 1956, 906
BGH, Urt. v. 11.07.1956	1 StR 306/55	BGHSt 9, 319
BGH v. 10.05.1957	I ZR 234/55	BGHZ 24, 200
BGH, Urt. v. 24.03.1959	VI ZR 90/58	BGHZ 30, 29 = NJW 1959, 1078
BGH, Urt. v. 24.06.1960	2 StR 621/59	BGHSt 15, 332 = NJW 1961, 929
BGH, Urt. v. 26.06.1962	5 StR 180/62	JR 1962, 348
BGH, Urt. v. 15.02.1963	4 StR 404/62	BGHSt 18, 271
BGH, Urt. v. 05.03.1963	VI ZR 55/62	BGHZ 39, 124 = NJW 1963, 902
BGH, Beschl. v. 13.11.1963	4 StR 267/63	BGHSt 19, 152
BGH, Urt. v. 06.04.1964	II ZR 75/62	BGHZ 41, 282 = NJW 1964, 1367
BGH, Urt. v. 14.07.1966	II ZR 212/64	WM 1966, 968
BGH, Urt. v. 30.10.1967	VII ZR 82/65	BGHZ 49, 19 = NJW 1968, 391
BGH, Urt. v. 09.11.1967	II ZR 64/67	BGHZ 49, 30 = NJW 1968, 396
BGH, Urt. v. 26.11.1968	VI ZR 212/66	BGHZ 51, 91
BGH, Urt. v. 27.10.1969	2 StR 177/60	BGHSt 15, 239
BGH, Urt. v. 17.12.1969	VIII ZR 10/68	NJW 1970, 463
BGH, Urt. v. 18.02.1970	3 StR 2/69 I	BGHSt 23, 226
BGH, Urt. v. 01.06.1970	III ZR 210/68	BGHZ 54, 165 = NJW 1970, 1877
BGH, Urt. v. 28.10.1971	II ZR 49/70	WM 1971, 1548
BGH, Urt. v. 03.10.1972	VI ZR 135/71	NJW 1973, 615
BGH, Urt. v. 18.12.1972	III ZR 121/70	BGHZ 60, 54 = NJW 1973, 460
BGH, Urt. v. 23.03.1973	2 StR 390/72	BGHSt 25, 158 = NJW 1973, 1511
BGH, Urt. v. 19.06.1973	VI ZR 178/71	NJW 1973, 1602
BGH, Urt. v. 14.05.1974	VI ZR 8/73	NJW 1974, 1371
BGH, Urt. v. 05.06.1975	II ZR 156/73	BGHZ 64, 325 = AG 1975, 219
BGH, Beschluss v. 01.06.1977	KRB 3/76	BGHSt 27, 196 = BGHZ 69, 398
BGH, Urt. v. 19.12.1978	VI ZR 218/76	NJW 1979, 760
BGH, Urt. v. 20.02.1979	VI ZR 256/77	NJW 1980, 115

BGH, Urt. v. 22.03.1979	VII ZR 259/77	BGHZ 74, 103 = NJW 1979, 1449
BGH, Urt. v. 09.07.1979	II ZR 118/77	BGHZ 75, 96
BGH, Urt. v. 26.02.1980	VI ZR 2/79	NJW 1980, 1788
BGH, Urt. v. 09.06.1980	II ZR 187/79	ZIP 1980, 776
BGH, Urt. v.08.07.1980	VI ZR 158/78	NJW 1980, 2810
BGH, Urt. v. 14.07.1980	II ZR 161/79	BGHZ 78, 82 = NJW 1980, 2145
BGH, Urt. v. 24.11.1980	II ZR 182/79	BGHZ 79, 38 = NJW 1981, 757
BGH, Urt. v. 16.02.1981	II ZR 49/80	WM 1981, 440
BGH, Urt. v. 24.03.1981	KRB 4/80	WuW/E BGH 1799 - Revisionsabteilung
BGH, Urt. v. 05.10.1981	II ZR 203/80	NJW 1982, 1817 = ZIP 1982, 578
BGH, Urt. v. 01.12.1981	KRB 3/79	WuW/E BGH 1871 – Transportbeton-Vertrieb
BGH, Beschl. v. 01.12.1981	KRB 5/79	BGHSt 30, 270 = NJW 1982, 938
BGH, Urt. v. 15.12.1982	VIII ZR 315/80	BGHZ 86, 128 = NJW 1983, 444
BGH, Urt. v. 10.03.1983	4 StR 375/82	BGHSt 31, 264
BGH, Beschl. v. 06.04.1983	2 StR 547/82	wistra 1983, 161
BGH, Urt. v. 15.04.1983	V ZR 152/82	NJW 1983, 2137
BGH, Urt. v 22.09.1983	III ZR 171/82	NJW 1984, 229
BGH, Urt. v. 14.11.1983	II ZR 33/83	BGHZ 89, 48 = NJW 1984, 733
BGH, Urt. v. 06.12.1983	VI ZR 2/82	NJW 1984, 977
BGH, Urt. v. 17.05.1984	VII ZR 169/82	BGHZ 91, 206 = NJW 1984, 2457
BGH, Urt. v. 08.10.1984	II ZR 175/83	HFR 1986, 83 = GmbHR 1985, 143
BGH, Urt. v. 04.12.1984	VI ZR 117/83	NJW 1985, 735
BGH, Beschl. v. 23.04.1985	KRB 7/84	WUW/E BGH 2148 - Sportartikelhersteller
BGH, Beschl. v. 25.06.1985	KRB 2/85 (KG)	WuW/E BGH 2202 = wistra 1985, 228 = NStZ 1986, 34 – Brückenbau Hopener Mühlenbach
BGH, Urt. v. 08.07.1985	II ZR 198/84	DB 1985, 2291 = NJW 1986, 54
BGH, Urt. v. 08.07.1985	II ZR 198/84	WM 1985, 1293
BGH. Beschl. v. 11.03.1986	KRB 7/85	wistra 1986, 222
BGH, Beschl. v. 25.06.1985	KRB 2/85 (KG)	NStE, Nr. 1 zu § 130 OWiG

BGH, Urt. v. 20.03.1986	II ZR 114/85	ZIP 1987, 1050
BGH, Urt. v. 08.07.1986	VI ZR 47/85	BGHZ 98, 148 = NJW 1986, 2941
BGH, Beschl. v. 10.09.1986	KRB 3/85	wistra 1986, 111
BGH, Beschl. v. 21.10.1986	KRB 5/86	wistra 1987, 148
BGH, Urt. v. 10.12.1986	VIII ZR 349/85	BGHZ 99, 182 = NJW 1987, 831
BGH, Urt. v. 13.01.1987	VI ZR 303/85	BGHZ 99, 298 = NJW 1987, 1193
BGH, Urt. v. 28.11.1988	II ZR 57/88	BGHZ 106, 54 = NJW 1989, 979
BGH, Urt. v. 29.05.1989	II ZR 220/88	NJW 1989, 2683
BGH, Urt. v. 05.12.1989	VI ZR 335/88	BGHZ 109, 297 = NJW 1990, 976 = JZ 1990, 486
BGH, Urt. v. 16.01.1990	VI ZR 170/89	NJW 1990, 1360
BGH, Urt. v. 06.07.1990	2 StR 549/89	BGHSt 37, 106
BGH, Urt. v. 26.11.1990	II ZR 223/89	ZIP 1991, 159
BGH, Urt. v. 25.02.1993	III ZR 9/92	BGHZ 121, 367 = WM 1993, 1015 = NJW 1993, 1799
BGH, Urt. v. 01.03.1993	II ZR 61/92	NJW 1994, 2149 = GmbHR 1994, 460
BGH, Urt. v. 19.11.1993	2 StR 468/93	NStZ 1994, 123
BGH, Beschl. v. 08.02.1994	KRB 25/93	NStZ 1994, 346
BGH, Urt. v. 07.03.1994	II ZR 52/93	BGHZ 125, 239 = NJW 1994, 1410
BGH, Urt. v. 13.04.1994	II ZR 16/93	BGHZ 125, 366 = NJW 1994, 1801 = GmbHR 1994, 390
BGH, Urt. v. 14.06.1994	XI ZR 210/93	NJW 1994, 2754
BGH, Urt. v. 07.11.1994	II ZR 270/93	BGHZ 127, 336 = NJW 1995, 326
BGH, Urt. v. 08.12.1994	II ZR 9/94	WM 1995, 709
BGH, Urt. v. 20.02.1995	II ZR 9/94	GmbHR 1995, 299
BGH, Urt. v. 20.02.1995	II ZR 143/93	BGHZ 129, 30
BGH, Urt. v. 01.03.1995	2 StR 691/94	NStZ 1995, 491
BGH, Urt. v. 15.10.1996	VI ZR 319/95	BGHZ 133, 370 = NJW 1997, 130
BGH, Urt. v. 21.01.1997	VI ZR 338/95	BGHZ 134, 304 = GmbHR 1997, 305
BGH, Beschl. v. 24.02.1997	II ZB 11/96	BGHZ 134, 392
BGH, Urt. v. 21.04.1997	II ZR 175/95	BGHZ 135, 244 = NJW 1997, 1926
BGH, Urt. v. 06.06.1997	V ZR 115/96	NJW 1997, 2378

BGH, Urt. v. 23.06.1997	II ZR 132/93	BGHZ 136, 133
BGH, Urt. v. 19.10.1999	1 StR 264/99	NStZ 2000, 90
BGH, Urt. v. 10.11.1999	5 StR 221/99	NStZ 2000, 203 = wistra 2000, 137
BGH, Urt. v. 15.12.1999	2 StR 365/99	NStZ 2000, 307
BGH, Urt. v. 09.11.2000	IX ZR 310/99	NJW-RR 2001, 1428
BGH, Urt. v. 09.01.2001	VI ZR 407/99	WM 2001, 574 = NJW 2001, 969
BGH, Urt. v. 11.04.2001	3 StR 503/00	NJW 2001, 2558
BGH, Urt. v. 11.05.2001	3 StR 549/00	BGHSt 47, 22
BGH, Urt. v. 03.12.2001	II ZR 208/99	NZG 2002, 195
BGH, Urt. v. 04.12.2001	VI ZR 447/00	NJW-RR 2002, 525
BGH, Urt. v. 06.12.2001	1 StR 215/01	NJW 2002, 1585
BGH, Urt. v. 31.01.2002	4 StR 289/01	NStZ 2002, 421
BGH, Urt. v. 21.08.2002	1 StR 115/02	NStZ 2003, 37
BGH, Urt. v. 23.10.2002	1 StR 541/01	NJW 2003, 763
BGH, Urt. v. 28.10.2002	II ZR 146/02	NJW 2003, 351
BGH, Urt. v. 04.11.2002	II ZR 224/00	BGHZ 152, 280 = WM 2002, 2509 = NJW 2003, 358 = NZG 2003, 81
BGH, Urt. v. 11.11.2002	II ZR 125/02	WM 2003, 345
BGH, Urt. v. 22.05.2003	1 StR 70/03	BGHSt 48, 279
BGH, Urt. v. 18.06.2003	5 StR 489/02	NJW 2003, 2996
BGH, Urt. v. 24.06.2003	VI ZR 434/01	NJW 2003, 2984
BGH, Urt. v. 17.10.2003	V ZR 84/02	NJW-RR 2004, 79
BGH, Urt. v. 14.09.2004	1 StR 202/04	wistra 2004, 465
BGH, Urt. v. 28.10.2004	3 StR 301/03	BGHSt 49, 275
BGH, Urt. v. 02.02.2005	5 StR 168/04	wistra 2005, 226 = NStZ 2005, 334
BGH, Urt. v. 09.05.2005	II ZR 287/02	NJW 2005, 2450
BGH, Urt. v. 02.12.2005	5 StR 119/05	BGHSt 50, 299
BGH, Urt. v. 21.12.2005	3 StR 470/04	BGHSt 50, 331
BGH, Urt. v. 06.02.2006	II ZR 329/04	WM 2006, 905
BGH, Urt. v. 11.05.2006	III ZR 228/05	NJW-RR 2006, 1403
BGH, Urt. v. 02.06.2008	II ZR 27/07	NZG 2008, 658
BGH, Beschl. v. 26.10.2006	5 StR 70/06	NStZ 2007, 211

BGH, Urt. v. 11.12.2006	II ZR 166/05	NJW 2007, 917 = DStR 2007, 310
BGH, Beschl. v. 08.01.2007	II ZR 304/04	DB 2007, 389
BGH, Urt. v. 14.05.2007	II ZR 48/06	NJW 2007, 2118 = NZG 2007, 545 = ZIP 2007, 1265
BGH, Urt. v. 28.06.2007	VII ZR 81/06	BGHZ 173, 83 = NJW 2007, 2695
BGH, Beschl. v. 16.07.2007	II ZR 226/06	DStR 2007, 1641
BGH, Beschl. v. 26.11.2007	II ZR 227/06	NJW-RR 2008, 907
BGH, Beschl. v. 18.02.2008	II ZR 62/07	NZG 2008, 314
BGH, Urt. v. 02.06.2008	II ZR 27/07	NZG 2008, 628
BGH, Beschl. v. 14.07.2008	II ZR 202/07	NJW 2008, 3361 = NZG 2008, 751
BGH, Urt. v. 21.07.2008	II ZR 39/07	NZG 2008, 783 = DStR 2008, 1974
BGH, Urt. v. 29.08.2008	2 StR 587/07	NJW 2009, 89
BGH, Urt. v. 14.10.2008	1 StR 260/08	BGHSt 53, 6, 11 = NJW 2008, 3580
BGH, Beschl. v. 03.11.2008	II ZR 236/07	NZG 2009, 117
BGH, Urt. v. 16.02.2009	II ZR 185/07	BGHZ 180, 9
BGH, Urt. v. 17.07.2009	5 StR 394/08	BGHSt 54, 44 = NJW 2009, 3173 = NZG 2009, 1356 = NStZ 2009, 686
BGH, Urt. v. 12.11.2009	VII ZR 233/08	NJW 2010, 675
BGH, Urt. v. 22.02.2011	II ZR 146/09	NZG 2011, 549 = CCZ 2011, 233 = AG 2011, 378
BGH, Beschl. v. 10.08.2011	KRB 55/10	NJW 2012, 164
BGH, Urt. v. 20.09.2011	II ZR 234/09	NZG 2011, 1271 = ZIP 2011, 2097
BGH, Urt. v. 15.01.2013	II ZR 90/11	DB 2013, 507 = WM 2013, 455 = ZIP 2013, 455 = NZG 2013, 293
Reichsgericht		
RG, Urt. v. 28.04.1885	III 3/85	RGZ 13, 43
RG, Urt. v. 20.11.1902	VI 268/02	RGZ 53, 53
RG, Urt. v. 25.04.1906	I 614/05	RGZ 63, 203
RG, Urt. v. 03.11.1906	I 125/06	RGZ 64, 254
RG, Urt. v. 14.12.1911	VI 75/11	RGZ 78, 107
RG, Urt. v. 19.02.1912	VI 291/11	RGZ 78, 347
RG, Urt. v. 14.05.1914	III 140/14	RGSt 48, 291
RG, Urt. v. 25.02.1915	VI 526/14	RGZ 87, 1

RG, Urt. v. 27.11.1916	VI 275/16	RGZ 89, 136
RG, Urt. v. 18.10.1917	VI 143/17	RGZ 91, 72
RG, Urt. v. 03.02.1920	II 272/19	RGZ 98, 98
RG, Urt. v. 11.04.1922	III 483/21	RGZ 104, 286
RG, Urt. v. 03.05.1927	II 479/26	RGZ 117, 61
RG, Urt. v. 09.12.1929	VI 142/29	JW 1930, 2927
RG, Urt. v. 07.02.1930	I 38/30	RGSt 63, 426
RG, Urt. v. 14.04.1930	VI 415/29	RGZ 128, 229
RG, Urt. v. 22.12.1931	II 295/31	RGZ 134, 375
RG, Urt. v. 10.05.1935	1 D 757/34	RGSt 69, 203
RG, Urt. v. 19.12.1935	VI 324/35	JW 1936, 1915
RG, Urt. v. 01.10.1937	1 D 863/36	RGSt 71, 344
RG, Urt. v. 09.03.1938	VI 212/37	RGZ 157, 228
RG, Urt. v. 14.03.1939	III 128/37	RGZ 162, 129
RG, Urt. v. 28.02.1940	II 115/39	RGZ 163, 200
Bundesverwaltungsgericht		
BVerwG, Urt. v. 10.12.1969	VIII C 104.69	BVerwGE 34, 278
BVerwG, Urt. v. 17.02.1971	IV C 17.69	BVerwGE 37, 239
BVerwG, Urt. v. 10.09.1971	IV C 22.70	BVerwGE 38, 297
BVerwG, Urt. v. 09.12.1985	7 C 65.82	BVerwGE 72, 300
Finanzgerichte		
FG Nürnberg, Urt. v. 12.07.1962	IV 210/60	EFG 1963, 219
FG München, Urt. v. 12.02.1987	III (XIV) 306/83	EFG 1987, 394
FG Baden-Würtemberg, Urt. v. 06.05.1987	XII K 14/85	EFG 1987, 591
FG München, Urt. v. 09.07.1987	VI 256/82 AO	EFG 1987, 599
FG Nürnberg, Urt. v. 22.09.1987	VI 1/85	EFG 1988, 21
FG Münster, Urt. v. 24.04.1989	V 7161/85 U	EFG 1989, 611

FG Düsseldorf, Urt. v. 24.05.1989	4 K 397/83 AO	EFG 1989, 491
FG Bremen, Urt. v. 13.03.1990	II 99/85 K	EFG 1991, 300
FG Bremen, Urt. v. 21.01.1992	II 255/91	EFG 1992, 386
FG Bremen, Urt. v. 17.03.1992	II 135/86 K	EFG 1992, 496
FG Bremen, Urt. v. 28.04.1992	II 143/87 K	EFG 1992, 503
FG Bremen, Urt. v. 16.02.1993	2 92 150 K 2	EFG 1993, 361
FG Bremen, Urt. v. 12.10.1993	2 93 097 K 5	EFG 1994, 594
FG Münster, Urt. v. 24.02.1995	15 K 3906/92 U	EFG 1995, 782
FG Münster, Urt. v. 29.09.1995	2 K 5006/93 L	EFG 1996, 82
FG Brandenburg, Urt. v. 27.08.1996	3 K 1488/95 I	EFG 1997, 299
FG Niedersachen, Urt. v. 14.07.1997	IX 998/89	EFG 1997, 1484
FG Münster, Urt. v. 01.09.1997	1 K 1959/97	EFG 1998, 617
FG München, Urt. v. 16.09.1998	3 K 831/94	EFG 1999, 99
FG Bremen, Urt. v. 03.11.1998	2 98 215 K 2	EFG 1999, 417
FG Berlin, Urt. v. 27.01.1999	2 K 2138/97	EFG 1999, 680
FG Sachsen, Urt. v. 20.10.1999	2 V 75/99	EFG 2000, 46
FG Berlin, Urt. v. 31.07.2000	8 K 8873/99	EFG 2000, 1223
FG Münster, Urt. v. 06.11.2000	9 K 6931/98 K	EFG 2001, 234
FG München, Urt. v. 09.05.2001	3 K 4300/00	EFG 2001, 1254

FG Hamburg, Urt. v. 06.08.2001	III 15/01	EFG 2001, 1586
FG Niedersachen, Urt. v. 28.02.2002	11 K 504/00	EFG 2003, 746
FG Hamburg, Urt. v. 05.03.2002	III 300/01	EFG 2002, 955
FG Hamburg, Urt. v. 07.08.2003	VII 124/00	EFG 2004, 74
FG Münster, Beschl. v. 14.08.2003	8 V 2651/03 E, U	EFG 2004, 9
FG Düsseldorf, Beschl. v. 14.04.2004	11 V 632/04 A(U)	juris
FG München, Urt. v. 10.11.2005	15 K 3231/05	EFG 2006, 473
FG Sachsen-Anhalt, Urt. v. 09.10.2008	3 K 93/03	EFG 2009, 1082
FG Köln, Urt. v. 17.09.2009	10 K 4058/08	EFG 2010, 767
„Sonstige Gerichte“		
BAG, Urt. v. 14.06.1974	3 AZR 456/73	DB 1974, 2210
BAG, Urt. v. 09.12.1976	AZR 371/75	BStBl. II 1977, 581
BAG, Urt. v. 19.01.1979	3 AZR 330/77	DB 1979, 1281
BayObLG, Urt. v. 05.08.1964	1 a St 632/63	NJW 1965, 163
OLG Hamburg, Urt. v. 12.10.1966	1 Ss 46/66	NJW 1967, 213
OLG Hamburg, Beschl. v. 06.11.1970	11 W 18/70	AG 1970, 372
OLG Hamm, Beschl. v. 28.10.1970	4 Ss OWi 473/70	NJW 1971, 817
KG, Beschl. v. 17.03.1971	2 Ws (B) 232/70	JR 1972, 121
OLG Hamm, Beschl. v. 26.01.1973	4 Ss OWi 1522/72	GewArch 1973, 121
OLG Hamm, Beschl. v. 27.04.1973	5 Ss OWi 19/73	NJW 1973, 1851
OLG Hamm, Beschl. v. 05.03.1974	4 Ss OWi 1243/73	GewArch 1974, 190

OLG Koblenz, Beschl. v. 13.05.1975	1 Ws [a] 282/75	VRS 50, 54
OLG Stuttgart, Beschl. v. 07.09.1976	3 Ss 526/76	NJW 1977, 1410
KG, Urt. v. 30.06.1977	(2) Ss 43/77 (29/77)	JR 1978, 166
OLG Stuttgart, Urt. v. 22.04.1977	3 Ss (8) 88/77	JR 1978, 294
KG, Urt. v. 06.12.1979	Kart 36/78	WuW/E OLG 2205 - Jeans
KG, Urt. v. 25.07.1980	Kart 26/79	WUW/E OLG 2330 - Revisionsabteilung
OLG Düsseldorf, Beschl. v. 06.09.1983	5 Ss (OWi) 307/83 – 275/83 I	JR 1984, 257
OLG Koblenz, Urt. v. 17.11.1983	1 Ss 428/83	wistra 1984, 79
OLG Hamm, Urt. v. 07.11.1984	8 U 8/84	GmbHR 1985, 157
OLG Düsseldorf, Urt. v. 08.03.1984	6 U 75/83	WM 1984, 1080 = ZIP 1984, 825
KG, Beschl. v. 30.01.1985	Kart a 12/84	wistra 1985, 205
OLG Stuttgart, Beschl. v. 12.04.1986	1 Ws 418/84	wistra 1987, 35
OLG Celle, Beschl. v. 24.02.1987	2 Ss (OWi) 342/86	Nds. RPfl. 1987, 135
BayObLG, Beschl. v. 28.10.1987	3 Ob OWi 120/87	wistra 1988, 162
OLG Düsseldorf, Beschl. v. 05.11.1987	19 W 6/87	NJW 1988, 1033
OLG Karlsruhe, Beschl. v. 29.06.1989	11 W 57/89	AG 1990, 82
OLG Frankfurt, Urt. v. 09.03.1990	1 Ss 505/89	NJW 1990, 2074
OLG Düsseldorf, Beschl. v. 22.05.1990	2 Ss (OWi) 144/90 – 28/90 III -	wistra 1991, 38
OLG Hamm, Urt. v. 24.04.1991	8 U 188/90	GmbHR 1992, 376
OLG Koblenz, Urt. v. 10.06.1991	6 U 1650/89	ZIP 1991, 870

OLG Frankfurt a.M., Beschl. v. 09.12.1991	6 Ws (Kart) 14/91	NJW 1992, 2777
OLG Düsseldorf, Urt. v. 06.02.1992	6 U 17/91	WM 1992, 1658
OLG Düsseldorf, Beschl. v. 27.04.1992	5 Ss (OWi) 111/92 – (OWi) 61/92 I	wistra 1992, 355
OLG Frankfurt a.M., Beschl. v. 21.09.1992	6 Ws (Kart) 12/91	NStZ-RR 1993, 231
AG Duisburg, Beschl. v. 31.12.1993	23 HR B 3193	DB 1994, 466
OLG Köln, Beschl. v. 20.05.1994	Ss 193/94 (B)	wistra 1994, 315
OLG Hamm, Urt. v. 10.05.1995	8 U 59/94	AG 1995, 512
OLG Düsseldorf, Urt. v. 27.10.1995	22 U 53/95	GmbHR 1996, 368
OLG Düsseldorf, Urt. v. 28.11.1996	6 U 11/95	AG 1997, 231
OLG Braunschweig, Beschl. v. 25.02.1998	Ss 9/98	NStZ-RR 1998, 251
OLG Koblenz, Urt. v. 09.06.1998	3 U 1662/89	NZG 1998, 953
OLG Zweibrücken, Urt. v. 25.06.1998	1 Ss 100/98	NStZ-RR 1999, 311
BayObLG, Beschl. v. 17.08.1998	3 ObOWi 83/98	wistra 1999, 71
OLG Düsseldorf, Beschl. v. 12.11.1998	2 Ss OWi 385-98 - (OWi) 112–98 III	NStZ-RR 1999, 151 = wistra 1999, 115
OLG Zweibrücken, Urt. v. 22.12.1998	8 U 98/98	NZG 1999, 506
KG, Urt. v. 20.01.1999	Kart 16/98	wistra 1999, 357
OLG Bremen, Urt. 18.05.1999	3 U 2/98	ZIP 1999, 1671
OLG Köln, Urt. v. 26.08.1999	1 U 43/99	AG 2000, 281
OLG Hamburg, Urt. v. 18.02.2000	11 U 213/98	AG 2001, 141
OLG Köln, Urt. v. 31.08.2000	18 U 42/00	NZG 2001, 135

BayObLG, Beschl. v. 10.08.2001	3 ObOWi 51/2001	BayObLGSt 2001, 107 = wistra 2001, 478 = NJW 2002, 766
OLG Köln, Beschl. v. 21.09.2001	2 Ws 170/01	NStZ 2002, 35
OLG Köln, Urt. v. 27.09.2001	18 U 49/01	AG 2002, 89
OLG Düsseldorf, Beschl. v. 16.01.2002	2b Ss (OWi) 02/01-75/01 IV	GewArch 2002, 389 = NStZ-RR 2002, 178
BayObLG, Beschl. v. 01.09.2003	3 ObOWi 61/2003	GewArch 2004, 219
OLG Stuttgart, Urt. v. 11.08.2004	20 U 3/04	AG 2005, 94
OLG Düsseldorf, Urt. v. 05.04.2006	VI-2 Kart 5, 6/05	WuW DE-R 1893 - Transportbeton
OLG Celle, Beschl. v. 28.02.2007	322 Ss 39/07	NStZ-RR 2007, 215
OLG Frankfurt a.M., Urt. v. 12.12.2007	17 U 111/07	AG 2008, 453
OLG München, Urt. v. 06.08.2008	7 U 5628/07	AG 2009, 294 = ZIP 2009, 133
OLG Jena, Urt. v. 12.08.2009	7 U 244/07	NZG 2010, 226
OLG Stuttgart, Urt. v. 25.11.2009	20 U 5/09	NZG 2010, 141
OLG Frankfurt, Urt. v 07.12.2010	5 U 29/10	AG 2011, 173 = WM 2011, 116
LG Aachen, Urt. v. 10.10.1995	41 O 26/95	ZIP 1995, 1837
LG Berlin, Urt. v. 03.07.2002	2 O 358/01	AG 2002, 682 = BKR 2002, 969
LG Düsseldorf, Urt. v. 22.07.2004	XIV 5/03	ZIP 2004, 2044 = NJW 2004, 3275
LG München I, Urt. v. 05.04.2007	5 HK O 15964/06	BB 2007, 2170
LG München I, Urt. v. 22.11.2007	5 HK O 10614/07	ZIP 2007, 2360 = NZG 2008, 150
KG Berlin, Urt. v. 26.05.2008	23 U 88/07	AG 2009, 118
LAG Rheinland-Pfalz, Urt. v. 16.01.2009	9 Sa 572/08	BeckRS 2009, 56479

VG Frankfurt a. M., Urt. v. 08.07.2004	1 E 7363/03	WM 2004, 2157 = VersR 2005, 57 = AG 2005, 264
BayVGH, Beschl. v. 03.08.2007	4 CS 07.1433	DB 2008, 2083
EuGH, Urt. v. 20.10.1993	C-10/92	EuGHE 1993, I-5105 = UR 1994, 116
EuGH, Urt. v. 16.11.2000	C-286/98	EuGHE 2000, I-9925
EuGH, Urt. v. 06.10.2005	C-291/03	EuGHE 2005, I-8477 = UR 2005, 685
EuGH, Urt. v. 12.01.2006	C-354/03, C-355/03, C-484/03	EuGHE 2006, I-483
EuGH, Urt. v. 06.07.2006	C-439/04, C-440/04	EuGHE 2006, I-6161
EuGH, Urt. v. 27.09.2007	C-146/05	BStBl. II 2009, 79
EuGH, Urt. v. 10.09.2009	C-97/08	EuGHE 2009, I-8327
EuGH, Urt. v. 29.11.2011	C-371/10	EuZW 2011, 951 = DStR 2011, 2334

Intradisziplinäre Forschung zur Compliance
Studien zur Rechtsentwicklung und -praxis

Herausgegeben von Andrea Lohse und Roman Seer

Band 1 Henrik Zapfe: Compliance und Strafverfahren. Das Spannungsverhältnis zwischen Unternehmensinteressen und Beschuldigtenrechten. 2013

Band 2 Christina Altemeier: Verantwortlichkeit des Vorstands für Kartellrechtsverstöße. Ein Beitrag zur Organhaftung und zur Organuntreue. 2013

Band 3 Kristof Nenninger: Kartellrechtliche Kronzeugenprogramme und Datenschutzrecht. Eine Untersuchung der datenschutzrechtlichen Voraussetzungen und Grenzen der Informationsweitergabe anlässlich einer freiwilligen Kooperation mit nationalen und U.S.-Behörden. 2013

Band 4 André Frischemeier: Die Haftung geschäftsführender Organe für Compliance-Verstöße in Tochtergesellschaften. 2014.

Band 5 Christian Schützler: Tax Compliance im Kooperationsverhältnis zwischen Unternehmen und Finanzverwaltung. 2015.

Band 6 Alexander Roos: Compliance Defence. Kartellrechtliche Umsetzung im verfassungsrechtlichen Rahmen. 2015.

Band 7 Armin Gasper: Tax Compliance aus unternehmensrechtlicher Sicht. Die Pflichtenstellung des Vorstandes angesichts systemischer Steuerrisiken internationaler Unternehmen. 2016.

www.peterlang.com

www.ingramcontent.com/pod-product-compliance
Ingram Content Group UK Ltd.
Pitfield, Milton Keynes, MK11 3LW, UK
UKHW021824290926
8980IPUK00004B/262

9 783631 667033